저널리즘
핸드북

저널리즘 핸드북

The Handbook of Journalism Studies

저널리즘에 대해 알고 싶은 모든 것

카린 왈-요르겐센 토마스 하니취 편집

저널리즘학연구소 옮김

새물결

The Handbook of Journalism Studies
edited by Karin Wahl-Jorgensen and Thomas Hanitzsch
copyright © Taylor and Francis

Korean translation copyright © Saemulgyul Publishing House, 2015
This Koreans edition was published by arrangement with Taylor and Francis
through Bestun Korea.

ⓒ 저널리즘학연구소

저널리즘 핸드북

찍 은 날 | 1판 1쇄 2015년 12월 23일
펴 낸 날 | 1판 1쇄 2016년 2월 5일

엮 은 이 | 카린 왈-요르겐센과 토마스 하니취
옮 긴 이 | 저널리즘학연구소
펴 낸 이 | 조형준
펴 낸 곳 | 새물결
등   록 | 서울 제15-52호(1989.11.9)
주   소 | 서울특별시 강남구 학동로 335 10층(다른타워 빌딩)
전   화 | (영업부) 3141-8696, (편집부) 3141-8697
이 메 일 | saemulgyul@gmail.com

ISBN 978-89-5559-391-4 (93300)

핸드북 시리즈

『저널리즘 핸드북』

이 개론서는 국제적 맥락에서 점점 더 넓어져가는 저널리즘 연구의 각 영역을 짚어보고, 이론의 현황을 점검하며, 미래의 연구를 위한 의제를 설정하려고 한다. 이 책의 구조는 이론적·경험적 접근법을 중심으로 하며, 뉴스 생산과 뉴스 조직에 관한 연구, 뉴스 콘텐츠, 저널리즘과 사회의 관계, 글로벌한 맥락에서 본 저널리즘 등을 다루고 있다. 각 장은 비교 연구적 시각과 글로벌한 시각을 강조하는 가운데 아래 내용을 살펴보고 있다.

  * 핵심적 요소, 사상가, 문헌
  * 역사적 맥락
  * 해당 연구의 현황
  * 방법론적 쟁점
  * 접근법/연구 영역의 장점과 이점
  * 접근법/연구 영역의 한계와 비판적 쟁점
  * 후속 연구 방향

이 책은 정상급 연구자들이 기고한 폭넓은 국제적 안목이 담긴 글을 싣고 있는 만큼 저널리즘 연구에서 이론과 전문적 연구를 포괄하는 자원으로 두루 사용될 수 있는 최초의 간행물이라고 할 수 있다. 『저널리즘 핸드북』이라는 제목의 이 책은 그 자체로서 저널리즘, 미디어연구, 커뮤니케이션 영역에 종사하는 전 세계의 모든 학자와 대학원생의 필독서로 사용될 수 있을 것이다.

이 책은 '국제 커뮤니케이션 협회International Communication Association, ICA' 핸드북 시리즈 중의 하나이다.

카린 왈·요르겐센은 영국 웨일스의 카디프대학교 카디프 저널리즘과 미디어문화연구대학 교수이다. 미디어, 민주주의, 시민권에 대한 그의 연구는 여러 저서뿐만 아니라 20여개 이상의 국제저널에 실렸다.

토마스 하니취는 취리히대학교의 매스커뮤니케이션과 미디어연구소 조교수이다. 그는 ICA의 저널리즘 연구 분과를 창설했고 저널리즘, 비교커뮤니케이션 연구, 온라인 미디어, 전쟁 보도에 관한 4권의 책을 비롯해 50여 건의 논문 등을 집필했다.

차례

옮긴이 서문

'저널리즘이 죽었다'는 말은 더 이상 뉴스가 아니다. 이미 그러한 현상이 대학교와 언론 현장에서 목격된 지 오래이다. 저널리즘은 대학교의 강의시간표에서 사라지고, 교수나 학자들에게도 외면당하기에 이르렀다. 현장의 저널리즘 역시 화석화 되어가고 있다. 신문과 방송은 물론 종편과 인터넷에서 기사는 눈사태처럼 쏟아진다. 그럴수록 저널리즘의 '의미'를 거론하는 목소리는 잦아지고 수익성 이야기만 무성하다. 기업이 뉴스를 소유하는 시대에 자본은 저널리즘을 압도하는 듯하다.

디지털 미디어 시대가 열리며 나온 희망의 목소리들도 엇갈리고 있다. 디지털 시대는 쌍방향 소통을 활성화함으로써 저널리즘의 발전을 약속하는 새로운 가능성을 열었다. 디지털 환경은 뉴스 제작과 유통에 모든 시민을 참여하게 함으로써 민주주의 구현과 저널리즘의 가치를 실현하는 이상적인 공론장 역할을 상정했다. 그러나 디지털 환경 역시 자본과 권력의 손아귀에서 벗어나기는커녕 오히려 지배 수단이 되고 있다는 비판이 나온다. 또한 온라인 저널리즘은 공공의 공유의식을 파편화하고 공동체를 해체할 수 있는 재앙이라는 지적도 없지 않다.

그럼에도 디지털 환경은 여전히 진화 중이고 새로운 세계를 열어가고 있다. 저널리즘은 이 디지털 미디어 생태계에 가장 핵심적인 내용을 제공함으로써 공동 사회에 결정적 영향을 미치기 마련이다. 따라서 우리 시대를 제대로 해석하고 판단하기 위해 저널리즘 연구는 필수불가결한 요소가 되고 있다. 저널리즘은 이미 커뮤니케이션의 추상적 기능에서 벗어나 공동체 구성원들의 주요 관심사로 등장했으며, 국제적으로 점점 더 많은 사람이 저널리즘에 주목하고 있는 것도 이 때문이다.

이러한 흐름에도 불구하고 저널리즘에 대한 국내의 관심과 연구는 퇴보하고 있다. 이는 언론계 전반의 경영난 및 디지털에 대한 대응 실패 등으로 인해 언론 위기가 지속되고 있는 것과도 무관하지 않다. 더욱이 자본과 권력의 언론 조작은 저널리즘을 질곡으로 몰아넣고 있는 양상이다. 이러한 시기에 저널리즘을 총체적으로 정리한『저널리즘 핸드북』을 번역, 출간하게 된 것은 매우 의미 있는 일이 아닐 수 없다.

『저널리즘 핸드북』은 저널리즘을 독립적으로 연구할 필요성에 공감한 미국, 영국, 아시아 등 각국의 연구자들이 공동으로 집필했다. 저널리즘의 기원, 현황, 분야별 이슈, 주요 쟁점 등을 체계적이고 포괄적으로 정리한 것으로 저널리즘 교재가 태부족한 국내 상황에서 가뭄의 단비 같은 존재다. 이 책은 저널리즘 연구자와 언론 현업에 종사하는 언론인은 물론 대학생과 대학원생들에게 필요한 내용을 넓고 깊게 다루고 있다. 이 책은 또 저널리즘 생산자 및 소비자들에게도 좋은 교육 자료로 활용할 수 있으며 일반 시민들의 교양서로도 손색이 없을 것이다.

이 책의 영어 원본 제목은 *The Handbook of Journalism Studies*이다. 'Journalism Studies'는 '저널리즘 연구' 또는 '저널리즘학'으로 번역될 수 있다. 여기서는 이 책이 저널리즘 분야를 망라하고 있는 점을 고려해 필요에 따라 '저널리즘학'이라는 용어를 사용하고자 한다. 이 책을 번역한 〈저널리즘학 연구소Journalism Studies Institute, JSI〉는 국내 저널리즘학 발전을 위한 민간 싱크탱크로, 학계와 언론계 및 언론 유관 기관의 전문가들로 구성되어 있다. 이 연구소는 2012년 2월 비영리 공익법인으로 발족한 후 저널리즘 연구와 비평, 교육과 세미나 등 각종 관련 활동을 벌여왔다. 그러한 활동 중의 하나로 연구소 회원들은 이 책을 읽고 토론을 벌였으며 국내에 번역, 소개하자는 데 의견을 모았다. 본서의 내용이 국내 학계와 언론계에서 방치되어온 저널리즘의 역할에 관한 논의를 활성화할 수 있으리라는 기대에서였다.

그러나 번역 과정이 만만치 않았다. 30여명에 이르는 세계 각국의 저명한 필자들은 각자의 학문적 배경과 독특한 문체를 갖고 있어 한국어로 소화하는 데 적지 않은 어려움을 겪었다. 원문에 충실하면서도 필자들의 문체를 살리기 위해 연구소 회원들은 물론 외부 학자와 전문가들이 번역과 감수 작업에 참여했다. 여기에는 저널리즘 학자와 교수, 전 현직 언론인, 언론 유관 기관과 번역 전문가들이 포함되어 있다. 이들이 번역과 독해 및 감수를 반복한지 3년 만에 본서를 출간하게 되어 더욱 감회가 새롭다.

이 책이 연구자와 대학은 물론 일반 시민에게도 저널리즘 이해의 좋은 길잡이가 되고, 궁극적으로는 우리 사회가 지향하는 바를 모색하는 데 기여하기를 바란다.

2015년 12월 21일
저널리즘학연구소장 김광원

시리즈 편집자 서문

로버트 T. 크레이그

저널리즘에 대한 전문 학문적 연구의 기원은 19세기 중반의 유럽으로 거슬러 올라간다. 그러나 이 주제에 관한 연구는 20세기 내내 몇몇 학문 분야에서, 특히 20세기 후반의 몇 년 동안 미국의 저널리즘과 매스커뮤니케이션 대학들에서 발전했다. 현재의 관점에서 본다면 저널리즘은 활기찬 새로운 학제적 영역으로 국제적인 커뮤니케이션 연구 현장에 다소 급작스럽게 떠오른 것처럼 보인다.

 ICA의 저널리즘 연구 회원들은 비교적 최근인 2004년에 50명으로 출범했지만 이 글을 쓰는 2008년 중반에는 회원수가 500명을 넘어서는 등 ICA의 여러 분과 중 가장 크고 가장 급성장 중이며 가장 국제적인 분과 중의 하나로 자리 잡았다. 따라서 왈·요르겐센과 하니취가 편집한 본서는 이제 막 싹을 틔우고 있는 이 영역에서 표준적인 평가 기준을 제공하고 후속 연구를 위한 의제를 제시하는 등 시의적절한 기여가 될 수 있을 것이다.

 「편집자 서문」은 저널리즘 연구와 관련해 최근 몇 년 사이에 출간된 몇몇 새로운 저널과 주요 저작을 포함해 이 분야에서 이루어진 성장의 다른 조짐들에 주목한다. 여기서 '저널리즘 연구'라고 부르는 것의 상당 부분은 여러 해 동안 '매스커뮤니케이션'이라는 이름 아래 이어져온 연구 노선을 견지하고 있는 것이 사실이다. 하지만 '저널리즘 연구'로 새롭게 중심이 이동한 것은 단지 예전에 하던 작업에 새로운 이름을 붙이거나 너무 복잡해진 연구 부문에서 갈라져 나온 후 이를 정교화하는 통상적인 과정 이상의 의미를 갖고 있음을 인정해야 한다. 어떻게 보면 그것은 저널리즘이 주로 게이트키핑과 의제 설정 같은 매스커뮤니케이션 과정의 추상적 기능과 관련해 연구되어온 기능주의적 전통에서 연구의 초점이 크게 벗어났음을 나타내는 것일 수 있다. 이 책의 몇몇 빼어난 장에서 볼 수 있듯이 그러한 또는 그와 유사한 경험적 연구 노선은 여전히 활발히 연구 중이며 중요한 위치를 차지하고 있지만 '매스커뮤니케이션'에서 '저널리즘 연구'로 연구의 구조를 이동시키면 '형상과 배경'을 뒤집게 된다. 즉 연구의 핵심적 초점이 매스커뮤니케이션의 추상적 기능에서 ── 두 편집자 말을 빌리자면 ── "우리 시대의 가장 중요한 사회, 문화, 정치 제도 중의 하나"인 저널리즘으로 이동함에 따라 전에는 그늘에 가려져 있던 저널리즘의 규범적·역사적·문화적·사회적·정치적 측면이 주요 관심사로 떠오르며 경험적 연구가 수행되는 지적 맥락을 재규정하게 되는 것이다.

이 책의 집필에 참여한 편집자와 필자들의 국적은 전 세계 11개국을 헤아리며, 일련의 전문 분야를 대표하는 저명한 학자들을 포함하고 있다. 이 책에 실린 30개의 장에서는 저널리즘 연구의 다양한 측면 ── 학술 분야, 뉴스 생산의 실제, 뉴스 콘텐츠 분석, 저널리즘과 사회의 복잡한 관계, 저널리즘 연구의 글로벌한 맥락 ── 에 관한 연구 문헌이 개괄되고 있다. 또한 이 분야를 국제화하고 저널리즘 제도들에 관한 글로벌한 시각을 발전시키며, 전통적으로 주변적인 것으로 취급되어온 제도와 실천에까지 연구 범위를 확장하고, 연구를 저널리즘 교육 및 직업 현장과 연결시키는 것 등이 미래의 목표가 되어야 한다는 것이 편집자들에 의해 적절히 강조되고 있다.

머리말

우리 앞에 놓인 이 책은 저널리즘과 그에 대한 연구에 관심을 가져야 한다는 확신의 산물이다. 그렇게 해야 하는 것은 저널리즘이 민주주의, 시민정신, 일상생활에 핵심적이기 때문이다. 우리는 또한 저널리즘에 대한 연구에도 관심을 가져야 하는데, 그것이 핵심적인 사회 제도인 저널리즘을 이해하는 데 도움을 주기 때문이다. 우리만 그러한 확신을 가진 것이 아니다. 저널리즘 연구는 커뮤니케이션과 미디어 연구라는 좀 더 넓은 범주의 분과학문 안에서 가장 빨리 성장 중인 영역 중의 하나이다. 비록 완벽하게 일관성이 있는 것은 아니지만 그럼에도 진지한 학술적 문헌들과 현재 진행 중인 학술 작업들이 보여주는 대로 저널리즘 연구는 그 자체로 학문적 영역이 될 만큼 성숙해졌다. 우리는 저널리즘 연구의 도래가 의당 축하받아야 하는 동시에 공고하게 자리 잡아야 한다고 느낀다.

그러한 야심을 존중하기 위해 본서는 이 분야에서 활동 중인 학자들의 만남의 장소로 고안되었다. 이 학자들의 주요 관심사는 아주 다양하며, 오랫동안 지속되어온 것이 있는가 하면, 이제 막 등장하는 것도 있다. 따라서 이 『핸드북』은 이처럼 중요한 연구 영역에서 얼마나 신속하고도 흥미로운 발전이 이루어지고 있는지, 더 나아가 이론과 연구라는 관점에서 이 영역이 얼마나 복잡하고, 풍부하며, 미래의 전망의 어떠한지를 증언하고 있다. 이 책이 저널리즘 연구의 지적 기반을 북돋우고, 나아가 독자들로 하여금 저널리즘을 다양한 인식론적·이론적·방법론적 전통을 아우르는 역동적인 연구 분야로 개괄하는 데 도움이 되기를 바란다.

본서는 이 분야와 관련해 포괄적인 해도海圖를 만들고, 국제적 맥락에서 향후의 연구 의제를 규정하려 한다. 우리는 이『핸드북』이 전체적으로 보아 글로벌한 규모에서 저널리즘 연구에 대한 감각을 제공할 수 있기를 바란다. 따라서 단지 지배적인 영미의 전통뿐만 아니라 그러한 맥락을 넘어 아프리카, 라틴아메리카, 유럽 대륙, 아시아도 함께 포함시켰다. 우리는 본서가 상당히 폭넓은 주제를 다루는 30개의 장을 포함하는 열린 광장이 되도록 만들려고 했으나 저널리즘 연구의 모든 중요한 영역과 전통을 살펴보았다고 주장할 생각은 없다. 우리는 무엇을 포함시킬 수 있는지 그리고 유감스럽게도 무엇을 제외해야 할지를 놓고 어려운 선택을 해야 했다. 말할 필요도 없지만 아무리 두툼하더라도 단 한 권의 책으로 풍부하고 역동적이며 늘 새롭게 연구 주제가 떠오르는 분과학문의 장을 완벽하게 다룰 수는 없을 것이다. 우리는 저널리즘 연구가 생산적인 학문 공동체로 지속될 것이며 이 책에서 거론되었으나 충분히 논의하지 못한 토론들은 앞으로도 동일한 열정으로 이어질 것으로 확신한다. 또한 본서가 전문적인 학술적 탐구의 장과 그것의 현재, 과거, 미래에 관한 감을 얻으려는 사람 누구에게나 유용한 개괄적인 일차 자료가 될 수 있기를 희망한다.

각 영역의 최고 전문가가 집필한 이 책은 저널리즘 연구에서 핵심적인 이론적·경험적 전통, 연구의 장, 학술 논쟁을 다룬 중요한 내용을 중심으로 구성되어 있다. 본서는 이 분야에서의 보다 일반적인 쟁점을 개괄하는 4개의 서론 격인 장으로 시작하는데, 이들 4개 장(1부)은 저널리즘 연구의 폭넓은 윤곽을 담으려는 기획 의도를 반영하고 있다. 이 책은 뉴스 생산가 뉴스 조직에 관한 연구(2부), 뉴스 콘텐츠(3부), 저널리즘과 사회(4부), 글로벌한 맥락에서의 저널리즘(5부) 등 4개의 대 주제에 따라 각각 부로 나뉘어져 있다. 이들 4개의 부에서 각 장은 연구의 현황에 관한 체계적이고 접근 가능한 개괄적 설명을 제공하고, 핵심 문제를 정의하며, 나아가 이론의 구축과 문제해결 방안을 제시하고 후속 연구의 영역을 제시한다.

이 책을 편집하면서 저널리즘 분야의 가장 저명한 학자들과 함께 일하게 된 것은 편집자들에게 즐거움이며 특권이었다. 그러나 수많은 헌신적 사람들의 도움이 없었다면 이 작업은 불가능했을 것이다. 따라서 우리는 훌륭하게 각 장을 집필한 모든 기고자에게 감사를 표하려고 한다. 또한 루틀리지 출판사의 배스게이트Linda Bathgate와 시리즈 편집자인 크레이그에게 제안서의 초안에 대해 유용한 논평을 해주고 편집 과정에서도 많은 도움을 준 데 대해 감사를 드린다. 우리는 특히 모든 장을 교열하는데 탁월한 실력을 발휘한 '앤지' 부Hong Nga Nguyen 'Angie' Vu에게 큰 신세를 졌다. 카린은 〈카디프 저널리즘 미디어문화연구 학교Cardiff School of Journalism, Media and Cultural Studies〉 동료들의 지원과 조언에 대해, 왈·바이드Jacob Wahl-Byde에게는 이 프로젝트의 중간쯤에 참여해 무한한 즐거움과 혼돈을 함께 가져온 데 대해 감사드리고 싶다. 하니취는 이 책이 편집되는 동안 인내와 지지를 보여준 취리히대학교의 매스커뮤니케이션과 미디어연구소의 동료들에게 감사드린다.

집필자

* 크리스 앤더슨Chris Anderson은 뉴욕의 컬럼비아대학교 저널리즘대학원에서 커뮤니케이션 분야의 박사 과정을 수료했다. 그의 연구는 뉴미디어 기술, 저널리즘의 권위, 전문직들의 사회학 내에서 저널리즘의 지위에 초점을 맞추고 있다. 『미디어와 사회 이론 *Media and Social Theory*』(Routledge, 2008), 『국제 커뮤니케이션 백과사전*The International Encyclopedia of Communication*』(Blackwell, 2008), 『우리 미디어 만들기*Making Our Media*』(Hampton Press, 2008) 등을 포함한 일련의 저서에 많은 장을 기고했다.

* 크리스 애튼Chris Atton은 에든버러의 네이피어대학교의 창조산업대학에서 저널리즘을 가르치는 교수이다. 사회학, 저널리즘, 문화연구, 대중음악 연구 및 정치학 등의 학제적 연구에 기반해 대안 미디어를 연구하고 있다. 『대안 저널리즘*Alternative Journalism*』(Sage, 2008, 해밀턴James Hamilton과 공저), 『대안 인터넷*Alternative Internet*』(Edinburgh University Press, 2004), 『대안 미디어*Alternative Media*』(Sage, 2002), 『대안 문학*Alternative Literature*』(Gower, 1996) 등의 저서가 있다. 현재 아방가르드와 실험 음악의 창의력의 성격, 포스트펑크 팬진post-funk fanzines의 문화정치학, 스코틀랜드의 공동체 미디어 수용자를 연구하고 있다.

* 케빈 반허스트Kevin G. Barnhurst는 시카고 소재 일리노이대학교의 커뮤니케이션학과 교수이다. 연구 분야는 뉴스 소비와 저널리즘 비평 분석이다. 저서로는 존 네론John Nerone과의 공저인 『뉴스 형식: 한 역사*The Form of News: A History*』(Guilford Press, 2001), 『신문 보기*Seeing the Newspaper*』(St. Martin's Press, 1994) 등이 있으며, 그 외 많은 논문과

24

여러 저서의 몇몇 장을 썼다. 루이지애나 주립대학교 라일리 방문 펠로우, 이탈리아의 특임 풀브라이트 교수, 하버드대학교의 쇼렌스타인 펠로우, 컬럼비아대학교의 방문학자, 페루의 선임 풀브라이트 학자를 역임했다.

* 리 베커Lee B. Becker는 애신즈 소재 조지아대학교의 교수이며, 국제 커뮤니케이션 훈련 및 연구를 위한 제임스 콕스 센터 소장이다. 그의 연구는 뉴스 저작물, 저널리즘과 노동시장 그리고 교육-훈련 기관 사이의 인터페이스, 미디어 업무 수행 평가를 포함해 다양한 주제에 초점을 맞추고 있다. 최근 저서로는 던우디Sharon Dunwoody, 맥클라우드Douglas M. McCleod, 코시키Gerald M. Kosicki와 공동 편집한 『매스커뮤니케이션의 핵심 개념의 진화 The Evolution of Key Mass Communication Concepts』(Hampton Press, 2005)가 있다.

* 대니얼 버코위츠Daniel A. Berkowitz는 미국 아이오와대학교의 저널리즘 및 매스커뮤니케이션 교수이다. 주요 연구 영역은 뉴스의 사회학, 미디어와 테러리즘이다. 버코위츠는 또한 『뉴스의 사회적 의미: 텍스트 독본Social Meanings of News: A Text-Reader』(Sage, 1997)의 편집자이다. 『저널리즘Journalism』, 『저널리즘 연구Journalism Studies』, 『국제 커뮤니케이션 가제트International Communication Gazette』, 『계간 저널리즘 및 매스커뮤니케이션Journalism & Mass Communication Quarterly』, 『커뮤니케이션 저널Journal of Communication』에 논문을 기고했으며, 『미디어와 정치적 폭력Media and Political Violence』(Hampton Press, 2007), 『미디어 인류학Media Anthropology』(Sage, 2005)에 몇 개의 장을 기고했다.

* 엘리자베스 버드Eizabeth Bird는 남플로리다대학교의 인류학과 교수겸 학과장이다. 주요 저서로는 『탐색적 사고를 위해: 슈퍼마켓 타블로이드에 대한 문화연구For Enquiring Minds: A Cultural Study of Supermarket Tabloids』(University of Tennessee Press, 1992), 『깃털로 된 옷 입기: 미국의 대중문화에서 인디언의 구성Dressing in Feathers: The Construction of the Indian in American Popular Culture』(Westview, 1996), 『일상생활에서의 수용자: 미디어 세계에서 살기The Audience in Everyday Life: Living in a Media World』(Routledge, 2003)가 있다. 50여 편의 논문과 여러 장의 글을 썼으며, 현재 뉴스 및 저널리즘의 인류학에 관한 저서를 편집중이다.

＊ 레니타 콜먼Renita Coleman은 오스틴 소재 텍사스대학교 조교수로 시각 커뮤니케이션과 윤리를 집중적으로 연구하고 있다. 『도덕적 미디어: 언론인들은 윤리에 대해 어떻게 추론하는가The Moral Media: How Journalists Reason About Ethics』(Erlbaum, 2004, 윌킨스Lee Wilkins와 공저)의 저자이다. 계간 『저널리즘 및 매스커뮤니케이션』, 『커뮤니케이션 저널』, 『저널리즘 연구』를 포함한 많은 저널에 논문을 기고했다. 『매스 미디어 윤리 저널Journal of Mass Media Ethics』의 부편집자이다. 15년간 신문기자로 근무한 바 있다.

＊ 사이먼 코틀Simon Cottle은 웨일스의 카디프대학교의 미디어 및 커뮤니케이션 교수로 미디어와 문화연구 스쿨 부학장이다. 최근 저서로 『글로벌 위기 보도: 글로벌 시대의 저널리즘Global Crisis Reporting: Journalism in the Global Age』(Open University Press, 2009)이 있다. 그 외 저작들로 『미디어화된 갈등: 미디어 및 갈등 연구의 전개Mediatized Conflict: Developments in Media and Conflicts Studies』(Open University Press, 2006), 『스티븐 로런스의 인종주의적 살해: 미디어 퍼포먼스 및 공중의 변화The Racist Murder of Stephen Lawrence: Media Performance and Public Transformation』(Praeger, 2004)가 있다. 피터 랭Peter Lang 출판사의 국제 시리즈물인 '글로벌 위기 및 미디어Global Crises and Media'의 편집장이다.

＊ 로버트 다든Robert W. Dardenne은 미국의 세인트피터즈버그 소재 남플로리다대학교의 저널리즘 및 미디어 학과의 부교수이다. 『저널리즘의 대화The Conversation of Journalism』(Praeger, 1996)를 공저했고, 『자유롭고 책임 있는 학생 언론Free and Responsible Student Press』(Poynter Institute for Media Studies, 1996)을 저술했다. 논문, 여러 저서에 기고한 여러 장, 신문 기고문은 뉴스 콘텐츠 실무, 역사 등 다양한 측면에 초점을 맞추고 있다. 풀브라이트 강연자로 1999~2000년에 중국에서 교육 및 강의를 했고, 나이지리아에서는 주요 인쇄미디어의 자문과 강의를 했다. 여러 신문과 잡지에서 12년간 기자 및 편집 간부로 일했다.

＊ 아놀드 드 비어Arnold S. de Beer는 남아프리카공화국의 스텔렌보시대학교에서 저널리즘 학과의 특임교수로 일하고 있다. 『에퀴드 노비: 아프리카 저널리즘 연구Ecquid Novi,

African Journalism Studies』의 부편집장겸 창간 편집자이며, 남아프리카미디어분석연구소 소장이다. 메릴John C. Merrill과 함께 『글로벌 저널리즘*Global Journalism*』(Allyn & Bacon, 2004, 2009)을 편집했다. 또한 영국과 미국에서 출간된 다수의 학술지에 여러 논문을 썼고, 동시에 다양한 저서에 여러 장을 기고했다. 주요 관심사는 아프리카에서의 저널리즘 교육, 미디어와 민주주의, 미디어와 갈등이다. 『글로벌 매스커뮤니케이션 저널*The Journal of Global Mass Communication*』의 창간 편집자이다.

* **윌리엄 다이넌**William Dinan은 글래스고 소재 스트래스클라이드대학교 사회학 강사이다. 학부에서 미디어와 사회를 주제로 강의하고 있으며, 대학원에서는 탐사 저널리즘의 석사 과정을 가르치고 있다. 『스핀 워치*Spin Watch*』의 편집이사회 위원이며, 최근 홍보의 역사에 관한 『스핀의 세기: 홍보가 어떻게 기업의 힘을 드러내는 경쟁력이 되었나*A Century of Spin. How Public Relations Became the Cutting Edge of Corporate Power*』(2008, 밀러David Miller와 공저)를 저술했다. 또한 『사상가, 날조자, 스피너, 스파이: 기업홍보와 민주주의에 대한 공격*Thinker, Faker, Spinner, Spy: Corporate PR and the Assault on Democracy*』(Pluto Press, 2007)을 밀러와 함께 편집했다.

* **로버트 엔트만**Robert M. Entman은 워싱턴의 조지 워싱턴대학교의 미디어, 공중, 국제 문제 분야 J. B. 샤피로와 M. C. 샤피로 석좌교수로 있다. 『권력의 투사법: 뉴스 프레임, 여론, 미국의 대외정책*Projections of Power: Framing News, Public Opinion and US Foreign Policy*』(University of Chicago Press, 2004), 『매개된 정치: 민주주의 미래에서의 커뮤니케이션*Mediated Politics: Communication in the Future of Democracy*』(Cambridge University Press, 2001, 베넷Lance Bennett과 공저) 그리고 『백인 심상 속의 흑인 이미지: 미국의 미디어와 인종*The Black Image in the White Mind: Media and Race in America*』(University of Chicago Press, 2000, 로젝키Andrew Rojecki와 공저)의 저자 또는 편집자이다. 조만간 『반복될 수밖에 없는 운명: 미디어, 전쟁 그리고 역사*Doomed to Repeat: Media, War, and History*』, 『다소 편견이 있다고? 미디어와 권력 이론*Rather Biased? A Theory of Media and Power*』이 차례로 출간될 예정이다.

* **토마스 하니취**Thomas Hanitzsch는 취리히대학교의 매스커뮤니케이션과 미디어연구소 조교수이다. 그의 교육과 연구는 글로벌 저널리즘 문화, 비교 방법론, 위기 및 전쟁 커뮤니케이션에 초점을 맞추고 있다. 4권의 저서와 50여 건의 저널에 여러 편의 논문과 여러 저서의 장을 집필, 편집했다. 『글로벌 매스커뮤니케이션 저널』의 공동 편집자이다. 수년 간 신문 및 라디오 저널리스트로 일한 바 있는 하니취 박사는 ICA의 저널리즘 연구 분과를 창설했다.

* **토니 하컵**Tony Harcup은 셰필드대학교의 저널리즘학과 조교수로 『윤리적 언론인The Ethical Journalist』(Sage, 2007), 『저널리즘: 원칙과 실천Journalism, Principles and Practice』(Sage, 2004)를 출간했다. 또한 뉴스 가치, 윤리, 대안 미디어에 관한 연구 결과는 『저널리즘 연구』, 『저널리즘』 그리고 『윤리적 공간Ethical Space』에 실렸다. 주류 및 대안 미디어에서 언론인으로 일해 왔고, 전국언론인연맹과 저널리즘교육협회의 열성 회원이기도 하다.

* **존 하틀리**John Hartley는 호주의 연구평의회연맹의 펠로우이며, 창조산업과 혁신을 위한 ARC 탁월성 센터 연구부장이다. 또한 호주 퀸즐랜드 공과대학교 특임 교수이기도 하다. 18권의 저서를 출판했으며, 이들 중 일부는 10여 개 언어로 번역되었다. 외국어로 번역된 저서로 『TV의 진실Television Truths』(Blackwell, 2008), 『원주민들의 공론장 The Indigenous Public Sphere』(Oxford University Press, 2000), 『대중 현실Popular Reality』(Arnold, 1996), 『뉴스 이해하기Understanding News』(Routledge, 1982) 등이 있다. 또한 『국제 문화연구 저널The International Journal of Cultural Studies』의 편집자이다.

* **비트 조제피**Beate Josephi는 호주의 퍼스 소재 에디스 코원대학교의 커뮤니케이션 및 예술 학교에서 석사 과정을 담당하고 있다. 『가제트』, 『글로벌 미디어 및 커뮤니케이션Global Media and Communication』 그리고 몇몇 호주 저널리즘 저널에 논문을 게재했다. 또한 곧 출간될 『도전적 환경에서의 저널리즘 교육Journalism Education in Challenging Environments』(Hampton Press)의 편집자로, 이 책은 언론자유가 제한되어 있거나 존재하지 않는 나라에서의 저널리즘 교육 문제를 점검하고 있다.

* **미르카 마디아누**Mirca Madianou는 케임브리지대학교의 사회 및 정치학대학교 소속의 사회학 강사이며, 동시에 루시 캐번디시대학교의 펠로우이다. 주요 연구 관심사는 뉴스, 특히 뉴스 소비, 미디어와 민족주의, 뉴스 커뮤니케이션 기술과 초국경적 정체성, 중개된 커뮤니케이션의 감성적 차원, 미디어 윤리, 비교 민속지학이다. 『국가를 매개하기: 뉴스, 수용자 그리고 정체성의 정치*Mediating the Nation, News, Audiences and the Politics of Identity*』(UCL Press/Routledge, 2005)의 저자이며, 현재 뉴스와 감성에 관한 저서를 집필 중이다.

* **외르그 마테스**Jörg Matthes는 스위스의 취리히대학교의 매스커뮤니케이션과 미디어 연구소에서 박사 후 연구원으로 일하고 있다. 그의 연구는 여론 형성, 미디어 효과, 뉴스 프레이밍, 뉴스 미디어에 대한 신뢰, 경험적 연구 방법론에 집중되어 있다. 『커뮤니케이션 저널』, 『커뮤니케이션 연구*Communication Research*』, 『국제여론연구저널*International Journal of Public Opinion Research*』, 『국제광고저널*International Journal of Advertising*』, 『커뮤니케이션 방법론 및 측정*Communication Methods and Measures*』 그리고 『과학에 대한 공적 이해 *Public Understanding of Science*』 등 국제저널에 여러 편의 논문을 기고했다.

* **맥스웰 맥콤스**Maxwell McCombs는 미국의 오스틴 소재 텍사스대학교에서 제시 H. 존스 100주년 커뮤니케이션 교수직을 맡고 있다. 의제 설정 이론의 공동 주창자인 맥콤스의 최신 저작은 『의제 설정하기: 매스미디어와 여론*Setting the Agenda: The mass media and public opinion*』(Blackwell, 2004)이다. 세계여론연구협회 회장을 역임했으며 저널리즘 및 매스커뮤니케이션 교육을 위한 협회로부터 연구 부문의 탁월성을 인정받아 폴 도이치먼 상을, 또한 미국 정치학회로부터는 정치 커뮤니케이션 부문의 탁월한 연구를 인정하는 머레이 에델먼 상을 수상했다.

* **존 맥마너스**John H. McManus는 샌프란시스코 베이 지역에서 뉴스의 품질을 평가하는 웹사이트인 그레이드더뉴스닷오르그GradeTheNews.org의 창시자이다. 그의 연구는 시장의 힘이 어떻게 뉴스를 좌우하는지 탐구한다. 뉴스트러스트닷넷NewsTrust.net에서 온라인뉴

스 평가 도구를 개발하는 데 일조했다. 『시장 주도 저널리즘: 시민들에게 경각심을 일깨워야 할까?*Market-Driven Journalism, Let the Citizen Beware?*』로 1994년에 미국의 〈전문언론인협회〉로부터 연구부문상을 수상했다.

* 브라이언 맥네어Brian McNair는 글래스고 소재 스트래스클라이드대학교의 저널리즘 및 커뮤니케이션 교수이다. 저널리즘과 정치의 관계에 관한 다수의 저서와 논문을 출간했으며, 대표적으로는 『저널리즘과 민주주의*Journalism and Democracy*』(Routledge, 2000), 『정치 커뮤니케이션 개론*An Introduction to Political Communication*』(Routledge, 4th edition, 2007), 『저널리즘의 사회학*The Sociology of Journalism*』(Arnold, 1998), 『문화적 혼돈*Cultural Chaos*』(Routledge, 2006)이 있다.

* 데이비드 밀러David Miller는 글래스고 소재 스트래스클라이드대학교의 지리 및 사회학과에서 사회학 교수로 일하고 있다. 최근 저작으로는 『내게 거짓말을 해봐. 이라크 공격에서의 프로파간다와 미디어 왜곡*Tell Me Lies. Propaganda and Media Distortion in the Attack on Iraq*』(Pluto, 2004), 『G8에 대한 반론*Arguments Against G8*』(Pluto, 2005, 허바드Gill Hubbard와 공저), 『사상가, 날조자, 스피너, 스파이: 기업 홍보와 민주주의에 대한 공격 *Thinker, Faker, Spinner, Spy: Corporate PR and the Assault on Democracy*』(Pluto Press, 2007, 다이넌Dinan과 공저), 『스핀의 세기: 어떻게 홍보가 기업권력의 경쟁력이 되었나*A Century of Spin: How Public Relations Became the Cutting Edge of Corporate Power*』(2008, 다이넌과 공저)이다. 또한 스핀워치닷오르그Spinwatch.org의 공동 창시자이다.

* 할바드 모Hallvard Moe는 노르웨이의 베르겐대학교의 정보과학 및 미디어 연구 학과의 박사 과정 학생이다. 주요 연구 관심사는 미디어와 ICT 정책, TV 연구와 민주주의 이론이다. 그의 연구들은 『미디어, 문화와 사회, TV와 뉴미디어*Media, Culture & Society, Television & New Media*』 그리고 『노디컴 리뷰*Nordicom Review*』에 게재되었다.

* 존 네론John Nerone은 어배너 샴페인 소재 일리노이대학교의 커뮤니케이션 연구소에서 커뮤니케이션 연구 및 미디어 학과 교수로 일하고 있다. 저서로는 『언론에 대한 폭력:

미국 역사상의 공론장 관리*Violence against the Press. Policing the Public Sphere in US History*』(Oxford University Press, 1994)이 있다. 또한 『최후의 권리. 언론의 4이론 재점검하기*Last Rights. Revisiting Four Theories of the Press*』(University of Illinois Press, 1995)의 공동저자겸 편집자이고, 『뉴스 형식: 하나의 역사*The Form of News. A History*』(Guilford Press, 2001)의 공저자이기도 하다.

* **디어더 오닐**Deirdre O'Neill은 리즈 트리니티와 올 세인츠 대학의 저널리즘 강사이다. 리즈 트리니티로 오기 전에 잡지사에 근무했으며 대학교의 홍보 담당자였고, 신문 산업을 위한 저널리즘 훈련 과정을 운영했다. 주요 연구 관심사는 뉴스 선택, 취재원, 접근과 영향이다. 그의 연구들은 『저널리즘 연구』, 『저널리즘 실천』에 게재되었다.

* **린 펠리카노**Lynn Pellicano는 APCO 월드와이트Worldwide의 여론조사 분과인 APCO 인사이트Insight에 근무하는 양적·질적 연구 분석가이다. 주요 연구 영역은 프레이밍, 여론, 매스미디어, 정치 커뮤니케이션이다. 중서부 정치학회와 조지 워싱턴대학교에서 프레이밍 효과에 관한 원고를 발표했다.

* **토스텐 콴트**Thorsten Quandt는 베를린자유대학교의 커뮤니케이션학과 교수이다. 저널리즘 연구, 온라인 커뮤니케이션, 미디어혁신연구 및 커뮤니케이션 이론을 연구, 강의 중이다. 몇 권의 저서를 출간했으며, 50여건의 논문을 국제저널과 저서에 실었다. 『저널리즘 연구: 입문*Journalism Studies: An Introduction*』(Blackwell, 근간, 하니춰와 공저)의 공동저자이다.

* **스티븐 리즈**Stephen D. Reese는 텍사스대학교 커뮤니케이션대학의 제시 H. 존스 석좌교수직을 갖고 있으며, 학사 담당 부학장이다. 『공적 생활 프레임하기*Framing Public Life*』(Erlbaum, 2001)의 편집자이고, 슈메이커와 함께 『메시지 매개하기: 매스미디어 콘텐츠에 끼치는 영향에 관한 이론들*Mediating the Message: Theories of Influence on Mass Media Content*』(Longman, 1991, 1996)을 공저했다. 최근 출간된 『ICA 커뮤니케이션 백과사전*ICA Encyclopedia of Communication*』의 지역 편집자였으며, 멕시코, 스페인, 독일, 핀란드,

네덜란드 등지의 대학교에서 강의했다.

* 마이클 셔드슨Michael Schudson은 샌디에이고 소재 캘리포니아대학교의 특임 커뮤니케이션 교수인 동시에 뉴욕 소재 컬럼비아대학교의 저널리즘대학원의 커뮤니케이션 교수이다. 미국의 뉴스 미디어의 역사 및 사회학에 관한 권위자이다. 저서로는 『뉴스의 사회학The Sociology of News』(Norton, 2003), 『미국의 기억 속의 워터게이트Watergate in American Memory』(Basic Books, 1992), 『뉴스 발견하기Discovering the News』(Basic Books, 1978) 그리고 『왜 민주주의는 불쾌한 언론을 필요로 하는가Why Democracies Need an Unlovable Press』(Polity Press, 출간 예정)가 있다.

* 도널드 쇼Donald Shaw는 채플힐 소재 노스캐롤라이나대학교 저널리즘 및 매스커뮤니케이션스쿨의 키넌 석좌교수이다. 10권의 책을 저술, 공동저술, 또는 편집한 쇼는 미디어의 의제 설정 및 19세기 미국 신문을 연구하고 있다. 6개 대학교의 방문교수였고, 20개 국에서 논문을 발표하거나 강의했다. 맥콤스와 함께 저술한 『미국의 정치적 이슈의 등장: 언론의 의제 설정 기능The Emergence of American Political Issues: The Agenda Setting Function of the Press』(West Publishing, 1977)은 20세기 최고 35권의 책 중 하나로 인정받았다. 20세기의 가장 탁월한 38명의 저널리즘 교육자 중 하나로 선정되었다.

* 파멜라 슈메이커Pamela J. Shoemaker는 시라큐스대학교의 S. I. 뉴하우스 공공 커뮤니케이션스쿨의 존 벤 스노 석좌교수로 재직 중이다. 『세계의 뉴스 언론인, 콘텐츠 그리고 공중News Around the World, Practitioners, Content and the Public』(Routledge, 2006, 코엔Abika Cohen과 공저), 『어떻게 사회과학 이론을 구축할 것인가How to Build Social Science Theories』(Sage, 2004, 탠카드James Tankard 및 라소르사 Dominic Lasorsa와 공저), 『메시지 매개하기: 매스미디어 콘텐츠에 끼치는 영향에 관한 이론들Mediating the Message: Theories of Influence on Mass Media Content』(Longman, 1996, 리즈Stephen Reese와 공저), 『게이트키핑Gatekeeping』(Sage, 1991)을 출간했다. 또한 『커뮤니케이션 연구』의 공동 편집자이다.

* 제인 싱어Jane B. Singer는 영국의 센트럴 랭커셔대학교의 디지털 저널리즘 부문의 존스

턴 프레스 석좌교수인 동시에 아이오와대학교의 저널리즘 및 매스커뮤니케이션스쿨의 조교수이다. 그의 연구는 뉴스룸 융합, 변화하는 역할, 인식, 실무를 포함한 디지털 저널리즘을 탐색한다. 저서로는 『온라인 저널리즘 윤리: 전통 및 변천*Online Journalism Ethics, Traditions and Transitions*』(M .E. Sharpe, 2007, 프렌드*Ceciliar Friend* 와 공저)이 있다. 신문 및 온라인 기자 경력을 갖고 있으며 미국저널리즘명예협회인 카파 타우 알파의 2008~ 2010년 전국회장을 역임했다.

＊ 린다 스테이너*Linda Steiner*는 칼리지 파크 소재 메릴랜드대학교의 저널리즘 교수로, 최근 저서로는 『여성과 저널리즘*Women and Journalism*』(Routledge, 2004), 『비판적 읽기: 젠더와 미디어*Critical Readings: Gender and Media*』(Open University Press, 2004)가 있다. 『미디어 커뮤니케이션에서의 비판적 연구*Critical Studies in Media Communication*』(편집자로 근무), 『계간 저널리즘 및 매스커뮤니케이션*Journalism & Mass Communication Quarterly*』(부편집자로 근무), 『저널리즘』, 『저널리즘 연구』, 『자브노스트*Javnost*』, 『매스 미디어 윤리 저널*Journal of Mass Media Ethics*』에 논문을 실었다. 주요 연구 관심사는 언론윤리, 페미니즘의 이론화, 저널리즘의 역사이다.

트라인 사이버트슨*Trine Syvertsen*는 오슬로대학교의 미디어스쿨 교수로 인문대학 학과장으로 재직 중이다. TV 프로그램, 공영방송 및 미디어 정책을 주로 연구하고 있다. 『미디어*Media*』, 『문화와 사회*Culture and Society*』, 『컨버전스*Convergence*』, 『자브노스트』, 『TV과 뉴미디어*Television and New Media*』 그리고 『노디컴 리뷰』 등 북유럽계 및 국제저널에 논문을 발표했다. 현재 '융합 미디어에서의 참여와 놀이*Participation and Play in Converging Media*'라는 협동 연구 프로젝트에 참여하고 있다.

＊ 하워드 텀버*Howard Tumber*는 런던 소재 시티대학교의 예술대학 학장이며 저널리즘학과 교수이다. 뉴스의 사회학과 저널리즘 영역의 여러 주제에 관한 글을 발표했다. 『저널리즘: 미디어 및 문화연구에서의 핵심적 개념들*Journalism, Critical Concepts in Media and Cultural Studies*』(Routledge, 2008), 『비판 받는 언론인들*Journalists under Fire*』(Sage, 2006), 『전쟁 중인 미디어: 이라크 위기*Media at War: the Iraq Crisis*』(Sage 2004), 『미디어

권력, 정책 그리고 전문적 언론인들*Media Power, Policies, and Professionals*』(Routledge, 2000) 그리고 『뉴스: 독본*News: A Reader*』(Oxford University Press, 1999)을 포함해 공동 저서와 공동 편집서 등 모두 8권의 저서를 출판했다. 또한 학술지인 『저널리즘: 이론, 실천 그리고 비판*Journalism: Theories, Practice and Criticism*』의 창간자겸 공동 편집자이다.

* **티은 반 다이크**Teun A. van Dijk는 바르셀로나 소재 폼푸 파브라대학교의 교수이다. 초기에는 생성시학generative poetics, 텍스트 문법, 텍스트 가공의 심리학을 연구했으나 최근 연구는 담론적 인종주의, 언론 속의 뉴스, 이데올로기, 지식, 맥락과 관련되어 있다. 최근 저서로는 『담론과 맥락*Discourse and Context*』, 『담론 속의 사회*Society in Discourse*』(두 권 모두 Cambridge University Press, 2008)이 있다. 새로운 저널인 『담론과 커뮤니케이션*Discourse and Communication*』을 포함해 담론 연구 영역에서 4개의 국제저널의 창간 편집자이다.

* **튜더 블래드**Tudor Vlad는 미국 조지아 주 애신즈 소재 조지아대학교의 그래디 저널리즘 및 매스커뮤니케이션스쿨의 국제 매스커뮤니케이션 훈련 및 연구를 위한 제임스 M. 콕스 센터 부소장이다. 주요 연구 영역은 국제미디어, 민주화에서의 언론의 역할, 미디어 지원 프로그램 평가이다. 저서로는 『루마니아 작가들의 영화에 대한 몰입*The Romanian Writers' Fascination with Film*』(Centrul de Studii Transilvane, 1997)과 『인터뷰: 플라톤에서 플레이보이까지*The Interview: From Plato to Playboy*』(Dacia Publishing House, 1997)가 있으며, 『저작권과 결과*Copyright and Consequences*』(Hampton Press, 2003, 리스Stephen D. Reese와 공동 편집)를 공동 편집했다. 20년 동안 언론인으로 일했다.

* **팀 보스**Tim P. Vos는 미국 미주리 주 컬럼비아 소재 미주리대학교 저널리즘스쿨에서 조교수로 재직 중이다. 곧 출간될 『게이트키핑 이론*Gatekeeping Theory*』(Routledge, 2008, 슈메이커와 공저)의 공저자이며, 게이트키핑과 미디어 역사에 관한 책의 여러 장을 썼다. 또한 미디어 사회학, 미디어 정책, 정치 커뮤니케이션, 미디어 역사에 관해 여러 학술대회에서 발표한 바 있다.

* **카린 왈-요르겐센**Karin Wahl-Jorgensen은 영국 웨일스의 카디프대학교 카디프 저널리즘 및 미디어 문화연구 스쿨의 강사이다. 저서로는 『언론인과 공중Journalists and the Public』 (Hampton Press, 2007), 『시민이냐 소비자냐?Citizens or Consumers?』(Open University Press, 2005, 루이스Justin Lewis 및 인손Sanna Inthorn과 공저), 최근 편집된 전집인 『매개된 시민성Mediated Citizenship』(Routledge, 2008)이 있다. 미디어, 민주주의, 시민에 관한 연구가 20여 개의 국제저널에 실렸다.

* **실비오 웨이스보드**Silvio Waisbord는 미국의 워싱턴에 위치한 조지 워싱턴대학교의 미디어 및 공공 문제 학교에서 조교수로 재직 중이다. 주요 연구 영역은 글로벌 맥락 속에서 보는 저널리즘과 정치, 커뮤니케이션과 글로벌 건강이다. 저서로는 『남아메리카에서의 감시견 저널리즘Watchdog Journalism in South America』(Columbia University Press, 2000)이 있으며, 『글로벌 미디어, 라틴 정치Global Media, Latin Politics』(University of Texas Press, 2002), 『미디어와 지구화: 왜 국가가 문제되는가Media and Globalization: Why the State Matters』(Rowan and Littlefield, 2001)의 공동편집자이다. 또한 『국제 언론/정치 저널The International Journal of Press/Politics』의 편집자이다.

* **스티븐 워드**Stephen J. A. Ward는 캐나다의 브리티시 컬럼비아대학교의 저널리즘대학원 원장이며, 저널리즘 윤리 교수이다. 현재 글로벌 저널리즘 윤리 및 과학 저널리즘을 연구 중이이다. 저서로는 『언론윤리의 발명: 객관성의 추구The Invention of Journalism Ethics. The Path to Objectivity and Beyond』(McGill-Queen's University Press, 2005)가 있다. 그의 연구는 『저널리즘 연구』, 『하버드 언론 및 정치 저널Harvard Journal of Press and Politics』에 게재되었다. 『매스미디어 윤리 저널The Journal of Mass Media Ethics』의 부편집장이며, 〈캐나다언론인협회〉의 윤리위원회 위원장이다. 기자, 종군기자, 지국장 등으로 13년간 언론에서 근무했다.

* **허먼 와서먼**Herman Wasserman은 셰필드대학교의 저널리즘학과에서 조교수로 일하고 있고, 남아프리카공화국의 스텔렌보시대학교의 저널리즘학과에서 특임 조교수로 근무 중이다. 『에퀴드 노비: 아프리카 저널리즘 연구Equid Novi: African Journalism Studies』의 편집자

이며, 『글로벌 매스커뮤니케이션 저널*The Journal of Global Mass Communication*』, 『아프리카 미디어 연구 저널*Journal of African Media Studies*』, 『매스미디어 윤리 저널*Journal of Mass Media Ethics*』의 편집위원으로 일하고 있다. 현재 연구 분야는 아프리카의 대중 미디어 및 시민, 글로벌 미디어 윤리이다.

* 데이비드 위버David Weaver는 미국 블루밍턴 소재 인디애나대학교의 저널리즘스쿨에서 로이 W. 하워드 연구 교수로 재직 중이다. 언론인, 미디어 의제 설정, 해외뉴스 보도, 신문 독자에 관해 10여 권의 저서와 함께 다수의 논문 그리고 다양한 책의 여러 장을 집필했다. 최근 저서로는 『글로벌 저널리즘 연구*Global Journalism Research*』(Blackwell, 2008), 『21세기의 미국 언론*The American Journalist in the 21st Century*』(Erlbaum, 2007)이 있다. 현재 2002년 미국 언론인 연구에 관한 5개년 패널 연구 최신 정보 업데이트 작업과 '채플힐 의제 설정 연구'의 40주년 기념 복제 연구에 매달리고 있다.

* 수 샤오거Xu Xiaoge는 싱가포르의 난양기술대학교의 위 킴 위 커뮤니케이션 및 정보대학에서 조교수로 재직 중이다. 주요 연구 영역은 아시아 저널리즘의 차이점, 발전 저널리즘, 온라인 저널리즘, 온라인 커뮤니케이션 등의 모델을 찾는 것이다. 저서로는 『저널리즘에서 아시아적 가치의 탈신비화*Demystifying Asian Values in Journalism*』(Marshall Cavendish Academic, 2005)가 있다. 그의 연구 논문들은 『저널리즘 및 매스커뮤니케이션 교육자*Journalism and Mass Communication Educator*』, 『아시아 커뮤니케이션 저널*Asian Journal of Communication*』, 『아메리칸 커뮤니케이션 저널*American Communication Journal*』, 『미디어 아시아*Media Asia*』 그리고 『매스컴 리뷰*Mass Comm Review*』에 게재되었다.

* 염규호Kyu Ho Youm는 미국 오리건 주립대학교의 저널리즘 및 커뮤니케이션스쿨에서 조너선 마셜 수정헌법 1조 교수직을 맡고 있다. 주요 연구 관심사는 언론자유 및 매스미디어법이다. 『국제 커뮤니케이션 백과사전*International Encyclopedia of Communication*』(Blackwell, 2008)의 커뮤니케이션법과 정책 영역을 편집해왔다. 커뮤니케이션법 필자 그룹의 회원으로 『커뮤니케이션과 법*Communication and the Law*』(Vision Press, 2008)이라는 제목의 미국 미디어법 책에 논문을 기고했다. 그의 학술 논문은 영국 상원이나

호주 고등법원 등 미국 국내외의 법정에서도 인정받은 바 있다.

* 바비 젤리저Barbie Zelizer는 필라델피아 소재 펜실베이니아대학교의 안넨버그 커뮤니케이션스쿨의 서 레이먼드 윌리엄스 커뮤니케이션 석좌교수이자 문화 및 커뮤니케이션 부문 학자 프로그램 담당 소장이다. 저서로는 『저널리즘 진지하게 받아들이기: 뉴스 및 아카데미*Taking Journalism Seriously: News and the Academy*』(Sage, 2004), 『9·11일 이후의 저널리즘*Journalism After September 11*』(Routledge, 2002, 앨런Stuart Allan과 공저), 『잊기 위해 기억하기: 카메라의 눈을 통해본 홀로코스트 기억*Remembering to Forget. Holocaust Memory Through the Camera's Eye*』(University of Chicago Press, 1998) 그리고 『시신 보도: 케네디 암살, 미디어 그리고 집단 기억 만들기*Covering the Body. The Kennedy Assassination, the Media, and the Shaping of Collective Memory*』(University of Chicago Press, 1992)가 있다. 언론인 경력을 갖고 있으며 『저널리즘: 이론, 실천 그리고 비판*Journalism: Theories, Practice and Criticism*』의 공동 편집자이다.

1부

저널리즘 연구 소개

01_
왜 그리고 어떻게 저널리즘을 연구해야 하는가

카린 왈-요르겐센/토마스 하니취

이 『핸드북』은 우리 시대의 가장 중요한 사회, 문화, 정치 제도 중의 하나인 저널리즘을 제대로 이해하기 위한 길잡이가 되고자 한다.

저널리즘은 대략 "자신에 관한 정보를 다른 사람들과 공유할 필요를 깨달은" 이후부터 존재했다(Zelizer, 2004, p. 2). 그러나 저널리즘에 대한 연구는 최근에 보다 활발해지고 있다. 학자들이 저널리즘을 연구할 가치가 있다고 판단하는 데는 몇 가지 이유가 있다. 먼저 뉴스는 우리가 세상은 물론 우리 자신과 타인을 바라보는 방식을 형성한다. 우리가 공유하고 있는 현실들은 저널리스트들이 작성하는 기사를 통해 구축되고 유지된다(Carey, 1989). 이 때문에 뉴스는 독특한 중요성을 가진 사회적 접합체가 된다. 즉 크고 작은 시사 문제들에 대한 기사를 소비하는 가운데 우리를 묶어 '상상의 공동체'(Anderson, 1983)를 형성하도록 만든다. 저널리즘의 텍스트를 일상적으로 소비하고 토론하는 의식들을 통해 지역, 한 단계 더 나아가서는 국가 공동체, 더 크게는 글로벌 사회라는 맥락에서 자신을 이해하고 구성하게 된다. 특히 저널리즘은 민주주의와 불가분의 관계에 있는 것으로 간주되며, 시민으로서의 정체성 형성에 핵심적 역할을 한다. 그리하여 시민들 사이의 대화와 숙의는 물론 더 나아가 성공적인 자치를 위해 반드시 필요한 시민과 선출직 대표들 사이의 대화와 숙의를 가능하게 해준다. 한마디로 말해 "뉴스는 정치적 행위를 가능하게 해주는 것이다"(Park, 1940, p. 678).

물론 전문직업적이고 제도적인 측면에서 저널리즘이 가진 이러한 중요성과 지속 가능성에 대해 모든 학자들이 그처럼 낙관적인 견해를 공유하는 것은 아니다. 상호작용적인 커뮤니케이션 기술의 등장으로 인해 우리가 아는 형태의 저널리즘은 이미 '사망'한 '좀비화된 제도'로 선언되었으며(Deuze, 2006, p. 2), 연구자들은 계속해서 '저널리즘이 종말을 고한 것'은 아닌지에 대해 논란을 벌여왔다(예를 들어 Bromley, 1997; Waisbord, 2001). 특히 많은 이론가들은 "그러한 저널리즘의 상실은 우리에게서 숙의 정치의 핵심 부분을 박탈하게 될 것"이라며 전통적인 정치 저널리즘의 잠재적 몰락에 대해 큰 우려를 표명하고 있다(Habermas, 2006, p. 423). 하지만 트웨인Mark Twain의 금언을 빌리자면, 저널리즘의 죽음이라는 소문은 크게 과장되었을 수도 있다. 즉 우리는 저널리즘의 종말이 아니라 재발명을 목격하고 있을 수도 있다(Weber, 2007).

하틀리(Hartley, 1996, pp. 32~34)에 따르면 텍스트 형태의 저널리즘은 "현대성mordenity을 제대로 이해하기 위한 중요한 실천 행위"이다. 저널리즘은 현대성의 핵심적 내러티브를 제공하며, 집단기억을 위한 저장고를 마련해준다. 저널리즘이 제공하는 텍스트들은 '역사의 초고'를 구성한다. 역사학자와 다른 관찰자들은 주로 저널리즘의 텍스트를 통해 사건과 사람들에 관한 서술 및 반응의 관점에서 특정한 시대를 이해하게 된다. 저널리즘은 사회적 합의(Hall, Critcher, Jefferson, Clarke & Roberts, 1978)일 뿐만 아니라 갈등(Cottle, 2006)을 표현하고 드러내는 주요 수단이다. 그렇기 때문에 기사는 지배적 이데올로기와 그에 대한 도전적 이데올로기들 사이에 지속되는 투쟁의 드라마를 드러낸다.

만약 이처럼 사회에서 결정적인 역할을 수행한다면 우리 시대 문화를 이해하려는 사람에게 저널리즘 연구는 그만큼 더 중요할 수밖에 없다. 점점 더 많은 사람이 이 분야에 열정을 쏟는 것은 이 때문이다. 오늘날 저널리즘 연구는 커뮤니케이션학과 내에서 급성장 중인 분야이다. 지난 몇 십 년 동안 저널리즘 연구자를 자임하는 학자 숫자는 엄청나게 증가했는데, 그것은 무엇보다 『저널리즘: 이론, 실천, 비평』, 『저널리즘 연구』, 『저널리즘 실천』 등 몇몇 새로운 잡지의 창간에 의해 힘입은 바 크다. 지난 몇 년 동안에는 ICA, IAMCR^International Association for Media and Communication Research, ECREA^European Communication Research and Education Association 등에서 저널리즘 연구 분과가 속속 생겨났다. 예를 들어 『브라질 저널리즘 연구^Brazilian Journalism Research』, 『에퀴드 노비』, 『아프리카 저널리즘 연구』, 『태평양 저널리즘 리뷰^Pacific Journalism Reviews』 등 저널리즘 연구를 포함하는 지역의 잡지 숫자 또한 꾸준히 증가 중이다. 또한 『영국 저널리즘 리뷰^British Journalism Review』, 『글로벌 저널리즘 리뷰^Global Journalism Review』 와 『아메리칸 저널리즘 리뷰^American Journalism Review』 등 준전문저널 숫자도 꾸준히 증가 중이다.

저널리즘 연구가 독립적 연구 분과로 자리 잡아가면서 이 분야만의 이론과 문헌 자료도 차분히 축적되고 있다. 저널리즘 연구자들을 독자로 겨냥한 책도 점점 더 많이 출판되고 있다. 『저널리즘』(Tumber, 2008), 『저널리즘 연구의 주요 개념들^Key Concepts in Journalism Studies』(Franklin, Hamer, Hanna, Kinsey & Richardson, 2005), 『저널리즘: 핵심 이슈^Journalism: Critical issues』(Allan, 2005), 『뉴스: 독본^News: A Reader』(Tumber, 1999) 및 『뉴스의 사회적 의미: 텍스트 독본』(Berkowitz, 1997) 등 최근에 나온 몇몇 저서는 모두 저널리즘 연구가 독립된 영역으로 자리 잡는 데 큰 도움이 되었다. 그 밖에 뉴스와 저널리즘 연구 안내서(Allan, 출간 예정), 저널리즘 연구에 관한 개론서(Hanitzsch & Quandt, 출간 예정) 등도 조만간 나올 예정이다. 그러나 이 분야가 확고하게 자리 잡은 이유 그리고 이후에 급성장하고 있는 이유에 대한 해석은 다양하고 복잡하다. 여기서는 다소 겹치기도 하고 공존하는 단계들도 있지만 역사적인 관점에서 뚜렷이 구분되는 저널리즘 연구의 네 단계를 지적하고자 한다. 저널리즘 연구는 독일 학자들이 저널리즘의 사회적 역할을 **규범적** 차원에서 접근한 데서 등장했다. 하지만 특히 미국을 중심으로 활발하게 진행된 **경험주의적** 전환에 의한 연구를 통해 주목받고, 이후 앵글로-아메리칸 학자들을 중심으로 한 **사회학적** 접근을 통해 도약기를 맞았으며, 최근의 글로벌·비교 **연구적 전환**을 통해 지구화된 사회의 현실들을 반영하는 규모로 확대되었다.

저널리즘 연구의 간추린 역사

전사: 규범적 이론들

저널리즘 연구는 어찌 보면 신생 학문인 동시에 전문학자들이 오랫동안 다루어온 학문 영역이기도 하다. 대부분의 관찰자는 이 분야에 대한 학술적 연구가 저널리즘이 전문직으로 자리 잡고 사회적 영향력을 행사하기 시작한 20세기 초에 시작되었다고 주장한다. 그러나 일부 학자는 그보다 훨씬 더 이른 시기를 출발점으로 본다. 예컨대 캐리(James Carey, 2002)와 하르트(Hanno Hardt, 2002)는 커뮤니케이션과 저널리즘 연구의 기원을 이루는 추동력은 19세기 중반의 독일에서 시작되었다고 말한다. 이 연구의 '전사前史' 자체는 독일의 비판적 사회 이론가들의 저서에서 발견되는데(Hardt, 2002, p. 1), 그것이 강조한 **규범적** 연구가 이 분야가 학문으로 자리 잡는 데 필요한 추진력을 제공해주었다. 지금은 고전 반열에 올라선 『언론의 사회적 이론Social Theories of the Press』(2002)에서 하르트는 언론에 대한 독일과 미국의 초기 사상가들의 견해 사이에 어떤 유사성, 연속성과 단절이 있었는지를 추적했다. 그는 19세기와 20세기 초의 독일 이론가 중 마르크스, 쉐플레Albert

Schäffle, 크니스Karl Knies, 뷔허Karl Bücher, 퇴니스Ferdinand Tönnies와 베버Max Weber 등을 저널리즘의 사회적 지위에 대한 기본 개념 설정에 큰 영향을 미친 주요 사상 가로 주목했다(Hardt, 2002, p. 15).

이와 비슷하게 뢰펠홀츠(Löffelholz, 2008)도 저널리즘 연구의 독일적 전통을 추적하면서 독일의 작가이자 문학사가인 프루츠Robert Eduard Prutz(1816~1872년)의 저서에서 현대 저널리즘 이론의 모태를 발견했다. 신문학*news-paper studies, Zeitungskunde*이 하나의 연구 분야로 자리 잡기 훨씬 전인 1845년 프루츠는 『독일 저널리즘의 역사*The History of German Journalism*』를 발간했다. 대부분의 초기 독일 이론가들은 저널리즘이 다소 재능 있는 개인들의 독창적 재주라는 관점에 입각해 역사적이고 규범적인 렌즈를 통해 이를 바라보았다(Löffelholz, 2008). 당시 저널리즘 학자들은 뉴스 생산 과정이나 구조보다는 사회적 소통과 정치적 숙의 과정에서 저널리즘이 어떤 역할을 해야 하는가에 더 관심을 쏟았다. 독일의 커뮤니케이션 학계에서 저널리즘에 대한 이러한 거시사회학적 관점은 여러모로 오랫동안 유지되었으며, 종종 경험적 연구는 무시되곤 했다. 베버는 이미 1910년에 독일 사회학회 연례 총회에서의 연설을 통해 저널리스트들에 대한 포괄적인 설문조사가 필요함을 역설했지만 1990년대 초까지도 그러한 연구는 이루어지지 않았다(Schoenbach, Stuerzebecher & Schneider, 1998; Weischenberg, Löffelholz & Scholl, 1998).

경험주의적 전환

뉴스 생산자를 포함한 생산 과정과 구조에 대한 관심은 오직 저널리즘 훈련의 맥락에서 최초로 미국에서 가장 활발하게 제기되었다. 이러한 의미에서 저널리즘에 대한 규범적/이론적이라기보다는 경험주의적 연구는 자신의 연구에서 나온 지식을 공유하는 것에 관심을 갖게 된 저널리즘 교육자들의 주도로 시작되었다. 미국의 맥락에서 보면 저널리즘 연구는 분명히 직업교육에서 출발했고(Spring, 2008), 종종 '조직 운영적' 특성을 띠었다. 1924

년에 창간된 『계간 저널리즘*Journalism Quarterly*』(나중에 『계간 저널리즘 및 매스커뮤니케이션』으로 바뀌었다)은 저널리즘 연구의 새로운 시대를 선도했다. 다른 무엇보다도 창간호에는 위스콘신대학교의 대부로 알려진 블레이어Willard 'Daddy' Bleyer의 신문 연구를 위한 핵심적 접근법을 제시하는 논문이 실려 있다(Singer, 2008). 로저스와 채피(Rogers & Chaffee, 1994)가 지적하는 대로 블레이어는 저널리즘을 실용적 직업만이 아니라 연구 대상으로도 진지하게 고려하는 저널리즘 연구의 새 시대를 여는 선구자 역할을 했다. 1930년대에 기존의 정치학 및 사회학 박사 과정 안에 저널리즘 박사 부전공 과정을 개설한 것도 블레이어의 공로였다(Singer, 2008).

영국과 덴마크 등 다른 국가에서의 저널리즘 교육은 학교가 아니라 신문사 내부에서 도제식 또는 직능 습득에 중점을 둔 단기 과정으로 이루어졌다(Wahl-Jorgensen & Franklin, 2008). 이런 여건에서 저널리스트 교육은 속기술이나 언론법 과목을 듣는 등 실용적 측면이 강했다. 저널리즘 훈련이 학교와 분리되었기 때문에 이 모델에서는 보다 성찰적이고 전문적인 접근이 결여될 수밖에 없었다. 그리고 이것은 저널리즘 훈련의 본보기였던 나라들에서 대부분의 저널리즘 연구가 다른 사회과학이나 인문학 전공자 중 이 분야에 관심을 가진 학자들을 중심으로 이루어질 수밖에 없었음을 의미했다. 이것이 저널리즘 연구가 역사적으로 학제 간 성격을 가질 수밖에 없던 핵심적인 이유 중의 하나이다.

미국에서는 1950년대 초 커뮤니케이션 연구가 대두되면서 경험적 저널리즘 연구에 새로운 추동력이 주어지게 되었다. 당시의 연구자들은 주로 사회학, 정치학, 심리학 전공자들로 살아 있는 전설로 알려져 있는 라자스펠트Paul Lazarsfeld, 호블랜드Carl Hovland, 레빈Kurt Lewin, 라스웰Harold D. Lasswell 등이 이를 선도했다. 사회과학에 출발점을 둔 이러한 연구는 이후 저널리즘에 관한 지식의 생산에 심대한 영향을 미쳤다. 이것은 특히 뉴스 미디어의 작동 메커니즘을 이해하기 위해 실험과 설문조사 등의 방법을 사용함으로써 저널리즘 연구의 경험주의적 전환을 확고히 했다.

이 시기 대부분의 연구는 시청자와 미디어 효과 연구에 집중되었다. 그러나 새롭게 등장하던 저널리즘 연구자들은 점차 편집 구조와 관행뿐만 아니라 '뉴스 종사자news people'와 이들의 직업적 가치 등에 관심을 기울이기 시작했다. 경험적 연구에 의해 제시되고 그에 기반해 설정된 '게이트키핑' 모델(White, 1950), 전문직 모델(McLeod & Hawley, 1964), 뉴스가치 이론(Galtung & Ruge, 1965), 의제설정(McCombs & Shaw, 1972) 같은 이론과 개념들이 만들어졌다. 이들 학자들의 참신한 연구는 이제 저널리즘 연구사에서 '고전'으로 통용되고 있으며 상대적으로 드문 연구들 중의 하나에 속한다. 이들은 오늘날에도 여전히 영향을 미치고 있는 중요한 연구로 남아 있으며 진정한 저널리즘 이론을 제시했다. 그리고 비록 이들의 생각 중 많은 것이 낡은 것처럼 보이고 후속 연구에 의해 대체되기도 했지만 이들이 세워 놓은 중요한 연구 전통은 저널리즘 연구 분야에서 여전히 중요성을 잃지 않고 있다. 이 고전적 연구들은 "이론이나 방법에서 가장 선진적인 것이 아닐 수도 있지만 여전히 상상력을 사로잡는다"(Reese & Balinger, 2001, p. 642).

사회학적 전환

1970~1980년대 들어 저널리즘 연구에 대한 사회학과 인류학의 영향은 점점 더 커지게 되어 '사회학적 전환'으로 이어졌다. 연구의 초점은 저널리즘의 관습과 관행, 직업과 직위에 따른 이데올로기와 문화, 해석적 공동체 등으로 이동했다. 프레이밍, 스토리텔링, 내러티브 등 뉴스 텍스트와 관련된 개념들 그리고 뉴스에서 점점 더 중요성을 더해가던 대중 등도 주요 관심 대상이 되었다. 민속기술지ethnography와 담론 분석 전략과 같은 질적 방법론의 수용과 더불어 문화적 쟁점들에 대한 관심도 높아졌다. 이 전통에서 저널리즘 연구에 지속적인 영향을 미친 대표적인 학자로는 터크먼Gaye Tuchman, 갠즈 Herbert Gans, 슐레진저Philip Schlesinger와 골딩Peter Golding이 있다. 또 캐리James Carey, 홀

Stuart Hall, 하틀리John Hartley, 젤리저Barbie Zelizer 같은 문화연구 주창자들도 빼놓을 수 없다. 종종 전국적 규모의 엘리트 뉴스 조직에 초점을 맞춘 이러한 연구는 기술적 작업을 통해 뉴스 생산 과정을 보다 잘 이해할 수 있도록 해주었을 뿐만 아니라 지배 이데올로기의 구축과 유지에서 저널리즘이 어떤 역할을 하는가에 대한 이해를 가능하게 해주었다(Wahl-Jorgensen & Franklin, 2008).

글로벌·비교 연구적 전환

저널리즘 연구는 1990년대에 접어들어 마침내 글로벌·비교 연구적 전환을 맞이한다. 물론 비교문화연구는 맥라우드Jack McLeod에 의해 일찍이 1960년대부터 시작되었지만(McLeod & Rush, 1969a, b) 저널리즘 비교 연구가 하나의 독자적 전통으로 자리 잡는 데는 20년의 세월이 더 필요했다. 국제적인 비교 연구가 전 세계적으로 등장하게 된 것은 정치적 변화와 새로운 커뮤니케이션 기술의 발달에 의해 가속화되었다. 저널리즘 연구는 냉전의 종식과 지구화의 진전에 의해 가능해졌고 동시에 먼 곳으로부터의 여러 도전에 부응할 수 있는 점점 더 많은 기회를 발견하고 있다. 새로운 커뮤니케이션 기술은 과학자들 간의 제도화된 전 지구적 네트워크의 등장을 촉발했으며, 국제적 연구를 위한 재정의 확보도 한층 더 용이해졌다. 저널리즘 자체가 점점 더 글로벌한 현상이 되는 가운데 그에 대한 연구도 점점 더 국제적이고 협업적인 노력으로 변하고 있다.

오늘날의 저널리즘 연구

지구화의 진전에도 불구하고 저널리즘 연구는 여전히 매우 다양한 학문영역으로 남아 있다. 저널리즘 연구의 이러한 다양성은 근본적으로는 각국의 상이한 전통에 의해 형성되었는데, 저널리즘 연구가 사회과학과 인문학으로부터 불균등하게 개념들을 차용해온 사실도 큰 몫을 했다(Zelizer, 2004). 그중 미국의 연구는 경험적이고 양적인 측면에 초점을 맞추고 중범위 이론 middle-range theories을 사용하고 있다는 점에서 두드러진다. 이에 비해 영국과 호주의 연구는 영국의 문화연구의 영향을 받은 비판적 전통 속에서 이루어지고 있다. 이와는 대조적으로 프랑스의 저널리즘 연구는 기호학과 구조주의에 크게 의존하고 있으며, 국제 학계에는 거의 알려지지 않았다. 또한 체계이론 및 그 밖의 다른 사회적 구별 짓기 이론의 영향을 강하게 받고 있는 독일에서는 저널리즘을 거시적으로 이론화하는 전통을 고수하고 있다. 아시아의 많은 저널리즘 연구자들은 미국에서 교육받았으며, 따라서 강력한 미국적 접근법을 체득했다. 반면 남미의 학자들은 현재 방향을 재조정해 미국의 사례에 크게 의존하던 데서 벗어나 스페인, 포르투갈, 프랑스 같은 지중해 국가들로 연구의 중심을 옮기고 있다.

하지만 저널리즘 연구가 점점 더 국제화되는 것과는 달리 이 분야의 주요 영문 학술지는 여전히 영미학자들에 의해 지배되고 있어 국제적 기고문들이 지속적으로 증가하는 현상을 반영하지 못하고 있다. 저널리즘 연구에서 최근까지 가장 중요한 학술지였던 『계간 저널리즘 및 매스커뮤니케이션』의 기고자는 대부분 미국 학자들로, 다른 국적의 기고자나 다른 나라들에 대한 기고문은 희귀하다. 이 잡지의 편집장과 편집위원회의 구성을 보면, 이 잡지가 미국 학자들의 완전한 지배하에 있음을 알 수 있다. 80명의 편집자와 편집위원 중 비미국계는 고작 2명에 불과하다(〈표 1-1〉 참고). 분명히 이 저널은 미국의 AEJMC Association for Education in Journalism and Mass Communication에 의해 발간되지만 전 세계의 많은 저널리즘과 커뮤니케이션 연구자들에 의해 폭넓게 인용되고 참고 자료로 이용되고 있다.

〈표 1-1〉 저널리즘 연구의 주요 학술지 편집장과 편집위원의 국제 분포 현황(2008년 3월)

	'미국+영국' 학자	비영어권 학자	전체
『계간 저널리즘 및 매스커뮤니케이션』	78(전원 미국)	2	80
『저널리즘. 이론, 실천 & 비평』	42	12	58
『저널리즘 연구』	35	18	50
『저널리즘 실천』	16	13	31

그러나 미디어와 커뮤니케이션 연구를 위한 국제협회International Association for Media and Communication Research, IAMCR와 ICA 등 일부 학회는 전 세계 학자들이 좀 더 균형 있게 대변될 수 있도록 적극적으로 노력하고 있으며, 이들의 회원 가입 및 참여를 활발하게 지원하고 있다. 『저널리즘: 이론, 실천 &, 비평*JTPC*』, 『저널리즘 연구*JS*』, 『저널리즘 실천*JP*』 등의 신규 저널들은 의도적으로 국제 저널을 표방하는 한편 편집위원의 구성에서도 보다 다양한 국적의 학자들이 참여하도록 노력하고 있다. 그러나 대부분의 편집장과 편집위원들은 여전히 미국과 영국 출신이며, 비영어권 출신의 학자는 소수에 불과하다. 이를 배경 으로 볼 때 위의 *JTPC*와 *JS* 기고자들의 지역 분포에 대한 최근의 조사 결과 는 전혀 놀랍지 않다. 쿠션(Cushion, 2008)은 다음과 같이 결론짓고 있다.

위의 통계는 전체적으로 학술 논문 투고에서 북아메리카와 유럽학자의 압도적 지배를 보여준다. *JS*가 훨씬 더 그러한데, 10편의 논문 중 9편이 미국 또는 유럽 출신 학자의 글이다. *JS*의 기고자 중 가장 많은 숫자를 차지한 것은 유럽 학자인 반면 *JTPC*의 경우 북미 학자가 다수를 차지하고 있다. *JS*에서 미국과 유럽이 아닌 저자의 비율은 10명 중 1명에도 못 미쳤다. 아시아와 호주 출신 저자가 *JPTC*에 기고한 비중은 그보다 조금 나아 20명 중 3명 정도였다. 아프 리카와 남아메리카 출신 학자가 이 두 저널에 기고한 글은 거의 발견되지 않는 다(p. 283).

쿠션은 나아가 『저널리즘』의 필자 전체의 거의 절반 그리고 『저널리즘 연구』에서는 1/3이상이 미국 대학교 출신이라고 지적한다(2008). 그리고 필자들의 지리적 출신은 역으로 각 저자가 연구하는 지역을 뻔히 알 수 있게 해준다. 예를 들어 미국의 뉴스 조직에 대한 연구는 매우 자세하게 이루어지고 있는 반면 아프리카, 아시아와 남미의 뉴스룸과 미디어 콘텐츠에 대한 연구는 거의 찾아볼 수 없다.

이들 저널을 포함해 대부분의 학술지에 발표된 논문은 대부분 언론인, 그들의 실제 작업 과정 및 그들이 생산하는 텍스트에 집중되어 있다. 예를 들어 지난 10년간 가장 대표적인 저널 3곳에 발표된 논문들을 살펴보면 저널리즘 학자들의 선호도가 뚜렷하게 드러난다. 미국의 맥락에서는 프레임 연구라는 패러다임이 저널리즘 텍스트에 대한 현재의 연구 대부분에 새로운 추동력을 부여하고 있는 반면 다른 지역의 학자들은 담론 분석이나 텍스트 분석을 좀 더 선호하고 있다. 하지만 『계간 저널리즘 및 매스커뮤니케이션』은 전통적으로 콘텐츠 분석에 주력해왔는데, 예를 들어 1975~1995년 사이에 발표된 논문의 25%는 이 방법을 사용했다(Riffe & Freitag, 1997). 그럼에도 불구하고 이 저널은 뉴스 소비자 연구에 다른 저널보다 훨씬 더 큰 관심을 보이고 있는데, 효과 연구 전통에서 영향을 받은 실험적 연구에 기반한 기고문이 빈번히 실리는 것을 보면 이를 알 수 있다. 제3자 효과에 대한 연구도 상당수에 달한다. 그럼에도 불구하고 저널리즘 심리학 및 사회학에 초점을 맞춘 논문이 여전히 다수를 차지하고 있다.

경험적 전통 — 이것은 커뮤니케이션 연구의 초기부터 저널리즘 연구를 지배한 바 있다 — 의 힘이 여전하고 글로벌한 관점이 점점 더 중요해지고 있지만 저널리즘 연구는 여전히 특정한 규범적 가정들의 영향을 강하게 받고 있다. 따라서 한 번 그것을 성찰해볼 필요가 있을 것이다. 즉 이 장의 시작 부분에서 암시된 대로 우리는 저널리즘이 사회적 선을 촉진하는 힘으로 시민의식 형성에 필수적이며, '제4부'를 구성하거나 국가권력의 남용을 견제하는 감시견 역할을 한다고 가정한다. 또한 저널리스트들이 표현의 자유의 수호자이자 공익을 위한 독립적인 세력으로 자임하고 있는 것으로 보고 있다. 이러한 점에서 오늘날 저널리즘을 연구하는 학자들은 어떤 분파든 모두 독일의 선구적인 사상가들의 연구 관심사를 공유하고 있다.

그러나 그러한 가정들에 의존함으로써 우리는 진보적이거나 자유주의적 전통을 가진 영미권 밖의 많은 지역에서 언론이 실제로 도구로 사용되어 온 사실을 무시한다. 전 세계의 권위주의 정부는 언론의 힘을 명확히 이해하고 있음을 보여주어 왔다. 가령 나치 독일은 이데올로기를 전파하기 위해 저널리즘을 이용했고(Weischenberg & Malik, 2008, p. 159), 중국 정부는 언론에 대해 "당이 목줄을 쥐고 있는 감시견"으로 부른다(Zhao, 2000). 또한 저널리즘이 대량학살을 촉발하거나 증오나 박해를 부추기는 등 갈등을 부추긴 사실도 잊어서는 안 된다. 이와 관련해 르완다, 라이베리아, 시에라리온 등에서 벌어진 대량학살 등의 사태가 기록으로 남겨진 바 있다(M'Bayo, 2005). 최근에는 덴마크 일간지 『율란츠포스텐*Jyllandsposten*』이 예언자 무함마드를 모욕하는 논쟁적인 만화를 게재한 이후 표현의 자유를 이유로 문화적·종교적 민감성을 무시해 논란을 불러일으킨 경우도 있었다(Berkowitz & Eko, 2007).

이처럼 복잡한 상황을 알고 있는 저널리즘 연구자들은 지구화 그리고 정치적·경제적·사회적·기술적 변화의 결과로 나타나고 있는 저널리즘 조직들, 생산 양식, 콘텐츠 자체 및 뉴스 소비자에게 일어나는 심오한 결과 등을 추적하는 데 점점 더 많은 관심을 쏟고 있다.

『저널리즘 핸드북』: 개관

본 핸드북은 그러한 문제의식을 진지하게 반영한 결과물로, 저널리즘 연구에 핵심적인 이론적·경험적 전통들 그리고 연구 주제와 학문적 쟁점 등을 비판적으로 검토할 수 있도록 구성되었다. 본서는 우리 분야에서 포괄적으로 논의되는 쟁점들을 개괄하는 서론 격의 4개 장(1부)으로 시작해 뉴스 생산과 조직, 뉴스 콘텐츠, 저널리즘과 사회, 글로벌 저널리즘 등을 주제로 다루는 본론 격의 4부로 나뉘어져 있다.

이 책은 저널리즘 연구라는 숲을 전반적으로 탐색하려는 목적에 맞추어 구성되어 있다. 먼저 저널리즘의 역사를 다루는 2장에서 반허스트와 네론은 저널리즘의 역사와 저널리즘의 역사에 대한 연구 사이의 유사성을 추적하는 가운데 좀 더 폭넓은 맥락을 제시한다. 이들의 주장에 따르면 통상적인 저널리즘의 역사들은 "기자들이 행하는 것을 현재의 저널리즘 실천의 별다른 문제가 없는 관행으로 간주하는" 경향이 있으며, "저널리즘 그 자체에 대해 보편적 주제를 다루는 위상을 지녔다"는 생각에 따라 "백인 중심적"인 점에 초점을 맞춘다. 젤리저(3장)와 조제피(4장)는 현장의 저널리스트, 저널리즘 교육자와 저널리즘 연구자 사이에서 벌어지는 논쟁적이며 진화 중인 관계를 추적한다. 젤리저는 현장과 학계의 그러한 불협화음은 "저널리즘이 세상과 조화를 이루지 못하거나 일관적이지 못한 보다 큰 괴리"를 반영하는 것이라고 주장한다. 조제피는 전 세계에서 다양한 방식으로 저널리즘 교육이 행해지는 것에 주목하면서, 비록 미국식 모델이 저널리즘 연구를 지배하고 있지만 전 세계에 확산되어 있는 다양한 경험과 교육 모델을 거의 반영하지 못하고 있다는 사실을 지적한다.

2부는 뉴스 생산의 맥락을 살펴봄으로써 저널리스트들이 하는 일을 이해하는 것이 왜 중요한가를 다룬다. 2부의 첫 장(5장)은 뉴스 조직과 뉴스 제작 관행을 다룬 베커와 블래드의 글로 시작된다. 두 사람은 뉴스 제작 관행에 대한 연구는 방대하게 이루어져 왔고, 또 저널리즘이 어떻게 현실을 사회적으로 구성하는지에 주목하도록 해주었지만 기사 형상화story ideation1)의 기저에 깔린 창조적 과정들에 좀 더 많은 관심을 기울임으로써 그러한 관점을 넘어설 필요가 있다고 주장한다. 2부의 두 번째 장(6장)은 저널리즘 이론 중 가장 오래되고 영향력 있는 것 중의 하나 즉 '게이트키핑' 이론을 좀 더 자세히 살펴보고 있다. 비록 이 이론의 뿌리는 1950년대 초반까지 거슬러 올라가지만 슈메이커, 보스, 리즈 등이 주장하는 대로 아직도 중요성을 잃고 있지 않고 있으며, 일부는 이 직업 내부에서 일어난 기술적 변화의 결과로, 다른 일부는 장 이론field theory같은 새로운 접근법 때문에 다시금 각광받고 있다.

셔드슨과 앤더슨이 쓴 7장은 저널리즘이 영향력을 가진 또 다른 이유 중의 하나인 '객관성'이라는 신화를 점검한다. 이들의 주장에 따르면 객관성은 저널리즘 문화의 형성에서 핵심적 역할을 했는데, "연대감 향상 및 차별성 창조 규범으로, 아울러 작업을 통해 드러나는 독특한 종류의 전문직의 지식을 보유하고 있다는 집단의 주장"으로 사용되었다는 것이다. 이와 관련해 저널리스트와 취재원을 다룬 글에서 버코위츠(8장)는 저널리스트와 취재원에 대한 연구가 "문화 속에서 의미를 지속적으로 만들어낼 수 있는 능력"이라는 측면에서 상호작용을 역동적으로 이해하는 쪽으로 나가야 함을 입증하고 있다. 그리고 스타이너의 글(9장)은 뉴스 생산을 이해하기 위한 몇몇 핵심적인 접근법이 뉴스룸의 권력 문제를 무시해왔다고 전제하면서 뉴스룸에서의 젠더 문제를 다루고 있다. 스타이너는 '여성적' 뉴스가 본질적으로 존재한다고 보는 관점에 대해 경고하면서 대신 새로운 저널리즘 장르와 뉴스룸 문화를 만들어내기 위해 페미니즘적 관점이 필요하다고 주장한다. 방법론과 개념에 대한 새로운 접근이 필요하다는 이러한 요구는 싱어와 콴트가 쓴 10장에서도 반영되고 있다. 두 사람은 저널리즘의 융합과 크로스·플랫폼의 등장에 의해 새로운 학문적 접근 방법이 요구된다고 주장한다.

3부는 뉴스 콘텐츠 논의를 계속해가면서 여러 이론을 통해 저널리즘 텍스트를 설명하려고 해온 다양한 이론적·경험적 관점을 집중적으로 살펴보고

---

1) '형상화'를 의미하는 ideation은 아이디어가 배열되고 형성되는 심리학적 과정을 가리킨다.

있다. 콜먼, 맥콤스, 쇼, 위버 등이 다른 사회과학 분야들에 여전히 영향을 미치고 있는 매스컴 이론 중의 하나인 '의제 설정'에 관한 장으로 3부의 첫 장(11장)을 열고 있다. 이들은 의제 설정 이론과 최근 부각되고 있는 '프레이밍' 이론이라는 관점을 구분하기가 어려움을 지적한다. 하지만 프레이밍을 다루고 있는 엔트만, 마테스, 펠리카노 등(13장)은 프레이밍이 자체의 고유하고 풍부한 전통을 갖고 있다고 주장한다. 그들은 정치 커뮤니케이션 연구에서 프레이밍은 다소 협소하게 파악되었으며, 따라서 프레이밍 효과들을 민주주의 이론의 보다 폭넓은 주제들과 연결시키는 등 이 연구를 확대하면 큰 도움이 될 것이라고 주장한다.

뉴스 가치를 다룬 12장에서 오닐과 하컵 또한 기존 개념을 신중하게 재개념화할 필요성을 제기하면서, 비록 뉴스 가치들의 목록을 뽑아내는 것이 이 분야 학자들 사이에서의 관행이었지만 이 관행은 뉴스 가치라는 개념 자체가 지속적으로 검토의 대상이 되고 시간과 공간에 따라 역동적으로 변하는 것임을 지적하고 있다. 뉴스 텍스트와 권력의 관계 그리고 이들을 둘러싼 주도권 경쟁은 저널리즘 연구의 다른 영역에서도 오랫동안 인지되어 왔다. 뉴스, 담론과 이데올로기를 다루는 장(제14장)에서 반 다이크는 저널리즘 연구자들이 뉴스가 지배 이데올로기와 융합되어 그것의 유지와 재생산에 기여하는 구체적 방식을 어떻게 개념화하는지를 증명하고 있다. 버드와 다든이 쓴 15장에서는 상업 언론에서의 권력 문제가 전면에 부각되는데, 두 사람은 뉴스 내러티브 연구자들에게 핵심적인 질문은 '**누구의 이야기**가 언론을 통해 전달되는가'라는 것이어야 한다고 주장한다. 뉴스의 상업화(16장)를 다룬 맥마너스는 이러한 견해를 미디어와 시장 사이의 관계로 연장한 후 "고삐 풀린 시장에 의존하게 되면 시민 참여를 제고하기 위해 필요한 뉴스의 질과 양을 보장하지 못한다"는 결론을 내리고 있다.

4부는 저널리즘과 사회의 관계를 보다 폭 넓은 관점에서 분석한다. 저널리즘과 민주주의를 다룬 맥네어의 글(17장)은 시민의식의 함양과 관련된 저널리즘에 대한 현재의 비관주의를 지적하지만 또한 낙관주의적으로 평가할 근거도 존재한다고 주장한다. "역사상 어느 시기에 비해서도 요즘의 평균적인 성숙한 민주주의 사회에는 평균적인 시민이 접근할 수 있는 더 많은 정치 저널리즘이 존재하기" 때문이라는 것이다. 다음 장(18장)에서 밀러와 다이넌은 공론장의 건강성을 둘러싼 논쟁을 다루며 하버마스가 말한 공론장을 이론적 기초로 삼는 "커뮤니케이션과 권력, 공론장 이론의 새로운 통합"을 요구한다.

저널리즘 윤리를 다룬 워드의 글(제21장)에서는 "책임 있는 저널리즘의 규범"이 초점이 되고 있다. 워드는 오늘날의 저널리즘은 글로벌한 맥락뿐만 아니라 지역적 맥락을 모두 진지하게 고려하는 보다 코스모폴리탄적 윤리를 요구한다는 결론을 내리고 있다. 언론법과 규제를 다루고 있는 염규호의 글(제20장)도 그와 유사한 맥락에서 이 영역의 학술 연구는 언론자유 개념을 형성하고 있는 다양한 민족적 전통과 역사의 도전들을 제대로 다룰 수 있어야 함을 보여주고 있다.

저널리즘 연구의 또 다른 맹점은 독자(수용자)에 대한 상대적 경시에서 찾을 수 있다. 저널리즘과 대중문화를 다루는 장(22장)에서 하틀리는 그간 이 분야가 소외된 것은 한편으로는 저널리스트와 다른 한편으로는 대중문화 운동가들이 서로 다른 커뮤니케이션 모델을 고수한 결과라고 주장한다. 그는 저널리즘 연구는 "생산자-공급자를 물신화하고 소비자의 주체성을 무시했다"고 주장한다. 애튼은 19장에서 종종 주류 언론의 문제들에 대해 훌륭한 대항마 역할을 하는 것으로 알려진 대안언론 및 시민언론을 다루면서 그와 비슷한 지적을 하고 있다. 그에 따르면 이 분야의 학자들은 이들 새로운 언론이 가진 잠재력이나 참여 가능성을 높이 평가하면서도 수용자들이 실제로 그러한 매체들에 어떻게 참여하는가를 제대로 설명하고 있지 못하다. 즉 뉴스 수용자를 다룬 글(23장)에서 매디아누가 지적한 대로 "뉴스에 대한 대부분의 연구는 궁극적으로는 사회에 미치는 영향과 관련되어 있지만 뉴스 수용자 문제는 흔히 명시화되지 않은 범주로 남아 있었다."

마지막에 해당하는 5부에서는 저널리즘 연구를 글로벌한 맥락 속에서 바라봄으로써 최근의 글로벌·비교 연구적 전환을 잘 보여준다. 이 5부를 여는 글(24장)에서 코틀은 "국제 및 글로벌 저널리즘 연구에서 정치학 이론을 다시 도입해야 할 필요성"이 있다고 주장한다. 그렇게 하기 위해 "이해관계가 상충하는 당사자들이 미디어에서 시간을 가로질러 갈등과 주장을 전략적으로 추구하고 수행하는 방식을 연구"할 것을 제안한다.

전쟁과 평화의 보도에 관한 장(27장)을 통해 텀버는 항상 전 지구를 배경으로 벌어지는 갈등과 분쟁을 다루어온 유형의 저널리즘을 검토하고 있다. 그의 글은 저널리즘 학자들이 전쟁 보도 기법의 변화에 어떻게 대응해왔는지를 보여주며 종군기자들의 작업뿐만 아니라 전쟁을 벌이고 보도하는 사회들의 이데올로기와 권력관계 등에 대해 말해줄 수 있는 접근 방법들을 발전시키고 있다. 상업 언론은 주로 갈등과 선정주의를 강조하는 경향이 있는 반면 공익 언론은 종종 필요한 균형을 마련해주는 것으로 믿어진다. 모와 사이버트슨은 공영방송을 다룬 장(28장)에서 이러한 규범적 기대에 비추어 "방송사가 사회에 가치 있다고 간주되는 프로그램을 제작하도록 하려고 미디어 시장에 여러 형태의 정치적 간섭을 행하려는 것"이라는 시각에서 공익 개념을 검토한다.

미디어의 구조를 결정하는 데서 공영방송은 서유럽에서는 핵심 패러다임이지만 저널리즘의 실행을 서구적 맥락을 넘어 바라보는 것 또한 마찬가지로 중요하다. 세계의 저발전 국가들에서 특히 핵심적인 의미를 가졌으며 자유주의 언론 모델과는 상충되는 접근법 중의 하나가 발전 저널리즘이다. 수 샤오거는 25장에서 이 패러다임을 다루며 아시아와 아프리카에서 이 개념이 핵심적인 위치를 차지하고 있음을 보여주면서 발전 모델의 실천에 대한 전문 학술적 관심 또한 저발전 단계임을 보여주고 있다.

26장을 쓴 웨이스보드 또한 비슷한 맥락에서 전 세계 언론인에 의해 제대로 주목받지 못하는 중요한 패러다임이 있다면서 그것이 바로 주창 저널리즘advocacy journalism이라고 주장한다. 그에 따르면 이 패러다임은 "사람들과 집단의 힘을 늘려 제도를 좀 더 인간의 욕구에 반응하게 만들려는 정치적 동원 형태이다."

전체적으로 이 글들은 저널리즘 연구의 국제화 자체가 아직 미완성임을 강조하고 있다. 특히 하니치의 글(29장)은 저널리즘 연구의 지형에 대한 비교 연구야말로 진정한 국제적인 분야로 중심적인 위치를 가진다는 점을 지적한다. 그러나 저널리즘이 실천의 측면에서는 점점 더 국제적으로 되고 있지만 이론과 방법론은 여전히 미개발 상태이며, 스스로 깨달을 수 있는 잠재력도 아직 충분히 활용되지 않은 상태이다. 게다가 30장을 함께 쓴 와서먼과 드 비어의 지적대로 이 분야가 여전히 서구 학자들에 의해 독점되고 있는 점 또한 문제이다. 저자들은 경제적 자원의 재분배만이 지식 생산의 불균형을 해소할 수 있다고 주장한다. 따라서 다양한 이유로 문화 간 비교 연구 역시 여전히 노력에 비해 성과가 부족한 분야로 남아 있다. 우선 이 분야가 기본적으로 서구 편향이 강하고 보편적으로 적용 가능한 개념이 결여되어 있는 점을 지적할 수 있다. 게다가 (국가별) 등가성 및 사례 선정이라는 문제는 오직 국제적인 협업 연구를 통해만 해결 가능하다는 점도 주요한 원인으로 작용하고 있다.

저널리즘 연구의 미래

이 책의 목적은 저널리즘 연구의 현황을 보여주는 것에 덧붙여 향후 저널리즘 연구가 지향해야 할 방향에 대해 논의하는 계기를 마련하는 데 있다. 각 장은 미래의 연구 방향에 대해 성찰하면서 현재 저널리즘뿐만 아니라 사회가 근본적으로 변화하고 있는 시대에 살고 있음을 강조하고 있다. 이러한 상황에서 저널리즘 연구가 직면한 가장 심각한 도전 중의 하나는 지구화된 권력 관계가 어떻게 그들의 이익을 형성해 가느냐에 대해 제대로 성찰하는 것이라고 믿는다.

인류학자들은 자신들의 연구 분야가 "하층을 연구하거나"(Nader, 1969) 상대적으로 무기력하고 문화와는 거리가 먼 집단에 초점을 맞추는 경향에 대해 비판적이었다. 이와 반대로 저널리즘 연구자들은 엘리트 언론인이나, 뉴스 조직, 텍스트에 지나치게 관심을 집중함으로써 "상층 연구"에 초점을 맞추거나 "엘리트 연구"에 몰두했다고 주장할 수 있을 것이다(Conti & O'Neil, 2007). 상층 연구 전통은 특정한 유형의 뉴스 작업과 뉴스 텍스트가 철저하게 기록되고 다루어지는 반면 다른 유형은 그렇지 않게 만들어버렸다. 가령 뉴스 조직에 대한 연구는 강대국의 전국 방송과 신문의 뉴스룸에서 생산되는 저널리즘에만 초점을 맞추는 경향이 있다. 이와 비슷하게 뉴스 텍스트에 대한 분석 또한 주요한 사건이나 재해 또는 엘리트 언론사의 일상적인 뉴스와 생산 과정에 초점을 맞추었다. 하지만 역동적인 저널리즘 연구를 위해서는 지금까지의 좁은 영역을 넘어서야 할 필요가 있다. 따라서 학자들은 강대국의 엘리트 언론사와 유명 언론인과 주류 저널리즘에 국한된 연구 영역의 외연을 한층 더 넓혀야 한다.

실제로 지금까지 저널리즘 연구는 작업 현장에 대한 연구를 등한시해온 경향이 있다. 이 작업 현장은 비록 화려하지는 않지만 그럼에도 불구하고 뉴스 작업자의 숫자, 콘텐츠 생산량 그리고 생산물의 수용자 수에서도 주요한 몫을 차지한다. 저널리스트의 작업 환경은 경제적·정치적·기술적·사회적 맥락에 따라 크게 다르지만 다수의 사람들이 일하는 이들 조직을 학문적으로 경시해온 것은 특히 문제가 있었다. 지금까지 훌륭히 기록되어온 저널리즘 문화는 이러한 대안적 설명이 결여되어 있기 때문에 저널리즘에 관한 보편적이고 권위 있는 해석에 걸림돌이 되고 있다. 예를 들어 대다수 저널리스트들이 지역 미디어에서 일하고 있음에도 불구하고 이들 지역 언론인의 직업적 관행에 대한 연구는 거의 이루어지지 않았다(Franklin, 2006).

물론 이처럼 주류, 전국지 또는 대도시 언론사에 초점이 맞추어지는 것은 출판이나 학계의 정치경제학을 고려할 때 어느 정도 설명이 가능하다. 연구자들은 보다 주변화된 언론의 현업보다는 저명한 전국적 규모의 엘리트 언론을 연구할 때 제도적 인정과 명성, 연구 기금, 출판, 승진 등에서 훨씬 더 유리할 수 있을 것이다. 게다가 상대적으로 소수인 엘리트 언론사는 일반화를 위한 보다 안정적인 토대를 제공하며 '공유하는 문화'를 제안하는 진술도 가능하게 해주는 반면 그보다 훨씬 더 다양한 지역 언론이나 대안언론 또는 전문적 언론의 경우 그러한 주장을 하기가 훨씬 더 어렵다(Kannis, 1991, p. 9).

이러한 측면에서 뉴스룸 내부에서 주변화된 저널리즘의 현업에 대한 연구를 소홀히 하고 있는 것은 특히 우려할 만하다. 그간의 연구는 특정한 범주의 뉴스 종사자들을 간과하는 경향이 있었다. 예를 들면 임시 고용, 다기능 근로자, 자유기고가보다는 특권을 누리는 정규직 언론인의 직업 문화에만 주로 관심을 집중했다. 저널리즘 노동력이 실제로는 점점 더 단기 고용에 기반하고 자유기고들에 의지해왔음에도 그러하다(Bew, 2006).

뉴스룸의 주변부에서 움직이는 다른 형태의 저널리즘 생산 또한 ― 뉴스 조직이 생산하는 콘텐츠의 핵심적 부분임에도 불구하고 ― 저널리즘 연구자들에 의해 소홀히 취급되고 있다. 특히 전문 분야 저널리즘은 흥미로운 뉴스 수집 과정의 연구 범위에서 제외되며, 이것은 종종 뉴스룸 위계의 낮은 단계를 차지한다. 그 결과 예술, 음악, 특집 기사 전문 기자들의 작업은 거의 주목받지 못했다(Harries & Wahl-Jorgensen, 2007). 이와 비슷하게 학자들은 어느 때보다 더 급팽창하고 있으며(Journalism Training Forum, 2002), 자본의 지구화를 포함해 보다 포괄적인 사회적 흐름과 맞물려 있는 전문 분야인 비즈니스 저널리즘에 종사하는 수많은 기자에 대해서도 별로 주목하지 않았다. 이야기 전달 방식에서 대중성도 높고 혁신적인 형태를 가진 대중적 형태의 저널리즘 역시 제대로 연구된 바 없다(본서의 22장, Hartley 참고).

융합의 중요성이 점점 더 커지는 데서 알 수 있듯이 저널리즘 연구는 토크쇼, 무료신문, 홍보전단, '시민 저널리즘'과 UGC^{User-Generated Content} 콘텐츠, 블로그, 팟캐스팅, 온라인뉴스 어그리게이터^{aggregator} 등을 검토함으로써 저널리즘의 경계가 어떻게 확장되고 있는지를 그리고 그러한 발전들이 저널리즘에 대한 우리의 이해에 어떤 영향을 미치고 있는지 탐구해야 한다. 이처럼 경계에 걸쳐 있는 저널리즘은 주변화된 뉴스 생산자들을 대변하기 때문에 (19장 참고) 빈번히 무시되어 왔지만 그럼에도 불구하고 그것이 대변하는 엄청난 지각 변동을 인식함에 따라 그에 대한 학자들의 연구가 꾸준히 증가하고 있다. 연구자들은 점점 더 지구화되는 가운데 정보 생산과 정보 소비 사이의 전통적인 경계선을 무너뜨리는 새로운 커뮤니케이션 테크놀로지를 통해 상호 연결되는 세계 속에서 저널리즘의 위치를 재평가해야 한다. 더 나아가 미디어화된 사회에서 저널리즘의 정체성과 위치 설정에 대해 새로운 문제를 제기할 필요가 있다.

이와 비슷하게 생산자와 미디어 텍스트 중심의 연구에서 뉴스 수용자에 대한 보다 섬세한 이해 쪽으로 방향을 전환함으로써 얻을 수 있는 이익도 있다. 생산, 콘텐츠, 수용자를 분리하려는 — 반복되는 — 경향은 연구자들로 하여금 아주 유용하고 중요한 연구의 방향을 보지 못하게 할 수도 있다. 저널리즘의 중요성을 제대로 평가하기 위해서라도 연구자들은 생산자, 콘텐츠, 수용자를 모두 포함하는 복합적인 과정으로 모델화해 저널리즘을 연구할 필요가 있다. 나아가 연구자들은 뉴스 생산에 영향을 미치는 개인적·조직적·사회적 요인을 실제적인 뉴스 콘텐츠와 연결시키고 이 모든 것이 뉴스 보도의 결과에 어떤 영향을 미치는지 종합적으로 살펴보아야 한다. 저널리즘을 단순히 정보 전달 과정으로 보던 전통적 비유법들을 버리고 저널리즘을 본질적으로 의미의 공적 협상에 대한 문화적 실천으로 바라볼 필요가 있다. 만약 저널리즘 관행의 기저에 깔린 권력관계를 보다 성찰적으로 살펴보려면 뉴스 생산을 둘러싼 고도로 합리화된 과정의 기저에 깔린 이데올로기적 구조들에 대한 보다 정교한 지식이 필요하다. 연구자들은 또한 그러한 구조들이 사회적·문화적 불평등을 재생산하는 방식뿐만 아니라 이러한 헤게모니 구조들에 대해 도전하거나 최소한 그것을 의문시하는 대안적 저널리즘의 잠재력에 대해서도 평가할 수 있어야 한다.

그간 덜 주목받았던 미디어나 직업적 역할 및 지역의 저널리스트에 대한 연구는 또한 세상을 지배하는 — 이것은 학문을 통해 재생산된다 — 권력관계를 바꾸는데 기여할 수도 있다. 즉 판, 챈 및 로(Pan, Chan & Lo, 2008, p. 197)의 주장대로 "다른 담론 체계와 마찬가지로 저널리즘 연구도 그러한 연구가 수행되는 사회적 배경을 반영하여, 그로부터 영감, 자원, 통찰, 성찰 방식, 대화 방식을 이끌어낼 뿐만 아니라 그러한 환경을 특수한 방식으로 형성한다"(2008, p. 197). 서구적 모델과 이론은 당연시되는 대신 어떤 특수한 지역적 관점도 특권화하지 않는 글로벌한 관점에서 도전받을 필요가 있다(본서의 30장, Wasserman & de Beer 참조).

이처럼 미디어 연구의 철저한 국제화는 문화에 대한 전문 지식을 체화한 보다 국제적인 비교 연구에 의해 가능하다. 글로벌한 비교 연구적 전환의 대표적인 연구들을 보면 그러한 추동력을 확실하게 볼 수 있는데, 저널리즘 연구가 완전한 잠재력을 드러내려면 반드시 그러한 연구가 계속되어야 한다. 따라서 저널리즘 연구는 사하라 이남의 아프리카, 중동의 일부 지역, 아시아, 남미 등을 포함해 지금까지 대부분 무시되어온 지역에 보다 주목함으로써 진정 코스모폴리탄적으로 확대되어야 한다. 비교 연구는 또한 개발도상국 학자들에게 특히 불균등하게 분배되어 있는 지식에 접근함으로써 학문적으로 상호작용할 수 있는 기회를 제공할 수 있을 것이다. 교육적인 목적을 위해서도 저널리즘 연구 분야의 국제화는 한층 더 중요하다. 많은 학자들이 저널리즘 업무가 너무나 달라 기존 문헌에서는 아무것도 참고할 만한 것이 없는 지역들에서 현재 또는 미래의 저널리스트를 교육하고 있다. 저널리즘 연구는 항상 학제간 학문이었다. 즉 이것은 사회학, 역사학, 언어학, 정치학과 문화연구 등 다양한 인문학과 사회과학 작업을 포괄한다(Zelizer, 2004). 저널리즘 학자들은 또한 저널리즘, 미디어와 커뮤니케이션 연구의 좁은 테두리를 넘어선 논쟁에 대해서도 기여할 수 있다.

마지막으로 저널리즘 연구 및 이와 관련된 전문직 영역과 학자적 영역 사이의 권력관계를 제대로 이해하고 이에 대해 보다 성찰적으로 접근할 필요가 있다. 저널리즘 연구 및 그와 직접적으로 연결되어 있는 환경 — 저널리즘 실무의 여러 영역과 저널리즘 교육 — 의 관계가 항상 쉬운 것만은 아니었다. 저널리즘 연구는 종종 이해가 상충되는 이들 세 집단 사이에 끼어 샌드위치 처지에 놓이기도 한다. 그 결과 그들 사이의 관계는 종종 불편하고 서로를 이해하지 못하게 된다.

> 저널리스트들은 저널리즘 학자와 교육자들이 자신들의 일과는 전혀 무관한 사람들이라고 말한다. 저널리즘 학자들은 또 저널리스트와 저널리즘 교육자들이 충분히 이론적이지 못하다고 비판한다. 저널리즘 교육자들은 저널리스트들이 모래 속에 머리를 처박고 있고, 저널리즘 학자들은 구름 속에 머리를 두고 있다고 불평한다(본서 3장, Zelizer).

따라서 저널리즘 연구는 과학적 연구에 의해 얻은 지식을 저널리즘 교육이나 현장에 전달하는 데 좀 더 큰 관심을 기울여야 한다. 마지막으로 저널리즘 연구는 궁극적으로는 단순히 현실을 기술하는 것을 넘어 이를 해석할 수 있는 능력을 길러야 한다. 그리고 저널리즘의 역사적 변화를 주의 깊게 추적함으로써 보다 체계적이고 장기적이며 종적인 연구를 수행해야 한다. 그러한 접근법은 저널리즘을 역사적·문화적 맥락에서 바라보고 분석할 수 있도록 해줄 것이다.

다시 말해 저널리즘 연구의 미래는 이 학문과 이 학문의 탐구 대상을 특

수한 역사적·정치적·경제적·문화적 맥락 속에서 그리고 동시에 복잡한 글로
벌한 세계의 일부로 이해하는 데서 찾을 수 있다. 저널리즘 연구의 이처럼
복잡하고 다원적인 상황은 우리가 결코 무시할 수 없는 복잡한 권력관계로
둘러싸여 있다.

〈참고문헌〉

Allan, S.(ed.).(2005). *Journalism: Critical issues*. Maidenhead: Open University Press.
Allan, S.(forthcoming). *The Routledge companion to news and journalism studies*. London: Routledge.
Anderson, B. R.(1983). *Imagined communities: Reflections on the origin and spread of nationalism*. London: Verso.
Berkowitz, D.(ed.).(1997). *Social meanings of news: A text-reader*. Thousand Oaks, CA: Sage.
Berkowitz, D., & Eko, L.(2007). Blasphemy as sacred rite/right. *Journalism Studies, 8*(5), 779‒797.
Bew, R.(2006). The role of the freelancer in local journalism. In B. Franklin(ed.), *Local journalism and local media: Making the local news*(pp. 200‒209). London: Routledge.
Bromley, M.(1997). The end of journalism? Changes in workplace practices in the press and broadcasting in the 1990s. In M. Bromley & T. O'Malley(eds.), *A Journalism Reader*(pp. 330‒50). London: Routledge.
Carey, J. W.(1989). *Communication as culture: Essays on media and society*. New York: Routledge.
Carey, J. W.(2002). Foreword. In H. Hardt(ed.), *Social theories of the press*(pp. ix‒xiv). Lanham, MD: Rowman & Littlefield.
Conti, J. A., & O'Neil, M.(2007). Studying power: Qualitative methods and the global elite. *Qualitative Research, 7*, 63‒82.
Cottle, S.(2006). *Mediatized conflict*. Maidenhead, UK: Open University Press.
Cushion, S. A.(2008). Truly international? A content analysis of *Journalism: Theory,*

Practice and Criticism and Journalism Studies. Journalism Practice, *2*(2) 280–293.

Deuze, M.(2006, May). Liquid and zombie journalism studies. *Newsletter of the ICA Journalism Studies Interest Group*, 2–3.

Franklin, B.(ed.).(2006). *Local journalism and local media: Making the local news*. London: Routledge.

Franklin, B., Hamer, M., Hanna, M., Kinsey, M., & Richardson, J. E.(2005). *Key concepts in journalism studies*. London: Sage.

Galtung, J., & Ruge, M. H.(1965). The structure of foreign news: The presentation of the Congo, Cuba and Cyprus Crises in four Norwegian newspapers. *Journal of Peace Research*, *2*, 64–91.

Habermas, J.(2006). Political communication in media society: Does democracy still enjoy an epistemic dimension? The impact of normative theory on empirical research. *Communication Theory*, *16*(4), 411–426.

Hall, S., Critcher, C., Jefferson, T., Clarke, J., & B. Roberts(1978). *Policing the crisis*. London: Macmillan.

Hanitzsch, T., & Quandt, T.(forthcoming) *Journalism research: An introduction*. Oxford: Blackwell.

Hardt, H.(2002). *Social theories of the press*(2nd ed.). Lanham, MD: Rowman & Littlefield.

Harries, G., & Wahl-Jorgensen, K.(2007). The culture of arts journalists: Elitists, saviors or manic depressives? *Journalism*, *8*(6), 619–639.

Harrison, J.(2000). *Terrestrial TV news in Britain: The culture of production*. Manchester: Manchester University Press.

Hartley, J.(1996). *Popular reality*. London: Arnold.

Journalism Training Forum(2002). *Journalists at work: Their views on training, recruitment and conditions*. London: NTO/Skillset.

Loffelholz, M.(2008). Heteorgenous — multidimensional — competing: Theoretical approaches to journalism — an overview. In M. Loffelholz & D. Weaver(eds.), *Global journalism research: Theories, methods, findings, future*(pp. 15–27). New York: Blackwell.

Kannis, P.(1991). *Making local news*. Chicago: University of Chicago Press.

M'Bayo, R. T.(2005). Liberia, Rwanda & Sierra Leone: The public face of public violence. *Ecquid Novi*, *26*, 21–32.

McCombs, M., & Shaw, D. L.(1972). The agenda-setting function of the mass media. *Public Opinion Quarterly*, *36*(2), 176–187.

McLeod, J. M., & Hawley, S. E.(1964). Professionalization among newsmen. *Journalism Quarterly*, *41*(4), 529–539, 577.

McLeod, J., & Rush, R. R.(1969a). Professionalization of Latin American and U. S. journalists.

Journalism Quarterly, 46(3), 583–590.

McLeod, J., & Rush, R. R.(1969b). Professionalization of Latin American and U. S. journalists: Part II. *Journalism Quarterly, 46*(4), 784–789.

Nader, L.(1969). Up the anthropologist ─ perspectives gained from studying up. In D. Hymes(ed.), *Reinventing anthropology*(pp. 284–311). New York: Pantheon.

Pan, Z., Chan, J. M., & Lo, V.-h.(2008). Journalism research in Greater China: Its communities, approaches and themes. In M. Loffelholz & D. Weaver(eds.), *Global journalism research: Theories, methods, findings, future*(pp. 197–210). New York: Blackwell.

Park, R. E.(1940). News as a form of knowledge: A chapter in the sociology of knowledge. *American Journal of Sociology, 45*(5), 669–686.

Reese, S. D., & Ballinger, J.(2001). The roots of a sociology of news: Remembering Mr. Gates and social control in the newsroom. *Journalism & Mass Communication Quarterly, 78*(4), 641–658.

Riffe, D., & Freitag, A.(1997). A content analysis of content analyses. *Journalism and Mass Communication Quarterly, 74*(4), 515–524.

Rogers, E. M., & Chaffee, S. H.(1994). Communication and journalism from "Daddy" Bleyer to Wilbur Schramm: A palimpsest. *Journalism Monographs, 148*, 1–52.

Schoenbach, K., Stuerzebecher, D., & Schneider, B.(1998). German journalists in the Early 1990s: East and West. In D. H. Weaver(ed.), *The global journalist: News people around the world*(pp. 213–227). Cresskill, NJ: Hampton Press.

Singer, J. B.(2008). Journalism research in the United States: Paradigm shift in a networked world. In M. Loffelholz & D. Weaver(eds.), *Global journalism research: Theories, methods, findings, future*(pp. 145–157). New York: Blackwell.

Tumber, H.(ed.)(1999). *News: A reader.* Oxford: Oxford University Press.

Tumber, H.(ed.).(2008). *Journalism.* New York: Routledge.

Wahl-Jorgensen, K.(in press). On the newsroom-centricity of journalism ethnography. In S. E. Bird(ed.), *Journalism and anthropology.* Bloomington: Indiana University Press.

Wahl-Jorgensen, K., & Franklin, B.(2008). Journalism research in Great Britain. In M. Loffelholz & D. Weaver(eds.), *Global journalism research: Theories, methods, findings, future*(pp. 172–184). New York: Blackwell.

Waisbord, S.(2001). Introduction: Journalism and new technologies. *Journalism, 2*(2), 171–173.

Weber, J.(2007). The re-invention of journalism. *Times Online,* October 1, retrieved March 13, 2008, from http://technology.timesonline.co.uk/tol/news/tech_and_web/the_web/article2569470.ec

Weischenberg, S., Loffelholz, M., & Scholl, A.(1998). Journalists in Germany. In D. H.

Weaver(ed.), *The global journalist: News people around the world*(pp. 229-255). Cresskill, NJ: Hampton.

Weischenberg, S., & Malik, M.(2008). Journalism research in Germany: Evolution and central research

interests. In M. Loffelholz & D. Weaver(eds.), *Global journalism research: Theories, methods, findings, future*(pp. 158-171). New York: Blackwell.

White, D. M.(1950). The gatekeeper: A case study in the selection of news. *Journalism Quarterly*, *27*(3), 383-390.

Zhao, Y.(2000). Watchdogs on party leashes? Contexts and implications of investigative jour-nalism China. *Journalism Studies*, *1*(4), 577-597.

Zelizer, B.(2004). *Taking journalism seriously: News and the academy*. Thousand Oaks, CA: Sage.

02

저널리즘의 역사

케빈 G. 반허스트/존 네론

역설적으로 '저널리즘의 역사'란 용어는 저널리즘이란 용어보다 더 최근에 만들어진 신조어이다. 하지만 저널리즘의 역사에 대한 담론은 사실상 더 오랜 역사를 가진다. 최초의 인쇄 매체 문화로서, 이후에는 전반적인 미디어 문화로서 '뉴스 문화'의 기원까지 거슬러 올라간다면 저널리즘의 역사는 훨씬 더 오래 전부터 논의되어 왔다고 말할 수 있다. 뉴스 문화가 새로운 형식으로 등장할 때마다 새로운 뉴스 역사의 장르도 함께 발전해왔다. 따라서 저널리즘의 역사는 전체 미디어 역사의 다양한 영역들과 서로 혼재되어 있기 때문에 경계를 명확하게 구분하기가 쉽지 않다. 특히 1970년대 이후 저널리즘의 역사는 정체성 혼란을 겪어왔으며, 이러한 위기는 오늘날 전반적인 저널리즘의 정체성 위기와 밀접한 연관이 있다.

저널리즘의 역사는 다양하게 나타나기 때문에 정체성을 가장 명확하게 규정짓는 방법은 역사를 되짚어보는 것이다. 이러한 방법이 가진 장점은 저널리즘의 역사 서술이 전체 뉴스 문화의 개념을 규정짓고 정리해 저널리즘의 역할을 보여줄 수 있다는 점이다. 즉 저널리즘의 역사는 오늘날 수많은 학자들에게 저널리즘과 관련된 우발적이고 복잡한 사건들을 보여줌으로써 '전문적 저널리즘'과 관련된 역사적 사건들을 비평하는 필수불가결한 수단이다.

저널리즘의 역사는 크게 두 가지 근원에서 비롯된다. 첫 번째 근원은 커뮤니케이션 도구의 진화에 대한 일종의 지적 호기심으로부터 시작된다. 커뮤니케이션 도구에 대한 학자들의 관심은 플라톤의 『파이드로스Phaedrus』까지 거슬러 올라간다. 『파이드로스』는 글쓰기에 대한 이성적 측면을 논한 저서이다. 유럽의 계몽주의 사상가들은 특히 글 읽기와 인쇄 신문이 어떤 방식으로 인간의 사회, 문화, 정치 생활에 근본적이고 구조적인 변화를 가져다주었는지에 대해 주목했다(Heyer, 1988). 이니스Harold Adams Innis와 맥루한 같은 20세기 사상가들도 비슷한 관심을 나타냈다. 저널리즘의 역사 연구에서 이러한 주장들은 종종 저널리즘 발달 과정에서 기술이나 하드웨어의 중요성만 강조하는 경향으로 비추어질 수 있다. 즉 포괄적 역사에서는 종종 증기 인쇄기나 방송 기술 같은 신기술의 도입이 역사 서술 과정에서 중요한 전환점으로 작용한다. 또한 기자들의 자서전을 보면 편집국에 도입된 신기술로 인해 변화된 기자들의 취재와 보도 환경을 중심으로 서술되기도 한다.

저널리즘의 역사에 관한 두 번째 근원은 현장에서의 기자 업무와 좀 더 관련되어 있다. 뉴스 취재 방식이 점점 발전하고 전문화되어 감에 따라 저널리즘의 역사는 저널리즘 현장 업무와 함께 발전했으며, 이에 대한 역사적 인식은 저널리즘의 역사를 구성하는 하나의 특징으로 자리 잡아왔다.

전사

인쇄된 신문들은 17세기 초에 유럽에서 처음 등장했다. 이들 신문은 소위 '인쇄 혁명'의 가장 마지막 작품이다(Eisenstein, 1979. Johns, 1998). 인쇄

기계는 등장 초기에 주로 이전에 손으로 베껴 썼던 책이나 출판물들을 대량 생산하는 데 이용되었다. 신문이 인쇄기 등장 초기부터 생산되지 못했던 이유는 당시 인쇄업자들이나 자본가들에게 유용성 측면에서 주목받지 못했기 때문이다. 그러나 종교개혁을 이끈 당시 종교적 논쟁과 새로운 경제 주체들과 시장 중심 사회의 등장으로, 기업가들과 시민운동가들은 신문을 실질적인 미디어로 활용하기 시작했다.

초기 신문은 기업가, 상류 지배층, 캘뱅주의자 등 특정 계층의 독자층을 중심으로 소비되었다. 그 후 19세기 중반에 신문은 서구 유럽의 주요 도시에서는 대중적으로 보급되었다. 당시 상업과 종교적 독립을 주도했던 도시인 암스테르담은 1620년 최초의 영어 신문(『코란토스Corantos』라고 불린 주간지)이 발행된 중요한 지역이었다.

18세기까지 대부분의 국가에서는 신문이 정치적 이슈를 다루지 않았다. 그러나 부르주아 공론장(Habermas, 1989)의 등장은 신문을 상업 수단과 종교적 논쟁의 도구에서 정치적 논쟁과 숙의의 장으로 탈바꿈시켰다. 신문은 부르주아 혁명 시기에 중요한 역할을 했던 것이다. 영국의 명예혁명, 미국 독립혁명, 프랑스 대혁명 등 서구 대부분의 주요 혁명은 새로운 뉴스 혁명과 인쇄 매체의 활발한 논쟁을 야기했다.

유럽과 북아메리카에서 정치 체계가 발달함에 따라 정치인과 정치 행위를 위한 규범이 신문에 등장하기 시작했다. 또한 신문은 여론을 반영하는 중요한 역할을 하기 시작했다. 신문 담론이 이처럼 자신의 고유한 역할을 선포함에 따라 하버마스(Habermas, 1989)가 부르주아 공론장이라고 기술했던 것과 더불어 합리적 담론에 대한 일련의 기대를 주창하게 되었다. 그러나 역사학자들은 하버마스가 말했던 이러한 주장들이 뉴스의 사회학적 현실을 말하는 것인지에 대해서는 동의하지 않는다(Lake & Pincus, 2006; Mah, 2000. Raymond, 2003). 즉 공개성, 비인격성, 합리성 등 하버마스가 18세기 공공 담론을 설명하면서 사용했던 개념들에 대해서는 의문을 제기한다. 그러나 당시 신문들은 정파적이고, 열정적이고, 배타적이긴 했지만 — 이것은 주로 부유한 백인 남성 독자들을 위한 것이었다 — 한편으로는 지속적으로 보편적인 합리적 감독의 규범들에 호소했다. 신문 담론의 대표적인 사례로는 흔히 카토Cato의 편지(Trenchard & Gordon, 1723)와 푸블리우스Publius의 편지를 재인쇄한 것들이 손꼽힌다. 특히 푸블리우스의 편지는 푸블리우스라는 필명으로 편지를 출간한 [『연방주의자 논집Federalist Papers』을 공동으로 발표한] 세 명의 정치 지도자 매디슨James Madison, 해밀턴Alexander Hamilton, 제이John Jay 중 하나가 쓴 것이었다. 이들 3명의 정치인은 이후 『연방주의자 논집』으로 더 잘 알려진 신문을 발행하기도 했다. 그들의 필명은 고대 로마 공화국에 산 한 인물로부터 유래되었으며, 글자 그대로 번역하면 '공인' 혹은 '시민'이라는 뜻이다. 수사학적 의미로는 공동선에 대한 비정파적 관심을 강조한 것이다 (Furtwrangler, 1984).

18세기 혁명들로 인해 미디어와 민주주의 간의 관계가 형성되기 시작했다. 정치적 정당성의 원천이 혈통과 신神으로부터 시민들의 의지로 넘어갔다. 이 때문에 좋은 정부의 주된 관심사는 시민의 목소리, 즉 여론을 통한 공감을 지속적으로 창출하는 것이었다. 정치 사상가들은 여론 문제에 대해 숙고했다. 그들은 과연 정부가 여론을 반영할 수 있는지에 대한 현실적 경험을 거친 후 국가적 커뮤니케이션 시스템이 필요하다고 역설하기 시작했고, 이를 위해 우편 체계와 교통망 등 사회기반시설 건설을 독려했다(John, 1994; Mattelart, 1996).

18세기에 이르기까지 뉴스 문화에 대한 규제와 검열이 필요하다는 공감대가 형성되었다. 인쇄물을 통한 뉴스 확산이 '30년 전쟁'(1618~1648년)과 함께 일어났고, 이 전쟁으로 더욱 가속화되었다. 즉 종교개혁을 이끈 긴 전쟁은 결국 인쇄된 뉴스의 확산이 중요한 원인이 되었다고도 볼 수 있다. 따라서 당시 유럽 국가들은 시민들의 자유로운 토론을 통제하는 것이 평화와 권력의 안정성을 유지하는 데 필수적이라고 생각했다. 바티칸과 함께 유럽 국가들은 허가제와 금지제도를 포함하는 언론 통제제도를 만들었다(Siebert, 1952). 한편 인쇄업자들이나 서점들도 저작권과 특허권을 얻기 위해 노력했다. 요컨대, 유럽 국가들은 한편으로는 이들에게 책임 있는 행동을 촉구하면서도 다른 한편으로는 이들에게 수익을 보장하는 독점 체제를 허용했던 것이다(Feather, 1987; Bettig, 1996).

'언론자유'는 초기 저널리즘의 역사에서 자주 언급된 일반적 담론이었다. 시민 혁명 시기 동안 검열제도에 맞섰던 몇몇 영웅적 출판업자들과 시민 운동가들의 선언들은 다양한 정부 형태에 대한 공적 담론의 한 부분으로 자리 잡아갔다. 향후 한 세기 이상에 걸쳐 자유주의 사상의 전범이 탄생했고, 이것은 밀턴, 제퍼슨, 페인 등의 사상가들이 서로 대화를 나눌 수 있는 풍토를 제공했다. 당시 담론들은 이후 저널리즘의 역사의 공유된 문화의 일부분을 형성했다(Peters, 2005).

18세기 혁명의 시대는 민주적 통치가 공정하고 이성적 담론의 원칙에 의해 지배받는 논의의 장에서 형성된 여론을 기반으로 해야 한다는 사실을 강조했다. 그러나 이러한 이론은 항상 신문을 정파적으로 이용하는 현실과 충돌하곤 했다.

19세기 초반 대부분의 서양 국가들에서는 뉴스 문화의 정파적 모델이 우세했다. 이 시기에 저널리즘이라는 단어가 나타나기 시작했다. 프랑스어 어원을 가진 '저널리즘'이란 단어는 초기에는 '개인 의견의 기록'이라는 의미로 알려져 있었는데, 혁명 이후에 특히 많이 사용되었다. 저널리즘이란 단어는 1830년경 영어권으로 들어갔으나 여전히 공적 문제에 대한 정파적 논쟁이란 의미를 가졌는데, 이것은 정치적 역기능의 상징으로 부정적 의미를 함축하고 있다.

비록 좋은 의미로는 쓰이지 않았지만 정파적 저널리즘은 점점 긍정적으로 활용되기 시작했다. 민주주의 정부가 일반적 현상으로 발전함에 따라 정치적 투쟁의 모습이 건강하게 해석되기 시작한 것이다. 마치 시장에서의 경쟁과 같이 정치적 논쟁은 일반 시민들의 사회적 행복을 위한 행위로 받아들여졌다. 또한 19세기 초반부터 중반까지 대부분의 서유럽과 북아메리카 국가들이 언론 규제를 완화함에 따라 이전보다 좀 더 자유로워진 신문시장은 정파적 저널리즘과 합쳐지면서 자유로운 의견들이 교환되는 일종의 여론 시장을 형성하기 시작했다.

등장

이 시기에 향후 저널리즘의 역사의 첫 작품이 될 만한 것들이 등장했다. 이전 작품들은 몇몇 출판물들 가운데서도 신문을 포함하는 인쇄물들의 성장을 설명하는 초기 연대기들을 포함한다(예를 들어 Thomas, 1970[1810]). 언론의 등장을 축하하는 성격을 나타낸 이러한 작품들은 흔히 애국적이었으며, 민주정부 및 언론자유의 승리에 도취되어 있었다. 이러한 작품들은 역사학자들이 말하는 소위 휘그적 역사 이론의 범주에 속한다. 이 용어는 자유의 점진적 확산을 주장함으로써 발생하는 자유와 권력의 피할 수 없는 충돌 과정에서 구축된 거대 담론을 가리킨다(Butterfield, 1931). 휘그 모델의 저널리즘의 역사는 저널리즘 및 언론자유에 대한 개념들이 극적으로 변화한 20세기에 들어와서도 여전히 절대적 영향력을 갖게 되었다(Carey, 1974; McKerns, 1977).

휘그적 역사는 전기傳記적 경향을 가진다. 자유가 진보한다는 생각에 의존했기 때문에 이 모델은 역사적 변화를 가져온 강력한 인물의 이야기를 변화를 가져온 인물로 묘사하는 경향이 있다. 또 언론사가 의인화되기도 했다. 예컨대 초기 신문 발행인의 전기가 그러했다. 이전의 조력자가 과거에 모신 발행인을 대중의 기억 속에 각인해 놓기도 했고, 그들의 관점은 발행인과는 전혀 상관없는 작가에 의해 전기의 배경이나 후속 작품을 통해 지속되기도

했다. 파튼(Parton, 1855)의 그릴리Horace Greeley 전기가 미국에서 그러한 유형을 확립했고, 그 후 저자들은 베넷James Gordon Bennett(Pray, 1855; Crouthamel, 1989), 퓰리처Joseph Pulitzer(Ireland, 1937〔1914〕; Seits, 1970〔1924〕), 허스트William Randolph Hearst(Winkler, 1928; Older, 1972〔1936〕), 스크립스Edward Scripps (Gardner, 1932; Cochran, 1933) 같은 유명한 신문 재벌의 전기도 이러한 유형을 따랐다.

19세기 중반에서 말기 사이에 집요한 세금 부과와 언론 규제가 이루어지자 미국과 유럽의 여러 국가에서 대중 언론이 등장하기 시작했다(Chalaby, 1998). 이전보다 상업화된 언론은 점점 더 광고 수입에 의존했으며, 그 결과 초기의 정치적 신문보다 폭넓은 독자를 고객으로 삼았다. 신문사들은 이처럼 광범위한 독자를 성별, 나이, 계층 등으로 세분화했고, 특정 계층에 알맞은 내용을 전달했으며, 다시 광고주에게 이 독자들을 팔기도 했다. 이처럼 대량으로 구독되는 언론에서 다루는 뉴스는 범죄 뉴스 같은 사건 중심의 보도가 많았으며, 이전보다 사회적·문화적 주제, 즉 인간적 흥미를 가진 뉴스를 더 많이 보도하기 시작했다.

저널리즘은 뉴스 보도를 전담하는 활동이라는 현재의 의미로 발전하기 시작했다. 동시에 이 시기에 저널리즘은 '다른 의미'들과 구분되기 시작했다. 대중 수용자가 성장함에 따라 대중 언론은 점점 독자에게 선정적인 이야기를 제공했으며, 사회적 주변부라는 명성을 얻게 되었다. 선정주의적인 옐로 저널리즘은 한 국가에 한정된 현상이 아니었는데, 이 명칭은 아마도 새로운 펄프 공정으로 생산된 값싼 종이에서 유래했거나 아니면 초기의 싸구려 범죄 소설의 노란색 표지에서 따왔을 가능성이 높다. 삽화가 들어간 신문 역시 당시 대중의 사랑을 받았다. 이런 신문은 처음에는 영국에서, 그 후에는 프랑스와 스페인, 그 후 북아메리카와 기타 유럽 국가들에서 등장했다(Martin, 2006). 대중 신문의 성장과 함께 뉴스의 정치적 논쟁이 시작되었다. 개혁가들과 기성 지식인들은 저널리즘이 국민의 지식과 도덕성에 악영향을 미친다고 비판했다. 신문 보도의 일화적 속성은 독자들이 복잡한 이슈나 숙의를 하는 데 방해만 될 뿐이며, 스캔들이나 선정적 사건에 대한 뉴스 보도가 국민들의 건전한 풍습을 해친다는 것이었다.

이에 따라 저널리즘은 뉴스 문화를 좀 더 고차원적이고 고품격으로 만들기 위한 작업을 시작했다. 이러한 작업은 뉴스 문화의 품격을 추구하는 사람들의 성향과도 일치했다. 미국에서는 이러한 작업의 결과로 헌법 안에 프라이버시권이 함의되었음이 발견되었다(Warren & Brandeis, 1890). 다른 관련자들도 뉴스를 정화하려는 기자들의 임무를 지원할 이유가 있었다. 발행인들은 자신들의 이미지를 좀 더 고결하게 만들고 독자들로부터 스스로를 보호하기 위해 언론이 권력을 갖는 게 위험하다는 생각을 갖기 시작했다. 기자들도 자신들의 일을 고결한 것으로 향상시키기를 열망했다.

저널리즘 발전 프로젝트는 뉴스 작업의 분화와 함께 진행되었다(Nerone & Barnhurst, 2003). 뉴스 제작자들은 3가지 유형으로 나뉘었다. 뉴스 기사를 모으고 칼럼을 쓰는 편집간부editors, 먼 지역에서 장문의 편지long letters를 쓰고 일반적으로 흔히 자신의 목소리와 태도를 표출하는 특파원 또는 통신원들correspondents 그리고 출입처에서 뉴스를 긁어모으고 모임 및 뉴스 이벤트를 있는 그대로 기록한 기자들reporters이 그들이다. 저널리즘을 향상시키려는 시도는 이런 업무 분화에 대한 적응을 진전시켰다. 전문적 저널리즘의 원초적 형태는 기자와 선임기자의 직책을 합친 모습으로 나타났고, 이것은 또한 그들(기자 및 고참 기자)과 편집간부들을 한 편에 두고 경영자들을 다른 편에 둔채 튼튼한 분리 장벽을 구축하는 관행으로 이어졌다. 이처럼 재규정된 저널리즘에서 유래하는 자율성의 증가는 미국에서는 추문 폭로의 증가로 뚜렷이 드러났고, 다른 곳에서는 다른 형태의 폭로 저널리즘으로 나타났다.

전문직화

20세기 초에 서구의 저널리즘은 전문직화 경향으로 발전했다. 이 과정은 기자단이나 기자협회, 저널리즘스쿨 등을 세우고, 윤리규정을 만들면서 진행되었다. 몇몇 국가에서는 기자들이 노조를 만들기 시작했고, 다른 국가에서는 정부가 자격증을 수여하는 제도를 만들기도 했다(Bjork, 1996). 모든 선진 국가들에서 뉴스 시스템의 가장 산업화된 부분을 중심으로 독점 양상이 나타나기 시작했고, 특히 대도시 신문사와 통신사들을 중심으로 그런 현상이 두드러졌다. 이들 언론사들은 언론계의 이러한 자율적 변화를 지지했다.

전문직화 프로젝트는 약간은 다른 차원의 저널리즘의 역사를 요구했다. 새로 생겨난 저널리즘스쿨들은 무언가 교훈적 역사를 원했으며, 미래의 기자들에게 모범이 될 만한 교훈을 가르쳐주길 희망했다. 여기에 과거의 역사를 자유와 계몽의 진보 과정으로 설명하는 저 오래된 휘그적 역사가 유용했다.

뉴스 산업을 가르치기 위해서는 비즈니스를 위한 조건을 보다 잘 이해하는 것이 필요했다. 미국과 같이 좀 더 상업화된 뉴스 조직을 가진 나라들은 '시장에서의 구원'이라는 이야기를 여기에 포함시켰다. 미국의 저널리즘스쿨에서 가장 많이 사용된 역사 교재들은 독립적 저널리즘이 정파성을 완전히 사라지게 한 시장의 산물이라고 서술했다(Nerone, 1987). 이러한 시각은 표준적 교과서(Bleyer, 1973; Mott, 1941. Emery & Smith, 1954)뿐만 아니라 저널리즘의 역사에서 고전으로 여겨진 몇몇 핵심 논문에서도 분명히 드러났다. 예컨대 미국에서는 리프만Walter Lippmann의 『미국 언론의 두 가지 혁명 Two Revolutions in the American Press』(1931)과 파크Robert Park의 『신문의 자연사Natural History of Newspaper』에서 그러한 입장을 찾아볼 수 있었다. 그러나 시장의 힘에 대한 이러한 믿음은 몇 가지 이유로 이상하게 들린다. 그것은 마치 19세기말에 저널리즘의 전문화를 재촉했던 대중시장 언론을 의도적으로 망각할 것을 요구하는 듯하다. 또한 통신사와 새로운 매체인 방송에서 형성된 독점 상황을 간과하도록 했다. 이런 상황은 미디어 권력에 대한 국민의 우려를 일으켰고, 나아가 뉴스 문화의 표준을 제시하는 계기를 제공했다. 시장에 대한 믿음은 또한 전문화 계획의 핵심 부분인 편집과 경영 사이의 '명확한 구분'에 대해서도 반대 논리를 펴는 것처럼 보였다.

20세기 들어오면서 서구의 대부분의 국가는 전문화라는 이름으로 저널리즘을 제도화했다. 저널리즘스쿨을 세우고, 윤리규정을 만들고, 자격증 기준을 정하고, 노조를 만드는 등 일련의 과정은 소위 저널리즘의 하이 모더니즘high modernism의 형성에 기여했다(Hallin, 1992, 1994). 독점적인 전국 방송사(영국의 BBC나 이탈리아의 RAI) 또는 소수 과점적 상업 체제와 연계된 방송 저널리즘의 등장은 뉴스 제작의 전문화를 더욱 가속화시켰다. 20세기에 일어난 세계 전쟁은 특히 선전의 영향력에 대한 우려를 가중시켰고, 미디어의 책임을 강화하려는 움직임에 큰 영향을 미쳤다. 미디어의 대기업화와 그에 대한 비판 역시 전문직화를 강화시켰다.

서구 국가들 사이에서도 전문직 저널리즘의 제도화 단계는 다양했다. 핼린과 만치니(Daniel Hallin & Paolo Mancini, 2004)는 다음과 같은 세 가지 모델의 '미디어 시스템'을 제시했다. 즉 남유럽 국가들의 정파주의(분극화된 다원주의), 북유럽 국가들의 사회민주주의(민주적 협동조합주의 체제), 북대서양 국가들의 시장주의 체제(자유주의 체제)가 그것이다. 그러나 이들 세 체제는 모두 전문직 저널리즘을 보전하기 위해 정부나 시장 혹은 정당의 영향력으로부터 어느 정도의 자율성을 지키기 위해 노력했다.

한편 자율적 저널리즘 모델은 언론자유 개념과 함께 개발도상국 및 아시아 국가들로 이전되었다. 아메리카 대륙의 국가들에서는 정파적 저널리즘 형태가 19세기에 일어난 민족해방운동과 더불어 뿌리를 내렸다. 그러나 제2차세계대전 이후, 특히 1970년대 새로운 저널리즘 모델이 등장하는데, 미국에서 시작된 '탐사 저널리즘'이 그것이다. 이것이 기존의 정파적 저널리즘 모델을 보완하거나 대체했다(Waisbord, 2000). 아시아, 특히 중국에서는 20세기를 여는 수십 년 동안 독립된 저널리즘에 관한 의식이 초기 민족주의 운동 과정에서 중요한 역할을 했다.

대안들

19세기의 급진적 정치 이론은 다른 차원의 전문직주의라는 개념과 더불어 대안적 저널리즘의 비전을 보여주었다. 이것은 20세기에 들어와 공산주의 국가의 미디어 시스템에 영향을 미치기도 했다. 마르크스주의와 유물론은 이념 영역의 독립성을 의문시했다. 즉 이러한 철학적 이념들은 커뮤니케이션, 특히 미디어 커뮤니케이션을 일종의 물질적 산물로 이해했다. 커뮤니케이션의 자본주의 시스템은 자본주의 사회에서 계급 구조를 수립하고 계급 권력을 재생산한다. 이처럼 독특한 활동의 저널리즘은 일상적으로 계급 권력을 신비화한다. 따라서 자본주의 이후의 미디어 시스템들은 계급 권력을 드러내고 나아가 이를 극복해야 한다. 그러한 시스템들은 저널리즘을 두 개의 서로 대조적인 방식으로 다시 그려낼 수 있다. 저널리즘이 일반 시민의 영역으로 되돌아갈 수 있거나 아니면 선봉대의 역할을 맡을 수 있는 것이었다. 첫 번째 경우는 저널리즘이 시민들의 일상의 일부분이 된다는 점이다(이와 관련해서는 추후 다시 논의할 것이다). 하지만 후자의 경우는 반대로, 저널리즘 활동의 전문화이다. 공산주의 국가에서 미디어 시스템은 결국 당의 선봉대 역할을 했다.

저널리즘에 대한 이러한 이해는 서구 저널리즘의 근원에 대해 분명히 다른 차원의 해석을 제기하는 것이었다. 서구 저널리즘은 부르주아 계급의 성장이라는 특성과 함께 자본주의적 헤게모니를 재생산하는 이데올로기 장치의 일부였다. 저널리즘의 영웅들은 용감한 기자들이 아니라 기득권층을 비판하는 신념에 찬 열성 당원들이었다. 마르크스 자신도 한때는 그러한 저널리스트였다. 마르크스는 본국에서 추방되어 오랜 기간 런던에서 생활하던 시기에 생계를 위해 그릴리^{Horace Greely}의 『뉴욕 트리뷴』 유럽 특파원으로 일했다.

제2차세계대전이 끝날 시기에 새로 형성된 세계 질서는 애매모호한 자유주의를 받아들였다. 유엔 헌장은 피치자의 동의에 기반한 주권이라는 개념을 명시했고, 당시 모든 신생 국가의 헌법도 이를 따랐다. 〈세계인권선언〉은 표현의 자유와 커뮤니케이션의 권리를 지지했다. 하지만 이러한 공식화된 선언은 국가별로 다양한 해석과 다양한 체제를 포괄하고 있었다. 핼린과 만치니(Hallin & Mancini, 2004)가 규정한 북대서양 혹은 자유주의 모델은 소통할 권리를 미국식의 뉴스 미디어, 그리고 이를 보완하는 통신 서비스의 확대를 승인하는 것으로 해석했다. 다른 학자들은 커뮤니케이션의 권리란 미디어의 권리가 아니라 국민의 권리를 가리키는 것으로 해석했다. 왜냐하면 미디어는 이러한 국민의 권리에 봉사하는 '사회적 책임'을 떠안고 있기 때문이다. 미국에서 언론의 사회적 책임이라는 개념은 허친스 위원회 보고서(1947년)에 강력하게 표현되어 있다. 이 보고서는 언론의 책임에 대한 반향을 일으켰으나 이를 글로벌 담론으로 격상시키지는 못했다.

전후의 세계정세는 미디어 시스템의 비교 연구에 근거한 저널리즘의 역사에 관한 또 하나의 강력한 프레임을 등장시켰다. 이와 관련된 가장 대표적인 사례는 『언론의 4이론』(Siebert, Peterson & Schramm, 1956)으로, 이 책은 인간, 국가, 진실의 성격에 대한 철학적 전제를 기반으로 단순화한 모형을 제시했다. 많은 비평가가 이러한 접근 방식의 결점들을 지적했다. 그것들 중에는 자유주의적 전제들에 대한 비성찰적 통합, 그것이 신자유주의 모델로 자연사적으로 귀결되는 암시적 내러티브(Altschull, 1984; Nerone, 1995; Hallin & Mancini, 2004) 그리고 비서구권의 역사 중 특히 남반구 지역을 경시한 것 등이 포함된다(Park & Curran, 2000; Semati, 2004).

전후의 상황은 또한 글로벌 정보 시스템의 등장에 관심을 모으게 했다.

그것은 동시에 국제적 통신 서비스들이 등장한 역사이기도 하다(예를 들어 Schiller, 1976; Nodenstreng & Schiller, 1979; Rantanen, 1990, 2002; Hills, 2002). 정보의 불평등한 흐름에 대한 비판이 1970년대 UNESCO에서 만들어진 〈신국제정보통신질서NWICO〉와 같은 정치운동으로 발전했다. 그것은 이어 1980년대에는 〈맥브라이드 위원회McBride Commission〉 보고서 발표로 절정에 달했다. 하지만 정보의 불평등한 흐름에 대한 개선 움직임은 서구 국가들의 반격에 굴복했고, 다음에는 논점이 다른 영역으로 옮겨갔다. 그 결과 1980년대엔 GATT(관세 및 무역에 관한 일반협정), 1990년대엔 WTO(세계무역기구)에서 이 문제가 다루어졌다. 정보 지형에 대한 비판적 역사는 이러한 역동적 움직임에 대응했는데, 그중 가장 영향력이 컸던 것은 카스텔(Manual Castells, 2000)과 하비(David Harvey, 1989)의 작업이었다.

저널리즘의 역사가들은 종종 국제적인 영역을 소홀히 다룬다. 비록 몇몇 모범적 사례들은 미국의 역사와 함께 다루어지긴 했지만(Hallin & Mancini, 2004; Martin, 2006) 대부분은 하나의 국가 범위에 머물러 있다. 미디어의 역사라는 좀 더 넓은 영역으로 확장시켜도 결과는 비슷하다. 국가 내부의 미디어 시스템이 정치체제와 매우 긴밀하게 맞물려 작동하기 때문에 학자들은 미디어 시스템을 마치 정치체제의 신경계인양 별개로 다루려는 경향이 있다. 또한 연구 문헌들의 축적과 연구비 조달도 일반적으로 국가의 지원을 통해 이루어진다.

20세기 말 서구 국가들은 하이 모더니즘 시기가 쇠퇴하고 있음을 발견했다. 세계화, 냉전의 종식, 새로운 디지털 기술의 등장, 방송과 텔레커뮤니케이션의 공익적 모델의 종말, 단일한 국가적 정체성을 위한 전통적인 문화적 지원의 약화 등 모든 요인이 기존의 자율적 저널리즘 모델의 기반을 허물기에 이르렀다. 저널리즘의 최근 경향은 24시간 TV 뉴스서비스의 등장, 토크 라디오나 블로고스피어 등 소위 개인 미디어의 등장, 스칸디나비아 국가들을 중심으로 등장한 타블로이드 형식과 하이브리드 저널리즘, 서구에서는 머독과 베를루스코니 같은 미디어 사업가들과 결합되거나 소련 붕괴 이후 나타난 미디어 폭발 현상과 관련된 정파적 미디어 권력의 등장 등으로 요약된다. 하이 모더니즘이 쇠퇴하자 한편으로는 언론의 역할을 국가 경영 내의 한 제도로 새롭게 사유해야 한다는 요구가 표출되었고(Cook, 1998), 다른 한편으로는 새로운 공공 저널리즘 혹은 시민 저널리즘의 등장이 촉구되었다(Downing, 2002; Atton, 2002; Rodríguez, 2001; Rosen, 1999).

학문적 접근

저널리즘의 역사는 전체 저널리즘의 역사의 흐름을 따름으로써 역사 연구 및 미디어 연구 등 두 분야의 발전을 뒤쫓게 되었다. 저널리즘의 역사학자들에게 영향을 미친 또 다른 학문 분야는 법과 정치 분야이며, 아울러 주류 역사학의 여러 흐름도 여기에 포함된다.

특히 법과 정책의 역사는 저널리즘의 역사에 영향을 끼친 아마 가장 오래되고 잘 정돈된 분야일 것이다. 언론자유라는 문제틀은 앞서 언급되었기에 일단 제쳐두더라도 법과 정치의 발전은 저널리즘의 전문화에 지대한 영향을 미쳤다. 법률가들과 법학자들은 저널리즘의 역사 연구를 마치 이성적 행위를 하는 자율적 개인의 역사를 연구하는 것과 동일시하는 경향을 전문직 기자들과 공유해왔다. 그 결과 저널리즘 자체가 법적으로 인정받게 되었다. 즉 특정한 직업과 업무를 수행하는 사람으로서 일정한 자격을 부여받은 기자들은 정부의 법 집행 이전이나 집행 과정에서 이런저런 권한을 얻게 되었다. 또한 그들은 일반 시민들의 권리와 특전을 넘어 정부의 활동에 접근해 취재할 수 있도록 정책적 특권을 갖게 되었다(Allen, 2005). 커뮤니케이션은 정치 체제에 영향을 미치는 모든 요인을 내포하고 있다. 그러나 기자들의 취재 활동에 따른 특전과 정치적 관행의 발달은 법적으로 저널리즘이 커뮤니케이션과는 다름을 보여준다.

　넓은 의미에서 미디어와 커뮤니케이션의 역사 그리고 저널리즘의 역사를 구분하는 경계는 점점 희미해져왔다. 기술의 역사를 예로 들 경우 여타 미디어 활동을 가능하게 한 동일한 요인들이 역시 저널리즘 실천에도 영향을 미쳤다. 전신電信 커뮤니케이션이 하나의 사례다. 국가의 공간과 시간의 흐름을 바꿔놓은 기술이 바로 전신이었고(Schivelbusch, 1986; Czitrom, 1982; Carey, 1989; Peters, 2005), 이것은 동시에 협력적인 뉴스 취재 방식을 가능하게 해주었다(Schwarzlose, 1988~90; Blondheim, 1994). 그 결과 간결함 그리고 궁극적으로는 뉴스 내러티브 구성의 역피라미드 방식으로 특징지을 수 있는 특정한 저널리즘 스타일이 출현하게 되었다(예를 들어 Carey, 1989, 또 Pöttker, 2003와 비교해보라). 저널리즘의 역사에 대한 표준화된 서술방식은 기술 변화에 따른 영향력과 깊은 관련을 가진다. 즉 총체적인 저널리즘의 역사에서 카메라와 증기 인쇄기를 다루기도 한다. 마찬가지로 저널리즘의 역사는 전화, 타자기, 좀 더 최근에는 디지털 기술들에 대해 관심을 가진다. 이런 역사 속에는 시대마다 등장하는 중요한 인물들 외에도 기술의 등장 — 종종 시장을 통해 이러한 기술들이 매개된다 — 이 중요한 추동력이 된다.

　1970년대 들어와서는 사회사로 불리는 움직임으로부터 다른 추진력이 나타났다. 다양한 유형의 사회사가 존재하지만 공통점은 모두 사건 중심의 역사와 소위 위대한 인물 중심의 역사를 혐오한다는 점에서 찾을 수 있다. 일반적으로 사회사가들은 대중적 문장으로 시민들의 시각에서 본 거꾸로 된 역사를 쓰는데 전념했다. 여기에는 다양한 스펙트럼이 존재한다. 톰슨E. P. Thompson의 『영국 노동자 계급의 형성Making of the English Working Class』에서 가장 잘 그려진 대로 평범한 인민[민중]이 역사를 만들어간다는 낭만적 시각이 있는가 하면 브로델Fernand Braudel 같은 프랑스의 아날학파 역사가들처럼 문명과 지역의 장기 흐름을 그려내는 비인간적 역사학도 존재한다. 이러한 경향들은 저널리즘 역사학자 중 단턴(Robert Darnton, 1975), 길모어-레네

(William Gilmore-Lehne, 1989), 셔드슨(Michael Schudson, 1978) 등의 학자들을 통해 반영되었다. 사회사가 저널리즘의 역사의 특이성에 도전한 것은 민속지학적 뉴스룸 연구가 저널리즘 활동의 지적 뿌리들에 도전한 것과 거의 같은 시기에 이루어졌다(Tuchman, 1978; Gans, 1979; Fishman, 1980). 나아가 사회사의 등장은 "저널리즘의 역사란 존재할 수 없다"는 극단적 결론을 내리는 데 어느 정도 영향을 미치기도 했다(Nerone, 1991).

장르

그럼에도 불구하고 저널리즘의 역사는 계속 존재해왔다. 학문의 세계가 점점 전문화되고, 이어 업계 및 학술 출판물들이 마케팅 가능한 형태를 추구하면서 저널리즘의 역사는 몇 가지 장르로 세분화되었다. 저널리즘의 역사와 관련된 대부분의 문헌은 4가지 장르로 나눠지는데, 그중 3개는 폭이 좁고 나머지 하나는 폭이 넓다는 특성을 보이며, 다음과 같은 순서로 나타났다. 전기적, 이해적, 사건 중심적, 이미지 중심적 장르가 그것이다.

가장 오래되고 최근까지도 가장 널리 알려진 것은 전기적 장르이다. 이 장르는 기자든 뉴스기관이든 '배우'와 같은 한 인물에 초점을 맞춤으로써 두 가지 실질적 장점을 가진다. 해당 인물들은 자주 이야기의 기본적 자료를 만들어내는가 하면 그들의 삶은 깔끔한 한 편의 연대적 서사를 작성하기 알맞게 되어 있다. 어느 나라에 가든 영국의 런던의 『타임스*The Times*』, 이탈리아의 『일 코리에레 델라 세라*Il Corriere della Sera*』 같은 주요한 전국 언론사가 존재하며, 이들은 수많은 전기의 주제이다(Licata, 1976; Woods & Bishop, 1983).

저널리즘 역사의 이해적 장르도 언론 전기의 관행만큼이나 오래되었다. 이 역사는 거의 항상 국내적 내용이다. 이미 언급한 대로 최초의 이해적 역사는 19세기에 등장했고, 이것은 저널리즘이 긍정적 의미로 알려지기 시작한 시기와 비슷하다. 저널리즘 관행의 빛나는 계보에 대해 써내려가는 이해적 역사는 당시에 저널리즘 교육기관에서는 필수불가결한 교육 도구가 되었다. 전문적 역사가들의 이러한 저술들은 한편으로는 장래 기자가 되기를 바라는 사람들에게 희망을 불러일으키는 가운데 기자라는 직업의 오래된 독립성과 책임의식을 설명하면서 진보적 논의를 제공해왔다(Bleyer, 1973; Mott, 1941; Emery & Emery, 1977). 일반적으로 우수한 기자들을 중심으로 서술된 역사는 집단적 전기를 만들어냈다. 반면 보다 최근의 이해적 역사들은 보다 비판적 시각을 드러내고 있다(Folkers & Teeter, 1989). 예를 들어 특정 저널리즘 개념을 중심으로 비판적 논의를 전개해나가는 방식이 있다. 셔드슨(Schudson, 1978)이 객관성이란 개념을 중심으로 민주적 시장 사회의 특징을 분석한 것이 예이다.

사건 중심적 역사는 세 번째로 잘 알려진 장르이다. 역사적으로 특정 위기나 갈등에 대한 언론보도 내용을 분석하는 방식이 그것이다. 가장 최초의 형태로는 제1차세계대전을 취재한 두 기자에 관한 내용이다(Lippmann & Merz, 1920). 기자들은 지속적으로 저널리즘 시각에서 주요한 사건의 대중적 역사를 기록한다. 비록 대부분의 경우 이 장르는 양쪽 입장을 단조로운 서술로 풀어가고 있지만 이러한 텍스트들은 학자들이 언론 시스템의 편향성이나 능력을 진단하고 설명하는 데 많은 도움을 주기도 한다(Gitlin, 1980; Hallin, 1986; Lipstadt, 1986).

마지막으로, 이미지 중심적 장르는 한 개인, 즉 언론인들이나 미디어 기업가들을 넘어 집단적 대상을 조명했다는 점에서 저널리즘의 역사의 지평을 넓혔다. 이미지 중심적 역사는 사건 중심적 역사와 마찬가지로 한계와 장점을 동시에 가진다. 여성, 소수인종, 특정 국가, 종교 등을 대상으로 한 집단의 이미지 연구는 대체로 단순하고 명확하지만 이것은 언론이 문화적으로 작동하는 방식을 풀어내고 드러낸다는 잠재력을 지니고 있다(예를 들어 Coward, 1999).

새로운 방향

앞서 논의한 저널리즘 역사의 전통적 장르들은 기자들이 행하는 것을 현재의 저널리즘 실천의 별다른 문제가 없는 관행으로 간주함으로써 저널리즘을 본질화하는 경향이 있다. 그러나 저널리즘의 역사의 또 다른 장르는 저널리즘의 구성 자체에 대해 문제를 제기한다. 즉 문화의 구성이라는 경향성이 최근 이 분야의 의제를 수립하고 있다.

오래 전 캐리James Carey는 '뉴스 보도 형식'(1974, p. 5)에 관한 역사적 연구의 필요성을 강조한 바 있다. 이 역사는 여전히 기록으로 남아 있지 않지만 최근의 몇몇 연구는 신문이라는 형식이 어떻게 독자들로 하여금 시민성의 의례에 참여하도록 하는지를 보여준다(Anderson, 1991; Clark, 1994; Leonard, 1995; Barnhurst & Nerone, 2011).

뉴스 형식 분석은 언론 권력에 대한 새로운 접근 방식을 제공한다. 전통적 저널리즘의 역사 장르들은 언론 권력을 사상의 힘과 동일하게 간주했으며, 언론은 수용자들에게 진실한 정보와 올바른 논증을 제공하면서 공중을 설득하는 영향력을 갖고 있다고 주장한다. 언론 권력에 대한 이러한 역사적 관점은 오늘날의 미디어 권력을 바라보는 학문적 관점과는 거리가 멀다고 할 수 있다. 즉 오늘날 미디어는 의제 설정, 프레이밍, 프라이밍priming 등의 방식으로 헤게모니를 재생산하는 권력을 갖는데, 전통적 저널리즘의 역사는 이 모든 것을 부정한다.

전통적 저널리즘의 역사는 또한 저널리즘 그 자체에 대해 보편적 주제를 다루는 위상을 지녔다고 보는 경향이 있다. 이것도 또한 미디어 활동에서의 특정 인종, 민족, 성별, 계급적 균형을 유지하는 오늘날의 미디어 연구에서의 합의점에는 상반되는 것이다. 직설적으로 말하면 전통적 저널리즘의 역사는 비록 가끔은 유색인과 여성에 대해서도 관심을 가졌지만 대부분의 경우 백인 중심적이다. 결국 비록 전통적 장르에서의 논의들이 그런 역사를 언급하고는 있지만 지금껏 인종과 성별을 아우르는 모범적인 저널리즘의 역사가 출간된 적은 없다(Coward, 1999; Rhodes, 1998; Tusan, 2005).

이러한 역사들은 인종 및 젠더를 뉴스 제작newswork의 시각에서 탐구할 것이다. 저널리즘의 역사는 연구 대상자들을 노동자로 다룬다는 생각에 대해 불편한 입장을 보여 왔다. 제1세대에서 저널리즘의 역사는 그들의 영웅인 기자들을 자율적 전문가들로 묘사하려 했던 반면 노조에 가입하거나 임금과 근무시간을 협상하는 그런 종류의 노동자로 다루지는 않았다. 그러나 지난 10여 년 동안 저널리즘의 역사를 노동 개념에 입각해 연구해야 한다는 요구도 있었다(Schiller, 1996; Hardt & Brennen, 1999). 이 작업은 그 자체로 노동 집약적인 것으로, 강력한 중앙 기자노조가 존재하는 나라에서는 작업이 훨씬 더 쉽다. 또한 그러한 작업은 국제적인 저널리즘의 역사여야 한다.

저널리즘의 역사도 다른 모든 종류의 역사들처럼 시대에 대응한다. 비록 다른 역사 영역들처럼 저널리즘의 역사도 자신의 전통을 계속 보존해나가려고 하며 또 기자들과 저널리즘 교육의 필요성에 부응하고자 함에도 불구하고 말이다. 동시에 전문적 역사학자들의 추세 및 유행에도 주의를 기울여야 할 것이다. 미래에도 저널리즘의 역사는 여전히 그러할 것이다.

〈참고문헌〉

Allen, D. S.(2005). *Democracy, Inc.: The press and law in the corporate rationalization of the public sphere*. Urbana: University of Illinois Press.
Altschull, J. H.(1984). *Agents of power: The role of the news media in human affairs*.

New York: Longman.

Anderson, B.(1991). *Imagined communities: Reflections on the origin and spread of nationalism*(rev. ed.). London: Verso.

Atton, C.(2002). *Alternative media*. London: Sage.

Barnhurst, K. G., & Nerone, J.(2001). *The form of news: A history*. New York: Guilford.

Bettig, R. V.(1996). *Copyrighting culture: The political economy of intellectual property*. Boulder, CO: Westview Press.

Bjork, U. J.(1996). The European debate in 1894 on journalism education. *Journalism and Mass Communication Educator, 51*(1), 68-76.

Bleyer, W. G.(1973[1927]). *Main currents in the history of American journalism*. New York: Da Capo.

Blondheim, M.(1994). *News over the wires: The telegraph and the flow of public information in America, 1844-1897*. Cambridge, MA: Harvard University Press.

Butterfield, H.(1931). *The Whig interpretation of history*. London: G. Bell.

Carey, J. W.(1974). The problem of journalism history. *Journalism History, 1*(3-5), 27.

Carey, J. W.(1989). Technology and ideology: The case of the telegraph. In Carey, J. W.(ed.), *Communication as culture: Essays on media and society*(pp. 201-230). Boston: Unwin Hyman.

Castells, M.(2000). *The rise of the network society*(2nd ed.). London: Blackwell.

Chalaby, J. K.(1998). *The invention of journalism*. New York: Palgrave-MacMillan.

Clark, C.(1994). *The public prints: The newspaper in Anglo-American culture, 1665-1740*. New York: Oxford University Press.

Cook, T. E.(1998). *Governing with the news: The news media as a political institution*. Chicago: University of Chicago Press.

Coward, J. M.(1999). *The newspaper Indian: Native American identity in the press, 1820-90*. Urbana: University of Illinois Press.

Curran, J., & Park, M.-J.(eds.).(2000). *De-westernizing media studies*. New York: Routledge.

Czitrom, D.(1982). *Media and the American mind: From Morse to McLuhan*. Chapel Hill: University of North Carolina Press.

Cochran, N. O.(1933). *E. W. Scripps*. New York: Harcourt, Brace & Co.

Darnton, R.(1975). Writing news and telling stories. *Daedalus, 104*(2), 175-94.

Downing, J.(2002). *Radical media: Rebellious communication and social movements*. Thousand Oaks, CA: Sage.

Eisenstein, E.(1979). *The printing press as an agent of change: Communications and cultural transformations in early modern Europe*. New York: Cambridge University Press.

Emery, E., & Smith, H. L.(1954). *The press and America*. Englewood Cliffs, NJ: Prentice-Hall.

Emery, E., & Emery, M.(1977). *The press and America*. Englewood Cliffs, NJ: Prentice-Hall.

Feather, J.(1987). The publishers and the pirates: British copyright law in theory and practice, 1710-1775. *Publishing History, 22*, 5-32.

Fishman, M.(1980). *Manufacturing the news*. Austin: University of Texas Press.

Folkerts, J., & Teeter, D.(1989). *Voices of a nation: A history of media in the United States*. New York: Macmillan.

Furtwangler, A.(1984). *The authority of Publius: A reading of the Federalist papers*. Ithaca, NY: Cornell University Press.

Gans, H. J.(1979). *Deciding what's news: A study of "CBS Evening News", "NBC Nightly News", Newsweek and Time*. New York: Pantheon.

Gardner, G.(1932). *Lusty Scripps: The life of E. W. Scripps*. New York: Vanguard Press.

Gilmore-Lehne, W. J.(1989). *Reading becomes a necessity of life: Material and cultural life in rural New England, 1780-1835*. Knoxville: University of Tennessee Press.

Gitlin, T.(1980). *The whole world is watching: Mass media in the making and unmaking of the new left*. Berkeley: University of California Press.

Habermas, J.(1989). *The structural transformation of the public sphere*. Cambridge: Polity Press.

Hallin, D. C.(1992). The passing of the "high modernism" of American journalism. *Journal of Communication, 42*(3), 14-25.

Hallin, D. C.(1986). *The uncensored war: The media and Vietnam*. Berkeley: University of California Press.

Hallin, D. C.(1994). *We keep America on top of the world: Television journalism and the public sphere*. New York: Routledge.

Hallin, D. C., & Mancini, P.(2004). *Comparing media systems: Three models of media and politics*. Cambridge, UK: Cambridge University Press.

Hardt, H., & Brennen, B.(eds.).(1999). *Picturing the past: Media, history, and photography*. Urbana: University of Illinois Press.

Harvey, D.(1989). *The condition of postmodernity: An enquiry into the origins of cultural change*. Oxford: Basil Blackwell.

Heyer, P.(1988). *Communications & history: Theories of media, knowledge, and civilization*. New York: Greenwood Press.

Hills, J.(2002). *The struggle for control of global communication: The formative century*. Urbana: University of Illinois Press.

Hutchins Commission(1947). *A free and responsible press*. Chicago: University of Chicago

Press.

Ireland, A.(1914). *Joseph Pulitzer: Reminiscences of a secretary*. New York: M. Kennerly.

John, R. R.(1994). *Spreading the news: The American postal system from Franklin to Morse*. Cambridge, MA: Harvard University Press.

Johns, A.(1998). *The nature of the book: Print and knowledge in the making*. Chicago: University of Chicago Press.

Lake, P., & Pincus, S.(2006). Rethinking the public sphere in early modern England. *Journal of British Studies, 45*(2), 270–292.

Leonard, T. C.(1995). *News for all: America's coming-of-age with the press*. New York: Oxford University Press.

Licata, G.(1976). *Storia del* Corriere della Sera. Milano: Rizzoli.

Lippmann, W.(1931). Two revolutions in the American press. *The Yale Review, 20*(3), 433–441.

Lippmann, W., & Merz, C.(1920). A test of news. Supplement to *The New Republic, 23.296*, Part 2, August 4, 1–42.

Lipstadt, D. E.(1986). *Beyond belief: The American press and the coming of the Holocaust, 1933–1945*. New York: Free Press.

Mah, H.(2000). Phantasies of the public sphere: Rethinking the Habermas of historians. *Journal of Modern History, 72*, 153–182.

Martin, M.(2006). *Images at war: Illustrated periodicals and constructed nations*. Toronto: University of Toronto Press.

Mattelart, A.(1996). *The invention of communication*. Minneapolis: University of Minnesota Press.

McKerns, J. P.(1977). The limits of progressive journalism history. *Journalism History, 4*, 84–92.

Mott, F. L.(1941). *American journalism: A history of newspapers in the United States through 250 years, 1690–1940*. New York: Macmillan.

Nerone, J.(1987). The mythology of the penny press. *Critical Studies in Mass Communication, 4*, 376–404.

Nerone, J.(1991). The problem of teaching journalism history. *Journalism Educator, 45*(3), 16–24.

Nerone, J.(1995). *Last rights: Revisiting four theories of the press*. Urbana: University of Illinois Press.

Nerone, J., & Barnhurst, K. G.(2003). US newspaper types, the newsroom, and the division of labor, 1750–2000. *Journalism Studies, 4*(4), 435–449.

Nordenstreng, K., & Schiller, H.(eds.).(1979). *National sovereignty and international communication*. Norwood, NJ: Ablex.

Older, C. M.(1936). *William Randolph Hearst, American.* New York: Appleton-Century.

Park, R. E.(1923). Natural history of the newspaper. *American Journal of Sociology, 29*(3), 273-289.

Park, M.-J., & Curran, J.(2000). *De-westernizing media studies.* New York: Routledge.

Parton, J(1855). *The life of Horace Greeley, editor of the New York Tribune.* New York: Mason Brothers.

Peters, J. D.(2005). *Courting the abyss: Free speech and the liberal tradition.* Chicago: University of Chicago Press.

Pottker, H.(2003). News and its communicative quality: The inverted pyramid: When and why did it appear? *Journalism Studies, 4,* 501-511.

Pray, I.(1855). *Memoirs of James Gordon Bennett and his times.* New York: Stringer & Townshend.

Rantanen, T.(1990). *Foreign news in imperial Russia: The relationship between international and Russian news agencies, 1856-1914.* Helsinki: Suomalainen Tiedeakatemia.

Rantanen, T.(2002). *The global and the national: Media and communications in post-communist Russia.* London: Rowman & Littlefield.

Raymond, J.(2003). *Pamphlets and pamphleteering in early modern Britain.* New York: Cambridge University Press.

Rhodes, J.(1998). *Mary Ann Shadd Cary: The Black press and protest in the nineteenth century.* Bloomington: Indiana University Press.

Rodriguez, C.(2001). *Fissures in the mediascape: An international study of citizens' media.* Cresskill, NJ: Hampton Press.

Rosen, Jay.(1999). *What are journalists for?* New Haven: Yale University Press.

Schiller, D.(1996). *Theorizing communication.* New York: Oxford University Press.

Schiller, H. I.(1976). *Communication and cultural domination.* White Plains, NY: International Arts and Sciences Press.

Schivelbush, W.(1986). *The railway journey: The industrialization of time and space in the 19th century.* Berkeley: University of California Press.

Schudson, M.(1978). *Discovering the news: A social history of the American newspaper.* New York: Basic Books.

Schwarzlose, R. A.(1988). *The nation's newsbrokers.* Evanston, IL: Northwestern University Press.

Seitz, D. C.(1924). *Joseph Pulitzer: His life and letters.* New York: Simon & Schuster.

Semati, M.(ed.)(2004). *New frontiers in international communication theory.* Lanham, MD: Rowman & Littlefield.

Siebert, F. S.(1952). *Freedom of the press in England, 1476-1776: The rise and decline of government controls.* Urbana: University of Illinois Press.

Siebert, F. S., Peterson, T., & Schramm, W.(1956). *Four theories of the press.* Urbana: University of Illinois Press.

Thomas, I.(1970[1810]). *The history of printing in America.* Barre, MA: Imprint Society.

Trenchard, J. & Gordon, T.(1723). *Cato's letters.* London: Wilkins, Woodward, Walthoe, and Peele.

Tuchman, G.(1978). *Making news: A study in the construction of reality.* New York: Free Press.

Tusan, M.(2005). *Women making news: Gender and the women's periodical press in Britain.* Urbana: University of Illinois Press.

Waisbord, S.(2000). *Watchdog journalism in South America.* New York: Columbia University Press.

Warren, S. D., & Brandeis, L. D.(1890). The right to privacy. *Harvard Law Review, IV*(5), 193-220.

Winkler, J. K.(1928). *W. R. Hearst, an American phenomenon.* London: J. Cape.

Woods, O., & Bishop, J.(1983). *The story of* The Times. London: Joseph.

03_
저널리즘과 학문적 연구

바비 젤리저

학문적 연구 대상으로서의 저널리즘은 다양하고 잡다한 문제들로 가득한 영역이다. 우리가 알고 있는 저널리즘의 양식들은 변화하는 상황을 수용하기 위해 새로운 차원들을 채택해왔다. 그에 따라 저널리즘 연구 역시 여러 전공 영역의 파편적 지식으로 채워진 평탄치 않은 경로를 따라 발전해왔다. 그 결과 우리는 이 장의 주제인 '저널리즘'과 그에 관한 '학문'이라는 두 개의 핵심 개념에 대해 낮은 수준의 합의에만 도달한 상태이다. '저널리즘이란 무엇인가'에 대해서는 약간의 의견일치에 도달했지만 '저널리즘과 그에 대한 학문적 연구가 어떤 관계여야 하는가'에 대한 의견일치 정도는 그보다 더 낮다. 이 장은 저널리즘과 그에 대한 연구에서 존재하는 불확실성의 원천을 규명하고자 한다. 또한 평탄하지 않으나 가끔은 공생적인 관계를 유지해온 이 양자가 서로를 더 잘 이해하고, 더 좋은 결실을 맺을 수 있도록 몇 개의 방안을 제시하고자 한다.

저널리즘의 다양함과 그에 대한 연구

　　개인 블로그로부터 늦은 밤 텔레비전 풍자 프로그램에 이르기까지 저널리즘 범위가 확대되었다. 또한 커뮤니케이션, 문학, 경영학, 사회학 등 다양한 영역에서 저널리즘 연구가 이루어지고 있다. 이런 시대에 저널리즘이 학계에서 차지하는 위치를 새롭게 살펴보는 것은 마치 도처에 널려 있는 현상의 미래 생존능력에 대해 경고를 발하려는 불필요한 시도로 보일 수도 있다. 그러나 저널리즘과 그에 대한 연구가 도처에 존재한다는 것은 사실상 아무 곳에도 존재하지 않는다는 의미이다. 한편으로 저널리즘의 발전 과정에서 뉴스를 만드는 제도로서의 저널리즘에 보다 잘 부합했을 양식, 실천, 관행에 대한 지적이 끊이지 않고 되풀이 되었지만 저널리즘 실무에서 해결되지 못했다. 다른 한편으로 저널리즘 연구 또한 그간 저널리즘이 겪어온 폭넓고, 또한 적지 않게 예측하기 힘든 성격의 진화와 보조를 맞추지 못했다.

　　저널리즘과 그에 대한 연구 사이의 불협화음은 저널리즘이 세상과 조화를 이루거나 일관적이지 못한 보다 큰 괴리를 반영하고 있다. 예를 들어 작가 오웰George Orwell이 처녀작에 신문기사를 인용한 문장을 넣었을 때 비평가들은 "좋은 책이 될 수 있었는데 아쉽게도 저널리즘이 되고 말았다"고 비판했다(Orwell, 1946. Bromley, 2003에서 재인용). 수십 년 뒤에 그의 작품집을 모은 책이 편집되었는데, 제목이 『1946년, 저널리즘으로 숨 막히다Smothered Under Journalism, 1946』였다(Orwell, 1999). 이와 유사한 이야기가 디킨스Charles Dickens, 존슨Samuel Johnson, 도스 파소스John Dos Passos, 말로André Malraux, 토머스Dylan Thomas 그리고 허시John Hersey 같은 문호들의 저널리스트적 배경을 장식하고 있다. 우리가 저널리즘에 많은 것을 의존하고 있음에도 불구하고 이 같은 반응이 널리 퍼져 있다. 공동체 안에서 자신의 위치를 찾고, 나아가 스스로 자리 잡고, 세상을 이해하는 보다 정교한 방법을 찾는 데 있어 우리는 저널리즘에 크게 의존한다.

이는 흥미로운 현상이다. 왜냐하면 우리에게 주어진 많은 지식이 부분적으로는 저널리즘에 의존하고 있기 때문이다. 만약 저널리즘이 없다면 역사는 어디에 있을 것인가. 문학은 또한 어떤 모습을 하고 있을까. 우리는 어떻게 정치의 작동을 이해할 수 있을까. 하나의 현상으로서 저널리즘은 우리가 함께 모여 집합체를 이루는 모든 과정 내내 다양한 형태로 함께 존재하고 있다. 그럼에도 "그것은 저널리즘에 불과해"라는 반응이 지속되고 있다.

저널리즘과 그에 대한 학문의 공존에는 이런 양자 간 긴장에서 나오는 다양한 존재론적 불확실성이 자리 잡고 있다. 가장 명백한 불확실성은 저널리즘 실무에서 제기되는 실용적 질문에서 기인한다. 그것은 저널리즘에 대한 정의 자체가 블로그, 시민 저널리스트, 심야TV 코미디언 또는 리얼리티TV 같은 이른바 침입자들이 기존의 경계선에 가깝게 접근할 때마다 수정되어 온 사실만 보아도 잘 알 수 있다. 불확실성의 두 번째 원인은 저널리즘과 학문을 둘러싼 교육적 차원의 문제이다. 우리가 알고 있다고 생각하는 것을 어떻게 가르칠 것인가 하는 질문은 장황한 답변을 요구한다. 특히 저널리즘의 지형이 변화하고 있기 때문이다. 저널리즘의 실무와 규범에서 무엇이 중요하고 무엇이 중요하지 않은지 가르치는 사람들은 급변하는 변수들을 미리 알고 반영하기보다는 뒤처지는 경향이 있다. 그리고 마지막으로, 가장 중요한 불확실성의 원인 중 하나는 개념적 차원과 관련된 것으로, 저널리즘을 대상으로 무엇을 연구해야 하는가이다. 여러 해에 걸쳐 학자들은 저널리즘 연구를 위해 다양한 프리즘을 — 저널리즘의 직능, 효과, 실무 그리고 기술 등을 — 적용해왔다. 그러나 이러한 프리즘들을 모두 결합해 저널리즘 전체와 그 가능성을 일관되게 성찰할 수 있는 학문적 밑그림은 아직 만들지 못했다. 저널리즘 연구는 아직 불완전하고 부분적이며 산발적인 상태에 머물러 있으며, 실무에 종사하는 사람들에게 '저널리즘에 대해 성찰하는 것이 무슨 의미인가'를 명확하게 제시하지 못하고 있다.

이 장은 이러한 불확실성의 원인들을 다루며, 이를 통해 현재 저널리즘 연구가 직면한 중요한 도전에 대해 논의한다. 이 장은 또한 성찰의 필요성에 대해 주장할 것이다. 저널리즘 실무와 저널리즘 연구가 뒷전에 밀린 상황에 대한 성찰이 필요하다. 또한 저널리즘에 대해 별다른 논의 없이 받아들여지고 있는 가정이 현재 저널리즘의 전체적 실상과 얼마나 일치하는가에 대해서도 성찰이 필요하다. 저널리즘과 그에 대한 연구에서 어떤 점이 주목받았고 어떤 점이 주변부로 밀려났는가에 대해서도 살펴본다. 이런 질문들은 특히 글로벌 맥락에서 저널리즘 연구를 생각할 때 더욱 비판적인 성격을 갖게된다. 현장에 존재하는 만큼의 차이가 글로벌 맥락에서는 수용되지 않거나혹은 인식되지 않기 때문이다.

해석 공동체와 저널리즘에 대한 사유

학자들이 무엇을 생각하는가는 그들이 어떤 방식으로 생각하며 누구와함께 생각하는가에 달려 있다. 이에 대한 논의가 가장 발전한 영역이 지식사회학일 것이다. 지금은 어느 정도 기초 지식이 된 과학적 탐구라는 개념을가장 직접적으로 다룬 학자는 쿤(Thomas Kuhn, 1964)일 것이다. 그에 따르면 과학적 탐구는 합의 구축, 공동의 패러다임 개발에 기반을 두고 있다. 공동의 패러다임은 학문 공동체가 인정한 방식으로 과학적 문제와 절차에 이름을 부여하고 성격을 규정하는 것을 말한다. 합의를 구축해 나가는 과정에서 서로 다른 경쟁적인 시각을 선호하는 학자들이 정의定義, 연구 영역, 포함과 배제의 경계에 대해 투쟁을 벌인다. 일단 합의가 형성되면 새로운 현상들이 이미 입증된 경계선에 따라 분류된다. 바꾸어 말하면 우리의 사고는 사전에 결정된 형태와 생명선에 따라 이루어지며, 이런 것들이 공동체, 연대 그리고 권력에 특권을 부여한다.

그러한 생각은 쿤의 저작에만 나타나는 것이 아니다. 뒤르켐(1965 [1915]),

파크(Robert Park, 1940), 푸코(1972), 버거와 루크만(Peter Berger and Thomas Luckmann, 1966), 굿먼(Nelson Goodman, 1978) 등의 연구에도 들어 있다. 각각 다른 방식으로 논리를 전개했지만 이들 모두는 세상을 인식하는 방법은 사회 집단에 달려있다는 생각을 견지했다. 해석 공동체라는 개념은 원래 피쉬(Stanley Fish, 1980)가 제안했고, 이를 저널리즘과 연결해 발전시킨 것은 젤리저(Zelizer, 1993)와 버코위츠(Berkowitz, 2000) 등이다. 해석 공동체라는 생각은 완전한 지식을 공유함으로써 지식을 얻는 전략에 도움을 주는 것이다. 증거를 해석하는 방법을 공유하는 집단은 중요한 문제가 무엇인가를 정립 혹은 재정립하는 방법에 대해 해명할 수 있다. 마찬가지로 저널리즘 분석에 관여하는 사람, 조직, 제도 그리고 탐구 현장은 무엇이 저널리즘인지를 이해하는 데 있어 핵심적 역할을 한다. 인류학자 더글러스(Mary Douglas, 1986, p. 8)가 논한 대로 "진정한 연대는 사람들이 사고의 범주를 공유하는 정도까지만 가능하다." 그렇다면 탐구는 지적 행동일 뿐만 아니라 사회적 행동이기도 하다.

이것이 저널리즘 연구를 위해 제시하는 것은 저널리즘의 형태를 만드는 데 개입하는 세력들에 관해 생각해보라는 것이다. 이런 의미로 보면 저널리즘 연구에서 어느 한 목소리도 다른 목소리보다 더 낫거나 더 권위를 가졌다고 말할 수는 없다. 또한 저널리즘에 관한 단일한 비전을 찾기도 어렵다. 그보다는 다양한 목소리가 저널리즘의 정체가 무엇인지에 관해 더 많은 —— 그리고 더욱 완전한 —— 길을 제시한다. 왜냐하면 각각의 목소리는 무엇이 중요하며 어떤 방식이 나은 것인가에 대해 각자가 가진 일단의 전제들과 함께 진화했기 때문이다.

탐구의 한 영역인 저널리즘 연구는 항상 근거가 취약했다. 저널리스트, 저널리즘 교육자, 저널리즘 학자 등 세 집단을 아울러 논의된 저널리즘을 위한 공동의 문제가 각각의 그룹에게 중요한 것이었다. 하지만 그것이 공동의 집단적 노력을 위한 최우선 과제가 되지는 못했다. 그보다는 각각 다른 집단이 가장 중요한 것을 이해하지 못한다고 주장하는 탄식이 흘러나오는 가운데 저널리즘의 역할과 생존 능력은 지체되었다. 저널리스트들은 저널리즘 학자와 교육자들이 '빨래를 말리는' 실무와 무관하다고 말한다. 저널리즘 학자는 저널리스트와 저널리즘 교육자들이 이론을 충분히 갖추지 못했다고 말한다. 저널리즘 교육자들은 저널리스트가 머리를 모래 속에 박고 있으며 저널리즘 학자는 머리를 구름 속에 두고 있다고 말한다. 이들이 경쟁적으로 큰 목소리를 내기 위해 몰두하는 가운데 저널리즘 자체에 대한 관심은 자주 변방으로 밀려났다. 그 결과 저널리즘에 관해 말할 수 있는 능력 문제는 누가 다른 집단을 누르고 말할 수 있는 권리를 동원할 수 있고 그러한 권리를 유지하는데 유리한 위치를 점하는가를 둘러싼 긴장감을 조성했다.

저널리즘 연구에서 각각의 목소리들은 각자의 해석 공동체를 구성했다. 각각 자신의 목표에 따라 저널리즘을 정의했고, 그 목표와 연결해서 저널리즘 연구를 어떻게 할 것인가를 위한 전략을 설정했다.

저널리스트

저널리스트들은 뉴스 만들기와 관련된 폭넓은 활동에 종사하는 사람들을 가리킨다. 이들의 활동 범위에는 애덤(Stuart Adam, 1993, p. 12)이 말하는 "보도, 비평, 사설 쓰기, 사안에 대한 판단 내리기"가 포함된다. 오랜 기간 저널리즘의 중요성은 부인되지 않았다. 저널리즘은 그 성과를 좋게 평가하기도 하고 비판하기도 하는 지속적인 논의의 표적이 되어 왔지만 중요하지 않다는 주장은 없었다. 오히려 현재의 여건들로 인해 저널리즘의 중심적 역할이 더욱 강하게 주장되어 왔으며, 저널리즘은 사람들로 하여금 일상생활이나 자신이 속한 집단의 정치와 연결되는 과정에서 의미를 찾도록 도와주는 중요한 역할을 한다는 사실이 강조되고 있다.

그러나 저널리즘의 모든 잠재력이 실제로 인정받고 있는 것은 아니다. 최근 저널리스트들은 많은 영역으로부터 점령당하고 있다. 그들은 수입 감소, 파편화, 브랜드화, 수익창출 압력으로 뉴스가 불안정한 이익 추구 사업이 되어버린 경제적 환경에 살고 있다. 뉴스 매체가 늘어났다. 그러나 보도와 취재 영역이 더 넓어진 것은 아니다. 많은 저널리스트들은 동일한 기사를 멀티태스킹 하는 데 익숙해져 있으며, 그러한 방법은 앞선 세대로서는 이해하기 힘들 것이다. 미국에서는 소수인종 언론을 제외한 모든 미디어 영역에서 ― 주류 신문, 방송, 케이블 뉴스, 대안언론 ― 이용자가 줄고 있다. "야심을 위축시키는 새로운 시대"에 들어온 오늘날 저널리즘은 더 이상 믿을 수 있는 수익 사업이 아니다(Project for Excellence in Journalism, 2007).

정치적 관점에서 말하자면 저널리스트는 좌파와 우파의 양쪽으로부터 공격을 받아 왔다. 좌파 및 우파 세력들은 정치적 환경의 변화와 함께 저널리스트의 역량을 옛 방식으로는 기능할 수 없게 만들었고, 그러한 변화에 맞도록 소위 저널리즘적 성과를 다르게 규정하자고 주장해왔다. 좌우파의 경쟁적이며 상호 모순되는 기대들은 보다 안정적인 정치체제에서 가능한 저널리즘의 업무 수행의 측면들을 마비시켜 왔으며, 세계의 여러 지역에서 발생한 국가의 붕괴는 저널리즘의 최적 활동에 대한 추가적 질문을 제기했다. 이 모든 조건은 저널리스트들에게 지탱하기 어려운 여건을 만들었으며, 저널리스트들은 다양한 방법으로 정부, 지역적 이해관계, 군부 등과 의문스런 유착을 하다가 발각되었다. 미국에서 저널리스트는 "안전한" 정치 공간을 확보하기 위한 쪽으로 보도하는 경향이 있으며, 나아가 지역주의, 개인화, 과잉단순화 등이 점점 더 강조되는 뉴스를 생산하고 있다(State of the News Media, 2007). 저널리스트는 다양한 모델의 실무를 수행할 수 있는 훈련을 받았지만 항상 사려 깊은 것은 아니며, 아무도 오늘날의 글로벌 정치 환경의 복잡성에 완벽히 맞지 않다.

기술적 관점에서 말하자면 저널리스트는 블로고스피어 등 다른 영역으로부터 새로운 도전을 받고 있으며, 이들 도전은 저널리스트가 성취한 것들을 보잘 것 없게 만들었다. 저널리스트가 뉴스를 어떻게 보도하는가의 문제는 보도 행위 자체와 마찬가지로 중요성이 낮아졌다. 심야TV 코미디, 블로그, 글로벌 보이시스Global Voices 같은 온라인 사이트들이 게이트키핑에서 주도권을 쥐었으며, 저널리즘은 "사람들이 얻는 정보 전체에서 작은 부분으로 전락"했다(State of the News Media, 2007). 이런 점에서 (코미디 방송국) 〈코미디 센트럴Comedy Central〉의 '더 데일리 쇼The Daily Show' 같은 사이트를 보는 사람들은 주류 뉴스를 시청한 사람들보다 공적인 사건에 대한 정보를 더 잘 얻는 것으로 간주되고 있다.

마지막으로, 저널리스트들이 연관된 도덕적 스캔들이 크게 증가했다. 밀러Judith Miller 또는 블레어Jayson Blair가 일으킨 미국 내 저널리즘 스캔들 그리고 영국에서 발생한 길리건Gilligan 사건은 저널리즘의 도덕성 문제를 드러냈다. 이로 인해 아마추어 미디어나 시민 저널리즘이 탄생하는 길이 열렸고, 저널리스트의 역할은 점차 개별적인 시민 손에 넘어가고 있다. 이런 추세로 인해 대중은 저널리즘의 한계를 더 쉽게 볼 수 있게 되었으며, 적어도 미국의 경우에는 대중이 뉴스 미디어가 "덜 정확하고 덜 인간적이며, 덜 도덕적이고, 실수를 고치려하기보다는 은폐하려는 데 더욱 신경을 쓰고 있다"고 주장하게 만들었다(State of the News Media, 2007).

이 모든 것은 저널리스트가 저널리즘의 중심적 역할 및 중요성에 대한 세계와의 소통에서 충분히 효율적이지 않았음을 보여준다. 누가 저널리스트인가 하는 정의 문제를 놓고도 끊임없이 의문이 제기된다. 가령 오스번Sharon Osbourne1)이나 날씨 채널을 여기에 포함시킬 것인가? 또한 어떤 기술이 뉴스 제작에 우호적인 도구인가 하는 논의에도 이런 의문이 깔려 있다. 휴대폰 카메라나 리얼리티 TV를 여기에 포함시킬 것인가. 그리고 저널리즘이 무엇을

1) 샤론 오즈번은 영국의 TV방송 진행자, 작가, 여성 기업인으로 리얼리티 TV쇼 진행으로 갑자기 유명해진 인물이다.

위한 것인가라는 근본적 질문에 대한 분명한 대답이 아직 없다. 저널리즘의 기능은 정보 제공에만 있는가? 아니면 더욱 적극적으로 공동체와 공적인 시민을 결합시켜야 하는가. 아시아의 몇몇 지역에서 지배적 발전 저널리즘과 남유럽에 유행하는 정파적 모델을 서로 다르다고 구별하듯 세계의 다른 지역에서 저널리즘이 서로 다른 기능을 수행하고 있다는 사실은 이런 질문에 대한 대답을 더욱 어렵게 만들었다.

　이 같은 어려움은 저널리즘의 자기 정의의 핵심적인 부분에 경쟁하는 견해들이 존재하기 때문에 나타난다. 기능직, 전문직, 실무의 집합, 개인들의 집합체, 산업, 제도, 사업, 또는 마음가짐 중 무엇이 저널리즘인가. 저널리즘은 이 모든 것의 일부분일 수 있다는 점에서 이들이 서로 다르게 혹은 서로 반대로 작용하는 방식들을 규명할 필요가 있다. 저널리즘의 도구에 관한 기본적 질문마저도 제대로 다루어진 적이 없고, 또한 저널리즘의 도구들이 평등하게 평가받은 적이 없다는 점에서 이것은 매우 중요하다. 특히 이미지는 뉴스의 한 측면이지만 설명이 없거나 인용 출처가 없거나, 옆에 있는 기사의 본문과 아무런 관련이 없는 상태로 게재되는 사진들을 충분하게 검토한 적이 없다. 그러나 저널리즘이 위기 시에 이미지에 더 큰 신경을 쓴다는 사실은 ― 위기 시에는 더 많은 이미지, 더 눈에 띄는 이미지, 더 대담한 이미지, 더 큰 이미지를 쓴다 ― 이미지의 뉴스 전달 기능이 무시되는 관행과는 별로 조화를 이루고 있지 못하다. 9·11 테러 공격과 미국의 이라크 공격이 시작된 이후 『뉴욕 타임스』 같은 신문의 1면에 게재된 사진 수는 평시에 정규적으로 게재된 수의 2.5배에 달했다(Zelizer, 2004). 그렇다면 사진 게재에 관한 분명한 기준을 마련해놓지 않았다는 것이 문제점으로 등장한다. 왜냐하면 시각적인 것들에 대한 충분한 검토가 없었음에도 불구하고 이들이 저널리즘을 전달하는 최전선을 차지했기 때문이다. 게다가 시각적인 것에 대한 '올바른 사용법'이 충분히 수립되지 않았기 때문에 저널리즘의 이미지 제공이 무엇이든 할 수 있는 열린 공간이 되어 버렸고, 사람들은 저널리즘이 제시한 사진들이 신경에 거슬릴 때마다 아우성을 친다. 저널리즘이 임무를 수행하는 데 주저했기 때문에 다른 사람들이 ─ 정치인, 로비스트, 관련 시민들, 자식을 잃은 부모들, 심지어는 반군 병사들이 ─ 자기 목소리를 내는 것을 허용했다. 사람들은 이것을 저널리즘의 이름으로 하지만 사실은 저널리즘의 규칙을 따르는 것은 아니다.

마찬가지로 저널리즘 실무의 많은 부분을 준비하는 데 실패한 위기의 정도가 과소평가되어 왔다. 뉴스 속에는 흔히 인정하는 것 이상으로 임기응변, 순전한 행운 또는 불행, 지루함에 기대어 모습을 드러내는 것이 많다. 위기의 진화는 저널리즘에서 예외라기보다는 상례라 할 수 있고, 그런 영향들이 뉴스 제작에 어떻게 반영되어야 하는가에 대해 더 분명히 할 필요가 있다. 왜냐하면 위기를 고려 범위 밖에 방치함으로써 저널리즘을 실제보다는 훨씬 더 예측 가능하고 관리 가능한 것처럼 보이게 만들었기 때문이다.

이 모든 상황은 저널리스트들이 스스로를 되돌아보지 않고, 비평가와 국민들로부터도 유리된 집단이 되도록 만들었다. 수용자들의 수요를 감안하면 뉴스 제작 환경의 변화나 뉴스룸 주변의 여러 문제 ─ 영감 및 창의성 등 ─ 는 상대적으로 검토되지 않은 채 남아 있다. 이런 상황이라면 미국에서 저널리스트들이 국민의 신뢰를 묻는 거의 모든 여론조사에서 가장 밑바닥에 머물러 있다는 사실이 전혀 놀랄 만한 일이 아니다.

저널리즘 교육자

저널리즘 교육자들은 초심자들에게 저널리즘의 기술을 가르칠 필요성을 깊이 인식한 사람들이다. 비록 지역에 따라 교육이 동일하지는 않지만 전체적으로 특정 지역과 상관없이 유사한 경향을 보였다. 미국에서 저널리즘 직업 교육은 1900년경 인문학에서 시작되었다. 뉴스 쓰기와 저널리즘의 역사 교육이 영문과에서 시작해 저널리즘 교육의 초기 형태로 발전했고, 점차 윤리와 법으로 확대되었다. 1920년대 후반에는 사회과학 분야에서 저널리즘 연구를 수립하려는 노력이 있었다. 여기서는 저널리즘 직능을 — 통상 '기술skills' 과정으로 불린다 — 커리큘럼의 1/4 정도로 배치하고 그와 함께 경제학, 심리학, 여론, 조사 연구 과정도 제공했다. 저널리즘 교육자들은 이런 점에서 인문학과 사회과학 중 어떤 학문 영역이 학생들을 좋은 저널리스트로 성장시킬 수 있는가 문제를 놓고 긴장 관계 속에 놓여 있었다. 이 구분은 아직도 넓게 퍼져 있고, 뉴스에 대한 소위 양적/질적 접근법의 차이에도 반영되고 있다.

영국에서 저널리즘 교육은 도제 제도의 오랜 전통 및 저널리즘의 '기술적 요소'에는 '학술적 엄밀성이 부족하다'는 통념과 맞서야 했다(Bromley, 1997, p. 334). 저널리즘 실무는 1937년까지 커리큘럼에 포함되지 않았으나 1960년대 후반에 이르러 사회학과 정치학의 연구 대상으로 가치가 있는 것으로 평가되었다. 여기에는 턴스톨(Jeremy Tunstall, 1970, 1971)의 노력이 크게 기여했다. 독일과 라틴아메리카에서는 사회과학 분야에서 먼저 학문적 관심이 커졌고, 그에 따라 저널리즘 교육을 사회학 및 전문직 교육 쪽으로 밀고 갔다(Marques de Melo, 1988; Weber, 1948).

각각의 경우 교육자들이 가졌던 학문적 관심이 저널리스트를 외부 세계와 연결시키는 데 도움을 주었다. 그러나 동시에 저널리즘의 직능에는 큰 손상을 입혔으며 캐리(James Carey, 2000, p. 21)의 지적처럼 일종의 "신호 체계signaling system"로 격하시켰다. 저널리즘 교육자들은 처음에는 구식 도제 교육을 제공했으나 시간이 지나면서 저널리즘을 신문, 잡지, TV, 라디오 등 생산기술 단위로 분리해 다루었다. 이러다 보니 서로 다른 많은 부분으로 이루어진 저널리즘을 전체로 한꺼번에 생각할 수 있는 공간이 상실되었다. 다시 캐리의 견해에 의하면 그 결과 커리큘럼은 많은 경우 "역사적 이해, 비판 또는 자아의식"을 반영하지 못하게 되었다(p. 13). 이런 측면에서 저널리즘 교육은 더 큰 범위의 대학교 커리큘럼 속을 가로지르는 불협화음을 만들어냈다. 저널리즘은 인문학에서는 "토속 언어, 일상 언어"(p. 22)의 일부분으로 간주되었고, 사회과학에서는 여론을 조정하는 도구이지만 그 자체로서는 그리 중요하지 않은 것으로 간주되었다.

저널리즘 학자

저널리즘에 관심을 가진 마지막 집단이 저널리즘 학자들이다. 저널리즘의 가치, 실천, 영향 등을 다루는 엄청난 양의 문헌이 있지만 이들은 아직도 저널리즘이 무엇인지에 관해 일관성 있는 그림을 그려내지 못하고 있다. 그럼에도 모든 대학교의 커리큘럼에 저널리즘이 포함되어 있다.

저널리즘은 커뮤니케이션과 미디어 연구 및 저널리즘스쿨에 내재된 학문 영역의 하나가 되었고, 덜 분명하게 드러나지만 작문, 역사, 사회학, 도시 연구, 정치학, 경제학, 경영학에서도 대상이 되었다. 이것이 의미하는 바는 차별성 있고 개별적인 해석 공동체가 지금까지 학계에서 10개에 이른다는 것이다. 학자들이 학문적 공동체의 경계 안에서 기능한다는 점에서 그들이 연구하는 것은 자주 그런 공동체가 내세우는 시각을 취하게 된다. 해석 공동체와 유사한 이들 학문 공동체는 무엇이 증거로서 중요하며 어떤 식으로 중요한지를 결정하는 데 도움을 주었다. 마찬가지로 이들은 어떤 종류의 연구가 중요하지 않은지에 관한 판단도 내렸다.

교육 과정에서 저널리즘은 어떻게 존재해왔는가. 저널리즘에 대한 연구는 분절되어 진행되어 왔고, 각각의 연구는 다른 연구들에서 다룬 현상을 독자적 시각으로 보았다. 그러한 구획 짓기는 저널리즘이 무엇인지 밝히는 데 오히려 저해 요인이 되었으며, 저널리즘 전체가 아니라 부분의 작동을 연구하는 데 그치도록 했다. 그 결과 저널리즘 연구는 스스로를 적으로 삼아 싸우고 있으며, 저널리즘 교육자들은 저널리즘 학자와 분리되고, 인문학적인 저널리즘 학자들은 사회과학적 훈련을 받은 학자들과 분리되어 있다. 다수의 독립된 학문적 노력들은 학문적 탐구에 필수적인 공유된 지식을 갖지 못한 채 다양한 학문 분과 속에서 진행되고 있다. 이런 노력들이 행해지는 과정에서 저널리스트들은 오랜 기간 그들의 작업 환경을 현미경적으로 점검하려는 시도에 저항해왔다.

이것은 많은 문제를 낳았다. 하나는 뉴스의 다양성의 폭이 좁아지는 것이다. 학자들은 저널리즘 전부를 반영하는 통합적인 자료를 생산하지 못하기 때문에 특정한 형태의 하드 뉴스를 다른 대안들보다 높게 평가하는 방법으로 뉴스를 정의해왔다. 학문적 연구의 이 같은 환유적 편견은 달그렌(Peter Dahlgren, 1992, p. 7)이 말하는 "저널리즘의 실상과 저널리즘의 공식적인 자기상" 사이의 간격을 벌려 놓았다. 오랜 기간 동안 편집기자, 그래픽 디자이너, 온라인 저널리스트, 오피니언 저널, 카메라맨, 타블로이드 신문 그리고 풍자적인 심야 쇼가 저널리즘 학자들의 관심권 밖에 있었다. 다른 말로 표현한다면 학계는 저널리즘의 세계 전체를 반영하지 못하고 특정한 초점에만 주목했다. 그 결과 뉴스의 다양성은 대부분 사라졌다.

유사한 운명이 저널리즘 실무에도 닥쳤다. 저널리스트의 전문직화를 원하는 학계의 움직임 — 대부분은 사회학적 연구에서 추동된 — 으로 인해 저널리스트에게 원하던 원하지 않던 전문직이라는 호칭이 주어졌다. 이것은 저널리스트가 되는 것에 따르는 부담을 높였고, 적지 않게 이 직업을 수행하고 있는 사람들에게 손해를 끼치기도 했다. 저널리즘이 기능적 직업이라는 전통적 사고가 퇴조한 것을 보면 그 여파는 뚜렷하다. 가입 및 축출 규칙을 부과하자 유럽의 많은 저널리스트들이 반전문직화 입장으로 돌아섰다. 영국에서는 새로 교육받은 저널리스트들을 수용하지 못하게 되었고(Bromley, 1997), 프랑스에서는 저널리스트들이 과도하게 공격적인 탐사보도 스타일을 발전시켰다(Neveu, 1998). 영국의 중견 기자 캐머런(James Cameron, 1997

[1967] p. 170)은 이를 다음과 같은 말로 표현했다. "전문직을 자임함으로써 우리 직업의 불안정성을 보상하려는 것은 어리석은 일이다. 그것은 가식적인 측면도 있으면서 동시에 기운을 빼는 일이다. 우리는 기껏해야 기능인일 뿐이다." 하지만 전문적 기능 또한 그 자체로서는 저널리즘을 규정하는 특징임에도 불구하고 반드시 알아야 할 사항에서 뒷전으로 밀려나고 말았다.

국제무대에서 행해지는 다양한 형태의 저널리즘도 마찬가지로 옹색한 운명을 맞았다. 저널리즘 실천은 여러 지역에서 독특한 형태로 나타났지만 거의 대부분의 연구는 미국에서 행해지는 저널리즘에 초점을 맞추어왔다. 이들 연구는 대부분 미국 중심적이며 미국 저널리즘이 세계에서 수행되는 폭넓은 저널리즘에 대해 매우 제한적이지만 존경스러운 최고 수준의 기준으로 제시되어, 서구의 핵심 지역 너머에서 수행되는 저널리즘 실천들은 주목받지 못한 채 방치되고 있다(예를 들어 Gunaratne, 1998; Hallin & Mancini, 2004; Zhao, 1998). 지구촌 곳곳에서 제기되는 저널리즘 관련 질문들 역시 답변을 얻지 못한 채 남겨져 있다.

마찬가지로 중요한 것은 많은 저널리즘의 역사가 국가의 역사로 포장되어 있으나 오늘날과 같은 글로벌 시대에 들어와 우리는 이런 식의 연계가 더 이상 작동하지 않는다고 인정할 수밖에 없다. 지구화가 남긴 여러 영향 중 핵심적인 것의 하나는 국가의 역할 약화이지만 어떤 종류의 대안적 추진력이 새로 만들어질 저널리즘 장치를 뒷받침해야 할 것인가? 이와 관련된 예는 상충하는 사례인 자본주의와 종교적 근본주의다. 이들 둘은 포함과 배척에 대한 새로운 경계선을 만들었다. 이 과정에서 저널리즘이 무엇을 위한 것인가라는 질문에 대한 답변을 재조정해 소위 자유로운 정보 전달의 촉진과는 어긋나는 방향으로 저널리즘 실천 양식을 이끌었다.

이 모든 상황이 의미하는 바는 저널리즘 학자들이 모든 형태의 저널리즘을 반영하려는 노력을 충분히 하지 않았다는 것이다. 대부분 이미 알고 있는 사람들에게 설명할 지식을 생산하긴 했지만 저널리즘이 어떻게 작동하며 혹은 저널리즘이 무엇인가에 대한 공동의 준거 틀을 만드는 일에는 소홀했다는 점에서 이것은 매우 중대한 일이다.

탐구의 유형들

저널리즘에 대한 주요 학문적 탐구의 주요 형태는 다섯 가지이다. 사회학, 역사학, 언어 연구, 정치학 그리고 문화 분석이 그것이다. 여기서 이 다섯 가지는 설명을 돕기 위한 '발견적 학습 수단heuristic device'으로 제시된 것으로, 실무에서 존재하는 공통점이나 중복성을 무시하고 실제 이상으로 상호 배타적인 것으로 간주되고 있다. 저널리즘에 주목하는 학분 분과가 이 다섯 개만 있는 것도 아니다. 그러나 이들을 통해 저널리즘이 개념화될 수 있는 대안의 범위를 일별할 수는 있을 것이다. 이 다섯 개의 프레임이 저널리즘 세계의 연구에 적용하는 기본 가정들을 살펴보면 저널리즘을 보는 프리즘들이 잘해야 부분적인 그림에 불과함을 알 수 있게 된다.

각각의 프레임은 왜 저널리즘이 중요한가라는 질문을 다루는 서로 다른 방식을 제시한다. 사회학은 저널리즘이 얼마나 중요한가를, 역사학은 그것이 얼마나 중요했는가를 다룬다. 언어 연구는 어떤 언어적·시각적 도구를 통해 저널리즘이 중요하게 작동했는가를, 정치학은 저널리즘이 어떻게 해야 중요성을 갖게 되는가를 그리고 문화 분석은 저널리즘이 문화마다 어떻게 다르게 중요한가를 다룬다. 이러한 답변들은 학자들이 왜 처음 저널리즘에 주목하게 되었는가라고 하는 것보다 큰 질문에 근거한 것으로, 여기서 실종되거나 적어도 연구 설계의 뒷전으로 밀려난 것은 답변이 만들어진 방법이다.

사회학은 저널리즘이 어떻게 작동하는가에 대한 기본적인 사고틀을 제공했다. 1970년대에 수행된, 뉴스와 뉴스룸에 대한 길이 기억될 민속지학적 연구들(Fishman, 1980; Gans, 1979; Tuchman, 1978)을 바탕으로 구축된 사회학적 연구는 대체로 문서보다는 사람, 관계, 작업 관행 그리고 뉴스를 수집하고 제시하는 데 관여하는 공동체 구성원들 사이의 형식적 상호작용에 초점을 맞추어 저널리즘에 관한 전반적인 그림을 만들어냈다. 사회학은 저널리스트가 규범, 실행, 관행을 가진 사회학적 존재로 기능하고(Tunstall, 1971; Waisbord, 2002; Weaver & Wilhoit, 1996), 조직적·기관적·구조적 설정 속에 존재하며(Breed, 1955; Epstein, 1973; McManus, 1994), 뉴스 작업 속에 이데올로기 같은 것을 개입시킬 뿐만 아니라(Gitlin, 1980; Glasgow University Media Group, 1976), 또한 그들의 활동은 효과를 가진다(예를 들어 Lang & Lang, 1953)는 생각을 확립했다.

사회학은 대체로 일탈적인 실무보다는 다수에 의해 일상적으로 행해지는 실무에 대한 연구를 선호했고 전체적 현상을 고려하기보다는 분석을 위해 뉴스 제작 과정의 한 단면을 선호해 다른 많은 연구를 시작할 수 있는 단초가 되는 저널리즘의 기본적 모습을 그려냈다. 사회학은 의미보다는 행동과 효과를, 일탈보다는 반복되는 유형을, 개인보다는 집단적인 것을 강조해 저널리스트를 전문직으로 인정하는 데 일조했다. 물론 매우 성공적인 전문직은 아니었지만(Henningham, 1985) 말이다. 이런 작업은 다소 과거에 사로잡혀 있는데, 사회학이 초기 연구들로 인정받았지만 이제는 집중화, 기업화, 표준화, 개인화, 융합 그리고 최근에 나타난 형태인 저널리즘 작업의 다중적 성격(가끔 다른 규범을 따라야 하는) 등 현 시대에 부합하는 변화에 충실히 주목해야 한다(Benson & Neveu, 2004; Cottle, 2000). 더 나아가 사회학 연구는 주로 미국 사회학의 테두리 안에 머물러 있었다. 주로 미국의 주류 언론기관들에 관한 설명이 우리의 저널리즘에 관한 이해를 나타내는 일반적인 목소리로 제시되었다.

역사와 뉴스 탐구는 아주 초기의 저널리즘 교육 커리큘럼으로부터 발전되어 왔다. 뉴스의 역사는 저널리즘과 저널리즘 실무의 지속성을 형성하는 데 중심적 역할을 하며 과거를 — 과거의 교훈, 승리, 비극 — 통해 현 시대의 저널리즘을 이해하는 방법으로 사용되었다. 이런 틀에서 학문적 관심을 끈 것은 대체로 오래 지속된 현상이었다. 그러나 그렇게 해서 만들어진 그림은 폭 좁은 것이었다.

역사적 연구는 대체로 사람보다는 문서에 의존하는데, 크게 세 종류로 구분할 수 있다. 작은 규모의 저널리즘의 역사로는 회고록, 전기, 조직의 역사가 있다(Gates, 1978). 중간 규모로 쓴 역사는 '페니 프레스'나 '전쟁 저널리즘' 같이 일정 기간, 주제, 사건 등을 중심으로 기술된다(즉 Nerone, 1994. Schudson, 1978). 큰 규모의 역사는 국가와 뉴스 미디어 사이의 관계를 다룬다(Curran & Seaton, 1985). 역사 서술은 호주 및 프랑스에 관한 저술들이 보여주듯이(Kuhn, 1995; Mayer, 1964) 어느 나라를 다루는가에 따라 큰 차이를 보인다. 역사 연구에서는 저널리즘의 역사가 저널리스트와 학계 모두에 어떤 역할을 하는가를 의도적으로 엮는 작업이 부족했다. 미국 저널리즘스쿨이 저널리즘을 연구 영역의 하나로 인정받기 위한 목적으로 발행하는 저널리즘 실무에 관한 역사 서술들은 일반화된, 독일 역사주의 모델을 따르는 소위 '객관적 역사' 개념을 반영하지 않는다(Carey, 1974; Scannell, 2002). 이 둘을 제대로 결합하기 위한 노력도 충분하지 않았다. 여기에서도 연구자들은 대체로 미국 역사(그리고 그것의 진보적 편향성)에 초점을 맞춤으로써 세계 다른 지역의 저널리즘 실무의 풍부하고도 다양한 진화 양상을 제대로 보지 못했다. 놀랄 일은 아니지만 이런 연구의 대부분은 누가 과거에 대한 소유권을 가질 수 있느냐에 관한 질문을 놓고 씨름해야 했다. '누구의 저널리즘의 역사'를 연구하느냐 하는 문제는 오늘날까지도 역사 연구를 하는 이들에게 근본적인 과제로 남아 있다.

저널리즘 언어에 대한 연구는 저널리스트들의 메시지를 투명하지도 단순하지도 않으며 화자가 구성한 행위의 결과라고 본다. 대체로 지난 35여 년 동안 발전되어온 이 연구 영역에서는 유럽과 호주에서의 발전이 두드러진다(예를 들어 Bell, 1991; Van Dijk, 1987). 문법, 통사론, 단어 선택 등과 같은 언어의 형식적 특성들과 스토리텔링 프레임, 텍스트 패턴, 내러티브 등 보다 덜 형식적인 특징들을 결합하는 이 연구는 구두口頭 언어, 소리, 정적靜的 및 동적 시각물, 상호작용의 양식을 다루었다.

세 종류의 언어 연구가 있었다. 언어적 특징들을 충분히 검토하는 것을 생략한 채 언어를 배경으로 사용하는 콘텐츠 분석 및 기호학과 같은 비형식적 언어 연구(Hartley, 1982; Schramm, 1959), 사회언어학 담론 분석 그리고 비판 언어학 같은 형식적 언어 연구(Fowler, 1991; Greatbatch, 1988), 내러티브 및 스토리텔링 관행과 수사법 및 프레이밍에 따라 구성되는 뉴스에서의 언어 사용 패턴과 같은 언어 화용론 연구(Campbell, 1991; Gamson, 1989)가 그것이다. 언어 연구는 여러 방향으로 진행되었는데, 프레이밍은 주로 뉴스 언어의 정치적 측면에 초점을 맞추었다. 내러티브와 스토리텔링은 문화적 측면과 특히 타블로이드나 뉴진newzines 같은 대안적 형식을 겨냥하고 있다(예를 들어 Bird, 1990; Reese, Gandy Jr. & Grant, 2001).2) 언어 자체의 형태뿐만 아니라 더 큰 범위의 사회적·문화적 생활에서의 언어의 역할을 강조하는 이런 미세 분석 작업은 다른 종류의 연구에 응용될 가능성이 낮다는 단점이 있다. 그러나 동시에 "언어는 이데올로기적"이라고 주장하는 이 연구의 출발점은 전통적인 주류 뉴스 연구뿐만 아니라 "뉴스는 현실의 반영"이라는 저널리스트의 주장에도 심각한 의문을 제기한다.

정치학자들은 오랫동안 저널리즘의 규범적 문제에 관심을 갖고 저널리즘이 최적의 여건에서 어떻게 "작동해야 하는가"를 물었다. 정치학자들은 정치 세계에 대한 관심에서 저널리즘을 분석하고자 했기 때문에 정치와 저널리즘 사이의 상호 의존성에 대한 가정이 정치학적 저널리즘 연구의 동인이다. 그래서 학자들은 어떻게 저널리즘이 대중에게 더 잘 봉사할 수 있는지를 밝혀내고자 했다. 정치학적 탐구는 고전적인 『언론의 4이론』(Siebert Pe-

---

2) '뉴진newzines'은 뉴스잡지news magazines를 의미한다.

terson & Schramm, 1956)과 같이 서로 다른 형태의 정치 체제에서 미디어의 역할을 폭넓게 검토하는 것에서부터 정치 캠페인 행위, 저널리즘의 모델 및 역할, 리포터와 관리의 출처 인용 행태 연구에 이르고 있다(예를 들어 Graber, McQuail & Norris, 1998; Sigal, 1973). 역시 중요한 것으로는 공공 저널리즘에 관한 광범위한 문헌을 들 수 있다(Rosen, 1999).

대부분 미국에 초점을 맞추었지만 유사한 작업이 영국, 라틴아메리카, 동유럽에서 정부와 정치에 관한 연구자들에 의해 이루어졌다(예를 들면 Fox, 1988; Schlesinger & Tumber, 1995; Splichal & Sparks, 1994). 이들 연구는 뉴스를 제작하는 데 있어 저널리즘의 보다 큰 '정치적' 역할을 다루었으며 낮은 직위의 일선 저널리스트들보다는 최상층 ─ 발행인, 이사회, 편집국장 ─ 을 주목했다. 이들 중 많은 연구는 규범적인 동기를 가졌고 저널리즘 정신의 회복에 대한 요지로 결론을 내리는데, 저널리즘이 전체 사회에서 보다 일반적인 정치적 자극에 부응해야 한다는 제안이 그것이다.

마지막으로, 저널리즘에 대한 **문화적 분석**이 있다. 이 연구는 스스로를 옆집에 사는 '악동'으로 보는 경향이 있다. 문화적 분석은 저널리즘의 자기인식의 배경이 되는 전제들에 대해 의문을 제기하는 것임을 자임하고, 저널리스트에게 중요한 것이 무엇인가를 탐구하고 기자들이 직업의 의미를 찾는 데 사용되는 문화적 상징체계를 연구한다. 문화적 분석은 저널리즘 내에서 ─ 뉴스취재 관행, 규범, 가치, 기술 그리고 무엇이 중요하고 적절하며 선호되는가에 관한 추정 ─ 통합성이 결여되어 있다고 본다. 문화적 분석이라는 접근 방법은 또한 저널리즘을 설명하기 위해 다양한 개념적 도구들을 사용하는 연구 관점에서도 통합성이 결여되었다고 본다. 이런 전제에서 문화적 분석은 미국과 영국의 문화연구 모델에서 증명된 것과 대체로 병행하는 두 가지 방향을 따라간다. 전자는 의미, 집단 정체성 그리고 사회적 변화에 초점을 맞추고 있다(예를 들어 Ettema & Glasser, 1998; Pauly, 1988; Steiner, 1992). 후자는 권력과 지배양식이 교차하는 지점에 초점을 맞추고 있다(예를 들어 Hall, 1973; Hartley, 1992). 이 작업은 다른 탐구 영역에서는 다루어지지 않았던 많은 것들에 — 세계관, 실행, 일탈, 형식, 대표 그리고 수용자들 — 주목했다. 그러나 그것이 어떻게 의미에 이르게 되는지에 주안점을 둠으로써 상이한 종류의 뉴스 작업 사이의 흐려진 경계선에 대해 연구를 할 수밖에 없도록 만들었다. 타블로이드와 주류 언론(Lumby, 1999; Sparks & Tulloch, 2000), 주류 언론과 온라인(Allan, 2006), 뉴스 작업과 비非뉴스 세계(Eason, 1984; Manoff & Schudson, 1986)의 경계선에 대한 연구가 그것이다. 그러나 문화적 분석 작업 중 일부는 저널리즘의 사실, 진실 그리고 현실의 숭배에 대한 현장의 이중적 태도라는 도전을 받지 않을 수 없었다. 사실과 진실 및 현실은 문화적 렌즈에서 본다면 논의와 상대화의 대상이었기 때문이다.

저널리즘 연구의 개별 프레임은 뉴스를 보는 독특하고 특별한 각각의 프리즘으로 인해 생겨나 프레임을 아우르는 좀 더 분명하고 포괄적인 공동의 시각을 필요하게 만들었다. 공동의 시각은 그 자체로 저널리즘을 깊이 이해하는 데 도움을 줄 뿐만 아니라 저널리즘 연구자들의 근시안적인 시각을 상쇄하게 만들 것이다. 학자들이 뉴스, 뉴스 제작, 저널리즘, 저널리스트 그리고 뉴스 미디어를 어떻게 개념화하고, 이런 이슈들을 탐사하기 위해 어떤 설명 프레임을 사용하며, 추정을 만드는 데 어떤 탐구 영역을 채택하는가는 앞으로 점 더 자세히 밝혀야 하는 질문들이다. 여기서 다중적 견해를 채택할 수밖에 없는 것은 저널리즘 연구가 저널리즘의 모든 측면을 반영하는 학술적 자료들을 생산해내지 못했기 때문만이 아니라 학문적 탐구 전반에 걸쳐 무엇이 행해지고 있는지를 잘 이해하는 학자를 배출하지 못했기 때문이다. 저널리즘과 그것을 연구하는 학문에 대해 충분한 합의가 이루어지지 않았다. 그 결과 저널리즘과 학문 사이의 실용적, 교육적, 개념적 차원에서 존재론적 불확실성이 나타나게 되었다.

미래를 위한 수정

저널리즘의 존재론적 불확실성을 해결하는 데 도움을 줄 수 있는 많은 수정 방안이 있다. 저널리즘을 가장 풍부하게 번영하는 종합적 학문의 핵심에 저널리즘을 위치시키는 것이 매우 중요하다. 저널리즘을 표현의 한 행위로 인식하면 인문학과 직접 연결되고, 저널리즘의 영향력을 인식하면 사회과학과 직접 연결된다. 서로 다른 견해들이 각각 동등한 가치가 있다고 명시되어야 하지만 그럼에도 불구하고 어느 것도 저널리즘의 전부를 설명하지는 못한다는 사실도 분명히 드러나야 한다. 연구의 벽을 허물어 우리가 아는 것을 점검하는 것뿐만 아니라 우리가 아는 것에 대해 어떻게 동의에 이르렀는가를 검토하는 것 또한 중요하다. 마찬가지로 실무, 교육, 연구를 커리큘럼에 동시에 포함시키는 것이 저널리즘을 보다 완전하게 이해하는 데 도움을 줄 것이다. 이 점에서 저널리즘 연구는 저널리즘에 참여하는 여러 방식을 묶는 틀을 만드는 일이다. 이 틀은 저널리즘을 실행하는 저널리스트, 저널리즘의 실천을 가르치는 저널리즘 교육자, 저널리즘 실무가 의미하는 바가 무엇인가를 가르치는 저널리즘 학자를 함께 묶어줄 수 있을 것이다. 이것은 새로운 생각은 아니다. 데니스(Everett Dennis, 1984)는 20년 전에 그와 유사한 주장을 했고, 그런 생각이 '저널리즘 교육의 미래를 위한 카네기-나이트 구상'과 '유럽 에라스무스 문두스 저널리즘과 미디어 프로그램'의 배경이 되었다.

여러 곳에서 이미 저널리즘 연구의 기초를 수정하는 움직임이 시작되었다. 1990년대 들어 두 개의 학술지 ——『저널리즘: 이론, 실무 그리고 비평』과『저널리즘 연구』—— 가 병행해서 창간된 사실은 학문적 연구로 인해 생겨난 저널리즘에 대한 관심을 논의할 집중된 공간의 필요성을 반영한다. 이에 따라 저널리즘 연구나 저널리즘 실천의 한 측면에 관한 —— 트라우마, 종교, 온라인 저널리즘 등 —— 연구를 위한 센터들이 생겨났다. 또한 저널리즘 이론, 연구, 교육을 위한 '저널리즘 연구 관심 그룹Journalism Studies Interest Group' (현재는 그룹에서 분과로 위상이 격상되었다)이 최근 〈국제 커뮤니케이션 협회ICA〉 산하에 설립되었다. 모든 경우에서 이런 노력들은 기존의 틀 안에서 행해지는 저널리즘 연구의 한계를 수정할 수 있도록 해준다.

지금까지 서술한 내용은 모두 우리가 저널리즘의 현실 인식을 높이는 방법을 찾아낼 필요가 있음을 의미한다. 동시에 우리는 저널리즘을 우리 상상력의 맨 앞에 배치해야 한다. 저널리즘과 학문이 서로 도울 수 있는 분명한 모델의 발견은 우리가 저널리즘의 발전을 얼마나 앞서 이끌 수 있는가에 달려있다. 즉 저널리즘이 앞으로 어디로 가야 할 것인가를 미리 예상하고, 그곳으로 갈 수 있는 폭넓고 창조적인 방안을 구상하는 것이 중요하다. 저널리즘은 너무 중요하기 때문에 이 글에서 제기한 문제들을 다루지 않을 수는 없을 것이다. 그러나 이들 문제들과 조속히 씨름하지 않는다면 저널리즘이 향후 어떤 미래를 맞을지 불확실한 채로 남아 있을 것이다.

〈참고문헌〉

Adam, G. S.(1993). *Notes toward a definition of journalism*. St. Petersburg, FL: Poynter Institute.

Allan, S.(2006). *Online news*. New York: Open University Press.

Bell, A.(1991). *The language of news media*. Oxford, UK: Blackwell.

Benson, R., & Neveu, E.(2004). *Bourdieu and the sociology of journalism*. Cambridge, UK: Polity.

Berkowitz, D.(2000). Doing double duty. *Journalism: Theory, Practice and Criticism, 1*(2), 125–143.

Berger, P., & Luckmann, T.(1966). *The social construction of reality*. Garden City, NJ: Anchor Books.

Bird, S. E.(1990). *For enquiring minds*. Knoxville: University of Tennessee Press.

Breed, W.(1955). Social control in the newsroom. *Social Forces, 33*, 326‒335.

Bromley, M.(1997). The end of journalism? Changes in workplace practices in the press and broadcasting in the 1990s. In M. Bromley & T. O'Malley(eds.), *A journalism reader*(pp. 330‒150). London: Routledge.

Bromley, M.(2003). Objectivity and the other Orwell. *Media History, 9*(2), 123‒135.

Cameron, J.(1997 [1967]). Journalism: A trade. In *Point of departure*. London: Arthur Barker; reprinted in M. Bromley & T. O'Malley(eds.), *A journalism reader*(pp. 170‒173). London: Routledge.

Campbell, R.(1991). *60 Minutes and the News*. Urbana: University of Illinois Press.

Carey, J.(1974). The problem of journalism history. *Journalism History, 1*(1), Spring, 3‒5, 27.

Carey, J.(2000). Some notes on journalism education. *Journalism: Theory, Practice and Criticism, 1*(1), 12‒23.

Cottle, S.(2000). New(s) times: Towards a "second wave" of news ethnography. *Communications, 25*(1), 19‒41.

Curran, J., & Seaton, J.(1985). *Power without responsibility*. London: Fontana.

Dahlgren, P.(1992). Introduction. In P. Dahlgren & C. Sparks(eds.), *Journalism and popular culture*(pp. 1‒23). London: Sage.

Dennis, E.(1984). *Planning for curricular change: A report on the future of journalism and mass communication education*. Eugene: School of Journalism, University of Oregon.

Douglas, M.(1986). *How institutions think*. Syracuse, NY: Syracuse University Press.

Durkheim, E.(1965 [1915]). *The elementary forms of the religious life*. New York: Free Press.

Eason, D.(1984). On journalistic authority: The Janet Cooke scandal. *Critical Studies in Mass Communication, 3*, 429‒447.

Epstein, E. J.(1973). *News from nowhere*. New York: Random House.

Ettema, J., & Glasser, T.(1998). *Custodians of conscience*. New York: Columbia University Press.

Fish, S.(1980). *Is there a text in this class?* Cambridge, MA: Harvard University Press.

Fox, E.(1988). *Media and politics in Latin America: the struggle for democracy*. Newbury Park, CA: Sage.

Fishman, M.(1980). *Manufacturing the news*. Austin: University of Texas Press.

Foucault, M.(1972). *The archaeology of knowledge*. London: Tavistock.

Fowler, R.(1991). *Language in the news*. London: Routledge.

Gamson, W.(1989). News as framing. *American Behavioral Scientist, 33*(2), 157‒161.

Gans, H.(1979). *Deciding what's news*. New York: Pantheon.

Gates, G. P.(1978). *Airtime: The inside story of CBS news*. New York: Harper and Row.

Gitlin, T.(1980). *The whole world is watching*. Berkeley: University of California Press.

Glasgow University Media Group.(1976). *Bad news*. London: Routledge and Kegan Paul.

Goodman, N.(1978). *Ways of worldmaking*. Indianapolis, IN: Hackett Publishing Company.

Graber, D., McQuail, D., & Norris, P.(eds.).(1998). *The politics of news: The news of politics*. Washington, DC: CQ Press.

Greatbatch, D.(1988). A turn-taking system for British news interviews. *Language in Society, 17*(3), 401-430.

Gunaratne, S.(1998). Old wine in a new bottle: Public journalism, developmental journalism and social responsibility. In M. E. Roloff(ed.), *Communication Yearbook 21*(pp. 276-321). Thousand Oaks, CA: Sage.

Hall, S.(1973). The determinations of news photographs. In S. Cohen & J. Young(eds.), *The manufacture of news*(pp. 176-190). London: Sage.

Hallin, D., & Mancini, P.(2004). *Comparing media systems: Three models of media and politics*. Cambridge University Press.

Hartley, J.(1982). *Understanding news*. London: Methuen.

Hartley, J.(1992). *The politics of pictures*. London: Routledge.

Henningham, J.(1985). Journalism as a profession: A reexamination. *Australian Journal of Communication, 8*, 1-17.

Kuhn, R.(1995). *The media in France*. London: Routledge.

Kuhn, T.(1964). *The structure of scientific revolutions*. Chicago: University of Chicago Press.

Lang, K., & Lang, E.(1953). The unique perspective of television and its effect. *American Sociological Review, 18*(1), 103-112.

Lumby, C.(1999). *Gotcha: Life in a tabloid world*. Sydney: Allen and Unwin.

Manoff, R., & Schudson, M.(1986). *Reading the news*. New York: Pantheon.

Marques de Melo, J.(1988). Communication theory and research in Latin America. *Media, Culture and Society, 10*(4), 405-418.

Mayer, H.(1964). *The press in Australia*. Melbourne: Lansdowne.

McManus, J.(1994). *Market driven journalism: Let the citizen beware*. Thousand Oaks, CA: Sage.

Nerone, J.(1994). *Violence against the press*. New York: Oxford University Press.

Neveu, E.(1998). Media and politics in French political science. *European Journal of Political Research, 33*(4), 439-458.

Orwell, G.(1946). Why I write. *Gangrel*, Summer.

Orwell, G.(1999). *Smothered under journalism, 1946*. London: Martin Secker and Warburg, LTD.

Pauly, J.(1988). Rupert Murdoch and the demonology of professional journalism. In J.

Carey(ed.). *Media, myths and narratives*(pp. 246-261). Newbury Park, CA: Sage.

Park, R. E.(1940). News as a form of knowledge, *American Journal of Sociology, 45*, March, 669-686.

Project for Excellence in Journalism.(2007). State of the news media: An annual report on American journalism. Washington, DC: Project for Excellence in Journalism.

Reese, S., Gandy Jr., O., & Grant, A.(eds.).(2001). *Framing public life*. Mahwah, NJ: Erlbaum.

Rosen, J.(1999). *What are journalists for?* New Haven, CT: Yale University Press.

Scannell, P.(2002). History, media and communication In K. B. Jensen(ed.), *A handbook of media and communication research*(pp. 191-205). London: Routledge,.

Schlesinger, P., & Tumber, H.(1995). *Reporting crime*. Oxford, UK: Oxford University Press.

Schudson, M.(1978). *Discovering the news*. New York: Basic Books.

Schramm, W.(1959). *One day in the world's press*. Stanford, CA: Stanford University Press.

Siebert, F., Peterson, T., & Schramm, W.(1956). *Four theories of the press*. Urbana: University of Illinois Press.

Sigal, L.(1973). *Reporters and officials*. Lexington, MA: D.C. Heath.

Sparks, C., & Tulloch, J.(2000). *Tabloid tales*. New York: Rowman and Littlefield.

Splichal, S., & Sparks, C.(1994). *Journalists for the 21st century*. Norwood, NJ: Ablex.

Steiner, L.(1992). Construction of gender in news reporting textbooks, 1890-1990. *Journalism Monographs, 135*, October, 1-48.

Tuchman, G.(1978). *Making news*. New York: Free Press.

Tunstall, J.(1970). *The Westminster lobby correspondents: A sociological study of national political journalism*. London: Routledge and Kegan Paul.

Tunstall, J.(1971). *Journalists at work*. London: Constable.

Van Dijk, T.(1987). *News as discourse*. Hillsdale, NJ: Erlbaum.

Waisbord, S.(2002). *Watchdog journalism in South America*. New York: Columbia University Press.

Weaver, D., & Wilhoit, G. C.(1996). *The American journalist in the 1990s*. Mahwah, NJ: Erlbaum.

Weber, M.(1948). Politics as a vocation. In *From Max Weber: Essays in sociology*. London: Routledge and Kegan Paul.

Zelizer, B.(1993). Journalists as interpretive communities. *Critical Studies in Mass Communication, 10*(3), 219-237.

Zelizer, B.(2004). When war is reduced to a photograph. In S. Allan & B. Zelizer(eds.), *Reporting war*. London: Routledge.

Zelizer, B.(2004). *Taking journalism seriously: News and the academy*(pp. 115-113).

Thousand Oaks, CA: Sage.

Zhao, Y.(1998). *Media, market and democracy in China: Between the party line and the bottom line*. Urbana: University of Illinois Press.

04_
저널리즘 교육

비트 조제피

서론

저널리즘 교육은 저널리스트의 질을 향상시킴으로서의 저널리즘의 질을 향상시키는 것으로 간주된다. 그것은 "사회가 저널리즘의 발전에 영향을 주기 위해 개입할 수 있는 방법"으로 인식된다(Curran, 2005, p. xiv). 다시 말해 미래의 저널리스트들이 받는 저널리즘 교육이 중요한 이유는 저널리즘을 구성하는 많은 요인 중 저널리스트가 가장 중요하기 때문이다.

유네스코는『개발도상국 및 신층 민주주의 국가들을 위한 저널리즘 교육의 모델 커리큘럼*Model Curricula for Journalism Education for Developing Countries & Emerging Democracies*』(2007, p. 5)「서문」에서 이렇게 선언하고 있다. "저널리즘 그리고 개인들에게 저널리즘 기술을 실천하고 향상시킬 수 있도록 해주는 교육 프로그램은 모든 나라의 발전에 기본적인 민주적 원리들을 지탱하는 핵심적 도구들이다."

이 장에서는 저널리즘 교육의 핵심적인 요소들, 특히 어떻게 하면 저널리즘 실천을 풍부하게 해줄 수 있는지에 관한 아이디어들을 살펴볼 것이다. 이어 거의 한 세기 내내 미국에서 진화해온 저널리즘 교육의 역사를 살펴볼 것이다. 또한 최근의 핵심적인 텍스트를 검토하고 대학 저널리즘 교육의 근거로 간주되는 전문직화 문제를 살펴 볼 것이다. 그런 다음 저널리즘 교육에서 무엇을 가르쳐야 하는지, 그리고 종종 제대로 인식되지는 않지만 저널리즘 교육의 기저에 깔려 있는 이데올로기적 가정들에 대해 논의할 것이다. 마지막으로는 미래의 연구 영역을 제시할 것이다.

토대 놓기

저널리즘 교육의 핵심적인 요소 중의 하나는 이것이 미래의 저널리스트들의 태도와 지식을 위한 토대를 놓는 것으로 간주된다는 점에서 찾을 수 있다. 그러나 저널리스트들이 무엇을 교육받아야 하는지에 관해서는 다양한 견해가 존재한다. 지금 교육받고 있는 방법도 마찬가지로 다양하다.

따라서 저널리즘 교육의 또 다른 핵심적인 요소로 엄청난 다양성을 꼽을 수 있다. 이에 관한 전체적인 모습을 파악하려면 저널리스트들의 교육적 배경이 얼마나 다양한지, 저널리스트가 되기 전에 저널리즘을 전공한 사람들의 비율이 얼마인지만 살펴보아도 충분하다. 현재 가용한 데이터를 갖고 볼 때 통계수치들은 저널리스트들이 4년제 종합대학교 또는 단과대학 수준의 교육을 받는 추세가 결정적임을 보여준다(Deuze, 2006, p. 22). 그러나 이들 중 소수만이 저널리스트가 되기 전에 저널리즘, 미디어, 또는 커뮤니케이션 분야의 학위 과정을 마쳤다.

통상 '저널리즘'이라고 할 때는 주로 뉴스 저널리즘을 의미한다. 그중 신문을 살펴보면 세계 신문의 생산에서 가장 비중이 높은 지역은 아시아임을 알 수 있다(World Association of Newspapers, 2005). 이것은 인구 및 지정학적 관점에서 아시아의 중요성이 지속적으로 커지고 있는 것을 반영한다. 신문이 가장 많이 발행되는 나라는 일본이다. 곤트(Gaunt, 1992, p. 115)에 의하면 가장 유명한 신문사인 『아사히신문朝日新聞』, 『요미우리신문讀賣新聞』 그리고 『마이니치신문每日新聞』은 정치학, 경제학 그리고 인문학 분야의 학위를 가진 엘리트 대학교의 졸업생만 기자로 채용한다. 미디어 학과가 있는 대학교는 극소수이며, 장래의 저널리스트 희망자는 대다수가 언론 현장에서 훈련을 받는다. 현장 훈련은 엄격한 도제식 형태를 띠고 있다.

중국에서는 21세기 들어 첫 10년 동안 커뮤니케이션과 저널리즘에 대한 연구가 빠른 속도로 인기를 얻고 있다. 이것은 중국 사회 및 중국 미디어 시장이 그만큼 급속하게 변화하고 있음을 보여준다. 현재 저널리즘 교육 과정은 기술skills 수업과 중국 공산당 철학 과목으로 구성되어 있다. 그러나 이것은 시장의 요구에는 부합하지 못하는 것으로 간주된다(Yu, Chu & Guo, 2000).

그러나 미국과 독일의 사례에서 볼 수 있듯이 미디어, 커뮤니케이션 또는 저널리즘 분야의 대학 교육이 증가했다고 해서 그것이 곧장 저널리스트가 되기 위한 필수 과정으로 변모한 것은 아니다. 위버 등(Weaver, Beam, Brownlee, Voakes, and Wilhoit, 2007, p. 35)은 미국에서 "1982~1992년 사이에 언론인이 된 사람 중에 저널리즘 및 매스컴의 학사학위 취득자 비율이 절반 이상(53%)에서 1/4로 급감했음"을 발견했다. 이러한 현상은 미국에서의 저널리즘 교육을 좀 더 일반적인 매스커뮤니케이션 및 공공 커뮤니케이션 교육의 일부로 간주하도록 만들었다(앞의 책). 다른 한편으로는 (학사 이상의) 학위를 가진 저널리스트 비율은 거의 90%에 달하고 있다(p. 37).

독일에서도 유사한 현상이 나타나고 있는데, 80.5%의 저널리스트가 학사 학위를 갖고 있거나 수료한 것으로 조사되었다. 그러나 13%만이 저널리즘을 전공 혹은 부전공으로 공부했으며, 또 다른 17%는 커뮤니케이션 또는 미디어 연구를 전공 혹은 부전공으로 공부했다(Weischenberg, Malik & Scholl,

2006, p. 353). 중요한 점은 거의 70%가 인턴 훈련을 받았으며 — 35세 이하의 연령군에서는 90%에 달한다 — 60%는 2년 과정, 대졸자의 경우에는 1년 과정으로 언론사의 사내 훈련을 받았다(앞의 책).

이 같은 저널리즘 진입 경로는 기본적인 "저널리즘 작업 과정은 보편적인 것으로 보인다"는 점에도 불구하고 각국별로 선호 양상은 다름을 시사한다(De Burgh, 2005b, p. 6; Josephi, 2001). 또한 이런 통계들을 볼 때 대학교 이상의 고등교육은 저널리스트가 되기 위한 하나의 방법에 불과함을 잘 알 수 있다(또한 Deuze, 2006, p. 22; Fröhlich & Holtz-Bach, 2003a; Weaver, 1998, p. 459; Gaunt, 1992도 함께 참조하라). 이것은 대학에서 전적으로 직업 교육 형태로 이루어지는 저널리즘 교육에 관한 문헌들이 주로 사내 훈련으로 이루어지는 저널리즘의 현실에 부합하지 않음을 보여준다.

곤트(Gaunt, 1992, p. 1)는 『뉴스 만드는 사람 만들기*Making the Newsmakers*』라는 저서 앞머리에서 이렇게 쓰고 있다. "저널리즘 훈련은 (저널리스트들의) 전문직의 실무를 유지시키거나 수정하며, 나아가 미디어의 역할 및 기능에 대한 저널리스트들의 인식을 형성한다." 여기서 논의되는 대로 저널리즘 교육은 저널리즘 실무를 개선하고, 생산되는 정보의 질을 풍부하게 하며, 나아가 이런 고품질 저널리즘의 도움을 받아 시민사회의 기능을 향상시키려는 의도를 갖고 있다.

저널리즘 교육의 역사

저널리스트들에게 대학 교육을 제공함으로써 더 나은 저널리즘을 달성하려는 생각은 19세기 후반 미국에서 나타났다(Weaver, 2003, pp. 49~51). 20세기 내내 미국은 저널리즘을 3차 교육(대학 교육)으로 제공하는 주요한 지역이었다. 1980~1990년대에 들어와서야 저널리즘은 세계적으로 대학교의 분과학문으로 받아들여졌으며, 그것도 종종 신설 대학교에서만 그러했다. 미국이 이처럼 새로운 영역을 개척한 이유 중의 하나는 이 나라가 저널리즘 교육뿐만 아니라 뉴스 저널리즘을 개척했기 때문이다. 샬라비(Chalaby, 1996)에 의하면 오늘날 우리가 알고 있는 저널리즘은 영미의 발명품이다. 유럽 대륙에서 저널리즘은 문학 영역과 밀접한 관련이 있었으며, 이 영역은 '하루 단위로 살아가는 기자'와는 다른 재능과 쓰기 기술을 요구했다.

미래의 저널리스트가 대학 교육을 받아야 한다는 생각을 실천한 것으로 인정받는 인물은 미국의 남북전쟁에서 패한 리 장군이었다. 워싱턴대학교 — 버지니아 주의 렉싱턴에 위치한 오늘날의 워싱턴 앤드 리대학교 — 총 장이던 리 장군은 일찌감치 1869년에 문학사 학위과정의 하나로 저널리즘 과정을 개설했다(Medsger, 2005, p. 205).

당시에 이미 대학교 학과로서의 저널리즘에 대해 의문이 제기되었다. 리 장군의 구상이 제기된 때는 편집인과 인쇄인이 동일인인 경우가 많을 정도 로 신문이 소기업이던 시기였다. 이 때문에 초기 저널리즘 교육은 보도에 초 점을 맞추기보다는 기술적 인쇄기법과 쓰기 및 편집을 주된 내용으로 삼았 다(Johansen, Weaver & Dornan, 2001, p. 471). 초기의 그러한 노력에도 불구 하고 캐리James Carey는 저널리즘스쿨을 설립하는데 약간은 망설이던 컬럼비아 대학교에 퓰리처가 자금을 투입한 다음에야 저널리즘 교육이 본격적으로 시 작되었다고 주장했다(Carey, Johansen 등 2001, p. 475에서 재인용). 컬럼비아 저널리즘스쿨은 1912년에 대학원으로 문을 열었는데, 당초 퓰리처가 원했 던 학부대학교의 설립과는 다른 방향으로 진행되었던 셈이다(Adam, 2001, pp. 318~322). 저널리즘스쿨을 설립한 퓰리처의 동기는 당시 다수의 저널 리스트가 노동자 계급 출신이었던 점을 감안해 이들의 소양을 높이자는 것 이었다. 그는 저널리스트들이 받지 못했던 교양 교육을 제공함으로써 목적 을 달성하려 했다(Medsger, 2005, pp. 206~207).

다른 개척자들은 저널리즘 연구를 위해 또 다른 방향을 선택했다. 1920

년대 후반 블라이어Willard Bleyer는 이 새로운 연구 과정을 위스콘신대학교의 정치학과 사회학 박사과정에 설치했다. 그는 저널리즘에 관한 연구가 저널리즘 교육의 핵심적인 요소 중의 하나라고 생각했다. 저널리즘을 사회과학의 범주 안에 자리 잡게 하려던 그러한 결정은 장기적 영향을 미쳤다. 즉 "다른 지역에 세워진 다수의 주요 저널리즘스쿨의 창설자들은 위스콘신대학교 박사과정 출신이 많았고, 이들은 경험주의적 사회과학의 접근 방법을 함께 유포했다(Chaffee, Johansen 등 2001, p. 471에서 재인용). 블라이어는 미국의 저널리즘 교육 기관의 양대 축의 창설에서 핵심적 역할을 수행했다.

이 두 기관은 〈저널리즘 교육 행정가 협회the Association of Journalism Education Administrators(현재는 〈저널리즘 및 매스커뮤니케이션스쿨 협회The Association of Schools of Journalism and Mass Communication〉로 불린다) 및 〈저널리즘 프로그램을 위한 인가 기관〉(현재 〈저널리즘 및 매스커뮤니케이션 교육에 관한 인가 평의회the Accrediting Council on Education in Journalism and Mass Communication〉로 불리고 있다)이다(Medsger, 2005, p. 208).

곧이어 대학교 수준에서 저널리즘 교육의 세 가지 차별적인 모델이 나타났다. 윌리엄스Walter Williams가 미주리대학교에 설립한 프로그램처럼 대학원 또는 학부 급에서의 독립적 저널리즘스쿨 운영, 인문대학 내의 독립된 학과 그리고 사회대학 내에서의 독립적인 학과로서의 운영이 그것들이었다.

여기에다 슈람Wilbur Schramm에 의해 4번째 모델이 추가되었다. 슈람은 제2차세계대전 말기에 아이오와대학교의 저널리즘 교육 책임자였고, 이후 일리노이대학교와 스탠퍼드대학교에서 커뮤니케이션학과 및 연구소의 창설자였다(Rogers, 1994, p. 29). 슈람은 처음에는 자신의 새로운 커뮤니케이션 프로그램을 기존의 저널리즘학과 안에 두려 했다. 그러나 커뮤니케이션의 현장 연구가 얼마 지나지 않아 오히려 주인을 넘어 섰고, 직업훈련이라는 꼬리표를 떼지 못했던 저널리즘 교육은 뒤편에 남게 되었다. 퓰리처와는 달리 교수였던 블라이어, 윌리엄 그리고 슈람은 저널리스트가 아니라 저널리즘 그 자체에 관심을 가졌다. 로저스(Rogers, 1994, p. 127)가 서술한 대로 "커뮤니케이션 연구 기관들이 저널리즘스쿨의 위상을 높이는 데 기여했다. 왜냐하면 저널리즘 훈련이 직업학교의 성격을 갖는다고 인식한 다른 분야의 학자들이 저널리즘스쿨을 깔보았기 때문이다." 이것은 저널리즘 교육을 실무적 연구와 학문적 연구 사이의 불분명한 범주에 놓아두게 만들었고, 이런 상태는 아직도 계속되고 있다. 나아가 저널리즘의 전문직화 및 저널리즘 교육 과정에 관한 토론 역시 이 논란이 아직 종결되지 않았음을 보여준다.

미국이 저널리즘 교육의 역사를 가졌던 유일한 나라는 아니지만 그럼에도 저널리즘 교육이라는 분과학문에 그만큼 큰 영향을 준 나라도 없다. 프랑스는 1899년 최초의 저널리즘스쿨인 〈고등저널리즘학교l'Ecole Superieure de Journalisme〉를 개설했는데, 이 학교는 일 년 뒤 〈사회과학고등연구원Ecole de Hautes Etudes en Sciences Sociales〉으로 통합되었다(Gaunt, 1992, p. 46). 저널리즘 교육의 어두운 측면은 스페인에서 드러났다. 여기서는 〈국립저널리즘스쿨national school of journalism〉이 프랑코 총통에 의해 설립되었으나 이후 집권 여당이던 팔랑헤당의 통제 아래 놓였다(Barrera & Vaz, 2003, p. 23. Gaunt, 1992, p. 63). 당시 〈국립 저널리즘스쿨〉은 스페인에서 가장 중요한 교육센터였고, 1970년대 초까지 계속 정부의 통제 아래 있었다. 스페인 정부의 통제 하에 있던 주요 신문들에서 일하는 저널리스트들은 이 저널리즘스쿨을 통과해야 했다. 정부의 통제 하에 있는 저널리즘 교육의 유사한 사례들은 동유럽권의 옛 국가들에서도 있었다. 이러한 사례들은 저널리즘 교육이 저널리스트와 저널리즘을 형성하는 도구가 아니더라도 하나의 중요한 요소라는 기본적인 생각을 입증해주고 있다.

핵심 텍스트

저널리즘 교육의 다양성을 고려한다면 이 주제에 관한 핵심 텍스트가 없는 것은 그리 놀랄 만한 일이 아니다. 데우즈는 이 문제를 이렇게 정확하게 지적하고 있다.

저널리즘 교육 문헌은 흔히 매우 구체적인 문제를 다루거나 ─ 특정 커리큘럼, 과정, 교실에서 무엇이 효과를 내고 무엇이 효과를 내지 못하는지에 관한 사례 연구를 모은 것 ─ 아니면 반대로 아주 일반적인 문제를 다루는 경향을 보여준다. 가령 나이 많은 학자들이 '저널리즘 교육을 수행해온' 평생의 경험에 관해 다소 역사적인 이야기를 들려주는 식이다(Deuze, 2006, p. 19).

보다 폭넓은 시각을 수용하는 서적들은 하나같이 서베이 성격을 취하고 있는데, 저널리즘 교육에서 어디서 무엇을 가르쳐야 하는가를 도표처럼 보여준다. 가장 완벽한 ─ 그럼에도 더 이상 현 상황에는 맞지 않는 ─ 서베이는 곤트가 1992년에 제공했다. 유네스코의 후원을 받아 작성된 『뉴스 만드는 사람 만들기』라는 책에서 곤트는 우선 훈련 시스템, 훈련 필요성 및 구조의 차이를 평가한다. 그런 다음에 대륙별 또는 나라별로 분류해 다양한 국가나 '지역'에서의 저널리즘 교육을 위한 다양한 노력들을 상술했다.

곤트는 저널리즘 교육을 위한 도전 및 전망을 각각 개발도상국과 선진국에 영향을 주는 두 개의 예측 가능한 부류로 나누었다(1992, p. 157). 그는 개발도상국들이 직면하고 있는 두 가지 중요한 장애물로 정부에 의한 통제와 자원 부족을 드는 한편 선진국에 닥치고 있는 주요한 도전으로 기술적 변화를 꼽았다. 곤트(Gaunt, p. 158)는 자신의 관심사항을 상술하면서 또한 저널리스트들의 지위 및 급여 수준에도 관심을 표하고 있다. 이 문제가 저널리즘 연구에 관심을 가진 학생과 교사들에게 직접적인 영향을 미치기 때문이다.

저널리스트들이 정부 관리 또는 '홍보 요원'으로 간주되는 나라들에서는 저널리스트 직업이 가장 우수하고 총명한 학생이나 가장 유능한 교사를 끌어당길 가능성은 없을 것이다. 그런 시스템 아래에서 윤리학 과목, 직업적 기준, 탐사 보도, 언론, 역사 그리고 커뮤니케이션 이론의 다양한 측면이 커리큘럼에서 차지할 자리가 없다.

비록 이러한 고찰은 이 책이 출판된 15년 후인 2007년에도 일련의 국가에서는 여전히 진실인 것처럼 들리지만 그럼에도 세상은 정치적, 발전론적으로 엄청나게 변했다. 중동부 유럽에서의 변화는 곤트가 앞의 책을 집필했을 때만 해도 채 시작되지 않았으며, 세계는 중국에서 일어나고 있는 엄청난 변화도 눈치 채지 못했다. 이러한 나라들과 남아프리카 등 여러 국가의 미디어 시스템에는 오늘날 '과도기'라는 수식어가 붙어 있다. 이들 국가의 미디어 시스템뿐만 아니라 저널리즘 교육은 이런 변화들에 의해 영향을 받고 있다. 더 나아가 알자지라 본부가 있는 카타르처럼 언론자유에 관한 한 '자유롭지 않은' 국가 목록에 올라 있는 국가들도 저널리즘 교육을 통해 저널리즘의 품질에 기여하는 것으로 간주되고 있다. 과거에는 세계를 저널리즘 및 저널리즘 교육이 자유롭거나 아니면 완전히 정부 통제 하에 있는 나라들로 분리하는 이분법적 견해가 존재했었다. 하지만 이 견해는 점차 국가들이 억압을 가하기보다는 통제를 위한 긴 개ᄎ목줄(Zhou, 2000)로 언론을 길들이거나 "정교하게 계산된 억압calibrated coercion"(George, 2007)을 가하고 있다는 인식으로 바뀌고 있다. 또한 민주주의 국가에서의 미디어의 자유는 상업적·이데올로기적 끈으로 속박되어 있다는 인식도 찾아볼 수 있다.

이러한 인식이 드 버러Hugo de Burgh의 논문집 『저널리스트 만들기Making Journalists』(2005a)의 기반을 이루고 있다. 이 책의 제목은 곤트의 책과 유사하지만 구조는 다르다. 이 책은 무엇을 어디서 가르치느냐를 체계적으로 평가하기보다는 각각의 쟁점에 대한 기고문을 묶은 책이다. 이 책의 편집자는 "'전 세계' 저널리즘 교육을 한 마디로 표현할 방법은 없다"고 단정적으로 진술한다(2005b, p. 4). 드 버러는 이 책에서 자신이 선택한 접근법이 오래된 오류를 보여줌으로 "저널리즘의 균질화라는 생각을 몰아낼 수 있을 것"이라고 믿고 있다. 모든 저널리즘이 아무리 상이한 단계에 있더라도 이상적인 모델 — 아마도 영미권 모델 — 을 향해 전진하는 도중에 있다는 생각이 바로 그것이다(2005b, p. 2). 드 버러의 책은 훈련 체계의 세부적 내용 대신 지구상 대부분의 대륙과 인도에서의 '저널리즘과 저널리스트', '저널리즘과 미래', '저널리즘과 장소' 등을 좀 더 폭넓게 탐구하고 있다. 드 버러의 저서에서 매우 의도적으로 옹호되고 강조되고 있는 저널리즘 교육의 차이들은 편집자에 따르면 정치 및 법체계의 차이보다는 문화적 차이에서 기인한다. 드 버러는 "저널리즘이 한 사회 안에서 작동하는 방식은 …… 문화적 산물이기 때문에" 문화에 기반한 새로운 패러다임을 만들고자 했다(2005b, p. 17). 캐리의 견해에 기댄 그의 핵심적 주장은 "커뮤니케이션을 전달이 아니라 의례 ritual의 관점에서 연구하면 가장 많은 것을 드러낼 수 있다"(앞의 책)는 매우 대담한 것이다. 저널리즘과 관련해 정치적·법적·경제적인 것보다는 문화적인 틀을 강조함으로써 드 버러는 저널리즘 교육에서 제기되어온 질문, 즉 규범 및 가치에 이데올로기가 어떤 영향을 미쳤는지에 대한 질문을 비켜갈 수 있었다.

프뢸리히와 홀츠-바하(Fröhlich & Holtz-Bacha)의 초기 저서인 『유럽과 북미에서의 저널리즘 교육: 국제 비교Journalism Education in Europe and North America: An International Comparison』(2003a)는 14개의 기고문으로 구성되어 있으며, 곤트의 저서와 마찬가지로 서베이 성격을 갖고 있다. 이 책은 저널리즘 교육의 선호 유형에 따라 유럽 국가들, 미국, 캐나다 등 3개 국가군을 나누었다. 즉 오래된 학술적 전통을 가진 나라들, 대학 교육에서 독립적인 저널리즘스쿨을 선호하는 나라들, 혼합된 형태를 가진 나라들로 나누었다. 유럽식 저널리즘이 등장할 가능성 역시 탐구되고 있다. 그럼에도 두 저자는 유럽 내에서 공통적인 추세들이 존재하지만 매우 다양한 저널리즘 교육 경로가 있을 수 있음을 확인했다. "비록 이 책의 논의가 (동유럽 저널리즘 교육의 발전에 대한 전망과 함께) 서구 민주주의 국가들, 즉 유사한 정치 체제에 국한되었지만 각 장의 서술은 예상과 달리 저널리즘 교육 철학이 매우 다양함을 보여준다"(Fröhlich & Holtz-Bacha, 2003c, p. 321). 두 사람은 드 버러와는 달리 이런 불일치가 주로 정치적·역사적 차이 때문이라고 보고 있다.

이와 다른 종류의 연구로는 스플리찰과 스파스Splichal and Sparks가 집필한 『21세기를 위한 저널리즘Journalism for the 21st Century』(1994)이 있다. 이 연구는 오스트리아에서 탄자니아에 이르는 5대륙 22개 국가의 1년차 저널리즘 전공 대학생들을 상대로 동기, 기대, 전문화 추세 등을 조사한 것이다. 하지만 이 책은 방법론적 결함을 갖고 있다. 우선 뉴스룸을 전혀 경험하지 못한 1년차 저널리즘 대학생들을 '사회화되었다'고 간주하는 무리를 범하고 있다. 또한 그러한 학생들이 자신의 규범과 가치관이 국가적 맥락이나 정치 체계에 의해 어떻게 형성되었는지에 대해 확정적으로 대답할 수 있다는 연구진의 추정은 심각한 의문을 제기하도록 만든다.

대신 그들이 측정한 것은 초기 단계에서 전문적 저널리즘 교육이 미치는 상대적 영향이었다. 이 점에서 두 사람의 연구 결과는 저널리즘 교육에 매우 고무적이다. 가장 괄목할 만한 유사점은 이 젊은이들이 "저널리즘의 독립성과 자율성을 향한 강한 열망을 갖고 있다"는 것이다(Splichal & Sparks, 1994, p. 179). 스플리찰와 스파스는 저널리즘 전공 1년차 대학생들이야말로 진정한 직업으로서의 저널리즘에 대해 가장 '이상주의적'으로 생각할 것으로 예상되는 성장 단계에 있다고 언급한다. 하지만 두 연구자는 "대학생들이 이 직업의 실제 상황에 더 많이 노출될수록 그처럼 이상주의적 견해들은 완화될 것"임을 인정하고 있다(앞의 책, p. 182).

두 사람의 책은 저널리즘 교육에서 매우 중요한 점을 지적하고 있다. 즉 그러한 학생의 소속 국가 중 1/3은 언론자유라는 관점에서 제한이 있다고 분류된 나라지만 그것이 독립과 자율성을 향한 저널리즘 전공 학생들의 열망을 저하시키지 않았다는 것이다. 이런 현상은 민주화 과정에 있는 나라나 전제주의 국가에서 배우는 저널리즘 규범 및 가치들이라 해도 민주주의 국가에서 배우는 것과 유사하다는 가정으로 연결된다. 따라서 저널리즘 교육은 어떤 측면에서 보든 변화의 추동자라고 볼 수 있다.

저널리즘 — 일반직인가 전문직인가

저널리즘 교육에서 오늘날까지 계속되는 핵심적인 질문은 저널리즘을 일반직trade과 전문직profession 중 무엇으로 간주할 것인지 하는 점이다(Tumber & Prentoulis, 2005, p. 58). 이 둘을 구분할 수 있는 중요한 기준은 저널리스트들에게 부여되는 암묵적 지위와 그들에게서 기대되는 교육적 배경과 관련된다. 일반 직업이란 늘 하는 방식에 따라 반복적으로 작업을 수행하는 직업으로 정의된다. 저널리즘을 일반적인 직업으로 간주한다면 '지속적 실행'에 필요한 직업 교육만 필요하며, 사전 학습 없이 직무 현장 훈련만으로 충분할 것이다.

만약 저널리즘이 전문직으로 대접받기를 원한다면 적어도 이런 주장을 뒷받침할 만큼 잘 정의된 교육적 경로가 필요하다. 그러나 위에서 언급된 대로 저널리스트들은 매우 다양한 교육적 배경을 갖고 직업현장으로 가며, 또한 그들 중 대부분은 입사하는 언론조직에 의해 사내 훈련을 받는다. 이것은 저널리즘 교육에 관한 토론이 '학자 대 실무자'로 틀지어지도록 만들었으며 (2002), 학계와 업계 사이에 좀처럼 해결될 수 없는 불신을 야기했다. 데우즈(2006, p. 22)에 의하면 "저널리즘 교육은 …… 산업인 동시에 학문이라는 다소 본질주의적인 자기인식에 도달해야 한다." 데우즈(2006, p. 22)는 "이론과 실천 사이의 이러한 이분법이 저널리즘과 그 교육에 대한 우리의 이해에 일정한 수준의 복잡성을 더해 주고 있다"고 정확히 지적하고 있다.

이 이분법은 또한 대학교 수준의 저널리즘 교육에서 핵심적 문제 중의 하나로 인식되고 있는데, 학문과 실무 과목 중 어떤 것에 더 무게를 둘 것인가에 집중된 논의가 그것이다. 그러나 이런 토론은 또 다른 폭넓은 쟁점을 숨기고 있다. 저널리즘 연구의 한 부분을 구성하는 이론적 주제들을 살펴보면 저널리즘 교육에 관해 철저하게 구축된 이데올로기적 입장이 명백해진다. 서구 세계에서 대부분의 사람들에게 저널리즘, 나아가 저널리즘 교육은 민주주의적 정치 형태와 분리될 수 없을 정도로 밀접히 연결되어 있다. 이 연결고리의 중요성은 저널리즘 교육에서 아직은 거의 논의되지 않은 핵심 질문 중의 하나이다. 지금까지 저널리즘 교육은 민주주의의 독점적 영역으로 간주되어 왔다. 그러나 지정학적 변화와 미디어 시스템의 전환은 저널리즘 학자와 교육자들에게 이처럼 신성화된 주제를 다룰 것을 강요하고 있다.

전문직화

저널리즘의 전문직화에 관한 토론은 전문직이라는 개념이 존재하는 영어권에서 가장 뜨겁게 진행되었다. 텀버와 프렌툴리스는 사회학의 태두인 마르크스, 베버, 뒤르켐 등이 "전문직의 역할에 대해 비교적 애매한 입장"이라고 언급했다(Tumber & Prentoulis, 2005, p. 58). 그 이유는 독일에 '학문적 직업*akademische Berufe*' — 대학교 공부를 필요로 하는 직업을 의미한다 — 이라는 용어가 존재하지만 전문직에 관한 개념이 없기 때문일 수 있다. 다시 말해 저널리즘과 관련해 전문직화가 무엇을 의미하는지에 대해 서로 다른 생각들이 존재하며, 관련 문헌들은 이런 다양성을 반영하고 있다.

턴스톨Jeremy Tunstall(Tumber & Prentoulis, 2005, p. 71에서 재인용)은 저널리즘을 불확정적인 직업이며 '저널리스트'라는 명칭에 대해 "매우 다양한 범위의 활동에 종사하는 사람들이 스스로에게 붙이는 이름표"라고 말하고 있다. 영국의 미디어 사회학의 대가의 이런 소극적 언급은 놀랄 일이 아니다. 영국은 미국과는 달리 20세기 후반까지는 대학교에 기반한 저널리즘스쿨을 갖지 못했다. 전통적으로 영국에서 저널리즘은 필요한 기능을 작업 현장에서 가르칠 수 있는 하나의 기능직으로 간주되었다(Esser, 2003). 이런 배경에서 대학교에 기반한 저널리즘스쿨이 가장 많은 미국에서 저널리즘의 전문직화를 위한 강한 추동력이 발생한 것은 결코 놀랄 일이 아니다(Weaver 등, 2007, p. 33).

저널리즘의 전문직화가 무슨 의미인지를 설명하려는 가장 폭넓은 시도 중의 하나가 핼린과 만치니의 『미디어 시스템의 형성과 진화Comparing Media Systems』(Hallin & Mancini, 2004, pp. 33~41)에서 발견된다. 이 책에서의 논의는 핼린이 일찍이 쓴 논문 「미국 뉴스 미디어의 상업주의와 전문직주의Commercialism and Professionalism in the American News Media」에 부분적 근거를 두고 있다(Hallin, 1997).

핼린의 견해는 저널리즘이 상업적·정치적 요인들과 분리되어 있지 않다는 인식과 "다른 고전적 전문직 — 법률, 의학, 건축, 공학 — 과 크게 다르게 실무가 어떤 지식 체계에도 기반하지 않고 있다"는 입장을 강하게 반영하고 있다(Hallin, 1997, p. 245). 그러나 그러한 결함에도 불구하고 핼린(Hallin, p. 258)은 전문직화 — 즉 정형화된 대학교 기반의 교육 — 가 상업적 압력과 정치적 도구화로부터 저널리스트들을 방어해줄 잠재력을 갖고 있다고 본다.

이런 생각들은 핼린과 만치니(Hallin & Mancini, 2004)의 『미디어 시스템의 형성과 진화』에서 심화되고 있다. 이 책에서는 저널리스트의 전문직화를 자율성, 명백한 전문직 규범, 공적 봉사 지향성을 기준으로 평가하고 있다. 두 사람은 그러한 기준들로 측정해본 결과 저널리스트들은 의사와 변호사의 자율성에 비견될 정도의 자율성을 한 번도 달성하지 못했음을 발견했다. 저널리스트들은 생산 과정이 (내외로부터) 많은 영향을 받는 큰 조직 속에서 일한다. 하지만 "그러한 조직들 안에서라도 가끔은 상대적 자율성을 얻는 데 성공했다"(p. 35). 전문직 규범과 관련해 두 사람은 저널리즘의 규범이 진화해온 방법과 정도에서 중요한 편차가 있는 것으로 보고 있다. 또한 규범은 상대적 자율성을 누릴 수 있는 전문직에서 확립될 수 있다고 주장하면서 저널리즘의 실천은 너무나 빈번히 외부의 행위자에 의해 통제될 수 있다고 설명한다(p. 36). 비록 두 사람(Hallin & Mancini, 2004, pp. 36~37)은 국민에 봉사한다는 저널리스트들의 말을 액면 그대로 받아들이지 말라고 주의를 환기시키지만 그렇다고 그러한 주장을 '단순한 이데올로기에 불과한 것'으로 치부하기를 원치도 않는다.

저널리즘에서 공공 서비스라는 윤리는 전문직의 지위를 주장하는 다른 직업들과 비교할 때 특히 중요할 것이다. 왜냐하면 저널리즘은 비전秘傳의 지식을 갖고 있지 않으며, 나아가 자율성과 권위를 가져야 한다는 요구는 공익에 봉사한다는 주장에 상당한 정도로 의존하기 때문이다.

공공성은 비록 두 사람에게는 매우 중요한 요소이지만 객관성이라는 미국의 전문직 규범과는 확연히 다르다(Schudson and Anderson, 7장을 참조하라). 글래서와 마르켄(Glasser and Marken, 2005, p. 270)에 의하면 "전문직에 종사한다는 것은 특정한 규범을 따르고 그것이 함의하는 실천의 통일성을 받아들인다는 의미이다." 그러나 두 사람은 그러한 종류의 규범이 다양하고 간혹 상충적인 이데올로기를 가진 세계에서는 실현되기 어렵다는 점을 인정한다. 또한 "미국인들이 사적 소유권과 개인적 자율성이라는 기본 원리를 위반하는 저널리즘 모델을 경멸하기"(앞의 책, p. 274) 때문에 규범에 관해 보다 폭넓은 의견일치를 이루고 있지 못함을 언급한다.

인터넷 또한 전문직화에 대한 전통적 관념을 뒤흔들고 있다. 한편으로 시민들의 '커뮤니케이션 자율성'이 증가됨에 따라 이제는 저널리즘의 작업이 정보의 흐름을 위한 유익한 통로라기보다는 오히려 "개입"(Bardoel, 2006, p. 179)으로 간주된다. 다른 한편 객관성과 사심의 배제 같은 전문직의 이상은 논쟁적 저널리즘의 장애로 간주되어 왔다(George, 2006, p. 179). 그러한 생각들은 전문직화가 저널리즘을 포함적이기보다는 엘리트주의적이고 배제적으로 만들 수 있다는 우려를 낳았다(Nordenstreng, 1998, p. 126). 21세기 초반에 들어와 전문직화에 관한 논쟁은 과거보다는 덜 활발하지만 저널리즘 교육 커리큘럼에 관한 고민은 중단된 적이 없다.

커리큘럼 문제

어떤 저널리즘 교육이 '최고 수준'인가에 대한 모든 판단은 어떤 저널리즘을 '최고 수준'으로 볼까에 달려 있다. 많은 사람의 의견에 따르면 최고 수준의 저널리즘은 좀처럼 발견되지 않으며, 따라서 저널리즘 교육자와 비평가들이 간여할 여지가 많다. 그러나 대학교에 기반한 교육자들이 생각하는 최고 수준의 저널리즘은 미디어 산업의 목표와는 통상 부합하지 않으며, 이에 따라 산업과 교육자들 사이의 균열이 지속되고 있다.

뉴스 저널리즘은 대체로 영미권의 발명품이라 할 수 있으나 흥미롭게도 영국과 미국은 저널리즘 교육에 관해서는 매우 다른 길을 걸었다. 두 나라가 역사적으로 선택한 경로는 사실상 최고 수준의 저널리즘 교육에 관한 논의를 전개할 수 있는 경계선으로 간주되고 있다. "직업 훈련에만 초점을 맞출 것을 주창하는 전문가가 있는가 하면 저널리즘 전공 대학생들이 훨씬 더 폭넓은 공부를 해야 한다고 강조하는 사람들이 존재한다"(Skinner, Gasher & Compton, 2001, p. 341). 이런 맥락에서 커리큘럼은 저널리즘 교육에서 "가장 논란 많고 문제 많은 쟁점 중의 하나"가 되고 있다(Morgan, 2000, p. 4).

저널리즘 교육에 대해 말할 때 기술 — 인터뷰하기, 보도하기, 자료 조사하기, 취재원 처리하기, 쓰기 및 편집하기 등으로 정의된다 — 을 가르칠 필요성을 의심하는 사람은 없다. 그러나 저널리즘의 특성과 의례에 대한 연구가 중요한가에 대해서는 꾸준히 의문이 — 특히 미래의 고용주들에 의해 — 제기되었다. 그들이 대학 교육을 받은 저널리스트를 반대하는 것은 아니었다. 그들이 반대하는 것은 다른 학문 분야에서 학위를 취득하지 않고 저널리즘이나 커뮤니케이션학과에서 교육받는 것이었다. 서구의 많은 국가에서는 저널리즘이 다른 학과, 예를 들면 역사학, 정치학, 법학, 경제학, 경영학 등을 공부한 다음에 받는 석사학위 과정의 추가 교육이다(Fröhlich & Holtz-Bacha). 이 때문에 저널리즘 교육 전체를 구성하는 학부 과정을 설계하는 것은 특히 어려우며(Adam, 2001, p. 318), 또한 대학원 교육 과정에서도 나름대로 어려움이 발생한다.

대학원 과정의 저명한 저널리즘스쿨들 중의 하나는 뉴욕의 컬럼비아대학교에 있다. 기능을 가르치느냐 아니면 지식을 가르치느냐에 관한 논쟁이 이미 해결되었음을 보여주는 사례 중의 하나가 바로 이 학교의 새로운 비전을 둘러싸고 벌어진 공개 토론이었다. 2003년 4월 컬럼비아대학교의 볼링어(Lee Bollinger, 2003) 총장은 학교의 저널리즘스쿨을 위한 새로운 비전을 아래와 같이 발표했다.

위대한 대학교 안에 있는 위대한 저널리즘스쿨은 항상 전문직 자체에서 어느 정도 떨어진 거리에 서 있어야 한다. 일반 사회와 관련해 저널리즘 자체가 그러하듯이 저널리즘스쿨은 직업과 세계에 대해 독립적인 관점을 유지해야 한다. 무엇보다 먼저 저널리즘스쿨은 저널리즘 직업에 대한 충성스러운 비판자이다. 참여적 성찰이라는 학문적 분위기에서 개발된 사고의 습관이 교육 과정을 채워나감으로써 전문직업인으로서의 삶에서의 특정한 측면을 강조하고 또 다른 측면을 무시하게 될 것이다.

비록 볼링어 총장은 또한 "전문직 학교는 학생에게 몇몇 기본 역량을 주입시켜야 한다"고 말했지만(앞의 책) 대학원생에게는 성찰적 학문을 가르쳐야 한다고 확고한 결정을 내렸다. 대부분의 학자도 학부냐 대학원 과정이냐에 상관없이 이에 동의했다(Adam, 2001; Reese & Cohen, 2001; Skinner 등, 2001; Weischenberg, 2001; Bacon, 1999; de Burgh, 2003; Deuze, 2006).

이상적 커리큘럼의 구성에 관한 제안들은 기술 및 지식의 가중치에서 상당한 차이를 보인다. 스키너, 개셔Gasher, 컴튼Compton의 통합된 커리큘럼은 "저널리즘을 단순한 기술로 수용하기를 거부하며, 대신 저널리즘이 복잡한 전문직 실무임을 강조"한다(Skinner 등, 2001, p. 349. 강조는 원저자의 것). 그들의 제안은 아래와 같은 표현으로 정리할 수 있다(pp. 349~355). "의미를 생산하는 실천으로서의 저널리즘"에서 "학생들이 언어의 함의적 힘을 이해하는 것이 매우 중요"하며 "저널리즘이 단순히 현실을 그대로 기록하는 속기速記가 아님을 파악해야" 한다(p. 351). "저널리즘의 보다 폭넓은 문화적 맥락 안에서" 학생들에게 "대안적 가치관, 신념 체계, 사회적 체계, 전통 및 역사를 다루는 일을 책임감 있게 이행하는 방법"을 가르쳐야 한다. 사이드Edward Said 의 말처럼 "저널리스트가 생산하는 현실 묘사에 지적인 책임을 부여해야" 한다(p. 352). "지식 생산 활동으로서의 저널리즘"은 "무비판적 기록자 이상의 존재"가 되어야 한다(p. 354). 이 같은 커리큘럼 제안의 기저에는 저널리스트는 궁극적으로 저널리즘을 향상시킬 수 있는 지식, 민감성 그리고 '덕목'(Rosen, 2002)을 갖추어야 하며, 그것이 궁극적으로 저널리즘의 개선을 가져올 수 있다 가정이 깔려 있다.

저널리즘 교육을 어떻게 하면 높은 수준으로 끌어올릴 것인가에 관한 논의는 주로 서구 선진국에서 진행되고 있다. 물론 전적으로 그곳에서만 이루어지는 것은 아니다. 유네스코(UNESCO, 2007)는 개발도상국 및 신생 민주주의 국가들을 위해 커리큘럼 모델을 발간했다. 이것은 지금까지 폭넓은 범위에서 최고 수준의 저널리즘 교육 커리큘럼을 만들려는 노력 중 가장 통합적인 노력으로 평가된다.

방법론보다 이데올로기가 문제

저널리즘 교육의 방법론에 관한 질문은 실천적이고 이론적인 주제들에 어느 정도 비중을 둘 것인가에 대한 논의로 그치는 경우가 종종 있다. 저널리즘과 그에 대한 교육이 민주주의의 작동에 무한히 중요한 축이라는 기본 가정을 검토하는 사람은 거의 없다. 그러나 이 가정을 당연한 것으로 받아들일 수는 없다.

20세기의 역사, 예컨대 유럽의 역사를 살펴보면 저널리즘 교육이 독재정치에 헌신하는 저널리스트들을 훈련시키는 데 사용된 여러 사례를 찾아볼 수 있다(Barrera & Vaz, 2003, p. 23; Fröhlich & Holtz-Bacha, 2003b, p. 198; Wilke, 1995). 언론의 자유라는 관점에서 지구상 국가의 절반 이상이 부분적으로 자유롭거나 자유롭지 않은 사실을 감안한다면(Freedom House, 2006) 오늘날 저널리즘과 저널리즘 교육의 그러한 도구화는 지구상의 많은 나라에서 다양한 형태로 발견된다. 그러한 국가들에서 저널리즘 교육을 지탱하는 규범과 가치관은 지금까지 별로 큰 관심을 끌지 못했다.

저널리즘 연구를 미국이 지배하고 있는 것과 관련해 커런은 "사실 위주의 중립적 전문직주의를 추구하는 미국적 모델과 …… 자유주의적 시장 기반의 조직화된 저널리즘"이 논의를 주도한 반면 대안적 모델들은 존재함에도 불구하고 주목받을 기회가 적었다고 지적한 바 있다(James Curran, 2005, p. xii). 만치니(Paolo Mancini, 2000, 2003)는 여러 논문에서 그리고 핼린과 공저한『미디어 시스템의 형성과 진화』(2004)에서 이탈리아 저널리스트들이 가진 매우 다른 기대를 조목조목 지적하고 있다.

저널리스트에게 중요한 것은 무엇보다도 자신이 일하는 신문이나 TV채널의
명백하게 정의된 신념에 관한 헌신과 정치적·이데올로기적 충성 그리고 합의
를 만들어내는 능력이다. …… 사람들은 신문에 대한 직접적 통제력을 갖거나
경영에 대해 상당한 정도의 영향력을 가진 정당이나 정치인에게서 추천받은
사람이 전문직 저널리스트가 된다(Mancini, 2003, p. 97).

이것은 민주주의 국가에서도 ── 이탈리아만큼 빈번히 선거를 한다고
자랑하는 나라도 별로 없을 것이다 ── 저널리즘의 스펙트럼이 객관성이라
는 이데올로기부터 충성심이라는 이데올로기에 이르기까지 폭넓게 걸쳐 있
음을 보여준다. 그러나 후자의 경우 충성심이 자발적이냐 아니면 비자발적
이냐를 구분하는 것이 중요하다.

브레넌(Bonnie Brennan, 2000, p. 106)은 미국의 저널리즘 서적들을 검토
한 다음 "이 모든 책은 동일한 이데올로기적 시각에서 저널리즘 실천을 다루
고 있다"는 결론을 내렸다. 이 모든 책에서는 저널리스트들이 정부에 대해
필요한 감시를 수행하는 제4부의 일원으로 행동한다는 확고한 신념이 상수
로 추출되었다(Brennan, 2000, p. 110).

감시견 기능을 이런 정도로 중요하게 생각하기 때문에 탐사보도는 저널
리즘 교육에 관한 미국의 논의들에서는 가장 존경받는 형태의 저널리즘이
다. 탐사보도가 현상 유지*status quo*에 기여할 수도 있다는 문제는 거의 고려되
지 않는다(Ettema & Glasser, 1998; de Burgh, 2000). 브레넌(Brennan, 2000,
p. 111)은 저널리스트들은 "후기 자본주의 사회에서 자신이 행하는 실제적인
역할에 대해서는 의문을 제기한 바 없다"고 결론지었다.

충성심이라는 이데올로기는 ── 자발적이든 비자발적이든 ── 세계의
대다수 국가에서 발견된다. 가끔은 흥미로운 혼합물 형태로 나타나는데,

9·11 이후 미국에서 그랬듯이 객관성이라는 이데올로기가 충성심이라는 이데올로기를 은폐할 수 있고, 중국에서처럼 충성심이라는 이데올로기가 탐사보도를 채택할 수도 있다.

유 등(Yu 등, 2000, p. 75)은 중국 내 저널리즘 교육의 변화에 대해 "전통적 선전 규범을 심각하게 위반하지 않고 시장을 향해 점진적으로 이동하는 특징을 갖고 있다"고 평가했다. 유 등은 시장경제로 인해 저널리즘 교육이 중국 정부가 얼마나 관용적인가를 시험하는 장으로 변했다고 말한다. 그러나 그들의 조사 결과를 보면 교실에서 가르치는 것이 반드시 뉴스룸으로 이전되지는 않고 있으며, 이에 따라 "교실에서의 가르침과 현실 세계에서의 필요가 단절될 수 있음"을 알 수 있다(앞의 책). 그러한 '단절'은 많은 나라에서, 특히 미디어 시스템이 '과도기적'이라고 평가되는 국가들에서 반복되고 있다. 그것은 또한 긍정적으로 해석될 수도 있다. 비록 뉴스룸에서는 일부만 적용되지만 적어도 교실에서는 아이디어들이 논의될 수 있기 때문인데, 중국의 경우 쩌우가 지적한대로 "공산당의 가죽 끈에 묶인 감시견" 역할이 그것을 잘 보여준다(Zhou, 2000).

정파적 미디어가 다수인 아프리카는 객관성 이데올로기보다는 충성심 이데올로기에 더 가깝다. 그럼에도 불구하고 충성심 이데올로기는 언론이 "사건의 해석자로서 의미 있는 역할을 수행하도록 허용하며, 정보를 국민에게 전달하는 역할을 하게 한다"(Rønning, 2005, p. 175). 비록 저널리즘 교육이 증가하고는 있지만 아프리카 지역 미디어의 제도적·조직적 문화와 실천은 저널리즘 교육이 전파되어 현실적인 변화를 일으킬 수 있을 만큼 충분히 바뀔 필요가 있다(Boezak & Ranchod, in Steyn & de Beer, 2004, p. 396에서 재인용).

남미는 아마도 객관성 및 충성심 이데올로기가 가장 절충적인 혼합을 이룬 곳이라고 할 수 있다. 왜냐하면 이곳은 한편으로는 미국의 영향권 안에 있으면서도 다른 한편으로는 스페인과 포르투갈로부터 정파적이고도 후견적^{clientilistic} 저널리즘을 물려받았기 때문이다. 그러나 웨이스보드(Waisbord, 2000)과 알베스(Alves, 2005)는 이 지역에서 탐사 저널리즘이 증가하는 현상을 라틴아메리카 저널리스즘이 애완견에서 감시견으로 변모하는 증거로 본다. 여기서는 스페인 저널리즘을 다룬 바레라와 바스(Barrera and Vaz, 2003, p. 44)의 글에서 서술된 것과 유사한 세대 간 격차가 관찰된다. 나이 많은 저널리스트들은 좀 더 충성심 있는 이데올로기적 견해를 갖고 해석적인 성격의 저널리즘으로 기우는 반면 젊은 저널리스트들은 불편부당성에 더 큰 중요성을 부여하고 권력 구조를 비판하려는 사실적 저널리즘으로 기울고 있다.

이 두 이데올로기는 저널리즘 교육의 기반으로서 변화를 겪고 있는 국가들에서는 서로 잘 조화될 수 있지만 정부 ── 당이든 성직자든 왕족이든 ── 에 바치는 충성심 이데올로기는 서구의 민주주의 국가들로부터 항상 의심의 눈길을 받을 것이다. 그러한 상황은 과연 저널리즘과 민주주의가 분리 불가능하게 연결되어 있는지에 대해 의문을 제기하도록 만들며, 나아가 비민주 국가에서는 저널리즘과 저널리즘 교육을 어떻게 바라보아야 하는지를 묻게 한다.

학계 대 업계

전 세계의 대학 교육에서 점차 늘어나는 저널리즘 교육은 취업 준비인 동시에 저널리즘을 개선하려는 노력이다. 그러한 이중적 역할은 강점이기도 하고 약점이기도 하다. 그것은 또한 대학교의 저널리즘 교육을 업계 쪽으로 접근시키기도 하고 동시에 학계와 업계사이의 불신을 고착시키기도 한다. 스키너 등(Skinner 등. 2001, p. 356)이 지적하는 대로 "미디어 소유자와 경영자는 일반적으로 미디어 실무에 대한 비판적 시각을 환영하지 않는다. 특히 상업적 고려사항에 반대된다면 더더욱 그렇다." 마찬가지로 커닝햄(Cunningham, 2002)은 저널리즘스쿨의 지적 자본이 업계와 마찰을 일으킨다고 유감을 표시한다. 그는 "저널리즘스쿨은 법학과 경영학의 경우와는 달리 저널리즘 업계를 위한 싱크탱크 역할을 하지 못한다"고 말한다.

데우즈(Deuze, 2006, p. 27)는 이런 괴리 현상에 대해 많은 저널리즘 교육 프로그램이 "저널리즘을 미디어 기업 속에서 이들에 의해 운영되는 사회적 시스템으로 보기보다는 개인적 자유와 책임 행위로 보는 철학적 입장"에서 운영되기 때문이라고 지적한다. 이런 현실은 왜 학계와 업계가 서로 불화하는지에 대해 충분한 설명을 제공한다. 그럼에도 학계와 업계가 저널리즘에 영향을 주려는 경쟁을 해소할 것 같지는 않다. 또한 학계와 업계 사이의 경쟁은 평평한 경기장에서 이루어지지 않는다. 저널리즘스쿨은 현실에서 실천되는 저널리즘을 수정하려 노력하지만 사실상 그들의 성공은 "업계가 얼마나 많은 인턴십 기회를 제공하고, 졸업생이 차지할 수 있는 일자리의 종류가 무엇인가"에 의해 측정되기 때문이다(Skinner 등, 2001, p. 356). 즉 저널리즘스쿨은 저널리즘 업계에 의존하지만 저널리즘 업계는 저널리즘 학위의 타당성과 유용성에 대해 부분적인 인정만 하고 있다.

그럼에도 불구하고 저널리즘 교육이 꼭 필요하다는 강력한 주장 중의 하나는 교육이 현업에서 저널리스트의 역량을 상당히 개선한다는 사실이다. 포르투갈의 상황은 다른 많은 나라에서도 적용된다. "전통적으로 저널리즘은 우러러 보는 직업이 아니었다. 검열이 있는 데다 특정한 대학졸업 자격 요건이 존재하지 않아 저널리즘은 질적 수준이 낮고 급여가 낮은 직업이었다"(Pinto & Sousa, 2003, p. 181). 미국 등 일부 국가에서는 저널리스트의 급여가 적절하지만(Weaver 등, 2007, pp. 97~106) 많은 나라, 특히 개발도상국에서는 저널리스트의 급여 및 근무 여건이 초라하다(International Freedom of Expression eXchange, 2006. Rønning, 2005).

영국에서는 최근까지만 해도 저널리스트를 위한 현장 훈련을 선호했다.

이에 대해 델라노(Delano, 2000)는 "영국 저널리즘의 지난 100년을 살펴보았으나 직업적 개선은 없었다"는 결론을 내려야 했다. 델라노는 왜 저널리스트들이 "외부 세계에 대해서는 휘두를 수 있는 영향력을 직업 세계의 내부에서는 휘두를 수 없거나 휘두르려고 하지 않는가"하는 의문을 표시했다(p. 271). 영국은 미국과는 달리 최근에 들어와서야 저널리스트들을 위한 대학 교육을 받아들였고, 이 때문에 영국 저널리스트들의 취약한 직업적 입지는 저널리스트를 위한 대학 교육에 찬성하는 논거로 활용될 수 있을 것이다.

미래의 연구 영역

"저널리즘의 학위화"(Splichal & Sparks, 1994, p. 114)가 빠르게 진전되고 있지만 저널리즘을 전공한 대학교 졸업생 중 1/4~1/3만이 저널리즘 업계에서 일자리를 갖는 점을 알면 의미가 퇴색된다. 따라서 저널리즘 교육에 대한 연구는 뉴스룸이나 미디어 업계 등 대학 교육 기관 외에서 받는 훈련도 포함할 수 있도록 범위를 확대해 저널리즘을 형성하는 세력들에 대한 실상을 더욱 완전하게 파악할 필요가 있다.

나아가 연구자들은 지구적 차원의 지정학적 변화를 인정할 필요가 있다. 미디어는 더 이상 미국적인 것이 아니다(Tunstall, 2007). 최대 발행부수를 자랑하는 100개 신문 중 75개가 아시아에서 발행된다(WAN, 2005). 수용자 숫자를 보면 어느 대륙도 아시아를 따라갈 수 없다. 이에 따라 아시아, 특히 중국 및 인도는 가장 많은 수의 저널리스트를 배출한다. 하지만 아시아의 저널리즘 교육은 지금까지의 논의에서 별로 다루어져 본 일이 없다.

역사적 이유들로 인해 저널리즘 및 저널리즘 교육에 관한 담론은 미국이 지배적이었다(Curran, 2005, p. vi). 이것은 오직 타당한 한 형태의 저널리즘만이 저널리즘 교육을 보장한다는 인식을 낳았다. 그러나 저널리즘 교육에 관한 미래의 연구는 더 넓은 범위의 저널리즘을 받아들여야 할 것이다. 저널리즘 담론의 주된 언어인 영어의 범위 안에서만 보더라도 영국식 저널리즘 모델을 첨가하면 상당한 정도로 저널리즘의 비전이 확대된다. 영국식 모델은 공익과 상업적 미디어라는 두 갈래의 흐름을 갖고 있는 만큼 순전히 상업적인 미국식 모델보다는 훨씬 더 글로벌하게 적용될 수 있는 요소들을 제공한다. 주로 BBC의 규범과 실무를 기초로 설립된 카타르의 알자지라 채널이 바로 그러한 사례다(Sakr, 2005, p. 149).

저널리즘 교육에 대한 연구를 민주주의 국가들에만 국한시킬 필요는 없다. 스플리찰과 스팍스의 저서가 보여주는 대로 저널리즘 교육은 변화의 추진력으로 볼 수 있으며, 부분적으로만 자유롭거나 자유롭지 않는 나라들의 저널리즘 교육에 대해서도 특성을 깊이 연구할 필요가 있다. 전 지구적 상황을 보다 완전하게 탐구해야만 저널리즘 교육에 대한 학문적 연구가 '정보를 충분히 가진 숙고하는 사회'를 향한 노력을 지원할 수 있을 것이다.

〈참고문헌〉

Adam, G. S.(2001). The education of journalists. *Journalism*, *2*(3), 315–339.
Alves, R. C.(2005). From lapdog to watchdog: The role of the press in Latin America's democratization. In H. de Burgh(ed.), *Making journalists*(pp. 181–202). London: Routledge.
Bacon, W.(1999). What is a journalist in a university? *Media International Australia*, *90*, 79–90.
Bardoel, J.(1996). Beyond journalism. A profession between information society and civil society. *European Journal of Communication*, *11*(3), 283–302.
Barrera, C., & Vaz, A.(2003). The Spanish case: A recent academic tradition. In R. Fröhlich & C. Holtz-Bacha(eds.), *Journalism education in Europe and North America. An international comparison*(pp. 21–48). Cresskill, NJ: Hampton Press.
Bollinger, L.(2003). *President Bollinger's statement on the future of journalism education.*

Retrieved March 26, 2007, from http://www.columbia.edu/cu/news/03/04/lcb_j_task_force.
html

Brennen, B.(2000). What the hacks say. The ideological prism of US journalism texts.
Journalism, *1*(1), 106-113.

Chalaby, J.(1996). Journalism as an Anglo-American invention. *European Journal of
Communication*, *11*(3), 303-326.

Cunningham, B.(2002). The mission. Search for the perfect j-school. *Columbia Journalism
Review*, *2002*(6). Retrieved 2 April, 2007, from http://www.cjr.org/issues/2002/6/s-
chool-cunningham.asp.

Curran, J.(2005). Foreword. In H. de Burgh(ed.), *Making journalists*(pp. xi-xv). London:
Routledge.

de Burgh, H.(ed.).(2000). *Investigative journalism*. London: Routledge.

de Burgh, H.(2003). Skills are not enough. The case for journalism as an academic discipline.
Journalism, *4*(1), 95-112.

de Burgh, H.(ed.).(2005a). *Making journalists*. London: Routledge.

de Burgh, H.(2005b). Introduction: Journalism and the new cultural paradigm. In H. de
Burgh(ed.), *Making journalists*(pp. 1-21). London: Routledge.

Delano, A.(2000). No sign of a better job: 100 years of British journalism. *Journalism
Studies*, *1*(2), 261-272.

Deuze, M.(2005). What is journalism? Professional identity and ideology of journalists
reconsidered. *Journalism*, *6*(4), 442-464.

Deuze, M.(2006). Global journalism education. A conceptual approach. *Journalism Studies*,
7(1), 19-34.

Ettema, J., & Glasser, T.(1998). *Custodians of conscience: Investigative journalism and
public virtue*. New York: Columbia University Press.

Esser, F.(2003). Journalism training in Great Britain: A system rich in tradition but cur-
rently in transition. In R. Fröhlich & C. Holtz-Bacha(eds.), *Journalism education in
Europe and North America. An international comparison*(pp. 209-236). Cresskill,
NJ: Hampton Press.

Freedom House(2006). *Table of global press freedom rankings*. Retrieved September 5,
2006, from http://www.freedomhouse.org/uploads/PFS/PFSGlobalTables2006.pdf

Fröhlich, R., & Holtz-Bacha, C.(eds.).(2003a). *Journalism education in Europe and
North America. An international comparison*. Cresskill, NJ: Hampton Press.

Fröhlich, R. & Holtz-Bacha, C.(2003b). Journalism education in Germany. In R. Fröhlich
& C. Holtz-Bacha(eds.), *Journalism education in Europe and North America. An
international comparison*(pp. 187-205). Cresskill, NJ: Hampton Press.

Fröhlich, R., & Holtz-Bacha, C.(2003c). Summary: Challenges for today's journalism education. In R. Fröhlich & C. Holtz-Bacha(eds.), *Journalism education in Europe and North America. An international comparison*(pp. 307-323). Cresskill, NJ: Hampton Press.

Gaunt, P.(1992). *Making the newsmakers. International handbook on journalism training.* Westport, CT: Greenwood Press.

George, C.(2006). *Contentious journalism and the Internet. Towards democratic discourse in Malaysia and Singapore.* Singapore: Singapore University Press in association with University of Washington Press.

George, C.(2007). Consolidating authoritarian rule: Calibrated coercion in Singapore. *The Pacific Review, 20*(2), 127-145.

Glasser, T., & Marken, L.(2005). Can we make journalists better? In H. de Burgh(ed.), *Making journalists*(pp. 264-276). London: Routledge.

Hallin, D.(1997). Commercialism and professionalism in the American news media. In J. Curran & M. Gurevitch(eds.), *Mass media and society*(pp. 243-262). London: Arnold.

Hallin, D., & Mancini, P.(2004). *Comparing media systems—Three models of media and politics.* Cambridge, UK: Cambridge University Press.

International Freedom of Expression eXchange(2006). Majority of Indonesian Journalists vastly underpaid: Aliansi Jurnalis Independen [AJI] survey. *IFEX Communique 15*(35). Retrieved April 2, 2007, from http://www.ifex.org/en/content/view/full/76840/Johansen, P., Weaver, D., & Dornan, C.(2001). Journalism education in the United States and Canada: Not merely clones. *Journalism Studies, 2*(4), 469-483.

Josephi, B.(2001). Entering the newsroom: What rite of passage? The induction of cadets at the *Frankfurter Allgemeine Zeitung* in comparison with young journalists' training at English language papers in Hong Kong, Singapore and Australia. *Communications: The European Journal of Communication Research 26*(2), 181-195.

Mancini, P.(2000). Political complexity and alternative models of journalism. The Italian case. In J. Curran & M.-J. Park(eds.), *De-Westernizing media studies*(pp. 265-278). London: Routledge.

Mancini, P.(2003). Between literary roots and partisanship: Journalism education in Italy. In R. Fröhlich & C. Holtz-Bacha(eds.), *Journalism education in Europe and North America. An international comparison*(pp. 93-104). Cresskill, NJ: Hampton Press.

Medsger, B.(2005). The evolution of journalism education in the United States. In H. de Burgh(ed.), *Making journalists*(pp. 205-226). London: Routledge.

Morgan, F.(2000). Recipes for success: Curriculum for professional media education. *AsiaPacific Media-Educator 8*, 4-21.

Nordenstreng, K.(1998). Professional ethics: Between fortress journalism and cosmopolitan democracy. In K. Brants, J. Hermes, & L. van Zoonen(eds.), *The media in question*(pp. 124–134). London: Sage.

Pinto, M., & Sousa, H.(2003). Journalism education at universities and journalism schools in Portugal. In R. Fröhlich & C. Holtz-Bacha(eds.), *Journalism education in Europe and North America. An international comparison*(pp. 169–186). Cresskill, NJ: Hampton Press.

Reese, S., & Cohen, J.(2001). Educating for journalism: The professionalism of scholarship. *Journalism Studies, 1*(2), 213–227.

Rogers, E.(1994). *A history of communication study: A biographical approach.* New York: The Free Press.

Rønning, H.(2005). African journalism and the struggle for democratic media. In H. de Burgh(ed.), *Making journalists*(pp. 157–180). London: Routledge.

Rosen, J.(2002, September 6). Taking Bollinger's course on the American press. *Chronicle of Higher Education, 42*(2), B10.

Sakr, N.(2005). The changing dynamics of Arab journalism. In H. de Burgh(ed.), *Making journalists*(pp. 142–156). London: Routledge.

Skinner, D., Gasher, M., & Compton, J.(2001). Putting theory into practice. A critical approach to journalism studies. *Journalism, 2*(3), 314–360.

Splichal, S., & Sparks, C.(1994). *Journalists for the 21st Century.* Norwood, NJ: Ablex.

Steyn, E., & de Beer, A.(2004). The level of journalism skills in southern African media: A reason for concern within a developing democracy? *Journalism Studies, 5*(3), 387–397.

Tumber, H, & Prentoulis, M.(2005). Journalism and the making of a profession. In H. de Burgh(ed.), *Making journalists*(pp. 58–74). London: Routledge.

Tunstall, J.(2007). *The media were American: U. S. mass media in decline.* Oxford, UK: Oxford University Press.

UNESCO(2007). *Model curricula for journalism education for developing countries & emerging democracies.* Paris: UNESCO.

Waisbord, S.(2000). *Watchdog journalism in South America. News, accountability, and democracy.* New York: Columbia University Press.

Weaver, D.(1998). *The global journalist.* Creskill, NJ: Hampton Press.

Weaver, D.(2003). Journalism education in the United States. In R. Fröhlich & C. Holtz-Bacha(eds.), *Journalism education in Europe and North America. An international comparison*(pp. 49–64). Cresskill, NJ: Hampton Press.

Weaver, D., Beam, R., Brownlee, B., Voakes, P., & Wilhoit, G. C.(2007). *The American journalist in the 21st Century. U. S. newspeople at the dawn of a new millenium.* Mahwah, NJ: Erlbaum.

Weischenberg, S.(2001). Das Ende einer Ara? Aktuelle Beobachtungen zum Studium des kunftigen Journalismus[End of an era? Topical observations about studies of future journalism]. In H. Kleinsteuber(ed.), *Aktuelle Medientrends in den USA*(pp. 61-82). Opladen: Westdeutscher Verlag.

Weischenberg, S., Malik, M., & Scholl, A.(2006). Journalismus in Deutschland 2005 [Journalism in Germany 2005]. *Media Perspektiven, 7/2006*, 346-361.

Wilke, J.(1995). Journalistenausbildung im Dritten Reich: die Reichspresseschule [Journalism education during the Third Reich: The Reich press school]. In B. Schneider, K. Reumann, & P. Schiwy(eds.). *Publizistik. Beitrage zur Medienentwicklung. Festschrift fur Walter J. Schutz*(pp. 387-408). Konstanz: Universitätsverlag Konstanz.

World Association of Newspapers [WAN].(2005). World's 100 largest newspapers. Retrieved April 2, 2007, from http://www.wan-press.org/rubrique75.html

Yu, X., Chu, L., & Guo, Z.(2000). Reform and challenge. An analysis of China's journalism education under social transition. *Gazette, 64*(1), 63-77.

Zhou, Y.(2000). Watchdogs on party leashes? Contexts and implications of investigative jour-nalism in post-Deng China. *Journalism Studies, 1*(4), 577-597.

2부

뉴스 생산

05_
뉴스 조직과 관행

리 B. 베커, 튜더 블래드

서론

저널리스트와 그들이 일하는 뉴스 조직은 뉴스를 생산한다. 즉 뉴스는 개인의 생산물이자 동시에 조직의 생산물이다. 최근까지만 해도 미디어 조직에 고용되지 않은 프리랜스 저널리스트조차 기사 유통을 위해서는 미디어 조직에 의존했다. 미디어 메시지를 유통시키는 데 필요한 복합적 테크놀로지는 소수의 사람이 통제하는 자원을 필요로 한다.

인터넷은 뉴스 생산과 유통 방식을 크게 바꾸었다. 저널리스트는 직접 뉴스를 생산하고 유통할 수 있게 되었다. 현재는 저널리스트 대부분이 뉴스를 유통시키는, 즉 뉴스 조직에 소속되어 있지만 이것이 얼마나 지속될 수 있을지는 의문이다. 뉴스 조직과 뉴스 구성에 대한 기존의 문헌은 대부분 저널리스트의 권한은 약하지만 뉴스 조직의 권한은 막강하다는 과거의 사실을 토대로 삼고 있었다. 하지만 최근 연구들은 저널리스트와 뉴스 조직의 변화된 관계를 반영하고 있다.

이 장은 뉴스 조직이 어떻게 개념화되고 연구되었는지를 간략하게 살펴보는 것에서부터 시작된다. 다음으로 저널리스트가 수행하는 반복적인 업무인 뉴스 생산의 관행에 대해 살펴볼 생각이다. 저널리스트와 미디어 조직이 뉴스를 생산하는 명백한 관행을 따른다는 것은 뉴스 제작 연구에 상당한 영향을 주었다. 이러한 관행의 증명은 뉴스가 거울에 비친 이미지처럼 일어난 사건을 있는 그대로 반영하는 것이 아니라 뉴스를 구조화된 사회적 현실로 바라보아야 한다는 주요한 이론적 논의를 뒷받침한다.

그러나 뉴스 관행에 대한 초기 연구뿐만 아니라 이러한 전통에 따라 이루어진 이후의 연구에 대한 신중한 평가는 뉴스 관행이라는 개념이 상당한 한계를 갖고 있음을 보여준다. 연구자들은 시간과 공간을 가로질러 미디어 조직 사이에서 그리고 저널리스트 사이에서 변화하고 있는 뉴스 관행의 요소를 찾아내기 위해 애쓰고 있다.

이 장에서는 실제로 변화 중인 몇몇 뉴스 관행을 찾아내고 그것을 이해하기 위한 개념적 틀을 제공한다. 그에 대한 과거의 연구는 물론이고 최근 연구를 통해 뉴스 제작과 관련된 기본적인 권한을 어떻게 바라보고 이해해야 하는지, 그러한 권한이 관행에 어떻게 영향을 미치는지를 살펴볼 것이다. 이를 통해 시간과 공간을 가로질러 미디어 조직 사이에서 그리고 저널리스트 사이에서 변화하고 있는 관행의 몇 가지 양상을 밝혀낼 것이다. 이 장은 특히 뉴스 제작과 뉴스 관행이 항상 뉴스 조직 내에서 발생하지는 않는 환경에서 향후 뉴스 구성에 대한 연구를 위해 제기되는 질문과 그에 대한 논의로 끝을 맺도록 할 것이다.

뉴스 조직

셔드슨(Schudson, 2002)에 따르면 뉴스 구성에 대한 연구는 세 가지 관점으로 분류할 수 있다. 첫째는 뉴스 구성이 국가 및 경제 구조와 연결되어 있다는 정치경제학적 견해다. 예를 들어 허먼과 촘스키(Herman & Chomsky, 1988)는 미디어가 개인보다 국가의 이익을 지지하는 뉴스를 생산한다고 주장했다. 둘째는 주로 사회학에 기반한 조직 이론과 직업 이론의 관점에서 뉴스 생산을 이해하기 위한 시도다. TV 네트워크 구조가 어떻게 뉴스에 영향을 미치는지를 다룬 엡스타인(Epstein, 1974)의 고전적 연구가 이를 잘 보여주는 사례라고 할 수 있다. 뉴스 구성에 관한 대부분의 연구는 이 관점에서 나온다. 셋째는 뉴스 작업에서의 광범위한 문화적 제약에 초점을 맞춘다. 예를 들어 샬라비(Chalaby, 1996)는 프랑스와 미국 저널리즘의 발달을 연구하면서 불문학의 전통이 프랑스 저널리즘에 미친 영향을 분석했다. 셔드슨(Schudson, 2002)은 이 세 가지 관점이 완전히 분리되어 있지 않을 뿐만 아니라, 조직적 전통에 관한 중요한 연구의 일부분은 문화와 정치에 대한 연구 결과들을 많이 참고하고 있다고 보았다.

턴스톨(Tunstall, 1971)은 '뉴스 조직'과 '미디어 조직'을 구분했다. 뉴스 조직은 주로 저널리스트를 고용하고 있는 편집 부문 중심이고, 미디어 조직은 하나 이상의 뉴스 조직에 잡지사 및 출판사 같은 다른 유형의 커뮤니케이션 조직이 더해진 더 큰 조직이다. 턴스톨의 견해에 따르면 뉴스 조직과 미디어 조직은 목표와 체계라는 측면에서 다르다. 미디어 조직은 상업적인 것을 더욱 지향하는 반면 뉴스 조직은 그보다는 훨씬 덜 관행적이다.

시걸(Sigal, 1973)은 거대 뉴스 조직이 관료제의 모든 특성을 갖고 있다고 주장한다. 거대 뉴스 조직에서는 기능적이고 지리적인 경계에 따라 노동 영역이 구분된다. 저널리스트는 취재기자인지 아니면 편집간부인지가 구별된다. 취재기자는 다시 일반 취재기자와 특화된 주제에 대해 취재하는 기자로 나뉜다. 뉴스 조직은 또한 지리적으로 구성된다.

엡스타인(Epstein, 1974)은 〔미국의〕 3대 메이저 TV 네트워크에 대한 연구를 통해 이들이 뉴스 수집을 구조화하는 방식을 살펴보고 있는데, 그 결과 이들 조직들이 전국 보도를 생산하는 과정에서 단지 작은 차이점들만 발견했을 뿐이다. 엡스타인은 거울 이미지는 TV 뉴스 프로그램이 어떻게 작동하는지를 설명하는 정확한 모델은 아니라고 주장한다. 만약 TV 뉴스가 거울에 해당한다면 그것은 뉴스의 선택 및 생산 관행과는 아무런 연관성도 없을 것이다. 거울이라는 메타포는 모든 중요한 사건이 TV뉴스 속에 반영된다고 주장한다. 하지만 엡스타인은 네트워크 방송사의 뉴스는 제한적이며, 따라서 뉴스 수집도 중요한 것 우선으로 매우 고도화된 작업이라고 주장한다. 예컨대 그는 관찰 기간 동안 NBC 전국 뉴스의 90%가 주요 5개 도시의 10명의 제작진에 의해 제작되었으며, 이는 방송사가 그러한 도시들에만 뉴스 제작진을 보유하기 때문이라는 점을 발견했다.

워너(Warner, 1969)가 수행한 TV 뉴스에 대한 초기 연구는 TV 조직 구조와 신문 조직 구조의 유사성을 찾아냈다. 예를 들어 책임 PD 역할은 신문 편집인 역할과 비슷하고 뉴스 선택과 유통에서 책임 PD가 결정한 주요 기준은 공간, 중요성, 정치적 균형인데 이 역시 신문 편집인과 비슷하다는 것이다. 핼로런과 엘리엇 그리고 머독(Halloran, Elliot & Murdock, 1970)은 베트남전 반대 시위를 다룬 영국의 TV 보도와 전국지 보도에 대한 연구에서 매체들 사이의 중요한 유사성을 발견했다. 모든 미디어가 폭력이라는 쟁점에 초점을 맞추었다는 것이다. 필자들은 이런 현상에 대해 미디어가 사건을 왜곡하려고 의도했다기보다는 뉴스 조직의 기사 가치 판단의 결과가 같았기 때문이다. 결국 테크놀로지, 정치적 지향, 취재 관행이라는 측면에서 이들 매체 간의 차이는 별로 두드러지지 않았다.

슈메이커와 리즈(Shoemaker & Reese, 1996)는 뉴스 조직의 본질에 대한 연구에서 미디어 조직이란 미디어 콘텐츠를 생산하기 위해 미디어 노동자를 고용하는 사회적·공식적·경제적 존재라고 정의했다. 대개의 경우 미디어 조직의 목표는 이윤을, 특히 광고주가 선호하는 수용자를 겨냥해 창출하는 데 있다. 경제적 압력은 저널리스트의 결정에 영향을 미친다. 두 저자에 따르면

미디어 조직의 규모, 특정 네트워크나 미디어 그룹에의 소속 그리고 소유권
이 뉴스의 콘텐츠와 함께 콘텐츠 생산의 관행에도 영향을 미치는 또 다른
요인들이다.

뉴스 관행이란 무엇인가

슈메이커와 리즈(Shoemaker & Reese, 1996)는 뉴스 관행news routine을 "미
디어 노동자가 직무를 수행하기 위해 이용하는 정형화되고, 관행적이며, 반
복되는 활동과 형식"으로 정의했다(p. 105). 두 저자에 따르면 이러한 뉴스
관행은 뉴스 조직의 제한된 자원 그리고 뉴스를 만드는 데 필요한 방대한
원자료 문제에 대응하면서 만들어진다. 좀 더 구체적으로 말하자면 뉴스 관
행은 테크놀로지, 마감 시간, 공간, 규범에 의해 규정된다(Reese, 2001). 두
저자는 "이러한 관행이 수행하는 역할은 제한된 시공간 내에서 가장 효율적
인 방식으로 소비자에게 수용 가능성이 가장 높은 생산물을 전달하는 것"이
라고 기술한다(pp. 108~109).

터크먼(Tuchman, 1973)이 노동 사회학 분야의 저술에서 이 문제를 저널
리즘의 맥락에서 최초로 다루었다. 그의 주장에 의하면 뉴스 제작의 핵심 부
분은 "매일 소모되는 상품인 뉴스라고 불리는 정보"를 가공하기 위한 관행적
절차와 관련되어 있다(p. 662). 그는 관행이 "노동 통제를 용이하게 하기" 때
문에(p. 110) 조직이 업무를 관행화한다고 주장함으로써 이 주제를 더 정교
화했다. 그는 노동자가 해야 할 일이 항상 너무 많기 때문에 "조직은 노동의
흐름과 처리 가능한 노동의 양을 제어하기 위해 노력한다"고 기술했다(p.
110).

터크먼의 관점에서 저널리스트는 "일상적으로 방대하고 다양한 재난, 즉
예상치 못한 사건들을 다루어야 하기 때문에" 자신의 노동을 조정할 필요가

있는 대표적 노동자다(p. 111). 그는 뉴스 작업이 "표면위로 분출하며 솟아오르는 사건들, 따라서 예외적인(그러므로 뉴스 가치가 있는) 방식으로 불쑥 터뜨려지는 사건들을 처리하는 일을 해낸다"고 주장한다(p. 11).

터크먼(Tuchman, 1973)은 통상적으로 뉴스 제작자에 의해 고안된 뉴스 분류와 노동 사회학에 근거한 뉴스 분류를 비교했다. 뉴스 작업자는 뉴스를 '하드', '소프트', '긴급spot', '진행developing', '계속continuing'으로 분류한다. 터크먼은 어떤 사건이 일어난 방식과 뉴스 조직의 요구에 기초해 뉴스를 분류해야 한다고 주장했다. '예정된' 것인지 '예정되지 않은' 것인지, 시급하게 전파해야 하는 것인지 아닌지, 뉴스 제작의 테크놀로지에 의해 어떤 영향을 받는지, 저널리스트가 향후 사건 보도와 관련해 미리 결정을 내릴 수 있는지 등에 기반해 뉴스를 분류해야 한다는 것이다. 터크먼은 저널리스트의 뉴스 분류보다는 자신의 뉴스 분류가 뉴스 조직의 움직임을 보다 잘 설명한다고 주장한다. 특히 그의 분류야말로 저널리스트와 저널리스트 조직이 예상치 못한 사건을 처리할 수 있도록 작업을 제어하는 방식을 설명한다고 주장했다.

뉴스 관행에 대한 터크먼의 초기 논의는 적어도 두 가지 이유에서 중요하다. 첫째는 뉴스 작업이 일반적으로 사회학적 차원의 보다 넓은 관점에서 이해되어야 한다는 것이다. 둘째는 "뉴스를 왜곡이 아니라 일상세계를 재구성하는 것으로 생각하는 것이 더 가치 있다"는 것이다(p. 129). 그의 주장대로 저널리스트는 사회적 현실을 구성하고 재구성하기도 한다. 뉴스를 이해하고자 하는 연구자는 최종 산출물이 어떤 식으로 편향되는지보다는 뉴스의 구성에 더 초점을 맞추어야 한다.

뉴스 제작에 대한 터크먼의 초기 관심은 사회학자들이 공동체 변인을 측정하기 위해 신문기사를 이용한 것에서부터 시작되었다. 1972년에 『미국 사회학 저널American Journal of Sociology』에 실린 논문에서 그는 신문기사를 현실의 반영으로 생각해서는 안 되고, 반대로 뉴스 작업이 스스로의 현실을 구성한다고 주장했다. 『미국 사회학 리뷰American Sociological Review』에 실린 논쟁에서 터크먼(Tuchman, 1976)은 신문기사를 공동체 내의 갈등의 지표로 삼는 댄즈거(Danzger, 1975)를 비판했다. 그는 핵심적 취재원에 의존하는 뉴스 관행이 정치적·경제적 권력을 가진 사람들을 체계적으로 지지하고 있다고 주장했다. 그러한 권력은 사실 뉴스를 실제로 만들어낼 능력을 갖고 있다.

뉴스가 어떤 '현실'의 반영이라기보다는 뉴스 제작자와 뉴스 조직의 생산물이라는 논의는 같은 시기에 나온 몰로치와 레스터(Molotch & Lester, 1973, 1974, 1975)의 3개의 논문의 중심 주제이다. 첫 번째 논문에서 이들은 미디어가 "사건의 객관적 전달자가 아니라 사건을 구성하는 적극적 행위자"라고 주장했다(Molotch & Lester, 1973, p. 258). 미디어의 목표는 여러 사건 중 뉴스에 포함될 수 있는 몇몇 사건을 선택해 사람들에게 제시하는 것이다. 그들은 사실 뉴스가 "목적 지향적 행동"으로 평가받아야 필요가 있다고 보는데(Molotch & Lester, 1974), 이는 결국 뉴스가 저널리스트와 고용주의 양쪽의 필요에 부합하는 활동의 산물이라는 것이다. 저널리스트는 대개 "조장된 사건들에 대한 지각 형태들을 인쇄하거나 방송하는 것을 통해 공적 사건으로 전환하기" 위해 〔사건을 알리려는 사람들로부터〕 제공받은 원자재로 작업을 하는 것이다(p. 104).

몰로치와 레스터(1975)는 일부 사회학자와 뉴스 관련 인사들이 당시에 갖고 있던 일반적 관점과는 차별적인 관점을 제시했다. 두 저자는 대부분의 관찰자가 "거칠 것이 없는 노련한 뉴스 전문가에 의해 알려지고, 중요하게 여겨지며, 그래서 보도되는 것을 객관적으로 중요한 사건으로 가정"한다고 주장했다(p. 235). 뉴스가 사건에 대한 이 같은 '객관적' 관점을 견지하지 못할 때에는 보통 기자가 무능하거나 경영진이 간섭하거나 아니면 돈으로 매수하려는 외부 세력이 나타나기 때문이라고 설명한다. 그 결과가 바로 '편향'이다. 그러나 몰로치와 레스터(1975)는 '객관적 현실'이 존재한다는 것을 전제하지 않으며, 오히려 뉴스를 창조해온 과정의 산물을 뉴스로 간주한다고 말했다.

몰로치와 레스터(1974)에게 뉴스 '관행'은 이 같은 사건들의 생산을 뉴스로 이해하는 데 중요하다. 미디어라는 것은 "뉴스룸에서 일을 끝내기 위한 관행"을 이용하는 공식 조직으로 이해되어야 한다(p. 105). 몰로치와 레스터(1975)는 1969년에 발생한 캘리포니아의 샌타바바라에서의 기름 유출 사고에 대한 연구에서 "저널리스트들에게 너무나 깊이 배어들어 이제는 '좋은 저널리즘'을 위한 '직업 규범'으로까지 물상화된 몇 가지 관행"을 확인했다(p. 225). 여기에는 사건이 발생했을 때 자세히 다루다가 시간이 지나면 관심을 잃는 관행, 대도시에 뉴스 요원을 집중하는 관행, 멀리 떨어져 있는 것보다 가까운 데서 발생하는 사건을 자세히 다루는 관행이 포함된다. 터크먼, 몰로치 그리고 레스터가 기본적인 틀을 잡아놓은 이러한 연구는 최소한 세 가지 이유에서 중요하다. 첫째는 관행적 행위가 저널리스트의 뉴스 생산에 도움이 된다는 것이다. 둘째는 뉴스 결정에 작용하는 힘의 역할에 초점을 맞춘다는 것이다. 셋째는 뉴스가 구성하는 현실과 뉴스 제작자가 거론하는 '현실'이 서로 다르다는 것이다.

뉴스 관행에 관한 초기 연구자들은 이런 뉴스작업의 근본적 특성이 미디어 조직이나 미디어 제작자 혹은 시간에 따라 변화한다고 보지 않았다. 오히려 이러한 '관행'이 뉴스 제작의 특성을 결정하는 것으로 보았다. 엘리어숍(Eliasoph, 1988)은 이른바 '야당 라디오 방송국'에 대한 연구에서 관행이 보편적이라는 가정에 도전했다. 하지만 그는 실제로 여기서도 관행이 다르지 않은 것을 발견했다. 그가 관찰한 캘리포니아 주 버클리의 KPFA-FM 라디오 방송국의 취재기자는 다른 연구에 등장하는 취재기자들과 동일한 관행을 따르고 있었다. 그럼에도 불구하고 동일한 [취재] 테크닉에 의존한다고 해서 '야당 라디오 방송국'의 저널리스트가 여타 매체의 취재기자들과 동일한 유형의 뉴스를 만든 것은 아니었다. 다른 매체와 마찬가지로 저널리스트의 작업을 더 손쉽게 하기 위해 관행이 이용되지만 방송국과 청취자의 관계, 저널리스트와 뉴스룸 통제자의 사회적·정치적 위상이 뉴스 생산물의 특징을 만들어내고 있었다.

한센, 워드, 코너스 그리고 뉴질(Hansen, Ward, Conners & Neuzil, 1994)은 이전 기사의 보관과 검색을 위한 전자 아카이브의 설립이 신문 뉴스 관행에 영향을 미치는지 살펴보았다. 대부분의 관행은 바뀌지 않는 것으로 나타났다. 한센과 뉴질 그리고 워드(Hansen, Neuzil & Ward, 1998)의 후속 연구에서는 신문 뉴스룸에서 특정 주제를 심층 취재하기 위한 팀을 짜는 것 역시 뉴스 작업 관행에 의미 있는 영향을 미치지 않는 것으로 드러났다.

뉴스 관행이라는 개념을 이용한 최근 연구들은 대부분 뉴스 관행이라는 개념은 변화 가능성이 낮다고 설명한다. 쿡(Cook, 1988)은 정치에서의 뉴스 미디어의 역할에 대한 분석에서 뉴스 관행이 시간을 가로질러 예측 가능한 뉴스를 만들어내고, 뉴스 플랫폼을 넘나들며 비슷한 뉴스를 만들어낸다고 주장했다. 올리버와 매니(Oliver & Maney, 2000)는 댄즈거(Danzger, 1975)의 연구를 바탕으로 커뮤니티 시위에 대한 신문 보도와 경찰 기록을 비교했다. 즉 경찰 기록과 신문보도 간의 불일치가 발견되었는데, 이는 신문의 관행에 따른 것으로 설명될 수 있다. 주로 지역 지도자 관련 기사에 대한 선호 그리고 시위 반대자들의 등장으로 야기되는 갈등에 관한 기사 선호가 이에 해당된다. 울프스펠트, 아브라함 그리고 아부라이야(Wolfsfeld, Avraham, Aburaiya, 2000)는 이스라엘 사회에서는 암묵적인 문화적·정치적 분위기로 인해 아랍 시민을 부정적으로 보이게 하는 특정한 뉴스 보도 관행이 작동하는 것을 발견했다.

울프스펠트 등(Wolfsfeld 등, 2000)의 연구와 함께 베넷(Bennett, 1996)과 라이프(Ryfe, 2006b)도 미디어가 조직적이고 전문적인 규칙의 결과인 관행을 따른다고 주장했다. 여기서는 '규칙rules'이라는 단어의 사용이 중요하다. 이 단어가 가변적이지 않은 것을 시사하기 때문이다. 이러한 규칙을 통해 시간과 상황에 구애받지 않는 뉴스 콘텐츠의 일관성을 설명할 수 있다. 그러한 연장선상에서 스패로우(Sparrow, 2006)는 미디어 조직 환경이 가진 불확실성에 대응하기 위해 미디어의 관행과 활동이 변해야 한다고 주장했다. 하지만 변화의 본성에 대해서는 특정하지 않았다.

뉴스 관행의 변화 가능성 부족은 뉴스 구성 연구가 제한된 가치만 가질 수 있음을 보여준다. 관행의 기원과 결과를 이해하기 위해서 연구자는 관행 자체가 갖고 있는 변화 가능성을 확인해야만 한다. 즉 연구자는 관행이 준수되지 않거나 다소간 변형되는 상황을 발견함으로써 관행이 왜 준수되지 않고 변하는지를 이해하며, 이를 통해 관행의 결과물들을 이해해야 한다.

이러한 초기의 관행 연구는 뉴스를 현실의 반영이 아니라 현실의 구성으로 보는 관점에 많은 기여를 했다. 셔드슨(Schudson, 2002, 2005)은 뉴스 관행과 뉴스 구성에 대한 연구 평가에서 그러한 기여를 인정하고 관심을 표명했다. 셔드슨(Schudson, 2005, p. 181)은 현실 세계에서 일어나는 사건들이 뉴스화 여부를 결정하는 데 별로 중요하지 않다는 가정은 학자들에 의해 "과장"되었다고 본다. 그에 의하면 뉴스 제작을 촉진하는 사건은 뉴스 구성을 연구한 초기 학자들이 생각했던 것보다 더 많은 영향을 미친다. 셔드슨(Schudson, 2005, p. 181)은 "힘 있는 자들이 현실을 구성하는 행위를 하더라도 '바깥' 세상을 함부로 다루면 (결국) 실패한다"고 쓰고 있다. 셔드슨은 리빙스턴과 베넷(Livingstone & Bennett, 2003)의 발견을 예로 들었다. 리빙스턴과 베넷은 자발적 활동들에 기초한 뉴스의 양이 저널리즘 산업의 기술이 발달한 결과 1994~2001년 사이에 적어도 CNN이라는 특정 케이블 채널에서는 극적으로 늘어났다고 보고했다.

출입처란 무엇인가

뉴스 관행에 대한 논의는 뉴스 출입처라는 개념과 맞닿아 있다. 뉴스 조직들은 일반적으로 사건을 관찰하고 뉴스 작업을 위한 소재를 수집하기 위해 스스로를 조직화한다. 뉴스 수집의 조직적 구조를 설명하는데 사용되는 '출입처beats'라는 용어의 기원은 알려져 있지 않다. 하나의 가능성은 이 용어가 일상적으로 지리적 영역이나 순찰 영역을 할당받아 움직이는 경찰 업무에서 비롯되었다는 것이다. 실제 『웹스터스 뉴 월드 딕셔너리Webster's New World Dictionary』(1964)에는 '비트beat'를 "습관적으로 가는 길 또는 업무 구역. 경찰의 담당 구역"으로 규정하고 있다.

뉴스 구성과 뉴스 관행에 대한 연구들은 출입처에 상당한 관심을 기울였다. 터크먼(Tuchman, 1978)에 따르면 뉴스 조직은 뉴스가 되는 소재를 얻는 수단으로 '뉴스넷'을 이용했다. '넷'은 원래 "중앙집중화된 위치에서 이용 가능한 적절한 기사를 찾아내기 위해"(p. 25) 고안된 것이다. 이는 뉴스 수용자가 특정한 위치에서 발생한 사건에 관심이 있으며, 또한 특정한 조직의 활동 그리고 특별한 화제에 관심이 있다는 가정에 기반한다. 이를 근거로 터크먼은 뉴스넷이 "광범위한 공산 속에 펼쳐져 특정한 조직에 초점을 맞추고, 특정한 화제를 강조한다"고 주장한다. 기자를 배치하는 세 가지 방법 중 가장 중요한 것은 지리적 권역이다. 터크먼에게 출입처란 뉴스 생성과 관련된 조직들에 기자를 배치하고 정보가 중앙집중화되도록 유지하는 방법이다.

뉴스 수집과 관련해 이제는 고전이 된 관찰 연구에서 피시먼(Fishman, 1980)은 그가 연구한 1970년대 후반 뉴스 보도에서 출입처 시스템이 널리 보급되어 있었기 때문에 출입처를 이용하지 않는 것은 실험적이고 대안적이며 전위적인 신문의 독특한 특성이었다고 말한다. 피시먼이 보기에 출입처는 기자가 실제로 일하는 세계에 기반한 저널리스트적 개념이었다. 뉴스 조직에서 출입처의 역사는 출입처를 드나드는 개인들의 역사보다도 더 오래 살아남았다. 윗사람들이 기자에게 출입처를 할당하면 기자는 출입처 관할권을 갖고 책임지고 출입처에서 일어나는 일을 취재하기 위해 일하지만 출입처를 소유하지는 못한다. 피시먼에게 출입처는 뉴스룸 밖에서 일어나는 활동의 영역으로, 그러한 활동들은 임의적 활동 이상의 어떤 것이다. 마지막으로, 출입처는 기자가 속해 있는 사회적 환경이다. 기자는 출입처라는 사회적 관계망의 일부가 된다. 피시먼의 관점에서 출입처는 주제와 영역이라는 특성을 동시에 갖고 있다. 즉 저널리스트들은 출입처를 가야 하는 장소, 만나야 하는 사람, 그리고 보도해야 하는 일련의 주제 모두라고 생각한다.

갠즈(Gans, 1979)가 보기에 뉴스 제작에서 핵심적 과정은 기사 제안story suggestion이다. 기자에게는 기사를 만들기 위한 아이디어를 내야 할 책임이 있다. 결국 그들은 "담당한 출입처 또는 자신들의 부서에 할당되어 있는 국가의 영역에서 발생하는 일들을 따라 잡을 것을 요구받고, 적절한 기사를 제안할 수 있는 능력에 따라 부분적으로 평가된다." 갠즈는 편집 간부나 상급 프로듀서를 포함한 다른 간부들 또한 기사 아이디어 제출을 요구받고, 기자가 아닌 사람들도 똑같이 하도록 권유받는다고 지적한다.

갠즈의 개념화는 기사의 배후에 있는 아이디어의 발생에 초점을 맞추고, 이러한 아이디어의 발생을 출입처와 연결시킨다는 점에서 유익하다. 이런 관점에서 본다면 기사의 소재는 뉴스 산업 내의 누군가가 그것을 잠재력 있는 것으로 인식했을 때만 뉴스가 될 수 있는 가능성을 지닌다. 밴츠, 맥코클 그리고 바데(Bantz, McCorkle & Baade, 1980)는 기사 아이디어의 발생 과정을 다음에서 더 자세하게 이야기하게 될 '기사 형상화ideation'라고 말한다.

출입처와 TV

출입처 연구는 대부분 출입처가 뉴스 조직 안에 존재한다는 것을 전제했다. 그러나 초기 연구에 따르면 TV 뉴스룸은 신문만큼 출입처 체계를 자주 이용하지 않았거나 신문의 편집국만큼 잘 발전되어 있지 않았다. 드류(Drew, 1972)는 중서부 시장에 있는 중간 규모의 지역 TV 뉴스룸 세 곳의 의사결정에 대한 연구를 통해 몇 개의 출입처, 특히 시청을 취재하기 위한 출입처가 때때로 TV에서 사용되었음을 발견했다. 하지만 전국을 대상으로 하는 세 개 주요 TV 네트워크의 뉴스 수집과 제작 과정에 대한 연구에서 엡스타인(Epstein, 1974)은 고정된 출입처가 — 워싱턴, 특히 백악관을 제외하곤 — "'전국 뉴스'를 만들어 내야 하는 네트워크의 기본적인 문제를 만족시키지 못했다"는 것을 발견했다. 그 결과 특파원들은 담당 에디터가 특정 사건과 관련해 보도할 만한 가치가 있는지를 결정한 뒤 기사화 가능성과 비용이라는 기준에 따라 한 주제에서 다른 주제로 옮겨 다니게 되었다.

앨데이드(Altheide, 1976)는 지역 TV의 뉴스룸에 대한 고전적 연구에서 출입처 체계가 운영된다는 아무런 증거도 찾지 못했다. 기자들과 간부들의 주요 관심사는 뉴스 프로그램을 채울 만큼의 충분한 뉴스거리를 확보하는 것이었고, 그들은 기사 아이디어를 얻기 위해 통신사, 신문, 보도자료, 전화 제보 등에 의지했다. 피시먼에 따르면 대부분 출입처에서 일하는 신문과 통신사 기자들이 바로 TV 저널리스트들의 대부분의 뉴스 가치를 간접적으로 결정했다.

맥마너스(McManus, 1990)는 세 개의 TV 뉴스 조직에 대한 연구에서 기자 대부분이 특정한 "영역에서 뉴스를 찾을 것"을 지시받았다고 밝히고, 이 것을 뉴스 출입처라고 일컬었다. 그러나 기자들은 매일 기사를 송고하라는 데스크의 요구 때문에 뉴스 가치가 있는 사건들을 찾기 위해 하루에 몇 분 더 노력하는 게 고작이었다. 한 방송국에서는 기자들이 출입처 취재를 위해 일주일에 하루를 할당받았지만 그런 날에도 담당 에디터로부터 급한 기사를 처리해야 한다는 이유로 소환되기 일쑤였다. 정보수집 과정에서는 방송국 크기가 중요하게 작용한다. 규모가 큰 방송국은 보다 능동적으로 기사를 수집할 것이다. 그러나 맥마너스의 주장에 따르면 모든 TV 방송국이 적극적으로 발굴한 기사보다는 상대적으로 수동적으로 발굴한 기사에 더 많은 방송 시간을 할애하는 것으로 드러났다.

기사 형상화

왜 출입처가 만들어지게 되었는지에 대한 답변은 최소한 '기사 형상화

story ideation'라는 개념과 관련이 있는 것 같다. 갠즈(Gans, 1979)의 말대로 뉴스 제작의 핵심적인 과정은 기사 제안이다. 밴츠, 맥코클 그리고 바데(Bantz, McCorkle & Baade, 1980)는 '기사 형상화'라는 용어를 통해 이러한 기사 아이디어 형성 과정을 설명했다. 그들이 관찰한 뉴스룸에서 어떤 것은 기사 아이디어에서 시작되어 기사 형상화 과정을 거쳐 뉴스로 만들어졌다. 개별적인 뉴스 작업자는 무엇을 기사로 만들지 결정하기 위해 보도자료, 일반적 메일, 신문, 잡지, 리포터의 간략한 정보, 경찰과 소방서 그리고 FBI의 무선통신, 전화 등 다양한 취재원으로부터 뉴스룸에 들어오는 정보를 평가했다. 이들 기사 아이디어는 일일 '기사 할당budget 회의'에서 토의를 거쳤고 이 회의에서 어떤 소재가 뉴스가 될지 결정했다.

TV 조직은 기사 아이디어를 만들어내기 위해 다른 기법을 갖고 있는 것으로 보인다. TV 뉴스 조직은 신문과 달리 높은 제작비와 한정된 직원 수 때문에 방송할 뉴스보다 더 많은 뉴스 제작을 감당할 수 없다. 그런 이유로 기사 할당을 담당하는 에디터는 뉴스 생산성을 최대화하기 위해 기자들을 요소요소에 분산 배치한다.

전통적 출입처에 대한 대안으로 TV 뉴스에서 이용하는 몇몇 기법은 기자들이 특정한 화제에 대한 기사 아이디어를 내도록 요구받는다는 점에서 출입처 구조와 비슷하다. 물론 몇몇 기법은 그렇지 않다. 그러나 이 모든 기법이 가진 공통점은 미디어 조직의 필요를 만족시키는 아이디어를 생산한다는 점이다. 뉴스 구성에 관해 존재하는 문헌 대부분이 출입처를 체계적인 뉴스 수집 방식으로 간주하지만 그보다는 출입처를 기사 아이디어 생산방식의 하나로 볼 필요가 있다.

뉴스 철학의 개념

기사 형상화가 뉴스를 규정하는 특징이라면 그것은 또한 모든 뉴스 조직이 기사 아이디어를 필요로 함을 의미한다. 그리고 미디어 조직들이 기사 아이디어를 만들어낼 여러 가지 방법이 있는데도 왜 어떤 미디어 조직은 기사 형상화를 위해 한 특정한 기법을 채택하는지 이해할 필요가 있다. 헤이지 (Hage, 1972)의 용어를 빌리자면, 기사 형상화를 위해 왜 특정한 메커니즘을 이용하는지 설명하는 데는 행동이라는 전제가 필요하다.

미디어 조직이 시장의 압력에 어떻게 반응하는지에 대한 최근 연구는 적어도 하나의 제안을 내놓고 있다. 상업적 시스템 안에 있는 미디어 조직들은 자신의 제품의 정체성 — 마케터가 브랜드라고 부르는 것 — 을 만들어 낸다. 정체성, 다시 말해 브랜드는 뉴스 제품의 속성을 특화시킨다. 이것이 매체의 관리자들로 하여금 소위 뉴스 철학, 혹은 조직이 제시하는 뉴스 제품의 본질에 대한 관점을 개발하도록 하는 것이다. 뉴스 철학은 미디어 조직이 이용하는 기사 형상화를 위한 기법을 구체화할 것이다.

미디어 산업에서의 브랜드화, 특히 TV 방송국의 브랜드화는 최근에서야 미디어 학자들의 주목받았다. 앳워터(Atwater, 1984)는 TV 뉴스 조직들이 경쟁 시장에서 더 성공적으로 경쟁하기 위해 상품을 차별화한다는 사실을 발견했다. 특히 방송국들은 다른 방송국의 뉴스 제품과 차별화하는 방식으로 다소간의 연성 뉴스를 사용한다. 제품의 그러한 차별화는 고객에게 어필하는 브랜드화나 제품의 특징 및 가치의 개발과 유지를 통해 이루어진다.

명시적이든 그렇지 않든 미디어 조직이 종종 내세우려고 하는 브랜드는 '뉴스 철학'이다(Connolly, 2002). 이는 조직이 가진 뉴스 제품에 대한 일반적인 접근 방식이다(Chalaby, 2000). 조직은 공동체의 일부를 반영하고 그렇지 않은 것을 배제하기 위해 의사결정을 한다. 이는 뉴스가 보다 진지할지 혹은 보다 재미있을지, 갈등이나 범죄에 대한 뉴스를 중요하게 다룰지 혹은 그렇지 않을지를 결정한다. 경쟁 관계에 있는 뉴스 상품과 차별화할 필요가 있기 때문에 이런 결정은 시장에 의해 이루어진다. 최소한 미국에서 그리고 경쟁이 극심한 라디오와 TV에서는 조직들이 서로 다른 '뉴스 철학'을 선택하고 그러한 차이를 장려한다. 즉 그에 맞추어 뉴스 제품을 브랜드화한다.

출입처의 추가적 기능

뉴스 철학과 기사 형상화 개념에 대한 이 같은 논의는 몇몇 미디어 조직에서의 출입처 이용을 설명해주는 데 필요한 '행동의 전제'이며, 또한 다른 조직에서는 그렇지 않기도 하다. 시장 경쟁이 심화될수록 미디어 조직은 뉴스 철학이라는 측면에서 더 차별화하려고 할 것이고, 그 결과 기사 형상화 기술의 측면에서도 더 차별화하려 할 것이다.

뉴스 구성에 대한 연구는 뉴스 취재의 방편으로 출입처의 유용성에 초점을 맞추지만 연구자들은 출입처가 뉴스룸을 위한 부가적인 역할을 한다고 보기도 한다. 베커, 로리, 클라우센과 앤더슨(Becker, Lowrey, Claussen & Anderson, 2000)은 실제 출입처를 세 가지 다른 방식으로 볼 수 있다고 주장했다. 뉴스 구성의 관점에서 출입처는 뉴스 취재를 위한 효과적인 도구이기 때문에 뉴스 조직 안에 존재한다. 또한 조직 사회학적 관점에서 출입처는 업무 분화의 한 형태이다. 즉 출입처는 조직의 개선을 위해 가장 효과적인 운영이 가능하도록 사람들을 배치하는 방식인 것이다. 이런 관점에서 보자면 뉴스룸의 규모가 커짐에 따라 업무 분화는 조직을 보다 효율적으로 기능하게 할 것이라는 단순한 이유만으로도 새로운 출입처가 생길 것이다. 마지막으로, 출입처는 관리를 위한 보상 구조의 일부로도 볼 수 있다. 출입처는 위계적으로 정렬될 수 있기 때문에 업무를 잘 하는 사람들에게는 보상을 주고, 그렇지 못한 사람들에게는 처벌이나 훈련을 시키는 목적으로도 사용될 수 있다.

출입처에 대한 이 같은 세 가지 정의는 서로 모순되지 않는다. 출입처는 뉴스를 취재하고 기사 아이디어를 만들어내는 수단으로 기능할 수 있다. 출입처는 또한 업무 분화를 반영하고 보상 체계로도 사용된다. 베커와 그의 동료들(2000)은 신문사의 뉴스룸에 대한 연구에서 출입처가 세 번째 기능으로 사용된다는 근거를 거의 발견하지 못했다. 그러나 출입처 구조는 조직의 규모에 따라 달랐으며, 뉴스 구성을 위한 도구라는 관점은 변하지 않았고, 조직의 복잡화에도 기본 구조는 유지되었다.

출입처 제도는 출입처를 만들어낸 사람의 의도를 벗어나는 결과를 가져올 수도 있다. 몇몇 학자는 출입처에서 전개된 사태로 인한 결과에 대해 비판한다. 브리드(Breed, 1955)에게 출입처가 중요한 이유는 기자들에게 권력을 주기 때문이다. 그는 출입처의 기자들이 '편집 간부' 기능까지 한다는 결론을 내렸다. 엘리어숍(Eliasoph, 1998)은 출입처에 대한 보도가 기자와 취재원 간의 권력관계에 의존하며, 이에 대해 반드시 무비판적일 필요는 없다고 말한다. 솔로스키(Soloski, 1989)는 출입처 기자가 취재원과의 의리로 인해 '공생 관계'에 말려들게 된다고 말한다. 기자와 취재원은 서로에게 일이 잘 풀리게도 하고 복잡하게도 만든다. 도너휴, 올라이언 그리고 티치너(Donohue, Olien & Tichenor, 1989)는 출입처를 정기적으로 드나드는 기자들이 일종의 의미 체계를 공유하게 됨으로써 기사는 일반적으로 비슷한 내용으로 효율적으로 생산될 수 있다고 주장했다.

예시적 연구

우리 연구는 뉴스 철학, 기사 형상화 그리고 기사 형상화 전략 채택 사이에 모종의 관계가 있을 수 있다는 가정을 잠정적으로 지지한다(Becker 등, 2001). 베커 등의 연구자들은 미국 남동부의 중간 크기의 대도시 권역에 있는 두 개의 TV 방송국과 하나의 신문사를 이틀간 관찰했다. 이 방송국들은 뉴스룸 크기, 매주 방송되는 뉴스보도 건수, 네트워크 관련 자원에서 대체로 비교할 만하다고 판단되어 선정되었다. 그러나 최종 뉴스 제품에서 차이점이 있을 것이라고 판단할 근거는 있었다. 신문은 해당 대도시 지역의 대표적인 일간지였다. 연구자들은 또한 뉴스룸 간부 등과 저널리스트들을 비공식적으로 인터뷰했다. 연구자들은 관찰 기간 동안 나온 뉴스 프로그램과 신문을 모니터하고 분석했다.

이 연구에서 출입처의 중요성에 관한 질문에 몇 가지 답변이 나왔다. 첫째, TV 뉴스룸은 신문만큼 분명하게 전문화된 구조를 갖고 있지 않았으나 분야별 전문가들을 보유하고 있었다. 예를 들어 전문가들은 날씨, 스포츠, 소비자 뉴스, 건강을 담당했다. 이들 전문가들은 기사 아이디어 및 전문 분야의 뉴스나 콘텐츠를 만들어내는 책임을 지고 있다. 관찰 결과 TV 뉴스룸은 신문처럼 정교한 출입처 체계를 필요로 하지 않기에 그러한 정교한 출입처 체계를 갖고 있지 않다. TV 뉴스룸은 신문에 비해 적은 양의 뉴스를 필요로 했으며 경찰 무선수신기, 일반 사건 담당 취재기자의 우연한 관찰이나 웹사이트, 보도자료, 즉각적으로 쓸 수 있는 공동체 활동 리스트 등을 보고 기사 아이디어 및 기사를 만들어낼 수 있었다. 또 뉴스 조직이 전문 분야의 콘텐츠가 정기적으로 필요하다고 결정했을 때 콘텐츠를 생산하는 시스템을 만든다는 것을 알 수 있었다. 이러한 일은 이 분야의 콘텐츠 제작을 맡은 개인을 지정하는 것을 통해 이루어졌다. 한 TV 방송국에서 이런 전문가들은 '프랜차이즈franchise' 기자로 불렸다. 그들의 일은 기사 아이디어를 생산하고, 소비자 뉴스나 건강 분야의 기사를 보도하거나 제작하는 것이었다. 스포츠 기자나 기상 캐스터는 '프랜차이즈' 기자로 불리지 않았지만 프랜차이즈 기자와 같은 역할을 했다. 방송국은 스포츠와 날씨 등 매일 방송되는 지속적 코너가 필요하다고 보았고, 그것을 얻는 최선의 방법은 그런 일을 하는 사람을 보유하는 것이라고 결정했다.

연구 대상 신문사에서 편집 간부들은 대도시 밖의 지역에 대한 뉴스를 꾸준히 싣는 것이 필요하다고 결정해 해당 지역을 다룰 출입처를 만들었다. 이 신문은 지리적 출입처를 신설함으로써 분명한 필요를 만족시켰다. 이 신문은 지역에서의 판매부수를 늘리기 위해 지역판 제작을 원했다. 게다가 지역적 특색을 띠길 바라는 내부의 바람도 만족시키길 원했다. 출입처를 담당한 기자는 정기적으로 기사 아이디어를 제공하고, 기사를 송고하는 임무를 받았다.

TV 방송국들은 기사 아이디어 생산 과정에서 차이를 보였다. 두 곳 중 작은 방송국은 기자와 제작자에 보다 크게 의존한 반면 큰 방송국은 탤런트나 전문가, 주요 담당자의 조직적 역량에 보다 많이 의존했다. 이러한 차이는 두 방송의 뉴스 철학의 차이를 반영한 것으로 보인다. 신문사와 TV 방송국 사이의 가장 중요한 차이점은 뉴스 철학에 분명하게 반영되어 있었다. 신문사 뉴스룸에서의 대화 속에는 뉴스 보도의 종합성과 완결성, 보도 주제의 폭에 대한 관심이 드러났다. TV 뉴스룸의 경우 더 좁은 부분에 초점을 두었다. 두 방송국의 보도국장들은 방송 뉴스에서 다룰 수 있는 범위의 한계를 인지하고 있었다. 그들은 근본적으로 공동체 활동의 중요한 문제들을 반영하는 뉴스 프로그램보다는 수용자의 흥미를 끄는 프로그램에 더 관심이 있었다.

이런 사례 연구 결과는 뉴스 구성에 관한 문헌들에 나오는 기본 전제와 일치했다. 우리가 관찰한 각각의 뉴스 조직들은 소재, 즉 기사를 생성하는 데 쓰이는 아이디어를 필요로 했다. 조직은 제한된 자원으로 소재를 얻었고, 이들 소재를 확보하기 위해 관행과 절차를 발전시켰다. 신문의 경우 여기에는 출입처가 포함되었다. TV 방송국의 경우 전문화의 정교함이 다소 부족했지만 어쨌든 전문화를 필요로 했다. 방송국은 개인에게 관행에 근거한 〔뉴스〕 '패키지'를 생산하도록 업무를 맡겼고, 또한 기사 아이디어를 창출하고, 모으고, 조직화하는 구체적 업무를 할당했다. 예상되는 소비자의 요구는 뉴스 제품의 특징을 형성하는 데 도움을 주었다. 각각의 미디어 조직은 뉴스 철학, 즉 시장에서 성공을 거둠으로써 형성된 일종의 사명감을 갖고 있는 듯했다. 이에 따라 그들은 자신들의 제품을 '브랜드화'하려 했다.

결론

라이프(Ryfe, 2006a)는 뉴스를 다룬 『정치 커뮤니케이션*Politcal Communication*』 특별호 「서문」에서 뉴스 미디어에 대한 연구가 하나의 일관된 발견을 해왔다고 주장했는데, 바로 뉴스가 대단히 동질적이라는 것이 그것이었다. 뉴스 미디어에 대한 그의 연구는 이러한 동질성에 대한 설명도 제공하고 있다. 뉴스가 시간, 장소, 조직과 관계없이 변화하지 않는 일련의 조직적 관행의 산물이라는 것이다.

라이프는 관행에 대한 연구 대부분이 미국의 미디어에 대한 연구에 기반하고 있다면서 다른 국가에서는 동일한 관행이 다른 양상을 보이는지, 관행이 시간에 따라 달라져서 미래에는 다른 양상을 보일지에 대해서는 알 수 없다고 말한다. 부르디외(Bourdieu, 2001)도 마찬가지로 내용의 동일성이 프랑스 미디어의 특징이라고 주장했다. 슈메이커와 코엔(Shoemaker & Cohen, 2006)은 몇 주 동안에 걸쳐 10개국의 신문, 라디오, TV 뉴스를 조사한 결과 차이점보다 공통점을 더 많이 발견했다. 하지만 돈스바흐(Donsbach, 1995)의 비교 연구는 미국의 저널리스트들이 유럽 4개국의 저널리스트들보다 더 높은 수준의 분업을 실현하고 있음을 발견했다. 또한 미국의 저널리스트들은 다른 나라의 저널리스트들보다 정확성에 더 초점을 맞추어 기사를 편집하는 경향이 있었다. 에서(Esser, 1988)는 독일과 영국의 신문사 뉴스룸 구조에 대한 상세한 분석을 통해 역할 분화에서 엄청난 차이를 발견했다. 즉 독일의 뉴스룸은 역할 차별화가 거의 없는 반면 영국의 뉴스룸은 역할 분화가 구조화되어 있었다. 위버(Weaver, 1998)는 12개 국가의 저널리스트에 대한 연구에서 저널리스트가 수행해야 할 사회적 역할에서 큰 차이가 있음을 발견했다. 에서(Esser, 1998)는 현행 연구가 콘텐츠의 전반적 유사성에 초점을 맞추고 있기 때문에 구조와 관행상의 차이를 인식하지 못할 정도로 정교하지 못하다고 결론을 맺었다.

쿡(Cook, 1998)은 뉴스 연구에서 조직적 접근을 비판하면서 이런 관점이 관행의 필요성에 대한 근거를 제공하기는 하지만 관행에 대한 정보는 거의 제공하지 못한다고 주장했다. 쿡은 미국의 뉴스 미디어가 일련의 조직 이상이라고 주장했다. 뉴스 콘텐츠들의 유사성 그리고 그것을 생산하는 과정 사이의 유사성은 뉴스 미디어를 하나의 단일한 제도로 분석해야 할 필요성을 말해준다는 것이다.

쿡(Cook, 1998) 그리고 거의 동시에 스패로우(Sparrow, 1999)가 뉴스에 관한 제도적 접근에 초점을 맞춘 것은 뉴스 관행에 대한 새로운 관심을 불러일으켰다. 벤슨(Benson, 2006), 쿡(Cook, 2006), 엔트만(Entman, 2006), 캐플란(Kaplan, 2006), 로렌스(Lawrence, 2006), 로리(Lowrey, 미출간), 라이프(Ryfe, 2006b), 스패로우(Sparrow, 2006)의 에세이와 보고서는 『정치 커뮤니케이션』 특별호에 실렸고, 그것들은 쿡의 주장을 입증한다.

로리(Lowrey, 미출간)는 메이어와 로언(Meyer & Rowan, 1977)의 연구와 같은 사회학 문헌을 근거로 '신제도주의적' 접근이 조직적 행동에 대한 전통적 연구 및 이론화에 대한 반작용이라고 주장했다. 과거의 연구는 인간과 그들의 조직을 전적으로 계산적이고 목적 지향적으로 보았고, 그들의 행동을 전후관계 속에서 보지 않았다. 〔신〕제도주의자들은 의사결정 과정에서 관습, 규범, 의문의 여지가 없는 전형화의 힘 그리고 조직의 환경에 초점을 맞추었다. 제도의 정책과 실천은 의문의 여지없는 위상을 획득한다. 조직은 효율성에 대한 어떠한 고려도 없이 이러한 정책과 실천을 따른다.

이러한 새로운 접근법이 뉴스 생산물에 대한 연구에서 얼마나 다른 결과를 가져올지는 불분명하다. 스패로우는 신제도주의에 기반해 뉴스 미디어가 초과 이윤, 합법성, 원재료라는 세 가지 종류의 불확실성에 대응해 표준적 관행을 개발한다고 보았다. 이 중 첫 번째와 세 번째는 미디어 조직이 근본적으로 경제적 성격을 가진다고 주장하는 미디어 경제학 연구에서 주요한 사안이다(Alexander et al., 2004; Croteau & Hoyens, 2001; Doyle, 2002; Hoskins et al., 2004; MaManus, 1994). 엔트만(2004)은 뉴스 제도주의만으로는 국외 정책에 대한 미디어 보도를 설명하지 못한다면서 제도주의를 미디어와 국외 정책 문헌에서 얻을 수 있는 통찰력과 통합할 것을 제안한다.

앞서 설명한 대로 우리는 뉴스 조직이라는 시각이 지속적으로 장점을 가지지라고 믿는다. 우리 견해로 뉴스 조직의 결정적 특성은 기사 아이디어를 필요로 한다는 점이다. 기사 아이디어가 곧 뉴스의 원료이기 때문이다. 조직과 조직의 실천의 구조는 그러한 필요에 의해 비롯되었고, 또 그러한 구조가 최종적인 뉴스 제품을 만들어낸다.

역사적으로 저널리즘 연구는 기사 형상화에 대해 상대적으로 관심을 덜 쏟았다. 그 결과 기사가 생성되는 여러 가지 방식은 별로 잘 알려져 있지 않다. 뉴스 구성 관련 문헌에서 분명히 오랜 관심사였던 출입처는 기사 아이디어를 생성하는 데서 중요한 역할을 한다. 다른 기법도 마찬가지로 존재한다.

뉴스 관행에 대한 연구는 정체되어 있는 것처럼 보인다. 관행이라는 개념이 변화 가능한 것으로 보이지 않기 때문이다. 기사 형상화 기법에서 변화에 집중하는 것은 탐색을 위한 신선한 방법을 제공한다. 마찬가지로 기사 형상화 기법에서 변화의 선례는 탐구해볼 가치가 있다. 여기서 뉴스 철학은 그러한 선례로 확인되었다. 기사 형상화 기법의 변화에 대한 점검은 기존의 많은 연구가 놓친 미디어 콘텐츠의 차이, 특히 지역적 수준에서의 차이를 드러낼 것이다.

라이프(Ryfe, 2006a) 주장대로 우리는 관행이 시간을 넘어 바뀌기를 기대한다. 또한 저널리즘을 미디어 조직으로부터 분리시키는 것이 뉴스 생산 방법에 큰 영향을 미친다고 생각한다. 선행 연구(Project for Excellence in Journalism, 2007)는 이용자 중심적 웹사이트의 뉴스 의제가 주류 언론의 뉴스 의제와 크게 다름을 보여주었다. 저널리즘에 대해 특별한 훈련을 받지 않고 전통적 언론의 통제도 받지 않는 시민 저널리스트들은 전통 미디어의 저널리스트들과는 다른 기사 아이디어를 생산할 것이다. 그러한 아이디어를 생산하는 관행 또한 달라질 것이다. 기존 저널리즘의 실천과는 연관을 갖지 않거나 갖더라도 아주 적기 때문이다.

기사 형상화는 뉴스 생산에서 거의 확실히 핵심 과정으로 남게 될 것이다. 그러한 이유에서 후속 연구는 대단히 생산적인 방향으로 나가게 될 것이다.

〈참고문헌〉

Alexander, A., Owers, J. Carveth, R., Hollifield, C. A., & Greco, A.(eds.).(2004). *Media economics: Theory and practice*(3rd . Mahweh, NJ: Erlbaum.

Altheide, D. L.(1976). *Creating reality: How TV news distorts events.* Beverly Hills: Sage.

Atwater, T.(1984, Winter). Product differentiation in local tv news. *Journalism Quarterly, 61,* 757–762.

Bantz, C. R., McCorkle, S., & Baade, R. C.(1980). The news factory. *Communication Research, 7*(1), 45–68.

Becker, L. B., Lowrey, W., Claussen, D. S., & Anderson, W. B.(2000). Why does the beat go on? An examination of the role of beat structure in the newsroom. *Newspaper Research Journal, 21,* 2–16.

Becker, L. B., Edwards, H. H., Vlad, T., Daniels, G. L., Gans, E. M., & Park, N.(2001). Routinizing the acquisition of raw materials: A comparative study of news construction in a single community. Paper presented to the Midwest Association for Public Opinion Research, Chicago.

Bennett, W. L.(1996). An introduction to journalism norms and presentations in politics. *Political Communication, 13,* 373–384.

Benson, R.(2006). News media as a "journalistic field": What Bourdieu adds to new in-stitutionalism, and vice versa. *Political Communication, 23,* 187–202.

Bourdieu, P.(2001). Television. *European Review, 9,* 245–256.

Breed, W.(1955). Social control in the newsroom. *Social Forces, 33,* 326–355.

Chalaby, J. K.(1996). Journalism as an Anglo-American Invention. *European Journal of Communication, 11,* 303–326.

Chalaby, J. K.(2000). "Smiling pictures make people smile": Northcliffe's journalism. *Media*

History, 6(1), 33-44.

Connolly, P.(2002). Stars in eyes turn to tears. *The Halifax Daily News*, June 22, 2.

Cook, T. E.(1998). *Governing the news*. Chicago: University of Chicago Press.

Cook, T. E.(2006). The news media as a political institution: Looking backward and looking forward. *Political Communcation, 23*, 159-172.

Croteau, D., & Hoynes, W.(2001). *The business of media*. Thousand Oaks, CA: Pine Forge Press.

Danzger, M. H.(1975). Validating conflict data. *American Sociological Review, 40*(5), 570-584.

Donohue, G. A., Olien, C. N., & Tichenor, P. J.(1989). Structure and constraints on community newspaper gatekeepers. *Journalism Quarterly, 66*, 807-812.

Donsbach, W.(1995). Lapdogs, watchdogs and junkyard dogs. *Media Studies Journal, 9*, 17-30.

Drew, D. G.(1972). Roles and decision making of three television beat reporters. *Journal of Broadcasting, 16*(2), 165-173.

Doyle, G.(2002). *Understanding media economics*. London: Sage.

Eliasoph, N.(1988). Routines and the making of oppositional news. *Critical Studies in Mass Communication, 5*, 313-334.

Entman, R. M.(2004). *Projections of power*. Chicago: University of Chicago Press.

Entman, E. M.(2006). Punctuating the homogeneity of institutionalized news: Abusing prison-ers at Abu Ghraid versus killing civilians at Fallujah. *Political Communication, 23*, 215-224.

Epstein, J.(1974). *News from nowhere*. New York: Vintage Books.

Esser, F.(1998). Editorial structures and work principles in British and German newsrooms. *European Journal of Communication, 13*, 375-405.

Fishman, M.(1980). *Manufacturing the news*. Austin: University of Texas Press.

Gans, H. J.(1979). *Deciding what's news*. New York: Random House.

Halloran, J. D., Elliot, P., & Murdock, G.(1970). *Demonstrations and communication: A case study*. Middlesex, UK: Penguin Books.

Hage, J.(1972). *Techniques and problems of theory construction in sociology*. New York: John Wiley.

Hansen, K. A., Ward, J., Conners, J. L., & Neuzil, M.(1994). Local breaking news: Sources, technology, and news routines. *Journalism Quarterly, 71*(3), 561-572.

Hansen, K. A., Neuzil, M., & Ward, J.(1998). Newsroom topic team: Journalists' assessments of effects on news routines and newspaper quality. *Journalism & Mass Communication Quarterly, 75*(4), 803-821.

Herman, E. S., & Chomsky, N.(1988). *Manufacturing consent*. New York: Pantheon Books.

Hoskins, C., McFadyen, S., & Fin, A.(2004). *Media economics: Applying economics to new and traditional media.* Thousand Oaks, CA: Sage.

Kaplan, R. L.(2006). The news about new institutionalism: Journalism's ethic of objectivity and its political origins. *Political Communication, 23,* 173–186.

Lawrence, R. G.(2006). Seeing the whole board: New institutional analysis of news content. *Political Communication, 23,* 225–230.

Livingston, S., & Bennett, W. L.(2003). Gatekeeping, indexing, and live-event news: Is technology altering the construction of news? *Political Communication, 20,* 363–380.

Lowrey, W.(Forthcoming). Institutional roadblocks: Assessing journalism's response to changing audiences. In M. Tremayne(, *Journalism and citizenship: New agendas.* London: Taylor & Francis.

McManus, J.(1990). How local televison learns what is news. *Journalism Quarterly, 67*(4), 672–683.

McManus, J.(1994). *Market-driven journalism.* Thousand Oaks, CA: Sage.

Meyer, J. W., & Rowan, B.(1997). Institutionalized organizations: Formal structure as myth and ceremony. *The American Journal of Sociology, 83,* 340–363.

Molotch, H., & Lester, M.(1973). Accidents, scandals and routines: Resources for insurgent methodology. *Critical Sociology,* 25(2/3), 247–259.

Molotch, H., & Lester, M.(1974). News as purpose behavior: On the strategic use of routine events, accidents, and scandals. *American Sociological Review, 39*(1), 101–112.

Molotch, H., & Lester, M.(1975). Accidental news: The great oil spill as local occurrence and national event. *American Journal of Sociology, 81*(2), 235–260.

Oliver, P. E., & Maney, G. M.(2000). Political processes and local newspaper coverage of protest events: From selection bias to triadic interactions. *American Journal of Sociology, 106*(2), 463–505.

Project for excellence in journalism(2007). Retrieved on September 12, 2007, from http://www.journalism.org/node/7493

Reese, S. D.(2001). Understanding the global journalist: A hierarchy-of-influences approach. *Journalism Studies, 2*(2), 173–187.

Ryfe, D. M.(2006a). Guest's editor introduction: New institutionalism and the news. *Political Communication, 23,* 135–144.

Ryfe, D. M.(2006b). The nature of news rules. *Political Communication, 23,* 203–214.

Schudson, M.(2002). The news media as political institutions. *Annual Review of Political Science, 5,* 249–269.

Schudson, M.(2005). Four approaches to the sociology of news. In J. Curran& M. Gurevitch(eds.), *Mass media and society*(4th ed., pp. 172–197). London: Hodder Arnold.

Sigal, V. S.(1973). *Reporters and officials*. Lexington: DC Heath.

Shoemaker, P., & Reese, S.(1996). *Mediating the message*. White Plains, NY: Longman.

Shoemaker, P. J., & Cohen, A. A.(2006). *News around the world*. New York: Routledge.

Soloski, J.(1989). News reporting and professionalism. *Media, Culture & Society, 11*, 207–228.

Sparrow, B. H.(1999). *Uncertain guardians: The news media as a political institution*. Baltimore: The Johns Hopkins University Press.

Sparrow, B. H.(2006). A research agenda for an institutional media. *Political Communication, 23*, 145–157.

Tuchman, G.(1972). Objectivity as strategic ritual: An examination of newsmen's notions of objectivity. *American Journal of Sociology, 77*(4), 660–679.

Tuchman, G.(1973). Making news by doing work: Routinizing the unexpected. *American Journal of Sociology, 79*(1), 110–131.

Tuchman, G.(1976). The news' manufacture of sociological data. *American Sociological Review, 41*(6), 1065–1067.

Tuchman, G.(1978). *Making news*. New York: Free Press.

Tunstall, J.(1971). *Journalists at work*. Beverly Hills, CA: Sage.

Warner, M.(1969). Decision-making in American T.V. political news. *The Sociological Review monograph, 13*, 169–179.

Webster's New World Dictionary of the American Language College Edition.(1964). New York: World Publishing.

Weaver, D. H.((1998). *The global journalist*. Cresskil, NJ: Hampton Press.

Wolfsfeld, G., Avraham, E., & Aburaiya, I.(2000). When prophesy always fails: Israeli press coverage of the Arab minority's Land Day protests. *Political Communication, 17*, 115–131.

06_
게이트키퍼로서의 저널리스트

파멜라 J. 슈메이커/팀 P. 보스/스티븐 D. 리즈

저널리스트들은 인터넷, 신문, TV 및 라디오 뉴스, 뉴스잡지, 취재원들로부터 흘러나오는 엄청난 정보의 폭격을 받고 있다. 나중에 뉴스로 바뀌는 소량의 정보를 선정하고 형태를 부여하는 작업은 게이트키핑이 없다면 불가능할 것이다. 게이트키핑의 역할이란 정보를 선택하고, 기록하고, 편집하고, 위치짓고, 일정을 조정하고, 마사지해서 뉴스를 만드는 것이다. 게이트키퍼란 특정한 세계상을 제공하기 때문에 학자들이 게이트키핑 과정을 이해하고, 나아가 게이트키핑 과정이 공중에게 제시되는 현실에 어떤 영향을 미치는지를 파악하는 것은 매우 중요하다.

게이트키핑은 뉴스 연구를 위해 수정되고 발전되어온 가장 오래된 사회과학 이론 중의 하나로[1], 1950년대 이래 커뮤니케이션 학자들에 의해 끊임

1) 게이트키핑gatekeeping이라는 말은 1940년대에 심리학자 레빈에 의해 처음 사용되었다. 이어 그의 이론은 1950년에 화이트가 행한 뉴스 전파news transmission 연구에서 개작되었다. 두 사람의 동시대인으로는 라스웰, 라자스펠트, 호블랜드를 들 수 있으며 이들은 모두 사회과학에서 다른 이론을 가져와 매스커뮤니케이션 연구라는 새로운 분과학문을 창설했다(필자 주).

없이 이용되어 왔다. 이 6장은 게이트키핑 이론의 핵심적 요소, 주요 게이트키핑 학자와 자료, 게이트키핑 연구의 현황, 게이트키핑 이론화의 중요한 이슈, 방법론적 이슈와 관심사항, 끝으로 미래의 게이트키핑 연구를 위한 고려사항을 확인하고자 한다.

핵심 요소

정보의 조각으로서 제외되거나 선택되고, 구체화되거나 계획된 아이템들은 모든 게이트키핑 연구의 초점이 된다. 아이템의 흐름을 추적하는 작업은 레빈Kurt Lewin의 사회심리 이론 ── 사람들의 먹는 습관이 어떻게 변화될 수 있는가를 다룬다 ── 으로 거슬러 올라간다. 레빈의 이론에서 아이템에 해당하는 것이 식료품이었다. 〈그림 6-1〉은 게이트키핑 과정에 들어갈 수 있는 아이템의 세계를 잘 보여준다. 모든 아이템이 선택되는 것은 아니다. 일부 아이템은 채널로 들어가며, 이들 채널은 때때로 섹션으로 분리되고, 개별 섹션은 게이트를 통과해야만 들어갈 수 있다. 주변의 여러 가지 영향력은 각각의 강도와 가치의 방향을 변화시켜 게이트의 한 쪽 또는 양쪽에서 작용함으로써 문을 통과하는 아이템의 흐름을 촉진하거나 억제한다.

〈그림 6-1〉은 세 개의 채널과 많은 정보 아이템을 보여준다. 그러나 오직 한 아이템만 하나의 채널을 통과하며 이후 하나 또는 여러 수용자에게 전달된다. 부정적이거나 약한 영향력은 몇몇 아이템이 채널을 통해 진행하는 것을 방해한다. 영향력은 게이트의 앞뒤와 양쪽에 존재함을 인식하는 것이 중요하다. 예컨대 마이크로 원격 장비의 (높은) 비용은 게이트 앞에서는 부정적 영향력을 미쳐 TV 방송국의 생방송 능력을 더디게 한다. 그러나 일단 장비가 구입되어 게이트를 통과하면 장비 구입 행위는 긍정적 영향력을 발휘해 뉴스 제작자들이 비용을 정당화할 수 있을 만큼 빈번하게 장비를 사

용하도록 유도한다. 〈그림 6-1〉이 보여주는 마지막 요소는 게이트키핑 과정의 결과인데, 이것은 선택된 결과일 뿐만 아니라 채널, 섹션, 게이트를 통과하는 도중에 이 아이템에 미친 많은 영향력의 산출물이다.

두 개의 중요한 요소가 〈그림 6-1〉에는 숨겨져 있다. 게이트키퍼는 정보가 채널을 통해 지나가느냐 여부를 통제하고 또한 최종 산출물이 무엇인가를 결정한다는 점이 그것이다. 게이트키퍼는 여러 형태 — 사람들, 직업상의 행동 규범들, 회사의 정책들 그리고 컴퓨터 알고리즘 — 의 사안들을 채택하고 참고해 결정을 내린다. 그러나 게이트키퍼의 자율성은 다양하게 변한다. 자율성은 개인의 특이한 변덕으로부터 컴퓨터 프로그램에 의해 해석되는 완고한 규칙들에 이르기까지 각양각색으로 변한다. 정보관리회사인 구글은 뉴스 웹 페이지인 news.google.com의 독자를 위한 뉴스 항목을 선택하기 위해 알고리즘 — 회사의 게이트키핑 정책을 컴퓨터 지시로 전환하는 장치 — 을 사용한다. 구글의 선택사항들은 다수의 독자들에게 시사뉴스로 제시되며, 이 과정에서 인간 게이트키퍼들은 자율성을 갖지 않은 것처럼 보인다. 그러나 알고리즘은 경영층으로부터 핵심 필자들에 이르기까지 회사 내 다수가 내린 결정의 산물이다. 구글뉴스는 이 과정의 산출물이며, 이것은 외견상 당일의 (세상에 대한) 객관적 상황을 의미한다. 그러나 이 객관성은 인간과 인간의 세상에 대한 이해의 특징이지 컴퓨터 프로그램의 특징은 아니다.

뉴스 이벤트에 관한 초기의 게이트키핑 연구(예를 들어 Buckalew, 1968; Donohew, 1967; Gieber, 1956; Jones, Troldahl & Hvistendahl, 1961; White, 1950)에서 게이트는 게이트키퍼의 직업적 측면에 대한 고려가 거의 없거나 전혀 없는 상태에서 들어가고 나가는 결정의 지점으로 이해되었다. 그러나 도너휴, 티치노어, 올라이언(Donahue, Tichenor, and Olien, 1972) 등은 게이트키핑이 이보다는 더 복잡한 과정이라고 강조한다. 그들에 의하면 게이트키핑은 한 뉴스 사건에 할당되는 시간 및 공간의 양을 어떻게 할지, 출판물 또는 뉴스 프로그램에서 기사를 어디에 배치할지, 그래픽의 사용 여부, 당일 또는 여러 날에 걸쳐 어떤 행사에 관해 몇 건의 기사를 쓸 것인지, 기사가 순환적 패턴으로 돌아오게 할지 등에 관한 결정을 내리는 것을 가리킨다. 다른 말로 한다면 저널리스트들은 기사의 틀을 짤 수 있다는 것이다(Entman, 1993).

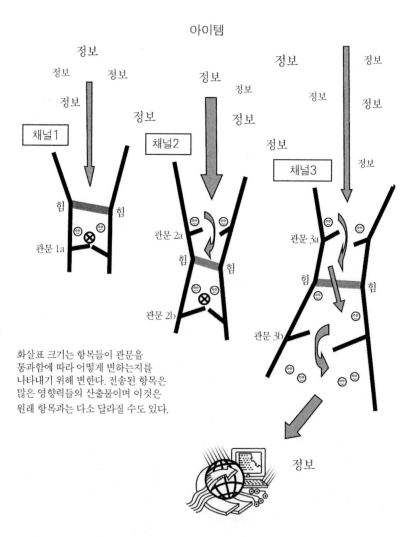

〈그림 6-1〉 게이트키핑 연구의 기본적 요소들

게이트키핑 이론의 초기 영향

커뮤니케이션 연구 영역에서는 수용자와 효과 문제가 주로 다루어져 왔지만 게이트키핑은 미디어의 현황에 대한 이해와 관련해 제도적·조직적·직업적 요소의 중요성을 꾸준히 일깨워주었다. 커뮤니케이션 연구 영역에서 매우 초기 이론 중의 하나인 게이트키핑은 이 분야의 '4명의 창시자' 중 하나인 레빈Kurt Lewin과 관련되어 있다. 베럴슨(Berelson, 1959)은 이를 확인했고 로저스(Rogers, 1994)는 레빈을 핵심적인 '선두 주자'로 꼽았다. 게이트키핑 전통의 영향력은 다른 모든 모델과 마찬가지로 특정한 현상에 주목하지 않을 수 없도록 만드는 것이다. 그 결과 커뮤니케이션 활동의 폭넓은 영역을 가로지르는 다수의 연구가 이 주요한 개념을 중심으로 진행되었으며 레빈에 의해 만들어진 원래의 개념을 훨씬 초월하는 결과를 낳았다. 물리학자로 시작해 사회심리학자가 된 레빈은 채널 및 게이트를 통과하는 과정에서 무엇이 이 과정을 통제하는지를 밝혀냄으로써 자연과학의 원칙들을 인간의 행동에 적용하려 했다.

이 단순하지만 강력한 모델 — 또한 여러 영역에 적용할 수 있는 — 은 커뮤니케이션 환경에서 작용하는 외견상 무한한 수의 영향력과 개인의 영향력을 명확히 설명하는 데 기여했다. 레빈은 심리적 영향력을 수학적으로 연구할 수 있다고 믿었으며, 이 같은 레빈의 생각은 다른 초기 연구자들 — 섀넌(Claude Shannon, 1949)과 위너(Norbert Wiener, 1948) — 의 생각과 유사했다. 섀넌과 위너는 '채널'과 무관하게 대중 및 개인 간 커뮤니케이션을 초월해 적용될 수 있는 통합적 '작동' 모델을 개발했다. 레빈의 핵심적 영향을 받은 사람은 전직 저널리스트 화이트David Manning White다. 화이트는 아이오와 주립대학교에서 레빈의 보조 연구원으로 일했으며 슈람Wilbur Schramm의 학생이었다. 화이트는 다음과 같이 회상한다.

어느 날 나는 레빈이 '게이트키퍼'라는 용어를 만들어낸 논문을 보게 되었다. 나는 신문기사가 현실의 표준적인 사건actual criterion event으로부터 완결된 기사에 이르기까지 통과하는 복잡한 일련의 '관문들gates'이 흥미 있는 연구거리가 될 것이라고 생각했고, 그래서 이 문제를 추적했다(Reese & Ballinger, 2001, p. 646에서 재인용).

1949년에 수행된 뉴스 에디터에 관한 화이트의 연구는 레빈의 개념들을 언론의 상황에 적용하고, 나아가 미디어 '게이트키퍼들'에 대한 연구 전통을 출범시키는 데 큰 도움을 주었다. 화이트의 작업은 너무나 많은 정보가 있지만 너무나 적은 지면 및 시간에 이 정보를 담기 위해 뉴스기관들이 어떤 방법을 택하는가 하는 의문을 다루었다. 「게이트키퍼: 뉴스 선택의 사례 연구」라는 제목의 화이트의 논문은 뉴스 에디터가 어떤 이유로 잠재적 뉴스 아이템 리스트를 수용해 보도하거나 이를 거절하는지를 점검한다. 1950년『계간 저널리즘 Journalism Quarterly』에 실린 화이트의 이 논문은 널리 재수록되고 인용되었다. 이 계간지는 일찍이 이 논문에 대해 게이트키퍼 연구의 최초 사례들 중의 하나라고 평가했다. 이 연구는 단 한 명의 의사결정 과정을 분석했지만 게이트키핑 모델의 중요성이 매우 큼을 입증했다.

통신사 제공 기사의 1/10만 선택해 지방지인『프리오리아 스타The Preoria Star』의 지면에 싣는 이유를 검토하는 과정에서 화이트는 "뉴스 전달이 실제로는 얼마나 주관적이며, 얼마나 게이트키퍼 자신의 경험, 태도, 기대감 등에 근거한 가치판단에 의존하는지"를 지적했다(1950, p. 386). 화이트가 레빈의 이론을 적용한 내용은 매우 개인 중심적이었고, 채널보다는 게이트키퍼에 더 중요성을 두었다. 후속 연구들은 그의 연구를 뒤따랐고, 언론인의 선택성이 뉴스 "편향성"의 주요 원천임을 밝혀냈다. 화이트는 과거 언론인으로 근무했던 일을 회상하며 다음과 같은 식견을 보였다.

나는 텔렉스를 통해 들어오는 페글러Westbrook Pegler의 칼럼에 대해 나 자신이 반감을 갖고 있음을 재빨리 눈치 챘다. 그렇지만 나는 페글러의 공격적인 글들을 객관적으로 편집하려 했다. 그러나 어느 날 오후 편집국장이 나를 사무실로 불러 "여보게, 내가 최근 여러 주 동안 지켜보니 페글러의 칼럼들이 상당히 짧아진 것 같아"라고 말했다. …… 그의 말을 들어보면 내가 잠재의식 속에서든 명백한 의식상태에서든 페글러 칼럼의 핵심 내용 중 몇 문장 또는 중요 문단 전체를 잘라냈음을 알 수 있었다(p. 646).

이 모델은 미디어 왜곡의 주된 이유가 세상에 있는 다수의 사건을 줄여서 궁극적으로는 적정한 수의 뉴스가 되도록 만들어야 하는 필요성 때문임을 강력히 시사하고 있다. 이것은 결국 선택 대상의 건수가 더 적고 뉴스편집자들이 더 적절하게 기사를 선택한다면 뉴스 선택 문제는 줄어들 것임을 시사한다. 게다가 게이트키핑 모델은 선택의 경로를 따라 존재하는 다수의 의사 결정자를 다룰 여지를 포함하고 있으나 화이트의 연구를 포함한 많은 연구들의 추세는 그러한 과정 중 한 섹션에만 초점을 맞춘다는 점이 문제다. 아무리 '미스터 게이트Mr. Gates'라도 당일의 모든 사건을 전반적으로 선택할 수 없다는 현실을 고려할 때 기사 선택에서 그가 영향력을 행사한다는 점을 지나치게 강조할 필요는 없을 것이다. 그의 업무는 주로 주요 통신사에서 제공되는 기사들 가운데서 지면에 실을 기사를 선택하는 것이다. 따라서 선택된 기사들은 대부분 서로 비교 가능하며, 이것은 결국 '미스터 게이트'의 선택이 우선 협소한 선택 범위에서 나왔음을 의미한다(Gieber, 1964).

뉴스룸에서의 사회적 통제에 관한 브리드(Warren Breed, 1955)의 연구는 비록 그 자체로 '게이트키핑' 연구는 아니지만 화이트의 연구와 근접한 동시대의 것이어서 종종 함께 언급된다. 브리드 ─ 역시 전직 신문기자였다 ─ 는 「뉴스룸에서의 사회적 통제: 하나의 직능 분석」을 통해 기자들이 어떤 식으로 기사 선택의 적절한 방법을 분별하는지 파악하기 위해 중간 규모의 신문사에 근무하는 기자들을 샘플로 선정해 인터뷰했다. 어떤 의미에서 브리드는 신문 발행인들이 사실상의 게이트키퍼 역할을 한다고 말했다. 왜냐하면 발행인들은 간접적인 방법으로 조직의 정책과 일치하는 뉴스만 게이트키핑의 문을 통과시키기 때문이라는 것이다. 브리드에게서 게이트키핑과 관련된 문제는 "정책 뉴스가 왜곡되거나 눈에 안 띄는 지면에 파묻혀 중요한 정보를 시민이 접하지 못하도록 하는 것"이었다(p. 193).

브리드가 게이트키핑 이론에 기여한 바는 가장 중요한 게이트키퍼가 기사 선택에 가장 직접적으로 관여하지 않는 사람일 수도 있고, 대신 조직 내의 영향력이 보다 큰 계층의 다른 어느 곳에 존재할 수 있음을 보여준 것이다. 만약 뉴스가 저널리스트가 말하는 바그대로의 것이라면 게이트키퍼의 주관성은 뉴스 과정에 심각한 문제를 던져줄 것이다. 그럼에도 뉴스 현장에서는 이런 핵심적 통찰력을 충분히 이해하지 못했다. 리즈와 볼링어(Reese and Ballinger, 2001)의 주장에 의하면 그 이유는 게이트키퍼가 공동체를 위해 적절히 행동하고 있다는 기대감 때문인데, 게이트키퍼는 (자신이 전혀 자각하고 있지 못한다고 할지라도) "기자가 자신의 문화의 대표자로서 진실이라고 믿는 사건만 공동체가 사실로 받아들여야 한다"고 보는 것이다(White, 1950, p. 390). 화이트와 마찬가지로 브리드는 (현장을 종합한 후속 해석들이 그랬던 것처럼) 만약 발행인들의 부당한 영향력이 억제된다면 게이트키핑 과정은 언론인 규범 및 지침을 통해 공동체의 만족을 높이는 방향으로 작동할 것임을 시사했다. 이런 견해들에 의하면 게이트키핑이 충실한 문화적 대표자들에 의해 이루어지는 한 사회가 그들의 결정을 두려워할 필요가 없다.

게이트키퍼들에 대한 이 같은 온건한 견해는 여러 해 동안 이 중요한 과정과 관련한 관심을 억제하는 작용을 했으며, 이런 현상은 커뮤니케이션 영역에 대한 상대적 국외자들이 뉴스룸 결정들을 면밀하게 조사할 때까지 지속되었다. 브리드의 견해가 게이트키핑에 대한 통제력을 발행인에게 두었고, 화이트는 그것을 편집자의 주관적 판단에 두었다고 한다면 미디어 사회학 분야에서 10년 후 또는 그 후에 나온 연구들은 게이트키핑에 대한 통제력이 조직 수준에 있는 것으로 주장했다. 사회학자 갠즈(Herbert Gans, 1979)의 매우 영향력 있는 책은 조직 내 힘의 근원들을 밝혀냈고, 아울러 인센티브를 가진 저널리스트들이 집단 규범에 순응하고 현실적인 고려 사항들을 추종하고 있음을 확인했다. 이런 접근법은 게이트키핑을 조직 내에서 진행되는 직능 활동에 포함시킴으로써 게이트키핑을 개선하는 효과를 가져왔다. 갠즈는 뉴스 구성이 저널리스트나 발행인, 혹은 게이트키핑 에디터에 의해 이루어지는 것이 아니라 뉴스 제작을 위해 관행과 조직의 제도 등 모든 부문이 동원되는 과정에 의해 이루어진다고 말한다. 이것은 기사 왜곡에 대한 직접적 비난을 기자 개인으로부터 분리시키는 데 도움을 주었다.

갠즈(Gans, 1979)에게 뉴스 과정은 사건의 일상적 흐름을 수용자에게 판매 가능한 생산품으로 가공하는 작업과 관련된 문제를 해결하기 위한 과정이다. 해결책을 마련하려고 저널리스트들은 의사결정 과정을 돕기 위해 여러 가지 '배려'를 하기 때문에 이 과정은 과도한 숙고 없이도 적용이 가능해야 한다. 해결 방안들은 과도한 불확실성을 회피해야 하며, 융통성을 가져야 하고, 합리화하기 쉬워 타인들을 설득할 수 있어야 하고, 효율적이어야 하며, 최소한의 노력에 대해 최선의 결과를 보장해야 한다. 뉴스 방정식은 서로 밀접히 연결되어 있는 효율성과 권력에 근거하고 있다.

이러한 고려사항들이 자동적으로 적용되지 않는다는 사실을 가장 분명하게 증명해주는 것은 경쟁 요인들이다. 만약 고려사항들이 자동적이라면 뉴스 미디어는 확인을 위해 서로를 쳐다보아야 할 필요가 없을 것이다. 모호한 뉴스세계에 존재하는 저널리스트들은 다른 저널리스트들이 무엇을 하고 있는지를 알려고 발버둥을 친다(앞의 연구에 따르면 『타임』은 『뉴스위크』를, CBS는 NBC를 쳐다본다). 저널리스트들은 그들의 뉴스작업을 판단하기 위해 경쟁자를 이용한다. 갠즈가 보여주었던 가장 통찰력 깊은 관찰 중 하나는 저널리스트들이 『뉴욕 타임스』에 어떻게 의존하는지에 관한 것이다. 네트워크 방송들과 뉴스 잡지들은 일반적인 고려사항을 뛰어넘어 선도자rendsetter로 기능할 수 있는 매개자를 필요로 한다. 만약 그것이 존재하지 않는다면 만들어내기도 한다.

게이트키핑이 저널리스트들에게 영향력을 인정해주는 것과 동일한 맥락에서 갠즈는 뉴스에 대해서도 나름의 자율성을 인정한다. 이것은 "뉴스가 단순히 엘리트, 기성 계층, 지배계급에 대한 고분고분한 지지자가 아니라 나름의 가치관과 함께 바람직한 사회적 질서에 대한 개념을 갖고 국가와 사회를 바라본다는 것이다"(1979, p. 62). 이 접근법에 의하면 게이트키핑의 결정들은 개인적 주관성에 따른 것이라기보다는 실질적인 문제들을 해결하기 위한 것이다. 그렇다면 그러한 결정들은 예측 가능한 범위의 뉴스 제품을 만들기 위해 체계적으로 움직이는가? 갠즈는 특히 한정된 시청공간만을 가진 TV에서 최종 제품은 하이라이트 중의 하이라이트라는 점을 정확하게 지적한다. 그러나 그의 연구는 어떤 이유로 하이라이트가 만들어지며, 현실적으로 어떤 특집 프로들이 과장을 가장 많이 하는지에 대한 대답은 내놓고 있지 않다.

게이트키퍼들

게이트키핑 전통은 채널 및 외부 압력의 여지를 남겨놓지만 이것은 성격상 게이트를 통제하는 개인, 즉 '미스터 게이트'에게 연구의 관심을 집중해 왔다. 이들 중 중요한 하나의 연구 흐름은 이런 개인들의 특징을 묘사하는 데 몰두했다. 이것은 개인들이 어떤 결정을 내릴 것인지를 보다 잘 이해하기 위한 시도에서 나왔다. 최근의 이론화 작업은 '누가 저널리스트인가'를 정의하는 문제를 놓고 씨름해야 했다. 그러나 게이트키핑은 분명히 뉴스 조직 안에서 일하는 전문직들의 작업으로 정의할 수 있다.

이들은 기사 또는 다른 정보를 준비하고 전파하는 편집 책임을 가진 사람들이며 정식 고용된 기자들, 필자들, 특파원들(전문기자들), 칼럼니스트들, 뉴스관계자들 그리고 편집간부들을 포함한다(Weaver, Beam, Brownlee, Voakes & Wilhoit, 2007, p. 3).

위버 및 그의 동료들은 이런 연구 경로를 가장 폭넓게 추적했고, 저널리스트 게이트키퍼들을 이끄는 직업적 태도에는 어떤 것이 있는지 밝혀냈다. 위버는 게이트키퍼의 직업적 태도와 관련해 존스턴, 슬로스키, 바우먼(Johnstone, Slawski and Bowman, 1976, p. 256)의 당초 게이트키퍼 연구가 제시한 두 범주인 '중립'과 '참여자'라는 개념을 확대해 '전파자disseminator', '적대자', '해석자' 등과 함께 공공저널리즘 운동을 인정해 '민중주의적 동원자' 역할까지 포함시켰다(Weaver & Wilhoit, 1996). 위버 등(Weaver 등. 2007)이 실시한 가장 최근의 전국적 조사는 이런 저널리스트들의 개인적·직업적 특성을 설명한 두 개의 선행 연구를 이은 것으로, 저널리스트를 대상으로 많은 설문조사는 개인의 편향성을 보여주기 위한 목적으로 실시되었으며 다소 과학적인 객관성이 부족했다. 이 보고서들도 마찬가지로 저널리스트 직업의 구성원인 12만 명의 개인이 중요하다는 전제에서 출발했다. 연구자들은 저널리스트들이 세상에 대한 우리의 시각을 형성하는 영향력을 갖고 있기 때문에 더욱 이 직업군의 구성이 중요하다고 강조한다(Weaver 등, 2007).

게이트키핑의 현황

커뮤니케이션 저널 및 서적을 검토해보면 게이트키핑 연구의 진화가 1980년대 들어 시들해졌으며, 그 후 최근 10년 동안 이와 관련된 경험적 연구가 재등장했음을 알 수 있다. 1980년대에 나타난 게이트키핑에 대한 전문 연구의 결핍 현상은 갠즈(Gans, 1979) 및 다른 연구자들(예를 들어 Tuchman,

1978)이 저널리즘 연구에서 사회학적 방법론을 도입한 이후에 나타난 것이다. 뉴스 작업에 대한 사회학적 접근은 조직의 맥락 속에서의 게이트키핑을 연구하는 방향으로 연구 영역을 이동시켰다. 뉴스를 선택하는 과정 중 개인 차원에서 게이트키퍼의 주도적 역할을 강조한 화이트의 게이트키핑 연구 관점은 인기를 상실했다.

게이트키핑 연구는 또한 저널리즘의 변화하는 현황을 설명하기 위해 선행 연구들을 재검토함으로써 1980년대보다는 더욱 발전했다. 앞에서 언급한 대로 위버 및 그의 동료들(Weaver and his colleagues, 2007, 1996, 1986)은 변화하는 저널리즘의 인구학적 구성 및 관행들을 여러 차례 추적했다. 그 외에 다른 연구자들도 있다. 블레스키(Bleske, 1991)는 저널리즘에 종사하는 여성의 증가에 대응해 게이트키퍼가 남성이 아니라 여성일 경우에 게이트키핑 역할이 어떻게 변하는지 또는 변하지 않는지를 조사했다. 리블러와 스미스(Liebler and Smith, 1997)는 게이트키퍼의 젠더가 뉴스의 내용에 거의 영향을 미치지 않는 것을 발견했다. 다른 연구자들은 뉴스의 선택 및 구성에서 인종이 어떤 영향을 미치는지 탐구했다(Gant & Dimmick, 2000. Heider, 2000). 위버 등(2007)은 1990년대의 공공 또는 시민 저널리즘 운동이 어떻게 저널리즘의 역할 개념을 확대함으로써 게이트키퍼들이 스스로의 일을 이해하는 데 어떤 영향을 미쳤는지를 연구했다.

그러나 통신기술의 변화 및 이에 수반된 제도적 변화들이 일어남으로써 게이트키핑 연구의 새로운 흐름이 촉발되었다. 예컨대 초기 연구들은 신문에서의 게이트키핑 역할을 점검했으나 버코위츠(Berkowitz, 1990)는 지역 TV 뉴스에서 어떤 방식으로 게이트키핑 과정이 작동하는지를 조사했다. 애버트와 브래스필드(Abbott and Brassfield, 1990)는 인쇄 및 전자매체에서의 게이트키핑 기능을 비교했고, 그 결과 그들의 결정 과정에는 어느 정도 유사성이 있음을 발견했다. 좀 더 최근 들어서는 연구의 관심이 뉴스가 구성되는 온라인 환경으로 이전되었다. 이런 일련의 연구 흐름에서도 공통적인 것은 테크놀로지의 발전에 따라 뉴스 조직들이 어떤 일을 해야 하며 어떻게 기능해야 할지에 관해 변화를 만들어낸다는 점이다. 싱어Singer 말대로 "웹은 인쇄 신문과 같이 유한하면서도 구체적인 미디어 형태가 아니라 유동적인 동시에 글로벌하며, 극히 개인주의적인 것"이다(2001. p. 78).

　온라인 뉴스에 대한 초기 연구들의 결론은 각각 다르다. 어떤 이는 새로운 미디어 환경에서 게이트키핑 기능에 대한 조직의 영향력 붕괴를 찬양했고(Williams and Carpini, 2004), 어떤 이는 옛 미디어 및 새 미디어 사이에는 게이트키핑 역할이 거의 차이를 보이지 않는다는 사실을 발견했다(Cassidy, 2006). 싱어(Singer, 1997, 2005)는 전통적인 인쇄 기반의 뉴스 조직들이 어떤 방식으로 온라인 뉴스의 세계에서 기능할 수 있도록 적응했는지 탐구한 뒤 인쇄에 기반한 관행이 새로운 환경에서도 여전히 강력하게 남아 있다고 시사한다(또한 Arant & Anderson, 2001을 보라). 그럼에도 불구하고 일부 웹사이트들은 인터넷의 상호작용성을 포용해 독자들의 참여를 위한 포럼을 만들었다(Singer, 2006). 싱어는 게이트키퍼 기능이 온라인 뉴스 환경에서 변하고 있지만 그럼에도 "이 이론의 모든 유효성이 조속히 상실될 가능성은 높지 않은 것 같다"고 결론지었다(Singer, 1998).

　게이트키퍼들의 인구학적 측면, 뉴스 작업의 관행들, 뉴스 작업의 맥락 등이 변함에 따라 이러한 변화들이 매일 보고 듣는 뉴스에 어떤 변화를 가져왔는지 이해하기 위한 관찰적 연구가 등장했다. 이런 연구들은 전형적으로 게이트키핑의 작동 구조에 관한 초기의 이론화에 의존해왔다. 예컨대 갠디(Gandy, 1982) 및 다른 연구자들(예를 들어 VanSlyke Turk, 1986)에 의해 언급되었던 뉴스 보도 자료라는 개념은 전자적인 뉴스 조직들을 겨냥한 비디오 뉴스 릴리스의 등장 같은 새로운 형태의 보도 자료를 연구하기 위해 사용되었다(예를 들어 Cameron & Blount, 1996; Machill, Beiler & Schmutz, 2006). 게이트키핑 연구의 활발함은 부분적으로 저널리즘의 변화에 보조를 맞춘 연구들에 기인한다.

한편 1980년대 게이트키핑 연구물의 상대적 결핍은 폭넓게 정의된 게이트키핑 개념의 일반적 수용에 기인한 것일 수도 있다. 앞서 언급한 대로 게이트키핑은 오직 기사 선택 문제로만 이해되는 것은 아니다. 그것은 또한 단 하나의 강력한 행동 주체에 의해 이루어지는 것으로도 이해되지는 않는다. 게이트키핑에 대한 폭넓은 이해는 게이트키핑 연구들이 미디어 사회학 영역으로 흡수될 수 있도록 새로운 길을 포장해 주었으며(Schudson, 2003), 그리하여 이론적 유효성을 다시 확보할 수 있도록 해주었다.

사회학적 지향성을 향해 나아가는 이런 움직임은 과감한 전진이라기보다는 과감한 후퇴였다. 사실은 게이트키핑 이론의 지속적 유효성은 뿌리로 되돌아갔기 때문에 나온 것이다. 게이트키핑 연구의 아버지인 레빈(Lewin, 1951)은 '장 속에 위치한' 게이트키퍼의 위상을 강조했다. 레빈의 '장 이론'에 의하면 게이트키핑은 사회적 현장 안에서 여러 요인의 상호작용으로부터 나타났다. 레빈의 장 이론은 그가 말하는 '심리학적 생태학'에 뿌리를 두고 있으며(1951, p. 170), 이 심리학적 생태학은 생태학적 체계이론 및 인간 생태학 이론에 연결되어 있다. 개인들은 다음과 같은 네 시스템의 맥락 속에서 이해되어야 한다는 것이다. 이들 네 시스템은 마이크로시스템(즉각적 맥락), 메소시스템mesosystem(즉각적 맥락의 연결), 엑소시스템exosystem(외부 기관들) 그리고 매크로시스템(문화 또는 사회적 시스템)이다(Bronfenbrenner, 1979). 이 시스템들은 슈메이커와 리즈(Shoemaker and Reese, 1991/1996)가 밝혀낸 5차원의 분석과 대체로 일치한다(또한 Reese, 2001을 보라). 이 5차원(다음에 자세히 설명하겠지만)은 개인 저널리스트 차원, 저널리즘의 관행 또는 실무 차원, 조직 차원, 엑스트라미디어 차원 그리고 사회적 시스템 차원이다. 이런 분석틀은 뉴스 구성과 선택의 이론화에 보다 큰 정밀성과 범위를 부여했다. 예컨대 슈메이커, 아이히홀즈, 킴, 리글리(Shoemaker, Eichholz, Kim, Wrigley, 2001)는 연방정부의 입법에 관한 뉴스의 형성 요인을 보다 잘 이해하기 위해 분석 차원을 가로지르는 요소들을 비교했다.

게이트키핑에 관한 이론화는 또한 장 이론에 대한 재점검에서부터도 무엇인가 얻을 것이 있다. 원래 게이트키핑 연구는 레빈(Lewin, 1951)의 '장' 개념에서 성장해 나왔지만 보다 최근의 노력들은 부르디외(Pierre Bourdieu, 1998, 1993)의 장 이론을 점검했다. 부르디외 이론화의 복잡한 내용들에 깊이 들어가거나 부르디외의 장 이론이 저널리스트의 게이트키핑 역할에 대해 얼마나 다양하게 언급하는지 일일이 목록화하는 것은 이 장의 범위를 넘어선다. 그러한 작업의 많은 부분은 벤슨과 느브(Benson and Neveu, 2005)에 의해 이미 수행되었다. 그러나 여기서는 두 가지의 중요한 기여사항을 언급할 것이다. 첫째, 부르디외의 장 이론은 분석 차원들 사이의 관계를 다루고 있다. "장 이론은 어떻게 거시구조들이 조직의 관행 및 저널리즘 실무와 연결되는가 하는 문제에 관심을 갖고 있으며, 권력의 역동적 속성을 강조한다"(Benson & Neveu, 2005, p. 9). 개인들의 특성은 그러한 거시 구조, 조직의 관행, 저널리즘 실무에 의해 속박된다. 그렇다고 해서 이것이 경제 구조와 같은 거시 구조가 관행과 실무를 지배하는 엄격한 계급 모델이라는 의미는 아니다. 경제적 요인들이 대부분의 서구 미디어에 매우 큰 영향력을 갖지만 저널리즘은 여전히 어느 정도의 자율성을 유지하며 "현장의 고유한 특별 자원"에 뿌리를 내리고 있다(Benson & Neveu, 2005, p. 4). 다른 말로 표현한다면 뉴스 미디어의 제도적 특성 및 관행은 게이트키퍼들에게 외부 영향력으로부터 어떤 방어벽을 제공한다.

　둘째, 장은 여러 요인이 상호 연관된 연결의 결과이기 때문에 고립된 요인들을 연구하는 것은 문제를 일으킬 수 있다. 벤슨과 느브는 "'현장'은 미디어 연구를 위해 새로운 분석 단위를 열어준다. 즉 저널리스트 및 미디어 조직이라는 전체 세계는 상호관계 속에서 서로 작용과 반작용을 한다"는 결론을 내렸다(2005, p. 11). 벤슨(2004)은 경험적 연구를 위해 다수의 가설을 제시하는데, 이들 중 극소수만이 현장 자체를 분석 단위로 다룬다. 예컨대 벤슨은 "광고에 대한 더 높은 의존도는 보다 많은 수의 긍정적인 (그리고 보다 적은 수의 부정적인) 기업 관련 기사, 노동조합 보도에서는 보다 비판적인(혹은 보도 빈도가 보다 낮은) 기사, 나아가 소비자에 우호적이고 탈정치화된 뉴스 및 이데올로기적 성격이 적은 뉴스를 만드는 결과를 초래할 수 있다"고 주장한다(Benson, 2004, p. 282). 그럼에도 부르디외의 장 이론은 게이트키핑 모델에서 분석 차원별 사이의 관계를 이론화하는 데 새로운 추진력을 제공한다.

논쟁적 이슈

비록 게이트키핑 연구가 저널리즘 학문 분과에서 많은 실적을 갖고 있으나 몇몇 핵심적 이슈는 여전히 미해결인 채 남아 있다. 핵심적 이슈 중의 하나는 이미 앞에서 언급된 바 있는데, 그것은 바로 저널리즘 현장에 대한 기여를 위해 어떻게 분석의 서로 다른 차원을 이론화하는가 하는 점이다. 만약 허먼 및 촘스키(Herman and Chomsky, 2002)가 주장한 대로 게이트키핑이 궁극적으로 이데올로기적 요인에 의해 통제된다면 우리는 왜 이들 다른 분석 차원을 연구할 가치가 있는지를 분명히 할 필요가 있다. 여기서는 또 다른 논쟁적 이슈가 검토될 것이다. 그것은 소위 게이트키핑 과정에 작용하는 '힘forces'을 가리킨다.

위에서 언급한 대로 레빈(Lewin, 1951)은 게이트키핑 과정에서 힘에 의해 어떤 아이템은 뉴스가 되고, 어떤 것들은 뉴스가 되지 않는지 결정된다고 주장했다. 이런 힘들은 개인적인 게이트키퍼들의 자율성을 제한하며, 일관된 방향으로 뉴스를 형성한다. 비록 레빈의 게이트키핑 이론이 채널 및 게이트 등 은유적 표현들을 불러왔지만 '힘'은 분명히 어떤 존재론적 실체를 가진 듯하다. 여기에는 적어도 정보를 선택하거나 하지 않도록 게이트키퍼들에 가해지는 압력이 존재한다. 그러나 무엇이 그런 힘일까? 게이트키핑에 관한 이론화와 연구는 대부분 그러한 의문을 스쳐 지나가기만 했다. 하지만 다양한 이유로 인해 그것은 질문할 가치가 있고 대답할 가치도 있다. 첫째, 사회가 저널리스트 게이트키퍼가 생산하는 뉴스에 만족하지 못한다면 저널리즘 실무자들이 제도적 실무나 지향을 바꿀 수 있도록 힘을 부여해야 한다. 그렇게 함으로써 그전부터 저널리즘 실무와 지향을 만들거나 그것에 작용하는 힘의 실체를 이해할 수 있을 것이다. 둘째, 레빈이 지적한 '힘'의 이용 방식은 게이트키핑 과정에서 작용하는 강제적 힘의 성격 및 그 사용을 불투명하게 할 수 있다. 패권적 엘리트들은 힘없는 사람들이 잘 알 수 없는 방법으로 저널리즘 현장에 힘을 발휘할 수 있다. 셋째, 이론화는 일련의 일관성 있는 명제들을 필요로 한다(Shoemaker, Tankard & Lasorsa, 2004). 그러나 게이트에서 작용하는 힘의 성격을 명확히 하지 않은 채 우리는 인간적 합리성에 반하는 가정들을 상정할 수도 있다. 또 우리는 경험적 조사에 부응하지 않는 기능주의적 가정들에 의존할 수도 있다. 예컨대 갠즈는 기능적 분석의 한계성을 인정했고, 심지어 자신의 관찰을 '사변적'이라고 부르기도 했다(1980, p. 291).

비록 게이트에서 작용하는 '힘'의 성격을 체계적으로 점검하는 작업은 거의 이행되지 않았지만 이 힘은 분석 차원에 따라 변할 수도 있다. 예컨대 개인적 차원에 대한 연구는 모든 결정이 의식적 숙고에 의해 추진되는 것이 아님을 보여주었다. 그것은 무의식적 요인으로부터 나타날 수 있다(Nisbett & Ross, 1980). 한편 사회 시스템 차원에서 사회적 제도들은 "미디어 조직들 및 행위자들을 반응하게 하는 통제와 기회를" 창출한다(Hallin & Mancini, 2004, p. 296). 이런 제약과 기회는 경제, 정치, 미디어 제도의 발전에 근거해 나타난다. 뉴스 콘텐츠는 행위자들이 동일한 제약과 기회에 합리적으로 대응하기 때문에 한 사회 시스템에서는 유사하다. 제도적 환경이 한 개 이상의 합리적 경로를 생산할 수 있는 만큼 우리는 심지어 합리적 행위자들 사이에서도 서로 다른 양상을 기대할 수 있다.

방법론적 쟁점

게이트키핑은 복잡한 이론으로 오늘날 다양한 방법론적 과정과 통계적 절차를 사용해 검증되고 있다. 게이트키핑 연구를 위해 사용된 수많은 연구 방법 중에는 사례 연구(예: White, 1950), 참여 관찰(예: Gans, 1979), 콘텐츠 분석(예: Singer, 2001), 설문조사(예: Berkowitz, 1993) 그리고 실험(예를 들어 Machill, Neuberger, Schweiger & Wirth, 2004) 등을 들 수 있다. 어떤 연구들은 한 가지 이상의 연구 방법을 사용해 실행되기도 하였다(예: Machill 외, 2006). 각 연구 방법은 게이트키핑의 각기 다른 측면을 다루는 데 사용되고 있다.

분석: 차원 대 단위

분석 차원과 단위를 명기하는 것은 게이트키핑 연구를 설계하는 데서 가장 중요한 결정이다. 연구의 변수들은 분석 단위의 특징을 나타내며, 측정 대상이 된다. 데이터 파일에서 개별 사례는 하나의 분석 단위를 나타내는데, 예컨대 웹페이지, 잡지기사, TV 뉴스쇼, 몇 개 신문의 1면, 기자, 편집간부 또는 프로듀서, 회사윤리규정 등이 그것이다. 연구의 분석 차원은 더욱 이론적이다. 이 이론은 무엇에 관한 것인가. 무엇에 관한 가정을 하는가. 특정 현상의 집약 정도는 어떠한가 등이다. 이론화 하는 과정에서 세계를 보는 분석 차원을 미시적 차원(예: 개인)에서부터 거시적 차원(예: 사회 시스템)으로 나눈다.

연구의 이러한 측면은 심한 혼란을 불러일으키는데, 사람들이 (본질이 다른) 용어들을 마치 동의어처럼 사용할 때 특히 그렇다. 이러한 결과는 대부분 정량적 커뮤니케이션 연구 수행 시 방법으로 설문조사와 실험을 사용한다는 점과, 전반적으로 분석 차원과 분석 단위가 개인이라는 점에서 기인한다. 우리는 개인에 관한 데이터를 수집하고 이를 통해 그에 대한 이론을 검증한다. 그러나 게이트키핑 연구에서는 흔히 내용 분석 방법론을 사용하며, 분석 단위는 해당 분석 차원과 종종 맞지 않는다. 슈메이커와 리즈(Shoemaker & Reese, 1996)는 개인, 미디어 관행, 조직, 엑스트라미디어, 이데올로기 등 총 5개 분석 차원이 커뮤니케이션 내용 분석에 적합하다고 제안한다. 각 분석 차원에서 한 개 이상의 분석 단위가 연구될 수 있다. 종종 한 차원에 대한 설명은 다른 차원에서 수집된 데이터를 참고해서 제공되기도 한다. 이것은 일명 '생태적 오류'를 유도하기도 하는데, 예컨대 언론인들에 관한 연구의 결론이 그들의 소속 조직을 근거로 내려지는 경우를 들 수 있다.

분석 차원에서 개인 차원의 연구 중 미시적 단위들이 연구되지만 미시적 단위가 곧 개인으로만 국한되는 것은 아니다. 예를 들어 개인 차원 연구의 분석 단위들은 기사, TV 뉴스쇼, 블로그, 사진, 기자, 프로듀서, 심지어는 수용자까지를 포함할 수 있다. 신문이든 발행날짜든 이를 분석 단위로 정하는 것은 중요한 결정이다. 만약 신문이 분석 단위로 정해진다면(세계의 중요 신문을 연구하려는 경우) 분석 차원은 조직이다. 그러나 분석을 개인 차원에서 연구한다면 그에 대한 변수(단위)들은 개개인의 특징들이 되어야 한다.

커뮤니케이션 활동의 관행적인 실무를 살펴보는 연구들은 완수되는 관행을 분석 단위로 삼는다. 예를 들어 게이트키핑 결정에 대한 윤리의 영향을 살펴보는데 관심을 가진 학자는 개인 또는 TV 조직들의 윤리 규범을 연구할 것이다. 윤리 규범은 뉴스 조직들 사이에서 일정 범위의 변이가 있으므로 분석 단위가 될 수 있다. 저널리스트들은 직업조직의 윤리 규범과 정부의 윤리 규범 등 하나 이상의 윤리 규범을 준수해야 하는 상황에 있을 수도 있다. 이 경우 각각의 윤리 규범은 데이터파일에서 별개의 사례가 될 것이지만 신문은 그렇지 않다. 신문의 경우 보도되는 기사, 수정된 날짜, 명확성의 정도와 같은 변수들이 윤리 규범의 특징이 되는 것이다.

다수의 게이트키핑 연구들은 분석차원 중 조직 차원을 이용한다. 여기서는 신문 체인이나 개별 신문, 블로그, TV 네트워크 또는 방송국들이 분석 단위가 되며, 모든 변수는 이들의 특징이 된다. 예컨대 변수는 하루당 접속 건수, 반응 건수, 블로그 엔트리의 제목 등이 될 수 있다. 만약 라디오 방송국들이 분석 단위로 정해지면 변수는 각 방송국의 특징인 수익성, 방송신호의 확산 범위, 청취 구역 내 아시아계 비율 등으로 구성된다.

분석 차원이 사회제도 차원일 경우 분석 단위는 정부, 이익집단, 또는 종교조직 등을 예로 들 수 있다. 사회기관 역시 조직이긴 하지만 이 기관들을 조직 차원으로 분석하는 것이 아니라 각각의 비미디어 사회 기관들이 게이트키핑 과정에 미치는 개별적 영향을 평가하는 데 사용한다. 이러한 경우 변수는 고용된 홍보직원들의 수, 외부 홍보 서비스를 위한 예산, 작년 홍보 노력에 사용한 전체 금액 등이 분석 단위의 특징으로 구성된다.

마지막으로 거시적 차원의 경우 사회 시스템들의 특징이 변수가 된다. 다른 모든 차원은 사회 시스템을 근저로 한다. 분석 단위를 사회 시스템으로 잡을 경우 도시, 국가, 대륙, 정치적 동맹 등이 분석 단위에 들어간다. 변수는 정치제도, 수출량과 수입량, 인구 규모, 또는 소수인종 집단의 수 등이 분석 단위가 될 수 있다.

분석 차원 뛰어넘기

게이트키핑 과정의 많은 측면은 여러 분석 차원을 가로질러 아우르고 있으며, 이런 복잡성은 커뮤니케이션 학자들에게 사례 연구를 최우선의 방법으로 채택하도록 했다. 사례 연구는 학자에게 귀납적으로 분석되는 많은 형태의 정보를 수집할 수 있도록 했고, 학자들은 이런 데이터를 이용해 이론을 구축했다. 비록 남녀 게이트키퍼에 대한 연구들(Bleske, 1991)은 개인이 내린 결정에 집중되었지만 편집자들이 뉴스 아이템을 선택함에서 단순한 개인의 변덕이 아니라 전반적 언론인들 및 그들의 고용주들(조직적 차원)에 의해 해석되는 강령을 따른다는 사실은 처음부터 분명했다.

따라서 게이트키퍼의 개인적 호불호는 개인 차원의 분석 단계의 변수이며, 개인의 어떤 특징들이 호불호를 설명할 수 있는가가 중요한 질문으로 등장한다. 마감시간 준수를 강조하거나 같은 기사의 정보 중복을 반대하는 경향 등은 언론인들의 관행을 분석하는 차원에 해당한다. 뉴스 조직에 포괄적으로 통용되는 기사 가치들도 관행적 실무의 범주 안에 들어가나 동시에 조직이나 경영진이 자신의 선호에 따라 특정 기사를 포함하거나 제외할 수도 있다. 그런 선호 경향이 문서로 명시 되어 있든 그렇지 않든 조직의 정책으로 자리 잡혔다면 이는 조직 분석 차원의 연구를 수행해야 함을 뜻한다.

기사 아이템들은 사회 제도와 사회 체계에 의해서도 영향을 받는다. 비록 미디어 조직들 자체가 사회 제도이긴 하지만 그들을 다른 사회적 제도와 별개로 연구한다는 것은 미디어 조직들 사이의 변화, 나아가 미디어 조직과 다른 사회적 제도 사이의 관계를 검토하도록 만들 것이다. 정부, 이익집단, 광고주 그리고 종교 집단들은 매스미디어와 상호작용하는 소수의 사회 제도들이다.

게이트키핑 연구에서 서로 다른 분석 차원에 속하는 단위들에 대해 가설을 세울 때 혼란은 가중되며, 부정확한 결론이 도출될 수 있다. 학자들은 보통 한 분석 차원에 대한 가설을 세우거나 해당 분석 차원에서 벗어난 단위의 데이터를 수집해사용하는 것을 피하려고 하지만 그렇지 않을 수도 있다. 예를 들어 슈메이커, 아이히홀즈, 킴, 리글리(Shoemaker, Eichholz, Kim, and Wrigley, 2001)는 50건의 의회 법안 관련 신문기사의 내용을 대상으로 분석 차원 중 개인 및 관행적 실행 차원에 기인하는 변인들의 상대적 영향력을 조사했다. 이들 학자들은 두 차례 설문조사를 했고 한 차례 내용 분석을 했다. 첫 번째 조사는 50건의 법안을 다룬 기사를 작성한 신문기자들을 상대로 한 것이었고, 다른 조사는 그들의 상급자인 편집 간부들을 상대로 한 것이었다. 기자들의 경우 성별과 정치적 성향 등 개인적 특징에 관한 질문만 받았다. 편집간부들의 경우 50개 법안의 뉴스 보도 가치에 대한 평가만 요청받았다.

데이터가 세 가지 서로 다른 분석 단위에서 수집되었기 때문에 최종 데이터 파일을 창출하는 것은 두 건의 설문조사에서 추출한 데이터와 신문기사들에 관한 데이터를 합치는 작업을 필요로 했다. 그런 복잡성은 게이트키핑 연구에서는 매우 흔하다. 개별 법안의 뉴스성에 대한 편집간부들의 평가는 평균으로 계산되어 최종 데이터 파일에서는 개별 기사에 할당되었다. 같은 방식으로 기자의 특성들이 개별 기사에 할당되었다. 통계분석 결과, 기사가 얼마나 눈에 띄게 보도되었는지를 예측하는데 있어 기사를 직접 쓴 기자 개인의 특성들보다는 관행적인 '뉴스 가치들'이 더욱 유의하게 작용한 것으로 밝혀졌다.

위계적 선형 모형hierarchical linear modeling 같은 더욱 새로워진 통계분석 기법들은 한 개 이상의 분석 차원에서 수집된 정량적 데이터를 분석 가능하게 하였다. 이 방법의 주요 이점은 상위 분석 차원의 분석을 위해 더 낮은 분석 차원에 속하는 데이터 세트의 평균값을 이용하거나 합산하는 대신 수집된 데이터 수치를 그대로 사용함으로써 얻어지는 추가적인 정밀성에 있다.

후속 연구 방향

미디어 환경은 항상 변화하고 있으므로 게이트키핑 과정에 관한 지식 체계는 변하는 현실에 부합해야 한다. 부르디외는 저널리즘 장이란 "항시 수정 중"이라고 주장한다(Benson & Neveu, 2005, p. 3). 갠즈는 이데올로기가 "시간의 경과에 따라 일정하게 변한다"는 것을 상기시켜 준다(1980, p. 68). 유망한 새로운 연구의 흐름은 새로운 미디어 환경에서 게이트키핑의 역동성을 탐구하기 마련이나 다른 새로운 연구의 흐름도 역시 탐색할 필요가 있다.

게이트키핑 연구는 뒤늦게 사회 시스템들 사이에서 나타나는 게이트키핑의 차이점과 유사성을 탐구하게 되었다. 셔드슨에 의하면 사회 시스템의 맥락에서 저널리즘을 이해한다는 것은 "설교의 마지막 문장이 되어서는 안 된다. 그 대신 어떻게 상이한 정치 문화 및 제도가 어떻게 상이한 뉴스 문화 및 제도를 형성하고 구조를 짜는지 조사하는 첫 걸음이 되어야 한다"(2003, p. 166). 벤슨과 느브 역시 이와 같은 점을 강조하면서 "어떤 종류의 변이 — 특히 폭넓은 시스템 차원에서의 — 는 국경을 뛰어넘는 연구를 통해만 드러난다"고 말했다(2005, p. 87). 또한 우리는 시스템 사이의 차이점을 찾아볼 필요가 있으나 동시에 유사성을 탐구할 필요도 있다. 슈메이커와 코엔(Shoemaker and Cohen, 2006)은 10개국에서 어떻게 뉴스가 정의되는지를 놓고 유사점들 — 부분적으로는 인간진화 생물학에 의해 설명되는 유사점들 — 을 점검해보았다(또한 Shoemaker, 1996을 보라).

유사점들은 또한 지구화의 힘에서 기인할 수도 있다. 게이트키핑 연구는 조직적 경계들을 가로질러 조율되고, 지구적으로 상호 연결된 뉴스 작업의 현실을 더욱 더 수용해야 한다. '글로벌 뉴스룸'이라는 은유적 표현은 이러한 조율이 어떻게 국경을 초월해 일어나는지 — 특히 상호협력적인 방송 조직들 사이에서 — 를 설명하는 데 도움을 준다. 그러한 뉴스 교류의 가장 큰 규모의 사례로서 제네바에 근거지를 둔 유로비전을 들 수 있다. 유로비전에서는 의사결정이 공동 소유권에 집중되어 있는 것이 아니라 오히려 '할당된' 게이트키퍼들 사이에 공유되어 있다. 이에 따라 TV 기사에 관해 공통적으로 얻을 수 있는 범국가적 의제를 놓고 합의를 이끌어낼 수 있는 것이다. 코엔, 레비, 로에 그리고 구레비치(Cohen, Levy, Roeh, and Gurevich, 1996)는 뉴스 조직들의 회원사 요청 및 제안 형태로 뉴스에 대한 공급 및 수요가 어떻게 조율되는지를 검토했다. 기사 배열은 주로 사건 중심이었지만 머리기사에 대한 합의가 이루어지는 한편 다른 기사들에 관해서는 다양성이 드러났다. 연구자들은 이 '뉴스룸'에 적합한 뉴스에 관한 합의에 도달하려는 시도들을 보여주는가 하면 각국별로 이루어지는 뉴스 서비스의 독창적 뉴스 판단에는 의문을 제기하는 역동적 문화를 발견했다. 각 국가의 뉴스 전문가들은 사회적으로 보편적 관심을 끌 것이라고 인식할 만한 기사들을 제공하거나 요청했다. 왜냐하면 집단적 판단의 동의를 얻어야 했기 때문이다(Reese, 2008).

미래의 연구는 저널리즘 제도를 경제적·합리적 제도로서 뿐만 아니라 역사적 창조물로서 더 잘 이해해야 한다. 다수의 연구는 비판적 관점이라 할지라도 뉴스 조직들이 어떻게 시장의 강제력에 대응하는지에 초점을 맞추어왔다(예를 들어 McChesney, 2004). 터로우(Turow, 1992)는 뉴스 미디어 연구에서 효용을 최대화하는 행위들을 조명한다. 미디어는 미리 결정된 목표를 달성하기 위한 합리적 수단으로 실적이 입증된 재능인 연예성 기사 형태, 시장조사 등 다양한 대응의 관행들을 발전시킨다. 예를 들어 "뉴스 담당 임원들은 자사 생산품의 저널리즘적 충실성에 대한 수용자의 믿음을 함양하기 위해 활동하는 한편 모회사의 수익을 올리기 위해 뉴스 조직과 엔터테인먼트 조직을 연결하는 전략을 추구한다"(Turow, 1992, p. 173). 미디어 조직들은 의심할 바 없이 효율성 및 수익성을 최대화하려고 한다. 그러나 우리는 이것이 모든 저널리즘 관행 및 모든 조직의 실행들을 설명한다고 섣불리 가정하지 말아야 한다.

신제도주의 이론들(예를 들어 Hall & Taylor, 1996; Pierson, 2004을 보라)은 제도적 행위가 효용을 최대화하지 못하는 역사적 맥락에서 나타나며, 또한 사실상은 의도하지 않은 결과일 수도 있다는 점을 고려하도록 요구한다. 부르디외는 특정한 제도 안에 있는 게이트키퍼들은 "이전의 분투가 인계해 준 가능성에 의해 제한 받는다. 이 공간은 해결책을 위한 방향을 제시하는 경향이 있으며, 결과적으로 (뉴스) 생산의 현재 및 미래에 영향을 미친다"(Benson & Neveu, 2005, p. 95에서 재인용).

신제도주의가 새로운 실험적 탐구 영역을 제시할 수 있겠지만 그것의 궁극적 가치는 우리가 저널리즘 현장의 상호 연결성을 이론화하는 데 도움을 주는 것이다. 가능한 하나의 사례를 들자면 저널리스트는 뉴스 전파자 역할을 한다는 개념 ― 이것은 다른 이들이 대안을 제시했음에도 불구하고 여전히 미국 저널리즘의 진수로 남아 있다(Weaver 등, 2007) ― 이 조직의 이익에 봉사할 뿐만 아니라(Berkowitz, 1987; Sigal, 1973) 힘 있는 엘리트들의 이익에도 기여하는(Bagdikian, 2004) 방식에서 그것을 찾아볼 수 있다. 그러한 설명은 강력한 엘리트들로부터 시작되는 것은 아니다. 즉 엘리트들은 단순히 뉴스 취재를 지휘할 뿐이다. 전파자 역할은 수용자들이 기대하게 된 역사적 창조물(Schudson, 1978)이며, 그러한 기대는 저널리즘 조직들이 행할 수 있는 것들을 제한하는 강력한 경로 의존적 힘을 갖고 있다. 하나의 요소만으로는 결과를 설명하지 못한다. 따라서 저널리즘 장에서는 구체적 현실을 배경으로 생겨나는 요인들의 상호작용을 설명해야 한다.

후속 연구를 위해 다른 영역들을 탐색할 수도 있을 것이다. 일부는 이론적이고(게이트키퍼들의 역할을 이론화하기 위한 기든스[Giddens, 1979]의 구조화 이론의 가능성), 일부는 방법론적이며(게이트키핑과 콘텐츠 분석을 연결하는 더 많은 연구의 필요성), 또 다른 일부는 경험적(여러 요인들 가운데 보다 많은 상호작용 효과를 찾는 시도가 가진 가치)이다. 게이트키핑 이론은 매스커뮤니케이션 연구에서 가장 긴 역사를 갖고 있지만 실체적 연구 프로그램 수행을 위한 여전히 많은 잠재력을 갖고 있다.

〈참고문헌〉

Abbott, E. A., & Brassfield, L. T.(1989). Comparing decisions on releases by TV and news-paper gatekeepers. *Journalism Quarterly, 66,* 853-856.
Arant, M. D., & Anderson, J. Q.(2001). Newspaper online editors support traditional standards. *Newspaper Research Journal, 22*(4), 57-69.

Bagdikian, B. H.(2004). *The new media monopoly.* Boston: Beacon Press.

Benson, R.(2004). Bringing the sociology of media back in. *Political Communication, 21*(3), 275-292.

Benson, R., & Neveu, E.(2005). *Bourdieu and the journalistic field.* Malden, MA: Polity.

Berelson, B.(1959). The state of communication research. *Public Opinion, 23,* 1-5.

Berkowitz, D.(1987). TV news sources and news channels: A study in agenda-building. *Journalism Quarterly, 64*(2), 508-513.

Berkowitz, D.(1990). Refining the gatekeeping metaphor for local television news. *Journal of Broadcasting & Electronic Media, 34*(1), 55-68.

Berkowitz, D.(1993). Work roles and news selection in local TV: Examining the business-journalism dialectic. *Journal of Broadcasting & Electronic Media, 37*(1), 67-83.

Bleske, G. L.(1991). Ms. Gates takes over: An updated version of a 1949 case study. *Newspaper Research Journal, 12*(3), 88-97.

Bourdieu, P.(1998). *On television.* New York: New Press.

Bourdieu, P., & Johnson, R.(1993). *The field of cultural production: Essays on art and literature.* New York: Columbia University Press.

Breed, W.(1955). Social control in the newsroom: A functional analysis. *Social Forces, 33,* 326-335.

Bronfenbrenner, U.(1979). *The ecology of human development: Experiments by nature and design.* Cambridge, MA: Harvard University Press.

Buckalew, J. K.(1968). The television news editor as a gatekeeper. *Journal of Broadcasting, 13,* 48-49.

Cameron, G. T., & Blount, D.(1996). VNRs and air checks: A content analysis of the use of video news releases in television newscasts. *Journalism & Mass Communication Quarterly, 73*(4), 890-904.

Cassidy, W. P.(2006). Gatekeeping similar for online, print journalists. *Newspaper Research Journal, 27*(2), 6-23.

Cohen, A., Levy, M., Roeh, I., & Gurevitch, M.(1996). *Global newsrooms, local audiences: A study of the Eurovision News Exchange.* London: John Libbey.

Donohew, L.(1967). Newspaper gatekeepers and forces in the news channel. *Public Opinion Quarterly, 31,* 61-68.

Donahue, G. A., Tichenor, P. J., & Olien, C. N.(1972). Gatekeeping: Mass media systems and information control. In F. G. Kline & P. J. Tichenor(eds.), *Current perspectives in mass communication research* (pp. 41-70). Beverly Hills, CA: Sage.

Entman, R. M.(1993). Framing: Toward clarification of a fractured paradigm. *Journal of Communication, 43*(4), 51-58.

Gandy, O. H., Jr.(1982). *Beyond agenda setting: Information subsidies and public policy.*

Norwood, NJ: Ablex.

Gans, H. J.(1979). *Deciding what's news*. New York: Pantheon.

Gant, C., & Dimmick, J.(2000). African Americans in television news: From description to explanation. *The Howard Journal of Communications, 11*, 189-205.

Giddens, A.(1979). *Central problems in social theory: Action, structure, and contra-diction in social analysis*. Berkeley: University of California Press.

Gieber, W.(1956). Across the desk: A study of 16 telegraph editors. *Journalism Quarterly, 33*, 423-432.

Gieber, W.(1964). News is what newspapermen make it. In L. A. Dexter & D. M. White(eds.), *People, society and mass communication*. New York: Free Press.

Hall, P. A., & Taylor, R. C. R.(1996). Political science and the three new institutionalisms. *Political Studies, 44*(5), 936-957.

Hallin, D. C., & Mancini, P.(2004). *Comparing media systems: Three models of media and politics*. New York: Cambridge University Press.

Heider, D.(2000). *White news: Why local news programs don't cover people of color*. Mahwah, NJ: Erlbaum.

Herman, E. S., & Chomsky, N.(2002). *Manufacturing consent: The political economy of the mass media*. New York: Pantheon Books.

Johnstone, J., Slawski, E., & Bowman, W.(1976). *The news people: A sociological portrait of American journalists and their work*. Urbana: University of Illinois Press.

Jones, R. L., Troldahl, V. C., & Hvistendahl, J. K.(1961). News selection patterns from a state TTS-wire. *Journalism Quarterly, 38*, 303-312.

Lewin, K.(1947). Frontiers in group dynamics: Concept, method and reality in science; social equilibria and social change. *Human Relations, 1*, 5-40.

Lewin, K.(1951). *Field theory in social science: Selected theoretical papers*. New York: Harper.

Liebler, C. M., & Smith, S. J.(1997). Tracking gender differences: A comparative analysis of network correspondents and their sources. *Journal of Broadcasting & Electronic Media, 41*(1), 58-68.

Machill, M., Beiler, M., & Schmutz, J.(2006). The influence of video news releases on the topics reported in science journalism. *Journalism Studies, 7*(6), 869-888.

Machill, M., Neuberger, C., Schweiger, W., & Wirth, W.(2004). Navigating the internet: A study of German-language search engines. *European Journal of Communication, 19*(3), 321-347.

McChesney, R. W.(2004). *The problem of the media: U. S. communication politics in the twenty-first century*. New York: Monthly Review Press.

Nisbett, R., & Ross, L.(1980). *Human inference: Strategies and shortcomings of social judgment*. New York: Prentice-Hall.

Pierson, P.(2004). *Politics in time: History, institutions, and social analysis*. Princeton, NJ: Princeton University Press.

Reese, S. D.(2001). Understanding the global journalist: A hierarchy of influences approach. *Journalism Studies, 2*(2), 173–187.

Reese, S. D.(2008). Theorizing a globalized journalism. In M. Loffelholz & D. H. Weaver(eds.), *Global journalism research: Theories, methods, findings, future*(pp. 2982–2994). Malden, MA: Blackwell.

Reese, S. D., & Ballinger, J.(2001). The roots of a sociology of news: Remembering Mr. Gates and social control in the newsroom. *Journalism and Mass Communication Quarterly, 78*(4), 641–658.

Rogers, E. M.(1994). *A history of communication study: A biographical approach*. New York: The Free Press.

Schudson, M.(1978). *Discovering the news: A social history of American newspapers*. New York: Basic Books.

Schudson, M.(2003). *The sociology of news*. New York: Norton.

Shannon, C. E., & Weaver, W.(1949). *The mathematical theory of communication*. Urbana: University of Illinois Press.

Shoemaker, P. J.(1991). *Gatekeeping*. Newbury Park, CA: Sage.

Shoemaker, P. J.(1996). Hardwired for news: Using biological and cultural evolution to explain the surveillance function. *Journal of Communication, 46*(3), 32–47.

Shoemaker, P. J., & Cohen, A. A.(2006). *News around the world: Content, practitioners, and the public*. New York: Routledge.

Shoemaker, P. J., Eichholz, M., Kim, E., & Wrigley, B.(2001). Individual and routine forces in gatekeeping. *Journalism and Mass Communication Quarterly, 78*(2), 233–246.

Shoemaker, P. J., & Reese, S. D.(1996). *Mediating the message: Theories of influences on mass media content*(2nd . White Plains, NY: Longman.

Shoemaker, P. J., Tankard, J. W., & Lasorsa, D. L.(2004). *How to build social science theories*. Thousand Oaks, CA: Sage.

Sigal, L. V.(1973). *Reporters and officials: The organization and politics of newsmaking*. Lexington, MA: D.C. Heath.

Singer, J. B.(1997). Still guarding the gate?: The newspaper journalist's role in an on-line world. *Convergence: The Journal of Research into New Media Technologies, 3*(1), 72–89.

Singer, J. B.(1998). Online journalists: Foundations for research into their changing roles. *Journal of Computer Mediated Communication, 4*(1). Retrieved July 28, 2008, from http://www.jcmc.indiana.edu/col4/issue1/singer/html.

Singer, J. B.(2001). The metro wide web: Changes in newspapers' gatekeeping role online. *Journalism and Mass Communication Quarterly, 78*(1), 65-81.

Singer, J. B.(2005). The political j-blogger: "Normalizing" a new media form to fit old norms and practices. *Journalism, 6*(2), 173-198.

Singer, J. B.(2006). Stepping back from the gate: Online newspaper editors and the co-production of content in campaign 2004. *Journalism & Mass Communication Quarterly, 83*(2), 265-280.

Tuchman, G.(1978). *Making news: A study in the construction of reality.* New York: Free Press.

Turow, J.(1992). *Media systems in society: Understanding industries, strategies, and power.* New York: Longman.

VanSlyke Turk, J.(1986). Information subsidies and media content: A study of public relations influence on the news. *Journalism Monographs, 100.*

Weaver, D. H., Beam, R. A., Brownlee, B. J., Voakes, P. S., & Wilhoit, G. C.(2007). *The American journalist in the 21st century: U. S. news people at the dawn of a new millennium.* Mahwah, NJ: Erlbaum.

Weaver, D. H., & Wilhoit, G. C.(1986). *The American journalist: A portrait of U. S. news people and their work.* Bloomington: Indiana University Press.

Weaver, D. H., & Wilhoit, G. C.(1996). *The American journalist in the 1990s: U. S. news people at the end of an era.* Mahwah, NJ: Erlbaum.

White, D. M.(1950). The "gate keeper": A case study in the selection of news. *Journalism Quarterly, 27,* 383-390.

Wiener, N.(1948). *Cybernetics, or control and communication in the animal and the machine.* Cambridge, MA: The Technology Press/Wiley.

Williams, B. A., & Carpini, M. X. D.(2004). Monica and Bill all the time and everywhere: The collapse of gatekeeping and agenda setting in the new media environment. *American Behavioral Scientist, 47*(9), 1208-1230.

07_
저널리즘의 객관성, 전문직주의, 진실 추구

마이클 셔드슨/크리스 앤더슨

저널리즘 연구 영역 그리고 전문직화와 전문직 시스템을 검증하는 사회학의 하부 영역인 직업사회학은 수십 년 동안 상호 무관심 상태로 공존해왔다. 직업사회학의 전통적인 직업 연구들은 저널리즘의 직업 상태에 대해 거의 언급조차 하지 않고 대부분 의학과 법률과 관련된 전통적 직업에 집중하는 것을 선호해왔다(예를 들어 Bledstein, 1976; Dingwall & Lewis, 1983; Freidson, 1970; Haskell, 1984). 반면 저널리즘 관련 직업에 관한 대부분의 연구는 전문직 종사와 이 직업의 체계에 대한 사회학 문헌의 대부분과 무관하게 진행되었다(드문 예외로서 Tumber & Prentoulis, 2005). 저널리즘에 관한 가장 중요한 학문적 질문 중 많은 부분이 직업의 영향력과 권위 그리고 전문직의 위상 중심으로 돌아가고 있을 때 사회학적 관점에서 저널리즘과 전문화에 대한 문제들을 다시 검토한다면 많은 것을 얻을 수 있을 것으로 보인다. 그러한 사회학적 관점은 어려움을 겪고 있는 저널리즘의 전문직화라는 프로젝트, 그러한 프로젝트와 객관성이라는 규범과의 관계 그리고 저널리스트들이 전문화된 지식의 한 형태를 갖고 있다는 상당히 그럴 듯한 주장과 그들의 일상적 활동 사이의 결합을 통해 저널리즘의 관할 영역을 구축하려는 시도 등에 대한 보다 깊은 이해를 설명해줄 수 있다.

전문직화에 대한 이러한 저널리즘적 관점과 사회학적 관점을 대화에 끌어들이기 위해 우리는 1970년대 후반과 1980년대에 진행된 베버식의 직업 연구에 대한 개요로 이 장을 시작하고자 하는데, 여기에는 애버트(Abbott, 1988)의 '직업적 관할 영역'에 관한 유력한 분석에 대한 논의가 포함되어 있다. 그런 후에 우리는 저널리즘 연구 영역 내에서 등장하는 두 개의 주요 학문의 갈래를 검증한다. 첫 번째 갈래는 저널리즘 자체에서 나타나는 현상으로(예를 들어 Weaver, Beam, Brownlee, Voakes & Wilhoit, 2007), 저널리즘이 권위 있는 지식을 만들어내든 그렇지 못하든, 혹은 전문직으로서의 특징을 갖고 있든 없든 이에 대해 우려하지 않는 경향이다. 이러한 연구의 연장선에 있는 연구자들에게 저널리즘의 중요성은 자명한 것이고, 직업적 위상에도 좌우되지 않는다. 이러한 연구에서의 강조점은 저널리즘이 전문직으로서의 위상을 달성하는 정도를 측정하는 것인데, 주로 직업 설문조사나 교육 설문조사를 통해 이루어진다. 두 번째 갈래는 뉴스 조직의 사회학(Fishman, 1980; Gans, 2004; Schudson, 1978; Tuchman, 1978)과 미디어 연구(Zelizer, 1992)로부터 나오는 작업이다. 이 갈래는 저널리즘적 지식의 특성 혹은 지식에 대한 주장에 초점을 맞춘 것으로, 스타(Paul Starr, 1984)식 용어로 표현하면 저널리즘의 '문화적 권위'의 확립을 강조하는 것이다. 첫 번째 갈래가 전문직에 대한 '특성적 접근'의 (아마 무의식적인) 채택으로부터 곤란을 겪고 있는 반면 두 번째 갈래에서는 저널리즘의 객관성과 저널리즘의 전문직주의 간의 혼란이 문제다. 헬린과 만치니의 최근 작업(Hallin & Mancini, 2004)이 보여주는 대로 객관성은 미국 외의 전문직주의가 존재하는 많은 국가의 미디어 체제에서 결정적 직업 규범이 아니다.

결론에서 우리는 저널리즘 객관성, 전문직주의 그리고 진실 추구를 생산적으로 분석하려면 애버트(Abbott, 1988)의 분석틀을 수정해서 수용하는 한편 앞서 지적된 두 갈래의 최고의 작업에 기반해야 한다고 주장할 것이다. 애버트에게서 전문직 연구는 전문직 업무에 대한 연구로 시작되며, 전문직으로서의 삶의 핵심적 현상은 직업과 직업의 업무 사이에 이루어지는 연결에서 찾을 수 있다. 이를 애버트는 '관할 영역'이라고 부른다. 관할 영역이란 직업이 가진 '추상적 지식'의 토대를 구체화하고 표출하는 일상적인 업무방식을 지칭한다. 특히 저널리즘이라는 특별한 경우에는 결코 추상적이지 않은 현실적이고 전문적인 지식을 가리킨다. 우리는 애버트의 분석과 앞서 언급된 두 가지 연구 흐름을 통합하고, 이것을 저널리즘의 전문성을 둘러싼 현재의 논쟁에 적용하며, 추후 연구를 위한 의제의 윤곽을 잡으려 한다.

직업적 특성에서 직업적 투쟁까지

전문직화 연구에 주력하는 사회학의 하부 분야 내에서 가장 생산적인 시기는 직업 분석의 '특성 접근trait approach'에 대한 광범위한 포기로 시작된다. 이 접근법은 수십 년 동안 이 분야를 지배했다. 이러한 접근의 좀 더 극단적인 규범적 경향은 전문직을 직업의 자율성, 나아가 모방할 가치가 있는 자기 규제 모델로 규정한다(Carl-Saunders & Wilson, 1993; Tawney, 1920). 특성 접근의 핵심은 특정한 전문직의 특성을 분리하려는 시도이고, 그런 후에 다양한 직업적 항목들이 얼마나 이러한 특징을 달성하고 있는지를 결정하는 것이다. 결코 단 하나의 개관이 권위적인 것으로 두드러지지는 않지만 목록들은 전반적으로 다음에 나열된 특징들을 포함한다. 즉 과학적 혹은 체계적 지식을 토대로 한 작업, 정규 교육, 자기 규제 협회, 윤리규정, 전문직 종사자와 고객들과의 신뢰 관계 (엄밀한 시장 기반의 관계와는 반대이다), 허가나 참여와 관련된 다른 제약들 그리고 광범위하게 인정되는 사회적 지위나 사회적 평가 등이 그것이다. 1960~1970년대에 휴즈Everett C. Hughes로부터 영감을 얻고, 지위와 권위에 대한 막스 베버의 연구에 의해 고무되면서 사회학자들은 이러한 특성 접근법을 포기했다. 그들은 "'이 직업이 전문직인가'라는 잘못된 질문으로부터 '어떤 환경에서 직업에 종사하는 사람들이 직업을 전문직으로 전환하며, 자신을 전문직 종사자로 바꾸는가'라는 보다 본질적인 질문으로 방향을 전환했다"(Hughes, 1963, p. 655). 휴즈의 도전 이후 40년 동안 이상화된 구조적 기능주의 범주로서의 전문직에 대한 연구는 사회학의 많은 부문에서 전문직화와 '전문직 프로젝트'에 대한 더 많은 베버적 연구에 의해 교체되어 왔다.

최초의 베버적 전문직화 이론가 중 하나인 라르손Magali Sarfatti Larson은 '전문직 프로젝트' 분석에서 "이상적이며 전형적인 구성은 무엇이 전문직인지 말하지 않고, 무엇이 전문직인 것처럼 가장하고 있는지만 말해준다"고 주장한다. 그는 "전문직들이 특별한 위치를 놓고 협상하거나 그러한 위치를 유지하기 위해 일상적 삶에서 실질적으로 무엇을 하고 있는지"를 대신 물어야 한다고 주장했다(1977, p. xii). 맥도널드(MacDonald, 1995, p. 7)의 표현에 따르면 '전문직'이라는 단어는 평범하거나 통속적인 개념으로 …… 어떤 직업이 전문직인지 아닌지, 준전문직인지 또는 다른 직업보다 더 전문직인지 혹은 덜 전문직인지 평가하는 것은 '일반 대중'이 하는 것이다. 과학적으로 이러한 것을 하는 것은 사회학의 임무가 아니다." 프리드슨(Freidson, 1983, p. 27)은 최종적으로 이러한 관점을 이렇게 요약하고 있다.

만약 '전문직'이 비전문적인 개념으로 규정된다면 그것에 적합한 연구 전략은 성격상으로는 현상학적이다. 사람들은 무엇이 절대적 의미에서 전문직인지를 결정하려 시도하기보다는 사회적으로 누가 전문직 종사자인지 아닌지, 또한 어떤 활동으로 전문직을 '만들거나' 혹은 수행하는지를 결정하려 시도할 것이다.

전문직화에 대한 이론은 라르손(Sarfatti Larson, 1977)에 의해 최초로 제기되면서 지난 몇 십 년 동안 직업사회학에서 많은 중요한 연구들 중 핵심적 지위에 놓이게 되었다. 이 개념은 프리드슨의 의학 영역에 관한 초기의 획기적인 연구 그리고 직업적 토대를 경제적 계급 및 사회적 지위와 연결하려는 베버 식의 전통적 분석과의 융합을 나타낸다. 라르손에게 전문직은 자연스럽게 존재하는 직업적 항목도 또 사회적으로 기능하는 '특성'을 가진 것도 아니다. 오히려 전문직은 "특별한 지식과 기술 등 부족한 재화에 대한 주문을 사회적·경제적 보상이라는 또 다른 것으로 전환하려는" 집합적 사회 행동이다. 이러한 노력을 라르손은 '전문직 프로젝트'라고 부른 것이다. 그는 또 전문직 프로젝트에 대해 "특정 집단에 의해 추구되는 목표와 전략들이 모든 구성원에게 완벽하게 분명하거나 의도적인 것은 아니지만" 통일과 일관성을 가진 집단적 의도라고 서술하고 있다(p. xiii).

이러한 방식으로 틀지어지면서 전문직 프로젝트의 특정한 측면은 1970년 후반에 유행한 전문직의 투쟁에 대한 베버적 분석에서 주요한 역할을 떠맡았다. 이러한 측면들은 다음과 같은 내용을 포함했다. 즉 사회적으로 유용한 추상적 지식에 대한 조직적 독점을 구축하려는 전문직의 시도, 이러한 지식의 기술적 활용을 서로 교환할 수 있는 시장의 필요, 지식에 대한 전문직의 독점과 전문직 구성원들의 사회적 지위 사이의 관계, 전문직의 사회적 이동성을 위한 노력과 시장 통제의 상호 의존성, 경제적 권력을 사회적 지위로 변환하려는 시도(그리고 그 반대), 그리고 지식의 그러한 독점이 궁극적으로 국가의 허가에 의존하는 것, 마지막으로 학교 교육과 자격증주의 및 윤리 규범 등을 통해 '생산자를 생산해내는' 전문직의 필요성(Collins, 1979) 등이 그것이다. 사실 전문직에 대한 많은 사회학 저작들은 계급 체계의 질서정연한 재생산과 계급 불평등의 합법화를 위한 체계로서 교육 및 고등교육에 대한 사회학적 연구들에 연관되거나 자극받은 것이다. 네오마르크스주의 연구들은 교육이란 현대 경제에 맞는 기술 지식이나 기술을 얻으려는 개인들을 훈련하는 것이 아니라 사회 질서에서 보다 높은 지위를 정당화해줄 수 있는 문화 자본을 획득하기 위한 것임을 강조했다(Bourdieu, 1984; Collins, 1979; Ehrenreich & Ehrenreich, 1979; Karabel & Halsey, 1977). 미국 저널리즘에서 객관성이라는 이상에 대한 초기의 비판은 이러한 연구에 근거를 두거나 전문직의 권위에 회의적인 지적 분위기를 공유했다. 이러한 비판은 중립성, 공평성, 공정성 등에 대한 주장을 권력에 대한 베일로 보려는 경향을 나타냈다(베트남전 기간 나타난 미국 저널리즘의 객관성에 대한 논의들은 Schudson, 1978에 요약되어 있다. 저널리즘의 이상으로서의 객관성에 대한 열렬한 방어에 대해서는 Lichtenberg, 1989를 보라).

이러한 학문적 재교육 관점에서 보면 저널리즘의 전문직주의, 객관성, 진실 추구 등의 이슈들에 대한 조사 연구의 초점은 저널리즘이 전문직이냐 아니냐 하는 문제에서 저널리스트들이 스스로 전문직 종사자로 전환하고자 하는 보다 흥미로운 상황에 대한 분석으로 옮겨가야 한다. 전문직임을 잘 드러내는 특성의 개요를 서술한 뒤 저널리스트들이 그러한 특성을 갖고 있다고 평가하기보다는 저널리스트들이 전문직으로서의 위상을 주장하기 위해 분투하는 사회적 과정을 분석할 수 있다. 이러한 연구 의제는 전문직에 대한 사회학적 연구 내에 저널리즘 연구를 위치하게 하고, 사회학적 관점을 무시하거나 경시하는 여러 연구들을 포함한 저널리즘의 고전적·제도적 역사에 새로운 빛을 비출 수 있다.

전문직 연구와 저널리즘

이처럼 '특성'에서 '투쟁'으로의 학문적 전환이 어떻게 저널리즘 연구의 영역 내에서 진행될 수 있었을까. 사회학 자체의 발전이 저널리스트적 전문직 연구에 아무런 영향도 미치지 않았다고 주장하는 것은 과장일 것이다. 그러나 아마 그러한 관계는 간접적일 것이었다고 주장할 수 있을 것이다. 이러한 관계의 상당 부분은 지난 30년 동안, 간단하게 말해 사회학과 미디어 연구의 전반적인 분리에 의한 것일 수 있다. 저널리즘 연구라는 측면에서 보면, 젤리저(Zelizer, 2004, p. 80)가 언급한 대로 "저널리즘에 관한 사회학적 연구의 좋은 출발이 있었음에도 불구하고 저널리즘에 관한 당대 연구의 대부분이 더 이상 사회학으로부터 나오지 않는다." 클리넨버그(Klinenberg, 2005, p. 28)는 이에 대해 사회학자의 관점에서 이렇게 주장한다.

현대 사회학의 역설은 저널리즘 조직 및 뉴스 제도에 대한 경험적 연구를 대체로 포기했다는 점에 있다. 이러한 일은 공교롭게도 미디어가 정치적·경제적·문화적 영역에서 두각을 드러내고, 다른 학문적 영역들도 미디어와 사회에 대한 연구를 수용하자마자 발생했다.

이러한 역설은 적어도 부분적으로는 사회학자들이 급성장하는 커뮤니케이션과 미디어 학과로 유입된다는 사실로 설명된다. 벤슨Rodney Bension, 기틀린Todd Gitlin, 셔드슨 그리고 웨이스보드Silvio Waisbord 등의 사회학자들이 주로 혹은 전적으로 사회학과보다는 커뮤니케이션 쪽에 임용되었다. 이러한 학자들의 연구는 사회학보다는 커뮤니케이션과 미디어 연구에 더 많은 독자를 갖고 있다. 탁월한 연구 업적을 낸 클레이맨Steven Clayman과 그의 동료 등 일부 사회학자들은 여전히 사회학 내에 독자들을 갖고 있으나 이러한 연구들은 사회언어학 및 대화 분석 등 하부 영역에 속하는 것들이다.

전문직 사회학을 저널리즘에 명확하게 연결하는 작업이 없는 가운데 두 갈래의 분석이 저널리즘 학계 내에 등장했다. 첫 번째 갈래는 제도적 연구라고 칭할 수 있는 것을 포함하면서 대체로 저널리스트들의 고용, 교육 수준, 윤리 강령의 준수 등에 관한 질적 데이터를 찾는다. 이 연구들은 가장 흔하게는 뉴스 산업 자체에 의해 시작되거나 전문직 저널리즘과 유대관계를 가진 학자들에 의해 시작되었다. 미국에서는 '저널리즘 및 매스커뮤니케이션 졸업생 연례 조사'가 최근 저널리즘스쿨 졸업생의 취업 예상에 관한 최신 통계 자료를 정기적으로 제공했다. 다른 나라에서도 미국과 마찬가지로 추가적인 설문조사와 취업 분석들을 통해 적어도 대학 교육 자격 부여의 축을 따라 저널리즘 내에서 나타나는 전문직화 정도를 '측정'했다. 이러한 자료는 다소 혼합된 상황을 제공한다. 미국에서는 1982~2002년까지 20년 동안 저널리즘과 매스커뮤니케이션 학사 졸업생 중 전공 관련 직업을 가진 사람의 비율이 1/2~1/4로 줄어들었다(Weaver 등, 2007, p. 37). 동시에 미국의 신문 편집인들은 저널리즘 혹은 커뮤니케이션 전공의 중요성을 구두로 지지했는데, 이에 비해 1995년 설문조사에서는 적지 않은 수(32%)가 신입 기자의 저널리즘 관련 학위는 별 상관이 없다고 응답해 좋은 대조를 보이기도 했다. '저널리즘 학위'의 가치는 의문의 여지가 있지만 대학 교육의 중요성은 의문의 여지가 없다. 저널리스트의 90% 이상은 대학교 학위를 갖고 있다(Weaver 등, 2007, p. 37). 제대로 된 미디어 체제를 가진 다른 나라도 상황은 비슷하다. 기자 고용 시 특정한 '커뮤니케이션' 학위 소유를 강조하기보다는 일반적으로 대학 교육에 대해 큰 무게를 두고 있다.

저널리즘에 관해 '준', '유사' 혹은 '실패한' 전문직이라는 논의에 기울어지면 저널리즘은 "전문직의 성격을 갖지만 전문직에 속하는 것은 아니다"라는 위버와 윌호이트(Weaver & Wilhoit, 1986, p. 145)의 주장에 동의하기 쉽다. 사실 저널리즘의 전문직화에 대한 연구의 다수는 이러한 관점에 머물러 있다. 기초적인 제도적 연구는 (아마 무의식적으로) '특성 이론'의 예전 논지를 받아들이고 있으나 조사가 진지하게 시작되기 전에 중단된다. 저널리즘 연구의 첫 번째 갈래는 한 마디로 저널리즘의 정착되지 않은 직업적 위상을 둘러싼 깊이 있는 질문을 대체로 회피한다. 저널리즘을 배관공과 신경외과 의사 사이의 전문직의 연장선상 중 어디쯤에 위치시킬지 논의하기보다는 왜 그리고 어떻게 보도 및 기사 편집이 전문직의 위상을 성취했는지 그리고 저널리즘은 그러한 위상을 높이기 위해 어떻게 할 수 있는지(혹은 경우에 따라 시도하지 않는지)를 알아보는 것이 훨씬 더 생산적일 것이다. 이것은 다소 무미건조한 취업 데이터 분석으로부터 한 발 더 물러나게 해 저널리즘의 역사, 이론 그리고 실천이 어떠했는지를 고려하도록 만든다. 이러한 질문들은 저널리즘 연구의 두 번째 갈래에서 활동하는 연구자들에게 의해 분명하게 다루어졌는데, 이 갈래를 '전문직 객관성의 문화사cultural histories of professional objectivity'로 분류할 수 있을 것이다.

전문직주의와 객관성에 관한 문화적 이론들

셔드슨(Schudson, 1978, p. 151)은 『뉴스의 발견Discovering the News』에서 리프만Walter Lippmann을 "객관성이라는 이상을 위한 가장 현명하고 효과적인 대변인"이라고 인정했다. 리프만에 의하면, 저널리스트들은 "증거에 대한 예민한 감각을 발달시키고, 유용한 정보의 한계를 분명하게 인정하고, 표어와 추상적 말을 분해하고 그리고 뉴스를 보류하거나 진실 추구에 앞서 윤리적 진전이나 다른 대의명분을 내세우는 것을 거부해야 한다." 간단하게 말하면, 리프만은 기자들에게 전문직주의와 객관성에 대한 요구를 융합할 것을 촉구했다. 전문직주의, 객관성 그리고 진실 추구 사이의 연결은 직업적 이데올로기 형태로 저널리스트뿐만 아니라 미디어 연구자와 저널리즘 학자들에 의해서도 받아들여질 것이다. 왜냐하면 여기에는 역사적·사회학적 연구조사에 민감한 일련의 문제가 있기 때문이다. 간단히 말하면 객관성의 등장을 이해하는 것은 전문직주의 등장을 이해하는 데 핵심적 요소를 제공하게 되는 것이다.

캐플란(Kaplan, 2002)은 미국 언론의 사회사에 대한 가장 최근의 개관 중의 하나를 제공했다. 그의 제안을 따르고 이를 자세하게 설명함으로써 이러한 역사에 대한 최소 다섯 개의 지향점을 말할 수 있다. 첫째, 진보적 역사

기록은 저널리즘 자체의 직업적 이데올로기 발전을 면밀하게 추적한 것이며 저널리즘을 사회적 분화, 직업적 자치 그리고 전문직의 자유의 방향으로 움직일 수밖에 없는 것으로 묘사했다. 그러한 이유로 객관성은 규범적 종점의 역할을 하는데, 이는 정치, 비즈니스 그리고 저널리즘 사이에서 확대되는 사회적 분화에 의해 가능해진 것이다. 이것은 도구 또는 주장으로서가 아니라 목표, 즉 역사적 진보로 가능하게 된 '가장 좋은 실천practice'처럼 보인다.

둘째, 객관성과 전문직주의 사이의 관계에 대한 이해와 관련된 것으로, 캐플란에 의해 논의되지 않았지만 객관주의 저널리즘의 등장에 대한 '기술적technological' 설명이 그것이다. 최신의 역사 연구에서 묵살되고 있는 이 설명(그러나 인터넷상의 많은 유토피아적 글 중의 일부에서 그것이 도치된 형태로 복원된 것을 얼핏 볼 수 있다)은 객관성을 기술 발전에 의해 촉진된 문학적 형태로 보고 있다.

셋째, 이 연구는 상업주의(이것은 '객관성'으로 불리는 불편부당성을 오도하는 이데올로기적 주장이다)에 기름을 붓는 경제적 발전을 지목하고 있다. 캐플란은 밸더스티Baldasty의 『19세기 뉴스의 상업화』를 상업화와 전문직화 사이의 관계에 대해 특히 강력하고 정교하게 기록된 잘못된 논쟁으로 지적했다. "밸더스티의 이론에서 뉴스 콘텐츠와 '저널리즘적 비전'은 〔자본주의적〕 자금 마련 메커니즘의 결과였고"(Kaplan, 2002, p. 8), 공중을 시민이라기보다는 소비자로 간주하는 저널리즘을 생산했다.

미국에서 저널리즘 객관성의 등장에 관한 연구의 네 번째 갈래는 셔드슨의 『뉴스의 발견』(1978)으로 시작된다. 이 연구는 그의 추후 작업(2001)과 함께 객관성의 출현을 광범위한 사회적 과정과 변화, 즉 사회적·경제적 혹은 기술적 변화의 '불가피한 결과'로 보는 것에서 벗어나 저널리즘 전문직주의의 출현을 집단 통합성group cohesion, 전문직의 권력, 사회적 갈등 그리고 직업적 권위의 요구에 대한 문화적 반향 등에 연결시켰다. 『뉴스의 발견』에서 셔드슨의 원래 의도는 전문직업적 객관성의 원천을 기술적 발전 혹은 '자연스러운' 진화적 진보라기보다는 '민주주의적 시장 사회'를 건설하는 발전의 연결성 속에서 찾으려는 것이었다. 셔드슨은 1890년대의 저널리스트적 신념, 즉 순진한 경험주의 또는 '사실'에 대한 믿음을 객관성에 대한 보다 근대적인 20세기 초기의 관점과 구별했다. 객관성에 대한 이러한 관점은 '근대적 시선의 실망disappointment of the modern gaze', 즉 진정한 객관성은 불가능하다는 이해에 근거를 두고, 객관적 보도의 규범을 일단의 방어적 전략으로 선택한다. 많은 저자, 즉 주로 저널리즘의 역사학자들은 전문직업적 객관성의 발전이라는 맥락에서 기자들이 전문직 계급으로 등장하는 것을 논의하는 과정에서 셔드슨을 추종했다(Banning, 1999. Dicken-Garcia, 1989; Summers, 1994; Tucher, 2004). 이러한 저자들과 다른 많은 저자들에게 객관성은 계속 저널리스트적 전문직화의 필수조건sine qua non이었다. 즉 직업적 실천으로 객관성 원칙이 등장한 배경을 설명하고, 이것이 처음 나타났던 날짜를 결정하면서 전문직 저널리즘의 '비밀'을 밝혀내기 위해 많은 노력을 해왔다.

　　그러나 최근의 학계에서는 이 연구에서 암시된 객관성과 전문 직업의식 사이의 강한 연결고리에 대해 의문을 갖게 되었다. 최소한, 객관성은 전문직 프로젝트로부터 나타나고 또 이를 지탱하는 **유일한** 직업적 규범으로 볼 수는 없고, 몇몇 경우에는 **가장 중요한** 규범이 아닐 수도 있다. 샬라비(Chalaby, 1998)는 저널리즘이 문학적·철학적 혹은 시사에 대한 정치 논평, 즉 '앵글로 아메리카의 발명품'이라기보다는 '사실을 토대로 한 담론 실천'이라고 불러왔다. 비서구적 저널리즘에 대한 라마프라사드의 광범위한 설문조사는 이집트(Ramaprasad & Hamdy, 2006), 탄자니아(Ramaprasad, 2001), 네팔(Ramaprasad & Kelly, 2003)을 대상으로 했으나 뉴스 작업의 주요한 성격으로 '객관성' 준수를 포함하지 않았다. 그리고 '맥락적 객관성contextual objectivity'이라는 새로운 개념이 알자지라 같은 비서구권 케이블 뉴스 채널의 편집 정책을 설명하기 위해 동원되었다(Berenger, 2005). 돈스바흐와 패터슨(Donsbach & Patterson, 2004)은 객관성에 대한 약속은 여전히 미국을 유럽의 뉴스룸들과 구별한다고 주장하고 있다. 신문과 방송에서 일하는 독일, 이탈리아, 스웨덴, 영국 그리고 미국의 저널리스트에 대한 이들의 광범위한 설문조사에서 미국의 저널리스트들이 거의 공통적으로 자신들의 정치적 관점은 고용주의 정치적 관점과는 아무 관련이 없다고 답변했다. 그러나 전국지에서 일하는 이탈리아와 독일의 저널리스트들은 자신들의 정치적 관점은 소속 신문사의 편집 입장에 가깝다고 말한다. 셔드슨도 이제는 자신이 '현대적'이라고 받아들였던 저널리즘은 차라리 '미국적'이라고 하는 것이 더 적절하며, 나아가 그것의 몇몇 특징은 보편적인 모더니즘보다는 미국의 문화적 전제와 더 많은 관련이 있다고 주장한다. 이것은 특히 미국인들이 표준 저널리즘 도구인 인터뷰를 발명해 낸 사례를 보면 이해되는데, 당시(19세기 후반) 유럽의 많은 관찰자들은 이에 대해 업무를 행하는 특히 무례하고 뻔뻔한 방법이라고 판단했다 (Schudson, 1995, 2005).

그러나 저널리즘의 세계에서 객관성과 전문직이라는 신분 사이의 연결을 분리하는 가장 강력한 주장을 하는 연구자는 헬린과 만치니이다. 그들은 전문직 의식에 대해 진입을 위한 교육 장벽, 국가 규제의 결여, 또는 '객관성'이라는 이상 등의 관점에서 정의하기보다는 '작업 과정에 대한 스스로의 통제 강화'(Hallin & Mancini, 2004, p. 34), 뚜렷한 전문직 규범의 존재(p. 35) 그리고 공익 지향(p. 36)이라는 관점에서 정의했다. 그들은 여러 미디어 시스템에서 전문직화 수준은 다양하다고 주장한다. 예컨대 지중해 모델의 저널리즘은 상당히 낮은 전문직화 수준을 유지한다. 북대서양 모델(미국과 영국)과 북부·중부 유럽 모델(독일, 스칸디나비아)은 양쪽 모두 높은 수준의 전문직이 되었다. 그러나 민주적이고 조합주의적인 나라들에서 '전문직 종사자'가 된다는 것은 반드시 정당과의 관계로부터 자유롭거나 객관성을 지킨다는 것을 의미하는 것은 아니다. 오히려 민주적이고 조합주의적인 국가들 (일반적으로 북유럽 국가들)에서의 저널리스트들은 언론의 자율성이 정치 세계에 대해 능동적이고 의도적인 개입과 양립할 수 있다고 판단하고 있다. 이러한 관점에서 보면 독일의 저널리스트들은 미국의 저널리스트만큼 '전문직업적'이다. 그러나 이러한 전문직 의식의 사회적 토대와 그들의 가치에 관한 구체적인 내용은 서로 다르다.

『뉴스의 발견』에서의 논점을 정교화·일반화한 후속 주장을 통해 셔드슨(Schudson, 2001)은 미국 저널리즘의 '객관성 규범'은 사회적 통합(뒤르켐주의적 의미로)이나 사회적 통제(베버주의적 의미로)를 통해 이것을 주창하는 집단에게 궁극적으로 어떤 종류의 이익을 제공하게 된다고 주장했다. 윤리와 규범은 의례적인 이유로 존재하는데, 특정한 집단에 내적인 연대와 단결을 제공하는 것을 도우며, 또한 다른 집단과의 관계 속에서 한 집단을 표현할 수 있다. 한편 직업적 규범의 등장에 대한 베버주의자들의 설명은 이러한 사회적 규범들이 사회적 집단에 대한 위계적 통제 수단을 제공함을 암시한다. 거대한 조직 내에서 상급자(편집간부)들이 하급자(기자)들을 통제할 필요성은 합리적이며 예측 가능한 방식으로 개인들을 조종하도록 돕는 일종의 '명백한 윤리적 강화조치'를 채택할 것을 요구한다.

셔드슨의 논문은 미국의 저널리즘에서 객관성이라는 규범이 사회적으로 어떠한 기능을 하는지에 초점을 맞추지만 그것은 또한 "다양한 도덕적 규범이 공중의 지지 확보 및 비판 회피의 목표를 달성할 수 있다"는 점을 인정한다(p. 165). 셔드슨은 독일 혹은 중국의 기자들이 객관성 이외의 규범을 갖고 작업할 것이라고 언급했는데, 실제로도 그렇게 하고 있다. 핼린과 만치니 주장대로 만일 전문직 의식이 전문직 규범으로 보강된 직업적 자율성이 존재한다는 것을 의미한다면 전문직 저널리즘은 문화를 가로질러, 역사적으로, 미래에도 다른 토대를 가질 것이다. 객관성의 종언은 설혹 그것이 도래하더라도 전문직 저널리즘의 종언을 알리지는 않을 것이다.

다섯 번째 그리고 마지막으로 캐플란(Kaplan, 2002)은 객관성이 미국의 전문직 규범으로 우연히 발달했다고 주장하며 이것은 미국 '공론장'의 독특한 산물로 보아야 한다고 주장했다. 캐플란은 미국 저널리즘에서 객관성의 등장에 관한 예전의 이론들은 충분하지 않았다고 지적하면서, 그 이유에 대해 이러한 이론들은 미국 역사에서 정치적 논쟁의 역할을 무시했기 때문이라고 주장했다. 이 이론들은 흔히 정치적 자유주의와 경제적 자본주의의 개념을 둘러싼 사회적 합의가 언론의 역사를 이끌어가는 동력이 되어왔다고 잘못 가정했다는 것이다. 캐플란 자신의 실증적 기여라 할 만한 것은 디트로이트의 신문들(1880~1910년)과 관련해 예비 선거와 그 외 개혁을 통해 정당의 권위를 약화시키는 것을 포함하는 진보주의 시대의 정치 그리고 1896년 선거의 정치적 결과 등이 발행인, 편집 간부, 기자 사이에 불편부당하고 독립적인 보도를 통한 '공적 서비스'라는 비전을 일깨웠다는 점을 보여주는 글에서 찾아볼 수 있다.

우리는 미국에서 저널리즘의 객관성을 둘러싼 다양한 문화적 역사에서 저널리스트가 "자기 일을 전문직으로 바꾸고, 자기 자신을 전문직 종사자로 바꾸는" 방식에 대한 집중적인 연구를 관찰해왔다(Hughes 1963, p. 655). 저널리즘에 대한 비교 연구에 의해 많은 지식이 제공되면서 이 연구 중 가장 훌륭한 것은 다양한 전문직 규범은 다른 나라들에서 저널리즘의 전문직화에 대한 공공의 지지와 중요한 분리를 제공할 수 있음을 깨닫게 해주고 있다. 반면 최근의 역사적 설문조사들은 전문직 규범들, 저널리스트적 스타일 그리고 공론장에 의해 부여받은 권위 사이의 관계를 유용하게 다시 조사해오고 있다. 저널리스트적 전문직 의식을 연구하는 학자들은 휴즈에 의해 분명히 표현되고 베버주의적 전문직화 이론들에 의해 초기에 발달된 주요한 통찰 — 저널리즘의 권위, 위상, 직업적 규범 그리고 전문성 주장은 전문직 프로젝트, 집단 간 및 집단 내 투쟁의 측면들로 분석될 수 있다 — 을 간접적으로 재발견하고 있다.

아주 큰 질문이 남아 있다. 이러한 투쟁의 성격은 정확히 무엇인가? 이러한 투쟁들이 수행하는 목표는 정확하게 무엇인가? 더 나아가 이러한 투쟁을 진행시키는 갈등과 협력의 역학은 무엇인가? 이러한 질문에 대한 답을 약술하면서 우리는 첫 번째로 전문직의 전문성(차라리 그것보다 구체적으로 저널리즘적 전문성의 이상한 형태) 그리고 이러한 전문성을 일과 연결하는 것은 직업적 관할 영역이 경쟁적인 직업 집단들에 의해 창조·장악되는 지렛대로 작동할 수 있다고 주장한다. 두 번째, 우리는 이러한 투쟁의 역학은 겹쳐진 네트워크와 분명하게 정의된 경계선의 이상한 혼합에 의해 표시되고, 또한 '누가 기자인지'를 정의하는 이 같은 투쟁의 주요한 전술은 전문직의 '내부자'와 준전문직의 '외부자' 사이의 선을 동시에 분명하게도 또한 흐릿하게도 만든다고 주장한다.

관할 영역, 네트워크, 전문성 그리고 권위

전문직화 이론가들의 앞선 주장을 따른다면 '전문직' 프로젝트를 진전시킴에 따라 직업 투쟁은 어떤 사회적 지표 위에 나타날 것으로 기대할 수 있을까? 라르손의 주장에 따르면 전문직의 이상을 찾는 집단은 시장 권력을 얻기 위해 자신을 조직해야 한다. 즉 반드시 그들의 서비스를 위한 시장을 먼저 구축하고 그런 다음 이를 통제하기 위해 싸워야 한다. 인적 서비스의 판매자라는 신분으로 훈련과 교육을 통해 '제작자들을 생산'해야 한다. 그리고 직업적 독점을 위해 국가의 허가를 획득해야 한다. 또한 '면허, 자격시험, 졸업장'을 통해 독점을 승인해야 한다(1977, p. 15).

사회학자 애버트가 『전문직의 체제』에서 행한 연구는 라르손의 연구와 많은 것을 공유하며, 상당히 정교화되어 있다. 1970년대 연구에서 애버트의 가장 중요한 진전은 언론 권위의 궁극적 토대로 경제 권력을 과도하게 강조(전문직의 권력을 경제적 통제, 정치적 권력, 사회적 위상 그리고 문화적 권위의 혼합에서 오는 것으로 보기 보다는)한 것에 대해 라르손을 비판한 데 있다. 나아가 애버트는 전문직에 대한 연구는 전문직 정신의 구조적 징표와 직업 집단보다는 전문직의 일에 대한 강조로 시작해야 한다고 주장한다. 전문직 투쟁의 주요한 측면은 애버트가 주장하기로는 관할 영역에 대한 투쟁, 혹은 지식과 일 사이의 연결 고리에 대한 투쟁이다. 애버트는 전문직의 영역을 경쟁의 지형으로 보았는데, 이러한 경우 전문직 정신의 구조적 상징이라기보다는 관할 영역에 대한 경쟁으로 보았다. 전문직이 관할 영역을 주장하고 있을 때 전문직은 배타적 권리를 통해 사회가 직업의 인지적 구조 (그리고 이러한 인식에 의해 주어진 권위)를 인식해주기를 요구한다. 애버트는 "관할 영역은 문화만 가진 것이 아니라 사회적 구조를 가진다"고 주장하는데(p. 59), 구조는 이러한 사회적 인식에서 나타난다. 예를 들어 의사와 법률가들은 업무의 구체적 영역에 대한 관할 영역을 주장할 뿐만 아니라 국가의 개입을 통해 강제할 수 있는 법률적·정치적 권리를 획득한다. 저널리스트들은 다른 전문직들에 허가되는 구조적 이점을 갖지 못하지만 이들은 예를 들어 취재원 보호법과 정치 지도자에게 접근할 수 있는 특권 등을 통해 어느 정도의 법률적 인정을 얻었다.

애버트에게 전문직의 관할 영역을 확립한다는 것은 단순한 노동 이상을 필요로 한다. 관할 영역 확립의 과정은 전문직이 '추상적 지식'의 토대를 구체화하고 제시하는 매일의 방식을 가리킨다. 애버트에 따르면 일반적으로 전문직의 지식을 단순 직업의 지식으로부터 구별하는 것은 "추상적 개념으로 운영되는 지식 체계, 즉 전문직의 문제와 과제를 재규정할 수 있고, 침해자들로부터 전문직을 지킬 수 있고, 새로운 문제를 파악할 수 있는 지식 체계이다"(p. 93). 동시에 이러한 지식은 반드시 일을 통해 제시되어야 한다. 푸르니에(Fournier, 1990, p. 74)는 애버트의 이론적 틀에서 지식과 일 사이의 연결고리를 아래와 같이 묘사한다.

애버트는 그들의 관할 영역에 속하는 다양한 문제들을 처리하는 방식으로 [추상적] 지식의 체제를 조작하기 위해 전문직들이 사용하는 전략을 지칭하려는 목적으로 문화적 작업cultural work이라는 개념을 사용했다. …… 애버트는 전문직들이 특정한 '세상의 일부분'에 대해 능숙한 기능을 갖고 있다는 독점적 주장을 확립하기 위해 문화적 작업에 종사한다고 설명하고 있다. 그의 설명은 전문직들이 관할 영역을 정의하는 경계선을 유지하기 위해 반드시 참여해야 하는 적극적 활동을 강조한다.

애버트는 '전문직화의 구조'로부터 추상적 지식과 업무 사이의 관계에 관한 관할 영역 분쟁에 대한 분석으로 관심을 옮김으로써 '전통적인' 전문직 밖의 지식 기반 직업에 대한 논의를 확장할 수 있도록 해주며, 직업 집단들이 사회적·문화적 위상을 둘러싸고 투쟁하는 새로운 방식을 인식할 수 있도록 도와준다.

우리에게 편리하게도 애버트는 저널리스트 논의에 대해 상당한 지면을 할애했다. 애버트의 설명에 의하면 적어도 미국의 저널리즘은 일반적 사건에 대한 질적이고 시사적인 정보의 수집과 분배에 대한 관할 영역을 주장해 왔다. 일반적으로 저널리즘, 특히 미국의 저널리즘에서는 정치 혹은 정치 민주주의와 관련된 주제를 보도하는 기자들은 가장 높은 전문직의 위치와 특별히 뚜렷한 문화적 권위를 갖는 내적 차별성을 보인다. 저널리즘과 민주주의 정치 사이의 그러한 밀접한 연결은 국가에 의한 인정을 허용하기도 하지만 문제는 미국의 수정헌법 1조가 국가의 규제를 요청(법률가, 의사 그리고 많은 다른 전문직에 대해 국가 규제에 의한 면허를 인정하는 것처럼)하기보다는 이를 금지하기 때문에 모순적인 인정을 하는 결과를 낳는다. 미국 언론이 객관성을 갖고 있다는 주장은 어떤 정보가 수집되고, 가공되고, 제시되는 특정한 방법에는 어떤 형태의 전문성 혹은 지적 규율이 있다는 주장을 통해 아주 독특한 관할 영역을 강조하게 되었다. 현실을 객관적으로 분석하는 능력에 대해 관할 영역을 확립하는 것은 특별한 종류의 권위를 갖고 있다고 주장하는 것이나 마찬가지이기 때문이다.

요약하면 저널리즘 객관성은 직업 규범으로도 작용하고 전문직의 관할 영역을 둘러싼 보다 큰 투쟁 내에서 투쟁 대상으로도 작용한다. '전문가'적인 직업 종사자들, 이 경우 저널리스트들은 직업적 투쟁을 통해 저널리스트적 전문성의 형태를 독점하려고 시도하는데, 이러한 전문성은 전문직업적 객관성이라는 주장을 포함해 다양한 저널리스트적 실천과 내러티브로 산만하게 구성된다.

그러나 바로 이 저널리즘적 전문 지식이라는 개념은 저널리즘을 전문직에 대한 사회학적 분석 내에서 유별하게 재미있는 사례로 만든다. 저널리즘적 전문 지식이라는 개념은 이중으로 문제가 많다. 애버트는 전문직은 "특정한 사례들에 다소 추상적인 지식을 적용하는 개인들의 배타적인 집단"이라고 주장한다(Abbott, 1988, p. 8). 그러나 저널리즘적 전문직의 많은 부분은 배타적이지 않다(그리고 온라인 저널리즘의 도래로 점점 더 배타성이 약화되고 있다). 저널리스트적 지식은 추상적이지도 않다. 저널리즘은 엄청나게 과장된 지식 주장(저널리즘은 사회적 실체 중 가장 공공적인 측면을 분리하고 전환하고 해석하는 능력을 소유하고 있다)과 아주 겸손한 주장(진짜로, 대부분의 저널리스트들은 전혀 전문가가 아니고 단순히 질문을 잘 하는 일반적 지식인이다)을 동시에 내세운다. 애버트의 분석틀은 지식과 관할 영역에 대해 강조하면서 무엇이 저널리즘을 사회학적 관점에서 특이한 전문직으로 만드는지 즉시 알 수 있도록 도와준다.

만약 전문직의 투쟁이 부분적으로 특정한 형태의 전문 지식에 대한 규정과 관할 영역에 대한 투쟁이라면 정확히 무엇이 이 투쟁의 성격일까? 사회학과 저널리즘 연구 문헌에 던지는 몇 가지 공통 질문은 이들 질문이 각각 경계선을 긋고 내부자와 외부자를 만들어내는 것을 강조한다는 것이다. 1983년의 중요한 논문에서 기어린(Thomas Gieryn, 1983)은 '경계 업무boundary work'라는 개념을 제시했는데, 이것은 지식 영역들 사이의 분할선이 그어지고, 공격하고 그리고 강화되는 과정을 말한다. 특히 19세기 영국에서 과학으로부터 종교를 분리하는 것을 다루면서 기어린은 '과학'과 '비과학' 사이에 생겨나는 차이들은 부분적으로 자기 본위의 과학자들의 수사학적 책략으로 구성되고 기원한다고 주장했다. 요컨대 '무엇이 과학인가'라는 질문에 대답하는 행위는 무엇이 과학이고 무엇이 아닌지에 의해 과학을 정의하면서 과학의 근대적 개념을 형성하는 것을 도왔다. 기어린에게 과학자에 대한 규정을 둘러싼 투쟁은 경계를 둘러싼 수사학적 투쟁이었다.

10년 후 젤리저(Zelizer, 1992)는 저널리즘에 관한 논의에서 기어린의 '경계 업무'라는 개념을 모방했다. 젤리저는 전문직화라는 패러다임을 명백히 부정하면서 대신 저널리스트를 전문직이라는 장의 안과 밖에서 작동하는 담론적 출처로부터 생겨난 권위의 '해석 공동체'로 본다. 케네디 대통령 암살에 대한 미디어 보도의 사례 연구에서 젤리저는 막 등장하던 집단 즉 TV 저널리스트들이 케네디 암살에 대한 보도 그리고 암살에 대해 나중에 서로 말하는 기사를 통해 스스로를 어떻게 전문직업인으로 받아들이게 되었는지를 자세하게 설명했다. 젤리저는 저널리스트들이 '권위 있는 해석 공동체'로서의 지위를 강화하기 위한 내러티브를 사용하며, 또한 다른 해석 집단에 대해 '진실을 말하는' 입장을 강화하고, 아울러 내적 집단의 통합을 유지하기 위해 내러티브를 이용한다고 주장한다(p. 197). 젤리저가 강조하는 대로 저널리즘적 정당화 과정은 제유법, 생략 그리고 개인화 같은 전략을 통해 수행되는 수사학적인 것이다.

> 암살 기사에 대한 권위 있는 대변인으로 자신을 확립할 수 있는 저널리스트의 능력은 의도적이고 전략적인 방법으로 사용한 그들의 서술 기법에 근거를 두고 있다. 정당성에 대한 저널리스트들의 주장은 뉴스 뒤의 활동의 서사적인 재구성만큼이나 수사학적인 것이다 …… 모든 전문직 집단은 정규화된 지식 체계에 의해 구성되는 반면 저널리스트들의 해석적 권위의 대부분은 그들이 알고 있는

것에 있지 않고 어떻게 알고 있는 것을 표현하는지에 있다(p. 34. 강조는 원문).

저널리스트의 전문직 의식은 지식의 실질적 소유에 의한 것만큼 지식의 표현에 의해 확립된다는 주장은 그 자체로 논쟁적인 주장이 되지는 않는다. 실제로 전문직의 특성에 대한 주장은 후기 구조주의 비판보다 앞서고 사회학적 연구에서 프리드슨Elliot Freidson만큼 오래 전에 발견될 수 있다. 여기서 중요하고 창의적인 것은 저널리즘의 문화적 권위를 구성하는 수사학적 차원을 강조한 점에서 찾을 수 있다. 그리고 앞서 언급한 젤리저의 케네디 암살 보도 분석서인 『사체 덮기Covering the Body』가 부족함을 드러내는 것은 이 저서가 거의 배타적으로 수사학적 차원에만 초점을 맞추고 있는 데서 찾을 수 있다. 기어린에 대한 이열(Eyal, 2005, p. 16)의 최근의 비판은 젤리저에게도 적용될 수 있다.

기어린의 '경계 업무'라는 개념과 관련된 최우선의 명백한 문제점은 경계 업무가 수사학적인 것에만 한정된다는 사실이다. 권위 있는 발언자의 수를 제한하고, 그들의 진술에 다른 가치를 배정하고, 특정 주제 및 도구들을 비전문가의 검사로부터 차단하고, '측정할 수 있는' 혹은 '측정할 수 없는' 것으로 어떤 것을 특징짓는 등의 사회적 메커니즘들은 단지 수사적인 것보다 훨씬 더 강고하다. 수사학만으로는 과학, 경제학 혹은 정치학 등과 관련된 현실을 드러낼 수 없을 것이다.

저널리스트들이 다른 전문직 종사자들이 하는 것보다 더 많이 자신들을 수사학적으로 규정하는 것은 가능하다. 이들의 수사학은 그들의 일에 대한 것만이 아니라 사실은 수사학적 능력 발휘가 그들의 일이다. 그리고 의사들과 법률가들이 국가의 도움을 얻어 자신들의 영역에 진입하는 출입문에 상당한 통제권을 갖고 있고, 그 결과 시장 권력을 갖고 있지만 저널리스트들은 그들의 일에 대해 그러한 자율성을 갖고 있지 않다. 그들은 거의 언제나 고용된 일꾼이었고, 독립적인 운영자는 아니다.

그렇다면 저널리스트적 관할 영역을 둘러싼 투쟁은 '수사학적' 갈등을 포함하고 있지만 이에 제한될 수 없다. 다시 한 번 애버트의 말을 들어보자. "관할 영역은 문화일 뿐만 아니라 사회적 구조이다"(Abbott, 1988, p. 59). 저널리스트적 권위에 관한 젤리저의 개념은 거의 전적으로 문화적인 것인데, 이것은 중요하지만 완전하지는 않다. 저널리스트적 전문 기술을 둘러싼 투쟁을 이것 외의 어떤 다른 방법으로 틀 지을 수 있을까? 전문직 자체에 영향을 주는 '외부' 구조들뿐만 아니라 전문직의 사회적 구조를 더 생산적으로 통합할 수 있는 방법이 어디 있는가?

이와 관련해 또 하나의 가능성을 들자면, 최근 몇 년 동안 추종자들을 얻은 것은 저널리즘을 부르디외의 개념으로 저널리즘의 '장field'으로 다시 생각해야 한다는 것이다. 부르디외는 현대 사회에 대해 매우 분화되어 있으며, 각기 상대적으로 자율적이고 그들 자신의 논리로 어느 정도 운영되며, 서로 다른 영역 또는 '장'으로 구성되어 있다고 가정한다. 이러한 장들은 예술, 정치, 학계 그리고 우리의 목적에 가장 중요하다 할 수 있는 저널리즘을 포함한다. 커뮤니케이션 학자들 중 벤슨과 느브(Rodney Benson & Eric Neveu, 2005)는 부르디외의 장 개념을 저널리즘 연구에 적용하는 것에 앞장섰다. 같은 책에서 클리넨버그Klinenberg는 '저널리즘의 장으로 들어가려는' 대안 청년 미디어의 시도에 대해 말했고, 다른 몇몇 연구자들(Atton, 2002; Benson, 2003; Couldry & Curran, 2003)은 전문직 미디어 체제와 비전문직 미디어 체제 사이의 관계를 탐구하기 위해서 장 개념을 사용하고 있다.

그럼에도 불구하고 애튼(Chris Atton, 2002)이 지적한 대로 대안 미디어들을 부르디외의 개념적 틀로 맞추기가 어렵다. 왜냐하면 정의상 그들은 주류 저널리즘의 규범과 관행에 도전함으로써 저널리즘적 위상을 요구하기 때문이다. 장 개념은 매우 구조화되고 잘 바뀌지 않는 사회문화적 무리들(장들)을 잘 이론화할 것이지만 장 사이의 공간, 장 사이의 경쟁 그리고 장의 가장자리를 설명하는 데는 덜 유연하다. 하지만 부르디외 본인은 저널리즘도 하나의 장이라고 말할 때 막상 저널리즘이 정치적 또는 경제적 장에 종속될 수 있음을 경고하기 위해 그렇게 이야기한 것이었다. 그러나 이러한 다른 장으로부터의 완전한 자율성은 거의 생각조차 할 수 없을 것이며, 그다지 바람직한 것도 아니다(Schudson, 2006). 정치적인 것과 경제적인 것은 저널리즘 안에 통합되었다. 만약 그렇지 않다면 저널리즘이 더 큰 민주적 공중과 접촉하기보다 유아론solipsism을 지향하는 경향을 거부하기 어려울 것이다. '장' 개념은 주변, 공간 혹은 경쟁을 분석하는 데 지렛대를 제공하지 않는 것처럼 보인다.

저널리즘과 관련해 블로깅을 개념화하는 어려움을 고려해보자. '내부자와 외부자', '전문직과 비전문직', '저널리스트와 블로거' 사이의 경계선은 오늘날 흐려지고 있으며 점차 그 경계선은 더욱 모호해지고 있다. 경계선을 분명하게 정의하는 대신 증가하는 잡종, 변화하는 사회적·직업적 역할들 그리고 전문 기술들의 네트워크로 이루어진 넓고 불분명한 '경계 지대'를 상상하는 편이 더 낫다(Eyal, 2005). 한때 주류 저널리스트에 의해 저널리스트적 관할 영역 주장을 거부당했던 불법 침입자인 블로거들은 지금 언론의 신임을 받고 있다. 오랜 기간 『필라델피아 인콰이어러Philadelphia Inquirer』 기자였던 루빈Dan Rubin은 저널리스트에서 출발해 상근(유급) 블로거가 되었고, 이어 다시 저널리스트가 되었다. 카메라폰을 가진 엄청난 수의 아마추어들이 전 세계에 흩어져 있고, 전문직 사진기자보다 압도적으로 숫자가 많아졌고, 그래서 전문직 사진기자들이 접근할 수 없는 수많은 사건에 접근할 수 있다. 예를 들어 지하철 통근자가 2005 런던 지하철 폭파 사건의 주요 사진을 제공하자 전 세계의 뉴스 조직들이 이 사진을 받아서 보도했다.

이런 현상이 저널리즘의 경계 유지와 관련해 초래하는 문제는 〈월드 프레스 포토World Press Photo〉(네덜란드에 근거를 둔 전문직 포토저널리스트들의 국제 조직)가 2005년 가장 좋은 사진을 선택했을 때 분명해졌다. 즉 이 조직은 경쟁 부문에서 아부 그라이브Abu Ghraib에서의 사진, 혹은 쓰나미 후의 사진을 제외하기로 결정했는데, 이 사진들이 주류 뉴스 출판물에 실렸지만 아마추어에 의해 찍혔기 때문이다(Livingstone, 2007). 휴대폰, 카메라폰 그리고 블로그 시대에 관할 영역과 관련된 의문은 많을 것이다. 다른 한편으로는 들고 다닐 수 있고 효율적인 정보 전달 수단의 발전은 저널리즘의 권위에 대한 주장이 어떻게 성격상 다르게 표현되는지를 보여준다. 몽고메리Montgomery가 진술한 대로 TV에서 스튜디오에 있는 사회자와 현장에 있는 기자 사이의 생방송 '쌍방향' 상호작용의 증가는 방송 담론에 격식을 차리지 않는 분위기를 추가할 수 있게 되었고, 이러한 스타일상의 변화는 기자들이 발언의 사실성에 대한 책임감으로부터 벗어나게 해줌으로써 행동상의 느긋함을 허용하고 있다. 몽고메리(Montgomery, 2006)는 BBC에 대한 연구에서 뉴스의 담론으로 조직의 목소리보다는 개인적 목소리가 많아졌다고 소개하면서, 기자들은 '아마', '어쩌면', '확실하게', '실제로', '내가 생각하기에', '나의 본능에 의하면' 등의 표현을 점점 더 많이 사용하는 것을 관찰했다. 어떤 의미에서 이러한 스타일의 작업은 저널리즘의 토대에서 권위를 제거함으로써 저널리즘의 권위를 유지한다.

이상의 서술은 사회적 행위자들이 자신의 경계선을 수정하는 데 있어 수사학적 가치를 여전히 인정하고 있음을 부인하지 않는다. 저널리스트들, 블로거들, 시민 기자들, 활동가-기자들activist reporters은 모두 내부자 혹은 외부자, '우리' 혹은 '다른' 그룹의 일부로서 자신들과 다른 사람들을 정의하는 것이 유용함을 안다. 여기에서 부르디외적인 장 개념이 가치가 있다. 아마 실제로 존재하는 사회적 현실에 대한 묘사가 아니라 적어도 전통적인 저널리스트들과 그들의 다양한 경쟁자들이 감정을 투입한 경계선의 문화적 구성을 가리키는 개념이기 때문이다. 구분 항목들은 가변적이며 불분명하고, 내부자와 외부자를 정의하는 수사는 끊임없이 변하는 가운데 수사법의 채용은 관련된 다양한 사회적 행위자들의 정체성 유지에서 전략적이면서도 필수적이다.

결론

우리는 이전의 연구(Schudson, 2001)를 토대로 객관성이라는 것이 연대감 향상 및 차별성 창조 규범으로, 아울러 작업을 통해 드러나는 독특한 종류의 전문직의 지식을 보유하고 있다는 집단의 주장으로 작용한다고 주장해왔다(Abbott, 1988). 이러한 지식 관련 주장은 저널리즘의 경우 이상한 것이다. 저널리스트들은 현실에 대한 '객관적 진실'을 파악하는 직업적 능력을 갖고 있다는 대부분의 과학적·법률적 주장들과는 달리 난해하거나 독특하게 복잡한 전문성을 갖고 있다고 주장하지는 않는다. 오히려 저널리즘은 웅장하다(일반적인 관심 및 중요도를 가진 현재의 사건과 사회에 대한 정보의 수집과 분배에 대한 관할 영역)거나 겸허하다(미국의 경우 저널리스트의 전문성보다는 태도에 근거해 정보를 수집하는 것, 즉 저널리스트의 견해를 취재원의 목소리보다 아래에 두려는 능력과 의도)는 것을 동시에 주장하고 있다.

객관성(혹은 다른 저널리스트적 규범과 지식에 대한 주장)이 그보다 더 큰 직업적·정치적·경제적 사회 구조 내에서 작동하는 방식에 대한 질문은 한층 더 복잡하고 분별하기 어렵다. 한편으로 전문직업적 주장들은 분명하게 전문직의 '내부'와 '외부' 사이에 경계선을 긋는데 적용되고 있다. 또 다른 한편으로 수십 년간의 과학 연구는 우리에게 경계선에 대한 수사학적 주장, 즉 직업 집단들 스스로 내세우는 주장이 전문직 권력, 지식 그리고 권위가 작동하는 현실을 반영한다고 가정하지 못하도록 경고하고 있다. 간단하게 말하면, 지식과 전문직 권력이 있다고 하는 주장은 흔히 모순적이고 불합리하다.

우리는 전문직 권력, 권위 그리고 전문 지식의 운영에 관한 거대 이론을 만들려고 노력하지는 않았다. 현재로서는 아래의 단순한 명제들만 기억할 만하다. 즉 저널리즘의 위상에 대한 어떠한 실증적 조사라 해도 그러한 주장의 모순적 성격과 함께 (객관성 주장의 형태 그리고 다른 형태로) 저널리즘의 전문 기술의 중요성에 민감해야 한다. 동시에 저널리즘에 대한 어떠한 분석이라도 권력의 직업적 체계 '내부'와 '외부'라는 복잡하고도 모순적인 성격을 명심해야 한다.

〈참고문헌〉

Abbott, A. D.(1988). *The system of professions: An essay on the division of expert labor.* Chicago: University of Chicago Press.

Atton, C.(2002). *Alternative media.* London: Sage.

Banning, S. A.(1999). The professionalization of journalism: A nineteenth-century beginning. *Journalism History, 24*(4), 157-160.

Benson, R.(2003). Commercialism and critique: California's alternative weeklies. In N. Couldry & J. Curran (eds.), *Contesting media power: Alternative media in a networked world*(pp. 111-127). New York: Rowan & Littlefield.

Benson, R., & Neveu, E.(2005). *Bourdieu and the journalistic field.* Cambridge, MA: Polity.

Benson, R., & Saguy, A.(2005). Constructing social problems in an age of globalization: A French-American comparison. *American Sociological Review, 70*, 233-259.

Berenger, R.(2005). Al Jazeera: In Pursuit of "Contextual Objectivity", Transnational Broadcasting Studies Journal, 14, Retrieved June 7, 2006, from http://www.tbsjournal.com /Archives /Spring05/ Reviews-Berenger.html

Bledstein, B. J.(1976). *The culture of professionalism: The middle class and the development of higher education in America.* New York: Norton.

Bourdieu, P.(1984). *Distinction: A social critique of the judgment of taste.* Cambridge, MA: Harvard University Press.

Carr-Saunders, A. M., & Wilson, P. A.(1993). *The professions.* Oxford: Clarendon Press.

Chalaby, J.(1998). *The Invention of journalism.* London: MacMillan.

Collins, R.(1979). *The credential society*. New York: Academic Press.

Couldry, N., & Curran, J.(2003). *Contesting media power: Alternative media in a networked world*. New York: Rowan & Littlefield.

Dicken-Garcia, H.(1984). *Journalistic standards in the 19th century*. Madison, WI: University of Wisconsin Press.

Dingwall, R., & Lewis, P.(eds.).(1983). *The sociology of the professions: Doctors, lawyers, and others*. New York: St. Martin's.

Donsbach, W., & Patterson, T. E.(2004). Political news journalists. In F. Esser & B. Pfetsch(eds.), *Comparing political communication: Theories, cases, and challenges*(pp. 251-270). Cambridge: Cambridge University Press.

Ehrenreich, B., & Ehrenreich, J.(1979). The professional-managerial class. In P. Walker(, *Between labor and capital*(pp. 5-45). Boston, MA: South End Press.

Eyal, G.(2005). Spaces between fields. Paper presented at the conference on "Bourdieuian Theory and Historical Analysis", at The Center for Comparative Research, Yale University, New Haven, CT, April 28.

Fishman, M.(1980). *Manufacturing the news*. Austin: University of Texas Press.

Fournier, V.(1999). The appeal to "professionalism" as a disciplinary mechanism. *Social Review, 47*(2), 280-307.

Freidson, E.(1970). *Profession of medicine: A study of the sociology of applied knowledge*. New York: Dodd, Mead.

Freidson, E.(1983). *Professional powers: A study of the institutionalization of formal knowledge*. Chicago: University of Chicago Press.

Gans, H. J.(2004). *Deciding what's news: A study of CBS Evening News, NBC Nightly News, Newsweek, and Time*. New York: Pantheon Books.

Gieryn, T.(1983). Boundary work and the demarcation of science from non-science: Strains and interests in professional ideologies of scientists. *American Sociological Review, 48*, 781-795.

Hallin, D., & Mancini, P.(2004). *Comparing media systems: Three models of media and politics*. Cambridge: Cambridge University Press.

Haskell, T. L.(1984). Professionalism versus capitalism: R. H. Tawney, Emile Durkheim, and C. S. Peirce on the Disinterestedness of Professional Communities. In T. L. Haskell(, *The authority of experts: Studies in history and theory*(pp. 180-225). Bloomington: Indiana University Press.

Hughes, E. C.(1963). "Professions." *Daedalus, 92*, 655-658.

Karabel, J., & Halsey, H.(eds.).(1977). *Power and ideology in education*. New York: Oxford University Press.

Kaplan, R.(2002). *Politics and the American press: The rise of objectivity, 1865-1920*.

Cambridge: Cambridge University Press.

Klinenberg, E.(2005). Convergence: New production in a digital age. *Annals of the American Political Science Association, 59*(7), 48-68.

Lichtenberg, J.(1989). In defense of objectivity. In J. Curran & M. Gurevitch(eds.), *Mass media and society*(pp. 216-231). London: Arnold.

Livingstone, S.(2007). The "Nokia Effect": The reemergence of amateur journalism and what it means for international affairs. In D. D. Perlmutter & J. M. Hamilton(eds.), *From pigeons to news portals: Foreign reporting and the challenge of new technology*(pp. 47-69). Baton Rouge: Louisiana State University Press.

MacDonald, K. M.(1995). The sociology of the professions. London: Sage.

Montgomery, M.(2006). Broadcast news, the live "two-way" and the case of Andrew Gilligan. *Media, Culture & Society, 28*, 233-259.

Ramaprasad, J.(2001). A profile of journalists in post-independence Tanzania. *Gazette, 63*(6), 539-555.

Ramaprasad, J., & Kelly, J.(2003). Reporting the news from the world's rooftop: A survey of Nepalese journalists. *Gazette, 65*(3), 291-315.

Ramaprasad, J., & Hamdy, N.(2006) Functions of Egyptian journalists: Perceived importance and actual performance. *Gazette, 68*(2), 167-185.

Sarfatti-Larson, M.(1977). *The rise of professionalism: A sociological analysis.* Berkeley: University of California Press.

Schudson, M.(1978). *Discovering the news: A social history of American newspapers.* New York: Basic Books.

Schudson, M.(1995). *The power of news.* Cambridge, MA: Harvard University Press.

Schudson, M.(2001). The objectivity norm in American journalism. *Journalism: Theory, Practice & Criticism, 2*(2), 149-170.

Schudson, M.(2005). Four approaches to the sociology of news. J. Curran & M. Gurevitch(eds.), *Mass media and society*(pp. 172-197). London: Arnold.

Schudson, M.(2006). Autonomy from what? In R. D. Benson & E. Neveu(eds.), *Bourdieu and the journalistic field*(214-223). Cambridge, MA: Polity.

Starr, P.(1984). *The social transformation of American medicine.* New York: Basic Books.

Summers, M. W.(1994). *The press gang: Newspapers and politics(1865-1878).* Chapel Hill: University of North Carolina Press.

Tawney, R. H.(1920). *The acquisitive society.* New York: Harcourt, Brace & Company.

Tucher, A.(2004). Reporting For duty: The Bohemian brigade, the Civil War, and the social construction of the reporter. Revised version of a paper presented to the Organization of American Historians, March 2004.

Tuchman, G.(1978). *Making news: A study in the construction of social reality.* New

York: Free Press.

Tumber, H., & Prentoulis, M.(2005). Journalism and the making of a profession. In H. de Burgh(, *Making Journalists*(pp. 58-74). London: Routledge.

Weaver, D. H., & Wilhoit, G. C.(1986). *The American journalist: A portrait of newspeople and their work.* Bloomington: University of Indiana Press.

Weaver, D. H., Beam, R. A., Brownlee, B. J., Voakes, P. S., & Wilhoit, G. C.(2007). *The American journalist in the 21st century.* Mahwah, NJ: Erlbaum.

Zelizer, B.(1992). *Covering the body: The Kennedy assassination, the media, and the shaping of collective memory.* Chicago: University of Chicago Press.

Zelizer, B.(2004). *Taking journalism seriously: News and the academy.* Thousand Oaks, CA: Sage.

08_
기자와 취재원

대니얼 A. 버코위츠

기자와 취재원 연구는 편향과 권력 그리고 영향력에 관한 질문에 뿌리를 두고 있다. 이 둘의 관계는 적대적인 조건으로 묘사되었는데, 초기 연구에서 핵심적인 질문은 뉴스 제작에서 기자와 취재원 중 누가 더 큰 영향력을 행사하는가 하는 점이었다. 이 질문의 연장선에서 제기되는 질문이 바로 기자가 취재원을 활용하는 것이 과연 특정한 이슈를 더 선호하거나 배제하는 특별한 뉴스 의제로 이어지느냐는 것이다. 두 번째 연장선상에서의 질문은 취재원의 힘이 뉴스 제작에 필요한 시간과 노력을 덜어주는가 하는 것이었다.

오랫동안 기자와 취재원 사이의 관계는 본질적으로 여론을 장악하고 대중의 동의를 얻기 위한 투쟁으로 묘사되었다(Anderson, Peterson & David, 2005; Blumer & Gurevitch, 1981; McQuail, 2000; Sallot & Johnson, 2006). 기자들은 결국 사회를 부패에서 보호하는 역할을 하는 반면 공무원과 기업인들은 어떤 희생을 무릅쓰고서라도 사익을 지키려는 자로 그려지게 되었다. 하지만 이러한 종류의 권력은 일시적인 것을, 즉 특정한 쟁점과 정책의 결과들을 만들어낼 수 있는 능력을 나타낼 수 있을 뿐이다. 일단 결과가 해결되면 권력 투쟁이 다시 시작된다.

이 장에서 우리는 기자와 취재원 사이에는 여론을 맘대로 하려는 단기적 투쟁 이상의 무엇이 걸려 있다고 주장한다. 이 둘 사이의 상호작용은 장기간에 걸쳐, 하지만 역동적으로 사회에 영향을 미치는 어떤 것을 대변한다. 그것이 문화 속에서 의미를 지속적으로 만들어낼 수 있는 능력을 갖고 있기 때문이다. 또한 이 연구의 상당 부분에서는 서구적 바탕이나 배경에 대해 의문을 제기한다. 특히 언론 체제와 정치 체제는 기자의 사회적 지위와 마찬가지로 지역과 국가마다 서로 다르다. 따라서 서구 시각에서는 합의에 의한 선출로 보일 수 있는 것이 다른 지역이나 국가에서는 저널리즘적 또는 더 넓게는 문화적 현실을 반영하는 것일 수도 있다.

중요한 것은 여기서 '취재원'이란 기자들이 정보를 얻기 위해 의존하는 사람, 종종 공무원과 사회의 핵심 기관과 관련된 전문가들을 가리킨다. 취재원이라는 말은 또한 AP 같이 신문과 방송 그리고 인터넷 뉴스에 뉴스 콘텐츠를 제공하는 통신사를 가리키기도 한다(예컨대 Boyd-Barrett & Bantanen, 2004). 이 장에서 이 두 번째 의미의 취재원에 대해서는 다루지 않는다.

이 장은 우선 기자와 취재원의 관계에 대한 사회학적 관점을 다루며 이 둘 간의 상호작용을 바라보는 여러 입장을 이해하는 데 필요한 틀을 제공한다. 이어 여론에 영향을 미치려는 노력의 하나로 처음에는 적대적인 관계에서 출발해 둘 다 이득을 얻을 수 있는 좀 더 중립적인 상호 교환 그리고 마지막으로 장기적 관점에서 문화적 의미와 이념적 권력을 둘러싸고 벌어지는 협상에 대해 분석한다. 우선 이런 요소들을 살펴본 후 본질적으로 서구적인 연구 담론을 선택한 다음 이를 보다 폭넓은 글로벌 맥락에 위치시킨다. 또한 기자와 취재원 모두의 목소리와 권한 행사에 관한 질문이 핵심적인 매개 요소로 소개된다. 마지막으로 기자와 취재원 사이의 상호작용의 본질을 재형성하는 진화 중인 미디어 기술의 역할을 간략하게 언급하면서 전반적인 주장을 마무리한다.

기자-취재원 관계에 대한 사회학적 관점

기자와 취재원 관계의 형성은 저널리즘의 전문직 이데올로기의 핵심 원칙에서 유래한다(Deuze, 2005; Hackett, 1984; Roshco, 1975; Schudson, 2002). 따라서 이 관계를 이해하려면 최소한 일시적으로라도 이 이데올로기를 벗겨내 그것 안에 무엇이 있는지를 살펴보아야 한다. 이를 위해 두 가지 측면을 살펴볼 필요가 있다. 하나는 이데올로기의 기본적 요구이고, 다른 하나는 기자들이 일을 수행하고 뉴스를 만들기 위해 적용하는 절차이다.

전문직 이데올로기는 패러다임, 즉 어떤 과제를 규정대로 수행하기 위한 방법을 말한다. 기자들이 이런 패러다임을 준수한다면 원하는 결과를 얻을 수 있다(Ericson, 1999). 본질적으로 기자들의 패러다임은 과학 모델과 같다. 이들은 신뢰할 만한 자료를 모아 기사에서 어느 편도 들지 않고 이를 제시한다. 취재원으로서 전문가들과 공무원들은 이런 자료의 제공자가 되며, 기자들은 이들이 제공하는 뉴스의 원자료에 의존한다(Herman & Chomsky, 1988). 기자들은 자발적으로 의견을 제시하는 것이 허용되지 않으며, 심지어는 사건을 보도할 때도 자기 의견을 말해서는 안 된다. 이 때문에 기자의 해석은 군중의 규모에 대한 추측, 배경 묘사, 사람들의 모습이었으며, 그들이 말한 것에 관한 묘사 등의 범위로 제한된다. 이처럼 취재원이 주도하는 과정을 따름으로써 기자들은 사회의 과학자가 되고, 그들이 생산하는 뉴스는 '과학적 보도' 즉 기자들의 진실이 된다(Ericson, 1999).

표면상으로만 보면 이 패러다임은 효율적으로 작용할 것처럼 보인다. 하지만 그것은 뉴스 취재원이 통상 기자가 보도하는 내용을 여론, 나아가 궁극적으로 자신의 성공과 연결시키는 등 그에 대해 기득권을 갖고 있다는 사실은 무시하고 있다(Griffin & Dunwoody, 1995; Herman & Chomsky, 1988;

Reich, 2006). 권력자의 경우 자신에게 유리한 여론을 유지하면 그러한 지위에 계속 머물 수 있는 능력이 늘어나게 된다. 선출직 취재원의 경우 유리한 여론을 유지하려는 바람은 한층 더 커진다. 현직에 계속 남아 원하는 정책을 실행하고 싶은 것이다. 조직과 기업의 지도자의 경우 호의적인 뉴스는 현재 하는 일을 계속해도 좋다는 사회적 허락이다. 여론의 지지를 얻지 못하면 일하는 방식을 바꾸어야 한다.

그 결과 기자와 취재원 모두 많은 것을 걸게 된다. 기자들은 작성하는 기사마다 신뢰성을 건다. 마찬가지로 취재원의 경우에는 보통 직업적 성공이 걸린 경우가 많다. 이 방정식의 양 측을 합쳐보면 이 둘의 상호작용이 미묘한 협상에 달려 있음을 알 수 있다. 두 당사자 모두 목표를 달성하고 조직과 사회에서 지위를 유지하려고 한다. 시걸(Sigal, 1986, p. 29)은 다음과 같이 주장했다.

뉴스는 결국 기자들이 생각하는 것이 아니라 취재원들이 말하는 것이며, 언론사와 저널리즘 관행, 관례에 의해 매개된다. 이 과정은 개별 기자들의 개인적 선호를 많이 걸러낸다.

뉴스 및 기자-취재원 관계에 대한 이러한 서술은 기자들이 부딪치는 두 번째 차원을 부각시켜준다. 즉 뉴스는 언론사의 기대를 담은 것이고, 기자들은 적시에 그리고 동료들에게서 '좋다'는 평가를 받을 수 있는 방식으로 뉴스를 생산할 전략과 절차를 개발해야 한다는 것이 그것이다(Tuchman, 1973). 뉴스는 하나의 건축물이 되고, 기자와 취재원의 상호작용이 그러한 건축물이 어떻게 만들어질지를 결정한다(Ericson, 1999).

거의 모든 직업이나 전문직이 최소한 추상적으로는 동일한 과제에 직면한다. 기업은 근로자를 고용해야 하고, 근로자는 주어진 재원 안에서 생산량을 맞추기 위해 전략적으로 기술을 사용해야 한다. 궁극적으로 소비자들은 상품을 구입했을 때의 시점과 품질의 관점에서 만족해야 한다(McManus, 1994).

실제로 일을 하는 과정을 보자면, 기자들은 기사를 작성할 때 표준화된 절차를 따름으로써 조직상의 여러 제한에 대응한다(Ericson, 1999). 기사를 쓰려면 여러 취재원과 접촉해야 하지만 이러한 취재 과정에는 한계가 있다. 취재원을 항상 즉각 접촉할 수 있는 것은 아니다. 인터뷰 약속을 잡는 데는 시간이 필요하고, 이런 인터뷰 과정은 마감시간까지 총 근무 시간 중 일부를 차지한다. 이미 아는 취재원들은 이런 업무를 쉽게 해주지만 종종 새 취재원을 찾아야 한다(Berkowitz, 1987; Berkowitz & Adams, 1990; Brown, Bybee, Wearden & Strau-ghan, 1987; Gant & Dimmick, 2000; Roshco, 1975). 설상가상으로 몇몇 취재원은 기사 작성에 도움을 주지 않을 수 있고, 심지어 정작 필요할 때 접촉되지 않을 때도 있다. 또 몇몇 취재원은 돌연 기사로 인해 분쟁을 일으키려 할 수도 있는데, 기자들은 취재원의 이런 행동에 잘 대처해야 한다. 더욱 복잡한 문제를 들자면, 기자들은 사회적으로 학습된 언론사의 불문률 같은 '정책'이 발하는 명령을 따라야 하고, 나아가 접근할 수 없는 몇몇 취재원과 주제도 있음을 알아야 한다.

기자들이 직접 혹은 이메일이나 휴대전화로 취재원과 접촉하면 두 번째 협상 과정이 시작된다(Ericson, Baranek & Chan, 1989; Reich, 2006). 기자들은 취재원에게서 최대한의 정보를 얻고 싶어 하는데, 이때 취재원이 가고 싶어 하지 않는 방향으로 끌고 갈 수도 있다(Aad, 2006). 취재원들도 주고 싶은 정보를 기자들에게 제공할 것이다. 주로 중립적인 내용으로 자신의 대의명분에 도움이 되거나 상대방의 대의를 손상시킬 수 있는 것을 주려고 할 것이다(Gans, 1980). 취재원들은 종종 보도자료 배포, 기자회견, 행사 계획 그리고 기사화를 촉진할 수 있는 정보 유출을 통해 뉴스에 적극적으로 영향을 미치려 하기 때문에 기자들이 항상 뉴스 작성 과정을 주도하는 것은 아니다. 취재원들은 위기와 자연재해 등 자연적으로 발생할 수 있는 일에 주의를 돌려 자신의 관심사를 적극 홍보하려 할 수도 있다(Gandy, 1982; Molotch & Lester, 1974). 많은 뉴스가 취재원의 노력에서 나오고, 기자들이 쉽게 작성할 수 있는 뉴스를 제공하는 취재원은 자기 입장을 더 잘 알릴 수 있다(Curtin, 1999; Gandy, 1982; Turk, 1985). 시간이 지나가면서 점점 더 많은 뉴스가 영리한 취재원에서 나오게 되는데, 이들은 기자들이 원하는 바를 잘 알고 정기적으로 정보를 제공한다. 또한 취재원들이 제공하는 상당한 정보는 역설적이지만 점차 초점을 놓쳐 기사화되지 않을 수도 있다(Berkowitz, 1992).

요약하면 기자의 업무는 매일 취재원들과 일정을 잡는 것이다. 취재원들과의 만남은 일정 관리를 통해 이루어진다. 몇몇 기사는 마감시간이 촉박해 혹은 취재원 활용이 제한되어 있어 시간을 잡는 것이 더 복잡해진다. 기자들은 쉽게 만날 수 있고 원하는 정보를 간결하게 제공해주는 취재원들을 찾는 방법을 배운다. 취재원과 만나는 일정을 조정하고 인터뷰가 성사되면 기자들은 얻은 정보를 해석하고 몇몇 취재원의 정보를 다른 것보다 우선시하면서 업무 규칙에 상응하는 뉴스를 작성한다.

권력의 관점에서 문화적 의미 만들기에 초점을 맞추는 쪽으로 나아가기

저널리즘 이데올로기의 핵심적인 요소가 정부와 대기업을 감시하는 감시견 역할이라면 기자들이 취재원에게서 중요한 정보를 얻으려 발버둥치는 것은 매우 중요하다. 기자들은 항상 정보를 캐내고 취재원들은 기자들의 너무 지나친 취재를 저지하려 하기 때문에 이 과정은 권력투쟁으로 특징지을 수 있다(Kaniss, 1991). 취재원이 막강한 힘을 소유하고 있다면 기자의 정보 수집 노력은 좌절될 수 있다. 반대로 막강한 기자는 더 많은 취재원에게서 더 많은 정보를 수집할 수 있다(Reese, 1991). 따라서 '기자와 취재원의 힘을 결정하는 것은 무엇인가'라는 질문이 제기된다. 이와 관련해 '이 힘은 무엇에 영향을 미치는가'라는 질문이 제기된다.

첫 번째 질문, 즉 '무엇이 힘을 결정하는가'라는 질문의 경우 기자와 취재원의 답이 다르다. 기자의 경우 이 질문은 기자의 속성 그리고 기자가 일하는 언론사의 속성에 답이 있다(Herman & Chomsky, 1988). 기자와 관련해 세 측면이 두드러진다. 첫 째는 경험인데, 기자의 근속 연수가 오래되면 사회적 지위를 얻는다. 그러나 근속 연수가 오래되었다는 것만으로 힘이 생기는 것은 아니다. 예컨대 오랫동안 사회부에서 근무한 기자는 정치나 지방 뉴스에 대해 별로 힘이 없다. 두 번째는 기자의 기사가 미치는 영향력이다. 기자들이 현장에서 만나는 취재원은 기사의 영향력을 평가한다. 세 번째는 기자의 조직 내 힘이다. 기자가 조직 내에서 더 많은 자율성을 갖고 있을수록 마감시간 압력을 완화할 수 있고 기사를 작성할 기회가 더 많게 된다.

기자가 근무하는 언론사도 이 힘에 영향을 미치지만 절대적인 요소는 아니다. 예를 들어 국내나 국제뉴스 분야에서 보다 광범위한 취재망을 지닌 언론사는 일반적으로 취재원을 접촉할 때 더 많은 힘을 가진다. 이전에 영향력 있는 뉴스를 방송했거나 작성했다는 평판은 힘을 강화하고 공고하게 해준다. 예컨대 제대로 된 고급지와 대중 인기에 영합하는 타블로이드지는 동일한 취재원과 독자에 대해 상이한 힘을 지닌다. 여기에서 이들이 행사하는 영향력은 힘의 차이와 관련된다(Berkowitz & TerKeurst, 1999). 그러나 취재 범위가 넓은 언론사가 소규모 지역의 뉴스를 취재할 때 취재 범위는 언론사의 힘과 별로 관련이 없을 수 있다. 예를 들어 주로 소규모 지역 공동체와 관련된 뉴스를 전국을 취재하는 언론사가 보도할 때 지역 주민들이 이 언론사의 뉴스를 보지 않는다면 별로 힘이 없을 것이다. 이 경우 지역 언론사가 이슈나 사건의 결과에 더 많은 영향력을 가질 수 있다.

취재원의 힘을 측정하기는 더 쉽다. 지식을 갖추고 그러한 지식을 말할 수 있는 자율성을 지닌 권력 구조 내에 있는 취재원이 가장 강력하다(Ericson, 1999). 특정한 상황에서 사건을 언론에 확산시킬 수 있는 취재원은 일시적 힘을 지니고 있다. 유조선 사고 후 환경보호론자의 입장을 강조하는 취재원이 그러한 예이다(Molotch & Lester, 1974). 리즈(Reese, 1991)는 기자와 취재원이 상호 접촉하면서 드러내는 힘의 수준은 뉴스의 결과에 막대한 영향을 미친다고 지적한다. 두 당사자의 힘의 수준이 개략적으로 동등할 때 두 사람은 좀 더 공생적이고 협력적이다. 반대로 어느 한 당사자가 우위에 있다고 여겨질 때 양자의 관계는 적대적이다.

종합하자면 앞서의 논의는 기자와 취재원의 관계가 역동적 현상으로, 두 당사자가 그러한 관계에 대해 느끼는 힘에 대한 인식뿐만 아니라 특정한 상황에 따라 달라짐을 보여준다. 이 힘의 균형이 또한 둘 사이의 관계의 전개 방식에 영향을 미치고 두 당사자 중 누가 뉴스가 되는 정보에 대한 협상을 주도할 수 있는가도 결정한다. 따라서 두 번째 '이 힘은 무엇에 영향을 미치는가'라는 질문이 나온다.

관례적으로 이 질문에 대한 답은 주로 여론에 대한 영향력 그리고 뉴스 의제에 대한 영향력의 측면에서 나왔다(Kaniss, 1991; Curtin, 1999). 공무원과 기업 지도자들은 매일 호의적인 여론을 유지하려 한다. 따라서 가장 단순한 수준에서는 취재원의 힘은 진행 중인 뉴스 의제에 대해 발언권을 가질 수 있는 역량을 말한다(Berkowitz & TerKeurst, 1999). 좀 더 강한 취재원은 뉴스 의제에 오른 문제에 대해 말할 수 있을 뿐만 아니라 의제에 오른 문제의 전개 방향에도 영향을 미치고 그것에 대해 초기 논의를 이끈다. 가장 강한 힘은 어떤 문제가 뉴스 의제가 되어 공적으로 토론될지에 영향을 미치는 것이다. 어떤 문제를 대중에게 숨긴다는 것은 대중의 동의를 얻지 않고 사회에 영향을 미치는 결정을 내릴 수 있는 대단한 능력이다.

기자의 힘은 취재원의 이러한 힘의 수준과 상응하는 방식으로 나타난다. 공공 토론을 확대할 수 있는 취재원 정보를 얻을 수 있다면 그것은 기본 수준의 힘을 가졌음을 의미한다. 쟁점에 주의를 환기시키고 취재원들 간에 공공 토론을 시작할 수 있다는 것은 더 큰 힘을 가진 것이다. 기자들은 대중에게 기사를 거의 숨기려 하지 않기 때문에 세 번째 수준의 힘에 비유할 만한 항목은 없다.

그렇지만 진행 중인 뉴스 의제를 통제할 수 있는 기자와 취재원의 힘은 매우 일시적인데, 힘을 갖고 있는 사람들과 이들이 접촉하는 세계가 계속해서 유동적이기 때문이다(Fico & Balog, 2003). 새로운 행정부가 출범하면 뉴스 의제가 다시 제기된다. 몇몇 이슈는 계속해서 남아 있으나 다른 이슈는 사라진다. 새로 들어온 공직자들에게 영향을 미치지 않는 한 퇴직 공직자에 대한 여론은 별 상관이 없게 된다. 요약하자면 기자와 취재원 간의 관계를 고려할 때 여론에만 초점을 맞추는 것은 좀 더 장기적이고 지속적인 영향력을 무시하는 셈이다. 따라서 토론의 초점을 문화 그리고 그것이 담고 있는 의미로 전환하는 것이 중요하다.

프레이밍이라는 개념은 기자와 취재원이 의미에 미치는 영향을 고려하기 위한 방법이다(Pan & Kosicki, 2001). 뉴스의 의미를 이런 식으로 생각한다는 것은 이슈들이 특정한 방식으로 논의할 수 있음을 암시한다. 이때 토론에 포함되는 의미와 그렇지 않은 것과 관련해 특정한 경계가 정해진다. 기자나 취재원이 이런 식으로 통제할 때 이슈가 진행되면서 특정한 묘사가 지배적인 사고방식이 된다. 그러나 이러한 접근법은 프레이밍의 보다 폭넓은 의미가 제대로 고려되지 않는다는 약점을 가진다. 즉 이슈나 사건 혹은 사회 집단이 이런저런 방식으로 프레이밍되는 것은 특정한 규범을 제외함으로써 가능하다. 저널리즘 연구의 관점에서 보면 어떻게 뉴스 프레이밍이 규범을 놓치고, 따라서 '불공정한' 묘사로 간주되는지는 언제나 쉽게 알 수 있다. 그러나 이런 측면에는 더 큰 함의가 들어 있는데, 기자나 취재원 중 어느 쪽이 더 큰 힘을 보유하고 있는가라는 논지에서 이러한 프레이밍은 특정 그룹이나 행정부 혹은 이익집단의 장기적인 사회적 영향력이 갖는가라는 보다 거시적인 수준의 시각으로 논의가 옮겨가기 때문이다. 따라서 기자와 취재원 간의 접촉이 특정한 프레임을 생산하고 재생산하면 사회 질서에 관한 특정한 시각이 확산되고 유지된다. 즉 사건과 이슈의 의미는 이데올로기 그 자체에 영향을 미치는 기자와 취재원 간의 관계에 일정한 함의를 지닌다(Coman, 2005).

기자-취재원 관계와 관련된 의미를 바라보는 또 다른 시각은 해석 공동체에 취재원들이 반응하는 정도에서 유래한다(Berkowitz & TerKeurst, 1999; Zelizer, 1993). 해석 공동체는 일상생활 중 의미가 구성되고 공유되며 재구성되는 문화적 장소이다. 이 공동체에 참여하는 그룹은 구체적 장소, 조직, 사이버 공간 그리고 다른 사회적 집단을 통해 결성될 수 있다. 해석 공동체 구성원들은 당연시되는 의미를 내재화하면서 상호작용하고 특정 이슈와 사건에 대한 가치 그리고 해석의 안내자로 그러한 의미에 의존한다.

기자는 의미들의 이중성에, 전문직적 해석 공동체와 취재원의 해석 공동체 둘 다에 위치해 있다(Berkowitz & TerKeurst, 1999). 기자들의 전문직적 해석 공동체에는 크게 보면 네 가지 차원이 있다. 첫 번째 차원은 객관성, 독립성, 공정성 그리고 감시자 역할 같은 언론의 전문직적 이상을 고려하는 직업적 이데올로기의 측면이다. 두 번째로 기자는 소속 언론사의 해석 공동체를 염두에 둔다. 기자는 일하면서 일상생활 중에 사회적으로 자사의 이런 '정책'을 배웠다. 이런 두 번째 해석 공동체는 첫 번째와 충돌할 수 있다. 언론사의 정책은 특정 취재원과 조직을 선호하거나 특정 취재원에 대해서는 비판적으로, 특정 취재원은 통상적으로 취급하도록 하는 지침도 기자에게 줄 수 있다. 세 번째와 네 번째 해석 공동체는 젤리저가 말하는 이중적 시간이라는 개념을 통해 나타난다. 이 경우 기자들은 사건과 이슈의 현재에 위치한 의미를 고려하면서 보다 넓은 역사적인 참조점도 감안한다. 이 참조점은 과거에 발생한 사건과 현재 발생한 사건과의 비교를 가능하게 해준다(Zelizer, 1993).

취재원의 해석 공동체는 기자의 이러한 네 가지 차원에 직면한다. 사건이 발생하거나 이슈가 제기되었을 때 취재원은 가능한 해석 가운데 주도적인 의미를 전면에 내세우려 한다. 기업이나 정부 그리고 이익집단은 자신들이 선호하는 의미를 수용하게 하는 해석을 통해 자신들의 사회적 지위와 힘을 보호하고 강화하려 한다. 기자나 취재원에게 이러한 의미 수용은 반드시 의식적이거나 전략적인 행동일 필요는 없다. 이들은 이 대신 암묵적 합의에 의존한다. 오랫동안 접촉하면서 나온 합의된 의미가 존재하기 때문이다. 비록 이런 의미는 단기간만 일관성이 있으나 약간은 역동적이기도 하다.

요약하자면, 언론사 업무와 취재원 공동체라는 두 장소에서 만들어지는 이러한 의미는 감시자로 사회에서 자율적으로 행동하는 기자라는 고전적 관점이나 기자와 취재원의 단기적 전투에서 뉴스가 만들어지지 않음을 보여준다. 대신 기자들은 해석 공동체의 네 가지 차원에 의존한다. 마찬가지로 취재원도 경쟁적인 해석 공동체 안에 거주하면서 지금까지 배워온 더 선호하는 쪽의 의미에 반응한다.

글로벌 맥락 속의 기자-취재원 관계

기자와 취재원에 관한 연구는 대부분 서구의 언론 체제, 특히 미국에서 이 관계가 표출되는 방식에 기초하고 있다(Josephi, 2005). 그렇다면 다른 언론 체제를 이해하기 위해 이런 지식을 어느 정도까지 활용할 수 있는가라는 질문이 나온다. 이런 기본 질문에 대한 두 개의 추가 질문은 정반대 방향으로 향한다(Reese, 2001). 첫 번째 추가 질문은 언론 체제 사이의 차이에 어느 정도의 가중치를 두어 이해할 것인가 하는 것이고, 두 번째 추가 질문은 한 언론 체제 내의 차이들에 대해 얼마나 주목할 것인가 하는 점이다(Hanitzsch, 2006).

이들은 답변이 쉽지 않은 질문이지만 국가들과 그들의 언론 체제 간에 존재해온 오랜 차이들을 모호하게 만드는 글로벌 저널리즘이 존재한다고 주장하기도 마찬가지로 어렵다. 한 언론 체제의 규범이 다른 체제에서는 일탈이 되는 많은 일화가 존재한다(Schudson, 2003, pp. 134~153). 그러나 그러한 사례들을 이해하기에 적합한 분석 차원이 명확하지 않다. 미디어 외부나 사회라는 차원이 가장 적합할 듯 하지만 한 언론 체제의 동질성을 너무 축소하지 않도록 주의해야 한다(Hanitzsch, 2006. Reese, 2001). 결국 우리는 동일한 큰 틀의 질문인 기자-취재원 관계가 뉴스에 영향을 미치는 방식은 무엇인가 하는 것으로 다시 돌아온다. 일단 한 나라의 단일 언론 체제를 떠나면 정확한 대답을 찾기가 매우 어렵다.

휴대용 관계의 사례들

따라서 기자-취재원 사이의 기본적인 관계는 '휴대용portable'이라고 볼 수 있다. 즉 형식은 다르지만 가장 권위적인 정부에서 가장 방임적인 정부에 이르기까지 이런 관계가 모든 언론 체제 안에 존재한다(Josephi, 2005). 동일한 상황을 검토하더라도 저널리즘의 전문직주의를 바라보는 어떤 렌즈에서는 자유의 요소로 간주될 수 있는 것이 다른 렌즈로 보면 제약된 것으로 간주될 수 있다. 어쨌든 기자들은 혼자 뉴스를 작성하는 것이 아니라 권위를 지녔다고 인정된 누군가에 의존해 기사를 작성한다는 근본적 믿음을 갖고 있다(Hanitzsch, 2006).

예를 들어 일본의 기자클럽에서 기자와 공무원 사이의 관계는 고도로 통제된다. 반면 네덜란드의 외신 기자들은 뉴스를 제작해야 한다는 부담감이 별로 없기 때문에 공적 취재원에게서 상당한 자유를 누린다(Schudson, 2003, pp. 138~139; Zelizer, 2004, p. 152). 일본의 경우 공무원이 말하는 게 대개 뉴스가 되지만 네덜란드에서는 기자들이 책임을 지기 때문에 기자들이 쓰는 주관적인 뉴스가 규범으로 수용된다. 다른 언론 체제에서는 취재원이 취재 기자에게 보도에 대해 돈을 지급한다. 이는 미국 기자들이 볼 때 극히 비윤리적인 행태다. 그러나 뉴스 취재의 대가를 돈으로 받는 것은 멕시코나 다른 몇몇 나라의 경우 레스토랑의 웨이터들이 팁을 받듯이 저임금을 보조하는 '봉투 저널리즘envelope journalism'의 한 방식으로 간주된다(Schudson, 2003, pp. 149~150; Zelizer, 2004, p. 152).

다른 비교도 언론 문화와 사회 문화의 결합으로부터 발생하는 차이들을 보여준다. 예를 들어 일련의 가상적 시나리오에 반응하는 것을 기준으로 미국과 이스라엘 기자들을 비교했을 때 미국 기자들은 취재원과 훨씬 덜 타협적이었다. 그러나 미국과 이스라엘 기자들 모두 취재원 보호에 관해서는 유사한 견해를 표명했다(Berkowitz, Limor & Singer, 2004). 한국의 경우 일부 연구는 기자와 취재원의 관계가 서구의 전형적인 경우보다 점점 더 사적으로 되어 가고 있지만 취재원들이 우호적인 상호작용을 통해 기자를 끌어들이려고 하지는 않는다는 점을 보여준다. 다만 이런 종류의 친밀한 우호 관계는 한국 문화 전반의 핵심적 요소였다(Berkowitz & Lee, 2004; Kim & Bae, 2006; Shin & Cameron, 2003). 스웨덴과 덴마크 언론을 연구한 것을 보면, 정치와 경제 분야의 엘리트와 지역 언론사에서 근무하는 기자들 간에 높은 정도의 공생 관계가 형성되었다(Falkheimer, 2005). 이는 러시아의 상황과 대비된다. 러시아에서 자율적인 취재원이 최근에야 출현했기 때문에 취재원들은 기득권을 확대하려 하고 기자들은 새로 얻은 힘을 극대화하기 위해 양 당사자 간에 끊임없는 전투가 벌어지고 있다(Koltsova, 2001). 뉴질랜드에서는 기자와 취재원 사이의 관계가 보다 우호적인 듯하다. 그럼에도 취재원이 양자 관계를 주도하려는 경향이 강하다. 셔드슨(Shudson, 2003)은 이런 취재원을 '준기자'라고 불렀다. 이들은 정보를 중립적으로 전달하기보다 자신에게 '우호적인 사실'을 기자에게 제공한다(Rupar, 2006). 영국과 스페인에서 기자와 취재원 사이의 관계를 연구한 결과에 따르면 위기는 기자-취재원 관계에 특별한 계기를 제공했다. 이럴 때 취재원은 자신의 의제를 보다 확대하고 경쟁자에게 손해를 입히기 위해 기자의 호의를 얻으려 한다. 이러한 과정은 '복화술사 저널리즘ventriloquist journalism'이라고 불린다(Sanders & Canel, 2006).

글로벌한 연구 기반에서 배우기

위에서 든 예들은 여러 나라에서 기자-취재원 관계에는 상당한 공통점도 있지만 언론 외부 및 사회적 수준에서는 미묘하거나 상당한 차이들이 있음을 보여준다. 권위주의적-자유방임적 사회를 잇는 연속선상에서 비슷한 위치끼리 가장 분명한 공통점을 보이는데, 기자의 유사한 자율성의 정도가 양자 관계의 경계를 이루고 있다. 언론 체제에 관한 알철(Altschull 1995)의 시각은 이런 상황을 다시 한 번 재구성해 보여주는데, 정부의 경제발전을 지지하기 때문에 기사 작성에 제약을 받는 기자들은 국가의 경제발전을 위해 어쩔 수 없다는 명분 아래 정부 취재원에 대한 요구를 스스로 제한한다.

연구를 한 체제로부터 다른 체제에 적용할 때 취할 수 있는 한 입장은 아무리 유사해 보여도 한 언론 체제에 대한 연구 결과를 다른 체제에 그대로 일반화할 수 없다는 주장이다. 이보다 생산적인 두 번째 입장은 이전 가능성 transferability이라는 개념을 채택하는 것일 것이다(Denzin & Lincoln, 2005). 이 개념은 두 사례의 맥락적·구조적 유사성을 확인하고 대조한 다음 한 사례의 연구 결과를 다른 곳에 적용해 다른 사례를 더 잘 이해하려 한다. 이 두 번째 접근법은 중요한 차이점을 간과하는 환원주의적 접근법을 피하고, 동시에 한 상황에서 다른 상황으로 옮겨갈 수는 없다는 절대주의적 관점도 피할 수도 있다.

이전 가능성과 비교의 이점은 사례를 대조하면 각자의 두드러진 특징을 더 잘 드러낼 수 있다는 것이다. 예를 들어 문화별 대인 관계 일반을 비교하는 것은 각 언론 체제 간 기자와 공직자 사이의 상승적 혹은 갈등적 수준에서의 차이를 이해하는 기초가 될 수 있다. 이와 유사한 맥락에서 문화별 젠더 평등성, 특히 기자들의 성비 구성을 고려하면 공직자가 기자에 대해 행사하는 '미묘하면서도 그렇게 미묘하지 않은' 힘의 뉘앙스를 드러낼 수 있다.

전반적으로 보아, 글로벌한 이해를 위한 핵심적인 사항은 새로운 연구를 위한 개념적 틀을 개발할 때 기자와 취재원에 대한 연구의 맥락에 지속적으로 주의를 기울이고, 그런 다음 현존의 시각을 적용할 때 해석의 경계선들을 계속 인식하고 있는 것이라고 할 수 있다.

발언권 — 젠더, 인종, 기자-취재원 관계

언론의 취재 패러다임이 권한을 보유한 취재원에 의존할 것을 요구한다면 그러한 권한을 가졌다고 생각하는 사람들이 뉴스에 더 많은 발언권을 가질 것이라는 것이 기자와 취재원 관계에서 핵심적 관심사항이다. 높은 지위의 공직자 취재원이 뉴스에 등장하면 기자-취재원 관계는 사회의 권력관계를 정당화하거나 구체화하는 경향이 있다(Manning, 2001; Sigal, 1973; Soloski, 1989). 왜냐하면 기자가 하는 일은 사실성의 후광을 가진 뉴스를 만드는 것이기 때문이다. 이 때문에 신뢰할 만한 취재원의 발언은 '사실fact' 여부를 확인할 필요 없이 뉴스에서 사실로 다루어질 수 있다(Ericson, 1999). 대부분의 사회에서 사실의 보유자는 이념적으로 지배적인 주류 사회에서 살고, 그러한 사회의 지배적인 이념적 제도를 대변하며, 지배적인 프레임을 제시한다(Hertog & McLeod, 2001). 대부분의 경우 취재원은 남성 권위자로 사회의 소수자 집단에 속하지 않는다(Allan, 1998; Kitzinger, 1998; Ross, 2007).

기자-취재원 관계와 관련해 중요한 질문은 '누가 발언권을 갖는가'이다. 즉 지배적인 주류의 목소리가 어느 정도까지 기자들이 얻는 정보를 통제하며, 여성과 소수자 집단이 뉴스에 등장해 의미를 형성할 기회를 얼마나 갖는가 하는 질문이다. 물론 이 질문에 대한 답변은 명확하게 수치로 표현할 수 없으나 그럼에도 불구하고 그러한 측면에서 제기될 수 있다. 그보다는 덜 명백하지는 않지만 두 번째 질문은 기자가 소속된 젠더(성)와 인종은 얻을 수 있는 '사실'의 종류와 양에 어떻게 영향을 미치는가 하는 것이다.

기자가 선택하는 취재원이 주류 남성 공직자라면 그러한 관계에서 여성이 발언권을 얻고 적극적인 역할을 할 수 있는 상황은 어떠한 것이 있을까를 검토하는 것은 유용할 것이다. 지금까지 연구되어온 핵심적인 질문 중의 하나는 여성 기자와 여성 취재원 간의 상호작용은 어떠한가 하는 것이다(Armstrong, 2004; Freedman & Fico, 2005; Van Zoonen, 1998; Zeldes & Fico, 2005). 이 맥락에서 연구의 주요한 방향은 여기자들이 기회가 있다면 여성 취재원에 더 의존하느냐 하는 점이다. 이 연구는 여기자들은 남성의 권력 구조에 덜 몰입되어 있어 여성 취재원과의 인터뷰에 더 편안함을 느낄 것이라는 논리를 전제하고 있다. 일종의 젠더에 기반한 동지애로서 사회적·정치적 권력이라는 측면에서 우선권을 갖는 남성 취재원과의 사이에서는 존재하지 않는 관계이다.

젤디스와 피코(Zeldes & Fico, 2005)는 2000년 대통령 선거 기간 중 지상파 뉴스에 나오는 기자 및 취재원의 젠더와 인종 연구를 통해 다음과 같은 결과를 이끌어냈다. 즉 여성 및 소수 인종 기자들이 작성한 기사는 좀 더 다양한 취재원을 활용했음이 밝혀졌다. 유사한 결과가 다른 연구에서도 나왔으나 정도는 덜했다. 프리드먼과 피코(Freedman & Fico, 2005)는 주지사 선거 관련 보도의 경우 전문성 측면에서 취재원을 분석했다. 이들은 여기자 이름으로 쓴 뉴스에서는 정당 소속이 아닌 여성 취재원을 더 많이 인용하는 경향이 있음을 밝혀냈다. 그러나 정당 소속이 아닌 압도적인 다수가 남성 취재원이었고 여성 비전문가 취재원의 활용 빈도는 전체 인구에서 그들이 차지하는 비율에 비하면 훨씬 더 낮았다. 암스트롱(Armstrong, 2004)의 연구도 유사한 결과를 보여준다. 남성 취재원이 더 자주 그리고 보다 비중 있게 언급되었다. 이 연구에서도 여기자들은 여성 취재원을 이용하는 빈도가 상대적으로 높았다. 로스(Ross, 2007)는 영국의 지방 신문의 젠더 문제를 연구했고, 역시 동일한 패턴을 발견했다. 즉 여기자들이 쓴 기사도 남성 취재원을 압도적으로 많이 활용했음이 드러났다.

이러한 연구 결과들에서 나타나는 차이의 정도는 부분적으로 보다 폭넓은 조직 및 기자라는 전문직업적 기대에 의해 줄어든다. 왜냐하면 편집국이나 보도국의 규범과 실무가 순응화 메커니즘으로 기능하는데, 특히 대규모 신문사에서 더 그렇다(Rogers & Thorson, 2003). 주로 남성이 편집국이나 보도국의 수장 자리를 차지하고 있기 때문에 이들의 그러한 순응화 기대는 여기자들의 취재원 범위의 확대 욕구를 제어할 수 있다(Weaver 등, 2007). 그러나 특정한 종류의 뉴스에서는 여성 취재원이 더 많이 등장할 수도 있다(Armstrong, 2006). 이에 대한 대안으로 몇몇 언론사는 다양한 취재원 활용을 격려하는 공식 정책을 채택했다(Mohamed & Fleming-Rife, 2002).

취재원의 젠더에 관한 연구는 또 주류 바깥의 인종과 민족을 얼마나 취재원으로 이용하는지를 알려준다. 예컨대 미국에서는 남미계, 아시아계 혹은 미국 원주민은 취재원으로 거의 나오지 않는다. 아프리카계 미국인은 좀 더 자주 취재원으로 나오는데, 특히 복수의 취재원이 뉴스에 나올 때 그렇다(Poindexter, Smith & Heider, 2003). 또한 소수자를 취재원으로 활용해야 한다는 명시적 정책이 있는 언론사의 경우에도 뉴스에 등장하는 취재원의 구성은 거의 흡사하다(Mohamed & Fleming-Rife, 2002).

취재원의 다양성이라는 개념을 좀 더 확대하면 몇몇 언론사는 대안적 또는 저항적 개념을 제시한다. 이들 뉴스는 보통 시민을 취재원으로 더 많이 활용할 것으로 기대할 수 있다. 그러나 놀랍게도 이들 대안적 개념의 뉴스들도 보통 시민보다는 엘리트를 취재원으로 강조하는데, 비록 이들 엘리트들이 지배적인 주류 엘리트의 바깥 출신이긴 하지만 이런 경향은 미국의 대안적 라디오 방송국뿐만 아니라(Eliasoph, 1988) 영국의 시민운동 신문에서도 발견되었다(Atton & Wickenden, 2005). 두 언론사 모두 독자가 올바른 '사실'의 보유자로 여길 만한 권위자에게서 정보를 수집해야 하기 때문에 엘리트에 의존한다는 입장이다. 이 경우들에서 드러나는 진정한 차이점은 이들 대안적 언론은 자신들의 이념적 입장과 유사한 권위자를 취재원으로 활용한다는 것이다. 이와 반대로 주류 언론은 주류 공직자나 반대 진영의 전문가 중 어느 한쪽을 취재원으로 선택해야 할 상황에서 이념적 일관성을 유지하기 위해 주류 공직자를 취재원으로 선택한다(Coleman, 1995).

권력 관계의 전환: 여성 기자와 남성 취재원

이제까지의 논의는 주류 취재원이 뉴스를 주도하는 방식과 이런 취재원의 대다수가 남성 공직자임을 보여주었다. 이런 상황 때문에 취재원들은 사회적으로 막강한 힘을 보유한다. 미국 언론사 편집국이나 보도국의 경우 1/3이 여성이고 신참 기자의 절반 이상이 여성이다. 이런 정도의 젠더 균형은 힘과 전문성 그리고 권위를 고려하면 상당히 약해진다(Weaver 등, 2007). 언론사 근무 경력이 최소한 15년 이상인 기자의 경우 여성은 1/4을 차지할 뿐이다. 요약하자면 여기자는 언론사 근무 경력이 몇 년 되지 않는 낮은 지위에서 기자-취재원 관계를 맺지만 남성 기자들처럼 시간 경과에 비례해 지위가 높아지지 않는 것을 볼 수 있다.

이스라엘에서 행한 여성 기자와 남성 취재원 사이의 관계에 대한 연구는 이런 불균형을 입증해주며, 나아가 기자-취재원 사이의 상호작용의 젠더 불균형성을 확인해준다(Lachover, 2005). 이스라엘에서 남성 취재원은 여성 기자에게 영향을 미치기 위해 힘의 불균형 상황을 종종 이용한다는 사실이 발견되었으며, 남성 취재원들은 가끔 여기자들에게 깊은 인상을 남기기 위해 평소보다 더 협조적으로 변할 때도 있었다. 여기자들은 남성 취재원과의 이러한 성적인 요소가 개입된 관계를 잘 알고 있었고, 이들에게서 더 많은 정보를 얻기 위해 일부러 약한 것처럼 보이거나 '애정 관계를 시작하려는 듯 했다'고 털어 놓았다. 탄자니아의 경우 남성 취재원이 종종 여기자를 성적으로 희롱하기도 했지만 이스라엘과 유사한 상황이라는 연구 결과가 있다

(Robins, 2001).

결론적으로 이러한 논의는 기자-취재원 사이의 관계가 명확한 불균형 상태에 있음을 시사하며, 나아가 젠더화되고 이념화된 사회 및 여론의 대표성을 구성하고 있음을 보여준다. 여기서 논의된 연구 문헌의 상당수는 미국에 기반을 두고 있지만 관련된 힘의 균형 및 의미 만들기를 이해하는 데 분명한 함의를 갖고 있다. 단순화하자면 모든 취재원이 기자와의 관계에서 평등하지는 않으며, 여성이나 소수인종의 경우 기자나 취재원 중 어느 위치에 있더라도 모두 약한 입장에 서게 된다는 점이다.

결론

이 장은 기자-취재원 사이의 관계에 대한 연구가 두 개의 극단적인 차원에서 이루어져 왔다는 전제에서 시작했다. 기자가 감시견 역할을 하는 적대적 관계 그리고 기자와 취재원 모두 어떤 것을 포기하고 대신 다른 어떤 것을 얻는 공생적 관계가 그것이다. 두 가지 입장 모두 서구, 특히 미국의 시각에서 나왔다.

그러한 입장에는 세 가지 문제가 깔려 있다. 첫 번째, 그러한 상황에서는 둘 중의 하나만 맞는 것은 아니다. 대신 적대적이고 공생적인 상호작용의 요소들이 연속선 위에 놓여 있고, 양자가 인식하는 힘이 지속적으로 변한다. 따라서 기자-취재원 사이의 관계는 지속적으로 협상하는 관계이다. 두 번째, 양자 관계는 상황 의존적이다. 양자 관계의 본질은 시대적 맥락에 달려있으나 그 외에도 고려 중인 이슈, 기자와 취재원이 만나는 언론 체제, 나아가 관련된 양 당사자의 젠더와 인종에도 달려 있다. 세 번째, 상당수 연구는 '그래서 어떻다는 것인가'라는 문제를 간과했다. 즉 왜 어느 쪽이 주도하는가 하는 문제에 신경을 쓰는가 하는 문제를 말이다. 단기적 관점에서의 대답은 쉽다. 왜냐하면 뉴스의 얼굴을 통제하는 것은 여론의 형성에 영향력을 행사하고, 나아가 사회 문제와 사회 토론에 힘을 행사할 수 있기 때문이다.

그러나 이런 단기적인 답은 충분하지 않다. 뉴스에 영향을 미치는 능력은 장기적으로 문화적 의미를 통제하는 것과 동일하다. 의미는 비록 역동적이나 여론처럼 빨리 움직이지 않는다. 기자나 취재원이 의미에 관한 장기적인 뉴스 담론에 영향을 미칠 수 있을 때 그들은 주도적인 이념적 입장이나 개인 및 제도 그리고 사건에 관한 '상식적' 이해에도 영향을 미칠 수 있다. 토론의 중심에 있는 핵심 용어들은 이념적 의미를 띠게 되어 본질적으로 논쟁의 여지가 없는 속성을 가진 표의문자ideographs가 된다. 그런 다음 이러한 표의문자가 일상생활에서 대화의 도구가 되어 사용될 때 그것의 의미가 당연시된다. 예를 들어 미국, 영국, 스페인 그리고 러시아에서 '테러 행위'가 발생한 이후 이 용어는 특정 사회 집단, 특정한 정치적 입장, 특정한 이슈, 심지어 특정 지역을 자동적으로 포함하게 되었다. 사회적 대화가 좀 더 계속되면서 이런 의미는 점점 더 자연스럽게 수용되고 '우리'와 '다른 사람들' 간의 분리는 당연시된다. '민주주의'라는 용어도 이와 유사한 곳에 위치해 있다.

의미에 영향을 미치는 이런 현상과 관련해 문화의 영향과 정체성의 역할이라는 두 가지 매개 요소가 도입되었다. 기자와 취재원의 상호작용이 일어나는 국가는 부분적으로는 언론 체제가 서로 다르고, 또 다른 부분에서는 언론이 특정 문화에서 수행하는 역할 때문에 차이를 만들어낸다. 마찬가지로 젠더와 인종도 기자와 취재원에게 사회적 의미라는 속성을 부여해 두 당사자의 역할을 제한하거나 가능하도록 만든다. 여성 취재원은 일단 기자와 접촉한다 해도 종종 접근 능력이 떨어질 때가 있고, 일단 접근한다고 해도 상호작용의 방향을 제어할 수 있는 힘이 부족할 수 있다. 특정한 문화의 주도적인 인종에 속하지 않는 취재원의 경우도 마찬가지다. 여성 기자도 결국 남성 기자보다 힘과 영향력이 떨어진다는 그와 유사한 역할 문제를 겪는다.

또 다른 요소인 테크놀로지도 일정한 역할을 한다. 예컨대 TV 뉴스는

"보다 의견 지향적이고 취재원을 활용하는 정도도 덜하며", 따라서 '연성 담론soft discourse'으로 간주될 수 있다. 이런 특성으로 인해 방송 기자들은 취재원에 기반한 사실과 다소 거리를 둘 수 있다(Schudson & Dokoupil, 2007). 기술 융합도 상황을 변화시켜 기자와 취재원 간의 대면 접촉 혹은 통화가 줄어들었고 이메일이 이런 격차를 메우고 있다. 게다가 블로그는 기자와 취재원의 구분을 모호하게 만들었고, 이 때문에 취재원의 역할은 애매모호하게 되었다(Pavlik, 2004). 마지막으로 인터넷에서 행하는 간접 취재 활동은 누가 중요한 취재원인가 하는 문제, 나아가 어느 정도로 취재원을 활용해야 하는가 하는 문제를 놓고 상황을 더욱 복잡하게 만들었다(Ruggiero, 2004).

이러한 매개 요소들과 상관없이 이런저런 형태로 취재원을 활용하는 것은 '저널리즘 하기'라는 전략적 의례의 핵심적 사항으로 남아 있을 것이다. 자기 의견을 뛰어넘는 어떤 것을 쓸 필요가 있고, 자신을 이슈나 사건의 해설자가 아니라 정보 전달자로 보는 한 기자는 취재원에 의존할 필요가 있다. 취재원은 흔히 권위를 갖고 있다고 생각되지만 그럼에도 조직 내 기득권의 입장에서 그리고 소속 문화권의 이념적 입장에서 이야기한다. 단기적으로 보자면 기자-취재원 사이의 관계는 시시각각 변하는 사회적 힘에 달려 있다. 그러나 장기적으로 보자면 기자-취재원 간의 상호작용 — 미디어는 그 결과를 보도한다 — 은 세상이 돌아가는 방식에 관해 일반인들이 당연시하게 될 전제를 형성할 잠재력을 갖고 있다.

〈참고문헌〉

Allan, S.(1998). En)gendering the truth politics of news discourse. In C. Carter, G. Branston, & S. Allan(eds.), *News, gender and power*(pp. 121-140). London: Routledge.
Altschull, J.(1995). *Agents of power: The media and public policy, 2nd ed.* White Plains,

NY: Longman.

Anderson, A., Peterson, A., & David, M.(2005). Communication or spin? Source-media relations in science journalism. In S. Allan(, *Journalism: Critical issues*(pp. 188-198). Berkshire & New York: Open University.

Armstrong, C.(2004). The influence of reporter gender on source selection in newspaper stories. *Journalism & Mass Communication Quarterly, 81*(1), 139-154.

Armstrong, C.(2006). Story genre influences whether women are sources. *Newspaper Research Journal, 27*(3), 66-81.

Atton, C., & Wickenden, E.(2005). Sourcing routines and representation in alternative jour-nalism: A case study approach. *Journalism Studies, 6*(3), 347-359.

Awad, I.(2006). Journalists and their sources: Lessons from anthropology. *Journalism Studies, 7*(6), 922-939.

Berkowitz, D.(1987). TV news sources and news channels: A study in agenda-building. *Journalism Quarterly, 64*, 508-513.

Berkowitz, D.(1992). Who sets the media agenda? The ability of policymakers to de-termine news decisions. In J. D. Kennamer(, *Public opinion, the press, and public policy*(pp. 81-102). Westport, CT: Praeger.

Berkowitz, D., & Adams, D.(1990). Information subsidy and agenda-building in local tele-vision news. *Journalism Quarterly, 67*(Winter), 723-731.

Berkowitz, D., & Lee, J.(2004). Media relations in Korea: *Cheong* between journalist and public relations practitioner. *Public Relations Review, 30*, 431-437.

Berkowitz, D., & TerKeurst, J.(1999). Community as interpretive community: Rethinking the journalis tsource relationship. Journal of Communication, 49(3), 125-136.

Berkowitz, D., Limor, Y., & Singer, J.(2004). A cross-cultural look at serving the public in-terest: American and Israeli journalists consider ethical scenarios. *Journalism: Theory, Practice, & Criticism, 5*(2), 159-181.

Blumler, J., & Gurevitch, M.(1981). Politicians and the press: An essay on role relationships. In D. Nimmo

& K. Sanders(eds.), *Handbook of political communication*(pp. 467-493). Newbury Park, CA: Sage.

Boyd-Barrett, O. & Rantanen, T.(2004). News agencies as news sources: A re-evaluation. In C. Paterson & A. Sreberny(eds.), *International news in the twen-ty-first century*(pp. 31-45). London: John Libbey.

Brown, J., Bybee, C., Wearden, S., & Straughan, D.(1987). Invisible power: Newspaper news sources the the limits of diversity. *Journalism Quarterly, 67*, 45-54.

Coleman, C.(1995). Science, technology and risk coverage of a community conflict. In D. Berkowitz(, *Social meanings of news: A text-reader*(pp. 483-496). Thousand

Oaks, CA: Sage.

Coman, M.(2005). Cultural anthropology and mass media: A processual approach. In E. Rothenbuhler & M. Coman(eds.), *Media anthropology*(pp. 46-55). Thousand Oaks, CA: Sage.

Curtin, P.(1999). Reevaluating public relations information subsidies: Market-driven journalism and agenda-building theory and practice. *Journal of Public Relations Research, 11*(1), 53-90.

Denzin, N., & Lincoln, Y.(2005). Introduction: The discipline and practice of qualitative research. In N. Denzin & Y. Lincoln(eds.), *The Sage handbook of qualitative research, 3rd ed.*(pp. 1-32). Thousand Oaks, CA: Sage.

Deuze, M.(2005). What is journalism? Professional identity and ideology of journalists reconsidered. *Journalism: Theory, Practice & Criticism, 6*(4), 442-464.

Eliasoph, N.(1988). Routines and the making of oppositional news. *Critical Studies in Mass Communication, 5,* 313-334.

Ericson, R.(1999). How journalists visualize fact. *The Annals of the American Academy of Political and Social Science, 560*(1), 83-95.

Ericson, R., Baranek, P., & Chan, J.(1989). *Negotiating control: A study of news sources.* Toronto: University of Toronto.

Falkheimer, J.(2005). Formation of a region: Source strategies and media images of the Sweden-Danish Oresund region. *Public Relations Review, 31*(2), 293-297.

Fico, F., & Balog, O.(2003). Partisan sources receive more space in conflict issues. *Newspaper Research Journal, 24*(4), 22-35.

Freedman, E., & Fico, F.(2005). Male and female sources in newspaper coverage of male and female candidates in open races for governor in 2002. *Mass Communication & Society, 8*(3), 257-272.

Gandy, O.(1982). *Beyond agenda setting: Information subsidies and public policy.* Norwood, NJ: Ablex.

Gans, H.(1980). *Deciding what's news.* New York: Vintage Books.

Gant, C., & Dimmick, J.(2000). Making local news: A holistic analysis of sources, selection criteria, and topics. *Journalism & Mass Communication Quarterly, 77*(3), 628-638.

Griffin, R., & Dunwoody, S.(1995). Impacts of information subsidies and community structure on local press coverage of environmental contamination. *Journalism & Mass Communication Quarterly, 72*(2), 271-284.

Hackett, R.(1984). Decline of a paradigm? Bias and objectivity in news media studies. *Critical Studies in Mass Communication, 1,* 229-259.

Hanitzsch, T.(2006). Mapping journalism culture: A theoretical taxonomy and case studies from Indonesia. *Asian Journal of Communication, 16*(2), 169-186.

Herman, E., & Chomsky, N.(1988). *Manufacturing consent: The political economy of the mass media*. New York: Pantheon.

Hertog, J., & McLeod, D.(2001). A multiperspectival approach to framing analysis: A field guide. In S. Reese, O. Gandy, & A. Grant(eds.), *Framing public life*(pp. 139-161). Mahwah, NJ: Erlbaum.

Josephi, B.(2005). Journalism in the global age: Between normative and empirical. *Gazette: The International Journal for Communication Studies, 67*(6), 575-590.

Kaniss, P.(1991). *Making local news*. Chicago: The University of Chicago.

Kim, Y., & Bae, J.(2006). Korean practitioners and journalists: Relational influences in news selection. *Public Relations Review, 32*, 241-245.

Kitzinger, J.(1998). The gender-politics of news production: Silenced voices and false memories. In C. Carter, G. Branston, & S. Allan(eds.), *News, gender and power*(186-203). London: Routledge.

Koltsova, O.(2001). News production in contemporary Russia: Practices of power. *European Journal of Communication, 16*(3), 315-335.

Lachover, E.(2005). The gendered and sexualized relationship between Israeli women journalists and their male news sources. *Journalism: Theory, Practice & Criticism, 6*(3), 291-311.

Manning, P.(2001). *News and news sources: A critical introduction*. London: Sage.

McManus, J.(1994). *Market-driven journalism: Let the citizen beware*. Thousand Oaks, CA: Sage.

McQuail, D.(2000). *McQuail's mass communication theory, 4th ed*. London: Sage.

Mohamed, A., & Fleming-Rife, A.(2002, August). Use of minority sources in news. Paper presented to the annual convention of the Association for Education in Journalism & Mass Communication, Miami, FL.

Molotch, H., & Lester, M.(1974). News as purposive behavior: On the strategic use of routine events, accidents and scandals. *American Sociological Review, 39*, 101-112.

Pan, Z., & Kosicki, G.(2001). Framing as a strategic action in public deliberation. In S. Reese, O. Gandy, & A. Grant, *Framing public life*(pp. 35-65). Mahwah, NJ: Erlbaum.

Pavlik, J.(2004). A sea-change in journalism: Convergence, journalists, their audiences and sources. *Convergence, 10*(4), 21-29.

Poindexter, P., Smith, L., & Heider, D.(2003). Race and ethnicity in local television news: Framing, story assignments, and source selections. *Journal of Broadcasting & Electronic Media, 47*(4), 524-536.

Reese, S.(1991). Setting the media's agenda: A power balance perspective. In J. Anderson(, *Communication Yearbook 14*(pp. 309-340). Beverly Hills, CA: Sage.

Reese, S.(2001). Understanding the global journalist: A hierarchy-of-influences approach.

Journalism Studies, 2(2), 173-187.

Reich, Z.(2006). The process model of news initiative: Sources lead first, reporters thereafter. Journalism Studies, 7(4), 497-514.

Robins, M.(2001). Intersecting places, emancipatory spaces: Women journalists in Tanzania. Trenton, NJ: Africa World Press.

Rogers, S., & Thorson, E.(2003). A socialization perspective on male and female reporting. Journal of Communication, 53(4), 658-675.

Roshco, B.(1975). Newsmaking. Chicago: The University of Chicago.

Ross, K.(2007). The journalist, the housewife, the citizen and the press: Women and men as sources in local news narratives. Journalism: Theory, Practice & Criticism, 8(4), 449-473.

Ruggiero, T.(2004). Paradigm repair and changing journalistic perceptions of the Internet as an objective news source. Convergence, 10(4), 92-106.

Rupar, V.(2006). How did you find that out? Transparency of the newsgathering process and the meaning of news: A case study of New Zealand journalism. Journalism Studies, 7(1), 127-143.

Sallot, L., & Johnson, E.(2006). Investigating relationships between journalists and public re-lations practitioners: Working together to set, frame and build the public agenda, 1991-2004. Public Relations Review, 32, 151-159.

Sanders, K., & Canel, M.(2006). A scribbling tribe: Reporting political scandal in Britain and Spain. Journalism: Theory, Practice & Criticism, 7(4), 453-476.

Schudson, M.(2002). The objectivity norm in American journalism. Journalism: Theory, practice & criticism, 2(2), 149-170.

Schudson, M.(2003). The sociology of news. New York: W. W. Norton.

Schudson, M., & Dokoupil, T.(2007, January/February). Research report: The limits of live. Columbia Journalism Review, 45(5), 63.

Shin, J., & Cameron, G.(2003). The interplay of professional and cultural factors in the online source reporter relationship. Journalism Studies, 4(2), 253-272.

Sigal, L.(1973). Reporters and officials: The organization and politics of newsmaking. Lexington, MA: D. C. Heath.

Sigal, L.(1986). Who? Sources make the news. In R. Manoff & M. Schudson(eds.), Reading the news(pp. 9-37). New York: Pantheon Books.

Soloski, J.(1989). Sources and channels of local news. Journalism Quarterly, 66, 864-870.

Tuchman, G.(1973). Making news by doing work: Routinizing the unexpected. American Journal of Sociology, 79(1), 110-131.

Turk, J.(1985). Information subsidies and influence. Public Relations Review, 11(3), 10-25.

Van Zoonen, L.(1998). One of the girls?: The changing gender of journalism. In C. Carter,

G. Branston, & S. Allan(eds.), *News, gender and power*(pp. 33-46). London: Routledge.

Weaver, D., Beam, R., Brownlee, B., Voakes, P., & Wilhoit, G.(2007). *The American jour-nalist in the 21st century: U. S. news people at the dawn of a new millennium.* Mahwah, NJ: Erlbaum.

Zeldes, G., & Fico, F.(2005). Race and gender: An analysis of sources and reporters in the networks' coverage of the 2000 presidential campaign. *Mass Communication & Society,* *8*(4), 373-385.

Zelizer, B.(1993). Journalists as interpretive communities. *Critical Studies in Mass Communication, 10,* 219-237.

Zelizer, B.(2004). *Taking journalism seriously: News and the academy.* Thousand Oaks, CA: Sage.

09_
뉴스룸에서의 젠더

린다 스테이너

엄밀한 의미로 '젠더'라는 표현을 반드시 사용하지 않더라도 '뉴스룸에서의 젠더'에 관한 논의는 19세기말로 거슬러 올라간다. 당시 엄청난 수의 여성이 자신과 가족을 부양하기 위해 영국 및 미국의 뉴스룸으로 진입하기 시작했다. 이것을 보고 걱정에 사로잡혔던 영국의 여성잡지의 한 독자는 다음과 같은 반응을 보였다. "우리 소녀들이 이미 초과 고용 상태의 3대 직업 분야인 저널리즘, 교육, 또는 연극무대로 쇄도할 것이다. 그런 다음 사치스럽지는 않다고 해도 고정적인 생계를 꾸릴 수 있는 정말 유용한 직업 분야를 경시할 것이다"(Onslow, 2000, pp. 15~16). 여성들의 침입에 분노한 남성들은 뉴스 작업이 여성들을 탈여성화시키고 심지어는 여성성을 없앨 것이라고 말했다. 이런 주장들이 비록 두 차례의 세계대전 동안에는 잦아들었지만 그 후에도 계속되었던 것은 여성들이 본질적으로 기사 보도 능력이 없을 것이라는 믿음과는 별 관계가 없었다. 대신 그런 주장들은 여성 독자들이 주변부에만 머물고 있던 현실과 높은 지위의 업무를 독점하려는 남성들의 이해관계를 드러냈다고 할 수 있다. 어쨌든 이런 혹평이 나온 것은 여성들이 남성만의 영역에서 그럭저럭 경쟁력을 발휘했음을 시사한다. 여성 기자들은 남성 편집 간부들, 동료들 그리고 취재원들이 자신들을 진지하게 대하지 않으며 자신들을 여성의 시각을 가졌을 뿐이라며 멸시한다고 가끔 불평하면서도 계속 뉴스룸의 일을 요구했다.

20세기의 대부분 동안 '젠더'에 대한 현직 저널리스트 및 학자들 사이의 토론은 주로 여성들에게 집중되었다. 부분적으로는 이것은 남성성이 '특별하지 않은unmarked' 기준이라는 시대의 흔적을 보여주는 동시에 여성들은 '타자'였음을 보여준다. 그것은 또한 남성 및 여성이 양극에 서 있는 반대 개념이며, 나아가 여성성에는 늘 문제가 있다는 관념에 근거하고 있다. 저널리즘에서 젠더와 관련된 현업에 관한 연구들은 젠더 또는 성적 차이 자체에 관한 가정들에 대해 거의 문제를 제기하지 않는다. 대신 젠더와 여성은 분명하고 고정적이며 자명한 범주의 개념으로 합쳐지며, 그런 다음 여성들의 지위를 점검하기 위한 도구로 투입된다. 최근에 와서야 우리는 남성성의 변화하는 모습에 관심을 돌리고 있으며, 아울러 다양한 형태의 남성성을 생산하거나 재생산하는 데 있어 남성잡지들이 어떤 역할을 하는지에 관한 관심도 나타내고 있다(Beynon, 2002). 하지만 여성성 및 남성성 사이의 관계가 어떻게 구축되었는지에 대해서는 거의 연구가 이루어지지 않았다. 뉴스룸이 뉴스를 만드는 실제의 장소로, 기구로, 아니면 일련의 문화적 실천으로 취급되든 그렇지 않든 젠더는 주로 하나의 질문을 제기하는 데만 원용되었다. 여성 기자들이 남성들처럼 행동할 수 있을까, 아니면 남성들처럼 행동해야 하는가, 나아가 여성들이 뚜렷이 구별되는 기사를 생산할 때 더 많은 기여를 할 수 있는가 하는 것이 그것이었다.

적어도 1950년대에 들어와서야 남성 기자들은 매우 소수의 여성들을 위해 "기사가 남성들 것과 똑같다"는 최고의 찬사를 사용하기 시작했다. 『뉴욕 트리뷴The New York Tribune』의 범죄담당 기자였던 로스Ishbel Ross는 담당 부장인 워커Stanley Walker로부터 이 기준을 달성했다는 이유만으로 여성 신문기자의 모범이라는 찬사를 받았다. 로스가 쓴 『여성 언론인들*Ladies of the Press*』(1936)은 여기자들에 관해 처음으로 발간된 한 권 분량의 역사책이다. 이 책은 신문 1면에 중요 기사를 쓰는 여기자들이 출현했음에도 불구하고 뉴스룸에서는 여전히 혁명이 일어나지 않았음을 토로했다. 여성을 대상으로 한 저널리즘 교과서를 쓴 소수의 여기자들은 실용적 견해를 취하면서 여성들에게도 동일하게 할 것을 권했다. 노스웨스턴대학교에서 여학생들에게 저널리즘을 가르쳤던 브래즐턴(Ethel Brazelton, 1927)은 이런 주장을 폈다. "여성의 시각, 여성이라는 사실은 여기자들의 도구이지, 결코 중요 무기가 되어서는 안 된다. 그러나 여기자들은 여성이기 때문에 여성들의 이해관계, 방법, 일을 이행하고 기록하며 해석하는 업무에서는 실제로 유리한 입장에 있다"(p. 8). 다른 측면을 본다면 1900년대 이래 나온 여기자들의 자서전 및 기타 자기 보고서들은 점차 그들이 급여 수준과는 상관없이 어떻게 "눈물을 자아내는 기사를 쓰는 여기자들sob sisters" 또는 "개인적 고민을 들어주거나 해결해주는 아주머니agony aunts"가 되는 것을 회피해왔는지를 강조하고 있다. 가식 없는 용어로 표현하자면, 뉴스룸에서 젠더의 옛 역사를 요약하는 일은 결국 여성 기자 및 남성 기자들 사이에 성립된 초기 합의가 변해온 과정을 추적하는 것을 의미한다. 즉 초기 합의는 여성 기자들이 여성 독자들을 대상으로 여성들에 관해 '여성의 촉각'으로 기사를 쓰는 것이었다. 그런데 여기에서 여성 독자들의 관심은 남성 독자들의 것과는 확연히 다른 것으로 간주되었다. 이러한 상황으로부터 여성 기자들은 그들도 남성 기자들과 동일한 '특별하지 않은' 저널리즘을 생산할 수 있다고 주장해왔고, 이에 반해 남성 기자들은 스스로의 지위, 직업, 월급을 보호하기 위해 이런 여성 기자들의 주장에 반박을 가했다. 애당초 여성들의 기사는 여성들의 진입 지점을 보여주는 것이었다. 예컨대 여기자 프레더릭Pauline Frederick은 처음으로 한 라디오 방송에 출연해 여성들 사이의 화제를 보도했다. 그 후 ABC방송은 그를 고용해 정치인 후보자의 부인들을 인터뷰하도록 했다. 그러나 그것은 여성 기자들의 목표가 아니었다. 그런 여성들의 기사는 명백하게 여성용으로 표시되어 있고, 따라서 직업적 게토 (강제 거주 지역)를 의미했다. 그것은 사회화가 아니었고, 나아가 자연적 본능은 더더욱 아니었다.

20세기에 들어와 이야기는 더욱 복잡해졌고, 논란도 더 많아졌다. 그래서 적어도 공식적으로 남성들은 현시대의 뉴스룸에서는 젠더가 별로 중요 문제가 되지 않는다고 주장한다. 남성들은 새로운 경제적 제약, 기술 발전, 수용자들, 전문성의 규범, 나아가 여성들의 두드러진 존재감에 의해 뉴스룸이 변하고 또한 도전받는다고 생각한다. 역설적이지만 최근 뉴스룸의 여성화에 관한 불평은 새로운 여성 기사에 대한 반작용일 수도 있다. 즉 여성들이 카메라에서 얼마나 과잉 노출되는지 또는 그들의 (다시 만들어진) 외모로 인해 얼마나 더 많이 기억되는지를 반영한다. 이런 현상은 페미니즘에 대한 역작용으로 나타난 것이다. 한편 여기자들은 젠더가 중요하지 않은 이슈라고 생각한다는 점에서 만장일치는 아닐지라도 대체적으로는 남성 기자들과 의견일치를 보이고 있다. 여성 문제 및 다른 '소수자' — 인종, 종족, 성적 지향성, 계급 또는 이런 요소들의 결합으로 정의된다 — 문제는 공적 또는 직업적 지위의 관점에서 고용 차별 가능성에 문제를 제기한다. 다른 논리들에 기대 학자들은 여성들에 대한 당연시되는 정의를 포기하고 대신 젠더가 본질적이며 영원히 중요한 것이라면서 계속 이 문제를 다루고 있다. 이어 학자들은 분명한 입장이 중요한 만큼 이 문제의 포함이 필요하다고 주장한다. 그들은 여성 및 남성 저널리스트들이 다르게 일하며, 또한 그래야 한다고 강조한다. 학자들은 또한 뉴스룸에 여성(또는 유색인들, 게이, 레즈비언)이 존재하지 않는 현실 또는 인식은 그런 집단이 양적으로나 질적으로 '잘' 보도되지 않을 것임을 의미한다고 생각한다.

지난 2005년 법학교수이며 프리랜스 오피니언 필자인 에스트리치Susan Estrich가 여성들이 쓴 칼럼을 충분히 게재하지 않는다는 이유로 남성 편집간부를 비난하자 이 논란은 다시 불거졌다. 에스트리치는 칼럼을 기고하는 소수의 여성조차 "여성의 목소리를 내는 글을 쓰지 않기 때문에 여성으로 간주할 수 없다"고 말했다(Applebaum, 2005). 『워싱턴 포스트』의 정기 여성 칼럼니스트인 애플바움(Anne Applebaum, 2005)은 에스트리치의 이런 불평에 대해 "기괴"하고 동시에 여성들을 위해서도 "심각하게 나쁘다"고 논평했다. 애플바움은 "신문사에서 본인 주변에는 많은 탁월한 여성 기자들이 있으며, 『워싱턴 포스트』의 유명한 저널리스트 중 다수가 여성이고, 나아가 나 자신을 한 번도 '여성 저널리스트'라고 생각해본 일이 없기 때문"이라고 이유를 설명했다. 애플바움은 다른 여성들도 자신들을 여성 문제에 집중해 글을 써야 하는 특별한 의무를 지닌 여성 저널리스트로 간주하지 않는다고 말했다.

여성해방운동의 영향

미국 뉴스 미디어의 구조적 특성, 나아가 여성해방운동이 뚜렷하게 대변인을 내세우지 않았다는 사실은 여성운동이 널리 알려지지 않도록 하는 기능을 했다(Tuchman, 1987b). 이런 가운데 여성운동에 동정적이었던 여기자들은 성차별적인 남성 편집간부들에게는 객관적인 입장을 가진 것으로 인정받은 덕택에 1960년대에 들어 강간법 등 몇 가지 여성 문제에 관한 이슈를 여성 페이지에 실을 수 있었다. 〈전국여성기구National Organization for Women〉는 뉴스 미디어를 동원하고 여기자들과 인적 관계를 구축하기 위해 열심히 노력했다. 여성 조직들에 의한 적극적인 정보 제공 덕분이었는지(Barker-Plummer, 2002), 아니면 급진적 페미니스트들의 선전선동 노력 덕분이었는지(Bradley, 2003) 이 운동은 마침내 언론에 보도되었다. 그리고 여성운동은 뉴스룸에 중요한 결과를 가져왔다. 첫째, 여성해방운동으로 영감과 용기를 얻은 여기자들은 몇몇 뉴스 기관에서의 배타적 고용 및 승진 관행에 도전하기 위해 근무 규정과 법률 관련 통로를 이용했다. 이런 노력들이 승리할 때마다 여성들을 위한 문은 보다 넓게 열렸다.

장기적 관점에서 보면 보도 내용에서 여기자의 영향은 덜 분명하게 드러난다. 그러나 『LA타임스』의 한 기자는 여기자들의 증가는 중요하고도 긍정적인 영향을 주었다고 주장한다(Mills, 1990). 여기자들은 여성의 관심을 끄는 사회적 이슈 및 주제들에 관해 보도하며 또한 더 많은 여성들, 여성운동 조직들 그리고 보통 사람들을 취재원으로 활용한 것으로 평가된다. 그 결과 나타나는 다양성은 뉴스룸에 이익이 된다는 것이다. 분명히 여성들은 여성 페이지를 해체하는 데 노력을 쏟았다. 처음에는 『워싱턴 포스트』 및 다른 엘리트 신문들이 여성 페이지를 없앴고, 나중에는 더 작은 신문들에서도 이를 없앴다. 크롤리Jane Cunningham Croly가 『뉴욕 데일리 월드New York Daily World』에 여성 페이지를 신설한 1890년대 이래 주류 뉴스룸은 물론이고 아프리칸-아메리칸 신문의 뉴스룸들도 여성들을 여성 페이지의 편집 책임자로 고용했다.

1950~1960년대에 들어 몇몇 여성 페이지 편집 책임자들은 여성 섹션에서 정치와 사회 관련 보도 범위를 넓히려 했고, 나아가 인종적 보도 범위도 확대하려고 했다. 그러나 그러한 노력들은 제한적이었고 일관적이지 않았다. 그런 다음 다시 새로운 용기를 얻은 제2차 물결의 페미니스트들이 이런 여성 섹션들에 대해 여성들을 비난하거나 왜소화하는 성차별적 형태와 유사한 '상징적 제거symbolic annihilation'를 용인한다면서 공격을 퍼부었다(Tuchman, 1978a). 〈워싱턴 프레스 클럽 재단Washington Press Club Foundation〉 후원으로 작성된 몇몇 구술사에서 강조된 바와 같이(http//npc.press.org /wporal에서 찾아볼 수 있다) 여성 페이지를 없애는 것은 여성들을 위해 남겨 놓았던 단 하나의 편집장 자리를 없애는 직접적인 효과를 가져왔다. 아일랜드에서도 유사한 역동적 과정이 진행되었는데, 이곳의 "진정한 기자들"은 여성 페이지를 경멸의 눈으로 보았다(Maher, 2003). 1960년대 말에 접어들어서야 비로소 『아이리시 타임스Irish Times』는 여성들이 여성 페이지를 뜯어고쳐 '진지한' 보도를

포함하도록 했다. 그러나 이 여성 섹션은 곧 소멸되었고, 여성 섹션의 두 번째 편집 책임자이자 현재 블록버스터 소설가인 빈치Maeve Binchy는 여성들이 특별한 장소를 필요로 하지 않는다고 말하게 되었다. 역설적인 것은 1980년대 들어와 몇몇 미국 신문이 광고업주들의 비위를 맞추기 위해 여성 페이지를 다시 도입했다는 점이다(Harp, 2007). 앞에 언급한 이들 두 건의 실험은 여성들의 특이한 가치관을 드러낸 것은 아니다. 대신 신문 마케팅과 관련된 사항들이 어떻게 뉴스를 남녀 양성적 입장에서 포장하며, 나아가 어떻게 여성(독자 및 기자)의 확보 문제를 놓고 이것을 라이프스타일 및 가정 문제와 관련한 흥미 차원으로 몰아가는지를 잘 보여준다.

여성운동의 제2차 물결은 여성들이 학계에 들어가 여성의 역사에 관한 관심을 갖도록 영감을 주었다. 2차 물결은 여성의 문화 및 직업에 대한 연구를 유도했으며, 이런 연구를 원하는 수용자를 창출했다. 마졸프(Marzolf, 1977)의 전례 없는 역사책은 오랫동안 잊혀진 여성들을 "각주에서 본문으로" 끌어올렸다. 다음 단계는 또 다른 책 제목이 나타내듯이 『위대한 여성 언론인들Great Women of the Press』(Schilpp & Murphy, 1983)이었고, 이것은 개인 여성 기자들의 인생 전반을 다룬 전기였다. 마침내 학자들은 더 전문화된 범주로 나아갔다. 이들 범주는 흑인 여성(Streitmatter, 1994), 종군기자(Elwood-Akers, 1988), 눈물을 자극하는 감상적인 기사를 쓰는 여기자들(Sabramson, 1990) 그리고 전 세계의 여성 저널리즘에 관해 이론적으로 정교한 역사를 쓰는 일 등을 포함하고 있다.

보다 중요한 사실은 학자들이 뉴스룸 현업의 활동이 직업적 관행 및 사회화에서 직접 흘러나온 불가피한 결과라는 가정을 의심하기 시작한 점이다. 과거에 경영진은 발행부수를 올리고 신문의 입지를 향상시키기 위해 기자들이 어떤 기능과 재능을 보유해야 하는지를 규정했다. 저널리스트들의 젠더 정체성이 얼마나 중요한지에 관해 새로운 생각을 갖게 된 것은 왜 뉴스룸 다양성이 중요한지(우리는 다른 사람의 입장이 됨으로써 그를 이해할 수 있

다) 그리고 연구 의제 자체가 왜 중요한지에 관한 해석에 영향을 미쳤다. 이 것은 여성들이 어떻게 뉴스룸의 역동성과 구조에 대응하며, 또 뉴스 혹은 뉴스룸이 무엇으로 구성되는지를 재개념화하도록 했다.

여성들의 대안 미디어

제2의 물결 세대를 위한 하나의 중요 연구 영역은 여성들이 주도하는 미 디어였고, 이 미디어는 19세기 중반 미국의 젊은 섬유업계 근로자들에 의해 만들어진 정기 간행물이었다. 이것은 아마도 여성들이 스스로의 뉴스를 생 산하고 이를 통해 스스로를 재정의하는 최초의 일관성 있는 노력이었다. 지 속적인 관심을 끈 것은 여성 운동에 관한 정기 간행물들이고, 이들은 여성 해방을 설명하고 정당화하고 지탱한다는 점에서 중요성을 가졌다. 이들은 아울러 여성성을 위한 새로운 모델을 논의하기도 했다. 선거 저널들은 투표 문제뿐만 아니라 건강, 법, 정치, 노동을 포함한 보다 큰 이슈들을 다루었다. 이들 저널의 편집 책임자들은 다른 개혁 운동 및 정기 간행물 제작에도 능동 적이었고 그들 나름의 공동체를 형성했다(Steiner, 1992). 그들의 정기 간행 물들은 가족 책임을 다루는 문제, 저널리즘 훈련에 대한 헌신, 페미니스트 노선에 따른 저널리즘 개혁 등 뉴스룸 정책의 관점에서 분석될 수도 있을 것이다. 이렇게 해서 1856~1930년 사이 여성이 경영하는 150개의 영국의 정치 신문들은 운동가들로 구성된 젠더 공동체의 성장을 촉진했다. 이들 운 동가들은 "젠더 기반의 새로운 정치 문화를 창조함으로써 사회적 변화를 일 으켜" 공적 영역을 장악할 수 있다고 여성들을 설득했다(Tusan, 2005, p. 4).

20세기의 페미니스트 정기 간행물들도 마찬가지로 중요한 포럼들이다. 예를 들어 『타임 앤 타이드*Time and Tide*』(1920~1977년)는 여성을 경멸한 영 국의 주류 신문과 여성들에게 편협한 시각을 고정시킨 주창 신문들에 좌절을 느낀 나머지 창간되었다(Tusan, 2005). 1970년대 미국에서 번성했던 페미니즘 정기 간행물들은 이전의 미국 및 영국 신문들보다 활동의 범주가 더 좁았다. 그것들은 에코페미니스트들, 매춘부들, 독신자들, 늙은 여성들, 마르크스주의자들, 페미니스트 마법사들 그리고 다수의 다른 이익단체 및 직업들과 같은 틈새 부문을 위한, 틈새에 관한, 틈새에 의한 것들이었다. 그것들은 또한 관행적인 뉴스 가치에 대한 정의 및 뉴스룸 구조를 거부한다는 점에서 의식적인 실험을 하려 했으며, 나아가 성차별적 고정관념을 요란하게 비판했다(Endres & Lueck, 1996; Steiner, 1992). 1970년 이래 『오프 아우어 백스*off our backs*』라는 (페미니스트) 간행물이 합의로 운영되는 비영리단체에 의해 출간되었다. 그것은 전통적 원칙들을 회피한다면서 "우리는 정의롭기를 원한다. 그러나 우리는 공평한 척하지는 않겠다"고 선언했다(1970년 2월호, p. 1).

제2차 물결 형식의 여성운동 기관지들을 생산하는 여성들은 주로 활동가, 개혁가 그리고 영리에는 전혀 무관심한 운동가들이었다. 1972년 이래 미국에서 확산된 페미니즘의 '대변지'였던 『미즈*Ms*』는 이런 흐름의 예외이다. 『미즈』는 부패한 잡동사니로 취급되었고, "항상 상업적 매스미디어 매트릭스와 철저히 연관되어 있는 것으로 간주되어 왔다"(Farrell, 1998, p. 9). 그럼에도 『미즈』는 광고주들을 위한 '보완 부수'의 발행을 몇 년 동안 거부했고 그와 함께 광고도 포기했다. 다른 한편으로 페미니스트 뉴스룸의 지도자들은 상업적 저널리즘 경험을 결여하고 있었고, 스스로 저널리스트로 신분을 밝히지도 않았다. 그럼에도 그들은 저널리즘에 포괄되는 직업적이고 산업적인 기회를 제공했다. 예컨대 블루머*Amelia Bloomer*는 『릴리*The Lily*』의 발행을 기꺼이 연기하고 자신의 인쇄공들을 훈련시키기 위해 1849년 "여성의 생각 및 열망을 발전시킬 수 있는 매체"로 시작했다. 그들은 적절하다고 생각되는 수준으로 광고를 제한했고, 구독 가격은 무급여 또는 저임금 여성도 손에 넣을 수 있는 수준으로 유지했다. 따라서 대안 미디어에 대한 비판은 분명히 페미니스트 정치 신문에도 적용된다. 서투른 글쓰기, 심미적 문제에 대한 무관심, 장기적 안목의 사업 전략의 부족 그리고 집단적 또는 수평적 조직에 의해 야기되는 비효율, 나아가 원칙에 대한 강박관념 때문이다(Atton, 본서의 19장. Winship, 1987).

이런 비판들은 뉴미디어의 가능성을 연구하도록 해주었다. 즉 위성 라디오, 공적 접근의 케이블 채널들, 인터넷 진들Internet zines의 가능성을 열어 놓은 것이다. 뉴미디어는 다른 곳에서는 논의하기 어려운 글로벌한 규모의 이슈들을 다루고 있기 때문이다. 주류 및 상업 라디오에서도 여성들의 목소리는 한때 수용자들을 짜증나게 하는 것으로 간주되었고, 이에 따라 여성들의 목소리는 들리지 않았다. 물론 여성들의 가사를 돕는 목적을 가진 쇼만은 예외였다.

여성들은 이제 기자로, 뉴스쇼 진행자로, 인터뷰 진행자로 현저히 눈에 띄고 있다. 좀 더 요점을 짚자면 페미니즘이 제기한 공적 문제를 다루는 프로그램들, 더 나아가 여성들이 운영하는 라디오 방송국들이 몇몇 나라에서는 다양한 수준의 페미니스트적 신념을 갖고 가동되고 있다. 〈FIRE(페미니스트 국제라디오 기획Feminist International Radio Endeavor)〉은 인터넷 기반의 글로벌 뉴스 흐름을 불러일으키고 있으며, WINGS(국제 여성취재 서비스 Women's International News Gathering Service)는 페미니스트 뉴스를 라디오 방송국에 제공하고 있다. 더욱이 제3차 물결의 페미니스트들은 외견상 완전히 새로운 원칙에 의해 활동하고 있다.

가치관에 대한 젠더 차이의 경험적 증거

미국 전체를 대상으로 한 조사에 따르면(Delano & Henningham, 1995; Weaver & Wilhoit, 1996) 젠더는 직업적 실천에서의 차이를 드러낼 수 있는 믿을 만한 예언자는 아니다. 남성과 여성은 뉴스의 역할을 생각하거나 보도 방법상의 윤리를 평가하는 데서 유사성을 보이고 있다. 남녀 기자들의 직업 만족도가 하락하는 것도 유사하다. 반면 페미니스트의 생각 및 지식에 대한 이론화는 사회적 정체성에 의해 크게 영향을 받으며 또한 사회적 정체성이 본질적으로 젠더적인 경험, 사회화의 차이, 사회적 역사에 의해 영향 받는다는 것을 암시하고 있다. 로저스 및 토슨(Rogers and Thorson, 2003)은 "남성과 여성은 서로 다른 가치관과 우선순위를 갖고 있기 때문에 서로 다른 방식으로 사회화되어 작업장의 분위기에 적응한다"고 주장한다(p. 659). 두 필자는 남성과 여성이 분명히 다른 정체성을 갖는다는 전제 아래 "다른 직업 분야의 여성들과 마찬가지로" 여기자들은 독특한 가치관, 이해관계, 우선순위를 갖는다고 예측했다. 또 이런 요소들이 기사를 어떻게 연구하고, 어떻게 취재원을 인용하며, 어떻게 프레임하며, 어떻게 기사를 쓰는지에 영향을 미친다고 말했다. 그 결과 로저스 및 토슨이 이행한 3개 신문의 내용 분석을 보면 여기자들이 훨씬 더 다양하게 여성 및 소수인종 취재원을 활용했으며, 특히 긍정적인 내용의 기사에서는 이것이 더욱 두드러졌다. 그러나 큰 신문에 종사하는 여기자들의 경우 기사 작성은 남성 기자들과 거의 마찬가지로 취재원을 인용하고 프레임하는 방법을 사용했다. 반 주넨(van Zoonen, 1998)은 전반적으로 여기자들이 독특한 '여성적 시각'을 갖고 수용자들에 더 깊은 관심을 가지며, 맥락에 관해 더 많은 신경을 쓰는 경향이 있다고 결론짓는다. 주넨은 또 여기자들이 남성 기자들의 초연한 자세에 대해 문제를 제기하며, 나아가 남성 기자들은 저널리즘이 필요로 하는 민감성 및 동감에 대한 방패막이로 객관성을 사용한다고 말한다.

위험성 및 치명적 부상의 위험, 나아가 직업상의 명성 쌓기를 위한 잠재력을 고려한다면 전쟁 보도는 여성들에게는 가장 논란 많은 취재 영역이라고 할 수 있다. 왜냐하면 수용자들은 전쟁 보도가 여기자들, 특히 어머니들의 신체를 위험에 빠뜨릴 수 있다면서 비판하기 때문이다. 전쟁 보도는 또한 여성과 남성이 얼마나 서로 다르게 보도할 수 있는 영역이냐를 놓고 수용자, 기자, 학자들 사이에 예외적으로 강한 논란을 불러일으켰다. 베트남전은 다수의 여기자가 처음으로 취재한 전쟁이었다. 몇몇 여기자는 자신들이 수용자 눈에 띄는 것은 기자회견에서 주목 받기 때문이라고 생각했다. 왜냐하면 기자회견에서 그들의 질문이 우선적으로 답변을 얻어냈기 때문이다. 그러나 여기자들은 여성의 시각에 관해 그리고 여성의 시각에서 글을 써 급여를 받을 때도 미국 군부, 베트남군, 남성기자들로부터 편견 및 의혹의 시선에서 벗어나지 못했다. 일부 여기자들은 인간적 흥미의 전쟁기사를 쓰는 것을 싫어했다. 왜냐하면 여기자들이 전쟁의 '인간적 측면'을 쓰는데 더 적합하다는 고정관념이 존재함을 알았기 때문이다. 또한 이런 기사들이 편집 과정에서 잘려나갈 가능성이 더 높았기 때문이기도 했다. 이와 같이 여성으로서 글쓰기를 거부하거나 여성적 고정관념에 따라 취재 업무를 할당받는 것에 대해 불평을 제기한 여기자 숫자가 늘어난 것은 이 문제가 성차이가 아닌 성차별이기 때문임을 시사한다. TV에서 베트남전을 보도했던 최초의 여기자인 트로타(Liz Trotta, 1991)는 남성 동료들이 여성을 상대로 취재 경쟁을 하는 것에 대해 위협을 느끼는 것 같았다고 추측했다. 어쨌든 그에 의하면 남녀 기자들은 상당히 유사한 종류의 기사들을 썼다는 것이다(Elwood-Akers, 1988).

젠더에 관한 보다 소규모의 연구들은 상충되거나 확정적이지 않은 결과물을 내놓는다. 여성 활동가와 학자들은 젠더가 "중요하다"거나 "더 중요하게 다루어져야 한다"고 말할 가능성이 높다. 〈국제여성미디어재단International Women's Media Foundation(www.iwmf.org)〉에 의해 실시된 한 비공식 조사에 따르면 여성들은 스스로 뉴스에 대해 색다르고도 "좀 더 인간적인 시각"을 제공한다고 믿는다. 이에 비해 일부 여성들은 "뉴스는 뉴스일 뿐이며 또한 윤리는 윤리일 뿐"이라고 주장한다. 마찬가지로 한 설문조사에 응한 사회운동 집단의 여성 회원 22명은 여기자들이 여성 문제를 다르게 보도하는지를 놓고 의견이 엇갈렸다(Ross, 2001). 많은 여성들은 기사에 대해 남성들과는 다르게 반응한다고 대답했다. 왜냐하면 그들은 여성들에 대해 더 많은 공감을 갖고 있으며, 개인적이며 감성적인 차원을 강조하기 때문이다. 또한 응답자의 대다수는 남성들이 여전히 언론 직업을 장악하고 있다고 답했다. 그러나 응답자들 중 3/4은 페미니즘을 기사보도에 포함시키지 않는다고 말했으며, 또한 많은 이들은 여성 관리인들이 남성들보다 더욱 거칠다는 의견에 동의했다. 로스Ross는 여성 응답자들 중 다수는 젠더 문제에 둔감하며, 남성들의 관심사항들에 익숙해져 있으며, 남성의 직업 세계에 통합되어 있다고 생각한다.

　여성들이 가진 상당한 정도의 양면성 및 합의 부족은 여기자들의 숫자 비율이 "임계 질량"에 도달하면 뉴스룸을 변형시킬 것이라는 희망에 의문을 던졌다. 갤러거(Margaret Gallagher, 2001)는 지구적 차원의 여성 배척에 관한 중요한 비교 연구를 출간한 다음 젠더 문제는 여전히 직업적 이슈로 다루어져야 하며, 특히 새롭고 창조적인 방식으로 다루어져야 한다고 주장한다. 그럼에도 갤러거의 〈글로벌 미디어 모니터링Global Media Monitoring〉 프로젝트는 대부분의 나라에서 점점 더 많은 여성이 저널리즘에 투신하면 보도의 내용이 획기적으로 변형될 것이라는 가정에 대해 반론을 제기한다. 자세히 들여다보면, 여성들은 단일한 동질의 블록을 형성한 게 아니다. 다수는 페미니즘 운동에 대해 동정적이지 않고, 페미니스트들에 의해 달성된 역사적 변화에 민감하지도 않다. 요약하면 여성들은 남성 동료들이 자신에 대해 성차별적으로 대한다는 것을 인정하면서도 대체로 저널리즘의 구조를 직업 세계의 한 부분으로 채택하며 보상 체계를 옹호하기로 결정한다. 나아가 젠더 사회화 이론은 왜 일부 여성이 젠더를 회피하는지를 설명하지 못한다. 이 이론은 가정 내의 전선에서 '닭이냐, 달걀이냐'의 논란을 설명하지 못할 뿐만 아니라 실제 전투 현장에서의 의문도 해결하지 못한다. 왜냐하면 그것은 젠더를 이해할 수 있는 핵심적인 방법을 무시하기 때문이다(Butler, 1990). 여기서의 방법은 역할의 차이에 의한 것이 아니며 또한 여성과 남성 사이의 고정적이고 이분법적인 차이점의 집합체로 이해하는 것은 더욱 아니다. 대신 업무 수행으로 그리고 관계적인 행동으로 이해하는 방법을 가리킨다. 한편 남성과 여성은 가끔은 창조적으로 그리고 자주 비창조적으로 젠더 역할을 수행하면서 다른 이들이 젠더 역할을 수행하도록 도발한다.

여기자의 경영 참여

1970년대 들어와 미국 내 전국망 TV의 첫 여성 중견기자였던 샌더스 Marlene Sanders가 처음으로 전국망 TV의 뉴스 부문 담당 부사장으로 임명되었다. 그러나 최근에 이르기까지 정상에 도달한 소수의 여성에 관한 연구, 또는 그들 여성에 의한 연구는 거의 없었다. 이런 배경으로 인해 그레이엄(Katherine Graham, 1997)이 『워싱턴 포스트』의 발행인이 된 과정에 관해 솔직하게 설명한 것은 주목할 만하다. 아버지가 이 신문을 소유하고 있었지만 남편이 1963년 자살할 때까지 그는 신문 업무에는 최소한으로 관여했다. 관여 내용도 주로 사교적인 데 머물렀다. 좀 더 비판적으로 말하자면 뉴스 기관을 포함해 세계적 수준의 기업들은 여성을 임원급 직위로 승진시키는 것을 거부해왔고, 그것은 현재에도 지속되고 있다. 이런 맥락에서 헴링거와 린튼(Hemlinger and Linton, 2002)이 발표한 「뉴스룸의 젠더 유리천장newsrooms'gendered glass ceiling」이라는 보고서의 부제가 '여전히 어려운 전투를 하고 있다Still Fighting an Uphill Battle'인 것은 조금도 놀랄 만한 일이 아니다.

미국에서 2006년 현재 대형 신문 발행인 중 18%가 여성이다. 여성들은 일부 신문 체인에 집중되어 있긴 하지만 일간지의 모든 임원직 중 30%를 차지하고, TV 뉴스 책임자 직급의 35%를 점했다. '최고위직에는 빈자리가 없다No Room at the Top'라는 제목의 안넨버그 연구(Annenberg study. available at http.//www.appcpenn.org)에 의하면 여성은 여러 네트워크 뉴스 회사에서 최고경영진 중 20%를 점하고 있으나 뉴스 및 연예 회사의 이사회에서는 불과 12%를 차지하고 있다. 그럼에도 여성 경영인의 46%가 미디어/연예 회사에 근무하고 있으며, 여성 뉴스 경영인의 38%가 커뮤니케이션/마케팅/PR사와 인력자원 또는 정부 관계 업무에 종사하고 있는 현실(이런 업무는 집합적으로 '여성들의 영역'이라고 간주되어 왔다)을 불평하는 것은 어쩌면 자가당착이다. 이 보고서의 내용처럼 여성들이 특이한 커뮤니케이션 기술을 갖고 있으며 또한 여성 시장에 대한 지식을 갖고 있다는 관점에서 여성들의 경영적 잠재력을 정당화하는 것도 마찬가지로 모순적이다.

여성과 남성이 서로 다른 방법으로 리더십을 "발휘한다"고 넌지시 비추는 것은 다른 이분법적 개념들과 맥을 같이 한다. 여기서 이분법적 생각이란 '여성적' 경영 스타일은 개인적 관계를 보다 중시하며, 더 민주적이며, 더 건설적이며, 더 협력적인데 비해 '남성적' 경영은 반대로 보다 독재적이고 경쟁적이며, 보다 방어적일 것이라는 가정을 말한다(Arnold & Nesbitt, 2006).

경영에 대한 관심을 말하다 보면 여기자들이 미치는 영향에 관한 논의에 최소한 불만을 보이지 않을 수 없다. 예컨대 뉴질랜드의 신문에서 여기자는 일반 평기자의 거의 50%를 점하는데 비해 편집국장직의 19%만을 점하고 있다. 뉴질랜드에서 주요 신문의 첫 편집국장이었고 현재는 고용기회평등 감독관Equal Employment Opportunities Commissioner인 맥그리거(Judy McGregor, 2006)는 여성들의 독특한 시각을 대변하고 뉴스의 남성성을 제거하기 위해서는 여성들이 최고 경영직에서 근무할 필요가 있다고 주장했다. 특히 1999~2003년 사이 『새라소타 헤럴드 트리뷴The Sarasota Herald Tribune』은 발행인, 편집국장, 편집국 부국장, 두 명의 부국장 대우 직에 모두 여성을 앉혔다. 이 기간 중 이 신문은 다른 신문들과 동일한 내용을 실었고, 동일한 비율의 여성 취재원을 가졌다. 그럼에도 전원 여성으로 구성된 이 신문의 경영진은 당초 약속대로 공개적 분위기와 투명한 의사결정 과정을 이행한 것으로 평가받았다(Everbach, 2006).

여성 기자의 TV 보도

TV 보도에서는 여성들의 신체적 외모에 대한 강조가 계속되고 있음을 무시할 수 없다. 1963년에 5분 뉴스 프로그램에서 뉴스를 읽는 역할을 수행함으로써 그 후 뉴스쇼 진행자 역할을 맡게 된 첫 여성인 디커슨Nancy Dickerson은 매력적인 여성으로 널리 알려지게 된 첫 사례였고, 이런 일은 그 이후 계속 나타났다. 전국망 방송들은 매력적이지만 중요 시간대 방송에 대한 준비가 안 된 여성들, 예컨대 『워싱턴 포스트』의 퀸Sally Quinn을 등용했다. 그러나 퀸은 1973년 CBS의 공동 앵커로서 금방 실패의 길을 걸었다. 저널리즘 경험을 갖지 못한 새비치Jessica Savitch는 "남성들에게 높은 점수를 얻었다"는 시장 조사자들의 조사 결과로 전격 등용되었다. 그는 "남성들에게는 성적 대상물로 비쳐졌고, 여성들에게는 롤 모델로 비쳐졌다"(Blair, 1988, p. 168). 그로부터 20년이 지난 뒤에도 BBC의 종군기자 에이디Kate Adie는 자신을 포함한 여성 종군기자들이 외모에 의해 평가받았다고 불평했다. 그는 TV 경영진이 저널리즘의 경험을 가진 여성들보다는 "귀여운 얼굴과 귀여운 엉덩이"를 가진 여자를 더 좋아한다고 말한다. 그리고 여성들이 매력을 갖고 있다는 것은 크래프트(Christine Craft, 1986)가 입증한 대로 제한적인 유통기한을 갖고 있다는 의미다. 크래프트는 CBS를 위해 "백금색 블론드 미인"으로 "만들어져" 잘 활용되었으나 1981년 들어 8개월 만에 ABC의 지역 방송사의 공동앵커로 강등되었다. 이유는 포커스 그룹 데이터가 그를 "너무 늙었고, 너무 매력이 떨어지며, 남성들에게 존경심을 표하지 않기 때문"이라고 지적했기 때문이다.

1968년부터 〈미국연방통신위원회〉는 방송사에 더 많은 여성을 고용할 것을 권고했다. 그러나 이것을 실행하기에는 시간이 많이 걸렸다. 1971년 NBC의 뉴스 부서에서는 방송에 나가는 기자 60명 중 5명이 여성이었고, 방송을 타지 않는 여성들은 비서, 조사기자, 보조원, '막장 일자리' 등의 영역에서 일했다. 남성들은 이런 막장 일자리에는 배치되지 않았다. 이제 여성들이 미국 전국망 TV의 약 40%를 점하고 있기(Bulkeley, 2004) 때문에 현재의 문제는 그들이 TV 방송망 내에서 어느 정도의 지위에 올라갈지 관심이다. 예컨대 예쁜 외모로 인해 고용된 뒤 중요 프로그램을 맡게 된 이런 여성들이 TV에서 비중이 큰 쇼를 맡아 진행하는 데 필요한 무게감을 갖고 있는가, 즉 시청률을 끌어 올릴 능력을 가졌느냐 하는 것이다. 2007년에는 쿠릭^{Katie Couric}이 처음으로 혼자서 전국 방송망의 저녁뉴스를 전담하는 여성 앵커가 되었다. 쿠릭의 잠재력 중 많은 부분은 외모였는데, 그의 경우도 외모가 눈에 띄게 재창조되었다. 포커스 그룹이 제시하는 '강력한' 수치가 영향을 발휘하면서 남성 기자들에게도 외모는 점차 중요한 요소가 되고 있다. 이런 현실에도 불구하고 자가당착적이면서도 유난히 많은 대중들의 비판이 쿠릭의 머리카락, 의상, 화장에 쏠렸다. 『뉴욕타임스』는 이런 현상에 대해 전형적인 기사 제목으로 결론을 내렸다. 「이제 뉴스가 되는 것은 쿠릭이 아직은 사내가 아니라는 점이다Now the News: Couric Still Isn't One of Boys」. 외모에 관해 세세하게 규정하는 기준들은 현재도 누가 고용되며, 고용된 그들이 어떻게 활용되며 그리고 얼마나 오래 그들이 TV에 얼굴을 드러내는가 하는 문제들을 결정하는 데 계속 중요한 변수로 작용하고 있다.

성과 성희롱

지금까지 가장 많이 연구된 뉴스룸 주제는 기자-취재원 관계에 관한 것이다. 저널리스트가 여성일 경우에는 특히 대부분의 취재원이 힘을 가진 사람들이고, 게다가 힘을 가진 사람들의 대부분은 남성이기 때문에 이 관계는 특히 많은 문제를 안고 있다. 많은 여기자들은 성적 매력을 동원하면 취재원과의 관계에서 이익이 있다고 믿는다(Chambers 등, 2004. Robertson, 1992).

남성 기자들은 여성 기자들이 성에 관한 한 경쟁 우위를 즐긴다는 이유로 여성 동료들에 대해 분노를 품고 있으며, 남성들은 이런 점을 확신하고 있다. 반면 성적 매력을 활용한다는 것은 여성들에게 역작용을 일으킬 수도 있다. 이런 사례는 2007년 〈유니비전Univision〉이 여성 TV 앵커를 LA 시장과의 (부적절한) 관계를 이유로 강등시켰던 사건 그리고 시카고 여성 앵커가 남성 취재원과 부적절한 관계에 있는 것으로 추정되어 해고되었던 사건 등에서 발견된다. 그런 반면 성과 성적 매력에 관해 눈에 띌 만큼 연구된 것은 없다. 여기서 말하는 내용은 기자들 사이의 문제에 관한 것, 취재원과 관련된 것, 성에 대한 저널리스트 및 공중의 태도와 관련된 것 그리고 성적 매력과 성적 지향성의 영향(이것이 젠더에 필적할 만큼 중요성을 갖느냐 하는 것)과 관련된 것을 가리킨다.

여기자들은 성희롱 피해를 오랜 기간 드러내기를 회피했지만 1990년대는 성희롱 피해 호소와 이에 관한 새로운 법률적 개선안들이 극적으로 증가한 시기였다. 기자들은 스스로의 신체를 초월해야 한다는 이유로, 아니면 몸으로 겪은 경험들은 그들에게 영향을 주지 않아야 한다는 이유로 성적 괴롭힘을 계속 감추어왔다. 그럼에도 1992년 AP통신의 「편집 부국장 조사보고서Associated Press Managing Editors Survey」는 약 2%의 남성기자 및 11%의 여성 기자들이 성희롱 또는 그것에 대한 두려움으로 자신의 일에 영향을 받았다고 말했다. 조사 대상자 중 거의 30%에 달하는 여기자들은 동료들에 의해 (육체적인 것은 아니었지만) 성희롱을 당했다고 답변했다(Walsh-Childers, Chance & Herzong, 1996).

한 바탕 성희롱에 대한 관심이 고조된 다음 이 논란은 퇴조했다. 이런 가운데 아마도 (기자의) 전문직과 중간 계층의 인습적 경향이 자유분방한 "선술집 문화"를 약간 쇠퇴하게 했다. 선술집 문화는 오랫동안 지속되어온 저널리즘의 전통이자 더욱 남성 기자들에 의해 낭만적으로 받아들여졌다. 그러나 한 조사에서 32명의 이스라엘 여기자 중 1/3은 취재원에 의한 성희롱(주로 언어에 의한) 또는 성차별적 멸시를 경험했다고 보고했다(Lachover, 2005). 이 나라에서 신문사 직원의 37%가 여성이다. 그런데 여기서 눈에 띄는 사실은 이 여기자들이 스스로를 좀처럼 피해자라고 설명하지 않았고, 또한 그런 행위를 성희롱이라고 규정하지도 않은 채 전문성이라는 미명 아래 이것을 무시했다는 점이다. 여성을 성적 대상으로 접근하는 남성들과 기꺼이 불장난을 하려는 여기자들의 모습은 아마도 전 세계에서 발견되며, 이러한 현상은 특히 스포츠 기자들 사이에서 발생한다. 그러나 여성 스포츠 기자들은 동시에 체육인 및 남성 스포츠 기자들로부터 가장 공공연한 비非성적인 희롱non-sexual harassment을 지속적으로 인내하고 있는지도 모른다(Chambers 등, 2004). 모두는 아닐지라도 대부분의 여기자들은 동료나 취재원의 성적 관심을 저널리즘 문화의 일부분으로 받아들인다.

여성잡지와 여기자

비즐리(Beasley, 2001)는 여기자들에 대한 평가에서 남성기자들에 적용되는 것보다는 더 폭넓은 기준을 적용할 것을 촉구한다. 그는 저널리즘의 정의를 더욱 확대해 폭넓은 국민적 호소력을 가진 정보용 자료를 포함해야 한다고 주장하며, 또한 저널리스트의 범주에는 토크쇼의 초대 손님, 상담란 응답자 그리고 홍보 전문가들도 넣어야 한다고 말한다. 그러나 이 제안은 거의 지지자들을 얻지 못했다. 그것은 아마도 홍보 전문가와 간헐적인 칼럼니스트를 저널리스트로 재정의하는 것이 여기자들에 대한 의구심을 부채질할 우려가 있기 때문으로 보인다. 그러나 비즐리의 주장은 여성잡지에는 적용될 수 있다.

세계의 저널리스트 및 페미니스트들은 여성잡지를 경멸했고 그로부터 거리를 두었다. 그러나 수 세기에 걸쳐 열렬한 독자들은 여성잡지를 유용한 정보를 제공하는 매체로 간주했다. 여성잡지들은 최근 수십 년을 제외한다면 전통적으로 여성들의 다양한 삶을 이해했으며, 이에 따라 산아제한, 식품안전법, 어린이 노동 등 사회적·정치적 논란들을 다루었다. 여기에서 중요하다고 말할 수 있는 것은 여성잡지의 인기가 여성들이 바람직한 소비자였다는 사실을 신문 경영진 및 광고주들에게 입증했다는 점이다(Zuckerman, 1998). 미국, 유럽, 아시아의 많은 여성잡지는 적어도 처음에는 남성들에 의해 출판되거나 편집되었다. 그러나 여성잡지들은 여성 편집자들이 성차별적 인습을 받아들이고 그것을 조장했음에도 불구하고 결국에는 여성들이 높은 수준의 책임감을 달성할 수 있는 매체 분야로 변모했다.

여성 및 여성 문제에 대한 신문의 보도에서와 마찬가지로 잡지 내용은 오랜 기간 여성들이 스스로를 어떻게 보며, 사회가 그들을 어떻게 보는지에 영향을 주는 요소로 여겨졌다. 더욱 최근의 연구들은 놀이처럼 독자들에 의한 반(反)헤게모니적이거나 역방향의 읽기를 위한 잠재력을 강조한다. 이들 두 접근법은 잡지의 뉴스룸 정책 및 과정을 무시한다. 이에 관한 예외를 들자면, 퍼거슨(Ferguson, 1983)은 영국의 여성잡지 편집자들이 스스로를 전문가라고 여기고 직업적 성공을 경제적/재정적 관점에서 규정한다는 것을 발견했다. 한 세대 뒤가 되면 편집 책임자들은 유사한 언어로 자신들이 어떤 게 최선인지 알며, 나아가 자율성의 "신성한 권리"를 가질 만한 "고위 여성 성직자"로 묘사할 수도 있을 것이다. 그러나 동기 관련 연구 그리고 더욱 최근의 생활양식 연구가 점점 더 강력해지고 있다. 이들 연구는 여성잡지들(신문의 여성 페이지와 유사하다)이 어떻게 독자들을 구축하며 그들을 유인하는지에 결정적 영향을 미친다(Winship, 1987; Gough-Yates, 2003). 아울러 이와 매우 유사한 방식으로 남성 독자들을 위한 새로운 시장이 발행인, 저널리스트, 광고주에 의해 공동으로 구축되고 있다(Nixon, 1996).

미래의 연구를 위한 방법과 문제점

러너(Lerner, 1975)는 어떤 단일한 틀 구조나 요인 또는 심지어 8개 요소의 설명이 여성의 역사를 설명할 수 있을 것이라는 생각에 대해 반론을 폈다.[1] 그는 여성의 역사에서 "보상적" 역사와 "공헌"의 역사는 그저 최초의 두 단계에 불과한 것으로 서술해 유명해졌는데, 이 서술은 여성을 남성의 기준으로 판단하고 있다. 특히 여기자에 관한 76건의 서적·논문 가운데 71건이 보상 또는 공헌에 관한 역사로 범주화되었다. 나머지 5건은 새로운 범주, 시기 구분 시스템, 개념, 방법 등을 발전시켰다(Mitchell, 1990). 젠더 역사는 아직 이 같이 과도적 단계에 와 있다. 남성성과 여성성이 어떻게 뉴스룸에서 드러났는지를 포함해 남성과 여성이 어떻게 일하는지에 관한 더 많은 역사적 맥락의 연구가 나온다면 러너가 요구한 종합적 연구에 기여할 것이다. 이에 관한 연구는 뉴스룸에서 젠더가 어떻게 작동하는지 또는 어떤 역작용을 당하는지를 포함해 전문성에 관한 전통적 규정에 대한 도전에서 성공과 실패를 맞이할 것이다. 지금껏 사용되지 않았던 개인 및 조직을 위한 자료들은 내팽겨진 채 어디에 있는지 찾기도 어렵지만 어쨌든 존재하고 있는 게 사실이다. 몇몇 문헌적 정보들은 전자적 방법으로 얻을 수도 있다.

페미니즘의 방법들은 그중에서도 특히 연구 자료의 범위를 확대할 것을 제안한다. 저널리스트들의 자서전, 회고록 그리고 구술사는 원천적으로 연구 자료로 신뢰할 수 없다. 왜냐하면 이들 자료의 형식과 텍스트들이 일반 독자들을 대상으로 편집되었다는 사실 등을 감안해야 하기 때문이다. 그렇다고 해도 이들 자료는 다른 자료들 이상으로 신뢰할 수 없다고도 할 수는 없다. 이들 자료는 집단적으로 분석될 때 유용하다(Steiner, 1997). 자서전 및 구술사는 기자들에게 자신을 돌아보도록 하며, 스스로를 비판하도록 하

---

1) 원문에서는 '8개 요소에 의한 설명'에 관한 내용이 나와 있지 않다.

고, 나아가 왜 뉴스룸에 들어갔으며 왜 떠났는지(왜 기자가 되었고 기자직을 그만두었는지)를 설명해준다. 만약 우리의 행동이 우리에 대한 다른 사람들의 기대를 반영한다면 저널리스트들에 관한 대중문화의 표현은 조사할 가치가 있으며, 특히 여기자들이 쓴 뉴스룸 관련 소설들은 더욱 유용하다. 이런 배경에서 『대중문화 속의 저널리스트 이미지 The Image of the Journalist in Popular Culture』 프로젝트(http.//www.ijpc.org)는 광범위한 참고문헌을 보유하고 있다.

　페미니즘적 이론화 및 방법론으로 정보를 얻은 민속지학적 현장 연구는 주류 및 대안 뉴스룸에서의 비공식적인 행위와 문화를 분석하는 작업에 어려움을 주지만 동시에 중요한 의미를 갖기도 한다. 여성잡지에 대한 현장 연구를 하려던 가우-예이츠(Gough-Yates, 2003)의 계획은 내부자들이 그의 페미니스트적 정치가 또 다른 "악의에 가득 찬 비평"으로 나타날 것을 우려한 나머지 그의 접근을 거부함으로서 좌초되었다. 그럼에도 현장 연구는 (여성들의) 뉴스룸 문화, 나아가 일과 가족에 대한 책임의 교차점을 설명하는 데 도움을 줄 것이다. 야심 찬 여기자들이 결혼을 하거나 결혼 생활의 유지를 위해 다른 여성들보다 못하거나 남성 동료들보다 훨씬 뒤떨어지는 것을 감수하는 문제는 더 많은 연구를 필요로 한다. 만약 모든 일터가 완전히 재구축되지 않거나 여성들의 주 역할이 돌봄이어야 한다는 완고한 기대감이 아니라면 여성들은 남성들과 마찬가지로 뉴스룸이 건강한 인간관계, 가족 그리고 직장 부모를 받아들이고 지지하도록 도와주는 유용한 제안들을 낼 것이다. 말하자면 가장 효율적인 제안들이 현장 연구에서 나올 것이다.

　이와 반대로 인터뷰 및 서베이는 비교적 직접적이고, 값이 싸며, 인기가 높은 방법이지만 그럼에도 불구하고 너무 많이 사용되었고, 점차 생산성도 떨어지는 방법이다. 심지어는 포커스 그룹들도 응답자들이 여성들의 네트워킹이나 성희롱과 같이 지속적인 관심을 필요로 하는 까다로운 문제에 맞서도록 성공적으로 자극을 주지 못한다. 또한 출간되었거나 방송된 기사들을 대상으로 하는 내용 분석은 기껏해야 요령부득이고 얄팍한 데이터만 생산할 뿐이다. 왜냐하면 저널리즘이란 복잡하고, 제도적이며, 철저히 조정되고, 부분적으로는 익명의 과정이기 때문이다. 바이라인bylines에서도 젠더가 표시되어 있지 않거나 익명이기 때문에 '젠더'(이것은 사실 여성들을 나타낸다)의 뉴스 표현을 대상으로 하는 대부분의 대규모 연구들은 누가 구체적으로 뉴스를 생산하는지를 무시한다. 라비와 리먼-윌직(Lavie and Lehman-Wilzig, 2005)은 이스라엘의 두 주요 공영 라디오 방송국을 연구한 데이터를 근거로 내부적으로 그리고 외부적으로 그것이 일관성이 없는 것으로 묘사하고 있다. 그들의 콘텐츠 분석은 남성 편집 간부들이 하드 뉴스를 더 좋아하는 반면 여성들은 소프트 뉴스를 강조하는 경향이 있다면서 주제 선택에서 '젠더 차이'를 언급했다. 그러나 그들의 설문조사는 남성 및 여성 편집간부들이 뉴스의 기능을 어떻게 규정했는가에 관해 최소한의 차이를 도출했을 뿐이다. 이런 역설적인 결과는 연구자들에게 상당한 정도의 설명을 제공하도록 강요했다. 예컨대 공표된 뉴스 가치와 실제의 뉴스편집 행위 사이의 격차는 남성 사이보다는 여성 사이에서 더 컸다. 이 때문에 두 연구자는 여성들이 저널리즘에 투신한 것이 시기적으로 늦기 때문에 여성적인 저널리즘을 지향하는 새로운 추세에 대해 분명한 태도를 결정하지 못한 것 같다고 시사한다. 두 연구자는 "여성들은 타고난 가치 체계에 충실하려는 문제를 놓고 직업적이고 심리적인 장벽을 극복해야 한다"고 결론 짓는다(p. 84). 즉 여성들은 타고난 젠더적 가치 체계에 관한 신념을 포기할지도 모른다는 것이다.

뉴스룸에서의 젠더에 관한 유용한 이해에 도달하기 위해 긴요한 것은 초국가적 접근이다. 물론 세계의 뉴스룸에 대해 학술적 관심을 갖기 위해서는 언어적 능력 및 다른 자원들이 필요할 것이다. 앞에서 말한 조사 데이터는 파편적이고 구식이어서 신뢰를 갖고 비교하기 어렵다. 위버(Weaver, 1998)의 연구에서 수집된 1990년대의 데이터 및 다른 자료원들은 여성들이 중국 호주 캐나다 헝가리 등 많은 나라에서 저널리즘 근무 인력의 33%~38%에 달했음(그런데도 여성 저널리스트는 신문사 피고용인들 중 10%~15%에 불과하다)을 보여준다. 여성 비율을 보면 한국에서는 15%, 영국 스페인 캐나다 독일 브라질에서는 25~42%, 핀란드, 에스토니아, 리투아니아에서는 거의 50%에 달한다. 세계 어느 나라에서든지 30세 이하의 저널리스트들 가운데는 여성 비율이 과거보다 훨씬 높다. 수십 년이 흘러감에 따라 더 많은 새로운 여성들이 저널리즘 영역에 고용되고 있다. 이것은 저널리즘 영역에서 나이 든 여성들의 매력이 떨어진다고 여겨져 그들에 대한 거부감이 지속되기 때문인지, 아니면 역으로 여성들이 더 높은 안정성을 가진 다른 직업으로 적극적으로 옮겨가기 때문인지 분명하지 않다.

이 같은 인구학적 데이터를 차치하고라도 미국이나 영국 이외의 나라들에서 뉴스룸에 대한 국제적인 토론은 흔히 젠더를 무시한다. 적어도 영어로 출간되는 연구들 중 매우 소량만이 비교적 관점에서 젠더를 논의하고 있다(Robinson, 2005). 전 세계에 걸쳐 남녀차별 및 젠더 문제에서의 유사성은 괄목할 만하다. 이것은 새로운 테크놀로지, 유명인사 및 라이프스타일 보도, 마케팅 및 광고에 의한 정책 결정 등으로 흘러가는 글로벌 차원의 변화에서도 볼 수 있다. 남녀차별 및 젠더와 같은 용어들이 나라와 문화를 가로질러, 또한 시간을 가로질러 일관된 의미를 갖는지를 결정하기 위한 연구는 필요하다. 다양한 나라의 뉴스룸에서 가동 중인 젠더 정체성에 관한 설득력 있는 논의들(예컨대 DeBruin and Ross, 2004을 보라)은 젠더를 지속적이고도 보편화할 수 있는 이슈로 받아들인다. 그러나 그런 소규모 연구에서 언급되는 지리적·문화적 차이는 좀 더 규모가 크고 비교적인 관점에서의 연구가 필요하다는 점을 시사한다. 최소한 국가적 이데올로기라는 이슈는 뉴스룸 관행들이 직업적 규범을 대변하는지 또는 특별히 백인 남성들의 프리즘을 나타내는지에 관한 문제를 더욱 복잡하게 만들 것이다.

요점은 젠더가 어디에서 또는 어떻게 의미 있는지 그들의 숫자는 설명하지 못한다는 점이다. 숫자는 여성들이 언제 그리고 어떻게 고위급 경영진의 유리 천장을 깨뜨렸는지, 젠더가 어떻게 계급, 인종, 종교, 결혼 또는 가정적 지위 등의 문제를 복잡하게 만드는지(또는 만들지 않는지)를 설명하지 못한다. (피부) 색깔이 어떻게 저널리스트의 성장 경로에 영향을 주는가. 결혼 여부는 어떤가. 스웨덴에서는 여성들이 기자직의 거의 50%를 차지하지만 고위 경영직에서는 불과 26%만 차지하고 있다. 여기서 여성 최고위 경영자들은 남성들의 경우와는 달리 다른 고위 남성 경영자와 결혼 상태에 있는 비율이 높았다(다시 말하자면 결혼을 통해 직업적·경제적 자본을 얻었다). 그들은 또한 더 많은 수의 멘토를 가졌다(Djerf-Pierre, 2005). 모이(Toril Moi, 1999)는 일반적으로 여성의 젠더 자본gender capital이 부정적인 반면 남성성은 긍정적 자본이라고 가정했지만 스웨덴 여성들은 이처럼 결혼을 통해 사회적 자본social capital을 축적함으로써 부정적인 젠더 자본에 대응했다. 언제 여성들은 승진을 위해 불쾌한 직업적 가치관을 채택해야 하며 그리고 언제 이런 규범들이 도전받고 변화될 수 있는가. 저항은 어떤 결과를 초래하는가. 왜 그렇게 많은 여기자들이 페미니스트 운동으로부터 스스로를 멀리하는가. 바꾸어 말하자면 무엇이 차별화되는 문화적·지리적 영역의 중요한 특성들인가.

결론

코버트(Covert, 1981)는 저널리즘의 역사가 독립성 및 개인적 자율을 존중하며 그 때문에 가족 및 친구관계 연결망의 영향을 무시한다는 것을 처음으로 지적한 사람이었다. 실은 저널리즘 그 자체가 갈등, 논란 그리고 경쟁의 관점에서 쓰여 왔다. 그것에 대해 코버트는 남성들이 승리하는데 관심이 있음을 반영한 것이라고 생각했다. 코버트는 이런 남성 언어를 여성들의 가치관 즉 일치, 조화, 제휴, 공동체 등과 대조했다. 그러나 코버트가 도전적이고 성과도 많은 에세이를 내놓기 훨씬 이전에도 토론은 성적 정체성(즉 여성의 성적 정체성)이 전문성보다 더 우세한가 아닌가 하는 것을 중심으로 전개되어 왔다. 이것은 결국 충분한 숫자가 확보된다면 여성들이 뉴스룸을 바꿀 것이라는 의미였다.

이런 논의가 상당한 정도로 연구를 이끌어가고 있지만 여성들이 가진 특이한 뉴스 가치에 관한 주장들은 내부적으로나 외부적으로 상충되는 모습을 갖게 되었다. 첫째, 이 주장은 여기자들이 항상 가정주부 및 어머니로서 고정된 입장을 공유한다는 이론을 구성한다. 그것은 젠더가 어떻게 관심의 초점 속에 들어오고 나가는지를 무시한다. 그것은 또한 인종, 성적 지향, 종교에 의한 경험 및 입장에서 나오는 동시대의 차이도 인정하지 않는다. 외향적 성격의 BBC 뉴스캐스터인 포드Anna Ford는 정치를 취재하는 여기자가 부족함을 비판하면서 이같이 말했다. "우리 여기자들은 중년 연령층으로, 중간 계급이며, 백인이고, 앵글로색슨계의 프로테스탄트인 남성들과는 다른 질문을 던졌는지도 모른다." 이것은 남성들이 성, 계급, 인종, 나이, 민족, 소속을 통해 주장하는 행태에 맞서기 위한 표현이다.

러시(Rush, 2004)는 여성들이 언제나 어디에서나 남겨진 것들만 손에 넣었으며 이는 상징적 대표성과 지위 및 급여의 1/4에서 1/3에 해당한다고 주장했다. 마찬가지로 멜린-히긴스(Melin-Higgins, 2004)는 뉴스룸이 젠더 차원의 힘, 갈등, 문화 충돌로 파괴되었고 이 때문에 게릴라 전쟁이 필요할 정도라고 주장한 한 유럽 저널리스트의 말을 인용했다. 여기자들은 지배적 문화에 의해 규정된 '여기자' 역할을 취할 수도 있고, 또한 남성들 중 하나로 변함으로써 남성우월주의에 도전할 수도 있으며, 혹은 여성들 중의 하나가 됨으로써 저널리즘에 관한 진짜 '억견doxa'에 도전해 저널리즘을 더욱 여성스럽게 만들 수도 있다. 그러나 21세기에 들어와 여성들은 더 이상 여성들의 게토에 속박되지 않으며, 뉴스룸으로 밀고 들어가더라도 여성스럽지 않다는 비난을 듣지 않는다. 이 때문에 러시가 말하는 '주기적으로 강화되는 잔여물의 비율'은 더 이상 유효하지 않다. 게다가 페미니스트들은 뉴스룸을 바꾸었고, 소프트 뉴스 및 여성형의 기사에 특권을 부여한 것에 그치지 않았다. 이

제 마케팅 담당자들은 정확히 멜린-히긴스가 반대한 형식의 기사들을 추구하게 되었다.

역사적 연구는 여성들이 부분적으로 새로운 기사 형식을 창안함으로써 얼마나 뉴스룸을 바꾸었는지 진지하게 받아들여야 한다. 전에는 결코 이러한 변화가 여성들의 공으로 받아들여지지 않았다. 이같이 더 부드러운 기사들이 정상적인 것으로 자리 잡고 더욱 '강화'되자 이것들은 전통적인 형식으로 재정의되었다. 감성적 기사를 쓰던 여기자들 그리고 1면에서 묘기를 부리던 여성 기자들은 세기를 넘어 시민 기자와 기획보도 기자로 변모했다. (저널리즘에서) 필수적이며 보편적인 역동성을 무시한다 할지라도 성별 차이가 거의 없음을 보여주는 데이터에 근거해 조직적 억압 구조가 여성들로 하여금 기존의 남성주의적 실무 행위들을 재생산한다고 결론짓는다면 이것은 저널리즘을 포함해 광범위한 사회적 변화를 무시하는 것이다. 사실 저널리즘에서는 이미 하드/소프트 뉴스의 양분 논리가 급진적으로 와해되어 있다. 보도 및 편집에서 젠더 차이에 관해 주장하는 일은 철학적, 경험적 그리고 방법론적 함정에 빠져 있다. 직설적으로 표현한다면, 해결책은 뉴스룸에서의 젠더 효과에 대해 다중적 방법론을 추구하는 데 있는 게 아니라 새로운 질문을 제기하는 데 있다.

젠더는 전쟁 보도에서 시작해 정치만화 보도에 이르기까지 중요한 이슈로 남아 있다. 전쟁 보도에서는 전선의 사체 스트레스로 인해 남성 및 여성 사이의 은밀한 관계가 형성된다거나 마약 남용 문제들이 드러난다. 그리고 정치만화에서는 여성들이 전체 고용인원 중 5% 미만에 머물고 있다. 남아 있는 젠더 효과들은 여성들을 착취할 가능성이 있는 뉴스룸의 재정 정책 등 다른 구조적 문제들과 함께 다룰 필요가 있다. 예컨대 여성 기자들의 수적 증가는 더 값싼 노동자를 원하는 기업의 영리 추구 행위를 반영할 수도 있다. 즉 그들이 해외특파원이라 할지라도 비상근 통신원이나 프리랜서일 가능성이 특별히 높기 때문이다. 분명한 것은 남녀를 차별하는 행위와 여성을 성적으로 이용하는 행위가 사회와 뉴스룸에서 계속된다는 점이다.

남성주의적 가설을 여성이 재생산한다고 비난하는 것은 해결책이 아니다. 사실은 방송이 (프로그램의) 부분적 양념으로, 또한 드라마적 요소를 위해 그리고 성적 호소력을 가미하려고 여성들을 이용하고 있기 때문이다. 나아가 여기자들이 여성들과 (예컨대 의상이나 성적 매력을 이유로) 페미니즘에 대해 경멸을 표현하도록 권장하는 문제를 해결하지도 못한다. 남성들은 최소한 엘리트 언론 및 전국망 뉴스에서는 더 이상 노골적인 남녀차별을 드러낼 수 없게 되었으며 이는 여성들이 뉴스 기관들에 대해 젠더에 관한 지적 '방호막'을 제공하고 있음을 의미한다.

젠더 논리의 일부분은 자기만족적이다. 예컨대 여성들이 신문을 읽을 가능성이 상대적으로 낮음을 보여주는 데이터(신문을 읽지 않을 가능성은 남성은 45%인데 비해 여성은 55%이다)는 여성들이 자기들의 이해관계와 관련되는 기사를 찾아내는 능력을 갖지 않고 있음을 보여주기 위해 거론된다. 그러나 여성 경영 하의 신문 발행 부수 하락은 전반적인 발행부수 하락 추세에 기인하는 것으로 여겨지고 있다(Everbach, 2006). 게다가 여성들과 남성들이 서로 반대라고 하는 생각은 훨씬 더 오도된 것이다. 왜냐하면 여성들이 모든 '훌륭한' 자질을 가졌다고 이해하면 잘못이기 때문이다. 여기서는 여기자들이 남성 기자들보다는 독자들의 필요를 더 챙기고, 뉘앙스를 선호하며, 맥락을 강조하는가 하면, 보다 폭넓은 의제를 취재한다는 의미에서 훌륭한 자질을 가리킨다. 이에 반해 남성 기자들은 경쟁자들의 보도에 대해 걱정하기 때문에 획일적 보도에 몰입한다(Christmas, 1997).

여성들의 스타일을 놓고 마치 여성들은 잘못하지 않는 것처럼 칭송하는 것은 여성들이 합의 및 동의를 선호한다는 점을 과장하는 것이다. 여성들이 그런 감정을 표현한다고 주장하는 것은 방법론적으로나 감성적으로 사실을 왜곡할 가능성이 있다. 여성적이라는 것은 항상 남성적이라는 것의 반대는 아니다. 그것은 젠더가 임의적으로 구축되었다고 주장하는 페미니스트적 통찰력을 완전히 무시하는 것이다.

사실 이분법적 사유는 비생산적이다. 우리는 하드/소프트 및 중립성/주관성의 이항적 구분에 의존하는 여성 저널리즘^{female journalism}을 묘사하는 대신 페미니스트 저널리즘^{feminist journalism}을 상정할 수 있을 것이다. 페미니즘 이론화는 이유, 결과, 영향을 이해하려는 보다 맥락적이고 상황을 고려하는 저널리즘 형태가 보다 가치가 있음을 시사한다. 이것은 아울러 가정의 여러 책임을 (직장의 일과) 통합할 수 있도록 감안하는 협력적이고 비경쟁적이며 수평적인 근무 구조가 보다 커다란 가치를 있음을 말해주고 있다. 저널리스트들에게 인간의 행동을 이해하고 대변하는 방법을 새로 발명해내라고 요구하지는 못할지라도 이것들을 개선하도록 권장하는 것은 칭찬 받을 만하다. 새로운 종류의 뉴스룸, 또한 새로운 구조의 인쇄, 방송, 온라인 저널리즘은 새로운 정치적 감각과 페미니스트적 인식론을 필요로 하는 것이지 여성들의 타고난 가치관을 필요로 하는 게 아니다. 저널리즘이 계급 및 인종에 의해 차별화된 사람들과 특히 불리한 입장에 처해질 수 있는 사람들의 정치적·사회적 필요에 봉사하려 한다면 페미니스트적인 이론화와 비평으로부터 제기되는 뉴스룸의 구조, 콘텐츠, 정책, 의사결정 문제들에 대한 실험이 꼭 필요한 상황이다.

⟨참고문헌⟩

Abramson, P. L.(1990). *Sob sister journalism*. Westport, CT: Greenwood Press.
Applebaum, A.(2005, March 16). Writing women into a corner. *The Washington Post*, p. 23.
Arnold, M., & Nesbitt, M.(2006). *Women in media 2006: Finding the leader in you*. Evanston, IL: Media Management Center at Northwestern University.
Barker-Plummer, B.(2002). Producing public voice: Resource mobilization and media access in the National Organization for Women. *Journalism & Mass Communication Quarterly*,

79(1), 188–205.

Beasley, M.(2001). Recent directions for the study of women's history in American journalism. *Journalism Studies. 2*(2), 207–220.

Beynon, J.(2002). *Masculinities and culture.* Buckingham, UK: Open University Press.

Blair, G.(1988). *Almost golden: Jessica Savitch and the selling of television news.* New York: Simon and Schuster.

Bradley, P.(2003). *Mass media and the shaping of American feminism, 1963–1975.* Jackson: University Press of Mississippi.

Brazelton, E. M. Colson.(1927). *Writing and editing for women.* New York: Funk & Wagnalls.

Bulkeley, C. C.(2004). Whose news? Progress and status of women in newspapers(mostly) and television news. In R. R. Rush, C. E. Oukrop, & P. J. Creedon(eds.), *Seeking equity for women in journalism and mass communication education: A 30-Year Update*(pp. 183–204). Mahwah, NJ: Erlbaum.

Butler, J.(1990). *Gender trouble: feminism and the subversion of identity.* London: Routledge.

Chambers, D., Steiner, L., & Fleming, C.(2004). *Women and Journalism.* London: Routledge.

Christmas, L.(1997). *Chaps of both sexes? Women decision-makers in newspapers: Do they make a difference?* London: WIJ/BT Forum.

Covert, C. L.(1981). Journalism history and women's experience: A problem in conceptual change. *Journalism History, 8,* 2–6.

Craft, C.(1986). *Too old, too ugly, not deferential to men.* New York: St. Martin's.

deBruin, M., & Ross, K.(eds.), *Gender and newsroom cultures: Identities at work.* Cresskill, NJ: Hampton.

Delano, A., & Henningham, J.(1995). *The news breed: British journalists in the 1990s.* London: London College of Printing and Distributive Trades

Djerf-Pierre, M.(2005). Lonely at the top: Gendered media elites in Sweden. *Journalism 6*(3), 265–290.

Elwood-Akers, V.(1988). *Women war correspondents in the Vietnam war, 1961–1975.* Metuchen, NJ: Scarecrow Press.

Endres, K L., & Lueck, T. L.(eds.).(1996). *Women's periodicals in the United States: Social and political issues.* Westport, CT: Greenwood Press.

Everbach, T.(2006). The culture of a women-led newspaper: An ethnographic study of the *Sarasota Herald-Tribune. Journalism & Mass Communication Quarterly, 83*(3), 477–493.

Farrell, A. E.(1998). *Yours in sisterhood: Ms. magazine and the promise of popular feminism,* Chapel Hill: University of North Carolina Press.

Ferguson, M.(1983). *Forever feminine: Women's magazines and the cult of femininity.* London: Heinemann.

Gallagher, M.(2001). *Gender setting: New agendas for media monitoring and advocacy.* London: Zed.

Gough-Yates, A.(2003). *Understanding women's magazines: Publishing, markets and readerships.* London: Routledge.

Graham, K.(1997). *Personal history.* New York: A. A. Knopf.

Harp, D.(2007). *Desperately seeking women readers: U. S. newspapers and the construction of a female readership.* Lanham, MD: Lexington Books.

Hemlinger, M. A., & Linton, C. C.(2002). *Women in newspapers 2002: Still fighting an uphill battle.* Evanston, IL: Northwestern University.

Lachover, E.(2005). The gendered and sexualized relationship between Israeli women journalists and their male news sources. *Journalism, 6,* 291-311.

Lavie, A., & Lehman-Wilzig, S.(2005). The method is the message: Explaining inconsistent findings in gender and news research. *Journalism, 6*(1), 66-89.

Lerner, G.(1975). Placing women in history: definitions and challenges. *Feminist Studies, 3*(1/2), 5-15.

Maher, M.(2003). Coming of age with a vengeance. In E. Gillespie(, *Changing the times: Irish women journalists 1969-1981*(pp. 11-12). Dublin: Lilliput Press.

Marzolf, M.(1977). *Up from the footnote: A history of women journalists.* New York: Hastings House.

McGregor, J.(2006). The pervasive power of man-made news. *The Pacific Journalism Review, 12*(1), 21-34.

Melin-Higgins, M.(2004). Coping with journalism: Gendered newsroom culture. In M. de Bruin & K. Ross(eds.), *Gender and newsroom cultures: Identities at work*(pp. 195 -220). Cresskill, NJ: Hampton.

Mills, K.(1990). *A place in the news: From the women's pages to the front page.* New York: Columbia University Press.

Mitchell, C. C.(1990). The place of biography in the history of news women. *American Journalism, 7*(1), 23-31.

Moi, T.(1999). *What is a woman? And other essays.* Oxford, UK: Oxford University Press.

Nixon, S.(1996). *Hard looks: Masculinities, spectatorship and contemporary consumption.* New York: St. Martin's Press.

Onslow, B.(2000). *Women of the press in nineteenth-century Britain.* New York: St. Martin's Press.

Robertson, N.(1992). *The girls in the balcony: Women, men and the New York Times.* New York: Fawcett Columbine.

Robinson, G. J.(2005). *Gender, journalism and equity: Canadian, US and European perspectives*. Cresskill, NJ: Hampton Press.

Rogers, S., & Thorson, E.(2003). A socialization perspective on male and female reporting. *Journal of Communication, 53*(4), 658-675.

Ross, I.(1936). *Ladies of the press*. New York: Harper & Brothers

Ross, K.(2001). Women at work: journalism as en-gendered practice. *Journalism Studies, 2*(4), 531-544.

Rush, R.(2004). Three decades of women and mass communications research. In R. R. Rush, C. E. Oukrop, & P. J. Creedon(eds.), *Seeking equity for women in journalism and mass communication education: A 30-year update*(pp. 263-274). Mahwah, NJ: Erlbaum.

Schilpp, M. G., & Murphy, S. M.(1983). *Great women of the press*. Carbondale: Southern Illinois University Press.

Sebba, A.(1994). *Battling for news: The rise of the woman reporter*. London: Hodder & Stoughton.

Steiner, L.(1992). The history and structure of women's alternative media. In L. Rakow(., *Women making meaning: New feminist directions in communication*(pp.121-143). New York: Routledge.

Steiner, L.(1997, Spring). Gender at work: Early accounts by women journalists. *Journalism History*, 2-12.

Streitmatter, R.(1994). *Raising her voice: African-American women journalists who changed history*. Lexington: University Press of Kentucky.

Trotta, L.(1991). *Fighting for air: In the trenches with television news*. New York: Simon & Schuster.

Tuchman, G.(1978a). Introduction: The symbolic annihilation of women by the mass media. In G. Tuchman, A. K. Daniels, & J. Benet(eds.), *Hearth and home: Images of women in the mass media*(pp. 3-38). New York: Oxford University Press.

Tuchman, G.(1978b). The newspaper as a social movement's resource. In G. Tuchman, A. K. Daniels, & J. Benet(eds.), *Hearth and home: Images of women in the mass media*(pp. 186-215). New York: Oxford University Press.

Tusan, M. E.(2005). *Women making news: Gender and journalism in modern Britain*. Urbana: University of Illinois Press.

Van Zoonen, L.(1998). One of the girls? On the changing gender of journalism. In C. Carter, G. Branston, & S. Allan(eds.), *News, gender and power*(pp. 33-56). London: Routledge.

Walsh-Childers, K., Chance, J., & Herzog, K.(1996). Sexual harassment of women journalists. *Journalism & Mass Communication Quarterly, 73*(3), 559-581.

Weaver, D. H., & Wilhoit, G. C.(1996). *The American journalist in the 1990s: U. S. news people at the end of an era.* Mahwah, NJ: Erlbaum.

Weaver, D. H.(eds.).(1998). *The global journalist: News people around the world.* Cresskill, NJ: Hampton.

Winship, J.(1987). *Inside women's magazines.* London: Pandora Press.

Zuckerman, M. E.(1998). *A history of popular women's magazines in the United States, 1792-1995.* Westport, CT: Greenwood Press.

10_
융합과 크로스-플랫폼, 콘텐츠 생산

토스텐 콴트/제인 B. 싱어

'융합convergence'이라는 유행어는 미디어 기술, 시장, 생산, 콘텐츠, 수용에서 진행되는 급속한 발전과 동의어가 되었다. 이 용어는 기술을 넘어선 영역에서 제기되고 있지만 디지털화 과정에 기초해 과거에는 구별되었던 미디어 기술이 섞이고 합쳐지는 것을 가리킨다. 저널리즘 연구자들은 '뉴스룸 융합 newsroom convergence', 특히 미디어 플랫폼을 교차하며 이루어지는 콘텐츠 생산과 직결된 작업 관행과 조직 구조상의 변화에 주목해왔다. 이와 관련해 최근의 연구 초점은 융합의 의미가 네트워크화된 디지털 환경에서의 저널리스트와 수용자 역할의 융합으로 확장되고 있다.

  이 장은 뉴스룸 내에서 일어나는 융합을 정의하고 그것의 전반적인 영향을 서술하는 것으로 시작한다. 그런 다음 뉴스룸의 역할 및 관행, 저널리즘의 콘텐츠, 온라인 사용자의 기여 등 융합 연구의 몇몇 핵심적 가지들을 살펴볼 것이다. 우리는 융합의 기술적, 사회적, 윤리적 측면을 고려해본 다음 후속 연구를 위한 제안을 하면서 이 장을 끝맺을 것이다.

유행어의 배경: 융합에 대한 접근법들

과거 20여년 이상 진행된 광범위한 변환은 전 세계적으로 현대 사회에 큰 영향을 미쳐왔다. 경제, 정치, 과학, 예술 등의 분야를 포함한 사회생활의 거의 모든 방면에 영향을 미치는 컴퓨터 기술의 급속한 발전과 커뮤니케이션 네트워크는 많은 변화와 직결되어 있다. 특히 공공 커뮤니케이션 조직은 극적인 변화를 경험하고 있다. 한때 안정적이었던 주류의 매스 미디어 시스템은 다면적이고 지속적으로 변화하는 정보와 오락의 원천인 컴퓨터, 휴대전화, 개인 디지털 보조물PDAs, 게임기 등의 상호작용적 기술에 접속하는 도구들의 도전을 받고 있다. '융합'이라는 용어는 원래 두 개의 미디어 기술처럼 단순히 언젠가 함께하게 될 두 가지 현상이나 존재 간의 증가하는 조화를 의미했지만 이제는 이 모든 의미를 포함하도록 확대되었다.

일찍이 1990년대 중반까지만 해도 융합에 관한 다양한 해석이 제기되어 "융합은 위험한 단어!"라는 결론에 이르렀고(Silverstone, 1995), 그 후 이와 관련된 논의는 초점을 잃어 더 이상 나아가지 못했다. '융합'은 고정된 커뮤니케이션과 모바일 커뮤니케이션 간의 경계가 흐려지는 것을 서술하는 데 사용되었다. 즉 방송, 전화, 모바일 그리고 홈 네트워크 사이의 경계가 흐릿해지고 미디어, 정보, 커뮤니케이션 사이는 물론 특히 원거리 통신, 미디어, 정보기술IT 사이의 경계선이 모호해지는 상황을 가리켰다. 미디어의 맥락에서 이 용어는 인터넷의 비디오 통합, 미디어 파트너의 교차적 판매 촉진을 위한 마케팅 노력, 기업 합병 등과 같은 기술 발전에도 적용되었다.

많은 면에서 차이가 있지만 융합에 대한 모든 접근법은 과정에 대한 개념을 통합시키고, 발전의 기술적 기반을 강조한다. 이것은 기술이 미디어 변화를 '추동한다'는 통상적인 오해, 즉 사회적 요인을 무시하는 기술결정론을 낳았다. 사회과학자들은 대신 기술 발전의 인간적 측면, 예컨대 어떻게 사람들이 새로운 도구를 사용하고 이에 의미를 부여하는지를 강조해왔다. 저널리즘 종사자와 저널리즘 연구자들은 주로 다양한 미디어 플랫폼을 위한 콘텐츠 생산과 그와 연관된 작업 관행, 기술, 뉴스룸 문화의 변화에 집중해왔다. 따라서 저널리즘 영역에서 활동하는 사람들에게 '융합'이라는 용어는 특별히 전문화되고 사회적으로도 유관한 깊은 의미를 가진다(Quinn, 2005a).

하지만 몇 가지 변이도 존재한다. 미국에서 '융합된' 뉴스 조직이란 신문사 직원이 TV에 내보낼 콘텐츠를 만들거나 그 역방향의 일을 하는 것, 즉 전형적으로 양쪽 직원들이 두 조직이 연결된 웹사이트에 기여하는 조직으로 주로 정의되었다. 일반적으로 파트너십 관계라는 것은 완전한 융합보다는 정도가 낮은 것으로 여겨졌다. 왜냐하면 이상적으로는 각 매체의 강점에 근거해 기사를 기획하고 제작하는 것이 필요하기 때문이다. 대신 실제의 융합은 파트너 관계에 있는 생산물의 상호 교차적 프로모션을 의미했고, 서로 다른 뉴스룸에 있는 저널리스트들 간의 경쟁적 요소는 존속시키는 식으로 운영되었다(Dailey, Demo & Spillman, 2005).

이러한 크로스-미디어 제작의 기본 형태는 기술적 변화 그리고 이와 연관된 이용자의 기대에 부응하려는 신중한 시도로 전 세계에서 관찰된다. 네트워크화된 디지털 환경에서 저널리즘을 어떻게 수행할 것인가의 문제는 특히 다양한 미디어 플랫폼, 예를 들어 텔레비전과 인쇄를 구현할 수 있는 자원을 가진 거대한 미디어 회사에 중요하다. 그들은 그것을 사용해 시너지 효과를 낼 수 있는 전략을 발전시키는 데 관심이 있기 때문이다. 가장 간단한 해결책은 한 플랫폼에서 다른 플랫폼으로 콘텐츠를 '퍼 옮기는' 것이다.

융합과 관련된 보다 일반적이면서도 더욱 정교한 접근법은 두 가지 미디어 플랫폼(이중 하나는 디지털이다)을 대상으로 유사한parallel 콘텐츠를 제작하는 것이다. 이러한 크로스-플랫폼 콘텐츠 제작을 통해 저널리스트들은 하나의 미디어만을 위해 기사를 만들어내는 것을 피하고 대신 콘텐츠 풀에 자료를 모으고 그것을 다양한 포맷(인터넷뿐만 니라 휴대전화나 PDA와 같은 휴대 기기)에 널리 퍼뜨린다. 따라서 저널리스트들은 이전보다 더욱 다면화된 미디어 기술을 효과적으로 사용하는 법을 습득해야만 한다.

뉴스 제작 과정에 실질적인 변화가 있음에도 불구하고 이러한 융합 모델은 자료를 수집하고 퍼뜨리기 위해 중앙 기관에 계속 의존하고 있다. 여러 관점에서 볼 때 이것은 출판에 대한 톱다운top-down 방식의 접근으로서 여전히 '매스 미디어'라 할 수 있다. 하지만 온라인 유통 플랫폼을 둘러싸고 이루어진 미디어 포맷의 융합은 저널리스트들의 작업을 인터넷의 다른 핵심적 특성으로 향하게 만든다. 즉 그것은 디지털 정보에 기반해 다양한 콘텐츠 형태의 지원을 가능하게 할 뿐만 아니라 동시에 네트워크를 형성하기 때문이다. 이것은 단지 기술적인 것만이 아니라 사회적 의미에서 개인 및 제도화된 행위자 양쪽의 커뮤니케이션 주체를 연결하는 것이다.

이 후자의 변화는 광범위한 함의를 갖고 있다. 네트워크는 반드시 중앙집중화에 기반하지는 않는다. 네트워크는 전형적으로 중앙과 주변부를 갖고 정보의 배포에 영향을 미치는 힘의 법칙에 의해 적용을 받지만 네트워크 구조는 전통적인 의미에서 상하의 위계를 갖지는 않는다(Monge & Contractor, 2003; Scott, 2000). 그러므로 '융합된' 디지털 뉴스 제품은 다양한 포맷으로, 과거 저널리스트의 취재물을 기다리는 소극적 수용자였던 이용자에게서 나오는 정보까지도 포함할 수 있다. 이용자와 커뮤니티의 참여를 통해 미디어 영역이 확장된 것은 저널리스트들에게 있어 새로운 도구와 기술을 습득해야 할 필요로 생기는 어려움보다 더 큰 어려움을 안을 수 있는 융합의 한 형태이다.

인터넷이 기술적이고 동시에 사회적인 네트워크로 존재하기 때문에 정보는 '매스 미디어' 제도의 도움이 없어도 한 전달자로부터 다른 이들에게 전달될 수 있다. 그 결과 생산자와 소비자 간의 융합은 브런스(Bruns, 2005)가 말한 '프로듀시지produsage'를 만들어낸다.[1] 이러한 변화는 저널리스트들이

1) produsage는 production과 usage의 복합어로, 이용자가 정보를 생산하는 동시에 이용하는 것을 가리킨다.

일을 하는 방식뿐만 아니라 사회 내에서 저널리스트의 일과 역할을 개념화하는 방식에까지 영향을 미친다. 개인과 커뮤니티를 더 크게 아우르는 잠재력으로 인해 공공 커뮤니케이션의 성격 또한 변하게 된다.

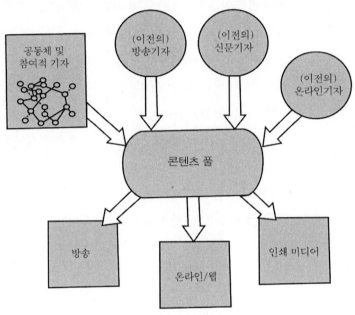

〈표 10-1〉 집중화된 콘텐츠 풀을 통한 융합적 생산

　　일부 연구자는 네트워크상의 모든 시민이 '저널리즘'이라 불리는 제도화된 사전 선택적 권위자를 필요로 하지 않고 모든 가능한 정보원으로부터 개인화된 정보를 얻었을 수 있게 되면 제도화된 미디어의 역할이 축소되거나 사라지는 사회가 올 것으로 예상한다(Deuze, 2006a, 2006b; Haas, 2005; Hartley, 2000; Jenkins, 2006; Nip, 2006). 다른 연구자들은 대다수 사람들이 그런 급진적 모델을 원할지에 대해 의문을 표시한다(Hanitzsch, 2006; Schönbach, 1997). 결국 제도화된 형태의 저널리즘은 상품의 질을 보장하고, 사회적 커뮤니케이션의 복잡성 및 이를 만들기 위해 필요한 작업의 양을 줄이며, 대중 수용자에게 전파될 수 있는 콘텐츠 형태로 사회에 공유된 의미를 제공한다.

실제로 서구의 여러 나라에서 (저널리즘에 대한) 참여적 형태에 대해 제한적으로만 수용하는 경험적 징후들을 보면 이런 비판적 입장을 지지하는 것으로 보인다(Paulussen, Heinonen, Domingo & Quandt, 2007). 이것은 뉴미디어 기술이 시민 활동에 대한 참여를 크게 확대할 것이라는 실현되지 않은 오랜 희망에서도 마찬가지로 드러나고 있다(McQuail, 2000, p. 160). 오늘날 디지털 기술이 또 다른 사회적 효과를 유발할지는 두고 보아야 한다.

　미래에 어떤 일이 일어날지 관계없이 저널리즘 안에서의 변화는 분명한 실체가 있고, 이용자의 정보 입력과 커뮤니티의 역할을 강조하는 최근의 상황 전개는 과제만 증가시킨다. 따라서 저널리스트적 융합에 대한 학문적인 조사는 다면적 특성을 보인다. 다음 섹션에서는 저널리스트와 저널리즘에 직접적인 영향을 미치는 융합의 세 가지 중심적인 측면을 살펴보려고 한다. 융합은 저널리스트가 만드는 콘텐츠뿐만 아니라 뉴스룸의 역할과 관행에 영향을 미치고, 나아가 콘텐츠 생산에서 온라인 이용자의 참여가 가진 의미에 영향을 미친다.

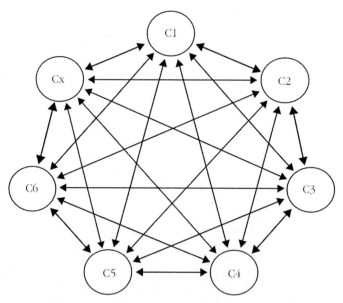

〈표 10-2〉 네트워크 커뮤니케이션

융합 탐구: 연구와 관점

미디어 융합의 과정은 인터넷에 새롭지도 않고 인터넷에 국한된 것도 아니다. 수년에 걸쳐 이루어진 미디어 기술의 많은 도약은 기존에는 구분되었던 미디어 생산과 기능의 통합을 가져왔다. 하지만 현재의 변화가 갖는 확장성 및 연구 영역으로서 저널리즘 연구의 성숙은 디지털 미디어가 발전 과정을 통 털어 광범위하고 집중적으로 조사되었음을 의미한다. 학자들에게 이런 결과는 준거의 틀 및 관찰 대상의 재빠른 진화와 함께해온 어떤 패러다임의 변화를 의미했다. 한편 최근까지 그들만이 통제하고 그들만이 기사를 제공했던 단일 미디어 생산물을 위해 콘텐츠를 생산해온 저널리스트에게 계속되는 변화는 새로운 출구, 생산 구조, 작업 규칙을 의미했다.

이러한 변화의 영향은 중요하고 다양하다. 실제로 융합은 보츠코프스키 (Boczkowski, 2004)가 말한 대로 "행위자가 기술적·지역적·환경적 요인의 다양한 조합을 통해 발생한 다양한 길을 따라가는 우연한 과정"(p. 210)이라는 표현에서 가장 잘 드러난다. 다음에서는 이런 추세와 요인에 관한 학문적 연구를 다룰 것이다. 우리는 크로스-플랫폼 생산이 저널리스트의 역할과 관행에 미치는 영향을 탐구한 연구를 먼저 다루고자 한다.

뉴스룸 내의 역할과 관행 변화

융합에 대한 학술적 진단은 많은 경우 저널리스트가 '뉴스를 만드는' (Bardoel & Deuze, 2001; Singer, 2004b) 방식에 미치는 영향에 초점을 맞추고 있다. 이러한 진단은 뉴스 사회학에 속하는 폭넓은 작업에 근거하고 있는데, 뉴스 사회학은 저널리스트들이 어떻게 사건과 아이디어 및 이슈 등을 뉴스 제품으로 전환해 공중에게 전파할 수 있도록 하는지에 대한 통찰을 제공해왔다.

이와 연관된 학문적 탐구는 언론인의 사회적 역할, 특히 민주주의에서 시민이 효율적 자치를 위해 필요로 하는 정보를 제공하는 문제에 집중해왔다(Gans, 2003; Kovach & Rosenstiel, 2001). 인터넷과 그와 관련된 디지털 기술이 어느 정도 뉴스 취재와 선택의 관행을 저널리스트에게서 거두어들였기 때문에 게이트키퍼 역할은 아마도 명백하게 기술적 발전의 영향을 받았을 것이다(p. 134). 전통적 미디어 환경의 관점에서 말한다면, 저널리스트들은 뉴스 전파를 위해 상대적으로 제한된 기사를 선택하고 나머지는 거부한다. 이런 과정을 통해 저널리스트들은 "공동체가 문화의 대표자격인 기자가 진실이라고 믿는 사건만 사실로 받아들이도록 한다"(White, 1950, p. 390).

그러나 누구나 거의 모든 것을 출간할 수 있도록 변화한 환경에서 정보가 통과해야 하는 관문gates이라는 개념은 어떻게 '뉴스'가 수용자에 도달하는지 개념화하는 데는 더 이상 유용하지 않다. 그래서 만약 문이 없다면 게이트키퍼도 없을 수 있다는 이야기가 될 수 있다(Williams & Delli Carpini, 2000). 이와 관련해 의제 설정자 등 미디어의 역할도 정보 제공자의 기하급수적 증가와 함께 매스 미디어 수용자가 파편화되면서 크게 흔들리고 있다. 특히 강력한 옹호를 받으며 직업적 독립 윤리를 지키기 위해 발전해온 저널리스트적 규범은 참여적이며 네트워크화한 요즘의 정보 환경에서 도전을 받고 있다.

뉴스룸의 융합에 대한 많은 연구는 뉴스룸의 역할과 관행에 미칠 영향을 진단하고 있다. 대표적으로 선택된 뉴스 조직에서 사례 연구를 하는 민속지학적 관찰 같은 방법론이 주로 쓰이고 있다. 그런데 많은 연구에서 언론인들이 융합에 대해 상당한 공포를 갖고 있음이 발견되었다. 영국의 BBC에서 비교적 초기에 융합으로 이행하려던 중 언론인들은 자신의 특수한 기술이 이전보다 낮게 평가되고, 그에 수반한 뉴스룸 안에서의 변화가 "전문적 위상, 전통적 위계질서, 직장 경력에서의 기회" 등을 불안하게 하고 있다는 분노와 절망에 직면했다(Cottle & Ashton, 1999, p. 39). 독일에서 초기의 융합적 뉴스룸에 대한 접근은 다양한 배경을 가진 저널리스트 사이에서 직업적이거나 때로는 개인적인 차이를 일으켰다. 한 회사 안의 몇몇 미디어 제작을 묶으려는 노력이나 통합된 뉴스룸은 심각한 조직적 문제와 연이은 경제적 실패로 귀결되었다. 독일의 전국적 일간지인 *FAZ*의 '전자 미디어' 계획이 하나의 사례였다(Quandt, 2005). 2002년 미국 전역에서 뉴스룸 관리자와 직원들을 대상으로 이루어진 서베이에서 저널리스트들은 융합의 최대 수혜자가 현업 종사자나 공중이 아니라 미디어 회사라고 답했다(Huang, Davison, Shreve, Davis, Bettendorf & Nair, 2006).

뉴스룸에서 융합을 잘 받아들이려 하지 않는 데는 제도적인 이유가 있다. 융합은 다중 기능을 가진 언론인이 보다 적은 추가 비용이나 혹은 비용을 더 들이지 않고 더 많은 콘텐츠를 생산하는 잠재력 있는 사업 모델을 제시한다(Quinn, 2005b). 일반적으로 말하자면, 회의적인 태도를 갖도록 훈련된 저널리스트들은 변화가 가져올 이익이 불분명할 경우 조직을 불신하는 경향이 있다(Killebrew, 2003). 심지어 일부 기자는 이를 노골적으로 의심하기도 한다.

이러한 비판적이고 대립적인 관점이 단순히 일시적인 회의주의인지 혹은 지속되는 문제인지는 좀 더 두고 볼 일이다. 싱어는 미국의 융합 뉴스룸에 관한 연구에서 몇몇 언론인들이 융합의 특정한 측면에 대해 만족하지는 않으나 전반적으로는 융합을 지지하고 융합된 작업은 공공 서비스를 향상시킨다고 믿는 것으로 밝혀냈다(Singer, 2004a, 2004b, 2006). 브레서즈 및 미즈(Bressers and Meeds, 2007)는 신문과 온라인 작업의 융합에 초점을 맞추어 통합의 수준을 예측하는데 도움을 주는 네 가지 영역을 제시했다. 즉 조직적이고 경영적인 이슈, 커뮤니케이션과 태도라는 이슈, 물리적 접근성과 장비·공유이라는 이슈, 작업 흐름과 콘텐츠라는 이슈가 그것이다. 이것들은 일괄적으로 볼 때 잠재적 뉴스룸 문화의 중요한 변화를 제시하고, 나아가 개인 미디어 특유의 문화적 역동성의 혼합은 융합 성공의 핵심적 부분으로 간주되었다(Lawson-Borders, 2003).

다른 미디어 관행, 특히 신문사와 방송사 저널리스트들의 관행은 고정관념화, 직원 배치와 시간 관리에 대한 충돌, 뉴스 흐름과 연결된 어려움 등으로 나타난다(Silcock & Keith, 2006). 싱어(Singer, 2004a)에 따르면, 융합은 인쇄 미디어 기자들에 강력한 압력을 가했으며 특히 재사회화 과정을 거치도록 강요했다. 그런데 이런 일은 이들이 스스로 온라인 및 방송 기자들과 완전히 다르다고 생각하면서 그들과 거의 소통하지 않는 가운데 일어났다. 더구나 뉴스룸 관행과 구조는 플랫폼으로 매끄럽게 이전되지 않았으며, 또한 융합 파트너 간의 협동 및 정보 공유에 대한 요청은 경쟁적 경향으로 인해 아예 수용되지 않았다. 서베이에 근거한 필락(Filak, 2004)의 연구에 의하면, 신문 기자들은 스스로의 직업 문화를 방송 기자의 것보다 우월하다고 보고, 마찬가지로 방송 기자들은 그 역으로 생각한다. 게다가 개별 뉴스 문화의 구성원들은 그러한 집단 간 편견을 보유하면서 그것을 신뢰한다. 필락은 뉴스룸의 융합을 추구하는 뉴스 조직은 추동력이 외부에서 오는 것으로 인식될 가능성을 최소화하기 위해 두 그룹을 융합 계획에 참여시켜야 한다고 강조했다.

이러한 문화적 변화에 대한 관리의 복잡성을 연구하는 학자들은 조직이 그들의 사명과 철학 그리고 분명한 업무처리 방식의 일환으로 융합에 대한 결의를 보여야 한다고 주장한다(Lawson-Borders, 2003). 경영층이 융합을 지원하고 기대하고 있음을 명료하게 보여주는 커뮤니케이션은 필수적이다(Quinn, 2005b). 보다 구체적으로 킬레브류(Killebrew, 2003)는 뉴스룸 융합을 진행하는 관리자에 대한 전반적인 연구에서 직원에 대한 철저하고 세부적인 훈련이 필요함을 강조했다. 조직의 모든 계층에게 융합에 대한 이해를 심화시키기 위한 행동 계획을 면밀하게 수립해야 하며, 나아가 가치관 불일치를 해결하고 회사의 신념에 대한 의심의 해소를 위한 공개적이고 지속적인 대화도 필요하다.

경험적 연구들은 이런 필요성을 강조하면서 문제 해결 과정에서 발생한 드물지 않은 실패 사례들을 기록하고 있다. 미국의 신문사 경영진을 대상으로 한 어느 서베이는 매일 뉴스 기획 회의에 온라인 담당자를 포함시키거나 중앙의 뉴스담당 부서가 다중 플랫폼을 대상으로 하는 기사를 다루는 것이 중요하다고 강조했다. 그러나 아직은 대다수의 뉴스 조직들이 그런 운영을 하지 않고 있다(Bressers, 2006. Bressers & Meeds, 2007).

싱어(Singer, 2004b)는 훈련 부족이 융합 진행에서 장벽으로 작용한다는 사실을 확인했다. 그것은 크로스-플랫폼의 콘텐츠 생산을 위해 필요한 도구를 운용하기가 어려울 것이라는 공포를 불러일으키기 때문이다. 싱어의 연구는 또한 개방적인 대인관계 커뮤니케이션 채널이 중요하며, 특히 이것은 파트너가 된 뉴스룸의 기자들 사이에 중요하다고 강조했다. 그는 나아가 경영진은 기자들에게 스스로 관여의 범위를 규정하도록 허용함으로써 융합의 동기 및 가치에 관한 불안을 감소시키기 위해 노력해야 한다고 말한다. 실제로 이런 우려가 특히 대형 뉴스룸에서의 융합 활동에 대한 낮은 참여도의 원인이었다.

이 과정에서 나타난 어려움 중의 하나는 보상이 부족하다는 점이었다. 황과 동료들(Huang 등, 2006)이 미국 전역에서 실시한 서베이에 의하면, 뉴스 제작자들은 여러 미디어 플랫폼을 대상으로 기사를 제작하는 것에 대해 더 보상받아야 한다고 생각하지만 상사들이 이에 동의하지 않는다고 말했다. 또한 싱어의 사례 연구에 의하면, 몇몇 뉴스룸에서는 아무런 수당도 받지 않고 추가 업무를 하는 것에 대한 분노가 일어나 융합에 대한 의욕을 저하시키고 융합을 수용하지 않으려 하는 태도를 보였다(Singer, 2004b). 저널리스트들을 대표하는 노동조합들은 미국(Glaser, 2004)과 영국을 포함한 몇몇 국가에서 이루어지는 융합에 대해 우려를 제기했다. 이와 관련해 영국의 〈전국기자조합〉(National Union of Journalists, 2007)은 미디어 회사를 상대로 "가능한 협정"에 대해 협상을 벌였고, 급여, 근무 시간, 훈련 등 이슈를 다루는 융합 가이드라인을 발표하기에 이르렀다.

콘텐츠에 대한 고려들: 멀티 포맷 스토리텔링

또 다른 연구는 일련의 콘텐츠 분석을 통해 뉴스룸 융합이 콘텐츠에 미치는 영향에 대해 설명하려고 한다. 인터넷의 영향에 관한 초기 연구는 인터넷을 멀티미디어적 능력과 상호작용적 잠재력을 가진 '통일된' 출판 채널로 보고, 저널리스트들이 제한된 인쇄와 방송에서 해방되어 새로운 미디어의 잠재력을 살린 새로운 기사 작성법을 만들어낼 것이라고 생각했다(Heinonen, 1999; Hibbert, 1998; Kimber, 1997; Newhagen & Levy, 1998; Pavlik, 1999). 그러나 뉴스룸이 실제로 융합 문제를 놓고 씨름하게 되자 시간적 제한, 적절한 경험의 부족, 또는 새로운 도구에 대한 훈련 부족, 마지막으로 직원 수준의 저하로 인해 뉴스 보도와 유통 과정의 품질이 저하된다는 우려가 나오기 시작했다.

이런 우려를 실증적으로 분석하려는 시도는 엇갈린 결과를 내놓았다. 몇몇 연구는 저널리스트들이 느끼는 두려움을 지지했다. 예를 들어 온라인 저널리스트들은 계속적인 마감 시간 그리고 뉴스 업데이트를 위해 경쟁 뉴스 조직으로부터 느끼는 압력 때문에 신문기자 동료들에 비해 상당히 짧은 제작 사이클에 따라 일해야 했다(Quandt, 2005). 가장 빠른 미디어 보도는 다른 회사의 업데이트 사이클에 영향을 미치고, 이런 '터보 저널리즘turbo journalism' 은 융합 환경에서 뉴스 파트너에게도 영향을 미칠 수 있다. 나아가 적어도 몇몇 국가에서 온라인 저널리즘의 질적인 수준은 전통적인 인쇄 매체보다 낮은 경향이 있다(Qandt 등, 2006).

황 등(Huang, Rademakers, Fayemiwo, and Dunlap, 2004)이 행한 내용 분석은 미국에서 매체 융합 노력의 선구적 노력을 하는 신문측 파트너인 『탐파 트리뷴Tampa Tribune』의 '품질'을 평가했다. 여기에서 평가 항목은 기업, 중요성, 공정성, 균형, 권위, 지역화 등이었다. 연구자들은 융합 실험이 시작된 후 3년째를 맞아 신문 보도의 품질이 떨어지지 않았음을 발견했다. 그러나

2003년 연구에서 『트리뷴』의 저널리스트들은 대체로 크로스-플랫폼 보도에 참여하지 않았다. 대신 대부분의 융합 노력은 TV와 온라인 파트너를 교차 지원하는 것뿐만 아니라 크고 작은 정보를 공유하는 것이었다. 황과 동료들(Huang 등, 2006)의 전국적 연구에 의하면, 미국 저널리스트들의 40%가 융합 때문에 콘텐츠의 품질이 떨어질 것이라고 예상했고, 40%는 질이 떨어지지 않을 것이라고 생각했다. 연구자들은 복합적인 미디어 플랫폼에 대해 훈련받은 미래의 저널리스트들은 모든 것을 다 잘하는 사람이 될 것이고, 그렇지 않은 사람은 형편없는 보도를 할 것이라는 우려가 근거 없다는 결론을 내렸다.

최근 4개국의 국제적 웹사이트에 대한 공동 연구와 함께 진행된 독일의 주류 신문과 온라인 매체에 대한 내용 분석에서는 '융합된' 온라인 환경에서조차 대단히 제한적인 범위에서 상호작용적이거나 멀티미디어적인 요소들이 사용되고 있는 현실이 드러났다. 국제적 비교에서는 BBC만이 통합된 영상, 오디오, 지면 정보를 보유하고 있었는데, 이는 융합된 제작의 결과라기보다는 BBC의 콘텐츠 풀에 이러한 파일들이 존재했기 때문으로 보인다. 게다가 온라인 뉴스 제작물의 범위는 제한적이었고, 이들 제작물은 주로 국내 정치 뉴스에 집중되거나 중요 국내 뉴스에 영향을 받았다. 이러한 주요 제작물은 융합된 기술적 플랫폼이 커뮤니케이션의 한계나 문화적 경계가 사라지도록 할 것이라는 기대를 충족시키지 못했다(Quandt, 2008). 이와 비슷하게 초기 연구에서는 국경이나 언어권은 여전히 인터넷에서 구조적 요인으로 작용했음이 드러났다(Halavais, 2000)

이런 발견은 온라인 콘텐츠에 대한 몇몇 초기 연구를 반영하고 있다. 예를 들어 1990년대 연구는 미디어 조직이 상호작용성을 늘리기 위해 효율적인 방식으로 기회를 이용하지 못했다고 밝혔고(Schultz, 1999), 또한 미디어 조직이 링크, 그래픽, 오디오를 충분히 통합하지 못한 것도 드러났다(Neuberger, Tonnemacher, Biebl & Duck, 1998). 이런 비판은 몇 년 뒤에 있었던 연구에도 남아 있었다(Oblak, 2005; Rosen-berry, 2005). 이와 관련해 보다 긍정적 관점을 가진 종단적 연구로는 그리어와 멘싱(Greer & Mensing, 2004)을 살펴볼 필요가 있다.

하지만 이러한 몇몇 비판은 허점이 많은 가설에 근거한 것이다. 다수의 온라인 콘텐츠 연구자들은 사이트의 형식적 특성에 집중했고, 기술적 상호 작용의 성격과 수량, 또는 멀티미디어적 요소에 관한 질문을 던졌다. 그러한 접근이 가진 전제는 최선의 방식이 기술에서 비롯된다는 것을 암시한다. 즉 보다 많은 커뮤니케이션 채널과 역량을 활용할수록 '더 잘' 미디어를 이용한 다는 것이다. 하지만 이전의 연구에서 이 가설이 틀렸음이 밝혀졌다. 미디어 효과 연구는 제한된 수의 커뮤니케이션 채널(예컨대 신문)을 가진 미디어가 여러 측면에서 다양한 채널을 가진 미디어(예컨대 방송)보다 우수할 수 있음 을 보여준다. 마찬가지로 미디어 풍부성 이론media richness theory은 미디어의 커 뮤니케이션 능력이 최대한의 효력을 갖기 위해서는 맡은 임무 또는 의사소 통의 문제들과 조화가 이루어져야 함을 시사한다. 따라서 선택 범위를 최대 화한다는 것이 반드시 최선의 접근법임을 의미하지는 않는다(Daft & Lengel, 1984, 1986). 이러한 발견은 온라인 저널리즘에서 '융합된' 멀티미디어 및 상 호작용적 옵션을 제한적으로 사용하는 것이 지지부진한 발전을 드러낸다기 보다는 오히려 시장조건과 이용자 기대 등을 감안해 경제적·사회적으로 내 린 분별력 있는 선택임을 시사한다.

이러한 논의는 또한 미디어 기술의 진전이 미디어 이용의 맥락을 변화 시킬 수 있는 방법들과 같이 중요한 발전들을 등한시한다. 예를 들어 모바일 기기를 통한 인터넷 접속은 미디어 통합을 일상적인 관행이 되도록 할 수 있으며 저널리스트의 콘텐츠 수용에 영향을 미치게 된다. 통신, 광대역 응용 프로그램, 오락 미디어가 통합된 이른바 '트리플 플레이triple play'가 모바일 서 비스와 결합해 '쿼드루플 플레이quadruple play'로 확장될 수 있다. 더욱이 애플과 마이크로소프트 같은 회사들은 오락적 기능과 미디어 기능을 가정 네트워크의 컴퓨터 응용프로그램과 결합하려는 시도를 하고 있다. 초기의 '스마트 홈' 아이디어의 부활이라 볼 수 있는 '디지털 허브'는 가정 네트워크를 통해 매끄럽게 일정 범위의 기기와 정보원을 연결한다(Aldrich, 2003; Harper, 2003). 이러한 가정 환경과 정보 채널의 변화는 콘텐츠에 대한 이용자의 사고방식을 변화시킬 수 있다. 더구나 가정에서의 컴퓨터와 네트워크 기술의 이용 가능성은 이용자에게 콘텐츠를 생산하고 유통할 수 있는 기회를 준다. 우리는 다음에 더 자세하게 '이용자 제작 콘텐츠'의 함의를 살펴볼 것이다.

이용자 제작 콘텐츠와 하이퍼 액티브 수용자 재논의

앞에서 언급한 것처럼 융합에 대한 대부분의 연구 문헌은 주류 뉴스 조직이 생산하는 전통적 저널리즘과 관계된 생산물과 사람을 고려하면서 뉴스룸에 초점을 맞추고 있다. 그러나 네트워크화된 디지털 미디어 환경으로 이동함에 따라 촉발된 변화는 더욱 복잡하다. 저널리스트가 멀티플랫폼에 맞는 콘텐츠를 생산하고 있으며, 이용자도 마찬가지로 그러하고, 나아가 몇몇 이용자 제작 콘텐츠UGC는 전통적 미디어 출구media outlets를 통해 전파되고 있다는 사실을 인정하지 않는다면 **융합의 중요성은 불완전한 것이 될 것이다.** 온라인에서 오고 가면서 저널리스트와 미디어 조직은 이 근본적인 변화를 다루어야 한다.

인터넷의 성장은 광대역 기술의 발달과 이용자 친화적인 웹 생산 소프트웨어의 등장과 함께 어우러져 더 많은 사람이 비교적 쉬운 방식으로 콘텐츠를 제작할 수 있는 도구를 획득했음을 의미한다. 웹로그 또는 블로그의 출현은 향상된 접속 가능성의 초기 징후라 할 수 있다. 블로그는 처음에 저널리즘적 중요성을 갖지 않는 '일기' 형식으로 간주되었으나 그것이 가진 보다 큰 함의와 공공 커뮤니케이션에 미치는 영향은 2000년 초반 및 중반의 위기 상황, 전쟁, 정치적 투쟁 등의 국면에서 명백하게 드러났다. 블로거들은 사건이 일어난 현장에서 바로 취재 및 보도를 시작했다. 그들은 또한 정보원과 공적인 목소리의 자격으로 정치적 토론에 기여했다.

블로그와 저널리즘, 블로거와 저널리스트 사이의 중복성에 관한 토론은 진행 중이다(Bruns, 2005; Lowrey, 2006; Neuberger, Nuernbergk & Rischke, 2007; Nip, 2006). 블로그와 저널리즘 사이의 관계에서 발견된 것 중에는 일치하지 않는 부분이 상당히 많다(Neuberger 등, 2007). 블로거는 언론인들을 위한 정보원인 동시에 경쟁상대로 간주된다. 블로그는 품질 통제 결여 및 조작 가능성 등으로 인해 보완적 기능을 하거나, 무관하다거나, 위험하다는 등 여러 가지로 역할이 거론된다. 하지만 블로그가 전문적 저널리즘과는 구분되고, 혹시 저널리즘을 대체할 가능성이 없더라도 저널리즘을 바꿀 가능성은 있다는 어느 정도의 합의는 존재한다. 블로거들에 의해 향상되었고 주류 저널리스트들에게도 중요성이 높아진 요소들을 들자면 대화체의 글쓰기, 즉 각성 그리고 독자와의 직접적 연결 등이 있다. 하지만 불과 소수의 블로거만이 대규모 수용자에 도달하거나 스스로 저널리스트가 되려 한다. 그들이 활동하는 동기가 대체로 좀 더 개인적이기 때문이다(Neuberger 등, 2007). 게다가 그들이 제공하는 정보 중 독점적인 것은 거의 없고, 정보의 대부분은 인터넷의 다른 곳, 보통은 주류 미디어에서 가져온 것이다. 그럼에도 블로그는 여전히 영향력을 가질 수 있고, 심지어는 언론인과 공중을 상대로 의제 설정 기능을 수행할 수 있다(Haas, 2005).

블로그 외에 다른 형태의 협동적 콘텐츠 또는 이용자 제작 콘텐츠가 점차 저널리즘에 얼마나 중요한 영향을 미치는지에 관해서는 일반 공중과 학자들도 공히 인정하고 있다. 출판 과정에 대한 제도적 통제에서 이용자 주도의 정보 제공으로 전환한 현실이 약간 눈길을 끌기는 했으나 이런 변화는 '웹 2.0'라는 아이디어가 출현하자 전에 없이 핵심적인 관심 사항으로 떠올랐다(O'Reilly, 2005). 웹 2.0은 최신 세대의 웹 응용프로그램에서 소셜 네트워킹 소프트웨어나 협력적인 형식을 포함해 주로 사회적 측면을 강조한다.

이러한 사회적·기술적 융합은 오랜 전통의 참여적·활동가적 미디어와 인터넷 출판을 통합하며, 이것은 이용자의 기대와 기술 발전에 의해 추진된다. 협력적 포맷이란 반드시 저널리즘적 성격을 갖고 있다고 할 수 없는 위키피디아, 유튜브, 플리커Flickr, 마이스페이스, 나아가 이용자가 참여하는 온라인 뉴스 사이트인 오마이뉴스OhMyNews, 인디미디어Indymedia, 위키 뉴스Wikinews 등이 포함된다. 이러한 소셜 네트워크 뉴스 서비스는 개인 블로그보다 훨씬 방대한 콘텐츠를 제공한다.

2000년대 중반이 되자 몇몇 주류 미디어는 이용자 제작 콘텐츠를 자신들이 운영하는 온라인 뉴스 사이트에 포함하기 시작했다. 그리고 벨기에의 『하셀트로칼HasseltLokaal』 등 몇몇 미디어는 대부분 또는 완전히 커뮤니티에 근거를 두고 실험적 포맷을 출범시켰다. 그러나 이 글을 쓰는 시점에 미국 및 유럽의 많은 지역에서 전반적인 협력적 포맷의 채택은 부진했다(Domingo, Quandt, Heinonen, Paulussen, Singer & Vujnovic, 2008)

하지만 앞서 상술한 대로 제도화된 미디어의 출판 독점을 깨뜨리는 진정 참여적인 미디어 문화를 위한 탁월한 가능성이 존재한다. 말하자면 최소한 원칙상으로 시민들은 커뮤니케이션 과정의 모든 단계를 떠맡을 수 있다. 정보에 대한 접근은 훨씬 더 개방적이고, 선택 및 여과의 메커니즘은 폭넓은 이용이 가능하다. 출판과 유통에 필요한 하드웨어와 소프트웨어를 손쉽게 얻을 수 있는 것과 마찬가지로 가공, 편집, 글쓰기를 위한 도구도 저렴하고도 손쉽게 얻을 수 있다. 참여는 뉴스 취재 및 글쓰기 과정, 뉴스의 구성 및 배치, 편집 과정의 조율 및 통제 그리고 기술적인 정보 전달 과정에서 발생할 수 있다. 그리고 예컨대 평판 시스템의 도움으로 조율 및 통제 기능을 떠맡는 조정자 및 공동체가 출현하는 사례도 나타나기 시작했다.

관찰자들은 사회적으로 융합적인 미디어 환경을 지향하는 이런 추세가 의사 결정과 커뮤니케이션 과정에서 더 많은 민주주의나 폭넓은 공중의 참여를 의미하는지에 대해 의문을 가졌다(Jenkins & Thorburn, 2003). 이 질문은 사회 발전의 맥락에서 처리되어야 하고, 융합에 의해 촉발된 저널리즘의 변화에 대한 우리의 논의를 넘어선다.

중간 영역을 넘어: 사회적·윤리적 함의

앞서 언급된 선택과 이행이라는 쟁점은 자료 분석에 근거하고 있고 작은 실천적 가설과 거대한 이론적 사색 사이에 있는 이론적으로는 '중범위mid-dle range'(Merton, 1957, p. 5)에 속하는 것이다. 하지만 멀티미디어 플랫폼을 위한 저널리즘 콘텐츠 생성 그리고 저널리스트가 아닌 사람들에 의해 만들어진 콘텐츠의 통합 등 융합의 많은 측면은 보다 많은 이슈를 제기한다. 융합은 저널리즘 내부의 작동에만 영향을 미치는 것이 아니라 저널리즘의 기능과 존재에 의해 영향을 받고 영향을 주는 다른 사회적 측면, 즉 정치적·경제적·문화적 측면에도 영향을 미친다.

예를 들어 모든 인터넷 이용자들과 마찬가지로 후보자부터 기업에 이르는 정치적·경제적 행위자들은 네트워크상에서 다른 이들과 직접 소통하기 위해 언론인들을 건너뛸 수 있다. 유사한 방식으로, 저널리스트들의 범위가 확장되었고, 이제는 원천적 취재 자료에 더 쉽게 접근할 수 있다. 이러한 접근은 저널리즘 과정의 속도를 높이고, 나아가 개방성을 더욱 촉진한다. 하지만 부정적인 측면도 동시에 존재한다. 즉 게으른 저널리스트들은 온라인에 있는 정보를 복사해 붙일 수도 있다. 만일 '구글링'이 사실 확인에 중요하다면 조작과 품질 기준의 훼손 가능성은 더 넓게 열릴 것이다. 나아가 경제적 이유로 뉴스룸 직원을 감축하는 상황은 뉴스 제작이 더 이상 원래 모습의 취재 및 조사에 의해 이루어지지 않을 수 있음을 의미한다.

이러한 잠재적 위험은 더 넓은 문화적 영역의 맥락에서 논의될 수 있는 저널리즘적 이데올로기의 변화 가능성을 시사한다(Allan, 1999; Chalaby,

2000; Hanitzsch, 2007; Hartley, 1996). 예를 들어 융합되는 정보 환경에서 저작권과 지적재산권 논의가 한창 진행 중에 있다. 유튜브 및 위키피디아 등 협력적인 웹사이트는 다른 정보원으로부터 복사한 자료를 갖고 있다. 이에 따라 광범위한 저작권 침해와 손쉽게 얻을 수 있는 방대한 양의 무료 온라인 콘텐츠는 복사와 붙이기를 정당한 콘텐츠 제작 수단으로 보는 관용적 입장의 가능성을 더욱 높이고 있다.

실제로 정치적·경제적·문화적 변화는 많은 윤리적 이슈를 제기한다. 우리는 더 넓은 사회로 연결되는 저널리즘 윤리의 일부를 잠시 살펴보려 한다. 윤리라는 것이 상업적이고, 수용자 주도적이며, 경영 부문에 의한 저널리즘 침해를 막기 위해 언론인들이 내세우는 깃발이기는 하지만(Deuze, 2005, p. 458) 현업 언론인을 위한 규범적 원리가 진행 중인 변화를 평가하는 중요한 기준이라는 점은 여전히 유효하다.

물론 모든 저널리스트가 공익을 중요한 윤리적 규범과 직업적 신념으로 중시하고 있음에도 관찰자들은 융합이 이러한 저널리즘의 사명을 침식할 가능성이 있다고 우려하고 있다. 제기된 여러 문제들 중 몇 가지를 들면, 새로운 기업적 협력 관계에 의한 이해관계 갈등(Davis & Craft, 2000), 상업적 운용과 편집상 운용의 경계가 흐려지는 현상(Williams, 2002) 그리고 뉴스 보도 향상보다는 교차 프로모션을 과도하게 강조하는 것(Ketter, Weir, Smethers & Back, 2004) 등이 있다. 저널리스트들이 항상 이런 걱정을 공유하는 것은 아니다. 2003년 싱어의 사례 연구에 따르면, 많은 뉴스 종사자들은 뉴스룸 통합에 대해 수용자가 다중적·보완적인 방법으로 뉴스를 얻도록 하고, 많은 자원을 통해 더욱 풍부한 정보를 얻도록 함으로써, 표현을 촉진하고 나아가 공익적 역할을 확장하는 것으로 생각했다. 그러나 이런 역할에 대한 회의론자들도 있었다. 일부 저널리스트들은 경쟁이 줄어들어 기사를 얻기 위해 고군분투하는 데 따른 유인책이 사라지고 있다고 말했다. 또한 다른 저널리스트들은 시민적 가치에서 보아 바람직한 정보를 제공하기보다는 과도하게 선정적이거나 연예물 지향적인 뉴스 판단, 나아가 홍보를 위한 노력에 과도한 시간과 지면을 제공하는 방향으로 흘러갈 수 있다면서 우려를 나타냈다(Singer, 2006).

융합된 뉴스룸과 관련한 우려 외에도, 누구나 콘텐츠를 제작하고 배포할 수 있는 네트워크인 융합된 정보 공간으로의 이행은 몇 가지 윤리적 문제를 제기한다. 감시견을 감시하고자 하는 사람들로 가득 찬 미디어 환경에서 특히 저널리스트들의 행동이 적절한지 결정하는 문제를 둘러싸고 저널리즘적 자율성을 침해받는 게 아니냐 하는 의문이 제기되고 있다(Singer, 2007). 유사한 맥락에서 저널리즘적 책무의 성격도 바뀌고 있다. 공중은 기자들이 뉴스를 취재하고 제시하는 데 있어 정확하고, 완벽하며, 공명정대하게 하고 있다는 주장을 그대로 믿어야 한다는 요구가 있었다. 그러나 이제는 기자들이 그러한 주장을 입증하기 위한 증거를 제시하기 위해 네트워크의 능력을 이용해야 한다는 요구까지는 아니더라도 최소한 그렇게 해야 한다는 기대로 바뀌고 있다(Hayes, Singer & Ceppos, 2007). 포괄적으로 말하자면, 게이트키핑 역할이 네트워크 내부로 넘겨짐으로써 진실 보도 및 공정성 유지 등 저널리즘 규범의 이론적 근거에 대한 변화를 수반하게 되었다. 이러한 윤리적 원칙들은 저널리스트가 없다면 공중이 신뢰할 만하고 공평한 정보를 얻을 수 없으며, 나아가 반드시 잘못된 정보를 얻고 말 것이라는 종래의 믿음을 뿌리부터 흔들고 있다. 오히려 이러한 윤리적 원칙들은 사회적 관계의 기반을 형성할 뿐만 아니라 더 나아가 네트워크 역시 그러한 사회적 관계로 구성되기 때문에 더욱 중요하다고 할 수 있다.

전망: 테크놀로지, 융합, 저널리즘의 미래

융합되고 있는 미디어 환경은 방법론적·개념적 이슈에 맞닥뜨린 저널리즘 종사자와 학자들에게 많은 도전과 기회를 제공한다. 예를 들어 콘텐츠 분석의 표준 도구는 미디어의 역동적 본성, 나아가 저널리스트 및 이용자를 포함해 과거보다 많은 형태의 취재원을 포함해야 하기 때문에 훨씬 더 복잡한 형태로 변한다. 네트워크 분석은 모든 형태의 디지털 커뮤니케이션 관련 탐구에 유익한 방안을 제공하지만(Tremayne, 2004) 지금까지는 상대적으로 소수의 저널리즘 학자만이 이것을 사용했다. 일반적으로 아주 다른 형태의 뉴스 및 이를 제공하는 취재원의 종류를 이해하고 탐색하려면 아주 새롭거나 상당히 수정된 연구 방법이 필요할 것이다.

주요한 개념적 작업 또한 필요하다. 저널리즘 연구자들은 확장된 범위의 정보 수집가, 편집자, 전달자에 걸맞은 커뮤니케이션 과정의 새로운 역할 및 새로운 단계를 정의해야 한다. 미디어 수용자에 집중하는 학자들은 또한 정보 생산자와 소비자를 구분하는 경계가 희미해지고 있음을 감안해 기존에 갖고 있던 생각을 수정해야 한다. 어떤 수용자들은 점차로 뉴스 제작 과정에 참여하게 되지만 다른 수용자들은 상대적으로 소극적인 정보 소비자로 남는다. 더 포괄적이고 더 세밀하게 조율된 수용자 정의를 새로 개발하고 시험할 필요가 있다.

계속되는 산업 변화도 또한 더욱 분명하게 구조적 차원에서 저널리즘에 영향을 주고 있다. 저널리즘 조직들은 과거와 다른 방식으로 정보를 수집하고 배포하면서 스스로를 멀티미디어 회사로 구조를 변경하거나 모양을 바꾸고 있다. 포괄적으로 보면 저널리즘의 기능과 역할은 현직 종사자들이 새로운 미디어 환경에서 정체성 및 직업 영역과 씨름하고 있는 것을 고려해 새롭게 정의될 필요성이 생겼다(Lowrey, 2006). 종단적 연구는 특히 산업과 이데올로기의 근본적인 변화를 실행하거나 그로 인한 영향을 추적하는 데 가치를 두고 있다.

실제로 저널리즘 연구자들의 관심은 필연적으로 현직 종사자들의 관심과 서로 엉켜있다. 예를 들어 누구나 발행인이 될 수 있는 상황은 누구나 저널리스트가 될 수 있는가 하는 문제를 제기한다. 이렇게 해서 현직 종사자와 학자는 블로거와 저널리스트, '시민 저널리즘'과 전문적 저널리즘, 구글 뉴스 같은 뉴스 어그리게이터^{news aggregator}와 자신들만의 정보 패키지를 생산하는 뉴스 미디어 등과 관련해 각각의 차이를 놓고 씨름하고 있다. 심지어는 '융합'에 관한 보다 좁은 범위, 즉 기존 뉴스룸의 기술적·문화적 변화에만 국한할 경우에도 양질의 콘텐츠 생산을 위한 필요시간과 자원에 대해 압력 문제가 드러났다.

우리는 미래의 저널리즘이 다른 형태의 디지털 콘텐츠와 구분되고, 과거나 현재보다 더욱 넓은 영역을 포괄하는 형태로 통합될 것이라고 생각한다. 미래의 저널리즘은 미디어 조직이 정보 수집을 지원하기 위해 자원을 지속적으로 제공할 뿐만 아니라 저널리스트가 공정 보도에 헌신하고 정파성으로부터 독립해 직업적 규범을 지킬 수 있는 수준에 이르기까지 두드러진 모습을 보일 것이다(Kovach & Rosenstiel, 2001). 불협화음이 발생하는 가운데 주류 뉴스 조직들은 여전히 공동체 내의 직원과 경제적 자원이 가진 집단적 역량을 통해 거대한 힘을 휘두를 것이다. 그런데 개인들은 분명히 이런 전문적이고 상업적인 힘을 갖지 못하고, 미래에도 가질 수 없을 것이다. 일정 영역의 플랫폼을 가로질러 뉴스를 생산하는 능력은 조만간 기자들에게 분명히 요구될 것이며, 이렇게 되면 전달되는 기사의 힘과 범위가 증강될 것이다.

하지만 이것이 이루어지기 위해서는 미래의 저널리즘은 현재보다 더 넓은 범위에서 새로운 포맷과 새로운 목소리를 통합해야 한다. 현재 융합된 뉴스룸에서 저널리스트들은 다양한 기술 속에 내재된 능력을 이용하는 것은 고사하고, 이제 막 이러한 멀티미디어적인 환경이 가진 가능성을 깨닫기 시작했을 뿐이다. 많은 경우에 그들은 여전히 애니메이션 도구를 다루는 방법과 비디오 편집 방법을 배우는 단계에 머물러 있다. 멀티 커뮤니케이션 기술에 능통한 새로운 세대인 '디지털 네이티브^{digital native}' 저널리스트들은 자신들의 기술과 지식을 특정 기사와 특정 미디어 플랫폼이 요구하는 대로 적용할 필요가 있을 것이다.

보다 중요한 것은, 미래의 저널리스트들이 현재보다 훨씬 넓은 범위의 네트워크에서 다른 사람들의 목소리와 관점을 통합해야 한다는 것이다. 앞으로 저널리스트들은 과거와 같이 정보의 흐름을 통제할 수 없다. 소수의 목소리만 들을 수 있었던 미디어 환경, 즉 미디어의 게이트키퍼가 허락한 것들만 들었던 환경은 이제 영원히 사라졌다. 네트워크 안의 저널리스트들은 자신의 힘을 공유하는 범위까지만 힘을 보유할 수 있다는 사실을 인정해야 한다. 만약 단순한 정보 전달이 아니라 정보의 폭넓은 교환을 촉진시키지 않는다면 저널리스트들은 주변에서 일어나는 대화에 계속해서 멀어진다는 느낌을 받을 것이다. 융합의 진정한 힘은 정보로부터 통제하는 힘을 포기하고 정보를 공유하는 힘을 기르는 데 있다.

〈참고문헌〉

Aldrich, F. K.(2003): Smart homes: Past, present and future. In R. Harper(, *Inside the smart home*. London: Springer, pp. 17-36.

Allan, S.(1999). *News culture*. Buckingham, UK: Open University Press.

Bardoel, J., & Deuze, M.(2001). "Network Journalism." Converging competencies of old and new media professionals. *Australian Journalism Review 23(2)*: 91-103.

Boczkowski, P. J.(2004). The processes of adopting multimedia and interactivity in three online newsrooms. *Journal of Communication 54(2)*: 197-213.

Bressers, B.(2006). Promise and reality: The integration of print and online versions of major metropolitan newspapers. *The International Journal on Media Management 8(3)*: 134-145.

Bressers, B., & Meeds, R.(2007). Newspapers and their online editions: Factors that influence successful integration. Web Journal of Mass Communication Research 10. Retrieved 6 June 2007 from http://www.scripps.ohiou.edu/wjmcr/vol10/Bruns, A.(2005). *Gatewatching: Collaborative online news production*. New York: Peter Lang.

Chalaby, J. K.(2000). Journalism studies in an era of transition in public communications.

Journalism 1(1): 33–39.

Cottle, S., & Ashton, M.(1999). From BBC Newsroom to BBC Newscentre: On changing technology and journalist practices. *Convergence: The International Journal of Research into New Media Technologies* 5(3): 22–43.

Daft, R. L., & Lengel, R. H.(1984). Information richness: A new approach to managerial behavior and organizational design. In L. L. Cummings & B. M. Staw(eds.), *Research in organizational behavior 6*. Homewood, IL: JAI Press, pp. 191–233.

Daft, R. L., & Lengel, R. H.(1986). Organizational information requirements, media richness and structural design. *Management Science* 32(5): 554–571.

Dailey, L., Demo, L., & Spillman, M.(2005). The convergence continuum: A model for study-ing collaboration between media newsrooms. *Atlantic Journal of Communication* 13(3): 150–168.

Davis, C., & Craft, S.(2000). New media synergy: Emergence of institutional conflicts of interest. *Journal of Mass Media Ethics* 15(4): 219–231.

Deuze, M.(2006a). Participation, remediation, bricolage: Considering principal components of a digital culture. *The Information Society* 22: 63–72.

Deuze, M.(2006b). Ethnic media, community media and participatory culture. *Journalism* 7(3): 262–280.

Deuze, M.(2005). What is journalism? Professional identity and ideology of journalists reconsidered. *Journalism: Theory, Practice and Criticism* 6(4): 442–464.

Domingo, D., Quandt, T., Heinonen, A., Paulussen, S., Singer, J. B., & Vujnovic, M.(2008). Participatory journalism practices in the media and beyond: An international comparative study of initiatives in online newspapers. *Journalism Practice* 2(3): 326–342.

Filak, V. F.(2004). Cultural convergence: Intergroup bias among journalists and its impact on convergence. *Atlantic Journal of Communication* 12(4): 216–232.

Gans, H. J.(2003). *Democracy and the news*. New York: Oxford University Press.

Glaser, M.(2004, April 7). Lack of unions makes Florida the convergence state. *Online Journalism Review*. Retrieved 6 June 2007 from http://www.ojr.org/ojr/glas-er/1081317274.php

Greer, J., & Mensing, D.(2004). The evolution of online newspapers: A longitudinal content analysis, 1997–2003. *Newspaper Research Journal* 25(2): 98–112.

Haas, T.(2005). From "public journalism" to the "public's journalism"? Rhetoric and reality in the discourse on weblogs. *Journalism Studies* 6(3): 387–396.

Halavais, A.(2000). National borders on the World Wide Web. *New Media & Society 2*: 7–25.

Hanitzsch, T.(2007). Deconstructing journalism culture: Towards a universal theory. *Communication Theory* 17(4): 367–385.

Hanitzsch, T.(2006). What is journalism, and what is not ...... *Journalism Studies at ICA(Newsletter)* 1: 3.

Harper, R.(.(2003). *Inside the smart home.* London: Springer UK.

Hartley, J.(2000). Communicational democracy in a redactional society: The future of jour-nalism studies. *Journalism: Theory, Practice, Criticism* 1(1): 39–47.

Hartley, J.(1996). *Popular reality: Journalism, modernity, popular culture.* London: Arnold.

Hayes, A., Singer, J. B., & Ceppos, J.(2007). Shifting roles, enduring values: The credible journalist in a digital age. *Journal of Mass Media Ethics* 22(4), 262–279.

Heinonen, A.(1999). *Journalism in the age of the net: Changing society, changing profession.* Tampere: University of Tampere.

Hibbert, B.(1998). Publishing and the media industries in the digital age. *Info: The Journal of Policy, Regulation and Strategy for Telecommunications, Information and Media* 1: 393–403.

Huang, E., Davison, K., Shreve, S., Davis, T., Bettendorf, E., & Nair, A.(2006). Facing the challenges of convergence: Media professionals' concerns of working across media platforms. *Convergence: The International Journal of Research into New Media Technologies* 12(1): 83–98.

Huang, E., Rademakers, L., Fayemiwo, M. A., & Dunlap, L.(2004). Converged journalism and quality: A case study of *The Tampa Tribune* news stories. *Convergence: The International Journal of Research into New Media Technologies* 10(4): 73–91.

Jenkins, H.(2006). *Convergence culture: Where old and new media collide.* New York: New York University Press.

Jenkins, H. & Thorburn, D.(eds.)(2003). *Democracy and new media.* Cambridge: The MIT Press.

Ketterer, S., Weir, T., Smethers, J. S., & Back, J.(2004). Case study shows limited benefits of convergence. *Newspaper Research Journal* 25(3): 52–65.

Killebrew, K. C.(2003). Culture, creativity and convergence: Managing journalists in a chang-ing information workplace. *International Journal on Media Management* 5(1): 39–46.

Kimber, S.(1997). The message is(still) the medium: The newspaper in the age of cyberspace. *Information Processing & Management* 33: 595–597.

Kovach, B., & Rosenstiel, T.(2001). *The elements of journalism: What newspeople should know and the public should expect.* New York: Crown Publishers.

Lawson-Borders, G.(2003). Integrating new media and old media: Seven observations of convergence as a strategy for best practices in media organizations. *The International Journal on Media Management* 5(2): 91–99.

Lowrey, W.(2006). Mapping the journalism-blogging relationship. *Journalism* 7(4): 477–500.

McQuail, D.(2000). *McQuail's mass communication theory*(4th . London: Sage.

Merton, R. K.(1957). *Social theory and social structure*(revised and enlarged edition). New York: Free Press of Glencoe.

Monge, P., & Contractor, N.(2003). Emergence of communication networks. In F. Jablin & L. Putnam(eds.), *The new handbook of organizational communication*. Thousand Oaks, CA: Sage, pp. 440–502.

National Union of Journalists(2007, April). *Integration & convergence: Newspapers, video and the internet: Interim guidelines from the NUJ*. Retrieved 6 June 2007 from: http://www.nuj.org.uk/inner.php?docid=1704

Nel, F., Ward, M., & Rawlinson, A.(2007). Online journalism. In P. J. Anderson & G. Ward(eds.), *The future of journalism in advanced democracies*. Aldershot, UK: Ashgate Publishing, pp. 121–138.

Neuberger, C., Nuernbergk, C., & Rischke, M.(2007). Weblogs und Journalismus: Konkurrenz, Ergänzung oder Integration(Weblogs and journalism: Competition, supplement or integration?). *Media Perspektiven*(2): 96–112.

Neuberger, C., Tonnemacher, J., Biebl, M., & Duck, A.(1998): Online—the future of newspapers? German dailies on the World Wide Web. *Journal of Computer Mediated Communication*, 4(1). Retrieved 2 September 2008 from: http://www3.interscience.wiley.com/cig-bin/fulltext/120837748/htmlstart

Newhagen, J. E., & Levy, M. R.(1998). The future of journalism in a distributed communication architecture. In D. L. Borden & H. Kerric(eds.), *The electronic grapevine: Rumor, reputation and reporting in the new online environment*. Mahwah, NJ: Erlbaum, pp. 9–21.

Nip, J. M.(2006). Exploring the second phase of public journalism. *Journalism Studies* 7(2): 212–236.

Oblak, T.(2005). The lack of interactivity and hypertextuality in online media. *Gazette* 67: 87–106.

O'Reilly, T.(2005, September 30). *What is Web 2.0? Design patterns and business models for the nextgeneration of software*. Retrieved 17 June 2007 from: http://www.oreillynet.com/pub/a/oreilly/tim/news/2005/09/30/what-is- web-20.html

Paulussen, S., Heinonen, A, Domingo, D. & Quandt, T.(2007). Doing it together: Citizen participation in the professional news making process. *Observatorio(OBS*) Journal 3*: 131–154.

Pavlik, J. V.(1999). New media and news: Implications for the future of journalism. *New Media & Society 1*: 54–59.

Quandt, T.(2006).(No) News on the World Wide Web? A comparative content analysis of online news in Europe and the United States. *Journalism Studies* 9(5): 717–738.

Quandt, T.(2005). *Journalisten im Netz(Journalists in the net)*. Wiesbaden: Verlag für

Sozialwissenschaften.

Quandt, T., Loffelholz, M., Weaver, D., Hanitzsch, T. & Altmeppen, K.-D.(2006). American and German online journalists at the beginning of the 21st century: A bi-national survey. *Journalism Studies* 7(2): 171-186.

Quinn, S.(2005a). *Convergent journalism*. New York: Peter Lang.

Quinn, S.(2005b). Convergence's fundamental question. *Journalism Studies* 6(1): 29-38.

Rosenberry, J.(2005). Few papers use online techniques to improve public communication. *Newspaper Research Journal* 26(4): 61-73.

Schultz, T.(1999): Interactive options in online journalism: A content analysis of 100 U. S. newspapers. *Journal of Computer Mediated Communication* 5(1). Retrieved 6 July 2007 from: http://jcmc.indiana.edu/vol5/issue1/schultz.html

Schonbach, K.(1997). Das hyperaktive Publikum — Essay über eine Illusion(The hyperactive audience — Essay on an illusion). *Publizistik* 42(3): 279-286.

Scott, J.(2000). *Social network analysis. A handbook*. London: Sage.

Silcock, B. W., & Keith, S.(2006). Translating the tower of Babel? Issues of definition, language and culture in converged newsrooms. *Journalism Studies* 7(4): 610-627.

Silverstone, R.(1995). Convergence is a dangerous word. *Convergence: The Journal of Research into New Media Technologies* 1(1): 11-14.

Singer, J. B.(forthcoming). The journalist in the network: A shifting rationale for the gate-keeping role and the objectivity norm. Accepted for publication in *Tripodos: Llenguatge, Pensament, Comunicacion*.

Singer, J. B.(2007). Contested autonomy: Professional and popular claims on journalistic norms. *Journalism Studies* 8(1): 79-95.

Singer, J. B.(2006). Partnerships and public service: Normative issues for journalists in con-verged newsrooms. *Journal of Mass Media Ethics* 21(1): 30-53.

Singer, J. B.(2004a). More than ink-stained wretches: The resocialization of print journalists in converged newsrooms. *Journalism & Mass Communication Quarterly* 81(4): 838-856.

Singer, J. B.(2004b). Strange bedfellows? The diffusion of convergence in four news organizations. *Journalism Studies* 5(1): 3-18.

Tremayne, M.(2004). The web of context: Applying network theory to the user of hyperlinks in journalism on the web. *Journalism & Mass Communication Quarterly* 81(2): 237-253.

White, D. M.(1950). The 'gate keeper': A case study in the selection of news. *Journalism Quarterly* 27(3): 383-390.

Williams, B., & Delli Carpini, M.(2000). Unchained reaction: The collapse of media gate-keeping and the Clinton-Lewinsky scandal. *Journalism: Theory, Practice and Criticism*

1(1): 61-85.

Williams, D.(2002). Synergy bias: Conglomerates and promotion in the news. *Journal of Broadcasting & Electronic Media 46*(3): 453-472.

3부

뉴스 콘텐츠

11_
의제설정

레니타 콜먼/맥스웰 맥콤스/도널드 쇼/데이비드 위버

서론

의제설정agenda setting은 대중매체가 특정한 이슈를 빈번하고 눈에 띄게 제시해 다수의 공중이 그것을 다른 이슈보다 더 중요하다고 인식하는 결과를 낳는 과정이다. 간단히 말해 더 많은 보도를 접할수록 해당 이슈가 사람들에게 더 중요해진다. 의제설정을 이처럼 간단하게 정의한 이후 이 개념은 차츰 범위를 넓혀나갔다. 의제설정 이론의 범위는 뉴스 미디어가 제시하는 이슈의 현저성이 공중이 인식하는 이슈의 현저성으로 전이되는 것을 설명하는 이론에서 출발해 보다 폭 넓게 확장되었다. 그중 하나인 제2단계 의제설정은 이슈나 정치 후보자 등 많은 다른 대상이 가진 속성의 현저성이 뉴스 미디어에서 공중으로 전이되는 것을 설명한다. 또한 미디어 간 의제설정은 어떻게 엘리트 미디어들이 중요한 이슈에 대한 자신의 의제를 다른 미디어로 전파하는가를 설명한다. 의제설정 연구는 점화 효과priming와 프레이밍framing에 대한 논쟁을 촉발시켰고, 의제설정 효과를 더 강화하거나 약화시키는 조건을 규명하는 '체험성obtrusiveness'과 '정향定向 욕구need for orientation'에 대한 설명을 제공했다. 그리고 최근에 들어서는 의제설정 효과가 태도와 의견 그리고 식별할 수 있는 행동에 미치는 영향에 대한 연구로 이어졌다. 의제설정은 범위가 넓고 심층적인 이론이라는 것이 증명되었고, 유용한 이론의 기준이 되는 '30년 수명'을 넘어 계속 적용되고 있다. 의제설정은 여러 가지 매스커뮤니케이션 이론 중 '탐구할 만한 가치가 가장 높은' 이론으로 평가되어 왔다(Blumler & Kavanagh, 1999, p. 225).

의제설정은 매스커뮤니케이션 학자들이 만든 몇 안 되는 이론 중 하나이며, 이후 건강 커뮤니케이션, 정치 커뮤니케이션, 비즈니스를 포함한 많은 다른 학문이 채택한 이론이다. 미국의 저널리스트 리프만Walter Lippmann이 이 매스커뮤니케이션 이론의 지적 뿌리로 인정받고 있다. 그의 책 『여론Public Opinion』은 뉴스 미디어가 세상에 대한 우리의 관점을 구성한다고 주장했다. 그것이 1922년이었지만 50년이 지난 후 맥콤스와 쇼가 리프만이 말한 그러한 현상에 이제는 잘 알려진 의제설정이라는 이름을 붙였고, 그 후 이 이론은 우리 영역에서 주요 연구 주제의 하나가 되었다.

맥콤스와 쇼가 1972년 『계간 여론Public Opinion Quarterly』에 발표한 역사적 논문 「대중매체의 의제설정 기능」을 읽지 않고는 의제설정이라는 물에 발을 담갔다고 말할 수 없을 것이다. 이 논문은 1968년 미국 대통령 선거에서 노스캐롤라이나 주 채플힐에 사는 부동표 유권자들이 어떻게 미디어를 사용했는가를 다루었다. 의제설정에 대한 최근의 입문서 『의제설정: 대중 매체와 여론Setting the Agenda: The Mass Media and Public Opinion』(McCombs, 2004)을 퍼블릭 John Pavlik은 의제설정 이론 영역에서 '그레이 해부학Gray's Anatomy'에 해당하는 책이라고 표현했다(McCombs, 2004, p. xii).[1] 이 책은 의제설정이 대중의 마

---

1) 『그레이의 어내터미Gray's Anatomy』은 인체 해부학 교과서를 가리키는 것으로 헨리 그레이가 집필했다. 1858년에 초판이 나온 이 책은 해부학 분야에서 매우 폭넓게 인정받고 있다. 맥콤스의 책 또한 그러한 정도로 중요한 위치를 점하고 있다는 비유이다.

음을 통제하려는 저널리스트가 꾸민 사악한 계획의 결과가 아니라 뉴스에 "집중시킬 필요성이 만들어낸 의도하지 않는 부산물"이라는 중요한 점을 지적했다(McCombs, 2004, p. 19). 신문, 잡지, 라디오, 텔레비전은 공간과 시간의 제약을 받는다. 그 결과 그 날 뉴스의 일정 부분만 담을 수 있다. 그 때문에 전문직 기자 사이에서 동의된 뉴스 가치 기준에 따른 편집 과정은 필수적이며, 그 과정은 공중의 관심을 그날 가장 중요한 것으로 여겨지는 소수의 이슈나 주제에 쏠리게 만든다. 맥콤스와 쇼가 채플힐 연구로 이러한 활동을 시작한 이후 전 세계의 많은 학자들이 그러한 일에 동참했다. 이 장에 제시된 참고문헌 그리고 맥콤스의 『의제설정하기Setting the Agenda』에 제시된 참고문헌이 지난 40년 동안 이루어진 이에 대한 연구의 포괄적 출판 목록을 제공한다. 추가적인 중요한 문헌으로는 디어링James Dearing과 로저스Evertt Rogers가 정리한 초기 수십 년 동안의 관련 분야 역사인 『의제설정Agenda Setting』, 1972년과 1976년 미국 대통령 선거에 대한 보고서 형식의 책자인 『미국 정치 이슈들의 출현The Emergence of American Political Issues』(Shaw & McCombs, 1977), 그 외에도 『대선에서의 미디어 의제설정Media Agenda Setting in a Presidential Election』(Weaver, Graber, McCombs & Eyal, 1981), 『공중과 국가적 의제The Public and the National Agenda』에 게재된 완타Wayne Wanta의 창의적 연구들(1997), 소로카(Soroka, 2002)의 『캐나다에서의 의제설정 역학Agenda Setting Dynamics in Canada』 등이 있다.

역사적 진화

의제설정의 기본적 통찰은 리프만(Lippmann, 1922)에게서 나왔다. 그는 미디어의 메시지가 '우리 머릿속의 그림'에 어떻게 영향을 미칠 수 있는지 논의했다. 현대 학자들은 그러한 생각에 근거해 폭을 확대했다. 역설적이게도 리프만은 시민들이 효율적으로 자치하는 데 필요한 정보를 전달하는 저널리스트들의 역량에 대해 별로 낙관적이지 않았다. 그 후 20년이 지난 시점에서도 매스 미디어의 영향에 대한 연구들이 미디어의 영향을 보잘 것 없는 것으로 그렸다. 연구들마다 매스 미디어가 사람들에게 작은 영향을 미치거나 영향을 전혀 미치지 않음을 보여주었다(Berelson, Lazarsfeld & McPhee, 1954; Lazarsfeld, Berelson & Gaudet, 1948). 이때가 '제한적 미디어 효과' 패러다임 시대였다. 선전이 '마법의 총알'처럼 사람들의 태도, 신념, 심지어 행동까지 바꿀 수 있다고 생각한 초기 언론의 힘에 대한 믿음이 큰 전환을 겪은 후에 찾아온 시기이다. 그러나 그 후 미디어의 의제설정 기능에 대한 증거가 등장했다. 이것은 우리가 매스 미디어의 효과를 바라보는 방식에서의 패러다임 전환을 알려주는 일련의 연구를 이어주는 중요한 연결 고리가 되었다.

의제설정에 대한 초기의 연구는 세 번의 연속적인 미국 대통령 선거 동안 이루어졌다. 대통령 선거운동 기간은 '자연적인 실험실'의 환경이기 때문에 연구를 시작하는데 유용한 공간이다. 선거운동은 지속적으로 일련의 정치 메시지를 제공하다가 선거일에 멈춘다. 시초가 된 연구는 1968년 미국 대통령 선거 기간 동안 부동층 유권자를 대상으로 수행되었다. 이 연구에서 미디어가 의제로 제시한 이슈와 공중의 의제가 된 이슈 사이에 거의 완벽한 상관관계가 확인되었다(McCombs & Shaw, 1972). 이 연구는 여러 매스커뮤니케이션 연구 중 15개의 이정표적 연구의 하나로 평가되었다(Lowery & Defleur, 1995). 미디어와 공중 사이의 높은 상관성이 증명된 후 다음 단계는 인과관계의 연결과 시간 순서를 보여주는 것이었다. 미디어가 공중의 의제를 설정하는가, 아니면 공중이 미디어의 의제를 설정하는가.

두 번째 주요 프로젝트는 1972년 미국 대선 기간 동안 노스캐롤라이나 주 샬롯에서 진행된 패널 연구였다. 이 연구에서는 대선 기간 동안 미디어에서 공중 방향으로 +.51의 상관관계가, 공중에서 미디어 방향으로 +.19의 상관관계가 확인되었다(Shaw & McCombs, 1977). 초기 3대 연구 중 세 번째는 세 개 도시에서 1976년 선거 해 전체를 면밀하게 관찰한 것이었다(Weaver 등, 1981). 9차례에 걸친 패널 인터뷰는 미디어 메시지의 내용 분석과 함께 어떻게 사람들이 이슈를 알아 가는가를 조사하는 것이었다.

맥콤스와 쇼의 1968년 채플힐 연구에서 발견된 흥미로운 사실 중 하나는 여러 미디어 사이에서 나타난 높은 일치도였다. 신문, TV 그리고 잡지들은 모두 같은 이슈를 놓고 유사한 보도를 했다. 이러한 상황은 미디어 간 의제설정 연구를 촉발시켜 미디어 의제를 설정하는데 엘리트 뉴스 조직, 특히 『뉴욕 타임스』가 얼마나 중요한 역할을 하는지를 보여주었다. 케이블과 인터넷으로 미디어 범위가 확대되면서 미디어 간 의제설정에 대한 활발한 연구가 지속되었다. 1972년의 샬롯 연구는 또한 공중 의제에 미치는 영향에서 미디어별로 어떤 차이가 있는가를 규명하는 선구적인 연구였다. 샬롯 연구에서 TV 뉴스는 신문보다 유권자들에게 더 높은 단기 효과를 보였다. 그러나 미디어별 차이는 전혀 일관성이 없었다. 여러 해에 걸쳐 살펴본 결과에 따르면, 해당 기간의 절반 정도에는 신문과 TV의 영향력이 별 차이가 없었고, 나머지 절반의 경우 신문이 좀 더 강력한 영향을 미쳤던 것으로 나타났다.

초기 연구에서 얻은 또 다른 중요한 통찰은 어떤 시점이든 사람들이 중요하다고 생각하는 이슈의 수가 제한된다는 점이다. 사람들의 관심을 끌기 위해 경쟁하는 수십 개의 이슈 중 오직 몇 개만이 중요한 것으로 부상한다. 그 이유는 공중의 주의력, 시간, 능력이 제한되어 있어 한 번에 5~7개의 이슈까지만 집중하기 때문이다. 그렇지만 뉴스 미디어의 의제설정 기능은 공중의 관심을 특정 문제에 집중시켜 정부와 공공 기관이 문제 해결을 위해 일할 수 있도록 하는 데 중요한 역할을 하고 있다. 무엇이 중요한가에 대한 동의가 이루어지지 않는다면 사회는 공공 이익을 실현하는 데 어려움을 겪게 된다.

선거 연구를 넘어서

선거 이외의 영역으로 넘어가 이튼(Eaton, 1989)은 1980대 후반 41개월 이상의 기간 동안 실업, 핵 재난, 가난, 범죄를 포함한 11개 이슈를 조사해 의제설정과 유사한 효과를 발견했다. 선거와 관련 없는 주제에 대한 초기 연구 주제 중의 하나가 민권운동이었다(Winter & Eyal, 1981). 이에 대한 뉴스 보도의 23년 동안의 변화와 그에 상응하는 여론의 변화는 의제설정이 선거 이외의 다른 영역에서도 발생한다는 강력한 증거가 되었다. 미디어 의제설정을 반영하는 다른 이슈로는 연방정부의 예산적자(Jasperson, Shah, Watts, Faber & Fan, 1998), 경제(Hester & Gibson, 2003), 환경 문제(Salwen, 1988. Chan, 1999), HIV/AIDS(Pratt, Ha & Pratt, 2002)와 흡연(Sato, 2003)을 비롯한 건강 문제 등이 있다. 의제설정은 전국적 문제만이 아니라 지역적 문제(Palmgreen & Clarke, 1977; Smith, 1987)에 대해서도 자세히 연구되어 있다.

의제설정은 미국의 독특한 현상인가. 전혀 그렇지 않다. 의제설정이 전국 수준과 지역 수준에서, 선거와 선거 외 이슈에 대해, 신문과 TV 모두를 통해 이루어진다는 점이 전 세계에서 확인되었다. 스페인(Lopez-Escobar, Llamas & McCombs, 1998), 일본(Takeshita, 1993), 아르헨티나(Lennon, 1998), 이스라엘(Sheafer & Weimann, 2005), 독일(Brosius & Kepplinger, 1990)의 연구가 그것이다. 의제설정 효과가 나타나기 위해서는 당연히 열린 정치 시스템과 열린 미디어 시스템이 필요하다. 미디어가 정부에 의해 통제되고 하나의 정당이 지배하는 나라에서는 미디어에 의한 의제설정이 발생하지 않는다. 예컨대 1994년 대만에서는 방송 미디어에서 이러한 상황이 발생했다. 당시 세 개의 방송국 모두가 정부에 의해 통제되었다. 같은 선거에서 두 개의 독립 일간지는 그렇지 않았다(King, 1997). 미디어 시스템의 이러한 비교는 다른 조건이 동일하다면 무엇이 진정한 뉴스이고 무엇이 뉴스가 아닌지를 구분할 수 있는 공중의 능력을 강력하게 증명한다.

제2단계 의제설정 효과: 속성적 의제설정

최초의 의제설정 개념, 즉 미디어가 강조한 이슈가 사람들이 중요하다고 생각하는 이슈가 된다는 개념은 현재 '제1단계' 의제설정이라고 불린다. 제1단계 의제설정이 이슈나 다른 주제들에 대한 미디어 보도의 양에 집중하는 반면 '제2단계' 의제설정은 공적 인물 등 이슈나 관심의 대상을 미디어가 어떻게 다루는가를 살펴보는 것이다. 여기에서의 초점은 뉴스에서 이슈, 사람 그리고 다른 주제들을 묘사하는 속성이나 특징들, 나아가 이러한 속성을 서술하는 논조이다. 전반적인 효과는 동일하다. 즉 미디어가 묘사에 사용하는 속성과 논조가 공중의 마음속에 있는 가장 중요한 속성과 논조라는 것이다.

제1단계 의제설정은 특정 대상이 공중의 주목을 끄는데 미디어가 미치는 영향에 관한 것이다. 제2단계는 사람들이 그들의 주목을 사로잡은 것들을 어떻게 이해하는가에 초점을 맞추고 있다. 리프만의 문구인 '우리 머릿속의 그림'을 이용하면, 제1단계 의제설정은 그러한 그림이 무엇에 관한 것인가에 관심을 갖는다. 제2단계는 문자 그대로 그 그림 자체에 관한 것이다. 제2단계를 구성하는 두 개의 차원은 그러한 그림속의 실질적인 요소와 감정적인 요소들이다. 속성의 실질적인 차원은 사람들이 주제의 다양한 측면을 식별하는 데 도움을 준다. 예를 들어 정치 입후보자에 관한 뉴스 보도에서 실질적 속성은 입후보자의 이데올로기, 자격, 인격 등이다.

특정한 속성은 흔히 구체적 선거운동에서 나타난다. 예를 들어 부패는 1996년 스페인 선거에서 중요했고(McCombs, Lopez-Escobar & Llamas, 2000), 추진력과 세금을 낮추는 능력은 2000년 미국 대통령 예비 선거에서 중요한 이슈였다(Golan & Wanta, 2001). 비선거 이슈도 시기에 따라 속성의 차이를 보인다. 가령 경제 관련 주제에서 어떤 때는 인플레이션이 중요하지만 또 다른 때는 실업이나 재정 적자가 더 중요할 수 있다.

이러한 실질적인 속성은 각각 정서적 성격, 즉 긍정적·부정적·중립적인 감정적 논조를 지닐 수 있다. 도덕성이나 리더십과 같은 실질적 속성이 특정 입후보자와 관련해 얼마나 자주 언급되었는가만 중요한 것이 아니라 그러한 속성이 긍정적, 부정적 혹은 중립적으로 묘사되는지 아는 것도 중요하다.

많은 학자들이 연구를 통해 이러한 제2단계 속성 의제설정 효과를 발견했다. 맥콤스, 로페즈-에스코바르, 라마스(McCombs, Lopez-Escobar, Lamas, 2000)는 1996년 스페인 총선에서 입후보자들의 자격에 관한 제2단계 의제설정 효과를 발견했다. 미국의 실험 연구에서는 키우시스, 반티마루디스, 반(Kiousis, Bantimaroudis, Ban, 1999)이 입후보자들의 인성과 자격에 대한 공중의 인식이 이 연구에 사용된 가공의 미디어 묘사를 반영하는 것을 발견했다. 제2단계 의제설정 효과를 지지하는 결과는 경제적 이슈(Hester & Gibson, 2003; Jasperson, Shah, Watts, Faber & Fan, 1998)와 환경(Mikami, Takeshita, Nakada & Kawabata, 1994)과 같은 다양한 공공 이슈에 관한 연구에서도 나타났다.

프레이밍과의 비교

학자들 사이에서 속성 의제설정과 프레이밍 간의 차이에 관한 논의가 많았다. 어떤 이는 이들이 다르다고 말하고, 다른 이들은 다르지 않다고 말한다. 프레이밍은 "주로 미디어, 미디어 종사자들 그리고 그들의 수용자들에 의해 사건과 이슈들이 구성되고 이해되는 방식"이라고 정의되어 왔다(Reese, 2001, p. 7). 프레이밍은 "지각한 현실의 특정한 측면을 선택하고 그것을 보다 현저한 것으로 만들며 문제에 대한 특정한 정의, 인과관계에 대한 해석, 도덕적 평가, 그리고/혹은 처리 방안을 더 선호하도록 만드는 것"이다(Entman, 1993, p. 52). 프레이밍과 속성 의제설정은 둘 다 뉴스가 다루는 내용을 파악하는 데서 송신자와 수신자가 가진 관점에 주목할 것을 요구한다. 두 이론은 또한 특정한 속성이나 프레임이 메시지 내용에서 가질 수 있는 특별한 중요도에 주목할 것을 요구한다. 만약 프레임을 대상에 대한 지배적 관점, 즉 대상에 대한 지배적 묘사와 특징짓기라고 정의하면, 프레임을 편리하게 제2단계 의제설정에서 말하는 속성의 매우 특별한 경우의 하나라고 한정지을 수 있다.

위계적 개념화에 바탕을 둔 다른 접근에서는 프레임이 상위의 거시적 범주가 되어 하위에 위치한 속성들을 묶는 장치로 사용된다. 이 접근으로 다케시다(Takeshita, 2002)가 일본의 경제난에 대한 미디어 보도와 공중의 인식을 분석한 결과 두 단계 모두에서 밀접한 상관관계가 발견되었다. 그러나 기사와 공중의 구성원들에서 발견되는 폭넓은 문화적·사회적 관점의 기원과 그러한 관점의 사용을 연구하는 다른 프레이밍 접근법들은 의제설정 이론과는 연관성이 약하다.

지식 활성화의 두 측면을 기반으로 의제설정과 프레이밍을 구분하기 위한 이론적 노력(Price & Tewksbury, 1997; Scheufele, 2000)은 성과가 크지 않다. 지식 활성화의 두 측면은 접근성 개념(의제설정과 이론적으로 연결)과 적용성 개념(프레이밍과 이론적으로 연결)이다.2) 이슈 속성의 접근성에 특별하게 중점을 둔 킴, 슈펠레, 샤나한(Kim, Scheufele & Shanahan, 2002)은 신문 이용이 크게 늘어나면 접근성이 증가하는 것을 확인했다. 그러나 그 결과로 공중에게 나타난 속성 의제는 미디어가 제시한 속성 의제와 유사하지 않았으며, 이들은 40년에 걸친 선행 연구들에 의해 발견된 속성 의제설정 효과를 발견하지 못했다. 결과적으로 다른 형태의 미디어 효과가 나타났다. 그 이슈를 모르는 사람들과 비교했을 때 신문 독자에게서는 속성의 현저성이 증가한 상대적 정도가 미디어 의제와 크게 일치했다.

---

2) '접근성accessibility'은 기억된 것을 불러낼 수 있는 능력이라고 볼 수 있다. 미디어는 반복적 보도나 많은 양의 보도를 통해 특정 이슈나 그 이슈가 가진 속성을 쉽게 기억나게 할 수 있다. 즉 접근성을 높일 수 있다. '적용성applicability'은 특정 이슈(가령 복지 수준 향상)를 특정한 방향으로 이해(복지 향상은 세금 인상)하는데 필요한 연결고리(복지 향상과 세금 인상)를 적용할 수 있는 능력을 말한다. 미디어는 수용자에게 프레임을 통해 이러한 연결 고리를 제공할 수 있다. 즉 적용성을 높일 수 있다.

의제설정의 결과

다른 연구들은 공중의 의견, 태도, 행동에 대한 의제설정의 결과, 즉 '그 래서 뭐가 어쨌다는 말인가'라는 질문을 다루었다. 이러한 노력의 일환으로 학자들은 '점화 효과' 연구를 의제설정 연구와 연결시켜왔다. 점화 연구는 공 중이 어떤 이슈에 관심을 갖는가에 대해서만이 아니라 공중이 그에 대해 어 떤 의견을 갖는가를 분석한다. 의제설정이 여론에 어떤 결과를 가져오는가 에 대한 관심은 적어도 위버, 맥콤스, 스펠먼(Weaver, McCombs & Spellman, 1975, p. 471)에게까지 뿌리를 추적할 수 있다. 이들은 워터게이트 뉴스 보도 의 영향에 관한 1972~1973년의 패널 연구에서 미디어는 어떤 이슈가 가장 중요한가를 알려주는 것보다 더 많은 것을 한다고 추측했다. 이들에 따르면 미디어는 "특정한 입후보자나 정당을 평가하는 기준이 되는 이슈들과 주제 들을 제공할 수 있으며, 이것은 '정치 캠페인' 기간만이 아니라 캠페인 사이 의 더 긴 기간 동안에도 마찬가지이다."

이 추측은 십년 후 아이엔거와 카인더(Iyengar & Kinder, 1987)가 수행한 통제된 실험에서 근거가 있는 것으로 밝혀졌다. 이들은 일부 인지 심리학자 들이 '점화'라고 부르는 것을 보여주는 과정에서 텔레비전의 의제설정 효과 를 미국 대통령에 대한 평가와 연결시켰다. 여기서 점화란 의견 형성에서 특 정 이슈나 속성을 보다 현저하고 쉽게 머리에 떠오르도록 만드는 것을 가리 킨다. 위버(Weaver, 1991) 또한 연방정부 예산 적자에 대한 관심이 높아지 면 이 문제의 가능한 원인과 해법에 대한 지식이 늘어나며, 이 문제에 대해 강력하고 양극화된 의견을 갖게 되고, 이 이슈와 관련한 여러 형태의 정치적 활동에 참여할 가능성이 높아지는 것을 발견했다. 이 결과는 다양한 인구학 적 변인과 미디어 이용을 통제한 것이었다.

윌나트(Willnat, 1997, p. 53)에 따르면 이러한 상관성, 특히 의제설정과 행동 간의 상관성에 대한 이론적 설명은 아직 충분히 발전되지 않았지만 점 화 효과와 의제설정의 결합은 "매스 미디어가 우리에게 '무엇에 대해 생각할 것인가'만이 아니라 '어떻게 생각할 것인가'를 말해 주는 과정에 대한 보다 나은 이해"(Cohen, 1963)를 제공해, 의제설정 효과의 이론적 토대를 강화시켜 왔다.

하지만 모든 학자들이 점화 효과가 의제설정의 결과라는 데 동의하는 것은 아니다. 몇몇 학자들은 의제설정과 점화 효과는 정보의 저장과 인출이라는 동일한 기본 과정에 의존한다고 주장했는데, 이 과정에서는 보다 최근의 정보와 눈에 띄는 정보에 대한 접근이 더 용이하다. 이 논쟁과는 무관하게 특정 이슈 그리고 그 이슈의 특별한 속성의 두드러짐이 여론에 ─ 아마도 간접적으로 ─ 영향을 주는 것은 사실이다. 손과 위버(Son & Weaver, 2006)는 특정한 후보자 그리고 후보자의 특정한 속성에 대한 미디어의 관심이 즉각적이기보다 누적적으로 여론조사에서 나타나고 지지 순위에 영향을 미친다는 사실을 확인했다. 이것은 발렌주엘라와 맥콤스(Valenzuela & McCombs, 2007)가 멕시코와 캐나다 데이터를 연구한 결과에서도 확인되었다.

특정 이슈에 대한 미디어의 강조가 공중의 행동에도 영향을 미칠 수 있다. 펜실베이니아대학교의 입학처장에 따르면 이 대학교 교정에서 일어난 살인과 강간 등 범죄와 폭력에 대해 많은 보도가 있은 후 신입 대상 학생 중 특히 여학생의 대학교 지원이 현저하게 감소했다(Philadelphia Inquirer, 1996). 이러한 감소는 다른 비교 가능한 대학교에서 지원자가 증가한 시기에 일어났다.

로버츠(Roberts, 1992)는 1990년 텍사스 주지사 선거에서 의제설정과 행동이 연결된다는 추가적 증거를 발견했다. 이슈의 현저성은 이 선거에서 투표 행위를 유의미하게 예측할 수 있는 변인이었는데, 인구학적 요소와 미디어 의존 및 주목도를 조정한 집계에서 70%의 응답자들에게서 이슈 관심도와 실제 주지사 후보 중 누구에게 표를 주었는가에 대한 답변이 정확하게 일치했다.

뉴스 미디어가 강조하는 보도가 행동에 미친 영향에 대한 가장 극적인 발견 중의 하나는 블러드와 필립스(Blood & Phillips, 1997)의 연구다. 두 연구자는 1980년 6월~1993년 12월까지『뉴욕 타임스』의 제목에 대한 시계열時系列 분석을 시행하고 부정적인 경제 기사 제목의 증가가 후속되는 주요 경제 지표(제조업 평균 주당 근무시간, 평균 주간 신규 실업수당 청구 건수, 제조업체의 소비재 및 자재 신규 주문, 판매자 실적, 공장과 설비를 위한 계약 및 주문, 건축 허가 등)에 유리하기보다는 불리한 영향을 주는 사실을 확인했다. 블러드와 필립스(1997, p. 107)는 그들의 연구 결과가 "경제 뉴스의 양과 논조가 경제적 환경에 강한 영향을 미치며, 일반적으로 지배적 경제상황이 경제 뉴스의 의제를 결정하지는 않는다"는 것을 보여준다고 해석했다.

의제설정 연구의 최신 동향

일단 미디어 의제와 공중 의제 사이의 기본적인 관계가 증명되자 제 2단계의 연구가 시작되었다. 의제설정 효과를 강화하거나 약화시키는 요인들에 대한 탐구가 그것이다. 의제설정 효과를 조정하는 우연적 조건들에 대한 연구는 크게 두 부류로 나누어진다. 첫 번째가 수용자의 특징이고 두 번째는 앞에서 논의했던 텔레비전과 신문의 차이처럼 미디어의 특징이다. 다음에서 수용자층에서 나타나는 개인적 차이에 집중해서 살펴보고자 한다.

정향 욕구

'정향 욕구'란 새로운 환경 혹은 상황을 이해하기 위해 미디어에 의존하는 사람들의 개인적 차이를 설명하는 심리학적 개념으로, 1972년 샬롯 대선 연구에서 도입되었다. 정향 욕구는 두 개의 하위 개념, 즉 관련성과 불확실성으로 정의된다. 관련성은 이슈가 개인적으로 혹은 사회적으로 중요함을 의미한다. 불확실성은 사람들이 어떤 주제에 대해 필요한 모든 정보를 갖고 있다고 느끼지 못할 때 존재한다. 높은 불확실성과 관련성의 상황에서는 정향 욕구가 높고 미디어 의제설정 효과가 매우 강하게 나타나는 경향이 있다. 사람은 어떤 것이 매우 중요하다고 느끼고 그것에 대해 충분히 알지 못할수록 뉴스에 더 많은 관심을 갖게 된다. 반대로 주제의 중요성이 낮고, 부가적인 정보에 대한 욕구가 별로 없을 때 정향 욕구는 낮고, 미디어의 의제설정 효과는 매우 약하다(Takeshita, 1993). 최근 마테스(Matthes, 2006)는 주제에 대한 정향 ─ 제1단계 의제설정 ─ 과 이러한 주제들의 측면(혹은 속성)에 대한 정향 ─ 제2단계 의제설정 ─ 을 각각 다르게 측정할 수 있도록 정향 욕구 개념을 확장한 바 있다.

의제설정이 발생했어야 하지만 사람들이 생각하기에 이슈가 중요성이 없거나 관련성이 없었기 때문에 실제로는 발생하지 않았던 한 사례가 빌 클린턴-모니카 르윈스키 추문이라 할 수 있다. 클린턴 대통령이 백악관 인턴과 성적 관계를 가졌다는 폭로가 있었을 때 ─ 사실 이것이 단순한 루머였을 때 ─ 언론 보도가 끊임없이 나왔다. 어떤 이들은 이것에 대해 "언제나, 모두 모니카 얘기만 하는군"이라고 표현했다. 이 이슈에 대한 보도의 양과 미디어 의제에서의 중요성을 생각하면 이 문제가 중요한 공중 의제를 설정할 것으로 예상할 수 있었다. 추문은 매우 재미있었고 심지어는 충격적이고 비난받을 만한 것이었다. 하지만 심각한 공중의 분노를 만들어내지는 못했다(Yioutas & Segvic, 2003). 이것을 보면 공중의 구성원들이 미디어 의제의 노예가 아님을 알 수 있다.

정향 욕구는 또 다른 개인적 차이, 즉 교육과 관련된다. 높은 수준의 교육을 받은 개인들은 더 높은 정향 욕구를 가질 가능성이 크다. 많은 인구학적 특성 연구를 보면, 정규 교육은 일관되게 의제설정과 상관관계가 있는 것으로 나타난다. 교육 수준이 높을수록 일반적으로 공공 이슈에 대한 관심이 높고, 더 높은 교육을 받은 사람들이 미디어 의제를 반영할 가능성이 더 높다.

체험한 이슈

미디어가 사람들이 공적 문제에 대해 정보를 얻는 유일한 원천은 물론 아니다. 개인적 경험 그리고 다른 사람과의 대화가 정보의 중요한 다른 두 원천이다. 지금까지 논의된 이슈들의 대부분에 대해 사람들은 직접적인 경험이 없다. 이라크에서 병사로 근무한 적이 없다면 이라크의 갈등에 관한 정보를 얻기 위해 미디어에 의존해야 한다. 그러나 모든 이슈들이 이처럼 손에 닿지 않는 거리에 있는 것은 아니다. 직장에서 해고된 적이 있다면 실업에 대해 알기 위해 반드시 미디어가 필요한 것은 아니다. 사람들이 직접적이고 개인적인 경험이 있다면 해당 이슈는 그들에게는 '직접 체험된' 것이라 할 수 있고, 이 경우 사람들은 일반적으로 미디어로부터 더 이상의 정보를 얻을 필요가 없다(Zucker, 1978). 체험하지 않은 이슈, 즉 사람들이 그에 대한 개인적 경험이 별로 혹은 아예 없는 이슈는 미디어가 중요한 의제로 다루면 중요하게 여길 가능성이 높다.

동일한 이슈가 어떤 사람들에게는 체험한 이슈가 될 수 있고, 다른 사람들에게는 그렇지 않은 이슈가 될 수 있다. 예를 들어 실업 이슈가 그렇다. 사람들이 일상생활에서 체험한 이슈에 대해서는 미디어 보도가 의제를 설정하는 데 큰 영향을 가지지 못하지만 사람들이 직접적이고 개인적인 경험을 하지 못한 이슈에 대해서는 이 이슈가 사람들에게 얼마나 중요한지를 결정하는 데 미디어 보도가 아주 큰 영향을 미친다. 예를 들어 외교, 환경, 에너지, 정부 지출, 약 남용 그리고 공해는 대부분의 사람들에게 체험적이지 않은 이슈인 반면 지역 도로 유지비, 생활비 그리고 세금은 매우 체험적인 것이다. 실업과 같은 이슈들은 중간쯤에 위치하는데, 이와 관련한 의제설정의 강도는 그 사람이 스스로 실업 상태였던 적이 있는지 혹은 실업 상태에 있던 사람을 아는지에 달려 있다. 이러한 중간 영역의 이슈들은 체험 정도에 대한 측정이 두 갈래 변수보다는 연속선상에서 이루어지는 것이 중요하다는 점을 말해준다.

새로운 영역

선거와 정치 캠페인은 의제설정 연구를 위해 좋은 영역이지만 의제설정 효과에 대한 증거는 다른 많은 영역에서도 발견되었다. 그것의 범위는 비즈니스 뉴스(Carroll & McCombs, 2003)에서 종교(Harris & McCombs, 1972), 외교(Inoue & Patterson, 2007) 그리고 보건(Ogata Jones, Denhem & Springston, 2006)에 이르기까지 다양하다. 어떤 연구들은 뉴스 미디어에서 오락 미디어에 이르는 영역에서 의제설정 효과를 도출했다. 우리가 생각할 수 있는 거의 모든 주제를 의제설정 관점에서 연구할 수 있다.

대부분의 의제설정 연구들에서는 '말'이라는 단어에 의해 규정되는 미디어 콘텐츠를 다룬다. 그러나 몇몇 연구는 사진 혹은 TV 영상 같은 시각적인 것을 포함했고, 시각적 의제설정 효과의 증거를 찾아냈다. 완타(Wanta, 1988)는 제1단계 의제설정 분석에서 사진의 크기가 독자의 중요도 인식에 영향을 미친다는 사실을 밝혔다. 콜먼과 배닝(Coleman & Banning, 2006)은 입후보자들의 TV 이미지의 제2단계 의제설정 효과를 조사했는데, 2000년 대선에서 조지 W. 부시와 앨 고어에 대한 TV의 시각적 프레이밍과 그들에 대한 공중의 감성적 인상 사이에서 유의미한 상관관계를 찾아냈다. 이 연구는 2004년 선거에서도 반복, 확장되었다(Coleman & Wu, 2006). 더욱 사진의 존재와 부재는 매우 큰 함의를 가질 수 있다. 1984년 에티오피아와 브라질의 기근, 기아, 가뭄은 대체로 유사했지만 호소력 있는 사진과 영상은 에티오피아 것만 방대하게 사용될 수 있었다. 그 결과 에티오피아에 대한 미디어 보도는 엄청나게 많았고, 에티오피아는 많은 국제적 구호 지원을 받았다(Boot, 1985).

의제 융합

수용자들이 다양한 미디어로부터 제공된 의제를 섞어서 융합하고, 그러한 의제의 혼합에 영향을 받는다는 증거가 늘어나고 있다. 의제설정은 미디어와 수용자 사이의 연결을 증명했지만 학자들은 최근 수용자와 수용자의 미디어 선택을 의제설정의 일반적 가설에 통합하는 쪽으로 움직여 왔다. 수용자들은 선택을 하며, 그 선택은 수용자들 자신이 수립한 가치와 태도 그리고 우리가 앞에서 본 것처럼 그들의 정향 욕구에서부터 나온다. 수용자는 일반적 뉴스 미디어를 이용하면서 동시에 토크 라디오 혹은 TV 쇼 같이 개인적 라이프스타일과 관점에 맞는 다양한 특화된 미디어를 이용한다. 의제설정 연구는 수용자가 어떤 주제를 중요하게 생각하는가와 그 주제의 다양한 세부 내용을 인식하는데 저널리스트와 편집자가 큰 힘을 갖고 있음을 증명해 왔다. 하지만 우리는 많은 사람들이 처음의 그림을 보완하고 자신의 기대에 맞는 사건의 관점을 찾기 위해 웹사이트 혹은 다른 뉴스정보원을 이용한다는 것을 알고 있다. 이러한 노력은 ― 수용자 관점에서 ― 의제 융합이라고 불린다.

의제 융합은 어떻게 작동하는가. 에릭슨과 그의 동료들(Ericson & colleagues, 2007)은 2001년 자동차 사고로 사망한 NASCAR 경주 선수 언하트 1세Dale Earnhardt, Sr.의 21년 경력을 서술하기 위해 『컬럼비아 샬롯 옵저버』와 『뉴욕 타임스』가 사용한 어휘들을 분류했다. 그의 경력 초기, 중기, 말기에 사용된 서술 어휘들이 달랐고 그의 경력을 통틀어 몇 개의 어휘만 일관적으로 사용되었다. 초기 묘사에서 사용된 어휘는 '소년', '조스 2', '침략자', '젊은이'였다. 그의 경력 중반기 묘사는 '협박자', '강철머리', '지배자'였고, 경력 말기에 가까워지면서 '검은 옷을 입은 남성', '카뷰레터 카우보이', '대문자 E'였다. 이 내용 분석에 이은 실험 연구에서 조사 대상들이 어휘의 변이에 상당히 민감하고, 특히 속성 의제의 감성적 차원에 대해서는 더욱 민감함을 발견했다. 이 결과는 메시지가 완성되기 위해서는 수용자 관여가 중요함을 보여준다. 수용자들은 특정한 언어적 요소와 연관된 개인적 감정을 메시지 자체와 융합시킨다. 미디어가 의제를 설정하지만 수용자 또한 그들이 형성한 가치와 속성에 맞추어 의제를 융합한다. 의제 융합은 메시지를 섞고, 조정하고, 받아들이는 데 있어 수용자의 역할이 중요함을 보여준다.

방법론적 쟁점

여론조사와 내용 분석의 결합

첫 의제설정 연구인 채플힐 조사에서 달성한 방법론적 성과는 흔히 간과된다. 1968년의 이 연구는 두 가지 방법, 즉 내용 분석과 여론조사를 결합했고, 시간 지체time lag라는 개념을 확립했다. 의제설정 연구는 오늘날 여전히 통상적으로 내용 분석을 이용해 특정한 이슈에 대한 미디어의 기사 수를 측정해 순위를 매기며, 다음으로 그날의 '가장 중요한 문제'가 — MIPMost Important Problems 질문 — 무엇인가에 대한 공중의 생각을 순위로 확인하기 위해 설문조사를 실시한다. 스피어만 순위 상관계수를 적용해 보면, 가장 중요한 이슈에 대한 미디어 의제와 가장 중요한 이슈에 대한 공중의 의제가 상관관계를 보인다. 여러 차례 반복해보아도 전 세계의 여러 나라에서 순위의 상관관계는 매우 유의미하고 강력해 그 값은 약 +.55 혹은 그 이상이다(Wanta & Ghanem, 2000).

인과관계의 확립

내용 분석과 설문조사를 결합한 의제설정 연구에 대한 비판에서 가장 자주 등장하는 것 중 하나가 한 시점에서의 상관관계 조사가 인과관계를 확정해서 보여줄 수 없다는 점이다. 비록 초기 연구들이 여론조사를 하기 전에 미디어 내용을 먼저 측정했지만 여론이 미디어가 무엇을 보도할지에 영향을 주었는지 아니면 미디어 보도가 여론에 영향을 주었는지 중 어느 쪽이 먼저인가에 대한 의문은 여전히 남는다. 의제설정 연구에서는 원인과 결과의 순서를 증명함으로 기본 연구를 보완하기 위해 두 가지 다른 방법에 의존했다. 종단 연구와 실험이 그것으로, 이 둘은 시간 순서를 보여주기 위해 필요한 조건을 만족시켰다.

종단 연구는 몇 차례에 걸친 여론에 대한 설문조사와 내용 분석으로 이루어진다. 예를 들어 1976년 선거 패널 연구에서는 아홉 차례의 인터뷰가 있었다(Weaver, Graber, McCombs & Eyal, 1981). 시민권 연구에는 23년 동안 27개의 반복 조사가 이루어졌다. 이런 종류의 증거는 뉴스로 보도된 실제 이슈들에 대한 일반 공중의 의견을 측정한 '실제 세상'의 데이터에 근거를 두고 있는데, 여전히 통제되지 않는 무수히 많은 요인으로 인한 어려움을 겪는다. 미디어 보도가 공중의 의제를 설정할 수 있음을 확실히 주장하기 위해 연구자들은 통제된 실험으로 눈길을 돌렸다.

실험실의 실험 연구는 설문조사와 내용 분석을 바탕으로 한 현장 조사의 외적 타당성을 갖지 못하지만 전통적 의제설정 연구에 — 종단 연구 설계를 이용한 연구까지를 포함해 — 요구되는 보완작업이라고 여겨진다. 실험실의 실험만이 외부 요인에 의해 영향 받지 않는 미디어 의제와 공중 의제 사이의 인과관계를 증명할 수 있다. 이를 통해 제1단계와 제2단계 의제설정 모두에서 인과관계가 증명되었다. 아이엔거와 카인더(Iyengar & Kinder, 1987)의 고전적인 제1단계 의제설정 실험 모델에서는 TV 뉴스 프로그램의 주제 빈도를 체계적으로 조작했다. 키우시스, 반티마루디스, 반(Kiousis, Bantimaroudis, and Ban, 1999)의 제2단계 의제설정 실험에서는 가상의 정치 입후보자의 속성을 체계적으로 조작했다. 대부분의 실험실 조건에서는 뉴스 기사에 대한 짧은 노출도 유의미한 의제설정 효과를 보인다.

지체 시간

추가적인 방법론적 연구로는 지체 시간에 대한 연구가 있다. 지체 시간은 미디어 이슈가 보도된 후 공중이 해당 이슈가 중요하다고 생각하기까지

걸리는 적절한 시간이다. 연구 결과, 이슈에 따라 지체 시간이 다양한 것으로 나타났다. 인권 이슈에 대해서는 한 달이 최적 시간이었다(Winter & Eyal, 1981). 그러나 완타, 골란, 리(Wanta, Golan, Lee, 2004)는 외국에 대한 기사 빈도가 국내 이슈 기사보다 낮기 때문에 국제 뉴스에 관한 연구를 위해 9개 월 반의 지체 시간을 적용했다. 물론 개별 이슈들 간의 차이는 중요하지만 미디어 의제가 공중의 의제에 영향을 미치는 적합한 시간의 범위는 1~8주 까지이고, 중앙값은 3주이다. 그러나 미디어 의제가 공중의 의제에 영향을 미치는데 요구되는 시간의 합이 중요하다는 점에서 시기가 길다고 해서 항 상 더 좋은 것은 아니다. 의제설정 효과는 당연히 점차 약해지는데, 8~26주 의 기간 중 언젠가 완전히 사라진다(Wanta & Hu, 1994).

보도 대상 및 속성의 현저성 측정

지금은 고전이 된 의제설정 질문, 즉 '가장 중요한 문제'는 갤럽사가 '국 가가 직면한 가장 중요한 문제는 무엇인가'라는 질문을 하기 시작한 1930년 대에 태어났다. 이 개방형 질문은 학자들이 공중 의제에 포함된 사회 문제의 현저성을 평가하는 데 편리한 수단을 제공했다. 가장 많은 사람들이 가장 중 요한 문제라고 말하는, 보통 많아야 5~7개가 되는 이슈들이 결국 의제설정 연구에 사용되었다. 낮은 순위의 이슈 항목들은 의미 있는 분석을 하기에는 사람 수가 너무 적은 경향이 있다. 분석에 포함되는 이슈를 고르기 위해 가 장 흔히 사용되는 임계점은 '가장 중요한 문제'라고 인식한 공중이 10% 이 상인 경우이다.

민, 가넴, 에바트(Min, Ghanem & Evatt, 2007)는 전통적인 '가장 중요한 문제' 질문을 사회적 현저성이 아니라 개인적 현저성을 측정하도록 만든 질 문과 비교했다. 그 질문은 '무엇이 당신 개인과 관련한 가장 중요한 문제입 니까' 였다. 설문에서는 미리 주어진 이슈 중 선택하도록 했는데, 차이가 발 견되지 않았다. 때로는 질문 문구를 어떻게 작성하느냐가 설문조사 결과에 큰 영향을 미칠 수 있다. 하지만 이슈 현저성에 대한 평가 결과는 매우 견고해 질문 문구의 영향을 크게 받지 않아, 공중에게 가장 중요한 이슈를 측정하는데 창조적인 다양한 다른 질문을 사용할 수 있도록 했다. 같은 개념을 측정하기 위해 다르게 표현된 질문을 사용하는 것이 오히려 측정의 반복 및 다양성을 높여 의제설정에 대한 우리 지식을 확장하는 것으로 여겨진다.

특정 이슈를 알고 있는가에 대한 질문이나, 특정 이슈를 기억하고 있는가에 대한 질문은 '가장 중요한 문제' 문항에 대한 두 개의 중요한 대안이다 (Althaus & Tewksbury, 2002). 폐쇄형 질문 또한 많이 사용된다. 그중에는 응답자가 주어진 목록에서 가장 중요한 이슈들을 선택하는 설문이 있다. 또한 주어진 이슈들에 대해 5점 척도로 이슈의 중요성, 친구들과의 토론의 정도, 정부 조치의 필요성에 대해 평가하도록 하는 설문도 있다(Wang, 2000). 그와 비슷하게 양극 의미 척도bipolar semantic scales가 실험 연구에서 사용되었다(Evatt & Ghanem, 2001).

속성 의제도 폐쇄형과 개방형 질문으로 측정되었다. 속성 의제설정 연구에 널리 사용되는 개방형 질문은 다음과 같다. '아주 오랫동안 멀리서 살다와서 대선 후보[혹은 다른 공인]에 대해 잘 알지 못하는 친구가 있다고 가정하시오. 당신은 이 친구들에게 [사람 X]에 대해 어떤 것을 말할 것입니까.' 폐쇄형 질문도 다양한데, 일반적으로 5~7점 척도를 사용하면서 입후보자가 얼마나 정직한지, 진지한지, 믿을 만한지 평가하도록 하는 것이 그 예다. 가장 특이한 측정 방법 중의 하나는 무응답을 현저성의 역을 측정하는데 사용한 것이다(Kiousis, 2000). 무응답을 선택한 사람들의 수가 적을수록 입후보자 혹은 이슈의 현저성이 크다는 것을 의미한다.

역사적 분석

국가가 직면한 가장 중요한 문제를 놓고 사람들에게 질문하는 설문조사는 역사적으로 1930년대까지만 추적할 수 있다. 하지만 영국 식민지 건설

(Merritt, 1966)과 스페인-미국 전쟁(Hamilton, Coleman, Grable & Cole, 2006)까지 거슬러 올라가는 역사적 의제설정 효과에 대한 증거도 있다. 1960년대부터 발견하기 시작한 아주 강력한 의제설정 효과의 증거를 고려한다면, 역사학자들도 과거의 의제설정 효과를 추정하는 데 어려움을 느끼지 않는다.

후속 연구 방향

인터넷의 대중적 사용은 의제설정 연구의 가장 분명하고도 중요한 개척지로 등장했다. 웹 사이트, 블로그, 소셜 네트워크가 중요한 이슈에 관한 공중의 의제에 어떤 영향을 미치는지 지금까지는 거의 알려진 바가 없다. 어떤 이들은 인터넷으로 다양한 뉴스 공급원이 늘어나 이슈들에 대한 의견일치가 줄어들었다고 추측한다. 그렇게 되면 우리가 알고 있는 의제설정이 바뀐다. 여기에다 위성을 통한 케이블 텔레비전 및 라디오 채널의 폭발적 증가를 더하면, 예측은 더욱 끔찍하다.

단순하게 말하면 인터넷 환경에서 독자적 저널리즘이 많지 않다. 블로거와 블로깅에 대한 공중의 주목이 상당이 높아졌다. 그러나 그들은 보도하는 것인가 반복하는 것인가. 멀리와 스미스(Murley & Smith, 2004)가 조사한 바에 따르면 절반의 블로거들은 신문을 뒤져 뉴스를 가져오고 다른 1/5의 블로거들은 또 다른 블로거들로부터 뉴스를 훔쳐오는데, 이 후자의 블로거들 또한 신문으로부터 뉴스를 집어왔을 수 있다.

유 및 아이카트(Yu & Aikat, 2005)는 온라인 신문의 대표로 『뉴욕 타임스』와 『워싱턴 포스트』, 온라인 TV의 대표로 CNN과 MSNBC 그리고 온라인 뉴스 서비스의 대표로 Yahoo News와 Google News를 조사했다. 두 연구자가 2004년 2주일 분량을 조사한 결과 온라인 간행물의 첫 페이지 혹은 홈

페이지에 실린 모든 뉴스 사이에서 +.51~+.94에 이르는 놀라운 상관관계를 발견했다. 중앙값은 +.77이었다. 상위 3개 톱뉴스에 대한 분석에서 상관관계의 범위는 +.53~+.99였고, 중앙값은 +.82이었다. 폭 넓은 미디어 의제들 사이에 존재하는 이 같은 의제설정 효과는 주도적 신문들이 제시하는 의제들이 독자수 감소에도 불구하고 왜 여전히 국민 의제와 높은 상관관계를 보이는가를 설명할 수 있다.

하지만 다른 연구들은 다소 낮은 일치도를 보여준다. 한국에서 일어난 특정한 뉴스 사건에 대한 송(Song, 2007)의 연구는 온라인 뉴스 사이트와 전통적인 신문의 보도에 현격한 차이가 있었음을 보여주었다. 그러나 한국 상황에 대한 또 다른 연구는 온라인 신문이 온라인 뉴스통신사의 의제에 영향을 미치는 것을 발견했다(Lim, 2006).

1996년의 미국 대선기간 동안 전자 게시판에 대한 초기의 연구에서는 세 개의 이슈가 전통적인 미디어 보도와 유의미하게 상관관계를 보였다. 그러나 임신 중절이라는 단 하나의 이슈는 의제설정 효과를 보여주지 않았다(Roberts, Wanta & Dzwo, 2002). 연구자들은 사람들이 온라인 토론에서 사용하는 정보를 전통적인 미디어가 제공해주는 것으로 추측했다. 블로그와 전통적인 미디어에 대한 보다 최근의 연구에서, 자유주의적 블로그와 보수주의적 블로그는 모두 주류 미디어와 동일한 방식으로 2004년 미국 선거 이슈를 커버했다. 자유주의적 블로그들의 이슈 의제는 주류 미디어 의제와 +.84의 상관관계를 보였고, 보수주의적 블로그는 +.77의 상관관계를 보였다(Lee, 2006). 콜먼과 맥콤스(Coleman & McCombs, 2007)는 인터넷 이용과 나이가 의제설정 효과에 미치는 영향을 조사하기 위해 루이지애나와 노스캐롤라이나에서 주 전체를 대상으로 설문조사를 실시했다. 이 연구에서 의제설정 효과가 인터넷을 많이 이용하는 사람과 젊은 사람에게 다소 약하지만 여전히 유의미한 것으로 나타났다. 전통적인 뉴스 미디어의 이슈 의제는 한 주에서는 젊은 성인들에게서 +.80의 상관관계를 보였고, 또 다른 주의 젊은 성인에게서는 +.90의 상관관계를 보였다. 인터넷을 가장 많이 이용하는 집단의 이슈 의제는 전통 미디어와 +.70의 상관관계를 보였다. 연구자들은 인터넷 사용이 의제설정 영향을 제거하지 않는다는 결론을 내렸다.

연구해야 할 새로운 이론적 영역이 나타났고 미디어 지평이 확대되어 의제설정 이론은 사이버 공간에서 최소한 30년 동안 생산적인 연구를 기대할 수 있다.

〈참고문헌〉

Althaus, S. L., & Tewksbury, D.(2002). Agenda setting and the "new" news. *Communication Research, 29*, 180-207.

Berelson, B., Lazarsfeld, P., & McPhee, W.(1954). *Voting*. Chicago: University of Chicago Press.

Blood, D. J., & Phillips, P. C. B.(1997). Economic headline news on the agenda: New approaches to understanding causes and effects. In M. McCombs, D. Shaw, & D. Weaver(eds.), *Communication and democracy: Exploring the intellectual frontiers in agenda-setting theory*(pp. 97-113). Mahwah, NJ: Erlbaum.

Blumler, J. G., & Kavanagh, D.(1999). The third age of political communication: influences and features. *Political Communication, 16*, 209-230.

Boot, W.(1985, March-April). Ethiopia: Feasting on famine. *Columbia Journalism Review*, 47-48.

Brosius, H.-B., & Kepplinger, H. M.(1990). The agenda setting function of television news: Static and dynamic views. *Communication Research, 17*, 183-211.

Carroll, C., & McCombs, M.(2003). Agenda setting effects of business news on the public's images and opinions about major corporations. *Corporate Reputation Review, 6*, 36-45.

Chan, K.(1999). The media and environmental issues in Hong Kong 1983-95. *Intenational Journal of Public Opinion Research, 11*(2), 135-151.

Cohen, B.(1963). *The press and foreign policy*. Princeton, NJ: Princeton University Press.

Coleman, R., & Banning, S.(2006). Network TV news' affective framing of the presidential candidates: Evidence for a second-level agenda-setting effect through visual framing.

Journalism & Mass Communication Quarterly, 83(2), 313-328.

Coleman, R., & McCombs, M.(2007). The young and agenda-less? Exploring age-related differences in agenda setting on the youngest generation, baby boomers, and the civic generation. *Journalism & Mass Communication Quarterly, 84*(3), 495-508.

Coleman, R., & Wu, H. D.(2006). *Affective priming of the 2004 presidential candidates: Exploring the second-level agenda-setting effect through visual information.* Paper presented at the AEJMC, San Antonio, TX.

Dearing, J., & Rogers, E.(1996). *Agenda setting.* Thousand Oaks, CA: Sage.

Eaton, H.(1989). Agenda setting with bi-weekly data on content of three national media. *Journalism Quarterly, 66*, 942-948.

Entman, R. M.(1993). Framing: Toward clarification of a fractured paradigm. *Journal of Communication, 43*(4), 51-58.

Ericson, B., Sherine El-Toukhy, S., Terry, T., & Shaw, D.(2007). *The "Intimidator's" final lap: Newspaper evaluations of Dale Earnhardt's career.* Unpublished paper, University of North Carolina at Chapel Hill.

Evatt, D., & Ghanem, S.(2001). *Building a scale to measure salience.* Paper presented at the World Association for Public Opinion Research. Rome, Italy.

Golan, G., & Wanta, W.(2001). Second-level agenda setting in the New Hampshire primary: A comparison of coverage in three newspapers and public perceptions of candidates. *Journalism and Mass Communication Quarterly, 78*(2), 247-259.

Hamilton, J. M., Coleman, R., Grable, B., & Cole, J.(2006). An enabling environment: A reconsideration of the press and the Spanish-American War. *Journalism Studies, 7*(1), 78-93.

Harris, J., & McCombs, M.(1972). The interpersonal/mass communication interface among church leaders. *Journal of Communication, 22*, 257-262.

Hester, J. B., & Gibson, R.(2003). The economy and second level agenda setting: A time-series analysis of economic news and public opinion about the economy. *Journalism & Mass Communication Quarterly, 80*(1), 73-91.

Holbrook, A., & Hill, T. G.(2005). Agenda-setting and priming in prime time television: Crime dramas as political cues. *Political Communication, 22*, 277-295.

Inoue, Y., & Patterson, D.(2007). News content and American's perceptions of Japan and U. S.-Japanese relations. *Harvard International Journal of Press/Politics, 12*(1), 117-121.

Iyengar, S., & Kinder, D. R.(1987). *News that matters: Television and American opinion.* Chicago: University of Chicago Press.

Jasperson, A. E., Shah, D. V., Watts, M. D., Faber, R. J., & Fan, D. P.(1998). Framing and the public agenda: Media effects on the importance of the federal budget deficit. *Political Communication, 15*(2), 205-224.

Kim, S.-H., Scheufele, D. A., & Shanahan, J.(2002). Think about it this way: Attribute agenda-setting function of the press and the public's evaluation of a local issue. *Journalism & Mass Communication Quarterly, 79*(1), 7-25.

King, P.-T.(1997). The press, candidate images, and voter perceptions. In M. McCombs, D. L. Shaw, & D. Weaver(eds.), *Communication and democracy*(pp. 29-40). Mahwah, NJ: Erlbaum.

Kiousis, S.(2000). *Beyond salience: Exploring the linkages between the agenda setting role of mass media and mass persuasion.* Unpublished dissertation, University of Texas, Austin, TX.

Kiousis, S., Bantimaroudis, P., & Ban, H.(1999). Candidate image attributes: Experiments on the substantive dimension of second-level agenda setting. *Communication Research, 26*(4), 414-428.

Lazarsfeld, P., Berelson, B., & Gaudet, H.(1948). *The people's choice.* New York: Columbia University Press.

Lee, J.-K.(2007). The effect of the Internet on homogeneity of the media agenda: A test of the fragmentation thesis. *Journalism & Mass Communication Quarterly, 84*(4), 745-760.

Lennon, F. R.(1998). *Argentina: 1997 elecciones. Los diarios nacionales y la campana electoral*[The 1997 Argentina election. The national dailies and the electoral campaign]. Report by The Freedom Forum and Austral University.

Lim, J.(2006). A cross-lagged analysis of agenda setting among online news media. *Journalism & Mass Communication Quarterly, 83*(2), 298-312.

Lippmann, W.(1922). *Public opinion.* New York: Macmillan.

Lopez-Escobar, E., Llamas, J. P., & McCombs, M.(1998). Agenda setting and community consensus: First and second level effects. *International Journal of Public Opinion Research, 10*(4), 355-348.

Lowery, S., & Defleur, M.(1995). *Milestones in mass communication research: Media effects, 3rd ed.* White Plains, NY: Longman.

Matthes, J.(2006). The need for orientation towards news media: Revising and validating a classic concept. *International Journal of Public Opinion Research, 18*, 422-444.

McCombs, M.(2004). *Setting the agenda: The mass media and public opinion.* Cambridge, UK: Polity Press.

McCombs, M., Lopez-Escobar, E., & Llamas, J. P.(2000). Setting the agenda of attributes in the 1996 Spanish general election. *Journal of Communication, 50*(2), 77-92.

McCombs, M., & Shaw, D. L.(1972). The agenda-setting function of the mass media. *Public Opinion Quarterly, 36*(2), 176-187.

Merritt, R.(1966). *Symbols of American community, 1735-1775.* New Haven, CT: Yale

University Press.

Mikami, S., Takeshita, T., Nakada, M., & Kawabata, M.(1994). *The media coverage and public awareness of environmental issues in Japan.* Paper presented at the International Association for Mass Communication Research. Seoul, Korea.

Min, Y., Ghanem, S., & Evatt, D.,(2007). Using a split-ballot survey to explore the robustness of the "M.I.P." question in agenda-setting research: A methodological study. *International Journal of Public Opinion Research, 19,* 221-236.

Murley, B., & Smith, K.(2004). Bloggers strike a nerve: Examining the intersection of blogging and journalism. Unpublished paper, University of South Carolina, Columbia.

Ogata Jones, K., Denham, B. E., & Springston, J. K.(2006). Effects of mass and interpersonal communication on breast cancer screening: Advancing agenda-setting theory in health contexts. *Journal of Applied Communication Research, 34*(1), 94-113.

Palmgreen, P., & Clarke, P.(1977). Agenda setting with local and national issues. *Communication Research, 4,* 435-452.

*Philadelphia Inquirer(*1996, December 27), pp. A1 & 18.

Pratt, C. B., Ha, L., & Pratt, C. A.(2002). Setting the public health agenda on major diseases in Sub-Saharan Africa: African popular magazines and medical journals, 1981-1997. *Journal of Communication, 52*(4), 889-905.

Price, V., & Tewksbury, D.(1997). News values and public opinion: A theoretical account of media priming and framing. In G. A. Barnett & F. J. Boster(eds.) *Progress in communication sciences: Advances in persuasion*(pp.173-212). Greenwich, CT: Ablex.

Reese, S. D.(2001). Prologue—Framing public life: A bridging model for media research. In S. D. Reese, O. H. Gandy, & A. E. Grant(eds.), *Framing public life: Perspectives on media and our understanding of the social world*(pp. 7-31). Mahwah, NJ: Erlbaum.

Roberts, M. S.(1992). Predicting voting behavior via the agenda-setting tradition. *Journalism Quarterly, 69,* 878-892.

Roberts, M., Wanta, W., & Dzwo, T.-H.(2002). Agenda setting and issue salience online. *Communication Research, 29*(4), 452-466.

Salwen, M.(1988). Effects of accumulation of coverage on issue salience in agenda setting. *Journalism Quarterly, 65,* 100-106, 130.

Sato, H.(2003). Agenda setting for smoking control in Japan, 1945-1990: influence of the mass media on national health policy making. *Journal of Health Communication, 8*(1), 23-41.

Scheufele, D. A.(2000). Agenda-setting, priming, and framing revisited: Another look at cognitive effects of political communication *Mass Communication & Society, 3*(2&3), 297-316.

Shaw, D. L. & McCombs, M.(eds.).(1977), *The emergence of American political is-sues: The agendasetting function of the press*. St. Paul, MN: West.

Sheafer, T., & Weimann, G.(2005). Agenda building, agenda setting, priming, individual voting intentions, and the aggregate results: An analysis of four Israeli elections. *Journal of Communication, 55*(2), 347–365.

Smith, K.(1987). Newspaper coverage and public concern about community issues. *Journalism Monographs, 101*, 1–32.

Son, Y. J. & Weaver, D. H.(2006). Another look at what moves public opinion: Media agenda setting and polls in the 2000 U. S. election. *International Journal of Public Opinion Research*, 18(2), 174–197.

Song, Y.(2007). Internet news media and issue development: A case study on the roles of independent online news services as agenda–builders for anti–US protests in South Korea. *New Media & Society, 9*(1), 71–92.

Soroka, S. N.(2002). *Agenda setting dynamics in Canada*. Vancouver: UBC Press.

Takeshita, T.(1993). Agenda–setting effects of the press in a Japanese local election. *Studies of Broadcasting, 29*, 193–216.

Takeshita, T.(2002). *Expanding attribute agenda setting into framing: An application of the problematic situation*. Paper presented to the International Communication Association. Seoul, Korea.

Valenzuela, S., & McCombs, M. E.(2007). *Agenda-setting effects on vote choice: Evidence from the 2006 Mexican Election*. International Communication Association. San Francisco. May, 2007.

Wang, T.-L.(2000). Agenda–setting online. *Southwestern Mass Communication Journal, 15*(2), 59–70.

Wanta, W.(1988). The effects of dominant photographs: An agenda–setting experiment. *Journalism Quarterly, 65*(1), 107–111.

Wanta, W.(1997). *The public and the national agenda*. Mahwah, NJ: Erlbaum.

Wanta, W., & Ghanem, S.(2000). Effects of agenda–setting. In J. Bryant & R. Carveth(eds.), *Meta-analyses of media effects*(Chapter 4). Mahwah, NJ: Erlbaum.

Wanta, W., Golan, G., & Lee, C.(2004). Agenda–setting and international news: Media influ-ence on public perceptions of foreign nations. *Journalism & Mass Communication Quarterly, 81*(2), 364–377.

Wanta, W., & Hu, Y.(1994). Time–lag differences in the agenda–setting process: An exami-nation of five news media. *International Journal of Public Opinion Research, 6*(3), 225–240.

Weaver, D.(1991). Issue salience and public opinion: Are there consequences of agenda–set-ting? *International Journal of Public Opinion, 3*, 53–68.

Weaver, D., Graber, D., McCombs, M., & Eyal, C.(1981). *Media agenda setting in a presi-dential election: Issues, images and interest.* New York: Praeger.

Weaver, D., McCombs, M., & Spellman, C.(1975) Watergate and the media: A case study of agendasetting. *American Politics Quarterly, 3,* 458-472.

Willnat, L.(1997). Agenda setting and priming: Conceptual links and differences. In M. McCombs, D. L. Shaw, & D. Weaver(eds.), *Communication and democracy: Exploring the intellectual frontiers in agenda-setting theory*(pp. 51-66). Mahwah, NJ: Erlbaum.

Winter, J., & Eyal, C.(1981). Agenda setting for the civil rights issue. *Public Opinion Quarterly, 45,* 376-383.

Yioutas, J., & Segvic, I.(2003). Revisiting the Clinton/Lewinsky scandal: The convergence of agenda setting and framing. *Journalism & Mass Communication Quarterly, 80*(3), 567-582.

Yu, J., & Aikat, D.(2005). *News on the web: Agenda setting of online news in web sites of major newspaper, television and online news services.* Unpublished paper, University of North Carolina at Chapel Hill.

Zucker, H. G.(1978). The variable nature of news media influence. *Communication Yearbook, 2,* 225-240.

12_
뉴스 가치와 선택성

디어더 오닐/토니 하컵

무엇이 뉴스인지 그리고 뉴스가 어떻게 선택되는지는 오랫동안 저널리즘 현업 종사자와 학자들이 공히 매료되었던 주제다. 그러나 이 문제를 논의할 때 두 집단은 서로 다른 언어를 사용하는 경향이 있었다. 전설적인 뉴스 편집자 에반스(Harold Evans, 2000, p. 29)는 "뉴스 가치에 대한 감각"은 편집 에디터에게 ─ "도도한 뉴스의 흐름을 걸러내는 인간 체"로서 발행을 위한 자료를 선택하고 편집하는 사람에게 ─ 요구되는 첫 번째 자질이며 언어 구사력이나 글을 쓰는 능력보다 더 중요하다고 썼다. 그러나 뉴스 가치를 판단할 때는 베테랑 TV기자 서전트(John Sergeant, 2001, p. 226)에 따르면 "저널리스트들은 논리보다 본능에 의존한다." 이와는 대조적으로 학자들은 뉴스 제작을 "이미 제한적으로 공급된 정보를 선택하는 과업을 위한 정형화된 작업의 수동적 수행과 고도로 규정화된 절차"라고 설명한다(Golding & Elliott, 1979, p. 114).

　이 장에서는 뉴스 선택에 관한 현업 종사자와 학계의 설명 사이에 존재하는 긴장을 알아본다. 여기서는 기사와 뉴스 가치에 대해 현업 종사자들이 내린 여러 규정을 소개하고 이어서 이러한 '상식적' 설명을 비판하는 학계 내의 몇 가지 핵심적 논거를 열거한다. 뉴스 가치와 선택 기준을 목록화하기 위한 다양한 시도가 계속되어 왔다는 점에서 뉴스 가치에 대한 그러한 분류학을 살펴볼 것이다. 여기서는 또한 뉴스 가치가 미디어에 따라 다르고, 지역적 혹은 사회적 맥락에 따라 다르며 시간이 지나면서 다르게 인식되는 것도 검토할 것이다. 이 장은 이어서 학자들이 분류학적 접근에 의문을 제기하는 논거를 검토한다. 아울러 주류 뉴스 가치가 대안 미디어의 저널리즘 현업 종사자에 의해 도전받고 있는 모습을 간략하게 살펴본 다음 뉴스 가치라는 개념 자체의 가치를 검토하면서 논의를 끝맺도록 한다.

뉴스란 무엇인가

해리슨(Jackie Harrison, 2006, p. 13)에 따르면 뉴스란 "자신들이 일하는 뉴스 조직의 제약 안에서 뉴스 감각을 발휘하는 저널리스트가 뉴스로서 가치 있다고 판단한 것이다." 이런 판단 과정은 "직업적 수련 과정과 사회화 과정을 통해 새로운 세대의 저널리스트에게 전해지는" 뉴스 가치의 이해를 통해 이끌어진다(Harrison, 2006, p. 153). 뉴스 가치는 리처드슨(John Richardson, 2005, p. 173)에 따르면 "어느 정도 신비적인" 개념이다. 이러한 뉴스 가치들은 팔머(Jerry Palmer, 2000, p. 45)가 언급한 대로 "자료의 포함과 배제의 결정을 내리기 위해 사용하는 기준의 체계"이며, 동시에 선택된 이야기의 어느 측면을 강조할지 결정하기 위해 사용하는 기준의 체계로 작동한다. 이런 의미에서 뉴스 가치는 "비록 특정한 저널리스트가 내린 각각의 뉴스 판단에 구체화되어 발견되기는 하지만 개인적 판단을 초월하는 것이다"(Palmer, 2000, p. 45).

무엇이 포함되고, 무엇이 배제되는지 그리고 왜 그렇게 되는지에 관한 의문의 핵심으로 들어갈수록 뉴스 선택과 관련된 가치 및 과정에 대한 분석은 저널리즘 연구의 가장 중요한 영역 중 하나가 된다. 이제 곧 논의하겠지만 뉴스 선택에 내재하는 가치들을 살펴봄으로써 우리는 현대 사회에서 저널리즘의 폭넓은 역할과 의미가 무엇인가를 보다 잘 이해할 수 있다.

뉴스 가치: '미끄러운 개념'

저널리스트들은 뉴스 가치를 "삼투압의 대학교"에서 습득하는 경향이 있다고 에반스는 주장한다(Harold Evans, 2000, p. 3). 이 말은 저널리스트들이 "핵심 사항들을 충분히 흡수할 수 있을 정도로 오랜 시간" 뉴스룸에 앉아 있음을 의미한다. 그러나 신입 기자들은 뉴스룸에 들어와 기사의 상대적 가치에 대해 다양하고 긴 토론을 목격할 수 없다는 사실에 놀라게 된다. 경험 많은 현업 기자인 랜달의 말이다(David Randall, 2000, p. 24).

대신 그들은 많은 뉴스 판단이 매우 빠르고 분명하게 이루어지며, 또한 외견상 그러한 판단이 과학적 근거라기보다는 기자 개인의 직감에 근거하고 있다는 것을 알게 된다. 그러나 이러한 과정은 그보다 훨씬 잘 계산된 것이다. 이것은 단지 본능적으로 이루어지는 것처럼 보일 뿐이다. 왜냐하면 기자는 기사의 강점을 판단하는 데 투입되는 많은 계산을 매우 신속하게 수행할 수 있도록 이미 학습되었기 때문이다. 가끔은 너무 신속하게 계산하기도 한다.

뉴스 가치에 대한 심도 있는 논의는 매우 드물게 이루어진다. 하지만 이러한 사실은 저널리스트들이 한 기사를 버리고 다른 어떤 기사를 선택하는 이유를 명확히 제시할 수 없거나 이해하지 못한다는 것을 의미하지는 않는다. 다음은 골딩 및 엘리엇의 진술이다(Peter Golding & Philip Elliott, 1979,

p. 114).

실제로 뉴스 가치는 협동적인 뉴스 제작 과정에서 저널리스트 간에 일어나는 일상적 의견 교환에 양념을 더해준다. 뉴스 가치는 뉴스의 목적과 성격에 대한 이해 공유를 위한 간략한 참고 항목이라 할 수 있는데, 이것은 보도 및 뉴스 프로그램 제작의 급한 상황과 어려움을 용이하게 수행하는 데 사용할 수 있다.

영국 내 인쇄 저널리즘을 위한 직업적 훈련의 인가 조직인 〈기자교육 전국 위원회〉에 의하면 "뉴스란 정보인데, 독자에게 새롭고도 관련성이 있고, 화제성이 있으며, 아마도 통상적이지 않은 정보"이다. 이와 유사한 정의들은 저널리즘 직업에 관한 현업 종사자들의 다양한 설명에서 발견된다. 『플리트 스트리트*Fleet Street*』의 편집장을 역임한 헤더링턴(Alastair Hetherington, 1985, pp. 8~9)은 기삿거리를 선택할 때 중요한 고려사항은 언제나 상당히 단순하다고 주장했다. 그것은 결국 '나의 관심을 끄는가' 하는 질문으로 요약된다. 한편 에반스에게서 "뉴스는 사람들이다"(Watson & Hill, 2003, p. 31에서 재인용). 뉴스는 사람들이라고 말하기는 하지만 항상 모든 사람을 말하는 것은 아니고 **어떤** 일을 행하는 사람을 말한다(Harcup, 2004, p. 31). 그러면 어떤 종류의 일인가. "예상하지 못했으면서도 극적인 그리고 평범하지 않은" 것이라고 『타임』지의 기자 핸더슨(Mark Handerson, 2003)은 말한다. 하지만 뉴스는 또한 예측이 가능하다(Harcup, 2004). 랜달(David Randall, 2000, p. 23)에게 뉴스는 "신선하고, 출판되지 않았고, 일상적이지 않으며, 대체로 재미있는 일"이다. 그러나 뉴스 가치의 운영을 과학적 작업과 비교해서는 안된다. 랜달은 뉴스 선택이 주관적인 것임을 인정했다. 그리고 이 주관성은 "저널리즘 과정 전반에 스며들어 있다."

뉴스 가치는 미끄러워 잡기 어려운 개념이다. 하지만 이러한 어려움은 현업 종사자들이 이 문제를 붙잡고 씨름하거나, 학자들이 이 장에서 논의하는 것과 같은 일련의 분류학적 연구를 통해 그것을 잡으려는 시도를 막지는 못했다. 그러한 뉴스 가치의 목록이 어떤 것은 뉴스가 되고 어떤 것은 뉴스가 되지 않는다는 '유형의 예측'이 될 수 있으나 그것들이 뉴스 구성의 불규칙성을 완전하게 설명할 수는 없다(McQuail, 2000, p. 343). 그리고 하틀리John Hartley가 지적한 대로 하나의 기사 속에서 뉴스 가치를 식별하는 것은 특정한 이야기가 보도를 위해 애초에 왜 선택되었는지에 대한 것보다 하나의 이야기가 어떻게 보도되었는지에 대해 더 많은 것을 알려줄지도 모른다(Hartley, 1982; Palmer, 2000). 뉴스 저널리즘의 작업 과정에 대한 불완전한 설명만을 제시함에도 불구하고 뉴스 가치에 대한 연구는 저널리즘 학문에서 중요한 탐구 영역으로 간주된다. 왜냐하면 이러한 연구는 어둠에 가려질 수도 있는 일단의 실천과 판단을 보다 명확하게 만들기 때문이다. 이와 관련해 홀(Stuart Hall, 1973, p. 181)은 다음과 같이 주장했다.

'뉴스 가치'는 현대 사회에서 가장 불투명한 의미 구조의 하나이다. …… 저널리스트들은 '기사'에 관해 말할 때 사건들이 스스로를 선택하는 것처럼 말한다. 더욱이 저널리스트들은 어떤 것이 '가장 중요한' 뉴스거리인지 그리고 어떤 '뉴스 시각news angle'이 가장 두드러지는지 하는 문제가 신성한 영감을 받아 결정되는 것처럼 말한다. 하지만 세상에서 하루에 일어나는 수백만 개의 사건 중에서 아주 낮은 비율만이 '잠재적 뉴스거리'가 되어 눈에 띈다. 그리고 이 작은 비율의 뉴스거리 중에서도 또 아주 작은 조각만을 뉴스 미디어가 그날의 뉴스로 생산한다. 그렇다면 우리는 직업적으로 뉴스가 어떻게 생산되는지 가장 잘 아는 사람들에게조차 불투명한 선택적 도구로 작동하는 '심층 구조'를 다루는 것이다.

뉴스 가치에 대한 고전적 연구에서 갈퉁과 루지(Galtung & Ruge, 1965)는 어떤 사건이 다중적 의미 없이 더 명료하게 이해되고 해석될수록 기사로 선택될 가능성이 높다고 주장했다. 이에 대해서는 아래에서 더 자세하게 살펴볼 것이다. 그러나 사건 자체의 속성이 명료할 필요는 없다. 영국 언론에 대한 후속 연구에서는 "매우 모호할 수 있는 사건과 사안에 대해 명료하게 작성된 많은 기사"를 발견했다(Harcup & O'Neill, 2001, p. 270). 엔들렐라(Nkosi Ndlela, 2005, p. 3)에 의하면, 뉴스의 선택과 작성을 통해 미디어는 세상을 거울처럼 반사하기보다는 세상을 표현하며, 고정관념화된 프레임으로 이끈다. 그에 따르면 "미디어의 표현은 복잡한 사회적 관계의 측면들을 줄이고 축소하고 압축하고 선택·반복한다. 이것은 사회적 관계를 고정되고, 자연스럽고, 당연하며, 소비되기 쉽도록 나타내기 위한 것이다." 커런과 시튼(James Curran & Jean Seaton, 2003, p. 336)에게서 뉴스 가치란 저널리스트들이 "정리되지 않은 현실을 시작, 중간, 대단원을 가진 깔끔한 이야기로 변환할 수 있도록 하는 것"이다. 그리고 이러한 과정 속에서 뉴스 가치들은 "전통적인 의견과 확립된 권위를 강화하는" 경향이 있다. 여기에 더해 그들은 "뉴스의 많은 아이템은 전혀 '사건'이 아니다. 사건은 미디어와는 독립적으로 실제 세상에서 발생한 것이라는 의미다"라고 주장한다. 사건의 정의에 대한 이 질문은 뉴스 가치의 고려에서 핵심적이라고 스태브(Joachim Friedrich Staab, 1990, pp. 430~431)는 주장한다. 그리고 그것은 "인식하는 주체가 어떻게 인식되는 객체와 연관되는가"에 달려 있다.

> 사건은 그 자체로 존재하지 않고 주관적 인식과 정의의 결과이다. …… 대부분의 사건은 독립해서 존재하는 것이 아니라 서로 연관되어 있고 더 크게 연결되는 사건들에 통합되어 있다. 한 사건에 대해 다른 정의를 채택하고 이 사건을 다른 맥락에 둘 경우 같은 사건을 다루는 다른 미디어의 기사들은 그 사건의 다른 측면을 보도할 가능성이 있고, 따라서 다른 뉴스 요소를 강조할 수 있다(p. 439).

이와 비슷하게 맥퀘일(Denis McQuail, 1994, p. 270)은 뉴스 가치의 목록들을 보면 주어진 현실이 '저 바깥에' 실제로 존재하며, 게이트키퍼로 행위하는 저널리스트들이 그것을 받아들이거나 배제할 수 있는 것처럼 보인다고 말했다. 그러나 웨스터스탈과 요한손(Jorgen Westerstahl & Folke Johansson, 1994, p. 71)에게는 뉴스 보도에서 저널리즘적 선택 과정은 그 자체로서 "실제 발생하는 것만큼 중요하거나 어떤 때는 더 중요할 수도 있다."

뉴스 가치의 분류법

갈퉁과 루지(Galtung & Ruge, 1965) 그리고 하컵과 오닐(Harcup & O'Neill, 2001)이 작성한 것과 같은 ― 때로는 뉴스 요소 혹은 뉴스 기준이라고 불리기도 하는 ― 뉴스 가치 목록은 "아마도 뉴스 분석을 위한 체계적 토대를 구축할 수는 없지만" 그래도 "부분적인 설명 가치를 가진 임시 성격의 기준 틀로 유용하다"고 평가되어 왔다(Palmer, 2000, p. 31). 그러나 리처드슨에 의하면, 뉴스 가치의 이러한 목록들이 가진 문제는 이데올로기 이슈를 평가절하하는 데 있다(Richardson, 2005). "단편적 이슈가 보도 가치가 있는 것을 보여주지만 왜 그렇게 되는가를 설명하지 못하고, 공중이 관심을 가진 것에 지속적으로 영합하는 것이 공익에 부합하는지를 규명하지 못한다"(p. 174).

뉴스 가치가 '하나의 통합된 실체'와는 거리가 먼 이유는 "뉴스 가치들은 미디어와 포맷에 따라 다르고" 나아가 "뉴스 조직의 '제호 정체성'과 뉴스 가치에 대한 판단이 이루어지는 '지역적' 맥락에 따라 다르기 때문이다"(Palmer, 2000, pp. 45, 58).

갈퉁과 루지(Johan Galtung & Mari Ruge)가 최초로 뉴스 가치의 체계적 목록을 제시했는데(Palmer, 1998, p. 378), 1963년 오슬로에서 열린 첫 번째 〈북유럽 평화 연구 컨퍼런스〉에서의 발표와 1965년 출판된 논문을 통해서였다. 40여 년이 지난 후에도 많은 저널리즘 교과서에서 뉴스에 대한 논의를 시작할 때 갈퉁과 루지의 연구가 사용되고 있다(예를 들어 Sissons, 2006; McKane, 2006). 이들의 논문은 오랜 동안 뉴스 가치 연구의 전형으로 여겨졌다. 벨(Bell, 1991, p. 155)은 이 연구를 '뉴스 가치에 대한 기초 연구'라고 표현했고, 맥퀘일(McQuail, 1994, p. 270)은 뉴스 가치에 관한 '가장 영향력 있는 설명'이라고 평가했다. 턴스톨(Tunstall, 1970, p. 20)은 '뉴스란 무엇인가'라는 질문에 대한 고전적인 대답일 수 있다고 믿었다. 젤리저(Barbie Zelizer, 2004, p. 54)에 따르면 갈퉁과 루지는 "오늘날까지 뉴스 제작에 대한 가장 영향력 있는 논문 중의 하나로 남아 있으며", "가장 납득할 수 있는 방법으로 뉴스 선택과정에 대한 일반적인 이해를 진전시킨 단일 연구 논문"을 주도한 사람들이다.

이 논문이 미친 추후의 영향력을 고려하면, 갈퉁과 루지의 주목적이 뉴스 가치를 파악하는 것이 아니었다는 점은 다소 반어적이다. 이들의 논문은 당초 노르웨이 신문이 외국에서 발생한 세 개의 대형 위기 상황에 대해 어떻게 보도했는지를 비평하고, 나아가 갈등 보도에 대한 대안적 접근을 제시하려는 것이었다. 이 과정의 일부로서 이들은 '사건들이 어떻게 뉴스가 되는가'라는 질문을 제기했다. 이 질문에 대한 대답을 찾는 노력의 일환으로 갈퉁과 루지는 뉴스 선택에서 중요하다고 직관적으로 파악한 12가지 요인을 아래와 같이 제시했다.

- **빈도**: 뉴스 매체의 발행주기 안에서 전개되는 사건들이 긴 기간에 걸쳐 발생한 사건보다 기사로 선택될 가능성이 더 높다.
- **문턱**: 사건들이 기록되려면 적어도 특정 문턱을 넘어야 한다. 강도가 높을수록(살인이 잔인할수록, 사고의 사망자가 많을수록) 그리고 충격이 클수록 선택될 가능성이 높다.

- **명료성**: 사건이 다중적 의미 없이 분명하게 이해되고 해석될수록 선택될 가능성이 높다.
- **의미성**: 문화적으로 익숙한 것일수록 선택될 가능성이 높다.
- **일치**: 기사 선택자는 (유사 경험 때문에) 보도 가치가 있는 것으로 판단될 사건을 미리 예측할 수 있기 때문에 어떤 사건의 '사전 이미지'를 구축할 수 있다. 이것은 역으로 그 사건이 기사화될 가능성을 높인다.
- **의외성**: '의미성' 혹은/그리고 '일치'에 해당하는 사건 중에서 예상하지 못했거나 일어나기 드문 사건들이 선택될 가능성이 높다.
- **연속성**: 이미 한 번 뉴스에 실린 사건은 계속 뉴스로 실릴 가능성이 있다(이 뉴스의 영향력이 줄었더라도). 왜냐하면 이 뉴스는 이미 익숙해졌고 해석하기 쉽기 때문이다.
- **구성**: 어떤 사건은 자체의 내재적 뉴스 가치보다는 신문이나 방송의 전반적인 뉴스 구성이나 균형을 위해 적절하기 때문에 뉴스로 선택된다.
- **엘리트 국가와의 관련**: 주요 국가들의 행위는 그 외 국가들의 행위보다 더 중요하다고 간주된다.
- **엘리트 인물과의 관련**: 마찬가지로 엘리트에 속하는 사람, 유명할 것으로 생각되는 인물들의 행위는 뉴스 선택자들이 그 외 사람들의 행동보다 더 중요한 것으로 간주한다. 나아가 뉴스 수용자들은 중요 인물들과 동질감을 느낄 것이다.
- **사람에 대한 언급**: 개별적인 사람의 관점에서 제시될 수 있는 뉴스는 추상적인 형태로 제시된 것보다 선택될 가능성이 더 높다.
- **부정적인 것에 대한 언급**: 나쁜 사건들은 흔히 명료하고 보도 가치가 있다.

갈퉁과 루지(1964, pp. 64~65)는 글머리에서 다음과 같이 서술했다.

"앞서 열거된 12개 요인의 목록이 완벽하다고 주장할 수는 없다." 그들은 다음과 같은 경고로 글을 끝맺었다. "현재의 논문은 이러한 요인들의 존재를 증명했다기보다는 가정했다고 할 수 있고, 만약 존재한다면 그러한 요인들이 수용자들에게 어느 정도의 영향을 준다는 사실을 보여주기보다는 줄 수 있다고 가정한다"(pp. 84~85).

슐츠(Winfried Schulz, 1982)는 신문의 국내 뉴스, 비정치 뉴스, 국제 뉴스에 대한 내용 분석을 통해 갈퉁과 루지의 연구를 발전시켰다. 그는 뉴스 선택을 6개 차원으로 제시하고, 나중에 이것을 아래와 같은 19개의 뉴스 요인으로 더욱 세분화했다. 6개 차원과 19개 뉴스 요인을 보면, 지위(엘리트 국가, 엘리트 조직, 엘리트 인물) 유발성(공격, 논란, 가치, 성공), 관련성(결과, 관심), 동일시(근접성, 자기민족중심주의, 개인화, 감정), 일치(주제, 고정관념, 예측 가능성) 그리고 역학관계(적시성, 불확실성, 이의성)이다.

뉴스 가치가 모든 뉴스 미디어에서 보편적인지 아니면 특정한 뉴스 가치가 특정한 미디어에서 지배적인지 등에 관한 이슈들은 TV 뉴스에 관한 연구들에서 제기되었다. 예를 들어 슐레진저가 1978년 BBC 뉴스 연구(1987년에 개정됨)에서 언급한 바에 따르면, 방송 뉴스들은 스스로의 '뉴스 가치 체계'를 만들기 위해 텔레비전 미디어의 가치를 이용하기 시작해 시각적 요소들을 중시하고 '가벼운 자투리 뉴스'를 개발했다(Day, Schlesinger, 1987, p. 41에서 재인용). 슐레진저는 방송 뉴스의 기술적 요구 사항에 대해 주목했는데, 그는 이것이 "내용에 따른 뉴스 판단"보다 뉴스의 선택 과정을 더 주도한다고 주장했다(p. 51). 슐레진저에 의하면, 뉴스 가치의 배경이 되는 추동력은 수용자들의 관심, 직업적 의무, 시의성 등에 대한 가정이다(또는 그림이 뉴스 선택의 기준이 되도록 하는 영상적 요구. 왜냐하면 현재 일어나고 있거나 일어났던 사건을 그대로 그림으로 보여주는 탁월한 능력 덕분에 텔레비전이 강력한 뉴스 미디어가 되었다).

골딩과 엘리어트(Golding & Elliott, 1979)도 이런 접근을 수용했다. 이들은 뉴스 가치가 실제보다 훨씬 더 중요하고 신비한 것으로 채색되어 있다고 주장했다. 그들에 의하면, 뉴스 가치는 근본적으로 직업적 실용주의와 수용자, 접근성, 적합성에 대한 암묵적 가정에서 도출된 것이다. 수용자와 관련해서는 어떤 사건이나 이슈가 수용자들에게 중요한가, 그들의 주의를 끌 것인가, 그들에게 이해될 것인가, 그들이 즐길 것인가, 관련 있는 것으로 인지되거나 인식될 것인가에 대한 고려가 있다. 접근성과 관련해서는 사건이 뉴스 조직에 얼마나 알려져 있으며, 획득에 필요한 자원이 얼마나 필요한가에 대한 문제이다. 적합성이란 사건이 제작 관행에 적합한 것인가 그리고 사건과 관련해 이미 알고 있는 내용으로 보아 유의미한가의 문제이다.

이러한 분석에 근거해 골딩과 엘리어트는 다음과 같은 기사 선정 기준을 제시했다(pp. 115~123).

- **드라마**: 이것은 흔히 갈등으로 제시되며, 보통은 상충하는 관점을 가진다.
- **시각적 매력**: 시각적 매력은 텔레비전의 이미지 측면에서 논의되지만 신문에도 중요하다. "어떤 기사는 단지 영상이 있기 때문이거나 혹은 영상이 극적인 요소를 갖기 때문에 뉴스에 포함될 수 있다"(p. 116).
- **오락**: 가장 폭넓은 수용자층을 차지하기 위해 뉴스 제작자들은 수용자들을 즐겁게 하거나 기분을 전환시키는 오락적 가치를 반드시 고려해야 한다. 여기에는 '인간적 흥미' 기사가 포함되며 기괴하고 신기한 일의 주체는 유명인, 어린이, 동물이 될 수 있다.
- **중요도**: 이것은 보도된 사안이 수용자 중 높은 비율을 차지하는 사람들에게 매우 중요해야 함을 의미한다. 그러나 이것은 다근 수용자 기반 뉴스 가치의 기준에 의하면 생략될 수 있는 아이템이 기사로 포함되는 경우도 설명한다.

- **크기**: 재난과 관련된 사람의 규모가 크면 클수록 또는 어떤 사건과 관련된 '이름'이 거물일수록 해당 사안은 뉴스 의제가 될 가능성이 높아진다.

- **근접성**: 크기의 경우처럼 근접성은 부분적으로 수용자에 대한 고려에서, 부분적으로는 접근성에서 도출된다. 왜냐하면 문화적 근접성과 지리적 근접성이 있기 때문이다. 첫 번째 것은 무엇이 저널리스트와 수용자들에게 친숙하며 또한 이들의 경험에 포함되어 있는가에 달려 있다. 두 번째는 특파원이 어느 장소에 위치하고 있는지에 달려 있을 수 있다. 주먹구구식으로 말하자면 멀리 있는 사건에 비해 가까운 곳에서 일어나는 사건이 우선권을 갖는다.

- **부정성**: "나쁜 뉴스는 좋은 뉴스이다. …… 사건의 정상적인 흐름이 붕괴된 것이 뉴스다. …… 일상적인 것은 뉴스가 아니다"(p. 120). 이러한 뉴스는 수용자들을 끌 수 있는 드라마와 충격 가치를 가진다.

- **간결성**: 보충설명 없이 사실만으로 가득 한 기사들을 선호한다(특히 방송뉴스에서는 이것이 중요하다).

- **최신성**: 뉴스 미디어들 사이의 경쟁으로 인해 단독 기사와 특종 기사가 '우선적 가치'를 가진다. 그리고 일간 뉴스 생산은 하루 안에 이루어진다. 그래서 뉴스 이벤트가 24시간 안에 일간 보도(혹은 신문의 판) 주기 사이에 일어나야 뉴스에 포함되기 쉽다.

- **엘리트**: 유명한 이름은 수용자들을 끌어올 수 있지만 유명한 이름은 또한 노출에 의해 유명해진다는 점에서 순환성이 있다.

- **인물**: 뉴스는 사람들에 관한 것이기 때문에 인물은 복잡한 사건이나 이슈들을 인간의 행동으로 환원할 필요성을 반영한다.

갠즈는 사건의 '적절성'이라는 개념으로 보도 가치에 대해 근본적으로 유사한 정의를 내렸다(Herbert Gans, 1980). 벨(Allan Bell, 1991)은 한 걸음 더 나아가 다음 세 가지 개념의 중요성에 대해 논의했다. 먼저 그는 기사 선택에서 상호-선정co-option의 중요성을 주장했다. 그것은 사건 간에 작은 연관성만 있더라도 지속적으로 세간의 주목받는 뉴스로 제시될 수 있다는 것이다. 다음으로는 예상 가능성이다. 이것은 저널리스트가 미리 일정을 계획해서 취재할 수 있는 사건은 아무 예고 없이 찾아온 사건보다 보도될 가능성이 더 높음을 의미한다. 마지막으로는 사전 제작이다. 이미 만들어 놓은 텍스트, 예컨대 보도 자료 같은 것이 있으면 기사화될 가능성이 높아진다.

앨런(Sigurd Allern, 2002, p. 145)은 '전통적' 뉴스 가치와 '상업적' 뉴스 가치를 구분함으로써 유사한 기준에 도달했다. 그에 따르면 전통적 뉴스 가치는 그 자체로는 선정 과정을 설명하지 못하며 "뉴스는 말 그대로 팔기 위한 것"이기 때문에 '상업적 뉴스 기준'들이 추가되어야 한다. 앨런에 따르면 시장은 어떠한 뉴스 조직의 생산물에서도 결정적이지만 뉴스의 선택과 생산을 논할 때는 이 점이 통상 언급되거나 고려되지 않는다. 시장의 의미는 뉴스가 선택되고 포장될 때 수용자 지향적이면서 상업적 형태가 되어야 하며, 이를 위해서는 뉴스가 오락성이 있거나 대중적 취향을 반영해야 한다는 것이다. 그러나 여기에 그치지 않는다. 앨런에 따르면 뉴스의 선택과 생산을 관할하는 세 개의 일반적 요인이 존재한다. 그중 하나가 경쟁이다. 두 번째는 보도의 지리적 영역과 수용자의 종류와 관련이 있다. 이것은 멀리 있는 것보다 가까운 사건이 더 흥미롭다는 의미의 근접성 이상을 의미한다. 예컨대 『파이낸셜 타임스』, 『헤럴드 트리뷴』 같은 주요 영어권 신문들은 국내 독자를 대상으로 하는 신문들보다 훨씬 더 많은 국제 뉴스를 보도해야 하는 시장 기반적인 이유가 있다(p. 143). 앨런은 이러한 과정에서 광고주들의 역할을 강조했다. "한 신문의 주 시장 영역 바깥에서 발생한 사건들은 비록 드라마틱한 것이라도 무시될 수 있다. 왜냐하면 그것이 신문의 수용자(그리고 광고주들)의 영역[혹은 사회적 계급이나 특별한 이익] 외곽에서 발생했기 때문이다"(p. 143. []는 저자가 첨가한 것이다). 앨런이 제시한 세 번째 일반 요인은 편집국에 배정된 예산으로, 이것은 회사의 재정적 목표의 한 표현이다. 예산의 제약이 현실적으로 의미하는 것은 ― 저널리즘 교과서에서는 거의 인정하지 않지만 ― 관리자들이 저널리즘의 직업적 인정을 얻기보다는 재정적 통제에 더 많은 관심을 갖고 있다는 것이다. 가장 값싼 형태의 기사는 BBC의 저널리스트 자키르Waseem Zakir가 '처널리즘churnalism'이라고 명명한 것으로, 보도자료, 성명서, 뉴스통신사 기사의 재가공이나, 경찰서 소방서, 지방정부, 다른 공공기관에 정기적으로 연락하는 것 같이 조직화된 관료적 반복 작업으로 얻은 정보를 재가공한 것이다(Harcup, 2004, pp. 3~4).[1] 영국의 지방 신문의 디지털 뉴스룸의 '융합'에 대한 최근의 한 연구에서 내린 결론에 따르면, 신문 기자가 회사의 온라인을 위한 텍스트뿐만 아니라 영상과 음성 기사도 생산하고 있는 현실에서 이처럼 값싸고도 재활용할 수 있는 뉴스를 지향하는 추세는 경영진이 저널리즘 투자에 대한 대안적 모델을 수용하지 않는 한 계속될 가능성이 높다(Williams & Franklin, 2007).

이러한 요인들에 대한 인식을 바탕으로 앨런은 상업적 뉴스 가치의 보완적 리스트를 제시했다.

- 이야기를 추적하거나 사건 또는 이슈를 밝히는 데 더 많은 재원을 필요로 할수록 기사화될 확률이 더 낮아진다.
- 잠재적 기사거리가 저널리즘 관점에서 취재원이나 발신자에 의해 더 잘 준비되거나 포맷을 갖출수록 기사화될 가능성이 높아진다.
- 보다 선택적으로 이야기가 뉴스 조직들에게 배포될수록 기사화될 가능성이 더 높다.
- 특정 뉴스 미디어의 전략이 대중의 관심을 끌기 위해 선정적 보도에

---

1) BBC의 기자 자키르가 조어한 '처널리즘churnalism'은 노력과 비용을 들이지 않고 값싼 기사를 마구 생산해내는 '값싼 저널리즘' 행태를 가리킨다. 이 신조어 churnalism의 churn은 '휘젓다'라는 뜻을 갖고 있다.

바탕을 둘수록 또한 잠재적 기사에 이러한 요소를 강조할 기회가 클수록 기사화될 가능성이 높다.

뉴스 연구를 통해 학자들은 미디어 시장의 여러 영역별로 등장하는 뉴스를 구분할 필요가 있음을 발견했다. 예를 들어 대중 언론과 고급 언론의 스타일과 내용의 차이가 최근 점차적으로 줄어들었다(Flanklin, 1997). 반면 팔머는 영국의 신문 분석에서 무엇이 그날의 주요 뉴스를 구성하는지에 관해 폭넓은 동의가 있지만 그럼에도 대중 신문에서는 해외 뉴스가 더 적게 보도되는 것을 발견했다. 일반적으로 기사를 다루는 방식이 달랐는데, 고급 언론은 정책, 배경, 광범위한 반응에 초점을 맞추었지만 대중 언론은 인간적 흥미 측면에 집중했다(Palmer, 2000).

만약 수용자와 시장 권력이 어떤 뉴스 가치 연구에서나 사용되는 등식의 한 부분을 차지해야 한다면(Allern, 2002) 시장과 수용자에 영향을 미치는 경제적·문화적·사회적 변화 — 예를 들어 개인주의의 신장이나 '유명인 문화'의 등장 — 의 뉴스 가치에 대한 영향도 살펴보아야 한다. 오랜 시간에 걸친 뉴스 가치의 변화를 알아보기 위해 하컵과 오닐(Harcup & O'Neill, 2001)은 갈퉁과 루지의 12개 뉴스 요인들을 영국 언론의 1,200개의 기사에 적용해 거의 40년 동안 이러한 뉴스 요인들이 얼마나 잘 유지되어 왔는지를 조사했다. 이들의 발견 중 일부는 갈퉁과 루지의 요인과 유사한 반면 주목할 만한 문제점과 차이도 있었다. 예를 들어 '엘리트 인물'이라는 항목은 너무 모호해 미국 대통령과 대중 스타의 차이를 두지 않는다. 엘리트 국가와 엘리트 인물을 다룬 것이 아니라 엘리트 기관(예를 들어 영국 은행, 바티칸, 유엔)을 다룬 기사의 숫자가 놀랄 정도로 많았다. 또 갈퉁과 루지의 뉴스 요인들의 일부는 뉴스 선택보다 뉴스 처리에 더 깊은 관련이 있을 수 있다(명백성 혹은 의인화는 주제의 내재적 속성보다는 오히려 기자들이 기사를 어떻게 써야 하는가와 더 많은 관련이 있을 수 있다). 일반 통념과는 반대로, 놀랄 만큼 많은

'좋은 뉴스'가 있었고, 분명한 시간 주기가 없는 기사 혹은 뉴스 제작에 적합한 빈도로 전개되지 않는 기사도 많았다.

전국적 배포망을 가진 신문들을 조사한 결과를 바탕으로 하컵과 오닐(Harcup & O'Neill, 2001, p. 279)은 새로운 뉴스 가치 목록을 제시했다. 그들은 기사가 선택되어 보도되기 위해서는 일반적으로 아래의 요소들 중 하나혹은 그 이상을 충족시켜야 함을 발견했다.

- **권력 엘리트:** 유력한 개인, 조직, 기관 등에 관한 이야기들.
- **유명 인사:** 이미 유명한 사람들에 관한 이야기.
- **오락:** 성, 쇼 비즈니스, 인간 관심사, 동물, 전개되는 드라마에 관한 이야기들. 혹은 유머스럽게 다루거나 오락적 요소가 있는 사진, 재치 있는 제목을 만들 수 있는 기회를 제공하는 이야기.
- **놀람:** 놀라움의 요소 그리고/혹은 대비의 요소가 들어 있는 이야기.
- **나쁜 소식:** 갈등이나 비극과 같이 부정적인 느낌을 가진 이야기.
- **좋은 소식:** 구출과 치료와 같이 긍정적인 느낌을 가진 이야기.
- **중대함:** 관련된 사람들의 숫자나 잠재적 영향의 측면에서 충분히 중요하게 인식되는 이야기.
- **관련성:** 수용자에게 관련이 있다고 인식되는 이슈, 그룹, 나라에 관한 이야기.
- **후속 기사:** 이미 뉴스로 다룬 주제에 관한 이야기.
- **신문 의제:** 뉴스 조직의 의제를 설정하거나 의제에 맞는 이야기.

뉴스 가치에 대한 이러한 목록은 "저널리즘을 위해 언제 어디서나 적용되는 완결된 가치체계로 보기보다는 탐구에 열려 있어야 한다"(Zelizer, 2004, p. 55). 아울러 앞에서 논의된 뉴스 가치들이 다른 형태의 미디어, 다른 사회에 얼마나 적용될 수 있는지 그리고 시간에 흐름에 따라 어떻게 변하는지를 측정하기 위한 지속적 연구가 필요하다.

뉴스 가치: 맥락과 한계

뉴스 가치에 대한 탐색이 '뉴스란 무엇인가'라는 질문에 대답하는 데 도움을 줄 수 있지만 뉴스 가치라는 개념은 뉴스 선택 과정에 대한 부분적 설명만 제공한다는 주장이 적지 않았다. 저널리스트 사이에 이해의 공집합이 있음을 인정하더라도 루이스(Lewis, 2006, p. 309)는 무엇이 좋은 기사가 될 수 있는가에 대한 어떠한 논리적 근거도 임의적인 성격을 갖는다고 믿는다. 왜냐하면 저널리즘은 상대적으로 적은 직업적 훈련을 요구하며, 심층적 이해를 요구하지는 않기 때문이다. 뉴스 가치는 그래서 모순적이고 일관되지 않는다. 이 때문에 뉴스 가치는 저널리스트가 내린 판단에 소급적으로 정당성을 부여하고 있다고 주장되어 왔다. 골딩과 엘리엇은 "뉴스 가치는 존재하며, 당연히 중요하다"고 말했다. 그들에 따르면 "그러나 뉴스 가치는 뉴스 취재원과 마찬가지로 필요한 절차에 대한 결과론적 설명이거나 정당화이다"(Golding & Elliott, 1979, pp. 114~115).

위에서 대략 설명한 대로 뉴스 선택은 사건의 내재적 측면에만 근거를 둔 것이 아니라 외적 기능에도 근거가 있다. 외적 기능은 직업적 관행과 제약이며 뉴스는 "사회적으로 결정되는 구성된 실체"라고 하는 이데올로기를 포함한다(Staab, 1990, p. 428). 스타브는 뉴스 가치에 대한 대부분의 연구가 뉴스 선정의 실제적 과정을 다루기보다는 뉴스 처리를 다루었다고 주장한다. 그는 뉴스 가치의 객관성과 인과적 역할에 대한 질문을 다루었고, 사건 자체의 정의 문제에 대해 논의했다. 스타브는 뉴스 가치가 가진 타당성이 제한적이기 때문에 저널리스트의 의도를 반영하는 기능적 모델을 제안했다.

돈스바흐(Wolfgang Donsbach, 2004)에게는 저널리스트가 뉴스를 결정하는 심리학을 이해하는 것이 뉴스 선택을 이해하는 열쇠다. 뉴스 가치 같은 평가적인 판단은 그러한 용어의 정의로 보아도 객관적 기준이 결여되어 있다. 뉴스 가치는 확증되거나 반증될 수 없는 가치 판단에 근거를 두고 있다. 또한 뉴스 선택에서 이데올로기의 역할이 과소평가되어서는 안 된다고 웨스터스탈과 요한손(Westerstahl & Johansson, 1986, 1994)은 주장한다. 그들은 뉴스 가치와 뉴스 이데올로기를 구분했다. 전자는 일반적으로 변하지 않고, 수용자 취향으로 알 수 있다. 후자는 수용자에게 정보를 제공하거나 영향을 미치려는 목적으로 생겨났고 시간의 흐름에 따라 변화하는 것이다. 두 사람에 의하면, "우리 관점에서 보면, 기사 이데올로기는 다소 객관화된 뉴스 가치에 기반한 표준으로부터 뉴스 보도가 이탈하는 주된 원인이다"(1994, p. 77).

다른 학자들은 뉴스 가치 자체를 세상을 인식하고 드러내는 데 사용하는 이데올로기가 적재된 수단으로 볼 수 있다고 주장한다. 홀(Hall, 1973, p. 235)에 따르면 비록 주류 언론의 뉴스 가치가 '중립적이고 관행적인 업무 수행 체계'로 보일 수 있지만 사실 이것들은 사회에서 가장 강력한 집단의 관점에 특혜를 주는 '이데올로기적 구조'의 한 부분을 구성한다. 맥체스니(Robert McChesney, 2000, pp. 49~50, 110)는 저널리즘에서 개별 '사건'과 '뉴스 핵심'을 강조하면서 눈에 덜 띄는 이슈나 보다 장기간에 걸친 이슈들이 무시되는 과정을 조명했다. 이 과정에서 개인주의가 '자연스러운' 것으로 묘사되고, 좀 더 시민적이고 집합적인 가치들은 '주변적인' 것으로 다루어졌다.

허먼과 촘스키(Edward Herman & Noam Chomsky, 〔1988〕, 1994, p. 298)는 '프로파간다 모델'을 통해 한 걸음 더 나아갔다. 그들은 '국내 사회와 국가를 지배하는 특권 집단의 경제적·사회적·정치적 의제'를 주입하려는 미디어가 '사회적 목적'을 달성하는 주요 방법 중 하나가 '주제의 선택'이라고 주장했다. 그들의 모델에 따르면, 다섯 개의 필터가 결합해 '발행에 적합한 뉴스'를 걸러내 생산한다(p. 2). 다섯 개의 필터는 미디어 소유권의 집중, 광고의 영향, 권력을 가진 사람들에게서 나오는 정보에 대한 과도한 의존, 범법자에 대한 '집중 공격', 반공주의 정서이다. 토론과 반대는 허용되지만 높은 수준으로 내재화된 합의 내에서만 가능하다.

노동조합주의자 같은 한계 그룹들에 관한 뉴스 보도 연구는 이것들을 확인시켜 줄 수 있을 것이다(Beharrell & Philo, 1977; Jones, Petley, Power & Wood, 1985; Greenberg, 2004; Deirdre O'Neill, 2007). 그러나 전국 소방관 파업에 대한 연구에서 오닐이 발견한 바에 따르면, 노동조합이 인간적 흥미의 뉴스 가치에 소구함으로써 조합원들의 사례를 보여주는 많은 기사가 나오게 할 수 있었고, 어느 정도까지는 기득권의 지배적 견해에 대항할 수 있었다(O'Neill, 2007).

보편적인 뉴스 가치가 존재하는가

여러 연구는 뉴스 가치가 보편적인지에 대해서도 검토했다. 즉 뉴스 가치는 사회경제적·문화적·정치적 차이에 의해 변화하는가. 예를 들어 7개 이스라엘 신문의 남성과 여성 편집자를 대상으로 한 연구는 남성과 여성이 뉴스 선택과 실행에서 대체로 유사한 기준을 적용했으며, 젠더 구별을 거의 하지 않는 것을 발견했다(Lavie & Lehman-Wilzig, 2003). 뉴스 가치가 남성과 여성에 의해 공통적으로 지켜진 것과 유사하게, 2002년 프랑스 대선 텔레비전 보도는 뉴스룸 구성원들의 정당 정치적 편향성보다는 뉴스 가치가 이끌어 갔던 것처럼 보였다(Kuhn, 2005). 뉴스 가치는 또한 독일 신문의 선거 보도에 대한 장기적 경향에 대한 연구에서도 직업적 실천을 주도했던 것으로 파악되었다. 예컨대 빌케와 라이네만(Wilke & Reinemann, 2001)은 독일 내 정치 담당 기자들이 선거운동 기간과 그 외의 기간에도 동일한 뉴스 가치를 적용했음을 발견했다.

국가별 뉴스 가치를 조사하기 위해 초드리(Chaudhary, 1974)는 인도와 미국 저널리스트들의 뉴스 판단을 비교했다. 문화적으로 유사하지 않음에도 불구하고 두 민주국가의 영자 신문 저널리스트들은 동일한 뉴스 가치를 적용하고 있었다. 그러나 랭(Lange, 1984)는 ― 제3세계 저널리스트들이 정부를 비판해 엄격한 처벌에 직면한 사례를 포함해 ― 저널리스트들이 작업하는 사회정치적 환경이 뉴스 가치에 영향을 미친다는 것을 발견했다. 랭의 발견에 따르면 국가 발전 정도가 낮을수록 뉴스에서는 직접적인 권고를 더 강조하고, 미래에 맞추어진 기사를 더 강조하며, 협동과 관련된 기사를 더 강조할 뿐만 아니라 뉴스 주체에 대한 긍정적인 평가를 더 강조하는 경향이 있다. 이것은 흔히 발전 저널리즘이라고 불리는 보도 행태이다(Rampal, 1984. Chu, 1985).

영국, 미국, 이스라엘의 국제 뉴스 보도를 분석한 국가 정체성의 역할에 관한 연구에서는 뉴스 가치가 국가에 대한 충성보다 후순위를 차지했다(Nossek, 2004). 저널리스트들은 국가 이익의 측면에 뉴스 사건이 가까울수록 직업적인 뉴스 가치를 덜 적용했다. 자야니 및 아이쉬(Zayani & Ayish, 2006, p. 494)는 2003년 바그다드의 가을을 보도하는 아랍 위성 채널들의 뉴스 가치는 일반적으로 전문적으로 적용되었지만 "문화적, 정치적, 역사적 고려들로 인해 다양한 정도로 오염되었다"고 평가했다.

뉴스 가치를 지키는 것이 더 '전문적인' 기사를 쓰고, 기사에서 정치적 또는 기타 편견을 제거할 수 있을 것이라는 암묵적인 가정이 있다. 하지만 뉴스 가치의 고수는 획일성과 부정성을 만들고, 고정관념으로 귀착될 수 있으며(Ndlela, 2005), 나아가 비서구 저널리스트에게 장애물로 작용할 수 있다는 점에서 이러한 가정은 문제점을 안고 있다. 튀니지, 알제리, 모로코, 리비아의 저널리스트 교육에 관한 연구(Rampal, 1996)에서 서양 사회의 뉴스 가치에 대한 강조는 심각한 정치적·법적 제약에 직면하는 졸업생들의 현실을 반영하지 못하는 것으로 나타났다. 이런 맥락에서 램팔(Rampal, 1996, p. 41)은 특정 국가의 정치적·법적 방향과 양립할 수 있고, 그러면서도 저널리즘의 품질을 향상시키는데 도움이 되는 '저널리즘 철학과 그에 상응하는 뉴스 가치를 가르치는' 교육 과정의 도입을 제안했다.

리, 마슬로그, 킴(Lee, Maslog & Kim, 2006)은 갈등에 초점을 맞춘 전통적인 뉴스 가치가 그들이 말하는 '평화 저널리즘'에 장애가 된다고 믿는다. 평화 저널리즘은 갈등의 원인을 찾고 대안을 모색하는 것을 목표로 한다. 짐바브웨 위기에 대한 노르웨이 언론의 보도에 대한 연구에서 엔들레다(Ndleda, 2005)는 보도가 기본적으로 갈등과 루지의 부정성 요인과 일치하며, 고정관념적 프레임과 불균형적인 보도로 귀착되었다고 밝혔다. 노르웨이 언론에서는 짐바브웨 위기를 정치적인 것이라기보다는 인종적인 것으로 제시하고 있었다. 그에 대한 후속 보도는 진전 상황을 고립된 사건으로 다루어 역사적 맥락이나 더 넓은 맥락이 결여되었다. 추(Chu, 1985, p. 6)는 또한 서양의 뉴스 가치가 갈등적 기준 그리고 기괴하면서도 예외적인 사건을 강조한다고 지적하면서 '추가적인 가치의 점진적 제도화'를 촉구하고 있다. 이를 통해 사회적, 문화적, 정치적 변화 과정을 반영하거나 지지하는 개발 뉴스development news를 가능하게 만들자는 것이다. 마지막으로, 38개국의 국제 뉴스 보도의 결정 요인을 조사한 결과 우(Wu, 2000)는 뉴스 가치만으로는 보도를 설명할 수 없음을 확인했다. 경제적 이해관계, 정보의 입수 가능성, 국제 뉴스 생산 비용 등이 해외에서 들어오는 정보의 양을 결정하는 역할을 하고 있었다.

대안적 접근

뉴스 가치가 어떻게 작동하는가를 연구한 후 갈통과 루지(Galtung & Ruge, 1965)는 저널리스트들이 지배적인 뉴스 요인들과 반대로 행동하도록 장려해야 한다고 주장했다. 예를 들면 보도에 더 많은 배경과 맥락을 포함하고, 장기간 동안 진행되는 이슈에 대해 더 많이 보도하고 일회성 '사건'에 대해서는 덜 보도하며, 복잡하고 애매한 이슈에 더 관심을 갖고, 엘리트가 아닌 국가나 인물에 대한 보도량을 더 늘려야 한다. 지배적 뉴스 가치에 반대하거나 그것을 뒤집는 것은 '대안 미디어'가 출현하도록 만든 동인들 중 하나였다(Atton, 2002; Harcup, 2005, 2006; Rodriguez, 2001; Whitaker, 1981).

국제 뉴스에 대한 대안적 접근을 촉진하기 위한 시도로 그리고 개발도상국의 사람들에 대한 정형화되고 단순화된 묘사에 반대하려는 목적으로 유럽의 자선 단체와 비정부기관들이 대안적 기준 목록을 만들었다. 기자들에게 제시한 그들의 권고 사항들은 지구의 남반구에 대한 북반구의 보도를 전통적으로 이끌어 왔던 뉴스 가치들에 대한 비판이며 거부라 할 수 있다.

- 재난 이미지를 피하고 정치적, 구조적, 자연적 근본 원인과 맥락을 서술하라.
- 사람들의 사회적, 문화적, 경제적, 환경적 맥락에 관한 충분한 배경 지식을 제공해 인간 존엄성을 지켜라. 사람들이 자신들의 힘으로 무엇을 하고 있는가를 강조하라.
- 관심을 가진 사람들의 해석이 아니라 이해 당사자의 직접 해명을 제공하라.
- 여성에 대한 보다 긍정적인 이미지를 보다 자주 제공하라.
- 모든 형태의 일반화, 틀에 박힌 표현, 차별을 피하라(NGO-EC Liaison Committee, 1989).

뉴스 가치에 대한 이러한 대안적 접근은 저널리즘의 가장자리에서 작동할지도 모른다. 그리고 사실은 저널리즘 연구에서도 주변적 위치를 차지하고 있을 것이다(Keeble, 2005). 하지만 그 때문에 이것이 중요하지 않다는 의미는 아니다. 오히려 대안 미디어의 존재로 인해 제기된 이슈들은 '무엇이 뉴스이고, 뉴스란 누구를 위한 것이며, 주류 미디어의 뉴스 가치는 정치 참여와 시민 관여를 위해 가능한 한 최대로 봉사하고 있는가'에 관한 중요한 질문에 눈을 돌리게 만들었다(Harcup, 2007, p. 56).

결론

뉴스 가치라는 개념은 어떤 현상이 '사건'으로 인식될 수 있는지 그리고 '사건' 중 어떤 것이 '뉴스'로 선택될 수 있는지를 이해하는 데 도움을 줄 수 있다. 뉴스 가치 개념은 또한 선택된 '사건'의 어떤 요소가 강조되고 어떤 요소가 배제되거나 경시되는지를 탐색하는 데 도움을 준다. 이런 의미에서 뉴스 가치에 관한 논의는 때때로 뉴스 선택과 뉴스 처리의 차이를 흐리게 한다.

뉴스에 대한 정의는 고정되어 있지 않다. 뉴스 가치에 대한 많은 목록이 작성되어 있고, 뉴스 가치는 시간이 지남에 따라, 장소에 따라, 뉴스 미디어의 영역에 따라 바뀔 수 있다. 예를 들어 갈퉁과 루지는 사건이 일어나는 '시간적 주기'를 크게 강조했다. 하지만 뉴스가 생산되고 전달되는 방법이 기술에 의해 변화하고 온라인 뉴스와 24시간 뉴스에 의해 지속적인 마감시간이 요구되는 요즘 세상에서는 '시간적 주기' 같은 기준은 점점 더 중요성이 약해진다. 지금의 뉴스 미디어에는 '최근성'(Golding & Elliot, 1979)과 '경쟁'(Gans, 1980; Bell, 1991; Allern, 2002)이 더욱 지배적인 선택 기준이 될 수 있고, 점차 파편화되는 뉴스 시장에서 '수용자의 종류'(Golding & Elliot, 1979; Gans, 1980; Allern, 2002)가 마찬가지로 중요 기준이 될 수 있다. 뉴스 가치의 이러한 변화와 여기서 언급하지 않은 다른 변화들은 이 주제가 앞으로 오랜 시간 동안 저널리즘 학자들에게 많은 성과를 낼 수 있는 학문 영역으로 남아 있을 것이라고 말해준다. 왜냐하면 어떤 기술과 미디어가 관련되어 있더라도 — 이용자 제작 콘텐츠, 블로그, 온라인 뉴스 어그리게이터가 아무리 성장했다 해도 — 뉴스 저널리즘의 과정에는 여전히 선택이 포함된다. 많은 저널리스트들이 뉴스 선택을 위한 본능적 '직감'이 필요하다고 생각하는 경향이 있다. 그렇지만 많은 학자들은 전체적인 문화, 경제, 정치적 고려뿐만 아니라 직업상 관행, 예산, 시장, 이데올로기에 주목하지 않는다면 의미 있는 방법으로 뉴스 가치를 분석하는 것이 불가능하다고 주장한다.

뉴스 가치는 위에서 제시한 이유로 인해 향후에도 계속 학자들의 정밀한 연구 주제가 될 것이다. 미래의 연구 프로젝트는 온라인 저널리즘, 이동통신, 팟캐스팅 등이 뉴스의 선택, 나아가 뉴스의 정의에 어떤 영향을 미치는지에 대해 유용한 탐색을 할 수 있을 것이다. 기술 발전으로 뉴스 생산자는 특정한 기사가 상대적으로 얼마나 인기가 있는지를 실시간으로 보다 더 정확하게 측정할 수 있게 되었다. 이러한 지식이 어떻게 뉴스 선택에 영향을 미칠 것인가 하는 문제를 더욱 면밀하게 파악해야 한다. 많은 학자들은 이미 미디어 내에서 소위 '시민 저널리즘' 혹은 '이용자 제작 콘텐츠'의 역할에 주목하고 있고, 이와 관련된 자료가 늘어나면 뉴스 가치에는 어떤 변화가 올 것인가의 문제가 성과를 낼 수 있는 연구 영역이 될 수 있다. 동시에 (상대적으로 최근 현상인) 24시간 방송 뉴스의 뉴스 가치에 대한 지속적인 연구가 21세기 저널리즘 환경의 변화를 밝히는데 도움을 줄 것이다.

그러나 신문 같은 '올드 미디어'도 여전히 연구를 위한 풍요로운 토양으로 남아 있을 가능성이 높다. 지역, 권역, 전국, 국제 뉴스 미디어의 비교 연구, 나아가 장르 간의 비교 그리고/혹은 다른 유통 플랫폼 간의 비교도 성과를 낼 것이다. 뉴스 가치의 역사적 비교는 ― 적어도 영국에서 일어난 ― '하향평준화dumbing down 논쟁'이라고 알려진 것을 이해하는 데 많은 정보를 제공할 것이다.[2] 또한 뉴스 가치와 선택의 결정에 관한 연구를 확장해 다른

---

2) 영국에서 1933년에 조어된 '하향평준화 논쟁dumbing down debate'은 교육, 문학, 영화, 뉴스, 문화 등에서 지적 수준을 고의적으로 저하시키는 활동을 가리켰다. 원래 는 교육 수준이 낮은 사람들도 이해할 수 있도록 매우 쉽게 개작하는 행동을 의미했으며, 이로 인한 논쟁이 영국에서 일어났다.

연구 영역들과 통합한다면 더 많은 잠재력을 가질 수 있을 것이다. 저널리즘 인력의 성별, 인종별 혹은 사회적 계층의 변화가 뉴스에 미칠 수 있는 영향이 그 예이다. 추가적인 조사에 적합한 또 다른 영역은 뉴스 선택과 뉴스 생산 과정에서 이용된 혹은 특혜를 본 취재원 사이에 어떤 상호작용이 있는가 하는 문제이다. 이 이슈는 또한 주류 뉴스 가치와 주류 취재원 채택에 대해 대안을 제시하는 대안 미디어의 주장을 탐구하는 것을 포함하면 연구의 유용성을 높일 수 있다.

뉴스 가치의 이해는 분명 저널리즘 학자와 저널리스트에게 중요한 일이다. 하지만 이들 양자만이 무엇이 뉴스인가라는 질문을 놓고 씨름하는 유일한 사람들은 아니다. 홍보업계 종사자와 '스핀 닥터'는 뉴스 미디어의 기사에 영향을 주거나 기사를 싣기 위해 뉴스 가치에 대한 그들의 지식을 활용한다. 주류 미디어 비판자들은 뉴스 가치에 대한 이해를 활용해 기존 가치의 변화를 촉구하거나 대안적 뉴스 가치 개념을 가진 대안 미디어 생산에 대한 정보를 제공한다. 환경운동 단체 또는 노동조합과 같이 주류 미디어가 자신들의 관점을 주변화하는 것을 인지한 집단은 자신의 메시지를 미디어에 싣기 위해 주류 미디어의 뉴스 가치에 대한 이해를 활용할 수 있다(Manning, 2001; O'Neill, 2007). 그리고 마지막이지만 결코 덜 중요하지 않는 것이, 한 사회의 시민들이 미디어 리터러시media literacy의 확대로 이익을 얻을 수 있다는 사실이다. 미디어 리터러시는 저널리즘을 연구하는 학자들이 뉴스가 어떻게 선택되고 구성되는가에 대해 자세히 탐구하고, 풀어 헤쳐보고, 설명하려는 노력의 결과로 더욱 발전할 수 있다.

〈참고문헌〉

Allern, S.(2002). Journalistic and commercial news values: News organizations as patrons of an institution and market actors. *Nordcom Review, 23*(1–2), 137–152.

Atton, C.(2002). *Alternative media.* London: Sage.

Bell, A.(1991). *The language of news media.* Oxford: Blackwell.

Beharrell, P., & Philo, G.(eds.).(1977). *Trade unions and the media,* London: Macmillan.

Chaudhary, A.(1974). Comparative news judgment of Indian and American journalists. *International Communication Gazette, 20,* 233–248.

Chu, L. L.(1985). An organizational perspective on international news flows: Some generalizations, hypotheses, and questions for research. *International Communication Gazette, 35,* 3–18.

Curran, J., & Seaton, J.(2003). *Power without responsibility: The press, broadcasting, and new media in Britain.* London: Routledge.

Donsbach, W.(2004). Psychology of news decisions: Factors behind journalists professional behaviour. *Journalism, 5*(2), 131–157.

Evans, H.(2000). *Essential English for journalists, editors and writers.* London: Pimlico.

Franklin, B.(1997). *Newszak and news media.* London: Arnold.

Galtung, J., & Ruge, M.(1965). The structure of foreign news: The presentation of the Congo, Cuba and Cyprus crises in four Norwegian newspapers. *Journal of International Peace Research 1,* 64–91.

Gans, H. J.(1980). *Deciding what's news.* London: Constable.

Golding, P., & Elliott, P.(1979). *Making the news.* London: Longman.

Greenberg, J.(2004). Tories, teachers and the media politics of education reform: News discourse and the 1997 Ontario teachers' strike. *Journalism Studies, 5*(3), 353–371.

Hall, S.(1973). The determinations of news photographs. In S. Cohen & J. Young(eds.), *The manufacture of news: Deviance, social problems and the mass media*(pp. 226–243). London: Constable. Harcup, T.(2004). *Journalism: Principles and practice.* London: Sage.

Harcup, T.(2005). "I'm doing this to change the world": Journalism in alternative and mainstream media. *Journalism Studies, 6*(3), 361–374.

Harcup, T.(2006). The local alternative press. In B. Franklin(, *Local journalism and local media: Making the local news*(pp. 129–139). London: Routledge,.

Harcup, T.(2007). *The ethical journalist.* London: Sage.

Harcup, T., & O'Neill, D.(2001). What is news? Galtung and Ruge revisited. *Journalism Studies, 2*(2), 261–268.

Harrison, J.(2006). *News.* London: Routledge.

Hartley, J.(1982). *Understanding news.* London: Methuen.

Henderson, M.(2003, September 20). Junk medicine: Don't believe the hype. *Times,* Body and Soul, p. 4.

Herman, E., & Chomsky, N. [1988](1994). *Manufacturing consent: The political economy of the mass media.* London: Vintage.

Hetherington, A.(1985). *News, newspapers and television.* London: Macmillan.

Jones, D., Petley, J., Power, M., & Wood, L.(1985). *Media hits the pits: The media and the coal dispute.* London: Campaign for Press and Broadcasting Freedom.

Keeble, R.(2005). Journalism ethics: towards an Orwellian critique. In S. Allan(, *Journalism: Critical issues*(pp. 54–56). Maidenhead: Open University Press.

Kuhn, R.(2005). "Be very afraid': Television and l'insecurite in the 2002 French presidential election. *European Journal of Communication, 20*(2), 181–198.

Lange, J. C.(1984). National development and news values: The press in the third world and the west. *International Communication Gazette, 33,* 69–86.

Lavie, A., & Lehman-Wilzig, S.(2003). Whose news? Does gender determine the editorial product? *European Journal of Communication, 18*(1), 5–29.

Lee, S. T., Maslog, C. C., & Kim, H. S.(2006). Asian conflicts and the Iraq War. *International Communication Gazette, 68,* 499–518.

Lewis, J.(2006). News and the empowerment of citizens. *European Journal of Cultural Studies, 9*(3), 303–319.

McChesney, R.(2000). *Rich media, poor democracy: Communications politics in dubious times.* New York: The New Press.

McKane, A.(2006). *News writing.* London: Sage.

McQuail, D.(1994). *Mass communication theory.* London: Sage.

McQuail, D.(2000). *McQuail's mass communication theory.* London: Sage.

Manning, P.(2001). *News and news sources: A critical introduction.* London: Sage.

Ndlela, N.(2005). The African paradigm: The coverage of the Zimbabwean crisis in the Norwegian media. *Westminster Papers in Communication and Culture,* 2(Special Issue November 2005), 71–90.

NGO-EC Liaison Committee.(1989). *Code of conduct: Images and messages relating to the Third World.* Retrieved July 18, 2008, from http://www.globalnews.org.uk/teacher_values.htm

Nosseck, H.(2004). Our news and their news: The role of national identity in the coverage of foreign news. *Journalism, 5*(3), 343–368.

O'Neill, D.(2007). From hunky heroes to dangerous dinosaurs: Journalism-union relations, news access and press coverage in the 2002–3 British Fire Brigades Union dispute. *Journalism Studies, 8*(5), 813–830.

Palmer, J.(1998). News production, news values. In A. Briggs & P. Cobley(eds.), *The media: An introduction*(pp. 117–132), Harlow: Longman.

Palmer, J.(2000). *Spinning into control: News values and source strategies*. London: Leicester University Press.

Rampal, K. R.(1984). Adversory vs developmental journalism: Indian mass media at the crossroads. *International Communication Gazette, 34*, 3–20.

Randall, D.(2000). *The universal journalist*. London: Pluto.

Richardson, J.(2005). News values. In B. Franklin, M. Hamer, M. Hanna, M. Kinsey & J. Richardson(eds.), *Key concepts in journalism studies*(pp. 173–174). London: Sage.

Rogriquez, C.(2001). *Fissures in the mediascape: An international study of citizens' media*. Creskill, NJ: Hamton Press.

Schlesinger, P.(1987). *Putting reality together*. London: Methuen.

Schulz, W. F.(1982). News structure and people's awareness of political events. *Gazette, 30*, 139–153.

Sergeant, J.(2001). *Give me ten seconds*. London: Macmillan.

Sissons, H.(2006). *Practical journalism: How to write news*. London: Sage.

Staab, J. F.(1990). The role of news factors in news selection: A theoretical reconsideration. *European Journal of Communication, 5*, 423–443.

Tunstall, J.(.(1970). *Media sociology*. London: Constable.

Watson, J., & Hill, A.(2003). *Dictionary of media and communication studies*. London: Arnold.

Westerstahl, J., & Johansson, F.(1986). News Ideologies as moulders of domestic news. *European Journal of Communication, 1*, 133–149.

Westerstahl, J., & Johansson, F.(1994). Foreign news: News values and ideologies. *European Journal of Communication, 9*, 71–89.

Whitaker, B.(1981). *News Ltd: Why you can't read all about it*. London: Minority Press Group.

Wilke, J., & Reinemann, C.(2001). Do the candidates matter? Long-term trends of campaign coverage — A study of the German press since 1949. *European Journal of Communication, 16*(3), 291–314.

Williams, A., & Franklin, B.(2007). *Turning around the tanker: Implementing Trinity Mirror's online strategy*. Cardiff: School of Journalism, Media and Cultural Studies, Cardiff University.

Wu, H. D.(2000). Systemic determinants of international news coverage: A comparison of 38 countries. *Journal of Communication, 50*, 110–130.

Zayani, M., & Ayish, M. I.(2006). Arab satellite TV and crisis reporting: Covering the fall of Baghdad. *International Communication Gazette, 68*, 473–447.

Zelizer, B.(2004). *Taking journalism seriously: News and the academy*. London: Sage.

13_
뉴스 프레이밍의 성격, 근원, 효과

로버트 M. 엔트만/외르그 마테스/린 펠리카노

서론

프레이밍은 자신의 성공으로 희생물이 되었다고 할 수 있다. 저널리즘 연구에서 프레이밍은 너무 많은 것을 의미한다. 학자들은 프레이밍이라는 표제로 여러 개념의 무질서한 혼합물을 다양한 맥락과 이슈에 적용하고 있다. 그러나 아마도 부분적으로는 설문조사와 실험실 연구에서 얻어진 여론에 미치는 영향에 대한 데이터를 쉽게 얻을 수 있기 때문에 정치 커뮤니케이션 연구에서 프레이밍은 너무 적은 것을 의미하고 너무 좁은 것에 집중한다. 몇몇 잘 알려진 예외는 있지만 실증적이든 이론적이든 대부분의 프레이밍 관련 문헌은 한 정책이나 한 입후보자에 대한 개별 시민의 의견에 미치는 하나의 프레이밍 메시지 효과가 무엇보다 중요하다고 암시한다.

물론 프레이밍은 개인의 심리적 과정이지만 동시에 조직적인 과정과 산물이며, 정치적 전략 도구이다. 그래서 이 장의 핵심 주장은 프레이밍 연구자는 프레임의 정치적 근원과 최초의 영향이 후속되는 프레임 산물에 주는 피드백을 포함해 효과의 전체 범위에 주목할 필요가 있다는 것이다. 이 장은 다음과 같이 구성되어 있다. 먼저 프레임 및 프레이밍 개념을 정리하고, 이어서 개별적 효과에 대한 주목을 넘어 프레이밍 이론을 확장하는 정치적 프레이밍이라는 통시적 과정 모델을 제시한다. 이러한 통찰을 기반으로 프레이밍 연구의 현황에 대한 체계적 개괄을 제공한다. 이 부분에서는 프레이밍 효과의 심리학에 초점을 맞춘다. 결론 부분에서 우리는 개인의 의견에 미치는 프레이밍 효과의 영향에 대한 미시적 수준의 이해를 심화해야 하지만 동시에 프레임의 구성, 전파, 영향 그리고 반작용에 관한 통합 이론을 발전시키려는 노력이 필요하다고 주장한다. 그 이론은 엘리트, 미디어, 공중 사이의 커뮤니케이션과 영향력의 큰 흐름을 설명할 것이다.

프레임과 프레이밍의 개념 정리

사회과학자들은 무엇이 정확하게 '프레임'과 '프레이밍'을 의미하는지에 대해 합의를 전혀 이루지 못했는데, 전혀 놀랄 일이 아니다. 프레이밍 관련 논문을 점검하면서 우리는 이 개념의 많은 다른 용도를 찾을 수 있었다. 크게 두 종류의 정의가 있다. 첫째, 일부에서는 자주 인용되는 프레이밍에 대한 갬슨과 모딜리아니의 정의를 대체로 따르면서 매우 일반적인 의미로 프레이밍을 정의한다. 두 연구자는 프레이밍을 "진행 중인 일련의 사건에 의미를 부여하는 중심적인 구성 아이디어 혹은 스토리 라인"으로 정의한 바 있다(Gamson & Modigliani, 1987, p. 143). 그러나 프레임을 중심적인 아이디어나 스토리 라인으로 다루는 것은 일관된 측정이나 이론을 위한 충분한 토대가 되지 못한다. 두 번째 종류의 정의는 프레임, 특히 이슈 프레임이 일반적으로 무엇을 하는가를 특정한다. 프레이밍 기능에는 문제 정의, 도덕적 판단 그리고 개선 방안 지지가 포함된다(Entman, 1993, 2004). 이처럼 기능적 특성에 기반을 두는 방식이 더 나은 것으로 보인다. 왜냐하면 그것이 분석자에게 주제, 주장, 확언이나 그 밖에 이론화가 부족한 다른 개념들과 프레이밍을 구분해 명확한 측정과 결론을 도출할 수 있도록 해주기 때문이다.

좀 더 세밀하게 구분하는 장르를 사용할 경우에는 이슈를 특정하는 프레임과 포괄적 프레임을 구분하는 것이 유용하다(de Vreese, 2005). 이슈 특정 프레임은 특정 주제나 사건에 맞추어 사용된다. 이것은 각각의 이슈들이 다른 이슈 특정 프레임을 갖고 있음을 의미한다. 예를 들면 걸프 전쟁에 대한 리즈와 벅칼루(Reese & Buckalew, 1995)의 지역 텔레비전 보도의 심층 분석이나 르윈스키 스캔들에 대한 샤, 와츠, 돔크, 팬(Shah, Watts, Domke & Fan, 2002)의 컴퓨터를 활용한 내용 분석이 있다. 더 나아가 제2단계 의제설정에서의 속성이 이슈 특정 프레임이라고 이해할 수 있다(McCombs, 2005).

포괄적 프레임은 이슈와 맥락의 차이를 넘어 규정될 수 있어 주제적 제한을 넘어선다. 포괄적 프레임의 대표 사례로는 아이엔거(Iyengar, 1991)의 일화적 프레임과 주제적 프레임을 들 수 있다. 뉴스가 일화적으로 프레이밍되면 사회적 이슈들은 구체적인 사례와 개인을 중심으로 구성된다. 이 프레임에서는 폭넓은 맥락이 제시되지 않아 공적 해결책으로부터 관심을 다른데로 돌리게 된다. 예를 들어 아이엔거의 실험 연구에 서 일화적 보도에 접한 시청자들은 사람들의 어려움이 개인적 책임이라고 생각할 가능성이 높다. 예컨대 빈곤을 개인의 동기부족 탓으로 보았다. 이와는 대조적으로, 주제적 프레이밍은 보다 거시적인 경향 혹은 이슈의 배경을 강조한다. 아이엔거는 주제적 보도를 접한 시청자들이 문제를 사회적 책임으로 돌릴 가능성이 높음을 보여주었다. 예컨대 가난을 경제 불황 탓으로 보았다. 유럽 정치에 대한 세메트코 및 발켄부르크(Semetko & Valkenburg, 2000)의 연구는 다섯 개의 포괄적 프레임을 제시했다. 갈등, 인간적 흥미, 경제적 결과, 도덕성 그리고 책임 프레임이 그것이다. 다른 방식의 분류로는 엔트만(Entman, 2004)이 제안한 실체적 프레이밍과 절차적 프레이밍을 들 수 있다. 절차적 프레이밍은 엘리트 사이의 정치적 전략에 대한 평가, 지지도 경쟁, 권력 투쟁에 초점을 맞추며, 실체적 프레이밍은 이슈, 사건 및 행위자들의 실체적 특성과 중요성을 강조한다.

프레이밍 과정은 문화 속에서, 엘리트 및 직업적 정치 커뮤니케이터의 마음속에서, 커뮤니케이션 텍스트 속에서, 개별 시민의 마음속에서(Entman, 1993, 2004)라는 네 가지 수준에서 발생한다. 정치적 프레이밍 과정을 도표로 나타낸 것이 〈그림 13-1〉이다.

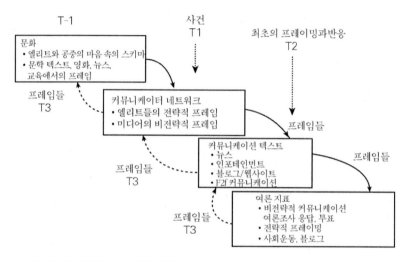

〈그림 13-1〉 정치적 프레이밍 과정

문화는 사회 내의 개인들 마음속에 공통적으로 발견되는 스키마Schema의 저장고이다. 문화는 또한 문학, 연예, 뉴스, 대화, 기타 정치적 담론을 포함한 시스템의 커뮤니케이션에 존재하는 프레임의 저장고이다. 이런 공통의 스키마는 프레이밍 커뮤니케이션에 대한 대다수 개인들의 반응의 기초를 형성한다고 규정할 수 있을 것이다. 엘리트들은 제한 없는 자율성을 갖는 것은 아니며, 과거 프레이밍의 흔적을 기록하고 있는 이러한 문화적 저장고에서 선택해야 하는 제약에 묶여 있다. 그래서 정치에서 프레이밍에 대한 더 큰 정치학적 이론은 T-1, T1, T2와 더 많은 것을 고려해야 하며 그리고 그것은 반드시 통시적이어야 한다. 〈그림 13. 1〉은 어떻게 프레이밍 과정이 시간 2(T2)의 초기 반응에서 시간 1(T1)에 발생한 새 이슈나 사건으로 옮겨가고, T2에서의 미래에 대한 예상을 바탕으로 하는 T3에서의 프레이밍 반응으로 옮겨가는지 보여준다.

커뮤니케이션 텍스트에서의 프레이밍은 이 프레이밍 작업에 참여하는 직업적인 커뮤니케이터들의 네트워크에서 발생한다. 프레이밍은 인식된 현실에서 몇몇 특정한 측면을 선택하고, 그들 사이의 연관을 강조해 특정한 해석을 촉진하는 방식으로 메시지를 구성하는 것으로 정의된다. '프레이밍'은 동사 형태이며 다음에서 정의될 명사 형태의 개념과는 분명히 구별된다. 어떤 커뮤니케이터들은 전략적으로 프레이밍에 관여하는데, 자신들의 이해와 목표에 유리한 해석을 수용자들이 수용하도록 만들어 최종 결과에 영향력을 행사하려고 한다. 이러한 커뮤니케이터로는 정치인, 블로거, 정치 풍자가, 논설위원, 전문가가 있다. 다른 커뮤니케이터들로서, 특히 중요한 사람들인 주류 전국 뉴스 미디어의 기자와 편집간부들은 보통 특정한 정책과 정치적 목표를 추구할 의도 없이 프레이밍에 참여한다(유럽의 정당 제휴 신문과 정부 소유의 방송 뉴스는 예외다)(Hallin & Mancini, 2004년 참조).

'프레임'이란 무엇인가

커뮤니케이션 과정에서 프레이밍 메시지 즉 '프레임'과 평범한 설득적 메시지 즉 단순한 주장은 무엇이 다른가. 프레임이란 반복적으로 동일한 대상과 특성을 언급하고, 단기간 동안에 행해지는 일련의 유사한 커뮤니케이션에서 동일하거나 비슷한 단어와 상징들을 사용하는 것을 가리킨다. 프레임들은 문제가 되는 상황이나 행위자에 대한 특정한 해석과 바람직한 반응에 대한 (암묵적 또는 명시적) 지지를 촉진하는 기능을 하는데, 흔히 정서적 부담을 주는 도덕적 판단을 병행한다. 다시 강조하건데 프레이밍은 통시적 성격으로 인해 다른 커뮤니케이션과 차별화된다. 프레이밍 메시지는 특정한 문화적 반향을 가진다. 그것은 과거에 저장되었던 스키마 요소 중 알맞은 것들을 마음속으로 불러낸다. 일정 기간에 걸쳐 다수의 텍스트에서 프레임을 반복하면 상당수의 — 정치적으로 유의미한 비율의 — 시민들이 미래의 적용을 위해 사고思考의 조합을 인지하고, 이해하고, 저장하며, 상기할 수 있다. 따라서 프레이밍은 통시적이다. 즉 주어진 기간 동안의 노출이 미래에 특정한 반응을 할 가능성을 증가시키고, 그에 반해 잠재적으로 중요한 다른 대상이나 특성에 대해 생각할 가능성을 축소시킨다. 마지막으로 하나의 프레임이 광범위하게 시민들의 스키마 체제에 저장되기 충분할 정도로 출현했다면, 이 프레임은 더 이상 집중적인 분출을 반복할 필요가 없고, 또한 아주 상세히 설명할 필요도 없다. 시민들은 단일의 생동적 요소에 대한 반응으로 몇 년 후에라도 저장된 조합을 머릿속에 불러낼 수 있다('9·11' 또는 '베를린 장벽').

만약 커뮤니케이션이 많은 시민들의 문화적 조합과 연결되는 단어나 상징을 반복적으로 보여주지 못한다면, 바로 이 기준에 따라 그것은 프레임이라 할 수 없다. 이러한 특성을 가지지 않는 정치 커뮤니케이션의 측면들이 중요하지 않다는 것이 아니다. 다만 프레이밍 연구가 발전하기 위해서는 '프레임'과 '프레이밍'의 의미를 명확하게 인지하고 그 개념을 일관성 있게 사용해야 한다는 것이다.

이 장이 제시하는 개념은 프레이밍 효과가 일반적으로 인식되는 것 보다 정치적 전 과정에 걸쳐 더 광범위하게 발생한다는 점을 보여주기 위한 것이다(부분적 예외는 Hsiang & McCombs, 2004). 〈그림 13. 2〉는 〈그림 13. 1〉을 시간적으로 연장한 것으로 프레이밍 사이클의 통시적 성격을 더 잘 보여준다. 이 그림은 프레이밍이 발생하는 그리고 연구가 가능한 많은 연결점을 표시하고 있다. 이 그림은 시간 4(T4)에 이르면 프레이밍을 둘러싼 경쟁

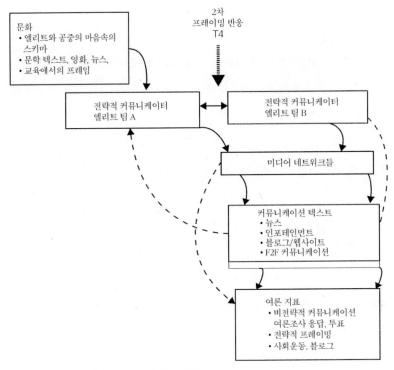

<그림 13. 2> 통시적 정치 프레이밍 과정

이 엘리트 사이에서 일어날 가능성을 ― 개연성은 아니지만 ― 강조한다.
미디어 내용을 다양화하고 정치와 정책에 중요한 잠재적 영향을 얻는다. 이
모델은 또한 기본적으로 공시적 구조를 갖고 있는 설문조사 혹은 실험실의
실험이나 공중의 구성원에게 초점을 맞춘 연구가 실체적 프레이밍 효과의
제한된 범위에만 영향을 미칠 수 있음을 보여준다.

프레이밍 연구 문헌

앞에서 프레이밍을 잘 이해하기 위해 맥락을 제시했기 때문에 여기서는 잠시 뒤로 물러나 프레이밍 연구의 진행 과정과 문헌을 검토한다. 아래에 다룰 내용은 지금까지 연구되어온 정치에서의 다양한 형태의 프레이밍에 대한 연구이다. 우리는 프레이밍 연구의 기원으로부터 시작해 전략적 프레이밍, 저널리즘 프레이밍, 미디어 내용에서의 프레임 그리고 프레이밍 효과를 살펴본다.

프레이밍 연구의 기원

프레이밍 이론의 원조라고 부를 수 있는 리프만은 대부분 사람들에게 "정치적으로 다루어야 할 세상은 손에 닿지 않고, 보이지 않고, 관심도 없다"고 말한 바 있다(Lippmann, 1922, p. 18). 다른 말로 하면, 시민들의 정치적 지식의 많은 부분을 개인적 경험에서 얻는 것이 아니다. 그들은 대부분의 정보를 미디어와 미디어에 출현하는 엘리트로부터 얻는다. 미디어는 정치적 환경과 상징적으로 접촉하는 주 수단이며, 시민들의 인식, 의견 그리고 행동에 중대한 영향을 미친다.

현대에 와서 프레이밍과 프레임이 복잡한 세상을 사람들이 이해할 수 있게 만드는 중요한 수단이라는 생각을 추동한 두 명의 학자는 베이트슨과 고프만(Gregory Bateson & Erving Goffmann)이다. 베이트슨이 말하는 대로 "어떤 상황에 대한 정의는 사건에 ― 적어도 사회적 사건에 ― 적용되는 조직 원칙과 그 사건에 대한 우리의 주관적 관여에 부합하게 내려진다. 그리고 프레임은 이러한 기본적 요소를 지칭하는 …… 단어이다"(1954, pp. 10~11). 고프만(Goffmann, 1974)은 프레이밍에 대한 정의를 내리면서 베이트슨을 여러 번 인용했고, 프레임이 일상의 사건에 대한 표현을 이끄는 인지적 구조라고 주장했다.

보통 사람들이 세상의 단순한 일상에서 벌어지는 일들에 대한 자신의 생각을 조직화하는 데 프레임을 사용한다고 가정한다면, 보다 멀리 느껴지고 복잡한 정치적 사건들에 대한 프레이밍에 반응한다는 것은 놀라운 일이 아니다. 리프만(1922)이 말한 대로 "공공 사안에 대해 우리 각자가 보는 것은 매우 적다. 그래서 심심하고 매력적이지 않지만 예술적 소질을 가진 어떤 사람이 그것을 움직이는 그림으로 만들면 달라진다"(p. 104).

전략적 프레이밍

위에서 설명한 대로 정치 지도자들은 공중의 담론과 공중의 이해를 전략적으로 만드는 프레이밍의 힘을 인지하고 자신의 이득을 위해 그 힘을 활용하려고 시도하는데, 특히 미래의 행동 방향에 영향을 미치려고 한다(Benford & Snow, 2000). 이 관점에 의하면, 프레이밍은 자신의 프레임을 위한 전략적 커뮤니케이션과 다른 커뮤니케이터 프레임과의 경쟁을 모두 포함한다. 독일 정치 PR에 대한 프뢸리히Fröhlich와 뤼디거Rüdiger의 연구에서 프레이밍이 현업에서 핵심적 역할을 하고 있는 것으로 나타났는데, "자신의 프레임을 수정 없이 미디어에 반영하는 것이 PR의 성공 지표였다"(Fröhlich & Rüdiger, 2006, p. 19; Hallahan, 1999). 대부분의 PR 연구는 현업 종사자들이 선호하는 프레이밍과 뉴스 속의 프레임을 비교한다(Fröhlich & Rüdiger, 2006; Kiousis, Mitrook, Wu & Seltzer, 2006). 마찬가지로 사회운동 이론가들은 공중을 움직이기 위한 사회운동의 전략으로 프레임을 이해한다. 이러한 맥락에서 프레임은 "사회 운동 조직의 행위와 캠페인에 영감을 주고 정당성을 부여하는 행동 지향적 신념 체계와 의미"로 정의된다(Benford & Snow, 2000, p. 614). 스노우와 벤포드(Snow & Benford, 1992)의 주장대로 성공적인 프레임은 문제를 진단하고(진단적 프레이밍), 해법과 전술을 제시하고(예측적 프레이밍), 행동에 동기를 부여한다(동기부여적 프레이밍). 프레임은 개별적 스키마가 아니라 한 사회 집단이 집합적으로 공유한 유형으로 이해된다. 이렇게 집합적으로 공유된 프레임은 사회운동에 대한 기록, 운동 구성원들과의 인터뷰, 혹은 미디어 콘텐츠를 분석함으로써 파악된다(Johnston, 1995).

저널리스트 프레이밍

전략적 프레이밍에 대한 연구와는 대조적으로 저널리스트에 의한 정보 처리와 텍스트 제작을 이끄는 직업적 프레임에 대해서는 별로 알려져 있지 않다. 직업적 저널리즘의 프레임은 "스키마 또는 체험적heuristic인 것으로, 어떤 자극에 의해 활성화되는 지식 구조이며 저널리스트에 의해 기사를 구성하는 전 과정에서 이용된다"(Dunwoody, 1992, p. 78). 이 프레임은 저널리즘을 수행하는 직무 기능의 핵심으로 미디어 텍스트의 프레임과는 구별되어야 한다. 저널리스트의 직업적 프레임은 이슈 선정과 뉴스 보도의 구성에 대한 지침을 담은 문서 혹은 메뉴에 더 가깝다(Dunwoody, 1992). 터크먼(Tuchman, 1976)은 저널리스트의 프레임이 정보 흐름에 대처하기 위해 저널리즘이 사용할 수 있는 유용한 도구라고 표현했다. 슈펠레(Scheufele, 2006)는 저널리스트의 프레임이 개인적 수준(즉 한 저널리스트의 개인적 프레임)과 뉴스룸 수준(한 뉴스룸의 저널리스트들이 공유한 프레임)으로 각각 서술될 수 있다고 보았다. 프레이밍 학자들은 저널리스트는 자신의 프레임에 일치하는 정보를 선호한다고 주장했다(Scheufele, 2006). 일상적 보도 시기에는 유입되는 정보에 저널리스트 프레임을 적용한다. 그 결과 저널리스트 프레임에 일치하는 정보는 일치하지 않는 정보보다 뉴스 보도 구성에 사용될 가능성이 더 높다. 그러나 주요 사건은 기존의 저널리스트 프레임을 변화시킬 수 있고, 심지어 교체할 수도 있다. 따라서 뉴스 선택과 뉴스 구성에 미치는 다른 영향(예컨대 뉴스 가치)과는 달리 저널리스트 프레임은 중요한 사건의 발생 후에 변화되거나 교체될 수도 있다(Scheufele, 2006; Brosius & Eps, 1995).

미디어 콘텐츠에서의 프레임

프레임 분석은 매우 활발하고 중요한 방법론이 되었다. 본질적으로 프레임 분석은 이미지, 스테레오타입, 은유, 행위자, 메시지들을 조사해서 한 이슈의 어떤 특정한 측면이 선택되고 강조되었는가를 연구한다. 그러나 미디어 내용에서 프레임을 추출하는 방법은 연구에 따라 다르다. 크게 분류하면 질적 접근, 매뉴얼에 따른 전체적 접근, 매뉴얼에 따른 군집적 접근, 컴퓨터 보조 접근의 네 가지가 있다(Matthes & Kohring, 2008). 아래에서 각각을 살펴본다.

질적 접근: 많은 연구는 미디어 텍스트에 대한 해석적 설명을 제공해 프레임을 파악한다(Downs, 2002; Reese & Buckalew, 1995). 질적 패러다임에 뿌리를 둔 이런 연구들은 하나의 이슈나 사건의 담론을 충분히 반영할 수 있는 상대적으로 적은 수의 표본을 분석한다. 전형적인 연구에서는 프레임이 심층적으로 묘사되고, 양적 분석 결과는 아주 적거나 없다. 팬과 코시키(Pan & Kosicki, 1993)가 사용한 프레임 분석 방식을 질적 연구의 한 하부 분류로 간주할 수 있다. 그들의 언어학적 연구는 텍스트에서 특정한 단어와 문장의 선택, 배치 그리고 구조를 분석해 프레임을 도출했다(Esser & D'Angelo, 2003도 참조). 보통 분석은 기사 단위가 아니라 문단 단위로 이루어진다. 연구자들은 각각의 뉴스 텍스트에 대해 하나의 데이터 매트릭스를 구성해야 한다. 이 데이터 매트릭스에서 개별적 명제에 대해 중요한 의미를 나타내는 요소들이 분석된다. 여기에서 기본적인 생각은 특정한 단어들이 프레임을 구성하는 벽돌이라는 것이다(Entman, 1993). 팬과 코시키(Pan & Kosicki)는 프레임의 구조적 차원을 구분한다. 은유, 사례, 핵심 문장, 사진 등이 그것이다.

전체적 접근: 이 방법의 핵심은 양적 내용 분석에서 사람이 직접 기사 전체를 규정하는 하나의 프레임을 변인으로 코딩한다는 것이다. 이것은 귀납적일 수도 연역적일 수도 있다. 귀납적인 연구에서는, 일부 뉴스 텍스트를 질적으로 분석해 프레임을 도출한 다음, 코더가 개별 기사의 프레임을 코딩한다. 예를 들어 사이몬과 제노스(Simon & Xenos, 2000)는 첫 번째 절차로 신문기사 샘플을 면밀히 분석해 여섯 개의 프레임을 만들었다. 다음으로 이 프레임이 코드북에서 정의되고, 양적 내용 분석을 통해 코딩되었다. 유사한 방법으로 허설비와 엘리어트(Husselbee & Elliott, 2002)는 두 개의 증오 범죄 보도에 대한 연구에서 여러 개의 프레임을 코딩했다. 전체적 접근의 연역적 측정 사례로는 아이엔거(Iyengar, 1991)의 일화적 프레임과 주제적 프레임의 분류가 있다. 파우 등(Pfau 등, 2004)이 수행한 것으로는, 하나의 기사가 일화적 프레이밍을 구현한 정도를 측정하는 단일 항목 측정이 있다.

군집적 접근: 이것은 표준화된 양적 내용 분석에서 단일 변인들이나 프레임 요인들을 코더가 코딩하는 방법이다. 이어서 이렇게 코딩된 변인들에 대한 요인 분석 혹은 군집 분석을 한다. 다른 말로 하면, 이 접근은 전체 프레임을 직접 코딩하는 것보다는 프레임을 몇 개의 변인이나 요소로 나눈다. 이 방법에서는 요소들에 대한 요인 분석 또는 군집 분석을 통해 프레임이 추출된다. 세메트코와 발켄부르크(Semetko & Valkenburg, 2000)의 연구에서 각 기사는 코더들이 '예'와 '아니오'로 대답해야 하는 20개의 질문을 통해 분석되었다. 20개의 항목에 대한 요인 분석에서는 프레임으로 해석되는 5개의 요인이 추출되었다. 마테스와 코링(Matthes & Kohring, 출판 예정)은 내용 분석을 통해 엔트만(Entman, 1993)이 정의한 개별 프레임 요소들을 코딩하는 프레임 분석 방법을 제안했다. 코딩 후 이러한 요소에 대한 군집 분석으로 프레임을 도출했다.

컴퓨터 보조 접근: 군집적 접근과 전체적 접근과 달리 컴퓨터 보조 접근에서는 사람이 직접 코딩하지 않는다. 컴퓨터를 사용한 프레임 연구의 대표적인 예가 밀러, 앤드사거, 리처트(Miller, Andsager & Riechert, 1998)가 제안한 프레임 지도화frame mapping이다. 프레임은 특정한 단어의 사용을 통해 드러난다는 생각에서 출발해 저자들은 텍스트에 사용된 특정 어휘들을 조사해 프레임을 파악하고자 했다. 이들은 텍스트에서 자주 함께 나타나는 단어들을 컴퓨터의 도움으로 조사했다. 예를 들어 자선, 자선단체들, 자선적, 돈이라는 단어들은 '자선 프레임'을 구성한다(Miller 등, 1998). 사실 여기서는 사람이 직접 하는 코딩은 없다. 몇몇 다른 연구들은 단어 조합을 넘어서는 컴퓨터 보조 내용 분석 기법을 더욱 발전시켰다. 예를 들어 샤와 동료들(Shah 등, 2002)은 문장의 의미를 파악하는 상대적으로 정교한 통시론적 규칙을 만들어내는 컴퓨터 프로그램을 이용했다. 다시 말하면, 이들의 연구는 단어들의 연결 이면에 있는 의미의 분석을 가능하게 했다.

프레이밍 효과들

여론 연구자 드러크만(James Druckman, 2001b)은 두 종류의 프레임, 즉 커뮤니케이션의 프레임과 생각의 프레임을 강조한다. 이 둘이 함께 프레이밍 효과를 만든다. 둘 모두 강조 혹은 현저성의 변이와 관련이 있다. 흔히 '미디어 프레임'으로 불리는 커뮤니케이션 프레임은 화자話者 혹은 뉴스 텍스트가 무엇을 말하는가에 주목한다. 엘리트가 이슈를 어떻게 묘사하는가가 그 예이다. 생각의 프레임은 개인이 무엇을 생각하고 있는지에 초점을 맞춘다. 이슈에 대한 가치 판단이 그 예다. 생각의 프레임을 '스키마'라고 부르면 커뮤니케이션 프레임과 혼동을 최소화할 수 있는 좋은 방법이 될 수도 있다. 커뮤니케이션 프레임은 흔히 생각의 프레임의 형성에 중요한 역할을 한다. 예를 들어 미디어 프레임에 노출된 후에 머리에 떠오르는 고려사항이 주어진 이슈에 대해 개인의 의견을 형성하는 데 영향을 끼칠 수 있다. 이것이 드러크만이 프레이밍 효과라고 정의하는 것이다. 그는 프레이밍 효과에는 두 가지 서로 다른 유형이 있다고 보았다. 등가성 프레이밍 효과와 강조(혹은 이슈) 프레이밍 효과가 그것이다.

등가성 프레이밍: 등가성 프레이밍 효과는 표현은 다르지만 논리적으로는 등가적인 단어나 구절을 접할 때 사람들이 선호도를 바꾸게 만든다. 이러한 프레이밍 효과는 대개 심리학 연구의 영역으로 되어 있었다. 카너먼과 트베르스키(Kahneman & Tversky, 1984)의 연구 「아시아의 질병 문제」는 가장 널리 인용되는 등가성 프레이밍 효과의 예다. 저자들은 실험 대상에게 질병 치료를 위해 두 가지 프로그램 중 하나를 선택하라고 요청했다. 이들 중 하나는 분명한 결과('600명 중 200명이 살아날 것')를 가져 오기 때문에 '위험 회피 선택'으로 프레임되었고, 또 다른 하나는 결과가 불확실(600명 모두 살 확률은 1/3이고, 아무도 살아남지 못할 확률은 2/3다)하기 때문에 '위험 추구 선택'으로 프레임되었다. 비록 이 두 결과는 논리적으로 등가적이지만 응답자의 72%가 '위험 회피 선택'을 택했다. 이 두 학자는 다른 실험 조건을 사용해 유사한 극적 효과를 보여주었다. 예를 들면 동일한 문제에서 살 수 있는 사람들의 숫자 대신 죽을 사람의 숫자를 제시하는 것으로 프레임을 바꾼 경우, 78%의 응답자가 '위험 추구' 결과를 선택했다.

레빈, 슈나이더, 개스(Levin, Schneider & Gaeth, 1998)는 등가성 프레임 효과를 '유발성*valence*' 프레이밍 효과로 부른다. 프레임이 동일한 정보를 긍정적이거나 부정적인 빛으로 보여주는 것에 따른 효과라는 것이다. 그들은 유발성 프레임을 위험 선택 프레이밍, 속성 프레이밍, 목표 프레이밍 등 세 가지 종류로 구분할 수 있다고 보았다. 이들은 위험 선택 프레이밍을 위해 카너먼과 트베르스키의 실험 연구에서 모델을 빌려 오고, 다른 학자들이 '아시아 질병 문제' 연구를 수정해서 사용한 위험의 여러 수준을 검토했다. 이들은 검토한 연구들에서 선택을 뒤집을 가능성을 가진 조건이 원조 연구인 「아시아의 질병 문제」에서 사용한 조건과 유사함을 발견했다. 예를 들어 거래 행위에서 결과가 이득으로 표현되면 합의(위험 회피 선택) 가능성이 높았고, 손실로 프레임되면 협상(위험 추구 선택) 가능성이 높았다(Neale & Bazerman, 1985).

속성 프레임에 관해 레빈, 슈나이더, 개스(Levin, Schneider & Gaeth, 1998)는 어떤 주어진 맥락 속에서든 단 하나의 속성만 프레임 조작의 주제가 된다고 보았다. 그들은 단순함 때문에 속성 프레이밍이 유발성 프레이밍 효과의 가장 직선적인 테스트라고 주장했다. 레빈과 개스(Levin & Gaeth, 1988)는 한 속성 프레임 연구에서 개인들이 소고기의 성분 구성표(예 '75% 살코기' 혹은 '25% 지방')에 따라 갈아놓은 소고기의 품질을 평가하는 것을 보여주었다. 사람들은 두 선택이 등가적이더라도 긍정적으로 성분이 표시된 소고기를 부정적으로 표시된 소고기보다 더 맛있고 기름기가 적다고 평가했다.

마지막으로, 목표 프레이밍은 커뮤니케이션의 설득력에 영향을 주기 위해 행동이나 행위의 목표를 조작하는 것을 말한다. 그들에 따르면, 목표 프레이밍은 이익이나 이득을 제공하는 프레임의 잠재력에 주목하거나, 혹은 손실을 막거나 회피하기 위한 프레임의 잠재력에 주목하는 데 사용할 수 있다. 여기서 긍정적 프레임과 부정적 프레임은 둘 다 이슈에 대한 평가를 향상시켜야 한다. 그러나 목표 프레이밍은 어떤 프레임이 동일한 결과를 달성하는데 더 설득력 있는 효과를 낼 수 있는지와 관련된다. 여러 연구에서 손실을 강조하며 부정적으로 프레임된 메시지들이 이득을 강조하며 논리적으로 동등하고 긍정적인 방법으로 프레임된 메시지보다 주어진 행위에 더 큰 영향을 미치는 것으로 드러났다(예를 들어 Meyerowitz & Chaiken, 1987).

강조(또는 이슈) 프레이밍: 드러크만(Druckman, 2001a, 2001b)에 의하면 "(강조) 프레이밍 효과는 이슈나 사건을 서술하는 과정에서 화자가 관련 가능성이 있는 고려사항 중 일부를 강조함으로써 개인들이 자신의 의견을 형성할 때 그 측면에 주목하게 만들 때 발생한다"(2001a, p. 1042). 등가성 프레이밍 효과와 강조 프레이밍 효과는 둘 다 개인이 특정한 어떤 측면을 다른 측면보다 더 집중하게 만들지만 강조 프레임에서 제시된 정보의 부분 집합들이 논리적으로 등가인 것은 아니다. 넬슨, 옥슬리, 클로슨(Nelson, Oxley & Clawson, 1997)에 따르면 이슈 프레임은 우리가 일상적으로 마주치는 갈등적 고려사항 중 어디에 무게를 두어야 하는가를 사람들에게 말해준다. 그렇기 때문에 프레임은 서로 다르면서도 중요할 수 있는 사항들 중 일부분을 강조할 때 여론에 영향을 미칠 가능성이 가장 높다. 어떤 이슈에 대해 생각하는 방식을 제공하고 반대되는 프레임을 생략함으로써 이 도구는 특정한 것을 다른 것보다 선호하도록 만드는 데 사용될 수 있다(Feldman & Zaller, 1992. Price & Tewksbury, 1997). 나아가 어떤 프레임이 다른 것보다 더 중요하다고 말할 수 있다(Iyengar, 1991; Nelson, Oxley 등, 1997; Nelson & Oxley, 1999). 따라서 강조 프레임은 의견을 표명할 때 어떤 이슈나 고려사항의 현저성을 증가시키거나 감소시키는 것과 관련이 있다.

스나이더먼, 브로디, 테틀록(Sniderman, Brody & Tetlock, 1991)은 에이즈에 관한 여론조사에서 이슈의 어떤 관점을 강조하고 다른 것들은 생략하는 프레임 생략의 힘을 분명하게 보여주었다. 그들의 연구 결과에 따르면, 시민의 자유를 고려해 이슈를 프레임하면 공중의 다수가 에이즈를 가진 사람들의 권리를 지지했지만 공공 건강을 고려해서 프레임하면 다수가 의무적 의료 검사를 지지했다. 이 조사의 설문지는 조사 대상자들에게 에이즈 검사를 생각할 때 어떤 사항을 고려해야 하는지 알려주었다. 이 조사에서도 그랬지만 흔히 조사 대상자들이 특정한 고려사항을 다른 것보다 강조한 프레임의 한 면에만 노출시킬 때는 해당 이슈에 대한 잠재적인 반대 프레이밍은 텍스트에 포함시키지 않는다(Entman, 1993).

또 다른 예로, 스나이더먼과 테리오(Sniderman & Theriault, 2004)는 가난한 사람들에 대한 정부 지출이 가난한 사람들에게 앞으로 나아갈 수 있는 기회를 향상시키는 것으로 프레임되었을 때 시민들이 정부의 지출 증가를 지지하는 경향이 있음을 보여준다. 그러나 정부 지출이 세금을 증가시키는 것으로 프레임되면 개인들은 가난한 사람을 돕기 위한 정부 지출에 반대하는 경향이 있었다. 다시 한 번 강조하지만 이러한 예들은 특정한 고려사항을 다른 것보다 강조하면 동일 이슈에 대해 다른 의견을 만들어낼 수 있음을 보여준다.

프레이밍의 심리학

문헌들은 사람들이 어떤 결정을 내리거나 이슈나 사건에 대한 의견을 형성하는 데 프레이밍이 유의미한 효과를 가질 수 있음을 보여준다. 그렇기 때문에 이러한 효과의 바탕을 이루는 심리학적 과정을 이해하는 것이 중요하다.

설득으로서의 프레이밍

프레이밍에 대한 기존의 문헌 중 일부는 그 효과가 설득을 통해 발생한다고 주장한다. 개인들은 아무래도 제한된 능력의 정보 처리자(Fiske & Taylor, 1991)라고 할 수 밖에 없기 때문에 주어진 순간에서 이슈나 사건에 대해 알고 있는 모든 것을 고려할 수는 없다. 이러한 현상은 설득이 작동할 수 있는 여지를 만든다. 설득은 새로운 정보 혹은 추가적인 고려사항을 제공함으로써 커뮤니케이터의 신념을 성공적으로 수정하거나 변경시켰을 때 발생하는 과정이다(Nelson & Oxley, 1999). 이 과정에서 우호적인 생각이 비우호적인 생각으로, 또는 역방향으로 교체되거나 보완된다. 그러나 넬슨과 옥슬리(Nelson & Oxley, 1999, p. 1043)에 따르면, 프레이밍 효과에 대한 이러한 이해는 "프레이밍이 커뮤니케이션 및 설득 이론에 독자적 기여를 한다는 주장에 약간의 의문"을 던진다.

점화 효과의 연장으로서의 프레이밍

다른 연구자들은 프레이밍이 점화 효과의 연장이라고 주장한다. 프레이밍 효과의 기저를 이루는 주요 심리학적 메커니즘이 기억된 요소들을 머리에 떠올릴 수 있는 접근성이라는 점에서 그렇다(예를 들어 Zaller, 1992; Kinder & Sanders, 1996). 사람들은 주어진 순간에 이슈나 사건에 대해 아는 모든 것을 고려할 수 없기 때문에 머릿속에서 접근할 수 있거나, 쉽게 생각해낼 수 있고, 최근에 활성화된 것에 의지해 중요할 수 있는 모든 정보의 일부만 고려할 것이다. 이것이 '인지적 접근성 모델'(Zaller, 1992)에서 주장하는 것이다. 접근할 수 있는 인지는 '머리의 정수리'에 있는 것이고, 따라서 접근할 수 없는 인지보다는 의견에 영향을 미칠 가능성이 더 높다. 이런 의미에서 킨더와 샌더스(Kinder & Sanders, 1996)는 프레이밍이 일시적 활성화 그리고 기억 속에 있는 개념과 고려사항에 대한 접근성 향상을 통해 작동한다고 주장한다. 그들은 고려사항에 대한 접근성의 정도는 사람들이 이슈, 사람, 혹은 사건에 대해 판단을 내리는 기준을 바꿀 수 있음을 밝혔다.

최근의 프레이밍 문헌은 프레이밍 효과가 상당한 수준으로 나타나는데 필요한 세 가지 중요한 속성으로 활용 가능성, 접근성, 적용가능성을 강조한다(Chong & Druckman, 2007a, 2007b; Price & Tewksbury, 1997). 첫째, 임신 중절에 대한 산모의 권리에 대한 평가에서 '선택할 수 있는 자유'와 같이 주어진 고려사항이 머리에 떠오르고 이용되려면 미리 기억에 저장되어 있어야 한다. 만약 개인이 먼저 이러한 개념을 파악하지고 있지 못하다면 이 고려사항을 강조하는 프레임이 개인의 의견에 아무런 영향을 주지 못할 것이다 (Chong & Druckman, 2007a, 2007b).

둘째, 고려사항은 반드시 접근 가능해야 한다. 접근 가능한 고려사항이란 장기 기억의 저장에서 사용을 위해 생각해내고 활성화할 수 있는 가용한 고려사항을 말한다. 접근성을 늘리는 한 가지 방법은 특정한 고려사항을 강조하는 프레임에 최근 시점에 혹은 지속적으로 노출되는 것이다(Chong &

Druckman, 2007a, 2007b). 생각과 의견을 유도하기 위해 접근성을 이용함으로 얻을 수 있는 결과에 대해서는 뒤에서 논의한다.

마지막으로, 사용할 수 있고 접근성이 있는 고려사항이 가진 영향력은 이 고려사항이 개인들에게 얼마나 적용될 수 있는가에 달려 있을 수 있다. 미디어 프레임에 대한 인지된 적용성은 프레임의 강점, 중요성, 혹은 설득력에 대한 인식에 따라 증가한다. 임신 중절을 할 수 있는지 없는지를 결정할 수 있는 여성의 권리를 강조하는 고려사항이 높은 가용성과 접근성을 갖고 있어도 이것이 개인의 마음속에 어떠한 중요성을 갖지 못한다면 미디어 프레임이 의도한 결과를 만들어내는데 효과적이지 못할 수 있다(Chong & Druckman, 2007a, 2007b).

프레이밍과 스키마 이론

많은 학자들이 정보 처리의 일상화된 과정에서 기억을 회상시켜 주는 안내자로서 스키마의 중요성을 강조해 왔는데, 스키마는 아이디어와 느낌이 우리 기억 속에서 얼마나 접근 가능한지 결정할 수 있다(Entman, 1989, 1993, 2004; Fiske & Taylor, 1991). 스키마는 다루기 너무 복잡한 사회의 현실과 기능을 단순화할 수 있게 한다. 스키마는 또한 기존에 존재하는 지식의 조직에 새로운 생각을 맞추어 넣는다. 피스크와 테일러(Fiske & Taylor, 1991)는 스키마를 "자극의 속성과 그 속성들 간의 관계를 포함한 자극들의 개념과 형태에 대한 지식을 대변하는 인지적 구조"라고 정의했다(p. 131). 정보는 그래서 추상적 형태로 저장된다. 사람들이 가진 사전 지식은 어떤 정보가 주어진 스키마와 관련성이 있는가를 결정할 수 있도록 해줌으로써 자신들에게 닥친 구체적인 새로운 현상을 이해할 수 있도록 해준다.

스키마 연구에서 공통된 주제는 기존의 스키마를 확인하는 정보는 기억하고 그것과 일치하지 않는 정보는 잊어버린다는 것이다. 비록 스키마와 일치하는 정보가 정상적인 기억 인출 경로에서 선호되지만 그렇다고 사람들이

스키마와 일치하지 않는 정보를 자동적으로 무시한다는 의미는 아니다. 사실 일치하지 않는 정보를 처리하고 기억하는 것은 충분한 시간이 허용되는가에 달려 있을 수 있다. 혹은 사람들은 일치하지 않는 정보를 기존의 스키마에 맞춰 넣으려고 노력할 수도 있다(Fiske & Talyor, 1991).

스키마는 활동적인 상태로 바뀌기를 기다리면서 비활동적 상태로 쉬고 있는 것으로 생각할 수 있다. 스키마의 활성화는 최근 얼마나 활성화되었는가에 따라 일정 부분 결정된다. 그래서 자주 활성화되는 스키마는 어떤 주어진 시간 중 최근에 활성화되었을 가능성이 높다(Fiske & Taylor, 1991). 이러한 의미에서 스키마는 자기발견법 또는 정신적 지름길로 작용해 신속한 정보 처리를 가능하게 할 수도 있다. 예를 들어 피스크와 테일러는 얼마나 빠르게 사례 혹은 연상작용이 머리에 떠오르는지를 바탕으로 지식의 잠재적 활성화를 평가하기 위해 가용성의 자기발견적 방법이 사용된다고 설명한다.

시민의 무능?

인지적 접근성 모델은 임의적이거나 혹은 엘리트에 의해 조작된 정보에 자신들의 정치적 의견의 토대를 둘 정도로 수동적인 시민을 지칭하는 것으로 읽힐 수 있다(Druckman, 2001b). 그러나 증거에 의하면, 여론은 '단순한 접근성'에 의해서만 형성되는 것이 아니다. 넬슨과 그의 동료들(Nelson, Clawson 등, 1997; Nelson & Oxley, 1999; Nelsen, Oxley 등, 1997)은 프레이밍이 단순한 접근성 이상의 것과 관련되어 있다고 주장하는 대표적인 지지자들이다. 이 성향의 연구들에 의하면, 프레임은 특정한 고려사항에 접근하도록 만드는 것 이상을 한다. 프레임은 어떤 사건이나 이슈에 대한 의견을 형성할 때 많은, 때로는 서로 상충될 수 있는, 다양한 고려사항들 중 어느 것이 주도적이어야 할지를 암시한다. 예를 들어 넬슨과 옥슬리(Nelson & Oxley, 1999)는 조사 대상자에게 서로 다른 복지 개혁 프레임을 — '개인 책임' 프레임과 '어린이들에 대한 위험' 프레임 — 제시했다. '어린이들에 대한 위험' 프레임을 제시했을 때 조사 대상자들은 가난한 아이들의 보호가 중요하다고 생각하는 쪽으로 기울었고 복지에 대한 새로운 제한을 반대하는 의견을 표명했다. '개인적 책임' 프레임과 함께 제시하는 경우 조사 대상자들은 복지 혜택을 받는 여성들이 적절한 책임감을 보여주지 않은 것이라고 생각하는 경향이 높았고, 이것은 복지를 제한하는 정책에 대한 지지도를 높였다. 저자들은 시민들이 이미 갖고 있는 자체적인 성향과 이슈에 대한 가변적인 인상으로부터 중요한 판단이 내려지며, 그 때문에 시민들은 일정 정도의 자율성과 능력을 갖고 사고한다고 해석했다. 다른 한편으로는, 통시적 관점에서 제시한 것처럼, 시민들의 자체적인 성향은 앞선 프레임에 의해 크게 영향을 받았을 수 있다. 그래서 시민들의 능력에 대한 문제는 아직도 미해결 상태에 있다.

프레이밍 효과: 비평과 새로운 종합

이 절은 프레이밍 효과에 대한 최근 연구들이 주목한 문제들에 대해 상세하게 설명한다. 기존의 강력한 태도가 여론에 미칠 수 있는 유의미한 프레이밍 효과를 막는지, 프레임 사이의 경쟁이 논리적으로 최소한의 프레이밍 결과를 가져 오는지, 프레이밍 메시지는 개인 의견에 영향을 주지 않은 경우에도 중요한 정치적 효과를 가질 수 있는지를 다룬다.

프레이밍 효과와 기존의 태도

프레이밍에 관심 있는 학자들은 특히 정책과 입후보자에 대한 시민들의 선호도에 어떤 방식으로 영향을 주는가에 관심을 둔다. 이 문제에 대해 관련 문헌들은 실제보다 한층 더 분열된 것처럼 보인다. 일관되게 강한 프레이밍 효과를 주창하는 사람들이 있는가 하면 약한 영향을 주창하는 사람들도 있다. 후자는 때로는 강한 효과를 믿는 사람들은 특정한 선호도를 갖는 과정에서 작용하는 우연성과 개인의 주체성을 간과하고 있다고 주장해 전자와의 차이를 과장한다. 그들은 나아가 강한 프레이밍 효과는 시민들의 무능함을 암시한다고 주장한다. 그러나 강한 효과가 다양한 프레이밍 메시지에 대한 개인적 반응의 변이와 논리적으로 양립할 수 없는 것이 아니며, 나아가 민주주의와 근본적으로 양립할 수 없는 것도 아니다.

그러나 프레임의 정치학 이론에서 더욱 중요한 점은 약한 프레이밍 효과라 해도 정치적 결과는 클 수 있다는 점이다. 이는 조사 결과가, 자주 그렇듯, 강한 사전 태도의 존재나 프레임 간의 경쟁이 프레이밍 메시지가 많은 사람의 의견에 영향을 미치는 것을 방해한다는 것을 보여준다고 해도 이를 바탕으로 실제 세계의 정치적 영향을 해석하는데 주의가 필요함을 의미한다.

사전 태도와 프레임 경쟁이 가질 수 있는 완화 효과가 발견되었다고 해서 그것이 프레이밍이 실제로 대부분의 개인들에게 최소의 결과를 가져온다는 것을 의미하는 것은 아니다. 청과 드러크만(Chong & Druckman, 2007b)이 밝혀낸 바에 의하면 특정한 고려사항에 대한 장기적 접근성을 확산시키고 증가시키면 프레임된 대상에 대한 미래 커뮤니케이션에 강하든 약하든 자동적으로 적용된다. 이 프레임은 또한 인지적으로 부담스러운 중심적 처리보다는 적은 노력만이 요구되는 '주변적' 처리를 통해 작동한다. 강한 프레임의 확산은 '약화된 프레이밍 효과'로 연결된다는 것이 그들의 주장이다. 더 정확하게 말하자면, 프레이밍 효과가 시점 1에서 성공적이었기 때문에 시점 2에서 약화되었음을 보여준다(Chong & Druckman, 2007b, p. 110). 만약 청과 드러크만이 말한 것처럼 강한 사전 태도가 측정 시점에서 프레이밍 효과를 약화시켰다면 그것은 강한 사전 태도가 강한 프레임의 사전事前 확산으로부터 생겨났기 때문이며, 이것을 놓고 일반적으로 프레이밍이 약한 효과를 가진다고 말할 수 없다(Chong & Druckman, 2007a, p. 107. 참조, Matthes, 2007). 오늘 사람들이 가진 태도가 프레이밍 메시지를 거부하게 만들 수도 있지만 이 태도는 과거에 그들에게 영향을 끼쳤던 프레임을 바탕으로 만들어진 것이라는 사실은 거의 명백한 것으로 보인다.

프레임 경쟁

일단 프레이밍 효과를 더욱 부지런하게 찾기 시작하면 우리는 언제나 그렇듯이 측정과 데이터 문제에 직면할 수밖에 없다. 그래서 프레이밍 연구에 있어서 나타난 중요한 발전으로 스나이더먼과 테리오(Sniderman & Theriault, 2004), 청과 드러크만(Chong & Druckman, 2007a)이 학자들에게 권고한 사항이 있다. 실험실에서 하는 단순한 일방적인 프레이밍 자극이 아니라 경쟁하는 프레임들을 포함해 프레이밍 효과를 보다 현실적으로 검증하라는 것이다. 경쟁은 사안을 매우 복잡하게 만든다.

어떤 연구자들은 그에 관한 연구에서 프레임 경쟁이 프레이밍 효과를 축소시킨다고 결론짓는다. 이것은 논리적으로 문제가 있는 해석으로 보인다. 프레임 경쟁 연구들이 실제 보여 주는 것은 (아주 자연스럽게) 수용자들이 오직 한 개의 프레임에 노출되었을 때보다는 두 개의 경쟁하는 프레임에 노출되었을 때 프레이밍 효과가 다르게 배분된다는 사실이다. 현실 세계에서 프레이밍 경쟁이 프레임된 메시지를 프레임되지 않은 (즉 오로지 완전한) 현실 상황과 맞서게 할 때만 프레이밍 효과를 약화시킨다고 말할 수 있다. 다시 말하지만 경쟁이 하는 일은 프레이밍 효과를 복잡하게 만드는 것이다.

예를 들어 청과 드러크만은 경쟁 상황 아래의 프레이밍 효과에 적용할 수 있는 17개의 서로 다른 조건을 분리했다. 이 조건은 조사 대상이 이슈에 대한 찬성과 반대의 강한 두 프레임에 노출되었는지, 두 개의 약한 프레임에 노출되었는지, 혹은 이슈에 대한 찬반이 혼합된 프레임에 노출되었는지에 따른 것이다. 실제 세계의 뉴스 보도 및 여타 텍스트에서는 실험 연구자들이 제공하는 것과 같이 깔끔하게 대칭적이거나 비대칭적으로 포장된 프레이밍이 제공되는 일이 드물고, 긴 시간에 걸쳐 펼쳐진 다중적인 노출을 수반한다. 실험에서 실제 세상의 프레이밍을 그대로 재현하려면 문자 그대로 수백 가지의 다른 조건이 필요하다. 문제가 더 복잡해지는 것은, 개인이 프레이밍 커뮤니케이션의 다른 부분들을 자유롭게 수용할 수 있고, 아주 특이한 방법으로 이러한 부분들을 조합할 수 있을 것이다. 예를 들어 그들은 각각 문제에 대한 다른 정의를 받아들이지만 동일한 처방 쪽으로 의견을 모을 수 있다.

프레이밍과 여론

엘리트들이 미디어의 프레임 형성 경쟁에 참여할 때 그것은 주로 여론에 대한 다른 엘리트들의 인식과 예측, 나아가 그들의 정치적 계산에 영향을 주는 방식으로 이루어진다. 미디어 프레임의 영향은 적어도 세 가지 다른 통로를 따라 작동한다. 어떤 문제에 대한 설문조사의 질문에 대한 시민들의 답변(반드시 시민들의 실제 태도일 필요는 없다)에 미치는 영향을 통해, 여론의 현재 및 미래 상태에 대한 추론을 직접적으로 이끌어내기 위해 뉴스 프레임을 사용하는 엘리트를 통해, 또한 이 모든 것에 대해 경쟁 관계에 있는 엘리트들이 어떻게 반응할지에 대한 엘리트의 평가를 통해 작동한다. 예를 들면 시점 2에서 엘리트들이 특정 프레임이 경쟁에 중요하다고 생각하면 그들은 시점 3에서 여론에 미칠 중요한 영향을 미리 예측하는데, 개인들의 실제적 의견이 아니라 엘리트 계급에 속한 다른 사람들이 인식할 것으로 예상되는 여론이 중요하다. 프레임 경쟁은 그래서 상당히 복잡한 체스 게임이고, 미래의 연구를 위해 많은 먹잇감을 제공한다.

엘리트 경쟁이 이슈와 입후보자에 대한 시민 각 개인의 의견에 영향을 미치기 위한 것만은 아니다. 이와 동등하게 또는 아마 더 중요한 것이 조사여론(광범위하게 발표되는 설문에 대한 다수의 응답), 인식된 여론, 또한 예상된 다수라고 불릴 수 있는 것으로 구현되는 여론의 집합적 지표에 영향을 미치려는 경쟁이다(Entman, 2004). 프레이밍 메시지는 개인의 의견에 영향을 미치지 않는 경우에도 중요한 정치적 영향력을 가질 수 있다. 왜냐하면 그러한 메시지들은 여론에 대한 엘리트들의 인식, 정치적 환경에 대한 그들의 평가, 그들의 수사修辭와 결정을 형성하는 정치적 이득과 위험에 대한 계산에 영향을 미칠 수 있기 때문이다. 여론은 측정과 함께 전달(공중으로부터 엘리트에게로 그리고 그 반대 경로도 마찬가지이다)에서 프레이밍의 영향을 받는다. '여론'이라는 개념으로 포괄되는 실질적 공중의 인식, 감정 그리고 선호도의 집합을 정부 관리와 저널리스트가 입수할 수 있는 그에 대한 수치와 혼동해서는 안 된다.

여론은 그 자체로 프레임된 현상이고, 엘리트들은 여론 프레이밍을 놓고 경쟁한다. '애로의 불가능성 정리The Arrow Impossibility Theorem'(안정된 다수의 규칙이 현실에서 달성될 수 없음을 보여준다) 외에도 개인의 의견을 확실한 공공의 의지로 모으는 어려움들은 잘 알려져 있다(예를 들어 Riker, 1996). 마찬가지로 설문조사 방법과 샘플링 문제나 비非태도 문제도 잘 알려져 있다. 이러한 문제들의 목록은 얼마든지 있다. 이러한 딜레마는 정치 커뮤니케이션 학자들만이 아니라 정치 엘리트도 직면한다. 그 결과 여론을 대변하고자 하는 엘리트들은 이타적 이유이든 정치적인 이기적 이유이든 선택적 해석인 프레임된 해석을 채택하는 방법 말고는 다른 대안이 없다. 우리는 정치인들이 다음 선거가 있을 미래에서의 의견 방향과 강도를 예측하는 것에 특별한 관심을 갖고 있음을 안다. 우리는 또한 정치인들이 오늘 무엇을 행하고 무엇을 말했는지에 대해 미래 시점에 미디어가 어떻게 다루고 여론이 어떻게 반응할지에 대해 특별한 관심을 갖고 있음을 알고 있다.

이 모든 것은 실험실 연구 결과를 실제 세상의 프레이밍 효과에 적용하는 데 한계가 있음을 말해준다. 실험에 너무 많이 의존할 때 부수되는 또 다른, 눈에 잘 안 띄는 약점은 비非학술적 설문 인터뷰 경험이 우리가 실험 대상을 정하는 상황과는 상당히 다른 데서 찾을 수 있다. 그럼에도 미디어 조직과 여론조사 기관의 설문조사는 정치적으로 영향력이 클 수 있다. 만약 설문에 대한 응답이 정책 입안자와 정치인에게 정치적으로 유의미한 신호를 보내는 도구라면 실험실에서 표현된 의견보다는 현실 세계에서 실시되는 설문에 대한 응답의 프레이밍 효과에 대해 보다 큰 주목이 요구되며 그에 대해 실질적인 개인의 의견에 미치는 영향만큼이나 많은 관심을 기울여야 한다. 프레임 메시지들은 개인의 실제 의견에 영향을 미치지는 않으면서도 실제 세상의 설문 인터뷰 상호작용에서 설문지 질문에 대한 응답에 영향을 미칠 수 있다. 개인의 실제 의견은 상업적 설문조사 기관에 의한 조사보다는 사회 과학자에 의한 전형적인 프레이밍 실험에서 더 정확하게 측정될 수 있을 것이다. 비록 사회과학자의 실험실 연구가 실험 대상의 진정한 의견을 찾아내는 반면 설문조사는 그렇지 않더라도 연구자들은 반드시 현실 세계에서 실시되는 설문에 대한 응답의 프레이밍 효과에 대해서도 동등하게 관심을 가져야 한다. 왜냐하면 이러한 것들이야말로 관심을 끄는 정책 의견(여론조사에서의 다수), 대통령들에 대한 재평가 그리고 투표 계획 등의 정치에 매우 중요하기 때문이다.

동시에 엘리트에 의해 인식되고 예측되는 여론이 그들 자신의 전략적 메시지 프레이밍의 선택권을 제한할 수 있다는 의견이 있다. 그러나 공중에 도달해 공중의 응답을 형성하는 프레임을 비록 결정하지는 않더라도 이에 큰 영향을 줄 수 있는 엘리트들의 능력은 이런 생각에 제약을 가한다. 권력의 흐름은 분명 양방향을 갖고 있으나 대부분의 증거는 엘리트들이 단연 유리함을 보여준다. 하지만 엘리트들이 의견 불일치를 드러내는 곳에서는 어떠한 유일한 '엘리트 지위'가 광범위하게 퍼진 사건이나 이슈의 프레이밍을 좌지우지할 수 없고, 때문에 보다 자율적인 시민들의 숙고 가능성을 활짝 열어준다.

결론

프레이밍 연구는 지속적으로 공중을 조종할 수 있는 엘리트들의 능력과 민주주의 자체의 가능성에 대한 비판적 우려를 제기해 다. 예를 들어 엔트만 (Entman, 1993, p, 57)은 이렇게 주장한다.

> 만약 프레임을 형성함으로써 엘리트들이 정부가 얻을 수 있는 '진짜' 여론의 결과를 (여론조사나 투표를 통해) 결정할 수 있다면, 진짜 여론이란 도대체 무엇인가. 경험적 증거가 보여주듯 여론이 프레이밍 효과에 그렇게 잘 순응하고 그처럼 취약한 것이라면 어떻게 진지한 민주적인 대표들이 여론에 올바르게 반응할 수 있을까.

무엇이 '진짜' 여론인지 정확하게 결정할 수 있는 방법이 없는 한 엘리트들은 프레이밍 효과에 영향 받기 쉬운 여론조사와 뉴스 텍스트 같은 간단한 지표에 의지해야 한다. 프레이밍이 진정으로 실제의 다수 의견에 영향을 주는지 여부와는 무관하게 또는 진정한 여론이 엘리트에 의해 조작되는지 여부와는 별개로 프레이밍은 미디어의 강조와 여론조사 응답에 끼치는 영향을 통해 정치적 효과를 가질 가능성이 높다. 이러한 설명은 개개인의 의견에 대한 직접적 프레이밍 효과가 민주 시민성의 수준을 추정할 수 있는 데이터를 제공하지는 못할 것임을 시사한다. 따라서 개인의 의견에 대한 초점 맞추기를 뛰어 넘어 보다 크고, 통시적이며, 사회정치적 과정으로까지 프레임의 범위를 확대함으로써 훨씬 많은 것을 얻을 수 있다.

이러한 시각이 개인의 정책 의견에 끼칠 수 있는 프레이밍 효과에 대한 연구를 포기하자는 제안을 의미하는 것은 아니다. 그보다는 민주주의 이론과 관련된 보다 큰 질문들과 연결하면서 프레이밍 효과의 연구 범위를 넓힐 필요가 있음을 강조하고 있다. 이것은 프레이밍 메시지에 저항하는 시민들은 민주적 시민으로서의 역량을 증명한 것인가에 대한 질문을 포함하면서 동시에 그러한 질문을 넘어선다. 시민들의 자질만큼이나 엘리트의 자질과 프레임의 품질에 대한 연구가 필요하다. 우리는 누구의 프레임이 가장 유용한지, 어떤 조건하에서 그리고 어떻게 프레이밍이 엘리트의 여론 지표에 대한 반응을 인도하고 엘리트의 여론 지표 형성에 도움을 주는지에 대해 좀 더 많은 관심을 기울일 수 있을 것이다. 이러한 연구는 프레임의 생산과 순환을 조명하고, 나아가 경쟁하는 미디어, 경쟁하는 엘리트 그리고 대중 사이에서 정치권력의 흐름을 추적하는 피드백 고리를 드러낼 수 있을 것이다.

〈참고문헌〉

Bateson, G.(1954). A theory of play and fantasy. *Psychiatric Research Reports, 2*, 39-51.

Benford, R. D., & Snow, D. A.(2000). Framing processes and social movements: An overview and assessment. *Annual Review of Sociology, 26*, 611-639.

Brosius, H.-B., & Eps, P.(1995). Prototyping through key events: News selection in the case of violence against aliens and asylum seekers in Germany. *European Journal of Communication, 10*, 391-412.

Chong, D., & Druckman, J. N.(2007a). A theory of framing and opinion formation in competitive elite environments. *Journal of Communication, 57*, 99-118.

Chong, D., & Druckman, J. N.(2007b). Framing theory. *Annual Review of Political Science, 10*, 103-126.

de Vreese, C. H.(2005). News framing: Theory and typology. *Information Design Journal +Document Design, 13*, 51-62.

Downs, D.(2002). Representing gun owners. Frame identification as social responsibility in news media discourse. *Written Communication, 19*, 44-75.

Druckman, J. N.(2001a). On the limits of framing effects: Who can frame? *The Journal of Politics, 63*, 1041-1066.

Druckman, J. N.(2001b). The implications of framing effects for citizen competence. *Political Behavior, 23*, 225-256.

Dunwoody, S.(1992). The media and public perceptions of risk: How journalists frame risk stories. In D. W. Bromley & K. Segerson(eds.), *The social response to environmental risk: Policy formulation in an age of uncertainty*(pp. 75-100). Boston: Kluwer.

Entman, R. M.(1989). How the media affect what people think: An information processing approach. *Journal of Politics, 51*, 347–370.

Entman, R. M.(1993). Framing: Toward clarification of a fractured paradigm. *Journal of Communication, 43*, 51–58.

Entman, R. M.(2004). *Projections of power: Framing news, public opinion, and U. S. foreign policy.* Chicago: University of Chicago Press.

Esser, F., & D'Angelo, P.(2003). Framing the press and the publicity process: A content analysis of metacoverage in campaign 2000 network news. *American Behavioral Scientist, 46*, 617–641.

Feldman, S., & Zaller, J.(1992). Political culture of ambivalence: Ideological responses to the welfare state. *American Journal of Political Science, 36*, 268–307.

Fiske, S. T., & Taylor, S. E.(1991). *Social cognition*(2nd . New York: McGraw Hill.

Fröhlich, R., & Rudiger, B.(2006). Framing political public relations: Measuring success of strategies in Germany. *Public Relations Review, 32*, 18–25.

Gamson, W. A., & Modigliani, A.(1987). The changing culture of affirmative action. In R. G. Braungart &

M. M. Braungart(eds.), *Research in political sociology*(pp. 137–177). Greenwich, CT: JAI Press.

Goffman, E.(1974). *Frame analysis: An essay on the organization of experience.* New York: Harper & Row.

Hallahan, K.(1999). Seven models of framing: Implications for public relations. *Journal of Public Relations Research, 11*, 205–242.

Hallin, D. C., & Mancini, P.(2004). *Comparing media systems: Three models of media and politics.* New York: Cambridge University Press.

Hsiang, I. C., & McCombs, M.(2004). Media salience and the process of framing: Coverge of the Columbine school shootings. *Journalism and Mass Communication Quarterly, 81*, 22–35.

Husselbee, L. P., & Elliott, L.(2002). Looking beyond hate: How national and regional newspapers framed hate crimes in Jasper, Texas, and Laramie, Wyoming. *Journalism & Mass Communication Quarterly, 79*, 833–852.

Iyengar, S.(1991). *Is anyone responsible? How television frames political issues.* Chicago: University of Chicago Press.

Johnston, H.(1995). A methodology for frame analysis: From discourse to cognitive schemata. In E. Larana, H. Johnston, & J. R. Gusfield(eds.), *Social movements and culture*(pp. 217–246). Minneapolis: University of Minnesota Press.

Joslyn, M., & Haider-Markel, D.(2002). Framing effects on personal opinion and perception of public opinion: The cases of physician-assisted suicide and social security. *Social Science Quarterly, 83*, 690–706.

Kahneman, D., & Tversky, A.(1984). Choices, values and frames. *American Psychologist*, *39*, 341–350.

Kinder, D., & Sanders, L.(1996). *Divided by color: Racial politics and democratic ideals*. Chicago: University of Chicago Press.

Kiousis, S., Mitrook, M., Wu, X., & Seltzer, T.(2006). First-and second-level agenda-building and agendasetting effects: Exploring the linkages among candidate news releases, media coverage, and public opinion during the 2002 Florida gubernatorial election. *Journal of Public Relations Research*, *18*, 265–285.

Levin, I., & Gaeth, G.(1988). Framing of attribute information before and after consuming the product. *Journal of Consumer Research*, *15*, 374–378.

Levin, I., Schneider, S., & Gaeth, G.(1998). All frames are not created equal: A typology and critical analysis of framing effects. *Organizational Behavior and Human Decision Processes*, *76*, 149–188.

Lippmann, W.(1922). *Public opinion*. New York: Free Press.

Matthes, J.(2007). Beyond accessibility? Toward an on-line and memory-based model of framing effects. *Communications: The European Journal of Communication Research*, *32*, 51–78.

Matthes, J., & Kohring, M.(2008). The content analysis of media frames: Toward improving reliability and validity. *Journal of Communication*, *58*, 258–278.

McCombs, M.(2005). A look at agenda-setting: Past, present and future. *Journalism Studies*, *6*, 543–557.

Meyerowitz, B., & Chaiken, S.(1987). The effect of message framing on breast self-examination attitudes, intentions, and behavior. *Journal of Personality and Social Psychology*, *52*, 500–510.

Miller, M. M., Andsager, J., & Riechert, B. P.(1998). Framing the candidates in presidential primaries. *Journalism & Mass Communication Quarterly*, *75*, 312–324.

Neale, M. A., & Bazerman, M. H.(1985). The effects of framing and negotiator overconfidence on bargaining behaviors and outcomes. *Academy of Management Journal*, *28*, 34–49.

Nelson, T. E., Clawson, R. A., & Oxley, Z. M.(1997). Media framing of a civil liberties conflict and its effect on tolerance. *American Political Science Review*, *91*, 567–583.

Nelson, T. E., & Oxley, Z. M.(1999). Issue framing effects on belief importance and opinion. *The Journal of Politics*, *61*, 1040–1067.

Nelson, T. E., Oxley, Z. M., & Clawson, R. A.(1997). Toward a psychology of framing effects. *Political Behavior*, *19*, 221–246.

Pan, Z., & Kosicki, G. M.(1993). Framing analysis: An approach to news discourse. *Political Communication*, *10*, 55–76.

Pfau, M., Haigh, M. M., Gettle, M., Donnelly, M., Scott, G., & Warr, D.(2004). Embedding journalists in military combat units: Impact on newspaper story frames and tone. *Journalism & Mass Communication Quarterly, 81,* 74-88.

Price, V., & Tewksbury, D.(1997). News values and public opinion: A theoretical account of media priming and framing. In G. Barnett & F. J. Boster(eds.), *Progresses in the Communication Sciences*(pp. 173-212). Greenwich, CT: Ablex. Reese, S. D., & Buckalew, B.(1995). The militarism of local television: The routine framing of the Persian Gulf War. *Critical Studies in Media Communication, 12,* 40-59.

Riker, W.(1996). *The strategy of rhetoric: Campaigning for the American constitution.* New Haven, CT: Yale University Press.

Scheufele, B.(2006). Frames, schemata and news reporting. *Communications: The European Journal of Communication Research, 31,* 65-83.

Semetko, H. A., & Valkenburg, P. M.(2000). Framing European politics: A content analysis of press and television news. *Journal of Communication, 50*(2), 93-109.

Shah, D. V., Watts, M. D., Domke, D., & Fan, D. P.(2002). News framing and cueing of issue regimes. Explaining Clinton's public approval in spite of scandal. *Public Opinion Quarterly, 66,* 339-370.

Simon, A. F., & Xenos, M.(2000). Media framing and effective public deliberation. *Political Communication, 17,* 363-376.

Sniderman, P., & Theriault, S.(2004). The structure of political argument and the logic of issue framing. In P. M. Sniderman & W. W. Sarris(eds.), *Studies in public opinion: Gauging attitudes, nonattitudes, measurement error, and change*(pp. 133-165). Princeton, NJ: Princeton University Press.

Sniderman, P., Brody, R., & Tetlock, P.(1991). *Reasoning and choice: Explorations in Political Psychology.* Cambridge, UK: Cambridge University Press.

Snow, D. A., & Benford, R. D.(1992). Master frames and cycles of protest. In A. D. Morris & C. McClurg Mueller(eds.), *Frontiers in social movement theory*(pp. 133-155). New Haven, CT: Yale University Press.

Tuchman, G.(1976). Telling stories. *Journal of Communication, 26*(4), 93-97.

Zaller, J. R.(1992). *The nature and origins of mass opinion.* Cambridge, UK: Cambridge University Press.

14_
뉴스, 담론 그리고 이데올로기

티은 A. 반 다이크

서론

담론과 커뮤니케이션 연구가 겹치는 연구 영역 중의 하나가 뉴스 이론과 분석이다. 커뮤니케이션 연구는 커뮤니케이션이 사회적으로 위치 지어진 텍스트와 담화 형태로도 분석되어야 함을 점점 더 분명하게 실감하고 있다. 이처럼 새로운 시각은 특별히 신문 뉴스에 대한 연구에 적용되어 왔다.

비록 언어학, 기호학, 담론적 연구들이 1970년대부터 뉴스 담론에 관심을 가져 왔지만 그들의 지향점은 뉴스 구조에 한정되어 있었다. 그 결과 뉴스 생산의 사회학과 경제학, 수용자들이 뉴스로부터 정보와 지식을 이해하고 기억하고 통합하는 방법과 같은 커뮤니케이션의 주요 맥락적 차원의 많은 부분은 무시되었다.

이 장에서 우리는 한편으로는 뉴스와 관련된 초기 연구를 검토하면서 다른 한편으로는 뉴스를 다루는 이 중요한 교차 학문적 접근이 인문학과 사회과학의 발전으로부터 얼마나 혜택을 얻게 되는지를 살펴볼 것이다.

'커뮤니케이션 중 담론으로서의 뉴스'에 대한 통합된 연구는 여전히 방대한 영역이기 때문에 이 장은 이러한 접근법 중 하나의 주요한 차원을 구체적으로 다룰 것이다. 뉴스의 이데올로기적 성격이 그것이다. 이 관점은 사회과학에서 이데올로기 연구에 대한 하나의 새로운 다학문적 접근이라는 넓은 틀 안에서 전개된다.

담론 연구

본격적으로 뉴스와 이데올로기를 다루기 전에 뉴스에 대한 담론 분석적 접근의 이론적·학문적 배경과 몇 가지 기본 원칙을 간단히 요약하겠다(Van Dijk, 1997년 참고). '담론 연구'에 대한 새로운 교차 학문은 대부분의 인문학과 사회과학에서 1960년대 중반 이후 발전해왔다. 이러한 발전은 기호학, 화용론, 사회언어학, 심리언어학 등 인문학에서 새롭게 나타난 몇몇 학제 간 학문이 독자적 영역으로 발전해 나온 것과 밀접하게 관련되며, 또한 그와 다소 유사한 시기에 일어났다. 비록 처음에는 '담론 분석'이 기호학처럼 구조적 언어학 및 기능적 언어학의 다양한 갈래에서 나온 개념에 바탕을 두었지만 그 후의 발전은 사회과학에서의 새로운 발전에 의해 활기를 얻었다. 그래서 인류학은 '소통적 사건communicative event'과 같은 복합적 단위들에 대해 관심을 갖기 시작했다. 언어 인류학 내에서 특별하게 영향력이 있는 통상 '말하기의 민속학 the ethnography of speaking'으로 불리는 연구 방향이 그것이다. 사회학은 민속방법론적 패러다임 내에서 담론 연구에 심대한 영향을 주었고, 대화와 그 외 형태의 일상적인 상호작용에 대해 특별히 초점을 맞추었다. 그리고 마침내 담론 연구의 활용이 1980년대 이래 일반적으로는 커뮤니케이션 영역에서, 특별하게는 매스커뮤니케이션 영역에서 점차 더 늘어나고 있다. 이에 대해서는 다음에 더 세부적으로 다룬다.

담론 연구 같은 광대한 교차 학문을 요약해서 설명하기 어렵지만 중요한 기본 원칙은 아래와 같다(보다 자세한 내용과 풍부한 참고문헌에 관해서는 Schiffrin, Tannen & Hamilton, 2001; Van Dijk, 1997, 2007을 참고하라).

1. 전통적 언어학과는 반대로 담론 연구는 형식적 문법이나 추상적 문장에 제한되지 않고, 상호작용과 커뮤니케이션의 실제 사회적 상황에서 실제 언어 사용자의 '**자연적인 언어 사용**'에 초점을 맞춘다.

2. 분석 단위는 전통적 문법에서처럼 단어 혹은 문장이 아니고, '전체적' 문어나 구어로 된 '**담론 혹은 소통적 사건**'의 구조와 전략이다.

3. 담론은 그 자체로서 복잡한 현상이라고 분석되지만(커뮤니케이션의 경우에도 마찬가지이다), 여러 '**구조 수준**'에서 서술되고, 다양한 이론과 (하위)학문의 관점에서 보아야 더욱 분명하게 드러난다. 즉 담론 문법, 의미론, 문체론, 수사학, 대화 분석, 서사 분석, 논쟁 분석, 화용론, 기호학 등의 관점에서 볼 필요가 있다. 이러한 수준들은 한편으로는 보다 지역적, 미시적 수준의 분석에 의해 묘사될 수도 있고, 또 다른 한편으로는 보다 전체적이고, 거시적 수준의 분석에 의해 묘사될 수도 있다. 이러한 분석들의 기본 원칙은 '**순차성**sequentiality'의 원칙이다. 담론의 각 수준에서 각 단위(단어, 문장, 의미, 발화 행위, 순서 등)가 만들어지고, 해석되고, 분석된다. 그리고 각 단위는 이전에 해석되었던 단위에 의해 조건 지어진다. 뒤에서 곧 살펴보겠지만 이것은 뉴스 보도 분석에도 적용된다.

4. 담론은 '**구두**' 차원에만 제한되지 않고, 한편으로는 억양, 제스처, 얼굴 표정 등 유사 구어와 비非구어 차원을 가진다. 또한 다른 한편으로는 소리, 음악, 이미지, 필름과 그 외 다중양상multimodal의 측면 등 '**기호학적**' 차원을 가진다. 다른 말로 표현하자면, 담론은 이제 상호작용과 커뮤니케이션의 복잡한 다중양상 사건으로 이해된다.

5. 언어 사용으로서의 담론은 또한 생산과 이해라는 인지적 측면을 전제

하고, 다양한 종류의 정신적 전략, 지식, 정신적 모델, 그 외 기억 속의 다른 재현representation들을 포함한다.

6. 담론은 상호작용적, 사회적, 소통적, 정치적, 역사적, 문화적 구조 등 다양한 종류의 '상황'과 연관되어 연구되고, 참가자들에 의해서는 관련성이 있는 '맥락'으로 해석된다.

7. 담론은 일반적으로는 사회의 재생산에 중요한 역할을 하는 사회적 실천으로, 특수하게는 사회적 공동체나 집단의 재생산과 그들의 지식과 이데올로기의 재생산에 중요한 역할을 하는 것으로 사회과학에서도 연구되고 있다. 그 자체로서 담론 분석은 또한 사회 내에서 인종주의의 재생산 그리고 다른 형태의 사회적 지배 및 사회적 불평등의 재생산에 대한 연구에도 공헌했다. 사실 정치, 대중매체, 교육, 과학 그리고 법 등 사회의 큰 영역들은 각각의 맥락 속에서 주로 많은 담론의 장르와 소통적 사건으로 구성되어 있다. 그래서 사회과학에서 학자들은 때때로 그들 데이터의 담론적 성격을 의식하지 않고 흔히 텍스트와 발언을 연구한다.

우리는 지난 수십 년 동안 담론 연구(대상의) 범위가 점차 확장된 것을 보았다. 그것은 단어에서 문장까지, 문장에서 담론까지, 구문론에서 의미론을 거쳐 화용론까지, 미시 구조부터 거시 구조까지, 독백적 텍스트에서 상호작용의 대화까지, 구어적 텍스트와 대화에서 다중양상의 소통적 사건까지, 텍스트 (및 발언)에서 맥락까지, 사회적 담론과 상호작용으로부터 근본적인 인지적 과정과 재현에 이르기까지, 개인적 담론으로부터 담론과 커뮤니케이션의 사회적 시스템 및 영역에 이르기까지 확대되어 왔다.

이데올로기

담론의 복합성에 관해 위에서 제시한 내용 중 많은 것은 이데올로기 개념에도 적용된다. 이데올로기도 마찬가지로 다학문적 접근을 필요로 한다. 이 접근법은 다음과 같은 요점으로 정리될 수 있다(자세한 내용을 위해 Van Dijk, 1998 참고).

1. '관념학'(18세기말 트라시Destutt de Tracy에 의해 제시된)으로 알려진 이데올로기에 대한 원래의 생각은 얼마 지나지 않아 '**부정적인**' 의미를 **함축**하게 되었고, 이것은 또한 마르크스와 레닌에 의해 사용된 '허위의식'이라는 모호한 개념에도 반영되었다. 이런 부정적 의미는 오늘날까지 이데올로기 개념의 정치적 활용뿐만 아니라 연구를 지배해 왔으며, 우리는 다른 많은 사람들 중 만하임, 루카치, 알튀세, 홀, 톰슨과 이글턴의 연구에서 이것을 알고 있다.

2. 이데올로기에 대한 전통적인 접근은 대부분 이데올로기의 담론적이고 인지적인 차원을 무시했다. 그러나 이데올로기는 이념(신념)이며 그렇게 때문에 정신적 표현이고, 대체로 텍스트와 담화 및 커뮤니케이션에 의해 (재)생산된다.

3. **이데올로기에 대한 새롭고 다학문적인 접근**은 **사회적 인지**(지식의 경우와 마찬가지로)의 한 형태로서의 이데올로기에 관한 이론, 이데올로기의 표현과 재생산에서의 **담론의 역할**에 관한 이론, 예를 들면 **사회적 집단과 집단 관계의** (재)생산과 같은 사회에서의 이데올로기 기능에 관한 이론을 모두 통합해야 한다.

4. 이러한 이론은 이데올로기를 본질상 부정적인 것으로 규정하지 않아야 한다. 왜냐하면 집단에 의해 사회적으로 공유된 이데올로기는 힘의 오용(지배)을 정당화하기 위해서 사용될 뿐만 아니라 사회주의자, 페미니스트, 혹은 평화주의자의 경우처럼 저항을 강화하기 위해서 사용되기도 하기 때문

이다.

5. 이데올로기는 단순히 어떤 사회적 종류의 신념이 아니라 한 집단에 의해 공유되는 사회적 표현의 근거를 제공하는 근본적이고 규범적인 믿음이며, 기본적 규범과 가치(자유, 정의, 평등 등 같은 가치)를 보여준다. 그러나 이것은 자신의 이익을 위해 강요하고 방어하고 투쟁하려는 각 사회 집단에 의해 이용되거나 남용될 수도 있다(예를 들면 언론자유, 시장의 자유, 차별로부터의 자유 등).

6. 이데올로기는 한 **집단의** (긍정적) **자기 이미지**의 토대로 간주될 수 있다. 이것은 원하는(높이 평가하는, 선호하는) 정체성, 행위, 규범, 가치, 자원, 다른 집단과의 관계 등 근본적 범주에 의해 조직된다. 이데올로기의 구조적 특성은 (긍정적인) '우리'(내집단)와 (부정적인) '그들'(외집단) 사이의 양극화이다. 그래서 저널리스트의 (직업적) 이데올로기들은 기사 만들기의 전형적인 행위를 비롯해, 언론자유, 객관성, 공정성, 혹은 취재원 보호 같은 가치, 나아가 독자, 취재원, 뉴스 행위자, 국가와의 관계 등의 관점에서 정의된다.

7. 이데올로기는 집단에서 사회적으로 공유한 보다 특정한 사고방식을 통제한다(예를 들어 인종차별주의 이데올로기는 이민, 통합, 입법 등에 대한 인종주의적 태도를 통제할 수 있다).

8. 사고방식(예컨대 이민, 이혼, 임신중절, 사형 그리고 다른 중요한 사회적 이슈에 대한 사고방식)은 일반적이고 추상적이다. 사고방식은 또한 구체적인 사회적 이슈에 대해 **개인적 의견**을 형성하기 위해 이러한 사고방식을 '적용'할 수도 있는 구성원들이 많든 적든 알고 있고 공유하고 있을 수 있다. 그러나 이러한 개인적 의견은 다양한 (때로는 서로 상충되는) 이데올로기에 의해 그리고 개인의 경험에 의해 영향을 받을 수 있다. 이 말은 상대적으로 안정적인 사회 집단의 사고방식과는 달리 개인적 의견들은 독특하고 맥락적임을 의미한다. 그것은 항상 당사자 및 당면한 상황에 달려 있다.

9. 구체적 사건(이라크 전쟁 혹은 테러리스트의 폭탄 공격 등)과 관련해 이데올로기적으로 영향을 받은 개인적 의견은 '정신적 모델'에서 재현되며, '일화적 기억'(이것은 '장기 기억'의 일부이며, 사람들의 개인적 경험의 일부이다) 속에 저장된다.

10. 이러한 '이데올로기적으로 **편향된 정신적 모델들이 이데올로기적 담론의 토대**'이고, 이것은 담론의 소리와 시각자료, 담론의 구문, 주제, 의미, 언어 행위, 스타일, 수사학 혹은 상호작용 전략에 이르기 담론의 모든 수준에 영향을 미칠 수 있다.

11. 토대를 이루는 이데올로기(또한 사회적 사고방식 그리고 이에 영향을 받은 개인적 의견)는 일반적으로 양극화되기 때문에, 이것은 또한 이데올로기적 담론의 사례가 되는 경향이 있다. 이것은 통상적으로 '우리'(내부사람)에 대한 긍정적 표현과 '그들'(바깥 사람)에 대한 부정적 표현 그리고 그 결과(우리에 대한 부정적 표현과 그들에 대한 긍정적 표현을 약화시키는 내용)를 강조함으로써 구성된다. 우리는 이러한 일반적인 담론적 전략의 혼합을 '이데올로기적 광장Ideological Square'이라고 부른다.

12. 담론은 일반적으로 이데올로기를 직접적으로 표현하지는 않고, 대신 사회적 이슈에 관한 특정한 집단적 태도 및 구체적 사건에 관한 개인적 의견을 통해 드러낸다. 담론이 표현하는 이데올로기는 또한 말하는 사람이나 작가에 의해, 즉 **개인적 맥락 모델에 의해** 주관적으로 정의된 소통적 상황의 영향을 받는다. 그러나 만약 발화자가 해당되는 상황이나 수용자 등에게 자신을 맞출 때는 맥락 모델은 바탕을 이루는 이데올로기적 신념을 방해하거나 수정(약화하거나 강화)할 수 있다. 이것은 또한 이데올로기가 특정한 상황에서 항상 발견할 수 있는 것은 아닌 이유를 설명해준다(van Dijk, 2008, 2009).

담론으로서의 뉴스

뉴스에 대한 현재의 연구는 이데올로기에 대한 연구와 어느 정도 유사성이 있다. 처음에는 뉴스 제작과 저널리스트 경험에 대해 보다 일화적 설명을 했고, 지금도 그러한 설명이 존재하지만 뉴스에 대한 현대의 연구는 인지적 접근이나 담론적 접근보다는 원래 대부분 뉴스의 사회적 차원을 지향해 뉴스 취재 관행과 저널리스트 상호작용 그리고 신문의 조직 등을 대상으로 삼았다. 뉴스 구조, 뉴스 생산, 뉴스 이해에 대한 최초의 체계적인 담론적·인지적 접근들은 1980년대 이전에는 볼 수 없었다.

담론의 구조와 담론의 처리에 대한 초기의 연구에 기반해 반 다이크(van Dijk, 1988a, 1988b)는 뉴스에 대한 다학문적 이론을 제안하고, '뉴스 스키마 news schemata' 이론을 소개했다. 뉴스 스키마는 장르와 사회적 실천으로서 전통적 범주의 뉴스 담론으로 정의된다. 언론의 뉴스 보도 (거시적 차원의) 주제를 전체적으로 조직하는 요약(헤드라인, 리드), 새로운 사건, 전에 발생한 사건, 맥락, 논평 그리고 그 외 관련 범주가 그것이다.

벨(Bell, 1991)은 뉴스 미디어의 언어에 대한 저서에서 이러한 범주 중 몇 개를 받아들였고, 나아가 '발신자 명기'를 적절하게 추가했다. 발신자 명기는 필자 혹은 발신자(기자와 그의 바이라인, 신문사 부서명, 국제 뉴스통신사 혹은 특파원 등)와 날짜 및 장소가 언급될 수 있다는 의미이다. 그리고 그는 주요 뉴스 사건 이후에 발생하는 사건의 정보를 구성하는 항목으로 '후속 보도'라는 범주를 언급했다. 그는 또한 라보브와 왈레츠키(Labov & Waletzky, 1967)가 독창적인 논문에서 연구한 바와 같이, 그러한 뉴스 스키마 범주를 잘 알려진 전통적 대화형 기사의 범주와 연결한다.

'뉴스 기사 news story'는 '이야기'인 것처럼 보이면서도 대화 속에서 일상적으로 말해지는 이야기와 동일한 스키마적(상부 구조적) 구조를 갖고 있지 않다. 매일의 이야기는 다소간 연대기적이지만 뉴스 보도는 관련성, 중요성,

최근성 등 일상적인 이야기와는 다른 원칙으로 조직된다. 가장 먼저 나오는 것은 헤드라인과 리드인데, 이것은 담론의 가장 중요한 정보이며 요약으로, 많은 대화식 이야기에서도 마찬가지이다. 그러나 뉴스 보도에서의 이야기는 여러 개의 부분으로 나눠서 전달되는데, 각 범주의 가장 중요한 정보가 먼저 오고 각 범주의 덜 중요한 정보가 뒤이어 나온다. 또한 뉴스 스키마의 형식적(구문론적) 범주(요약이나 논평 등)는 뉴스 담론의 의미론적 범주(행위, 행위자 등)와 혼동하면 안 된다. 그렇게 되면 뉴스 담론은 행위자에 관한 정보만 갖게 되는데, 그러한 경우는 거의 없다. 행위자 정보는 사건 혹은 행위에 대한 정보와 함께 주어진다.

　이 장과 관련해 분명한 것은 언론 뉴스의 이데올로기 차원에 대한 연구에 기여한 벨의 공헌이다. 예컨대 벨은 어떻게 뉴스가 사건을 '잘못 보도'하는지 혹은 '잘못 재현'하는지를 체계적으로 분석했다. 그는 이러한 연구들이 보다 명확한 언어학적 담론 분석을 발전시켜 초기의 내용 분석이나 비판적 언어학과 기호학적 분석을 넘어서야 한다고 강조했다. 그는 기후 변화 관련 보도에 대한 초기의 한 연구를 요약해 보여주었다. 이 연구에서는 뉴스 기사를 (전문가) 취재원들에 다시 보내 기사의 (비)정확성을 평가하도록 요청했다. 전문가들의 평가 결과, 불과 29%의 기사가 완벽하게 정확했고, 55%는 조금 부정확했고, 16%는 부정확했다(Bell, 1991, p. 217). 잘못된 재현에 대한 이러한 양적인 접근 이외에도 뉴스의 이데올로기 분석에서 특별히 흥미있는 점은 뉴스가 어떤 방식으로 '사실'(원 취재원에 의해 정의된 것을 사실로 간주)을 왜곡하는지를 보는 것이다. 하나의 전형적인 변형은 과장이다. 이것은 과잉 일반화와 같이 일반적 범주에 속하는 것으로, 우리는 고정관념과 편견, 혹은 대화의 '극단적 사례'에서 과장이 발생하는 것을 알고 있다. 의미론적 내용 혹은 의미를 바꾸는 것에 덧붙여, 취재원 담론과 뉴스 담론 사이의 구조적 변형 관계는 수사학적이라고 부를 수 있다. 왜냐하면 수사학은 다양한 이유로 정보(의미, 내용)를 강조하거나 과소화하는 방식을 다루기 때문이다. 이것은 외집단의 나쁜 성격과 내집단의 좋은 성격을 강조하기 위한 것이 지만 동시에 극적인 효과를 거두기 위해서이기도 하다. 학문적인 담론은 분명한 결론을 회피하는 경향이 있지만 미디어 담론은 단정하고 과장하는 경향이 있다. 여기에는 독자가 '과장된' 뉴스에 더 큰 흥미를 갖고 그것을 더 잘 기억한다는 암묵적 가정이 있다. 잘못된 재현 외에도 벨은 다양한 형태의 잘못된 인용과 잘못된 출처 명기 그리고 다양한 형태의 잘못된 편집을 발견했다.

이데올로기적 담론으로서의 뉴스

뉴스 구조 분석은 뉴스 보도에서 이데올로기가 어디서 그리고 어떻게 자신을 우선적으로 드러내는지 우리에게 보여준다. 앞서 살펴본 대로 우리의 새로운 사회인지적 접근법은 이데올로기가 어떻게 보다 특정한 집단의 사고 방식을 통제하는지를 설명해준다. 또한 뉴스 사건을 처리하는 기자들의 개인적인 정신적 모델들이 취재 업무 배정, 뉴스 취재, 인터뷰, 기사 쓰기, 편집과 최종적 기사 배열 등의 뉴스 만들기 활동을 어떻게 통제하는지를 설명한다.

저널리스트들은 사회적·정치적 상황에서 무엇이 중요한 측면인가에 대한 독자적이고 지속적인 맥락의 모델을 갖고 있다. 이러한 맥락적 모델이 뉴스 제작 활동을 최종적으로 통제한다. 뉴스 제작의 이 맥락적 모델은 현재에 대한 설정(장소, 마감시간 등), 뉴스 참여자(기자, 편집자, 뉴스 행위자, 취재원 등)와 그들의 역할 그리고 참여자들의 현재의 목표, 사회적 지식, 이데올로기 등을 포함한다. 이것이 의미하는 바는 또한 뉴스 제작 현장에서 어떤 다른 직업적·사회적 이데올로기(규범, 뉴스 가치 등)가 작동한다 하더라도, 참여자에 의해 규정된, 지금 중요한 맥락이 주는 제약이 결정적 여과장치가 된다는 것이다. 이 여과장치가 대체로 뉴스를 현재의 사회적·정치적 상황에 맞도록 만들어준다.

고전적 뉴스 연구에서의 이데올로기

뉴스 담론에 대해 사회적 접근법의 지배적 위치를 생각하면 뉴스의 이데올로기적 성격에 대한 많은 문헌자료가 있을 것으로 예상할 수 있다. 그러나 놀랍게도 이것은 사실이 아니다. 〈사회과학 인용 초록Social Science Citation Abstracts(World of Knowledge)의 데이터베이스에 등록된 미디어와 뉴스와 관련된 수천 편의 논문 중 2007년 7월 현재 '뉴스'와 '이데올로기'의 두 개의 핵심어를 포함한 제목은 불과 12개에 불과하다. 게다가 이데올로기적 뉴스 분석을 암시하는 제목의 논문들조차도 이데올로기적 관점에서 뉴스 구조를 자세하게 다루지 않는다.

책은 어떨까. 1970대말부터 뉴스 및 뉴스 제작에 관해 출판된 고전적인 책들 중 일부는 이데올로기에 관한 내용을 섹션 정도 분량으로 다루지만 이러한 책들에서 이데올로기에 관한 설명은 대체로 일반적이다. 통상적으로 (네오)마르크스주의적 접근들과 그들의 영향을 요약하는 것일 뿐, 언론의 뉴스에 대한 구체적이고 체계적인 이데올로기 분석을 통해 개념적인 통합을 이루지 못하고 있다. 이것은 놀라운 일이 아니다. 왜냐하면 이데올로기에 대한 고전적 이론은 이론적이던 실용적이던 언어 사용, 담론, 커뮤니케이션을 설명하기 위해 개발된 것이 결코 아니었기 때문이다.

흥미롭게도 뉴스에 대한 선구적인 이론적이고 실증적 연구들(Chibnall, 1977; Fishman, 1980; Gans, 1979; Glasgow University Media Group, 1976, 1980; Golding & Elliott, 1979; Tuchman, 1978)은 거의 30년 전, 즉 파울러Roger Fowler와 그의 동료들에 의해 편집된 비판적 언어학의 첫 번째 책이 발간된 시점과 비슷한 시기에 나타났다(Fowler, Kress, Hodge & Trew, 1979). 파울

러의 책은 나중에 보다 넓은 의미에서 '비판적 담론 분석Critical Discourse Analysis, CDA'이라고 불린 영역의 첫 연구로 간주될 수 있다. 파울러는 또한 나중에 명시적으로 뉴스와 이데올로기를 다루는 몇 권 안 되는 책의 저자 중 한 명이 되었다(Fowler, 1991). 다시 말하면 1970년대 말은 커뮤니케이션 연구와 언어 및 담론 연구 영역 모두에서 풍부한 혁신이 일어난 시기로 보인다. 1970년대 말은 1970년대 내내 준비되어 온 언어, 담론, 커뮤니케이션에 대한 보다 사회과학적이고 비판적인 접근이 정착한 시기이다.

지난 수십 년 동안 수행된 뉴스와 이데올로기에 대한 연구 중 아마 가장 자세하고 체계적이며 영향력 있는 것은 글래스고대학교 미디어 그룹이 발간한 책에 수록된 연구들일 것이다(Glasgow University Media Group, 1976, 1980 등). 이 연구팀은 산업계의 파업에 대한 텔레비전의 뉴스를 분석했고, 그 후에는 다른 주제들도 다루었다. 이 방대한 실증적 프로젝트는 출발점부터 커뮤니케이션과 담론 연구 사이의 연결고리를 확립했다. 『더 많은 나쁜 뉴스』 (1980) 연구에서 저자들은 언어학, 담론, 대화 연구의 새로운 발전의 중요성을 강조한다. 그들에 따르면 뉴스 담화news talk는 일반적인 담화의 특별한 경우로 연구되어야 하고, 언어는 촘스키의 문법의 경우처럼 추상적인 언어로 (만) 연구되어서는 안 되며, 사회생활의 일부분으로 간주되어야 한다. 저자들은 당시의 통상적인 언어학이 이데올로기를 연구할 준비가 거의 되어 있지 않다는 사실을 정확하게 지적하고, 사회언어학에서 영감을 찾을 것을 제안했다. 특히 번스타인Bernstein이 발전시킨 사회언어학과 담론 연구의 신기원을 이룬 싱클레어와 콜트하드(Sinclair & Coulthard, 1975)의 책을 주목했다. 글래스고 그룹의 저자들에 따르면 뉴스 제작은 당연한 것으로 여겨지는 문화적 관행과 직업적 실무에 근거를 두고 있으며, 그에 따라 암묵적이어서 직접 관찰하기가 어렵다. 그렇기 때문에 뉴스 담화의 분석을 통해 저널리스트들의 이데올로기(통상 명확하지도 않고, 의도적이지도 않다)를 밝혀낼 수 있다. 하지만 저자들은 산업적 뉴스가 지배계급의 선전을 단순하게 재생산하지 않고, 다양한 해석의 여지를 남겨놓는다고 강조한다. 이러한 이념인 모호함에도 불구하고 보통 노동자의 이익에 반하는 활동이나 사건에 대한 '선호되는 읽기'가 생겨난다. 이런 선호도는 사회적 갈등을 보도하는 일반적인 공식이자 프레임, 또는 '제한적 규범'의 일부이며 현상 유지의 정당성에 대한 이데올로기적 방어를 시사하는 것이다. 이 연구는 텔레비전 뉴스의 다양한 특성이 어떻게 잠재적인 직업 관행과 사회적 이데올로기들을 보여주는지를 분석한다. 예를 들어 파업하는 노동자들은 단어('방해', '파업' 등)와 이미지 모두에서 부정적으로 혹은 시민들에게 문제가 되는 것으로 표현될 수 있겠지만 고용주의 '행동'에 대해서는 이러한 부정적 표현이 사용되지 않는다(p. 177).

뉴스룸과 뉴스 보도에서 이데올로기의 역할에 대해 많은 관심을 가진 고전적인 연구 중의 하나는 미국 학생운동에 대한 미디어의 보도에 대한 기틀린(Gitlin, 1980)의 분석이다. 같은 시기의 대부분의 다른 미국 연구자들과는 달리 기틀린은 분석결과를 설명하기 위해 명시적으로 영국의 홀Stuart Hall의 연구(당시에는 아직 잘 알려지지 않은)에 설명된 네오마르크스주의자인 그람시의 모델을 선택했다. 기틀린은 다음에서 보는 대로 저널리즘 내의 헤게모니에 관심을 가졌다.

> 사회화에 의해 그리고 경험과 관계의 결합에 의해 — 달리 말하자면, 직접적인 회사의 이익과 계급의 이익에 의해 — 주요 미디어의 소유자들과 경영자들은 대체적으로 현재 굴러 가고 있는 체제를 유지하겠다는 신념을 갖고 있다. 환언하면, 그들은 자본의 특권을 존중하는 개인적 재산 관계가 옳다고 믿고, 국가 안보를 중시하는 나라를 믿으며, 국가 기관에 의한 선택적인 조치로 도덕규범에 대한 선택된 위반을 개혁하는 것이 옳고, 회사 및 관료 조직 안에서 개인적인 성공을 승인하는 것이 옳다고 믿고 있다(p. 258).

기틀린은 갠즈와 마찬가지로 편집간부와 기자들의 이데올로기가 상당히 유사하고, 또한 저널리스트와 대부분의 취재원의 경우도 그렇다고 본다. 갈등의 경우에도 헤게모니의 경계를 넘지는 않는다. 그가 주장하는 것처럼, 전반적으로 보아 '헤게모니의 작동'은 뉴스 표준에서 지배적인 기준이 규정한 바에 따라 반드시 보도되어야 하는 사건과 상황에 대한 표준화된 추정을 부여하는 것이다(p. 264).

같은 시기에 나온 뉴스에 대한 다른 고전적인(사회학적인) 책들처럼 기틀린의 연구는 보도를 좀 덜 부담스럽게 만드는 뉴스 제작 관행을 강조한다. 그러나 사회적 격변의 시기에 믿을 수 있고 책임감 있는 존재가 되기 위해서 저널리스트들은 대안적인 집단들(학생들, 페미니스트들)에 대해 보도할 필요가 있을 수 있고, 그에 따라 부분적으로 대안적 이데올로기 방향으로 이끌릴 수도 있다. 이러한 방법으로 보도를 세상의 인식과 믿을 만한 수준으로 일치시킬 경우 헤게모니적 프레임이 서서히 바뀔 수 있다.

우리는 1970년대 후반과 1980년 초반의 뉴스에 대한 고전적 서적들에서 발견되는 이데올로기에 대한 간략한 검토와 설명을 바탕으로 그들이 이데올로기에 관심을 기울인다고 결론을 내릴 수도 있다. 그러나 그런 관심은 대부분 뉴스룸과 저널리스트의 이데올로기에 대한 상대적으로 간략한 설명에 한정되어 있고, 보도 자체의 특성에 관한 것은 아니다. 그리고 그러한 설명은 매우 일반적인 용어를 사용한 것으로, 저널리스트의 이데올로기에 대한 자세한 연구에 토대를 두지 않는다. 현장 작업에 대한 관찰이 뉴스룸에서 전반적으로 이데올로기가 일치한다는 설명의 근거가 된다. 또한 현장 관찰은 관료 체제이면서 사업체인 신문사의 헤게모니적 영향 아래 가능한 변이의 범위가 무엇인가를 설명하는 근거가 된다. 이 같은 뉴스룸 관찰은 어느 정도 일반적인 것에 머물 뿐이며, 이를 통해 뉴스 제작의 측면 중 뉴스 가치, 출입처, 정보원과 상호작용, 뉴스 포맷, 스타일 및 내용 등 이데올로기의 세부 내용을 파악하는 것은 거의 불가능하다. 이런 의미에서 대부분의 조사는 관료적이고 조직적인 관행에 관한 사회학적 연구이며, 또한 당연하게 받아들이는 지식과 가치에 대한 사회학적 연구이기도 하다. 이 연구들은 직업적 이데올로기나 기타 사회적인 이데올로기의 세부사항에 대한 사회인지적 분석과 담론 분석은 제공하지 않고, 또한 그것들이 뉴스 제작과 뉴스 담론에 어떻게 영향을 미치는지에 대한 설명을 제공하지 않는다.

뉴스와 이데올로기에 대한 현재의 연구들

1980~1990년대에 미국의 레이건 대통령 및 아버지와 아들 부시 대통령 재임 기간 동안 미국에서 나타났던 이데올로기적 반발은 곧 걸프전, 9·11, 이라크 전쟁에 의해 약화되었으나 이후 새롭게 뉴스 미디어에 대한 이데올로기적 비판을 제기했다. 공산주의와 반공주의가 냉전 이데올로기를 규정했고, 미디어는 저항의 새로운 이데올로기, 즉 페미니스트, 반인종주의자, 평화주의자 등에 맞서야 했다. 지난 10년은 반공주의를 반테러주의 및 반이슬람주의로 대체했으며, 또한 오래된 반아랍 인종주의의 지속적인 흐름을 택했다. 이런 이데올로기는 단순히 급진적 신자유주의 강경론자의 이데올로기였을 뿐만 아니라 9·11이라는 비극적 사건 때문에 많은 평범한 사람 사이에도 확산되거나 주입되었으며, 미디어에서도 약하지 않았다. 이런 이데올로기들이 민족주의, 애국주의, 급진적 애국주의jingoism 와 결합해 한편으로는 '국토안보'에 대한 집착의 토대를 형성했고, 또 다른 한편으로는 이라크 전쟁의 정당성을 위한 토대를 만들었다. 그 결과 미디어는 현대 비평가들과 함께 직설적인 반공주의보다 더 복잡한 이데올로기적 상황에 직면했고, 이는 1960년대와 1970년대의 시민권 운동과 페미니스트 운동의 도전을 받았던 인종, 성별, 계급과 관련된 표준적인 지배 이데올로기를 약간 넘어섰다.

고전적 연구들이 뉴스 제작에 집중하는 동안 현대의 연구들은 뉴스의 효과와 결과에도 주목했다. 반 다이크(Van Dijk, 1988b)는 특정한 뉴스 스키마에 의해 조직된 뉴스 구조에 대한 일반 이론과 (정보원) 담론 처리의 특별한 형태로서의 뉴스 제작에 대한 이론을 제시했다.

여기에 더해 그는 국제 뉴스와 암스테르담의 무단 점유자 같은 지역의 반대 집단 등 일련의 비판적 사례 연구를 제공했다(Van Dijk, 1988a). 이 책은 또한 유네스코를 위한 방대한 사례 연구를 담고 있는데, 이 연구는 1982년 9월 중순 동시에 발생한 주요 사건(레바논의 대통령 당선자 바시르 게마엘 암살, 이스라엘의 베이루트 점령 그리고 모나코 공주 그레이스 켈리의 돌발적 죽음)을 보도한 수십 개 언어의 수백 개 신문에서의 국제보도에 관한 것이다. 연구 결과, 우선 보도에서 나타난 이데올로기적 차이가 예상보다 덜 강했다. 예를 들어 게마엘의 암살 관련 보도에서 (당시) 공산주의적인 모스크바의 『프라우다』, 중국의 『인민일보』, 쿠바의 『그란마』 등과 상당수의 (반공주의적인) 서양 언론 사이에서는 이데올로기를 바탕으로 한 차이보다는 오히려 더 많은 유사성이 나타났다. 이 기사들이 근거를 두고 있는 (서구의) 국제 뉴스통신사들이 이러한 사건 보도를 위한 국제적 기사 포맷을 성공적으로 관철시키고 있다는 결론을 내릴 수 있었다. 공산주의 신문의 이데올로기적 경도는 분명하게 이스라엘(의 역할)에 반대하는 것이었지만 이러한 편향은 이스라엘의 군사력을 지칭하는 '시온주의자'라는 몇몇의 부정적 꼬리표에서만 나났을 뿐이다. 이와 비슷하게 극단으로 보수적인 칠레의 (피노체트 군사 정권을 지지하는)『엘 메르큐리오*El Mercurio*』는 팔랑헤주의자 게마엘의 (폭력적인) 역사에 대해 거의 부정적으로 보도하지 않았다. 전체적으로 말해, 스타일과 내용의 차이는 같은 나라 안에서 대중지와 고급지 사이의 차이처럼 이데올로기의 다른 차원에 의해 두드러졌다.

1990년대에는 뉴스와 이데올로기에 대한 보다 구체적인 논문들이 발표되었다. 뮤위스(Meeuwis, 1993)는 유고슬라비아 전쟁에 대한 보도 태도에 나타나는 민족주의 이데올로기, 특히 민족성과 이종 문화 간의 문제에 대한 도전받지 않은 믿음을 조사했다. 키티스와 밀라피데스(Kitis & Milapides,

1997)는 뉴스 제작 환경이나 국지적 문법에 집중하는 대신 뉴스 텍스트에 대한 보다 높은 수준의 세밀한 비판적 분석의 필요성을 강조했다. 그리스에 대한 시사 잡지 『타임』의 기사에 대한 세밀한 분석에서 그들은 기사 속에 들어 있는 하나의 은유가 어떻게 다른 많은 구문론적·의미론적 성격을 지배하는지를 보여주었다. 쿠오와 나카무라(Kuo & Nakamura, 2005)는 이데올로기적으로 상이한 두 대만 신문이 동일한 사안, 즉 타이완의 영부인의 인터뷰를 어떻게 서로 다르게 보도했는지를 비교했다. 영어로 된 같은 텍스트를 근거로 했지만 (그의 미국 방문을 보도한) 신문들은 헤드라인에서 영부인의 인터뷰에 대해 고의적으로 명백하게 다른 번역을 사용했다. 그들은 담론의 특성들 중에서 포함과 배제, 단어 선택의 차이를 활용하는 사례를 보여주었다. 저자들은 두 신문 보도에서 확인된 구체적인 언어학적 차이가 대륙에 대한 두 신문의 통일 이데올로기 대 독립 이데올로기의 관점에서 설명될 수 있음을 보여주었다.

반 다이크(Van Dijk, 1995)는 담론의 의미론과 이데올로기의 관계를 연구했다. 이 연구에서 그는 『뉴욕 타임스』와 『워싱턴 포스트』의 기사를 정밀하게 분석하면서 주제, 초점, 명제의 구조, 국지적 일관성, 묘사의 수준, 어휘 항목, 암시와 거시 구조 같은 담론의 의미론의 다양한 측면이 미국 사회의 바탕에 깔린 이데올로기 — 예컨대 아랍에 대한 — 의 영향을 받을 수 있음을 보여주었다. 이데올로기적 기준이라는 전반적 전략에 따라 『뉴욕 타임스』의 사설에서 팔레스타인인들은 '테러리스트'로 표현될 될 수 있지만 이 용어는 팔레스타인인을 죽인 이스라엘 사람의 묘사에는 전혀 사용된 적이 없다. 갈등의 한 쪽에 있는 대상에 대한 극단화된 과장법과 우군友軍, 연합 그리고 다른 내집단에 대한 완화된 표현의 사용은 화용론 수준까지 확대되는데, 예컨대 인권을 침해하는 우방국 정권에 대해서는 발화 행위 중 가장 부드러운 어조로 방향을 수정하라는 '권고'가 정형화되어 있다. 『워싱턴 포스트』의 호글랜드Jim Hoagland가 가다피에 관해 쓴 기명 칼럼들에 대한 체계적인 분석에서 다이크는 초점, 주제 논평, 전면에 내세우기와 배경으로 처리하기 그리고 담론에서의 정보 분배와 관련된 전략 같은 다양한 의미론적 구조들이 필자의 이데올로기(보수주의, 반아랍주의 등)에 의해 어떻게 영향 받는지를 보여주었다. 그래서 리비아의 '폭군'의 부정적인 행동과 '과대망상'들이 그의 글에서 강조되었을 뿐만 아니라, 그의 힘과 책임성을 다양한 방식으로 전면에 내세워 강조했다.

학자들에 따르면 다양한 국가들에서 지배적인 정치 이데올로기는 미디어에 의해 공유되며, 또한 국제적 사건의 보도에서 나타나는 차이를 설명한다. 허먼과 촘스키(Herman & Chomsky, 1988)가 보여준 대로 적성 국가와 우호 국가 혹은 연합국에 대해서는 체계적으로 다르게 보도된다. 팽(Fang, 1994)은 『인민일보』가 중국과 친선 관계를 가진 나라와 적대적 관계를 가진 나라에서 일어난 폭동과 폭력에 대해 어떻게 다르게 보도했는지를 보여준다. 예를 들어 중국과 적대적인 나라들에서 일어난 저항은 전형적으로 '시위', '투쟁' 혹은 '항의'로 표현될 수 있지만 친선 국가에서의 집단행동은 '충돌' 혹은 '폭동'으로 묘사되는 경향이 있다. 이러한 경향은 구문 구조에서 보다 선명하게 드러날 수 있다. 예컨대 적성 국가에서의 경찰 행동은 대체로 능동태로 표현되는데, 이 때문에 경찰(폭력)의 책임을 강조한다. 반면 비적대적 국가에서의 경찰 행동을 묘사하기 위해서는 피동태가 사용되는 경향이 있는데, 이것은 경찰의 적극적 책임을 감소시키는 효과를 낼 수 있다.

뉴스 생산과 이데올로기 통제

현재 이데올로기에 대한 명확한 이론이 부족할 뿐만 아니라 우리가 사용할 수 있는 담론에 대한 정교한 이론이나 어떻게 이데올로기가 뉴스 생산 과정을 통제하는지를 설명하는 사회인지적 이론도 없다. 뉴스 제작 관행, 뉴스 가치, 혹은 권력 관계에 관한 이해를 높이기 위한 현존 연구들의 가치가 얼마나 높은지와 상관없이 이와 관련된 이데올로기들과 그들에 의해 통제되는 뉴스 구조에 대한 자세한 설명을 제공하는 문제에서는 여전히 이론적으로 불완전한 상태에 머무르고 있다. 이 장과 이 절의 주어진 목표를 고려해 우리는 이제 이데올로기 그 자체의 성격이나 (광대한 분량의) 개별 저자와 연구보다는 일반적 관점에서 이데올로기적으로 통제되는 뉴스 구조에 더 집중할 것이다.

인종차별주의와 뉴스

인종차별주의와 대중매체에 관한 국제적 연구에 의하면 신문은 국가, 기간, 신문 사이의 상당한 차이에도 불구하고 인종차별주의의 해결책보다는 이 문제의 일부분이었음을 일관되게 보여준다. 인종차별주의 이데올로기가 뉴스 제작에 어떤 영향을 미쳤는지 하는 문제는 다음의 연구 결과로 요약될 수 있다(자세한 내용에 대해서는 다음을 보라. Bonnafous, 1991; Cottle, 2000; Hartmann & Husband, 1974; Henry & Tator, 2002; Husband, 1975; Jäger & Link, 1993; Martindale, 1986; Richardson, 2004; Ruhrmann, 1995; Said, 1981; Smitherman-Donaldson & Van Dijk, 1987; Ter Wal, 2002; Van Dijk, 1991, 1993; UNESCO 1974, 1977; 앞의 문헌들은 많은 책과 엄청난 양의 논문에서 고른 것이다).

1. 고용: 소수민족에 대해 다음에 정의된 편견의 많은 형태는 모든 백인 주도 사회에서 소수민족 저널리스트들이 취업에서 차별받고, 그래서 대부분의 뉴스룸에는 백인들이 압도적으로 많은 사실에 의해 결정적으로 영향을 받는다. 그리고 고용되어 있는 (얼마 안 되는) 소수 민족들은 탁월한 전문성을 갖고 있기 때문만 아니라 편집간부들의 민족 이데올로기와 충돌하지 않는 민족 이데올로기 (그리고 특히 온건한 반인종주의)를 갖고 있다.

2. 뉴스 가치: 사건은 '우리 자신의' 사람들에 관한 것이거나 '우리 자신

의' 사람들이 연관될 때 더 높은 뉴스 가치를 부여받는다. 이와 관련해서는 지리적 근접성은 무관하다.

3. 출입처와 취재원: 민족이나 인종적 갈등의 경우 백인 엘리트들에게 일관되게 우선권이 주어지고, 더 높은 신뢰성이 주어지고, 보다 믿을 수 있는 것으로 생각된다. 그래서 그들은 더 자주 인용될 가능성이 있다.

4. 선택: 입수할 수 있는 기사는 뉴스에 포함하기 위해 선택할 가능성이 높은데, 우리와 같은 사람들에 대한 이야기(위의 '뉴스 가치' 참고)일 경우뿐만 아니라 영국에서 폭동을 일으키는 흑인, 아프리카의 흑인 독재자, 혹은 (아랍) 이슬람주의자의 테러리즘 같은 널리 알려진 민족적·인종적 고정관념과 일치할 때도 적용된다.

5. 현저성(위치 지정과 레이아웃): 민족적·인종적 타자들(소수민족, 이민자, 난민 등)에 대한 기사의 지면 배치는 사회적 혹은 정치적 중요도나 관련성의 기준에 의해서뿐만 아니라 민족적·인종적 기준에 의해서도 결정된다. 일반적인 규칙은 특히 '그들'이 '우리'(같은 사람들)에게 가한 나쁜 행동에 대한 뉴스가 그 역방향보다는 더 현저하게 취급된다.

6. 주제: '우리'(같은 사람들)는 궁극적으로 모든 종류의 기사 속의 주체로 그리고 다양한 사회적·정치적·경제적 주제에 대한 주체로 표현되지만 '그들' 에 대한 보도는 이민, 통합, 인종 관계, 범죄, 폭력, 일탈, 문화적 갈등 그리고 연예(음악, 스포츠) 같은 몇몇 이슈와 주제에 한정되는 경향이 있다.

7. 관점: 뉴스 기사에 대한 또 다른 포괄적 제약은 뉴스 사건의 서술이 민족중심적 관점을 채택한다는 점이다. 예컨대 민족적 갈등, 통합과 문화적 차이에 대한 문제는 '우리' (백인)의 관점에서 표현되는 경향이 있다. 예를 들면 그들이 우리의 생활양식에 적응할 수 없다거나 적응하기를 원하지 않는다는 식으로 표현되며, 그 역방향으로는 표현되지 않는다.

8. 포맷, 순서 그리고 전면에 내세우기: 주제는 담론을 포함하는 포괄적 의미지만 스키마는 뉴스에서 제목, 리드 그리고 다른 항목들(주된 사건, 맥락,

배경, 역사, 반응 등) 사이의 구별과 같은 전반적인 포맷과 순서를 규정한다. 우리는 소수민족이나 다른 비유럽인인 타자와 관련된 부정적인 행동이나 사건을 제목이나 리드 같이 눈에 잘 띄는 곳에 우선적으로 배치할 뿐만 아니라 (왜냐하면 이런 것들이 주제로서 정의되기 때문이다) 뉴스 보도의 전반적 순서 및 항목 중에서 전면에 내세워 다룬다는 사실을 알고 있다.

9. 인용: 출입처와 정보원의 선택과 평가에 대한 기존의 민족적 편견 때문에 믿을 만한 정보원 혹은 대변인으로 인용되는 사람들은 '그들'이 아니라 '우리'(백인)의 엘리트와 대변인일 가능성이 더 높다.

10. 뉴스 행위자와 사건 묘사: 민족적 '타자'는 더욱 빈번하게 부정적 언어로 묘사되는 경향이 있지만 '우리'와 같은 사람들은 부정적인 행동에 관여되었을 때에도 긍정적으로 묘사되거나 보다 중립적으로 묘사되는 경향이 있다.

11. 스타일: 단어 선택, 문장 구문, 그 외 포괄적인 주제 및 국지적 의미에 대한 다른 표현과 같이 외양적으로 확인 가능한 스타일 차원에서 보면 타자인 소수민족과 그들의 행동을 묘사하기 위해 선택된 어휘 항목들은 보다 부정적인 함축적 의미를 갖는 경향이 있다.

12. 수사학: 위에 묘사된 뉴스의 모든 속성들은 은유, 과장, 미화와 같이 잘 알려진 수사학적 표현들에 의해 강조되거나 약화될 수 있다. 따라서 '타자들'이 '우리'나라에 도착하는 것에 대해 파도, 홍수 등과 같이 위협적인 물의 엄청난 양이라는 용어로 표현한다. 또한 그들이 이민 오는 것을 '침략'이라고 표현한다. 반면 '우리'의 인종차별주의는 보통 약화시키는 미화법 용어로 표현한다. 국민적 불만, 정치적 포퓰리즘과 같은 용어, 혹은 차별, 국가적 선호 혹은 편견 같이 덜 부정적인 용어가 그 예이다.

뉴스에서의 민족주의

저널리스트들은 흔히 언어는 물론이고 국민 국가에 대해서도 동질감을 느낀다. 그리고 민족주의 이데올로기에 대해 말한다면, 긍정적인 자아 이미지는 한편으로는 우리나라에서 '우리'라는 관점에서 보는 것이고, 다른 한편으로는 다른 나라에 대해서는(혹은 다른 나라에서 온) '그들'이라는 관점으로 보는 것이다. 이런 상황은 이미 인종차별주의를 논하면서 살펴보았는데, 인종차별주의는 민족주의 이데올로기와 밀접한 관련이 있다. 민족주의 이데올로기에서 정체성은 매우 중요한 것으로, 우리가 어떤 상태에 있으며, 우리의 역사와 습관, 우리의 언어와 문화, 국가적 성격이 어떤지 등에 대해 긍정적 특성을 가진 복합적 체계와 연결되어 있다(Wodak, de Cillia, Reisigl & Lieb-hart, 1998).

위에서 시사한 바와 같이, 민족주의 이데올로기들은 또한 뉴스 및 뉴스 제작에 영향을 미치며, 특히 저널리스트들이 '외국'의 사건과 사람, 혹은 전쟁, 갈등, 테러 공격과 국제 경쟁의 상황에 관해 기사를 쓸 때 그렇다. '우리' 조국이 전쟁을 치르고 '우리' 군인들이 개입되는 순간부터 전쟁은 단순히 갈등이라는 관점에서 다루어지지 않고, (좋은) '우리'와 (나쁜) '그들' 사이에서 전개되며, 심하게 양극화된 관점에서 보도된다는 사실은 잘 알려져 있다 (Adams, 1986; Glasgow University Media Group, 1985; Hutcheson, Domke, Bil-leaudeaux & Garland, 2004; Lewis, 2005; Morrison & Tumber, 1988; Schechter, 2005; Zelizer & Allan, 2003).

민족주의와 관련된 규범과 가치는 애국주의 및 충성심이라는 규범과 가치이며, 이것들은 특히 전쟁이나 위기 때 더욱 중요하다. 민족주의 이데올로기가 권장하는 전형적인 ('좋은') 행동은 침입자와 외국의 영향에 대항해 나라를 방어하는 것이다. 여기에는 군사적, 경제적, 문화적(언어, 예술 등) 측면이 모두 포함된다. 그래서 민족주의의 가장 귀중한 자원은 한편으로는 '우리 땅' 즉 영토 등이고, 다른 한편으로는 '우리' 문화, 언어 등 상징적 자원이다.

민족주의는 단순히 전쟁이나 심각한 갈등 시기에만 분명히 드러나는 것은 아니고, 많은 일상적인 뉴스 사건에서도 나타난다. 그래서 국가는 일상생활의 담론, 나아가 미디어에서 여러 가지 평범한 방법으로 '국가의 깃발'을 달 수 있을 것이다(Billing, 1995). 이것은 국제 문제에서 '우리' 정치인들의 행동, 미인 대회에서 유명한 자국의 기업 및 그들의 생산품을 언급하는 행위, 나아가 '우리'나라나 문화의 상징들에 관한 보도에서 일어날 수 있다. 나라나 문화의 상징으로는 영화, 영화 스타, 작가, 화가 그리고 어떤 나라의 경우 물론 국왕의 가족을 들 수 있다(Billing, 1992, 1995). 매스 미디어에서 특별히 민족주의적 보도에 빠지기 쉬운 상황은 국제 스포츠 경기 보도이다(Blain, Boyle & O'Donnell, 1993).

성차별주의와 뉴스

위에서 논의된 인종차별주의 이데올로기와 뉴스에 대한 그것의 영향력의 상당 부분은 성차별주의 혹은 남성 우월주의 같은 가부장적 젠더 이데올로기에도 적용된다. 정의에 따르면, 이데올로기로서 성차별주의의 지배적 이데올로기 구조는 역시 양극화되어 있는데, '우리'(남성)와 '그들'(여성) 사이 그리고 특히 '우리'('진짜' 남성)와 '그들'(페미니스트) 사이로 나누어져 있다. 그러나 성차별주의 이데올로기는 남성에게만 한정되지는 않으며, 성차별주의적 태도(최소한 일부 측면이라도)에 동의하는 여성들도 공유할 수 있다. 성차별주의 이데올로기의 구조의 양극화는 다음과 같은 대칭점 사이에서 발생한다. 남성들의 긍정적인 자기 묘사(예를 들어 강하거나 독립적이다)와 여성에 대한 타자 묘사(예컨대, 약하거나 의존적이다), 서로 반대되는 정체성, 남성 대 여성의 특징적 활동, 다른 규범과 가치들 그리고 사회에서 남성의 권력 지위를 규정하는 다른 자원들이 있다.

젠더와 뉴스에 관한 연구 중 그것의 기반이 되는 이데올로기에 초점을 맞추는 경우는 많지 않다. 오히려 고전적인 뉴스 가치들이 뉴스룸에서 일어나는 차별의 근거로 논의된다. 기사 업무 배정과 출입처, 정보원과 인용, 보도 스타일(객관적 보도 대 감정적 보도), 기사 형태 등이 그것이다. 이러한 논의로부터 세밀한 이데올로기적 체계를 추정해내는 것은 쉬운 일이 아니다. 하지만 다음에 제시되는 젠더-이데올로기 명제들이 이러한 고전적 뉴스 가치, 조직으로서 신문의 위계 구조, 출입처와 기사 배정의 조직화 그리고 여성과 남성을 대변하는 전반적 주제와 스타일 등이 나타나도록 만든 것으로 보인다(다른 많은 참고문헌 중 다음 책들을 참고하라. Beyerly & Ross, 2006; Carter, Branston & Allan, 1998; Cole & Henderson Daniel, 2005).

- 남성은 여성보다 더 강하다(더 거칠다 등).
- 남성은 여성보다 더 유능하다.
- 남성은 여성보다 더 믿음직하다.
- 남성은 여성보다 더 객관적이다.
- 남성들의 이슈는 여성들의 이슈보다 더 중요하다.
- 지배적 가부장적 질서를 거부하는 여성(예를 들어 페미니스트)은 나쁜 여성이다.
- 직접적으로 남성과 경쟁하는(정치 입후보자 같은) 여성들은 남성 주도 체제에 위협적이다.
- 피해자인 여성들은 적절하게 행동했을 경우에만 '좋은 여성'이다. 만약 그렇지 않다면 응분의 조치를 당할 만한 '나쁜 소녀'다.
- 여성에 폭력을 행사한 남성은 여성에 의해 도발을 받았기 때문이고, 만약 그렇지 않다면 남성은 스스로 통제할 수 없는 환경이 만든 피해자다.

결론

대부분의 공공 담론의 경우처럼 뉴스는 이데올로기에 물들어 있다. 매스

미디어와 다른 형태의 공공 엘리트 담론에 들어 있는 이러한 이데올로기에 대한 정밀한 연구는 사회에서 이데올로기가 어떻게 재생산되는가에 대한 통찰에 기여한다. 이 장에서 살펴본 이론적·실증적 연구는 사회 내의 이데올로기 (재)생산에서 뉴스 미디어가 행하는 중요한 역할을 의심할 수 없게 한다. 서로 다른 신문들(자유주의적 신문 대 보수주의적 신문 그리고 대중적 신문 대 엘리트 신문) 사이에 존재하는 일정 정도의 차이에도 불구하고 전체적으로 보면 그 증거는 지배적인 이데올로기가 기업 환경 아래에서 일하는 백인, 남성, 중산층 저널리스트들이 가진 지위와 권력과 연관되어 있음을 보여준다. 여성, 가난한 사람, 노동자, 흑인, 이민자 그리고 공공 담론에 접근할 수 없거나 그것을 통제할 수 없는 모든 사람이 사회의 주류에 대한 위협이나 문제로 이해될 때 대체로 무시되거나 부정적으로 표현된다. 기존 권력을 유지하기 위해 ('우리' 대 '그들') 양극화된 이데올로기는 필수적으로 계급, 성별 그리고 인종 차원과 같은 사회의 기본적 차원에 따라 정렬된다(연령과 성적 지향성도 마찬가지이지만 여기서는 다루지 않았다). 공공 담론에 대한 접근, 공공 담론의 내용과 구조, 특별히 매스 미디어의 담론을 통제하는 엘리트들은 권력을 지탱하는 데 도움을 주는 이데올로기의 형성과 재생산을 통제할 수 있다.

이러한 결론은 거의 새로울 것이 없다. 그러나 지금까지 이것은 한편으로는 이데올로기 분석, 또 다른 한편으로는 뉴스 분석을 이론적 토대로 한 분석에 의해 상세하게 증명된 것이라기보다는 오히려 일반적인 가정이다. 사회적 인지 연구와 텍스트와 담화에 관한 명시적 분석은 일반적으로는 사회과학에서, 특히 커뮤니케이션과 저널리즘 연구에서 주류라고 말하기 힘들다. 이 장은 뉴스 제작, 뉴스 구조, 뉴스 수용에 대한 보다 정교하고 다중학문적인 이론이, 사회인지학인 이데올로기에 관한 새로운 이론과 특별한 사회적·담론적 실천인 뉴스 보도 및 뉴스 제작에 관한 새로운 이론과의 조합을 통해, 일반론적으로는 매스 미디어에 의한 그리고 특수 사례로는 매일의 신문보도에 의한 이데올로기 재생산의 자세한 메커니즘을 설명할 수 있음을 보여주었다.

불행하게도 이 장에서 검토한 연구의 대부분은 (이 책의 다른 장과 마찬가지로) 아직 광범위하고, 명시적이며, 복수학문적인 체제로 구성되지 않았고, 내용 분석 혹은 프레임 분석과 같이 보다 전통적인 방법들에 한정되었다. 그럼에도 불구하고 이 연구들은 성차별주의, 인종차별주의, 계급주의, 민족주의의 재생산에서 뉴스가 차지하는 역할에 관한 일반적 결론을 내리기에 충분한 증거를 제공했다. 미래의 연구는 뉴스 제작 관행과 뉴스 보도의 구조에 대한 보다 자세하고 분명한 분석을 제공할 수 있을 것이며, 이런 분석은 이데올로기가 공공 담론에서 재생산되는 심층적 메커니즘에 대한 통찰을 제공할 것이다.

〈참고문헌〉

Adams, V.(1986). *The media and the Falklands campaign*. London: Macmillan.

Bell, A.(1991). *The language of news media*. Oxford, UK: Blackwell.

Beyerly, C. M., & Ross, K.(2006). *Women & media: A critical introduction*. Oxford: Blackwell.

Billig, M.(1992). *Talking of the royal family*. London: Routledge.

Billig, M.(1995). *Banal nationalism*. London: Sage.

Bonnafous, S.(1991). *L'immigration prise aux mots*. Paris: Editions Kime.

Carter, C., Branston, G., & Allan, S.(eds.).(1998). *News, gender, and power*. London: Routledge.

Chibnall, S.(1977). *Law-and-order news: An analysis of crime reporting in the British press*. London: Tavistock.

Cole, E., & Henderson Daniel, J.(eds.).(2005). *Featuring females: Feminist analyses of media*. Washington, DC: American Psychological Association.

Cottle, S.(.(2000). *Ethnic minorities and the media*. Buckingham, UK: Open University Press.

Fishman, M.(1980). *Manufacturing the news*. Austin: University of Texas Press.

Fowler, R.(1991). *Language in the news. Discourse and ideology in the British press.* London: Routledge.

Fowler, R., Kress, G., Hodge, B., & Trew, T.(1979). *Language and control.* London: Routledge & Kegan Paul.

Gans, H. J.(1979). *Deciding what's news. A study of CBS evening news, NBC nightly news, Newsweek, and Time.* New York: Pantheon Books.

Gitlin, T.(1980). *The whole world is watching: Mass media in the making & unmaking of the New Left.* Berkeley: University of California Press.

Glasgow University Media Group.(1976). *Bad news.* London Boston: Routledge & Kegan Paul.

Glasgow University Media Group.(1980). *More bad news.* London: Routledge & Kegan Paul.

Golding, P., & Elliott, P.(1979). *Making the news.* London: Longman.

Hartmann, P. G., & Husband, C.(1974). *Racism and the mass media: A study of the role of the mass media in the formation of white beliefs and attitudes in Britain.* Totowa, NJ: Rowman & Littlefield.

Henry, F., & Tator, C.(2002). *Discourses of domination. Racial bias in the Canadian English-language press.* Toronto: University of Toronto Press.

Herman, E. S., & Chomsky, N.(1988). *Manufacturing consent: The political economy of the mass media.* New York: Pantheon Books.

Husband, C.(1975). *White media and black Britain: A critical look at the role of the media in race relations today.* London: Arrow.

Hutcheson, J., Domke, D., Billeaudeaux, A., & Garland, P.(2004). US national identity, political elites, and a patriotic press following September 11. *Political Communication, 21*(1), 27–50.

Jager, S., & Link, J.(1993). *Die vierte gewalt. Rassismus und die medien*(The fourth power. racism and the media). Duisburg, Germany: DISS.

Kitis, E., & Milapides, M.(1997). Read it and believe it: How metaphor constructs ideology in news discourse: A case-study. *Journal of Pragmatics, 28*(5), 557–590.

Kuo, S. H., & Nakamura, M.(2005). Translation or transformation? A case study of language and ideology in the Taiwanese press. *Discourse & Society, 16*(3), 393–417.

Labov, W., & Waletzky, J.(1967). Narrative analysis. Oral versions of personal experience. In J. Helm(, *Essays on the verbal and visual arts*(pp. 12–44). Seattle: University of Washington Press.

Lewis, J.(2005). *Shoot first and ask questions later. Media coverage of the 2003 Iraq war.* New York: Peter Lang.

Martindale, C.(1986). *The white press and Black America.* Westport, CT: Greenwood Press.

Meeuwis, M.(1993). Nationalist ideology in news reporting on the Yugoslav crisis: A pragmatic analysis. *Journal of Pragmatics, 20*(3), 217-237.

Morrison, D. E., & Tumber, H.(1988). *Journalists at war: The dynamics of news reporting during the Falklands conflict.* London: Sage.

Richardson, J. E.(2004).*(Mis)representing Islam. The racism and rhetoric of British broadsheet newspapers.* Philadelphia: John Benjamins.

Ruhrmann, G.(.(1995). *Das Bild der Auslander in der Offentlichkeit. Eine theoretische und empirische Analyse zur Fremdenfeindlichkeit*(The image of foreigners in the public sphere. A theoretical and empirical analysis of xenophobia). Opladen, Germany: Leske.

Said, E. W.(1981). *Covering Islam: How the media and the experts determine how we see the rest of the world.* New York: Pantheon.

Schechter, D.(2005). *When news lies. Media complicity and the Iraq war.* New York: SelectBooks.

Schiffrin, D., Tannen, D., & Hamilton, H. E.(eds.).(2001). *The handbook of discourse analysis.* Malden, MA: Blackwell.

Sinclair, J., & Coulthard, M.(1975). *Towards an analysis of discourse: The English used by teachers and pupils.* London: Oxford University Press.

Smitherman-Donaldson, G., & Van Dijk, T. A.(eds.).(1987). *Discourse and discrimination.* Detroit, MI: Wayne State University Press.

Ter Wal, J.(.(2002). *Racism and cultural diversity in the mass media. An overview of research and examples of good practice in the EU member states, 1995-2000.* Vienna: European Monitoring Center on Racism and Xenophobia.

Tuchman, G.(1978). *Making news: A study in the construction of reality.* New York: Free Press.

UNESCO.(1974). *Race as news.* Paris: Unesco.

UNESCO.(1977). *Ethnicity and the media.* Paris: Unesco.

Van Dijk, T. A.(1988a). *News analysis: Case studies of international and national news in the press.* Hillsdale, NJ: Erlbaum

Van Dijk, T. A.(1988b). *News as discourse.* Hillsdale, NJ: Erlbaum.

Van Dijk, T. A.(1991). *Racism and the press.* London: Routledge.

Van Dijk, T. A.(1993). *Elite discourse and racism.* Newbury Park, CA: Sage.

Van Dijk, T. A.(1995). Discourse semantics and ideology. *Discourse & Society, 6*(2), 243-289.

Van Dijk, T. A.(1998). *Ideology. A multidisciplinary approach.* London: Sage.

Van Dijk, T. A.(2008). *Discourse and context. A sociocognitive approach.* Cambridge, UK: Cambridge University Press.

Van Dijk, T. A.(2009). *Society in discourse. How context controls text and talk.* .

Cambridge, UK: Cambridge University Press.

Van Dijk, T. A.(.(1997). *Discourse studies. A multidisciplinary introduction*(2 vols.). London: Sage.

Van Dijk, T. A.(.(2007). *Discourse studies*(5 vols.). London: Sage.

Wodak, R., de Cillia, R., Reisigl, M., & Liebhart, K.(1998). *The discursive construction of national identity.* Edinburgh: Edinburgh University Press.

Zelizer, B., & Allan, S.(eds.).(2003). *Journalism after September 11.* London: Routledge.

15_
스토리텔링으로서 뉴스와 신화의 재고찰

S. 엘리자베스 버드/로버트 W. 다든

지난 1988년 우리는 뉴스가 단지 객관적 사실만 보도하는 것이 아니라 신화적 방식으로 기능하는 스토리텔링의 한 형태라는 생각을 탐구했다(Bird & Dardenne, 1988). 우리는 기자들이 전통적인 스토리텔러처럼 활동하며 관습적인 구조를 사용해 사건을 기사로 바꾼다고 주장했다. 우리는 또한 그렇게 하는 과정에서 기자들은 현실에 대한 수용자의 관념을 반영하고 강화하는 특별한 방식으로 세상을 정의한다고 말했다.

　　저널리즘이란 신화 이상의 것이며, 많은 정보를 가진 교양 있는 시민을 만들려고 하는 합리적인 담론의 한 부분이다. 그럼에도 불구하고 우리는 뉴스의 서사 구조와 신화적인 기능을 이해해야만 뉴스가 특정 문화권에서 작동하는 이데올로기적 방식을 충실하게 이해할 수 있다고 주장했다. 이 장에서는 언론의 핵심 개념인 객관성을 탐구했던 셔드슨(Schudson, 1982)과 같은 저널리즘 학자들의 초기 연구에 기반을 두고 논의를 전개한 바 있다. 여기에서 우리는 신화와 스토리텔링이라는 관점에서 저널리즘에 대한 학문적 흥미를 보여온 맥락을 추적하고, 지난 수십 년에 걸쳐 이것이 어떻게 적용되어 왔는지를 다루며, 후속 연구를 위한 제안들을 내놓는다. 주목해야 할 사항은 그러한 연구가 사회과학적인 전통에 따라 활동하는 저널리즘 학자들의 전통보다는 일관되게 해석적인 접근을 적용한 기어츠(Geertz, 1973)와 같은 인류학자들의 전통을 따랐다는 점이다.

맥락

저널리즘 학자들은 많은 방식으로 뉴스를 비평하지만 중심 줄기는 진실과 정확성에 관한 질문과 관련된다. 객관성이라는 이상은 특정한 저널리즘 기술들이 완벽하지는 않더라도 사건에 대한 대체로 정확한 기사를 만들어낼 수 있다는 입장을 견지한다. 뉴스 '편향성'은 '진실한' 기사가 잠재적으로 존재하지만 다양한 영향들이 기자들로 하여금 객관적인 보도를 생성하지 못하도록 한다고 암시한다. 객관성이라는 언론의 이상은 실증주의적인 사회과학 모델의 이상과는 다르지만 철학적인 접근의 관점에서는 유사하다. 우리는 1960년대, 1970년대 그리고 1980년대로 확장된 맥락 속에서 저널리즘 연구가 행해지는 것을 보았는데, 이 시기의 저널리즘 연구에서는 실증주의에 대한 비판이 증가했고, 경험적 서술을 통해 진실에 도달할 수 있는 가능성에 대해 점점 더 많은 의문이 제기되었다. 버거와 러크맨(Berger & Luckmann, 1967)은 현실reality이 사회적으로 구축된다는 개념을 널리 유통시켰는데, 이런 생각은 사회과학과 인문학을 통해 전파되었다. 밍크(Mink, 1987) 같은 역사학자들은 역사는 인간에 의해 묘사되기를 기다리며 그냥 '저 밖에' 존재하는 것이라는 생각을 거부하고, 대신 역사는 역사가들이 서사적 기법을 통해 만드는 것이라고 주장한다. 화이트(White, 1980)와 피셔(Fisher, 1987)는 이야기를 해야 한다는 충동은 보편적인 인간의 특징이며, '호모 나란스homo narrans', 즉 '이야기꾼으로서의 인류man the storyteller'라는 관념은 여러 학문 영역에 걸친 연구 활동에 스며들어 있다고 주장한다(Mechling, 1991).

클리퍼드와 마커스(Clifford & Marcus, 1986)는 '재현의 위기'라고 알려진 인류학의 몇 가지 움직임의 계파를 통합했는데, 이들 계파는 민속지학이 문화에 관한 과학적인 설명이라기보다는 또 다른 형태의 구축된 서술con-structed narrative이라고 주장했다. 1980∼1990년대의 포스트모더니즘 이론가들은 진실과 현실의 본성을 해체하는 작업을 시도했으며, 이러한 맥락 속에서 저널리즘 학자들은 진지한 자세로 뉴스에 대해 구성된 현실constructed reality이라는 관점에서 접근했다. 사실 리프만(Lippmann, 1992)은 이러한 생각을 이전에 탐구한 바 있다. 이러한 움직임과 동시에 특정한 유형의 서사narratives라는 관점에서 신화 연구에 대한 관심이 증가했다. 융Jung에 고무된 캠벨의 글들(예를 들어 1949)은 보편적 원형에 초점을 맞추고 있는데, 이것은 엄청난 공중의 관심을 자극했다. 이 글들은 나아가 스타워즈, 비디오 게임 그리고 무수한 다른 현상과 같은 대중적인 문화 아이콘으로 나타났다. 신화에 대한 학술적 연구들은 엘리아데(Eliade, 1963)와 레비-스트로스(Levi-Strauss, 1968)의 수많은 글 속에서 꽃을 피웠다. 한편 바르트(Barthes, 1972)는 대중적인 담론과 학술적인 담론을 연결하면서 신화의 이데올로기적 역할에 대해 이목을 집중시켰다.

신화로서의 뉴스

우리는 '신화로서의 뉴스'와 '스토리텔링으로서의 뉴스'라는 두 개의 분명하게 관련된 생각들을 서로 다른 것으로 구별하고 있다. 지금까지 신화는 수백 가지의 많은 방식으로 정의되어 왔다. 이 모든 정의는 하나같이 세상의 연속성 및 질서 감각을 유지하는데 도움을 주는 항구적인 서사를 제공하는데 신화의 기능적 역할이 있다고 보고 있지만 말이다. 그러한 서사들은 환상 속의 신과 생물체를 묘사하거나 아니면 '실제 사람'을 그리고 있다. 개별적인 기사들은 개별적인 신화처럼 작용하는 게 아니라 커뮤니케이션 과정으로 작용하며, 뉴스는 전체의 한 덩어리로 신화처럼 기능한다. 우리가 1988년에 쓴 대로 "신화는 …… 현상을 설명하면서 수용할 만한 답변을 제공하는 이야기를 들려줌으로써 우리를 안심시킨다. 신화는 반드시 객관적 현실을 반영하는 것은 아니며, 그 자체의 세상을 수립한다"(p. 70). 예를 들어 신화가 수행하는 기능 중의 하나는 쉽게 설명되지 않는 것을 설명해주는 것이다. 신화는 예컨대 도덕성, 적절성, 공정성이라는 개념 등 구체적으로 말할 수 없는 난해한 것들뿐만 아니라 주식시장과 호경기와 불경기, 심지어 날씨 등 설명하기 어려운 것들을 설명한다. 이러한 이유에 대해 우리는 무작위성, 설명하기 어려움 그리고 모호함 등을 참아내지 못하는 인간의 성격 때문이라고 주장했다. 주술사로 하여금 사건을 설명해주는 이야기를 만들게 하고, 또한 사람들로 하여금 그러한 이야기가 필요하다고 느끼도록 만드는 인간의 충동이 오늘날 기자와 독자에게도 똑같이 작용한다. 신화가 인간에게 위안을 준다는 의미에서 뉴스도 역시 우리에게 위안을 주고 통제력을 제공한다.

1980년대에 들어와 나이트와 딘(Knight & Dean, 1982)은 뉴스의 신화적 구조를 검토했고, 캐리(Carey, 1975)의 초기 연구는 개별적 이야기를 별개로 보기보다는 중요한 의례적 기능을 수반한 전체로 뉴스를 볼 필요가 있다고 주장했다. 그 후 키치(Kitch, 2000, 2003)는 2001년 9·11 테러 사건 후의 애도와 같은 의례적인 순간에 기자와 공중 사이의 (감정적) 통합이 일어나는 동안 뉴스가 '시민 종교'로 수행한 역할을 설득력 있게 피력했다. 그는 9·11 후의 뉴스 잡지에 관한 분석에서 기사 내용이 장례식의 3단계를 가정했다고 말했다. 이에 따르면 수백만 명의 미국인들은 전국망 뉴스 미디어를 통해 장례식에 참석했으며, 이것을 "전쟁이라는 사실을 뛰어넘는 상징적 방식의 미국인 이야기"(2003, p. 222)로 만들었다는 것이다.

신화적 틀에 관한 논의는 뉴스가 공동체의 축하할 만한 일을 기리는 역할을 하는 것을 이해하는 데 도움을 주는 보편적 사항들에 초점을 맞춘다. 뉴스는 친숙하며 반복적인 서사 패턴을 사용함으로써 신화가 수행하는 역할과 유사한 문화적 역할을 수행한다. 이런 패턴들은 왜 그것이 새롭지만 동시에 예측 가능한지를 설명해준다. 룰(Lule, 2001)은 『뉴욕 타임스』에 대한 분석을 통해 일련의 신화적 원형을 추적함으로써 그러한 생각을 정교하게 발전시켰다. 그는 (다시 한 번) 뉴스를 신화의 반복으로 이해해야 한다고 주장하면서 기자는 고대의 음유 시인과 유사한 '필경사scribes'로서의 역할을 수행한다고 말했다. 그는 "일간 뉴스는 우리 시대의 신화를 전달할 수 있는 주된 운반체이다"라고 말했다(p. 19). 다른 연구자들(예를 들어 Langer, 1998. Corcoran, 1986)과 마찬가지로 그는 기사 속에서 영웅, 사기꾼, 좋은 엄마, 홍수가 어떻게 친숙하고 편안한 방식으로 표현되는지를 설명한다. 이는 매우 중요한 점이지만 심각한 한계를 갖고 있다.

최소한 룰의 사례에서 보듯이, 우리는 캠벨과 같은 대중적 사상가에 의존하는 것은 문제라고 생각한다. 우리는 시간과 공간의 차이에도 불구하고 전 세계에서 발견되는 설화와 신화 속에는 거의 보편적 주제들이 등장한다고 주장하는 레비-스트로스(Levi-Strauss, 1968) 같은 사람들의 의견에 동의한다(Aarne, 1928; Thompson, 1975). 이것은 세계 각지의 설화 형식과 주제 색인들을 자세히 살펴보면 확인된다. 하지만 우화를 연구하는 학자들조차도 유사한 주제가 다른 서사에도 등장했다고 표시하기 위한 목적 외에는 그러한 색인들을 거의 이용하지 않는다. 이러한 경향은 여전히 흥미롭지만 이론적으로는 논의를 진전시키지 못한다. 왜냐하면 이런 논의는 특정한 서사가 지금 우리의 특정한 상황에 어떻게 호소하고 무엇을 이야기하는지를 물음으로써 앞으로 나갈 수 있기 때문이다. '보편주의적' 접근은 특정한 역사에 뿌리를 둔 특정한 문화적 순간과 서사를 생성하는 시간과 장소의 차이에 관해서는 거의 관심을 기울이지 않는다. 쉐르(Scherr, 2004)가 논평한 바와 같이, 룰의 "신화적 모델mythic model은 종종 일반적 사항들을 채택함으로써 많은 것을 설명하기도 하고 그만큼 많은 것을 모호하게 만들기도 했다"(p. 430). 예를 들어 코만(Coman, 2005)이 쓰고 있듯이 타이슨[Mike Tyson]이 자연스럽게 희생양의 전형처럼 보일 수 있을 때 그를 사기꾼의 전형처럼 보려 한다면 어떻게 그러한 방식이 우리에게 도움이 되겠는가(Lule, 2001).[1] 우리는 "신화와 기사 사이의 관계에 대한 조사가 종종 설득적이고 흥미롭지만 그것은 강렬하고 동질적인 연구의 흐름이나 완벽한 이론을 만들어내지 못했다"(p. 119)고 지적한 코만의 주장에 동의한다.

스토리텔링으로서의 뉴스

만약 세밀한 부분에 이르기까지 분석을 수행한다면 신화로서의 뉴스에 대한 심도 있는 이해는 뉴스에 대한 보다 깊은 문화적인 이해를 달성할 수 있는 분석틀을 제공할 것이다. 이야기나 스토리텔링에 접근하려는 보편적 충동은 현대 문화 속에서 어느 때보다도 강력한 것 같다. '선'/'악'이라는 단순한 두 주인공 사이의 관례적 갈등을 설정하고 여기에 때때로 정교한 이야기 흐름[storyline]을 추가함으로써 인기를 높이고 팬들을 상호작용적 논쟁에 끌어들인 프로레슬링을 생각해보라(McBride & Bird, 2007). 무엇인가를 찾아 파괴하는 플레이어의 전반적 능력을 시험하던 비디오게임들 그리고 엄청나게 대중적인 대규모 멀티 플레이어 온라인 롤플레잉 게임[Massive Multiplayer Online Role-Playing Games, MMORPG's]은 현재 플레이어들로 하여금 종종 신화적 주제들의 문화적 저장고로부터 꺼낸 복잡한 이야기들의 흐름에 참여하는 것을 허용하고 있다. 그리고 저널리즘에서는 비록 관례적인 역피라미드가 지배적으로 유지되고 있지만 기자들은 특히 도처에 퍼져 있는 일화를 가진 이야기를 광

1) 마이크 타이슨은 미국의 복싱 선수출신으로, 최연소 WBC, WBA, IBF 세계 헤비급 타이틀을 거머쥐었고 링 안팎에서 논쟁의 여지가 많은 행동을 했다.

범위하게 사용한다(Black, 2001). 기자들은 또 '새롭거나' 아니면 '문학적' 저
널리즘과 허구의 전통에서 유래하는 보다 의식적인 서사적 글모음 속에서
기사를 폭넓게 찾아낸다(Boyton, 2005; Kerrane & Yagoda, 1998을 보라). '타
블로이드 TV' 뉴스에서 생겨나 인기를 끈 리얼리티 TV는 본질적으로 뉴스
처럼 '진실'이라는 분위기를 발산하는 일련의 미니 기사들을 채택함으로써
시청자를 끌어들이려 한다. 하나의 '기사'는 통일성과 의미를 추구하기 때문
에 단순한 연대기적인 설명과는 다르다. 기사는 요점을 갖고 있으며, 이것은
이해할 수 있는 주제들의 문화적 어휘 속에 존재한다.

    학자들은 오랫동안 스토리텔링의 한 형태로 뉴스를 분석해왔다. 여러 연
구자가 하나의 장르로서의 뉴스는 구전 전통, 대중적 발라드, 광고용 인쇄물
등에 힘입은 바가 크다고 지적했다(Bird, 1992; Dardenne, 1990, 1998; Ettema
& Glasser, 1988). 이 같은 생각을 탐구하려는 초기의 시도들에는 휴즈(Hughes,
1968)의 인간적 흥미를 유발하는 이야기에 대한 선구적 연구들이 포함되었
다. 이 연구에서 그는 '잃어버린 아이' 같은 특정한 이야기들이 반복적으로
생겨나고, 각 이야기는 그런 이야기를 추적하는 사람들에게 공급되면서 '그
러한 이야기'에 대한 지각과 전개 방식을 규정하게 된다고 지적했다. 1975년
에 단튼Darnton은 기자들이 신화적 주제를 어떻게 사용하는지를 보여주면서
기자들이 특정한 표준적인 기사들을 위해 어떻게 인용문을 끌어왔는지에 대
한 개인적 경험을 담은 글을 쓴 바 있다. 『뉴욕 타임스』의 뉴스룸에서 얻은
경험을 담고 있는 그의 이 글은 종종 인용된다. "일부 다른 사람들도 그랬던
것처럼, 나는 그런 인용문이 필요할 때 만들어내곤 했다. 우리는 자녀를 잃
은 채 살아남은 어머니와 애도하는 아버지가 무엇을 말했어야 하는지를 알
았는데, 그건 아마도 그들 자신의 마음속의 말보다는 차라리 우리의 마음속
의 말을 그들이 말하는 대로 들었기 때문이다"(p. 190).

    1980년대에 들어서자 학문적 출판이나 전문직인 출판 양쪽에서 많은 저
자는 서사로서의 뉴스news as narrative라는 생각을 탐구하고 있었다. 예를 들어

시비슨(Sibbison, 1988)은 『뉴스위크』, 『LA 타임스』 그리고 『보스턴 글로브』 같은 주류 언론이 사실로 입증되지 않았을 때조차도 '의학적 돌파구medical breakthrough'라는 관행에 따라 의료 기사를 보도했다고 결론지었다. 바킨(Barkin, 1984)은 기자들은 음유시인적인 스토리텔러라는 기본적인 주장이 어떤 논리에 기반하고 있는지의 개요를 그려준 바 있다. 에테마와 글래서(Ettema & Glasser, 1988, p. 11)는 밍크Mink와 화이트White의 이론을 적용해 다음과 같이 결론을 내렸다.

탐사 저널리즘은 끔찍한 악당 이야기를 보도함으로써 전통적인 덕을 방어한다. 탐사 저널리즘은 현재 당면한 사례에 대해 옳고 그름, 무죄와 유죄에 대한 합의된 해석을 유지하고 때로는 진척시킨다. 하지만 대부분 그러한 해석을 분석하거나 비판하지는 않는다.

에테마와 글래서의 작업은 뉴스가 "도덕의 중요성을 강조하지만" 실제로는 중요한 사회적 이슈에 대한 이성적이고 신중한 고려를 손상시킬 수 있는 담론 형태라는 생각을 강조하는 점에서 중요했다. 같은 해 우리는 서사로서의 뉴스에 관한 현재의 학문적 연구 대부분을 하나로 합치려는 시도를 했고, 스토리텔링으로서의 뉴스를 이해할 수 있는 일관된 이론적 구조를 제안했다. 더 나아가 에테마와 글래서처럼 이야기를 하려는 충동은 저널리스트들로 하여금 기존의 이데올로기를 강화하는 전통적인 방법으로 세상을 프레임하도록 유도할 수 있음을 제시했다.

'이야기로서의 저널리즘journalism as story'이라는 개념은 여러 학문의 경계를 넘어 공명을 일으켰다. 공중 보건 영역에서 골든(Golden, 2000)은 임산부에게 술을 제공하기를 거부하는 바텐더에 관한 뉴스의 결과를 분석했다. 하나의 주요한 공적 논쟁이 희생자(여성 혹은 태아?)와 악당(여성 혹은 억압적인 도덕주의자?)에 대한 폭넓은 서사적 영역에 걸쳐 펼쳐지면서 태아에 대한 여성과 사회의 책임에 초점을 맞추었다. 골든은 신화와 이야기의 분석에서 매우 중요한 주제에 대한 확인을 뛰어넘어 그러한 주제들이 특정한 사건 속에서 어떻게 작동하는지, 또 어떻게 사람들의 삶과 공공 정책에 영향을 미치는지를 분석했다. 이와 비슷하게 버드(Bird, 2003)는 남성들에게 고의적으로 에이즈를 전염시킨 가상의 미스터리 여성에 관한 이야기의 생명주기를 살펴보았다. 이 이야기는 1990년대 중반 에이즈 공포가 절정에 달했을 때 엄청난 충격을 주었으며 역사를 관통해 드러난 전형적인 주제들을 환기시켰다. 즉 이국적이고 위험한 여성, 또는 유혹하는 여성의 힘 등이 그것이었다. 이 힘의 대부분은 태곳적부터의 고정관념과 두려움에서 기인했다. 그러나 1990년대 초 당시 상황도 그에 못지않게 그러한 충격에 기여했다. 그 연구는 그 시점, 그 장소에서 활발한 문화 작업을 수행했으며 나아가 인종, 젠더 그리고 성적 행위에 대한 당시의 두려움을 이야기했다.

문화 간 교차 비교는 다음의 질문이 제기될 때 서사 기법에 대한 면밀한 분석으로부터 함의를 얻을 수 있다. 어떻게 한 문화의 이야기들은 관습적이기보다는 서로 다른가, 그런데 우리는 어떻게 해서 똑같은가? 워들(Wardle, 2003)은 카친스키Theodore Kaczynksi(미국의 '우편 폭탄범Unabomber')와 코플랜드David Copeland(영국의 '못 폭탄범Nailbomber')에 관한 많은 저널리즘의 서사를 비교했다. ― 이 두 범인은 편집광적인 정신분열증자로 진단되었으며, 유사한 범죄로 재판받은 사실이 폭넓게 보도되었다. 워들의 조사에 의하면 영국의 보도는 '범죄 이야기'를 우선적으로 다루었고 미국의 보도는 '재판 이야기'에 초점을 맞추었다. 그러나 두 나라의 어느 언론도 이 사건에 의해 제기된 정신병이라는 중요한 쟁점을 분석하지 않았다. 워들의 모범적인 연구는 사건들의 '전체 이야기'를 해석하기 위해 개별적인 이야기에 대한 정교한 분석으로부터 시작하지만 그 후의 논리적인 질문은 제기하지 못했다. 왜 이 두 문화적 맥락 사이에 차이가 나타나는가 하는 질문을 하지 않은 것이다. 이 영역은 서사 분석을 위한 엄청난 잠재력을 갖고 있는데, 문화적인 맥락과 구분되는 중심적인 주제를 탐구할 수 있기 때문이다. 그러나 연구자들은 문화권 간의 뉴스를 거의 분석하지 않는다. 부분적인 이유는 하나 이상의 문화에서 '뉴스'를 설명하고 이를 이미 알려진 문화적 주제와 연결 짓는 일은 벅찬 과제이기 때문이다. 종종 인류학자들이 이 문제들을 다룬 바 있다. 코택(Kottack, 1990)은 브라질과 미국의 전국적인 TV 뉴스를 대조해 보았다. 이 연구는 양국 언론이 어떻게 각각 시민의 문제, 국내 문제 그리고 국제 사건에 각각 초점을 맞추면서도 동시에 다르게 균형을 잡는지를 보여주었다. 브라질의 뉴스들은 전통적인 자국의 가치에 도전적인 미국의 기술(예를 들어 복제기술)에 초점을 맞추는 이야기를 종종 눈에 띄게 방영한다. 그에 의하면 이 주제는 브라질 국민들로 하여금 "미국 사회는 발전되었지만 결함이 있다는 고정관념을 확인시키고, 나아가 미국 문화는 때때로 노하우와 독창성을 비인간적 극한까지 몰고 간다"는 것을 확신시킨다는 것이다(p. 92). 이 같은 분석들은 더욱 깊이 들어갈 수 있을 것이며, 나아가 제시된 주제들을 특정 문화의 폭넓고 뿌리 깊은 특성들과 연결시킬 수 있을 것이다.

누구 이야기인가

누구의 이야기들이 이야기되고 있는가. 전형적이고 신화적인 분석은 어느 정도 수준에서는 모든 이야기가 '우리 이야기'임을 전제하기 때문에 이 질문에 대답할 수 없다. 효과적인 뉴스는 공명을 불러일으키는 이야기 틀story frames을 통해 수용자들에게 말을 건다. 뉴스/신화는 고대의 인물들과 주제들을 이용하면서 공유된 가치를 중심으로 삼아 주위에 사람들을 집결시킨다. 신화적 분석이란 규정상 대체로 현상 유지를 옳다고 확신하는데, 그것이야말로 신화가 하는 일이기 때문이다. 그리고 기자들은 권력이 있는 이들에게 봉사한 고대 음유시인들처럼 기능할 수 있는 위험을 안고 있다. 에테마

(Ettema, 2005)는 할로윈데이에 과자를 얻으러 다니던 일본 교환학생을 침입자로 생각하고 총을 쏜 집주인에 대한 기사들을 검토했다. 이 기사는 일본에서는 미국에서 무시무시한 미국인의 폭력을 드러낸 표현으로 널리 알려졌고, 미국에서는 총기 소지 권리의 이슈로 널리 알려졌다. 에테마에 따르면 결국 미국 언론과 정부는 이 사건을 옳고 그름의 서술 구조에 억지로 끼워 맞춤으로써 살해를 효과적으로 '정상화했다normalized'는 것이다.

어떤 기사는 세상을 구성하는 데 도움을 주고, 권력자들은 수용자를 사로잡기 위해 경쟁적인 서사를 덮어버리거나 제거하는 등 특정한 방식으로 세상을 구성함으로써 이득을 얻는다. 우리는 프랑크푸르트학파의 논리를 추종해 정부가 사람들로 하여금 중요한 것을 생각하지 못하도록 의도적으로 '빵과 서커스'를 제공한다고 암시하려는 게 아니다. 그럼에도 불구하고 미디어를 지배하는 일부 거대하고도 천박한 서사는 그런 목적에 종사한다고 말할 수 있다. '도망친 신부' 안나 니콜 스미스Anna Nicole Smith에 관한 이야기들, 브리트니 스피어 혹은 패리스 힐튼의 기행에 대한 이야기들은 그러한 이야기를 매력적으로 만드는 무수한 추측을 생산해낸다. 그러한 이야기들은 유서 깊은 공식을 환기시키면서 때때로 도덕성에 대한 질문을 던진다(Bird, 2009). 편집자들은 그러한 이야기들이 쉽고, 저렴하고, 대중적임을 안다. 이는 사전에 모의된 음모가 아닐 수도 있다. 하지만 뉴스 조직이 독립성과 이익 수준을 유지하려고 분투하는 경쟁적인 디지털 환경 속에서는 저렴하고, 쉽고, 인기 있는 이야기가 종종 비싸고, 어렵고, 덜 인기 있는 것을 이긴다.

하지만 일부 이야기는 권력을 가진 자들의 의제를 적극적으로 제공한다. 그리고 더욱 심한 위험은 기자들이 그러한 서사를 만들도록 근거를 제공하는 사람들의 의도적인 조작에 있다. 대테러 전쟁에 관한 주목 받는 서사들은 극적인 예를 제공한다. 권력을 가진 자들은 열띤 논쟁에 휩싸인 이라크 전쟁 이야기를 필사적으로 규정할 필요가 있고, 이 이야기를 친근하고 동감을 얻을 수 있는 주제로 프레임하는 기술은 그것을 위한 성공 가능성을 크게 높여준다. 예를 들어 조지 부시 미국 행정부는 사담 후세인을 히틀러와 반복해서 비교하고 나아가 자유, 과학의 우월 그리고 영웅주의에 관해 세심하고 정밀하게 고안된 서사를 활용함으로써 1차 걸프전에 성공했다(예를 들어 Hallin & Gitlin, 1994). 미국 정부는 적어도 초기 단계에서만큼은 이라크 전쟁을 이런 방식으로 프레임하는 데 성공했다(Compton, 2004; Kellner, 2005). "미국 시청자들을 위해 미국 지상파 방송사들이 제공한 전쟁의 초상은 유혈, 반대, 외교가 아니라 멋진 무기, 현란한 그래픽, 영웅적 군인들로 가득했다"(Aday, Livingstone & Hebert, 2005, p. 18). 다른 나라들에서는 표면상으로 미국의 전쟁을 지지할 때조차도 '이야기'가 다르게 프레임되었다. 라비(Ravi, 2005)는 미국, 영국, 인도 그리고 파키스탄에서의 뉴스 보도에 대한 효과적인 비교를 제시하면서 "신문 보도는 특정 사회 내에서 제대로 공감되는 개념들, 가치들 그리고 아이디어들을 반영하는 것으로 보인다"는 결론을 내렸다(p. 59). 이러한 결론은 스웨덴과 미국을 비교한 디미트로바와 스트룀백(Dimitrova & Strömbäck, 2005)에 의해 반복된 요점이기도 하다. 몇몇 국가의 언론사는 바그다드에 대한 초기의 폭탄 투하를 놓고 '충격과 공포shock and awe'라는 미국 정부의 프레임을 사용했지만 동일한 방식으로 사용하지는 않았다. 일례로 2003년 3월 22일에 바그다드에 대한 첫 번째 폭격 후 영국 언론은 이 공격에 대해 재앙적이고, 파괴적이며, 본질적으로 과도하다는 식으로 프레임했다. 이에 비해 미국 미디어는 공격이 보여주는 경이적인 힘을 강조했으며, TV 및 신문의 양쪽 기자들은 미학적 스펙터클을 즐기는 것처럼 보였다. TV 기자들은 숨 가쁜 경탄의 기사로 해당 장면을 묘사했고, 기사에 '우리'라는 대명사를 사용함으로써 수용자의 공모를 직접 유도했다(Aday 등, 2005; Compton, 2004).

초기 폭격 후에 이야기는 지속적으로 달라지기 시작한다. 아부 그라이브 수용소 스캔들 전까지 미국 미디어의 이야기는 군대의 유능함과 성공을 강조했고(일부 보도는 질서 유지에서 이라크 경찰과 군대의 무능이 증가하는 문제를 다루기도 했다), 인간적으로 흥미 있는 대부분의 이야기는 군인과 그들이 남겨놓은 가족에 초점을 맞추었다. 유럽과 아랍 언론의 이야기는 지속적으로 화상을 입은 아이의 강렬한 모습, 이산가족들의 가슴 아픈 사연 그리고 민간인 사상자에 초점을 맞추었다. 미국 언론은 정부 지시에 따라 이라크인의 죽음이나 미국인 사상자 모습은 거의 보여주지 않았다(Aday 등, 2005). 유럽 언론은 종종 전쟁을 지지하는 자국 정부와 논쟁하는 것처럼 보였으나 미국에서는 여러 주요한 뉴스 조직 중 『나이트-라이더Knight-Ridder』(현재는 『맥클래치 McClatchy』)만 유일하게 끊임없이 이라크와의 전쟁을 추구하는 미국 정부의 동기에 대한 의문을 제기하는 기사들을 생산했다. 심지어는 『뉴욕 타임스』도 정부가 제시한 쪽으로 전쟁의 사전 준비를 보도했고, 이후 전쟁에 대해 보다 회의적이지 못했던 점에 대해 사과했다.

미국 정부가 기자들이 받아들일 수밖에 없는 개념과 프레임을 제공하는 데서 거둔 성공은 전쟁 '이야기'의 근간을 형성하는 데 도움을 주었다. 언론이 그것들을 일관성 있게 사용함에 따라 그것들은 '자연스러워'졌고, 그래서 '진실'이 되었다. 그것의 첫 번째 사례는 믿을 수 없을 정도로 성공적인 '대량살상무기'라는 용어이다. 이 부정확한 용어는 본질적으로 이라크군이 이 무기를 가졌다는 것뿐만 아니라 미국에 대해 사용할지도 모른다는 분위기를 만들어 그 자체로써 '공포 이야기'를 만들어냈다. 이 용어(현재 우리의 일상 언어 중의 일부가 되었다)와 이 용어가 환기하는 이야기들은 너무나 큰 설득력을 갖고 있어 거의 모든 주류 뉴스 미디어는 이를 반복적으로 사용했고, 그 결과 본질적으로는 전쟁을 홍보하려는 미국 행정부의 움직임에 동조하도록 언론을 유도했다. 마찬가지로 성공적인 정부 용어인 '충격과 공포'는 셀 수도 없이 많은 기사와 TV방송에 자리 잡았고, 기자들은 이 용어를 중심으로 삼아 기사를 작성했다. 이런 현상은 첫 번째 전쟁부터 미국 정부가 제시한 '스마트 폭탄smart bombs'이라는 개념을 주입하고 '부차적 피해collateral damage'라는 이미지의 제공을 거부함으로써 깨끗하고 성공적인 전쟁이라는 특별하고 제한적인 '이야기'만 만들어냈다(Compton, 2004; Kellnet, 2005). 그리고 이런 기사는 2003년 초에 만들어졌으며, 이후에도 계속 조심스럽게 구축되었다.

실제로 언론은 일반적으로 전쟁 시기나 9·11 테러와 같은 재앙적 사건 후에 정부가 규정한 기사 프레임story frames을 채택한다. 왜냐하면 기자들은 이런 시기에 '단결하는pull together' 동시에 친숙한 신화를 복원하려는 강력한 압력을 느끼기 때문이다(Zelizer & Allan, 2002). 영웅주의라는 손쉬운 서사는 즉시 확산된다. 그러나 모든 것이 정부 취재원에 의해 제공되는 것은 아니다. 쌍둥이 빌딩 중의 하나가 붕괴되었을 때 잔해 사이를 헤집고 뛰어 들어간 소방관의 널리 알려진 이야기처럼 별 근거 없이 기사는 구체화될 수도 있다(Bird, 2003). 모든 사람은 영웅을 필요로 하고 미디어는 그들이 실제로 존재하지 않을 때조차 새롭게 영웅을 만들어 내기도 한다. 반대로 우리는 허리케인 카트리나의 재난 후 바로 성폭행, 대혼란 그리고 사회적 붕괴가 잇따랐다는 기사가 나왔다가 나중에 부인된 사실을 목격했다. 이러한 기사는 통제 불능의 인종적 '타자'에 관한 아주 오래된 서사로부터 나온 것이며(Salkowen, Tobin & Bird, 2006을 보라), 또한 완전히 '자연스러운' 것으로 보였다.

그러나 권력을 가진 자들이 현존하는 서사적 충동에 동기를 제공하게 되면 문제는 더욱 심각해진다. 예를 들어 2004년 2월 22일 아프가니스탄에서 발생한 전 미국 국가대표 풋볼 스타 틸먼Pat Tillman의 '영웅적' 죽음에 대한 진실이 밝혀지기까지는 수년의 시간이 걸렸다. 대부분의 기사는 틸먼이 "호스트 지역에 있는 미군의 베이스캠프에서 북서쪽으로 약 25마일 떨어진 스페라 인근의 길거리에서 오후 7시경에 '총격전' 중에 죽었다"는 군 대변인의 말에 의존했다(NBC, MSNBC, News Services). 틸먼이 정찰에 나섰다가 영웅적 전투 속에 사망했다는 보도는 풋볼과 전쟁에 대한 미국의 문화적 공명 속에 깊이 스며들었고, 열정적으로 받아들여졌다. 그러나 이후 이 '이야기'는 작전상 실수와 유감이지만 '아군에 의한 오발'을 관료들이 은폐하기 위해 지어낸 이야기로 결론이 났다. 린치Jessica Lynch 이야기에서도 유사한 해명 사건이 발생했다. 이 이야기는 원래 '남자처럼' 싸우다가 포로로 잡힌 후 용감한 군대에 의해 구출된 십대의 '소녀 군인' 이야기다. 나중에 린치 본인이 이야기의 영웅적 성격을 부인했다. 쿠마르(Kumar, 2004, p. 297)는 "미국이 이라크 국민을 '해방'시켰다는 주장을 정당화하기 위해 영웅으로 만들어진 린치는 여성에 대한 서구 세계의 '계몽된' 태도의 상징으로 나타났다"고 주장했다. 동시에 그 이야기는 어둡고 위협적인 미개인에 의해 실제로 혹은 잠재적으로 잔인하게 희생된 아름답고, 사랑스러운 젊은 여성들과 연관된 '포로수기'의 문화적 어휘를 떠올리도록 했다. 이 이야기는 특히 강력했고 위험하기도 했다. 왜냐하면 이 이야기는 현존하면서도 문화적으로 공감되는 이미지와 구체적인 영웅 이야기를 만들려고 하는 미 행정당국의 필요 그리고 의심할 바 없이 그러한 이야기를 갖고자 하는 사람들의 필요를 완벽하게 엮었기 때문이다. 이러한 사례들은 무비판적인 기자들에게 손쉬운 서사 구조를 제공하는 친숙한 기사 프레임의 위험을 지적한다. 컴튼(Compton, 2004)은 당대의 미디어의 보도에 대해 "잘 짜여진 스펙터클"이라고 특징지었고, 기자들이 얼마나 열정적으로 권력자들에 의해 제시된 어휘나 시각적인 이미지에 뛰어드는지를 남김없이 묘사했다.

그러한 프레임들은 전쟁 보도 영역 외에도 역시 존재한다. 예를 들어 최소한 1900년대 초부터 중국에 대한 미국 언론의 보도의 역사는 중국에 대한 미국의 공식적인 정책을 일관성 있게 반영했다. 전반적으로 중국에 대한 뉴스는 대개 부정적이지만 미국과 중국의 관계가 우호적이었을 때만큼은 미국 언론은 보다 우호적으로 쓰며, 미국과 중국의 관계가 비우호적일 때 언론은 중국에 대해 부정적으로 보도한다(Dardenne, 2005). 중국의 근본적인 '현실'은 중국에 대해 만들어진 기사보다는 덜 변한다.

이야기는 독자뿐만 아니라 언론에게도 역시 강한 설득력을 갖는다. 어떤 행정부라도 분석과 이유를 통해 언론과 국민을 설득하는 것보다는 차라리 행정부 스스로에게 유리하도록 이야기를 프레이밍하는 것이 더 쉬움을 알고 있다. 이것이 정치이고, 정부가 하는 일이다. 하지만 이는 언론이 왜 무비판적으로 이들 프레이밍된 이야기들을 받아들이는지 설명하지는 못한다. 결국 누군가는 언론의 의무가 이런 프레이밍에 저항하는 것이라고 주장할지도 모른다. 하지만 '대량살상무기'나 '충격과 공포'나 '돌진' 혹은 만들어진 영웅의 이용은 기자와 수용자들에게 큰 설득력을 갖고 있으며 심리적 위로를 주기도 한다.

보통은 회고적이지만 언론은 대체로 신화를 반대하면서 대안을 제공할 수도 있다. 『워싱턴포스트』는 틸먼에 대해 보다 진실된 이야기를 폭로했고, 많은 미디어들은 린치 이야기를 자세히 분석했으며, 대량살상무기와 2차 이라크 전쟁에 돌입하는 미군에 대한 보다 폭넓은 이야기를 제공했다. 그러나 정부가 제공하는 이야기와 언론 보도가 언제나 완벽하게 서로 맞는 것은 아니다. 하지만 위안을 주는 서사의 힘은 새로운 서사가 과거의 서사와 충돌할 때, 언론이 적에게 위안을 주는 행위를 하면 이에 대해 대부분의 여론이 언론을 공격하는 것을 통해 명백하게 드러난다. 정부의 무능력과 부정직함에 대한 새로운 이야기들은 또한 문화적인 공감을 가질 수 있다. 하지만 이런 이야기들이 편안함을 주지는 못한다.

어디로 갈 것인가

우리는 20년 후 이야기[기사]가 덜 복잡하지는 않으리라는 점을 발견했다. 학자들은 이미지, 표상, 신화적이면서도 전통적인 주제, 신화와 이야기에 대한 다른 특성들을 발견하기 위해 무수한 텍스트들을 생산적으로 탐구했다. 젤리저(Zelizer, 2004, p. 132)가 지적하는 대로 언론학자들은 서사적 접근이 "주류 언론, TV 뉴스, 타블로이드에 대한 대안적 형태의 저널리즘, 리얼리티 TV 그리고 인터넷에 유익하다"는 사실을 발견했다. 이들의 흥미롭고 도 중요한 연구(여기에 참고문헌이 언급된 일부의 연구)는 우리가 뉴스와 사회에 소중한 더욱 중요한 발견을 할 수 있도록 추진력을 줄 수 있다.

언론의 서사적 역할의 미래를 보다 잘 이해하기 위해서는 크게 변화된 뉴스 환경을 고려해야 한다. 21세기의 첫 10년에 들어와서도 대부분의 사람은 지속적으로 대형 미디어 기업을 통해 상당 부분의 뉴스를 획득하고 있고, 이런 미디어 기업들은 정부에 대항하기보다는 공식적인 정부의 서사government narratives를 채택하는 것으로 보인다. 하지만 케이블 TV, 인터넷, 휴대전화, 시민들의 뉴스 사이트 그리고 대안적이고 독립적인 뉴스 공급원의 급증은 미디어 지형을 극적으로 바꾸었다. 그 결과 룰Lule이 제시한 바와 같이, 국가를 위해 신화적인 의제를 설정하는 『뉴욕 타임스』의 모습은 이미 기괴한 것처럼 보이게 되었다.

로빈슨(Robinson, 2007)은 워싱턴 주 스포케인 시의 시장이 관련된 소아小兒 애호증pedophilia 스캔들에 대한 『스포크맨 리뷰Spokeman Review』의 보도 사례 연구에서 그러한 변화를 탐구했다. 그는 몇 달 간의 조사 과정에서 모습을 드러내는 많은 익숙한 서사 프레임에 맞는 일관된 관습적 이야기를 묘사했다. 하지만 이야기가 인쇄되는 것과 동시에 신문이 소유한 웹사이트의 '사이버 뉴스룸'은 인터뷰, 문서 그리고 다양한 형태의 정보를 이용할 수 있도록 만들었고, 사람들은 종종 '공식적' 이야기와 완전히 다른 그들만의 버전을 제공했으며, 그러한 정보를 세밀하게 분해하고 분석했다. 독자들은 기자, 뉴스 콘텐츠, 다른 독자들과 상호작용하면서 온라인 뉴스 서사가 생성되도록 했다.

보도에 대해 이의를 제기하고자 할 때 독자들은 저널리즘을 비판하기 위해 신문 그 자체의 안에서 공간을 마련했다. 기자와 마찬가지로 독자들은 자료의 출처를 표시하기 위해 인용부호와 하이퍼링크를 사용했다. 독자와 기자가 정보 생산에 함께 참여하는 현실은 사이버 공간에서 저널리즘의 역학을 변경시켰고,

이것은 사이버 공간에서 양자가 뉴스 패러다임을 놓고 재협상을 하도록 했다
(p. 34).

서사가 일으키는 불협화음은 당일의 이야기를 규정하기 위해 점점 더
치열하게 주류 언론과 경쟁하고 있다. 뉴스 독자들은 주목하고, 믿고 싶은
이야기들만 고르고 선택하며, 자기 이야기를 조립하기 위해 외견상 끝없이
공급되는 것처럼 보이는 많은 정보에서 필요한 것을 골라낸다. 나아가 블로
그, 위키스Wikis 그리고 개인 웹사이트에서 이야기를 생산하고 퍼뜨린다. 놀
란(Nolan, 2003, p. 4)은 연결성은 그러한 기자가 "권위자가 아니라 안내자가
되어가는 것"을 의미하지만 언론은 그러한 변화들을 수용하려 하지 않는다
고 지적했다. CNN부터 FOX에 이르는 뉴스 공급자의 상당수는 그들만이 진
실을 가진다고 더욱 크게 외쳐왔다. 저명 앵커 크롱카이트의 방송 종료 인사
말인 "사실은 이랬습니다That's the way it was"에서부터 『탬파 트리뷴Tampa Tribune』
의 슬로건인 '인생: 인쇄된 일간지Life: Printed daily' 그리고 『뉴욕 타임스』의 슬로
건인 "인쇄될 수 있는 모든 뉴스all the news that's fit to print"에 이르기까지 언론은
사람들이 알 필요가 있는 '모든 것'을 갖고 있다고 주장한다. 언론은 또한 보
도 기사의 완전함과 진실함 그리고 기사의 설득적인 성격을 강조하지만 뉴
스가 대화의 일부임을 인정하지 않고 있다(Anderson, Dardenne & Killenberg,
1994).

일부 인사는 새로운 뉴스 환경을 저널리즘의 근간을 위협하는 요소로
간주한다(Henry, 2007). 학자들은 뉴스를 받아들이는 것은 멜로드라마를 받
아들이는 것보다 민속지학적 관점에서 더 다루기 어렵다고 판단한다.[2] 왜
냐하면 뉴스가 부정확하게 정의되고, 사람들은 간헐적으로만 뉴스에 관심을
갖는 데다 뉴스는 여러 출처로부터 나오기 때문이다. 뉴스를 받아들이는 것

---

[2] '민속지학(民俗誌學, ethnography)'은 소수인종을 인류학적 관점에서 관찰해 질적으로 설명하
는 학문을 가리키는데, 이러한 접근은 미디어학에서도 원용된다.

은 텍스트가 아니라 과정에 관한 것이다. 왜냐하면 '이야기'는 프레임하는 구조로서 뉴스 서사news narrative와 대화하는 과정에서 등장하기 때문이다. 뉴스에서 의미를 파악해 낼 때 우리는 의미의 협상 속에서 다른 사람을 연관시키며, 의미의 문화적 중요성은 일상생활의 상호작용을 통해 발현된다(Bird, 2003). 우리는 항상 그런 식이었다고 믿지만 현시대의 상호작용하는 세상은 이것을 더욱 두드러지게 보이도록 한다. 실제로 스토리텔링에서 독자들의 역할은 잘 연구되지 않았다. 그래서 우리는 어떻게 저널리즘 서사들이 매일의 삶과 의식 속으로 들어가는지 잘 알지 못한다. 예를 들어 우리는 유럽 언론들이 이라크 전쟁을 영웅적인 군대의 성공보다는 민간의 비극이라는 관점에서 프레임한다고 주장할 수도 있다. 왜냐하면 학자들이 텍스트를 기반으로 그렇다고 생각하기 때문이다. 하지만 이러한 사실이 미디어 이용자들에 의해 일상적 인식으로 전환되는가, 그리고 더욱 중요한 문제를 말한다면, 그것이 행동으로 전환되는가? 만약 그렇게 된다면 어떤 방식으로 전환되며, 동시에 어떤 결과를 가져오는가?

사실 및 리얼리티 프로그램의 반응에 관한 힐(Hill, 2005)의 종단 연구와 다른 연구들은 수용자 역할을 매일의 삶 속에서 펼쳐지는 '이야기'에 대해 반응하고 창조하는 역할로 재위치시켰다. 그레이(Gray, 2007)의 예비 수준이지만 도발적인 연구는 온라인 뉴스 소비자를 경성硬性의 정치 뉴스에 초점을 맞춘 활기찬 토론으로 뉴스에 생명을 불어 넣는 '팬'으로 자리매김한다. 그레이는 정치가 "시청자들에게 의미를 갖기 위해서는 시청자 개인에게 중요한 의미를 가져야 하고, 어느 정도는 감성적으로 소비되어야 한다"고 쓰고 있다(p. 80). 그레이의 연구는 독자들이 '이야기'를 특정한 '뉴스' 사건 이상의 것으로 받아들일 뿐만 아니라 나아가 뉴스 전달자, 정치인의 모습 그리고 자신과는 다르게 생각하는 수용자들의 경쟁적인 견해로 보기도 한다는 것을 보여준다. 이와 같이 "뉴스 팬들news fans은 함께 일하기 위한 팬 같은fan-like 열렬한 참여와 시민적 의무를 수행하기 위한 능력을 보여주었다"(p. 85). 이야기로서의 뉴스와 정보로서의 뉴스에 대한 인위적 구분은 뉴스에 대한 우리의 이해를 명확하게 하기보다는 방해한다(Bird & Dardenne, 1988, 1990). 그리고 그레이의 연구는 뉴스 이야기가 감성적인 기능과 정보적 기능을 어떻게 서로 엮는지 깨닫는 것이 매우 중요하다는 사실을 확인시켜 주었다.

새롭게 학술적인 관심을 가질 만한 관련된 주제는 독자의 해석과 시각적 이미지의 사용이다. 시각적 이미지는 브래디Metthew Brady의 남북 전쟁 사진, 베트남전과 이라크 전쟁 사진, 로드니 킹Rodney King의 비디오, 천안문 광장의 저항 이미지, 오클라호마시티 폭발에서 죽은 아이를 안고 있는 소방관, 쌍둥이 빌딩을 공격하는 비행기들 그리고 사담 후세인의 동상을 넘어뜨리는 모습에까지 이른다. 이들 이미지는 언론의 서사를 정의하는 데 언제나 핵심적인 역할을 했다. 점점 더 시각적으로 되어가는 시대에 전문가들과 시민들은 다양하면서도 도처에 존재하는 보편적 기술을 통해 디지털 이미지를 쉽게 창조하고, 조작하며 그리고 즉각적으로 전 세계에 전달한다(Taylor, 2000). 만약 휴대전화를 갖고 희희낙락하는 군인이 디지털 스냅사진(포로학대 사진)을 찍지 않았더라면 아부 그라이브 수용소로부터 무슨 의미 있는 이야기가 나왔겠는가. 세상 어디에나 흔하게 발견되는 사지가 절단된 이라크 아이들의 무시무시한 이미지로부터 미국인들을 '보호한' 결과는 무엇인가. 거울 앞에서 용모를 다듬는 대통령 후보 존 에드워즈의 유튜브 비디오는 그를 경선에서 낙마하게 했을 것이라는 이야기를 만들어낸 400달러짜리 이발 보도와 어떻게 엮어지게 되었는가. 이미지의 창조와 조작과 전파, 이미지와 단어와 조합, 이미지에 대한 공중의 해석 그리고 '이야기'가 지배적 위치를 차지하는 길목에서 드러나는 이미지의 역할은 중요하고 흥미로우며 필수적인 연구를 위한 엄청난 잠재력을 제공한다.

점점 더 새로워지는 기술, 이런 기술에 의한 이미지 통합 그리고 이미지들을 통해 얻어지는 의미에 대한 공중들의 협상은 이야기와 그 이야기의 신화적 특성에 신선한 관점을 제공한다. 이런 기술 그리고 이런 기술이 허용하거나 심지어 지배하는 저널리즘은 발전하고 변형되면서 뉴스에 관심을 쏟는 시민들과 뉴스를 생산하는 기자들을 새롭게 자리매김한다. 디지털 환경은 단순히 받아들이고 소비하기보다는 참여하고 생산하는 사람들의 증가를 기꺼이 받아들인다. 이는 뉴스에 대한 정의, 해석 그리고 결과를 변화시킨다. 따라서 학자들은 다음을 고려할 필요가 있다. 즉 그러한 환경 속에서 이야기와 신화의 역할은 무엇인가 하는 점이 그것이다. 기술과 뉴스 생산에서 나타나고 있는 새로운 발전은 전통적인 뉴스 미디어를 따라잡지는 못했지만 이들은 서로 맞서고 있다. 블로거와 다른 온라인 논평자들은 주류 일간지를 보완하고, 세밀하게 분해하고, 의문을 제기하고, 분석하고, 때때로 비난한다. 전통적인 기자들은 결코 독점적으로 '진실'을 소유하지 못한다. 이제는 그들이 소유하는 것, 즉 그들의 이야기가 도전받지 않는 경우는 거의 없다.

블로깅, 위키 그리고 다른 신기술들이 나타나기 전인 1990년대 중반 일부 뉴스 조직들은 뉴스 미디어가 잠재적인 뉴스 이슈와 주제를 정의하는 데 시민들이 참여하도록 유도하는 '공공' 저널리즘을 채택했고, 이때 시민들은 기사 제작에 기여하는 기회를 얻었으며, 심지어는 기사를 만들어냈다. 그러한 개념을 공식적으로 지지하든 반대하든 많은 뉴스 미디어는 한 가지 혹은 그 이상의 공공 저널리즘 접근 방식을 채택했다. 이런 접근방식에는 기자, 독자 이익 옹호자, 편집 이사회의 공적 구성원, 뉴스 조직들의 활동적인 시민 참여 권유 등으로 주도되는 시민 포럼, 파티, 기타 다른 집회를 포함하며, 나아가 공적 목소리를 뉴스에 반영하기 위한 혁신적인 방식이 여기에 들어간다. 공공 저널리즘의 열정적 옹호자들과 비판자들 가운데 일부는 기자들이 최종 서사의 창조에 너무 많은 통제력을 유지하고 있다고 주장했고(Woodstock, 2002), 다른 이들은 기자들이 통제력을 너무 많이 포기했다고 생각했다(Merrill, Grade & Blevens, 2001; Merritt, 1995). 파리시(Parisi, 1997, p. 682)는 공공 저널리즘 환경에서 뉴스는 '대화' 수준을 넘어서지 못하고, 나아가 공동체의 자원에 초점을 맞추는 것 역시 "정치권력과 경제적 이익 단체의 이미 확립된 구조를 검증하지 못한 채 남겨두는 것이 아닐까"를 두려워했다. 킨(Keen, 2007, p. 80)은 아마추어적인 온라인 저널리즘의 등장은 재앙이며, 이것의 등장으로 인해 기존 기자들이 기사를 만들 수 있는 권위를 박탈당했다고 주장했다. 이 때문에 공통의 기사를 말하거나, 공동사회라는 신화를 형성하거나, 동일한 일상의 생활 서사에 참여한다는 공유된 의식 등을 가질 수 없는 상대화된 세상이 만들어진다는 것이다.

기자는 "권력에게 진실을 말해야 하는" 핵심적 역할을 양보해야 할 위험을 무릅쓴다. 권력자를 조사하지 않은 채 그대로 두는 것은 저널리즘이 존재해야 하는 중요한 이유를 포기하는 것이다. 그러나 더 큰 위험은 공중에게 더 많은 접근을 제공하려는 데 있지 않으며, 이미 정부에게 주어진 엄청난 접근권에 있다. 더욱이 합병과 통합의 증가로 미디어 기업들은 이미 스스로가 강력한 경제적 기구로 변신했으며, 그들을 번영하게 하는 시스템을 주의 깊게 조사할 동기를 점차 상실하고 있다. 미디어 기업들의 이야기〔뉴스〕들이 점점 그들이 일부를 구성하는 강력한 이해관계에 부합함에 따라 시민들의 뉴스는 기자가 의무적으로 제공해야 된다고 생각되는 대안적 기사에 크게 기여할 수 있다. 보다 더 극단적인 포스트모더니스트들은 뉴스가 진실을 보도한다고 주장할 수 없다고 말했으나 이런 생각은 윈드셔틀(Windschuttle, 1998)에 의해 정당한 비판을 받았다. 진실 보도 의무를 둘러싼 논란에도 불구하고 기자들은 여전히 세상에 대해 보도하고 이해시키는 데 최선의 가능한 노력을 기울여야 할 의무를 가진다. 사실 이 의무는 기술의 모든 발전과 학술적 해석을 뛰어 넘어 지속된다. 기자들은 정부의 이야기를 대신 전달함으로써 언론사의 사주만을 위해 봉사해야 할 의무는 없으며, 가장 진실된 이야기나 시민들에게 가장 잘 봉사하는 이야기를 전달할 의무를 가진다. 웨이스보드(Waisbord, 1997, p. 191)는 단순히 좋은 이야기만을 말하는 값싼 유혹을 지적했다. 그는 어떻게 브라질 정부의 부패에 대한 탐사보도가 "부패의 원인을 더 잘 이해하거나 브라질 정치를 윤리적인 차원에서 논의할 수 있도록 큰 문제들을 다루는데 실패하고", 대신 개인적 도덕성에 대한 표준적 서사standard narrative에 순응하는 보도로 끝났는지를 보여준다. 레센데(Resende, 2005)는 다른 서사 이론가들의 주장을 환기시키면서 기자의 역할은 공식적 서사에 반대하고 또한 이 공식적 서사에 대한 근본적 검증을 하기 위해 강력한 '저항 서사narratives of resistance'를 제공하는 데 있다고 주장한다.

이야기는 큰 힘을 가진다. 바로 이 때문에 정부, 기업 그리고 특수한 이익집단들은 많은 사람을 고용해 원하는 이야기를 만들어내고, 나아가 다른 모든 이야기를 바꾸려 하거나 이들 이야기에 대한 인식을 바꾸려 한다. 또한 바로 이 때문에 대안적이거나 독립적인 미디어 활동가들을 포함해 매우 많은 사람들은 인터넷이 매우 중요하다고 생각한다. 만약 오늘날 기자들이 (진실 보도를 위한) 경쟁적 이야기를 유포시킬 의지를 갖지 않거나 기업이나 사주가 그렇게 할 자원을 제공하지 않는다면 이들 활동가들은 인터넷이야말로 경쟁적 이야기를 유포시키기 위한 최선의 희망으로 보는 것이다.

우리는 언론이 경쟁적인 서사를 제공하지 않는다고 해서 결코 언론을 비난하지 않는다. 예를 들어 레센데(Resende, 2005)는 한 노숙자 아이의 매우 사적인 이야기를 담은 브라질의 사례를 제공했다. 이 이야기는 주변화된 사람들의 경험을 지우기 위해 만들어진 공식적 이야기에 대항하기 위한 것이었다. 또한 대시Leon Dash가 1994년 『워싱턴 포스트』에 게재한 연재물은 미국 사회의 주변부에 있는 흑인 가정에 대한 이야기인데, 이 기사는 약물, 욕설, 에이즈, 매춘, 범죄 그리고 절망으로 가득한 인생들을 연대기처럼 자세하게 기록했고, 나중에 책으로 출판되었다(Dash, 1997). 많은 독자들은 이 이야기에 대해 『워싱턴 포스트』에 비난의 편지들을 보냈다. 하지만 나중에 책으로 출간된 이 연재물은 앞의 브라질 아이에 대한 이야기와 마찬가지로, 그런 이야기를 아예 다루지 않거나 인간 이하로 다루는 '공식적 이야기들official stories'을 반박하는 내용이다. 이야기는 때때로 매우 추하기는 하지만 대시는 그 가족과 많은 시간을 보냄으로써 일반인들이 갖고 있는 고정관념에서 벗어나 그들을 인간으로 묘사할 만큼 충분히 배울 수 있었다. 아울러 어떻게 그 가정의 두 아들이 가난과 범죄로부터 벗어날 수 있었는지 보여줌으로써 희망을 제공했다. 그는 대다수 사람들이 그 연재물이 없었다면 인식하기 힘들었을 이야기를 설득력 있게 제시했다. 또한 로렌즈(Lorenz, 2005)와 클라크(Clark, 2000)가 거론하듯, 문학적이며 서사적인 글쓰기 기법들이 거짓으로 몰려 묵살되어서는 안 되며, (만약 진실성을 담아 글을 쓴다면) 그것은 이야기를 사실적인 것으로 만드는 도구가 될 수 있다.

이러한 종류의 저널리즘은 '새로운 저널리즘'의 철학, 추문 폭로 그리고 탐사보도의 토대를 이룬다. 이들 기자들은 서사 저널리즘을 활용해 언급되지 않은 채 지나쳐 버리거나 정부와 기업이 제공하는 용어와 주제에 저항하는 중요한 이야기를 말한다. 이 이야기들은 시간, 자원 그리고 기술을 요구하지만 점점 더 뉴스 미디어에 만연하는 오락과 기분전환의 경박한 흐름을 따르는 것 이상의 역할을 해야 하는 기자들의 의무를 충족시킨다. 신문 독자와 지상파 뉴스 시청자가 감소하고, 인터넷 대안 매체가 증가하는가 하면 대기업의 이해관계가 뉴스를 지배하는 시대에 권위 있는 언론 서사들이 미디어 잡동사니들media clutter을 돌파해 독자들이 생각하도록 관여하고 행동에 나서도록 고무할 수 있을까.

아마 이를 탐구하는 것은 저널리즘 연구와 저널리즘 그 자체에 최대의 도전이 될 것이다.

〈참고문헌〉

Aarne, A. A.(1928). *The types of the folktale: A classification and bibliography*. Helsinki: Academia Scientarum Fennica.
Aday, S., Livingston, S., & Hebert, M.(2005) Embedding the truth: A cross-cultural analysis

of objectivity and television coverage of the Iraq War. *The Harvard International Journal of Press/Politics, 10*(1), 3-21.

Anderson, B., Dardenne, R. W., & Killenberg, G. M.(1994). *The conversation of journalism: Communication, community and news.* Westport, CT: Praeger.

Barkin, S. M.(1984) The journalist as storyteller: An interdisciplinary perspective. *American Journalism, 1*(2), 27-33.

Barthes, R.(1972). *Mythologies* New York: Hill and Wang.

Berger, P. L., & Luckmann, T.(1967). *The social construction of reality: A treatise in the sociology of knowledge.* New York: Anchor Books.

Bird, S. E.(1992) *For enquiring minds: A cultural study of supermarket tabloids.* Knoxville: University of Tennessee Press.

Bird, S. E.(2003). *The audience in everyday life: Living in a media world.* New York: Routledge.

Bird, S. E., & Dardenne, R. W.(1988). Myth, chronicle, and story: Exploring the narrative qualities of news. In J.W. Carey(, *Media, myths, and narratives*(pp. 67-87). Beverly Hills, CA: Sage.

Bird, S. E., & Dardenne, R. W.(1990). News and storytelling in American culture: Reevaluating the sensational dimension. *Journal of American Culture, 13*(2), 38-42.

Black, J.(2001). Hardening of the articles: An ethicist looks at propaganda in today's news. *Ethics in Journalism, 4*, 15-36.

Boyton, R.(2005). *The new new journalism: conversations with America's best nonfi ction writers on their craft.* New York: Vintage.

Campbell, J.(1949). *The hero with a thousand faces.* New York: Pantheon.

Carey, J. W.(1975). A cultural approach to communication. *Communication 2*, 1-22.

Clark, R. P.(2000). The false dichotomy and narrative journalism. *Nieman Reports*(Fall), 11-12.

Clifford, J., & Marcus, G.(1986). *Writing culture: The poetics and politics of ethnography.* Berkeley: University of California Press.

Coman, M.(2005). News stories and myth: the impossible reunion? In E. W. Rothenbuhler & M. Coman (eds.), *Media anthropology*(pp. 111-119).Thousand Oaks, CA: Sage.

Compton, J. R.(2004). *The integrated news spectacle: A political economy of cultural performance.* New York: Peter Lang.

Corcoran, F.(1986). KAL-007 and the evil empire: Mediated disaster and forms of rationalization. *Critical Studies in Mass Communication, 3*, 297-316.

Dardenne, R.(1990). *Newstelling: Story and themes in the Hartford Courant, 1765 to 1945.* Unpublished doctoral dissertation, University of Iowa.

Dardenne, R.(1998). The news as a narrative. *Contemporary media issues.* Westport, CT:

Greenwood.

Dardenne, R.(2005). Image of China in U. S. news since 9-11. Paper presented at Fourth Annual International Conference of Asian Scholars, Shanghai, China, August 22..

Darnton, R. 1975. Writing news and telling stories. *Daedalus,* 104, 175-94.

Dash, L.(1997). *Rosa Lee: A mother and her family in urban America.* New York: Plume.

Dimitrova, D. V., & Stromback, J.(2005). Mission accomplished? Framing of the Iraq War in the elite newspapers in Sweden and the United States. *International Communication Gazette, 67*(5), 399-417.

Eliade, M.(1963). *Myth and reality.* New York: Harper and Row.

Ettema, J. S.(2005). Crafting cultural resonance: Imaginative power in everyday journalism. *Journalism, 6*(2), 131-152.

Ettema, J. S., & Glasser, T. L.(1988). Narrative form and moral force: The realization of innocence and guilt through investigative journalism. *Journal of Communication, 38*(3), 8-26.

Fisher, W. R.(1987). *Human communication as narration: Toward a philosophy of reason, value, and action.* Columbia: University of South Carolina Press.

Geertz, C.(1973). *The interpretation of cultures.* New York: Basic Books.

Golden, J.(2000). "A tempest in a cocktail glass": Mothers, alcohol, and television, 1977-1996. *Journal of Health Politics, Policy, and Law, 25*(3), 473-498.

Gray, J.(2007). The news: You gotta love it. In In C. Sandvoss, L. Harrington, & J. Gray(eds.), *Fandom: Identities and communities in a mediated world*(pp. 75-87). New York: New York University Press.

Hallin, D. C., & Gitlin, T.(1994). The Gulf War as popular culture and television drama. In W. L. Bennett & D. L. Palet(eds.), *Taken by storm: The media, public opinion, and policy in the Gulf War*(pp. 149-163). Chicago: University of Chicago Press.

Henry, N.(2007). *American carnival: Journalism under siege in an age of new media.* University of California Press.

Hill, A.(2005). *Reality TV: Factual entertainment and television audiences.* London: Routledge.

Hughes, H. M.(1968). *News and the human interest story.* Chicago: University of Chicago Press.

Keen, A.(2007). *The cult of the amateur: How today's internet is killing our culture.* New York: Doubleday.

Kellner, D.(2005). *Media spectacle and the crisis of democracy: Terrorism, war, and election battles.* New York: Paradigm.

Kitch, C.(2003). "Mourning in America": Ritual, redemption, and recovery in news narrative after September 11. *Journalism Studies, 4*(2), 213-224.

Kitch, C.(2000). "A news of feeling as well as fact": Mourning and memorial in American newsmagazines. *Journalism: Theory, Practice, and Criticism, 1*(2), 175-195.

Kerrane, K., & Yagoda, B.(1998). *The art of fact: A historical anthology of literary journalism.* New York: Scribner.

Knight G., & Dean T.(1982). Myth and the structure of news. *Journal of Communication, 32*, 144-161.

Kottak, C. P.(1990) *Prime time society: An anthropological analysis of television and culture.* Belmont, CA: Wadsworth.

Kumar, D.(2004). War propaganda and the(ab)uses of women: Media construction of the Jessica Lynch story. *Feminist Media Studies, 4*(3), 297-313.

Langer, J.(1998). *Tabloid television: Popular journalism and the "other" news.* London: Routledge.

Levi-Strauss, C.(1968). *Structural anthropology.* New York: Bantam Books.

Lippmann, W.(1922). *Public opinion.* New York: MacMillan.

Lorenz, A.(2005). When you weren't there: How reporters recreate scenes for narrative. *River Teeth, 71*, 71-85.

Lule, J.(2001). *Eternal stories: The mythological role of journalism.* New York: Guilford.

McBride, L. B., & Bird, S. E.(2007). From smart fan to backyard wrestler: Ritual, perform-ance, and pain. In C. Sandvoss, L. Harrington, & J. Gray(eds.), *Fandom: Identities and communities in a mediated world*(pp. 165-178). New York: New York University Press.

Mechling, J.(1991). *Homo narrans* across the disciplines. *Western Folklore, 50*, 41-52.

Merrill, J. C., Gade, P. J., & Blevens, F. R.(2001). *Twilight of press freedom: the rise of people's journalism.* Hillsdale, NJ: Erlbaum.

Merritt, D.(1995). *Public journalism and public life: Why telling the news is not enough.* Hillsdale, NJ: Erlbaum.

Mink, L. O.(1978/1987). Narrative form as a cognitive instrument. In B. Fay. E. O. Golob, & T. T. Vann(eds.), *Louis O. Mink: Historical understanding*(pp. 182-203). Itaca, NY: Cornell University Press.

NBC, MSNBC News Services(2004). April 26, Ex-NFL star Tillman makes "ultimate sacrifi ce", April 26.

retrieved August 5, 2007, from http://www.msnbc.msn.com/id/4815441

Nolan, S.(2003). Journalism online: The search for narrative form in a multilinear world. Proceedings of MelbourneDAC, the 5th International Digital Arts and Culture Conference, retrieved September 1, 2007, from http://w3c.rmit.edu.au/dac/papers/Nolan.pdf

Parisi, P.(1997). Toward a "philosophy of framing": News narratives for public journalism. *Journalism and Mass Communication Quarterly, 74*, 673-686.

Ravi, N.(2005). Looking beyond flawed journalism: How national interests, patriotism, and cultural values shaped the coverage of the Iraq War. *The Harvard International Journal of Press/Politics, 10*(1), 45–62.

Resende, F.(2005). Journalism discourse and narratives of resistance. *Brazilian Journalism Research, 1*(1), 177–194.

Ritea, S.(2004). Going it alone. *American Journalism Review,* August/September, 16–17.

Robinson, S.(2007). The cyber newsroom: A case study of the journalistic paradigm in a news narrative's journey from a newspaper to cyberspace. Paper presented at the International Symposium on Online Journalism. March 30–31, 2007, retrieved September 1, 2007, from http://journalism.utexas.edu/onlinejournalism/2007/papers/Robinson.pdf

Salkowe, R., Tobin, G. A., & Bird, S. E.(2006). Calamity, catastrophe and horror: Representation of natural disaster, 1885–2005. *Papers of Applied Geography Conferences, 29,* 196–205.

Scherr, A.(2004). Review of Lule, J. *Eternal stories: The mythological role of journalism. The Midwest Quarterly, 45,* 428–431.

Schudson, M.(1982). The politics of narrative form: The emergence of news conventions in print and television. *Daedalus, 111,* 97–112.

Sibbison, J.(1988). Covering medical "breakthroughs." *Columbia Journalism Review, 27*(2): 36–39.

Taylor, J.(2000). Problems in photojournalism: Realism, the nature of news, and the humanitarian narrative. *Journalism Studies, 1*(1), 129–143.

Thompson, S.(1975). *Motif-index of folk-literature: A classification of narrative elements in folktales, ballads, myths, fables, mediaeval romances, exempla, fabliaux, jest-books, and local legends*(3rd ed). Bloomington: Indiana University Press.

Waisbord, S.(1997). The narrative of exposes in South American journalism: Telling the story of Collorgate in Brazil. *Gazette, 59*(3), 189–203.

Wardle, C.(2003). The "Unabomber" vs. the "Nailbomber": A cross-cultural comparison of newspaper coverage of two murder trials. *Journalism Studies, 4*(2), 239–251.

White, H.(1980). The value of narrativity in the representation of reality. *Critical Inquiry, 7*(1), 5–27.

Windschuttle, K.(1998). Journalism versus cultural studies. *Australian Studies in Journalism, 7,* 3–31.

Woodstock, L.(2002). Public journalism's talking cure: An analysis of the movement's "problem" and "solution" narratives. *Journalism, 3*(1), 37–55.

Zelizer, B.(2004). *Taking journalism seriously: News and the academy.* New York: Sage.

Zelizer, B., & Allan, S.(eds.).(2002). *Journalism after September 11.* New York: Routledge.

16

뉴스의 상업화

존 H. 맥마너스

서론

2005년 3월 초 어느 날 아얄라Anna Ayala의 남편은 직장 동료의 손가락 끝을 집에 가져왔다. 공장에서 작업 중 사고로 잘린 것이었다. 아얄라는 곧이어 부패 중이던 그것을 써먹기로 했는데, 캘리포니아의 새너제이에 있는 한 웬디스 레스토랑에서 김이 모락모락 나는 칠리 스튜 접시 안에 집어 넣었다. 그는 짐짓 기겁한 채 이 패스트푸드점이 칠리 콘 카르네〔고기, 콩, 칠리 고추로 만든 매운 멕시코 요리〕 대충 만들었다고 주장하며 고소하겠다고 위협했다. 손가락이 들어간 음식을 주문한 게 아니라고 항의하면서 말이다.

시작부터 이 사건은 공중 보건에 대한 위협이라기보다는 사기인 것으로 보였지만 한때 편집인 투표에서 미국 내 10대 일간지 중의 하나로 꼽혔던 이 지역의 신문인 『새너제이 머큐리 뉴스San Jose Mercury News』는 이 사건이 지속된 33일 동안 손가락이 들어간 칠리 접시 요리 사건의 전말을 1면에 무려 11차례나 실었다. 이 날조극이 처음 불거진 날부터 아얄라가 체포되기까지

한 달 동안 이 신문이 1A면에 미국의 이라크 전쟁에 대해 보도한 것은 단 한 차례뿐이었다.[1]

　일부 사람은 부정한 돈 욕심에 눈먼 야바위꾼 이야기보다는 이라크전 상황이 1면에 더 적합한 뉴스라고 말할 것이다. 무수한 미군이 사망하고 한 주에 10억 달러의 전비가 들어가는 것은 물론 수십 만 명의 이라크인이 살해 되고, 수백만 명이 피난을 떠나야 했기 때문이다. 하지만 그러한 사람들은 저널리즘을 이윤을 최대화하는 사업이 아니라 공적 신뢰라는 차원에서 접근 하는 것이라고 할 수 있다.

　이 장은 뉴스의 상업화를 간략하게 검토한다. 그것의 역사적 맥락과 함 께 학자들은 그것을 어떻게 기술해왔는지, 상업화의 원인, 과정, 결과에 대 해 무엇을 밝혀냈는지, 그러한 분석의 장점과 약점은 무엇인지를 살펴본 후 미래의 연구를 위한 몇 가지 아이디어를 제시할 것이다.

상업화란 무엇인가

　상업화를 둘러싼 논란은 돈을 받고 팔기 시작한 시절부터 내려오는 해 묵은 것이다. 논란의 중심지는 미국이다. 미국에서는 거의 모든 뉴스가 이윤 을 얻기 위한 기업에 의해 생산된 지 150년이 넘는다. 한 때 국가가 미디어 를 통제했던 동부 유럽에서는 상업화 문제가 새롭게 대두되고 있다. 아마 중 국에서도 앞으로 이 문제가 부각될 것이다. 그람시, '프랑크푸르트학파' 그리 고 나중의 문화연구 운동에 이르기까지 마르크스의 영향을 받은 서구의 미 디어 연구는 상업화가 계급 지배나 헤게모니라는 더 큰 악에 봉사하는 것으 로 간주되었다. 보다 최근에는 포스트모더니즘과 능동적 수용자 이론의 영

---

1) http://www.gradethenews.org/commentaries/finger.com. 2007년 7월 14일(필자 주).

향으로 모든 미디어가 계급 지배 수단이라는 네오 마르크스주의적 가정은 약화되었다.[2] 지난 20여 년 동안 유럽 국가들이 상업방송을 허가하기 시작함에 따라 상업화는 학자들의 주된 연구 주제가 되었다.

상업화한다는 것은 무엇인가를 사업으로 만든다는 것을 의미한다. 하지만 이 단어는 "질을 희생하거나 고유의 가치를 저버리면서까지 수익성을 강조한다"는 타락이라는 의미를 함축하고 있다(Random House, 1999). 상업화에 대한 그러한 우려 속에는 그와 같은 오점만 없다면 이윤을 추구하는 뉴스미디어는 공공의 이익을 위해 일할 수 있다는 점이 암시되고 있다. 따라서 상업화에 대한 정의는 기업에 기반한 저널리즘이 실제로 특정한 조건 아래에서는 공중의 이익에 부응할 것이라는 논쟁적 가정을 담고 있다.

그러한 가정 아래 나는 뉴스의 상업화를 이렇게 정의할 것이다. 즉 언론이 봉사한다고 주장하는 공동체를 형성하는 쟁점과 사건들에 대한 공적 이익을 최대화하려는 기자들과 뉴스 조직들의 최고의 노력을 방해하면서 영리를 추구하려는 모든 행위[3]라는 것이 그것이다. 이런 측면에서 보면 2005년 3월에 『새너제이 머큐리 뉴스』가 가장 눈길을 끄는 면에 기사를 우선적으로 배치한 정책은 공익적 이해보다는 이윤의 극대화였던 것으로 보인다. 한 여인의 실패한 사기극이 아무리 독특하고 재미있다고 해도 이라크 전쟁은 남부 샌프란시스코 베이 지역에 훨씬 더 큰 영향을 주는 쟁점이자 사건이었기 때문이다.

이러한 정의를 현실에 적용하고자 할 때는 기업이나 시장경제의 논리를 어느 정도 이해하는 것이 도움이 된다. 실제로 경제를 고려하지 않고는 20세기의 마지막 1/4분기와 21세기 초에 일어난 저널리즘의 변천을 이해하기 어렵다. 특히 경제가 인터넷 같은 기술 발전이나 정부 정책과 상호작용을 하고

2) 최근의 예는 슈트롬백(Jesper Stromback의 "아이디어 시장과 돈의 시장"(*Nordicom Review Jubilee*, 2007, pp. 51~62)이다. 이 글은 뉴스 미디어가 돈을 벌게 하면서 동시에 시민들이 정보를 갖고 투표하게 만들어 민주주의를 강화시켜 준다(필자 주).
3) "영리를 추구하는 행위"는 뉴스 기업이 장기적으로 높은 품질의 저널리즘을 제공하는 데 필요한 수준 이상으로 수익을 올리려는 노력을 의미한다(필자 주).

있기 때문에 더 더욱 그렇다. 경제를 고려하는 것은 현재 저널리즘이 가진 한계를 진단하고 해결책을 모색하는 두 가지 문제 모두에 중요하다.

역사적 맥락

대부분의 뉴스 미디어가 내세우는 공익에의 봉사라는 사명과 투자 수익 극대화란 소유주의 욕구가 충돌하는 문제는 19세기 중반에 등장한 '페니 프레스Penny Press' 시기부터 존재해왔다. 마졸프(Marion Marzolf, 1991)의 생생한 미국 언론 비평사는 이를 잘 보여준다. 그때는 기업이 정파나 소규모 인쇄업자를 대신해 신문의 재정 후원자로 등장했던 시기였다. 상업주의는 저널리즘 윤리규정이 만들어지고 기자들의 교육 수준과 전문 직종으로서의 열망이 높아짐에 따라 20세기 내내 약화되어 왔다. 하지만 지난 20여 년간, 특히 지난 몇 년간 인터넷에서의 독자 및 광고 확보 경쟁이 치열해짐에 따라 적어도 미국의 뉴스 미디어에서는 상업적 간섭이 늘어나고 있다.

1980년대 중반 이래 미국에서 뉴스 생산 기업들은 뉴스를 공적 신뢰보다는 그저 팔려고 만드는 상품으로 취급해왔다(Auletta, 1991; Bagdikian, 1992; Downie & Kaiser, 2002; Hamilton, 2004; Kaniss, 1991; Lee & Solomon, 1991; McManus, 1994; Merritt, 2005; Patterson, 2000; Squiers, 1993; Stepp, 1991; Underwood, 1993). 저널리즘의 그러한 '**경제적 합리화**'를 한층 더 부추긴 것은 대중 수용자의 파편화였다. 그들은 케이블이나 위성에서 시작해 나중에는 인터넷으로도 뉴스나 오락을 다양하게 접할 수 있게 되었다. 역설적이지만 이런 기술들이 코미디로부터 의회 청문회에 이르기까지 콘텐츠의 풍요를 가져왔고, 거의 모든 남성(그리고 여성)이 자기 생각을 모두에게 전달할 기회를 만들어줌으로써 표현의 민주화를 가져왔다. 하지만 이는 특히 미국 내에서 민주주의의 전제로서 요구되는 언론매체의 재정적 기반을 잠식하기도

했다.

그 결과 150여 년 전 '페니 프레스'가 나온 이래 저널리즘은 가장 큰 변화의 시기, 실제로는 엄청난 혼란기에 들어가 있다. 우리가 21세기를 유급 저널리스트 수의 감소로 시작했으므로(Project for Excellence in Journalism, 2007) 뉴스의 경제학에 대한 분석은 다음과 같은 예측을 가능케 해준다. 즉 비싸지만 반드시 필요한 저널리즘의 감시견 기능이 일시적으로 위축될 것이고, 점점 더 적은 수의 소유주가 더 많은 뉴스룸을 놓고 점점 더 큰 규모의 경제를 추구하면서 전문직으로서의 저널리스트가 다루는 영역의 다양성이 감소할 것이며, 홍보 자료와 광고가 뉴스로 '둔갑'하면서 저널리즘 윤리 수준이 하락할 것이다. 하지만 시장의 힘이 뉴스에 어떤 영향을 주는지를 이해한다면 참여적 정부가 필요로 하는 저널리즘을 안정적으로 공급할 수 있는 해결책을 제시할 수 있을 것이다.

상업적 뉴스 왜곡을 둘러싼 쟁점들

사회 비판가들

뉴스의 상업적 오염에 대해 비판의 포문을 처음 연 것은 사회 비판가들이었다. 그들 대부분이 전직 저널리스트였다. 1910년의 로스Edward Ross, 1911년의 어윈Will Irwin 그리고 1920년의 싱클레어Upton Sinclair는 옐로 저널리즘의 조작, 선정성 그리고 편향성을 비판했다. 독일 신문 연구의 창시자인 뷔허(Karl Bücher, 1926)는 광고가 미국 신문에 어떤 영향을 끼치는지를 기술했다. 이후 셀데스(George Seldes, 1938), 리블링(A. J. Leibling, 1961) 그리고 최근의 시리노(Robert Cirino, 1971), 엡스타인(Edward Jay Epstein, 1973) 등은 저널리즘을 저해하는 경영 측면의 구조적 개입을 체계적으로 정리했다.

뉴스 미디어의 경제적 측면과 공익적 측면에 본래적으로 존재하는 이해

관계의 갈등을 아마 가장 명확하게 다룬 것은 〈허친스 위원회Hutchins Commission〉(1947)의 연구일 것이다. 제2차세계대전 뒤 『타임』지 발행인 루스Henry Luce가 조직하고 연구비를 지원한 이 위원회는 "언론은 독자를 기쁘게 하고 독자수를 늘리려는 욕구 그리고 사건과 사람을 있는 그대로 그려내려는 욕구 사이에 붙잡혀 있다"고 서술한다(p. 57).

〈허친스 위원회〉도 신문 소유의 집중을 경고했지만 뉴스 미디어는 20세기 후반 50년 동안 한층 더 커졌다. 이들은 방송이나 서적 출판 그리고 비미디어 그룹을 아우르며 디즈니, 뉴스코퍼레이션 그리고 타임-워너 같은 거대 규모의 국제적인 복합기업으로 성장해갔다. 아울러 같은 시기에 이 미디어 기업들은 한층 더 커지기 위해 월가의 자본을 끌어들였다. 『워싱턴포스트』의 옴부즈맨이던 바그디키언Ben Bagdikian은 1983년에 출간된 후 7판까지 나온 『미디어 독점The Media Monopoly』에서 이러한 기업들의 성장과 그에 따른 위험을 역사적 시각으로 분석했다. 되풀이되는 이야기지만 국제적인 미디어 대부분을 소유하는 초국적 기업 수는 갈수록 줄어들고 있다. 바그디키언(1991, p. xxxi)에 따르면 뉴스 미디어에서 소유권은 아주 중요하다.

많은 기업이 고용한 저널리스트, 프로듀서 그리고 작가들에게 큰 재량권을 부여하고 있다고 주장한다. 하지만 가장 핵심적인 경제적 이해가 걸려 있을 때 모기업은 공공정보를 희생하며 자신이 가진 권력을 활용한다.

또 다른 전직 기자인 언더우드Doug Underwood는 1980년대에 진행된 신문의 경제적 합리화에 대해 경고했다. 그는 『MBA가 편집국을 지배할 때When MBAs Rule the Newsroom』(1993)에서 편집국 관리 방식 및 뉴스 콘텐츠의 변화를 '녹색 보안용 챙green eyeshade'이라고 표현했다. 그것은 기자가 힘을 잃고 밀려난 다음 경영학 석사를 가진 관리자가 그 자리를 차지하는 것을 의미했다. 언더우드는 수백 명의 기자를 인터뷰한 다음 독자에게 정보를 주기보다는 저속함에

영합하고, 새로운 광고주에 친화적인 정책을 따르고, 뉴스를 발굴하기보다
는 홍보에 점점 더 많이 의존하는 많은 사례를 확인했다.4)

미디어 경제학자들

이들 사회 비판가들은 나름대로 뉴스에 가해지는 경제적 압박을 검토했
지만 누구도 경제학을 분석 도구로 사용하거나 상업적 왜곡에 관한 이론을
개발하지는 않았다. 그러한 것들을 알려면 학계로 눈을 돌려야 한다. 20세기
후반 50년 동안 대학교에 커뮤니케이션학과의 설치가 빠르게 늘어나는 것에
발맞추어 학자들은 경제학 등 사회과학의 분석 기법을 활용해 뉴스를 연구
하기 시작했다.

하지만 그들 경제적 연구의 대부분은 미디어의 업무 수행을 비판하려는
의도보다는 언론업계를 위해 경영자를 지원하고 훈련하려는 것이었다
(Underwood, 1993). 사실 아주 최근까지도 경제학은 기자의 의무를 분석하는
데 유용한 수단으로는 간주되지 않았다. 스탠퍼드대학교의 미디어 경제학자
였던 로스James N. Rosse는 1975년에 이를 다음과 같이 직설적으로 표현했다.

비록 나는 지난 10년 이상 매스미디어 경제학을 진지하게 연구해왔지만 지금
까지 미디어의 책임 문제를 지속적으로 회피해왔다. 이 이슈는 경제적 관점에
서 분석하기 어려운 문제를 제기하기 때문이다(p. 1).

1989년에 피카드Robert Picard는 『미디어 경제학Media Economics』이라는 유익
한 입문서를 냈다. 이 책은 경제학의 기본 원리를 미디어, 특히 신문에 적용
했다. 이것도 시장과 독점이 뉴스의 품질에 어떻게 영향을 주는가보다는 경
영 문제에 초점을 맞추었다. 보다 최근에 피카드(2004, p. 61)는 매체들이 점

---

4) 필자에게 개인적으로 알려온 내용이다(필자 주).

점 더 주식시장에서 자본을 조달하는 데다 좀 더 높은 이윤을 요구하는 투자자들을 만족시켜야 함에 따라 뉴스가 상업화되는 현상에 주목하며 이렇게 지적하고 있다.

오늘날 신문의 기본적 콘텐츠는 상업화된 뉴스 및 특집이다. 이는 폭넓은 독자에 어필하고, 그들을 즐겁게 하며, 비용에 비해 효율이 높고, 또한 광고주에게 판매할 만한 독자의 관심을 유지하기 위한 것이다. 그 결과 기분을 나쁘게 할 만한 기사는 무시되고, 더 많은 독자에게 받아들여지고 그들을 즐겁게 하는 뉴스가 자리 잡고 있다. 취재에 비용과 노력이 많이 드는 뉴스는 경시되거나 무시되고, 언론사 재정에 위험을 줄 만한 뉴스도 무시된다.

아마 미국에서 가장 많은 연구서를 내는 미디어 경제학자는 레이시Stephen Lacy일 것이다. 그의 연구는 신문에 초점을 맞추어 엄밀한 통계적 기법을 적용한다. 지난 15년 동안 레이시는 편집국에 더 많이 투자하는 것이 기사 수준을 올릴 수 있는지 등 뉴스 품질과 발행부수 및 광고 수익 사이의 관계를 측정했다.

특히 주목되는 것은 그가 최근 첸René Chen 및 토슨Esther Thorson(2005)과 함께 수행한 연구이다. 이들은 1998~2002년 사이에 나온 수백 개 중소 규모 신문의 데이터를 검토했다(큰 신문사들은 연구에 포함될 만큼 충분한 데이터를 보고하지 않았다). 연구팀은 뉴스룸에 더 많이 투자한 신문일수록 세전pre-tax 이윤, 한 부당 판매 수익 및 광고 수익 등에서 다른 신문사들을 능가하는 것을 발견했다. 최고경영자가 편집국 예산을 깎은 것을 자랑스러워했던 톰슨 신문 체인의 실패에 대한 선행 연구(Lacy & Martin, 1998)를 이와 결합해 레이시와 그의 동료들은 "편집국에 투자하지 않는 것은 점진적으로 자살하는 것이나 마찬가지"라고 주장했다. 그들은 "회사의 투자 회피는 핵심 독자를 점진적으로 떨어져 나가게 하고, 광고 매체로서의 매력을 차츰 떨어뜨린다"

고 밝혔다(Chen, Thorson & Lacy, 2005, p. 527). 레이시는 지난 반세기 동안의 상업주의를 부추긴 추세를 3가지로 요약한다.

1. 신문 간 경쟁의 약화
2. 케이블 TV나 인터넷 같은 대안적 형태의 정보 및 광고 매체의 성장
3. 뉴스 매체에 대한 주주(주식) 소유권의 확산

첫 번째 추세는 지방 뉴스 시장에 영향을 끼쳤다.5) 두 번째와 세 번째 추세는 지방과 전국 시장에 영향을 주었다. 지방에서 세 번째 추세의 진전은 1980년대 말~1990년대 초 이래 언론사에 대해 보다 많은 수익을 내라는 압력으로 작용했다. 일부 시장에서는 경쟁(직접, 간접 그리고 도시 사이의 경쟁)이 그런 압력에 맞서도록 했다. 하지만 대부분의 도시에서 경쟁이 사라지고 회사 통합clustering이 카운티 안에서의 경쟁을 없애자 견제하는 힘이 차츰 시장에서 사라지게 되었다. 이런 통합은 처음엔 일간지 사이, 나중엔 일간지와 주간지 사이에서 나타났다.

정치경제학자들

1970년대 동안 뉴스 상업주의에 대한 새로운 연구 방법이 등장하고 있었다. 그것은 정치와 미디어의 교차점에 초점을 맞추었고, 미디어 정치경제학이라고 불리게 되었다. 간햄(Nicholas Garnham, 1990), 커런(James Curran, 2004)과 함께 영국에서 이 흐름을 선도한 사람은 머독과 골딩(Graham Murdock & Peter Golding, 1997)이다. 이들에 따르면 이런 연구는 캐나다의 경제학자 스마이드Dallas Smythe(예를 들어 Dependency Road, 1981)와 그의 미국

5) 미국의 지역 신문 시장에서는 M&A가 활발해 주요 도시에는 거의 한 개의 신문만 남아 있어 경쟁이 없어졌다는 이야기이다. 바그디키안은 언론시장의 이러한 여론 독점 현상과 문제점을 지적하고 있다.

인 제자 실러Herbert Schiller(예를 들어 Culture Inc., 1989)가 앞장서 개척한 것이었다.

그람시(Gramsci, 1971)에서 프랑크푸르트학파 이론가인 아도르노와 호르크하이머(Theodor Adorno & Max Horkheimer, 1972)를 거쳐 홀Stuart Hall과 윌리엄스Raymond Williams의 '문화연구' 접근법에 이르기까지 유럽 학자들은 왜 가난한 사람들과 노동자 계급의 사람들이 자신들을 억압하는 정치 지도자를 계속 지지하는가 하는 질문을 놓고 고심했다. 정치경제학자들은 미디어를 가장 유력한 용의자로 지목했다.

머독과 골딩은 1974년의 영향력 있는 논문에서 "자본주의 사회에서 동의를 이끌어내는 미디어의 역할이 명백한 억압이나 의도적 왜곡의 모습을 띠는 경우는 상당히 드물다"(p. 228)고 밝혔다. 그보다는 뉴스 제작의 일상적 관행이 체계적 왜곡을 낳음으로써 현재 상태를 위협하는 어떤 것도 정당성이 없거나 의미 없는 것으로 보도록 만든다고 주장했다. 그들에 의하면 저널리즘의 객관성은 논의 범위를 기존의 계급관계를 위협하지 않는 한도에서 단 두 개로 좁힌다는 것이다. 그들은 "매우 일반적으로 뉴스는 즐거움을 주어야 한다. 뉴스는 다른 모든 미디어 산출물과 마찬가지로 상품이다. 그리고 뉴스는 시장에서 살아남기 위해서는 최대한 많은 독자를 확보해 광고주를 만족시켜야 하므로 기분 나쁜 내용이어서는 안 된다"(p. 230)고 밝혔다.

영국에서는 간햄(Garnham, 1990)이 독일의 사회철학자 하버마스의 '변형적 사고transformational thinking'를 재해석했다. 하버마스(1989)에 따르면 18세기의 서구 부르주아 사회는 신문과 다른 출판물, 커피하우스 그리고 사교 모임을 기반으로 '공론장public sphere'이라는 개념을 만들어냈다. 이 공론장은 정부 정책에 영향을 끼쳤고, 의회의 지배로 이어졌다. 이 공론장은 합리성과 다양한 관점 그리고 공공선을 목적으로 하는 것으로 특징지어졌다. 하지만 하버마스가 보기에 현대의 기업 형 미디어와 국가 통제 하의 미디어는 공론장을 훼손했다. 간햄은 공론장이라는 이상을 받아들여 이를 BBC 같이 국가가 지원하는 미디어, 심지어 제대로 된 조건 하에서라면 기업 형 신문과 방송에서도 달성되어야 하는 민주주의적 미디어의 모델로 제시함으로써 하버마스를 많은 사람에게 알렸다(Curran 2004).

이와 비슷한 시기에 미국에서는 허먼과 언어학자 촘스키(Edward Herman & Noam Chomsky, 1988)가 상업적 미디어는 한편으로는 이윤 극대화를 추구하면서 다른 한편으로는 정치적 현상유지를 꾀하며 '동의를 조작하는manu-facture consent' 수단이라는 영향력 있는 이론을 제시했다. 두 사람에 따르면 그날그날의 '원재료 이벤트들raw events'은 출판되기까지 5단계의 여과 장치를 거쳐야 한다. 그들의 '프로파간다 모델'은 아래 도식으로 설명된다.

원재료 이벤트의 세계	뉴스로서 팔릴 것인가?	광고업자가 지지할까?	값이 싸며, 기존의 취재원에게서 나온 것인가?	방어하기 위해 돈이 많이 들까?	공산주의를 고무하거나 개인적인 재산 축적을 공격하는가?	공중
	예 → 아니오 ☹	예 → 아니오 ☹	예 → 아니오 ☹	예 ☹ 아니오 →	예 ☹ 아니오 →	

최신 동향

세계 여러 곳에서 많은 학자들이 뉴스에 미치는 상업적 압력을 계속 연구하고 있다. 개별 연구를 조금씩 언급하기보다는 뉴스의 상업화를 전문적으로 연구한 네 학자의 중요한 논문에 집중하는 것이 보다 일관성을 가질 것 같다. 나는 맥체스니Robert McChesney, 보가트Leo Bogart, 베이커Edwin Baker를 뽑았다. 그리고 내 자신의 연구의 이론적 측면도 포함시켰는데, 그것은 내가 이 분야를 가장 잘 알기 때문이다.

맥체스니는 정치경제학을 분석틀로 삼아 글로벌 미디어 공간을 비평한다. 보가트는 모든 공식적 방법론을 회피한다. 신문의 광고담당 이사로서 그는 경영 쪽에서 뉴스의 상업화를 바라보는 시각을 제공한다. 베이커는 법률가지만 미시경제학을 창의적으로 활용해 뉴스 미디어의 실패를 설명한다. 나의 연구는 기자로서의 경력과 사회과학자로서의 교육 경력을 결합하고 있다. 기자와 편집간부의 일상적 업무를 설명하는 것은 사회적으로 책임 있는 저널리즘의 규범과 기본적인 시장 경제학의 규범 사이에서 역동적인 긴장을 유발한다.

정치경제적 비평

은퇴한 바그디키언Ben Bagdikian을 계승한 연구자가 있다면 바로 맥체스니일 것이다. 그는 바그디키언의 날카로운 글 솜씨를 바탕으로 삼아 세밀함과 문서화를 추구하는 역사가의 열정을 추가했다. 맥체스니는 또한 진보적 정부감시 웹사이트인 '프리프레스닷오르그FreePress.org'를 공동 창설하는 등 활동가 역할도 떠맡았다.

『부유한 미디어, 가난한 민주주의Rich Media, Poor Democracy』(1999)에서 맥체스니는 두 가지 상반되는 흐름을 기술한다. 한편으로는 디즈니, 제너럴 일렉트릭 그리고 베르텔스만 같이 미디어 재벌의 규모가 커졌고 대중도 이를 받아들인다는 것이고, 다른 한편으로는 그만큼 정치적 참여가 축소된다는 것이다. 맥체스니는 지구적 관점에서 보아 "기업적 미디어가 부유해지고 힘이 강해질수록 참여 민주주의의 전망은 더욱 빈곤해진다"(p. 2)고 주장한다.

맥체스니는 그렇게 변한 주범으로 '신자유주의'의 전 지구적 등장을 꼽는다. 신자유주의란 '시장은 가장 좋은 방법을 안다market knows best'는 철학으로, 시장과 기업에 가능한 한 많은 것을 맡기고 정부 같은 비시장기구의 역할은 최소화하자는 것이다.

맥체스니는 미디어가 이런 사고방식의 생산자이자 촉진자이기도 하다고 주장한다. 그 결과 우리는 스스로 정보의 풍요information plenty속에 살고 있다고 생각한다. 시장은 수백 개의 TV 채널, 수천 종의 잡지와 책 그리고 수백만 개의 웹사이트를 공급한다. 하지만 겉으로는 독립적으로 보이는 여러 매체 중에서 대규모 수용자를 끌어들이는 것은 일부 몇 개의 초국적 회사들이다. 이들 회사는 수용자의 안구를 광고주에게 판매하는 상업적 목적에 봉사한다. 이 때문에 시민에게 권력을 부여하고 정부의 권력, 특히 기업의 권력을 비판적으로 보도하는 내용은 매우 드물다는 점은 놀랍지 않다. 맥체스니는 미디어가 가장 적게 보도하는 것은 미디어 자신의 소유 집중 현상과 초상업주의hypercommercialism 등과 같은 이슈라고 말한다.

맥체스니는 인터넷의 등장이 이 같은 미디어 과두 지배를 해체하지 못할 것으로 믿는다. 역사가인 그는 비슷한 전례로 20세기 초의 혁신적인 신기술이었던 라디오가 많은 채널을 갖고 있고, 민주적 잠재력이 있었으며, 시민 방송가들citizen-broadcasters에 의해 일찍부터 활용되었음에도 불구하고 어떻게 몇몇 상업적 이해관계에 의해 지배되었는가를 살펴본다. 라디오의 경우와 마찬가지로 인터넷이라는 신기술을 어떻게 하면 생산적으로 사용할지를 둘러싼 논의들은 질식당하고 있다는 것이다. 그에 의하면 라디오 그리고 그 후 TV까지 지배한 기업 권력의 계승자들은 미국 의회에서 강한 영향력을 갖고 있다. 따라서 그들은 대학교, 비영리기관, 정부가 아니라 기업들이 인터넷을 운영해야 한다는 합의를 이미 교묘하게 도출해 놓았다. 따라서 인터넷에서도 돈을 버는 것이 최우선 목표가 되었다는 것이다.

맥체스니는 개선안이 정치적 좌파, 특히 노동자 조직에서 나와야 하며, 또한 미디어 개혁이 핵심 의제가 되어야 한다고 주장한다. 맥체스니가 내놓은 처방은 공중에게 뉴스 리터러시news literacy을 가르치고, 현재 공공 전파를 무료로 사용하는 방송사에게 세금을 거두어 공영방송의 재원으로 활용해야 하며, 노동계도 자신의 뉴스 매체를 만들어야 한다는 것이다.

『미디어의 문제*The Problem of the Media*』(2004)에서 맥체스니는 미디어 개혁은 기본적으로 정치적 문제라는 주장의 근거를 제시한다. 그는 정부의 정책이 착취적 미디어가 번영하도록 조장했다면서 민주주의를 지원하는 미디어를 창출하는 새로운 정책이 필요하다고 주장한다. 이렇게 하기 위해 맥체스니는 '자유로운' 시장에서 활동하며 이윤을 추구하는 기업 형 미디어가 민주국가에서 뉴스 생산자로서 중립적이고, 이상적이며, 심지어 불가피하다는 지배적인 신자유주의 신화를 무너뜨려야 한다고 주장한다. 그러한 신화는 두 가지 명제에 의존하고 있는데, 하나는 정치적이고 다른 하나는 경제적인 것이다.

- 정부는 선전이나 검열에 권력을 사용할 가능성이 있으므로 뉴스 미디어를 만들거나 규제하는 데 관여하면 안 된다. 미국 건국의 아버지들은 이런 충돌 가능성을 알고 있었고 이를 수정헌법 1조에서 금지함으로써 의회의 통제로부터 언론자유를 보장했다. 따라서 '자유로운 기업 free enterprise'이 최소한의 규제 또는 아무런 규제 없이 뉴스 미디어를 운영해야 한다.
- 자유로운 시장에서 경쟁하므로 기업들은 공중이 원하는 것을 제공해야 한다. 그렇게 하지 못하면 그럴 의지가 있는 쪽에 수용자를 뺏기게 된다.

첫 번째 명제에 대해 맥체스니는 수정헌법을 기초한 사람들은 정부의 뉴스 검열을 염려했지만 뉴스를 사적 영역의 전유물로 만들려고 하지는 않았다고 반박한다. 그에 따르면 미국 건국 당시의 신문은 정당이나 소규모 인쇄업자가 발행했다. 그는 "기업가나 자유시장이란 개념은 초기 공화국에서는 아예 존재하지 않았다"면서 "신문은 순전히 소유주의 필요에 부응하기 위해 만들어진 상업적 활동이었다거나 그렇게 되어야 한다는 생각도 마찬가지로 없었다"고 밝혔다(p. 30). 수정헌법 1조는 중요한 생각이나 사건에 대한 활발한 공적 토론을 보호하려는 목적을 갖고 있었던 것이며, 기업이 소망하는 것이 무엇이든 할 수 있도록 특권을 주려던 의도는 아니었다는 것이다. 맥체스니는 또한 시장이 사람들에게 원하는 것을 제공해야 한다는 두 번째 명제에 대해 5가지로 대응한다.

첫째, 이것은 미디어 사이에 활발한 경쟁이 존재한다는 잘못된 가정에 입각해 있다. 아담 스미스가 예견하던 경쟁을 하기 보다는 미디어와 다른 기업들은 경영권을 인수하고, 합병을 하며, 정부의 반독점 규제가 허용하는 범위 안에서 경쟁자와 제휴하는 길을 모색한다. 그들은 또한 현재의 신문사나 방송 네트워크에서 보는 대로 체인을 만들거나 거대한 복합 기업을 세워 여러 기업의 가용 자원을 축소시킴으로써 새로운 경쟁자의 시장 진입을 방해하는 장벽을 구축하려 한다.

둘째, 맥체스니는 소비자가 아니라 광고주를 미디어의 가장 중요한 고객으로 지목한다. "이는 미디어 시장의 논리를 완전히 바꾼다. 왜냐하면 소비자의 이익은 광고주의 요구를 통해 걸러져야 하기 때문이다"(p. 189). 셋째, 맥체스니는 시장은 획일성을 부추긴다고 말한다. 모든 제작자는 수용자 수를 극대화하기 위해 보편적인 소비자 선호에 초점을 맞춘다. 이는 다양한 견해를 찾아나서야 하는 뉴스에는 문제가 된다. 넷째, 소비자들은 그들이 받는 것에 한정해서 가치를 판단할 수밖에 없다. "미디어 시장은 '사람들에게 원하는 것을 주었는지' 모르나 가장 많은 이윤을 얻기 위해 제한된 요금 범위 안에서만 원하는 것을 줄 것이다"(p. 199).

마지막으로 맥체스니는 시장이 생래적으로 비민주적이라고 말한다. 시장은 늘 부자를 다른 사회계층보다 더 좋아한다. 소비자는 더 많은 돈을 갖고 있을수록 좋은 제품을 구매할 수 있는 선택권과 능력도 커진다. 민주국가에서 모든 시민은 공공 정보civic information에 동등한 접근권을 가져야 한다.

다음으로는 갈수록 상업화되고 반민주적이 되는 미디어 문화에 관한 보가트Leo Bogart의 경고를 점검해보자. 이 경고는 내부자, 즉 신문광고국의 전직 부사장에게서 나왔다는 점에서 더욱 주목할 만하다.

비즈니스 비판

『상업적 문화: 미디어 시스템과 공익*The Commercial Culture: The Media System and the Public Interest*』(2000)에서 보가트는 시장은 사람들이 원하는 것을 주기 때문에 만약 미디어의 결함이 있다면 공중에게 그에 대한 비난을 돌려야 한다는 주장을 반박한다. 보가트는 맥체스니처럼 연방 정부의 미디어 정책이 지금처럼 시장 위주로 짜여질 게 아니라 민주적 과정에 좀 더 큰 공간을 열어주어야 한다고 촉구한다.

책에서 콤팩트디스크에 이르기까지 개인적인 대중 커뮤니케이션 수단들은 걱정스러울 만큼 소수의 강력한 기관들이 통제하는 상호 연동된 시스템 안으로 빨려 들어갔다. 연예는 갈수록 정보를 압도하고, 이 과정에서 무엇이 사실이고 아닌지에 대한 경계도 흐려지게 하며, 그 결과 이 세상과 문제를 바라보는 공중의 의지와 능력을 약화시킨다(p. 4).

예전에는 독립되어 있던 TV, 라디오, 신문, 책, 잡지, 영화, 비디오디스크와 테이프가 상부상조해 서로를 홍보하려 할 것이기 때문에 이런 복합기업에서 뉴스 부문의 독립성은 기대하기 어렵다. 보가트는 경력에서 우러나온 통찰력을 통해 광고가 문화를 어떻게 뒤트는지를 이렇게 설명한다.

현재의 미국 문화는 상업적이다. 왜냐하면 미국 문화는 전적으로 마케팅 요건에 맞추어 팔릴 수 있도록 만들어지기 때문이다. 상업적 문화는 누가 무엇을 얼마 지불하고 살 것인가 하는 시장가치 외에는 의사소통에 어떤 가치나 의미도 부여하지 않는다(p. 66).

광고의 과장과 왜곡된 세계관, 즉 유복하고 잘 생긴 배우가 제품을 소비하면서 행복을 느낀다는 시각은 모든 사회적·정치적 담론에 영향을 끼친다고 보가트는 주장한다. 광고는 맑은 공기와 물, 적당한 주거와 교통 같은 일상적 문제에 대해 우리가 가진 관심을 줄이고, 대신 개인적 소유에 초점을 맞추도록 유도한다. 보가트는 미디어는 팔리지 않더라도 정보와 오락을 제공하는 두 가지 기능을 수행한다고 말한다. 하지만 정보를 제공하려 할 때도 강조점은 오락에 있다는 것이다. 왜냐하면 연예가 정보보다는 더 많은 수용자를 만들어내기 때문이다.

엄청난 자원과 뛰어난 인재들을 갖고 있지만 TV 저널리즘은 쇼 비즈니스의 법칙에 순응하도록 요구받아 왔다. TV는 엄청난 사건에 관해 직접적이고 생생한 장면을 보여주지만 그러한 장면은 종종 단편적이고 왜곡되어 있다(p. 175).

바그디키언이 지적하듯이 광고는 지역신문 간의 경쟁을 둔화시켰다. 신문에도 규모의 경제 법칙이 작용하기 때문에 큰 신문은 독자 1,000 명당 단가가 더 낮은 광고료를 광고주에게 제시할 수 있다. 신문사 수입에서 광고가 차지하는 비중이 증가함에 따라 지역신문 사이의 경쟁은 사라졌다. 보가트는 경쟁의 상실이 신문의 다양성 감소 및 질적 저하로 이어지고, 결국은 독자 감소로 이어졌다고 주장한다. "경쟁사가 없는 가운데 독점 신문에 아무리 높은 이상을 가진 경영자와 헌신적인 직원이 일하고 있다고 해도 그들이 성취할 수 있는 것은 한계가 있다. 경쟁이 있어야 더 높은 편집 기준을 세우도록 하고 더 나은 품질을 만들어 내도록 유도할 수 있다"(p. 199).

시장은 "사람들에게 원하는 것을 준다"는 신자유주의 신화에 대한 맥체스니의 반박에 보가트는 더 나아가 다음과 같이 덧붙인다. 진부함, 선정주의 그리고 미디어 콘텐츠의 공식formulas을 남용하는 것은 공중의 기호를 반영한 것이라기보다는 미디어 조작의 결과이다. 사회과학은 사람들이 친근한 것에 끌린다는 것을 보여준다. 보가트는 "쉽게 접할 수 있고 광고를 많이 한 것은 친근해진다"며 "수용자의 기호는 자연적인 것도 아니고, 불변적인 것도 아니다. 기호는 기성복처럼 만들어져 대중에게 제공된다. 미디어 콘텐츠는 공중의 본능적 선호라기보다는 미디어 경영자가 제공하려고 선택한 것을 반영한다"(p. 221). 이 문제를 해결하는 첫 걸음은 "문제가 있음을 인정하고 시장의 힘은 이를 해결할 수 없음을 인식하는 것이다"(p. 324).

다음 단계는 왜 시장의 힘만으로는 안 되는지 설명해야 한다. 다음 절에서 나는 시장 주도의 저널리즘이 왜 모순어법인지 경제 이론을 사용해 설명하려 한다.

상업이라는 논리 대 공공 서비스라는 논리

갈퉁과 루지(Galtung & Ruge, 1965), 터로우(Joseph Turow, 1992), 엔트만(Robert Entman, 1989), 허먼과 촘스키(Herman & Chomsky, 1988) 그리고 슈메이커와 리즈(Pamela Shoemaker & Stephen Reese, 1991)로부터 시작된 뉴스 선택 이론에서 영감을 얻어 나는 상업적 매체에서 시장의 힘이 뉴스 콘텐츠에 어떤 영향을 주는지 설명하는 모델을 구성해보았다(1995).

이 모델은 전국적·지역적 문화, 법률과 규제들 그리고 가용한 기술에 의해 구성되는 '뉴스 생산 환경'을 가정한다. 이 모델 안에서 미디어 회사의 뉴스 부서는 4개의 주요 시장에서 경쟁한다.

- **투자자/소유주를 위한 시장**: 이들은 이윤을 얻고 콘텐츠에 영향을 미치기 위해 자본을 투자한다.

- **광고주를 위한 시장**: 이들은 공중이 자신들의 제품에 관심을 쏟도록 하기 위해 돈을 지불한다.
- **소비자를 위한 시장**: 이들은 바람직한 콘텐츠를 얻으려 구독료를 내거나 '관심'을 준다.
- **취재원을 위한 시장**: 이들은 공중의 관심(이것으로 영향력을 얻을 수 있다)을 끌고 콘텐츠에 미치는 영향력을 얻기 위해 뉴스의 원료, 즉 정보를 공급한다.

나는 애덤 스미스(1776)와 그의 근대적 추종자들이 '보이지 않는 손'을 가동시키기 위해 필요하다고 제시하는 조건들과 비교하면서 이들 시장이 각각 어떻게 작동하는지를 점검했다. 이 보이지 않는 손은 개인적 이익 추구라는 납lead으로 공익이란 금gold을 만들어낸다는 것이다. 그렇게 되려면 아래의 네 가지 조건이 모두 충족되어야 한다.

1. 사는 사람과 파는 사람은 이익을 위해 이성적으로 행동한다.
2. 사는 사람은 품질의 높고 낮음을 구별할 수 있다.
3. 시장은 실질적 대안을 제공한다.
4. 거래는 어떠한 부정적 외부 효과를 낳지 않는다. 즉 거래 바깥에 있는 제3자에게는 해를 끼치지 않는다.

『시장 주도 저널리즘: 시민들에게 경각심을 일깨워야 할까?』(1994)에서 나는 투자자, 광고주 그리고 취재원을 위한 시장은 모두 자신과 미디어 회사를 위해 봉사한다고 주장했다. 하지만 소비자를 위한 시장은 스미스의 기준을 만족시키는 데 실패해 사회에 부정적인 결과를 낳는다. 즉 뉴스가 참여적 형태의 정부에 필요한 기준에 미달한다는 것이다.

첫째, 여러 연구에 의하면 소비자는 경제학자들이 오랫동안 가정해온 것만큼 합리적이지 않다(Kahneman & Tversky, 1973). 그리고 비록 합리적이더라도 무시할 수 있을 정도라는 것이다(Downs, 1957). 왜냐하면 한 개인이 매일 새로운 정보를 숙지하는 데 따라 생기는 이득이라는 것이 투입하는 시간적 비용에 비해 너무나 보잘 것 없기 때문이다. 이렇게 정보를 챙기는 사람은 기껏해야 수천 명 또는 수백만 명 중 한 표일지 모른다.

둘째, 뉴스는 체험이나 조사보다는 믿음에 따라 소비되는 신뢰 상품이기 때문에(McManus, 1992) 합리적인 소비자라고 할지라도 뉴스의 품질을 구별하는 데 어려움을 겪는다. 수용자는 미디어의 보도가 정확한지, 이슈나 사건의 완전한 표상인지 여부를 잘 알지 못한다. 보다 중요한 것은 소비자들은 보도된 것이 그날의 가장 중요한 사건이나 이슈인지를 알 수가 없다. 셋째로, 사건이 가까운 이웃에서 일어난 것일수록 소비자들은 전문적인 뉴스 공급자 중 선택의 여지가 줄어든다. 그 결과 소비자들은 매체 소유주나 투자자가 투자 수익 극대화를 노릴 때 손쉬운 착취의 제물이 된다.

어떤 종류의 착취일까. 공중의 관심은 앞에 든 시장 중 3개의 시장에서 거래되는데, 〈허친스 위원회〉가 뉴스라고 인정할 만한 것에 대한 관심은 아니다. 오락이 오래전부터 정보보다 많은 수용자를 동원했고, 소비자들은 뉴스의 질을 평가하는 데 미숙하다. 따라서 신문이나 방송 뉴스 그리고 웹사이트에서 뉴스처럼 보이지만 정보 가치 못지않게 오락적인 것을 만들어내라는 경제적인 압력이 존재한다.6)

뉴스 선택에 대한 두 가지 이론은 이 모델에서 나온다. 첫 번째는 사회적으로 책임 있는 저널리즘이라는 규범을 따른다(Hutchins, 1947). 두 번째는 주주나 소유주의 이윤을 극대화한다. 즉 이것은 기본적으로 다양한 형태의 기사에 관한 비용-편익 분석이라 할 수 있다. **사회적으로 책임감을 갖고 있는 뉴스 매체에서 어떤 사건이나 이슈가 뉴스로 변할 가능성은 아래와 같다.**

6) 훨씬 더 많은, 그리고 경쟁적인 '순수' 오락 시장에서 차별화를 위해 정보로 보여주어야 한다(필자 주).

- 뉴스가 사람들로 하여금 스스로의 환경을 이해하도록 도울 것이란 기대에 비례한다.
- 뉴스가 중요하다고 판단할 수용자의 크기에 비례한다.

그러나 **경제적** 선택 모델에서 기사화 가능성은 다음과 같다.

- 정보가 주요 광고주와 모기업에 해악을 끼치는 것에 반비례한다.
- 뉴스를 취재하는 비용에 반비례한다.
- 뉴스를 보도하는 비용에 반비례한다.
- 광고주가 돈을 지불하면서 도달하려는 수용자에게 기사가 얼마나 폭넓게 호소하느냐에 비례한다.

이 두 개의 선택 논리는 한 뉴스룸의 조직 문화를 형성하는 과정에서 조화를 이루기보다는 오히려 충돌한다. 관리자가 소유주/투자자의 이윤 요구에 저항할 수 있을 때 기자들은 더 원칙에 맞게 일할 수 있다. 그렇지 않은 경우 경제적 요구가 판을 치게 된다. 경제적 또는 시장 모델에 기반한 뉴스 선택이 진행될수록 시민을 위한 자원으로서 뉴스는 점점 가치가 떨어진다. 이유는 아래와 같다.

- 발굴과 보도에 더 많은 비용이 투입될수록 뉴스 가치가 비례적으로 높을 때가 많다. 왜냐하면 권력자들은 종종 그러한 것들이 감추어져 있기를 바라기 때문이다.
- 뉴스 부서는 자동차 딜러, 부동산 개발업자, 식료잡화 체인 같은 대광고주의 비위를 건드리는 보도를 하지 말라는 압력을 받는다. 뿐만 아니라 새로운 차, 주택 및 정원 개조, 음식, 여행, 야간의 여흥 등의 섹

선과 특집을 통해 소비자 구미를 자극하는 콘텐츠를 생산해 광고 수익을 올리라는 압력을 받는다.

- 부유하든 가난하든, 젊은이든 노인이든 모든 시민은 자신들에게 영향을 주는 이슈를 접할 권리가 있다. 하지만 합리적인 광고주는 상류층이나 핵심 구매 연령대의 사람만 노린다. 시장성에 입각한 편집은 다른 독자를 희생하더라도 이들을 위해 희소한 자원을 배정할 것이다. 왜냐하면 유료 신문 수익의 80% 그리고 무가지나 방송수익의 100%가 광고주에게서 나오기 때문이다.

베이커Edwin Baker는 마찬가지로 시장 경제학이란 도구를 사용해 상업적으로 생산되는 저널리즘에 대해 비슷한 결론을 내리고 있다. 하지만 그는 완전히 다른 명제들을 활용하고 있다.

고품질 저널리즘의 경제학

베이커는 펜실베니아대학교에서 법학을 가르치지만 미디어 경제학자처럼 생각한다. 위에 언급한 모든 연구자처럼 베이커도 시장 기반의 뉴스 미디어에 대한 핵심적 가정, 즉 미디어는 사람들에게 원하는 것을 제공한다는 가정에 초점을 맞춘다. 하지만 베이커는 2002년의 저서 『미디어, 시장 그리고 민주주의Media, Markets and Democracy』에서 아래와 같은 4개의 독창적 주장을 더한다.

베이커는 미디어가 수용자의 기호를 만족시키기보다는 이를 결정한다는 보가트의 주장을 확장해 사람들이 이미 만들어진 선호를 표출하는 만큼이나 콘텐츠에 대한 선호를 개발하고 발전시키기 위해 미디어를 활용한다고 보았다. 그러기 위해서는 그들이 아직 가치를 알지 못하는 콘텐츠를 포함해 다양한 선택에 노출되어야 한다. 시장이 광고주나 미디어 소유주에게 이윤을 창출하는 콘텐츠로 선택범위를 제한할수록 미디어는 사람들이 원하는 것을 제공하지 못한다.

베이커가 눈에 띄게 기여한 점이 있다면 시장 주도 저널리즘이 가진 부정적 외부 효과를 지적했다기보다는 사회가 긍정적 외부 효과를 가진 뉴스 미디어에 제대로 보상해주지 못하는 점을 지적한 것이다. 냉담한 시민은 거의 뉴스를 보지 않는다. 따라서 미디어 회사의 경영 수지에 어떤 기여도 하지 못한다. 하지만 고품질 저널리즘으로부터는 상당한 혜택을 얻는다.

> 복지, 전쟁, 의료보장, 환경 그리고 다른 수많은 문제에 대해 국가가 현명한 결정을 하느냐 아니면 바보 같은 결정을 하느냐에 따라 개인은 엄청나게 혜택을 볼 수도 있고 피해를 볼 수도 있다. 이런 손해나 혜택은 다른 사람들의 정치적 참여의 정도와 품질에 달려 있다. 미디어는 이런 참여에 커다란 영향을 미친다 (p. 45).

소비자나 비소비자 모두에게 고품질 저널리즘이 주는 긍정적 효과 중 가장 중요한 것은 정부 관료의 부패를 억제하는 것이다. 관료들은 미디어의 조명 대상이 되는 걸 두려워한다. 하지만 "'억제'가 의미하는 것은 미디어가 독자에게 판매할 폭로물, 즉 생산품(뉴스)이 없음을, 따라서 생산물의 혜택을 내부화할 기회가 없음을 의미한다"(p. 49).

경제 이론은 생산자가 산출물의 가치를 회수할 수 없을 때 해당 상품은 과소 생산될 것이라고 예상한다. 부패 예방이 전혀 돈으로 보상받지 못하고, 부패에 대한 억제 작용을 하는 탐사보도가 매우 높은 비용을 필요로 하며, 경쟁자들이 거의 동시에 그러한 기사를 받아쓸 수 있어 거의 보상이 되지 않는다. 이처럼 경제 이론은 왜 그러한 탐사보도가 드물게 나오는지를 설명해준다.

저널리즘 경제학에 대한 두 번째 통찰은 홍보를 '정보 보조금'으로 개념화한 갠디(Oscar Gandy, 1982)에게서 나온다. 베이커는 저널리즘이 홍보의 대표 역할을 수행하는 개인이나 기관의 관심사와 관점에 편향되기 마련이며, 뉴스 취재에 '보조금'을 지불할 수 없는 이들로부터는 멀어진다고 주장한다. 홍보는 서서히 스며들고, 대개 은밀하게 제공되는 콘텐츠 생산 보조물이다. 광고는 그 밖의 다른 것을 제공한다. 베이커는 광고에 대해 잠재적 고객이 홍미를 가질 만한 콘텐츠를 생산하는 비용을 제공하는 것이라고 주장했다.

> 부유한 사람은 1달러짜리 미디어 제품을 구매하는데 0.4달러를 내거나 아무 것도 내지 않아도 될 것이다. 왜냐하면 나머지 0.6달러를 광고주가 부담할 것이기 때문이다. 가난한 사람은 광고주의 제품을 살 여력이 없기 때문에 광고주에게 그들의 가치는 낮다. 따라서 미디어 기업은 가난한 사람을 대상으로 하는 미디어 제품에는 투입된 거의 모든 비용에 상당하는 가격을 부과해야만 한다 (p. 75).

방송 뉴스에서처럼 미디어가 제품의 가격을 직접 부과할 수 없을 때는 광고주가 지원하는 콘텐츠를 더 많이 만들고 그렇지 않은 콘텐츠를 덜 만들게 된다. 그는 "이처럼 왜곡된 지원은 놀랍도록 불공정하다"면서 "미디어 콘텐츠는 한 사람이 단지 소비자로서가 아니라 시민으로서의 역할에 관계되는 것이어서 더욱 불공정하다"고 주장한다(p. 76).

베이커는 규제 없는 시장이 뉴스 공급의 최적의 메커니즘이라는 신자유주의적 주장의 정당성을 경제 이론을 활용해 허물어 버린다. 아울러 시장이 관심을 갖지 않는 저널리즘에 정부가 지원해야 하는 근거를 제시한다. 즉 광고주나 홍보 관계자가 지원하지 않지만 이해관계를 가진 시민에게 영향을 주는 탐사보도나 정치적으로 의미 있는 주제를 보도하는 것을 지원하라는 것이다.

상업주의에 대한 개념화와 측정에서 나타나는 방법론적 함정

어떤 연구의 관점에도 맹점이 있기 마련이다. 경제학은 늘 소비자와 생산자의 행동을 그 자체로 설명하려고 하기 때문에 지나치게 그것에 의존하려는 경향이 있다. 경제학은 역시 저널리즘을 설명할 때도 적절치 않은 측면이 있는 것 같다. 비록 갈수록 경제적 관심에 의해 지배되고는 있지만 저널리즘은 전문직 정신의 유산을 갖고 있기 때문이다.

한 가지 예를 해밀턴James T. Hamilton의 『팔기에 적합한 모든 뉴스: 어떻게 시장이 정보를 뉴스로 변환시키는가All the News That's Fit to Sell: How the Market Transforms Information Into News』(2004)에서 볼 수 있다. 해밀턴은 미디어의 편향성을 설명하기 위해 오로지 경제학만 사용한다. 그는 미국의 뉴스 미디어가 18~34살 사이의 여성들의 관심을 끌기 위해 자유주의적 편향성을 보이고 있다고 주장한다. 이 연령대의 여성 집단이 가정 내에서 대부분의 구매를 결정하기 때문에 광고주가 돈을 가장 많이 지불하고도 접근하고 싶어 한다는 것이다.

개인들에게 자유주의와 보수주의의 눈금자 위에 자신이 어디에 위치하는지 표시해 달라고 요청하면 응답은 다음과 같다. 즉 18~34살 사이 사람들은 50살 이상의 사람들보다 더 자유주의적이고, 여성은 남성보다 더 자유주의적이며, 18~34살의 여성이 가장 자유주의적이다. 어떤 매체가 젊거나 여성인 시청자를 끌어들일 만한 이슈를 선정하거나 보도한다면 우리는 그러한 콘텐츠가 자유주의적인 관심사와 맞닿게 되리라고 기대할 수 있다. 설문조사 결과는 이런 예측을 다시 한 번 확인해준다. 젊은 시청자나 여성 시청자는 뉴스에서 정치적 편향성을 보았다고 응답할 가능성이 낮다. 18~34살 사이 여성은 정치적 편향성을 보았다고 응답할 가능성이 가장 낮은 집단이다. 따라서 뉴스 미디어가 이들 특정한 시청자들을 끌어들이려는 콘텐츠를 만들려고 한다는 것은 능히 예상되는 일이다(p. 72).

광고주가 가장 원하는 시청자에게 다가가기 위해 미디어가 자유주의적 관점을 채택하는 것을 충분히 이해할 수 있다. 하지만 대부분의 뉴스 매체가 자유주의적이라고 한다면 이는 또한 기자들이 원래 갖고 있는 자유주의적 편향성 같은 비경제적 요인에 의해서도 설명될 수 있다. 또는 뉴스 미디어가 자유주의적이지 않을 수도 있다. 젊은 여성은 정치적 편향성을 덜 느낄 수도 있는데, 해밀턴의 자료에 따르면 이는 그들이 정치 뉴스 그 자체에 주의를 덜 기울이기 때문일 수도 있다.

두 번째 방법론적 함정은 경제적 동기를 미디어가 나타내는 모순적 행위의 원인으로 지목할 수 있는 것이다. 예를 들어 소유의 집중이 한 지역에서 비슷비슷한 저널리즘으로 귀결되었다면 소유주가 이윤을 최적화하기 때문이라고 주장할 수 있을 것이다. 한 기자가 쓴 기사가 여러 개의 주위 신문에 같이 실릴 수 있는데, 이는 소유주가 '잉여적인' 취재와 인력 배치를 줄임으로써 비용을 절감할 수 있기 때문이다. 해당 지역의 모든 신문을 소유해 버린다면 소유주는 소비자가 다른 신문을 구매하는 것을 걱정할 필요가 없어진다.

하지만 경제 논리는 또한 경쟁이 없는 상태에서 단일한 소유주는 다른 콘텐츠를 서로 다른 수용자층에 제공함으로써 이윤을 최적화할 수 있다는 생각을 지지할 수 있다. 한 치수로 모든 사람을 맞추려는 뉴스는 생산비가 더 싸겠지만 다양한 독자층에 맞추어 제공되는 다중 뉴스는 더 많은 소비자를 만족시킬 수 있기 때문에 매출을 더 크게 늘릴 수 있다. 어느 전략이 더 나은지 결정하기 위해서는 직원을 더 고용하는 비용이 다양한 독자층을 만족시켜서 생기는 추가 매출보다 많은지 여부를 알아야 한다. 여기서 얻는 교훈은 무엇인가. 경제 이론에 근거해 뉴스 행위가 어떻게 변하는지 예측하려면 주의 깊게 세분화해야 한다는 점이 그것이다.

후속 연구 방향

최근의 연구에서 우리가 알게 된 것은 고삐 풀린 시장에 의존하게 되면 시민 참여를 제고하기 위해 필요한 뉴스의 질과 양을 보장하지 못한다는 것이다. 나는 두 가지 연구 방향을 제시한다. 1) 뉴스 공급자들을 위해 비시장적, 또는 적어도 비영리적 재정 모델을 탐구하는 것. 2) 뉴스 생산물을 위한 시장의 취약점을 보완할 방안을 연구하는 것이 그것이다.

주류 미디어의 비즈니스 모델 붕괴, 선진국에서의 광대역 인터넷의 빠른 보급, 저비용 디지털 방송장비의 개발 등은 새로운 저비용 뉴미디어가 탄생할 흥미로운 기회를 제공한다. 다음과 같은 이유 때문이다.

- 수백만 달러나 하는 윤전기, 날로 비싸지는 종이 그리고 수많은 배송 트럭이 필요 없어졌다. 이런 것들이 평균적인 신문 수입의 2/3를 소비한다.
- 정부 발행의 면허가 필요 없게 되었고, 비디오나 오디오 포맷으로 뉴스를 전달할 때 필요했던 수백만 달러의 송신기가 필요 없게 되었다.
- 뉴스 수집과 발표에 드는 비용을 줄여준다.

따라서 재단이나 대학교 등 비영리 기관들이 공영방송과 제휴해 상업적 뉴스 생산에서 점점 커지고 있는 간극을 메워야 할 때가 성숙했을 수도 있다. 하지만 그러한 협력 체제를 위해 어떻게 적절히 자금을 조달하고 조직을 짜야 할 것인가.

『우리가 미디어다We the Media』(2006)에서 길모어Dan Gillmor는 주류 미디어가 제공하는 것보다 훨씬 다채로운 지역 사회 맞춤형 뉴스를 제공하는 '시민 저널리스트citizen journalists'에 기대를 걸었다. 이런 기대는 상당히 많은 연구 주제를 제시했다. 예컨대 아마추어 보도가 이를 생산하는 이들에게 보상해줄 수 있을 만큼 충분한 수용자를 확보할까. 이들 아마추어 저널리스트들이 알려지지 않은 이해 상충 요소를 지니고 있을지 모르는데, 소비자들이 어떻게 믿을 만한 정보를 가려낼 수 있을까. 국가의 면허나 전문적인 면허가 필요할까. 시간을 많이 내기 어려운 시민들의 네트워크로 어떻게 품이 많이 드는 심층보도나 탐사보도를 해낼 수 있을까. 시민과 전업 기자 사이의 어떤 협력 모델(예를 들어 웹베이스로 운영되는 한국의 오마이뉴스)이 최적의 결과를 낳을까 등이었다.

두 번째의 일반적인 연구 의제는 시장 지향성 뉴스의 다양한 결점을 개선하는 것이다.

나의 프로젝트인 '그레이드더뉴스 닷오르그gradethenews.org'는 '쓰레기 저널리즘junk journalism'과 좀 더 영양가 있는 뉴스 사이의 차이를 구분하는 능력을 고양시키려 노력해왔다. 우리는 시민을 교육해 쓰레기 저널리즘의 수익성이 낮아지도록 하고, 양질의 저널리즘이 좀 더 높은 수익을 얻도록 하는 노력을 기울였다. 그리고 부분적인 성공을 거두었다. 하지만 선택폭이 좁아지면 소비자 교육은 효과가 떨어진다. 미국에서 신문은 갈수록 한 명의 소유자나 운영자가 경영하는 지역적 집합체geographic cluster를 형성하고 있다.

소비자가 다른 대안적 신문을 선택한다고 해도 집합체의 소유주를 처벌하는 효과를 보지 못할 수는 있다. 그렇다 하더라도 뉴스 공급자가 생산한 뉴스와 그들이 자랑하는 공적 서비스 기준 사이의 간극을 보여주는 연구 결과를 통해 소유주를 부끄럽게 함으로써 소비자의 품질 향상 요구를 강화할 수 있다. 이와 관련된 증거는 다음과 같은 것을 드러내는 기사들의 내용 분석에서 확인할 수 있다. 1) 소수인종이나 노동자 집단에 관한 이슈 등 공동체의 중요한 이슈나 시각을 무시하는 내용. 2) 시민적 가치보다 광고하는 제품의 이익을 대변하는 내용. 3) 광고를 뉴스로 위장하거나 부정확한 보도와 성역을 옹호하는 보도 등으로 윤리적 저널리즘의 기준에 벗어나는 내용 등이 그것이다.

'뉴스 소비자를 위한 시장'은 시민이 기사 가치와 이를 판단하는 기준에 대해 교육받으면 더 잘 기능할 수 있다. 이 글을 쓰는 시점에서 '뉴스 리터러시news literacy'에 관한 종합적인 저서는 아직 출간되지 않았다. 소비자가 뉴스의 질을 판별할 수 있도록 도와주는 웹 기반 알고리즘은 아직 개발되지 않았다. 만일 우리가 단지 수용자 규모가 아니라 뉴스 품질에 대한 '닐슨 평가Nielsen ratings'를 갖고 있다면 시민적 기여를 하는 저널리즘에 보상을 하거나 보조금을 주는 기반을 마련할 수 있을 것이다.

베이커의 연구도 유사한 문제를 제기한다. 좋은 저널리즘이 만드는 긍정적 외부 효과를 계량화해 정부가 지원하는 근거를 마련할 방법은 없을까. 이와 관련된 전례가 있다. 미국 정부는 오랫동안 우편 요금에 보조금을 지급했으며 최근에는 (언론사 사이의) 공동 운영에 대해 반독점 규정 적용을 완화했다. 스웨덴 정부는 이데올로기적으로 경쟁적인 지역 신문들을 지원한다.

투자자를 위한 시장이 고품질 저널리즘을 지원하도록 유도하려면 어떻게 해야 하는지에 대한 연구는 별로 수행된 게 없다. 몇 가지 흥미로운 제안들이 나왔는데, 이 중 매튜슨(Mathewson, 2005)의 주장이 흥미를 끈다. 그는 세법을 바꾸어 신문을 비영리 지위로 전환함으로써 과도한 이윤 추구 요구와 연방세 부담을 줄이자고 제안했다. 또한 종업원 소유 모델이 〈신문조합Newspaper Guild〉에 의해 제시되었다. 하지만 이런 일반적인 제안이 어떻게 구체화될 수 있을지 알려면 상당히 많은 연구가 필요하다.

취재원을 위한 시장은 보도 비용이 최소화되면 좀 더 공익을 위해 운영될 것이다. 기업이 과도한 권력을 행사하는 현실을 고려할 때 정부가 기업 보도 기준을 높여 기자가 사적 영역으로 하여금 책임 있게 행동하도록 만들 수 있을 것인가. 베이커가 제안했듯이 기자가 내부 고발자를 보호하도록 허용함으로써 내부 고발자의 제보를 늘릴 수 있도록 연방 방패법federal shield laws

을 입법할 수 있을 것인가. 자신의 이익에 관한 이슈를 보도하도록 홍보 활동을 펼 재정 능력을 가진 경우 그런 홍보 활동에 세금을 부과해 그것으로 홍보할 수 없는 사회적 이익을 위한 언론 보도의 보조금으로 쓸 수는 없을까.

광고주를 위한 시장은 광고가 뉴스 내용에 미치는 영향을 약화시킬 방안이 개발된다면 좀 더 공익을 위해 운영될 것이다. 예를 들어 바그디키언은 미디어의 모든 광고에 세금을 부과해 공적 업무 보도를 지원하자고 제안했다. 맥체스니는 강력한 기자 단체가 출현해 광고를 뉴스처럼 내보내는 윤리 위반에 저항해야 한다고 밝혔다.

유감스럽게도 20세기로 접어들 무렵의 옐로 프레스Yellow Press 시대 이후 뉴스의 상업화를 연구하기에 이보다 더 좋은 시대는 없다. 사례는 풍부하다. 좀 더 희망적으로 말한다면, 디지털 커뮤니케이션 기술은 뉴스 미디어의 경제학과 규제를 연구할 가장 흥미로운 시기임을 알려주고 있다. 사실상 모든 주류 뉴스 미디어를 떠받치던 비즈니스 모델은 붕괴하고 있다. 어떻게 이러한 모델을 고치거나 대체할지 생각하는 것보다 더 보람 있는 일이 있을까?

〈참고문헌〉

Adorno, T., & Horkheimer, M.(1972). The culture industry: Enlightenment as mass deception. In *The dialectics of enlightenment*. New York: Herder and Herder.

Auletta, K.(1991). *Three blind mice*. New York: Random House.

Bagdikian, B. H.(1992). *The media monopoly*(4th ed.). Boston: Beacon Press.

Baker, C. E.(2002). *Media, markets and democracy*. Cambridge, UK: Cambridge University Press.

Bogart, L.(2000). *Commercial culture: The media system and the public interest*. New Brunswick, NJ: Transaction Publishers.(Original work published 1995)

Bucher, K.(1926). *Das Zeitungswessen*. In Bucher, K., *Gesammelte Aufsatze zur Zeitungskunde, Tubingen, 21*.

Chen, R., Thorson, E., & Lacy, S.(2005, autumn). The impact of newsroom investment on newspaper revenues and profits: small and medium newspapers 1998-2002, *Journalism & Mass Communication Quarterly, 82,* 516-532.

Cirino, R.(1971). *Don't blame the people.* Los Angeles: Diversity Press.

Curran, J.(2004). The rise of the Westminster school. In Calabrese, A. & Sparks, C.(eds.), *Toward a political economy of culture.* New York: Rowman and Littlefield.

Downie, L., & Kaiser, R. G.(2002) *The news about news: American journalism in peril.* New York: Knopf.

Downs, A.(1957). *An economic theory of democracy.* New York: Harper & Row.

Entman, R. M.(1989). *Democracy without citizens.* New York: Oxford University Press.

Epstein, E. J.(1973). *News from nowhere.* New York: Random House.

Galtung, J., & Ruge, M. H.(1965). The structure of foreign news. *Journal of Peace Research, 1,* 64-91.

Gandy, O. H.(1982). *Beyond agenda-setting: Information subsidies and public policies.* Norwood, NJ: Ablex.

Garnham, N.(1990) *Capitalism and communication.* London: Sage.

Gillmor, D.(2006) *We the media.* Sebastopol, CA: O'Reilly.

Gramsci, A.(1971 translation). *Selections from the prison notebooks.* New York: International.

Habermas, J.(1989 translation). *The structural transformation of the public sphere.* Cambridge, UK: Polity.

Hamilton, J. T.(2004). *All the news that's fit to sell: How the market transforms information into news.* Princeton, NJ: Princeton University Press.

Herman, E. S., & Chomsky, N.(1988). *Manufacturing consent: The political economy of the mass media.* New York: Pantheon.

Hutchins, R. M., & the Commission on Freedom of the Press(1947). *A free and responsible press: A general report on mass communication: Newspapers, radio, motion pictures, magazines and books.* Chicago: University of Chicago Press.

Irwin, W.(January to July, 1911). The American newspaper. *Colliers.*

Kahneman, D., & Tversky, A.(1973). On the psychology of prediction. *Psychological Review, 80*(4), 237-251.

Kaniss, P.(1991). *Making local news.* Chicago: University of Chicago Press.

Lacy, S., & Martin, H.(1998, summer). High profits and declining circulation: A study of Thomson newspapers during the 1980s", *Newspaper Research Journal, 19*(3), 63-76.

Lee, M. A., & Solomon, N.(1991) *Unreliable sources: A guide to detecting bias in news media.* New York: Carol.

Liebling, A. J.(1975). *The press.* New York: Pantheon.(Original work published 1961)

Marzolf, M. T.(1991). *Civilizing voices: American press criticism, 1880–1950.* White Plains, NY: Longman.

Mathewson, J.(2005, Dec. 8). Newspaper saved! Newspaper saved! Read all about it! *Editor and Publisher-Online, retrieved July 10, 2007 http://www.editorandpublisher.com /eandp/*columns/shoptalk_display.jsp?vnu_content_id=1001657297"\t"_blank

McChesney, R. W.(2004). *The problem of the media: U. S. communication politics in the 21st century.* New York: Monthly Review Press.

McChesney, R. W.(1999). *Rich media, poor democracy.* Urbana: University of Illinois Press.

McManus, J. H.(1992). What kind of commodity is news? *Communication Research, 19*(6), 787–805.

McManus, J. H.(1994). *Market-driven journalism: Let the citizen beware?* Thousand Oaks, CA: Sage.

McManus, J. H.(1995). A market-based model of news production. *Communication Theory, 5*(4), 301–Merritt, W. D.(2005). *Knightfall.* New York: AMACOM.

Murdock, G., & Golding, P.(1974). For a political economy of mass communications. In R. Miliband & J. Saville(eds.), *The socialist register 1973*(pp. 205–234). London: Merlin Press.

Murdock, G. & Golding, P.(eds.).(1997). *The political economy of the media I,* Cheltenham, UK: Elgar.

Patterson, Thomas E.(2000). The United States: News in a free-market society. In R. Gunther. & A. Mughan(eds.), *Democracy and the media: A comparative perspective.* New York: Cambridge University Press.

Picard, R. G.(1989). *Media economics.* Beverly Hills, CA: Sage.

Picard, R. G.(2004). Commercialism and newspaper quality. *Newspaper Research Journal, 25*(1), 54–65.

Picard, R. G.(2005). Money, media and the public interest. In G. Overholser & K. H. Jamieson,(eds.), *The press*(pp. 337–350). New York: Oxford University Press,.

Project for Excellence in Journalism(2007). *The state of the news media 2007,* retrieved July 10, 2007, from http://www.stateofthenewsmedia.com/2007

Random House Webster's college dictionary(1999). New York: Random House.

Ross, E. A.(1910, March). The suppression of important news. *Atlantic Monthly, 105*, 303–311.

Rosse, J. N.(1975). Economic limits of press responsibility. *Studies in Industry Economics* No. 56. Stanford, CA: Department of Economics, Stanford University.

Schiller, H. I.(1989). *Culture Inc.* New York: Oxford University Press.

Seldes, G.(1938). *The lords of the press.* New York: Julian Messner,.

Shoemaker, P., & Reese, S.(1991). *Mediating the message.* New York: Longman.

Sinclair, U.(1920). *The brass check: A study of American journalism.* Pasadena, CA: author.

Smith, A.(1937 translation). *An inquiry into the nature and causes of the wealth of nations.* New York: Random House(Original work published 1776).

Smythe, D. W.(1981) *Dependency road: Communications, capitalism, consciousness and Canada.* Norwood, NJ: Ablex.

Squiers, J. D.(1993) *Read all about it.* New York: Random House.

Stepp, C. S.(1991, April). When readers design the news. *Washington Journalism Review, 13*(3), 20-25.

Turow, J.(1992). *Media systems in society.* New York: Longman.

Underwood, D.(1993). *When MBAs rule the newsroom.* New York: Columbia University Press.

4부

저널리즘과 사회

17_
저널리즘과 민주주의

브라이언 맥네어

저널리즘의 역사와 민주주의 역사는 서로 긴밀하게 관련되어 있다. 오늘날 우리가 인지하고 있는 것처럼 저널리즘의 역사는 지금부터 약 400년 전 격동의 시기에 처음 등장한 민주주의 사회와 맞물려 있다. 뉴스라는 개념과 뉴스 가치가 있는 정보의 직업적 전달자로서 통신원 역할이 유럽의 부르주아 혁명에 앞서 생겼다. 즉 17세기 초 국가에 대해 적대적이고, 비판적이며, 독립적인 지위를 확보하려는 현대적 개념의 정치 저널리즘이 영국의 시민전쟁 [청교도 혁명] 및 그 후유증을 배경으로 최초로 형성되었다. 민주개혁 및 의회 주권을 지지하는 세력이 절대 왕정 세력을 상대로 싸우는 갈등 속에서 저널리즘은 핵심적 역할을 수행했다(Conboy, 2004). 저널리즘은 1789년의 프랑스 혁명(Popkin, 1991; Hartley, 1996)과 미국의 독립전쟁(Starr, 2004)에서도 마찬가지로 핵심적 역할을 했다. 이후 제대로 기능하는 공론장(Habermas, 1989) 내에 존재하는 것이라면 어떤 종류의 저널리즘이든 민주적인 정치 및 미디어 문화를 규정하는 특징으로 여겨졌다. 이 장에서는 과거 및 현재의 민주 사회에서 저널리즘이 수행한 역할을 규범적·실용적 관점에서 탐구하면서 그것이 민주적 정치 문화의 발전과 유지에 어떠한 기여를 했는지 비판적으로 평가하려고 한다.

민주주의 이전의 저널리즘 — 권위주의 전통

15~16세기 유럽의 권위주의적 봉건 체제에서 저널리즘은 한 사회의 보다 효율적인 운영이나 통제를 위해서는 잠재적으로 위험하기는 하지만 매우 유용한 도구로 간주되었다. 이미 15세기 후반에 인쇄술이 발병되었을 때부터 로마 교황청뿐만 아니라 영국의 튜더 왕가 주도의 군주들은 정보 능력을 권위주의적 질서를 뒤집거나 불안하게 만들 수 있는 것으로 인식했다.

16세기 후반 등장한 제한적인 면허제와 저작권법의 도입 및 초기 명예 훼손법 등은 봉건적 권력 구조를 유지하기 위해 정보를 통제하고 나아가 이 권력 구조를 잠재적으로 불안하게 하려는 시도를 무력화하려는 의도에서 비롯되었다. 최초의 영국 저작권법에 노골적으로 표현되어 있는 바대로 이러한 법 제정의 목적은 저널리즘이나 다른 형태의 공적 출판물에서 "신의 명예를 실추시킬 뿐만 아니라 합법적 군주나 지배자에 대한 불복종을 장려하는 이단, 선동, 반역죄를 금지시키기 위한 것"이었다. 1632년 영국에서는 해외 뉴스도 "국민의 견해와 대화용으로 적합하지 않다"는 이유로 금지되었다 (Raymond, 1996, p. 13).

저널리즘과 민주주의 — 초기

현대적인 정치 저널리즘의 토대는 영국의 시민전쟁과 그 후 민주주의의 진전을 가져온 17세기의 절대왕정 및 의회 사이의 투쟁에서 찾을 수 있다.

이런 사건들이 일어나기 전에 저널리스트는 봉건 사회의 모든 사람과 마찬 가지로 절대 군주의 신하였고, 교회와 국가에 완전히 종속되어 있었다. 1594 년에 발간된『메르쿠리우스 갈로벨지쿠스*Mercurius Gallobelgicus*』같은 초기 정기 간행물은 정치, 군사, 경제 등을 다루었으나 내용은 언제나 봉건국가에 의해 부과된 엄격한 검열을 받아야 했다.

그러나 자본주의가 발전하고 봉건 권력의 정당성이 부르주아 계급의 등 장으로 도전받으면서 저널리스트는 격화되는 계급투쟁에서 어느 쪽이든 편 들기를 시작했다. 왕과 의회 사이의 갈등이 1640년대에 영국의 시민전쟁으 로 발전함에 따라 보도 내용에 대한 통제는 느슨해졌으며, 당시 뉴스와 분석 의 수요 증가에 부응해 여러 신문이 등장했다. 현대 신문의 전신이라 할 수 있는 이 시기의 뉴스북news books은 단순히 정보만 전달하는 보고자가 아니었 고, "문학적·정치적 파벌을 대변하는 혹독하고도 공격적인 도구였다"(Ray- mond, 1996, p. 13). 말하자면 저널리스트는 정치적 현실을 단순히 보도한 것 이 아니라 그것을 형성하기 위한 정파주의자나 활동가가 됨으로써 편들기를 했던 것이다.

1640년대에도 저널리스트는 뉴스와 논평 혹은 사실과 의견 사이의 구분 을 명확히 했다(Raymond, 1996, p. 168). 당시 "정치 행위자와 공중을 매개 한" 간행물이던『인텔리전서*Intelligencer*』는 이런 구분을 한 사례라고 할 수 있 다. 1640년대 말이 되자 상세한 뉴스 보도는 강력한 해석과 열정적 설득을 동반했다(Raymond, 1996, p. 13). 1644년에 지적 자유와 언론자유를 수호하 려는 밀턴John Milton의『아에로파지티카 *Aeropagitica*』가 출간되어 비판적이고 확 신적인 정치 저널리즘 문화의 등장을 강화시켰으며, 나아가 이 책은 초기 공 론장의 형성을 위한 이데올로기적 정당성을 제공했다. 이후 국가의 통제와 종교적 권위로부터 "자유로운" 정치보도에 대한 요구가 증가했다. 또한 당시 인쇄 미디어를 통해 이런 자유로운 정치보도를 공급할 수 있는 기술적 수단 이 등장했다. 이어 글을 읽을 수 있는 독자들이 증가했고, 이들은 시민으로서 개인과 집단의 의사결정 과정에서 정치보도를 활용할 수 있는 권한을 행사하게 되었다.

1649년 찰스 1세의 처형이 있은 후 민주주의를 위한 영국의 투쟁에는 많은 굴곡과 전환 그리고 좌절이 있었다. 또한 20세기에 들어오기까지 선진 자본주의 사회에서조차 보통 선거권은 자리 잡지 못했다. 하지만 18세기 초 입헌군주제 원칙이 정립되고 난 후에는 피부로 느낄 수 있을 정도의 다당제 민주주의가 작동했고, 이와 함께 눈에 띌 정도의 현대 정치미디어 체제가 기능했다. 영어로 된 최초의 일간지 『데일리 커런트*Daily Courant*』는 1703년에 등장했다. 콘보이Conboy (2004, p. 60)는 디포 Daniel Defoe의 『리뷰*Review*』에 대해 "1704년에 창간된 최초의 영향력 있는 정치 논평 저널"이라고 평가했다. 그때에도 민주주의에서 정치 저널리즘에 대한 규범적 기대가 규정되었다. 여기에서는 4개의 제목 아래 그러한 규범적 기대를 간략하게 서술하겠다.

숙의 민주주의에서 정보 원천으로서의 저널리즘

일반적으로 민주주의는 시민들에게 신뢰할 만한 정확한 정보가 제공되고, 또한 선거와 기타 상황에서 시민들의 선택이 이성적이고 합리적일 경우에만 좋은 정치에 기여한다고 말할 수 있다(Chambers & Costain, 2001). 실제로 많은 민주주의적 선택은 선입견과 무지함에 기반을 두고 있다. 사람들은 민주주의적 권리에 따라 다양한 이유로 투표를 하지만 그러한 선택이 언제나 합리적 사고나 조심스러운 숙의에 기반한 것은 아니다. 그러나 규범적 관점에서 볼 때 민주주의적 이상이란 정치 저널리즘의 핵심적 기여로 인해 가능하게 되는 식견 있는 선택을 의미한다. 저널리스트는 경쟁적인 후보와 정당 사이에서 시민들이 판단을 내릴 수 있는 정보를 제공한다. 즉 저널리스트는 자신의 고유한 정치적 견해를 갖고 있음에도 불구하고 중립적이고 냉철하기 위해 분투해야 하며, 정치 현실에 대한 객관적 보고자여야 한다.

정치 저널리즘에서 정파성partisanship은 허용되지만 정파성이 존재하는 경우에는 객관적 보도인 것처럼 가장해서는 안 되며, BBC나 『파이낸셜 타임스Financial Times』 혹은 미국의 TV 네트워크의 독립적이고 균형 잡힌 유형의 보도를 공론장에서 쫓아내서는 안 된다. 앤더슨(Peter J. Anderson, 2007, p. 65)이 최근 연구에서 강조한 것처럼 "현안에 관한 정확하고 사려 깊은 정보와 분석을 제공하는 고품질의 독립 뉴스 저널리즘은 사회와 정치에 의미 있게 참여할 수 있는 계몽된 시민들을 형성하는 데 있어 매우 중요하다."

감시견 또는 제4부로서의 저널리즘

민주주의 사회를 구현하기 위한 정치 저널리즘의 정보 제공 기능은 정부나 업계, 혹은 여타 사회적 영향력을 가진 사람들에 대한 비판적 감시 역할로 확장된다. 이는 버크Edmond Burke가 말하는 제4부로서, 저널리스트의 감시견 역할을 가리킨다. 봉건 시대를 특징짓는 권력 남용을 막기 위해 민주주의 사회의 저널리스트는 권력 행사를 감시할 책무가 있다. 정부가 과연 유능하고 효율적이며 정직한가. 정부는 그들을 선출한 국민에 대한 책임을 제대로 수행하고 있는가. 정부 정책과 프로그램은 건전한 판단과 정보에 근거하는가 그리고 사회 전체의 다양한 이익을 염두에 두고 설계된 것인가. 감시견이라는 자격으로 말한다면, 정치 저널리즘은 우리의 허락 아래 우리를 대리해 우리 통치자의 활동을 감독한다.

매개자 또는 대표자로서의 저널리즘

저널리즘의 감시견 기능은 시민의 이익을 위해 존재한다. 이러한 점에서 저널리스트는 시민-공중의 목소리와 정치인 사이의 매개자로 규정되며, 권력에 우선하는 시민 권력의 대표자이자, 공중의 목소리를 반드시 들리도록 하는 존재이다.

이러한 매개자 혹은 대표자 역할은 몇 가지 방식으로 수행될 수 있다. 첫째, 정치미디어는 신문사에 보내는 독자 서신, 방송 토크쇼의 전화 참여,

공적 사안에 관한 스튜디오 토론 참여 같은 형태로 시민들이 공론장에 직접적으로 접근할 수 있는 기회를 부여할 수 있다(이와 같은 참여적 정치미디어를 연구하려면 Livingstone & Lunt, 1994의 연구와 McNair, Hibberd & Schlesinger, 2003 등의 연구를 참조하라). 정치 저널리즘의 대표자 기능은 오늘날 이메일, 텍스트 메시지 서비스 그리고 블로그 등 빠르고 상호작용적인 기술의 활용 가능성에 의해 향상되었다. 더불어 이들 기술은 시민들이 정치 엘리트와 소통하고 정치적 논쟁에 참여할 수 있는 새로운 방법을 제공한다. 이와 같은 기술은 전례 없이 참여적인 민주주의를 발전시키는 데 촉진제 역할을 했고, 이 같은 민주주의에서는 더 많은 시민이 민주 역사상 다른 어느 때보다도 쉽게 정치적 소통 수단에 접근할 수 있는 기회를 가진다. 그러나 저널리즘의 관점에서 본다면 대표자겸 매개자 역할의 핵심은 독자 편지가 시민 대다수에게서 공론장에 참여할 수 있는 유일한 실질적 형태였던 시기와 마찬가지로 현재에도 여전히 엄존하고 있다. 즉 저널리즘은 공중과 정치 엘리트 사이에 위치해 민주주 과정에 국민의 목소리가 들릴 수 있도록 확실하게 조치해야 한다는 것이다.

참여자/주창자로서의 저널리즘

대표자 역할을 수행할 경우 정치 저널리스트는 국민들을 위한 주창자 혹은 옹호자 위치에 놓인다. 저널리스트는 특정한 정치적 입장을 주창할 수도 있고, 공적 토론에서 특정한 정치적 견해를 가진 사람들을 설득하기 위해 정파적인 발언을 할 수도 있다. 지금까지 보아온 대로 저널리즘의 정파성(단순한 선전과는 반대되는)은 영국의 시민전쟁 시기로 거슬러 올라간다. 당시 저널리스트는 부패한 귀족과 떠오르는 부르주아 사이의 갈등을 보도했을 뿐만 아니라 그러한 갈등에 직접 참여했다. 콘보이(Conboy, 2004, p. 90)는 "18세기의 적대적 정치는 정파성과 거친 언론을 낳았고", "19세기에 들어와 신문은 의견 형성과 국민적 정치 논쟁의 양극화에서 점점 삐걱거리는 역할을 수행했다"고 서술하고 있다. 그 후 정치미디어는 비록 보도의 객관성과 사실의 정확성이라는 외형을 유지하기 위해 다양한 방법을 강구했음에도 불구하고 여전히 편들기 보도를 해 왔다. 이처럼 외견상 상충되는 목표를 조정하는 것은 사실과 의견의 분리라는 맥락에서 가능하다. 사실과 의견의 분리 원칙은 민주주의에서 볼 수 있는 정치 저널리즘의 구조적 특징이며, 많은 국가의 공적 미디어와 사적 미디어를 구분하는 차이이기도 하다.

저널리즘과 민주주의 — 비판자

위에서 보여준 대로 민주주의에서 정치 저널리즘에 대한 규범적 기대는 일반적으로 **정보**(보도), **비판적 감시**(논평, 분석, 적대주의), **대변과 주창** 그리고 **편파성**이라고 할 수 있다. 그러나 이러한 기능을 실행하는 과정에서 정치미디어가 수행한 실용적 행위는 이데올로기적 범주로 볼 때 좌파와 우파의 비판을 동시에 받았다.

자유주의적 다원주의와 객관성에 대한 비판

19세기에 나타난 마르크스주의적 비판이 전 세계 미디어 연구자들에게 미치는 영향은 여전히 막강하다. 전반적으로 마르크스주의자들은 '언론자유'와 자유에 대한 '부르주아적' 관념은 허위의식의 한 형태로, 본질적으로는 이데올로기적 기만이라고 주장한다. 말하자면 이런 허위의식이 현상 유지를 합법화하고, 대중을 착취하거나 억압하는 체제의 철저한 감시로부터 대중의 눈을 다른 곳으로 돌린다는 것이다. 그들에 의하면 미디어는 체제에 우호적인 편향성을 갖도록 구조적으로 맞물려져 있으며, 자본주의 사회질서를 심각하게 위협하는 어떤 것에 대해서도 '객관적인' 보도를 거의 하지 않는다. 정치보도 영역을 비롯한 여타 영역에서 객관성과 국가로부터의 독립을 열망하는 것은 지배 이데올로기, 즉 부르주아 헤게모니를 실현하기 위해 미디어가 만들어낸 가면이라는 주장이다.

마르크스와 엥겔스는 1840년대에 이 이론을 개발했는데, 이후 이것은『독일 이데올로기』라는 저서로 출간되었다. 볼셰비키는 이 이론을 소비에트 러시아에 적용했고, 이에 따라 저널리스트들은 '부르주아적 객관주의'를 포기하고 대신 프롤레타리아 혁명, 특히 프롤레타리아 독재를 위해 선전가로 활동하도록 요구받았다. 볼셰비키는 이에 기반해 자본주의 세계에 확산된 저널리즘과는 완전히 다른 저널리즘 이론을 발전시켜, 이를 공산당 정부를 가진 다른 국가들에 수출했다. 고전적인『언론의 4이론』(Siebert, Peterson & Schramm, 1963)은 자유주의적 다원주의 이론에 의해 특징지어질 수 있는 공산주의 국가의 권위주의적 접근 사이의 중요한 차이점들을 드러냈다. 비록 현재로서는 구소련이 더 이상 존재하지 않지만 권위주의적 접근은 쿠바나 중국 등 명목상 사회주의 국가들의 정치 저널리즘 실행을 지탱하고 있다. 이들 국가에서 저널리즘은 국가의 이데올로기적 장치라는 제도의 일부분이다.

전통적으로 소련 및 그와 비슷한 정신을 가진 당들이 제시해온 것과 비슷한 논거들이 이슬람 근본주의적 국가들의 미디어 검열 정책을 지지하고 있다. 예컨대 사우디아라비아와 이란에서는 이슬람의 신념과 진실이 다원주의 및 객관성이라는 세속적이고 자유주의적인 관념에는 투영되지 않으며, CNN과 BBC 등 서구 언론은 글로벌한 정치적 사건에 대해 서구 이데올로기의 영향을 받은 보도를 확산시키려 한다는 주장이 통용되고 있다. 그처럼 이데올로기로 오염된 보도는 이슬람 국가로부터 승인받은 저널리즘에 자리를 내주기 위해 검열하는 것이 합리적이라는 것이다. 이런 이슬람 국가들의 사정을 다시 말한다면, 쿠바나 중국에서와 마찬가지로 저널리스트들에게는 집권 중인 정치파벌에 의해 주어지는 지배 이데올로기를 적극적으로 지지할 것이 요구된다. 단 여기서 지배 이데올로기란 계급 지배라는 관념보다는 종교적 연계에 기반을 두고 있다. 자유주의 저널리즘이 이런 나라들에서 민주주의 정립과 유지에 어느 만큼이나 공헌할 수 있을까 하는 점은 저널리즘 연구에 많은 연구 자료를 제공했다. 또 과거의 권위주의와 민주주의 국가 및 자유 언론 건설이라는 목표 사이에서 오락가락하는 경향을 보인 러시아 등 구 소비에트 국가들에서 자유주의 저널리즘의 민주주의에 대한 기여 문제 또한 마찬가지였다. 칼라실과 보아스(Kalathil & Boas, 2003)는 중국, 쿠바, 싱가포르 그리고 이집트를 포함해 8개국의 미디어, 특히 인터넷과 같이 떠오르는 미디어의 역할을 비교했다. 동남아시아에서의 저널리즘의 역할에 관한 애트킨(Atkin, 2003)의 비교 연구에서 나타난 결과와 마찬가지로 이들의 연구는 "대체로 인터넷이 권위주의를 바꾸기 위해 이에 도전하고 도움을 제공하고 있지만 정보기술만으로는 권위주의의 종말을 가져올 것 같지 않다"(Kalathil & Boas, 2003, p. x)고 결론을 내린다.

반면 선진 자본주의 사회에서는 촘스키와 허먼 같은 학자들에 의해 자유주의 저널리즘이 자유와 객관성을 가질 수 있다는 주장에는 문제가 있다는 논리가 일관되게 제기되어 왔다. 그들은 이런 논리를 통해 구소련의 『프라우다』가 추구했던 조악한 "세뇌" 시도와 선전에 의해 지탱되는 "안보 국가"의 유지에 저널리스트가 연루되어 있다고 주장했다(Chomsky & Herman, 1979). 다른 연구자들은 미디어와 사회의 관계에 관해 다른 용어와 개념을 사용하고 있지만 핵심적인 생각은 정치 저널리즘은 정치 엘리트에 대한 민주적 감시와 책임 부여에 있는 것이 아니라 불공평하고 착취적인 자본주의 체제를 떠받치는 "필수적인 환상necessary illusions"을 실어 나르는 수단이라는 것이다. 이런 생각은 미디어 사회학에서 널리 확산되어 있으며, 저널리즘이 지배적인 사상을 강화하거나 재생산하는 데 기여하는 방식과 관련된 많은 연구의 형태를 결정짓고 있다. 이러한 유형의 학술적 연구는 9·11 사태, 아프가니스탄 및 이라크 침공 이후 급증했는데, 필로Philo와 베리Berry의 『이스라엘에서 온 나쁜 뉴스Bad News From Israel』는 좋은 사례이다. 이 연구는 영국 TV의 뉴스에 대한 비판적인 내용 분석인데, 이스라엘과 팔레스타인의 갈등 보도에서 이스라엘의 관점은 '특별대우'를 받으며 "TV뉴스에서 이스라엘의 시각이 부각되고 가끔 저널리스트들에 의해 보증되는 일관된 경향이 있다"고 결론짓는다(2004, p. 199). BBC는 이와 같은 체계적 편향성이 있다는 주장을 거부했으나 고위 관리자들은 TV뉴스 형식의 본질과 공간상의 한계로 인해 시사 문제를 이해하는 데 꼭 필요한 맥락과 배경을 TV뉴스 시청자들에게 제공하는 데 어려움이 있었음을 시인했다. 유사한 논란은 호주와 여타 지역의 공공 저널리즘에서도 발견되었다.

9·11 이후의 국제정치에 관한 보도를 다룬 연구로는 이라크 보도에 관한 비판적 논문집인 밀러Miller의 『내게 거짓말을 해라*Tell Me Lies*』(2004)를 비롯해 텀버Howard Tumber, 팔머Jerry Palmer 그리고 웹스터Frank Webster의 저서 등이 있다(Tumber & Palmer, 2004. Tumber & Webster, 2006). 이들 중 후자는 TV뉴스의 편향성에 대한 비판을 완화시킨 결론을 내리고 있다. 보다 최근 편집된 말트비Sarah Maltby와 키블Richard Keeble의 저서(Maltby & Keeble, 2008)는 9·11 이후의 갈등 상황에 대한 저널리즘의 역할을 놓고 학문적 입장과 현업의 입장을 아우르는 다양한 관점에서 탐구하고 있다.

비록 냉전의 종식은 20세기를 지배한 공산주의와 자본주의 사이의 글로벌한 이데올로기적 분열과 함께 다원주의 및 객관성 같은 개념에 대한 마르크스주의적 비판을 무력화시켰음에도 불구하고 9·11 이후 세계의 정치미디어는 지속적으로 토론과 논쟁의 주제가 되고 있다. 이와 함께 편향과 선전에 대한 비난이 계속되었고, 객관성과 균형이라는 이상적 규범으로부터 일탈하는 것에 대한 비판은 학자, 활동가 그리고 많은 저널리스트의 정기적인 논평의 특징이 되었다.

정치미디어는 정치적 사건에 대해 누가 혹은 어느 매체가 진실을 말하는가하는 문제보다는 '객관적 진실'이라는 것이 과연 가능한가 하는 문제와 관련해 여전히 이데올로기적 논쟁 영역으로 남아 있다. 〈폭스 뉴스〉와 많은 신문 등 공공연히 정파적인 매체에는 분명히 편향성이 있다. 앞서 언급한 대로 일반적으로 블로고스피어와 온라인 저널리즘은 정치에 관해 주관이 강하거나 특정한 동기를 가진 정치 뉴스를 확산시키는데 활용할 공간의 확장을 가져왔고, 이는 일부 '올드' 미디어가 명백한 이데올로기적 선호를 드러내도록 부추긴 측면이 있다. 이 점에 관해서는 모든 관찰자가 동의하고, 그에 부응해 편향을 선택하기도 한다. 정치 저널리즘은 국가와 정치 엘리트에게서 독립할 수 있는가 그리고 객관적일 수 있는가. 이런 심오한 문제를 놓고 내린 개인적 결론은 그것이 자본주의의 특성, 제도로서의 생존 가능성 그리고 진지한 대안을 찾을 수 있는 범위에 관한 개인의 의견에 근거한다는 것이다. 자본주의의 본질이 근본적으로 억압적이며, 따라서 필연적으로 붕괴할 것이라고 믿는 사람들은 저널리즘이 이데올로기 장치의 일부를 구성한다고 해석한다. 그들은 이런 이데올로기 장치가 없다면 자본주의가 붕괴할 것이라며 저널리즘의 생산물을 회의적 시각으로 바라본다. 다른 사람들은 국내 및 국외에서 정보에 대한 엘리트의 통제력이 약화되거나 점점 지구화되고 있는 정치 공론장의 함의를 보다 잘 이해하려고 애쓴다(McNair, 2006).

네트워크 사회에 관한 카스텔을 비롯한 다른 연구자들의 저작에 기반해 볼 때 필자를 포함해 앞서 언급한 말트비와 키블의 글모음에 기여한 많은 연구자들은 이를 혼란의 패러다임으로 규정짓고 있음을 알 수 있다. 예컨대 이 책의 서문에서 말트비(Maltby, 2008, p. 3)는 공론장에서 정보를 전달하는 다중적이고 다양한 수단의 등장으로 인해 "국가가 자신의 활동에 대해 폭로되거나 은폐되는 정보를 통제할 수 있는" 수단이 붕괴되었다고 주장한다. 이와 더불어 동일한 글모음에서 텀버와 웹스터는 오늘날 정치 엘리트가 당면하고 있는 "혼란스러운 정보 환경"을 논하면서 글로벌 수용자 중 일부에서 일고 있는 "인권과 민주주의에 대한 의식의 성장"을 지적했다(2008, p. 61).

인터넷이 더욱 확산되고 알자지라 같은 실시간 뉴스채널이 수용자층을 급증시킴에 따라 지구화된 저널리즘과 민주주의적 과정 사이의 관계에 관한 학문적 관심도 점점 증가하고 있다(Chalaby, 2005). 알자지라 자체가 몇몇 편집된 글모음의 주제가 되기도 했다(예컨대 Zayani, 2005 참조).

상업화, 우매화 그리고 공공 커뮤니케이션의 위기

저널리즘과 민주주의 사이의 관계에 관한 또 다른 학문적 비판은 미디어의 경쟁 심화와 그에 따른 저널리즘의 상업화가 정치 저널리즘의 규범을 추락시키고, 민주주의를 약화시켰다는 것이다. 17세기 이후부터 지금까지 정치미디어는 민주주의에 필수적인 뉴스 의제와 스타일로부터 벗어났다는 비난을 받아왔다. 최근 들어 점점 강화되고 있는 저널리즘의 상품화는 정치적 인포테인먼트 형태를 진화시켰으며, 정치 영역에서 선정성과 드라마화에 초점을 맞추었고, 공중에 대한 민주 정치의 표현을 마치 가벼운 연속극처럼 다루었다는 지적을 받는다. 이 과정은 전문용어로 '우매화愚昧化dumbing down'라고 한다. 이것은 정치 저널리즘의 수준 낮은 지적 내용을 비판하거나 규범적 관점에서 보아 사소한 것에 보다 초점을 맞추는 것을 지적하는 내용이다. 예컨대 우매화란 정치 저널리즘이 정치 문제, 경제정책, 외교 문제 그리고 여타 핵심적 문제들을 다루지 않고 대신 정치인이 어떻게 연애를 하며, TV에서 어떻게 하면 유권자에게 좋게 비쳐지는지에 초점을 두는 등의 문제적인 보도 행태를 가리킨다.

이와 같은 일련의 주장은 1990년대 들어 현저하게 드러났으며, 블루머와 구레비치의 『공공 커뮤니케이션의 위기The Crisis of Public Communication』(1995), 프랭클린Franklin의 『정치 포장하기Packaging Politics』(1994) 그리고 지난 10여 년 동안의 핵심 저서들이 그러한 사례이다. 보다 최근에는 앤더슨Anderson과 워드Ward가 편집한 『선진 민주주의 국가에서의 저널리즘의 미래The Future of Journalism in the Advanced Democracies』는 "미래에 공급될 영국 뉴스의 대부분이 민주주의에서 요구되는 정보적 필요를 충족시킬 것 같지 않다"는 비관적 결론을 내리며 "경성 뉴스hard news"보다는 "연성 뉴스soft news"가 만연한 사실을 개탄했다. 이들은 상업적인 압력에 더해 블로고스피어와 인터넷 같은 다양한 미디어 기술이 경성 뉴스를 밀어내는 요인이라고 주장한다. 앤더슨과 워드(Anderson & Ward, 2007, p. 8)는 경성 뉴스란 "정치적·사회적·경제적 쟁점에 관한 반성과 토론 그리고 행동을 알려주고 장려하려는 것" 또는 "사람들의 삶에 중요한 영향을 미치는 쟁점을 다루는 것"으로 정의한다.

쇠퇴하는 공론장에 대한 이 같은 비평과 경고에 반해 하틀리(Hartley, 1996)와 럼비(Lumby, 1999) 그리고 필자를 포함한 다른 연구자들은 정치 저널리즘에 대한 인간적 관심사에 기반한 새로운 뉴스 의제가 점차 중요한 역할을 하게 되고, 이는 대중 민주주의가 보다 용이하게 이해될 수 있도록 적절하게 반영된 방식이라고 옹호하고 있다(규범적으로 보다 선호되는 공공 이슈에 대한 보도를 배제하지 않았다는 전제 하에). 이러한 관점에서 볼 때 사적 영역과 공적 영역을 구분하는 전통적 기준의 모호함은 그 자체로서 정치 문화의 민주화를 측정하는 하나의 기준이며, 일상적인 관심사와 시민들의 인간적 관심사를 포함하는 것은 저널리즘의 확장이기도 하다는 것이다.

정치보도가 유명인 및 이미지에 대한 강조와 더불어 유명인 문화라는 보다 폭넓은 범주 안에 포함되어 있는 점에 대해서도 비판의 목소리가 나왔다(Corner & Pels, 2003). 다시 말해 21세기의 정치보도는 유명인과 그들의 활동 그리고 각양각색의 유명인에 대해 내리는 시민들의 판단에 관한 것을 다루고 있다는 것이다. 할리우드의 액션스타인 슈왈제네거Schwarzenegger가 2004년 미국 캘리포니아 주지사 선거에 출마한 것은 정치의 사소화를 보여주는 동시에 선거가 할리우드와 연예산업의 가치에 식민화된 징후를 단적으로 보여주는 것으로 보도되었으며, 일부에서는 이를 비난했다. 그러나 슈왈제네거의 당선이 가진 함의에 대한 많은 관심이 있은 이후부터 미국을 비롯한 그 외 많은 국가의 정치미디어는 그의 지도력에 익숙해졌으며, 심지어는 이와 같은 액션영화 스타들이 먼 미래의 대통령 선거캠페인에도 나서게 될 가능성을 점치기도 했다.

정치홍보와 홍보조작의 등장

저널리즘과 민주주의의 관계에 관한 학술적·공적 비판의 핵심적인 흐름
은 정치홍보의 성장이 이 둘 사이의 관계에 어떤 치명적 영향을 미칠까하는
점에 집중되어 있다. 정치 행위자들이 선언과 행동을 통해 미디어 보도에 의
식적으로 영향을 미치려고 하는 노력에 관한 논의는 정치 저널리즘 자체에
관한 논의만큼이나 해묵은 주제이다. 하지만 21세기에 접어들면서 정치 저
널리즘 영역에서는 전문직주의가 실천과 강도의 두 측면에서 질적 전환을
맞이했다. 한편에서는 민주주의가 확산되고(제2차세계대전이 발발했을 때 대
부분의 선진 자본주의 국가에서는 보통 선거권이 달성되었다) 다른 한편에서는
매스미디어가 널리 사용되자 정치 행위자들과 그들을 지지하거나 투표할 사
람들 사이에는 특정한 목적을 달성하기 위해 의사소통의 수요가 생겼다. 정
치인과 공중 사이의 관계를 관리하는 정치홍보는 20세기에 들어와 정치 커
뮤니케이션에서 눈에 띄는 부분이라고 할 수 있다. 나는 이것을 언론을 가리
키는 제4부와 나란히 진화하는 '제5부Fifth Estate'라고 부른 바 있다(McNair,
2001).

정치홍보의 등장으로 규범적 공론장에 대한 왜곡 혹은 일탈로 이해되는
'홍보 조작spin'을 비판하는 광범위한 연구들이 나왔다. 정치홍보는 의도적 속
임수 혹은 기만과 같은 용어로 이해되는 부정적 어감을 가진 선전으로 간주
되었으며, 따라서 미디어 시대의 정치적 담론과 실천의 변화에 정치홍보가
미친 영향력이 컸던 만큼 그에 대한 비판도 컸다. 유사사건pseudo-event에 관한
부어스틴(Boorstin, 1962)의 초기 저서에서부터 정치 커뮤니케이션의 실천과
그것이 저널리즘에 미치는 영향을 다룬 데이비스(Aeron Davies, 2007)의 최
근 저서인 『권력의 미디어화The Mediation of Power』에 이르는 연구는 저널리즘 연
구에서 중심적 위치를 차지했다. 호주의 상황에 관한 보다 최근에 나온 영
(Sally Young, 2007)의 논문집에서 본 대로 정부 커뮤니케이션 연구도 중요
한 의미를 가진다. 캠벨(Alistair Campbell, 2007), 잉햄(Bernard Ingham, 1991)

그리고 빌 클린턴의 집권 중 대부분의 기간 동안 백악관 커뮤니케이션 자문이었던 모리스(Dick Morris, 1977)와 같은 예전의 '홍보 전문가'가 쓴 저작들이 점점 증가해 이 영역의 연구를 풍성하게 하고 있다. 미디어 연구자들은 홍보가 저널리즘과 민주주의의 관계에 미치는 부정적 영향에 비판적 입장을 견지하고 있다. 이에 비해 이런 홍보 조작자들의 책들은 홍보의 부상을 간접 민주주의 상황 하에서 일어나는 필수적 산물로 간주하고 다양한 논리를 내세워 이러한 홍보가 민주주의적 과정에서 엘리트와 대중 사이의 커뮤니케이션을 촉진시킨다고 주장함으로써 정당성을 설명하려고 애쓴다.

과도한 적대주의

1990년대 팰로스James Fallows는 '과도한 적대주의hyperadversarialism'라는 용어를 사용해 정치 저널리즘을 반복적으로 비판해왔다. 우리가 목격해온 대로 적대주의는 정치 엘리트에 대한 비판적 감시를 효율적인 방식으로 실천하는 데 필수적인 저널리즘의 규범적 특징으로 이해된다. 거친 문제 제기, 허위와 실책에 대한 두려움 없는 비판 그리고 권력에 당당히 맞서려는 자세는 민주주의 사회에서 저널리즘의 본질적 속성이다. 그러나 많은 경우 이러한 비판이 그와 관련된 정치적 사실에 대한 분명한 해법을 추구하는 대신 군중을 즐겁게 하는 경쟁적 요소와 드라마적 태도를 보이는 저널리스트에 의해 더욱 공격적이고, 대결적인 방향으로 전개되는 것은 문제다. 이러한 추세는 새로운 시장에서 드라마나 대립과 같은 구도가 조용하고 사려 깊은 보도보다는 더욱 잘 먹히는 미디어 환경에서 경쟁력을 갖게 되는 현상과 관련이 있다. 팰로스와 그를 지지하는 연구자들에 따르면 저널리스트는 돋보이려 하고, 자신의 정치 인터뷰를 도발적인 질문과 답변으로 채워 기사 가치를 높이며, 의제를 설정하고, 스스로를 기사거리가 되도록 하려는 압력에 시달리게 된다.

이러한 주장들은 정치 엘리트에 대한 비판과는 거리가 먼 다양한 제안들과 종종 공존한다. 예컨대 바넷과 게이버(Barnett & Gaber, 2001, p. 2)는 "21세기 정치 저널리즘의 위기"에 대해 현 정부를 지지할 수 있는 "순응주의적이고 덜 비판적인 보도 환경을 만들기 위해 경제적·정치적·기술적 압력을 높이려고 하기 때문에 나타나는 것"이라고 규정했다. 그러나 2002년이 되자 바넷은 "적대적이고 무책임한 정치 저널리즘의 논조에 문제가 있다"면서 "냉소적이고 부패한 미디어가 정치인들의 뒤를 밟는다"고 불평했다. 정치평론가인 토인비Polly Toynbee는 좌와 우의 저널리즘이 공통적으로 "선출된 정치인은 항상 경멸할 만하며, 그들의 정책은 단순히 잘못된 것일 뿐만 아니라 자기 이익만을 추구한다는 무정부주의적 비판을 쏟아내고 있다"면서 바넷과 견해를 같이했다.

2005년 1월 헌법 역사학자인 샘슨Anthony Sampson은 "저널리스트는 엄청난 권력을 갖게 되었다. 다른 형태의 권력을 대하는 데 있어 보다 적극적이고, 공격적이며, 설교하는 모습으로 되었다"고 주장했다. 장기간에 걸쳐 영국 민주주의의 발전 과정을 관찰해온 샘슨이 말한 대로 정치 저널리즘의 변화하는 스타일은 "언론의 야망만큼 지속적으로 증가해왔으나 다른 매개자로서의 역할은 감소하는 현상을 반영한다." 미국 정치 저널리즘에 대한 팰로스의 견해에 동조하면서 샘슨은 이와 같은 저널리즘과 민주주의 관계에서 나타나는 바람직하지 못한 변화의 원천이 미디어 조직에 가해지는 경쟁 압박이라고 지적했다.

질적 수준이 높은 신문과 타블로이드 신문 사이의 구분이 명확하지 않게 변한 가운데 한편으로 저널리스트들은 경쟁자들과의 경쟁을 위해 한층 더 오락적이고 선정적인 방향을 향하라는 압력을 받는다. 다른 한편으로는 저널리즘에 대한 진지한 비평가들은 저널리즘이 공공 교육자의 역할을 하고 의회를 포함한 전통적 매개자로부터 부여되는 해석자 역할도 떠맡기를 기대한다.

2004년에 로이드John Lloyd가 발간한『우리 미디어에 무슨 문제가 생겼나 What's Wrong With Our Media』가 자기 비판적 저널리즘의 반성을 담아 큰 반향을 일으킨 것처럼 최근 수년간 이러한 주장은 정치 저널리즘을 둘러싸고 영국에서 논쟁을 불러 일으켰다. 존경받는 정치 저널리스트였던 로이드는 신중치 못한 정치 저널리즘으로 전락하는 과정의 한 예로 2003년의 길리건Gilligan 문제를 꼽았다(로이드가 보기에 길리건이 영국 정부가 이라크에 침입해 후세인 정권을 제거하기 위해 여론을 동원하기 위해 목적에서 이라크의 대량살상무기가 영국에 제기하는 위협을 위협에 대해 거짓말을 했음을 시사한 것은 신중하지 못했다). 로이드는 "만약 저널리즘의 최고봉이라 할 만한 BBC가 그러한 보고서를 내보낼 수 있었고, 그것을 방어할 수 있었고, 〔블레어 정부 때 길리건의 "윤색된sexed up" 보도와 그러한 보도로 취재원이었던 정부 측 과학자 켈리David Kelly가 자살한 상황을 수사하기 위해 설립된〕〈허튼Hutton 조사 위원회〉에 의해 부당하게 비판받았으며, 토니 블레어 정부에 의해 비방당했다고 생각한다면 우리가 경의를 표할만한 이상들과는 여러모로 상반되는 미디어 문화를 만들어냈을 것이다"라고 썼다.

물론 정치 저널리스트가 순응주의와 적대주의를 동시에 취할 수 있는 것은 아니다. 또한 문화 논평에서도 어떤 관찰자의 과대한 적대주의는 다른 관찰자에게는 아첨이나 편애일 수 있다. 나와 다른 연구자들이 주장한 대로 (McNair, 2000) 정치 엘리트에 대한 저널리즘의 존중심이 장기적으로는 쇠퇴해왔는데, 이것은 보다 광범위한 사회문화적 추세에 뿌리를 두고 있으며, 이것 자체는 민주주의에 대해 무엇이 좋은가 하는 관점에서 본다면 매우 환영할 만하다. 정치 엘리트는 공적 역할이나 사적 삶에서 요즘보다도 더 많이 책임을 추궁당하거나 더 면밀한 감시를 받은 적은 결코 없었으며, 이런 현상은 인터넷과 위성 뉴스 미디어가 도처에 확산되어 있어 더욱 심화되는 추세이다.

인터넷 상시 접속이 가능한 21세기의 지구화된 뉴스 문화로 인해 저널리스트들은 기사를 얻기 위해 정치권에 더욱 의존하게 된 반면 보도를 위한 적절한 주제와 스타일의 문제에 관한 한 전통적 규범과 관례를 보다 적게 수용하게 되었다. 클린턴-르윈스키 추문은 이러한 추세를 반영하는 가장 악명 높은 하나의 예일 뿐이고, 최근에는 이와 대적할 만한 추문이 세계적으로 넘쳐나고 있다. 저널리즘이 정치인의 개인 및 사적 생활에 너무 깊게 파고드는 것에 대한 합리적인 반대도 있다. 그러나 하틀리를 비롯한 다른 학자들의 주장과 마찬가지로 이러한 유형의 정치 저널리즘은 정치인의 공적 삶뿐만 아니라 사적 삶이 민주주의적 의사결정과 관련성을 가질 수 있는 공론장의 진화를 반영한다. 신뢰와 개인적 도덕성 그리고 정직과 같은 이슈들은 시민들의 결정에 영향을 미치는 중요한 문제이다. 만약 그것들이 너무 멀지 않은 과거에 공적 담론에서 전반적으로 배제되었다고 하더라도 오늘날에는 그것들이 미디어에 의해 구성된 보다 폭넓은 정치적 삶의 모습에 기여하고 있다. 일부 정치인은 그러한 노출로 이득을 얻는 반면 다른 정치인은 고통을 겪는다. 하지만 새로운 게임의 규칙은 광범위하게 받아들여지고, 따라서 현대 정치인들은 이미지와 개성의 중요성을 모른다고 주장할 수 없을 것이다. 실제로도 홍보 및 광고성 커뮤니케이션 등 전반적인 장치는 미디어와의 관계를 관리하기 위해 정밀하게 개발된 것이다.

이것은 홍보조작의 증가에 관한 앞의 논의와 관련해 과도한 적대주의를 방어하는 논리로 사용될 수 있다. 왜냐하면 오늘날 저널리스트가 마주치는 정치인들은 커뮤니케이션 기술에 매우 숙달되어 있고, 전문적인 홍보 조작 전문가professional spin doctors, 자문, 상담사 등의 지원까지도 받기 때문이다. 이에 대한 대응으로 정치 저널리즘은 더욱 **심사숙고 형으로**, **또 초담론적으로** 변할 가능성이 있다. 이것이 바로 **정치 과정**을 다루는 저널리즘으로, 정치인들이 홍보 조작 및 공보 활동을 적극적으로 하고 있다는 사실을 처음부터 기정사실로 인정하고, 보다 깊은 수준의 진실을 찾아내려는 목적으로 이런 정치

홍보를 적극적으로 드러내고 해체하려 노력한다. 그리하여 팩스맨Jeremy Paxman 은 TV인터뷰에서 한 정치인에게 동일한 질문을 14차례나 하고 14차례나 회피하는 답변을 얻었다. 이 사례는 1990년대 영국 보수당 정권의 내무장관 인터뷰에서 발생했다. 그러한 검투사적 저널리즘에 대한 비판자들의 주장처럼 수용자가 의문을 품고 있는 쟁점의 실체에 관해 거의 혹은 전혀 알아낸 것이 없다면 해당 정치인은 관련 쟁점에 대해 뭔가를 숨기거나 확신과 공개성을 갖고 답변에 응하지 않았다고 의심할 수 있다. 그것은 현대의 간접 민주주의에서 정책 정보와 함께 판단될 경우 매우 유용한 정보이다.

다른 분야와 마찬가지로 정치 저널리즘의 유행도 변한다. 1990년대 BBC에서 쉽게 찾아볼 수 있었으며, 팩스맨와 험프리스John Humphrys 그리고 다른 사람들이 보여준 공격적인 정치 인터뷰 유형은 과도한 적대주의의 예가 되었다. 또한 영국적 맥락에서 정치 저널리스트의 "소모적 냉소주의"는 "저 나쁜 놈이 나한테 거짓말을 하고 있는 것인가"라는 한 가지 질문보다 더 많은 종류의 질문들이 있다는 걸 인지하는 미묘한 접근법으로 진화했다. 민주주의적 과정에서 유용한 정보를 추출할 수 있는 인터뷰 스타일은 무수히 많다. 이는 기만적일 정도로 점잖은 프로스트David Frost의 소파 인터뷰 스타일에서 이미 실증된 바 있다. 오늘날 정치 저널리즘에 대해 '불독 테리어' 같은 방식의 접근이 항상 유용한 정보의 전달을 극대화하는 최선의 방법은 아니라는 사실은 광범위하게 수용되는 듯하다. 2007년 에든버러 텔레비전 축제 강연에서 팩스맨 자신도 정치인을 대하는 영국 언론의 접근 방식이 '야수' 같았다는 블레어 총리의 마지막 연설에 동감을 표시했다.

위기라고? 어떤 위기?

정치 저널리즘의 의제, 내용과 스타일에 대한 비판은 냉소적이고 모순적인 측면도 있어 분명한 방식으로는 거의 해결되지 않는다. 시민들은 변화하는 유행에 따라 정치인을 평가하지만 학자를 비롯한 다른 논평자들은 민주주의의 건전성과 같은 보다 광범위한 문제와 관련 있는 정치 저널리즘의 실패에 대해 판단을 내린다(토니 블레어는 많은 사람들로부터 너무 매끄럽다는 평가를 받았고, 그의 후임자인 고든 브라운은 블레어 집권기 동안 홍보 조작을 비난했던 정치미디어로부터도 별로 매끄럽지 않다는 비난받았다). 예컨대 저널리스트들은 영국, 미국 그리고 비슷한 수준의 국가들에서 정치참여 수준이 감소한 것에 대해서도 책임이 있다는 비난을 받아왔다. 과도한 적대주의의 증가 그리고 저널리즘의 전개 과정과 정치적 인포테인먼트 등이 이런 추세와 깊이 관련되어 있다. 시민들은 정치에 대한 열망을 상실하고, 지루함을 느끼며, 실제 혹은 상상 속의 실패를 둘러싸고 미디어로부터 끊임없는 공격과 비난을 받는 정치인들에 대해 냉소적 태도가 점점 증가했다는 것이다. 아무도 금융부패와 공직 수행과 관련된 사항에 대한 보도의 정당성을 부인하거나 더 많은 적대관계(적대적 보도)가 더 좋은 것이라는 점에 대해 반론을 펴지 않는다. 그러나 미디어가 실제로 스타일, 유명인사 그리고 재판에 그렇게까지 집착해야 할 필요가 있을까. 이러한 집착 현상은 2001년 영국 총선과 2000년 미국 대통령 선거에서 나타난 역사적으로 낮은 투표율을 초래한 데 대한 책임을 지고 비난받아야 하는 게 아닌가.

그러나 그에 관한 진실은 아무도 모른다. 경제적 영향, 이데올로기의 쇠락, 선거의 증가 등은 문화와 시간의 경계를 가로질러 민주적 참여 수준이 변하고 있는 현상을 여러 가지로 설명하고 있다(예컨대 필자의 조국인 스코틀랜드는 영국 귀속 이후 지금까지 유럽 의회선거, 스코틀랜드 의회선거, 웨스트민스터 의회선거 그리고 지방의회선거와 같은 많은 선거를 치렀다. 이러한 선거에 많은 사람이 즐거운 마음으로 참가한다. 반면 또 다른 사람들은 때만 되면 떠들썩하게 전개되는 선거 캠페인, 투표 제도의 복잡성과 다양성에 직면하면서 민주주의적 열정은 사라져 버린다). 저널리즘이 정치참여 추세를 설명하는 하나의 요인일 수는 있지만 그것이 얼마나 중요한 요인인지를 확실하게 말한다는 것은 오늘날의 사회과학적 지식의 범위를 넘어선다.

루이스, 인손, 왈-요르겐센(Lewis, Inthorn & Wahl-Jorgensen, 2005, p. 141)의 정치 저널리즘 연구는 선거 정치에서 투표율과 참여의 전반적인 감소에 대해 뉴스 미디어를 비판하지 않은 채 "뉴스 미디어에 일반 시민이 어떻게 묘사되어 있는가 하는 것은 시민정신을 적극적으로 발휘하는데 별 역할을 하지 않았다"고 주장한다. 그들은 미국과 영국의 뉴스 콘텐츠에 대한 분석에 기반해 뉴스 미디어가 사람들을 시민이라기보다는 소비자로 표현하는 점으로 볼 때 "뉴스가 문제 해결의 일부분이기보다는 문제의 일부분"이라고 결론지었다.

정치 저널리스트는 민주주의적 과정에 수용자를 참여시키기 위해 스튜디오 토론이나 다른 형태의 공적 참여 등 앞서 언급한 신기술을 활용하는 많은 전략을 채택했다. 영국의 주요 상업적 공공 서비스 채널인 ITV는 『나에게 투표하라*Vote For Me*』에서 리얼리티 TV기술을 실험했다. 이 시리즈물에서 일부 시민은 2005년의 의회 선거 후보자로서 선택을 기다리는 역할을 했고, 스튜디오의 수용자와 가정의 시청자들은 이들 후보를 상대로 표를 던졌다. 이 실험은 중요한 영향력을 발휘하지는 못했지만 〈빅 브라더〉 같은 리얼리티 TV쇼에 의해 증명된 의사결정 과정에 공중이 참여할 만큼 열의를 동원한 의미 있는 시도였다.

자신 있게 말할 수 있는 한 가지 사실은 역사상 어느 시기에 비해서도 요즘의 평균적인 성숙한 민주주의 사회에는 평균적인 시민이 접근할 수 있는 더 많은 정치 저널리즘이 의제, 콘텐츠 그리고 스타일과 관계없이 존재하고 있다는 것이다. 신문은 칼럼니스트와 논평자로 가득 차 있다. 정치 부문 편집장과 특파원들은 네트워크 뉴스 일정에서 매우 중요한 부분을 차지한다. 인터넷은 블로그와 온라인 전문가로 가득 차 있고 24시간 뉴스 채널은 증가하고 있다. 항상 그랬던 것처럼 대부분의 정치 저널리즘 콘텐츠는 사소하고, 논쟁적이며, 궁극적으로는 일회성이다. 대부분의 콘텐츠는 정치 저널리즘의 전통적인 의제인 경제와 사회문제, 환경, 대외정책 등에 초점을 두고 있으며, 대외정책의 기사 가치는 9·11을 계기로 강화되었다. 이와 같은 정치 저널리즘의 품질에 관한 논의 가운데 양적인 추세는 미래 민주주의 건전성에 관한 낙관론에 일정한 토대를 제공할 만큼 정보와 뉴스기반 문화를 원하는 광범위한 공공의 욕구가 있음을 시사한다.

향후 정치 저널리즘 연구 방향

민주적 과정에 저널리즘의 콘텐츠가 얼마나 공헌할 수 있는지에 대한 연구는 지속될 것이다. 정치 행위자, 학자 그리고 저널리스트 스스로도 저널리즘과 민주주의의 관계가 어떠해야 하는지에 대한 문제를 다룰 것이며, 그들의 기대에 반하는 정치미디어의 산물(보도)을 지속적으로 감시할 것이다. 그러나 일반 공중과 정치 엘리트 사이를 매개하는 참여적이며 상호작용적인 정치 커뮤니케이션 양식을 향상시키는 새로운 디지털 미디어의 잠재적인 역할에 관한 관심도 증가하고 있다. 예컨대 EU는 미래의 공공 미디어 서비스가 민주주의적 관여와 참여를 극대화하는 데 사용되도록 하려는 방법을 모색하고 있다. 많은 국가에서 미디어 기술은 아날로그에서 디지털로 진전되고, 미디어 조직들은 이용자 제작 콘텐츠 UGC, 블로깅 그리고 소셜네트워킹 같은 새로운 현상의 등장에 적응하고 있다. 이에 따라 뉴미디어가 민주주의적 자산으로 정치미디어의 수행 능력을 증진시킬 수 있을 것인가 하는 문제는 정치학과 미디어 연구 분야의 학자들에게 핵심적인 질문으로 남아 있다. 이러한 관심은 글로벌 갈등에서의 뉴미디어의 역할로 확대되고 있다.

결론: 21세기 저널리즘과 민주주의

현대적 형태의 정치 저널리즘은 민주주의가 최초로 등장하던 시기에, 즉 유럽의 부르주아 혁명과 함께 등장했다. 그로부터 약 400년 후, 베를린 장벽과 소련이 무너진 뒤 전 지구적으로 민주주의 체제가 확산되고 권위주의 정부가 지속적으로 쇠퇴함에 따라 글로벌한 공론장의 성장이 동반되었다. 라틴아메리카(Alves, 2005), 동남아시아(Atkins, 2002) 그리고 구소련 블록과 중동(Mellor, 2005, 2007)에서는 권위주의가 종식되고 민주주의가 그 자리를 차지하게 되었다. 이 과정은 느리고 저항과 반전을 겪기도 했지만 알자지라(Zayani, 2005), 온라인 사이트, 기타 형태의 디지털 저널리즘과 같은 독립적인 저널리즘 미디어의 활용 증가 및 이에 대한 공공의 접근으로 가속화되었다. 현재 아랍권 학자들과 저널리스트들은 관행적으로 '아랍권 공론장'을 말하고 있다. 이 공론장에서는 다원주의와 정치적 독립이라는 자유주의적 원칙들을 추구하고 있고, 심지어 알자지라 같은 채널은 중동에서 전개되는 충돌에 대해 CNN이나 BBC와는 상당히 다른 접근 방법을 갖고 있으면서도 이런 자유주의적 원칙들을 중시한다. 중국에서는 현재 5억 명에 달하는 사람들이 인터넷을 정기적으로 사용하고 있으며, 그러한 숫자는 증가 추세에 있다. 그리고 이것은 중국의 공산주의자들에게 정권의 정당성이 점점 더 심각한 문제로 등장할 수 있음을 의미한다. '중국적 특색의 자본주의'와 같은 약간 혼합된 체제는 자유주의적 다원주의 식의 미디어의 자유는 회피하지만 2008년 북경 올림픽 전후의 시기에 미디어 접근권을 개방하라는 압력이 매우 높았던 것은 명확한 사실이다. 러시아의 푸틴이 추진 중인 미디어의 국가 규제와 저널리스트에 대한 범국가적 위협은 국내외에서 저항을 맞고 있으며, 이는 이 나라가 성숙한 민주주의로 전환되는 것과는 정반대되는 것으로 간주되고 있다. 21세기에 들어와 국가적 전환을 이루는 대부분의 사회와 러시아와 같은 국가에서 진정하고 지속가능한 민주주의를 이룬다는 것은 자유로운 정치미디어 설립, 원활하게 작동하는 공론장, 다원주의적인 시민사회 건설 등과 분리해서 생각할 수 없다. 새롭게 떠오르는 민주주의 국가들이 형태에서는 모두 다르듯이 민주주의 정치를 지탱하는 정치 저널리즘도 마찬가지로 차이를 보인다. 민주주의적 정치 문화는 매우 다양할 것이며, 그것은 언제나 특정한 역사와 환경에 뿌리를 둘 것이다. 그러나 이 장에서 규정한 자유주의 저널리즘의 규범적 원칙의 적용 가능성은 알자지라의 사무실로부터 BBC와 CNN의 이사회 회의실에 이르기까지 광범위하게 인정받고 있다. 하지만 글로벌 정치의 현실이 이러한 저널리즘 원칙들을 뿌리내릴 수 있도록 허용할지는 두고 볼 일이다.

〈참고문헌〉

Alves, R.(2005). From lapdog to watchdog: the role of the press in Latin America's democratisation. In H. De Burgh(ed.), *Making journalists*(pp. 181-202). London: Routledge.

Anderson, P., & Ward, G.(eds.).(2007). *The future of journalism in the advanced democracies*. Aldershot, UK: Ashgate.

Anderson, P.(2007). Competing models of journalism and democracy. In P. Anderson & G. Ward(eds.), *The future of journalism in the advanced democracies*(pp. 39-49). Aldershot, UK: Ashgate.

Atkins, W.(2002). *The politics of South East Asia's new media*. London: RoutledgeCurzon.

Barnett, S., & Gaber, I.(2001). *Westminster tales: The twenty first century crisis in political journalism*. London: Continuum.

Blumler, J., & Gurevitch, M.(1995). *The crisis of public communication*. London: Routledge.

Boorstin, D.(1962). *The image*. London: Weidenfeld & Nicolson.

Campbell, A.(2007). *The Blair years*. London: Hutchinson.

Chalaby, J.(ed.).(2005). *Transnational television worldwide*. London: Tauris.

Chambers, S., & Costain, A.(eds.).(2001). *Deliberation, democracy and the media*. London: Rowman & Littlefield.

Chomsky, N.(1989). *Necessary illusions*. Boston: South End Press.

Chomsky, N., & Herman, E.(1979). *The political economy of human rights*. Boston: South End Press.

Conboy, M.(2004). *Journalism: A critical history*. London: Sage.

Corner, J., & Pels, D.(eds.).(2003). *Media and the restyling of politics*. London: Sage.

Davies, A.(2007). *The mediation of power: A critical introduction*. London: Routledge.

Fallows, J.(1996). *Breaking the news*. New York: Pantheon.

Franklin, B.(2004). *Packaging politics*(2nd ed.). London: Arnold.

Habermas, J.(1989). *The structural transformation of the public sphere*. Cambridge, UK: Polity Press.

Hartley, J.(1996). *Popular reality*. London: Arnold.

Ingham, B.(1991). *Kill the messenger*. London: Fontana.

Kalathil, S., & Boas, T. C.(2003). *Open networks, closed regimes: The impact of the internet on authoritarian rule*. Washington, DC: Carnegie Endowment for International Peace.

Lewis, J., Inthorn, S., & Wahl-Jorgensen, K.(2005). *Citizens or consumers? What the media tell us about political participation*. Milton Keynes, UK: Open University Press.

Livingstone, S., & Lunt, P.(1994). *Talk show democracy*. London: Routledge.

Lloyd, J.(2004). *What is wrong with our media*. London: Constable.

Lumby, C(1999). *Gotcha: Life in a tabloid world*. St Leonards, UK: Allen & Unwin.

McNair, B.(2000). *Journalism and democracy: A qualitative evaluation of the political public sphere*. London: Routledge.

McNair, B.(2001). Public relations and broadcast news: an evolutionary approach. In M. Bromley(ed.), *No news is bad news*(pp. 175-190). London: Longman.

McNair, B.(2006). *Cultural chaos: Journalism, news and power in a globalised world*. London: Routledge.

McNair, B., Hibberd, M., & Schlesinger, P.(2003). *Mediated access: Broadcasting and democratic participation in the age of mediated politics*. Luton, UK: University of Luton Press.

Maltby, S., & Keeble, R.(eds.).(2008). *Communicating war*. Bury St Edmond, UK: Arima.

Marx, K., & Engels, F.(1976). *The German ideology*. London: Lawrence & Wishart.

Mellor, N.(2005). *The making of Arab journalism*. Boulder, CO: Rowman & Littlefield.

Mellor, N.(2007). *Modern Arab journalism: Problems and prospects*. Edinburgh: Edinburgh University Press.

Miller, D.(ed.).(2004). *Tell me lies: Propaganda and media distortion in the attack on Iraq*. London: Pluto Press.

Morris, D.(1997). *Behind the oval office*. New York: Random House.

Philo, G., & Berry, M.(2004). *Bad news from Israel*. London: Pluto Press.

Popkin, S.(1990). *The reasoning voter*. Chicago: Chicago University Press.

Raymond, J.(1996). *The invention of the newspaper*. Oxford: Clarendon Press.

Siebert, F. S., Peterson, T., & Schramm W.(1963). *Four theories of the press: The authoritarian, libertarian, social responsibility, and Soviet communist concepts of what the press should be and do*. Champaign: University of Illinois Press.

Starr, P.(2004). *The creation of the media*. New York: Free Press.

Tumber, H, & Palmer, J.(2004. *The media at war*. London: Palgrave.

Tumber, H., & Webster, F.(2006). *Journalists under fire*. London: Sage.

Tumber, H., & Webster, F.(2008). Information war: Encountering a chaotic information environment. In S. Maltby & C. Keeble(eds.), *Communicating war*(pp. 62–74). Suffolk, UK: Amira.

Young, S.(ed.).(2007). *Government communication in Australia*. Melbourne: Cambridge University Press.

Zayani, M.(ed.).(2005). *The Al Jazeera phenomenon: Critical perspectives on new Arab media*. Boulder, CO: Paradigm.

18_

저널리즘, 홍보, 여론조작

윌리엄 다이넌/데이비드 밀러

서론

홍보는 현대의 미디어 환경에서 중요성이 날로 커지고 있다. 전쟁 때 특히 두드러지지만 선전에 대한 학계와 대중의 관심이 높은 데 비해 일상적이고 온건한 선전 ─ 홍보PR 또는 여론조작 ─ 에 대한 이해는 대체로 제한적이다. 근대적 의미의 홍보는 20세기 초 미국에서 시작되어 세계로 퍼진 것으로 알려져 있다. 역사적으로 살펴볼 때 홍보는 투표권의 확대나 노동운동의 활성화에 대해 자본(그리고 국가)이 전략적으로 대응한 것에서 시작되었다 (Miller & Dinan, 2008). 이어진 홍보산업의 성장은 기업의 국제화(Miller & Dinan, 2003)와 규제완화, 민영화 같은 신자유주의 거번넌스와 밀접히 연관되어 있다(Miller & Dinan, 2000).

이 장은 홍보에 대한 지배적인 관점에 대해 확보할 수 있는 증거와 추세에 근거해 비판의 메스를 댐으로써 현대 사회에서 홍보가 행하는 역할을 재정립하는 밑그림을 제시하려 한다. 특히 하버마스(1989, 1996)에 대한 홍보 옹호론자들의 일방적인 이해를 비판하고, 하버마스의 이론에 입각해 커뮤니케이션과 권력, 공론장 이론의 새로운 통합을 모색한다. 이런 개념화는 단순히 여론공학자, 미디어, 공중의 커뮤니케이션 관계에 제한되었던 취재원 연구의 한계를 문제로 다룸으로써 가능하다. 대신 우리는 홍보가 종종 엘리트 결정자나 권력 브로커에게 직접 말하려 하는 과정에서 언론을 건너뛰게 된다고 주장한다. 정확히 말하자면 미디어가 중요하지 않다는 것이 아니라 저널리즘이 제 기능을 이행하지 못한 채 "커뮤니케이션이 체계적으로 왜곡되는 것"을 정당화하거나 확대하고 있는 문제점에 주목한다. 하지만 엘리트 커뮤니케이션이 자체의 존재조건과 결과를 갖고 있음은 분명하다.

우리는 특히 영국과 미국에서의 저널리즘이 어떻게 변해 가는지를 점검한다. 이를 통해 상업적 가치, 가짜 뉴스, 취재원이 생산한 콘텐츠의 유동적 흐름 속에서 저널리즘을 둘러싼 새로운 관계가 독립적인 저널리즘을 해체할 가능성이 있다고 주장한다. 뉴스 생산에서 확연한 상업화 경향이나 전문화된 홍보가 흔히 힘 있는 사람들을 위해 사용되는 현실을 감안하면 이 과정을 "공론장의 신자유주의화"라고 부를 수 있을 것이다. 그리고 우리가 논의하는 경향이 미국이나 영국에서 가장 확연하지만(영국은 세계 최대의 홍보산업을 가진 나라이다) 동일한 과정과 관행이 세계 도처에서 벌어지고 있다는 명확한 증거도 있다.

어떻게 우리는 여기까지 왔을까

캐리(Alex Carey, 1995, p. 57)는 여러모로 20세기의 특징을 나타내는 세 가지 서로 연관되는 중요한 발전 경향을 찾아냈다. 그것들은 다음과 같다.

민주주의의 성장, 기업 권력의 성장 그리고 민주주의에 대항해 기업의 권력을 보호하는 수단이라 할 수 있는 기업 선전의 성장.

근대적 여론조작은 20세기에 생겨나 꾸준히 성장해왔다. 선거권이 차츰 확대되어 가면서 대서양 양안의 지식인과 엘리트는 '군중'에 대해 걱정하기 시작했고, 그들은 또한 새롭게 "권좌에 오른" 대중(홍보 선구자 리Ivy Lee가 1914년 말한 대로)이 선진 자유민주주의에 어떤 영향을 끼칠지 우려하기 시작했다. 리프만(Walter Lippmann, 1921, p. 158) 같은 저널리즘의 선구자들은 민주주의가 가장 잘 작동하기 위해 어떻게 엘리트가 군중의 동의를 만들어 낼 수 있는지를 살펴보기 시작했다. 말하자면 "세상사를 장악한 세대의 삶에서 설득은 자의식이 강한 예술이 되었고 나아가 국민의 정부를 위한 정규 도구가 되었다." 이 사업의 중심에 서 있는 사람들은 기업의 거물들과 그들이 임명한 선전원들propagandists이었다. 아마도 초기의 홍보 개척자로 가장 유명한 사람들로는 미국의 버네이스Edward Bernays, 봐이어Carl Byoir 그리고 리Ivy Lee를 들 수 있을 것이다. 영국에는 그들보다는 덜 유명하지만 클라크Basil Clarke와 하이암Charles Higham 같은 이들이 있었다(Miller & Dinan, 2008).

이들을 연결해 준 것은 여론을 관리할 필요가 있다는 믿음이었고, 또한 민주적 개혁을 방해하거나 관리하길 원하는 정치경제 엘리트에게 도움이 되어야 한다는 믿음이었다. 초기의 이 홍보 개척자들은 모두 분쟁이나 위기 시 선전을 사용해본 경험에서 큰 영향을 받았다. 영국의 선전가들에게 그것은 1916년 봉기 중 또는 그 후 아일랜드 민족주의를 탄압한 경험이었고 또한 제1차세계대전 때 독일을 물리치기 위한 노력이었다. 미국의 홍보업 창시자들에게 크릴Creel 위원회(미국의 제1차세계대전 참전을 촉진하고 그 뒤의 전쟁 수행을 고무했다)에서의 경험은 큰 도움이 되었다(Miller & Dinan, 2008). 전쟁에서 선전을 배운 그들은 대중의 인식과 행동을 만들어내는 선전의 힘을 누구보다 더 잘 알았고, 전쟁에서 배운 교훈이 좀 더 평화로운 시기의 민주주의 관리에 응용되어야 한다는 강한 확신을 갖고 있었다.

제2차세계대전 때는 선전 기술을 적용해보려는 욕구가 한층 더 강해졌다. 나치의 선전책임자인 괴벨스는 버네이스의 저서 『여론 정제*Crystallising Public Opinion*』에 의해 크게 영감을 받았는데, 이 사실에 대해 버네이스는 말년까지 어떤 언급도 하지 않았다(Tye, 1998). 제2차세계대전이 일어나자 선전과 정보 업무에 종사하는 이들은 선전이 강력한 힘을 가졌다는 믿음 아래 작업에 나섰다. 나치즘의 발흥은 선전의 힘을 입증한다는 게 상식처럼 받아들여졌다. 하지만 선전과 홍보의 역사를 살펴보면 나치가 오히려 서구 강대국들로부터 많은 것을 배웠음을 알 수 있다(Miller & Dinan, 2008).

지금 우리는 어디에 와 있는가. 현재 미디어 생태계는 미디어의 지속적 확장과 미디어 산업의 점증하는 복합화라는 특징을 갖고 있다(McChesney, 2004). 이런 흐름은 홍보 산업에서도 마찬가지다. 국제적인 홍보 컨설팅사와 네트워크를 갖춘 옴니콤*Omnicom*, 인터퍼블릭*Interpublic* 그리고 WPP 같은 거대 기업이 출현했다(Miller & Dinan, 2008). 지난 몇 십 년 간 컨설팅과 자체 제작을 포함한 전문적 홍보는 눈부시게 성장했다. 예를 들어 1963년에 영국에서 홍보업계에 종사하는 사람은 "아마" 3,000명 정도였다(Tunstall, 1964). 2005년에는 "보수적으로 잡아도" 47,800명 이상이 홍보업계에서 일하고 있다(Chartered Institute for Public Relations[CIPR], 2005, p. 6).

언론사들이 뉴스 생산에 투입되는 예산을 줄임에 따라 기자들은 여론조작 전문가*spin doctors*이 제공하는 보도자료, 비디오 뉴스 자료, 브리핑, 뒷이야기 그리고 단독 보도 등 "정보 보조금*information subsidies*"에 의존하는 일이 늘고 있다(Curran, 2002; Davis, 2007; Herman & Chomsky, 1988; Miller & Dinan, 2000, 2008). 이런 것들은 미국과 영국에서 특히 두드러지지만 세계적 현상이기도 하다. 근래 홍보 산업의 규모나 범위가 이런 상태이기 때문에 탐사기자 및 독립적인 기사 취재 같은 이상적인 모델 그리고 비판적인 제4부로서의 언론의 제도적 역할은 점점 더 설 자리를 잃게 되었다. 이에 따라 현재의 "커뮤니케이션 위기"를 좀 더 잘 진단하기 위해 공공 커뮤니케이션 이론을 다시 한 번 점검해 보아야 한다.

뉴스의 죽음

1979~1980년 이래 시장으로 주도권이 넘어가면서 가해지기 시작한 압력은 뉴스에 극적인 영향을 미쳤다. 영국의 경우 코엔(Nick Cohen, 1998)은 "1960년 이후 전국지의 기자 숫자는 그대로인데, 신문의 지면은 2배가 되었다. 같은 수의 기자들이 2배로 일을 하는 것이다. 이 과정에서 희생된 것은 뉴스였다"고 지적했다. 또 주요 신문사들이 플리트 스트리트Fleet Street를 떠나 동부 런던의 도크랜즈로 사무실을 옮겼는데, 이는 많은 기자가 정치적 진행 과정을 직접 경험하던 것에서 격리되었음을 상징했다.[1] 코엔(1998)의 지적처럼 대부분의 기자들은 지금 "커내리 와프Canary Wharf와 와핑Wapping의 언론 단지에 상주하고 있는데, 언론단지의 철조망과 보안 순찰은 그들이 보도해야 할 대중의 삶과 유리되어 있음을 강조하고 있다."

미디어와 홍보사업이 통합되는 현상은 특히 유나이티드 비즈니스 미디어United Business Media, UBM 같은 회사를 보면 알 수 있다. UBM은 이벤트 회사겸 인쇄-온라인 출판업자인 CMP를 소유하고 있으며 인디펜던트 TV 뉴스Independent Televison News, ITN(20%)와 프레스 어소세이션Press Association(17.01%)의 주요 주주이기도 하다(UBM, 2007). 그런데 UBM은 기업이나 홍보업체를 대신해 보도자료를 ITN이나 프레스 어소세이션에 배포하는 홍보 서비스사인 피알 뉴스와이어PR Newswire를 소유하고 있다. 더욱 피알 뉴스와이어는 시민운동가나 기업 비판자를 감시하겠다는 서비스를 광고해 논란이 빚어진 인터넷

---

1) 플리트 스트리트는 영국 런던 중심가의 서쪽을 동서 방향으로 달리는 거리. 이 거리에 영국의 주요 신문사들이 몰려 있었다. 이에 따라 플리트 스트리트라고 하면 일반적으로 영국의 신문업계를 가리킨다.

감시 업체인 이워치eWatch를 자회사로 두고 있다. 『비즈니스 위크』가 2000년 이를 폭로한 뒤 이를 홍보하는 페이지는 이워치 웹사이트에서 사라졌는데, 피알 뉴스와이어는 그러한 사실이 아예 존재하지도 않았다고 주장하기까지 했다(Lubbers, 2002, p. 117).

홍보업과 미디어 산업의 통합은 초기 단계에 있다. 하지만 이러한 추세가 독립적 미디어의 역량을 잠식하고 있다. 이런 경향은 '정보 매개자들infomediaries'과 '가짜 뉴스fake news'의 등장으로 보다 심화되었다. 그리고 기업이 정보 미디어를 직접 통제하는 방향으로 나가는 것이 눈에 띈다. 이런 추세의 초기 징조로는 보도기관 ITN과 홍보회사 마스텔러Burson Marsteller 사이의 자본 합작을 들 수 있다. 마스텔러는 세계에서 가장 큰 홍보회사 중의 하나지만 윤리성이 떨어진다. 코퍼릿 TV 뉴스Corporate Television News는 ITN 본부에 사무실을 둔 채 ITN의 축적된 자료를 이용해 쉘Shell이나 다른 기업 고객을 위해 비디오를 만들어준다. 1999년에 영국의 대표적 로비스트 중 하나인 랭카스터Graham Lancaster는 홍보 회사들이 배포 채널을 "갈수록 더 많이" 확보할 것이며, "미디어"를 능가할 것이라고 설명했다. 홍보 채널은 "정보 매개자"가 될 것이다. 하지만 그들이 가져야 할 중요한 자질은 명백한 독립성이다. 다른 말로 하면 그들은 (뉴스기관으로서의 독립성이 없기 때문에) 명백히 가짜 뉴스 채널일 뿐이다(G. Lancaster와의 개인적 대화, 1999년 10월).

신노동당New Labour의 촉망받는 홍보전문가 중 한 명인 홉스봄Julia Hobsbawm의 새로운 벤처회사는 홍보와 저널리즘의 경계를 한층 더 흐릿하게 만들려는 시도를 했다. 에디토리얼 인텔리전스Editorial Intelligence라는 이 회사는 일군의 기자를 포함, 홍보 전문가 그리고 로비스트 등 전문적 커뮤니케이터들로 진용을 갖추었다. 이 회사를 설립하기 전 홉스봄(2001)은 다음과 같이 썼다.

홍보의 역할은 정보를 제공하며, "진실을 설득력 있게 말하고" 그리고 좋건 나쁘건 저널리즘이 해석할 권한을 갖도록 하는 것이다. …… 홍보는 숨길 게 없다. 우리는 보도자료를 배포하고 공개적으로 브리핑한다(그들은 기자회견과 출범식에 초대된다). 서로 합의된 '오프더 레코드'를 빼면 홍보는 투명하다. 하지만 기자의 자존심은 홍보의 관여를 인정하면서도 이를 부인한다. 이 때문에 기자들은 PR의 관여를 인정하기보다는 차라리 개작된 인터뷰를 싣는다.

홉스봄은 저널리즘과 홍보가 상호 간에 서로 더 나쁠 것이 없다면서 둘의 수준을 "평준화"시키려고 한다. 기자와 취재원 사이의 갈등은 무의미하며 에디토리얼 인텔리전스는 상처에 발라주는 약과 같다. 홉스봄은 "EI"(에디토리얼 인텔리전스)가 "싱크탱크의 컨설팅과 분석을 디렉토리의 정확한 데이터 및 신문의 최신 정보와 결합시킬 것"이라고 말했다. 이 회사는 "기자와 홍보 직원이 점심, 저녁과 간담회에서 서로 어울리도록 함으로써 저널리즘과 홍보 사이의 전통적인 적대감을 없애는 것"을 목표로 한다. 그는 "냉소주의는 끝났다"고 말한다(Jardine, 2005). 그러나 이 벤처회사는 일부 주류에 속하는 사람들로부터 비판을 받기도 했다. "홍보가 저널리즘을 만나는 곳"이란 EI의 광고 제목을 언급하면서 오돈(Christina Odone, 2006)은 이렇게 썼다.

카리브해 출장 공짜여행, 몰염치한 상호이익 도모 또는 비공개적인 상호이익 도모 등 여러 행사에서 홍보는 저널리즘과 만난다. 홍보 회사와 관계를 맺는 것은 기자들에겐 직업적인 자살 행위일 뿐 고위급 자문 위원회에 참여하는 영광이 아니다. 기자는 홍보직원에 대해 적대적 의식을 갖고 대해야 한다. 홍보 직원들이 전하는 정보를 의심하고 어떤 의도가 있는지 꼼꼼히 따져보고 배후에 누가 있는지를 알아봐야 한다. 그러나 현실을 말하자면, 정치꾼과 기자 그리고 홍보인들은 비공식적이면서도 종종 건강하지 않은 친분 관계를 형성한다. 에디토리얼 인텔리전스 같이 1,000명 이상의 기자와 홍보인이 공식적으로 협력하는 조직화된 "네트워크"는 누가 누구에게 영향력을 미쳐 무엇에 관해 쓰도록 하는지를 알 수 있는 파벌을 제도화할 우려가 있다.

국내적 맥락에서 본다면 정보 환경을 지배하려는 시도는 신자유주의 및 신보수주의 경향과 맞물려 싱크탱크와 로비회사 그리고 앞으로 내세운 단체가 광범위한 네트워크를 형성하고 있는 미국에서 가장 진전되어 있다. 이와 관련해 선구적인 예를 하나 들자면, 언뜻 보면 인터넷 잡지를 가진 일종의 연구소처럼 보이는 테크 센트럴 스테이션Tech Central Station, TCS이 있다. 조금만 더 깊숙이 들여다보면 TCS는 "기업 로비스트처럼 업계 내 논란에서 이쪽이든 저쪽이든 적극적 입장을 취했음"을 알 수 있다(Confessore, 2003).

TCS는 워싱턴의 유명한 디시아이DCI 그룹이 발행한다. 이 회사는 특히 홍보, 로비 그리고 어용 시민운동을 전문으로 한다. "그래서 DCI의 많은 고객은 이 회사가 운영 중인 사이트의 '스폰서'이기도 하다. TCS는 이들 '스폰서'들의 배너광고를 게시할 뿐만 아니라 기고자들은 이들 회사의 정책적 입지를 TCS를 포함해 어디서든 적극적으로 옹호한다"(Confessore, 2003). TCS의 운영자인 글래스먼James Glassman은 다음과 같은 역할을 했다.

그는 워싱턴에 저널리스트-로비활동journo-lobbying이라는 아주 새로운 것을 탄생시켰다. …… 이는 기본적으로 영향력 산업influence industry에 의해 만들어진 혁신이다. 한때 핵심 결정자들과 직접 접촉하는 데 전문성을 가진 로비회사들이 사업을 다각화한 것이다. 새로운 사업은 정책을 결정하는 공직자들의 지적 환경 전체를 좌지우지하는 것이다. 이는 연구소에서부터 이슈 광고 그리고 가짜 풀뿌리 압력단체에 이르기까지 모두에게 자금을 지원하는 것이다. 하지만 워싱턴의 지적 분위기에 가장 큰 영향력을 행사하는 조직인 미디어라 해도 K스트리트에 영향력을 행사하기는 여전히 어렵다는 것이 입증되었다.[2] 적어도 지금까지는 그렇다(Confessore, 2003).

2) K Street란 싱크탱크, 로비스트, 시민단체가 주로 밀집해 있는 워싱턴의 거리를 말한다.

이런 현상은 언론의 독립성뿐만 아니라 공공기관과 정책 결정에 대한 언론의 감시 기능에 심각한 위협을 가하고 있다. 홍보 산업이 신뢰성의 품격을 유지하기 위해서는 독립적인 미디어라는 외양을 띠어야 한다. 그러나 지금까지 나타난 행적은 정보 환경을 적극적으로 식민화하거나 지배하려는 정치 커뮤니케이션 관리 전략을 행하고 있음을 보여준다. 이에 따라 현재의 정치 저널리즘을 파악하기 위해 우리는 홍보 문화의 확산과 이런 새로운 형태의 여론조작을 설명할 필요가 있다.

공론장과 정치 커뮤니케이션 형태

공론장은 정치 커뮤니케이션을 분석하는 인기 있고 영향력 있는 모델로 자리 잡았다. 아마도 공론장이 융통성 있고 유연해 다양한 응용이 가능하다는 것은 이 개념이 가진 매력 중의 하나일 것이다. 간햄(Garnham, 2000, p. 169) 말대로 하버마스 이론이 가진 유용성은 민주 정치의 제도와 실행을 연결하고 "모든 공론장에 필요한 물질적 자원의 기반"에 초점을 맞춤으로써 "자유주의의 완벽한 유지"를 모색한다는 점이다(pp. 360~361). 공론장에 대한 여러 논의는 미디어를 중심적으로 하는데, 이는 공적 담론을 형성하는 미디어의 역할에 초점을 맞추기 때문이다. 하지만 하버마스는 정치 커뮤니케이션을 좀 더 미묘한 차이를 두고 이해하고 있다. 공론장 모델은 공공 커뮤니케이션과 사적 커뮤니케이션 모두를 포괄하는데, 이는 단순이 대중매체의 역할만이 아니라 온라인이나 가상 커뮤니케이션 그리고 엘리트 커뮤니케이션과 로비 과정까지 포함하는 좀 더 광범위한 개념을 의미한다. 이 중 바로 후자가 공론장 모델의 지속적 유용성을 강조해온 우리 주장의 핵심적 요소이다.

공론장 이론에 대한 거듭되는 비판은 그것이 이상화된(자유주의적·이성적) 공공 커뮤니케이션 모델이란 점과 관련되어 있다. 하버마스는 이성적·비판적 토론의 형태를 중요시하는데, 여기서는 주장과 이성이 무엇보다 중요하다. 참가자들은 진지하며 의견의 일치를 위해 노력한다. 이런 이상화된 모델에서는 전략적인 커뮤니케이션이나 사적 이익을 일반적인 공적 이익으로 포장하는 일이 끼어들 여지가 없다. 따라서 이성적이고, 숙의적인 민주주의에서는 대부분의 홍보 업무가 들어설 자리는 없다. 물론 실제로는 홍보가 정치적 공공 커뮤니케이션에서 점차 중요해지고 있으므로 공론장 모델은 이런 현실을 설명할 수 있게 수정할 필요가 있다.

정치커뮤니케이션의 가장 선진적인 연구들은 정당, 정당의 뉴스 관리 그리고 여론조작 기술에 관해 언급한다. 이들 연구는 흔히 기업과 비정부기구 NGO의 미디어 관계를 제외하고 있으며 로비 활동이나 기업의 사회적 책임, 싱크탱크 그리고 정책기획 활동처럼 공적 성격이 약한 커뮤니케이션 활동을 무시한다. 이런 공백은 광의의 커뮤니케이션보다는 미디어에 보다 초점을 맞추는 경향 때문이라고 설명할 수 있다. 우리가 볼 때 이런 모델은 방향을 바꾸어야 하며, 경제적·사회적 그리고 정치적 기관들이 어떻게 자신의 이익(커뮤니케이션 수단을 포함해)을 추구하는지에 초점을 맞추는 작업을 시작해야 한다. 이런 관점에서 볼 때 뉴스와 정치 문화는 광범위한 커뮤니케이션 전략의 일부라고 할 수 있다. 미디어로부터 시작하는 것은 흔히 광범위한 이슈를 잊거나 무시하는 경향으로 귀결될 가능성이 농후하다. 또한 (일부에게는) 미디어 담론은 마치 다른 형태의 커뮤니케이션과는 분리되고, 또 무엇보다 사회적 이해관계와 사회적 결과로부터 무관한 듯 담론 그 자체에 집중하는 경향을 낳을 수 있다(Philo & Miller, 2002를 보라).

여기서 제시된 신자유주의적 공론장이라는 모델은 사회적·정치적 목적을 가진 이해관계자와 그들의 동맹자들에 의해 동원되는 다양한 커뮤니케이션 관행을 눈여겨본다. 이 모델은 정치 커뮤니케이션과 로비활동에서 권력과 자원의 우월성이 작용하고, 좀 더 넓은 차원의 권력/자원이라는 배경과 맞물리고 있음을 확실히 인정한다. 이 모델은 또 전략적 커뮤니케이션을 인정하며, 이런 측면의 정치 커뮤니케이션이 대중매체와 일반 대중을 직접 겨냥하기보다는 오히려 특정한 결정권자, 즉 '강한' 공중을 겨냥하고 있음을 강조한다. 강한 공중이란 "제도화된 숙의와 결정권의 영역"(Eriksen & Fossum, 2000)을 가리킨다. 이들 강력한 '공중'이 민주적(하버마스주의적) 숙의를 촉진한다고 보는 시각과는 반대로 의사결정을 국민의 압력으로부터 격리시키기 때문에 민주주의를 약화시킨다는 비판도 있다. 특정 집단의 사적 이익을 노리는 커뮤니케이션 전략은 몇 개의 중첩되는 영역에 집중된다. 그중의 하나는 대중 매체이고, 다른 하나는 엘리트 내부의 커뮤니케이션과 정책 수립 과정이다. 하지만 그러한 핵심은 교육, 종교 그리고 과학과 같은 커뮤니케이션과 사회화의 모든 영역에 똑같이 적용된다.

정치인의 집단행동 그리고 조직화된 이해집단의 정치적 개입에 대한 다양한 연구를 대강만 살펴보아도 재계, 특히 대기업이 공공정책 논의에 중요한 멤버로 참가해 중추적 역할을 함을 알 수 있다. 정치적 조직, 이슈 경쟁 그리고 의제 설정에 대해 좀 더 유연한 개념을 제시하는 새로운 사회운동의 집단행동에 관한 연구 문헌(Beder, 1997; Crossley, 2002; Gamson, 1975; Klein, 2000; Sklair, 2002; Tarrow, 1998)도 종종 조직화된 민간 부문 행위자(기업의 개별적 또는 집단적 로비)의 존재를 사회운동 혹은 지역위원회의 요구나 의제의 대척점에 위치시킨다(Gaventa, 1982; Eliasoph, 1998; Epstein, 1991). 저널리즘 연구는 그러나 빈번히 이런 행위자와 그들의 커뮤니케이션 수단을 경시하고 있다.

우리 목표는 여론조작을 전략적 정치 커뮤니케이션으로 이론화하는 것인데, 이를 위해 하버마스 모델의 이런저런 측면들을 활용할 수 있을 것이다. 이는 사적 커뮤니케이션과 "체계적으로 왜곡된 커뮤니케이션"(Habermas, 1996)의 주된 행위자들을 전면에 내세워 전략과 이해관계에 대해 질문을 준비하도록 해줄 것이다. 하지만 이런 차원의 정치 커뮤니케이션을 탐구하기에 앞서 공론장을 재해석할 필요가 있다. 즉 광범위한 개념으로 프레임되어 있던 공론장을 홍보나 현존하는 민주주의와 관련된 문제에 적용할 수 있는 이론으로 초점을 모으는 것이다. 이런 점에서 하버마스가 공론장에 대해 최근에 내린 (재)정의는 유용한 출발점이 될 것 같다.

> 공론장은 행동, 행위자, 결사 또는 집단성만큼이나 기본적인 사회 현상이다. 하지만 이것은 통상적인 사회학적 개념인 '사회 질서'와는 다르다. 〔이것은〕 제도라는 말로는 담아낼 수 없고, 조직이란 단어로는 더욱 잡아내기 어렵다. 이는 차별화된 역량과 역할, 회원 규정 등을 가진 규범의 틀도 아니다. 시스템이 아닌 것처럼 …… 공론장은 정보와 관점을 나누는 네트워크로 묘사될 수 있을 것이다. …… 공론장은 의사소통행위의 세 번째 특징과 관련된 의사소통 구조를 통해 스스로를 분명히 드러낸다. 이 세 번째 특징이란 매일 매일의 의사소통 기능을 말하는 것도 또 그것의 내용을 말하는 것도 아니라 의사소통행위에서 만들어진 사회적 공간을 말한다(p. 360).

하버마스는 의사소통행위에 의해 펼쳐진 사회적 공간의 중요성에 주목함으로써 정치 행위자의 네트워크와 상호작용이 가진 중요성을 적절히 강조한다. 간햄(Garnham, 1992)의 관점에서 보면 하버마스가 틀 지은 공론장의 장점은 공적 담론을 국가가 지배해야 하느냐 아니면 시장이 지배해야 하느냐 하는 이분법적 논쟁에서 벗어나도록 해준 데 있다. 사실 하버마스와 그의 비판자들이 제기한 "글로벌 경제와 정치를 민주적으로 통제하기 위해 어떤 새로운 정치적 제도와 새로운 공론장이 필요할 것인가"라는 질문은 지금도 중요하다(pp. 361~362).

선전 문화, 스핀 그리고 체계적으로 왜곡된 의사소통

이상화된 공론장의 중요한 특징은 정치 과정을 공개적이고 투명하게 만들 수 있는 역량이다. 하버마스(1989, p. 195)는 책임 있는 민주정치의 기본으로 "공개에 대한 민주적 요구"를 들었다. 제4부로서 언론의 전통적인 감시견 역할은 이런 이상화된 모델에서 확실해진다. 정치 영역에의 접근성, 비판의 렌즈를 거쳐 공개된 정보에 기반한 참여는 정치에 관련된 이들의 의사소통행위에 크게 의존한다. 그러면 하버마스는 어떻게 홍보를 정치 커뮤니케이션이라고 인식하고 있는가. 처음에 홍보는 좀 더 범위가 넓은 "선전 문화"(Wernick, 1991)의 일부로, 광고의 특화된 하부 체계로 생각되었다. 아울러 계급의식이 존재하는 사회에서 "사적 이익의 공적 발표"는 정치적 측면을 가진다는 점이 강조되었다. 이런 맥락에서 "경제적 광고는 오직 홍보 행위에서만 정치적 특성의 인식을 확보하게 되었다"(Habermas 1989, p. 193).

공론장 이론은 특히 처음부터 일관되게 기업 이익을 대변해온 홍보의 역할을 이해하면서 좀 더 폭이 넓어졌다. 하버마스는 주식회사 미국의 이익을 위해 홍보가 시작되었다면서 "서구 선진국에서는 그것〔홍보 활동〕이 공론장을 지배하게 되었다. …… 그것은 공론장 분석을 위한 핵심적 현상이 되었다"(p. 193)고 지적했다. 공론장이 권력과 돈에 의해 구조화되었다는 생각 그리고 서구 선진국은 "홍보가 일반화된" 사회라는 생각은 기업과 국가 그리고 이익집단들이 자신들의 이익을 위해 (공적) 의사소통을 체계적으로 왜곡시키고 있음을 지적한 것이다. 본질적으로 이런 분석은 기업의 정치적 권력이 어떻게 발전해왔는가에 대해 역사적으로 비판하는 다른 연구들과 맥이 닿는다.

기업홍보는 강자의 편협한 사적 이익 추구 행위를 위장하려고 노력한다. 따라서 홍보("특권화된 개인적 이익을 스스로 표출하는 것")가 공공의 업무에 더욱 깊이 연관될수록 "가짜 공익의 미명 하에 잘 계획된 의견조작 서비스"

에 의해 이성적이고 비판적인 논의가 무너질 가능성이 높아진다(Habermas 1989, p. 195). 이런 관행은 민주주의에 심대한 영향을 미친다. 왜냐하면 "동의는 공론화가 만들어내는 미덕이다. 한때 공론화는 공적인 이성의 뒷전에서 이루어지는 정치적 지배를 드러내는 것을 의미했다. 이제 공론화는 시원시원하고 친근한 품성에 대한 반응이 되었다"(앞의 책). 그래서 하버마스에게 홍보는 공론장의 재봉건화(또는 우리가 제안하는 바로는 신자유주의화)에서 핵심적인 것이다. 정치적 담론은 최소공통분모로 위축되었다는 말이다.

대중오락과 광고의 통합은 홍보의 형태로 애초에 "정치적" 성격을 띠게 되며 국가마저 그 코드에 복속시킨다. 즉 기업들은 고객이 소비 선택을 통해 시민권을 행사한다고 생각하도록 만드는 것과 마찬가지로 국가는 시민들을 소비자처럼 "다루어야" 한다. 그 결과 공공기관 역시 홍보를 위해 지나치게 경쟁하게 된다(Habermas 1989, p. 195).

이런 일련의 분석을 통해 상업적 이해관계가 공공 정책에 어떻게 개입하고 있는가를 탐색하는 전통적 연구를 보완할 수 있을 것이다(Carey, 1995; Cutlip, 1994; Ewen, 1996; Fones-Wolf, 1994; Marchand, 1998; Mitchell, 1989, 1997; Raucher, 1968; Tedlow, 1979). 이는 체계적으로 왜곡된 의사소통이 숙의 민주주의 과정에 부당하게 영향을 미치지 못하도록 통제 방식을 개혁하는 데 자유민주주의 실현 여부가 달려 있음을 의미한다. 이런 정책 결정 조건들을 확보하는 데 필요한 구체적인 조처들은 최소한 공개와 투명성의 원칙 위에 자리 잡아야 한다. 저널리즘은 이 모델에서 핵심이다. 뉴스 미디어는 감시견 역할을 하고, 공적 이익을 방어하고, 조리 있게 표명하며, 조직되지 않은 공중의 대리인 역할을 하게 된다. 사회학자 부르디외는 특히 로비스트들(커뮤니케이션 연구에서 중요하지만 연구가 잘 안 된 분야)이 참여 민주주의의 실현에 지장을 초래한다는 비판적 시각을 다음과 같이 표명하고 있다.

신자유주의라는 말은 우연의 산물이 아니다. 그것은 경제적·정치적 정통성이 광범위하게 부여되고 만장일치로 받아들여져 논의하거나 시비를 걸 여지가 없는 수준에 도달해 있다. 이는 효과적으로 생산, 확산 그리고 개입하는 기업 내의 통합되고 조직화된 거대 지식 집단이 장기적이고 지속적으로 작업해온 결과이다(Bourdieu, 2003, p. 12).

확실히 "이런 개입(즉 로비)은 정보를 체계적으로 수집, 평가, 소통시키는 시스템에 의해 지탱되고 있다. 문제는 그러한 활동과 그와 관련된 정보교환이 민주적 책임을 지는 과정에서 공개될 것인가에 달려 있다"(Garnham, 1992, p. 371). 신자유주의 또는 기업 주도의 지구화에서 이런 모델의 공론장과 정치 커뮤니케이션은 단지 선진 자유민주주의에만 적용되는 것은 아니다. 홍보 욕구 그리고 홍보 대리인은 갈수록 전 지구적으로 활동을 확장하고 있다(Mattelart, 1991; Miller & Dinan, 2003; Taylor, 2001). 선거 캠페인에서 홍보의 역할을 검증하는 정치 커뮤니케이션 분야는 상당히 발달해 있다. 그러나 학자와 비판자들은 방향을 바꿔 일상적인 기업의 커뮤니케이션과 통치 분야에서 여론조작의 역할에 관심을 기울이기 시작했다.

정치커뮤니케이션, 미디어 연구 그리고 취재원 전략

미디어와 저널리즘 연구는 사람들의 생각과 정치적 의제를 만들어내려는 취재원의 행동과 의도에 관심을 갖고 이 방향으로 시선을 돌려 왔다. 이런 연구들은 학문적 담론에서 명시적으로 또는 내재적으로 공론장 이론의 영향을 크게 받아왔다.

일반적인 공론장은 무정부적인 구조 때문에 불평등하게 분배된 사회적 권력의 억압적이고 배타적인 영향력에 취약하다. …… 또한 의회의 제도화된 공론장보다 체계적으로 왜곡된 커뮤니케이션에 취약하다. 반면 일반적 공론장은 제한받지 않는 의사소통의 매개체라는 이점도 있다(Habermas 1996, pp. 307~308).

이 글에 의하면 숙의적 정치는 대중매체의 정치경제학, 제도화된 의사형성 과정('강한' 공중) 그리고 '제도화되지 않은' 공론장의 비공식적 여론 형성에 의해 구체화된다. 이는 정치 커뮤니케이션에 대한 대화적 접근과 자본주의 및 이데올로기 이론 사이의 교차점을 제시해준다. 앞의 접근은 홍보 옹호론자들이 선호하는 것으로, 그들은 공공 커뮤니케이션이 물질적 자원과 이해관계로부터 어느 정도 자유로운 것이라고 보고 있다. 후자의 접근은 이에 대한 필수불가결한 수정이다. 이 두 가지 견해를 교대로 채택해 홍보 문제를 검증해볼 수 있을 것이다. 이들 대부분은 하버마스의 이론 구조를 채택하고 있다. 우리가 보기에 이 구조는 공공 커뮤니케이션에서 홍보가 갈수록 많이 이용되는 것을 기본적으로 정당화하고 있다.

홍보의 우수성에 대한 그루닉Grunig과 헌트Hunt의 모델(Grunig, 1984 & 1992)은 현대 홍보에 대한 연구에서 참고해야 할 문헌이 되었다. 이 모델은 홍보를 전문화하고 정당화하려는데 관심을 가진 저자들이 특별히 선호한다. 그루닉과 헌트의 도식은 조직과 이해 관계자 사이에 양방향의 체계적인 대화를 권고한다. 이 모델은 권력과 이해관계가 합의 추구와 진실에 길을 양보하는 하버마스의 이상적 발언을 차용하고 있다. 이 모델은 4개의 서로 다른 형태의 홍보를 제시한다. 가장 기본적인 것은 "언론의 대리업press agentry"으로 미디어를 상대로 홍보하는 역할이다. 좀 더 발달된 홍보는 "공공 정보public information"로 메시지를 선전하기 위해 일방향 커뮤니케이션을 활용한다. 좀 더 복잡한 모델은 시장 조사나 여론조사를 활용해 독자의 피드백을 허용하는 두 방향의 불균형적 홍보이다. 시장 조사나 여론조사는 물론 메시지를 정교화하거나 좀 더 효과적으로 수용자들을 조작할 때 쓰이기도 한다. 끝으로 고상한 양방향 균형 모델이 있는데, 이는 대화를 통해 "조직과 공중 사이의 상호 이해를 만들어 내도록" 돕는다. 이런 접근법은 "현재 관행으로는 가장 윤리적일 뿐만 아니라 가장 효과적인 홍보 모델로 인식되어 왔다"(Grunig, 1996, pp. 464~465).

커뮤니케이션 연구의 지배적인 패러다임에 따르면, 조직은 다른 이해당사자 및 공중과의 관계를 관리해야만 한다. 조직과 공중 사이에 전문적인 커뮤니케이터의 도움을 받아 이루어지는 쌍방향의 균등한 커뮤니케이션은 최상의 의사소통 방식으로 권고되어 왔다(Grunig & Hunt, 1984; Grunig, 1992). 이런 의사소통은 공개, 상호 신뢰 그리고 응답이라는 과정의 특징을 갖고 있다. 하지만 사실 이런 이론은 홍보의 (잘못된) 관행을 변명하거나 정당화하는 데 동원되는 이상적 유형이다. 이는 정치 커뮤니케이션에서 전략과 이해관계란 질문을 명시적으로 회피한다. 다만 의사소통은 그 자체로 긍정적인 미덕이고, 자유민주주의는 지배자와 의사소통하고 청원하고 자신의 의견을 표출하는 권리에 기반해 있다는 공허한 이야기만 할 뿐이다. 많은 비평가들이 밝혔듯이 "조직과 그들의 이해관계자는 양방향 의사소통의 파트너일지는 모르나 권력의 측면에서 그들이 동등해지는 일은 드물다"(Coombs & Holladay, 2006, p. 37). 따라서 이것은 가장 영향력 있다는 홍보 모델 중의 하나지만 이 모델은 사실상 설명력이 거의 없다. 더구나 이 모델은 역사가 나쁜 쪽에서 좋은 쪽으로 나가는 것으로 제안하고 있기까지 하다.

홍보에 대한 연구와 조사는 사회과학과 경영학에서 틈새에 해당하는 전문 분야라고 할 수 있다. 미디어와 커뮤니케이션 연구에서 홍보는 늘 생산 연구의 하위범주로 자리매김 되어 왔다. 비즈니스 스쿨에서 홍보는 광범위한 혼합 마케팅의 작은 일부다. 여러 측면에서 홍보 연구는 아직도 그것의 기원에 따라 특징지어진다. "홍보는 상당히 실용적인 맥락에서 시작되었고,

이런 전문적 행동을 분석하고 정당화하기 위해 이론적 도구들이 개발되었다"(Cheney & Christensen, 2001, p. 167). 따라서 홍보를 다룬 문헌은 기교, 효과, 전략 및 전문화 이슈를 상당히 강조하고 있다. 홍보에 대한 직업적인 관심은 다음의 두 가지 이슈와 관련되어 있다. 즉 광고와 마케팅에 견주어 홍보의 지위가 어떠한가(전략적 조언가로서 회사 이사회에서 정당한 지위를 확보하는 것)하는 것과 전반적으로 사회에서 홍보의 위상이 불명확하지 않는가 하는 것이 그것이다.

때로는 조직의 목표 및 경영 방침이라는 측면에서 홍보 기술과 전략 그리고 효과에 대한 연구가 수행되었다. 이런 연구에서 상당한 관심을 끈 것은 문화 간 의사소통을 어떻게 할 것인가 그리고 홍보가 국제적 차원에서 어떻게 우호적 관계를 증진시키고 의사소통을 촉진할 것인가 하는 문제였다. 이를 위해 다국적 기업의 국제 커뮤니케이션 전략과 이들 커뮤니케이션 프로그램의 대상인 공중(또는 수용자) 거주 지역의 지역 문화 사이에 어떤 상호작용이 일어나는지에 관한 일련의 연구가 수행되었다. 현대의 기업 홍보를 이해하려는 또 다른 접근법은 지구화의 여러 측면을 위로부터 아래로 연구하는 것이었다. 전자는 사업 "운용 면허"를 얻어내고 신자유주의 지배 구조를 선전하는 데 홍보가 어떤 역할을 하는지에 초점을 맞추었고(Beder, 2006), 후자는 사회적 책임과 공급망 운용에 대한 논란을 관리하는 데서 기업 홍보가 어떤 역할을 하는지를 비판적으로 점검한다(Knight & Greenberg, 2002). 최근 홍보에 대한 여러 연구에서 드러난 놀라운 점은 대미디어 관계가 기업의 의사소통의 일부에 불과할 뿐이라는 사실이다. 이는 홍보에 대한 우리의 이해가 미디어의 보도나 대변이라는 쟁점을 뛰어 넘어 취재 전략과 미디어를 넘어선 의사소통 권력에 초점을 맞추어야 함을 의미한다.

취재원과 미디어 관계에 대한 연구는 미디어 종사자의 시각에만 초점을 맞추는 "미디어 중심주의"(Schlesinger, 1990)를 벗어났다. 이제 이 연구는 미디어 및 일반 대중을 겨냥하는 취재원의 역할과 그들의 의사소통 전략을 점검하기에 이르렀다. 공식적 행위자와 이에 반대하는 행위자(즉 제도적 행위자와 비제도적 행위자)가 매스 미디어에서 정책을 놓고 다투는 미디어 담론 경쟁에 관한 연구는 이제 상당히 자리 잡았다. 이 분야에서 최근의 연구로는 디컨(Deacon, 2003)과 데이비스(Davis, 2002, 2003, 2007)의 것이 있는데, 이 두 연구자는 홍보 옹호론자들의 연구를 뛰어 넘었으며, 권력과 이데올로기 문제에 초점을 맞추었다. 데이비스(2002, p. 3)는 다음과 같이 주장한다.

> 현재 일부 핵심적인 "여론조작자들"에 대한 미디어의 관심 이면에서는 상당히 두터운 층을 이룬 "문화 매개자들cultural intermediaries"이 뉴스 생산과 의사결정 과정에 큰 영향을 주고 있다. 일종의 홍보 민주주의가 발달하면서 정치는 훨씬 더 "미디어화"되었다.

그러나 영국의 홍보 민주주 분석에 활용된 데이비스의 분석틀은 아주 중요한 몇 가지 홍보 행위에 대한 연구를 배제했다. 즉 로비나 대정부 홍보 그리고 조정 업무 형태로 이루어지는 사적 홍보가 바로 그것이다. 데이비스는 뉴스와 미디어 의제(루크스Lukes가 1974년에 언급한 1차원적 권력)에 집중했고, 홍보와 로비가 몇몇 쟁점을 어떻게 미디어와 공적 이슈로 부상하지 않도록 하는지(2차원적 권력)에 관해서는 다루지 않았다. 또 기업의 지역 사회 관리, 기업의 사회적 책임CSR 프로그램, 싱크탱크, 엘리트 정책 수립 그룹 그리고 다른 소규모 활동이 어떻게 불평의 분출을 막는지도 취급하지 않았다. 이어 어떻게 공중이 문제를 제대로 인식하지 못하도록 하는지(3차원적 권력) 그리고 합법적 권익이 위장되고 분산되고 와해되도록 하는지에 관해서도 연구되지 않았다.3)

데이비스는 기업이나 국가 권력에 대해서도 언급하고 있는데, 소유나 관

3) 루크스는 '권력의 3얼굴' 이론을 주장했다. 정부가 국민을 통제하는 방법으로 1차원적 권력은 의사결정 권력, 2차원적 권력은 비非의사결정 권력, 3차원적 권력은 이데올로기적 권력이다.

리를 통해 추구되는 "의식적인" 통제 시도를 인정하고 이데올로기나 경제가 뉴스 생산의 역할을 수행한다고 시사했다. 그는 미디어 권력에 대한 급진적인 정치경제학적 설명이 "미시적 차원의 영향이나 개인 행위자를 제대로 조명하지 못한다"고 비판한다. 그는 "연구가 거시적이고 광범위한 정치적·경제적 흐름에 초점을 맞추느라 적극적 행위자를 관찰하는 미시적 차원의 경험적 연구를 소홀히 하는" 것에 대해 반대한다(Davis, 2002, p. 6). 취재원과 미디어 사이의 관계에 대한 연구는 이런 문제점을 바로잡는 계기를 마련했다. 하지만 데이비스의 핵심적인 질문은 홍보의 확산이 민주주의를 허물어뜨릴 것이냐 하는 광범위한 것이 아니라 저널리즘을 허물어뜨릴 것이냐 하는 것에 머물고 있다.

취재원 관계와 정치 커뮤니케이션: 새로운 연구 의제 탐색

데이비스는 "미디어와 커뮤니케이션 그리고 권력의 연계를 비판적으로 탐구하기 위해서는 엘리트-대중매체-수용자라는 패러다임을 넘어서야 한다"고 말함으로써 그의 입장에서 중요한 진전을 보이고 있다(Davis, 2007, p. 2). 특히 그는 엘리트 내부의 의사소통 방식과 현대 사회의 핵심 권력의 장 안에서 취재원들이 어떻게 활동하는지 고찰할 것을 요구한다. 이런 고찰은 "이들 장 내부의 미시적이고 눈에 잘 보이지 않는 형태의 커뮤니케이션과 권력을 가진 개인의 사적 행동"에 제대로 주목해야 한다(p. 10). 이런 권력을 가진 개인의 네트워크화된 행동과 의사결정이 사회에 광범위한 영향을 미치기 때문이다(p. 170). 데이비스는 이런 접근법을 런던증권거래소의 금융시장 엘리트에 대한 연구, 영국의회의 정치인들 그리고 개발 NGOs의 정책 네트워크 연구 등에 적용했다. 이들 접근법은 엘리트가 응집력 있거나 단일한 목표를 가진 것으로 단정하지 않도록 주의를 기울인다. 대신 엘리트가 어떻게 미디어와 커뮤니케이션을 활용하는지에 주목한다. 또한 엘리트와 기관들 그리고 그들의 네트워크가 미디어에 의해 어떤 식으로 영향 받는지를 고찰한다. 이런 시나리오에 따르면 기자들은 단순히 권력을 가진 사람에 대해 보도하는 게 아니라 엘리트가 정책과 정치적 지형을 세밀하게 점검하는 데 의지할 만한 자원이 되고 있다. 이러한 지향에도 불구하고 기자들을 배제하는 전문화된 커뮤니케이션, 문화 그리고 그와 관련된 엘리트 네트워크의 출현이 점점 더 중요해지는 것처럼 보인다(p. 174). 데이비스는 이렇게 "분리된" 경향을 보이는 분야로 외교, 금융 그리고 국제무역 네트워크를 들었다. 데이비스의 논점은 상당히 멀리까지 나갔다. 하지만 아직도 가야 할 길이 많이 남아 있다. 그러한 경향은 커뮤니케이션과 권력 문제로 개념화할 필요가 있다. 권력관계에서 대중매체가 하는 역할과는 구별할 필요가 있는 것이다. 대중매체에 집중하게 되면 커뮤니케이션과 매개가 핵심적 역할을 수행하는 로비나 싱크탱크 그리고 정책기획 조직에 대한 좀 더 폭넓은 질문을 놓치게 된다. 우리가 보기에 이런 의사 소통망 또는 포럼은 거의 보이지 않는다. 하지만 이것은 가장 배타적이면서도 정치적으로 가장 중요한 현대적 의미의 공론장이다. 그러나 이러한 공간에 대한 비판적 조명은 거의 없다. 최근 선진 자유민주주의 국가에서 의회를 중심으로 한 정치 공간의 중요성이 감소하는 것을 생각할 때 이는 적잖이 당황스러운 일이다.

정치 행위자 사이의 경쟁에 관한 고전적인 자유주의적 다원주의 개념을 수정해 기업이 로비와 정책 홍보에 자원을 쏟는 데 대한 설명에 사용할 수 있을 것이다. 그리고 국가의 이익이 어김없이 이들 조직화된 자본의 이익과 일치하는 것도 같은 방법으로 고찰할 수 있을 것이다(Domhoff, 1990; Miliband, 1969; Offe, 1984, 1985; Sklair, 2002). 이러한 측면에서 이 분석은 공론장 내에서 조직화된 이익집단이 하는 역할에 관한 하버마스의 일부 고찰과도 부합한다.

조직화된 이익집단(즉 재계)은 단순히 공론장으로부터 등장하는 것이 아니라 "이미 구성된 공적 영역을 점령한다. …… 여러 가지 사회적 하부 시스템에 닻을 내리고 공론장을 통해 정치시스템에 영향을 준다. 그리고 거래행위나 사적 압력을 행할 때 공론장에서 제재나 보상을 노골적으로 사용할수 없다"(Habermas, 1996, p. 364). 이는 기업이 정책 협상을 사적으로 묶어두거나 공론장에서 국민의 여론을 설득할 수 있을 때만 사회적 힘을 정치적힘으로 전환할 수 있음을 의미한다. 해당 이슈가 광범위하게 주목받고 있어공중의 의사 형성이 중요해지는 경우 그러한 일을 찾아볼 수 있다. 조직화된이익집단이 공중을 납득시켜야 할 필요성은 일상적으로 일어나는 일은 아니다. 이는 우리의 홍보 민주주의에서 의사소통 권력의 소재를 알기 위해서는우리의 시선이 미디어를 넘어서야 함을 의미한다.

데이비스(2003, p. 669)는 "엘리트의 정책 결정 과정은 물론 더 나아가어떻게 미디어와 문화가 엘리트의 정책 결정에 영향을 주는지에 초점을 맞출 것"을 촉구한다. 이어 "이런 관점에서 볼 때 엘리트 내부의 의사소통과엘리트 문화는 …… 사회에서 정치적·경제적 형태의 권력을 유지하는 데 중요하다"고 덧붙인다. 이러한 연구 노선은 미디어 연구를 엘리트 행위자에 계속 초점을 맞추어온 정치학과 사회학의 논의에 다시 접목시킨다. 이렇게 하는 가운데 놀랍게도 데이비스는 공론장 이론이 이러한 연구의 유용한 수단이 될 수 있음을 거부한다. 우리는 공론장이 유용한 개념이라고 강조해왔는데, 이는 공론장이 가진 규범적 차원뿐만 아니라 신자유주의 시대에 갈수록중요성을 더해가는 사적 의사소통행위를 포괄하고 있기 때문이기도 하다.이와 관련된 연구에서 디컨(Deacon, 2003, p. 215)은 너무나 많은 사람이 "강력한 기관과 개인이 어떻게 영향력을 행사하려 노력하고 미디어 이외의 영역에 정치적 담론을 구축하는지를 이해하지 못하고 있다"고 지적한다. 우리가 볼 때 이는 합당한 지적이다.

하지만 디컨(2003, pp. 215~216)은 "만일 미디어가 정치적·공적 담론이만들어지고 토론이 이루어지는 여러 영역 중의 하나일 뿐인 것처럼 치부되면 과거의 정책 분석과 마찬가지로 사소한 지위로 돌아갈 위험이 있다"고 우려했다. 여기서 사소한 위치란 "미디어 시스템이 정치 시스템에 종속된 것으로, 정치적 결정이 이루어지고 수행되는 '환경'의 주변부로 인식된다"는 뜻이다. 우리가 볼 때 이는 과거의 정치학이나 사회학의 제한된 모델로 돌아가는 문제는 아니다. 우리는 미디어와 저널리즘 연구가 경험적 연구나 좀 더 큰 그림을 지향하는 것을 두려워할 이유가 없다고 본다. 권력 관계를 재생산하거나 뒤엎는 데 관여하는 의사소통 과정은 그것이 어디서 일어나든 관심사이다. 세계가 변하고 있기 때문에 지금 이것이 한층 더 절실하다. 이러한 변화들은 저널리즘과 전략적 의사소통의 세계에 괄목할 만한 영향을 미쳐 왔다. 공론장의 신자유주의화는 독립된 저널리즘이 존재할 수 있는 공론장을 위협한다. 동시에 그것은 사회 내의 특정한 이익집단이 파워 엘리트와 상호작용하는 새로운 방식을 제공하기도 한다. 그리고 이러한 공론장의 가장 두드러진 특징은 권력을 민주적 책임성과 분리하는 데 있다.

여론조작과 정보 통제에 대한 향후의 연구의제 중의 일부는 강력한 취재원의 관심과 의사소통 전략에 주목하는 것이어야 한다. 이는 현재 실천 중인 민주주의를 면밀히 살피려는 저널리즘 연구의 초점이기도 하다. 이들 모두 미디어 중심주의의 함정을 피해야 한다. 비판 미디어 연구(그리고 탐사 저널리즘)는 정부와 의회라는 "강력한 공중" 곁에서 또는 바깥에서 활동하는 조직화된 이익집단의 의사소통 전략을 기술함으로써 의사소통 권력을 이해하고 분석하는 데 상당한 기여를 할 수 있다. 정보 환경을 만드는 데서 로비 활동, 정책 기획 그리고 싱크탱크 역할 같은 엘리트 의사소통을 주제로 한 연구가 더 많이 나와야 한다. 대중매체는 이런 연구를 위한 재료가 되겠지만 마찬가지로 업계의 간행물, 전문적 간행물 그리고 직능적 출판물 같은 것도 큰 도움이 될 것이다. 인터넷 또한 의사소통 전략과 사이버상의 민속지학을 추구하고 주류 미디어가 무시한 다소 전문화된 담론에 접근할 가능성을 열어준다. 표준화된 사회 연구 기술과 함께 창의적이고 단호한 연구자는 비록 직접적인 접근이 힘들다고 하더라도 엘리트 커뮤니케이션에 접근하고 분석하는 길을 찾을 수 있을 것이다.

결론

우리가 보기에 최근 전략적 커뮤니케이션의 발전 상황은 독립 미디어에 특히 적대적이다. 데이비스(2003, 2007) 같은 연구자는 권력 집단의 사적 의사소통행위에 관심을 다시 기울일 것을 제안한다. 이런 맥락에서 공론장 이론의 가치는 먼저 간햄의 연구에서 볼 수 있듯이 자유민주주의가 책임성을 가질 수 있는 방법을 모색하며, 둘째로는 신자유주의 아래 민주적 구조를 점진적으로 몰아내는 "강력한" 공중(공공기관)의 닫힌 의사소통 과정을 개념화할 수 있도록 해주는 데서 찾을 수 있다. 강력한 규범적 틀과 공공 커뮤니케이션의 (권력을 가진 행위자들에 의한) 체계적 왜곡을 함께 묶어 접근할 때 공론장 이론은 엘리트 커뮤니케이션, 매개와 여론조작 그리고 시민 사회에서 등장하는 대항 세력을 위치 짓기 위한 이론에 풍성한 토양을 제공해줄 것이다.

체계적으로 왜곡되는 커뮤니케이션에 대한 하버마스의 이론은 권력, 이해관계 그리고 전략이란 개념을 고수하면서 다루기는 어려운 이상화된 모델이라는 비판을 받아왔다(Crossley, 2004). 그럼에도 하버마스가 제공한 공적 의사소통에 대한 진단은 여전히 설득력을 갖고 있다. 공적 담론이 권력과 돈에 의해 만들어지고, 강자의 이익에 봉사하며 숙의적·참여적 민주주의를 실현하는 데 방해가 된다는 지적이 그것이다. 하버마스의 이러한 이상적인 모델을 채택함으로써 우리는 기본적으로 민주주의가 원래 그러한 것이 아님을 인식하는 틀 안에서 정치 커뮤니케이션을 경험적으로 연구해야 할 과제를 남겨두고 있다. 그것은 또한 합리적인 민주적 공론장이 어떻게 작동해야 하는지에 대한 인식도 포함하고 있다. 여론조작과 선전에 연구의 초점을 맞춤으로써 공론장의 발견술적인 힘은 확실해질 것이다. 이런저런 주장의 합리적 기반, 주장을 하는 행위자 그리고 공론장의 정치경제학(즉 의사소통 권력에의 접근)이 모두 분석 대상이 되어야 한다. 공론장 내의 신자유주의적 경향은 신자유주의적 통치를 지탱하거나 약화시킬 수 있는 역할과 관련해 분석되어야 할 정치 커뮤니케이션의 중요한 측면이다.

〈참고문헌〉

Beder, S.(1997). *Global spin: The corporate assault on environmentalism.* Totnes, Devon, UK: Green Books.

Beder, S.(2006). Corporate propaganda and global capitalism—Selling free enterprise? In M. J. Lacy & P. Wilkin(eds.), *Global politics in the information age*(pp. 116-130). Manchester, UK: Manchester University Press.

Bourdieu, P.(2003). *Firing back: Against the tyranny of the market.* London: Verso.

Carey, A.(1995). *Taking the risk out of democracy — Corporate propaganda versus freedom and liberty*(series edited by A. Lohrey). Sydney: University of New South Wales Press.

Cheney, G., & Christensen, L. T.(2001). Public relations as contested terrain: A critical response. In R. L Heath(ed.), *Handbook of public relations*(pp. 167-182). London: Sage.

CIPR(2005). *Reaching new heights.* Annual Review. London: CIPR.

Cohen, N.(1998). The death of news. *New Statesman*, 4386(May 22), 18-20.

Confessore, N.(2003). Meet the press: How James Glassman reinvented journalism — as lobbying. *Washington Monthly*, 12. Retrieved June 11, 2007, from http://www.washington monthly.com/features/2003/0312.confessore.html

Coombs, T. W., & Holladay, S. J.(2006). *It's not just PR: Public relations in society.* Oxford: Blackwell.

Crossley, N.(2002). *Making sense of new social movements.* Buckingham, UK: Open University Press.

Crossley, N.(2004). On systematically distorted communication: Bourdieu and the socio-analysis of publics. In N. Crosley & J. M. Roberts(eds.), *After Habermas: New perspectives on the public sphere*(pp. 88-112). Oxford: Blackwell.

Curran, J.(2002). *Media and power: Communication and society.* London: Routledge.

Cutlip, S.(1994). *The unseen power: Public relations, a history.* Hillsdale, NJ: Erlbaum.

Davis, A.(2002). *Public relations democracy: Public relations, politics and the mass media in Britain.* Manchester, UK: Manchester University Press.

Davis, A.(2003). Whiter mass media and power? Evidence for a critical elite theory alternative. *Media, Culture & Society, 25*(5), 669-690.

Davis, A.(2007). *The mediation of power: a critical introduction.* London: Routledge.

Davis, G.(2003). Selling their souls. *Press Gazette*, February 7, p. 18.

Deacon, D.(2003). Holism, communion and conversion: Integrating media consumption and production research. *Media, Culture & Society, 25*(2), 209-231.

Domhoff, G. W.(1990). *The power elite and the state: How policy is made in America.* Hawthorne, NY: Aldine de Gruyter.

Eliasoph, N.(1998). *Avoiding politics: How Americans produce apathy in everyday life.* Cambridge: Cambridge University Press.

Epstein, B.(1991). *Political protest & cultural revolution: Nonviolent direct action in the 1970s and 1980s.* Berkeley: University of California Press.

Eriksen, E. O., & Fossum, J. E.(2000). Democracy through strong publics in the European Union? *ARENA Working Papers.* Centre for European Studies. University of Oslo. WP 01/16. Retrieved June 11, 2007 from http://www.arena.uio.no/publications/working-papers2001/papers/wp01_16.htm

Ewen, S.(1996). *PR! A social history of spin.* New York: Basic Books.

Fones-Wolf, E.(1994). *Selling free enterprise: The business assault on labor and liberalism, 1945-1960.* Urbana: University of Illinois Press.

Gamson, W. A.(1975). *The strategy of social protest.* Homewood, IL: Dorsey.

Garnham, N.(1992). The media and the public sphere. In C. Calhoun(ed.), *Habermas and the public sphere*(pp. 359-376). Cambridge, MA: MIT Press.

Garnham, N.(2000). *Emancipation, the media, and modernity: Arguments about the media and social theory.* Oxford: Oxford University Press.

Gaventa, J.(1982). *Power and powerlessness: Quiescence and rebellion in an Appalachian valley.* Urbana: University of Illinois Press.

Grunig, J. E., & Hunt, T. T.(1984). *Managing public relations.* Orlando, FL: Harcourt.

Grunig, J. E.(ed.)(1992). *Excellence in public relations and communication management.* Hillsdale, NJ: Erlbaum.

Grunig, L. A.(1996). Public relations. In M. B. Salwen & D. W. Stacks(eds.), *An integrated approach to communication theory and research*(pp. 459-477). Mahwah, NJ: Erlbaum.

Habermas, J.(1989). *The structural transformation of the public sphere: An inquiry into a category of bourgeois society*. Cambridge: Polity Press.

Habermas, J.(1996). *Between facts and norms: Contribution to a discourse theory of law and democracy*. Cambridge, MA: The MIT Press.

Herman, E., & Chomsky, N.(1988). *Manufacturing consent: the political economy of the mass media*. New York: Pantheon Books

Hiebert, R. E.(1966). *Courtier to the crowd: the story of Ivy Lee and the development of public relations*. Ames: Iowa State University Press.

Hobsbawm, J.(2001). PRs have nothing to hide. What about journalists? *The Independent*, November 27, 8. Retrieved June 11, 2007, from http://www.independent.co.uk/news/media/julia-hobsbawm-prs-havenothing-to-hide-what-about-journalists-618200.html

Jardine, C.(2005). The rise and rise of the professional networker. *Daily Telegraph*, November 3, 27. Retrieved June 11, 2007, from http://www.telegraph.co.uk/arts/main.jhtml?xml= /arts/2005/11/03/lnet03.xml&page=3

Klein, N.(2000). *No logo*. London: Harper Collins.

Knight, G. & Greenberg, J.(2002). Promotionalism and subpolitics: Nike and its labor critics. *Management Communication Quarterly, 15*(4), 541-570.

Lippmann, W.(1921). *Public opinion*. New York: Free Press.

Lubbers, E.(Ed)(2002). *Battling big business*. Totnes, Devon, UK: Green Books.

Lukes, S.(1974). *Power: A radical view*. London: MacMillan.

McChesney, R.(2004). *The problem of the media: U. S. communications politics in the 21st century*. New York: Monthly Review Books.

Marchand, R.(1998). *Creating the corporate soul: The rise of public relations and corporate imagery in American big business*. Berkeley: University of California Press.

Mattelart, A.(1991). *Advertising international: The privatisation of public space*. London: Routledge.

Miliband, R.(1969). *The state in capitalist society*. London: Weidenfeld & Nicolson.

Miller, D., & Dinan, W.(2000). The rise of the PR industry in Britain 1979-1998. *European Journal of Communication, 15*(1), 5-35.

Miller, D., & Dinan, W.(2003). Global public relations and global capitalism. In D. Demers(ed.), *Terrorism, globalization, and mass communication*(pp. 193-214). Spokane, WA: Marquette Books.

Miller, D., & Dinan, W.(2008). *A century of spin: How PR became the cutting edge of corporate power*. London: Pluto.

Mitchell, N. J.(1989). *The generous corporation*. New Haven, CT: Yale University Press.

Mitchell, N. J.(1997). *The conspicuous corporation*. Ann Arbor: University of Michigan Press.

Odone, C.(2006). EI seems a dangerous meeting of minds. *The Guardian*, March 27, Media Section. Retrieved June 11, 2007, from http://www.guardian.co.uk/media/2006/mar/27/mondaymediasection12

Offe, C.(1984). *Contradictions of the welfare state*. London: Hutchinson.

Offe, C.(1985). *Disorganised capitalism: Contemporary transformations in work and politics*. Cambridge: Polity Press.

Philo, G., & Miller, D.(2002). The circuit of mass communication. In M. Holborn(ed.), *Developments in sociology*(pp. 1-21). London: Causeway Press.

Raucher, A.(1968). *Public relations and business, 1900–1929*. Baltimore, MD: Johns Hopkins University Press.

Schlesinger, P.(1990). Rethinking the sociology of journalism: Source strategies and the limits of mediacentrism. In M. Ferguson(ed.), *Public communication: The new imperatives*(pp. 61-83). London: Sage.

Sklair, L.(2002). *Globalization: capitalism and its alternatives*. Oxford: Oxford University Press.

Tarrow, S.(1998). *Power in movement*. Cambridge: Cambridge University Press.

Taylor, M.(2001). International Public Relations: Opportunities and challenges for the 21st century. In R. L. Heath(ed.) *Handbook of public relations*(pp. 631-634). London: Sage.

Tedlow, R.(1979). *Keeping the corporate image: Public relations and business, 1900–1950*. Greenwich, CT: JAI Press.

Tunstall, J.(1964). *The advertising man in London advertising agencies*. London: Chapman & Hall.

Tye, L.(1998). *The father of spin: Edward L. Bernays & the birth of PR*. New York: Henry Holt.

United Business Media(2007). *Regulatory Announcements REG — United Business Media: Final Results Part 1*. March 2. Retrieved 11 June 2007 from http://www.unm.com/ubm /ir/rns/rnsitem?id= 1172818830nPrr2FF3Ea&t=popup

Wernick, A.(1991). *Promotional culture, advertising, ideology and symbolic expression*. London: Sage.

19_
대안 저널리즘과 시민 저널리즘

크리스 애튼

이 장은 전문가가 아닌 미디어 조직 외부에 있는 사람들에 의해 생산된 저널리즘을 다룬다. 주지하듯이 아마추어 미디어 제작자는 저널리스트로서의 전문직 교육을 거의 혹은 전혀 받지 않은 사람이 대부분이다. 그들은 시민, 공동체 구성원, 활동가 그리고 팬 입장에서 글을 쓰고 보도한다. 그리하여 이 장에서는 이들 아마추어 저널리스트들의 활동을 이해하는 데 초점을 두게 될 것이며, 그들의 활동을 다음의 세 가지 범주로 구분해 다루고자 한다. 첫째는 사회운동 미디어와 시민 미디어이며, 둘째는 지역의 대안 저널리즘이며, 셋째는 팬진fanzines과 블로그이다. 더불어 이 장에서는 주류 저널리즘 연구와는 상이한 이론적·이데올로기적 관점이 이러한 활동에 어떤 영향을 미치는지도 검토할 것이다. 애튼(Atton, 2002)의 연구, 다우닝, 포드, 질과 스테인(Downing, Ford, Gil & Stein, 2001)의 연구 그리고 로드리게스(Rodriguez, 2001)의 연구가 논의의 핵심이 될 것이다.

한편 이러한 연구의 장점과 한계 역시 논의의 범주에 포함된다. 수용자 연구와 국가 간 비교 연구에 대한 거의 전무한 연구 실적 문제를 짚어보고 그 과정에서 제기되는 방법론적 간극도 규명될 것이다. 끝으로 직업으로서의 대안 저널리즘 혹은 시민 저널리즘의 후속 연구를 위한 제언을 할 것이고, 뉴스 생산과 관련해 대안적 문화와 주류적 문화가 어떻게 서로에게 상반되는 것이 아니라 오히려 상호보충적인 방식으로 이해될 수 있는지도 검토할 것이다.

정의와 개념: 사회운동과 시민 미디어

이런 아마추어 저널리즘의 특징은 무엇인가. 그것은 주류의 전문직 저널리즘 실천과 어떠한 차이가 있는가. 그동안 아마추어 저널리즘을 정의하고 개념화하려는 많은 시도가 있었다. 이들 관점과 실천은 대안 저널리즘, 시민미디어, 시민 저널리즘, 민주적 미디어, 급진적 미디어 등의 다양한 용어로 집약된다. 이는 다양한 이데올로기적 관점에서 주장되어온 철학적 입장을 구조화해 압축한 것이다. 그럼에도 불구하고 이들 용어는 아마추어리즘이라는 공통의 토대를 공유한다.

윌리엄스Raymond Williams(1980)는 아마추어리즘에 기반하고 있는 커뮤니케이션의 세 가지 특징을 강조한다. 윌리엄스(1980, p. 54)에게 공공 커뮤니케이션은 "기술, 자본화 그리고 통제"라는 엄격한 과정으로 이해된다. 이 원칙을 대안 미디어에 적용하기 위해 해밀턴James Hamilton(2000)은 비전문화, 비자본화 그리고 비제도화에 관한 논의가 필요하다고 주장한다. 다시 말해 대안미디어는 "평범한" 사람들이 전문적인 훈련과 과도한 자본의 지출 없이도 활용할 수 있어야 한다는 것이다. 즉 대안미디어는 미디어 제도나 이와 유사한체계와는 다른 상황 속에서 발생해야 한다. 그러한 미디어는 분산되고, 직접민주적이며, 자기 관리적인 활동뿐만 아니라 멜루치Alberto Melucci(1996)가 사회운동의 핵심으로 발견한 상호 반응적 네트워크인 "일상의 연대"를 잘 보여주는 잠재력을 갖고 있다.

이와 비슷하게 다우닝John Downing (1984)은 급진적 미디어를 정치적·사회적 변화를 지향하는 정치 활동가들의 사회운동 미디어로 간주한다. 이는 대안미디어가 집단의 노력을 통해 그들의 정치의식을 분명하게 틀 지을 수 있을 만큼 급진적인 것으로 간주되고 있음을 의미한다(Enzensberger, 1976). 다우닝(1984)과 다우닝의 동료들(2001)은 이러한 사회운동 미디어가 그들의 주장뿐만 아니라 그들을 조직화하는 데도 중요한 역할을 한다고 주장한다. 다우닝이 "저항적 커뮤니케이션rebellious communication"이라고 부르는 대안미디어는 뉴스 보도와 논평에서 정치적 현상 유지뿐만 아니라 그러한 뉴스 생산방식에 대해서도 도전한다. 이러한 주장은 벤야민Walter Benjamin(1934/1982)의 주장과도 일치한다. 그는 정치 선전을 효율적으로 하기 위해서는 단순히 발간물에 급진적이거나 혁명적인 주장을 재생산하는 것으로서는 충분치 않다고 보았다. 미디어 자체가 전환을 요구하기 때문에 뉴스 생산수단과 연관된 작업 분야의 위상이 조정될 수밖에 없을 것이다. 이는 생산방식의 급진적 변화를 촉구할 뿐 아니라 미디어 생산자가 되는 방식에 대해서도 재고를 요구한다.

다우닝은 만약 급진적 미디어의 목적이 사회적·정치적 변화에 영향을 주는 것이라면 그것이 주장하는 내용 역시 중요하다고 말한다. 그는 이를 "전前-형성적 정치prefigurative politics" 혹은 "단순히 미래를 위해 상상하는 것이 아니라 지금 사회주의의 원칙들을 실천하기 위한 시도"라고 부른다(Downing 등, 2001, p. 71). 이러한 목적을 달성하기 위해 다우닝은 무정부주의 철학에 기반한 일련의 "원칙적 대안"을 제안한다. 이어 그는 사회적 삶(억압, 정치 문화, 경제 상황)의 "복합적 현실"을 강조하기 위해 가급적이면 많은 관련 당사자들의 기여가 필요하다는 주장으로 나아간다(1984, p. 17). 급진 미디어는 또한 대안적 공론장의 주요한 특징을 구성하거나(Downing, 1988) 실질적으로 주류와는 다른 대안적 공론장을 형성해야 한다(Fraser, 1992; Net & Kluge,

1972/1983). 가령 글로벌 인터넷 뉴스 네트워크인 인디미디어Indymedia는 "……
지리적으로 광범위하게 퍼져 있는 참여자들에게 어떤 쟁점이나 사건에 대해
토론하고 …… 국제 사회가 집단적으로 결정을 내리고 협력할 수 있는 기회
를 제공하는" 거시적 공론장을 더불어 구성하는 다양한 지역의 대안 공론장
으로 이해될 수 있다(Haas, 2004, p. 118).

다우닝은 비전문가에 의해 생산되는 미디어에 특별한 의미를 부여하는
데, 이러한 비전문가 집단은 주로 진보적 사회 변화에 적합한 것으로 여겨진
다. 다우닝은 이탈리아와 포르투갈의 정치적 행동주의에서 유래한 매우 광
범위한 형태를 통해 이를 잘 알 수 있다고 말한다. 가장 구체적인 사례들은
이탈리아와 포르투갈의 좌파 신문과 라디오 그리고 미국인들이 청취하는 라
디오에서 찾아볼 수 있다. 그러한 미디어로는 18~19세기의 영국의 정치 만
화, 19~20세기 초의 독일의 노동자 노래 그리고 19세기의 아프리카계 미
국인들의 공공 축제도 언급될 수 있을 것이다. 목판화, 전단傳單, 몽타주 사진,
포스터, 벽화, 가두街頭 극장 그리고 낙서 예술 또한 급진적 방법과 메시지를
전달하기 위해 이용되었다.

다우닝과 마찬가지로 로드리게스Clemencia Rodriguez(2000) 또한 독립 미디어
가 '평범한' 시민들의 정치적 권리를 한층 더 강화시켜 주었다고 주장한다.
그는 사람들이 자신들의 미디어를 만들 때 그들 자신과 그들이 속한 공동체
의 문제를 더욱 잘 표현할 수 있다고 주장한다. 그는 이러한 '시민 미디어'를
자기-교육 프로젝트로 간주한다. 특히 그는 프레이리Paulo Freire(1970)의 의식
화 이론 및 비판적 교육학자 무프Chantal Mouffe(1992)의 급진 민주주의 개념에
의지하고 있다. 다우닝이 그랬던 것처럼 로드리게스도 대안미디어가 상반되
는 정보를 제공하는 역할에만 국한되는 것은 아니라고 주장한다. 로드리게
스에게 "시민"이라는 개념은 특별하다. 그에게서 시민이란 "자신이 생산한
권력을 통해 스스로의 정체성, 다른 사람의 정체성 그리고 사회운동의 틀을
변화시키는 과정에 능동적으로 참여하는 사회 구성원"을 가리키는 개념이다

(Rodriguez, 2000, p. 19). 라틴아메리카에 대한 로드리게스의 연구(2000, 2003)는 이를 잘 보여준다. 예컨대 로드리게스는 컬럼비아의 산부인과에서 일하는 여성 근로자가 제작한 파업기록 비디오를 가리켜 "창의적인 집단적 역동성을 통해 제도화된 리더십의 역할을 변화시키는 영향력을 발휘한 다"(Rodriguez, 2001, pp. 123~124)고 주장한다.

이러한 '시민 미디어'는 국가 주도의 시민의식 고양을 겨냥하는 것이 아니라 일상생활 속의 시민의식과 정치적 정체성을 구성하는 미디어 활동을 목표로 한다(De Certeau, 1984; Lefebvre, 1947/1991). 시민들은 정치적 참여가 제한되는 매스미디어에 의존하기보다는 오히려 자신의 미디어를 활용해 자기들 방식으로 정치에 참여한다(Norris, 1999). 미디어 생산 과정에 보다 능동적으로 참여하게 되는 것은 그 자체로 정치 교육이다. 그러나 로드리게스에게서는 생산자가 되는 것이 그러한 미디어에서 무엇을 생산해낼 것인가의 문제보다 더 중요하다. 칠레의 공동체 라디오 방송국에 관한 연구에서 그는 다음과 같은 한 통신원의 말을 긍정적으로 인용한다. "5명의 새로운 참여자를 확보하는 일은 1,000명에 달하는 청취자를 얻는 것보다 중요하다"(Rodriguez, 2003, p. 191). 다우닝도 생산보다는 과정 그리고 지면의 내용과 발행부수보다는 조직화와 참여가 더 중요하다고 여긴다. 두 사람 모두에게 정치적 혹은 시민적 자기전환은 급진적 미디어 혹은 시민 미디어의 유일한 목표가 아니라 하더라도 최소한 기본적인 역할로 보인다.

다우닝과 로드리게스는 그러한 실천이 지역적 혹은 권위 있는 공론장을 만들어내는 방식임을 입증한다. 포드, 폭스웰 그리고 메도스(Forde, Foxwell & Meadows, 2003, p317)가 수행한 오스트리아 공동체 방송에 관한 연구도 비슷하다. 그들은 대안미디어의 의미가 콘텐츠 생산 그 자체에 있는 것이 아니라 공동체 미디어를 통해 "공동체 조직을 활성화시키고 문화적 권리의식을 향상시키는 과정에 있음"을 보여준다. 캐럴과 해킷(Carroll & Hackett, 2006, p. 96)은 또한 그러한 실천이 "커뮤니케이션을 투쟁의 수단과 결과를 동시에 다루도록 하는 상호 반영적인 유형의 활동"이라고 주장하기도 한다. 광범위한 수용자라는 주장뿐만 아니라 개인적 혹은 집단적 차원의 정체성을 형성하는 것도 중요한 부분이다. 그러나 그들도 미디어 활동가들이 "그들 스스로 갖게 된 만족감으로 인해 첫 번째 단계에서 무엇을 할지 모르는 상황에 빠지기 쉽다"(p. 98)는 점은 인정한다.

그렇다면 이러한 연구가 저널리즘에 제기하는 의미는 무엇일까. 다우닝과 로드리게스에 의해 수행된 많은 미디어 연구는 주류 저널리즘의 규범과는 동떨어진 방법과 목표를 가짐으로써 존재 가치를 인정받지 못하는 것처럼 보인다. 따라서 이러한 연구를 통해서는 '참여자는 무엇을 하는가', '어떤 방식으로 참여하는가', '실무를 어떻게 배우는가' 심지어 '자신을 저널리스트로 간주하는가' 등과 같은 저널리즘 실천에 관한 교훈을 거의 얻을 수 없다. 아마추어 미디어 생산이 전문적인 훈련과 거대 자본 및 '제도'에 의지하지 않는다는 해밀턴의 논의는 맞다. 그렇다고 해서 아마추어 저널리즘이 멜루치가 제시한 독립적이고 '자유로운 공간'이 되었다고 말할 수는 없다. 아마추어 미디어 활동은 언제나 일상의 삶에 배태되어 있다. 이러한 활동은 이미 넓은 의미의 정치적, 경제적, 사회적, 문화적 맥락 속에 놓여 있다. 나는 아마추어 미디어 활동을 묘사하기 위해 '대안 미디어'와 '대안 저널리즘'이라는 용어를 사용한다(Atton, 2002, 2003a, 2004). 쿨드리와 커런(Nick Couldry & James Curran, 2003, p. 7)이 주장하는 대로 상대적 개념으로 기능하는 '대안적'이라는 용어는 "미디어 권력이 직접적이든 간접적이든 위태로운 상태에 있음"을 시사한다.

대안 저널리즘과 미디어 권력

아마추어 미디어의 활동을 통해 어떻게 "당연시되는" 미디어 프레임과 이데올로기적 핵심이 파손될 수 있는지를 점검할 수 있다. 쿨드리Nick Couldry(2000, p. 25)의 주장에 따르면 대안미디어 프로젝트는 미디어 공간의 "탈脫당연화de-naturalization"를 이루어내고, 아마추어 미디어 제작자들로 하여금 서로 다른 미디어 권력의 균형을 재조정하게 하며, "미디어 자체가 어떻게 사회적 변화를 이루어내는가"를 고찰하도록 북돋는다. 부르디외(1991)는 상징 권력이란 현실을 구성하는 권력이라고 주장한다. 대안미디어는 주류 미디어의 관습과 재현에 반대되는 것으로 보이는 현실을 구성한다. 참여적이고 아마추어적인 제작은 제도적이며 전문화된 미디어 권력과 경쟁하며, 상징적 형식들의 생산에서 미디어 독점에 도전한다. 그러므로 대안 미디어와 대안 저널리즘을 말하는 것은 지배적이고 전문화된 미디어 실천과 주변화되고 아마추어적 실천 사이의 관계를 인지하도록 해준다. 이들 사이의 투쟁은 "미디어 권력의 공간"을 쟁취하기 위한 것이다(Couldry, 2000). 대안 저널리즘 활동은 자아 교육과 공동체의 활력만을 목적으로 미디어 행위를 채택하는 것이 아니라 저널리즘을 새로운 방식으로 상상할 수 있는 방식을 제공해주기도 한다.

'대안 저널리즘alternative journalism'이라는 용어를 채택하는 데는 그 외의 또 다른 가치가 있다. 아마추어 저널리즘을 더 이상 조직화와 사회운동 그리고 개인이나 집단의 의식 혁신과 같은 급진적 형태에 우선권을 부여하는 정치적 프로젝트로만 간주하지 않아도 되는 것이었다. 이에 따라 나의 연구는 아마추어 미디어라는 확대된 개념과 동시에 더욱 집중적인 초점을 맞춘 아마추어 저널리즘의 의미를 탐구해왔다. 아마추어 미디어 생산을 통해 발전될 수 있는 어떤 특정한 사회적 관계에 대한 관심을 잃어서는 안 되며, 어떠한 대안 미디어 모델이라 할지라도 과정과 생산물을 주목해야 한다(Atton, 2002). 모든 대안 미디어의 콘텐츠는 저널리즘으로 간주되어야 하며, 단순히 자기 반영적 설명으로만 간주해서는 안 된다(Atton, 2003a). 그것은 (조직을 통해) 변화될 수 있는 사회적 관계일 뿐만 아니라 (담론적으로, 시각적으로,

심지어는 배달의 관점에서) 미디어 양식 그 자체이다. 전문직주의, 역량 그리고 전문성과 같은 개념의 변화도 있을 수 있다. 그러므로 대안 저널리즘은 블로그처럼 개인에 의해 출간되는 저널리즘 그리고 팬진과 같은 문화 저널리즘을 모두 포함한다. 그렇다면 '평범한' 사람들이 자신의 미디어를 생산할 때는 무슨 일이 일어날까. 대안 저널리즘의 특징들은 무엇인가. 다음 절에서 필자는 지역적 대안 저널리즘, 팬진과 블로그 등 3개 영역을 다룸으로써 이와 관련한 몇 가지 질문을 탐색할 것이다. 이들에 대한 논의를 통해 대안 저널리즘이 주류 저널리즘에 제기하는 도전의 본질이 무엇인지 파악할 수 있을 것이다.

대안 저널리즘의 특징과 도전

지역적 대안 저널리즘 연구는 항상 특정한 지리적·인구사회학적 상황에 좌우된다. 또한 구체적인 문화적·사회적 맥락을 반영해야 한다. 이전에 논의된 이론의 한계에 비추어 볼 때 대안 저널리즘에 대한 경험적 연구들은 저널리즘 실천에서 몇 가지의 가치 있는 통찰력을 제공해줄 수 있다. 그러나 이러한 통찰력이 자기-권력화와 급진적 시민성을 과도하게 강조하는 것을 경계할 필요가 있다.

일반적으로 상업 언론은 조직과 제도를 대표하는 대변인으로서 뿐만 아니라 뉴스 사건과 이슈 전반에 대한 전문적 논평자로서도 공식 취재원에 의존한다. 이러한 전문가 계급은 뉴스 가치, 뉴스성, 나아가 뉴스 의제를 규정하는 사회적·정치적 엘리트이기도 하다(Hall, Critcher, Jefferson, Clarke & Roberts, 1978). 미디어에 대한 이러한 접근의 위계구조가 구성되면 통상 인용할 만한 가치 있는 취재원으로 승인된 사람들은 부각되고 사회적·정치적 권력이 없는 대상들은 주변화된다(Glasgow University Media Group, 1976, p.

245). 주류 미디어의 뉴스에서는 이런 '평범한' 사람들이 가장 자주 '국민의 목소리' 인터뷰 자료로 이용되며, 그들의 의견은 인간적 흥미 기사를 위해 인용된다(Ross, 2006). 이와는 대조적으로 지역의 대안언론은 이러한 평범한 사람들을 전문 취재원으로 보고 이들을 찾아 나선다. 이런 행태는 취재원 탐색이라는 관점에서 보면 주류 언론에 대한 엄중한 도전이다. 이것은 또한 지역 공동체의 목소리를 저널리즘 중심부로 투입하는 것이며, 이는 윤리적 결정이다(Atton, 2003b). 이러한 결정은 지역 공동체를 중요한 것으로 간주할 뿐만 아니라(결국은 상업적 지역 언론도 동일한 주장을 한다) "아래로부터 나오는" 시민의 목소리를 상층부로 올려놓는 것으로 나아가 평범한 사람들의 일상적인 삶과 경험 속에서 그들을 전문가로 인정하는 것이다.

전 세계에서 이와 관련된 사례가 발견된다. 1963~1983년까지 번성한 볼리비아 광부들의 라디오 방송국(1952년 국가 혁명기에 설립되었다)에 대한 연구는 체제 내에서 정치적으로 주변화된 지역에 있는 노동자의 권리를 부각시키는 참여적 미디어 생산의 가치를 보여주었다(O'Connor, 2004). 이와 비슷하게 1980~1990년대 니카라과 혁명기에 번성한 〈민중 통신원 운동 Popular Correspondent Movement〉은 교외 지역에 거주하는 가난한 자원자로 꾸려진 비전문적 기자들을 통해 보도 활동을 전개했다. 물론 이 지역에는 전문적인 저널리스트도 있었고 동시에 지역 및 전국 신문이 발행되고 있었다(Rodri-guez, 2000). 〈아프가니스탄 여성혁명연합The Revolutionary Association of the Women of Afghanistan〉은 오디오 카세트, 비디오, 웹사이트 그리고 잡지를 통해 탈레반의 지배하에 있는 여성을 대상으로 한 성폭행 및 처형을 보도했다(Waltz, 2005). 아프가니스탄 여성들은 캠코더를 이용해 이러한 장면들을 비밀리에 제작하고 배포했다. 한국의 오마이뉴스는 웹사이트에 하이브리드 식 접근 방식을 채택했다(Kim & Hamilton, 2006). 2000년에 설립된 이 사이트는 소규모의 전문 직원에 의해 편집 사무실이 꾸려졌음에도 불구하고 수백 명에 달하는 시민기자들의 네트워크에서 기사를 제공받는다.

참여적 미디어 생산은 다양한 의제를 제공할 뿐만 아니라 사회운동과 공동체 저널리즘을 통해 토론이 활성화되는 대안적 공론장의 요건을 충족시켜 주는 것으로 이해될 수도 있다. 1980년대 독일의 반핵 미디어에 관한 연구에서 다우닝(Downing, 1988)은 "책방, 바, 커피숍, 레스토랑, 음식점"과 함께 토론과 논쟁의 대안적 공론장이 생겨날 수 있는 포럼을 구성해야 한다고 주장했다. 그는 "경험, 비평 그리고 대안이 자유롭게 발전될 수 있는 자연발생적 공론장을 형성하고 활동과 운동 그리고 변혁을 장려하는" 사회운동 미디어의 중요성을 지적했다(p. 168). 이와 비슷하게 야쿠보비츠(Jakubowicz, 1991)는 커뮤니케이션과 미디어에 대한 보다 포괄적인 시각에 기반한 공론장 개념을 채택한다. 그는 1980년대 폴란드에 관한 연구에서 대안적 공론장과 저항적 공론장이라는 두 가지 유형의 대안적 공론장을 규정한다. 이 둘은 소련의 지원을 받던 정권에 함께 저항했다. '대안 공론장'은 폴란드 로마 가톨릭교회의 신문과 정기간행물을 통해 활약을 알린 반면 '저항 공론장'은 연대운동 측의 지하 간행물인 『사미즈다트*samizdat*』를 통해 활동을 벌였다.

매티스와 페취(Mathes & Pfetsch, 1991)는 어떻게 대안미디어의 의제가 주류 미디어로 전이되는지를 보여준다. 그들은 1980년대 중반부터 시작된 서독의 "대항 이슈"를 검증하는 과정에서 중요한 "미디어 간間" 효과를 발견했다. 당시 서독의 자유주의 언론은 대안언론이 제기한 쟁점뿐만 아니라 이 언론이 채택한 준거 프레임을 함께 채택하는 경향이 있었다. 이러한 과정에서의 핵심적 존재는 1978년에 설립되어 큰 발행 부수와 전국적 배급망을 가진 대안적 일간지인 『디 타게스차이퉁*Die Tageszeitung*』이었다. 1980년대 중반까지 이 신문은 대안적 공론장과는 거리가 멀었고, 주로 지식인층과 무수한 주류 저널리스트가 구독하는 신문이었다. 이 신문은 주류 신문에 대해 "대항 이슈"를 강조하고 그러한 쟁점들을 활동가들이 주류를 이루던 좌파를 넘어 광범위한 공중 포럼의 쟁점으로 적극 전이함으로써 명백히 "승수 효과"를 가동시키려고 모색했다(Mathes & Pfetsch, 1991, p. 37).

이러한 에토스에서 두 가지의 저널리즘적 결과가 나왔다. 하나는 많은 기사가 새로운 성격을 갖게 된 것이고, 다른 하나는 취재원이 스스로 저널리스트로 나설 수 있게 된 기회가 생긴 점이다. 첫째, 하컵(Harcup, 2006)이 보여주는 것처럼 지역의 대안언론에서 다루는 많은 이야기는 그러한 미디어에만 있는 고유한 것들이다(상업 언론은 이후 그러한 기사를 받아 보도할 것이다). 대안언론을 활용할 수 있는 전문가 집단이 매우 다양하기 때문에 그와 같은 이야기들은 점차 주목받게 된다. 이 전문가들은 공장 근로자, 농민 및 점원, 연금생활자, 일하는 엄마, 하급 정부 공무원 혹은 학교 어린이일 수 있다. 이러한 취재원의 다양성은 기사의 새로운 실마리를 제공할 수 있을 뿐만 아니라 주류 뉴스에서 두드러지는 사건 중심의 보도에서 벗어난다. "주류 미디어의 경우 대재앙이 발생했을 때만 건강과 안전에 관한 기사에 주목하는 경향이 있는데 반해 다른 대안 신문은 노동자들과 그들이 속한 노조가 그러한 문제를 인지하기도 전에 잠재적인 건강 위험을 폭로했다"(Harcup, 2006, p. 133). "풀뿌리로부터 시작되는 이러한 탐사 저널리즘"(p. 132)은 (응급서비스, 법원 및 지방의회 회의 같은) 지역 언론의 전형적인 "출입처" 기사를 넘어서 사건보다는 이슈를 중시하는 결과로 나타난다. 이런 식으로 보도와 관련 사회적으로 포괄적인 접근 방법을 택할 때 나타나는 두 번째 결과는 "평범한" 취재원이 종종 글쓴이가 되는 것이다. "그러한 저널리즘은 어떤 주장을 통해 공동체의 대의명분을 찾아낼 뿐만 아니라 공동체의 공론장과 명백한 연결을 가짐으로써 공동체 속에서 뉴스 취재원을 새롭게 발굴해낼 수 있는 근거로 작용할 수 있다"(Atton, 2003a, p. 270).

이러한 결과는 대안 저널리즘 연구에서 이론을 구축하는데 사용될 수 있다. 대안 저널리즘은 규범화되고 전문화된 현업의 규칙과 관행에 도전함으로써 무엇을 획득할 수 있는지를 인식하고 있다. 대안 저널리즘의 포괄적 정신은 지역 사회의 "타고난 기자들"의 네트워크를 발전시킬 수 있다(Atton, 2002). 이는 흔히 그러한 프로젝트를 촉발시키는 좌파 정치 행동가들을 넘어 기자의 범위를 확대할 수 있다. 그리고 편집진의 포괄성은 조직의 포괄성으로 연결된다.

이런 방법은 그러나 종종 효율성을 희생시키면서 작동할 수도 있다. 편집중인 카피를 놓고 논쟁을 벌이는 나머지 출판이 늦어질 수도 있고, 나아가 합의 부재로 인해 어떤 기사들은 결코 출간되지 않을 수도 있다. 코메디아(Comedia, 1984), 랜드리, 모얼리, 사우스우드 그리고 라이트(Landry, Morley, Southwood & Wright, 1985)는 그러한 방법이 아무리 "진보적"이라 할지라도 대안언론에서 도구적이기보다는 이데올로기적 이유에서 채택되기 때문에 스스로에게 불리할 수 있다고 주장한다. 위의 필자들은 프리먼Jo Freeman(1972)이 여성운동의 체계성 부족을 비판한 연구를 그대로 반영하고 있다. 그러나 이러한 조직 문제가 일반적인 것은 아니다. 예컨대 블로그는 흔히 개인이 운영하는 것이며, 적어도 아마추어 형식으로 운영되는 경향이 강하다. 팬진도 흔히 개인에 의해 운영된다. 블로그와 팬진은 한 사람의 편집장이 운영하거나 아니면 현재처럼 한 사람이 전체를 작성하는 형태로 한 명의 감독을 받는다고 할 수 있다.

팬진: 대안적 문화저널리즘

팬진은 전문적 영역의 맞수라고 할 수 있는 대중문화 저널리즘과 많은 공통점을 갖고 있다. 예를 들어 영국과 미국의 대중음악 언론의 뿌리는 전문직 저널리즘 영역이 아니라 1960년대 후반의 아마추어 지하 언론에 있다 (Gudmundsson, Lindberg, Michelsen & Weisethaunet, 2002). 아마추어 필자로서의 팬 그리고 팬으로서의 전문적 필자 사이에는 중요한 유사성이 있다. 이들은 정규 교육이나 전문적 훈련을 거치지 않고 독학이나 아마추어적 열정으로 지식과 권위를 인정받았으며 주로 대중음악 비평 분야의 문화 전문가가 되었다. 프리스Simon Frith(1996, p.38, n. 40)는 "TV, 영화 그리고 팝음악에 이르는 대중적 형식에 대해 비평가들은 오직 소비자 입장에서만 알면 된다. 그들의 재능은 평범한 경험에 관해 쓸 수 있기만 하면 된다"고 주장한다. 다시 한 번 우리는 "평범한" 목소리에 특권을 부여하는 것을 보게 된다. 그러나 팬진과 온라인상 카운터파트인 이진[인터넷 잡지]의 경우 이러한 평범한 목소리들은 대안적 지역 언론이 추구하거나 장려한 것이라기보다는 자기 선택적 경향을 가진다.

팬진 저널리즘은 소비에 기반을 두었다는 관점에서 전문화된 맞상대와 공유 지점을 가진다. 이는 두 형식이 동일하다는 사실을 말하기 위한 것이 아니다. 팬진은 종종 연구 대상(대중음악뿐만 아니라 풋볼, 영화, 만화, 대중적 TV 시리즈까지 포함한다)이 주류 저널리즘에 의해 무시되기 때문에 발생한다. 이는 아마도 연기자나 장르(팬진은 종종 새롭게 부상하는 문화적 활동에 대해 관심을 기울인다)의 새로움에 기인하기도 하고, 그것들이 유행하지 못한 때문이기도 할 것이다(Atton, 2001). 팬진은 또한 비판적 정설에 도전한다. 팬진은 필자가 "그들의" 문화가 주류 취향으로부터 주변화되었거나 그릇된 방식으로 재현되었다고 믿기 때문에 생긴다. 그 결과, 팬진과 이진은 "지식의 교환과 순환 그리고 문화 공동체의 재건을 위한 문화적 포럼"이 된다(Fiske, 1992a, pp. 44~45). 공동체 내에서 이와 같이 유사한 생각을 가진 사람들 간에 이루어지는 지식의 순환은 나아가 전문성과 문화자본을 발전시킨다. 그러한 전문 지식의 표현은 전문가적 권위라는 전문적 개념에 도전할 수 있다(Atton, 2004, 6장).

지역의 대안언론과 달리 팬진은 지리적 경계를 뛰어 넘어 취향 공동체를 만들고, 유지하며, 발전시킬 수 있는 기회를 제공한다. 팬진은 광범위한 수용자에게까지 도달 범위를 넓히는 데는 별 관심을 갖지 않으나 전문적 수용자를 계발하고 결속시키는 데는 큰 관심을 가진다. 이러한 결속력은 종종 인터뷰와 리뷰(혹은 풋볼 팬진의 경우에는 경쟁 보도)와 같은 주류 문화 저널리즘과 유사한 방법을 사용한다. 그러나 팬진 필자는 오늘날의 신문과 전문가 그리고 상업 잡지의 일상적인 "간추린 리뷰"보다는 훨씬 긴 글을 쓰는 경향이 있다. 몇몇 경우 특히 이진에서는 동일한 사건이나 결과에 대한 다양한 설명기사를 통해 얻을 수 있는 만화경적 접근을 동원하기도 한다(Atton, 2001). 음악 팬진의 공신력과 권위는 종종 홍보 전문가를 우회해 예술가와 직접적으로 인터뷰할 수 있는 기회를 가질 수 있게 한다.

그러나 뉴스 수집은 다른 문제이다. 팬진은 일정하지 않은 발행주기를 가진다. 이처럼 비정기적 발행은 제때 뉴스를 보도하는 것과는 배치된다. 풋볼 팬진에 관한 연구(Atton, 2006a)는 뉴스에 대한 세 가지의 전형적인 접근 방식을 이렇게 규정하고 있다. 첫째, 기사를 전문 뉴스 미디어로부터 있는 그대로 재생산한다. 둘째, 기사를 전문 뉴스 미디어로부터 요약한다. 셋째, 원래 저널리즘의 기사를 간추린다. 후자의 두 가지 저널리즘은 소수이며, 일반적으로 인터뷰 속에 파묻혀 있다. 경성 기사는 일반적으로 상업적 뉴스 제공자를 취재원으로 삼는다. 지역의 대안 저널리즘과 달리 팬진에는 본래 탐사보도가 없다. 대신 팬진은 풋볼 클럽이 배포한 보도 자료뿐만 아니라 지역 혹은 전국의 주류 미디어를 다룬다. 거기에 의제 설정을 한다는 증거는 거의 없다. 그러나 자체 생산한 뉴스 보도가 부족하다는 게 꼭 약점은 아니다. 하틀리John Hartley(2000)가 지적하는 대로 공공 커뮤니케이션은 인터넷상의 뉴스 제공자가 증가함에 따라 점점 편집 역할을 강화하고 있다. 전문적 수용자는 풋볼 팬진에 의해 생산된 간추린 뉴스를 잘 제공받을 수 있다. 이러한 간추린 뉴스는 팬진의 주요한 기능이 드러날 수 있는 좋은 배경을 제공한다.

블로그: 개인의 정치적 저널리즘

블로그는 팬진에서 발견되는 개인적 접근 방식을 지역의 대안 저널리즘의 사회적 책임성과 결합시킬 수 있도록 하는 가장 이상적인 형식이다. 블로깅은 일련의 실천으로 이해될 수 있을 것이다. 이것은 저널리스트나 정치인 같은 전문가, 아마추어 탐사저널리즘, 미국 드러지 리포트Drudge Report와 영국의 블로거인 "기도 포크스Guido Fawkes"의 논평과 의견 그리고 관찰자와 참여자의 목격 보도에 의한 개인적 일지의 발행을 포함한다. 아마추어 블로그는 주류 뉴스 조직에 앞서는 속보성 뉴스 때문에 많은 신뢰를 받아왔다. 예컨대 로트Trent Lott는 "옛 남부의 인종차별주의 정책에 대한 사면(Burkeman, 2002)"이라는 코멘트를 남긴 다음 2002년 12월 미국 상원 다수당 원내대표직을 사임했다. 버크맨에 따르면 이 코멘트는 주류 언론이 다루기 며칠 전 블로거들에 의해 먼저 다루어졌다. 2003년의 걸프전쟁은 주류 미디어 보도를 보완하는 수많은 블로거를 탄생시켰다. 이라크에서 복무하던 한 미군 장교는 필명 "스매시Smash"를 사용해 자신의 경험을 연대기 형식으로 게시했다(Kurtz, 2003). 전문 기자들은 회사 측이 보도하려 들지 않는 논평을 게시하기 위해 블로그를 사용했다. 유명한 "살람 파스Salam Pax"에 의해 운영되던 한 블로그는 한 바그다드 시민에 의해 쓰여진 것이라는 주장이 나왔다. 미국의 저널인 『뉴 리퍼블릭New Republic』은 이라크의 반체제 지도자인 마키야Kanan Makiya의 온라인 일기를 다루었다. 블로그는 전문저널리스트에 의해 하루의 일과 중에서 "야간의 별도 시간을 활용"해 운영되기도 했다. 영국의 BBC 방송과 신문 『가디언』은 이 시기에 "전쟁 블로그" 사이트를 만들었다. 블로그는 그린피스 같은 비정부 조직에 의해서도 사용되었다.

블로그는 대안적·주류적 활동 두 가지 모두를 갖게 되었는데, 이는 미디어 권력의 경쟁적 성격을 보여준다. 로리(Lowrey, 2006)는 블로그와 전문저널리즘의 통합을 통해 전문저널리스트의 약점을 "보완"할 수 있다고 주장한다. 전문저널리스트는 블로거를 직업적 경쟁자로 여김으로써 전문화된 과정을 재평가할 수 있다. 그러나 뉴스 조직 속으로 블로그를 통합하고 블로거를 취재원으로 활용하는 것만이 유일한 전략은 아니다. 즉 "저널리즘 공동체는 블로깅을 저널리즘적 도구로, 블로거를 (독특한 직업이라기보다는) 아마추어 저널리스트 혹은 저널리즘의 열렬한 팬으로 재정의할 것이다"(Lowrey, 2006, p. 493). 로리는 이러한 주장을 더 이상 발전시키지는 않았지만 이 장의 논의를 발전시키는 과정에 중요한 근거를 제공한다.

로드리게스의 시민 미디어 개념은 미디어 실천이 저널리즘이 아니라 기본적으로 자기교육 프로젝트임을 강조한다. 로리의 주장에 의하면, 전문저널리스트 공동체는 여러 이유를 들어 대안미디어 실행자를 저널리스트가 아니라고 생각할 수도 있다. 그러나 그러한 인식은 저널리스트가 실천하는 전문화되고 제도화된 미디어 구조 내의 통념으로부터 비롯된 것이다. 그러한 구조 내에서 작동하는 이데올로기는 무엇이 뉴스로 간주되어야 하는지, 뉴스 수집에 대한 접근 방식이 어떠해야 하는지 그리고 누가 그러한 뉴스를 제작하고 어떻게 공표하는가를 놓고 경계선을 긋도록 만든다. 우리는 이러한 이데올로기를 "객관성의 체계"로 규정지을 수 있다(Hackett & Zhao, 1998; Hackett & Carroll, 2006, p. 33에서 재인용). 대안미디어는 이러한 체제를 묵인하기보다는 오히려 이에 도전한다. 그들의 도전은 규범적이자 인식론적인 측면을 모두 가진다. 전문저널리즘의 규범적 이상은 뉴스의 사실적 성격을 강조한다. 세상에는 "사실"이 존재하고 이러한 사실은 어떠한 편견도 없이 정확하게 가려낼 수 있다고 하는 경험주의적 가정 위에 기반해 있다. 대안저널리즘의 규범적 이상은 그 반대이다. 보도는 항상(개인적·직업적·제도적으로) 가치와 밀접한 관련성을 가질 수밖에 없으며, 그러므로 결코 가치로부터 사실을 따로 분리할 수 없다. 이는 인식론적 도전으로 연결된다. 즉 서로 다른 지식의 유형은 대중매체의 '현실'에 대해 다른 견해를 보일 수 있다. 이러한 다중적 시각은 뉴스가 사회적으로 구성됨을 보여준다. 어떤 사건에 대한 무결점의 서술이나 단일한 해석은 있을 수 없다는 것이다. 객관성 체제는 우리가 뉴스를 구축할 수 있는 많은 방법 중의 하나이다. 일단 뉴스의 사회적 구성을 인정한다면 단순히 주류 저널리즘의 규범적·인식론적 한계를 따르지 않는다는 이유로 대안 저널리즘을 거부할 수 있을까.

장점과 한계

우리는 대안미디어의 특징을 참여 잠재력에서 찾을 수 있음을 살펴보았다(특히 Atton, 2002, Downing 등, 2001; Rodriguez, 2000). 대안미디어는 미디어 생산이 엘리트적이고 집중된 조직과 제도의 영역이기보다는 사회적 변두리에 위치한 개인과 집단이 그들의 미디어를 새롭게 창조하도록 하기 위한 가능성을 더 많이 제공해준다. 다우닝과 로드리게스에 의해 수행된 연구는 급진적 미디어 혹은 시민 미디어가 사회운동과 지역 공동체 내의 정체성과 결속력을 증진시키는 데 어떻게 활용될 수 있는지를 잘 보여준다. 이러한 유형의 미디어 생산이 지닌 민주주의적 목적은 코메디아(Comedia, 1984), 랜드리와 그의 동료들(Landry 등, 1985)의 "실패 모델"에 대한 가치 있는 수정을 보여준다. 나아가 이 연구들은 "적극적 수용자active audience"라는 개념과 그에 반대되는 독법(Fiske, 1992b)이 어떻게 "동원된 수용자mobilized audience"라는 개념으로 급진적으로 발전할 수 있는지를 보여준다(Atton, 2002, p. 25). 대안 미디어를 이러한 방식으로 이해하는 것은 이 미디어를 문화적 일탈이나 주변적 실천을 능가하는 것으로 간주하기 위한 것이다. 이론적 수준에서 보면 그러한 생각은 일반적 의미의 미디어 생산에 대한 비판을 촉진시키며, 쿨드리(2002)가 말한 "매개된 중심이라는 신화the myth of mediated centre"라는 개념에 도전한다.

인식론적 수준에서 말한다면, 대안 미디어 생산자의 실천을 대안 저널리즘으로 보는 것은 전문직 저널리즘의 윤리, 규범 그리고 일상을 비판하기 위한 것이다(Atton, 2003a; Atton & Wickenden, 2005; Harcup, 2003). 대안 저널리즘은 바로 그러한 실천을 통해 진실, 현실, 객관성, 전문 지식, 권위 그리고 공신력이라는 개념을 검증하려 한다(Atton, 2003b). 해밀턴(James Hamilton, 2003), 해밀턴 및 애튼(Hamilton & Atton, 2001) 같은 역사적 접근 방식은 저널리즘의 일반적 역사에 도전할 수 있다. 해밀턴은 전문화, 직업적 위상 그리고 개인적 정체성에 중심을 둔 저널리즘 개념 이전에 형성된 대안 저널리즘의 사례들을 발견했다. 해밀턴은 이를 "다차원적"이라고 규정하는데, 이는 대부분 다양하고, 혼성적이며, 생산자와 소비자만의 평가적 틀 내에서는 전혀 규명할 수 없는 미디어 참여라는 개념을 강조하기 위한 것"이라고 주장한다(Hamilton, 2003, p. 97).

그러나 기존 연구들의 한계도 있다. 대안 저널리즘 혹은 시민 저널리즘에 대한 대부분의 연구는 이데올로기와 목적에서 "진보적인" 정치미디어를 다룬다. 이는 사회주의 및 무정부주의적 프로젝트를 강조하는 것이다. 지금까지 다우닝과 그의 동료들(2001, p. 88)이 규정한 "억압적인 급진 미디어" 혹은 (인종)차별적 목적을 위한 대안 미디어 형태의 이용(예컨대 Atton, 2006b; Back, 2002; O'Loan, Poulter & McMenemy, 2005)에 대한 연구들은 별로 없었다. 나아가 "진보적" 미디어가 폭력 주창과 같은 "억압적" 측면을 다루는 데 대해 이를 비판적으로 점검한 연구는 더욱 발견하기 어렵다(Atton, 1999는 예외이다). 더더욱 미국과 서구 유럽의 정치적 프로젝트에 대해서는 편견이 존재한다.

로드리게스는 라틴아메리카에 관한 연구를 지속적으로 수행한 유일한 연구자이다(Huesca, 1995 및 O'Connor, 2004는 볼리비아 광부 라디오를 다룬다). 인디미디어Indymedia 네트워크에 관한 수많은 연구(Downing, 2002; Kidd, 2003; Platon & Deuze, 2003)가 있는 반면 이 네트워크의 특정한 지역적·국가적 활동에 대해서는 무시하는 경향이 있다. 김과 해밀턴(Kim & Hamilton, 2006)이 간헐적으로 수행한 아시아에 관한 연구(예컨대 오마이뉴스)도 있다. 중동, 아시아, 아프리카 그리고 인도에 관한 연구들은 별로 없다. 다그론 Gumucio Dagron(2001)의 50개의 짧은 '사례 연구'는 아프리카나 인도 같은 대륙에서의 시민 저널리즘 프로젝트의 다양성을 입증한다. 이러한 사례는 사회 변화를 위한 참여적 커뮤니케이션의 활용에 초점을 두고 있다. 앞으로 이러한 사례 연구는 보다 깊이 다루어져야 할 뿐만 아니라 지역 간 비교 연구를 할 필요성이 강력하게 제기된다. 특히 이와 같은 연구는 서구의 저널리즘 규범이 적용되지 않고, 대안 저널리즘의 도전이 문화적으로나 정치적으로 매우 상이한 지역이어서 중요성이 더욱 높다.

방법론적 쟁점

대안 미디어 연구는 질적 접근 방법을 사용하는 경향이 강하다. 질적 연구 방법은 연구의 관점들을 고려하면 매우 적합한 것이 사실이다. 참여자의 문화를 이해하기 위한 내적 접근 방식으로서 질적 연구 방법은 미디어 생산자의 경험을 강조하며, 하나의 과정으로서 생산의 의미심장함을 발견하는 데 적합한 연구이다(Jensen, 1991). 그러나 많은 연구자들은 이론적 틀, 개념 그리고 인식론을 설명해왔음에도 불구하고 연구에 대한 방법론적 설계와 연구 방법에 사용한 분석적 도구에 대해서는 거의 신경을 쓰지 않은 것이 사실이다. 예컨대 인터뷰가 지배적인 연구 방법으로 사용되어 왔지만(Carroll & Hackett, 2006; Dickinson, 1997; Downing, 1984; Downing 등, 2001; Rodriguez, 2003) 거의 대부분의 연구가 인터뷰 스타일에 관해서는 상세하게 다루지 않았다. 이를 테면 인터뷰 대상자를 표집하는 방법, 인터뷰가 진행되는 맥락과 조건, 인터뷰에 사용된 질문 등을 소홀하게 다루었다. 몇몇 연구(Atton & Wickenden, 2005; Rodriguez, 2000)는 참여 관찰 연구를 실시했지만 구체적 방법에 대해서는 거의 상세하게 다루지 않았다. 몇몇 대안 미디어에 대한 로리(Lowrey, 2006)의 연구 내용도 이러한 산만함과 관련이 있지만 연구 방법에 대한 체계적 진술과 자료 그리고 분석 절차에 대한 최소한의 설명이 없다.

이러한 맥락에서 우리가 수행해온 대부분의 연구는 서술적이며, 방법론적인 출처가 매우 모호하다는 점을 비판적으로 성찰해 볼 필요가 있다.

이러한 접근 방법은 이 영역에서 이루어진 대부분의 연구에 적용된다. 반대로 (뉴스 보도와 같이) 미디어의 내용을 검증하는 극소수 연구만이 연구 방법과 분석에 대해 더욱 엄격한 잣대로 설명하려는 경향이 있다(예컨대 Atton & Wickenden, 2005; Harcup, 2003; Nelson, 1989). 일반적으로 연구에서 방법론적 정확성이 결여되면 이해하기 어렵게 된다. 검증, 반복, 비교 그리고 정교한 조사를 어렵게 만들기 때문이다. 더구나 학술지에 발표된 연구의 방법론적 엄밀성의 결핍은 방법론에 대한 비판적 평가와 발전을 저해한다. 이와는 대조적으로 공동체 미디어 연구의 관련 분야는 방법론에 대한 비판적 접근을 통해 모순점과 결함이 무엇인지를 알아낼 수 있도록 사례 연구의 기회를 제공한다.

결론: 후속 연구 방향

일반적으로 대안미디어에 대한 학술적 연구는 진보적 정치 가치, 특히 시민에게 권능을 부여하기 위한 대안미디어의 역량에 초점을 둔 접근 방법이었다. 이러한 접근은 대안미디어와 그들의 성취를 찬양하는 경향이 있다. 연구자들은 대안미디어가 생산되는 방식에는 관심을 거의 두지 않았다. 그들은 대안미디어 실천자들이 취한 행위의 원인을 알고 있는데 반해 그들이 무엇을 하는지 혹은 왜 그와 같은 특별한 방식으로 행동하는지에 대해서는 거의 아는 바가 없다.

기존 연구에서 부족한 점은 '산업적 실천'이 가능한지 검증해야 한다는 점이다. 매스미디어 연구에서 나온 함축적 의미에도 불구하고 이 용어는 대안미디어 활동을 '노동'으로 생각하게 만든다. 우리가 대안미디어를 어떻게 생산할 것인가를 놓고 설명하고자 할 때 이에 대한 논의는 길을 잃거나 최소한 주변적인 문제로 치부되고 만다. 대안미디어의 '노동'에 관한 연구는 의사결정 과정, 편집 회의의 구조, 이데올로기적 분쟁과 같은 사회정치적 과정에 관한 논의를 포함한다. 우리는 사람들이 일하는 방식을 검증할 필요가 있다. 저널리스트 혹은 편집간부가 되기 위해 그들은 어떻게 학습하는가. 그들은 기사를 어떤 방식으로 검증하고 선택하는가. 취재원을 선택하고 재편하는 방식은 무엇인가. 대안 저널리스트는 진정 독립적인가. 혹시 그들의 작업 방식은 주류 저널리스트의 영향을 받는가.

이는 대안미디어 종사자를 이해하는 데 필수적인 미디어 실천에 관한 질문들이다. 즉 그들의 가치, 동기, 태도, 이데올로기, 역사, 교육 그리고 상호관계에 관한 것들이다. 그들이 필요로 하는 것은 부르디외를 인용하자면 아비투스habitus와 장 사이의 관계를 고려한 실천에 대한 검증이다.

앞서 살펴본 대로 대안 미디어 참여에 특권을 부여하는 것 — 마치 그것이 미디어 실천의 유일한 목적인 것처럼 — 은 대안 저널리즘이 수용자를 추구하는 방식이나 수용자들이 대안 저널리즘을 어떻게 활용하는지를 헤아리는 데 종종 방해가 된다. 아마도 이러한 설명은 이 영역에서 지속적으로 수용자 연구가 없었음을 말해준다(Downing, 2003). 우리는 수용자 연구를 필요로 한다. 이는 대안미디어가 사용되는 방식을 발견하기 위한(이러한 미디어가 수용자를 어느 정도로 그리고 어떤 방식으로 '동원'하는가를 발견하기 위한) 목적만이 아니라 '사용자'는 물론 생산자와 참여자의 역할을 떠맡을 수 있는 수용자 개념에 관한 문제를 제기하기 위해서다.

우리는 대안미디어 실천을 주류 미디어와 완전히 동떨어진 것으로 간주해서는 안 된다. TV 속보 뉴스는 캠코더 화면이나 모바일 폰에 찍힌 사진 그리고 다른 유형의 시민 저널리즘에 자주 의존한다(Blanco, 2005). 신문과 방송 진행자는 일상적으로 블로그를 자신들의 웹사이트에 포함시킨다. 그들 중 일부는 수용자로부터 기사 및 프로그램을 위한 조언 및 추천을 얻기 위해 활용한다. 단지 그것을 지역 언론에서 오랫동안 지속되어 온 것이 최근에 다시 드러난 것으로 볼 수도 있을 것이다(Pilling, 2006). 아니면 그와 달리 아마추어 미디어 실천이 '아주 평범한 사람들'의 '완전 초보적' 커뮤니케이션을 통해 전문저널리즘의 인식에 어떤 영향을 줄 수 있는지 질문할 수 있다(Corner, 1996, p. 174).

우리는 대안 저널리즘 실천을 정치적 권리 강화 과정뿐만 아니라 사회적·문화적으로 적합한 작업이라고 여길 필요가 있다. 이러한 활동은 주류 미디어 활동과 역사 및 이데올로기로부터 비롯된 결과일 수 있다. 대안 저널리즘은 또한 '새로운' 형태의 커뮤니케이션 실천이나 결과에 대한 도전이다. 우리가 대안 저널리즘이 어떻게 생산되고, 어떻게 수용자와 연결되는가를 고려한다면 이들은 매우 중요한 사항이 될 것이다.

〈참고문헌〉

Atton, C.(1999). *Green Anarchist:* A case study in radical media. *Anarchist Studies,* 7(1), 25–49.

Atton, C.(2001). Living in the past?: Value discourses in progressive rock fanzines. *Popular Music, 20*(1), 29–46.

Atton, C.(2002). *Alternative media.* London: Sage.

Atton, C.(2003a). What is "alternative" journalism? *Journalism: Theory, Practice, Criticism,* 4(3), 267–272.

Atton, C.(2003b). Ethical issues in alternative journalism. *Ethical Space: The International Journal of Communication Ethics, 1*(1), 26–31.

Atton, C.(2004). *An alternative internet: Radical media, politics and creativity.* Edinburgh: Edinburgh University Press and New York: Columbia University Press.

Atton, C.(2006a). Football fanzines as local news. In B. Franklin(ed.), *Local journalism and local media: Making the local news*(pp. 280–289). London: Routledge.

Atton, C.(2006b). Far-right media on the internet: Culture, discourse and power. *New Media and Society, 8*(4), 573–587.

Atton, C., & Wickenden, E.(2005). Sourcing routines and representation in alternative jour-nalism: A case study approach. *Journalism Studies, 6*(3), 347-359.

Back, L.(2002). Wagner and power chords: Skinheadism, white power music, and the internet. In V. Ware & L. Back(eds.), *Out of whiteness: Color, politics and culture*(pp. 94-132). Chicago: University of Chicago Press.

Benjamin, W.(1982). The author as producer. Edited translation in F. Frascina & C. Harrison(eds.), *Modern art and modernism: A critical anthology*(pp. 213-216). London: Paul Chapman in association with the Open University(Original work published 1934).

Bourdieu, P.(1991). *Language and symbolic power.* Cambridge: Polity Press.

Burkeman, O.(2002). Bloggers catch what *Washington Post* missed. *Guardian*, 21 December.

Carroll, W. K., & Hackett, R. A.(2006). Democratic media activism through the lens of social movement theory. *Media, Culture and Society, 28*(1), 83-104.

Comedia.(1984). The alternative press: The development of underdevelopment. *Media, Culture and Society, 6*, 95-102.

Corner, J.(1996). Mediating the ordinary: The "access" idea and television form. In J. Corner & S. Harvey(eds.), *Television times: A reader*(pp. 165-174). London: Arnold.

Couldry, N.(2000). *The place of media power: Pilgrims and witnesses of the media age.* London: Routledge.

Couldry, N.(2002). Alternative media and mediated community. Paper presented at the International Association for Media and Communication Research, Barcelona, 23 July.

Couldry, N. & Curran J.(2003). The paradox of media power. In N. Couldry & J. Curran(eds.), *Contesting media power: Alternative media in a networked world*(pp. 3-15). Lanham, MD: Rowman and Littlefield.

de Certeau, M.(1984). *The practice of everyday life.* Berkeley: University of California Press.

Dahlgren, P.(2000). Media, citizenship and civic culture. In J. Curran & M. Gurevitch(eds.), *Mass media and society*(pp. 310-328). London: Arnold.

Dickinson, R.(1997). *Imprinting the sticks: The alternative press outside London.* Aldershot, UK: Arena.

Downing, J.(1984). *Radical media: The political experience of alternative communication.* Boston: South End Press.

Downing, J.(1988). The alternative public realm: The organization of the 1980s anti-nuclear press in West Germany and Britain. *Media, Culture and Society, 10*, 163-181.

Downing, J., Ford, T. V., Gil, G., & Stein, L.(2001). *Radical media: Rebellious communica-tion and social movements.* Thousand Oaks, CA: Sage.

Downing, J.(2002). Independent media centres: A multi-local, multi-media challenge to global neo-liberalism. In M. Raboy(ed.), *Global media policy in the new millen-*

nium(pp. 215–232). Luton, Germany: Luton University Press.

Downing, J.(2003). Audiences and readers of alternative media: The absent lure of the virtually unknown. *Media, Culture and Society, 25*(5), 625–645.

Enzensberger, H. M.(1976). Constituents of a theory of the media. In *Raids and reconstructions: Essays on politics, crime and culture*(pp. 20–53). London: Pluto Press.

Fiske, J.(1992a). The cultural economy of fandom. In L. A. Lewis(ed.), *The adoring audience: Fan culture and popular media*(pp. 30–49). London: Routledge.

Fiske, J.(1992b). British cultural studies and television. In R. C. Allen(ed.), *Channels of discourse, reassembled*(2nd ed.; pp. 284–326). London: Routledge.

Forde, S., Foxwell, K., & Meadows, M.(2003). Through the lens of the local: Public arena journalism in the Australian community broadcasting sector. *Journalism: Theory, Practice and Criticism, 4*(3), 314–335.

Fraser, N.(1992). Rethinking the public sphere: A contribution to the critique of actually existing democracy. In C. Calhoun(ed.), *Habermas and the public sphere*(pp. 109–142). Cambridge, MA: MIT Press.

Freeman, J.(1972). The tyranny of structurelessness. *Berkeley Journal of Sociology, 17,* 151–164.

Freire, P.(1970). *Pedagogy of the oppressed.* New York: Continuum.

Frith, S.(1996). *Performing rites: Evaluating popular music.* Oxford: Oxford University Press.

Glasgow University Media Group.(1976). *Bad news.* London: Routledge and Kegan Paul.

Gudmundsson, G., Lindberg, U., Michelsen, M., & Weisethaunet, H.(2002). Brit crit: turning points in British rock criticism, 1960–1990. In S. Jones(ed.), *Pop music and the press*(pp. 41–64). Philadelphia: Temple University Press.

Gumucio Dagron, A.(2001). *Making waves: Stories of participatory communication for social change.* New York: Rockefeller Foundation.

Haas, T.(2004). Alternative media, public journalism and the pursuit of democratization. *Journalism Studies, 5*(1), 115–121.

Hackett , R. A., & Carroll, W. K.(2006). *Remaking media: The struggle to democratize public communication.* New York: Routledge.

Hall, S., Critcher, C., Jefferson, T., Clarke, J., & Roberts, B.(1978). *Policing the crisis: Mugging, the state, and law and order.* London: Methuen.

Hamilton, J. W.(2000). Alternative media: Conceptual difficulties, critical possibilities. *Journal of Communication Inquiry, 24*(4), 357–378.

Hamilton, J. W.(2003). Remaking media participation in early modern England. *Journalism: Theory, Practice, Criticism, 4*(3), 293–313.

Hamilton, J. & Atton, C.(2001). Theorizing Anglo-American alternative media: Toward a contextual history and analysis of US and UK scholarship. *Media History, 7*(2), 119–135.

Harcup, T.(2003). "The unspoken — said": The journalism of alternative media. *Journalism: Theory, Practice, Criticism, 4*(3), 356–376.

Harcup, T.(2006). The alternative local press. In B. Franklin(ed.), *Local journalism and local media: Making the local news*(pp. 129–139). London: Routledge.

Hartley, J.(2000). Communicative democracy in a redactional society: The future of journalism studies. *Journalism: Theory, Practice and Criticism, 1*(1), 39–48.

Huesca, R.(1995). A Procedural view of participatory communication: Lessons from Bolivian tin miners'radio. *Media, Culture and Society, 17*(1), 101–119.

Jakubowicz, K.(1991). Musical chairs? The three public spheres in Poland. In P. Dahlgren & C. Sparks(eds.), *Communication and citizenship: Journalism and the public sphere in the new media age*(pp. 155–175). London: Routledge.

Jankowski, N. W.(1991). Qualitative research and community media. In K. B. Jensen & N. W. Jankowski(eds.), *A handbook of qualitative methodologies for mass communication research*(pp. 163–174). London: Routledge.

Jensen, K. B.(1991). Introduction: The qualitative turn. In K. B. Jensen & N. W. Jankowski (eds.), *A handbook of qualitative methodologies for mass communication research*(pp. 1–11). London: Routledge.

Kidd, D.(2003). Indymedia.org: A new communications commons. In M. McCaughey & M. Ayers(eds.), *Cyberactivism: Online activism in theory and practice*(pp. 47–70). New York: Routledge.

Kim, E.-G., & Hamilton, J. W.(2006). Capitulation to capital? *OhmyNews* as alternative media. *Media, Culture and Society, 28*(4), 541–560.

Kurtz, H.(2003). "Webloggers", signing on as war correspondents. *Washington Post, 23* March.

Landry, C., Morley, D., Southwood, R., & Wright, P.(1985). *What a way to run a railroad: An analysis of radical failure*. London: Comedia.

Lefebvre, H.(1991). *Critique of everyday life. Vol. I: Introduction*. Translated by J. Moore. London: Verso(Original work published 1947).

Lowrey, W.(2006). Mapping the journalism-blogging relationship. *Journalism: Theory, Practice, Criticism, 7*(4), 477–500.

Mathes, R., & Pfetsch, B.(1991). The role of the alternative press in the agenda-building process: Spill-over effects and media opinion leadership. *European Journal of Communication, 6*, 33–62.

Melucci, A.(1995). The new social movements revisited: Reflections on a sociological misunderstanding. In L. Maheu(ed.), *Social movements and social classes: The future of collective action*(pp. 107–119). London: Sage.

Melucci, A.(1996). *Challenging codes: Collective action in the information age*. Cambridge: Cambridge University Press.

Mouffe, C.(1992). Democratic citizenship and the political community. In C. Mouffe(ed.), *Dimensions of radical democracy: Pluralism, citizenship, community*(pp. 225-239). London: Verso.

Negt, O., & Kluge, A.(1972/1983). The proletarian public sphere. Translated from the German by S. Hood. In A. Mattelart & S. Siegelaub(eds.), *Communication and class struggle, Vol. 2: Liberation, socialism*(pp. 92-94). New York: International General.

Nelson, E.(1989). *The British counter-culture, 1966-1973: A study of the underground press*. London: Macmillan.

Norris, P.(1999). *Critical citizens: Global support for democratic governance*. Oxford: Oxford University Press.

O'Connor, A.(ed.).(2004). *Community radio in Bolivia: The miners' radio stations*. Lewiston, NY: Edwin Mellen Press.

O'Loan, S., Poulter, A., & McMenemy, D.(2005). *The extent of sectarianism online*. Retrieved February 10, 2006, from http://www.cis.strath.ac.uk/research/lic/downloads/TESO_Full_04-05.pdf

Pilling, R.(2006). Local journalists and the local press: Waking up to change? In B. Franklin(ed.), *Local journalism and local media: Making the local news*(pp. 104-114). London: Routledge.

Platon, S., & Deuze, M.(2003). Indymedia journalism: A radical way of making, selecting and sharing news? *Journalism: Theory, Practice and Criticism, 4*(3), 336-335.

Rodriguez, C.(2000). *Fissures in the mediascape: An international study of citizens' media*. Cresskill, NY: Hampton Press.

Rodriguez, C.(2003). The bishop and his star: Citizens' communication in southern Chile. In N. Couldry & J. Curran(eds.), *Contesting media power: Alternative media in a networked world*(pp. 177-194).

Lanham, *MD*: Rowman and Littlefield.

Ross, K.(2006). Open Source? Hearing voices in the local press. In B. Franklin(ed.), *Local journalism and local media: Making the local news*(pp. 232-244). London: Routledge.

Sampedro Blanco, V. F.(ed.).(2005). *13-M: Multitudes on-line*. Madrid: Catarata.

Waltz, M.(2005). *Alternative and activist media*. Edinburgh: Edinburgh University Press.

Whitaker, B.(1981). *News limited: Why you can't read all about it*(Minority Press Group Series No. 5). London: Minority Press Group.

Williams, R.(1980). Means of communication as means of production. In *Problems in materialism and culture: Selected essays*(pp. 50-63). London: Verso.

20_
언론법과 규제

염규호

서론

미디어 법 또는 보다 일반적으로는 매스커뮤니케이션 법으로 알려진 언론법의 핵심은 언론자유를 어떻게 확보할 것인가에 있다. 언론은 무엇일까. 무엇이 언론을 자유롭게 혹은 자유롭지 못하게 하는 것일까. 언론자유를 보장해야 하는 이유는 무엇이며 자유로운 언론은 무엇을 해야 하는가. 언론법의 경계를 확정할 때 정부는 이러한 질문을 고려한다. 역사적으로 보았을 때 사회의 실질적인 기관으로서 언론은 개인과 사회 및 정치 전반에 영향을 미쳤다. 언론법은 이러한 영향력 증가와 무관하지 않다. 매스미디어를 둘러싼 테크놀로지의 진화 역시 언론법이 복잡해지는 데 기여했다. 그렇다면 현 상황에서 언론법은 어떻게 변할까. 지금 우리에게 중요한 것은 국제적·비교법적인 관점에서 언론법을 둘러싼 그간의 연구를 성찰하는 일이다. 이러한 성찰을 통해 우리는 언론법의 현재와 미래를 더 잘 이해할 수 있다.

일반적으로 언론자유는 표현의 자유와 관련해 논의된다. 언론법의 이론적 토대가 표현의 자유에 포함되는 한 부분으로 인식되는 것은 이 때문이다 (Brendt, 2005). 그러나 언론자유와 표현의 자유는 명백히 다르다. 언론자유는 정부의 통제로부터 제도화된 언론의 독립성을 확보하는 것(Merrill, 1989, p. 35)인 반면 표현의 자유는 정부의 간섭을 받지 않고 개인이 원하는 말을 하고 출판할 수 있는 자유를 의미한다. 언론자유는 따라서 대부분 제도적 관점에서 분석되어 왔다(Barron, 1973).

제도적 관점의 언론자유는 언론사 소유주나 편집간부로부터 저널리스트 개인이 누리는 자율성과는 다르다(Merrill, 1989, p. 34). 물론 일부 학자들은 언론사주로부터 저널리스트의 저널리즘 행위를 보호할 수 있는 법적 장치가 필요하다고 주장한다. 그러나 자유주의 언론 체제에서 언론자유를 저널리스트 개인의 자유로 인식하는 경우는 거의 없다(Gibbons, 1992). 민주주의 또는 입헌군주제를 택하는 모든 국가는 자국 체제에 맞는 일련의 언론법을 갖고 있다. 또한 미디어 관련법은 각 사회의 정치적·사회문화적 가치를 반영하고 있으며 언론자유와 다른 가치가 충돌할 때 이를 토대로 균형을 찾는다. 일부 국가는 언론을 직접 겨냥한 특별법을 제정하지만 다른 국가에서는 간접적으로 규정한다. 헌법을 통해 언론자유를 보장한 경우도 있고 그렇지 않은 경우도 있다. 그러나 어떤 경우라도 한 국가의 미디어 법은 헌법을 통한 보장이나 혹은 특별한 언론상(像)이 아닌 특정한 정치 철학에 근거를 두고 있다(Lahav, 1985).

자유로운 언론의 전통, 문화, 규범은 모두 언론법에 영향을 미칠 수 있다. 하지만 초기 언론법 저서를 쓴 저자들조차 19세기 프랑스와 독일의 언론법에 대해 논평하면서 "개별 나라에서 불만의 대상은 언론법 자체라기보다는 언론법 시행에 있다. 언론자유의 중심적인 대원칙은 사전 제약으로부터의 자유를 의미하며, 이 대원칙은 도전받지 않고 있다"고 진술하고 있다 (Fisher & Strahan, 1891, p. 204).

다른 법과 마찬가지로 언론법 역시 고정되어 있기보다는 유동적이다. 뉴스를 보도하고 편집하고 전송한다는 측면에서 보았을 때 저널리즘의 구조와 실천 방식은 변하고 있다. 인터넷 커뮤니케이션 혁명을 통해 이제 컴퓨터를 가진 누구라도 지구상에 흩어져 있는 잠재적 독자와 실시간으로 소통한다. 블로거와 시민기자가 주도하는 '뉴' 저널리즘은 이미 '올드' 저널리즘과 언론법에 도전하고 있다(Gant, 2007).

언론법의 전환 과정은 단순한 기술 변화를 넘어선다. 미디어 법안의 글로벌 확산도 이 과정에 깊숙이 개입했다(Winfield, 2006). 국제법 및 비교법은 언론자유를 이해하는 사고의 틀을 더욱 풍부하게 만들었다. 그러나 문화를 초월하는 미디어 법의 모델을 이끌어내는 것은 여전히 힘겨운 일이다. 근본적으로 국가별 차이가 불가피한 미디어 법은 결국 다른 국가에는 적용될 수 없는 것일까. 그렇지 않으면 지구화에 맞추어 미디어법이 초국가적 양상(Price, 2002, p. 66)을 띠게 됨에 따라 향후 개별 국가의 차이는 큰 의미가 없어질까.

미국의 미디어 법은 여전히 다른 국가에도 영향을 미치는 것으로 보인다. 이것은 미국의 미디어 법이 다른 국가보다 더 우월해서가 아니라 권리로서 표현의 자유 및 언론자유에 대한 미국의 경험이 특별히 풍부하기 때문이다(Smolla, 1992). 그러나 앞으로는 국제 사회에 대한 미국의 영향력은 줄어들 것으로 예상된다. 미국의 텔레커뮤니케이션 정책 전문가인 테 ^{Herbert Terry}는 2007년 8월 "기본적으로 개별 국가의 미디어 법은 점차 후퇴하고, 실질적인 초국가적 미디어 법안이 확대될 것이며, 이러한 확대는 지난 200년간 미국이 추구해온 표현의 자유에 대한 기존의 접근 방법에 대해 근본적인 도전이 될 것"이라고 논평했다(Terry, 2007).

이러한 생각들을 염두에 둔 가운데 언론법의 역사적 맥락, 이 법이 관련 연구에 미친 영향, 방법론적인 문제들, 독립된 연구 분과로서의 언론법의 위상 그리고 언론법을 둘러싼 핵심 논점은 무엇인지 논의해보자.

역사적 맥락: 학계 및 언론계의 이해관계

언론 및 표현의 자유과 관련된 연구와 강의는 미국에서 아주 중요하게 다루어져 왔다. 언론학 교수 말러(Charles Marler, 1990, p. 179)는 아래와 같이 지적했다.

미국의 수정헌법 제1조에 대한 연구는 본능적으로 나쁜 뉴스, 비판 및 반대자를 통제하고 싶은 인간의 본능과 관련되어 있다. 이런 배경에서 이에 대한 연구를 계기로 언론법 분야에서 전문성을 쌓은 법률가들은 지난 세기 중 가장 역동적인 저널리즘 교육자들로 등장했다.

그러나 다른 법 분야와 비교해 보았을 때 미국에서도 언론법은 저널리즘과 매스커뮤니케이션 학자 및 현업 경험자를 위한 비교적 새로운 전문 분야였다. 미국의 매스커뮤니케이션 법 교육 역사는 19세기말 및 20세기 초의 저널리즘 교육과 보조를 맞추며 나아갔다(Sutton, 1945).

패터슨James Paterson이 1880년에 발간한 『언론, 연설, 예배의 자유The liberty of the Press, Speech, and Public Worship』는 언론자유에 초점을 맞춘 최초의 저서였다. 뒤이어 1888년에는 메릴Samuel Merrill이 쓴 『신문의 명예훼손Newspaper Libel』, 1891년에는 피셔Joseph Fisher와 스트라한James Strahan의 『언론법The Law of the Press』이 나왔다. "언론법에 대한 명확한 개념"(Swindler, 1947)이 이들 저서를 통해 자리 잡았으며, 신문의 급속한 팽창과 옐로 저널리즘의 진화에 따라 널리 알려졌다.

언론법이 법 영역에서 독자적인 지위를 얻은 시기는 1920년대였으며, 오리건 주립대학교 로스쿨의 헤일William Hale 학장이 쓴 『언론법The Law of the Press』은 『신문법Newspaper Law』(Loomis, 1924) 및 『신문법The Law of the Newspapers』

(Arthur & Crosman, 1928)과 함께 이 때 출간되었다. 1940년대 후반에 이르기까지 헤일 학장이 1923년 쓴 『언론법』은 이 분야의 대표작이었다. 그는 이 책을 쓰게 된 배경을 다음과 같이 밝히고 있다(Hale, p. iii).

> 명예훼손에 국한된 것은 아니지만 언론법과 관련한 지적 작업은 팸플릿 몇 개와 간략한 책 한두 권이 전부였다. 미국 학자가 쓴 책과 달리 패터슨의 『언론, 연설, 예배의 자유』는 가장 포괄적이고 전문적인 작업이었다. 그러나 이 책은 1880년대에 출판된 것으로 지금은 찾아볼 수 없다. 게다가 오늘날 미국의 상황에 적용하기에는 무리다.

영미 미디어 법에서 핵심은 언론자유였다. 따라서 언론자유에 대한 이론적 틀과 개념을 정교화하는데 있어 두드러진 역할을 한 것은 다수의 법학자들이었다. 하버드대학교의 법학과 교수 채피Zechariah Chafee는 1919년에 「전시戰時 표현의 자유Freedom of Speech in Wartime」라는 글을 발표했는데, 이 글은 1920년대에 가장 논란의 중심에 섰던 『연설의 자유』(1920)로 이어졌다. 〈언론자유에 관한 허친스 위원회〉에도 참가했던 채피는 또한 1947년에 언론과 정부의 관계에 대한 탁월한 연구도 내놓았다(Chafee, 1947).

표현의 자유 및 수정헌법 1조의 언론 조항을 재점검함으로써 언론자유를 이론화하는 데 중대한 기여를 한 언론을 전공하지 않은 학자들도 많다. 예컨대 철학자인 마이클존(Meiklejohn, 1948)은 비정치적 발언의 경우 규제 대상이 될 수 있지만 정치적 표현은 수정헌법을 통해 절대적으로 보호되어야 한다는 의견을 제기했다. 그러나 맥체스니(McChesney, 2004)의 지적처럼 마이클존 식의 보호되어야 할 표현과 그렇지 않은 표현에 관한 이론이 상업 언론에도 적용되어야 하는지는 분명하지 않았다. 역사학자 레비Leonard Levy는 『억압의 유산Legacy of Suppression』(1960)이라는 도전적이고 수정주의적인 책을 통해 수정헌법 제1조는 선동적 명예훼손죄seditious libel를 명백하게 부정하는 것이라는 당시의 보편적 견해에 이의를 제기했다.

언론법이 저널리즘과 매스컴 분야는 물론 법학 분야에서 뚜렷한 전공과목으로 부각된 것은 1960년대 후반과 1970년대 초반이었다. 교육에서 미국 언론법의 '현대적 시점'은 1960년에 시작되었다. 말러(Marler, 1990, p. 183)는 이 시기를 "새로운 커뮤니케이션 법이 나타남에 따라 법학자들이 후학과 미디어 종사자들의 올바른 미디어법 해석과 적절한 사용을 위해 연구와 저술 및 강의 책임을 떠맡기 시작한 때"라고 서술했다. 미네소타대학교의 언론학 교수였던 길모어Donald Gillmor와 조지워싱턴대학교의 법학교수 배런Barron은 1969년에 신규 사례 연구를 다룬 『매스커뮤니케이션법Mass Communication Law』을 발간했다. 위스콘신대학교 언론학 교수였던 넬슨Harold Nelson과 티터Dwight Teeter도 같은 해 『매스커뮤니케이션법The Law of Mass Communication』을 내놓았다. 이들 두 권의 책은 독립된 학문 분과가 된 저널리즘과 매스커뮤니케이션이 미디어법과 관련해 새로운 개념과 참고문헌이 필요하던 시점에 등장했다.

1973~1989년까지 언론학계의 저명한 학술지 『계간 저널리즘』의 편집장이던 스템펠 3세(Guido Stempel III, 1990, p. 280)에 의하면 이 기간 동안 미디어법과 관련한 연구가 꾸준히 증가했다. 웨스트로Westlaw와 렉시스Lexis와 같은 컴퓨터를 이용한 데이터베이스가 등장하고 미네소타, 사우스 일리노이, 위스콘신대학교에서 언론학 박사과정이 개설된 것이 배경이었다.

미국 학계와 현장에서 언론 및 미디어 법이 결정적 전환기를 맞게 된 계기는 1977년 1월부터 뉴스레터 형식으로 매주 발간된 『미디어 법 보고서Media Law Reporter』라고 볼 수 있다. 이 잡지는 미디어에 영향을 주는 법원의 중요 결정이 급증하면서 생겨난 교육자, 언론인, 법조인들의 정보 수요를 충족시켜 주었다. 미국 매스커뮤니케이션 법에서 이 잡지는 가장 종합적인 내용을 포함했으며, 미국 커뮤니케이션법 시험 준비에 필독해야 할 자료다(Rambo, 1990).

언론법이 등장한 초기부터 국제적·비교적 관점에서 언론자유에 관한 법을 이해하려는 노력 역시 단순한 호기심 차원에 그치지 않았다. 대략 50여개 국가의 언론법을 정리한 『해외의 언론법*The Press Law of Foreign Countries*』은 1926년에 발간되었다. 책 발간에는 전 세계의 언론법과 관련한 가장 최근 사례를 수집하려던 영국 외무성의 역할이 컸다. 328쪽에 달했던 이 책은 미디어 종사자들을 대상으로 한 것으로, 법조인을 위한 언론법 전문 안내서는 아니었다(Shearman & Rayner, 1926). 샤프*Eugene Sharp*이 1936년에 발간한 『60개국의 검열 및 언론』 역시 마찬가지로 유용하다.

비교 미디어법의 분야에서 보면 가장 선도적인 작업으로는 보스턴대학교의 법학교수인 라하브*Pnina Lahav*의 『근대 민주정치의 언론법*Press Law in Modern Democracies*』(1985)이 있다. 라하브는 일본과 이스라엘을 포함해 서구 민주주의 8개국의 언론 체계를 비교했으며, 권리로서의 언론자유를 둘러싼 몇 가지 질문을 다음과 같이 제기했다.

- 무엇이 언론을 '자유'롭게 만드는가.
- 헌법에서 언론자유를 명시하지 않은 국가에서도 자유언론은 존재할 수 있는가.
- 한 사회는 언론의 특권과 의무를 명확하게 밝히는 법규를 채택하면서도 여전히 '자유'로운 언론을 보장할 수 있는가.
- 검열 제도 아래서도 언론은 '자유'로울 수 있는가.
- 반론권과 같은 법률 채택을 통해 정부는 편집 재량권에 개입할 수 있는가 그리고 이 경우 여전히 자유로운 언론을 유지할 수 있는가.
- 정부 관료로부터 명예훼손 소송에 휘말린 상황에서도 여전히 언론은 정부에 대한 감시견 기능을 수행할 수 있는가.

언론법 그리고 언론법이 언론 연구에 미친 영향

영국 식민지 시대였던 1735년의 젱거Zenger 사례를 비롯해 법원은 다양한 언론 관련 판결을 했고, 이는 미국 언론법의 뿌리가 되었다. 젱거 사건은 미국 사회가 언론자유를 보장하는 일종의 권리장전을 요구하는 선례였다. 사전 제약 또는 검열이 없는 상태를 언론자유라고 규정한 18세기 영국 출신의 법률가 블랙스톤William Blackstone 역시 큰 영향을 미쳤다. 미국에서 언론법과 관련한 연구가 보다 체계적으로 발전한 계기는 미국 대법원의 기념비적 사례였던 니어 대 미네소타Near v Minnesota 판결이었다(283 U. S. 697, 1931). 이 판결은 미국 역사상 처음으로 정부에 의한 사전 검열을 수정헌법 제1조와 관련지어 다룬 사건이었다.

언론법 초기 명예훼손은 저널리즘 연구와 교육에서 핵심 주제였다. 물론 법정모독죄와 저작권 등도 다루어지긴 했다. 1923년에 발간된 헤일Hale의 책 내용 중 거의 절반은 명예훼손에 대한 것이었고, 나머지는 사생활 침해, 뉴스취재 관행 그리고 광고를 다루었다.

당시의 언론법은 또한 미리 무엇을 규정해 주기보다는 사건이 생긴 이후에 필요한 해석일 경우가 대부분이었다. 그러나 워렌Samuel Warren과 브랜다이스Louis Brandeis가 1890년에 쓴 「사생활을 누릴 권리The Right to Privacy」라는 법률 논문은 이런 흐름에 예외적인 것이었다. 보스턴에서 일했던 이 두 변호사는 당시 이 글을 통해 사생활 침해를 새로운 형식의 민사소송 대상으로 보아야 한다고 제안했다. 미국의 프라이시법은 이 글을 계기로 자리 잡았고, 실질적이고 개념적인 측면에서 이 글의 영향력은 미국 밖으로도 확산되었다. 현재 프라이버시는 국제 사회 및 해외 언론법에서도 보편적인 권리의 하나로 받아들여지고 있다(Tugendhat & Christie, 2002).

미국 언론법의 발전기였던 1944~1968년까지 언론자유에 관한 많은 중요한 대법원 판결이 이루어졌다. 당시의 판결 중에는 명예훼손과 관련된

'『뉴욕 타임스』대 설리반 사건(New York Times v Sullivan, 376 U. S. 254, 1964)', 프라이버시와 관련된 '『타임』대 힐 사건(*Time* v Hill, 385 U. S. 374, 1967)', 언론자유와 공정 재판에 관한 '세퍼드와 맥스웰 판결(Sheppard v Maxwell, 384, U. S. 333, 1966)' 등이 있다. 그 밖에 음란물을 다룬 '로스 대 미정부 사건(Roth v U. S. 354 U. S. 476, 1957)', 인격모독에 관한 '펜캠프 대 플로리다 사건(Pennekamp v Florida, 328 U. S. 331, 1946)' 그리고 언론 배포 를 둘러싼 'AP 대 미국 정부 사건(Associated Press v U. S. 326, U. S. 1, 1945)'이 있다. 상당수의 미디어 관련 소송이 연방과 주정부 차원의 하급 법 원에서 진행되었으며, 이를 계기로 언론법 학자들은 방송과 광고를 보다 심 층적으로 연구했다.

사전 규제 같은 전통적인 언론법의 주제들 역시 여전히 많은 학자들의 관심을 끌었다. 표현의 자유에서 사전검열 문제를 분석한 예일대학교의 에 머슨Thomas Emerson교수(1970, p. 504)는 그중에서도 대표적인 인물이다. 이 분 야의 고전으로 알려진 글을 통해 그는 이렇게 설명하고 있다.

출판물이 발간되기 전 정부는 특정 발언이나 표현을 제한할 수 없다. 이는 해 당 표현을 처벌할 수 있는지 또는 어느 정도의 처벌을 가할 수 있는 지와는 무관한 것으로, 단지 표현에 대한 정부 통제의 한계를 말한다. 물론 해당 표현 이 나중에 처벌 대상이 될 수도 있고 다른 방식으로 제한될 수는 있지만 근본 적으로 사전 규제 방식을 통한 제약은 이루어질 수 없음을 의미한다.

미국법 내에서 언론자유에 대한 종래의 부정적 개념 또한 눈에 띄게 도 전받았다. 예를 들어 조지 워싱턴대학교의 배런Jerome Barron교수(1967)는 수정 헌법을 근거로 언론에 대한 접근권access rights이 새로운 권리로 인정되어야 한 다는 제안으로 눈길을 끌었다. 배런(2007, p. 938)은 혁신적 시각에서 수정 헌법 제1조를 집필하던 당시 상황을 다음과 같이 회상했다. "공적 검열과 마찬가지로 민간 검열도 억압적이며 피해가 광범위하다. 당시 내가 기술 발전과 미디어 독과점으로 인해 등장한 사적 장애물이 표현을 제약할 무서운 가능성에 대해 주의를 환기시키려 했던 것만은 아니다. 내가 주장했던 것은 실제로 존재하는 민간 검열에 대해 법이 대응해야 한다는 것이었다." 그러나 배런의 이 같은 접근권 주장은 '『마이애미 헤럴드』 대 토닐로 사건'에 대한 미국 대법원 판결을 통해 거부되었다(Miami Herald Publishing Co. v Tornillo, 418 U. S. 241, 1974).

미국법에서는 정치인을 제외한 일반인은 언론에 대한 접근권을 거의 누리지 못했다. 그러나 외국에서는 반론권right of reply 보장을 통해 국민이 미디어에 참여할 수 있도록 허용하고 있다(Youm, 2008). 〈정정보도를 위한 국제적 권리에 관한 유엔 협약〉은 반론권을 인정한 국제조약이었다. 프랑스가 발의한 정정보도의 권리는 정부 관료의 권리를 보장하기 위한 것으로 민간인을 위한 것은 아니다. 현재까지 20여개 국가가 이 협약을 비준했다.

〈미주인권협약〉과 〈유럽인권협약〉 등 2개의 지역 협약도 반론권을 인정하고 있다. 1974년 이후 유럽의회와 EU는 국내방송은 물론 국가 간 방송을 상대로 한 반론권을 인정한 다양한 국제 합의와 결의안을 채택했다. 반론권은 최근 온라인상의 사실 관계에 기반한 주장에 대해서도 확대 적용되고 있다. 유럽의 많은 국가들이 개인 또는 집단적 반론권을 보장하고 있는 점에서 반론권은 근본적으로 표현의 자유와 충돌하지 않는다는 것이 증명되었다.

반론권은 국가별로 다양한 모습을 가진다. 비교적 소수의 국가에서 반론권이 헌법적 권리로 명시되어 있지만 많은 국가의 경우 법이 정한 바에 따른다. 반론권을 가장 강력하게 지지하는 국가로는 프랑스와 독일을 들 수 있다. 일찍이 19세기부터 이들 국가에서 반론권은 법적 의무였지만 다른 국가에서는 명예훼손을 당한 개인이 명예를 훼손한 미디어에 대응하기 위한 목적으로 20세기 초중반에 도입되었다. 남미, 유럽, 아시아, 아프리카 등의 반론권을 보장하는 많은 나라에서 이 권리의 적용은 평판 또는 개인적 이해관계의 손상 여부에 따라 결정된다.

지난 40년간 미국의 대법원은 언론법이 일찍부터 뿌리를 내릴 수 있도록 기여했다. 법원은 언론법을 적절하게 적용하거나 조금씩 조정했고, 언론 자유에 대한 헌법적 법률을 제정하기도 했다. 1969년 이래 대법원의 판결에 따라 결정된 주요 사안들에는 사전검열, 언론인의 특권, 정보원 공개, 공정 보도 원칙, 반론권, 광고, 저작권, 학생신문의 자유, 정보의 자유, 음란성, 방송의 미풍양속 훼손, 케이블 규제, 인터넷 커뮤니케이션 등이 있다.

미국 미디어법에서 가장 최근의 중요한 법원 판결은 상업적 목적의 표현과 관련되어 있다. 미국 대법원이 1940년 판결을 통해 거부했던 상업적 표현에 관한 수정헌법의 예외조항은 1970년대 중반 뒤집혔다. 대법원이 이렇듯 판결을 번복한 것은 순수하게 상업적 광고라 할지라도 '정보의 자유로운 유통'에 대한 소비자의 권리를 보장하기로 했기 때문이다('버지니아 주 제약 이사회 대 버지니아 시민소비자총회, 425 U. S. 748, 1976').

알 권리 차원에서 정보에 접근할 수 있는 권리 역시 표현과 언론자유와 연관된 개념으로 널리 인정되고 있다(Mendel, 2008). 그러나 미국에서 취재 업무를 위해 정보공개법FOI law 을 정기적으로 활용하는 기자는 소수에 불과하다. 정보공개법이 당초 취지와는 달리 현장에서 거의 이용되지 않고 있는 것은 체계적으로 연구해볼 만한 가치가 있다. 게다가 이 법의 이론과 실제 사이에 존재하는 괴리가 다른 국가에서도 발견되고 있는지를 살펴볼 필요도 있다. 외국인이 미국의 연방 정보공개법을 제대로 이용하고 있는지에 대한 관심도 거의 없다. 이 때문에 이 문제는 양적 방법이든 질적 방법이든 연구에 좋은 기회를 제공한다.

전 세계 70여 개국에서 권리로 인정되는 정보공개법과는 달리 정부의 공식 모임에 참석할 수 있는 권리 즉 '햇빛 법sunshine laws'을 보장하는 경우는 거의 없거나 아주 드물게 있을 뿐이다. 미국은 1976년 이후 회의 공개와 관련한 법을 가진 극소수 국가 중의 하나다. 대부분의 경우 기자, 법조인, 국회의원은 국민이 정부기관의 회의에 참석할 수 있는 권리를 가져야 하는지에 대해 대체로 무관심했다. 언론법을 배우는 학생들과 학자들은 이 햇빛 법에 대해 왜 모든 세계가 무관심했는지 설명할 필요가 있을 것이다.

지구화하는 미디어가 등장하면서 언론법 분야에서도 일련의 도전이 제기되었고, 학자들은 물론 미디어 법률가들도 모두 이러한 변화에 주목하고 있다. 『국제 미디어 및 엔터테인먼트 관련법 저널Journal of International Media and Entertainment Law』 편집장을 맡고 있는 법학교수 콜러David Kohler는 다음과 같이 말했다.

> 미디어와 엔터테인먼트 산업은 진정한 의미에서 지구화되었다. 그간 수익의 대부분을 미국에서 거두어 들였던 다수의 회사들은 이제 성장을 위해 해외 시장에 주목한다. 이들 산업을 대변하던 변호사들은 이제 미국의 법률 시스템만이 아니라 이들의 생산물을 소비하는 개별 국가의 법에 대해서도 알아야 한다. 신기술의 발달로 인해 지리적 경계를 넘어 전 세계적 유통이 훨씬 쉬워진 이 시대를 맞아 국내 소비를 목적으로 생산된 상품도 쉽게 국제 사회로 전파된다.

지금까지 미국 대법원이 외국 법원의 미디어법 판결의 적용, 관할권, 법적 선택 등과 관련한 문제에 직접적으로 부딪친 경우는 없다. 일부 하급 법원에서는 해외에서 명예훼손이나 다른 이유 등으로 고소당한 미국 언론을 대상으로 수정헌법 제1조의 권리를 판결한 사례는 있다. 각국 미디어 법의 근간이 되는 윤리적 토대를 보다 잘 이해할 필요가 있는 인터넷 시대를 맞아 언론학자와 현업에 있는 기자들은 이 문제에 보다 자주 부딪히게 될 것으로 보인다(Glasser, 2006, p. xvi). 지금까지 국제적·비교적 관점의 미디어 법 연구는 간헐적이었고 깊이도 없었다. 게다가 국제법과 비교법학 연구는 중요한 학술적 관심사로 떠오르지도 않았다(Reimann & Zimmermann, 2006). 그러나 최근 이 문제에 관심을 가진 학자들과 미디어 종사자가 늘고 있다. 예를 들어 영국의 대표적인 미디어법 연구자인 바렌트Eric Barend와 동료들은 국제적 비교의 관점에서 표현 및 언론자유를 조사하기도 했다. 그의 책『표현의 자유Freedom of Speech』(2005)는 〈유럽인권협약ECHR〉, 잉글랜드 및 웨일스, 미국, 프랑스, 독일과 호주에서 표현의 자유를 둘러싸고 어떤 연구가 진행되었는가를 잘 정리했다. 유사한 중요 사례로는 런던에서 수행한 제10조 연구 및 출간 그리고 다른 표현의 자유를 옹호하는 기관에서 발표한 것들이 있다. 이들 연구는 비교 미디어 법에 대해 "결함 있는 정보에 관한 과학a science of defective information"이라는 점을 지적했다. 이와 함께 제19조의 언론법 및 실행(Coliver, 1993)은 미국, 캐나다, 호주뿐만 아니라 유럽 8개국(오스트리아, 프랑스, 독일, 네덜란드, 노르웨이, 스페인, 스웨덴, 영국)에서 언론자유가 다른 사회적·개인적 이익과 어떻게 비교되는지를 점검해 유익한 정보를 보여주고 있다.

미디어 법을 둘러싼 특별한 주제를 다룬 몇 편의 논문도 발표된 바 있다. 책 분량에 달하는 논문에서 가장 많이 주목받은 주제는 명예훼손과 프라이버시였다. 영국의 대표적인 명예훼손 전문 변호사인 카터-럭이 1952년에 쓴 『카터-럭의 명예훼손죄』(Carter-Ruck & Starte, 1997)는 그중에서도 가장 뛰어난 작업으로 명예훼손에 관한 국제법과 60여 개국의 국내법을 다루고 있다. 『국제 프라이버시, 퍼블리시티 그리고 인격권에 관한 법률』(Henry, 2001)도 주목할 만한 연구로서 홍콩을 비롯해 29개국의 프라이버시 관련법을 자세하게 서술했다. 〈블룸버그 뉴스〉의 법률 자문위원인 글래서Charles Glasser가 2006년에 쓴 『국제적 명예훼손과 프라이버시 핸드북』(Glasser, 2006)도 이 분야에서 빼 놓을 수 없는 작업이다. 이 책은 미국법을 분석틀로 활용한 단점에도 불구하고 명예훼손, 프라이버시 그리고 관련 이슈에 관해 19개국의 사례를 폭넓게 조사하고 있다.

영미권 및 유럽 국가가 아닌 개별 국가의 미디어 법을 다룬 책도 꾸준히 증가하고 있다. 그중에서도 가장 활발히 연구하는 기관으로는 싱가포르에 있는 〈아시아 미디어 정보 및 커뮤니케이션 센터Asian Media Information and Communication Center〉가 있다. 이 센터는 1990년대 초반부터 방글라데시, 인도, 인도네시아, 말레이시아, 네팔, 파키스탄, 필리핀, 싱가포르, 스리랑카, 태국 등 10개국의 미디어 법에 관한 책을 발간해왔다. 동남아 및 남아시아 국가의 미디어 법 및 언론의 책임성과 전문직주의에 대한 관심이 지속적으로 증가함에 따라 일군의 학자들이 상호 협력을 통해 이 작업을 진행시켜 왔다 (Carlos, 2006). 1990년대 중반 이후 몇몇 저널리즘 및 법학 전문가를 중심으로 개별 국가에 대한 사례를 다룬 연구도 축적되기 시작했다. 중국, 홍콩, 한국 등이 주로 연구 대상국이었다(Fu & Cullen, 1996; Weisenhaus, 2007; Youm, 1996). 이런 연구는 국제법 및 비교법학에 관심을 가진 학자들에게 필수적인 자료를 제공할 수 있기 때문에 개별 국가의 미디어 법에 대한 연구의 필요성도 증가하고 있다.

언론학자들 역시 다양한 세계 및 지역별 협약이나 조약을 포함하는 국제법에 더 많은 관심을 쏟기 시작했다. 언론자유에 영향을 주는 국제 및 지역 협정의 사례로는 〈시민적·정치적 권리에 대한 국제규약International Covenant on Civil and Political Rights, ICCPR〉, 〈유럽인권협약〉, 〈미주인권협약American Convention on Hurman Rights〉 등이 있다. 미국과 다른 국가의 언론자유에 심대한 영향을 주는 유사한 사례로는 〈문학 및 미술 저작물 보호를 위한 베른협약Berne Convention for the Protection of Literary and Artistic Works〉과 〈무역관련 지적재산권 협정Agreement on Trade-Related Aspects of Intellectual Property Right〉 등이 있다(Goldstein, 2001).

방법론적 쟁점들

법은 '실체적 지식substance knowledge' 문제를 다루며, 이를 둘러싼 연구는 '구체적인 법적 연구 방법론'과 관련되어 있다(Ugland 등, 2003, p. 386). 한편 저널리즘에 관한 법률 연구는 목표 대상의 수용자는 물론 연구자 자신을 위해서도 맥락을 잘 갖추어야 한다. 대부분의 미디어 법이 일반적인 법의 맥락 속에 자리 잡아야 하는 것은 바로 이 때문이다. 커뮤니케이션 법 연구의 대가 중의 하나로 알려진 시버트(Fred Siebert, 1949, p. 26)는 1940년대에 다음과 같이 말했다.

커뮤니케이션 관련법 연구는 특정 주제나 방법론으로부터 완전하게 분리될 수 없다. 커뮤니케이션에 관한 거의 모든 연구 프로젝트는 법적 측면은 물론 경제적·정치적·사회적 문제를 포함하고 있고, 많은 경우 다른 분야와 완전히 독립된 법률 연구는 거의 불가능하다.

인디애나대학교 법학 교수인 케이트(Fred Cate, 2006)가 지적하는 대로 이 분야의 연구 방법론은 학교에서 강의를 통해 가르치거나 연구논문을 통해 설명되는 주제는 아니다. 그러나 그는 "비록 사회과학에서 요구하는 것과 같은 엄밀한 방식으로 분석틀을 정의하기는 어렵지만 몇 세대에 걸친 박사 과정 학생들이나 내가 추측하는 대로 방법론이 완전히 결여되어 있다고 볼 수는 없다"고 말했다.

연구 목적에 따라 언론법을 연구하는 방법은 다양하다. 그러나 커뮤니케이션과 법을 설명하고 이해하기 위한 수단을 제공한다는 점에서 공통되는 것도 많다(Cohen & Gleason, 1990, p. 12). 또한 어떤 이론을 활용할 것인가에 대해서는 논쟁의 여지가 있지만 커뮤니케이션법에 대한 간학문적 접근법은 연구 방법상 절충주의를 선택한다. 커뮤니케이션 연구자 데니스Everette Dennis는 이와 관련해 아래와 같이 말했다.

오늘날 매스커뮤니케이션 법률 연구에는 전통적인 문헌 조사, 사회 행태주의적 접근 그리고 비판적인 질적 연구 방법 등 최소한 3개의 큰 흐름이 있다. 커뮤니케이션 법 연구에만 특이하게 집중하는 행태와 미디어 산업 진흥에 법학 연구자가 기여해야 한다는 생각에 대해 불만이 높다.

케이트는 미국 언론 및 커뮤니케이션 법 연구에서 가장 널리 사용되는 연구 수단과 방법론으로 다음과 같은 4가지가 있다고 설명한다.

1. **선례 분석:** 현재 또는 이미 제안된 법률을 적용할 경우 과거의 법원 결정과 얼마나 잘 부합하는가(Cate, 2006, p. 16).

2. **문안 분석:** 법원 또는 다른 의사 결정자가 법률 또는 행정 규칙에 맞게 행동했는가(p. 16).

3. **정책 분석:** 특정한 법률적 결정 또는 집행이 의사 결정자의 애초 의도에 비추어 보았을 때 공정한가, 효율적인가 그리고 일관성이 있는가(p. 18).

4. **절차 분석:** 케이트는 이것에 대해 학자들이 가장 적게 사용하지만 법조계 종사자에게는 가장 중요한 도구라고 부른다(p. 19). 여기서는 의사결정자의 권위 및 능력을 둘러싼 다양한 질문을 비롯해 특정 판결에 이르기까지 활용된 절차, 또한 그러한 절차가 법률적 문제나 논란의 실질적 결과에 어떤 영향을 미쳤는지에 집중한다.

비록 이러한 방법론은 미국법을 대상으로 한 것이지만 필요한 수정을 거칠 경우 국제법과 비교법학에도 쉽게 적용될 수 있다. 전통적인 법적·역사적 연구 방법은 법률 연구를 위한 유일한 길은 아니다. 학문적 통찰력을 높이기 위해 사회과학적 연구 방법을 활용해 많은 법률 관련 질문이 연구되기도 한다. 그러나 이러한 연구 방법이 반드시 역사적이고 법적인 접근법과 분리될 필요는 없다. 가령 언론법 학자인 코엔Jeremy Cohen과 글리슨Timothy Gleason(1990, p. 13)은 "커뮤니케이션과 법률 관련 이론을 정립하는 수단으로서 많은 커뮤니케이션 학자들이 법적 방법은 물론 사회과학적 연구 수단을 활용했다"고 말한다.

뿐만 아니라 비판적 법률 이론과 문화연구 접근법을 활용한 연구는 언론법 분야의 사례 중심 연구를 보완하고 있다. 비판적 법학연구Cricital Legal Studies, CLS가 미디어법 연구의 주류에 도전하는 가운데 문화연구는 문화적·사회적 맥락을 고려함으로써 미디어법에 보다 광범위하게 접근하고 있다. 비판적 법학 연구는 음란물과 포르노물을 이해하는 방식에서 잘 드러난다. 그간 이 문제는 개인의 표현의 자유라는 관점에서만 다루어졌으나 비판적 법학 연구는 이에 대해 남성 중심적 가치 시스템에 의해 관철된 정당하지 못한 사회적 전제를 먼저 고려해야 한다는 새로운 시각을 제시한다.

문화연구적 접근은 또한 표현의 자유 신봉자들이 가진 표현과 언론자유라는 가치가 한 사회의 문화적 규범이나 전통에 영향을 받지 않는다는 단순한 생각을 재고하도록 했다. 많은 국가들이 문화적 차이에 따른 명예권과 표현의 자유 간 균형을 다양한 방식으로 조정하고 있다는 점은 문화연구가 미디어법을 이해하는 데 얼마나 신선한 충격을 주고 있는지를 보여준다. 국제법의 경우 증오의 표현, 음란물 또는 문화적 가치와 관련이 있는 표현을 다루는 데 있어 무조건 표현의 자유만 강조하면서 문화적 가치를 무시할 수 없다는 인식을 도출하는 데도 문화연구가 기여한 바는 크다.

그러나 언론법 연구와 관련해 시버트(Siebert, 1942)가 한 충고는 현시점에도 여전히 유효하다. 당시 그는 "보다 많은 사례가 연구되었지만 한 사례에 대한 다양한 연구는 없었다. 우리에게 필요한 것은 수많은 사례를 두루 아는 것보다 한두 가지 사례를 깊이 있게 통찰하는 것"이라고 말했다.

단일한 방법을 쓰든 아니면 여러 종류의 방법을 활용하든 본질적인 질문은 저널리즘과 매스커뮤니케이션의 관점에서 말하자면, 우리는 왜 법을 연구해야 하는가에 있다. 이 핵심적인 질문에 대한 답은 저널리즘에 대한 법적 접근을 통해 비로소 정부와 미디어는 물론 미디어와 비정부 조직들이 직면하는 제도적·비제도적 갈등에 대한 과거와 현재를 성찰할 수 있다는 점에서 찾을 수 있다. 언론법에 대한 이러한 연구를 통해 얻을 수 있는 단기적·장기적 이익은 많다. 하지만 이 분야가 성숙한 학문적 기반을 갖추기 위한 조건이 있다. 일단 신선해야 하고 그간 쉽게 드러나지 않았으며, 또한 유용하고 건전하다는 독자들의 평가를 받아야 한다(Volokh, 2005).

저널리즘에 대한 법적 연구가 어떤 방법이나 도구를 사용하든 이론 또는 실용적 측면에서 유용하다는 평가를 받지 않는다면 이는 쓸모없는 시도에 불과하다. 법학 연구의 5대 기능을 살펴봄으로써 언론법 연구에 필요한 이정표를 얻을 수 있다(Ugland 등, 2003, pp. 393~394).

- 일부 연구는 절차, 판례, 법리에 대한 분석을 통해 법을 명백히 하거나 설명을 제공한다.
- 일부 법학 연구는 낡은 법을 개혁하거나 기존 법의 수정을 위해 노력한다.
- 연구는 법이 사회에 어떻게 작용하고 있는가를 더 잘 이해하기 위해 수행된다.
- 연구는 커뮤니케이션법을 형성하는 정치적·사회적 과정을 분석할 수 있다.
- 연구는 매스커뮤니케이션에 필요한 법학 및 언론 교육을 위한 자료를 제공할 수 있다.

저널리즘과 매스커뮤니케이션에 대한 법률적 연구와 관련해 행한 이러한 유형 구분은 법학 교수 키삼(Phillip Kissam, 1988, pp. 230~239)의 "사례 분석, 법률 종합, 법리 해석, 강의교재 생산, 이해 그리고 비평"이라는 법학 연구의 6대 목적과도 유사하다.

언론법 학습과 연구

미국 등 언론자유가 보장된 국가에서 언론법을 배우는 목적은 언론자유를 제약하는 요인과 법적 보호를 받기 위한 지식을 축적하는 데 있다. 저널리즘 전공 학생들은 이에 따라 (언론보도에 의한) 피해자가 굳이 진상 회복을 요구할 필요를 느끼지 않도록 하기 위해서는 무엇을 전달할 것이며 무엇을 전달하지 않을 것인지를 잘 알고 있어야 한다.

실제 생활에 적용할 수 없다면 미디어 법을 읽고 배우는 것은 큰 의미가 없다. 언론 활동과 관련한 법을 잘 안다는 것과 구체적인 상황에 해당 법을 적용하는 것은 전혀 다른 문제다. 학생들에게 언론법을 아는 것과 이를 제대로 적용하는 것은 어려운 일이다. 언론법은 정적이지 않다. 그것은 살아 있고, 진화하며, 변화하는 원칙들의 묶음이다. 법정에서의 해석이나 적용에 따라 끝없이 변한다. 미국 미디어법의 경우 변화는 특히 심하다. 게다가 미국의 커뮤니케이션법은 글로벌 사회 전체에 영향을 미치고 있으며, 이 때문에 언론학 전공 학생들은 언론자유를 이해함에서 미국 중심적인 사고를 버려야 한다.

미국 저널리즘과 매스컴 교육 과정에 미디어 법을 포함시켜야 한다는 제안은 1984년에 진행된 광범위한 연구를 통해서였다. 당시 제안된 핵심 내용에는 미디어가 작동하는 표현의 자유 시스템 전반, 미디어에 영향을 미치는 제도적 규제 양식, 비교 연구적 관점을 통해 본 미국 커뮤니케이션 법체계 및 언론 종사자들의 자기 보호를 위한 생존 기술 등이 포함되어 있었다 (Planning for Curricular Change, 1984, p. 83).

학부생을 위한 언론법 강의는 미국에서 매스미디어의 자유와 통제 사이의 균형에 관해 다음과 같은 3가지의 핵심 질문으로 구성되어 있다.

1. 언론자유가 법적으로 허용될 수 있는 한도는 무엇이며, 언론 종사자

들은 법적 문제를 피하기 위해 어떻게 해야 하는가.

2. 왜 법원, 의회, 행정 기관은 기존의 제한 범위를 설정했는가.

3. 미디어의 지구화 시대를 맞아 미국의 커뮤니케이션법은 다른 국가의 법과 어떻게 상호작용하는가.

언론법 강의는 언론에 대한 법적 연구와 밀접한 관련이 있다. 점점 더 많은 언론계 안팎의 학자들이 미디어 법에 대한 관심을 표명하고 있다. 실제로 미디어 법에 특화된 학술지는 어느 때보다 많다. 『계간 저널리즘과 매스커뮤니케이션*Journalism and Mass Communication Quarterly, JMCQ*』, 『커뮤니케이션 저널*Journal of Communication, JOC*』을 비롯한 다른 커뮤니케이션 저널들은 부피가 크고, 참고문헌이 많으며, 공격적 법리를 담은 법률 검토 원고에는 호의적이지 않다. 그러나 『언론법과 정책*Journalism Law and Policy*』은 언론법 연구자들에게 매력적 대안이다. 이 저널은 〈미국 저널리즘 및 매스커뮤니케이션 학회AEJMC〉의 법률 및 정책 분과의 주관 아래 발행되는 것으로 1990년대 중반 미디어 법을 연구하는 학자들의 노력을 통해 탄생했다. 당시 이들은 논문 투고에서 JMCQ와 다른 비법률 저널의 제한을 완화해야 한다고 주장했다(Youm, 2006).

저널리즘과 매스커뮤니케이션 저널들을 통해 발표되는 법률 연구의 목표 독자와 로스쿨에서 발행하는 법률 리뷰의 목표 독자는 완전히 다르다. 특히 일반 법률 저널과 비교했을 때 JMCQ, JOC 그리고 유사한 언론법률 논문들이 법조계에 미치는 실질적 영향은 거의 무시할 만하다. 미국 법정에서 자주 인용되는 미디어법 전문가 캘버트(Clay Calvert, 2002, p. 1)교수는 이와 관련해 "법률가들은 법률적 주장을 펴기 위해 일반 법률 저널에 발표된 논문을 사용하며, 종종 사건 관련 법률과 법률적 권위를 보강하기 위해 사건 요약집에서 이들을 인용하기도 한다. 이들 저널은 법원에 의해서도 꾸준히 인용되며, 법률을 만드는 데도 큰 영향을 끼쳤다"고 말한다.

언론법의 핵심 쟁점들

제2차세계대전 직후 시버트는 "정보와 생각에는 물리적 경계선이 없다. 라디오, 신문, 잡지와 모든 종류의 대중문학을 통한 정보의 유통은 많은 흥미로운 법적 문제를 이미 제기했다"고 말했다(Siebert, 1946, p. 771). 그가 1946년에 쓴 『몇 가지 특별한 문제에 대한 소고』는 법과 저널리즘 영역이 상호 협력할 수 있음을 역설한 것으로 상당히 통찰력이 있는 글이었다. 정도의 차이는 있지만 그가 지적한 문제들은 여전히 언론법에서 핵심적인 주제로 남아 있다. 법과 저널리즘의 두 분야가 서로 교차하는 영역으로는 명예훼손, 프라이버시, 방송, 기자의 특권, 재판권의 다양성, 공정재판과 언론자유, 법정 카메라 사용, 법정 모독, 헌법, 긍정적 혹은 부정적 권리로서의 언론자유, 미디어독점 그리고 그들의 '사적 검열' 등이 있다.

시버트가 나열한 언론법의 몇 가지 쟁점은 반드시 미국에만 국한되지는 않았다. 명예훼손법은 그중에서도 대표적이다. 미국법에서 언론을 대상으로 한 가장 초기의 법적 조치였던 명예훼손defamation은 지금도 이들 언론사에게 가장 대표적인 법적 위협이다.[1] 미국 언론인의 직업 관행에서 명예훼손이 가장 대표적인 위험 요인임은 의문의 여지가 없다. 미국법에서 명예훼손은 대부분 불법 행위 문제로 민사소송 대상이다. 그러나 현대의 수정헌법 제1조의 기본 원칙과 일치하지 않음에도 불구하고 미국 대법원은 명예훼손의 형사소송 가능성을 완전히 배제하지 않고 있다(Media Law Resource Center, 2003).

미국의 이러한 입장은 2007년 명예훼손을 형사범죄로 처리하는 것을 폐

---

1) 영어의 libel은 출판물에 의한 명예훼손을, defamation은 표현 형식을 불문한 일반적인 명예훼손을 의미한다. 이 둘은 가끔 혼용되기도 한다.

지한 멕시코와 비교된다. 멕시코 정부가 명예훼손에 대한 형사소송 가능성을 폐지한 것은 아마도 2004년의 〈남북아메리카인권법원 Inter-American Court of Human Rights, IACHR〉의 기념비적 판결에서 유래했을 것이다. 당시 법원은 『라 나시온_La Nación_』 신문사에서 일하던 코스타리카 출신 언론인 울로아_Mauricio Herrera Ulloa_를 상대로 한 형사적 명예훼손 유죄판결을 기각했다. 라틴 아메리카에서 IACHR의 명예훼손에 대한 형사소송의 폐지를 수용한 나라는 멕시코뿐만이 아니었다. 엘살바도르, 파나마, 페루는 이미 멕시코보다 먼저 이 조치를 수용했다.

나아가 초국적 미디어 기업에서 일하는 저널리스트들은 명예훼손을 매우 위태로운 도전으로 받아들인다. "전 세계 미디어법은 다양한 법들이 복잡하게 조합된 것으로, 이들 법은 개별 국가의 문화적 편견, 정치적 역사 및 경제 구조 등을 종합적으로 반영"하기 때문이다(Glasser, 2006, p. xiii). 미디어에 적대적인 국가에서 제기되는 명예훼손 소송 제기자들의 국제적 포럼 참여를 통해 기자들은 해외의 명예훼손법을 보다 잘 이해할 수 있는 기회를 얻기도 한다(Youm, 1994).

개별 사회의 문화적 가치를 반영한다는 점에서 프라이버시 역시 언론법에서 중요한 이슈다. 개념적으로 보았을 때 프라이버시는 명예훼손보다 정의하기 어렵다. 프라이버시는 정부의 간섭에서 자유로울 수 있는 권리를 의미하기도 하고, 사적 영역을 침해당하지 않거나, 비밀로 하고 싶은 정보를 자신의 의지에 따라 통제할 수 있는 권리를 의미하기도 한다. 프라이버시는 정의 자체가 불분명하고 유동적이기 때문에 표현의 자유와 관련한 미국 판결에서 이 분야는 가장 변화가 많고 논쟁적인 이슈 중의 하나였다(Sanford & Kirtley, 2005, p. 273).

미국에서 최근 가장 복잡한 현안으로 부상한 이슈로는 기자들의 취재원 보호 특권이 있다. 많은 기자와 언론사들이 법원에 소환당해 익명의 정보원을 밝히거나 취재 내용 중의 일부에 관한 정보를 제공하라는 요구를 받았다.

드워킨(Ronald Dworkin, 1985)의 이론적 이원론에 따르면 수정헌법 제1조는 이 취재원 보호 특권을 '원칙'이라기보다는 '정책' 문제로 본다. 전통적으로 언론에 호의적인 미국에서 기자들이 직면하고 있는 취재원보호라는 특권에 대한 반대는 국제법 및 해외법이 저널리스트의 특권을 점점 더 넓게 인정하는 경향을 보이는 것과는 대조적이다.

〈유럽인권재판소〉의 '굿윈 대 영국 사건 판결(Goodwin v United Kingdom, 1996)'과 유고슬라비아에 관한 국제형사법정의 '검사 대 브르자닌 & 탈릭 사건 판결(Prosecutor v. Brdjanin & Talic, 2002)'은 모두 뉴스보도를 위한 언론인의 특권을 언론자유를 위한 권리로 인정했다. 일각에서는 이를 두고 표현의 자유에서 미국의 자랑스러운 '예외주의'가 과연 얼마나 지속될 수 있을지 의문을 제기한다(Schauer, 2005a). 그렇다면 어떤 점에서 그리고 어느 정도로 미국 수정헌법 제1조의 예외주의가 타당한 주장이거나 수사적 과장인가. 더욱 중요한 것은 국제법 및 해외법이 어느 때보다도 강력하게 기자들의 특권을 인정해주려 하는 데 비해 현재 미국이 기자들의 특권을 축소하려 하는 것을 어떻게 설명할 수 있을까.

미국에서 언론자유는 표현의 자유의 유무와는 명백히 구별되어 논의되어 왔다. 미국의 대법원 판사 스튜어트(Potter Stewart, 1975)는 언론자유는 수정헌법 제1조에서 보장된 표현의 자유 조항의 잉여분이 아니라고 법원 밖의 비공식 석상에서 주장했다. 이를 둘러싼 논란은 이후에도 지속되었다(Anderson, 1983, 2002; Baker, 2007; Schauer, 2005b). 법학자인 베이커(Edwin Baker, 2007, p. 1026)는 이와 관련한 논란을 다음과 같이 예리하게 정리했다.

> 미국 헌법에서 언론 관련 조항의 독립적 지위를 인정하지 않은 것은 이론적 실수일 뿐만 아니라 언론 관련 조항의 역사적 의미에 위배되며, 헌법의 최상의 규범적인 해석에도 배치되고, 잠정적으로는 중요한 실천적 실수이다. 그것은 또한 기존 법과도 모순된다.

다른 한편으로 무엇을 위한 자유와 무엇으로부터의 자유 모두를 포함하는 언론자유에 대한 이론적 논의는 상업적 언론에 의한 사적 검열과의 관련 속에서 진행되어 왔다. 예일대학교의 법학교수 피스(Owen Fiss, 1996, p. 46)는 이 영역의 조정자로서 국가의 적극적 역할을 지지한다. 그는 "국가는 우리의 모든 기관 중 가장 공익적 성격이 강하므로 우리는 국가에 의존한다. 또한 국가는 시장의 압력에 저항하고 나아가 우리 정치를 확대하고 활성화하기 위해 우리가 필요로 하는 힘을 갖고 있다"고 주장했다. 미디어 접근권에 대한 배런Barron의 이론 역시 공익을 위해 언론자유를 활성화하려면 정부가 적극적인 역할을 해야 함을 잘 보여준다.

미국법에서 언론인 개인 차원의 자유는 국가의 간섭으로부터의 언론자유와는 달리 중요하게 다루어지지 않았다. 수정헌법 제1조의 경우 언론인과 소속 언론사의 갈등은 전혀 반영되어 있지 않다. 그러나 언론계 종사자가 이해하는 언론자유는 미국 언론법의 정신과 불일치하는 것은 아니었다(Baker, 1989, p. 254). 일부 국가에서는 미디어 소유주로부터 언론인의 자유가 위축되지 않도록 언론인의 자율성을 보장한다. 예컨대 자유주의 언론을 자랑하는 한국의 경우 일부 신문사들은 기자들이 편집국장의 임명과 해임의 결정에 참여하도록 보장하고 있으며, 기자들은 신문사의 편집 정책 결정에도 관여할 수 있다.

인터넷과 뉴미디어가 언론법에 미치는 영향은 거의 혁명적 수준이다. 그러나 국경이 무너진 시기를 맞아 언론법에 대한 보편적 접근은 기대했던 것보다 덜 탄력적으로 적용되고 있다. 국가들 사이의 공통된 입장 정리가 과거 어느 때보다 시급한 상황이지만 그 과정은 아주 험난하다. 인터넷 법에서 미국식 자유방임주의 또는 국가 검열하의 권위주의 중 어느 하나를 선택하는 것 이상이 필요하다. 『평판의 미래Future of Reputation』를 쓴 솔로브 Daniel Solove는 이와 관련해 "법이 할 수 있는 것에는 한계가 있다. 법은 바이올린이라기보다는 아주 작은 소리를 내는 악기에 불과하다"고 말했다. 따라서 사이버 공간의 표현을 활성화하거나 제한하는데 있어 규범, 시장, "아키텍처"도 마찬가지로 중요하다(Lassig, 1999).

후속 연구 방향

교육과 연구에서 언론법은 중요한 주제로 부상 중이고, 자유주의 체제든 아니든 법의 역할은 저널리즘을 형성하거나 저널리즘에 의해 영향 받을 것으로 보인다. 언론과 정부 사이의 경계선에 대한 논쟁도 끊임없이 이어질 전망이다. 사회의 민주적 가치를 확장하기 위해 정부는 시장이 주도하는 미디어를 규제하거나 책임을 지우는 것과 관련해 이론적·문헌적·방법론적 준거들을 통해 언론의 제도적, 개별적 역동성을 다시 성찰할 필요도 있다.

미국과 국제 사회에서 9·11 이후 국가안보와 표현의 자유를 둘러싼 갈등의 해결은 더 이상 늦출 수 없는 핵심적 의제로 떠올랐다(Stone, 2007). 그러나 이러한 위기를 통해 시버트가 언론자유와 관련해 1952년 제안했던 전제를 제대로 연구할 수 있는 기회를 맞았다. 당시 그는 "정부와 사회 체제의 안정이 위협받을 때 언론자유는 축소되고 제한조치는 확산된다"고 말했다.

커뮤니케이션법은 저널리즘에 중대한 영향을 주고 있으며, 여러 법 중에서도 가장 급속하게 발전하는 영역이기 때문에 이런 문제들은 더욱 시급하다(Farber, 2003, p. 225). 19세기 및 20세기와 비교해 보았을 때 언론법의 영역은 엄청나게 확대되었다. 물론 명예훼손, 프라이버시, 언론자유, 공정재판과 같은 고전적인 주제는 앞으로도 중요하게 다루어질 것이다.

엄청난 규모로 진행되는 미디어 컨버전스 역시 언론법 연구자들에게 새로운 기회를 제공하고 있다. 종이신문과 전자매체를 구분하는 것은 이제 더 이상 유효하지 않다. 방송은 더 이상 공중파 방송에 국한되지 않고 있으며

케이블방송, 위성방송 그리고 다른 뉴미디어 기술이 모두 여기에 포함된다.

사이버커뮤니케이션은 이미 보편화되었고 인터넷 미디어 역시 더 이상 정부의 보호가 필요한 허약한 체질의 산업이 아니다. 연구자들은 따라서 명예훼손적인 내용물 게시의 법적 책임에서 인터넷 정보매개자들을 제외시킨 미국의 예외적인 자유주의 정책을 다시 살펴볼 필요가 있다.

매스미디어의 지구화가 급진전함에 따라 언론법을 이해하기 위해서는 국제 사회를 고려하지 않으면 안 된다. 왜냐하면 다른 나라들이 언론자유와 그와 상충하는 가치 사이의 충돌을 어떻게 조율했는지를 검토해보는 것은 한 사회가 헌법적으로 또는 관습에 의해 선택한 균형적 과정에 대한 깊이 있는 통찰력을 제공할 수 있기 때문이다(Krotoszynski, 2006).

저널리즘 학자들이 미디어법의 교육과 연구를 국제화하는 데서 문화와 언어로 인한 난관 그리고 실질적 지식을 얻는 데서의 장애는 여전히 존재한다. 그러나 그러한 난제들은 점차 약화되고 있다. 인터넷의 등장 그리고 국제적 소통언어인 영어의 부상을 통해 국제 사회 및 해외의 법 정보를 얻는 것이 훨씬 더 쉬워지고 있다. 따라서 언론법 학자들이 국제법 및 비교법의 맥락에서 교육과 연구를 진행하는 데서 정작 문제가 되는 것은 해외 자료를 얻기 어려운 것이 아니라 언론자유와 관련해 배타적이며 문화 종속적인 사고를 어떻게 뛰어넘을 수 있는가 하는 것이다.

〈참고문헌〉

Anderson, D.(1983). The origins of the press clause. *UCLA Law Review, 30*(3), 455–541.
Anderson, D.(2002). Freedom of the press. *Texas Law Review, 80*(3), 429–530.
Arthur, W., & Crosman, R.(1928). *The law of newspapers*. New York: McGraw-Hill.
Baker, C.(2007). The independent significance of the press clause under existing law.

Hofstra Law Review, 35(3), 955-1026.

Baker, C.(1989). Human liberty and freedom of speech. New York: Oxford University Press.

Barendt, E.(2005). Freedom of speech(2nd ed.). Oxford: Oxford University Press.

Barron, J.(1973). Freedom of the press for whom?: The right of access to mass media. Bloomington: Indiana University Press.

Barron, J.(1967). Access to the press: A new First Amendment right. Harvard Law Review 80(8), 1641-1678.

Barron, J.(2007). Access to the media — A contemporary appraisal. Hofstra Law Review, 35(3), 937-953.

Blackstone, W.(1765-1769). Commentaries on the laws of England. London.

Bunker, M.(2001). Critiquing free speech: First Amendment theory and the challenge of interdisciplinarity. Mahwah, NJ: Erlbaum.

Calvert, C.(Spring 2002). Should you publish in a law review? Media Law Notes, 30(3), 1.

Carlos, J.(2006). About this book. In L. Teodoro Jr. & R. Kabatay, Mass media laws and regulations in the Philippines. Singapore: Center for Research and Communication Foundation, Inc. and Asian Media Information & Communication Centre.

Carter-Ruck, P., & Starte, H.(1997). Carter-Ruck on libel and slander(5th ed.). London: Butterworths.

Cate, F.(2006). Method in our madness: Legal methodology in communication law research. In A. Reynolds & B. Barnett(eds.), Communication and law: Multidisciplinary approaches to research(pp. 9-21). Mahwah, NJ: Erlbaum.

Chafee, Z.(1920). Freedom of speech. New York: Harcourt, Brace and Howe.

Chafee, Z.(1947). Government and mass communications. Chicago: University of Chicago Press.

Cohen, J., & Gleason, T.(1990). Social research in communication and law. Newbury Park, CA: Sage.

Coliver, S.(ed.)(1993). Press law and practice: A comparative study of press freedom in European and other democracies. London: ARTICLE 19.

Dennis, E.(1986). Frontiers in communication research. Communication and the Law, 8(4), 3-10.

Dworkin, R.(1985). A matter of principle. Cambridge, MA: Harvard University Press.

Emerson, T.(1970). The system of freedom of expression. New York: Vintage Books.

Farber, D.(2003). The First Amendment(2nd ed.). New York: Foundation Press.

Fisher, J., & Strahan, J.(1891). The law of the press. London: William Clowes & Sons.

Fiss, O.(1996). Liberalism divided: Freedom of speech and the many uses of state power. Boulder, CO: Westview Press.

Freedominfo.org.(2007). Retrieved December 31, 2007, from http://www.freedominfo.org/countries/index.htm.

Fu, H. & Cullen, R.(1996). *Media law in the PRC*. Hong Kong: Asia Law & Practice.

Gant, S.(2007). *We're all journalists now: The transformation of the press and reshaping of the law in the Internet age*. New York: Free Press.

Gibbons, T.(Summer 1992). Freedom of the press: Ownership and editorial values. *Public Law*, 279–299.

Glasser, C.(ed.)(2006). *International libel & privacy handbook: A global reference for journalists, publishers, webmasters, and lawyers*. New York: Bloomberg Press.

Glasser, C.(2006). Understanding media law in the global context. In C. Glasser(ed.), *International libel & privacy handbook: A global reference for journalists, publishers, webmasters, and lawyers*(pp. xiii–xxiii). New York: Bloomberg Press.

Goldstein, P.(2001). *International copyright: Principles, law, and practice*. New York: Oxford University Press.

Goodwin v. United Kingdom, 22 E. C. H. R. 123(1996).

Hale, W.(1923). *The law of the press*. St. Paul, MN: West Publishing.

Henry, M.(ed.)(2001). *International privacy, publicity, and personality laws*. London: Butterworths.

Kissam, P.(1988). The evaluation of legal scholarship. *Washington Law Review*, *63*(2), 221–255.

Kohler, D.(2006). Foreword. *Journal of International Media & Entertainment Law*, *1*(1), vii–viii.

Krotoszynski, R.(2006). *The First Amendment in cross-cultural perspective: A comparative legal analysis of the freedom of speech*. New York: New York University Press.

Lahav, P.(ed.)(1985). *Press law in modern democracies: A comparative study*. New York: Longman.

Lessig, L.(1999). *Code and other laws of cyberspace*. New York: Basic Books.

Levy, L.(1960). *Legacy of suppression: Freedom of speech and press in early American history*. Cambridge, MA: Harvard University Press.

Loomis, W.(1924). *Newspaper law*. Salt Lake City, UT: Porte.

Marler, C.(1990). The legists. In W. Sloan(ed.), *Makers of the media mind: Journalism educators and their ideas*(pp. 177–225). Hillsdale, NJ: Erlbaum.

McChesney, R.(Spring 2004). The Meiklejohn challenge. *Journalism & Mass Communication Educator*, *59*(1), 24–30.

Media Law Resource Center.(March 2003). Criminalizing speech about reputation: The legacy of criminal libel in the United States after *Sullivan & Garrison*. *MLRC Bulletin* No. 1.

Meiklejohn, A.(1948). *Speech and its relation to self-government*. New York: Harper.

Mendel, T.(2008). *Freedom of information: A comparative legal survey*(2nd ed.). New Delhi: UNESCO, Regional Bureau for Communication and Information.

Merrill, J.(1989). *The dialectic in journalism: Toward a responsible use of press freedom*. Baton Rouge: Louisiana State University Press.

Planning for curricular change: A report of the project on the future of journalism and mass communication education.(May 1984). Eugene: School of Journalism, University of Oregon.

Price, M.(2002). *Media and sovereignty: The global information revolution and its challenge to state power*. Cambridge, MA: MIT Press.

Prosecutor v. Brdjanin and Talic, Case No. IT-99-36-AR73.9(Dec. 11, 2002).

Rambo, C.(1990). Litigious age gives rise to media law. In K. Devol(ed.), *Mass media and the Supreme Court: The legacy of Warren years*(4th ed., pp. 45-48). Mamaroneck, NY: Hastings House.

Reimann, M., & Zimmermann, R.(eds.).(2006). *The Oxford handbook of comparative law*. Oxford: Oxford University Press.

Sanford, B., & Kirtley, J.(2005). The First Amendment tradition and its critics. In G. Overholser & K. Jamieson(eds.), *The press*(pp. 263-276). New York: Oxford University Press.

Schauer, F.(2005a). The exceptional First Amendment. In M. Ignatieff(ed.), *American exceptionalsm and human rights*(pp. 29-56). Princeton, NJ: Princeton University Press.

Schauer, F.(2005b). Towards an institutional First Amendment, *Minnesota Law Review, 89*(5), 1256-1279.

Shearman, M., & Rayner, O.(eds.).(1926). *The press laws of foreign countries with an appendix containing the press laws of India*. London: H.M. Stationers' office.

Siebert, F.(1952). *Freedom of the press in England, 1476-1776: The rise and decline of government controls*. Urbana: University of Illinois Press.

Siebert, F.(1942). Research in press law and freedom of the press. *Journalism Quarterly, 19*(1), 69-70.

Siebert, F.(1946). The law and journalism. *Virginia Law Review, 32*(4), 771-780.

Siebert, F.(1949). Research in legal problems of communications. In R. Nafziger & M. Wilkerson(eds.), *An introduction to journalism research*(pp. 26-42). Baton Rouge: Louisiana State University Press.

Smolla, R.(1992). *Free speech in an open society*. New York: Alfred A. Knopf.

Solove, D.(2007). *The future of reputation: Gossip, rumor, and privacy on the Internet*. New Haven, CT: Yale University Press.

Stempel, G., III.(summer 1990). Trends in *Journalism Quarterly*: Reflections of the re-tired editor. *Journalism Quarterly, 67*(2), 277-281.

Stewart, P.(1975). "Or of the press." *Hastings Law Journal, 26*(3), 631-637.

Stone, G.(2007). *War and liberty: An American dilemma: 1790 to the present.* New York: W.W. Norton.

Sutton, A.(1945). *Education for journalism in the United States from its beginning to 1940.* Evanston, IL: Northwestern University.

Swindler, W.(1947). *A bibliography of law on journalism.* New York: Columbia University Press.

Terry, H.(2007). The future of media law and policy Part I: Telecommunications policy—Globalization and electronic media law and policy. Annual meeting of the Association for Education in Journalism and Mass Communication, Washington, DC.

Thorgeirsdottir, H.(2005). *Journalism worthy of the name: Freedom within the press and the affirmative side of Article 10 of the European Convention on Human Rights.* Leiden, Netherlands: Martinus Nijhoff.

Tugendhat, M., & Christie, I.(eds.)(2002). *The law of privacy and the media.* Oxford: Oxford University Press.

Ugland, E., Dennis, E., & Gillmor, D.(2003). Legal research in mass communication. In G. Stempel III, D. Weaver, & G. Wilhoit(eds.), *Mass communication: Research and theory*(pp. 386-405). Boston: Allyn & Bacon.

Volokh, E.(2005). *Academic legal writing: Law review articles, student notes, and seminar papers*(2nd ed.). New York: Foundation Press.

Warren, S., & Brandeis, L.(1890). The right to privacy. *Harvard Law Review, 4*(2), 193-220.

Weisenhaus, D.(2007). *Hong Kong media law: A guide for journalists and media professionals.* Hong Kong: Hong Kong University Press.

Winfield, R.(2006). Globalization comes to media law. *Journal of International Media & Entertainment Law, 1*(1), 109-116.

Youm, K.(1996). *Press law in South Korea.* Ames: Iowa State University Press.

Youm, K.(1994). Suing American media in foreign courts: Doing an end-run around U. S. libel law? *Hastings Communications and Entertainment Law Journal, 16*(2), 235-64.

Youm, K.(2006). Legal methods in the history of electronic media. In D. Godfrey(ed.), *Methods of historical analysis in electronic media*(pp. 115-144). Mahwah, NJ: Erlbaum.

Youm, K.(2008). The right of reply and freedom of the press: An international and comparative perspective.

George Washington Law Review, 76(4), 1017-1064.

21_
언론윤리

스티븐 J. A. 워드

책임 있는 언론 규범인 언론윤리는 17세기에 유럽에서 현대 언론 이 시작되던 때까지 거슬러 올라갈 수 있다. 이 장에서는 이와 관련된 진화 과정을 추적하고 주요한 접근 방법을 검토하고 비평한 후 후속 연구를 제안함으로써 현대의 언론윤리에 대한 개관을 제공할 것이다. 이 장에서는 윤리란 문제를 해결하고 가치들을 통합하고 개인이나 사회로서 사람들이 올바르게 사는 것을 돕는 것을 목표로 하는 실천적 규범 행동이라는 관점으로부터 논의를 시작한다. 언론윤리는 사회에서의 역할을 고려할 때 언론인과 뉴스 조직은 어떠해야 하는지를 검토하는 일종의 응용 윤리의 한 종류로 정의된다. 주요 문제 영역은 편집의 독립, 검증, 익명의 출처, 사진과 합성 이미지 사용 그리고 새로운 미디어 형태를 위한 규범을 포함한다.

이 장에서는 먼저 언론윤리의 다섯 가지 발달 단계와 오늘날 그와 관련된 연구에서 사용되고 있는 네 가지 접근 방법을 밝힌다. 첫째, 17세기 동안에 이루어진 언론윤리 담론의 발명에 관한 것이다. 둘째, 계몽주의 공론장에서 성장하던 신문 언론, 혹은 제4부를 위한 신념으로서의 '공공 윤리'이다.

셋째, 19세기에 이루어진 언론에 대한 자유주의 이론이다. 넷째, 20세기 내내 이루어진 이러한 자유주의 원리의 발달과 이에 대한 비판으로, 이것은 객관적 언론이라는 전문직 윤리로 귀결되며 사회적 책임 이론 그리고 해석적이고 행동주의적인 저널리즘의 대안 윤리에 의해 강화되었다. 다섯째, 미디어 유형을 뛰어넘어 어떤 원칙이 적용되어야 할지에 관해 합의가 결여된 오늘날 현행의 '혼합 미디어'의 윤리이다. 이 다섯 가지 발전 단계는 네 가지 접근 방법을 설명하는 데 사용된다. (1) 자유주의 이론 (2) 객관성 및 사회적 책임 이론 (3) 해석 이론 그리고 (4) 공동체 및 배려care의 윤리가 그것이다.

그런 다음 이 장은 비판적인 탈식민주의 이론에서 문화 사회학에 이르기까지 다양한 학문 분야를 통해 현재의 접근 방법들에 대한 비판을 논의한다. 이 장은 현재 진행 중인 미디어 혁명과 이처럼 새로운 비평이 언론윤리에 대한 근본적 재고를 필요로 한다고 주장함으로써 결론을 대신하고 있다. 언론윤리는 보다 견고한 이론적 기반, 보다 적합한 인식론 그리고 현재와 미래의 멀티플랫폼 및 글로벌 저널리즘을 위한 새로운 규범을 필요로 한다.

언론윤리

윤리는 최대한 가용한 원칙에 비추어 무엇이 올바른 행동이고 도덕적 품성을 구성하는지에 관해 분석하고 평가하고 장려하는 것이다. 윤리는 단순히 잘 사는 방법을 묻지 않는다. 어떻게 **윤리적으로** 잘 살아야만 하는지를 묻는다. 즉 서로 선량하고 올바른 관계 속에서 살 것을 요구하는 것으로 이 과제는 개인적 이익을 포기하거나 의무를 수행하거나 혹은 박해도 견딜 것을 요구할 수도 있다. 윤리적 사고思考란 새로운 사실, 신기술 그리고 새로운 사회적 조건에 비추어 자신의 원칙을 어떻게 해석하고, 균형을 맞추고, 수정할 것인가를 묻는 것을 말한다(Ward, 2007). 윤리의 경계선은 변한다. 우리

시대에 들어와 윤리는 동물학대, 여성에 대한 폭력, 환경 그리고 동성애자들의 권리 같은 쟁점을 포함하게 되었다(Glover, 1999). 윤리적 성찰은 **사회적 실천에서 규범적 이유**를 제공한다. 윤리는 인간들 사이의 상호작용을 안내하고, 사회적 역할을 규정하고, 제도적 구조를 정당화하는 원리들을 고안, 적용, 비판하는 절대 완결되지 않는 프로젝트이다.

따라서 윤리, 특히 언론윤리는 본질적으로 어떻게 행동할 것인가라는 질문에 대한 대답을 구하는 실천적 활동이다(Black, Steele & Barney, 1999). 언론인이 비밀 취재원을 경찰에게 밝히는 것은 윤리적인가. 의심스러운 범행을 조사하기 위해 명망 있는 정치인의 사생활을 침범하는 것은 윤리적인가. 윤리는 행동을 위한 윤리적 이유를 제공하는 정당화 개념과 그 방식에 대한 이론적 연구를 포함한다. 그러나 여기서의 목적은 또한 실천적인 것으로, 원칙을 분명히 하고, 숙의를 향상시켜, 사려 깊은 윤리적 판단을 이끌어내는 것이 그것이다. 윤리에서 실천적인 것을 강조함으로써 "추상적으로 추구했던 문제가 지성적인 관점에서 보아도 허구가 아닌 것"임을 확신하게 된다(Dworkin, 2000, p. 4).

응용 윤리로서의 언론윤리

응용 윤리는 기업 경영, 과학 연구 그리고 전문직 실천 같은 활동 영역을 위한 원리들의 틀에 관한 연구이다(Dimock & Tucker, 2004). 언론윤리는 언론인과 뉴스 미디어의 사회적 역할을 고려할 때 개별 언론인이 특정한 상황에서 무엇을 해야만 하는가에 관한 '미시적' 문제를 그리고 뉴스 미디어는 무엇을 해야 하는가 하는 '거시적' 문제를 탐구하는 일종의 응용 미디어 윤리이다. 언론인은 뉴스 조직의 구성원으로서 권리, 의무, 규범을 가진다. 인간으로서 진실을 말하고 피해를 최소화하는 것과 같은 보편적인 윤리 원칙을 따르고, 전문직으로서 정치적 의제를 틀 짓고, 여론에 영향을 미치는 사회적 권력을 행사하기 때문이다(Curd & May, 1984; Elliott, 1986).

따라서 저널리즘의 근본적인 공적 목적과 사회적 책임에 비추어 행동을 평가한다면 신중함, 관습 혹은 법에 관한 문제와는 반대로 언론에 관한 문제는 윤리적인 문제이다. 어떤 공인의 개인적 삶을 선정적으로 다루는 기사는 합법적일 수 있지만 — 그것을 발행하는 것은 법적으로 '안전'할 수 있다 — 부정확하고 불공정하면 비윤리적일 수 있다. 그렇다고 해서 윤리적 가치와 다른 유형의 가치가 반드시 양립할 수 없는 것은 아니다. 어떤 기사는 잘 작성되고, 합리적이며, 기자의 경력을 향상시키면서도 동시에 윤리성을 가질 수도 있다. 따라서 무엇을 언론윤리로 간주할 수 있느냐는 궁극적으로 언론의 중요한 기능이 무엇이며, 그러한 목표를 달성하기 위한 원칙이 무엇인가에 달려 있다. 그 결과, 규범을 적용할 때 실천 수준 그리고 이론과 원칙 수준 간에 의견이 불일치할 여지가 존재한다.

문제 영역

언론윤리의 중요한 과제는 현존하는 규범을 오늘날의 중요한 윤리 문제에 적용할지 결정하는 것이다. 최근의 몇 가지 문제 영역은 다음과 같다.

- **정확성과 검증**: 기사를 발행하는 데서 얼마나 많은 검증과 맥락이 필요한가. 어느 정도의 편집과 '게이트키핑'이 필요한가.
- **독립성과 충성도**: 언론인은 어떻게 고용주, 편집간부, 광고주, 취재원, 경찰 그리고 일반인과 윤리적 관계를 유지하면서 독립적일 수 있는가.
- **기만과 날조**: 언론인은 기사를 얻기 위해 자기 신분을 허위로 진술하고 몰래 카메라와 같은 기록 장비를 사용해야만 하는가. 문학적 기자들은 이야기를 만들고 합성된 '인물'을 창조해야만 하는가.
- **그래픽 이미지와 이미지 조작**: 언론인은 언제 그래픽 혹은 잔인한 이미지를 실어야 하는가. 언제부터 게재된 이미지가 선정주의나 부당 사용에 해당하는가. 언제 그리고 어떻게 이미지가 변경되어야 하는가.

- **취재원과 비밀유지**: 언론인은 취재원에 대한 기밀 보호를 약속해야만 하는가. 어느 정도까지 그러한 보호가 확장되어야 하는가. 언론인들은 '오프 더 레코드'를 해야만 하는가.
- **특별한 상황**: 보도로 인해 문제가 악화될 경우 어떻게 언론인은 인질극, 주요 속보, 자살 시도, 여타의 사건을 보도해야 하는가. 언제 사생활을 침해해야만 하는가.
- **미디어 유형을 아우르는 윤리**: 주류 인쇄 미디어와 방송 언론의 규범은 인터넷 언론과 시민언론에도 적용되는가.

주요 접근법

언론윤리의 역사는 다섯 단계로 나눌 수 있다. 첫 번째 단계는 16~17세기 동안 서유럽에서 언론윤리 담론이 생기면서 나타났다. 15세기에 구텐베르크의 인쇄기는 정부 통제를 받아가면서 '뉴스 레터newssheets'과 '뉴스북newsbooks' 같은 정기적인 언론을 만드는 인쇄자겸 편집 책임자를 탄생시켰다. 뉴스 취재의 원시성과 당시 신문의 정파성에도 불구하고 편집자들은 독자들에게 '사실'에 기반한 공정한 진실을 인쇄한다고 확신시켰다. 두 번째 단계에서는 계몽주의적 공론장으로 성장하는 신문사를 위한 신조로서 '공공 윤리public ethic'가 만들어졌다. 언론인은 공중의 호민관을 표방하며 정부에 대항할 수 있는 공중의 자유를 보호했다. 언론인은 개혁을, 궁극적으로 혁명을 지지했다. 18세기 후반에 언론은 미국과 프랑스 혁명 후 헌법에서 자유를 보장받으면서 사회적으로 인정받는 제도로 칭송받거나 두려움의 대상이 되는 권력이었다. 이 공공 윤리가 언론은 사회의 통치 제도의 하나로 제4부를 규정하고 있다는 생각의 기반을 이루었다(Ward, 2005a, pp. 89~173).

세 번째 단계는 19세기 동안 제4부라는 사상이 언론에 대한 자유주의 이론으로 진화한 것이었다(Siebert, 1956). 자유주의 이론은 공중의 자유를 보호하고 자유주의 개혁의 향상을 위해서는 자유롭고 독립적인 언론이 필수 불가결하다는 전제와 함께 시작되었다. 네 번째 단계는 20세기 내내 이 자유주의 원리가 발전되는 동시에 비판된 것이었다. 발전과 비판 모두 자유주의 모델의 부족함에 대한 반응이었다. '발전론자들'은 객관적 저널리즘이라는 전문직 윤리를 구축한 언론인들과 윤리학자들로 이들은 사회적 책임이론의 지지를 받았다. 객관성은 자유 언론이 점점 더 선정주의(옐로 저널리즘)와 사업적 이해관계에 의해 지배되는 것을 제지하기 위해 사실 보도와 불편부당성을 고수하려고 했다(Baldasty, 1992; Campbell, 2001). '비판가들'은 객관적이고 전문적인 보도라는 제약을 거부하고, 탐사보도 및 행동주의적(혹은 주창주의) 언론과 같은 보다 해석적이며 정파적 형태의 저널리즘을 실천한 언론인들이었다.

1900년대 후반 자유주의적이고 객관적인 전문직 모델은 저널리즘이 '혼합 미디어mixed media' 단계인 5단계에 진입함에 따라 많은 주체들로부터 공격 받았다. 저널리즘에 종사하는 비전문적인 시민 기자와 블로거 숫자가 증가했을 뿐만 아니라 이 커뮤니케이터들은 신중한 검증과 게이트키핑이라는 생각에 도전하는 상호작용적인 멀티미디어를 사용했다. 그 결과 언론윤리는 저널리즘이 무엇이며 또한 저널리스트는 무엇을 '위해' 존재하는가에 대한 가장 기본적인 생각의 불일치로 가득 차게 되었고, 이런 상태가 계속되고 있다.

이러한 단계들을 염두에 두면 현재 이 다섯 번째 단계에 영향을 미치고 있는 4가지 규범적인 언론 이론을 보다 잘 평가할 수 있을 것이다. (1) 자유주의 이론 (2) 객관성과 사회적 책임 이론 (3) 해석적·행동주의적 이론 (4) 공동체 및 배려의 윤리가 그것이다.[1]

---

1) 규범적인 언론윤리 분야를 나누는 데는 여러 가지 방식이 있다. 나는 이를 자유주의, 사회적 책임, 행동주의 그리고 '배려'로 나누는데, 이러한 분류가 모든 중요한 형태의 현대 언론으로 결합되는 근본적인 개념을 확인해주기 때문이다(필자 주).

자유주의 이론

자유주의 이론은 수정되고 비판받는 이론 역할을 할 때만 현재 논의를 계속 뒷받침할 수 있다. 밀턴과 흄에서 밀과 토머스 페인에 이르기까지 자유주의 언론 사상은 급부상하는 중산계급의 정치적 개혁 운동으로 자유주의의 일부였다.2) 자유주의는 개인의 자유의 확대를 추구하는 한편 비자유적인 위계 사회를 상징하는 출생 신분과 종교에 따른 특권의 종언을 추진했다. 경제적 측면에서 자유주의는 자유방임적 태도를 지지했으며, (이를 바탕으로) 언론 사상 측면에서는 사상의 자유시장을 지지했다. 밀의 『자유론*On Liberty*』은 특정된 범위에서이기는 하지만 자유가 개인과 사회에 혜택을 준다고 호소했다(Mill, 1965). 이처럼 부상 중이던 자유주의는 런던의 『타임스』 같은 엘리트층의 자유주의 신문을 비롯해 페니 프레스에서 1800년대 후반의 대중적인 상업 언론에 이르는 평등주의적 대중지 양자 모두에게 윤리적 이데올로기를 제공했다(Schudson, 1978). 자유주의 이론에 따르면 언론인은 시민에게 정보를 제공하고 정부와 권력 남용에 대한 감시견 역할을 하는 독립 언론을 조직해야 한다. 오늘날 자유주의적 접근법은 공격적 견해에 대한 검열, 출판을 막기 위한 명예훼손법의 남용 등 미디어의 규제에 맞서 자유언론을 옹호하기 위한 논거로 계속 활용되고 있다.3)

객관성과 사회적 책임

위에서 지적한 대로 객관성과 사회적 책임 이론은 언론은 아무런 규제도 받지 않을 때 공적 관심사와 관련해 시민에 대한 책임 있는 교육가가 되

---

2) 밀턴(Milton, 1951), 흄(Hume, 1987), 밀(Mill, 1965) 그리고 푸트와 아이작(Foot & Isaac, 1987)을 보라(필자 주).

3) 자유주의 이론liberal theory은 자유지상주의 이론libertarian theories과 같은 것이 아니다(Narveson, 1988). 후자는 언론이 최대한의 자유와 최소한의 사회적 의무를 져야 한다고 주장하는 극단적 자유주의를 가리킨다(필자 주).

리라는 자유주의적 희망에 대한 환멸을 반영해 나타난 자유주의 이론들이었다. 그러한 희망은 대규모 상업 언론이 언론 거부巨富의 지휘 하에 뉴스 사업으로 변모하던 1800년대 후반과 1900년대 초반에 흔들렸다. 이에 대한 한 가지 응답은 윤리 강령 및 그 밖의 다른 전문직으로서의 특징을 구비한 객관적 언론이라는 이상을 발전시키는 것이었다. 사회계약이라는 자유주의 사상(Darwall, 2003; Scanlon, 1982)이 사회는 언론이 아주 중요한 공공 이슈를 책임 있게 보도하는 것에 대한 보답으로 전문 언론인들에게 자유로운 보도를 허용해야 한다는 주장을 뒷받침하기 위해 이용되었다(Klaidman & Beauchamp, 1987; Kovach & Rosentiel, 2001).

1900년대 초반부터 20세기 중반까지 객관성은 유럽에서는 덜 확산되었지만 미국, 캐나다 그리고 그 밖의 다른 지역에서 주류 신문의 지배적인 윤리적 이상이었다. 1920년대에 이르자 주요 언론 협회는 보도의 객관성, 정부와 기업의 영향력으로부터의 독립, 뉴스와 의견의 엄격한 분리를 촉구하는 공식 강령을 채택했다. 그 결과로 나타난 것이 언론인은 '꼭 사실만' 보도한다는 확신을 주기 위해 정교한 뉴스룸 규칙을 만드는 것이었다(Schudson, 1978; Mindich, 1998).

자유주의적인 사회 계약은 전문직 윤리 강령에서 두 가지 유형의 원칙을 가져왔다. 즉 보다 구체적인 규칙과 기준, 실천의 관점에서 산출되는 '적극적proactive' 유형과 '제약적restraining' 유형이 그것다.4) 적극적 원칙은 언론인이 단순히 출판의 자유를 가질 뿐만 아니라 공적 관심사에 대해 가장 정확하고 종합적인 진실을 보도할 의무를 가지며 두려움이나 호의를 갖지 않고 독립적으로 보도할 의무를 가진다고 주장한다. '진실을 추구하고 이를 보도하라'와 '독립적으로 행동하라'는 서구 대부분의 국가에서 택한 윤리 강령의 중요한 적극적 원칙이다. 제약적 원칙은 언론인들로 하여금 책임 있는 방식으

---

4) 적극적 유형과 제약적 유형의 예로는 〈미국 전문직 언론인 사회 강령〉 www.spj.org과 〈캐나다 언론인 협회 강령〉 www.caj.org 같은 주요 윤리 강령을 보라(필자 주).

로 보도하기 위해 이 자유를 사용할 것을 촉구한다. 제약적 원칙은 어린이나 정신질환자 등 취약한 취재 대상자에 대해 '해악을 최소화할' 의무, 나아가 편집 결정을 내릴 때 공중에 대해 책임져야 할 의무를 포함한다.

전문직 모델은 원칙의 적용에서 전체론적이고 맥락적인 접근을 선호한다. 어떤 상황에서도 언론인은 원칙, 기준, 사실, 기대되는 결과, 권리 그리고 개인적 평판에 대한 영향을 저울질할 것으로 기대된다(Black, Steele & Blarney, 1999, pp. 29~30). 진실 보도 의지가 민감한 사실을 보도하지 않음으로써 해악을 최소화하고자 하는 욕망과 충돌할 때처럼 규범들이 서로 상충할 때 언론인은 어떤 원칙을 우선시할 것인지 결정해야 한다. 언론윤리를 놓고 합리적인 사고를 함으로써 언론인은 직관과 원칙 사이에서 '성찰적 균형' 상태에 도달하게 된다(Rawls, 1993, p. 8).5)

또 다른 자유주의적 대응은 미국의 학자와 언론인들이 개발한 사회적 책임 이론이다(Peterson, 1956). 자유주의 이론은 언론의 책임과 사회적 유용성을 인정한 반면 사회적 책임 이론은 그동안 방치되어온 책임을 강조했다. 언론자유와 관련해 미국에서 1940년대 말에 발족한 〈허친스 위원회〉는 이 이론에 명확하고 대중적인 표현을 제공했다.6) 이 위원회는 보고서인 『자유롭고 책임 있는 언론A Free and Responsible Press』에서 언론의 주요 기능과 관련해 뉴스와 사건에 대한 "진실되고 종합적이며 지적인 설명"과 함께 논평과 비평의 교환을 위한 포럼을 제공하는 것이라고 주장했다. 이 위원회는 또한 "'언론은 사회의 유권자 집단을 대표하는 모습'을 제공해야 하고, '사회의 목표와 가치를 제시하고 명확히 하도록' 도우며, '오늘의 정보에 충분히 접근하도록' 해야 한다"(Commission on Freedom of the Press, 1947, pp. 21~28)고

---

5) 미디어 윤리 교과서에 실려 있는 실천적 추론에 대한 전체주의적 접근의 실례로 랜드와 호나데이(Land & Hornaday, 1992)의 '결정 지점point of decision' 모델을 보라(필자 주).
6) 사회적 책임 이론의 핵심적 사상은 〈허친스 위원회〉보다 여러 해 전에 논의되었다(Cronin & McPherson, 1992)(필자 주).

주장했다. 만약 언론이 자기규제에 실패하면 사회적 책임의 지지자들은 정부의 규제가 개입될 수도 있다고 경고했다. 오늘날 사회적 책임 이론의 사상들은 유럽의 공영방송부터 그로부터 멀리 떨어진 일본에 이르기까지(Tsu-kamoto, 2006) "지난 50년간 세계적인 인정을 받아왔다"(Christians & Nor-denstreng, 2004, p. 4). 또한 이 이론은 언론평가위원회와 공중이 미디어 업무를 평가할 수 있는 기준들을 제시하는 한편 페미니스트와 공동체주의 이론 같은 새로운 윤리적 접근 방식에 기본적 개념들을 계속 제공하고 있다.

해석과 행동주의

자유로운 언론이 시민들에게 정보를 알려주어야 한다는 자유주의적 이상은 또한 사건의 의미를 설명해주려는 해석적 언론의 전통과 사회 개혁을 추구하는 행동주의 언론의 전통에 의해서도 받아들여졌다. 해석적 전통과 행동주의 전통 모두 언론인이 사실을 받아쓰는 속기사 이상의 의무를 지니고 있다고 믿는다. 하지만 행동적이고 비객관적인 언론에 대한 이런 식의 강조는 새로운 것이 아니다. 대부분 현대 언론의 역사에서 언론인들은 공공연하게 정파적이고, 보도 내용은 정당과 자금 제공자(자본가)들에게로 치우쳤다. 하지만 1900년대 초반 점점 더 복잡해지는 세상에 대해 합리적이고 독립적인 시각에서 설명하기 위한 방안의 하나로 덜 정파적인 해석주의적 저널리즘이 등장했다. 일례로 1920년대 루스Henry Luce의 해석적 언론interpretive journalism은 잡지 『타임』을 위한 모델이 되었다. 1930년대와 그 이후에는 학자들과 외국 기자들 및 저널리즘 협회들은 객관적 보도를 할 때 세계적 사건, 전쟁, 대공황 같은 경제적 재난에 대한 객관적 보도를 정통한 해석으로 보완할 필요가 있음을 인정했다(MacDougall, 1957). 1930~1940년대 신문은 지난주에 일어난 사건에 대한 주간 해석은 물론 기명 기사를 쓰는 출입처 기자들과 해석 칼럼리스트의 주말 판 해석 기사를 도입했다. 해석적 저널리즘의 전통은 20세기 후반 방송 언론인, 문학적 기자, 이후 온라인 기자들의 수중에서 더욱 번성하게 된다.

한편 1960년대 이후 계속해서 행동주의적 언론인들은 "공중에게 알리는 것"을 현상 유지에 도전하거나 전쟁에 반대하거나 사회적 대의명분을 고취시키는 것으로 정의했다. 행동주의적 언론인은 정부와 사기업의 위법 행위와 부당하거나 현명하지 못한 정책에 반대하는 여론을 조직하려고 했다. 역사적으로 영국의 19세기 후반의 개혁 언론인들 그리고 미국과 프랑스의 혁명가 언론인들이 현대의 행동주의적 언론인을 앞질러갔다. 행동주의적 언론인은 또한 미국에서 1900년대 초기 20년 동안 추문폭로 잡지 기자들과 많은 가치를 공유하고 있다(Filler, 1968; Applegate, 1997). 1900년대에 미국 언론인들은 언론인이 시민 참여를 이끌어내기 위한 촉매제로 기능할 수 있도록 '시민 저널리즘'으로 불리는 온건한 저널리즘 개혁을 옹호했다(Rosen 1996).

오늘날 많은 언론인은 스스로를 정보원, 해석자, 옹호자의 모종의 결합으로 바라본다. 사실에 입각한 정확성 같은 전통적 가치들은 완전히 폐기되지 않았다. 가장 강하게 목소리를 높이는 추문 폭로자나 행동주의적 언론인조차도 중립성을 거부할지라도 자신의 보도가 사실에 입각하며 정확하다고 주장한다(Miraldi, 1990). 오히려 자신의 사실이 결론을 도출하는 해석적 서사들 속에 포함되어 있는 것으로 본다. 해석적 언론과 행동주의적 언론 모두에서 생기는 중요한 윤리적 의문은 다음과 같다. 즉 객관성이 이상이 아니라면 저널리즘의 규범과 원칙은 무엇인가. 어떤 윤리 이론이 비객관적 언론의 남용이나 과도함을 제한할 수 있는가.

공동체와 배려

언론윤리에 대한 네 번째 영향력 있는 접근법은 공동체주의 윤리(Christians, Ferre & Fackler, 1993)와 페미니스트적 배려의 윤리(Gulligan, 1982; Noddings, 1984; Koehn, 1998)를 저널리즘 실천에 적용하려는 것이다.

두 접근법은 모두 자유주의 이론에 대한 비판과 대안을 제공한다. 이 두 접근은 '적극적' 원칙을 강조하지 않지만 해악을 최소화하고 책임지려는 '제약적 원칙'을 강조한다. 자유주의적 관점은 개인의 자유와 권리를 강조한다. 공동체주의와 배려라는 관점은 공동의 가치와 서로를 배려하는 관계에 대한 저널리즘의 영향력을 강조한다.7)

언론윤리에서 공동체주의는 수십 년에 걸친 공동체주의의 윤리적·법적·정치적 이론의 부활을 반영한다(Peden & Hudson, 1991; Seters 2006). 공동체주의자들은 공동선과 인간의 사회적 성격을 강조한다. 그들은 자유주의도 또 어떠한 이론도 선善에 대한 상이한 관점들 속에서 자유로울 수 없으며, 따라서 언론인들은 각자가 속한 공동체가 실질적인 가치와 좋은 삶에 대한 여러 개념에 헌신하는 것을 지지해야 한다고 주장한다. 크리스천스Clifford Christians 같은 공동체주의 미디어 윤리학자는 '관계 속의 인간'의 우위를 근거로 언론의 중요한 기능은 사실과 사건을 시민들에게 알려주는 '얄팍한thin' 자유주의가 아니라고 주장한다. 언론의 중요한 기능은 '시민적 변화'를 겨냥해 시민들과 그리고 시민들 사이에서 이루어지는 풍부하고 해석적인 대화를 제공하는 데 있다(Christians, 2006, pp. 65~66).

공동체주의의적 접근 방식은 정신면에서는 페미니스트 및 다른 학자들이 발전시킨 배려 이론과 가깝다.8) 인간관계에 대한 배려를 증진시키는 것은 인간의 번영을 위한 필수적인 부분으로 중요 원리이다(Card, 1999; Pierce, 2000). 페미니스트들은 "권리에 기반한 전통보다는 공동체 개념들에 기반한" 배려의 윤리를 장려했다(Patterson & Wilkins, 2002, p. 292). 길리건(Gilligan, 1982)은

---

7) 배려에 관한 코드의 페미니즘적 인식론은 "원칙적 중립성과 초연함을 표방하는 현대성의 인식론들은 정서와 가치에서 분리된 객관성이라는 이데올로기를 만들어낸다는 페미니즘의 잘 알려진 사실"로부터 출발한다(Code, 1994, p. 180)(필자 주).

8) 사람들이 배려 이론에 관심을 갖고 있음은 2000년에 일군의 윤리학자, 철학자, 그 밖의 다른 사람들이 오리건대학교에서 '배려와 미디어' 세미나를 개최한 것에 의해 입증되었다. 여기서 발표된 논문들은 『매스미디어 윤리 저널Journal of Mass Media Ethics』, 21(2 & 3) 2006년 특별호에 실렸다(필자 주).

콜버그Lawrence Kohlberg의 도덕 발달 이론이 젠더를 무시했다고 비판했다.

배려의 윤리는 종종 기사의 주제와 정보원에 둔감한 뉴스 미디어에 대한 제약을 시도한다. 블랙Jay Black이 서술한 대로 페미니즘 학자들은 배려의 윤리의 교의들에 주의를 기울임으로써 "보다 완전하고 풍요로운 미디어 시스템이 등장할 수 있으며, 그에 기반해 연민, 주체성 그리고 필요 같은 개념들을 고려할 수 있으며 또 그렇게 해야 한다"고 주장해왔다(Black 2006, p. 99). 윤리학자들은 살인 사건에 대한 캐나다와 미국의 규정화된 보도처럼 배려의 윤리를 언론 보도의 사례에 적용해왔다(Fullerton & Patterson, 2006). 스타이너와 오크러쉬(Steiner & Okrusch, 2006)는 저널리즘에서 전문직업적 책임에 관한 이해가 배려라는 관점에서 재해석될 수 있다고 주장해왔다.

이 모든 주요 접근법은 언론 실천과 윤리에 대한 경험적·이론적 분석이 상당히 풍부해지면서 새롭게 알려지게 되었다. 지난 반세기 동안 미디어와 문화연구 그리고 신간, 저널, 웹사이트부터 언론윤리에 대한 엄격한 윤리와 실천을 위한 새로운 협회와 조직에 이르기까지 공적 논의를 위한 채널이 전례 없이 많아졌다. 사회학이나 정치학 등 기존에 이미 설립되어 있는 학과나 언론학부와 커뮤니케이션 학부 등 신설 중인 학과에 속한 학자들은 미디어의 의제설정 역할(McCombs, Shaw & Weaver, 1997), 수용자 이론(McQuail, 1997), 미디어 경제학과 사회학(Picard, 1989; Albarran & Chan-Olmsted, 1998; McQuail, 1969), 언론 도덕의 발달(Wilkins & Coleman, 2005), 언론윤리의 역사(Spencer, 2007. Ward, 2005a) 등 다양한 연구 노선에 따라 왕성한 연구를 수행 중이다. 저널과 잡지들은 사회과학의 내용 분석 및 다른 양적·질적 방법을 이용한 새로운 사례 연구와 서베이들을 게재하고 있다. 이 연구들은 윤리학자들에게 자료를 제공할 뿐만 아니라 원칙과 실천들에 관한 논의를 보다 큰 비판적·이론적 틀 내에 위치시킴으로써 언론윤리의 개념적 토대를 확대시킨다. 미디어 커뮤니케이션과 저널리즘 연구에 대한 국제적 접근법의 발전은 각별히 주목할 만하다. 이 연구들은 전 세계의 '뉴스 피플'의 전모와 함께 그들의 미디어 시스템과 가치를 비교할 수 있는 방식을 제공해준다 (Demers, 2007; Weaver, 1998). 현재 윤리에 관한 토론은 언론윤리가 경제, 이데올로기, 정치, 국제 문화와 맺고 있는 관계를 다룬 문헌이 증가하는 것을 배경으로 활발히 전개되고 있다.

전통적 언론윤리에 대한 비판들

하지만 이러한 연구들의 증가에도 불구하고 또는 혹은 부분적으로는 그로 인해 언론윤리의 현재 분위기는 언론윤리의 본질과 목적에 관해 근본적인 의견의 불일치를 보이고 있다. 논란이 벌어지는 근원으로는 세 가지가 있다. 첫 번째 근원은 위에서 설명한 네 가지 접근법 사이의 의견의 불일치로, 언론윤리의 내의 내적 논쟁이라고 할 수 있다. 두 번째 근원은 정치학, 사회학, 문화, 커뮤니케이션 연구 등 언론과 언론윤리 외부의 여러 분과학문에서 제시하는 학문적·비판적 관점들이다. 이 이론들은 권력 행사, 서구의 경제적·문화적 지배 그리고 진리와 객관성에 대한 탈현대적 회의주의와 윤리적 담론 사이의 관계를 고려함으로써 언론윤리라는 프로젝트를 비판한다. 이와 관련해 제기되는 주요 질문은 다음과 같다. (1) 윤리적 담론이 서양의 지배 도구인 윤리적 이념으로 변질되는 것을 피하려면 언론윤리를 어떻게 해석하고 실천할 수 있을까? (2) 언론윤리라는 보편적인 원칙은 어떻게 정치적·사회적·문화적 차이를 인정할 수 있을까? 세 번째 논란의 근원은 보다 실천적이다. 저널리즘을 둘러싼 기술적·사회적 조건들의 변화가 상이한 가치를 가진 '뉴미디어' 저널리즘을 만들어내고 있다(Pavlik, 2001).

이 절에서는 전통적인 언론윤리에 대한 두 가지 '외적' 도전을 요약한다. 즉 객관적으로 진실을 추구한다는 전문직의 통념에 대한 포스트모더니즘적 문제제기와 언론윤리에 대한 '비판적' 분석이 그것이다.

진실과 객관성에 대한 의문제기

언론의 전문직 윤리는 진실과 객관성이라는 쌍둥이 기둥 위에 세워졌다. 1800년대 후반 상업적 대중지는 견고한 경험주의를 — 뉴스의 원기 왕성한 추구로, 이것은 결국 '사실 숭배'로 이어졌다 — 를 과시했다(Stephens, 1988, p. 244). 1900년대 초가 되면 언론 교과서와 협회, 윤리강령은 막 생성 중이던 이 전문직의 근본 원칙으로 진실, 객관성, 사회적 책임을 언급함으로써 그처럼 견고한 경험주의를 제한하려고 했다. 진실과 객관성의 고수는 합리적인 공중에 대한 계몽주의적 신념의 일부였다. 사실 또는 객관적으로 제공되는 정보만 있다면 인류는 거짓으로부터 진실을, 잘못된 것에서 옳은 것을 합리적으로 추구하고 구별할 수 있으리라는 것이었다. 전통적인 객관성의 전성기는 북미에서 대판broadsheet 신문들이 주류였던 1920~1950년대였다. 이 독트린은 너무나 만연해 1956년 언론 이론가인 피터슨은 객관성을 '물신 fetish'이라고 말하기도 했다(Theodore Peterson, 1956, p. 88). 20세기 하반기는 새로운 형태의 언론, 신기술 그리고 새로운 사회적 조건으로 인한 도전과 쇠퇴의 역사였다.

진리와 객관성이라는 두 기둥은 객관적 진실에 대한 탈현대적 회의주의와 이윤을 추구하는 신문사가 공정한 정보 제공자라는 주장에 대한 냉소주의 때문에 심각하게 훼손된 모습을 보여주고 있다. 따라서 언론윤리에 대한 모든 논의는 언론의 진실과 객관성 문제를 포함해야 하며, 뉴스의 객관성이라는 전통적 독트린이 현재 윤리적 힘을 상실할 정도로까지 쇠퇴한 상황을 언급해야 한다(Ward, 2005a, pp. 261~264). 뉴스의 객관성에 대해서는 세 가지 불만이 존재해왔다. 첫째, 객관성은 언론이 충족시키기에는 너무 지나친 이상이며, 그 결과 객관성은 '신화'가 되었다. 둘째, 객관성은 심지어 혹시 가능할지라도 글을 쓰는 사람에게 제한된 형식을 이용할 것을 강요하기 때문에 바람직하지 못하다. 객관성은 공식적 사실에 대한 피상적 보도를 조장한다. 객관성은 독자에게 분석과 해석을 제공하지 못하게 한다. 객관성은 논평과 캠페인, 공적 감시견으로서의 활동 등 언론의 다른 기능을 간과한다. 마지막으로, 객관성은 자유로운 언론을 제한한다. 사상의 자유시장에서 의견들이 경쟁할 수 있는 비객관적인 언론이 민주주의에 더 기여한다.

객관성은 처음 도입될 때부터 도전받았다. 1900년대 초 잡지의 추문 폭로자들은 보도의 중립성을 거부했다. 텔레비전과 라디오의 출현은 보다 개인적인 형태의 미디어를 창조했다. 1960년대에 기성 제도를 비판하며 전쟁에 반대하고 시민의 권리를 위해 싸웠던 저항문화는 객관적인 전문가들과 공정한 언론에 대해 회의적이었다. 메일러Norman Mailer로부터 카포트Truman Capote에 이르는 다른 작가들은 영감을 얻기 위해 문학에 의존하는 언론을 실천했다.

학계에서도 철학자, 사회과학자, 그 밖의 다른 사람들이 객관적 지식과 객관적 과학이라는 관념에 도전해왔다. 쿤Thomas Kuhn의 영향력 있는 글들은 과학적 변화는 일군의 새로운 신념으로의 비합리적 '전향conversion'임을 보여주는 것으로 해석되었다(Kuhn, 1962). 모든 지식은 "사회적으로 구성되었다"(Hacking, 1999). 철학자 로티Richard Rorty는 객관주의 지식이 '자연의 거울'이라는 생각을 공격했다(Rorty, 1979). 리오타르Lyotard와 보드리야르Baudrillard 같은 포스트모더니스트들은 공정한 진리와 철학적인 '메타-서사'(인간의 경험을 이해할 수 있도록 해주는 거대한 역사적 서사[Connor, 1989])라는 생각을 의문시했다. 버틀러는 환상 속에 사는 것 같은 포스트모더니즘의 느낌을 사람들이 '리얼리즘을 상실하고' '이미지들의 사회' 즉 '시뮬라크라simulacra'에 사는 것으로 설명한다(Butler, 2002). 일부 미디어 학자들은 객관성을 기업 미디어의 부패한 도그마로 간주해왔다(Hackett & Zhao, 1998).

저널리즘 내에서도 질문은 계속 제기되고 있다. 언론인 벨Martin Bell은 '지지支持의 저널리즘journalism of attachment'에 객관성을 부여하는 것에 반대했다(Bell, 1998). 『컬럼비아 저널리즘 리뷰Columbia Journalism Review』는 '객관성 재고'라는 제목의 글에서 위에서 언급된 불평들을 반복했다(Cunningham, 2003).

미국의 한 공공정책센터는 언론의 '변화를 위한 선언문'을 발간했는데, 그것은 책임과 같은 규범의 중요성은 커지고 있지만 막상 객관성은 "윤리적 기준이라는 역할에서 안정성을 잃게 되었다"고 지적했다(Overholser, 2006, pp. 10~11).

그러나 언론의 객관성에 대한 회의주의는 어떤 진지한 윤리적 문제도 해결하지 못했다. 그것은 오직 언론윤리의 기반을 공백 상태로 남겨두었을 뿐이다. 만약 객관성이 포기된다면 무엇이 그것을 대체할 것인가. 세 가지의 선택 안이 떠오른다. 하나는 객관성을 포기하고 그것을 다른 원칙으로 교체하는 것이다. 다른 하나는 뉴스룸 내의 전통적 객관성으로 '복귀하는 것'이며, 마지막으로는 객관성을 재정의하는 것이다. 전통적 객관성으로 복귀하는 것은 비현실적이다. 대체 방안 없이 객관성을 포기하는 것은 선택으로 간주될 수 없다. 저널리즘이 선택과 해석을 포함한 세상에 대한 적극적 탐색이라면 뉴스의 객관성을 개혁하려는 시도는 먼저 비실증주의적인 개념의 객관성이 어떻게 가능한지부터 설명해야만 할 것이다. 중요한 질문은 다음과 같다. 뉴스 보도가 (적어도 일부) 해석을 포함한다면 어떻게 객관적일 수 있을까. 하나의 선택은 해석 방법에 대한 하나의 검증으로 객관성을 재구상하는 것이다. 이 관점에서 본다면 객관성은 보도를 사실 그 자체로 환원시키는 것도 아니고 모든 해석을 제거하는 것도 아니다. 그보다는 객관성이 특정 영역에 적합한 것으로 합의된 일련의 기준에 따라 해석으로 간주되는 언론 기사를 검증하는 것이다.[9]

---

9) 나는 지금 워드(Ward, 2005a)의 저서 7장에 나오는 '실용적 객관성' 이론을 발전시키고 있다. 해석에 관한 객관적이고 상호주관적인 제약들이라는 개념에 대해서는 덴진과 링컨(Denzin & Lincoln, 2000) 그리고 가다머(Gadamer, 2004)를 보라. 또 이와 관련된 "해석적 충분성"이라는 개념에 대해서는 크리스티안즈(Christians, 2005)를 보라(필자 주).

비판적 미디어 이론

뉴스의 객관성에 대한 비판을 넘어 사회적·정치적 행위자로서의 뉴스 미디어에 대한 광범위한 비판이 존재한다. 이 관점들은 대략 '비판 이론'이라는 용어 아래 모아볼 수 있다. 다만 한 가지 중요한 유형이 추가되는데, 탈식민주의 연구가 그것이다(Ahluwalia & Nursey-Bray, 1997; Shome & Hegde, 2002; Young, 2003).

공통의 출발점은 합리성, 보편성, 객관적 지식 및 진보라는 서구적 개념에 대한 환멸이다. 와서맨(Wasserman, 2007, p. 8)은 다음과 같이 기술하고 있다. "탈식민주의는 현대성이 자신의 이상과 야망에 부응하지 못했다는 주장을 탈현대주의와 공유한다." 비판 이론들은 서구 사상과 가치, 특히 '신자유주의' 사상의 패권적 체제를 다른 문화에 부과하려는 시도에 저항한다. 일부 필자에게는 보편적 가치를 말하려는 시도가 의심스러운데, 그것이 '차이'를 부인하는 '본질주의'를 제시하기 때문이다.

비판적 관점에서 볼 때 전문직 언론윤리 모델은 그것이 기반하고 있는 자유주의와 동일한 편향성 및 한계를 공유하고 있다. 자유주의 언론 이론은 남성적이고, 유럽 중심적이고, 개인주의적이고, 보편적인 계몽주의적 사유 형태에 기반하고 있는 것으로 간주된다. 윤리적 담론은 정치적으로 순수하지 않지만 정치권력의 행위가 될 수 있다. 그처럼 저널리즘도 서구의 선전을 전파할 수 있다(Chomsky, 1997). 비판 이론들은 서구 사상들이 제국주의화와 '식민화' 목적을 정당화하는 데 이용될 수 있다고 경고한다. 푸리Fourie는 다음과 같이 기술한다. "그것은 인종, 계급, 젠더, 섹슈얼리티, 미디어 등과 같은 쟁점들에 관해 제도화된 지식과 이론이 식민주의 세력의 영향을 받았고 여전히 받고 있다는 관점에서 출발한다"(Fourie, 2007, p. 4).

비판 이론은 언론윤리에 대해 어떤 구체적 함의를 가질 수 있을까? 하나의 함의는 학자들이 언론윤리를 '탈서구화'시켜야 한다는 것이다. 예를 들어 일부 필자는 인간주의ubuntuism라는 아프리카의 전통이 과연 아프리카 언론을 위한 근본적인 윤리 가치가 되어야만 하는지 여부를 살펴보았다.[10] 왜냐하면 이 인간주의 공동체 가치는 서양의 자유롭고 개인적인 언론에 대한 강조보다는 아프리카 사회에 더 가까운 가치이기 때문이다(Fourie, 2007). 탈서구화는 또한 미디어 윤리의 원칙을 논할 때 교차 문화 비교를 이용하고, 아프리카와 인도 및 동양의 윤리적 체계에 응분의 중요성을 부여해야 한다는 것을 의미한다.

또 다른 함의는 언론윤리는 타자들에 대한 묘사를 보다 강조해야 한다는 것이다. 왜냐하면 잘못된 묘사는 전쟁을 촉발하고 다른 문화를 비하하고 부당한 사회 구조를 지원할 수 있기 때문이다. 이러한 쟁점들은 사실적 정확성을 뛰어 넘는다. 그것들은 언론인이 보다 깊이 있는 문화적 지식을 가질 것을, 나아가 어떻게 언어가 '타자the other'를 왜곡할 수 있는지 보다 깊이 있게 이해할 것을 요구한다.[11] 묘사라는 쟁점들에 주의를 기울인다는 것은 또한 평상시 영향력 없는 사람들의 목소리를 배제하는 매일의 뉴스 관행에 의문을 제기한다는 것을 의미한다. 이는 단지 매일의 사건이나 사실뿐만 아니라 사회정의와 그것의 역사적 맥락을 포함시켜 '뉴스'를 정의한다는 것을 의미한다. 이것은 기사의 다양한 정보원을 찾고 비지배적 집단의 관점에서 그러한 기사를 보도한다는 것을 의미한다. 비판 이론들은 언론윤리가 해석주의적이고 행동주의적인 언론의 전통 속에서 사회 변화에 보다 전념할 것을 요구한다. 그에 덧붙여 언론 교육은 보도 기술과 사실의 취재에 대한 전통적인 강조를 문화적·국제적 지식을 강조하는 민속지학지적 접근법으로 보충해야 한다(Alia, 2004, p. 23, 26). "진실을 추구하고 보도"라는 지상명령이 사실

---

10) 남아프리카에서 쓰이는 우분트ubuntu라는 용어는 인간적 친절함, 인간에 대한 따뜻함의 의미를 갖고 있다. 넬슨 만델라에 의해 이 용어가 널리 확산되었다.

11) 사이드(Edward Said, 2003)는 큰 영향을 미친 저서 『오리엔탈리즘』에서 19세기 프랑스와 영국의 작가들은 물론 여행가, 식민지 행정가들을 연구함으로써 동양에 대한 서양 문화의 묘사 방식을 비판했다. 보다 최근에 지리학자인 그리고리Derek Gregory는 사이드의 작업을 미디어가 어떻게 이라크 전쟁과 다른 사건들(이념들)을 잘못묘사하는지를 보여준 바 있다.

을 신속히 받아쓰는 행위로부터 사건들이 보다 큰 문화적·세계적 맥락 속에서 갖게 되는 위치를 충분한 정보에 입각해 해석하는 쪽으로 변형되고 있다.

마지막으로, 비판 이론들은 '미디어 발전'이라는 서구의 프로젝트를 재고찰할 것을 요구한다. 서구 국가들은 민주주의를 지향하는 단계로서 자신들의 뉴스 미디어를 발전시키려고 고군분투하는 국가들에게 자국의 언론인을 보내는 데 연간 수백만 달러를 지출한다(Coman, 2000. Ho(Ward, 2002, 2003). 많은 서구 언론인은 위에서 서술한 대로 서구의 원칙이 다른 문화와 다른 미디어 시스템에 대해 얼마나 적절할지에 대해 충분히 고려하지 않은 채 토착 언론인에게 서구의 전문직 모델을 가르치려고 시도한다. 그러한 노력이 성공해 서구의 식민지라고 욕을 먹지 않으려면 미디어 개발자들은 위에서 논의된 미디어 이론 비평에 비추어 자신들의 목표와 지도 원리들을 재고할 필요가 있다.

요약하면 이처럼 비판적인 관점은 언론윤리의 개념적 기반을 확장할 것을 요구한다. 페미니즘, 탈현대주의, 공동체주의 그리고 탈식민주의 등 이 모든 사유 범위는 기본적인 언론윤리 담론을 바꾸고 윤리 교과서로 통합될 필요가 있다. 핵심적인 이론 논쟁들은 자유주의 이론과 사회적 책임 이론 사이의 전통적 논쟁을 넘어 확대되어야 한다. 논쟁은 이제 윤리와 권력의 관계, 미디어의 묘사와 지배적 문화, 정체성의 사회적 구성, 지식습득과 가치부여 방식에서의 차이 그리고 지역적인 것과 세계적인 것 사이의 관계와 같은 쟁점을 포함하고 있다. 이처럼 광범위한 비판들은 언론윤리가 이론적 깊이를 결여하고 있음을 노출시킨다. 응용 분과학문으로서 언론윤리 또한 종종 '진실 추구', '자유', '공중에 대한 봉사' 그리고 '민주주의' 같은 보편적 개념들에 너무 단순하게 호소하는 것에 의존한다. 뉴스 미디어에 대한 최근의 학술적·비판적 이론은 그러한 용어들이 논박 당한다는 것에 주목한다(Berger, 2000). 기본 개념을 명확하게 하고 재구성하는 것이 필요하다.

하지만 이러한 개념적 명확성 **이상의** 무언가가 요구된다. 언론윤리는 비판 이론들에 대한 자체의 비판을 수행해야 한다. 위에서 검토한 비판적 생각들을 말 그대로 받아들여서는 안 된다. 이 미디어 비평가들 또한 자신들의 고유한 편향성과 맹점을 갖고 있기 때문이다. 일부 이론가는 서구 문화와 비서구 문화를 비생산적으로 대립시키거나 진실에 대한 자신들의 주장을 약화시키는 지점까지 진실과 객관성이라는 관념을 공격할 수도 있다. 비판 이론들은 언론자유를 희생하는 대가로 비서구적인 전통을 '낭만적으로 묘사하거나' 공동체의 가치를 지나치게 과장할 수도 있다. 언론윤리는 이 다섯 가지 단계에서 서구 사상과 비서구적 사상 두 전통 모두로부터 가치 있는 규범을 통합하는 윤리적 모델을 개발함으로써 이 두 사상 사이의 '교착 상태'를 피할 필요가 있다.

결론: 미래를 향해

이러한 논쟁으로 미루어볼 때 언론윤리는 도대체 어디로 가고 있는가. 긍정적으로 볼 때, 현재의 미디어 혁명은 언론윤리를 재고찰하는 것 ― 이것은 지금 너무 절실히 요구되고 있다 ― 을 촉구하는 것으로 볼 수 있다. 이념들의 충돌은 보다 풍부한 언론윤리를 창안하는 것으로 이어질 수 있는 것이다.

언론윤리의 미래는 두 개의 큰 프로젝트가 성공적으로 완료되는 것에 의존할 것처럼 보인다. (1) 언론윤리를 위한 보다 풍부한 이론적 기초를 개발하고 (2) 전 세계적 도달 범위를 가진 멀티플랫폼 언론을 위한 보다 적절한 일련의 원칙과 규범으로 '혼합 미디어 윤리'를 개발하는 것이 그것이다.

앞서 살펴본 대로 첫 번째 프로젝트는 믿을 수 있는 진실과 객관성 개념과 함께 저널리즘에 대한 보다 적절한 인식론을 필요로 한다(Christians,

2005, p. ix). 이는 또한 미디어 이론에 대한 여타의 접근법과 함께 자유주의 이론의 강화를 요구한다. 윤리학자들은 새로운 이론적 접근법이 어떻게 뉴스룸 실무와 언론 교육을 변화시킬 수 있을지 보여줄 필요가 있다.

두 번째 프로젝트는 좀 더 실천적인 작업이다. 인쇄, 방송 그리고 온라인에서 기사를 보도하는 뉴스룸을 위한 규칙, 규범, 절차를 구축하는 것이 그것이다. 진실 추구와 불편부당성이라는 원칙은 혼합 미디어에 대해 어떤 의미를 가질까? 언론의 규범과 공적 목표는 시민들이 경험, 정보, 이미지를 공유하는 웹사이트인 '소셜미디어'에 포함될 때 변할까?(Friend & Singer, 2007) 언론윤리는 검증과 게이트키핑에 대한 전문직업적 강조로부터 투명성과 네트워킹 및 여과되지 않은 정보에 대한 비전문직업적인 강조로 바뀌고 있는가?

또한 이러한 윤리적 논의들이 어떻게 뉴스 조직의 공공 감시와 미디어 시스템을 위한 규제 개혁과 관련되는가 하는 실무적 질문들이 존재한다(Price, Rozumilowicz & Verhulst, 2002). 뉴스 미디어의 책임을 향상시키기 위해, 즉 '자율 규제'에 대한 언론의 오랜 욕구가 '공적 규제'를 포함하도록 하기 위해서는 어떤 새로운 공공 메커니즘을 가동시켜야 할까?

마지막으로, 언론윤리는 이론과 실천에서 점점 더 범세계적이어야 한다(Gerbner, Mowlana & Nordenstreng, 1993; Ward, 2005b). 역사적으로 언론과 언론윤리는 지역주의에 국한되어 있었다. 언론윤리는 제한된 도달 범위를 가진 언론을 위해 개발되었고, 이러한 언론의 공적 의무는 국경을 넘지 못하는 것으로 가정되었다. 이러한 좁은 범위의 윤리에 대한 만족감은 뉴스 미디어의 지구화로 인해 기반이 약화되어 왔다(Callahan, 2003). 세계적 책임은 세계적 영향력과 함께 온다(Cooper, Christians, Plude, White & Thomas, 1989; Morris & Waisbord, 2001). 덴마크의 신문에 모하멧에 관한 만평이 실린 이후 전 세계적으로 퍼져나간 폭력은 세계적 영향력의 한 사례를 보여준다. 우리 세계는 맥루한McLuhan이 말한 '아늑한 마을'이 아니다. 뉴스 미디어는 상이한 종교, 전통, 집단과 연결된다. 긴장이 팽배하고 있다. 세계적으로 책임 있는 언론은 빈곤과 환경파괴처럼 해결하기 벅찬 세계적 문제를 시민들이 이해하도록 도와야 한다(Weaver, 1998; Price & Thompson, 2002; Seib, 2002).

글로벌한 언론윤리의 내용을 규정하려는 작업이 지금 진행 중이다. 최근 윤리학자들은 글로벌한 미디어 윤리의 기본 원칙을 '탐색하기' 시작했다.[12] 이 '탐색'은 특수성과 보편성을 모두 어떻게 정당하게 평가할지에 관한 문제에 직면해 있다(Ronning, 1994; Christians & Traber, 1997). 예를 들어 라오[Rao]는 '지역적'이거나 '토착적 인식론'을 세계적인 미디어 윤리에 통합시킬 수 있는 방식을 찾고 있다(Rao, 2007). 그러나 다른 질문들도 존재하고 다른 난제들도 존재한다. 범세계적 윤리는 사회적 책임과 공공에 기여한다는 생각을 어떻게 재정의해야 할까? 범세계적 윤리는 애국심이 언론인들에 대해 정당한 영향력을 갖지 못하도록 해야 할까?

이러한 어려운 질문과 해결하기 어려운 난제에도 불구하고 언론윤리의 미래는 그야말로 다원주의적 세계의 한가운데서 멀티미디어와 글로벌 저널리즘을 위한 새롭고, 보다 과감하고, 보다 포괄적인 윤리적 틀의 구축을 요구하고 있다.

〈참고문헌〉

Ahluwalia, D., & Nursey-Bray, P.(eds.).(1997). *Post-colonialism: Culture and identity in Africa.* Commack, NY: Nova Science Publishers.
Albarran, A., & Chan-Olmsted, S.(1998) *Global media economics: Commercialization, concentration and integration of world media markets.* Ames: Iowa State University Press.

12) 『매스미디어 윤리 저널*Journal of Mass Media Ethics*』, 17(4), 2002년 특별호 '글로벌 미디어 윤리를 찾아'를 보라(필자 주).

Alia, V.(2004). *Media ethics and social change.* Edinburgh: Edinburgh University Press.

Applegate, E.(1997). *Journalistic advocates and muckrakers.* Jefferson, NC: McFarland and Company.

Baldasty, G.(1992). *The commercialization of the news in the Nineteenth Century.* Madison: University of Wisconsin.

Bell, M.(1998). The truth is our currency. *Harvard International Journal of Press/Politics, 3*(1), 102–109.

Berger, G.(2000). Grave new world? Democratic journalism enters the global twenty-first century, *Journalism Studies, 1*(1), 81–99.

Black, J.(2006). "Foreword." *Journal of Mass Media Ethics, 21*(2&3), 99–101.

Black, J., Steele B., & Blarney, R.(1999). *Doing ethics in journalism*(3rd ed.). Boston: Allyn and Bacon.

Butler, C.(2002). *Postmodernism: A very short introduction.* Oxford: Oxford University Press.

Campbell, W.(2001). *Yellow journalism: Puncturing the myths, defining the legacies.* Westport, CT: Praeger.

Callahan, S.(2003). New challenges of globalization for journalism. *Journal of Mass Media Ethics, 18,* 3–15.

Card, C.(ed.).(1999). *On feminist ethics and politics.* Lawrence: University Press of Kansas.

Chomsky, N.(1997). *Media control: The spectacular achievements of propaganda.* New York: Seven Stories Press.

Christians, C.(1989). Ethical theory in a global setting. In T. Cooper, C., Christians, F., Plude, & R. White(eds.), *Communication Ethics and Global* Change(pp. 3–19). White Plains, NY: Longman.

Christians, C.(2005). Preface. In R. Keeble(ed.), *Communication ethics today*(pp. ix–xiii). Leicester, UK: Troubador.

Christians, C.(2006). The case for communitarian ethics. In M. Land & B. Hornaday(eds.), *Contemporary media ethic*(pp. 57–69). Spokane, WA: Marquette.

Christians, C., Ferre, J., & Fackler, P.(1993). *Good news: Social ethics and the press.* New York: Oxford University Press.

Christians, C., & Nordenstreng, K.(2004). Social responsibility worldwide. *Journal of Mass Media Ethics, 19*(1), 3–28.

Christians, C., & Traber, M.(eds.).(1997). *Communication ethics and universal values.* Thousand Oaks, CA: Sage.

Code, L.(1994). Who cares? The poverty of objectivism for a moral epistemology. In A. Megill(ed.), *Rethinking objectivity*(pp. 179–195). Durham, NC: Duke University

Press.

Coman, M.(2000). Developments in journalism theory about media "transition" in Central and Eastern Europe 1990–99. *Journalism Studies*, *1*(1), 35–56.

Commission on Freedom of the Press.(1947). *A free and responsible press*. Chicago: University of Chicago Press.

Connor, S.(1989). *Postmodernist culture*. Oxford: Blackwell.

Cooper, T., Christians, C., Plude, F., White, R., & Thomas, R. A.(eds.).(1989). *Communication ethics and global change*. White Plains, NY: Longman.

Cronin, M., & McPherson, J.(1992). *Reaching for Professionalism and Respectability: The Development of Ethics Codes in the 1920s*. A paper presented at the annual conference of the American Journalism Historian's Association, October, at Lawrence, KS.

Cunningham, B.(2003). Rethinking objectivity. *Columbia Journalism Review, 4*, 24–32.

Darwall, S.(ed.).(2003). *Contractarianism/contractualism*. Oxford: Blackwell.

Demers, D.(2007). *History and future of mass media: An integrated perspective*. Cresskill, NJ: Hampton Press.

Denzin, N., & Lincoln, Y.(eds.).(2000). *Handbook of qualitative research*(2nd ed). Thousand Oaks, CA: Sage.

Dimock, S., & Tucker, C.(eds.).(2004). *Applied ethics: Reflective moral reasoning*. Toronto: Thomson.

Dworkin, R.(2000). *Sovereign virtue: The theory and practice of equality*. Cambridge, MA: Harvard University Press.

Elliott, D.(ed.).(1986). *Responsible journalism*. Beverly Hill, CA: Sage.

Foot, M., & Isaac K.(ed.).(1987). *The Thomas Paine reader*. London: Penguin.

Filler, L.(1968). *The muckrakers*. Stanford, CA: Stanford University Press.

Fourie, P.(2007). *Moral philosophy as the foundation of normative media theory: Questioning African ubuntuism as a framework*. Paper presented to the International Roundtable on Global Media Ethics, Stellenbosch, South Africa, March 2007.

Friend, C., & Singer, J.(2007). *Online journalism ethics: Traditions and transitions*. Armonk, NY: M. E. Sharpe.

Fullerton, R., & Patterson, M.(2006). Murder in our midst: Expanding coverage to include care and responsibility. *Journal of Mass Media Ethics, 21*(4), 304–321.

Gadamer, H.(2004). *Truth and method*.(2nd rev. ed.). London: Continuum.

Gerbner, G., Mowlana, H., & Nordenstreng, K.(eds.).(1993). *The global media debate*. Norwood, NJ: Ablex.

Glover, J.(1999). *Humanity: A moral history of the twentieth century*. London: Jonathan Cape.

Gregory, D.(2004). *The colonial present: Afghanistan, Palestine, Iraq*. Malden, MA:

Blackwell.

Gilligan, C.(1982). *In a different voice: Psychological theory and women's development.* Cambridge, MA: Harvard University Press.

Hackett, R., & Zhao, Y.(1998). *Sustaining democracy? Journalism and the politics of objectivity.* Toronto: Garamond Press.

Hacking, I.(1999). *The social construction of what?* Cambridge, MA: Harvard University Press.

Howard, R.(2002). *An operational framework for media and peacebuilding.* Vancouver: IMPACS.

Howard, R.(2003). *conflict sensitive journalism: A handbook by Ross Howard.* Copenhagen, Denmark: IMS and IMPACS.

Hume, D.(1987). *Of the liberty of the press. Essays: Moral, political and literary*(rev. ed.). Indianapolis: Liberty Fund.

Koehn, D.(1998). *Rethinking feminist ethics: Care, trust and empathy.* London: Routledge.

Kovach, B., & Rosenstiel, T.(2001). *The elements of journalism: What newspeople should know and what the public should expect.* New York: Crown.

Klaidman, S., & Beauchamp T.(1987). *The virtuous journalist.* Oxford: Oxford University Press.

Kuhn, T.(1962). *The structure of scientific revolutions.* Chicago: University of Chicago Press.

Land, M., & Hornaday, B.(eds.).(2006). *Contemporary media ethics*: Spokane, WA.: Marquette Books.

MacDougall, C.(1957). *Interpretive reporting*(3rd ed.). New York: MacMillan.

McCombs, M., Shaw, D., & Weaver, D.(1997). *Communication and democracy: Exploring the intellectual frontiers in agenda-setting theory.* Mahwah, NJ: Erlbaum.

McQuail, D.(1969) *Towards a sociology of mass communications.* London: Collier-Macmillan.

McQuail, D.(1997). *Audience analysis.* Thousand Oaks: Sage.

Mill, J. S.(1965). On liberty. In M. Lerner(ed.), *Essential works of John Stuart Mill*(seventh printing, pp. 255-360). New York: Bantam Books.

Milton, J.(1951). *Areopagitica.*(Ed. George H. Sabine). New York: Appleton-Century -Crofts.

Mindich, D.(1998). *Just the facts: How "objectivity" came to define American journalism.* New York: New York University Press.

Miraldi, R.(1990). *Muckraking and objectivity.* New York: Greenwood Press.

Morris, N., & Waisbord, S.(eds.).(2001). *Media and globalization: Why the state matters.* New York: Rowman and Littlefield.

Narveson, J.(1988). *The libertarian idea.* Philadelphia: Temple University Press.

Noddings, N.(1984). *Caring: A feminine approach to ethics and moral education,* Berkeley: University of California Press.

Overholser, G.(2006). *On behalf of journalism: A manifesto for change.* Annenberg Public Policy Center. Philadelphia: University of Pennsylvania.

Patterson, P., & Wilkins, L.(2002). *Media ethics: Issues and cases*(4th ed.). New York: McGraw-Hill. Pavlik, J. V.(2001). *Journalism and the new media.* New York: Columbia University Press.

Peden, C., & Hudson, Y.(eds.).(1991). *Communitarianism, liberalism and social responsibility.* Lewiston, NY: E. Mellen Press.

Peterson, T.(1956). The social responsibility theory of the press. In F. Siebert, T. Peterson, & W. Schramm, *Four theories of the press*(pp. 73–103). Urbana: University of Illinois Press.

Picard, R.(1989). *Media economics: Concepts and issues.* Newbury Park, CA: Sage.

Pierce, C.(2000). *Immovable laws, irresistible rights: Natural Law, moral rights, and feminist ethics.* Lawrence: University Press of Kansas.

Price, M., & Thompson, M.(eds.).(2002). *Forging peace: Intervention, human rights and the management of media space.* Edinburgh: Edinburgh University Press.

Price, M., Rozumilowicz, B., & Verhulst, S.(eds.).(2002). *Media reform: Democratizing the media, democratizing the state.* London: Routledge.

Rao, S.(2007). *Postcolonial theory and global media ethics: A theoretical intervention.* Paper presented to the International Roundtable on Global Media Ethics, Stellenbosch, South Africa, March 2007.

Rawls, J.(1993). *Political liberalism.* New York: Columbia University Press.

Ronning, H.(1994). *Media and democracy: theories and principles with reference to an African context.* Harare, Zimbabwe: Sapes.

Rorty, R.(1979). *Philosophy and the mirror of nature.* Princeton, NJ: Princeton University.

Rosen, J.(1996). *Getting the connections straight: Public journalism and the troubles in the press.* New York: Twentieth Century Fund Press.

Rosen, J.(1999). *What are journalists for?* New Haven, CT: Yale University Press.

Said, E.(2003). *Orientalism.* London: Penguin.(Original work published 1978)

Scanlon, T. M.(1982). Contractualism and utilitarianism. In A. Sen & B. Williams(eds.), *Utilitarianism and beyond*(pp. 103–128). Cambridge: Cambridge University Press.

Schudson, M.(1978). *Discovering of news: A social history of American newspapers.* New York: Basic Books.

Seib, P.(2002). *The global journalist: News and conscience in a world of conflict.* Lanham, MD: Rowman and Littlefield.

Seters, P.(ed.).(2006). *Communitarianism in law and society.* Lanham, MD: Rowman and Littlefield.

Shome, R., & Hegde, R.(2002). Postcolonial approaches to communication: Charting the terrain, engaging the intersections. *Communication Theory, 12*(3), 249-270.

Siebert, F.(1956). The libertarian theory of the press. In F. Siebert, T. Peterson, & W. Schramm, *Four theories of the press*(pp. 39-71). Urbana: University of Illinois Press.

Siebert F., Peterson T., & Schramm W.(1956). *Four theories of the press.* Urbana: University of Illinois Press.

Spencer, D.(2007). *The yellow journalism: The press and America's emergence as a world power.* Evanston, IL: Northwestern University Press.

Steiner, L., & Okrusch, C.(2006). Care as a virtue for journalists. *Journal of Mass Media Ethics, 21*(2 & 3), 102-122.

Stephens, M.(1988). *A history of news: From the drum to the satellite.* New York: Viking.

Tsukamoto, S.(2006). Social responsibility theory and the study of journalism ethics in Japan. *Journal of Mass Media Ethics, 21*(1), 54-68.

Ward, S. J. A.(2005a). *The invention of journalism ethics: The long path to objectivity and beyond.* Montreal: McGill-Queen's University Press.

Ward, S. J. A.(2005b). Philosophical foundations for global journalism ethics. *Journal of Mass Media Ethics, 20*(1), 3-21.

Ward, S. J. A.(2007). Utility and impartiality: Being impartial in a partial world. *Journal of Mass Media Ethics, 22*(2-3), 151-167.

Wilkins, L., & Coleman, R.(2005). *The moral media: How journalists reason about ethics.* Mahwah, N.J.: Erlbaum.

Wasserman, H.(2007). *Finding the global in the particular: Media ethics and human dignity in the postcolony.* Paper presented to the International Roundtable on Global Media Ethics, Stellenbosch, South Africa, March 2007.

Weaver, D. H.(ed.).(1998). *The global journalist.* Cresskill, NJ: Hampton Press.

Young, R.(2003). *Post-colonialism.* New York: Oxford University Press.

22_
저널리즘과 대중문화

존 하틀리

서론: 대중문화와 저널리즘 연구

이 장에서는 대중문화를 현대 저널리즘의 진정한 기원으로 간주한다. 그런
데 여기서 '기원'이라는 말은 경험적·역사적 시작 — 이것은 혁명기의 프랑
스와 산업혁명 중인 영국에서 찾아진다 — 뿐만 아니라 이론적인 최초의 원
리들 — 여기서 대중문화는 저널리즘의 객체(목적)가 아니라 주체(원천)가
된다 — 을 모두 가리킨다. 따라서 저널리즘과 대중문화 사이의 관계, 저널
리즘 연구와 문화연구 사이의 관계는 역사적으로 연구하는 것이 최선이라고
나는 주장한다. 그러한 역사들에서는 커뮤니케이션 및 결정과 관련해 두 가
지 대조적인 기본 모델을 통해 연구가 이루어지는 것을 알 수 있다. 그중 하
나는 뉴스 소비자가 미디어의 결과물이라는 모델이고 다른 하나는 뉴스 소
비자가 의미의 원천이라는 모델이다. 전자의 모델은 누군가 다른 사람을 대
신하는 전문가 저널리즘과 연결되고, 후자의 모델은 해방주의적인 자기-대
변과 연결된다(〈표 22-1〉을 보라). 비록 유력 신문사 사주와 방송 독점이

장기간 군림하는 동안 하향식 시각이 지배적이기는 하지만 이 두 모델은 현대 미디어의 역사 내내 존재했다. 이러한 지배력이 현재 위기에 봉착해 있다. 저널리즘과 대중문화 사이의 역사적 관계에 대한 학문적 관심은 그러한 위기 상황에서 무엇이 성패를 가르는지를 설명하는 데 도움이 될 수 있다는 것이 필자의 논지이다.

〈표 22-1〉 저널리즘 연구를 위한 두 패러다임

저널리즘 연구	문화연구
객관(적)	주관(적)
공급 측면	수요 측면
대중문화를 결과로 간주	대중문화를 원인으로 간주
생산자–공급자 시각	소비자–행위자 시각
대리 표현representative	자기-대변self-representation
직업상의 전문성	대중의 해방

이 역사로부터 두 가지 방법론적 교훈을 끌어낼 수 있다. 첫째, 저널리즘 자체는 근본적 차이점이 아니라는 것이다. 저널리즘이라는 실천은 전문가적·해방주의 전통 내내 진화해왔다. 둘째로, '적극적 수용자'라는 기본 개념에 기반한 '대중문화' 모델은 이용자가 주도하는 혁신, 소비자 생산 콘텐츠, 손수 제작한 미디어self-made media, DIY 문화, 시민 저널리즘, 블로고스피어, p2ppeer-to-peer 소셜 네트워크의 성장 덕분에 최근 크게 신장되었다.

사회적 커뮤니케이션으로서의 저널리즘의 역사적 기원

역사적으로 저널리즘은 도시화, 산업화, 계몽주의 그리고 혁명기 유럽

(1790~1830년대에 이르는)의 지적 동요에 의해 모아지고 그에 의해 대규모로 확장된 대중 계급이 만들어낸 것이다. 신문, 따라서 저널리스트가 이 시기를 앞서는 것은 사실이다. 최초의 신문 『인텔리전서스*Intelligencers*』와 『머큐리스*Mercuries*』는 17세기로 소급된다. (최초의 제대로 된 일간지인) 『더 타임스 *The Times*』는 18세기에 시작되었다. 그러나 초기 언론은 저널리즘의 가장 중요한 '산물', 즉 국민적 '독자층*reading public*'을 창출할 어떠한 기술적 수단이나 정치적 욕망도 갖고 있지 않았다. 즉 페인*Tom Paine*이 말한 바 있는 대중 계급에까지 확장된 '문해자 공화국*republic of letters*'이 형성되지 않았다.

현대적인, 즉 대중을 매개자로 한 저널리즘의 경험적 기원은 파리의 혁명적 언론에서, 보다 중요하게는 이후 50년 동안 민중 해방과 민주화를 위해 투쟁한 영국의 소위 '포퍼 프레스*pauper press*'〔18세기 영국에서 등장한 신문으로, 미국의 '페니 프레스'처럼 1~2페니에 판매되면서 '포퍼' 신문이라는 말이 생겨났다〕에서 발견된다. 대중은 기존의 신분 집단(앙시앵 레짐과 '신사 계급')에 봉사하고 있던 '존경할 만한' 언론의 산물이 아니었다. 이들 신분 집단의 사람들은 기술 혁신자로서 이미 선거권을 부여받은 계급(19세기 동안 아마 3%의 남성만이 선거권을 얻었고, 여성은 아무도 얻지 못했다)의 의견과 정책에 영향을 미칠 수 있는 사람들이었다. 하지만 전국적 규모의 대중 계급 사이에서 이루어지는 매스커뮤니케이션의 소란스럽고 논란 많은 발전의 옹호자는 아니었다(실제로는 반대자들에 속했다). 『더 타임스』처럼 가장 성공적이라고 공인된 신문의 발행부수도 수천 부에 불과했던 반면 공인받지 않은 '포퍼 프레스'의 발행부수는 정기적으로 수십만 부에 달했다. 이 수치에는 페인과 코벳*William Cobbett* 같은 초기의 대중적 선동가의 선동적 저작물에서부터 산업혁명기의 급진적 대중지(예를 들어 『리퍼블리컨*The Republican*』, 『푸어 맨스 가디언*Poor Man's Guardian*』, 『노던 스타*Northern Star*』)가 포함되었다. 더 나아가 수백만 부의 발행부수에 달하는 최초의 상업적인 대중지도 포함되는데, 이들 신문은 모두 태생적으로 급진적인 신문(예를 들어 『로이드의 주간소식*Lloyd's Weekly News*』, 『레이놀즈의 뉴스*Reynold's News*』, 『세계 소식*News of the World*』)이었다(Conboy, 2002; Hartley 1992, 1996).

독자층의 대중적 확산

최초의 이론적 원칙들의 경우 그것들은 끊임없는 실천 속에서 점차 명확해졌다. 현대 저널리즘과 대규모의 독자층은 다른 목적을 겨냥한 노력의 성과로, 미리 계획된 것이 아니었다. 이 두 가지가 현대성 같은 복잡한 개방 체계에 일반적으로 중요하다는 점이 식별될 수 있었던 것은 바로 이 둘의 규모와 적응성이 드러난 후의 일이다. 하지만 선거권이 주어지지 않은 다종 다양한 사람들과 관련해 '국가' 혹은 '사회'와 거의 동일한 독자층을 확립하는 것은 간단한 과정이 아니었다. 또한 논란의 여지가 없었던 것도 아니다. '대규모'의 독자층을 창출, 확장, 안정화시키는 데는 한 세대 이상의 시간이 걸렸다. 그리고 언론만으로 달성될 수도 없었다. 종교계도 인쇄물 형태를 받아들였으며, 소설적인 오락도 그러했다. 그러나 저널리즘은 포퍼 프레스 없이는 발전할 수 없었으며, '독자층' 즉 현대의 대중은 저널리즘 없이 발달할 수 없었다.

생산과 배포라는 관점에서 '공중'의 확립은 기술, 자본, 협력적이고 경쟁적인 산업적 기업, 취재와 판매를 위한 대리인망, 창의적 상상력, '대중 강연'(논변적이고 수사적인 포퓰리즘), 발 빠른 유통(철도) 그리고 관의 탄압과 빈번한 투옥을 감수하려는 의지를 요구했다. 독자층이라는 관점에서는 비도구적non-instrumental 문해율文解率, 충분한 가처분 소득, 당대에 전개되는 사건을 알고 싶어 하는 욕망 그리고 그 결과 이를 재소비하려는 습관을 요구했다. 그러한 일은 오직 '소비자들'이 읽는 것을 좋아하고, 신문에 의해 '대서특필된' 움직임이나 공동체의 일원이 되고 싶고, 신문이 행하는 캠페인의 결과에 개인적 이해관계가 있고, '공론장'에서 벌어지는 경쟁적인 논쟁에서 기꺼이 자신의 '계몽 기관'에 의해 대표될 의사가 있을 때만 일어날 수 있었다. 이러한 의미에서 언론의 상업화의 토대를 마련한 금전적 결합(즉 공인되지 않은 신문을 위해 돈을 지불하는 무수한 개별적 기능 보유자와 그들의 가정)은 또한 신문의 지면을 통해 옹호되는 정치 프로그램을 위해 이들이 개별적으로 행하는 '투표'이기도 했다. 이들은 그 외의 다른 투표권은 갖고 있지 않았다.

그렇다면 (1790~1840년대에 이르는) 50년 이상의 이 시기에 현대성의 특성인 민주적 대의제의 시장화가 시작되었다고 할 수 있다. 시장은 쌍방향적 연관성이 확고히 자리 잡았을 때 비로소 작동하기 시작했다. 다시 말해 대의제가 제일 먼저 왔다. 그것은 또한 쌍방향이었다. 신문은 독자에게 '계급 행동'의 명분이나 운동과의 공통-주체성을 대신했다. 그리고 정치적 무대에서 독자(많으면 많을수록 좋았다)를 대표했다. 구매자는 표준량의 정보와 오락을 제공받았을 뿐만 아니라 또한 정치와 사회 교육을 독학으로 학습하기 위한 '글로벌한' 텍스트 체계와 정보원에도 접근할 수 있었다. 판매상들은 엄청난 돈을 모았을 뿐만 아니라 단지 시장을 개척하는 것만이 아니라 캠페인을 주도하고 있다는 지속적인 확신을 가질 수 있었다.

이처럼 경제적 기획, 정치적 해방, 개인적 위험이 결합하는 가운데 그리고 경쟁을 통해 구성되는 힘든 과정을 통해 저널리즘은 현대 사회의 핵심적인 메커니즘으로서의 지위를 확보할 수 있었다. 저널리즘의 중요성은 산업이나 경제 분야라기보다는 오히려 (예를 들어) 법과 재정 시스템만큼 중요한 '사회적 테크놀로지'를 일반적으로 가능하게 해준 데 있다. 저널리즘은 현대성의 텍스트 체계이다(Hartley, 1996). 저널리즘은 특정한 민족적·영토적·정치적 조직체의 국민 전체에 실제로 도달하거나 적어도 도달한 것으로 간주되어 지금은 소셜 네트워크의 '집단 지성'이라고 불리는 것을 최초로 대규모로 창출했기 때문에 이러한 조건을 달성할 수 있었다. 요컨대, 현대 저널리즘은 대중문화 내에 포함되어 있고, 대중문화를 대변하며, 대중문화를 위해 말할 뿐만 아니라 대중문화에 대해 이야기한다. 이것은 '혁명들의 해', 즉 1848년에 자리 잡았다.

현대 저널리즘은 예기치 못한 규모로 이루어진 새로운 발명품이지만 동시에 실제로 존재하는 공통-주체들의 '상상의 공동체'로 종종 동일한 사건이나 이슈에 함께 주목하기도 하고 때로는 일치된 행동에 나설 수 있게 하기도 했다. 이것은 계급, 성별, 연령집단, 지역, 인종이라는 인구학적 경계를 뛰어넘어 현대의 산업 국가들의 전국적 대중을 형성하게 되었다. 대중문화는 변화하는 사회들을 위해 공공 커뮤니케이션이라는 새롭고 세속적인 수단을 제공해주었다. 현대 저널리즘은 여태까지의 유일한 '대중매체' 즉 종교계가 해온 식으로 '민중'을 권위와 전통에 묶는 대신 동시대의 삶과 미래의 가능성에 대한 공중의 관심에 초점을 맞추었다. 그것은 경쟁적으로 벌어지는 온갖 정치적, 경제적 그리고 개인적 사태('스캔들')를 일상적으로 평가했다. 그것은 고도로 차별화된 복잡한 사회 체계를 가로질러 분배되는 전문 지식에 모두가 주목하도록 했다('추문 폭로'). 마찬가지로 현대 저널리즘은 대중적 지지를 다투는 다양한 이해관계, 제휴, 이데올로기의 전달 수단이 되어 종교계의 구술적 전통을 정치에 사용되도록 만들었다('군중 선동').

진실과 텍스트성('진실성'의 짧은 역사)

대중문화는 종종 레저 오락과 허구적 내러티브의 영역으로 간주되는 반면 저널리즘은 종종 민주적 과정의 일부로 간주된다. 역사의 교훈은 이 둘이 상반되는 속성이 아니라 동일한 발생 과정의 일부, 동일한 **사실주의적** 텍스트 체계의 일부임을 말해준다. 대중 저널리즘이 대중 민주주의보다 수십 년 앞섰다. 민중 해방을 위한 선동은 잠재적으로 행동에 나설 수 있는 대규모 독자 집단을 필요로 했고, 이들을 끌어들이고 유지하기 위해 포퍼 프레스는 텍스트성, 즉 미국의 TV 코미디언 콜버트Stephen Colbert가 말하는 '진실성truthi-ness'의 트릭들을 배워야 했다. 콜버트는 진실의 정치(그리고 정치의 진실)에서 코믹한 풍자가가 핵심적 역할을 한다는 것을 일깨워주었다.

급진적 신문들이 오락과 해방, 내러티브와 국민성, 현실주의와 재현의 조합을 개척했다. 이 신문들은 주목을 끄는 기사 형태로 진실임에 틀림없는 사실을 전파하려고 했다. 그리고 자신들이 대표하고 싶은 사람들의 경험에 직접 호소하고 그들의 언어로 말했다. 그리고 함께 협력해 무수한 개인들과 정체성과 열망을 상상의 공통성 속에 압축해 그들의 목소리를 대변했다. 그리고 사실뿐만 아니라 픽션을 이러한 목적을 위한 수단으로 사용하는 것을 주저하지 않았으며, 실제로 둘 사이의 경계가 분명하지 않았다. 예를 들어 종종 편지 형태로 가족, 노동자 또는 지역의 궁핍에 대해 이루어지는 개인화된 설명이 그렇게 해서 그려지는 가정이나 통신원이 실제로 존재하든 그렇지 않든 사회학적 진실을 대신할 수도 있었다. 반대로 상상을 통해 만들어진 인간적 약점이 진실의 옷을 뒤집어쓰고 있을 수 있었으며, 하찮은 범죄자, 예쁜 소녀 그리고 매력적인 희생자들이 허구적인 공포와 욕망의 의인화로서 지면을 가로질러 부단히 행진하기도 했다.

가장 대중적인 저널리즘은 인간적 갈등(즉 드라마)을 활용하는 것이었다. '실제 범죄true crimes'와 스캔들의 폭로(뉴스), 잔혹함, 영웅적 행위, 어린애 같은 행위(스포츠), 결혼 가능성과 결혼의 우여곡절(인간적 흥미) 등이 그것이었다. 사실에서나 허구에서나 "진실성", 즉 소비자의 마음과 감정에서 만들어내는 진실일 것 같은 인상은 중세의 계시에서 현대적 경쟁으로 전환되었고, 이러한 전환에서 저널리즘이 특별하게 기여한 바는 진실을 폭력과 용해시킨 데 있었다(Hartley, 1999; Hartley, 2008b, p. 28). 더 나아가 대중적 내러티브의 이처럼 오래된 요소들은 현대적 상상력의 위대한 판타지들과 새롭게 결합되었다. 즉 진보와 평등, 경쟁적 개인주의와 계급의식이라는 내러티브들이 그것이었다. 또 지식의 힘, 긍정적인 사회적 가치로서의 일상의 부상에 관한 내러티브가 그것이었다. 직설적 픽션, 즉 스릴러, 로맨스, 범죄 소설 등은 저널리즘의 주요 테마였고, 적어도 TV가 도입될 때까지 일간지의 중요한 지면을 차지했음을 잊지 말자. '스토리 매거진'란은 1869년 톰슨D. C. Thomson이 창간해 발행해오고 있는 『국민의 벗The People's Friend』안에 여전히 살아 있다(www.jbwb.co.uk/pfguidelines.htm을 보라).

대중문화는 민주주의적 행동의 영양분이었다. 대중문화는 계몽주의의 합리주의적이고 세속적인 진보주의를 민중문화의 극적이고 음악적 전통에서 빌려온 감상적이고 서사적인 '선정주의'와 결합시키는 데(그리고 그렇게 함으로써) 성공했다. 대중문화는 '공중'에게 개인적 역할과 체계적 형태를 제공해주었다. 민주주의는 대중 저널리즘의 전제 조건이라기보다는 오히려 대중 저널리즘에 의해 촉발되었고, 이 둘의 혼합체는 리얼리즘, 올바름, 이성뿐만 아니라 픽션, 재미와 신념의 강력한 집중물들로 푹 절어 있었다. 단순하고 잘 쓰여진 기사로 촉발된 저널리즘과 대중문화의 이러한 자극적 혼합체는 '합리적' 저널리즘이나 '감성적인' 대중문화 하나만으로 할 수 있는 것보다 훨씬 더 큰 정치적 에너지를 발산했고, 종종 진정 폭발적 반응을 촉발할 수 있었다.

'대중성': 급진성 대 상업성

저널리즘과 대중문화 사이의 관계에 관한 연구 그리고 일상생활과 기획에서 그러한 관계를 실행하는 일은 모두 '대중적'이라는 말에서 무엇이 중대한 문제로 걸려 있는가 하는 질문을 중심으로 진행되어 왔다(Dahlgren, 1992, pp. 5~6). 윌리엄스(Raymond Williams, 1976), 호가트Richard Hoggart와 톰슨E. P. Thompson을 포함한 초기 문화연구 이론가들은 방식은 서로 다르지만 대중문화와 계급 사이의 관계에 관심이 있었다. 여기서 주요한 문제는 이러했다. 즉

"전체적인 삶의 방식"으로, 다시 말해 말 그대로 노동계급이 자신을 위해 그리고 스스로에 의해 만드는 삶으로 해석될 수 있는 '대중문화(민중문화)' — 이에 대한 고전적 진술은 톰슨(Thompson, 1963)에게서 찾아볼 수 있다 — 와 상업적 기획사들에 의해 노동계급 사람들이 즐기도록 제공되는 쾌락과 오락으로 해석될 수 있는 '대중문화' — 이에 대한 고전적 비판은 호가트(Hoggart, 1957)에게서 찾아볼 수 있다 — 사이의 갈등이 그것이었다. 전자로부터는 자기표현을 위한 노동운동, 노동조합주의 그리고 그 밖의 다른 집단적 메커니즘이 생겨났다(주체로서의 대중문화). 후자로부터는 언론, TV, 영화, 잡지 등 상업적 미디어가 생겨났다(객체로서의 대중문화).

저널리즘은 이 갈등의 양 측면에서 나타났다. 그것은 대중과 관련해 '급진적'이거나 '상업적'일 수 있었다(Hartley, 1992, pp. 177~181). 비록 상업적 대중 언론은 대중적 독자층이 포퍼 프레스에 의해 구축된 이후인 19세기 하반기가 되어서야 비로소 이륙하지만 이 두 유형은 공존할 수 있었다. 실제로 상업적 대중성이 급진적 대중성을 체계적으로 대체했다고 주장할 수도 있을 것이다(Conboy, 2002, pp. 80~86). 미디어 영역 전체의 상업화는 점점 더 소수의 급진적인 대중적 목소리 외에는 모두 배제하고, 혁명적이기보다는 반동적인 정치적 견해를 갖고 있던 '언론 부호'가 갖고 있던 상업적 속성을 선호하는 경향을 보이기 시작했다.

'급진적 대중주의'는 결국 수적으로는 대중적인 것으로부터 멀어지는 열성 독자층에게로 후퇴한 반면 '상업적 대중주의'가 수적으로 우위를 점해 대중을 대량 판매 시장으로, 정치적·경제적 캠페인의 목표로 취급했다. 당연히 정치적으로 급진주의의 입장에 선 관찰자들은 사태의 이러한 전개를 지속적으로 비판하며, 상업주의적 대중 미디어를 "대중을 선동할" 뿐만 아니라 "사람을 바보로 만든다"고 비난했다. 이들은 대중 저널리즘이 국민에게 말을 건네거나 국민의 목소리를 대변한다기보다는 국민의 행동을 조작하려 했다면서 대중 저널리즘이 '국민'을 위해 또는 '국민'으로 말하기를 멈춘 사실에 대

해 이의를 제기했다. 이에 따라 **대중문화**에 대한 진지한 학문적 연구가 1960
년대~1970년대 영국에서 시작될 즈음 저항계급 — 이들 자체가 산업 프롤
레타리아를 넘어 젠더, 인종, 민족, 성적 취향 등에 기반한 정체성 집단을 포
괄하는 쪽으로 급증하고 있었다 — 에 의한 '급진적' 의사전달 행동이 상업
미디어 시대에 어떻게 살아남고 번창할 수 있는지를 이해할 필요성에 대한
공감대가 형성되었다.

　　이 문제에 대한 대답은 두 가지 형태를 띠었다. 하나는 실천적인 것이고
다른 하나는 이론적인 것이었다. 실천면에서 급진적인 의사전달 행동은 형
식적인 저널리즘의 장을 거의 전적으로 포기하고 대신 저항 문화적 대안들
과 관련된, 특히 플라워 파워flower power에서 히피에 이르는, 블루스에서 펑크
에 이르는 음악과 하위문화와 관련된 '전반적인 삶의 방식' 내부에서 모습을
드러냈다. 1) 정체성 정치politics of identity 및 '개인적인 것이 정치적인 것'인 시
대에 자기-대변은 주로 상업적 성공, 뛰어난 사업 감각, 자유의 이미지를 결합
시킨 음악가와 예술가에 의해 대중문화의 오락적 측면을 통해 이루어졌다. 일
련의 가수들, 즉 시거Pete Seeger, 밥 딜런Bob Dylan, 헨드릭스Jimmy Hendrix (Gilroy,
2006), 레넌John Lennon, 봅 겔도프Bob Geldof, 보노Bono 등은 주류 저널리즘을 대중
의 대변자가 아니라 문제의 일부로 보면서 글로벌한, 반전적인, 친생태학적
인 '지지자들'을 대신해 발언했던 것처럼 보인다. 특히 레넌은 20세기의 '급
진적 대중주의' 미디어와 완전히 일치하는 여러 가지 아이템을 정치적 의제
로 삼기 위해 대중매체를 통해 얻은 명성을 기꺼이 이용하려 했다. 즉 국가
통제에 반대하고 평화를 옹호했으며, 대안적 라이프스타일을 추구했다. 이
모든 행위는 대중 미디어를 통해 행해졌는데, 거기서 저널리즘은 적대세력
이자 방해자인 동시에 협력자였다(www. theusversusjohnlennon.com을 보라).

1) 플라워 파워flower power는 수동적 저항과 비폭력 이데올로기의 상징으로 1960년대 후반과
1970년대 초반 미국의 저항문화 운동이 사용한 슬로건이었다. 플라워 파워는 베트남전에 반대
하는 운동에 뿌리를 두고 있다.

이러한 노력에 수반해 뉴저널리즘이라 불리는 것을 포함한 완전히 새로운 형태의 저널리즘이 음악, 저항문화, 정치와 정체성 사이의 공간에서 등장했다. 『오즈*Oz*』, 『잉크*Ink*』, 『롤링 스톤*Rolling Stone*』, 『스페어 립*Spare Rib*』 같은 '언더그라운드' 언론과 '대안적' 잡지는 이를 전형적으로 보여준다. 이런 움직임은 펑크시기를 관통해 『스니핀 글루*Sniffin' Glue*』 같은 팬잡지를 거쳐 DIY 문화와 디지털 미디어 시대에까지 계속되었다. 자기-대변과 내집단 유통의 이러한 모델들은 주류 미디어를 확실히 완고한 것으로 보이게 만들었다. 이 모델들은 저널리즘 연구, 저널리즘 스쿨의 커리큘럼, '민주주의적 과정', '전문저널리즘' 등에 관한 토론에서는 전혀 보이지 않는 저널리즘의 풍부한 광맥이 되었다.

한편 급진적인 의사전달 행동과 상업적 미디어 사이의 갈등을 '해결'하려는 이론적 시도는 "민족적·민중적〔대중적〕"(Gramsci, 1971; Laclau & Mouffe, 1985)이라는 마르크스주의 개념에서 찾아볼 수 있다. 이는 혁명적 수단보다는 헌법적 수단으로 권력을 획득하기 위한 '동맹'의 필요성을 확인하기 위해 '계급'은 '국민'으로, '프롤레타리아'는 '민중〔대중〕'으로 대체한 것이었다(Forgacs, 1993). 예를 들어 유럽과 라틴아메리카의 많은 국가는 이러한 목적을 추구하기 위해 '민족민주전선' 당이나 동맹을 결성했다. 그러한 정치적 노력은 저널리즘 연구에 영향을 미쳤다. 연구자들은 "상업적인 대중" 미디어가 지배하는 맥락에서 "급진적 대중" 미디어를 만들기 위한 전망이 어떠한지를 알아내려 했다(Hall, Critcher, Jefferson, Clarke & Roberts, 1978). 1980년대 국제화에 뒤이어 문화연구가 학문의 주류 속으로 확산된 이래 비록 "언어로 하는 계급 전쟁"이라는 접근법의 흔적이 '자본주의' 언론과 미디어(이러한 비유에 대한 흥미로운 재작업에 관해서는 Lewis, 2005를 보라)에 대한 많은 연구에서 살아남아 있기는 했지만 이 대중적인 저널리즘 연구를 위한 이처럼 특히 정치적인 의제 또한 어느 정도 소멸되었다. 동시에 음악과 다른 형태의 저항문화적 의식을 통해 제공되는 급진적 가능성에 대한 관심은 문화연구의 핵심적 관심사로 남아 있었다.

그러나 마치 노동운동이 대중문화의 창조물인 것처럼 **대중 저널리즘은 대중문화의 창조물이라는 기본 명제**는 저널리즘 연구에서 거의 완전히 잊혀 졌다. 저널리즘 스쿨은 직업으로서의 언론에, 더욱이 대중적 열망의 무수한 목소리의 표현이 아니라 형식적인 정치적 과정과 전문가적인 사업의 필요성 과 관련된 직업으로서의 언론에 초점을 맞추는 경향을 보여 왔다. 실제로 가 장 최근의 평론가들은 '상향식' 저널리즘을 문자 그대로 상상할 수도 없다고 주장한다. 예를 들어 콘보이(Martin Conboy, 2007, p. 2)는 '대중 저널리즘'을 주제로 한『저널리즘 연구』특별호의 편집자 서문에서 이렇게 패배를 인정 하고 있다.

> 정기적인 뉴스 생산을 위해 제도적·재정적 지원이 요구되는 저널리즘의 특성 상 전적으로 평범한 사람들에 의해 생산되고, 이들 중 충분한 수의 사람들에 의해 소비되는 저널리즘을 상상하기는 어렵다.

이러한 견해는 '저널리즘'이 의미하는 바를 고도로 자본화된 '산업적' 형 태(즉 '언론' 또는 '미디어')로 제한할 것을 요구한다. 이로 인해 '이진', 블로고 스피어, 시민저널리즘 '협력적' 온라인 뉴스 제작을 포함한 웹 2.0 애플리케 이션들의 전형적 특징인 자기-대변은 **저널리즘**으로 인정되지 않는다. 이러 한 견해는 저널리즘을 산업이 아니라 "뉴스에 대한 공적 발견, 논의, 숙의를 가능하도록 하고 확장하며 향상시켜주는 능력"이라는 관점에서 보는 분석가 들과 충돌을 일으킨다(Bruns, 2005, p. 317). ─ 이것은 '아마추어 숭배'에 관 한 직업적 불신에도 불구하고(Keen, 2007) 실제로 모든 사람에 의해 수행될 수 있는 기능이다(Hartley, 2008a).

타블로이드화와 유명인사

이와 정반대의 '전문가 숭배' 내에서 '상향식의' 대중적이고 저항문화적 저널리즘을 방정식에서 삭제해버리면 단지 "상업적으로 대중적인" 형태만 남는다. 여기서 대중성〔인기〕과 관련한 주요한 문제는 **타블로이드화**(Hargreaves, 2003; Lumby, 1999; Turner, 2005; Bird, 2003; Langer, 1998)와 **유명인사 문화**(Ponce de Leon, 2002; Turner, 2004; Rojek, 2004)로 불리게 되었다. '대중성 문제'의 본질은 **대변**(국민에 '의한' 또는 국민을 '위한'?)에 대한 논쟁에서 이성에 대한 논쟁으로 바뀐다. 대중문화는 감정, 비이성, 정서, 선정성 및 체화된 경험과 관련되게 되었다. 19세기의 포퍼 프레스와 관련해 위에서 언급했듯이 저널리즘은 먼저 이처럼 위험한 동맹자들의 도움으로 대중화되었으며, 그것은 대중의 해방이라는 명분을 위해 활용되었다. 그러나 시간이 흐르고, 대중적 주권이 틀에 박힌 일상이 되고, 대중적 언론이 상업적으로 변질되면서 진실을 위해 센세이션을 활용하는 것은 현대적 감수성에 거슬리기 시작했다.

이성, 진실, 과학, 진보, 리얼리즘 같은 자유주의 가치에 많은 것을 투자한 계몽주의의 자식인 저널리즘은 지식의 물질적 토대를 받아들이기 위한 힘든 시기를 겪었다. 어떠한 저널리즘 기획도 이성과 감정, 정보와 오락, 실제적인 것과 상상된 것, 사실과 기사를 분리하는 데 성공한 적이 없었다는 엄연한 사실에도 불구하고 여전히 저널리즘은 '저속한' 것들을 다루어서는 안 된다는 생각이 지속되고 있다. 이성은 눈에 띌 정도로 거북스러움을 드러내며 상대방의 접근을 막아내고 있다. 이것은 저널리즘이라는 전문직 자체를 분리시키고 있는 욕망과 (자기혐오도 배제하지 않는) 혐오의 결합을 보여준다(Lumby, 1999).

그러나 이 문제는 포퍼 프레스들이 급진적 개혁을 위해 독자를 붙잡아 두려고 성폭행, 살인, 치고받기 등으로 독자를 끌어 모았던 초창기에 이미 존재했었다. 어떻게 별 상관도 없는 보통 사람들(유권자, 시민, 소비자, 수용자)이 알지도 못하고 관심도 없는 일들에 흥미를 갖도록 만들 수 있을까? 어떻게 관심도 없는 대중에게 정보를 전달할 것인가? 어떻게 다른 엘리트들의 행동은 경멸하면서도(유명인사 및 엔터테인먼트 역할 모델) 저널리즘을 다른 엘리트의 행위(정치꾼적인 정책 결정자)들로 제한할 수 있을까? 저널리즘은 기사를 다룰 때 왜 사실을 물상화하는가? 왜 헌법상의 쟁점을 제기한다는 이유를 들면서 모니카 르윈스키의 〔특별 부위에 클린턴이〕 시가를 꽂아 피운 일이나 〔찰스 황태자가〕 파커볼스Camilla Parker-Bowles의 생리대로 다시 태어나고 싶다는 기사를 쓰는 것은 받아들일 수 있는가? 하지만 동시에 왜 시민들은 부유층과 유명인사의 성생활(혹은 검소한 생활이나 감옥 생활)에 관심을 가져서도 들어서도 안 된다는 이유를 대면서 대중적인 유명인사와 관련해 "패리스 힐튼 가는 멍청하기 짝이 없다"(Sconce, 2007)고 공표하는 것은 받아들일 수 없는가?(Lumby, 1999, p. 65). 왜 어떤 세대가 투표하지 않는다고 한탄하면서도 동일 집단이 엔터테인먼트를 통해 동년배 사이의 소셜 네트워킹 및 자기-대변에 몰두하는 것은 맹렬히 비난하는가? 이러한 환경에서 중도를 지키려는 것은 보기보다 어려울 것이다. 왜냐하면 어떠한 형태의 커뮤니케이션도 주목받기 위해서는 대상으로 하는 사람들에게 어필해야 한다는 것은 분명한 사실이기 때문이다(Lanham, 2006). 동시에 이보다는 덜 중요한 사실이기는 하지만 심지어 가장 '저속한' 엔터테인먼트조차도 중요한 정보를 전달하고, 일정한 진실을 가르치며, 실제의 경험에 참여할 수 있도록 해줄 수 있기 때문이다. 예를 들어 『블리스Bliss』의 전임 편집자인 나이스(Liz Nice, 2007, p. 3)는 이렇게 말한다.

10대 잡지들은 사회적·정치적 논쟁에서 큰 부분을 차지하지 않기 때문에 독자들에게 사회 문제에 대해 무언가를 하고 캠페인을 시작하도록 촉구하지 못할 수도 있다. 그러나 편집자들은 독자들에게 또래 압력, 10대 임신, 집단적 괴롭

힘과 약물을 다룰 수 있는 힘을 길러준다고 주장한다. 그리고 문자 메시지 보내기, 독자 편지란, 이메일 그리고 잡지의 웹페이지 등을 통한 지속적인 상호작용을 통해 독자들을 보다 잘 이해할 수 있고 독자들이 목소리를 잘 낼 수 있도록 포럼을 제공한다.

이러한 느낌들은 소비자 잡지의 편집자들에게 국한된 것이 아니다. 『파이낸셜 타임스*Financial Times*』의 전임 부국장, 『인디펜던트*Independent*』와 『뉴 스테이츠맨*New Statesman*』의 전임 편집자, BBC의 뉴스 및 시사 문제 디렉터인 하그리브스Ian Hargreaves는 저서 『저널리즘: 진실 게임*Journalism: Truth or Dare*』에서 똑같은 사례를 들고 있다(2003, pp. 134~135).

사건을 진부하게 처리하지 않고도 시청자가 자연스럽게 관심을 갖고 있는 사항과 감정적 압박을 받고 있는 사항들에 호소하는 방안 사이에서 줄타기를 하는 것은 힘든 일이다. 질 나쁜 타블로이드 저널리즘이 많다는 사실을 부인할 수는 없다. …… 그러나 신문, 잡지, TV와 라디오에서는 이슈를 생생하게 가져와 대중적 참여를 넓히는 탁월한 타블로이드 저널리즘 또한 존재한다.

실제로 머독Rupert Murdoch 자신도 자신의 가장 유명한 타블로이드가 실제로는 급진적 신문이라고 주장해왔다. "『더 선*The Sun*』지는 노동자들에게는 기회를 대변한다. 그것은 변화의 진정한 촉매제이며 아주 급진적인 신문이다"(Snoddy, 1992). 현재 '급진적 대중성'이 '상업적 대중성'과 합쳐졌다는 점만 제외하고는 대중성 문제가 고스란히 돌아온 셈이다(Allan, 1999).

시민성과 자기-대변

현재의 연구 환경은 대중성 문제에 대해 이전에는 경쟁적이던 여러 다른 입장들 사이에 수렴이 왕성하게 이루어지고 있는 것을 배경으로 하고 있다. 분과학문적, 이데올로기적, 직업적, 지리적 다양성에도 불구하고 문화적 시민성이라는 생각을 중심으로 공통의 초점이 부상해왔다. 한 때 계급 차원에서 제기되었던 이 문제는 이제 개별적인 소비자-시민 차원에서 제기되고 있다. 즉 정보에 정통하고 체화된 자기-대변에 대해 어떤 전망이 있는가? (Bird, 2003; Hermes, 2005; Bruns, 2005; Rennie, 2006).

바로 그러한 생각이 '상업적 대중주의' 저널리즘의 선구자들을 공포에 떨게 했을 것이다. 왜냐하면 그들에게서 개체에 관해 가장 눈에 띄는 사실은 그것들의 수가 엄청나게 많다는 것이었기 때문이다. 그리고 멋대로 하도록 내버려둔다면 그것은 지식을 공유하고 확장하기보다는 파괴하리라라는 것이었다(Bagehot, 1867). 민주화와 우중화愚衆化 사이의 이러한 긴장은 여전히 저널리즘 연구에 영향을 미치고 있다(Rushbridger, 2000). 따라서 미래의 연구와 관련해 이러한 질문이 제기된다. 즉 서로 다르지만 중첩되는 에너지들 — 예를 들어 글로벌화, 경제 성장과 경쟁, 인터넷, 문화의 상업화, 다양한 맥락에 놓인 무수한 개인들의 주체성 — 은 대중적 자기-대변을 가능하게 해줄 것인가 아니면 억제할 것인가?

방법론적 고려사항

대중문화는 저널리즘 연구에서 대개는 자유, 진실, 권력, 조직화된 뉴스 제작이 아니라 오락, 소비자주의, 설득, 개인적 정체성과 관련된 '타자'로 그려져 왔다. 그 결과 특히 영어권 국가에서 저널리즘 연구 분야는 종종 문화

연구와 마찰을 빚었다(Windschuttle, 1998; Zelizer, 2004). 이러한 방법론적 교착 상태가 이 두 분야 사이의 관계에 대한 적절한 이해를 막고 있다. 현재 저널리즘 (연구)과 대중문화연구 사이에서 분명한 공백이 있는 것이 사실이지만 두 연구는 또한 연결되어 있다. 두 연구는 동일한 정보공급 사슬의 양 끝에 놓여 있기 때문에 연결되어 있다. 한 쪽 끝에는 '저자(생산자)'가, 다른 쪽 끝에는 '독자(소비자)'가 존재하는 것이다. 미국, 영국 및 호주 등 다른 국가들에서 저널리즘 연구는 종종 (독자층의 규모에 대한 관심을 넘어) 독자층을 거의 고려하지 않은 채 취재기자라는 직업에 초점을 맞추는 경향이 있었다. 반대로 문화연구는 저널리스트 자체에는 어떤 특별한 지위도 부여하지 않은 채 저널리즘의 문화적 형태에 초점을 맞추고 독자나 수용자 관점에서 조사를 수행했다. 이 둘을 연구하는 사람들 사이의 종종 긴장된 관계는 '연관통 referref pain' — 이것은 현대 사회에서 뉴스 생산자와 소비자 사이의 사실적이면서도 간접적으로 경험되는 이해관계의 충돌을 표현하는 말이다 — 이 될 수도 있다.

모델 1: 가치 사슬(객관적인, 공급 측면의 저널리즘)

저널리즘(현대의 직업)은 공급 사슬의 한 쪽 끝에 자리 잡고 있는 반면 대중문화(현대의 경험)가 다른 쪽 끝에 자리 잡고 있다.

저널리스트 　　→　　 뉴스 　　→　　 공중

이 선형적 사슬은 커뮤니케이션의 상식적 모델인 또 다른 사슬과 겹쳐진다.

송신자/발신인   →   메시지/텍스트   →   수신자/수신인

(⟨표 22-2⟩에서처럼) 이 두 모델의 외견상의 상동성이 "의미의 가치 체계"의 양 끝에 존재하는 저널리스트들과 독자의 상대적 위치를 거의 자연스럽게 설명하는 것 같다(Hartley, 2008b, p. 28; Porter, 1985).

제작자/창작자   →   상품/유통   →   소비자/이용자

저널리즘 실천과 동시에 연구를 가능하게 해주는 이러한 '가치 사슬' 모델은 또한 인과관계의 연속성을 보여주는 것 같다. A는 B의 원인이 되고, B는 C에 영향을 미치고, 그리하여 C는 A의 결과가 된다(그런 경우에 화살표 →는 인과관계의 방향이 된다).

A → B → C
기업 → 엔터테인먼트 → 대중문화

커뮤니케이션/가치 사슬보다 한층 더 상위에 존재하는 행위자가 인과관계를 초래한다는 원리가 우리에게 익숙한 '미디어 효과' 모델을 만들어낸다. 문화연구와 미디어 연구에서 이루어지고 있는 이에 대한 비판에도 불구하고 (예를 들어 Gauntlett, 1998, 2005) '미디어 효과'라는 사고방식은 저널리즘에 관한 학문적(예를 들어 정치경제학)인 동시에 저널리즘적인 설명에 계속 힘을 행사하고 있다. 이는 저널리스트들이 가치/인과 사슬의 강력한 생산자 편에 집결하지만 대중문화는 소비자 편의 끝에 집결한다는 것을 의미한다. 이 것은 공동 과정의 행위적 효과로 그와는 다른 곳에서 설명되며, 즐거움도 다른 곳에 있고 권력도 마찬가지이다.

정부('결정짓다') 결정('영향을 준다') 시민('유권자')

저널리스트 → 카피/스크립트 → 독자/수용자

마지막으로 이렇게 연결된 모든 연속성은 현대 사회에서의 인과관계에 대해 (마르크스주의자와 자유주의자 모두가 공유하는) 기본 가정을 표현한다.

경제 → 정치 → 문화

대학교에 기반한 저널리즘 연구의 주류적 전통은 제작자/발행인/제공자에 또는 공급자 측면에 몰두해왔다. 문화연구는 소비자/수용자/이용자 또는 수요 측면에 몰두해왔다. 저널리즘과 대중문화의 두 현상 모두 상대편을 참조하지 않고도 연구될 수 있는데, 각각 상이한 버전의 '사슬' 메타포와 연관되어 있기 때문이다. 그럼에도 불구하고 두 사슬은 동일한 전반적 체계 내에서 상동적인 관계의 버전들에 해당한다. 〈표 22-2〉는 중요한 것을 요약하고 있고, 이것은 지금까지 소개된 항목들이 수평으로 뿐만 아니라 '수직으로도' 해석될 때 분명해진다.

〈표 22-2〉 공급 측면의 저널리즘과 커뮤니케이션의 가치 사슬 모델

모델	공급 측면	매체	수요 측면
	경제	**정치**	**문화**
가치 사슬	생산자/창작자	상품/유통	소비자
커뮤니케이션	전달자(행위자)	메시지	수신자(행동)
공무	정부(입안자)	결정(영향 주기)	시민(투표자)
저널리즘(형식)	저작자/뉴스 수집자	카피/스크립트	독자/수용자
저널리즘(직업)	저널리스트	뉴스	공중

상업	회사	엔터테인먼트	대중문화(경험)
권력	원인	'미디어'	효과

의사전달 관계의 서로 상이한 상식적 모델 중에서 이러한 상동성homology 은 두 가지를 입증한다. 첫째, 이 모델의 삼각 연계 구조는 아주 견고해서 보유하고 있는 지적 자본의 일종의 원천으로 상식 속에 자리하고 있으며, 현대적 경험을 성찰하지 않고도 이해할 수 있게 해주는 일반적으로 가용한 수단이다. 이 측면에서 이 모델 자체는 대중문화의 한 구성요소이다. '진실성'에 대한 이 모델의 호소는 안심할 만하다. 두 번째로, 모델은 실천적으로 사용 가능하다. 작동하는 것이다.

이것이 이야기의 끝인가? 전혀 그렇지 않다. '효과' 모델은 소비자 ― 그리고 그것과의 상동성에 의해 수용자, 독자 및 시민 ―를 제대로 조명할 수 없다. 즉 소비자는 미디어의 행위적 '효과'로, 기업이나 국가 기관들에 의해 쉽게 속아 넘어가 우중이 되거나 정신을 빼앗긴 중독자라는 것이다. 정보 공급 체인의 인과관계의 끝에 존재하는 뉴스실에 고용되어 있는 사람으로, 따라서 문자 그대로 모든 것을 '잘 아는' 사람으로 이해되는 저널리스트들이 심지어 '이론'에서조차도 그들과 연관되고 싶어 하지 않는 것은 놀랄 일이 아니다. 저널리즘 연구는 고객과 친하게 지내는 대신 '전문가들의' 실천에 초점을 맞추며, 뉴스 소비자를 저널리즘적 원인의 행위적 효과로 해석한다. 손월카(Prasun Sonwalkar, 2005)가 "진부한banal 저널리즘"이라는 별명을 붙인 것으로 '우리-그들'이라는 2분법에 기반한 저널리즘적 문화가 바로 그것이다.

커뮤니케이션을 이러한 방식으로 모델화하는 것이 경험적 사회과학을 사로잡고 있을 때조차 할로랜(James Halloran, 1981, p. 22)은 그러한 추세의 내재적 위험에 대해 경고했다.

이제 …… '소통할 권리' 같은 질문에서 '보다 구체적인 문제들'로 연구를 전환할 것으로 제안되고 있다. 하지만 이 '구체적 문제들'이란 무엇인가? 그것들은 의도했든 또는 제대로 이해했든 그렇지 않든 체계에 봉사했던 과거의 실증주의자들이 제기했던 안정되고, '가치로부터 자유로운' 미시적 질문들과 동일하거나 유사하다. 이 모든 것은 연구의 기능이 체계를 의심한다거나 대안을 제시하기보다는 시스템을 보다 효율적으로 만들기 위해 기존의 체계에 봉사하려고 했던 시대로 시간을 되돌리려는 분명하고도 노골적인 시도를 나타낸다.

'기존의 체계'에 대한 실증주의적 설명들은 할로랜(예를 들어 Donsbach, 2004, 2007; Löffelholz & Weaver, 2008)의 우려에도 불구하고 저널리즘 연구에서 계속 힘을 얻어온 반면 문화연구의 선구자들 또한 '구체적 문제'에 관심이 있었지만 그러한 문제들을 공급 사슬의 효율성이 아니라 정치적 권리라는 관점에서 바라보았고, 사회과학이 아니라 인문학에 기반한 관점에서 분석했다. 즉 진정한 '대안', 즉 '소비자' 관점에서 저널리즘과 대중문화연구에 접근했다.

모델 2: 자기-대변(주관적인 수요 측면의 저널리즘)

이 관점에서 보면 수용자도 또 문화연구도 사슬의 끝 점이 아니다. 이들은 생산적 노동, 행동(특히 집단적인 정치적 행동) 그리고 언어와 문화의 원천이다. 초기의 문화연구는 (리비스주의적인) 문학사와 (좌파 혹은 마르크스주의적인) 해방주의 정치의 혼합물로 호가트(Richard Hoggart, 1957, 1967), 윌리엄스(Raymond Williams, 1968), 홀(Stuart Hall, UWI, 연도 미상) 같은 인물을 통해 1950년대 영국의 신좌파 행동주의에 함께 도입되었다. 이 관점에서 볼 때 소비자들은 '평범한 사람들'이었으며, 인구 집단을 가로지르는 커뮤니케이션은 삼각 연계 사슬이 아니라 대립적인 구조적 입장들 사이의 적대성이었다. 따라서 뉴스 미디어 연구는 문화 정치에서 보다 큰 부분을 차지하는 프로젝트의 일부였다(Lee, 2003; Hartley, 2003; Gibson, 2007).

이러한 틀 내에서 평범한 사람들은 다른 무엇보다도 '독자층'이었다(Webb, 1955). 이들은 역사적으로 구성된 소셜 네트워크로서 문화적 친화성들에 의해 결합되고, 한 세기 이상의 산업화, 언론의 성장, 대중의 문해력 증가 그리고 민주주의와 계급 정치('투쟁')의 양 측면에서 대중적 규모로 성장했다. 독자층은 미디어의 행위적 결과가 아니라 지식을 숙의하는 주체이다. 독자층은 '문화적 시민권'이 위치하는 곳이다. 텍스트적 체계들을 갖고 "우리"가 "공동체들 내에 자리 잡고 있는 정체성을 성찰하고 개혁하기 위해" 개입하는 영역이다(Hermes, 2005, p. 10).

문화연구 속의 저널리즘: 당신은 가치 사슬 말고는 잃을 게 아무것도 없다

저널리즘에 관심을 가질 경우 문화연구의 선구자들은 '표상 체계system of representation"에서 저널리즘이 하는 역할을 이해하고 그러한 체계가 경제적 힘들과 정치적 권력에 의해 결정된다는 점을 보여주려고 했다. 윌리엄스는 "인간의 모든 활동에서 인간의 사회적 현실을 인식하고, 평범한 남녀에 의한 그리고 이들을 위한 이 현실의 방향을 위한 후속적 투쟁이 필요함을 인식할"(Williams, 1968, p. 16) 필요가 있다고 썼다. 우리는 이제 그러한 '인식'이 문화연구의 프로젝트라는 사실을 인식할 수 있다. 1968년에 이르러 윌리엄스는 "이 현실의 방향을 위한 투쟁"에 이름을 붙일 준비가 되어 있었다. 그는 그것을 '사회주의'라고 불렀다.

그리하여 문화적 경험은 계급의식(사회주의)과 이데올로기(예를 들어 소비주의) 모두가 전파되는 토양으로 간주되었다. 나중에 홀(Stuart Hall, 1981,

p. 239)은 왜 문화연구가 연구할 가치가 있다고 생각했는지를 아래와 같이 분명히 밝혔다.

〔대중문화는〕권력자들의 문화를 지향하거나 그에 맞선 투쟁이 벌어지는 현장 중의 하나이다. 대중문화는 또한 그러한 투쟁에서 승패를 가르는 관건 중의 하나이기도 했다. 대중문화는 합의와 저항의 영역이다. 대중문화는 부분적으로 헤게모니가 발생하는 곳이고, 그것이 확보되는 곳이다. …… 그것은 사회주의가 구성되는 지점 중의 하나가 될 것이다. '대중문화'가 중요한 것은 바로 이 때문이다. 그렇지 않다면 솔직히 말해 나는 대중문화에 관심을 갖지 않을 것이다.

대중문화는 투쟁의 현장이었으며, 권력이 생산 수단의 소유자 및 관리자 그리고 저널리스트를 포함해 이들에게 고용된 전문가 수중에 집중될수록 그러한 상황은 수동적 동의가 아니라 변화를 요구했다. 이를 통해 평범한 남녀 인간들이 합리적 좌파의 전통에서 일하는 지식인들의 분석을 안내자로 삼아 집단적 노력으로 "이 현실의 방향에 대한" 권력을 장악할 수 있도록 말이다.

이러한 전통에서 연구하는 사람들을 분리시킨 쟁점 중에는 노동 운동과 혁명 정당을 통해 조직화된 대중 행동의 초점을 경제 영역(노동자)에 맞추어야 할지 아니면 개량주의적인 사회민주당과 대의제 정부를 통해 정치 영역(유권자)에 초점을 맞추어야 할지를 결정하는 문제가 있었다. 여기서 문화연구는 세 번째 대안을 제시했다. 만약 경제 영역과 정치 영역에서의 직접 투쟁에 의해 변화를 확보할 수 없다면 문화 영역(수용자, 소비자)으로 관심을 전환시킬 필요가 있다는 것이었다. 대중적인 (혹은 '민족 민중〔대중〕적인') 정치 행동과 경제적 행동을 막는(혹은 촉진시킨) 문화에 대한 경험 비슷한 것은 존재했는가? 이것이 문화연구를 정초한 질문으로, 그것은 문화 외부의 행동만큼이나 기존의 지식의 배치에도 크나큰 도전임이 드러났다(Lee, 2000, 2003; Wallerstein, 2001, 2004, pp. 18~22). 적지 않은 분석가들이 이 맥락에서 저널리스트들은 해법이 아니라 문제의 일부가 아닐까 우려했는데, 그것은 지금도 마찬가지이다.

〈표 22-3〉 다른 수단에 의한 계급투쟁의 연속선으로서의 문화 연구

영역(결정)	경제	정치	문화+사회(윌리엄스)
(투쟁)장소	공장	의회/정부	가정+이웃(호가트)
대표	노동 운동	노동당	미디어+이데올로기(홀)
지도력	혁명가	개혁가	지식인(신좌파/CCCS)
주체성	노동자	유권자	수용자+소비자

〈표 22-3〉은 왜 그런지를 보여준다. 〈표 22-3〉에서 '미디어+이데올로기' 항목은 왠지 겉도는 것처럼 보일 수도 있다. 개념적으로 이 분야의 여타의 용어와는 다르기 때문이다. 계급에 기반한 노동운동 조직들은 '상향식' 자기-대변 기관들로 간주되는 반면(예를 들어 Thompson, 1963) 미디어는 실제로는 '권력 블록'의 이해관계를 대변하면서도 '보통 사람들'에게 말을 걸며 그들을 위해 말하는 등 '하향식'이며 모든 곳에 샅샅이 파고든다. 초기 문화연구의 중요한 혁신 중의 하나는 어떻게 미디어가 표상 체계인 동시에 대중적 표현 수단으로 이해되어야 하는가에 관심을 기울인 것이었다. 호가트(Richard Hoggart, 1967)가 시작한 이 작업은 윌리엄스(Raymond Williams, 1974)가 물려받았지만 홀(종종 동료들과의 공동 작업)에 의해 가장 완전하게 정교화되었다. 홀은 1978년에 최고의 업적이라고 할 수 있는 『위기관리Policing the Crisis』를 발행할 때까지 30권이 넘는 미디어 관련 저서를 출판했다(UMI 등). 문화연구가 현대적 주체성이 어떻게 형성되는지를 조사하기 위해 '노동자(경제)'와 '유권자(정치)'에서 '소비자(문화)'로 전환하면서 미디어, 즉 자기-대변적인 '급진적 대중' 언론과 확장적인 자본주의 문화의 '상업적 대중' 언론의 양쪽의 주목 대상이 되는 것은 불가피했다. 후자는 현대적 주체들에 의

한 자기-대변 과정을 돕거나 방해한 책임이 있는가?

이 문제에 대답하기 위해 문화연구는 토대와 상부구조라는 마르크스주의 개념에 기반한 결정론 — 여기서 정치와 문화는 모두 경제 영역에서 만들어진 원인적 결정론(최종 심급에서의)의 효과처럼 보였다 — 과는 상이한 모델 쪽으로 기댔다. 그러한 구조에서 보면 미디어는 단지 표상 체계가 아니라 보다 간명하게는 이데올로기 체계이다. 미디어는 아무리 대중적이더라도 결국 '지배적인 사고'를 표현할 수밖에 없다. 홀이 상식으로부터 물려받은 자연주의적인 삼각 가치 사슬/커뮤니케이션 모델에 "응답"하기 위해 "인코딩/디코딩 모델"(1973)을 제시한 것도 바로 이러한 결정 모델에 따라 이루어진 것이었다(1973)(〈표 22-4〉를 보라).

〈표 22-4〉 표상 이데올로기 체계로서의 저널리즘

경제(**토대**)	〔정치+문화〕(**상부구조**)
결정	이데올로기
인코딩	디코딩(홀)
객체적	주체적

결론

현재의 '전문직' 저널리즘 연구에 따르면 저널리즘에 대한 하향식의 기능주의적 설명에서는 — 이에 따르면 저널리스트들은 대중에게 커뮤니케이션을 제공해준다 — 저널리즘을 공공공 커뮤니케이션으로 보는 경향을 피할 수 없는 것처럼 보이기도 한다. 하지만 그것은 단순히 그렇지 않았더라면 중립적이었을 모델이나 패러다임 중의 어느 하나를 선택하는 문제가 아니다. 역사적으로 보아 그것은 말 앞에 수레를 놓는 오류를 범하고 있다. 당시의 사회적 지도력에 맞선 투쟁으로 오늘날의 전문직 현장 종사자들로 하여금 전문적 자율성과 사회적 지도력을 장악하도록 해줄 수단을 만들어낸 사람들에게 존경심을 표하기 위해서라도 그러한 점은 인정되어야 할 것이다. 그러나 보다 중요한 것은 말 앞에 마차를 놓는 것은 이론적 원리의 오류라는 것이다. 그것은 실제적 인과관계의 흐름을 뒤집어놓고 있다. 저널리즘에서 인과관계의 흐름은 전문적인 공급자에서 대중문화로 이어지는 것이 아니라 그와 정반대이다. 저널리즘이 아무리 전문화되고, 산업화되고, 관료화되더라도 대중문화는 저널리즘의 원인이고, 주체이고, 동인이며, 기원이다.

저널리즘 연구는 바로 이것을 무시한 대가를 치르고 있다. 저널리즘 연구는 생산자-공급자(개별적 저널리스트와 소유주 혹은 기업)를 물신화해왔다. 즉 전문직적-산업적 전문가가 원인을 제공하면 나타나는 '미시적' 또는 개체화된 행위적 효과 말고는 소비자의 주체성을 무시한다. 주의를 기울이는 공통-주체들의 대규모 소셜 네트워크에 의해 공유되며, 나아가 저널리즘이 실천되기 위한 가능성의 조건('수요')을 형성하는 '거시적인' 텍스트적 체계라는 개념 자체를 갖고 있지 않은 것이다.

저널리즘 연구와 저널리스트들 사이에서 이러한 맹점이 가진 중요성은 다음과 같은 점에서 찾아볼 수 있다. 즉 그 결과 독자층에서 변화가 일어나고 텍스트 체계에서 진화가 생길 때 어떤 일이 일어나는지를 설명할 수 있는 수단이 축소되어 왔다. 예를 들어 현재 체제적인 변화가 진행 중인데, 공공 사안과 대중적 묘사에서 '읽기만 하는' 참여 형태가 사회적으로 연결된 대중적인 디지털 문해력의 '읽고-쓰는' 형태로 전환되고 있다. 이 과정에서 정보, 뉴스, 묘사는 스스로 만들어지지만 동시에 사회적으로도 평가된다. 현재 대중문화가 마이스페이스, 페이스북, 유튜브, 위키피디아를 둘러싸고 가장 정력적으로 집중되는 것이 이를 잘 보여준다. 이곳에서는 또한 19세기에 대중독자층이 처음으로 창출되었을 때처럼 기업, 자본 투자, 시장화가 뒤따르고 있다. 과도한 정도로 전문적 공급자에 초점을 맞추고, 자체 전파력을 가진 소셜 네트워크들을 그러한 소명의식과는 다소 무관한 것으로 바라보는 저널리즘 모델은 이렇게 부상하는 사회적 테크놀로지를 전혀 이해하지도 또 공감하지도 못할 것이다. 그 결과 저널리즘은 저널리즘 연구의 도움 없이 외부로부터 개혁당하고 있다. 결국 공공 커뮤니케이션의 사회적 기능은 공중에 속하는 것이지 기업적 독점자들에게 고용되어 대표를 자칭하는 자율적 카스트들에 속하지 않기 때문이다. 이 와중에 당분간 그들이 하는 일이 아무리 '대중적'으로 보일지라도 말이다. 저널리즘과 대중문화의 관계는 다시 유동적으로 되고 있으며, 따라서 인과관계가 어떤 방향으로 나가느냐를 이해하는 것이 중요하다. 그러한 과정의 객체가 아니라 주체라고 할 수 있을 대중문화의 관점에서 저널리즘을 분석하는 것이 필요한 것은 바로 이 때문이다.

〈참고문헌〉

Allan, S.(1999). *News culture*. Milton Keynes, UK: Open University Press.

Bagehot, W.(1867). *The English constitution*(1872 rev. ed.). Retrieved July 19, 2008, from http://www.gutenberg.org/etext/4351

Bird, S. E.(2003). *The audience in everyday life: Living in a media world*. New York: Routledge.

Bruns, A.(2005). *Gatewatching: Collaborative online news production*. New York: Peter Lang.

Conboy, M.(2002). *The press and popular culture*. London: Sage.

Conboy, M.(2007). Permeation and profusion: Popular journalism in the new millennium. *Journalism Studies, 8*(1), 1-12.

Dahlgren, P.(1992). Introduction. In P. Dahlgren & C. Sparks(eds.), *Journalism and popular culture*(pp. 1-23). London: Sage.

Donsbach, W.(2004). Psychology of news decisions: Factors behind journalists' professional behavior. *Journalism, 5*(2), 131-157.

Donsbach, W.(October 2007). *What Professional Journalists Should Know About Communication Research*. Keynote address to "Harmonious Society, Civil Society and the

Media", conference held by the Communications University of China and the International Communication Association, Beijing, China.

Forgacs, D.(1993). National-popular: genealogy of a concept. In S. During(ed.), *The cultural studies reader*(pp. 210–219). London: Routledge(Original work published 1984).

Gauntlett, D.(1998). Ten things wrong with the "effects model." In R. Dickinson, R. Harindranath, & O. Linne(eds.), *Approaches to audiences—A reader*. London: Arnold. Retrieved July 19, 2008, from http://www.theory.org.uk/david/effects.htm

Gauntlett, D.(2005). *Moving experiences, 2nd edition: Media effects and beyond*. London: John Libbey.

Gibson, M.(2007). *Culture and power: A history of cultural studies*. Oxford: Berg.

Gilroy, P.(2006). *Bold as love? On the moral economy of blackness in the 21st century*. W. E. B. Du Bois Lectures, Harvard University. Retrieved July 19, 2008, from http://www.news.harvard.edu/gazette/2006/10.12/09-gilroy.html

Gramsci, A.(1971). *Selections from the prison notebooks*. London: Lawrence & Wishart.

Hall, S.(1973). *Encoding and decoding in the media discourse*. Stencilled Paper no.7, Birmingham: CCCS.

Hall, S.(1981). Notes on deconstructing the popular. In R. Samuel(ed.), *People's history and socialist theory*(pp. 227–40). London: RKP.

Hall, S., Critcher, C., Jefferson, T., Clarke, J., & Roberts, B.(1978). *Policing the crisis: Mugging, the state and law & order*. London: Macmillan.

Halloran, J. D.(1981). The context of mass communication research. In E. McAnany, J. Schnitman, & N. Janus(eds.), *Communication and social. structure*(pp. 21–57). New York: Praeger.

Hargreaves, I.(2003). *Journalism: Truth or dare*. Oxford: Oxford University Press.

Hartley, J.(1992). *The politics of pictures: The creation of the public in the age of popular media*. London: Routledge.

Hartley, J.(1996). *Popular reality: Journalism, modernity, popular culture*. London: Arnold.

Hartley, J.(1999). Why is it scholarship when someone wants to kill you? Truth as violence. *Continuum: Journal of Media & Cultural Studies, 13*(2), 227–236.

Hartley, J.(2003). *A short history of cultural studies*. London: Sage.

Hartley, J.(2008a). Journalism as a human right: The cultural approach to journalism. In M. Loffelholz & D. Weaver(eds.), *Global journalism research: Theories, methods, findings, future*(pp. 39–51). Oxford: Blackwell.

Hartley, J.(2008b). *Television truths: Forms of knowledge in popular culture*. Oxford: Blackwell.

Hermes, J.(2005). *Re-reading popular culture*. Oxford: Blackwell.

Hoggart, R.(1957). *The uses of literacy.* London: Chatto & Windus.

Hoggart, R. ed.(1967). *Your Sunday paper.* London: University of London Press.

Keen, A.(2007). *The cult of the amateur: How today's Internet is killing our culture.* New York: Doubleday.

Laclau, E., & Mouffe, C.(1985). *Hegemony and social strategy: Towards a radical democratic politics.* London: Verso.

Langer, J.(1998). *Tabloid television: Popular journalism and the "other news."* London: Routledge.

Lanham, R. A.(2006). *The economics of attention: Style and substance in the age of information.* Chicago: University of Chicago Press.

Lee, R. E.(2000). The structures of knowledge and the future of the social sciences: Two postulates, two propositions and a closing remark. *Journal of World Systems Research, 6*(3), 786–787.

Lee, R. E.(2003). *Life and times of cultural studies: The politics and transformation of the structures of knowledge.* Durham, NC: Duke University Press.

Lewis, J.(2005). *Language wars: The role of media and culture in global terror and political violence.* London: Pluto Books.

Loffelholz, M., & Weaver, D. H.(eds.).(2008). *Global journalism research: Theories, methods, findings, future.* Oxford: Blackwell.

Lumby, C.(1999). *Gotcha! Life in a tabloid world.* Sydney: Allen & Unwin.

Nice, L.(2007). Tabloidization and the teen market: Are teenage magazines dumberer than ever? *Journalism Studies, 8*(1), 117–136.

Ponce de Leon, C. L.(2002). *Self-exposure: Human interest journalism and the emergence of celebrity in America 1890–1940).* Chapel Hill: University of North Carolina Press.

Porter, M.(1985). *Competitive advantage: Creating and sustaining superior performance.* New York: The Free Press.

Rennie, E.(2006). *Community media: A global introduction.* Lanham MD: Rowman & Littlefield.

Rojek, C.(2004). *Celebrity.* London: Reaktion Books.

Rushbridger, A.(2000). Versions of seriousness. *Guardian Unlimited.* Retrieved July 19, 2008, from http://www.guardian.co.uk/dumb/story/0,7369,391891,00.html

Sconce, J.(2007). A vacancy at the Paris Hilton. In J. Gray, C. Sandvoss & C. L. Harrington(eds.), *Fandom: Identities and communities in a mediated world*(pp. 328–343). New York: New York University Press.

Snoddy, R.(1992). *The good, the bad and the unacceptable: The hard news about the British press.* London: Faber & Faber.

Sonwalkar, P.(2005). Banal journalism: The centrality of the "us-them" binary in news discourse. In S. Allan(ed.), *Journalism: Critical issues*(pp. 261-73). Milton Keynes, UK: Open University Press.

Thompson, E. P.(1963). *The making of the English working class*. London: Victor Gollancz.

Turner, G.(2004). *Understanding celebrity*. London: Sage.

Turner, G.(2005). *Ending the affair: The decline of current affairs in Australia*. Sydney: University of New South Wales Press.

UWI(n.d.). *Stuart Hall, publications and papers*. University of the West Indies at Mona, Jamaica: Library.

Retrieved July 19, 2008, from http://www.mona.uwi.edu/library/stuart_hall.html.

Wallerstein, I.(2001). *Unthinking social science: The limits of nineteenth-century paradigms*(2nd ed.). Philadelphia: Temple University Press.

Wallerstein, I.(2004). *The uncertainties of knowledge*. Philadelphia: Temple University Press.

Webb, R. K.(1955). *The British working class reader 1790-1848*. London: George Allen & Unwin.

Williams, R.(ed.).(1968). *May Day manifesto*. Harmondsworth, UK: Penguin Special.

Williams, R.(1974). *Television: Technology and cultural form*. London: Fontana.

Williams, R.(1976). *Keywords*. London: Fontana.

Windschuttle, K.(1998). Journalism versus cultural studies. *Australian Studies in Journalism, 7*, 3-31.

Zelizer, B.(2004). When facts, truth, and reality are god-terms: On journalism's uneasy place in cultural studies. *Communication and Critical/Cultural Studies, 1*(1), 100-119.

23_
일상에서의 뉴스 수용

미르카 마디아누

나는 마음을 진정시키기 위해 그날 저녁 '통증 진료소'인 TV 뉴스로 시선을 돌렸다. 오늘 밤 뉴스는 보스니아 중부의 숲속에 위치한 집단 무덤, 밀애 장소를 가진 사악한 내각 관료, 살인범 재판의 둘째 날 등이었다. 친숙한 방송 포맷이 나를 달래주었다. 전장의 북소리 같은 음악, 뉴스 앵커의 부드럽고도 긴박한 목소리, 모든 비참함은 상대적일 뿐이라는 편안한 진실 그리고 마지막에 나오는 아편과 같은 날씨 정보 등이 그것이었다(McEwan, 1998, pp. 46~47).

뉴스에 대한 대부분의 연구는 궁극적으로는 사회에 미치는 영향과 관련되어 있지만 뉴스 수용자 문제는 흔히 명시화되지 않은 범주로 남아 있었다. 뉴스는 깊이 있게 연구되는 장르지만 이에 비해 뉴스 수용자 연구는 항상 다른 측면만큼 깊은 관심을 얻지 못했다. 예컨대 뉴스 생산의 경제, 뉴스 제작, 뉴스 취재원, 표현의 문제들은 이 책의 여러 장에서 다루어진 것에서 볼 수 있듯이 집중적으로 연구되었다. 이런 현상을 관찰한 연구자들은 뉴스 사

675

회학에서 부족한 것이 바로 수용자에 관한 설명이라고 지적했다(Schudson, 2000, p. 194). 그러나 그러한 지적이 반드시 옳다고만 할 수는 없다. 왜냐하면 뉴스의 해석에 관해 점점 더 많은 연구가 나오고 있으며, 일부 연구는 전례 없는 성과를 내고 있기 때문이다(Gamson, 1992; Morley, 1980; Lewis, 1991; Philo, 1990; Liebes, 1997). 실버스톤Silverstone에 의하면 실패한 것은 뉴스 시청자 연구가 아니라 사회적·문화적 삶의 역동적 구성체인 뉴스에 대한 보다 의례적이며 매개적인 접근법이다(2005, p. 17).

이 장은 먼저 뉴스 수용자를 연구한 역사적 맥락을 제시한 후 뉴스 수용자 연구에서 나타난 두 가지 중요한 전통에 초점을 맞출 것이다. 첫 번째 접근법은 '영국의 문화연구'의 등장과 관련되어 있으며, 특히 홀(Stuart Hall, 1980)의 연구와 그의 선도적인 '인코딩/디코딩 모델'과 연결되어 있다. 여기서의 강조점은 수용자의 뉴스 해석이다. 필자가 논의할 두 번째 접근법은 홀의 연구로 촉발된 '수용자 연구의 흥미진진한 단계'에서 진전되어 나온 것이다. 이 부류의 연구는 의례로서의 뉴스 소비에 접근하며(Carey, 1989), 연구에서는 민속지학적 시각을 채택한다.

이 장에서는 각 접근법의 장단점을 점검한 다음 뉴스 수용자 연구에서 나타나고 있는 현재의 도전들을 논의할 것이다. 이들 도전은 새로운 커뮤니케이션 기술 그리고 소비와 생산 사이의 경계선 붕괴, 감성적 문제에 대한 관심, 비교 연구의 필요성 등을 포함한다. 이 모든 사항은 미래의 연구를 위한 방향을 제시해주며 '수용자'라는 용어의 유용성을 다시 한 번 생각해보도록 만든다.

시계추의 흔들림과 명시화되지 않은 수용자

뉴스 수용자에 관한 인식은 미디어 효과에 수반되는 일련의 시계추 흔들림 현상을 노정시켜 왔다. 양차 세계대전 사이의 기간 동안 전지전능한 미디어라는 관점으로부터 시작해 '한정된 효과'라는 패러다임으로(Klapper, 1960) 그리고 지금은 통설이 된 미디어 질병론media malaise에 이르기까지 수용자들은 미디어 메시지에 대한 수동적 수용자라는 취약한 존재 아니면 자신의 의미를 만들어낼 수 있는 능동적 행위자로 해석되어 왔다. '미디어 혹은 비디오 질병론'은 1960년대 후반부터 1970년대에 유통되었다. 질병론이라는 용어는 다소 잘못된 명칭으로 이론이라기보다는 일군의 연구가 텔레비전 뉴스의 부정적 효과를 드러낸 것이었다. 몇몇 저자(Lang & Lang, 1966; Gerbner, Gross, Miorgan & Signorelli, 1986; Robinson, 1976)는 TV뉴스가 갈등을 강조하고 부정적인 것을 과장함으로써 이에 노출된 수용자들은 세상에 대한 부정적 인식을 기르고 (Gerbner, 1986), 나아가 정치적 민심 이반까지 일어나게 되는데(Robinson, 1976), 특히 이런 현상은 장시간 시청자에서 두드러진다(Lang & Lang, 1966; Gerbner 등, 1986)고 주장했다. 보다 최근에는 저명한 두 저자 사이에서 이를 둘러싼 논쟁이 벌어졌다. 퍼트남(Robert Putnam, 2000)은 영향력 있는 저서 『혼자 볼링하기Bowling Alone』에서 텔레비전 시청은 시민적 활동으로부터의 격리를 초래한다고 주장한 반면 노리스(Pippa Norris, 2000)는 뉴스 소비가 시민적 참여의 선순환에 기여한다는 주장을 내놓았다.

퍼트남은 〈미국사회총조사U. S. General Social Survey〉에서 얻은 엄청난 양의 데이터를 사용해 매스 미디어 그리고 특히 텔레비전이 시민사회 참여의 쇠퇴를 가져왔고 동시에 공동체 유대감의 해체를 초래했다고 주장했다. 퍼트남에 따르면 비록 역사적으로 보아 신문을 읽는 것이 미국의 민주주의에 중요한 기여를 했으나 신문은 텔레비전 뉴스에 자리를 내주었고, 이어 텔레비전 뉴스는 쇠퇴해 버렸으며, 마침내 연예문화에 의해 대체되기 직전에 와 있고, 이미 이에 오염되어 있다는 것이다. 이와는 반대로 노리스는 〈미국과 유럽의 조사U. S. and European Survey〉에 대한 광범위한 연구를 통해 미디어 질병론을 입증할 증거가 거의 발견되지 않았다고 주장했다.[1] 그는 뉴스 미디어가 정치적 지식의 증가, 신뢰, 동원 등과 긍정적으로 연관되어 있음을 발견했다. 그는 "더 많은 신문을 읽고, 인터넷을 뒤지며, 캠페인에 관심을 쏟는 사람은 항상 보다 지식이 많고, 정부와 참여를 신뢰한다"고 주장했다(Norris, 2000, p. 17). 노리스는 뉴스 미디어를 사용하는 사람들은 이미 사회 참여를 원하는 성향을 갖고 있음을 들어 이것을 설명하고자 했다. 더군다나 사람들이 뉴스 미디어에 관여하면 그것은 정치에 대한 관심을 증가시키고 더욱 활발한 시민 활동에 대한 장벽을 약화시키는데, 거기서 바로 '선순환'이 시작된다는 것이다.

이처럼 영향력 있는 문헌 대부분에서 수용자는 명시화되지 않은 범주로 머물며(Livingstone, 1998a), 분명히 결론은 추상화된 메시지 내용과 똑같이 추상화된 개인적 또는 집단적 반응 사이의 관계로부터 억지로 짜내지고 있다고 주장해도 큰 무리는 아닐 것이다. 수용자가 관심을 끌고 눈에 띄기 시작한 것은 겨우 1980년대에 이르러 수용자 연구 영역이 발전되면서였다.

새로운 수용자 연구

뉴스 수용자 연구뿐만 아니라 보다 일반적으로 미디어 연구를 위한 전환점이 된 것은 홀의 인코딩/디코딩 모델이었다. 이것은 1973년에 버밍엄의 문화연구센터의 연구보고서로 처음 발행되었으며 1980년에 재발간되었다. 이전에는 적대적이던 전통들, 즉 비판적인 것과 행정적인 것의 이론적 융합이라 할 만한 홀(Hall, 1980)의 중재는 "수용자 연구의 흥미로운 단계"의 시작을 의미했다. 실증주의적 미디어 사회학을 비판하기 위해 이 논문(Hall, 1994, p. 203)을 쓴 홀은 비판적 전통의 의제(권력 및 이데올로기 중심)와 수용

1) 노리스는 복수의 데이터를 분석했다. 1945년 이후의 UNESCO 데이터; 30회에 걸친 유로바로미터Eurobarometer; 미국의 전국선거조사(1948~1998년)가 그것이다(필자 주).

자에 대한 경험적인 핵심적 요소를 한데 묶었다. 후자는 전통적으로 미디어 사회학의 실증주의적 전통 및 미디어 효과 연구와 관련되어 왔다. 당시 실증적 미디어 사회학에 대한 비판은 커뮤니케이션 연구의 지배적 패러다임이었다(Gitlin, 1978). 따라서 홀의 모델은 "커뮤니케이션 과정의 수직적 차원과 수평적 차원을 통합"하려는 시도였다(Hall, 1988 cited in Morley, 1996, p. 323). 홀은 커뮤니케이션을 역동적 회로로 이해했다. 그는 같은 사건도 다른 방식으로 인코딩될 수 있다고 주장했다. 인코딩과 디코딩은 대칭적일 필요가 없었다. 홀은 비록 선호되는 의미의 존재를 인정했음에도 불구하고 메시지는 본질적으로 다의적이다. 홀은 파킨(Parkin, 1971)의 정치사회학을 끌어와 세 가지 가설적 디코딩 입장을 밝혀냈다. 지배적·헤게모니적, 교섭적, 대항적 디코딩이 그것이다. 〈네이션와이드Nationwide〉에 대한 몰리(Morley, 1980)의 연구는 이러한 '인코딩/디코딩' 모델의 경험적 응용으로 간주되었다. 몰리는 인기 시사 문제 프로그램인 〈네이션와이드〉에 대한 수용자 집단들의 서로 다른 해석을 검토했다. 각 집단은 동질적이었고, 다른 집단과는 구별되는 인구학적 특성을 갖고 있었다. 이 연구는 텍스트 읽기가 "사회 구조에 내재된 문화적 차이에 기반하고 있으며, 이런 문화적 차이는 개인의 메시지 해석을 이끌어내고 제한"함을 증명했다(Morley, 1992, p. 118). 따라서 텍스트 즉 메시지의 '의미'는 텍스트에 내재된 코드와 각각의 서로 다른 수용자 집단에 내재된 코드의 상호작용을 통해 생산되는 것으로 이해되었다(Morley, 1992).

'인코딩/디코딩' 모델과 몰리의 연구는 계급 결정론적 성격, 단선성 linearity 그리고 두 개의 문제적 용어인 '선택적 읽기preferred reading'와 '교섭적 디코딩negotiated decoding'을 도입한 것에 대해 비판받았다(이 모든 사항은 후속 논문〔1992〕에서 몰리 자신에 의해 논의되었다). 이 모델은 또한 해석을 강조하고 이해 등 다른 과정을 축소해서 다룬다는 점에서 비판받았다. 이해 과정은 뉴스 디코딩에서 중요한 역할을 한다. 몰리는 수용자들에 의해 지배적 메시지가 거절당하는 것은 때때로 이해의 부족(문자 해득률이나 교육 수준이 낮은 것에서)에 기인하며, 대항적 해석에 기인하지 않는(Morley, 1999, p. 140) 것으로 생각할 수 있다고 강조했다. 이 경우 발견된 결과는 그리 대단한 것이 아니게 된다. 그러나 이러한 비판에도 불구하고 홀의 모델과 몰리의 연구는 수용자 연구 분야를 개척하는 데 중요한 역할을 했고 나아가 "정책과 이론에서 지금까지 저평가되고 주변화되었으며 추상적 존재였던 수용자를 눈에 띄게 만들었다"는 점에서 획기적이었다(Livingstone, 1998b, p. 240). 리빙스턴(Livingstone, 1998a, p. 195)이 언급한 대로 수용자의 존재가 눈에 띄었다는 사실은 이론적·경험적·정치적 관점에서 중요성을 가진다.

홀(Hall, 1980)과 몰리(Morley, 1980)의 연구에 뒤이어 수많은 다른 연구들이 '수용자 해석'을 파고들었다(Gamson, 1992; Lewis, 1991; Liebes, 1997; Kitzinger, 1993; Neuman, Just & Crigler, 1992; Philo, 1990). 뉴스 생산 및 내용 연구로 유명한 〈글래스고대학교 미디어 그룹〉의 회원들이 수용자 연구에 참여했다(Eldridge, 1993). 한 예로 파일로(Philo, 1990)의 연구를 들 수 있는데, 이것은 1984~1985년 영국에서 일어난 광부파업 뉴스의 수용 방식에 관한 것이다. 파일로와 동료들은 〈네이션와이드〉 연구 방법론과 유사한 방법을 채택해 다수의 수용자 집단을 인터뷰했다. 이들 집단에게 파업 보도 사진 12매를 제시한 후 그에 대해 논평하도록 요청했다. 파일로에 따르면 지배적 미디어 프레임에 대한 믿음은 미디어에 의존적인 사람들에게서 가장 높게 나타났다. 텔레비전 뉴스에 크게 의존하는 사람들은 대부분의 피켓 시위가 과격하다고 믿었고, 따라서 폭력이 뉴스 보도에서 중요한 주제인 사실을 반영했다. 반대로 미디어의 보도기사에 거부 반응을 보인 사람들은 파업에 대한 직접적 경험이 있거나 파업자나 가족들에 관한 정보가 있거나 다른 대안적 정보원에 접근하고 있었다(Philo, 1990, p. 47).

이와 마찬가지로 그리스에서의 연구는 뉴스 내용에 의문을 제기하려면 직접적인 개인적 경험이 반드시 필요함을 보여준다(Madianou, 2007). 이 연구는 뉴스 소비에 대한 광범위한 민속지학적 연구의 일환으로 두 가지 사건

(그리스-터키 관계에서의 사건과 1999년 국제적 위기였던 코소보 분쟁)을 어떻게 받아들였는지 조사했다(Madianou, 2005b). 연구에 따르면 앞의 국가적 사태와 코소보 위기를 다루는 데서 뉴스 담론은 대체로 민족중심적 입장을 견지한데 반해 시청자의 반응은 분명히 차별화된 것으로 드러났다. 국가적 사건에 대한 보도가 진행되는 동안 시청자들은 지배적 뉴스 담론에 의문을 제기했으나 반대로 코소보 사례 연구에서 몇몇 인터뷰 대상자들은 뉴스 내용과 일치하는 민족중심적 담론으로 복귀했다. 이러한 담론 이동은 개인적 경험을 들어 설명될 수 있을 것이다. 국가적 뉴스에 의문을 던진 대부분의 인터뷰 대상자들은 뉴스에서 보도되고 있는 지배적 담론에 의문을 던질 수 있는 자신감을 준 개인적 경험(예컨대 의무적인 군부대 근무)에 의존해서 그렇게 했다. 이와 반대로 코소보에서의 사건들은 사람들이 그러한 분쟁에 대한 직접적 경험이 없는 가운데 대체로 매개되어 전달되었고, 이에 따라 그들은 뉴스 보도에 대해 비판할 여지가 없었다. 이 연구(Madianou, 2005b)는 또한 시청자의 담론 이동에 대한 또 다른 설명을 확인했다. 말하자면 시청자들은 그리스-터키 사태에 관한 뉴스 보도는 국내적이며 '가족'의 문제로 해석함으로써 뉴스에 포함된 지배적 담론을 편안한 마음으로 비판했다. 하지만 코소보 전쟁 중 대부분의 인터뷰 대상자들은 지배적인 민족주의적 담론을 받아들여야 한다고 느꼈고, 나아가 그들의 문화와 정체성에 대한 외부의 위협으로 해석될 수 있는 국제적 갈등에 대응할 때는 정체성을 주장해야 한다고 생각했다. 결국 이는 뉴스 수용이 관계 지향적이고 역동적인 과정임을 보여준다. 그리고 이 과정은 국가적 뉴스 및 현지 수용자뿐만 아니라 필연적으로 초국가적인 것도 끌어들이게 된다(Madianou, 2005b, 2007).

리브스(Liebes, 1997)는 1990년대에 벌어진 팔레스타인들의 인티파다에 관한 이스라엘의 뉴스에 대한 수용 연구에서 뉴스가 기존의 생각을 강화하는 사실을 발견했다. 뉴스 프로그램들은 지배적 관점을 반영하기 때문에 이스라엘 사회의 매파적 입장에 동조했다. 가족 차원에서 뉴스 수용을 연구한 그는 뉴스가 어떤 방식으로 아이들을 이데올로기적으로 사회화시키는지 관찰했다. 긴장감이 도는 그러한 사회적·정치적 환경에서는 대립적 뉴스 읽기가 거의 없고 시청자의 미디어 리터러시 기술과 교육 수준에 의존한다.

뉴스 수용자를 다룬 문헌은 여러 가지 새로운 결과를 보여준다. 관련된 연구는 뉴스 해석은 미리 결정될 수는 없으며 텍스트 자체 그리고 텍스트를 형성한 이념적 분위기를 포함한 다수의 요인에 의해 제한됨을 확인시켜 준다(Lewis, 1991; Liebes, 1997; Morley, 1980, 1992; Philo, 1990). 그러한 분위기가 함축하는 뉴스 이해 방식과 교육 수준(Morley, 1999; Liebes, 1997; Madianou, 2005b), 기존의 신념 및 취향(Bird, 1992; Liebes, 1997; Kitzinger, 1993), 사회적 계급 및 다른 인구학적 결정 요인들(Morley, 1980), 대안적 자료의 존재 여부 및 뉴스 미디어에 대한 노출 및 의존의 정도(Madianou, 2007; Philo, 1990) 등이 그것들이다.

그리하여 이미 과거 비판에서 드러난 바와 같이(Curran, 1990; Murdock, 1989) 대부분의 뉴스 수용자 연구는 대중적인 것이나 어떤 형태의 '기호학적 민주주의'를 주목하기는커녕 권력 개념을 붙잡고 씨름했으며, 나아가 뉴스 수용의 맥락에서 권력이 어떤 역할을 하는지 파악하려고 했다. 게다가 수용자 연구자들은 "시청자가 의미를 재해석하는 힘은 시청자의 해석을 위해 텍스트를 구축하는 중앙집권화된 미디어 기관들의 담론적 권력에 거의 맞설 수 없다"는 점을 인정했다(Morley, 1992, p. 31). 이런 평가는 동일한 연구 전통에 속하는 다른 연구자들의 공감을 얻었다(Ang, 1996, p. 140).

이 패러다임 속의 연구들은 주로 텍스트에 기반하고 있다. 그리고 뉴스 수용자들은 뉴스 콘텐츠와의 관계에서 연구되었다. 뉴스는 텍스트로 이해되고, 수용자들은 텍스트의 독자 및 해석자로 이해되었다. 텍스트에 집중적으로 매달리는 것은 이러한 접근법의 장점이자 단점이다. 한편으로 텍스트는 이데올로기와 권력 문제에 대한 직접적인 연결고리를 제공한다. 다른 한편으로 한계점은 사회적 맥락이 무엇인지, 나아가 그것이 미디어에 의해 어느 정도로 영향을 받는지도 모르는 고립된 상태에서 뉴스 수용이 연구된다는 것이다.

일상의 뉴스 소비와 그 위치

1980년대 후반 및 1990년대에 텔레비전에 대한 관심이 점진적으로 증가했는데, 여기에는 텔레비전 방송의 내용뿐만 아니라 기술과 대상으로서의 관심도 포함한다(Silverstone, 1989; Morley, 1995).[2] 따라서 텔레비전 뉴스는 텍스트였을 뿐만 아니라 사회적 현상이었고, 텔레비전 시청은 의례이기도 했다. 텔레비전의 이러한 측면을 이해하기 위해 필요한 핵심 용어는 소비였고, 그것은 수용보다 더 포괄적인 용어였다. 소비는 사회 인류학과 물질문화 등 유사 영역에서 많은 관심을 받기 시작했다.

실버스톤(Silverstone, 2005, P. 19)은 일상생활의 필수불가결한 요소가 된 사회적 현상인 뉴스에 연구의 초점을 맞출 것을 제안했다. 그는 다음과 같은 견해를 보였다.

특별하며, 글로벌한 차원에서 놀랄 만큼 동질적인 뉴스의 스토리텔링 구조, 영웅주의, 재난 이야기, 서사적 마무리, 매일 밤 이야기를 읽어주는 사람으로서의 뉴스 진행자 그리고 라디오 및 텔레비전 편성에서의 고정된 위치 등이 모두 함께 이 장르를 이 주제의 핵심으로 규정하고 있다.

위의 인용문에서 뉴스 형식은 콘텐츠(뉴스 중 가장 심도 있게 연구된 측면)보다 훨씬 중요하다. 어떤 것이 어떻게 말해지는가 하는 것은 무엇이 말해지

---

2) 콘텐츠와 형식의 구분 그리고 콘텐츠의 기술의 구분은 분석적 구분이며, 이러한 패러다임에 대한 많은 연구는 콘텐츠와 형식 및 기술에 대한 관심을 묶어서 살펴보고자 했다(필자 주).

는가보다 더 중요하다고까지는 할 수 없을지라도 그에 못지않게 중요하다. 게다가 실버스톤(Silverstone, 1994)은 뉴스 콘텐츠(흔히 갈등과 위기에 관한 내용)와 일상의 의례이자 고정된 기준점인 뉴스(안도감을 불러일으키는 것) 사이의 명백한 긴장관계를 관찰했다. 실버스톤은 뉴스를 외부 세계로부터 오는 "위협과 리스크 및 위험을 매개하는 핵심적인 제도"로 간주한다(p. 17). 실버스톤(Silverstone, 1994, p. 16)에게서 뉴스는 신뢰의 창출로 귀결되는 "불안과 안전의 변증법적 접합"이다.

> 우리가 매일 밤 뉴스를 보는 것은 하나의 의례이다. 이것은 기계적 반복성에서
> 도 그렇고, 더 중요하게는 뉴스 전달에서도 그렇다. 뉴스는 단편적 논리를 통
> 해 익숙한 것과 낯선 것 그리고 위안을 주는 것과 위협적인 것을 알려주기도
> 한다. 영국에서는 어떠한 중요한 뉴스 보도도 탁월한 제목 없이는 시작하지 않
> 으며 '달콤한 이야기' 없이 끝나지도 않는다. 이는 시청자를 일상으로 되돌리기
> 위한 '인간적 이야기'human story'이다(Silverstone, 1998, p. 26).

뉴스 소비에 대한 의례적 접근법의 근원은 앤더슨의 『상상의 공동체Imagined Communities』(Anderson, 1991〔1993〕)에서 발견할 수 있다. 앤더슨은 인쇄 미디어의 역할 그리고 이 미디어가 민족주의의 등장에 얼마나 기여했는지를 주제로 글을 쓴 몇 안 되는 정치 이론가 중의 하나이다. 그는 '자본주의와 인쇄기술의 융합'을 근대 국가라는 상상의 공동체의 도래와 공고화를 위한 촉진제로 보았다. 인쇄 자본주의print capitalism는 사람들이 같은 신문이나 소설을 읽고 국가 전체에 동시적으로 매개되는 커뮤니케이션을 할 수 있게 해주었고, 사람들은 자신을 상상의 공동체의 일부로 인식하기 시작했다. 인쇄 미디어에 의해 가능해진 동시성은 "단일 공동체의 연대성을 무의식적으로 확인해주었고, 등장인물들과 저자들과 독자들을 포용했다"(p. 27).

물론 앤더슨의 주장은 이론적이고 역사적이다. 그의 목적은 실제로 상상

의 공동체가 형성되어 있는지 아닌지 확실히 점검하기 위해 뉴스를 읽는 공중을 조사해 보려는 것이 아니었다. 그러나 그의 주장은 경험적 맥락에 적용될 수 있으며, 실제로 연구 결과는 텔레비전 뉴스가 자주 수용자 사이에서 공통의 준거점을 제공한다는 점을 시사한다. 이것은 동일한 뉴스의 동시적 소비뿐만 아니라 텔레비전 뉴스가 사람들의 일상적 관행 속에서 고정된 기준점으로 작용하고, 나아가 시간과 활동의 사이클을 조정한다는 점에서도 알 수 있다. 영국(Gauntlett & Hill, 1999) 및 다른 나라에서의 연구가 보여주었듯이 (미국의 사례를 보려면 Jensen, 1995을 참조; 그리스 사례를 보려면 Madianou, 2005b 를 참조), 뉴스 시청은 흔히 가족의 식시시간과 맞물린다. 젠슨Jenson은 텔레비전 뉴스의 힘을 지적하면서 이러한 일상적 리듬은 뉴스 시간이 언제인지 아무도 묻지 않는 것처럼 자연스럽게 진행된다고 지적했다. 즉 시청자가 뉴스를 중심으로 삼아 활동의 시간 일정을 조정하며, 역방향은 아니라는 것이다 (Jensen, 1995). 이런 관찰은 텔레비전 뉴스가 가정에서 규제의 원천으로 작용한다는 텔레비전의 '구조적' 이용을 있는 그대로 반영한다(Lull, 1990).

그렇다면 뉴스는 단순한 정보가 아니라 그것보다 훨씬 더 큰 무엇이라는 생각이 떠오른다. 신문의 비정보적 사용에 관한 초기 증거는 베렐슨Berelson의 통찰력 있는 연구에서 발견된다. 그는 뉴욕 시에서 일어난 1945년 신문 파업 동안 혁신적인 연구를 수행했다(Berelson, 1949). 베렐슨이 발견한 것은 파업 기간 중 인터뷰 대상자들은 신문의 내용(예컨대, 정치적·경제적 문제에 관한 정보)은 물론이고 읽기의 즐거움을 아쉬워하지 않았다는 점이다. 게다가 그는 인터뷰 대상자들이 아쉽다고 응답한 신문의 다른 비非정보적 효용성을 확인했다. 즉 신문이 일상적인 대화의 주제를 제공한다는 사실이다. 추가적인 연구도 뉴스가 사회적 관계를 위한 자원으로 얼마나 중요한지를 확인했다(Jensen, 1995; Madianou, 출간 예정).

최근의 연구는 텔레비전 뉴스의 또 다른 비정보적 이용을 밝혀냈다. 예컨대 어떤 이들에게 텔레비전 뉴스는 불만과 비판을 표출하는 도구라는 사실이 드러났다. 캔클리니(Canclini, 2001)는 멕시코인들이 전통적인 시민 기구들에 의해서는 제공되지 않았던 인정recognition과 정의justice를 얻기 위해 라디오와 텔레비전에 호소하는 것을 관찰했다. 그리스에서 이루어진 뉴스 소비에 대한 민속지학적 연구에서 나타난 비슷한 사례들은 텔레비전 뉴스 프로그램이 흔히 공적 기구와 사적 이익 사이의 명실상부한 매개자가 됨을 보여준다(Madianou, 2005c). 사람들은 자신들의 불만이 공적 기구에 의해 진지하게 다루어지길 바라는 목적에서 텔레비전 뉴스와 라디오 방송에 출연했다.

연구 결과는 또한 뉴스 시청이 정체성의 연출과 연관되어 있음을 보여준다. 런던의 서돌Southall에 있는 영국의 아시아계 십대 청소년들에게 뉴스를 시청하는 것은 성인이 된다는 것과 관련되어 있다(Gillespie, 1995). 질레스피의 연구에 참가한 10대 청소년들은 부모 세대보다 더 좋은 교육을 받은 만큼 부모에게 영국 뉴스를 번역해 주었으며, 그 결과 가정에서 보다 높은 존중과 책임이라는 위상을 획득했다. 그리스의 소수 민족 구성원들에게 그리스 뉴스를 보는 것은 그들이 그리스 시민권자이며 그들이 '살고 있는 국가'의 일부임을 상징적으로 선언하는 방법이었다. 따라서 '뉴스를 보는 것'은 단순히 '보는 것'보다 훨씬 더 그 이상의 것이다. 뉴스 시청은 개인의 정체성, 열망, 문화적 또는 정치적 이야기에 참여하고자 하는 욕구, 습관, 일상적 삶의 요구에 대처하는 데 도움이 되는 수단 등에 대한 표현일 수 있다. 아마도 이것들은 왜 사람들이 "지속적 시청의 필요"를 말하고(Jensen, 1998의 비교 연구가 보여주듯 거의 보편적인 결과이다), 심지어는 "뉴스에 중독"되어 자신을 자주 "뉴스 중독자"로 묘사하는지를 설명해주 몇 가지 이유일 것이다(Madianou, 2005b, 출간 예정).

흥미롭게도 뉴스의 비정보적 이용을 지지하는 강력한 근거에도 불구하고 연구는 또한 뉴스 수용자들이 뉴스를 보는 것에 대해 강력한 의무감을 종종 표현하고 있음을 주시했다. 뉴스 시청은 좋은 정보를 얻어야 한다는 시민적 의무와 연결되어 있으며, 이런 점은 미국(Graber, 1984) 및 노르웨이

(Hagen, 1997)의 연구가 잘 보여주었다. 이러한 규범적인 뉴스 시청은 대단히 체질화되어 있어(Graber, 1984) 사람들은 시사 문제들을 접하지 않는 것으로 비쳐질 때 불안과 당혹감(Hagen, 1997; Madianou, 출간 예정)을 드러낸다는 것이다. 이러한 관찰들은 일상생활에서 뉴스의 존재가 어느 정도로 자연스럽게 받아들여지고 있으며, 당연한 것으로 간주되는지를 잘 보여준다.

방법론적 쟁점

인터뷰 및 포커스 그룹은 뉴스 수용 연구에서 특히 인기가 높았다(Gamson, 1992; Lunt & Livingstone, 1996; Morley, 1980; Neuman 등, 1992; Philo, 1990). 집단 토의 접근법에는 많은 장점이 있는데, 가장 중요한 것은 집단 토의가 연구자로 하여금 사회적 의견 형성을 측정하게 해준다는 점이며, 나아가 집단 토의가 사회의 축소판이라는 생각을 정당화한다는 점이다(Moscovici, 1984). 보다 실천적 차원에서 본다면 집단 인터뷰는 보다 많은 인터뷰 대상자를 연구 설계에 포함시킬 수 있게 해주는데, 이것은 질적 연구가 얼마나 고비용이며 시간 소모적인지를 감안한다면 상당한 이익이다. 이와 달리 개별 인터뷰는 보다 많은 조사와 깊은 탐구를 가능하게 해준다. 집단 토의와 관련해 걱정이 있다면, 그것은 조사 대상 집단에게 잘못된 합의를 강요해 결과적으로 반대의견을 침묵시킬 수 있다는 점이다. 그러나 이것은 반*구조화된 인터뷰의 경우에는 문제가 되지 않는다. 일대일 인터뷰는 민감한 사안이나 응답자가 사회적 약자에게서 나올 경우에 더 적합하다는 일부 주장이 있다.

인터뷰에 기반한 접근법은 대체로 텍스트 중심적인 경향을 보인다. 즉 이런 접근법은 전체 방송이든, 단일 뉴스 보도든, 뉴스 속에 들어 있는 이미지이든 상관없이 뉴스 텍스트에 대한 수용자들의 반응을 탐색한다(Philo, 1990). 소비를 탐색해본 인터뷰 기반의 연구도 있지만 충분히 예견되는 대로 결국 강조점은 해석에 놓여진다(Morley, 1986). 그러나 뉴스 소비를 실천의 한 과정으로 이해하려면 민속지학적 접근법이 가장 적합하다. 참여 관찰법을 통해 연구자는 일상생활에서의 행위 영역에 접근할 수 있다. 텔레비전 텍스트(뉴스)는 (텍스트 중심의 접근법에서처럼) 중요한 것으로 추정되지 않는다. 오히려 미디어(그리고 이상적으로는 비非미디어 관련) 영역의 일부분으로 조사된다. 상향식 관점은 분석의 항목을 데이터에서 추출할 수 있도록 해준다.

중요한 것은 인터뷰와 참여 관찰을 모두 포함할 수 있기 때문에 민속지학은 사람들의 담론(사람들이 인터뷰 맥락에서 말하는 것)뿐만 아니라 행위(일상생활에서 실제로 행동하는 것)에 대한 관찰까지도 허용한다는 것이다(Miller, 1998). 이들 담론과 실천은 항상 일치하는 것이 아닌데, 그러한 불일치는 일상생활에서 뉴스소비 과정 및 미디어 영향력에 대해 많은 것을 드러내 보여줄 수 있도록 해준다(Madianou, 2005b, 출간 예정). 예를 들어 앞의 논점으로 되돌아간다면 사람들은 뉴스 시청에 대해 정보를 얻는 것이 시민적 의무이기 때문이라고 인터뷰에서 주장할 것이다. 그러나 그들의 실제 행동은 수많은 다른 경우를 드러낼 수 있다.

연구 현장에 상주함으로써 민속지학자들은 정보 제공자와 장기간의 관계를 형성한다. 사람들의 삶에 대한 이러한 심층적 관점은 신뢰와 감정이입의 관계가 발전되도록 한다. 이런 관계는 미디어가 일부분을 구성하는 내밀한 일상생활의 차원을 이해하는 데 핵심적이다. 신뢰를 통해 민속지학자들은 사람들의 가정에 접근할 수 있고, 특히 연구가 민감한 차원을 다룬다면 이에 필요한 관계를 발전시킬 수 있다.3) 민속지학자들은 감정이입을 통해 놓칠 수도 있는 뉘앙스를 이해할 수 있다.

3) 예를 들면 내가 과거에 수행한 그리스의 소수 민족에 속한 사람들의 뉴스 소비에 대한 연구에서 그러했다. 그리스의 소수자를 둘러싼 예민한 문제들로 인해 내가 그들의 신뢰를 얻고 그들의 가정을 방문하는 것이 가능했던 유일한 이유는 내가 오랫동안 정보 제공자의 일상의 삶에 함께 머물며 참여했기 때문이다. 초기에 현장에서 당면했던 저항으로 인해 나는 처음 고려했던 인터뷰 기반 연구 디자인을 바꿔 민속지학적 접근으로 변경했다(Madianou, 2005b)(필자 주).

마지막으로, 뉴스 소비에 대한 민속지학적 관점은 "소비라는 미시적 맥락에서 작동하는 미디어 영향력에 대한 우리의 이해에 대해 거시적·구조적 과정에서 이들 이슈를 분리하지 않고도 미디어의 영향력에 대한 정보를 제공해줄 수 있다"(Morley, 1992, p. 40). 몰리는 기든스(Giddens, 1984)의 구조화 이론에 근거해 "거시적 구조는 미시적 과정을 통해서만 재생산될 수 있다"고 주장한다(p. 19). 접근법의 개방성으로 인해 민속지학은 서로 다른 차원의 연구들을 포함하는 것을 허용한다. 따라서 한 명의 연구자는 뉴스 텍스트, 그것의 수용, 수용의 맥락을 연구할 수 있다. 연구자는 분석의 서로 다른 차원을 통합함으로써 경험적인 확증을 획득하고(Livingstone, 1998a, p. 206) 미디어 권력의 수수께끼를 해결할 수 있다.

지금까지 나는 질적 방법에만 초점을 맞추었다. 왜냐하면 이들이 영국의 문화연구의 맥락에서 확립된 전통 속에서 수용자 연구를 위한 주된 접근법이었기 때문이다. 효과 연구에서 여전히 널리 사용되고 있는 양적 방법은 매우 유용할 수 있고, 물론 샘플 조사에서 대표성을 부가할 수 있다. 미디어(뉴스를 포함) 소비 형태와 관련된 엄청난 양의 데이터를 수집한 몇몇 연구도 있었다. 이들 중 하나의 연구가 곤틀레트와 힐(Gauntlett & Hill, 1999)의 것인데, 그들은 대규모 조사에 근거해 영국인의 뉴스 시청 습관에 관한 통찰력 있는 관찰을 수행했다. 질적·양적 방법을 통합하는 것도 좋은 효과를 낼 수 있다. 왜냐하면 후자의 접근법은 대표성 및 폭을 제공하고, 전자는 깊이와 세밀함을 제공해주기 때문이다. 이 두 가지 접근법을 놀랄 만큼 잘 결합한 연구를 하나 거론한다면(비록 초점이 뉴스에만 맞추어진 것은 아니지만) 미디어 소비 및 공중의 관여를 다룬 쿨드리, 리빙스턴, 마캠(Couldry, Livingstone, and Markham, 2007)의 연구이다.

매개 이론을 향하여

우리는 앞서 '인코딩/디코딩' 모델이 미디어 효과의 지배적 패러다임이었던 전송 모델에 대한 반작용이라고 지적했다. 그런데도 여전히 '인코딩/디코딩' 모델이 커뮤니케이션에서 선형 모델로부터 크게 벗어나 있지 않다는 비판은 아마도 놀라울 것이다. 몰리는 1992년의 회고 논문에서 이 모델에 대해 "의미의 컨베이어 벨트"라고 불렀다(p. 121). 뉴스 내용에 강하게 경도된 수용 분석가들은 어떻게 수용자들의 해석이 커뮤니케이션 과정으로 피드백되고, 이를 통해 역동적 커뮤니케이션의 속성을 보여주는지 탐구하는 것이 어렵다는 사실을 깨달았다.[4] 뉴스 소비에 대한 민속지학적 연구는 접근법 관점에서는 종합적이지만 권력 문제에 대한 시각을 놓치면서 과도하게 맥락에 몰입할 위험을 안고 있다. 실버스톤(Silverstone, 1999, 2005)은 매개 mediation 개념을 앞서 서술한 한계를 극복하고 커뮤니케이션의 역동적 성격을 파악하는 수단으로 보았다. 그는 매개를 아래와 같이 규정했다.

> 매개란 근본적으로 변증법적인 개념인데, 우리에게 어떻게 커뮤니케이션 과정들이 그것들을 지원하는 사회적·문화적 환경을 변화시키는가에 대한 이해를 요구한다. 매개는 또 개인이든 기관이든 참가자들이 환경 및 상대방에 대해 가진 관계들에 대한 우리의 이해를 촉구한다. 동시에 사회적인 것을 매개자로 고려해 줄 것을 요구한다. 제도와 기술뿐만 아니라 이들에 의해 전달되는 의미들은 수용과 소비의 사회적 과정에 의해 매개된다(Silverstone, 2005, p. 3).

4) 홀(Hall, 1994, p. 255)은 이 모델의 한계를 알고 있었고, 그래서 우리에게 '거대 모델'을 만들기 위한 의도로 이 모델을 제시한 것은 아님을 환기시켰다. 1973년의 대화에서 — 나중에 발표된 텍스트의 기반이 된(Hall, 1980) — 홀이 밝힌 목적은 당시 지배적인 패러다임을 비판하는 것이었다. 이론적 엄밀함, 내재적 논리 그리고 개념적 일관성을 발전시키는 것이 목표가 아니었다는 것이다. 이 모델이 나중에 하나의 전범적 위상을 획득한 것은 저자의 의도가 아니었다. 전범화는 떠밀려서 된 것이다(필자 주).

이와 같은 전체론적 접근은 연구의 초점이 텍스트와 수용자 사이의 접촉점(전통적인 수용 연구의 초점)을 넘어 그 대신 '의미의 순환'을 따르기를 요구한다(Silverstone, 1999, p. 13). 이런 흐름 속에서 수용자는 매개 과정을 구성하는 다른 요소들, 즉 미디어 생산, 미디어 텍스트, 테크놀로지 및 대상물로서의 미디어, 사회적·문화적 맥락으로서의 미디어 등과 함께 연구되어야 한다. 매개 이론의 주장들은 문화적이고 의례적인 커뮤니케이션 모델(Carey, 1989) 그리고 미디어 소비와 미디어 인류학의 영역에서 이미 논의된 기존의 발전 상황을 반영한다(Ginsburg, Abu-Lughod & Larkin, 2002). 하지만 실버스톤의 기여는 그가 연구자들로 하여금 전체론적 접근을 체계화할 것을 촉구하고 있다는 점이다. 방법론적으로 말해, 이것은 여러 장소에서 행하는 민속지학적 연구를 통해 달성될 수 있다(Marcus, 1995, p. 96). 여러 장소에서의 민속지학 연구는 ― 인류학적 관점에서 보면 포스트모더니즘적 전환의 맥락 속에서 발전했다(Clifford & Marcus, 1986; Marcus & Fischer, 1986) ― 분산된 시공時空에서 문화적 의미와 목적, 정체성의 순환을 점검하기 위해 전통적인 민속지학적 연구의 단일한 장소 및 지역적 상황에서 벗어나고 있다(Marcus, 1995, p. 96). 즉 매개를 정의하는 데 핵심적인 요소인 '의미의 순환'에 대한 강조를 주목해야 한다(Silverstone, 1999, p. 13). 여러 장소에 대한 민속지학 연구는 생산 및 수용 양측의 연구를 허용할 수 있어 분석의 여러 차원을 통합한다(Livingstone, 1998a). 미디어 권력의 분산된 특성을 고려하면(Couldry, 2000) 민속지학적 연구는 미디어 영향뿐만 아니라 수용자 저항의 요소들도 밝혀내는 데 적합하다.

편재와 파편화, 정서와 도덕성: 후속 연구 방향

뉴스 프로그램은 급속한 변화를 겪고 있으며, 그중 가장 중요한 두 가지 변화는 '굴러가는 뉴스 채널rolling news channels' 및 '24/7' 뉴스의 등장 그리고 블로그 및 시민 저널리즘의 출현과 높은 인기이다(Allan, 2006).5) 뉴스 생산과 형식에서 나타난 이러한 근본적 변화는 뉴스 소비에 여러모로 즉각적 영향을 미친다. 무엇보다도 새로운 미디어와 기술적 융합은 생산자와 소비자 사이의 경계를 흐리게 만들었고, '수용자'라는 용어가 여전히 타당한가에 대해 다시 생각해볼 것을 요구하고 있다. 지난 몇 년 간 우리는 블로그 그리고 시민 저널리즘의 등장으로 일컬어지는 독립적 뉴스포럼(인디미디어Indymedia와 같은 것)의 폭발적 증가를 목격했다. 동시에 BBC나 CNN과 같은 국제적 뉴스 기업들은 수용자들에게 이미지와 텍스트를 보내달라고 요청함으로써 뉴스 취재 과정에 동참하도록 했다. 수용자가 보낸 것들은 보도의 일부분으로 사용되었다. 이런 식의 보도는 특히 위기 시에 성공적이었다. 예컨대 2005년 런던 폭탄테러 사건 이후 수용자들의 대응은 특별했다. 사람들은 "사건이 발생한지 몇 분 안에" 이미지를 보내기 시작했으며, 사건이 발생한지 몇 시간 안에 BBC는 "1,000매 이상의 사진, 20건의 아마추어 비디오, 4,000건의 문자 메시지, 약 20,000건의 이메일을 받았고, 이중 대다수는 수용자들이 직접 마련한 것이었다"(Allan, 2006, pp. 147~148). 물론 이러한 풀뿌리 시민의 기여가 뉴스 생산과 뉴스 내용의 핵심적 가치에 도전하는가 하는 것은 여전히 문제로 남아 있다(특히 이런 기여물이 언론인에 의해 채택되어 정규 보도를 보완할 경우에 더욱 그렇다).

여기서 부정할 수 없는 것은 수용자의 정체성에 근본적인 변화가 생겼다는 것이다. 사람들은 단지 시청자, 잠재적 취재원, 사건의 목격자뿐만 아

---

5) '굴러가는 뉴스 채널'이란 끊임없이 뉴스가 나오는 채널을 의미한다. 또한 '24/7 뉴스'란 "하루 24시간, 일주일 7일 동안 뉴스만"을 방송하는 것을 의미한다.

니라 사건의 보도자이기도 하다. 전에는 결코 수용자가 그렇게 즉각적이고 가시적인 방법으로 '반응'할 수 없었다. 블로그의 민주적 효과에 관한 최초의 열정과 흥분가 가라앉기 시작하는 지금, 정보 영역에서 그것이 어떤 영향을 남겼는지를 두고 보아야 한다. 블로그는 풀뿌리의 독립적이며 아마도 급진적 미디어의 기대에 부응할 수 있는지, 아니면 시장의 압력에 굴복함으로써 그에 따른 영향이 콘텐츠에 반영되는 '공고화 과정process of consolidation'이 있을 것인지 지켜보아야 한다.

'굴러가는 뉴스채널'의 등장은 "국민적 수용자" 및 저녁 뉴스의 의례적 시청에 관한 전통적 개념에 도전하고 있다. 저녁 뉴스 프로그램이 계속 인기를 누리고 있지만 이런 프로그램은 더 이상 뉴스가 되는 문화적 서사를 유일하게 전달하는 출구가 아니다. 뉴스는 도처에 널려 있게 되었고(24/7 뉴스채널, 알자지라 같은 초국가적 뉴스 채널, 인터넷 뉴스 사이트, 블로그, 모바일 텔레비전 및 모바일 뉴스 업데이트의 발전을 통해), 이들이 수용자에 대해 어떤 의미를 갖게 되었는지는 따로 조사해 보아야 한다. 지금까지의 논의는 수용자의 파편화를 강조해 왔으나 여전히 일상생활에서의 뉴스의 새로운 위치에 대한 이해가 필요하다. 뉴스는 이전보다 훨씬 더 편재하고ubiquitous 있다고 주장할 수 있다.

이와 같은 상황 전개는 뉴스 소비에 대한 더 많은 연구의 필요성을 드러낸다. 이상적으로는 이런 연구는 뉴스의 파편화 및 편재성을 이해하는데 도움을 주는 '매개적'(Silverstone, 2005) 또는 '여러 장소의 민속지학적'(Marcus, 1995) 시각에서 수행하면 좋을 것이다. 더 많은 연구를 해야 한다는 요청은 초국가적 뉴스 네트워크나 수용자의 점증하는 존재감 및 가시성에 의해 더욱 강조된다. 뉴스는 분쟁이나 전쟁은 물론 타인과의 중재를 위한 주요한 수단이다(Chouliaraki, 2006; Silverstone, 2007). 수용자들이 (자신뿐만 아니라) 타인을 이해하는 과정을 안다는 것은 어떠한 편견적이고도 본질주의적인 견해를 바꾸거나 개선하려는 시도에 매우 중요하다. 초국가적 세계에서 뉴스의 위치를 연구하는 것과 관련해 도덕적이고도 윤리적인 논의가 나와야 한다.

위에서 언급한 모든 상황의 진전은 뉴스가 일상생활에서 얼마나 중심적인 역할을 수행하는지를 보여주는 수용자의 여러 이미지를 만들어내고 있다. 말하자면 공개적인 일기장에서 자신의 견해를 열정적으로 제시하는 블로거, 하루에도 여러 번 온라인에서 그리고 '굴러가는 뉴스 채널'에서 뉴스를 점검하는 뉴스 중독자, 자신들에 대한 지배적 미디어의 표현 방식에 분노하는 공중의 구성원 등이 수용자의 다양한 이미지를 보여주고 있는 것이다. 게다가 사람들이 뉴스에 관여하는 것은 더욱 충분히 이해되어야 할 정서적 과정으로 나타나고 있다. 지금까지 수행된 대부분의 연구는 수용자의 뉴스 파악 또는 해석에 초점을 맞추었다. 그것은 뉴스의 주된 기능이 "일반 대중에게 정보를 제공해 깨어 있는 시민으로 무장시킴으로써 사회에 봉사한다는 무의식적이며 규범적인 견해"를 종종 반영한다(Schudson, 2000, p. 194). 그렇다면 뉴스에 관해 이야기할 때 흔히 사용되는 용어가 수용자가 아니라 '공중public'이라는 사실은 놀라운 일이 아니다. 공중이라는 용어는 진지함을 불러일으키고, 정치 및 시민정신과의 연계성을 환기시켜 준다(Madianou, 2005c). 근년에 들어와 우리는 사회과학 전반에 걸친 '감성적 전환affective turn'을 목격했는데, 미디어 연구도 여기서 예외가 아니다.

의례적인 텔레비전 이용에 관한 기존의 연구는 텔레비전 뉴스가 위안을 주며 소속감을 촉진시킬 수 있는 능력을 가졌음을 드러낸다. 의례적 전통은 텔레비전의 포괄적 능력에 대해 너무 많은 중요성을 부여했다는 주장도 있다. 텔레비전은 포괄하는 능력을 갖고 있지만 동시에 배척하는 능력도 있다. 따라서 부정적인 감정을 조사하는 것이 필수적이며, 특히 배척 과정에서 발생한 분노, 수치심, 당혹감을 연구해야 한다(Madianou, 2005a). 감성에 대한 연구는 또한 미디어와 정치적 참여/비참여 사이의 관계를 조명하는 데 도움이 된다. 정치적 참여는 정서적인 요소를 갖고 있고(Marcus, 2002), 특히 열정을 필요로 한다. 이 열정은 많은 온라인 시민 참여 및 블로그 쓰기의 배경에 위치한 추동력이기도 하다.

'수용자'라는 용어와 관련된 행위 및 습관의 범위가 너무 다양화되어 이 용어의 유용성에 대한 의문이 (또 다시) 정당화될 정도에 이르렀다. '공중'이라고 표현되는 뉴스를 받아들이는 수용자는 다른 장르를 위한 수용자와는 구별되어 왔지만 뉴스와 자주 관련되는 진지함은 사라지고 있다. 뉴스 소비에 대한 의례적 시각은 수용자, 시청자, 독자 대신 보다 포괄적인 용어인 소비자라는 용어를 사용해야 한다는 견해를 지지할 수도 있다. 그러나 대안적인 뉴스 내용을 생산하는 블로거에 대해서는 어떻게 해야 할까. 아마도 시민기자citizen journalists 이상으로 함축적이고 규범적인 열망을 더 많이 포함한 용어도 없을 것이다. 갑자기 '수용자'라는 용어가 여러 한계에도 불구하고 뉴스라고 하는 문화적·사회적 현상과 관련된 일련의 행동에 대한 유용하고도 축약적인 표현으로 보인다. 물론 '사람들'이라는 대안도 존재한다.

〈참고문헌〉

Allan, S.(2006). *Online news*. Maidenhead, UK: Open University Press.

Anderson, B.(1991). *Imagined communities*. London: Verso.(Original work published 1983)

Ang, I.(1996). *Living-room wars: Rethinking audiences for a postmodern world*. London: Routledge.

Berelson, B.(1949). What missing the newspaper means. In P. Lazarsfeld & F. Stanton (eds.), *Communications*

research 1948-1949(pp. 111-128). New York: Harper and Brothers.

Bird, E. S.(1992). *For inquiring minds: A cultural study of supermarket tabloids*. Knoxville: University of Tennessee Press.

Canclini, N. G.(2001). *Consumers and citizens: Globalization and multicultural conflicts*. Minneapolis: University of Minnesota Press.

Carey, J.(1989). *Communication as culture: Essays on media and society*. New York: Routledge.

Chouliaraki, L.(2006). *The Spectatorship of suffering*. London: Sage.

Clifford, J., & Marcus, G.(eds.).(1986). *Writing culture: The poetics and politics of ethnography*. Berkeley: University of California Press.

Couldry, N.(2000). *The place of media power: Pilgrims and witnesses in a media age*. London: Routledge.

Couldry, N., Livingstone, S., & Markham, T.(2007). *Media consumption and public engagement: Beyond the presumption of attention*. London: Palgrave.

Curran, J.(1990). The new revisionism in mass communication research. *European Journal of Communication, 5*(2/3), 135-164.

Eldridge, J.(ed.).(1993). *Getting the message: News, truth and power*. London: Routledge.

Fiske, J.(1987). *Television culture*. London: Routledge.

Gamson, W.(1992). *Talking politics*. Cambridge: Cambridge University Press.

Gauntlett, D., & Hill, A.(1999). *TV living: Television culture and everyday life*. London: Routledge.

Gerbner, G., Gross, L., Miorgan, M., & Signorelli, W.(1986). Living with television: The dynamics of the cultivation process. In J. Bryant & D. Zillman(eds.), *Perspectives on media effects*(pp. 17-40). Hillsdale, NJ: Erlbaum.

Giddens, A.(1984). *The constitution of society: Outline of the theory of structuration*. Cambridge: Polity.

Gillespie, M.(1995). *Television, ethnicity and cultural change*. London: Routledge.

Ginsburg, F., Abu-Lughod, L., & Larkin, B.(2002). *Media worlds: Anthropology on new terrain*. Berkeley: University of California Press.

Gitlin, T.(1978). Media sociology: the dominant paradigm. *Theory and Society, 6*(2), 205-253.

Graber, D. A.(1984). *Processing the news: how people tame the information tide*. New York: Longman.

Gurevitch, M., & Scannell, P.(2003). Canonization achieved? Stuart Hall's encoding/decoding. In E. Katz, J. D. Peters, T. Liebes, & A. Orloff(eds.), *Canonic texts in media research*(pp. 231-247). Cambridge: Polity.

Hagen, I.(1997). Communicating to an ideal audience: News and the notion of the "informed citizen." *Political Communication, 14*, 405-419.

Hall, S.(1980). Encoding/decoding. In S. Hall, D. Hobson, A. Lowe, & P. Willis(eds.), *Culture, media, language*(pp. 128-138). London: Hutchinson.

Hall, S.(1994). Reflections upon the encoding-decoding model: An interview with Stuart Hall. In J. Lewis & J. Cruz(eds.), *Viewing, reading, listening: Audiences and cultural interpretation*(pp. 253-274). Boulder, CO: Westview.

Jensen, K. B.(1995). *The social semiotics of mass communication*. London: Routledge.

Jensen, K. B.(ed.).(1998). *News of the world: World cultures look at television news*. London: Routledge.

Klapper, J.(1960). *The effects of mass communication*. New York: Free Press.

Kitzinger, J.(1993). Understanding AIDS: Researching audience perceptions of the acquired immune deficiency syndrome. In J. Eldridge(ed.), *Getting the message: News, truth and power*(pp. 271-304). London: Routledge.

Lang, K., & Lang, G.(1966). The mass media and voting. In B. Berelson & M. Janowitz(eds.), *Reader in public opinion and communication*(pp. 455-472). New York: Free Press.

Lewis, J.(1991). *The ideological octopus: An exploration of television and its audience*. London: Routledge.

Liebes, T.(1997). *Reporting the Israeli-Arab conflict: How hegemony works*. London: Routledge.

Livingstone, S.(1998a). Audience research at the crossroads: the "implied audience" in media and cultural theory. *European Journal of Cultural Studies, 1*(2), 193-217.

Livingstone, S.(1998b). Relationships between media and audiences: Prospects for audience reception studies. In J. Curran & T. Liebes(eds.), *Media ritual and identity*(pp. 237-255). London: Routledge.

Lull, J.(1990). *Inside family viewing: Ethnographic research on television's audience*. London: Routledge.

Lunt, P., & Livingstone, S.(1996). Rethinking the focus group in media and communication research. *Journal of Communication, 46*(2), 79-98.

Madianou, M.(2005a). Contested communicative spaces: identities, boundaries and the role of the media. *Journal of Ethnic and Migration Studies, 31*(3), 521-541.

Madianou, M.(2005b). *Mediating the nation: News, audiences and the politics of identity*. London: UCL Press/Routledge.

Madianou, M.(2005c). The elusive public of television news. In S. Livingstone(ed.), *Audiences and publics: When cultural engagement matters to the public sphere*(pp. 99-114). Bristol: Intellect Press.

Madianou, M.(2007). Shifting identities: banal nationalism and cultural intimacy in Greek television news and everyday life. In R. Mole(ed.), *Discursive constructions of identity in European politics*(pp. 95-118). London: Palgrave.

Madianou, M.(forthcoming). Ethnography and news audiences. In S. Allan(ed.), *The Routledge companion to news and journalism studies*. Abingdon, UK: Routledge.

Marcus, G. E.(1995). Ethnography in/of the world system: The emergence of multi-sited ethnography. *Annual Review of Anthropology, 24*, 95-117.

Marcus, G. E.(2002). *The sentimental citizen: Emotion in democratic politics*. Philadelphia: Penn State University Press.

Marcus, G. E., & Fischer, M.(1986). *Anthropology as cultural critique: An experimental moment in the human sciences*. Chicago: University of Chicago Press.

McEwan, I.(1998). *Enduring love*. London: Vintage.

Miller, D.(1987). *Material culture and mass consumption*. Oxford: Blackwell.

Miller, D.(1998). Introduction: Why some things matter. In D. Miller(ed.), *Material cultures*(pp. 3–24). London: UCL Press.

Morley, D.(1980). *The Nationwide audience: Structure and decoding*. Television monograph. London: BFI. Morley, D.(1986). *Family television*. London: Comedia.

Morley, D.(1992). *Television, audiences and cultural studies*. London: Routledge.

Morley, D.(1995). Television: Not so much a visual medium, more a visible object. In C. Jenks(ed.), *Visual culture*(pp. 170–189). London: Routledge.

Morley, D.(1996). The geography of television: Ethnography, communications and community. In J. Hay, L. Grossberg, & E. Wartella(eds.), *The audience and its landscape*(pp. 317–342). Boulder, CO: Westview.

Morley, D.(1999). Finding about the world from television news: Some difficulties. In J. Gripsrud(ed.), *Television and common knowledge*(pp. 136–158). London: Routledge.

Morley, D., & Brunsdon, C.(1999). *The Nationwide television studies*. London: Routledge.

Moscovici, S.(1984). The phenomenon of social representations. In R. Farr & S. Moscovici(eds.), *Social representations*(pp. 3–69). Cambridge: Cambridge University Press.

Murdock, G.(1989). Critical inquiry and audience activity. In B. Dervin, L. Grossberg, & E. Wartella(eds.), *Rethinking Communication*(Vol. 2, pp. 226–249). Newbury Park, CA: Sage.

Neuman, R., Just, M., & Crigler, A.(1992). *Common knowledge: News and the construction of political meaning*. Chicago: University of Chicago Press.

Norris, P.(2000). *A virtuous circle: Political communications in the post-industrial democracies*. New York: Cambridge University Press.

Parkin, F.(1971). *Class inequality and political order*. New York: Praeger.

Philo, G.(1990). *Seeing and believing: The influence of television*. London: Routledge.

Putnam, R.(2000). *Bowling alone: The collapse and revival of American community*. New York: Simon and Schuster.

Robinson, M.(1976). Public affairs television and the growth of political malaise: The case of "the selling of the president." *American Political Science Review, 70*(3), 409–32.

Schudson, M.(2000). The sociology of news production revisited(again). In J. Curran & M. Gurevitch(eds.), *Mass media and society*(3rd ed., pp. 175–200). London: Edward

Arnold.

Silverstone, R.(1988). Television, myth and culture. In J. Carey(ed.), *Media, myths and narratives*(pp. 20-47). Newbury Park, CA: Sage.

Silverstone, R.(1989). Television and everyday life: Towards an anthropology of the tele-vision audience. In M. Ferguson(ed.), *Public communication: The new imperatives: Future directions for media research*(pp. 173-189). London: Sage.

Silverstone, R.(1994). *Television and everyday life.* London: Routledge.

Silverstone, R.(1999). *Why study the media?* London: Sage.

Silverstone, R.(2005). Mediation and communication. In C. Calhoun, C. Rojek, & B. Turner(eds.), *Handbook of sociology*(pp. 188-207). London: Sage.

Silverstone, R.(2007). *Media and morality.* Cambridge: Polity.

5부

지구적 맥락에서의 저널리즘 연구

24_
저널리즘과 지구화

사이먼 코틀

우리는 점점 더 상호 연결되고 상호 의존적이며 불평등한 세계에서 살고 있다. 최근의 사회 이론의 용어로 표현한다면 지구화하는 세계는 '시간과 공간의 압축'(Harvy, 1989) 과정을 통해 가속화되면서 동시에 축소되었으며, '시공간의 장거리화'를 통해 사회적 관계가 확장되었다(Giddens, 1990). 게다가 이런 세계화 경향은 24/7체제(하루 24시간, 일주일 7일간)의 실시간으로 지구를 맴돌 수 있는 커뮤니케이션 흐름에 따라 더욱 증가세에 있다. 새로운 디지털 기술과 위성 전달 체계는 매일 수많은 이미지와 아이디어, 정보를 멀리 떨어진 나라와 상이한 문화에 널리 퍼뜨린다. 또 이동전화와 인터넷은 이제까지 상상할 수 없던 새로운 연결 형태를 지구상의 엄청나게 많은 사람에게 제공해주고 있다. 이처럼 새로운 커뮤니케이션에 바탕을 둔 '흐름의 공간'은 '네트워크 사회'의 부상이라는 영향력 있는 사고의 기초를 이루고 있으며, 오늘날 글로벌 권력 구조에 기여한다(Castells, 1996, 2007). 세계화 과정에서 커뮤니케이션과 정보 및 문화 흐름의 중심적 역할은 '성찰적 현대화'(Beck, Giddens & Lash, 1994), '세계위험사회'(Beck, 1999), '유동적 현대성'(Bauman,

2007) 혹은 '글로벌 복잡성'(Urry, 2003) 등과 같은 대표적인 현대 사회 이론의 사유에 매우 중요하다. 이들은 세계화 담론과 현실을 자신들만의 차별적인 용어로 설명한다.

저널리즘 연구자와 학생들도 각자 세계화되는 커뮤니케이션 흐름에 관심을 갖고 연구해왔다. 그러나 여기에 현대의 주요한 사회 이론가들의 사상은 아직 뿌리내리지 못했다. 예를 들면 다국적 언론 기업과 서구 뉴스 통신사들의 지배, 이에 따른 뉴스 가치 및 뉴스 흐름에 대한 우려는 오래 전부터 전 세계 미디어의 획일화의 특징으로 간주되어 왔다(Galtung & Ruge, 1965; McBride, 1980). 또한 최근 지역적 미디어의 형성, 서구에 대항하는 뉴스 흐름의 부상, 웹에서 유래하는 상이한 견해와 목소리는 좀 더 모순적이고 불균등한 세계화의 표현으로 이해된다. 물론 가장 많은 논란을 유발하는 'G-단어'(Giddens, 2005)의 의미에 따라 논쟁의 핵심은 달라질 것이다. 그리고 이 글에서 다루고 있듯이 (세계화에 대한) '회의론자들', '세계화론자들', '변형론자들transformationalists'(Held & McGrew, 2003) 모두 논란이 많은 분야인 국제 및 글로벌 저널리즘 연구에서 자기 나름의 목소리를 내고 있다.

이 장은 국제 커뮤니케이션과 미디어 세계화라는 이론적·개념적 프리즘을 통해 우리 시대의 저널리즘이라는 장을 검토하고자 한다. 좀 더 구체적으로는, 새로 출현하는 연구 경향과 새로운 연구 출발점에 주목하고 현재 연구 분야를 틀 짓는 주요 방향과 이론적 논의의 지형을 그리고자 한다. 저널리즘 연구 방향에서 이런저런 식으로 국제적·글로벌 맥락을 강조하는 이론적 접근법은 논란이 많고 앞으로도 계속 그럴 것이다. '현대화' 혹은 '종속이론', '문화 제국주의', '정보사회', '글로벌 지배' 혹은 '글로벌 공론장', '국제 커뮤니케이션' 혹은 '미디어 세계화' 등 어떤 패러다임과 시각에서 접근하든 이런 상호경쟁적인 이론 틀은 이 분야를 본질적으로 논란이 있는 영역으로 구조화한다. 국제관계와 지정학적인 권력관계 그리고 상호 대립적인 이해관계와 이데올로기적 전망이 국제뉴스 형성과 흐름을 구조 짓는 본질적으로 논쟁이 많은 영역임을 고려하면 어떻게 이론적 논란이 없을 수 있겠는가. 앞으로 살펴보겠지만 미디어의 세계화와 관련한 최근의 담론은 이런 경향을 부채질했고, 저널리즘 연구에 이 시각이 들어오면서 기존의 이론을 흔들어 놓는 데 중요한 역할을 했다. 간략하게 몇몇 생산적인 연구의 출발점을 언급하기 전에 현재 글로벌 저널리즘 연구 분야를 틀 짓고 있는 매우 중요한 패러다임과 접근법 그리고 중요한 논쟁을 살펴보자.

국제 커뮤니케이션과 미디어 세계화

두 개의 연구 패러다임이 현재 이 분야에서 상당수 연구의 틀을 규정하고 있다. 하나는 국제 커뮤니케이션에서 오래 전에 확립되었고 다른 하나는 미디어와 세계화 연구에서 현재 막 떠오르고 있다. 각각의 패러다임 모두 학문적 분과와 주요 학자, 독특한 존재론과 인식론, 특징적인 연구 의제를 보유하고 있다. '글로벌 지배global dominance'라는 패러다임을 따르는 연구는 대개 비판적인 정치경제학의 전통 내에서 추가적 업데이트를 하고 있다. '글로벌 공론장global public sphere'이라는 연구 패러다임은 문화연구와 인류학 그리고 글로벌 '네트워크 사회' 연구 방법에서 유래하는 보다 다양한 연구 경향을 보여준다. 이 두 패러다임은 권력의 메커니즘 및 의미와 관련된 질문뿐만 아니라 국제커뮤니케이션에 관한 이론적 연구 정향에서도 뿌리 깊은 차이점을 보인다. '글로벌 지배'라는 패러다임에 따라 이루어지는 연구들은 일반적으로 정치경제학에 뿌리를 둔 지정학적 지배와 시장 결정의 구조 및 이해관계라는 측면에서 권력 문제에 접근한다. 반면 '글로벌 공론장'이라는 연구 패러다임은 세계 시민권과 글로벌 공론장의 출현에 대해 국경을 뛰어 넘는 문화 흐름과 변화 가능성, 기동성 그리고 네트워크 측면에서 이론적으로 접근한다(〈그림 〈24. 1〉 참조). 이에 따라 글로벌 지배 이론은 시장과 기업의 이해

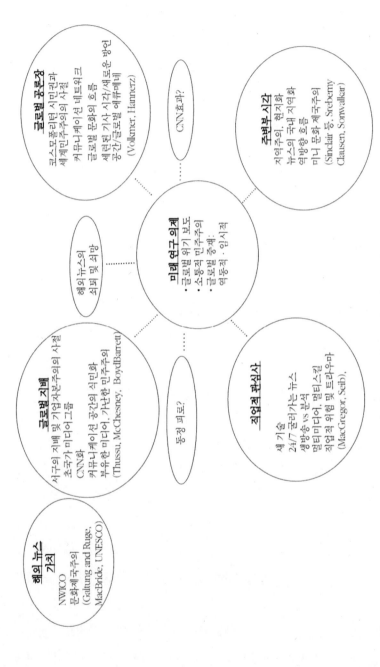

글로벌 공론장

코스모폴리턴 시민권과
세계민주주의의 사점
커뮤니케이션 네트워크
글로벌 문화의 흐름
세련된 기사 시각/새로운 방인
공간/글로벌 에큐메네
(Volkmer, Hannerz)

CNN효과?

주변부 시각

지역주의, 현지화
뉴스의 국내 지역화
역방향 흐름
마니 문화제국주의
(Sinclair 등, Sreberny
Clausen, Sonwalkar)

미래 연구 의제
• 글로벌 위기 보도
• 소통적 민주주의
• 글로벌 중계: 역동적 · 일시적

해외 뉴스의
쇠퇴 및 쇠망

글로벌 지배

서구의 지배 및 기업자본주의의 사점
초국가 미디어그룹
CNN화
커뮤니케이션 공간의 식민화
부유한 미디어, 가난한 민주주의
(Thussu, McChesney, BoydBarrett)

동정 피로?

지역적 관심사

새 기술
24/7 굴러가는 뉴스
생방송 vs 분석
멀티미디어, 멀티스킬
직업적 위협 및 트라우마
(MacGregor, Seib),

해외 뉴스 가치

NWICO
문화제국주의
(Galtung and Ruge,
MacBride, UNESCO)

〈그림 24. 1〉 저널리즘과 세계화패러다임의 시각

관계가 어떻게 현재의 문화산업을 구조 짓는지를 패러다임 측면에서나 방법론 측면에서 연구하는 경향이 있다. 이에 반해 글로벌 공론장 이론은 전 세계에서 이루어지는 문화적 의미의 흐름과 정체성의 담론을 연구한다. 이처럼 본질적으로 다른 이론적 정향과 관점을 좀 더 세부적으로 분석해보자.

글로벌 지배의 사절로서의 뉴스 미디어

글로벌 지배라는 패러다임에서 연구하는 학자들은 지정학적인 정치경제학의 관점에서 뉴스와 저널리즘을 관찰한다. 이에 따라 오랜 역사와 시장의 확대를 기반으로 자리 잡은 다국적 미디어 기업과 서구의 뉴스 통신사가 현재 세계적으로 진행되는 시장개방 과정을 이용한다고 본다(Boyd-Barrett, 1998; McChesney, 1999; Thussu, 2003). 탈규제, 민영화 그리고 다국적 기업의 팽창을 특징으로 하는 경제 자유화라는 시대적 상황 아래에 또한 디지털화와 새로운 통신 수단의 시장성을 최대한 활용해(Murdock, 1990) 미디어 기업의 집중과 거대화는 가속화되었다(McChesney, 1999). 다국적 기업과 지역에서 형성된 자본이 "커뮤니케이션 공간을 식민지로 만들려고 한다"는 말이 나오는 것은 바로 이러한 맥락에서이다(Boyd-Barrett, 1998). 이러한 현대 정치경제학의 관점에서 볼 때 1974년 『국제 미디어 흐름에 관한 유네스코 보고서』에서 강조된(Nordenstreng & Varis, 1974) '문화 제국주의'라는 시각은 아직까지 유효하다(Schiller, 2005). 과거 수십 년간 이런 시각이 비판받았음에도 여전히 유효하다는 것이다(Tomlinson, 1991, 1999; Sreberny, 2000; Mackay, 2004).

쑤쑤(Daya Thussu, 2003)는 미국의 CNN과 영국의 BBC 같은 대표적인 서구 미디어가 글로벌 뉴스 시장에서 효과적으로 의제를 설정하고, 지역의 군소 언론 매체는 이들 뉴스를 모니터하고 이들의 뉴스 제작 방식을 채택한다며 텔레비전 뉴스의 'CNN화'를 주장한다. 이 주장에 따르면 다른 대륙의 신생 뉴스 채널은 다양화된 '글로벌 공론장' 형성에 기여하기보다는 오히려

'미국 스타일'의 저널리즘을 보편화시키며 나아가 전 세계에서 점차 뉴스 구조와 내용이 동질화되는 모습을 보여준다. 이러한 이론가들은 '글로벌' 개념을 회의적 시각으로 본다. 이들은 글로벌 뉴스 형성과 뉴스 흐름이 문화와 통상의 전 세계적인 자본주의적 팽창과 '서구화'를 좀 더 정확하게 반영하고 있다고 생각한다. 따라서 세계화 담론은 계속되는 서구 세력의 지정학적 현실과 기업의 이익 그리고 신자유주의 경제학을 숨기는 연막에 불과하기 때문에 이론가들은 이를 의미 없다고 규정한다. 이러한 비판적 시각에서 볼 때 '글로벌리즘'이 아니라 '기업의 초국적주의corporate transnationalism'가 "넘실거리는 문화산업의 글로벌한 흐름"을 가장 잘 반영하고 있다(Schiller, 2005). 글로벌 미디어는 "'기업 자본주의의 새로운 사절'로 간주되고(Herman & McChesney, 1997), 서구의 "부유한 언론"은 세계 각지에서 "가난한 민주주의"를 만들어 낸다.[1]

글로벌 공론장의 사절로서의 뉴스 미디어

글로벌 공론장 이론가들은 위에서 제기된 정치경제학적 패러다임의 비판적인 주장에 도전한다. 이들은 맥루한의 '지구촌'(1964)이라는 개념을 토대로 하고 하버마스의 잘 알려진 공론장 개념(1989)을 재규정해 이론을 전개한다. 예를 들어 폴크머(Ingrid Volkmer, 1999, 2003)는 세계 각지의 위성 채널은 매개된 '글로벌 공론장'을 만들어내고 있고 세계 시민정신의 토대를 놓고 있다고 주장한다. 그는 "CNN이 새로운 형식의 국제뉴스 보도를 만들어 냈다"면서 "이런 보도는 편협하고 일국 중심의 언론보도에 새로운 정치적 맥락을 추가하고 한 국가를 뛰어 넘어 보도의 정치적 지평을 확대했다"고 주장한다(Volkmer, 2002, p. 245). 이에 따라 뉴스의 시각이 "세련되어졌고" CNN이 "저널리즘의 스타일과 포맷을 새롭게 구성해 글로벌 공론장 형성에 중요

---

1) 필자는 맥체스니의 저서 『부유한 미디어, 가난한 민주주의』를 인용하고 있다. 맥체스니는 이 책에서 미디어가 영리를 중시할수록 민주주의는 후퇴한다고 주장한다.

한 역할"을 수행했다고 보고 있다(Volkmer, p. 245). 현재 각국에서 전개되는 복잡한 커뮤니케이션의 상호 흐름과 역류는 네트워크 사회의 기반을 이루고 있고, 이런 움직임이 "새로운 개념의 세계 시민권" 형성에 도움을 주고 있다(Volkmer, p. 2003). 예컨대 이들은 CNN인터내셔널cnni의 프로그램 '월드 리포트'를 자주 인용한다. 이 프로그램은 세계 각국의 기자들이 제작한 리포트를 그들의 시각에서 CNNI라는 플랫폼을 통해 보도한다. 그러나 〈월드 리포트〉가 어느 정도까지 CNNI 뉴스보도 혹은 글로벌 뉴스 흐름을 진정으로 대표하고 있는지, 나아가 "새로운 변증법적 공간"을 여는지는 좀 더 충분하게 검토해 보아야 한다(Rai & Cottle, 2007).

그럼에도 불구하고 폴크머가 미디어를 통한 글로벌 상호 연관성을 강조한 것은 중요하다. 그의 이런 시각은 뉴스가 세계 각 지역에 갈등을 전달하는 것은 물론이고 문화적 차이를 드러낼 수 있는지에 대한 좀 더 심층적인 연구를 자극한다. 인류학자 한네르츠(Ulf Hannerz, 2000, p. 112)도 현대의 해외 특파원들에 대한 연구에서 "상당 부분의 뉴스 보도가 경성 뉴스나 특이한 사건을 다루는 것이 아니라 지속적으로 차이만을 주제로 삼아 다루고 있는" 점에 주목한다. 해외 특파원들은 이런 심층적 특집기사나 가정법적인 뉴스 스타일을 통해 "두터운 세계동포주의", 즉 문화적으로 여러 다른 것으로 구성된 세계에 살지만 고향에 있는 것 같은 감정 형성에 기여한다고 주장한다. 폴크머와 한네르츠 그리고 다른 학자들의 연구는 글로벌 뉴스의 문화적 흐름을 재검토하고 어느 정도의 문화적 분리와 차이점이 현재의 글로벌 '미디어 정경'에서 가치를 지니는지 규명해볼 것을 권유한다(Appadurai, 1996). 이들은 또 글로벌 미디어가 새로운 '글로벌 에큐메네global ecumene(Hannerz, 2000)', 즉 모든 나라 사람들이 한 곳에 속하며 세계 시민권을 보유하고 있다고 느끼는 것도 고려해 볼 것을 권한다. 세계화 시각을 강조하는 이들 '글로벌리스트'에게 현재의 뉴스 전달 체계 틀은 글로벌 뉴스 정경에서의 실질적인 변화를 의미한다. 즉 세계화의 핵심인 공간과 시간의 변형을 그대로 나타내는 과정이다. 일국 중심의 사회적 관계가 보다 확대되었고, 뉴스 흐름도 보다 심층적이 되었으며, 상호 침투와 글로벌 인프라도 보다 확대되었다는 것이다(Held, 2004).

글로벌 영역에서의 시각 수정: 주변부 시각과 전문직업적 관심

국제 및 글로벌 저널리즘과 관련된 현재의 연구는 '주변부 시각'과 '전문 직업적 관심'을 동반하고 있다. 이들 시각은 앞서 나온 두 개의 탁월한 패러 다임의 일반화 경향 및 글로벌 주장을 이론적으로든 실용적인 이유에서든 수정하는 역할을 한다.

주변부 시각들

여기서 '주변부 시각'이라고 총칭되는 다수의 개별적 연구(Sinclair, Jacka & Cunningham, 2002)는 서구 미디어의 지배라는 큰 틀의 주장을 수정하고 있다. 또 뉴스나 저널리즘 연구 혹은 미디어의 세계화에 대한 연구에서 전개 되는 글로벌 공론장의 대두라는 주장에 대해서도 이론적으로 좀 더 사려 깊 은 태도를 보이고 있다. 새로운 지역 내 미디어 형성과 지역 내 미디어 생산 연구(Chalaby, 2002; Sinclair 등, 2002; Sonwalker, 2004; Sreberny, 2000), 새로 운 지역 미디어로부터의 역방향 흐름(Azran, 2004; El-Nawawy & Iskander, 2003), 전 식민지 국가들과 새로운 지역 내 강국들의 '미니 문화 제국주의' (Sonwalker, 2002, 2004), 글로벌 사건에 대한 뉴스 보도와 뉴스 원자료의 교환의 '국내화'(Clausen, 2003; Cohen, Levy & Roeh & Gurevitch, 1996), 세계 뉴스 수용자 관련 연구(Jensen, 2000)가 여기에 포함된다. 이런 연구들은 글 로벌 커뮤니케이션 형성과 뉴스 흐름에 대해 수많은 새로운 역학과 복잡성 이 존재함을 보여준다. 국제 커뮤니케이션 틀 안에서 뿐만 아니라 지역 내 뉴스 제작과 흐름의 동학과 특수성에 민감한 이러한 복잡하고도 다양한 지역적 시각은 서구가 주도하고, 서구가 중심이 된 현대의 저널리즘 이론을 비판한다. 국제뉴스의 국내화, 즉 뉴스 원자료를 교환하고 이를 국내 방송사가 국내 실정에 맞게 변조하는 과정(Cohen 등, 1996)이나 유엔의 〈세계 여성회의〉 같은 주요 국제 행사를 국내에서 재구성하는 과정(Clausen, 2003)은 뉴스 매개와 제작에서 문화의 구성적 역할을 잘 보여준다. 국제뉴스 수용자 연구는 "다양한 지역 문화가 국내 뉴스뿐만 아니라 외신을 해석하는 데도 나타나며, 독자가 뉴스를 수용하는 과정에서도 문화가 빛을 발한다"고 주장한다(Jensen, 2000, p. 190). 이런 연구들은 서구 미디어가 이데올로기적 프레임을 수출하고 지역 문화에 의미를 부과하는 능력을 보유하고 있다는 주장을 반박한다. 이런 관점에서 뉴스는 여전히 "특정 시기와 장소에서 무언가를 하기 위한 잠재적 자원"인 것이다.

손월카(Prasun Sonwalkar, 2001, 2004)는 현재의 뉴스 미디어 이해에서 서구 중심적인 시각의 완화를 촉구한다. 그는 식민지 지배를 벗어난 여러 국가들은 미디어 형성과 시장에서 스스로의 권력 구조를 드러내고 있어 '서구가 타 지역으로West to the rest'라는 프리즘을 통해서는 이론적으로 설명될 없다고 주장한다.

> 인도 같은 대규모 다문화 환경에서 처음으로 현지의 문화와 정치가 인도의 민주화와 민족주의 그리고 인도의 응집력을 향상시킬 뿐만 아니라 글로벌 문화와 글로벌 정치에 대한 인식을 제고해 통합을 이루어간다는 방식이 인도 국내는 물론 전 세계에 알려지고 전파되고 있다. …… 1980년대 중반 이후 텔레비전의 급증은 아시아 지역에서 인도 문화의 매력을 높였고, 전 세계에 산재된 2,500만 명의 인도인을 대상으로 상업적 기회를 만들었다. …… 아시아 지역에서 볼 때 인도의 문화산업은 '소규모 문화 제국주의' 형태를 띠고 있다(Sonwalkar, 2004, pp. 112~113).

현재 글로벌 저널리즘에 관한 이러한 다양한 연구는 좀 더 다측면적이고, 덜 서구 중심적이며, 덜 결정론적인 이론적 틀에 기여하고 있다. 또 이런 연구는 현재 뉴스 조직, 기자들의 행태, 뉴스 결과물 그리고 전 세계에 걸쳐 뉴스 수용의 본질에 대해 좀 더 변형론적 시각(Held, 2004)을 드러낸다. 그러나 이런 설명들 중 어떤 시각도 정치경제를 조건 짓는 시장의 힘을 무시하지 않고 있다. 또 어떤 시각도 현대의 미디어 형성의 지역적 역학이나 반대적 흐름에서 종종 나타나는 민주화 충동을 알아차리지 못한 것은 아니다. 그렇지만 이러한 주변적 시각은 글로벌 현상의 복잡성을 이유로 서구의 지배적 시각이나 글로벌 공론장 이론가들의 주장을 그대로 수용하지 않는다.

전문직업적 관심과 실무

뉴스 제작과 실무의 변화하는 특성에 대한 기자들의 담론도 저널리즘의 학술적 영역 및 세계화 연구에 기여하고 있다. 새로운 뉴스 제작과 전달 기술이 기자들의 실무와 직업상 위신에 미치는 영향에 대해 걱정하는 목소리가 자주 들린다. 이러한 전문직업적 관심은 변화하는 뉴스 제작관행이나 표출 방식을 개념화하고 맥락화해 설명하는 데 있어 종종 기술 결정론적이고 비非이론적인 경향을 띤다(이런 견해는 예들 들면 영국의 언론 관련 간행물『프레스 가제트*Press Gazette*』나『방송과 영국 저널리즘 리뷰 *Broadcast and British Journalism Review*』에 종종 등장한다). 이들의 우려는 주로 규범적 틀로 표현되며, 기술과 인프라의 변화를 지목한다. 기자들이 보기에 이런 변화는 글로벌 환경에서 일하는 자신들의 직업적 실무와 실적을 향상시키거나 제한하기도 한다. 좀 더 구체적으로 표현한다면 다음과 같은 걱정거리가 있다. 첫째 케이블과 위성의 출현으로 언론계가 일요일도 없이 하루 종일 돌아가는 '생방송' 뉴스를 물신 숭배하듯 한다는 점이다. 둘째 인터넷이 전통적인 뉴스 형식, 신뢰할 수 있는 취재원의 이용, 불편부당성, 객관성, 균형감각 같은 전통적인 언론 규범을 허물어뜨릴 가능성이 있다는 점이다. 셋째 시민기자와 (종종 위험을 감수하는) 프리랜서 '종군기자', 박봉의 비정규직인 '기사도 쓰고 화면도 촬영하는 1인 기자'가 급증하는 가운데 이동전화와 캠코터가 어떤 역할을 하는가 하는 문제이다. 그리고 넷째, 새로운 전자 뉴스 제작 시스템이 뉴스룸의 운영방식을 바꾸고 멀티미디어 뉴스 제작과 다기능적인(혹은 단순화하는) 저널리즘을 용이하게 만드는데 끼치는 영향이다.

그런데 이러한 전문직업적 관심의 핵심에는 종종 뉴스 기술의 변화가 놓여 있다. 학자들은 이런 뉴스 기술에 대해 방법론적으로 세련되고 체계적인 방식으로 사회학적 연구를 해왔다. '실시간 쌍방향 뉴스'와 '현장과 동떨어진 곳에서 하는 리포팅'뿐만 아니라 긴급뉴스는 한 분야에 조예가 깊은 기자가 작성하는 심층 리포트를 대체하기에는 볼품없는 것이라고 종종 여겨져 왔다. 따라서 이러한 새로운 뉴스 형식은 학문적으로 상세하게 연구되어 왔다(MacGregor, 1997; Seib, 2004). 〈BBC 월드〉와 영국의 다른 24시간 뉴스 채널에 대한 연구는 이들 채널에서 의미 있는 '긴급뉴스'(즉 사건이 발생하는 대로 보도하는 실시간 생중계 뉴스)가 얼마나 드문지를 파악해 발생한 사건을 생생하게 중계한다는 방송사의 주장을 검토했다. 이에 따라 심층 뉴스 보도가 피상적이고 내용이 빈약한 생방송 때문에 희생된다는 전문직업적 우려는 어느 정도 근거가 있음이 드러났다(Lewis, Cusion & Thomas, 2005).

BBC에서 새로운 뉴스 제작 기술 도입과 이에 따른 언론계 종사자들의 다기능multi-skilling에 대해 민족지학적으로 연구한 결과 기술 발전이 BBC의 전략적·경쟁적 우위를 확보하기 위해 수용되고 활용되는 것으로 드러났다. 하지만 기술의 발전 그 자체는 회사의 정책을 결정하지 못했으며, 실무에서 어떻게 결합되고 활용되는지도 결정하지 못했다(Cottle, 1999; Marjoribanks, 2000). 뉴스룸 근무자들과 정책 결정자들을 관찰하고 인터뷰한 이런 연구는 기술 변화에 따라 노동 강도가 높아진 BBC에서 종사자들이 다기능을 수행하는 것과 관련해 함축성 있는 조사 결과를 제시한다. 여기서 "문제는 다기능적·멀티미디어적 작업을 통해 비용을 절감하고 경영상의 효율을 취득하려는 욕구 때문에 종사자들은 노동 강도가 더 높아진 것을 경험하고 느낀다는 것"이다. 이들이 "기자라는 직업의 위치와 전통적 위계질서, 승진 기회, 기존의 미디어 경계가 모두 불안전해졌다"고 생각하는 것은 바로 이런 맥락 때문이다(Cottle, 1999, pp. 38~39).

이런 연구는 신기술을 갖고 일하는 기자들의 직업적이고 규범적인 걱정거리를 넘어 이면에서 '작동 중인' 복잡한 과정을 밝히는 데 도움을 준다. 직업적이고 규범적인 걱정거리는 아래에서 논의될 현대 글로벌 저널리즘의 변화하는 본질 및 영향에 대한 주요 3대 토론의 특징을 이루고 있다.

우리 시대의 쟁점

두 개의 주요 패러다임과 이를 수정하는 2개 시각도 국제 및 글로벌 저널리즘의 본질과 영향에 관한 토론의 영역 안에 들어와 있다. 이러한 토론은 관련된 이론과 시각을 '수용'하고 있지만 상대적으로 독립적 위치를 갖고 있다. 외교 및 외신뉴스의 실종이나 재정의를 둘러싼 논의에서 이런 점이 잘 드러난다. 이 논의는 한편으로는 글로벌 지배와 관련된 정치경제학적 관점과 다른 한편으로는 새로운 형태의 글로벌 상호연관성 및 글로벌 공론장의 대두라는 관점의 중간에 끼어 있다(⟨그림 24-1⟩ 참조).

해외 특파원의 종말 혹은 재정의?

저널리즘 영역에서 '단순화' 현상이 존재한다는 주장과 더불어 신문이나 TV에서 외신 뉴스가 위축되고 있다는 우려가 존재한다(Pew Center, 2002; Utley, 1997). 어틀리(Garrick Utley, 1997)는 지난 8년간 3대 공중파 방송인 ABC, CBS 그리고 NBC의 외신 뉴스(특히 해외지사 보도, 외교정책 보도, 해외 뉴스)를 조사한 결과 양이 절반 정도로 줄어들었음을 보여주었다. 최근의 퓨센터Pew Center의 연구(2002)는 2001년 9·11 테러 이후 미국 시민들이 세계를 좀 더 잘 알아야 할 필요가 있다고 지적했다. 영국에서도 지난 수십 년 간 뉴스와 일반교양이나 다큐 프로그램이 다룬 국제 문제에 대한 체계적 연구에서 진지한 이슈에 대한 보도가 줄어든 사실을 확인했다(DFID, 2000; Dover & Barnet, 2004; Stone, 2000). 예를 들어 교양이나 다큐멘터리 프로그램에서 외국 보도는 개발이나 환경 혹은 인권보다 자연과 여행을 다룰 확률이 높다(Stone, 2000). 어틀리와 다른 학자들의 연구가 보여준 외신 보도의 감소는 양식 있는 시민들이 현재의 상호 연관되고 세계화된 세계 그리고 이를 둘러싼 불평등을 이해할 수 있겠느냐 하는 우려를 자아낸다. 이런 맥락에서 '낙하산 저널리즘'은 오랫동안 해당 국가에 주재해 현지 상황과 취재원을 잘 아는 특파원을 제대로 대체할 수 없다(Pedelty, 1995). 시장의 명령과 특파원 파견 비용이라는 '경제적 측면'을 강조하든, 지정학적 이해와 전망에 비추어 정치적으로 별 볼 일 없는 나라의 '외신' 보도를 기피하는 '정치적 측면'을 강조하든, 정치경제학적 시각은 이런 상황에 대해 특별한 일이 없는 '일상적 비즈니스'의 관점으로 해석한다. 하지만 세계화를 상호 의존성과 문화적 흐름의 증가라고 보는 세계화의 프리즘을 통해 볼 때 다소 덜 비관적인 해석이 나올 수 있다.

외신 보도가 감소했다는 인식은 실제로 나온 뉴스의 양과 질의 정확한 측정에 기반하는가. 그렇다고 생각하지 않는다. 외신 뉴스의 감소에 대해 경적을 울리는 사람들은 외신 뉴스가 무엇인지 그리고 해외 특파원이 누구인지에 대해 시대착오적이고 고정적인 관점을 갖고 있기 때문이라고 우리는 생각한다(Hamilton & Jenner, 2004, p. 303).

이러한 시각을 지닌 학자들에게 점차 국경이 허물어지는 세계에서 외신과 국내 뉴스 사이의 경계는 뚜렷하지 않다. 이것은 통상이나 보건, 문화 및 환경에서 국경이 점차 허물어지는 것과 비슷하다. 이처럼 상호 연결되고 상호 침투되는 상황에서는 "국내 기자들이라도 매일 접촉하는 사람들로부터 외신 뉴스를 찾을 수 있다"(p. 306). 또 "기존의 뉴스 흐름의 구조를 허무는 뉴미디어 환경으로 외신을 새로운 방식을 통해 보도할 수 있다"(p. 313)고 학자들은 주장한다. 이들은 이런 이유를 들면서 외신 뉴스 측정 기준으로 기존 특파원의 숫자와 외신 보도의 숫자를 사용하는 것이 문제라고 주장한다. 그러나 이러한 외신 뉴스의 재정의가 주류 언론이 제대로 다루지 않는 세계 각지의 개발 및 인권 문제뿐만 아니라 '인도주의적 재난'이나 '숨겨진 전쟁'을 어떻게 다룰 수 있을지는 분명하지 않다. 이러한 이유로 우리는 'CNN 효과'와 '동정 피로compassion fatigue'라는 두 가지 추가 이슈를 토론해야 한다.

CNN 효과?

'CNN 효과'와 '동정 피로'에 관한 주장이 널리 퍼져 있는데, 이들 두 주장은 본질적으로 모순되고 경험적 증거가 부족하다. CNN 효과를 주장하는 사람들은 인도주의적 재난 화면과 뉴스를 전 세계에 전달할 수 있는 CNN 같은 글로벌 방송사들이 외교 정책의 변화를 촉진하고 인도주의적 개입의 동기를 유발한다고 생각한다. 반대로 동정 피로 주장자들은 인도주의적 재난 장면과 뉴스 보도는 우리의 감정과 연민 그리고 인도주의적 개입의 동원 능력을 감소시킨다고 여긴다.

CNN 효과와 관련된 연구는 계보로 따지자면 '베트남전 신드롬'에서 유래한다. 베트남전 당시 미군 사망자가 화면에 비치고 살육 장면이 보도되어 국내에서 시민들의 사기가 떨어지고 전쟁 속행 의지를 꺾었다고 미 군부와 국무부는 생각한다. 이것이 베트남전 신드롬이다. 핼린(Daniel Hallin, 1986)은 이런 '신화'를 효과적으로 반박했다. 베트남전 상황이 변하면서 지도층 간에 의견의 불일치가 생겼고, 이것이 미 행정부 내에 영향을 미쳤다. 핼린은 이런 연후에야 언론이 베트남전에 의문을 제기하고 비판했다는 점을 상세한 역사적 자료에 기반해 분석했다. 즉 미 언론은 주류 의견을 선도한 것이 아니라 따라갔다는 것이다. '베트남 신드롬'은 신화에 뿌리를 둔 것이라고 해도 영향력은 엄청났다. 세계 각국의 군 지도자들과 정부는 이것에 기반해 미디어 통제를 강화했다(Knightly, 2003; Lewis 등, 2006). 헬린의 연구와 미디어 엘리트의 한계에 대한 연구(Bennett, 1990)는 전쟁과 인도주의적 긴급 상황에서 미디어의 역할에 대해 좀 더 역사성 있고 정치적으로 역동적인 접근 방식을 이끌어냈다. 이러한 연구는 CNN 효과에 내재한 미디어 주도의 인과 관계라는 일반적 주장에 한계가 있다고 본다. 그렇지만 몇몇 시사평론가들은 미국이 이라크를 침공한 이후 쿠르드 난민을 지원하기 위해 인도주의적 개입을 한 예외적인 경우처럼 미디어가 정책 결정자들에게 영향을 미칠 수 있고 실제로도 영향을 끼쳤다고 주장한다.

> 쿠르드족 위기에서 '인도주의적 개입'을 하도록 국가 정책의 변화를 이끌어낸 글로벌 시민사회의 중심적인 행위자는 사실상 TV 뉴스 프로그램이었다. 신문도, 사회운동단체도, 더구나 전통적인 대표 기구도 아닌 텔레비전이 쿠르드족 난민 위기를 보도했고 전례 없는 캠페인을 벌여 정부의 정책 변화를 이끌어냈다. 이 위기에서 TV 뉴스가 수행한 역할은 한층 더 놀랍다. 걸프전 당시만 해도 TV 뉴스는 정부 지침에 따라 전쟁을 보도했기 때문이다(Shaw, 1999).

일부 전문가는 이처럼 분명해 보이는 사례에 대해서도 납득하지 못하겠다면서 지정학적 이익 때문에 미국이 쿠르드족 난민 위기에 인도주의적 개입을 했다고 주장한다. 그들은 다른 인도주의적 개입도 지정학적 이익을 주요 원인으로 하고 있다고 지적한다.

터키가 NATO(북대서양 조약기구) 회원국이고 특히 걸프전 당시 미국을 지지했으며 현재 남부 터키에서 쿠르드족 문제를 겪고 있음을 감안할 때 미디어 주도의 인도주의적 개입 의도보다는 지정학적인 관심사가 미국의 인도주의적 개입을 설명하기에 충분하다는 주장이 있다. 좋게 볼 때 비판적이고 감정이입적인 프레임의 TV 뉴스 보도는 이라크 내 미 지상군의 배치를 미 시민들에게 설명하고 정당화하는 데 도움을 주었을 것이다. 하지만 인도주의적 개입 결정 자체는 미디어 이외의 요소 때문이었을 것처럼 보인다. 즉 북부 이라크에 미 지상군을 파견한 것이 CNN 효과 때문이라는 주장은 이 사례 연구에서 사실이 아니다(Robinson 2002, pp. 70~71).

최근 몇 년 간 많은 학자들이 CNN 효과를 좀 더 섬세하게 분석적으로 연구하려 했다(이런 시각의 연구로는 Gilboa, 2005). 그중 로빈슨(Piers Robinson, 2002)의 연구가 주목할 만하다. 그는 상세하고도 비교적인 사례를 연구해 CNN 효과가 매우 드물게 발생하는 정확한 조건을 확인하려고 노력했다. 엘리트 간에 정책을 두고 의견이 일치하지 않고 상당한 정도의 정책 불확실성이 존재할 때 그리고 이전의 언론보도가 감정을 자아내는 사진과 감정이입적이고 비판적인 프레임을 지니고 있을 때 CNN 효과가 발생한다. 그러나 우리가 이미 지적했듯이 이런 정확한 조건 아래서도 '배후의' 다른 요인뿐만 아니라 전략적이고 지정학적인 이익이 인도주의적 개입과 현재의 '군사적 인도주의'의 중요한 결정요소일 수 있다(Beck, 2005, p. 65). CNN 효과에 관한 주장은 정책 결정자들과 제도 그리고 과정을 상세하게 분석하기보다(Gilboa, 2005) 너무나 자주 정책 결과에서 추론되었고, 감정 이입적인 TV 뉴스 보도와의 단순한 상관성에 근거를 두고 있다(Shaw, 1996).

CNN 효과가 본질적으로 핵심을 놓치고 있다고 주장하는 학자도 있다(Hawkins, 2002; Jakobsen, 2000). 예를 들어 호킨스Victor Hawkins는 미디어가 특정한 전쟁에 주목함으로써 많은 다른 전쟁을 무시한다(이런 전쟁들이 초래하는 엄청난 고통도 무시한다)고 본다. 그에 의하면 비록 이런 주장이 묵시적으

로 일정 정도의 CNN 효과를 인정하기는 하지만 미디어의 이런 관행 때문에
다른 전쟁들은 공공 및 정책 의제에서 배제된다.

동정 피로?

최근 몇 년간 '동정 피로'라는 개념(Moeller, 1999)이 시민과 언론에 회
자되었다. 그렇다고 이 용어가 설명하고자 하는 미디어 현상이 실재한다는
의미는 아니다. 이 용어는 인도주의적 단체와 뉴스 미디어 그리고 시청자 간
의 복잡한 상호작용의 측면에서 분석적 정확성이 아주 떨어진다.

> 동정 피로는 오늘날 외신보도가 실패하게 되는 숨겨진 이유이다. 시민들의 주
> 목 기간이 짧다거나 언론이 떠돌이 보도 행태peripatetic journalism를 보이거나 시민
> 들이 국제뉴스에 싫증을 내거나 언론이 위기 보도에 치중한다는 문제의식의
> 근저에 이 동정 피로가 있다(p. 2).

이처럼 포괄적인 설명이 암시하듯 이 용어는 많은 것을 설명하는데 이
용되고 있다. 국제뉴스 보도의 실패, 실무 및 형태에 대한 설명에서부터 뉴
스 관여와 이해관계의 수준에 대한 수용자 측면의 질문들에 이르기까지 이
개념이 사용된다. 그렇지만 우리가 아는 대로 문제는 이 모든 측면에서 복잡
하다는 점에 있다. 인도주의적 원조 기구들은 좀 더 일반화된 '동정 피로'보
다 '미디어 피로media fatigue'라는 용어를 선호한다. '미디어 피로'란 개념은 원
조 기구 근무자들이 뉴스 미디어와 이것의 운영에 대해 갖고 있는 생각에
기반해 있다(Cottle & Nolan, 2007). '동정 피로' 논쟁은 경험적으로 지속될
수 있는 논증과 이론화보다 사변적인 진술을 만드는 경향이 있다. 예를 들어
이그나티예프(Michael Ignatieff, 1998, pp. 11~12)는 이렇게 주장한다. "'라
이브 에이드Live Aid' 같은 볼거리나 뉴스를 통해 TV는 현대 세계에서 타인들
간의 도덕적 관계를 중개하는 선택받은 미디어가 되었다.[2] 고통을 겪는 사

람들의 모습이 스스로 의미를 가진 것은 아니다. 그러한 광경을 시청하는 사람들이 고통 받고 있는 사람들에게 도덕적 의무감을 느낄 경우에만 그러한 모습이 도덕적 주장을 유도할 수 있다." 테스터(Keith Tester, 1994, p. 130)는 좀 더 미디어 중심적이고 역사적으로 덜 진보적인 견해를 보여준다. 그는 "물론 미디어는 고통을 겪는 사람들의 모습을 전달해준다. 그러나 이런 모습이 더 많이 전달되고 확대될수록 도덕적 권위는 없어진다. 그러지 않았더라면 도덕적 권위가 있었을 것이다. …… 도덕적 연대에 대한 책임이라는 관점에서 볼 때 고통 받는 모습을 더 자주 보도할수록 이슈는 더 묻힌다"라고 쓰고 있다. 텔레비전 화면을 통해 보여주는 고통을 겪고 있는 사람들의 모습과 장면들이 우리를 감동시킬 수 있는 능력이 있다는 추상적 주장은 경험적인 조사를 추가로 필요로 한다.

뉴스 미디어가 전하는 '고통의 장면'에 대한 최근의 연구(Chouliaraki, 2006)와 글로벌 동정 담론(Höijer, 2004)과 관련된 최근 연구는 '동정 피로'라는 불분명한 용어의 이면에 담겨 있는 복잡함을 벗겨 내는 데 도움을 주고 있다. 또 이런 연구들은 좀 더 세련된 분석적 구별 짓기가 필요하다고 지적한다. 회이에르(Brigita Höijer, 2004)는 시청자 중심 연구에서 '동정'이 종종 화면에 의존하고 이상적인 희생자 이미지를 담고 있는데, 이는 '부드러운 마음의 동정', '부끄러움에 가득 찬 동정', '비난에 가득 찬 동정', '무기력에 가득 찬 동정'으로 분석적으로 나눌 수 있다고 말한다. 그는 이런 식으로 고통 받는 사람들에 대한 시청자들의 반응은 복잡하고 상황에 따라 다르다고 주장한다. 국제 뉴스 보도를 형성하는 요인들이 복잡한 역학과 결정요소에 달려 있는 것과 유사하다는 것이다. 게다가 이처럼 복잡한 상황이 '동정 피로'라는 포괄적 개념으로 유용하게 통합되는 것은 아니다. 특히 이 개념으로 국제 및 글로벌 뉴스에 관한 모든 것을 '설명'하는 것으로 위장될 때도 마찬가

2) 1985년에 에티오피아의 기아를 구제하기 위해 런던과 미국의 필라델피아에서 초대형 자선 록 콘서트를 가리킨다.

지이다.

다음은 어디로? 드러나는 새로운 궤적

위에서 설명한 여러 주장이 현재 국제 및 글로벌 저널리즘의 분야를 틀 짓고 있는 주요한 패러다임과 관점 그리고 토론들이다. 또 이런 주장들은 앞으로 상당 기간 이 분야에서 이루어지는 많은 연구에 영향을 미칠 듯하다. 국제 및 글로벌 저널리즘 연구가 계속해서 절박한 현실 세계의 문제점과 상황 전개에 대처하려면 묻혀 있는 관점뿐만 아니라 다른 연구 관점도 탐지해 낼 수 있어야 한다. 아래에서 설명되는 관점들은 세 개의 가능한 경로를 암시하고 있다. 각각의 경로는 현재 국제 커뮤니케이션과 미디어의 세계화에서 부상 중인 현대의 사회과학적 관심사 및 좀 더 미묘한 입장과도 조화를 이룬다.

글로벌 이슈와 세계위험사회

현대 세계가 직면한 전례 없는 글로벌 위험의 특징은 이론적, 방법론적, 혹은 실천적으로 저널리즘 연구가들에 의해 진지하게 고려되지 않았다. 현재 보도되는 많은 분쟁과 위기는 본질과 범위 그리고 잠재적 영향력에서 보면 전 세계적이다. 예를 들자면 새로운 전염병과 시장 폭락의 잠재적 영향뿐만 아니라 체르노빌 원자력 발전소의 방사능 낙진 등은 빠른 속도로 전 세계에 퍼져 멀리 떨어진 사람들에게도 무차별적으로 영향을 끼친다. 새로운 형식의 국경을 뛰어넘는 테러와 '테러와의 전쟁'이 세계 각지에 영향을 미치는 것과 유사하다. 지구 온난화와 다른 생태학적 위협은 우리 모두가 직면한 도전이고, 이것이 미치는 영향과 반응이 상이함에도 이런 도전을 해결해야만 한다. 글로벌 세계시민주의와 글로벌 공론장에 관한 현대의 논의에 핵심적인 이러한 글로벌 위협은 전례가 없다(Beck, 2006). 이런 위협은 글로벌 저 널리즘 분야에서 일하는 학자들의 공동대응을 요구한다(Cottle, 근간).

독일의 사회학자 벡(Ulrich Beck, 2005, pp. 38~39)에 따르면 세계시민 주의와 부상하는 글로벌 공론장의 기반을 형성하고 이를 활성화하는 것은 인류에 대한 공동의 진술이 아니라 글로벌 위협에 대한 공동의 그리고 언론 을 통해 점점 더 매개되는 인식에 의해서다.

공론장과 세계성globality 간에 상호 관계를 만들어주는 것은 바로 세계위험사회 에 대한 성찰이다. 국가를 나누는 국경과 분열에도 불구하고 지구적 위험을 정 의하고 받아들이며, 전 세계 대중매체에서 이를 보도해 널리 알리는 것은 공동 의 가치와 책임 및 행동 영역을 만든다. 이런 행동 영역은 국가 내에서의 그것 과 유사하게 타인들 간에 정치적 행동을 유발할 수 있다. 물론 반드시 그런 행 동을 유발하는 것은 아니다. 위험이 무엇인지를 수용하면 글로벌 규범과 합의 그리고 공동의 행동을 유발할 수 있다(강조는 원저자의 것).

'세계위험사회'라는 현재의 위기는 민족국가와 '방법론적 민족주의'의 경계를 의도적으로 넘어서는 이론적 정향의 재정립이 필요함을 알려준다. 인식된 위험이 글로벌하다는 것과 현재 글로벌 미디어 생태계의 형성과 흐 름 안에서 그리고 이러한 움직임을 통해 언론이 이런 위험을 보도하고 관여 하기 때문이다. 따라서 단순히 비교 연구가 좀 더 필요하다는 주장이 아니라 이론적·방법론적·존재론적으로 '글로벌 이슈'를 좀 더 심각하게 여길 필요가 있음을 강조하고 싶다. 예를 들어 '인종'과 이주, 글로벌한 테러와의 전쟁 그 리고 환경생태와 관련된 중요한 연구는 계속해서 특정한 민족국가의 맥락 내에서 그리고 민족국가의 시각으로 이루어지고 있다. 그렇지만 과연 몇 명 이나 이런 글로벌 이슈를 민족국가의 경계를 넘어 좀 더 광범위하게 세계화 하는 커뮤니케이션 흐름과 형성의 측면에서 추적해 이론화했는가. 저널리즘과 국제적 거번넌스, 저널리즘과 국제법, 저널리즘과 인권 관련 규범적 담론, 저널리즘과 이민 흐름, 저널리즘과 생태학 — 이런 문제들을 글로벌 시각에서 생각하고 접근했는가. 따라서 현재 세계가 직면한 주요한 글로벌 이슈와 위기를 주의 깊게 연구할 필요가 있다. 또 이러한 문제들이 세계 도처에서 글로벌 미디어 형성과 커뮤니케이션 흐름 안에서 어떻게 구성되며 논란이 되는지 연구하고 그리고 이런 연구가 점차 상호 연관되고, 상호 의존적이며, **위협**으로 가득 찬 세계에서 **정치적인 것을 다시 상상**하는 데 어떤 역할을 수행할 수 있는지 검토할 필요가 있다.

소통적 민주주의

민주적인 '글로벌 공론장'의 출현뿐만 아니라 이와 반대되는 다국적 미디어 기업이 만드는 '가난한 민주주의'에 관한 주장에도 불구하고 국제저널리즘 연구에 관한 이론적 접근 방식의 핵심에는 민주적 결핍이 존재한다(Cottle & Rai, 2008). 이런 사정은 각국의 미디어 채널에 관한 연구와 유사하다 할 수 있다(Cottle & Rai, 2006). 이들 연구는 뉴스 보도와 전달에서 충돌하는 이해관계와 정체성을 공중이 이해하는 복잡한 과정을 살펴보지 못했다. 또 대중의 이해관계와 정체성 이해가 미디어의 중재 과정에서 의사소통 구조에 의해 조건 지어지고 형성되며 가능해지거나 어려워진다는 것도 규명하지 못했다. 예를 들어 글로벌 뉴스 매체가 세계 각국의 시청자들에게 갈등과 상상의 공동체를 매개하는 방식은 뉴스 미디어가 지배 구조를 재생산하는지 또는 민주주의의 성장 과정을 재생산하는지를 제대로 평가하는 데 매우 중요하다. 이런 복잡한 과정은 글로벌 지배와 글로벌 공론장 패러다임이 내세우는 이론적 일반화와 정치적 기대에 가로막혀 제대로 연구되지 못했다. 만약에 미디어가 민주주의를 매개한다면 이제 이를 재점검하기에 유리한 상황이 되었다.

후기 현대 사회에서 전통적 신념, 정치적 제도 그리고 과학 및 다른 분야의 권위자들은 미디어라는 무대에서 공중의 정당성을 얻어야 한다. 그런데 신뢰가 줄어들고 아이디어와 신념 및 가치는 세계적으로 넘치는 상황에서 그렇게 해야 한다(Beck, 1999. Castells, 1997. Giddens, 1990, 1994). 신사회운동 및 상이한 문화적 정체성은 '홍보에 관심을 쏟는 국가' 그리고 기업 이익을 대변하는 '홍보 전문가'들 사이에서 그들과 함께 미디어의 주목을 받으려고 경쟁하며 공방을 벌인다(Beck, 1999). 의회 민주주의가 죽었다고 간주되기 때문에 시민사회는 논쟁적이고 갈등이 증폭되게 된다(Mouffe, 1996). 그래서 시민사회는 '민주주의의 민주화'(Giddens, 1994), '민주주의 심화' 그리고 '숙의 민주주의'를 요구한다(Benhabib 2002, Habermas 1996). 상호 연결되고 불평등한 현대 세계에서 민주주의는 '고상한 대화'가 아니라 논란과 반란 및 성찰로 이루어진 일련의 전장으로 여겨진다. 이런 일들은 한 지역으로부터 초국가적 규모에 이르기까지 일어나고 있다(Dryzek, 2000, 2006).

미디어가 매개하는 오늘날의 세계에서 우리는 공중의 참여와 '소통적 민주주의'의 정교화를 위해 아이디어와 이미지, 이성과 수사학, 분석과 감성이 수행하는 역할을 인정하고 더 잘 이론화해야 한다. 시각화된 서사와 실험적 설명 그리고 감성적 증언들은 이해관계 당사자들이 활용하는 좀 더 전통적인 정보 전달 형태와 주장 제기 및 논증과 마찬가지로 모두 경쟁적인 세계관을 인식하고 이해하는 데 기여한다(Cottle, 2006, pp. 167~184). 국제 및 글로벌 저널리즘의 소통 구조는 전시display와 숙의라는 두 가지 소통 형태를 활용한다. 이 두 가지 형태는 종종 필연적으로 이루어진다. 그렇다면 뉴스에서 글로벌 이슈를 다루는 것 말고도 뉴스 보도에 내장된 '소통적 민주주의' 형식에 좀 더 주의를 기울여야 한다. 그리고 이런 소통적 민주주의가 어떻게 상이한 뉴스 매체와 시간을 가로질러 전문적으로 생산되고 당연시되는지도 눈여겨보아야 한다.

글로벌 매개: 역동과 우발

위에서 언급된 '소통적 민주주의'라는 생각은 사회구성체와 세계화 과정을 본질적으로 경쟁적이고 갈등적이라고 보는 관점에 전제를 두고 있다. 공간과 시간을 가로질러 이러한 이해관계와 정체성이 펼쳐지고 경쟁하는 방식은 예측이 어렵고 우발적인 상황과 정치적 기회를 만든다. 그리고 이런 과정은 점차 미디어에서 드러나고 수행된다. 이러한 역동성과 우발성은 살아 있는 정치 활동의 내용이기 때문에 당연시될 뿐 이론적으로 중요하게 다루어지지 않는다. 국제 및 글로벌 저널리즘 연구에서 정치학 이론을 다시 도입해야 할 필요성이 여기 있다. 즉 이해관계가 상충하는 당사자들이 미디어에서 시간을 가로질러 갈등과 주장을 전략적으로 추구하고 수행하는 방식을 연구하자는 것이다. 이러한 연구방식은 정적인 이론 틀과 결정론적인 모델에 도전하는 것이기도 하다. 국제 및 글로벌 뉴스의 매개 역할을 좀 더 역동적이고 상황 의존적으로 파악하며 이를 이론화할 만한 충분한 경험적 근거가 있다. 예를 들어 허먼과 촘스키는 『여론조작*Manufacturing Consent*』(1988)에서 정교한 '선전 모델'과는 달리 전쟁과 평화 보도 연구는 시간의 변화나 정치적 의견 및 여론의 변화에 따라 보도가 달라지는 속성을 더 세밀하게 살펴보고 있다(Entman, 2004; Hallin, 1986; Tumber & Palmer, 2004; Wolfsfeld, 1997, 2004). 정치적인 것들은 이러한 저널리즘적 매개 과정에서 또 그러한 과정을 활용해 실행되므로 세밀한 경험적 분석과 세련된 이론적 정교화가 필요하다. 그렇게 한 연후에야 우리는 이 과정과 관련된 복잡함과 상황 의존적 성격을 이론적으로 더 잘 다룰 수 있다. 또한 그렇게 함으로써 『여론조작』이 주장하는 결정론적 시각과 이데올로기의 지배(Herman & Chomsky, 1988)뿐만 아니라 글로벌 저널리즘을 극히 불확정이고 혼돈적인 관점에서 살피려는 최근의 경향에서 벗어날 수 있을 것이다(McNair, 2006).

미디어에 의해 매개되는 의례나 글로벌 미디어 사건들에 대한 연구는 여론조작 과정에서의 미디어 위치와 결정력 및 역할 등 미디어 권력에 관한 기존의 견고한 이론적 견해에 의문을 품게 한다(Cottle, 2006; Alexander 등, 2006). 미디어로 매개되는 몇몇 의례는 아직도 의례 연구 분야에서는 지배적 이론인 뒤르켐 및 네오마르크스주의 전통과 달리 사회적 성찰과 비판의 생산적 공간을 여는 듯하고, 시민사회 및 보다 넓은 사회 전반에 미치는 여파에서는 정치적으로 파열적이거나 변혁적일 수도 있다. 미디어가 공감적인 상징, 극적 시각화, 서사 그리고 의례적 형식에 주입한 감성 등을 활용함으로써 때때로 제도권의 기득권 세력의 전략적 힘에 대항하고, 더욱 사회 내 도전자 그룹의 프로젝트들에 도덕적 무게를 실어줄 수 있다. 뉴스 미디어를 통해 종종 전 세계로 확산되는 이런 파열적 현상을 경험적으로 비교하고 좀 더 이론화해야 한다. 예를 들자면 허리케인 카트리나, 아시아 지역의 쓰나미 등 미디어에 의해 매개되는 재난은 잠재적으로나 정치적으로 파열적이고 지구화된 중요한 미디어 사건에 속한다.

> 미디어 이벤트와는 대조적으로 재난이 지나간 뒤 공유된 집단 공간 그리고 희생자와 그 가족에 대한 집중 조명은 존엄과 절제를 위해서가 아니라 화면에 비치는 이들의 고통을 되는대로 활용하고 관계당국의 부실관리, 무관심, 부패 등을 때맞추어 부각시키게 된다. 의례 절차라는 방송의 원칙은 감성과 연대감을 강조하고 분석을 별도로 떼어놓지만 재난의 지속은 공동의 공적 토론장을 구성하게 된다. 그리고 이 토론장에서는 비극이 감정에 불을 댕겨 갈등으로 들끓게 되고 분노와 논쟁 그리고 의견의 불일치가 넘쳐난다(Liebes, 1998, pp. 75~76; Katz & Liebes, 2007).

저널리즘의 글로벌한 흐름과 형식에서 이런 주요한 미디어 사건들은 어떻게 유통되고, 소비되며, 논쟁의 대상이 되고, 도전받는가. 그리고 전 세계에서 이런 사건들이 정치 엘리트 및 여론 형성에 무슨 영향을 미치는가 하는 것은 매우 중요한 문제들로 더욱 주목해야 할 가치가 있다.

결론

위에서 설명했듯이 국제 및 글로벌 저널리즘 분야의 연구는 본질적으로 반론이 많고 이론적으로도 논쟁적이다. 이런 논쟁은 종종 생산적이다. 이 장은 주도적인 패러다임과 상이한 관점 및 두드러진 토론을 부각시켜 이러한 논의 구조를 스케치했을 뿐이다. 이러한 스케치는 앞으로 3개 분야에서 추가 연구가 필요함을 제시했다. 우리는 세계화 시대에 살고 있고 저널리즘과 세계화 과정은 불가분 얽혀있다(비록 현대 사회과학자들은 종종 이러한 세계화 과정에서 저널리즘의 역할에 대한 이론화 작업에 별로 관심을 기울이지 않지만). 연구자들은 저널리즘과 계속되는 세계화 과정을 다면적이고 상호 침투적인 측면에서 연구해야 한다는 중요한 도전에 직면해 있다. 주도적인 이론적 틀 그리고 경험적 개입과 논쟁은 이러한 연구 작업에 항상 필수불가결한 것이다.

〈참고문헌〉

Alexander, J., Giesen, B., & Mast, J.(2006). *Social performance: Symbolic action, cultural pragmatics and ritual.* Cambridge: Cambridge University Press.

Appadurai, A.(1996). *Modernity at large: Cultural dimensions of globalization.* Minneapolis: University of Minnesota Press.

Azran, T.(2004). Resisting peripheral exports: Al Jazeera's war images on US television. *Media International Australia, 113,* 75-86.

Bauman, Z.(2007). *Liquid times.* Cambridge: Polity.

Beck, U.(1999). *World risk society.* Cambridge: Polity.

Beck, U.(2005). *Power in the global age.* Cambridge: Polity.

Beck, U.(2006). *Cosmopolitan vision.* Cambridge: Polity Press.

Beck, U., Giddens, A., & Lash, S.(1994). *Reflexive modernization*. Cambridge: Polity.

Benhabib, S.(2002). *The claims of culture*. Princeton, NJ: Princeton University Press.

Bennett, L.(1990). Towards a theory of press-state relations in the United States. *Journal of Communication, 40*(2), 103-125.

Boyd-Barrett, O.(1998). Media imperialism reformulated. In D. K. Thussu(ed.), *Electronic empires: Global media and local resistance*(pp.157-176). London: Arnold.

Boyd-Barrett, O., & Rantanen, T.(eds.).(1998). *The globalization of news*. London: Sage.

Castells, M.(1996). *The rise of the network society*. Oxford: Blackwell.

Castells, M.(1997*). The power of identity*. Oxford: Blackwell.

Castells, M.(2007) Communication, power and counter-power in the network society. *International Journal of Communication,*(1), 238-266.

Chalaby, J.(2002). Transnational television in Europe: The role of pan-European channels. *European Journal of Communication, 17*(2), 183-203.

Chouliaraki, L.(2006). *The spectatorship of suffering*. London: Sage.

Clausen, L.(2003). *Global news production*. Copenhagen: Copenhagen Business School Press.

Cohen, A., Levy, M., Roeh, I., & Gurevitch, M.(1996). *Global newsrooms, local audiences: A study of the Eurovision news exchange*. London: John Libby.

Cottle, S.(1999). From BBC newsroom to BBC news centre: On changing technology and journalist practices. *Convergence, 5*(3), 22-43.

Cottle, S.(2006a). Mediatized rituals: Beyond manufacturing consent. *Media, Culture and Society, 28*(3), 411-432.

Cottle, S.(2006b). *Mediatized conflict: Developments in media and conflict studies*. Maidenhead, UK: Open University Press.

Cottle, S.(forthcoming). *Global crisis reporting: Journalism in the global age*. Maidenhead, UK: Open University Press.

Cottle, S., & Rai, M.(2006). Between display and deliberation: Analyzing TV news as communicative architecture. *Media, Culture and Society, 28*(2), 163-189.

Cottle, S., & Nolan. D.(2007). Global humanitarianism and the changing aid field: "Everyone was dying for footage." *Journalism Studies, 8*(6), 862-878.

Cottle, S., & Rai, M.(2008). Global 24/7 news providers: Emissaries of global dominance or global public sphere? *Global Media and Communication, 4*(2), 157-181.

Department for International Development(2000). *View the world: A study of British television coverage of developing countries*. London: DFID.

Dover, C., & Barnett, S.(2004). *The world on the box: International issues in news and factual programmes on UK television 1975-2003*. London: Third World and Environmental Broadcasting Project.

Dryzek, J.(2000). *Deliberative democracy and beyond*. Oxford: Oxford University Press.

Dryzek, J.(2006). *Deliberative global politics*. Cambridge: Polity Press.

El-Nawawy, M., & Iskandar, A.(2003). *Al-Jazeera*. Cambridge MA: Westview.

Entman, R.(2004). *Projections of power*. London: Sage.

Galtung. J., & Ruge. M.(1965). The structure of foreign news: The presentation of the Congo, Cuba and Cyprus crises in four newspapers. *Journal of International Peace Research, 1*, 64–90.

Giddens, A.(1990). *The consequences of modernity*. Cambridge: Polity Press.

Giddens, A.(1994). *Beyond left and right*. Cambridge: Polity Press.

Giddens, A.(2005). Giddens and the "G" Word: An interview with Anthony Giddens. *Global Media and Communication, 1*(1), 63–78.

Gilboa, E.(2005). The CNN effect: The search for a communication theory of international relations. *Political Communication, 22*, 27–44.

Habermas, J.(1989). *The structural transformation of the public sphere*. Cambridge: MIT Press.

Habermas, J.(1996). *Between facts and norms*. Cambridge: Polity Press.

Hallin, D.(1986). *The "uncensored war?": The media and Vietnam*. New York: Oxford University Press.

Hamilton, J. M., & Jenner, E.(2004). Redefining foreign correspondence. *Journalism, 5*(3), 301–321.

Hannerz, U.(2000). *Foreign news: Exploring the world of foreign correspondents*. Chicago: The University of Chicago Press.

Harvey, D.(1989). *The condition of postmodernity*. Oxford: Blackwell.

Hawkins, V.(2002). The other side of the CNN factor: The media and conflict. *Journalism Studies, 3*(2), 225–240.

Held, D.(Ed).(2004). *A globalizing world?* London: Routledge.

Held, D., & McGrew, A.(2003). The great globalization debate: An introduction. In D. Held & A. McGrew(eds.), *The global transformations reader*(pp.1–50). Cambridge: Polity.

Herman, E., & Chomsky, N.(1988). *Manufacturing consent: The political economy of the mass media*. London: Vintage.

Herman, E., & McChesney, R.(1997). *The global media: The new missionaries of corporate capitalism*. London: Cassell.

Hoijer, B.(2004). The discourse of global compassion: The audience and media reporting of human suffering. *Media, Culture and Society, 26*(4), 513–531.

Ignatieff, M.(1998). *The warrior's honor: Ethnic war and the modern conscience*. London: Chatto and Windus.

Jakobsen, P. V.(2000). Focus on the CNN effect misses the point: The real media impact on conflict management is invisible and indirect. *Journal of Peace Research, 37*(5), 547–562.

Jensen, K.(ed.).(2000). *News of the world: World cultures look at television news.* London: Routledge.

Katz, E., & Liebes, T.(2007). "No more peace!": How disasters, terror and war have upstaged media events. *International Journal of Communication, 1*(1), 157–166.

Knightly, P.(2003). *The first casuality.* London: Andre Deutsch.

Liebes, T.(1998). Television's disaster marathons: A danger for democratic processes? In T. Liebes & J. Curran(eds.), *Media, ritual and identity*(pp. 71–84). London: Routledge.

Lewis, J., Cusion, S., & Thomas, J.(2005). Immediacy, convenience or engagement? An anal－ysis of 24-hour news channels in the UK. *Journalism Studies, 6*(4), 461–477.

Lewis, J., Brookes, R., Mosdell, N., & Threadgold, T.(2006). *Shoot first and ask questions later: Media coverage of the 2003 Iraq war.* New York: Peter Lang.

MacGregor, B.(1997). *Live, direct and biased? Making television news in the satellite age.* London: Arnold.

Mackay, H.(2004). The globalization of culture? In D. Held(ed.), *A globalizing world?*(pp. 47–84). London: Routledge.

Marjoribanks, T.(2000). *News corporation, technology and the workplace.* Cambridge: Cambridge University Press.

McBride, S.(1980). *Many voices, One world.* Oxford: Rowman and Littlefield.

McChesney, R.(1999). *Rich media, poor democracy: Communication politics in dubious times.* Illinois: University of Illinois Press.

McLuhan, M.(1964). *Understanding media: The extensions of man.* New York: McGraw Hill.

McNair, B.(2006) *Cultural chaos: Journalism, news and power in a globalised world.* London: Routledge.

Moeller, S.(1999). *Compassion fatigue.* London: Routledge.

Mouffe, C.(1996). Democracy, power and the "political." In S. Benhabib(ed.), *Democracy and difference*(pp. 245–256). Princeton, NJ: Princeton University Press.

Murdock, G.(1990). Redrawing the map of the communication industries: Concentration and ownership in the era of privatization. In M. Ferguson(ed.), *Public communica－tion: The new imperatives*(pp. 1–17). London: Sage.

Nordenstreng, K., & T. Varis(1974). *Television traffic: A one-way street?* Paris: UNESCO.

Pedelty, M.(1995). *War stories.* London: Routledge.

Pew Research Centre for the People and the Press(2002). *Public news habits little changed by September 11: Americans lack background to follow International News.* Washington, DC: Pew.

Rai, M., & Cottle, S.(2007). Global mediations: On the changing ecology of satellite television news. *Global Media and Communication, 3*(1), 51-78.

Robinson, P.(2002). *The CNN effect.* London: Routledge.

Schiller, H.(2005). Not yet the post-imperialist era. In M. Durham & D. Kellner(eds.), *Media and cultural studies: Key works*(pp. 318-333). Oxford: Blackwell.

Seib, P.(2004). *Beyond the front lines.* Houndmills, UK: Macmillan.

Shaw, M.(1996). *Civil society and media in global crises.* London: St Martin's Press.

Shaw. M.(1999). Global voices: Civil society and media in global crises. Retrieved 28/6/07 from http://www.sussex.ac.uk/Users/hafa3/voices.htm

Sinclair, J., Jacka, E., & Cunningham, S.(2002). Peripheral vision. In J. Sinclair, E. Jacka, & S. Cunningham(eds.), *New patterns in global television: Peripheral vision*(pp.1-32). Oxford: Oxford University Press.

Stone, J.(2000). *Losing perspective: Global affairs on British Terrestrial Television 1989-1999.* London: Third World and Environmental Broadcasting Project.

Sonwalkar, P.(2001). India: Makings of little cultural/media imperialism? *Gazette, 63*(6), 505-519.

Sonwalkar, P.(2004). News imperialism: Contra view from the South. In C. Paterson & A. Sreberny(eds.), *International news in the twenty-first century*(pp. 111-126). Eastleigh, UK: John Libby.

Sreberny, A.(2000). The global and the local in international communications. In J. Curran & M. Gurevitch (eds.), *Mass media and society*(pp. 93-119). London: Edward Arnold.

Tester, K.(1994). *Media, culture and morality.* London: Routledge.

Thussu, D. K.(2003). Live TV and bloodless deaths: War, infotainment and 24/7 news. In D. K. Thussu & D. Freedman(eds.), *War and the media: Reporting conflict 24/7*(pp. 117-132). London: Sage.

Tomlinson, J.(1991). *Cultural imperialism.* London: Pinter Press.

Tomlinson, J.(1999). *Globalization and culture.* Chicago: University of Chicago Press.

Tumber, H. & Palmer, J.(2004). *Media at war: The Iraq crisis.* London: Sage.

Urry, J.(2003). *Global complexity.* Cambridge: Polity.

Utley, G.(1997). The shrinking of foreign news: From broadcast to narrowcast. *Foreign Affairs* 76(2), 1-6.

Volkmer, I.(1999). *News in the global sphere: A study of CNN and its impact on global communication.* Luton, UK: University of Luton Press.

Volkmer, I.(2002). Journalism and political crises in the global network society. In B. Zelizer

& S. Allan(eds.), *Journalism after September 11*(pp. 235–246). London: Routledge.

Volkmer, I.(2003). The global network society and the global public sphere. *Development,* *46*(1), 9–16.

Wolfsfeld, G.(1997). *Media and political conflict: News from the Middle East.* Cambridge: Cambridge University Press.

Wolfsfeld, G.(2004). *Media and the path to peace.* Cambridge: Cambridge University Press.

25_
발전 저널리즘

수 샤오거

발전 저널리즘development journalism은 발전을 위한 커뮤니케이션이 신흥 독립국
들에게 학문적·정치적으로 지지받고 있을 때인 1960년대 말 아시아에서 등
장했다. 당시 활성화된 발전 커뮤니케이션 패러다임의 이론 틀 안에서 저널
리즘은 국가 발전을 촉진하고 지지하는 데서 핵심적 역할을 한다고 여겨졌
고, 또한 그럴 것이라는 기대가 있었다. 이러한 믿음과 기대는 아시아, 아프
리카, 라틴아메리카에서 발전 저널리즘의 인기가 높았던 원동력이었다. 그
리고 아직도 발전 저널리즘은 비판이나 편견에도 불구하고 중요하고 활기찬
저널리즘 실천이다.

　발전 저널리즘은 세 대륙에서 40년 이상 시행되어 오면서 다양한 원칙
과 실무를 갖추게 되었다. 아이러니하게도 이러한 다양성은 저널리즘 연구
에서 제대로 다루어지지 못했다. 발전 저널리즘의 다양한 실천과 업적을 기
술하고 설명하고 예측하려는 체계적이고 이론적인 틀과 이에 상응하는 모델
이 없다는 점은 한층 더 곤혹스럽다. 저널리즘 학계가 주로 발전 저널리즘을
오랫동안 무시했기 때문에 체계적인 연구가 존재하지 않는다.

이 장은 추후 연구의 주춧돌이 되기 위해 발전 저널리즘의 개념적 구성요소와 경험적 실천을 검토한다. 아울러 토착화 노력과 아시아적 가치 논쟁을 포함한 맥락적 기원을 살펴본다. 독자들에게는 또 주요 학파와 학자 그리고 그들의 저서도 소개한다. 발전 저널리즘의 현안도 다룰 예정이다. 마지막이지만 빼놓을 수 없는 것으로 추후 연구가 필요한 핵심 분야들을 소개한다.

개념적 구성요소

발전 저널리즘이라는 개념은 1960년대 말 필리핀에서 경제 저술가들을 위한 워크숍을 개최했을 때 나왔다(Guarantne, 1996; Stevenson, 1994). 이 워크숍에서 영국 기자이자 아시아 전문가 그리고 발전 저널리즘의 옹호자였던 찰클리Alan Chalkley는 기자들이 독자들에게 발전에 수반되는 문제점을 알려 가능한 해결책을 제시해야 한다고 참석자들에게 말했다(Chalkley, 1968). 그는 발전 저널리즘을 "새로운 종류의 저널리즘"이라고 주장하지는 않았지만 발전에 관한 "특정 주제를 다룰 때의 새로운 태도"라고 규정했다. 찰클리는 발전 저널리즘이 엘리트가 아니라 서민에게 봉사해야 한다고 강조했다(Chalkley, 1980, p. 215).

발전 저널리즘의 핵심적인 구성요소는 다음의 5가지이다.

1. 계획된 것과 실제 달성한 정책 간의 차이점과 함께 정책이 실제 서민들에게 미치는 영향과 실제로 미친 영향 간의 차이점을 보도한다(Aggarwala, 1978).

2. "하루하루의 뉴스가 아니라 장기간의 발전 과정"에 초점을 맞춘다(Kunczik, 1988, p. 83).

3. 정부로부터 독립해 정부에 건설적인 비판을 제공한다(Aggarwala,

1978; Shah, 1992; Ogan, 1982).

4. 국가 건설에서 "정부와 건설적으로 함께 일하면서" "저널리즘의 초점을 경제 및 사회발전"에 둔다(Richstad, 2000, p. 279).

5. 서민들이 삶과 공동체를 개선할 수 있도록 힘을 실어준다(Romano & Hippocrates, 2001).

경험적 실천

발전 저널리즘의 초기 실천 중의 하나는 〈뎁스뉴스Depthnews〉(Development Economic and Population Themes News: 개발·경제 및 인구 주제 뉴스)에서 확인된다. 이는 아시아 언론에 모범적인 이야기를 제공해주려는 지역의 발전 뉴스 통신사이다. 〈뎁스뉴스〉는 정치와 군사, 자연재해 뉴스를 다루지 않고 여성, 과학, 보건, 농촌 개발과 환경 문제를 집중 보도했다. 〈뎁스뉴스〉는 서구 통신사가 덜 다루는 주제를 뉴스로 취급하고 제3세계의 뉴스 출처와 그곳에서 활동하는 사람들에 의존해 남반구-남반구 간의 커뮤니케이션과 이해를 촉진하는 역할을 했다(McKay, 1993).

한 국가 안에서 발전 저널리즘은 국가별로 상이한 사회적·정치적·문화적·정치적 조건과 상황에 영향을 받아 서로 다르게 적용되었다(Chen, 1991; Maslog, 1985; Verghese, 1976; Vilanilam, 1975, 1984). 발전 저널리즘은 처음에 필리핀에서 적극적으로 추진되었으나 극소수의 주류 기자들만이 개념화나 적용에 관여했기 때문에 주류 기자들로부터 쉽사리 인정받지 못했다(Shafer, 1998). 1980년대 중반 전성기를 구가한 발전 저널리즘은 이후 대다수 기자들이 1986년 독재자 마르코스를 몰아낸 피플 파워 혁명 이후 전통적·자유방임주의적인 서구의 언론보도로 돌아가면서 모멘텀을 잃었다(Shafer, 1998). 발전 저널리즘은 언론의 감시자 기능을 제고한 것이 아니라 마르코스 독재

정부(1965~1986년)의 도구가 되는 결과를 낳았다. 또 언론이 직면한 경제적 제약 때문에 효과적이고 독립적이며 비판적인 저널리즘이 출현할 수 없었다(Shafer, 1991). 발전 저널리즘은 필리핀에서 널리 행해지고 있지는 않지만 저널리즘 교육에서는 계속해서 인기 있는 강좌다. 로스 바노스Los Banos 소재 필리핀대학교에서 발전 저널리즘과가 인기가 높은 점은 이를 설명해준다.

발전 저널리즘은 인도에 1960년대 말부터 도입된 후 매우 적극적인 지지를 받았고 실천되어 왔다. 『힌두스탄 타임스Hindustan Times』가 〈우리 마을, 차테라Our Village, Chhatera〉 같은 프로젝트의 시행을 통해 발전 저널리즘 시행을 테스트하기도 했다(Verghese, 1976). 몇몇 학자에 따르면 발전 관련 뉴스 보도는 중요하거나 고무적인 것은 아니었지만(Murthy, 2000; Vilanilam, 1975) 발전 저널리즘은 인도에서 계속 존중받고 있다. 〈매스컴연구소The Institute of Mass Communication〉는 아시아, 아프리카, 라틴아메리카 그리고 유럽의 비동맹 및 개발도상국에서 온 중견기자 및 공보담당관들을 대상으로 권위 있는 발전 저널리즘 디플로마 과정을 운영하고 있다.

싱가포르 언론은 정부와 전략적으로 연계되어 있어 국가 건설과 경제 건설에서 주도적 역할을 수행해왔다. 신생 선진 소국이자 다인종 국가인 싱가포르는 사회 안정과 인종 간의 원만한 관계 그리고 이웃국가들과의 관계에 많은 관심을 기울여왔다. 이런 관심 때문에 싱가포르 언론은 발전 저널리즘 요소를 채택했다(Latif, 1998; Xu, 2005). 말레이시아 언론도 그렇다(Ali, 1980, 1990). 양국에서 언론과 정부 간의 관계는 이론상 건설적 파트너십이 기대되고 실제로 이런 관계를 유지하고 있다.

발전 저널리즘은 또 중국에서 기자 교육과 훈련 그리고 실무에 포함되어 있다. 중국이 1970년대 말 경제개혁을 시작하고 외부 세계에 문호를 개방한 후 특히 그러한데, 이후 중국에서 발전은 국민적 최우선순위가 되었다. 중국에서 발전 저널리즘은 경제적·문화적·정치적 발전을 촉진하는 데 점점 더 중요한 역할을 수행해왔다(Chen, 1991; Fang, 1983; Wu, 1987; Zhou, 1992).

아시아에서와 마찬가지로 아프리카와 라틴아메리카의 사회경제적 조건과 시급한 경제발전 및 국가 건설의 필요성은 이곳에서도 발전 저널리즘의 채택과 수용에 유리한 조건을 조성했다(Domatob & Hall, 1983; Edeani, 1993; Isiaka, 2006; Mwaffisi, 1991). 가난에 찌들고 발전이 늦은 지구상의 많은 나라들이 1960년대 말부터 발전 저널리즘의 실험장이 되었다. 이런 국가들의 정부는 발전 저널리즘을 이용해 권력과 영향력을 유지하고 정치적·경제적·사회적 발전을 이루려 했다. 아프리카에서 발전 저널리즘이 별 무리 없이 수용된 것은 원래 그곳의 신식민주의적 현실 때문이다. 그곳은 여전히 식민주의 시대의 지배와 불평등 및 종속 등의 지배하에 있었다(Domatob & Hall, 1983).

아프리카 대륙의 언론도 국민에게 정보를 전달하고 이들을 교육하고 동기를 부여하며 동원하고 즐겁게 해주는 데 중요한 역할을 수행할 것으로 예상되었다. 나이지리아, 가나, 카메룬, 자이레 그리고 케냐 같은 나라에서 언론은 실제로 보건과 영양, 가족계획과 농업교육 프로그램에 기여했다. 하지만 "대부분의 아프리카 통치 엘리트들은 발전 저널리즘이라는 미명하에 권력 기반을 공고화하고 영속화하는 데 언론을 활용했다"(Domatob & Hall, 1983, p. 18). 이에 따라 발전 저널리즘에서 가장 큰 이득을 본 사람들은 서민이 아니라 엘리트였다.

맥락적 기원들

역사적으로 볼 때 발전 저널리즘은 "많은 아시아 국가에서 태평양 전쟁과 식민주의의 혼란스러운 여파 이후" 사회적·경제적·정치적 발전이 시급하게 필요했기 때문에 출현했다(Richstad, 2000, p. 279). 제2차세계대전 이후 "독립한 많은 신생국가들, 그곳에서 급속한 근대화 그리고 무엇보다도 1945

년 이후 이곳 국민들의 치솟는 열망"이라는 배경에서 발전 저널리즘이 대두했다(Chalkley, 1980, p. 215). "도시 빈민과 농촌 사람들 그리고 여성처럼 박탈당한 사람들의 해방을 돕고 그들의 운명에 큰 영향을 미치는 정치 과정에의 참여를 돕는" 것이 발전 저널리즘의 임무였다(Quebral, 1975; Kunczik, 1988, p. 85에서 인용).

발전 저널리즘은 또한 "제2차세계대전 후 독립을 쟁취한 아프리카의 지도자가 된 전직 언론인들"이 수행한 특별한 역할에서도 기원을 찾을 수 있다(Kunczik, 1988, p. 85). 가나의 엔쿠루마Kwame Nkrumah는 『아크라 이브닝 뉴스Accra Evening News』의 설립자겸 발행인이었고, 나이지리아의 아지키웨Nnandi Azikiwe는 『웨스트 아프리카 파일럿West Africa Pilot』, 케냐의 케냐타Jomo Kenyata는 『키쿠유 신문Kikuyu newsapaper』의 설립자겸 발행인이었다. 이들 신문은 소속 국가들의 독립투쟁에 영향을 미쳤다. 탄자니아의 니예레레Julius Nyerere는 『우루Uhuru』라는 TANU 정당지의 발행인이었다. 기자 출신 정치인들은 국민 정체성 형성과 국민통합의 촉진을 위해 저널리즘의 중요성을 강조했다(Kunczik, 1988).

이론적 측면에서 발전 저널리즘은 근대화 및 발전 커뮤니케이션의 강력한 지지를 받았다. 이런 이론적 접근법에서 본다면 개발도상국이나 저개발국이 발전하려면 서구에서 배워야 한다. 즉 이러한 국가들은 언론자유나 언론의 감시기능 같은 개념을 포함해 일하는 방식과 커뮤니케이션 기술을 서구에서 수입해야 한다. 이러한 접근법은 또 대중매체가 국가를 발전시키고 근대화하는 데 효율적이라고 강조했다(Lerner & Schramm, 1967; Pye, 1963; Rogers, 1962, 1976; Schramm, 1964).

발전 저널리즘은 또한 종속이론으로부터 영감을 받았는데, 이는 구조적 제국주의(Galtung, 1971)와 문화적 제국주의(Schiller, 1976)의 두 갈래로 나누어볼 수 있다. 이 둘은 발전 저널리즘의 이론적 토대에 깊이 뿌리내려 서구의 문화적 침략에 대항하는 투쟁에 그리고 민족의 문화적 가치와 정체성을 고양하는 데 강력한 이론적 지지와 가이드라인을 제공했다(Kunczik, 1988).

체계 이론은 상호 연관되고 상호 의존적인 하부 체제와의 상관성, 즉 저널리즘과 사회적·경제적·문화적·정치적 환경 간의 상관성을 설명했다. 체계 이론에서 보면 언론과 다양한 환경 간의 상이하면서도 상호 의존적인 관계는 개발도상국에서 언론에 관한 다른 인식과 함께 상이한 유형의 언론 모델을 만들어낼 것이다(Akahenda, 1983; Edelstein, 1982; Kunczik, 1988; Ogan, 1982).

이데올로기적 관점에서 보면 발전 저널리즘은 신국제경제질서(〈1974년 유엔선언〉)와 신국제정보질서(1980년의 〈맥브라이드 위원회〉가 이런 요구를 제기했다)와 연관되어 있다. 유네스코의 지원을 받아 인도와 가나, 코스타리카에서 시행된 '라디오 농촌 포럼Radio Rural Forum' 같은 프로젝트는 발전 저널리즘의 성장에 이데올로기적으로 추가적인 지지를 보탰다.

토착화 노력과 아시아적 가치 논쟁

발전 저널리즘의 기원을 살펴볼 때 또 하나 중요한 점은 어떤 사건을 일으킨 과정보다 사건 그 자체를 강조하는 서구 언론의 전통적 뉴스 보도 방식(Ali, 1980)이 아시아 개발도상국에게는 적합하지 않다는 공감대가 이들 지역에서 형성된 것이다. 아시아 언론들의 이런 공감대는 센세이셔널리즘과 상업주의에 경도된 서구 언론의 뉴스 편집 실무를 대체하려는 보도 및 편집 개혁 노력(Abundo, 1986)을 불러왔다. 서구 언론의 이런 보도 방식이 서민과 공동체 프로젝트, 농촌 개발과 빈곤 대처 노력 등 사회적으로 중요한 뉴스의 보도에 소홀했기 때문이다(Wong, 2004).

발전 저널리즘은 또 아시아 지역에서 일어난 탈서구화 노력 덕분에 한층 더 확산되었다. 1985년 방콕 심포지엄에 모인 언론학자와 기자들은 서구 커뮤니케이션 이론이 아시아에 얼마나 연관되며, 적용 가능한지를 평가한 뒤 아시아적 커뮤니케이션 관점을 논의했다. 이 세미나에서 중국, 이슬람, 일본 그리고 인도의 관점에서 커뮤니케이션 이론에 관한 아시아의 시각을 조사해보자는 제안이 나왔다. 서구 커뮤니케이션 이론을 아시아 문화에 적합하게 토착화하고, 이런 이론의 현실적 운영을 다인종, 다원적인 아시아 사회에 적용하려는 더 많은 노력도 이루어졌다(Asian Media Information and Communication Centre, 1985).

토착화 노력은 계속 이어져 1988년에는 기자들과 언론학자들이 아세안 ASEAN(동남아시아국가연합) 회원국(싱가포르, 말레이시아, 태국, 인도네시아, 필리핀, 브루나이) 안에서 언론의 역할과 책임을 재검토하고자 〈자카르타 협의회〉를 개최했다. 이 모임에서 아세안 회원국 정부 관리들은 분명한 메시지를 보냈다. 말레이시아의 이브라힘Anwar Ibrahim은 문화적으로 서구의 가치와 기준의 지배가 "회원국들의 미디어 발전에 가장 큰 장애물"이라고 말했다(Menon, 1988, p. 2). 이 모임에서 아세안 회원국들 언론의 우선순위는 정치적 안정과 급속한 경제성장, 사회정의 그리고 지역 결속을 촉진하는 것이라는 합의가 나왔다(Mehra, 1989).

정부 관리들이 아시아적 저널리즘 모델을 요청하자 기자들도 화답했다. 예를 들어 1987년 홍콩에서 열린 〈국제기자연맹ⁱⁿ〉 아시아태평양 회의에서 참석자들은 언론이 국민적 합의 형성을 위해 정부와 함께 일하는 아시아적 저널리즘 모델을 만들자고 제안했다. 언론자유 및 정부와의 대립 관계라는 서구식 언론관이 전통적인 아시아의 문화적 가치와 배치된다는 가정 아래 개발도상국에서 언론은 경제적·문화적·정치적 발전에 필요한 국민적 합의와 팀웍을 촉진해야 한다는 것이다(Asia Media Information and Communication Centre, 1988).

탈서구화 노력에서 가장 강력하고 영향력 있는 움직임 중의 하나는

1970년대에 시작된 아시아적 가치 논쟁Asian Values debate이다. 아시아에서 좀 더 광범위하게 공유되었고 강조되었듯이(Xu, 1998) 일본에 이어 싱가포르, 한국, 타이완, 홍콩에서 성취한 급속한 경제 기적에는 아시아적 가치가 기여했다는 주장이 그것이다(Berger & Hsiao, 1988; Seah, 1977; Xu, 1998, 2005). 싱가포르의 리콴유 총리나 말레이시아의 마하티르 모하마드 총리 같은 몇몇 아시아 지도자들은 아시아의 문화적 정체성과 다양성에 위협을 가져온다고 여겨지는 서구 문화와 가치의 지배에 맞서 근대화와 발전, 인권 그리고 민주주의에서 자신들의 원칙과 관행을 옹호하기 위해 아시아적 가치를 이용했다(Xu, 2005).

1990년대까지 아시아적 가치는 이 지역에서 국가 안정과 인종적 화합, 국가 건설과 국가 발전을 옹호하는 저널리즘 활동의 길잡이로 활용되었다 (Xu, 2005). 이 때문에 아시아 지역에서 발전 저널리즘의 실천이 적극적인 지지를 받았다.

기자들과 학자들은 아시아적 가치 그리고 이를 저널리즘에 적용하는 문제를 놓고 의견이 크게 달랐지만 아시아 지역이라는 환경에 깊이 뿌리내린 보편적 가치를 확인해 언론에서 이를 촉진해야 할 필요성에는 모두 공감했다(Masterton, 1996). 사실과 객관성, 사회적 형평성 그리고 비폭력 등이 그러한 가치들이었다. 이런 가치들은 보편적이지만 아시아 국가들이 다음과 같은 이슈에 직면했을 때 무엇보다도 강조되었다. (a) 저널리스트의 정직성과 직업적 기준에 위배되는 시장의 관행 (b) 사측의 보도제작 간섭 (c) 아시아 국가의 기자들이 서구나 정부 기구로부터 독립적으로 뉴스와 정보를 교환할 수 있도록 해주는 충분한 대화와 네트워크 메커니즘의 부족 (d) 국가 형성과 국가안보라는 명분 아래 다양한 형태의 검열로 정부가 언론에 간섭하는 일(Masterton, 1996, p. 172) 등이 그러한 이슈였다.

이 모든 탈서구화 노력은 아시아의 역사적 맥락에 적합한 저널리즘의 가치와 언론에 대한 아시아적 규범 이론이 필요함을 드러냈다. 이러한 노력은 발전 저널리즘의 출현과 성장의 기반이 되었다.

학파들

1980년대 초 발전 저널리즘에는 탐사와 권위주의적·시혜적이라는 두 종류의 접근법만 있었다(Kunczik, 1988). 탐사 발전 저널리즘은 "발전 계획을 비판적으로 살펴보고 유용성을 평가하는 것"에 초점을 두었다(Kunczik, 1988, p. 86). 발전 관련 보도를 할 때 기자들은 발전 계획에 대해 아래의 사항을 비판적으로 평가하고 보도하도록 기대되었다. (a) 개발 프로젝트가 국가의 필요, 특히 해당 지역의 필요에 상응하는 것인지, (b) 계획과 실제 집행 간에 차이가 있는지, (c) 주민들에게 미친 영향이 정부가 주장하는 것과 주민들이 체감하는 것 사이에 어떤 차이가 있는지(Aggarwala, 1978, p. 200). 권위주의적·시혜적 발전 저널리즘은 국가 형성과 전반적인 사회적·경제적·정치적 발전에 언론이 협력해야 한다고 믿었던 권위주의적 정부의 지지를 받았다.

그러나 1980년대 초 이후 거대한 사회적·경제적·정치적 변화가 일어났다. 이 때문에 발전 저널리즘의 원칙과 관례도 변했다. 이러한 변화를 반영해 로마노(Romano, 2005)는 발전 저널리즘을 다음의 5가지로 분류했다. (a) 국가 형성자로서의 기자들, (b) 정부의 파트너로서의 기자들, (c) 권한 부여empowerment의 대리인으로서의 기자들, (d) 감시자로서의 기자들, (e) 투명성의 보호자로서의 기자들.

국가 형성자로서 기자들 이 시각은 저널리즘이 사회 안정과 사회적 화합 유지, 국민 경제 발전을 목표로 해야 한다는 것이다. 이 시각은 근대화 이론의 강력한 영향을 받았다. 또 뉴스 보도가 선정적 사안보다 문제 해결에 초점을 두어야 한다고 주장한다(Ali, 1994를 보라).

정부의 파트너로서 기자들 이 시각은 앞서 설명한 국가 형성자로서의 시각과 긴밀하게 연관되어 있으나 언론자유는 이보다 더 중요한 사회적·경제적·정치적 발전이라는 우선순위에 종속되어야 한다고 생각한다는 점에서 다르다(Hatchten, 1999; Lent, 1979; McQuail, 1987; Romano, 2005). 서로 밀접히 연관되는 이 두 시각은 아시아의 많은 국가에 퍼져있다.

권한 부여의 대리인으로서 기자들 이 시각은 저널리즘이 엘리트가 아니라 서민의 능력을 북돋아주어 이들이 공공생활과 인간 개발에 적극 참여토록 해야 한다고 여긴다(Dagron, 2001; Shah, 1996; Romano).

감시자로서 기자들 및 투명성의 보호자로서 기자들 이 시각은 상호 연관되어 있어 분리가 어렵다. 이 두 시각 모두 저널리즘이 정부의 업무를 모니터링하고 이를 가능한 한 대중에게 투명하게 알려야 한다고 생각한다. 언론자유와 다른 시민적 권리가 없는 선정善政과 경제발전은 위태롭게 될 것이라고 여긴다(Romano, 2005, p. 11).

이러한 시각은 상이한 환경과 시기를 배경으로 한 다른 시각과 기대의 산물이기 때문에 친親과정Pro-Process과 친참여Pro-Participation, 친정부라는 3가지 학파와 수평적·수직적으로 상호 연관되어 있다.

친과정 이 시각에 따르면 저널리즘은 발전 과정을 지지하고 여기에 기여해야 한다. 발전은 발전 저널리즘에서 가장 중요하다(Chalkley, 1990). 경제발전과 국가 형성 과정이 진전 형태든 문제 형태든 단순한 언어 및 인간적인 모습으로 설명되어야 한다. 발전 저널리즘은 엘리트가 아니라 서민을 염두에 둔 것이므로 사진과 도표를 뉴스 보도에서 이용해야 한다(Chalkley, 1990). 발전 저널리즘에서는 사회적·경제적·문화적 발전을 촉진하는 것이 중요하다.

발전 저널리즘을 열렬하게 지지할 때 학자들과 기자들은 엘리트가 아니라 서민을 중시한다. 주로 '서민'은 농부, 여성, 어린이, 노인, 덜 행복한 사람들을 가리킨다. 발전 저널리즘은 이들에 가장 큰 관심을 두고 있다. 게다가 이 사람들은 발전 저널리즘의 시각으로 글을 쓰는 기자들의 주제 선택과 스토리텔링 양식 및 용어 선택까지 결정한다. 발전 저널리즘은 서민들과 관계를 맺고 이들의 힘을 키워 이들이 경제적·문화적·정치적 발전 과정에 적극적으로 참여토록 한다. 친과정적 접근법의 근본 원칙은 아시아, 아프리카, 라틴아메리카의 공동체나 농촌 신문(Edenai, 1993; Maslog, 1985; Verghese, 1976)뿐만 아니라 〈뎁스뉴스〉에 실제로 채택되었다(McKay, 1993).

친참여를 지지하는 학자나 기자들은 실제 도움을 받는 사람들의 수보다 서민들의 참여를 더 강조한다. 이들은 서민들이 발전 관련 뉴스를 수동적으로 받는 사람이기보다 발전 과정에 참여할 수 있도록 격려 받아야 한다고 주장한다.

친참여 권고안도 있었다. 예를 들어 윌킨스(Wilkins, 2000)는 하층민의 정치적·경제적·문화적 힘이 매우 부족하기 때문에 발전 저널리즘의 담론과 실천을 권력의 맥락에서 검토해야 한다고 제안한다. 세바에스(Servaes, 1999)는 서민들이 사회 내 모든 수준의 집단적 결정에 참여할 수 있도록 힘을 실어주어야 한다고 주장한다. 멜코트와 스티브스(Melkote & Steves, 2000)는 이처럼 서민들에게 힘을 실어 주는 것을 개인과 조직이 사회적·정치적·경제적·문화적 조건과 결과를 통제할 수 있는 과정으로 강조했다. 화이트(White, 2004)는 발전을 문화적·정치적으로 인권을 수용하는 것으로 보면서 권력을 사회적 책임과 서비스의 원천으로 여겨야 하고 사회 내 만인의 권리는 존중받아야 한다고 주장했다. 대중매체가 발전 저널리즘에서 효과적인 역할을 수행하지 못해 왔기 때문에 이시아카(Isiaka, 2006)는 발전 저널리즘 실천에서 그룹 미디어 접근법을 제안했다. 그는 농촌 거주 주민들에게 힘을 실어주기 위해 방송매체와 CATV 같은 매체를 각 지방에서 상황에 맞게 운영하고 라디오 청취 그룹과 정보 센터, 비디오나 TV 시청 센터, 또는 사이버 카페를 설립하자고 제안했다.

친정부 진영은 정치적·직업적 영향뿐만 아니라 지리적 분포에서도 막강하다. 탈서구화 노력을 원동력으로 삼는 이 학파는 언론과 정부와의 건설적 협력, 국가 건설과 경제발전에서 언론의 교육 역할, 책임 있는 언론자유의 행사를 강조한다(Xu, 2005).

친정부 진영은 정부가 시민의 복지를 향상시키는 데 청렴하고 효과적이라면 언론은 정부를 지지해야 한다고 여긴다(Cheong, 1995; Latif, 1996). 또 언론은 국가 건설과 경제발전을 위해 정부 정책과 규정 그리고 기대의 틀 안에서 활동해야 한다고 생각한다. 사회적 안정과 인종화합, 경제성장과 정치적 안정이 걸려 있을 때 언론과 정부와의 관계는 적대적이기보다 협력적이어야 한다고 주장한다(Xu, 2005). 그리고 언론은 "정부의 규정과 기대에 부응해" 활동해야 하는 것으로 기대된다(Kuo, 1999, p. 232).

정부와 언론 간의 파트너십이라는 틀 안에서 언론의 역할은 정치적 안정, 급속한 경제성장, 사회정의 그리고 아세안 국가들의 지역 간 결속을 촉진하고 보존하는 것이다(Mehra, 1989). 언론은 〈남아시아 지역협력연합 SAARC〉 회원국 간의 협력과 국가 형성, 국가 발전의 파트너십 그리고 다양성이 존중되는 가운데 사회적 화합을 촉진해야 할 것으로 기대되었다.

아시아에서 언론은 적대적인 제도이기보다 "사회적·정치적 변화의 촉매제"로서의 역할 수행이 기대된다(Shim, 1995). 언론은 또 과도한 비판을 피하고 문화적 정체성을 지키고, 국민통합을 보호하고, 경제성장을 촉진해야 한다(Katoppo, 1995). 아시아 기자들은 단순히 오락 제공자가 아니라 교육자이다(Datta-Ray, 1995). 아시아에서 국가 형성은 아직도 "매우 중요한 과정"이다. 그러나 "불행히도 이를 잘 이해하거나 평가할 수 있는 서구 언론인은 많지 않다." 많은 아시아 국가에서는 국가 형성을 촉진하는 언론의 역할이 계속해서 우선순위를 차지한다. 이런 시각이 저널리즘의 가치에 관한 아시아의 우선순위와 인식을 특징짓고 있다(Menon, 1966, vii).

아시아에서 언론이 촉매 역할을 한다고 해서 정부에 덜 비판적인 것은 아니다. 발전 저널리즘에서 정부 비판은 가혹하기보다 온화하지만 그래도 비판한다. "사회의 다양한 부분에서 농부, 노동자, 과학자, 교사, 계획자 및 정책 결정자들 그리고 정부 간의 상호작용 과정에 참여하는 것"이 언론의 근본적 역할이다(Bandyopadhyay, 1988, p. 40).

친정부 진영이 내세우는 언론의 역할은 다음과 같이 요약될 수 있다. (a) 국가 형성과 국가 발전에서 언론의 협력적 역할에 대한 주창 (b) 사회적·정치적 변화의 촉매제로서의 언론의 역할 (c) 다음과 같은 언론의 의무 (i) 단순한 오락 제공보다는 국민 교육 (ii) 사회 안정과 인종화합의 유지 (iii) 경제발전과 국가 형성의 지원 아시아에서 언론의 이러한 역할은 주로 사회 구조, 정치체제, 문화적 감수성과 전통, 경제적 조건, 역사적 경험에 맞추어 우선순위가 정해진다.

친정부 진영의 또 다른 원칙은 언론자유를 상대적이고 상황 의존적이라고 여긴다. 언론자유는 상이한 사회 구조와 정치체제, 문화 가치, 역사적 배경, 국가의 상황을 감안해 촉진되어야 한다(Kuo, 1997; Latif, 1998; Menon, 1998; Mahatir, 1989; Mahbubani, 2002). 언론은 자유를 누릴 때 좀 더 사회적으로 책임 있게 행동해야 하고, 사건의 원인과 뉴스 보도의 결과에 좀 더 신경을 써야 한다(Xu, 2005).

주요 학자들과 연구

발전 저널리즘 문헌은 별로 많지 않으나 나름의 주요한 학자와 연구물은 있다. 발전 저널리즘의 정체성과 해야 할 일을 분석한 학자도 있고, 실제로 발전 저널리즘이 한 일을 다룬 학자도 있다.

발전 저널리즘의 열렬한 옹호자인 찰클리Alan Chalkley는 『발전 저널리즘 교본A Manual of Development Journalism』(1968)과 『발전 저널리즘: 정보 과정의 신차원『Development Journalism: A New Dimension in the Information Process』이라는 저서에서 이를 자세하게 다루고 있다. 그의 저서는 발전 저널리즘의 원개념과 기대를 이해하는 데 소중하다.

맥케이(Floyd J. McKay, 1993)는 〈뎁스뉴스〉의 보도 내용에 대한 분석을 통해 발전 저널리즘의 실제 적용을 연구했다. 콘텐츠 분석 결과 발전 저널리즘은 농촌 개발과 보건, 인구, 과학, 여성을 지속적으로 다루었고, 정부 이외의 뉴스 출처와 주제에 집중했으며 정부와의 직접적인 관계를 피했음을 보여주었다. 즉 "발전 뉴스 보도의 원래 아이디어는 살아남았다"(p. 237)는 것이다. 그러나 퐁갈랑(Guy de Fontgalland, 1980, p. 156)은 아시아 미디어와 발전 이슈를 다루면서 "발전 이슈에 대한 아시아 신문들의 뉴스보도 기록은 형편없다"고 결론을 지었다.

로마노(Angelo Romano, 1999)는 「발전 저널리즘의 규범 이론: 인도네시아에서 국가 대 기자들의 시각」이라는 논문에서 발전 저널리즘 관련 연구 결과를 발표했다. 이 논문은 '인도네시아의 신질서 정부New Order Government(1966~1998년)'에 대한 기자들의 견해를 조사한 결과를 싣고 있다. 이 결과에 따르면 "신질서 정부는 인도네시아 문화와 경제적 특권에 적합한 논리정연한 언론 모델을 확립하려고 했지만 설문에 답한 기자들은 아주 상이한 관점에서 자신들의 역할을 보고 있었다"고 결론지었다(p. 183).

웡(Kokkeong Wong, 2004)은 아시아 지역의 발전 저널리즘에 관한 선구적 연구에서 이에 관한 새로운 연구 영역을 개척했다. 웡은 1999년의 말레이시아 총선에 관한 3대 주요 일간지의 보도를 분석한 결과 "공정하고 독립적이라고 결코 말할 수 없다"며 "이는 아시아 지역의 발전 저널리즘에 관한 정당성에 의문을 제기한다"고 보았다(p. 37). 웡은 정당성이 부족하기 때문에 "발전 저널리즘은 과거 봉건시대의 권위주의적 전통의 현대판에 불과하다"고 주장했다(pp. 37~38).

발전 저널리즘에 관한 아프리카의 시각에 관해서는 도마톱과 홀(Jerry

Komia Domatob and Stephen William Hall, 1983)의 『검은 아프리카에서의 발전 저널리즘』이 필독서이다. 발전 저널리즘에 관한 아프리카의 시각은 주로 현대 아프리카의 신식민주의적 현실, 즉 식민지적 지배와 불평등 그리고 종속에 바탕을 두고 있다고 이들은 주장한다. 그들은 또 발전 저널리즘이 "상대적으로 애매모호한 개념으로 정치적 수사의 성격이 강하고"(p. 15), 아프리카의 언론은 주로 대중의 이익과 아무런 관련이 없는 엘리트 지향적임을 규명했다.

발전 저널리즘 논의에 획기적 돌파구로 들 수 있는 것은 샤(Hemant Shah, 1996)의 「근대화, 주변화, 해방: 저널리즘과 국가 발전의 규범적 이론을 지향하며」라는 논문이다. 샤는 발전 저널리즘 연구를 긴 터널 밖으로 끌어내기 위해 앞장섰다. 샤는 저널리즘 실천을 개혁하려는 노력이 서구식 언론자유라는 개념을 중심으로 구조화되는 것을 피해야 한다고 주장했다. 서구식 언론자유는 저널리즘이 참여적 민주주의, 안보와 평화, 다른 인본주의적 가치에 기여할 수 있는 방법을 초점으로 삼지 않기 때문이라는 것이 샤의 주장이다. 따라서 '해방'과 관련된' 해방적 저널리즘emancipatory journalism'이라는 개념이 발전 저널리즘을 대체하는 개념으로 사용되어야 한다는 주장이다. 토착화된 권력으로서의 해방적 저널리즘은 "사람들에게 주변의 사회적 환경을 지역에서 통제할 수 있도록 도움을 주고, 권력의 방정식에 도전할 수 있는 자원을 즉각적으로 공급해야 한다"는 것이다(p. 160).

이와 달리 이시아카(Isiaka, 2006)는 발전 저널리즘을 매스미디어에서 그룹 미디어 접근법으로 패러다임을 바꾸자고 제안했다. 그룹 미디어가 사람들에게 중요한 발전 정보를 전달하는 데 보다 효과적이라는 이유에서이다. 그룹 미디어 접근법은 회의, 세미나, 워크숍, 시위, 전시, 토론, 방문 등에서 시청각 자료를 보다 광범위하게 사용하기 때문이다. 발전 저널리즘의 그룹 미디어적 접근법에는 아래와 같이 7가지 전략이 있다. (a) 방송 미디어의 분권화와 지역화 (b) 농촌 라디오 방송 (c) 라디오 그룹 (d) 비디오/TV 시청 센터 (e) 인터넷 카페 (f) 정보센터 (g) 협역 방송*narrow casting1*) 등이 그것이다.

현안

발전 저널리즘은 저널리즘 실천과 연구의 한 분과로 수용되거나 인정받으며 추가적 발전을 이루어나가는 데 장애가 되는 몇 가지 현안에 직면해 있다. 그러한 현안들은 꽤 오랫동안 무시되어왔다. 첫 번째 현안은 발전 저널리즘과 이 연구에 대한 편견이다. 지난 40년간 세 대륙에 걸쳐 발전 저널리즘이 실천되어 왔지만『저널리즘 연구의 주요 개념*Key Concepts in Journalism Studies*』(Franklin, Hamer, Hanna, Kinsey & Richardson, 2005)이란 서적에도 이 용어가 등재되지 않았다. 사실상 발전 저널리즘과 연구학자들은 오랫동안 저널리즘 학계에서 무시당해왔다. 저널리즘 연구 문헌에서 발전 저널리즘 연구 논문이 소수라는 게 한 지표이다. 지난 40년간 학술지에서 34개 논문만 발전 저널리즘을 다루었다(〈표 25-1〉 참조). 세 대륙에서 40년간 발전 저널리즘이 실천되어 왔음을 감안하면 매우 적은 수이다.

34편의 논문 중의 하나는 1960년대, 5편의 논문은 1970년대, 11편은 1980년대, 14편은 1990년대에 발표되었으나 2000년 이후에는 3편만이 발표되었다. 일부 논문은 무엇이 발전 뉴스인가를 점검한 논문들이며(McKay, 1993; Ogan, Fair & Shah, 1984), 일부는 발전 저널리즘의 질이 아니라 양에 초점을 둔 논문들이다(Mustapha, 1979; Sutopo, 1983). 그 외에 개념과 관련된 논의나 원칙 그리고 기능 등을 다룬 글들이 있다(Chalkley, 1980; Gunaratne, 1996; Isiaka, 2006; Romano, 1998, 1999; Romano & Hippocrates, 2001; Shah, 1996).

---

1) 케이블 TV 등 좁은 지역을 대상으로 하는 방송을 가리킨다.

초기 연구는 주로 아시아와 아프리카의 인쇄 미디어를 연구했다. 라틴아메리카에서는 발전 저널리즘 관련 글이 극소수이다. 극소수 논문만이 전자 미디어와 뉴미디어와 관련해 발전 저널리즘을 검토했다. 정보 격차 관련 연구는 많지만 뉴미디어가 발전 저널리즘에 미친 영향을 다룬 논문은 소수이다. 뉴미디어 기술은 발전 저널리즘의 기능을 촉진해 서민들이 발전 과정에 좀 더 참여할 수 있도록 하고, 확장된 공론장에서 이들이 목소리를 내고 이를 반영시키는 데 힘을 실어줄 수 있다. 불행하게도 이런 분야의 연구가 불충분하다.

더욱이 외국의 문화적·정치적 통제와 영향으로부터의 자유와 같은 문화적·정치적 분야의 발전 연구도 등한시되었다. 언론이 한 국가의 문화적·정치적 발전을 지원해주는 방식과 정도에 대한 연구도 매우 적었다. 연구가 부진한 또 다른 분야는 발전 저널리즘이 발전 뉴스를 얼마나 효과적으로 일반 시민들에게 전파해 이들이 경제적·문화적·사회적 발전 과정에 참여토록 힘을 실어줄 수 있느냐에 관한 것이다. 발전 저널리즘이 여러 국가에서 작동하는 방식에 영향을 미치는 서로 다른 요인들에 대한 연구도 부족하기는 마찬가지다.

아울러 발전 저널리즘이 주창하는 것과 실제 뉴스 보도에 나타난 것 사이의 간극에 대한 연구도 충분히 수행되지 않았다. 이처럼 여러 국가에서 이러한 간극을 넓히거나 좁히는 상이한 요인을 찾아내려는 노력 그리고 왜 이런 요인이 다른 상황에서는 다른 우선순위를 갖는지에 대한 연구도 거의 수행되지 않았다.

〈표 25-1〉 발전 저널리즘 연구 논문

학술지 이름(창간 연도)	1960년대	1970년대	1980년대	1990년대	2000년 이후	총계
Journal of Communication (1951)			1			1

International Communication Gazette(1955)		2	3	2	1	8
Journal of Development Communication(1990)				3	2	5
Asian Journal of Communication(1990)				1		1
Media Asia(1974)		2	5	1		8
Asia Pacific Media Educator(1996)				1		1
Communication Theory(1991)				1		1
Journalism and Mass Communication Quarterly(1928)	1		3			4
World Communication(1971~2001)				1		1
Africa Media Review(1986)				2		2
Australian Journalism Review(1978)				2		2
총계	1	5	11	14	3	34

추가 연구를 위한 주요 분야

추가 연구를 위해 첫 번째 중요한 일은 발전 저널리즘의 핵심적 구성요소에 대한 개념을 표준화하고, 구성요소 간의 상이한 관계와 상호작용을 설명하는 일련의 이론적 구조를 세우는 것이다. 이러한 일은 발전 저널리즘이 서로 다른 문화와 국가에서 서로 다르게 실행된다는 점에 기반하고 있다.

또 하나의 중요한 분야는 대부분의 개발도상국에서 발전 저널리즘의 작동 방식에 영향을 미치는 두 군##의 원칙을 검토하는 것이다. 이중 첫 번째 군의 원칙은 기자들이 견지해야 하는 것들로 (a) 엘리트보다 서민들에 초점을 둘 것 (b) 정부 통제로부터 독립적이고 자유로울 것 (c) 지역 발전을 강조할 것 (d) 지역 주민들과 함께하고 이들에게 힘을 북돋아 줄 것 등이다. 두 번째 군의 원칙은 개발도상국이나 신생 선진국 정부들이 언론을 규제하는 데 활용할 것들로는 (a) 사회 안정과 인종화합 (b) 지역적·문화적·종교적 민감성 (c) 국가 형성 (d) 국가 정체성 등의 원칙이다. 이러한 두 군의 원칙은 어떻게 상호 교류하고 상호작용할까? 전반적인 국가 발전을 위해 타협이 필요할 때 이 두 군의 원칙은 어떻게 조정될 수 있을까? 이렇게 서로 다른 두 군의 원칙이 상호작용하거나 타협하면서 사회에 미치는 영향은 무엇일까?

언론이 사회에서 당연히 해야 할 일과 실제로 하는 일 사이에는 항상 간극이 존재한다. 이러한 간극은 사회적·경제적·문화적·정치적 조건과 상황 변화에 민감하다. 사회적·경제적·문화적·정치적 요인들은 발전 저널리즘이 사회에서 해야 할 일과 실제로 하는 일에 어떻게 영향을 미칠까. 발전 저널리즘을 실제 적용하는 데 규범적·경험적 간극을 좁히거나 넓히는 것을 측정하고 설명하는 방법은 무엇인가. 그리고 이러한 간극의 변화를 기술하고 설명하고 예측하기 위해 어떤 모델을 개발해야 할까?

농부, 여성, 어린이, 노인, 소수자 그리고 전통적인 대중매체에서 소외된 다른 분야 사람들의 이익과 필요에 부응하기 위해 발전 저널리즘에서 뉴미디어를 어떻게 사용할 것인지 하는 문제도 또 다른 연구 분야이다. 뉴미디어를 활용해 가진 자와 못 가진 자 사이의 정보 간극을 메울 방법은 무엇일까?

상이한 발전 차원에 상이한 우선순위가 있고, 국가도 상이한 상황에서 다른 수준의 발전을 하기 때문에 추가 연구는 이렇게 서로 다른 우선순위를 고려해야 한다. 상이한 우선순위가 발전 저널리즘의 실천을 얼마나 효과적으로 유도하고 시민들에게는 어떤 영향을 미칠까?

발전에는 경제적·문화적·정치적 차원이 있기 때문에 추가 연구는 경제적 측면에만 초점을 맞추기보다 이러한 다른 차원들도 다루어야 한다. 발전 저널리즘은 여러 나라에서 다르게 실천된다. 저널리즘 연구는 이러한 상이한 실천을 설명하고, 발전 저널리즘의 작동 방식을 기술하고, 설명하며 예측하기 위한 모델을 개발할 필요가 있다.

좀 더 심화된 발전 저널리즘 연구를 위해서는 한 가지 연구 방법만 사용하기보다는 여러 연구 방법을 결합함으로써 포괄적이고 신뢰할 만한 데이터를 얻어 비교 연구를 할 수 있어야 한다. 발전 저널리즘의 최근 상황과 새로운 현상을 알기 위해서는 추가적 국가 연구가 시급히 요구되며 여러 미디어와 여러 국가에 대한 교차적인 비교 연구도 똑같이 긴급하다.

〈참고문헌〉

Abundo, R.(1986). Training population and development reporters: The PFA experience. *Populi, 13*(3), 17-23.

Aggarwala, N. K.(1978). News with Third World perspective: A practical suggestion. In P. C. Horton(ed.), *The third world and press freedom*(pp. 197-209). New York: Preager.

Akahenda, E. F.(1983). The imperative of national unity and the concept of press freedom: The case of East Africa. *Gazette, 31,* 89-98.

Ali, O. A.(1994). Roundtable, *Media Asia, 21*(2), 90.

Ali, S. M.(1980). Notes on the changing role of the press in Asia's economic development. *Media Asia, 7*(3), 153-155.

Ali, S. M.(1990). Asian journalism in the 1990s: And the challenges ahead. *The Journal of Development Communication, 1*(2), 52-56.

Asian Media Information and Communication Centre.(1985). *AMIC-Thammasat University symposium on mass communication theory: The Asian perspective.* Singapore: Asian Media Information and Communication Centre.

Asian Media Information and Communication Centre.(1988). *AMIC consultation on press system in ASEAN.* Singapore: Asian Media Information and Communication Centre.

Bandyopadhyay, P. K.(1988). Values and concepts of news. *Journal of the Northwest Communication Association, 23,* 40-42.

Berger, P. L., & Hsiao, H. H. M.(eds.).(1988). *In search of an East Asian development model*. New Brunswick, NJ: Transaction Books.

Chalkley, A.(1968). *A manual of development journalism*. Manila: Thomson Foundation and Press Foundation of Asia.

Chalkley, A.(1980). Development journalism — a new dimension in the information process. *Media Asia, 7*(4), 215–217.

Chen, L.(1991). The door opens to a thousand blossoms: A preliminary study of communication and rural development in China(1979–88). *Asian Journal of Communication, 1*(2), 103–121.

Cheong, Y. S.(1995). Speech excerpts. In Freedom Forum(ed.), *Asian values and the role of media in society*(p. 6). Arlington, VA: The Freedom Forum.

Dagron, A. G.(2001). *Making waves: Stories of participatory communication for social change*. New York: Rockefeller Foundation.

Datta-Ray, S. K.(1995). Speech excerpts. In Freedom Forum(ed.), *Asian values and the role of media in society*(pp. 12–13). Arlington, VA: The Freedom Forum.

Domatob, J. K., & Hall, S. W.(1983). Development journalism in black Africa. *Gazette, 31*, 9–33.

de Fontgalland, G.(1980). Asian media and development issues: From confrontation to cooperation. *Media Asia, 7*(3), 156–158.

Edeani, D. O.(1993). Role of development journalism in Nigeria's development. *Gazette, 52*, 123–143.

Edelstein, A. S.(1982). *Comparative communication research*. Sage: Beverly Hills, CA.

Fang, G.(1983). The role of China's rural publications in the development of agriculture. *Media Asia, 10*(4), 183–185.

Franklin, B., Hamer, M., Hanna, M. Kinsey, M., & Richardson, J.(eds.).(2005). *Key concepts in journalism studies*. London: Sage.

Galtung, J. A.(1971). Structural theory of imperialism. *Journal of Peace Research, 8*, 81–118.

Gunaratne, S. A.(1996). Old wine in a new bottle: Public journalism versus developmental journalism in the US. *AsiaPacific Media Educator, 1*(1), 64–75.

Hatchten, W. A.(1999). *The world news prism*(5th ed.). Ames: Iowa State University Press.

Hornik, R.(1988). *Development communication: Information, agriculture and nutrition in the third world*. New York: Longman.

Isiaka, B. T.(2006). Paradigm shift in development journalism practices for effective dissemination of agricultural information. *The Journal of Development Communication, 17*(1), 56–71.

Katoppo, A.(1995). Speech excerpts. In Freedom Forum(ed.), *Asian values and the role of media in society*(pp. 6–7). Arlington, VA: The Freedom Forum.

Kunczik, M.(1988). *Concepts of journalism: North and South*. Bonn: Friedrich-Ebert
-Stiftung.

Kuo, E. C. Y.(1997). Viewpoints and comments. *The Mass Media and Press Freedom International Symposium*, Taipei.

Kuo, E. C. Y.(1999). The role of the media in the management of ethnic relations in Singapore. In A. Goonasekera & Y. Ito(eds.), *Mass media and cultural identity: Ethnic reporting in Asia*(pp. 223-255).

Sterling, VA: Pluto Press.

Latif, A.(1996). Asian values in journalism: Idle concept or realistic goal? In M. Masterton(ed.), *Asian values in journalism*(pp. 152-157). Singapore: Asian Media Information and Communication Centre.

Latif, A.(1998). The press in Asia: Taking a stand. In A. Latif(ed.), *Walking the tightrope: Press freedom and professional standards in Asia*(pp. 3-15). Singapore: Asian Media Information and Communication Centre.

Lent, J. A.(1979). *Topics in third world mass communication: Rural and development journalism, cultural imperialism, research and developments*. Hong Kong: Asian Research Service.

Lerner, D., & Schramm, W.(eds.).(1967). *Communication and change in the developing world*. Honolulu: East-West Center Press.

Mahathir, M.(1989). The social responsibility of the press. In A. Mehra(ed.), *Press system in ASEAN states*(pp. 115-116). Singapore: Asian Media Information and Communication Centre.

Mahbubani, K.(2002). *Can Asians think?*(2nd ed.). Singapore: Times Books International.

Maslog, C. C.(1985). Case studies of four successful Asian community newspapers. *Media Asia, 12*(3), 123-130.

Masterton, M.(ed.).(1996). *Asian values in journalism*. Singapore: Asian Media Information and Communication Centre.

McKay, F. J.(1993). Development journalism in an Asian setting: A study of Depthnews. *Gazette, 51*, 237-251.

McQuail, D.(1987). *Mass communication theory: An introduction*(2nd ed.). London: Sage.

Mehra, A.(1989). *Press system in ASEAN states*. Singapore: Asian Media Information and Communication Centre.

Melkote, S. R., & Steves, H. L.(2001). *Communication for development in the Third World: Theory and practice for empowerment*. London: Sage.

Menon, V.(1988). Welcome Address. In *AMIC consultation on press system in ASEAN*. Singapore: Asian Media Information and Communication Centre.

Menon, V.(1996). Preface. In M. Masterton(ed.), *Asian values in journalism*(pp. vii-ix).

Singapore: Asian Media Information and Communication Centre.

Menon, V.(1998). Foreword. In A. Latif(ed.), *Walking the tightrope: Press freedom and professional standards in Asia*(p. ix). Singapore: Asian Media Information and Communication Centre.

Mustapha, H. D.(1979). A comparative analysis of the use of development news in three Malaysian dailies during 1974. In J. Lent & J. Vilanilam(eds.), *The use of development news*(pp. 56-70). Singapore: Asian Media Information and Communication Centre.

Murthy, D. V. R.(2000). Developmental news coverage in the Indian press. *Media Asia, 27*(1), 24-29, 53.

Mwaffisi, S.(1991). Development Journalism: How prepared are Tanzanian journalists? *Africa Media Review, 5*(2), 85-94.

Ogan, C. L.(1982). Development journalism/communication: The status of the concept. *Gazette, 29*(1-2): 3-13.

Ogan, C. L., Fair, J. E., & Shah, H.(1984). A little good news: The treatment of development news in selected third world newspapers. *Gazette, 33*, 173-191.

Pye, L. W.(ed.).(1963). *Communication and political development*. Princeton, NJ: Princeton University Press.

Richstad, J.(2000). Asian journalism in the twentieth century. *Journalism Studies, 1*(2), 273-284.

Rogers, E. M.(1962). *Diffusion of innovations*. New York: Free Press.

Rogers, E. M.(1976). Communication and development: The passing of the paradigm. *Communication Research, 3*, 121-133.

Romano, A.(1998). Normative theories of development journalism: State versus practitioner perspectives in Indonesia. *Australian Journalism Review, 20*(2), 60-87.

Romano, A.(1999). Development journalism: State versus practitioner's perspectives in Indonesia. *Media Asia, 26*(4), 183-191.

Romano, A.(2005). Asian journalism: News, development and the tides of liberation and technology. In A. Romano & M. Bromley(eds.), *Journalism and democracy in Asia*(pp. 1-14). London: Routledge.

Romano, A., & Hippocrates, C.(2001). Putting the public back into journalism. In S. Tapasall & C. Varley(eds.), *Journalism theories in practice*(pp. 166-184). Melbourne: Oxford University Press.

Schiller, H. I.(1976). *Communication and cultural domination*. New York: International Arts and Sciences Press.

Schramm, W.(1964). *Mass media and national development: The role of information in the developing nations*. Stanford, CA: Stanford University Press.

Seah, C. M.(ed.).(1977). *Asian values & modernization.* Singapore: Singapore University Press.

Servaes, J.(1999). *Communication for development: One world, multiple cultures.* Cresskill, NJ: Hampton Press.

Shafer, R.(1991). *Journalists for change: Development communication for a free press.* Manila: Philippine Press Institute.

Shafer, R.(1998). Comparing development journalism and public journalism as interventionalist press models. *Asian Journal of Communication, 8*(1), 31–52.

Shah, H.(1989). A preliminary examination of journalistic roles and development reporting at three Indian newspapers. *Media Asia, 16*(3), 128–131.

Shah, H.(1992). Development news: Its potential and limitations in the rural United States. *The Journal of Development Communication, 3,* 9–15.

Shah, H.(1996). Modernization, marginalization, and emancipation: Toward a normative model of journalism and national development, *Communication Theory, 6*(2), 143–166.

Shim, J. H.(1995). Speech excerpts. In Freedom Forum(ed.), *Asian values and the role of media in society*(p. 5). Arlington, VA: The Freedom Forum.

Stevenson, R. L.(1994). *Global communication in the twenty-first century.* New York: Longman.

Sutopo, I.(1983). *Development news in Indonesia dailies.* Singapore: Asian Media Information and Communication Centre.

Verghese, B. G.(1976). Project Chhatera — an experiment in development journalism. *Media Asia, 3*(1), 5–11.

Vilanilam, J. V.(1975). Developmental news in two leading Indian newspapers. *Media Asia, 2*(1), 37–40.

Vilanilam, J. V.(1984). Rural press for development. *Media Asia, 11*(4), 183–187.

White, R. A.(2004). Is "empowerment" the answer? *Gazette, 66*(1), 7–24.

Wilkins, K. G.(ed.).(2000). *Redeveloping communication for social change: Theory, practice and power.* Lanham, MD: Rowman and Littlefield.

Wong, K.(2004). Asian-based development journalism and political elections: Press coverage of the 1999 general elections in Malaysia. *Gazette, 66*(1), 25–40.

Wu, Y.(1987). Rural development leads to a press boom. *Media Asia, 14*(2), 63–66.

Xu, X.(1998). Asian values revisited in the context of intercultural news communication. *Media Asia, 25*(1), 37–41.

Xu, X.(2005). *Demystifying Asian values in journalism.* Singapore: Marshall Cavendish Academic.

Zhou, L.(1992). Education in development journalism and communication: Asia Pacific coop-eration and China scenario. *The Journal of Development Communication, 3*(1), 74–81.

26_
글로벌 맥락의 주창 저널리즘

실비오 웨이스보드

서론

이 장은 글로벌 맥락에서 과거와 현재의 주창 저널리즘을 검토하고 앞으로
의 연구 방향을 모색한다. 세계 각지에서 행해지고 있는 저널리즘 실천의 다
양함을 감안할 때 포괄적인 검토는 너무 야심찬 일이기 때문에 이 보다는
'주창 저널리즘advocacy journalism'에 대한 개념적 정의와 역사적 발전 상황을 검
토해 이를 저널리즘 실천의 특정한 한 형태로 자리매김하고자 한다.

야노위츠(Morris Janowitz, 1975)에 따르면 주창 저널리즘은 기자에게 적
극적 참여와 해석자 역할을 부여해 보통 "강력한 대변인"(p. 619) 언론을 갖
지 못한 특정 그룹을 "대리해" 말하도록 한다. 기자들은 특정 그룹의 대변인
으로 사회 내 권력의 불균형을 시정하려는 동기를 갖고 있다. 그들은 언론에
서 과소 보도되거나 잘못 보도되는 시각을 바로잡아 확산시키려는 '개혁가
충동'으로 충만해 있다. 주창 저널리즘은 언론을 게이트키퍼로 보는 모델의
정반대 시각이다. 게이트키퍼는 언론의 객관성과 공공 서비스에 중점을 두

어 전문직 저널리즘을 지지한다(Emery, 1972. Johnstone, Slawski & Bowman, 1972~1973).

필자는 현대의 주창 저널리즘이 야노위츠의 '주창자-기자'라는 개념에만 제한된 것이 아니라고 주장한다. 또 다른 형태로는 주창 저널리즘의 시민적 모델이 있다. 이것은 뉴스 미디어를 사용해 보도에, 궁극적으로는 공공정책에 영향을 미치려는 집단을 가리키며, "사람들과 집단의 힘을 늘려 제도를 좀 더 인간의 욕구에 반응하게 만들려는" 정치적 동원 형태이다. 이런 저널리즘은 "문제를 규정하고 해결하며 더 넓은 사회적·정치적 영역에 참여하려는 힘을 늘려 선택폭을 넓히려 한다"(Wallack, Dorfman, Jernigan & Themba, 1993, p. 28). 주창 저널리즘을 통해 시민단체들은 인식을 제고하고 공개 토론을 유발해 여론과 주요 정책 결정자들에게 영향을 미쳐 특정 이슈를 중심으로 정책을 홍보하고 프로그램 변화를 유도하려 한다.

이 장은 주창 저널리즘의 '기자' 모델과 '시민' 모델 간의 유사점과 공통점을 논의하고, 그것이 저널리즘과 민주주의에 가진 중요성을 다룬다.

주창 저널리즘: 역사적 검토

누군가가 개인의 견해를 퍼뜨리기 위해 출판하기로 결정한 이후 주창 저널리즘의 '기자' 모델은 역사적으로 언론의 핵심적인 한 부분이었다. 객관성 유지와 '전문적 뉴스 보도'라는 이상이 대두할 때까지 저널리즘은 대개 '주창 저널리즘'이었다고 할 수 있다. 즉 언론은 정치 집단의 선전 도구, 정치적 야심을 지닌 언론 기업의 플랫폼, 기자들의 정치 활동의 도구였던 것이다. 이런 종류의 뉴스 보도에 대해 베버Max Weber는 『직업으로서의 정치』에서 저널리즘은 "모든 상황에서 직업적 정치 활동의 가장 중요한 통로의 하나로 남아 있다"고 언급했다(Gerth & Mills, 1946, p. 98). 베버의 이 말은 20세기 초

독일뿐만 아니라 현재 세계 각 지역의 저널리즘에도 적용될 수 있다. 야노위츠를 비롯한 '전문적 뉴스 보도'의 지지자들은 이런 시각이 민주주의 사회에서 언론이 '공익'에 봉사해야 한다는 기대를 해치고 있다고 비판한다.

주창 저널리즘은 유럽과 미국에서 서로 다른 발전 경로를 거쳤다. 언론 체제와 저널리즘의 이상이 서로 다르게 변해 왔기 때문이다. 민주주의가 확립된 유럽 국가에서 주창 저널리즘은 다원적이고 조합주의적인 미디어 체제에서 특정 정당의 입장을 대변하는 신문과 출판을 통해 전통적으로 활동 공간을 찾았다(Hallin & Mancini, 2004). 주창 저널리즘의 변화는 정당의 커뮤니케이션 역사와 분리될 수 없다. 정당이 역사적으로 언론에 상당한 영향력을 행사해왔기 때문에 특정 정파의 견해는 종종 뉴스 보도와 불가분의 관계에 있었다. 편집 방향이 뉴스 보도와 전반적인 정보 취급에 스며들었다. 사회 전반에 정파적 정체성이 강하게 퍼져 있는 가운데 정당과 언론 사이의 구조적 연계는 특정 정당의 견해와 밀접하게 연결된 저널리즘의 정체성을 확인해 주었다. 유럽의 많은 민주주의 국가에서 기자들의 뉴스 보도는 정치에 참여하고 정당과 연계된 견해를 확산시키기 위한 전형적이고도 보편적인 방편으로 활용되기 마련이었다.

지난 수십 년 간 정당 정체성의 약화와 결합된 미디어 체제 내 시장주의적 시각의 대두는 정당이 정치 커뮤니케이션에 행사했던 오래된 통제력을 약화시켜왔다. 이러한 변화 과정은 국가마다 서로 다른 속도로 일어났지만 정당은 과거처럼 미디어 장악력이 막강하지 않게 되었다. 그럼에도 유럽의 기자들은 주창 저널리즘을 바람직한 저널리즘의 이상이라고 여기고 있음이 연구 결과 드러났다(Patterson & Donsbach, 1996; Köcher, 1986). 정당과 미디어 간의 연계 고리가 점차 느슨해졌지만 '주창자로서 기자'라는 시각은 저널리즘이라는 직업을 생각하면 떠오르는 관념으로 아직도 남아 있다(Hallin & Mancini, 2004).

미국에서 주창 저널리즘은 역사적으로 매우 다른 경로를 밟아왔다.

1800년대 중반과 1920년대 사이에 특정 정당에 치우친 언론이 점차 쇠퇴하고 때를 같이 해 상업 언론이 부상하면서 주창 저널리즘의 여건도 달라졌다. 전문적 뉴스 보도의 규범적 이상으로 객관성을 채택했기 때문에 주창 저널리즘은 주변으로 밀려 났다. 유럽의 민주주의 국가와 달리 미국에서 주창 저널리즘은 기존 정당과 밀접한 관련이 없었다. 미국 내 주도적인 공화, 민주 양당은 전통적으로 커뮤니케이션이 약했을 뿐만 아니라 시장의 힘이 거의 무소불위였기 때문이다. 대신 주창 저널리즘은 19세기 여성의 참정권과 노동자의 권리를 지지한 사회운동(Ostertag, 2006) 그리고 정치권의 부패와 기업 경영의 잘못을 들추어낸 20세기 초입 무렵의 추문 폭로자들과 밀접하게 연관되어 있었다. 이들은 사실과 정치를 과감하게 섞어서 기자는 사회의 대변인이라는 이상을 옹호했다. 20세기 내내 주류 언론들이 객관성을 이상으로 삼고 주요 정당들도 거대 언론사와 유기적인 관계를 유지하기 않았기 때문에 주창 저널리즘은 주변에 머물렀다. 가장 영향력 있는 신문들은 주로 주창 저널리즘을 사설과 오피니언 면에 국한했다. 1960~1970년대 반전反戰이나 페미니즘, 동성애자, 환경보호론자 그리고 소수인종 권리 운동을 펼치는 사람들이 내는 대안적 출판물이 주창 저널리즘의 주를 이루었다. 이런 출판물은 다양한 사회운동단체와 집단 그리고 오피니언 그룹 및 시민운동 출신 출판인들의 정치적 견해를 표현했다.

주창 저널리즘은 역사적으로 미국보다 유럽에서 좀 더 커다란 호응을 얻었다. 미국에서는 최고의 저널리즘 규범으로 객관성을 택했기 때문에 '주창자로서 기자'라는 시각 등 다른 견해가 제대로 스며들지 못했다. 지금도 미국에서는 객관성과 정치적 거리두기와 강하게 연결된 기자상像이 계속해서 주창 저널리즘의 장점을 평가하기 위한 기준이 된다(Schudson, 2001). 반면 서유럽에서는 저널리즘의 규범에 관한 합의 부족과 정당이 정치 커뮤니케이션에 행사해온 막강한 영향력과 결합해 주창 저널리즘의 발달에 유리한 조건을 조성했다.

주창 저널리즘이 역사적으로 미국과 서구의 주류 언론에서 상이한 위치를 차지했기 때문에 공공 분야와 민주정치에서 주창 저널리즘이 바람직한가에 관한 질문은 서로 다른 답변을 촉발했다. 주창 저널리즘은 유럽의 출판업자와 기자들의 지지를 받았지만 미국의 주류 언론은 이를 강력하게 비판해왔다. 미국에서 출판업자들과 기자협회는 객관성과 정치적 거리두기 이외의 어떤 대안에 대해서도 계속 반대해왔다. 예를 들면 1970년대 초 언론사 편집국과 보도국 그리고 학계에서 행해진 저널리즘 규범에 대한 토론은 이들이 주창 저널리즘을 수용하기를 꺼리고 있음을 분명하게 보여주었다. 좌파 분석가들은 정치적·경제적 이익이 뉴스 보도에 영향을 미치는 한 객관성은 가능하지 않으며, 이런 언론 규범이 막강한 이익단체에 관한 포괄적이고 비판적인 뉴스 보도에 적합한지 의문을 제기했다. 이들은 또한 객관성의 유지라는 규범이 전문직의 정당성을 유지하기 위한 수사적 정당화에 불과하다고 여겼다(Bagdikian, 1973). 이들은 객관성의 유지라는 규범이 사실상 현상 유지 정책과 이데올로기적 핑계거리로 사용된다고 주장했다. 반면 객관성 규범을 주장하는 학자들과 기자들은 주창 저널리즘을 저지하는 데는 자신들의 규범이 최선의 대안이라고 확신했다. 이들은 주창 저널리즘을 선전과 구분할 수 없다고 주장했다. 즉 선전은 공정함과 사실보도 같은 민주 언론의 가치와 모순된다는 것이다. 게다가 객관성이라는 규범의 지지자들은 베트남전과 워터게이트 등 정치 불신이 커지고 선전 정치가 난무하는 맥락에서 주창 저널리즘은 문제가 있다고 보았다. 야노위츠(Janowitz, 1975)는 주창 저널리즘이 권위에 대한 불신을 부채질했고 기자들의 직업적 위상을 해쳤다고 주장했다. 최근 시민 저널리즘에 관한 논란에서도 유사한 논지가 제시되었다. 시민 저널리즘 지지자들은 기자들이 공동체 대화의 촉진자로 활동할 것을 촉구했으나 비판자들은 시민 저널리즘이 기자들에게 공동체 대변인 역할을 부여하고 있으며 이는 잘못된 것이라고 여겼다(McDevitt, 2003; Ryan, 2001).

미국 저널리즘의 객관성 규범 지지자들의 반대에도 불구하고 주창 저널리즘은 최근 미국의 주류 언론에서 고개를 들고 있다. 공중파 폭스 뉴스의 극우파적인 견해 표출이나 케이블 뉴스 앵커와 논평가들이 드러내놓고 정파적인 견해를 말하는 것이나 몇몇 타블로이드 신문에서 뉴스를 논설로 만들어 견해를 제시하는 식이다. 야노위츠나 다른 언론학자들이 1970년대에 우려했던 것과는 달리 진보적 시각의 기자들이 아니라 우파적 시각을 지닌 기자들과 언론사들이 주창 저널리즘을 상업 언론에 몰래 도입했다. 대안언론이 실천했던 주창 저널리즘과 달리 이런 주창 기자들의 보도 경향은 여러 언론사에서 따라하고 있다. 이 언론사들은 현재 정치·경제 체제의 기본 가정에 도전하는 것이 아니라 핵심적인 이데올로기 버팀목의 역할을 수행하는 언론사들은 곳곳에서 활약하고 있다. 요약하자면 주창 저널리즘은 대안적이고 급진적인 뉴스 전통을 계속하고 있는 진보적 출판물뿐만 아니라 우파적 시각을 지닌 주류 언론사의 보도에서도 분명하게 드러나고 있다.

남반구의 주창 저널리즘

서구 이외 지역에서 주창 저널리즘은 대개 미국보다 서부 유럽의 경험을 따랐다. 민주주의의 역사가 짧은 나라에서 언론이 특정 정당의 견해를 지지해야 한다는 시각은 널리 퍼져 있었다. 몇몇 국가의 경우 주창 저널리즘은 서구 민주주의의 고전적인 거대 정당의 노선에 따라 정당의 견해를 표명했다. 다른 나라에서 주창 저널리즘은 특정 정부와 정당의 이익을 지지하는 개인 출판업자와 기자들의 견해를 반영했다.

주창자기자라는 시각이 계속 유지되는 이유를 언론이 속해 있는 정치경제적 환경에서 설명할 수 있다. 정부와 정치인들이 계속해서 언론의 경제적 측면에 상당한 영향력을 행사하는 한 언론사들은 이들의 정치적 이익을 촉진하는 도구 역할을 할 것으로 보인다. 이러한 기본적 틀은 세계화와 시장의 힘이 과거 수십 년 간 미디어 생태계를 재조정했지만 거의 변하지 않았다. 아직도 지구상 많은 나라에서는 정부와 개인의 투자가 미디어의 돈줄이다. 정부의 돈, 정당의 금고, 개인의 돈은 언론사 운영에 매우 중요하다. 종종 언론에 대한 시장과 공공 투자가 약해질 때 정부 관리들과 정치인들 그리고 대기업들이 뉴스 보도 방향에 큰 영향을 미치게 된다. 이런 상황에서 언론이 주창 저널리즘을 행하지 않는다고 생각하는 것은 있을 수 없는 일이다. 뉴스룸의 편집 정책에 미치는 정치적 영향력을 막는 완충적 메커니즘이 전혀 없다고는 할 수 없지만 미약하기 이를 데 없다. 언론사 발행인들이 뉴스 조직을 정치의 촉진 수단으로 여기고, 경제적으로 정치적 특혜에 의존할 경우 뉴스 보도에서 편집과 광고 사이의 '정교 분리' 원칙을 유지하는 것은 사실상 비현실적이다.

언론의 자금 조달에 정부와 정치인들이 계속해서 힘을 행사하고 정부가 언론의 독립을 제어하려는 경향은 주창 저널리즘에 유리한 환경이다. 영미 전통의 시각에서 보자면 뉴스 가치, 공정보도, 독자의 관심 그리고 공공 서비스라는 고려가 개인의 정치적 견해보다 우선해야 한다는 것이 전문직 저널리즘의 이상적 언론관이다. 이러한 시각은 개인적 감정을 자제하도록 하며, '개인적 감정'이 뉴스에 스며들지 못하도록 방어한다. 오로지 전문직업적 고려만이 정보의 뉴스 가치, 뉴스 취재 방식, 뉴스 프레임, 취재원 선택 등을 결정해야 한다는 것이다. 그러나 남반구의 개발도상국과 후진국에서 이러한 원칙을 현실에 적용하는 것은 대개 어려웠다. 언론사 발행인들과 소유주들은 언론을 '사내 기관지house organ'로 여기고, 교묘하면서도 공개적인 방법으로 뉴스 콘텐츠 방향에 영향을 미치는 정치적·경제적 이익 세력과 힘을 합해 자주 언론의 전문직주의에 대한 산소 공급을 차단한다.

언론의 객관적 보도라는 시각이 점차 힘을 얻었지만 이상과 현실 간의 괴리는 계속 남아 있다. 기본적인 정치적·경제적 조건이 갖춰져 있지 않은 한 정당의 손아귀에서 벗어난 뉴스 보도는 현실적으로 가능하지 않다. 권위주의적이고 독재적인 통치의 전성시대에 언론사와 기자들은 정당의 공식 입장을 따르든지 아니면 박해를 감내해야만 했다. 뉴스 보도가 정부의 공식 입장을 따라야 하는 것이 전반적 여건인데, 뉴스 보도가 정치와 안전거리를 유지한다는 것은 쉽지 않았다. 직접 소유, 공식 검열, 노골적 억압 등 '위로부터의' 통제가 존재하는 상황에서 언론의 전문직업적 실천을 표준화하는 규범은 불필요했다.

군부독재와 단일 정당 정권의 몰락으로 저널리즘 규범을 재규정할 기회가 생겼다. 저널리즘 규범에 대한 최근의 연구를 보면 아시아와 아프리카 그리고 아메리카 대륙에서 기자들의 직업적 정체성과 역할이 변하고 있음을 알 수 있다(Donsbach & Klett, 1993; Gross, 2003; Hanitzsch, 2005; Hasty, 2005; Hughes, 2006; Nyamnjoh, 2005; Pan & Chan, 2003; Ramaprasad, 2001; Ramaprasad & Hamdy, 2006; Rampal, 1996; Richstad, 2000; Sakr, 2006). 그러나 저널리즘 규범에 대한 합의는 아직도 부족하다. 객관성 혹은 불편부당성도 아직 저널리즘 규범으로 확립되지 않았다. 객관적 보도라는 시각이 논란 많은 규범이듯이 구식의 주창 저널리즘도 편집 정책에 의해 제약을 받는다(Mano, 2005. Mwesige, 2004. Waisbord, 2000). 기자들은 '사회적 동원자로서 기자들'이라는 시각뿐만 아니라 객관성의 응용에 대해서도 회의적이다. 현실을 불편부당하게 전달하거나 열정적인 정치적 대변인 역할을 넘어서 기자들은 개인적 정치와 편집국의 현실 정치 간에 균형을 잡아야 한다. 경우에 따라 객관성을 유지하거나 편집진의 기대에 맞추어주어야 한다. 불편부당성이라는 규범이 기자들 사이에 그리 큰 호응을 얻지 못하거나 일상의 실무에서 강하게 기대되지 않을 때 주창 저널리즘을 막을 것은 별로 없다.

시민 주창 저널리즘의 세계적 등장

선진국 혹은 개발도상국이나 후진국에서 현재 주창 저널리즘은 '기자들'에게만 국한된 것이 아니다. 최근 '시민' 주창 저널리즘이 눈에 띄게 성장했다. 기자들의 정치적 관심을 표명하는 기자 주창 저널리즘 모델과 달리 시민 주창 저널리즘은 사회 변화를 촉진하는 시민단체가 주창자 역할을 하는 것을 말한다. 전통적으로 언론 매체에 제한적으로만 접근할 수 있었던 시민단체들은 이러한 활동을 통해 인식을 제고하고 정보를 제공하며 여론과 정책 토론에 영향을 미치려 한다. 시민 주창 저널리즘은 언론 매체가 사회 변화의 도구가 되어야 한다는 생각에 바탕을 두고 있다. 언론이 계속해서 대중들의 인식을 높이고 정책 우선순위와 의제를 설정하는 데 기여하기 때문에 시민단체들은 뉴스 보도 형성에 영향을 미치려 한다. 이들은 '공공 문제'에 대한 정의에 영향을 미치기 위해 또 다른 하나의 동원 전략으로 언론에 접근한다(Gusfield, 1981; Hilgartner & Bosk, 1988). 시민 주창 저널리즘은 공공 문제의 구성에서 미디어의 중요성과 언론을 전술적 동맹의 관점에서 접근할 필요성에 대한 시민단체들의 인식이 높아짐에 따라 출현한 것이다.

시민 주창 저널리즘은 사회 운동단체 및 이익집단이 최근 들어 구사하는 전문적인 미디어 전략과 연관되어 있다. 이런 경향은 최근까지 주로 북반구의 선진 민주주의 국가에서만 제한적으로 나타났다. 이곳에서 몇몇 사회단체와 이익집단은 보건 문제(Morgen, 2002; Wallack 등, 1993), 흡연 규제(Petrschuk, 2001), 환경정책(Vliegenthart, Oegema & Klandermans, 2005) 그리고 가정폭력에 대한 정책(Berns, 2005)과 관련된 언론보도에 영향을 미치려 활동해왔다. 최근에는 유사한 운동이 남반구의 개발도상국 및 후진국에서도 일어나고 있다. 환경 문제에서 토지권리 문제에 이르기까지 많은 시민단체들이 목표를 달성하기 위해 시민 주창 저널리즘을 활용하고 있다.

이러한 현상을 어떻게 설명할 수 있을까. 시민 주창 저널리즘은 개발도상국 및 후진국의 많은 나라에서 전반적으로 정치와 미디어 환경이 크게 변했음을 반영하고 있다. 첫째, 군부 권위주의와 일당 통치의 몰락은 허약한 민주주의적인 정치 전통을 지닌 정치 환경에서 시민단체의 활동을 강화하는 계기를 제공해 주었다. 신생 민주주의 국가에서 현대 정치 이데올로기의 위기는 시민단체의 출현을 가져왔다. 이러한 단체들의 요구와 정체성은 전통적인 정치 구역의 밖에 있다. 보건문제와 환경, 가정폭력, 이민, 빈곤문제, 아동의 권리문제는 대부분 기존의 이데올로기와 정당의 정책 패키지에 들어맞지 않았다. 국가의 정치를 특징짓고 정체성을 명확하게 해주었던 오래된 정파적 구분은 이러한 사회에서 시민단체의 다양한 동원을 이해하기에는 역부족이다. 보수파와 진보파, 노동과 자본, 혹은 도시나 농촌의 이익단체처럼 역사적으로 정치적 동원과 정체성의 기초를 이루었던 구분은 시민단체의 활동을 촉발하는 다양한 이슈를 포함할 수 없게 된 것이다.

둘째, 민주주의로의 이행은 새로운 언론 활동의 조건을 가져왔다. 의심할 바 없이 그런 조건들은 언론사들 사이는 물론 국가들 사이에서도 다르게 나타난다. 기자들은 기업과 정부의 압력으로부터 무국적(Waisbord, 2007a)에 이르기까지 다양한 장애와 맞닥트려야 한다. 특히 정치적·경제적 권력에 비판적인 언론사는 무수한 장애물에 직면한다. 그러나 공식적인 국가 검열과 억압적 분위기의 종식은 뉴스 보도에서 다양한 시각이 출현할 틈을 주었다. 이제까지 무시당했거나 별로 기회를 얻지 못했던 시민단체들도 이러한 틈을 활용할 수 있게 되었다. 새로운 형식의 대중 동원 및 이와 결합된 저널리즘 환경 개선은 시민단체들이 뉴스 보도에 영향을 미칠 수 있는 배경이 된 것이다.

최근의 미디어 변화도 시민 주창 저널리즘의 출현을 촉진했다. 미디어 경제나 시스템이 국가마다 다르기 때문에 이러한 과정은 상이한 속도로 일어났다. 케이블과 위성 라디오 및 TV의 확장과 인쇄 및 방송매체에서 섹션의 증가(예를 들어 과학, 보건, 음식, 환경, 교육), 뉴스와 토크쇼의 인기, '틈새'

출판물의 성장, 인터넷에서 끊임없이 출현하는 뉴스 사이트는 언론의 창구가 급증하는 데 기여했다. 이에 따라 뉴스 보도가 급증하면서 시민 주창 저널리즘에 새로운 기회를 제공했다.

이러한 변화는 법적 변화와 기술혁신 및 경제적 계산에 의한 것이다. 무엇보다도 민영화, 규제완화 그리고 기술 변화가 복합적으로 작용해 언론의 창구가 늘어났다. 이전에는 대다수의 남반구 개발도상국과 후진국에서 정부가 언론을 직접 소유하거나 직접적으로 검열했었는데 이제 미디어 환경은 변했다. 현재의 미디어 시스템은 다양한 의제에 관심을 가진 수많은 상업적, 종교적, 반공영적, 공동체적 라디오와 TV 방송국 등으로 이루어져 있다. 두 번째, 정보기술 분야에서의 다양한 혁신으로 케이블과 위성TV 방송국 그리고 인터넷 웹사이트로 대표되는 언론의 창구가 급증했다. 신정보기술은 주창 저널리즘과 사회활동을 위한 새로운 통로를 제공한다(Bennett, 2003). 셋째, 뉴스의 세분화segmantation 때문에 특정 독자를 대상으로 하는 '틈새' 뉴스가 생겨났다. 사회정의보다 이윤 추구가 이러한 과정을 앞당겼지만 이는 사회정의와 관련된 뉴스 보도의 플랫폼을 만들어 시민 주창 저널리즘에 기회를 제공했다.

이러한 여러 과정은 미디어 민주화에 부정적·긍정적 측면을 모두 지니고 있다. 한편으로 기업의 통제되지 않은 권력과 이에 대한 강력한 대항력의 부재는 최근의 이러한 변화가 대중의 의사 표현을 위한 공정한 기회를 제공하는지 아니면 힘 있는 자들 쪽으로 힘의 균형추가 기울고 있는지에 대한 우려를 자아내고 있다. 다른 한편으로 정부의 미디어 독점과 뉴스 콘텐츠 조작의 오랜 전통을 지닌 국가에서 언론의 창구가 급증한다는 것은 다소나마 희망을 가져다준다. 현재의 미디어 환경은 무제한의 표현과 동등한 기회를 보장하는 '멋진 신세계'가 아닐 수 있지만 뉴스 플랫폼의 폭발적 성장이 야기한 혁신을 주목하는 것은 중요하다. 특히 공공 및 개인 소유 미디어를 통한 '뉴스'가 정부의 선전도구였던 국가에서 일어나고 있는 혁신을 주목해야 한다.

시민 주창 저널리즘은 미디어 체제의 광범위한 변화가 이루어짐으로써 시민 단체로 하여금 뉴스 콘텐츠에 영향을 미치고 다양한 대중들에 다가갈 수 있게 했다는 점에서 매우 중요하다.

시민 주창 저널리즘의 실천

시민 주창 저널리즘을 검토하기 위해서는 두 가지 질문을 고려해야 한다. 하나는 시민단체들이 어떻게 뉴스 보도에 영향을 미치려 하는가 하는 점이다. 또 다른 하나는 목소리와 의견의 폭을 넓히려는 이러한 노력이다. 이절은 첫 번째 질문을 다루고 다음 절은 시민 주창 저널리즘이 끼친 영향을 다룬다.

시민단체들은 종종 '뉴스 보도'와 관련해 불리한 입장에 있다. 공식 취재원도 아니고 뉴스 제작에 영향을 미치거나 편집국이나 보도국에 쉽사리 접근할 수도 없기 때문이다. 정부 취재원과 달리 시민단체들은 "이슈를 규정할 힘"이 부족하다(Schlesinger & Tumber, 1994). 시민단체들은 경제적으로 부유하지 않기 때문에 홍보대행사를 고용해 우호적이고 지속적인 뉴스 보도를 확보할 수 없다. 많은 시민단체들이 주기적으로 보도되지 않았거나, 최근에야 취재 영역에 편입되었기 때문에 뉴스로 보도되는 데는 어려움이 있다. 시민단체들은 종종 막강한 정치적·경제적 행위자들에 도전하기 때문에 이런 사람들을 다루기를 거북해하는 언론사를 상대해야 하고 때에 따라 언론사의 강력한 반대에 직면한다.

'뉴스 취재원'과 '뉴스 주체'로서 시민단체가 겪는 어려움은 사회 변화를 촉진하는 사회운동 관계자들의 걱정거리였다. 언론이 사회운동에 동맹자인지 아니면 장애물인지는 계속되는 논란거리였다. 저항 운동은 전통적으로 주류 언론사들과 조심스럽게 접촉했거나 아니면 관계를 맺기를 거부했다.

비대칭적 역관계와 언론사의 정치적 의제는 왜 뉴스 보도가 전형적으로 저항 운동을 왜곡해 보도하는지를 설명해준다. 이러한 우려가 없어진 것은 아니다(Carroll & Ratner, 1999; Downing, 2005; Smith, 2001). 사실상 그러한 우려는 대안 뉴스의 성장을 촉진하고 기업 형 미디어가 생산하는 뉴스를 대체할 뉴스를 개발하려는 민주 언론 운동에 자극제가 되었다(Hackett, 2000). 이러한 결정은 주류 언론의 침묵이나 편견에 직면한 저항 운동들이 그들의 주장을 대변하기 위해 독자적 표현수단을 강화하는 전통을 따른다. 저항 운동들은 대안언론이 우려의 목소리를 높이고, 아이디어들을 토론하고, 정체성을 형성하고, 대중을 동원함으로써 중요한 역할을 수행한다는 견해를 수용한다.

이러한 전통의 맥락에서 시민 주창 저널리즘은 사회 변화에 관여하는 단체들에게 다른 예민성의 신호를 보낸다. 이는 '매개되는' 정치의 시대에 미디어 보도가 정치적 대의명분을 전개하는 데 중요하다는 현실을 반영하는 것이다. 주창 저널리즘은 또 변화를 촉진하는 투쟁에서 주류 언론을 잠재적으로 '전략적 동맹'으로 보고 접근하겠다는 결정을 보여주고, 기존의 뉴스 속성도 커뮤니케이션 전략에 통합할 필요가 있는 현실을 나타내고 있다. 기존 질서에 근본적인 의문을 제기하는 저항 운동과 달리 시민 주창 저널리즘은 주류 언론과 실용적으로 접촉한다. 주로 주류 언론이 특정 행위자들(예컨대 정책 결정자들과 자금원) 그리고 사회 일반과 접촉하고 이들에게 영향을 미치기 때문이다(Cullinan, 2003). 자신들의 미디어만 활용하는 것이 아니라 이들은 다양한 언론사와 접촉한다. 시민 주창 저널리즘은 주류 언론에 반대하기보다 자신의 관점에서 주류 언론을 다룬다.

홍보자료가 일일 뉴스의 상당 부분을 채우고 있는 상황에서 시민단체들은 사회 변화를 촉진하는 데 활용하기 위해 PR 원칙을 채택했다(Bennett & Lawrence, 1995). 시민단체들은 기자회견을 열고 기존의 '뉴스 포맷'에 맞춘 보도자료를 낸다. 또 그들은 정치 및 오락 분야의 유명 인사들을 활용하는

'미디어 행사'를 벌이고 표준적인 '뉴스 이벤트'(사고나 공식 발표 혹은 자연재해)나 '미디어 공포'를 활용한다. 그들은 또 평가와 뉴스 자료를 제공하기 위해 전문가 집단도 구성한다. 시민 주창 저널리즘이 활용하는 미디어 목록은 표준적인 PR에 국한된 것은 아니다. 정통적 정치와 급진적 정치에 대한 뉴스 관리의 전통에 양다리를 걸친 채 시민 주창 저널리즘은 적절한 현장 행사에 대한 뉴스 관리도 활용한다. 시민 주창 저널리즘은 저항 운동으로부터 집회, 집단농성, 행진 그리고 다른 형태의 대중 행사(예를 들어 극적인 공연이나 음악 쇼 등)를 차용했다. 물론 미디어 취재의 관심을 끌기 위해서다. 일부 사회운동단체는 거리에서 펼치는 행사를 정교한 미디어 관리 형태에 포함시켰다(Anderson, 1997. Smith, 2000). 이 사회운동 중 가장 단적인 예가 에이즈와 환경단체이다. 서구선진 8개국 정상회담이나 국제금융기구의 행사의 김을 빼놓거나 훼방을 놓기 위해 스턴트나 극적인 행사를 준비하는 것도 여기에 포함된다. 이러한 행동은 시민 주창 저널리즘이 공식 행사에 몰두한 언론의 초점을 자신들의 목적에 활용하는 커뮤니케이션 기술의 예이다. 이러한 미디어 전략은 종종 그린피스(Dale, 1996) 및 ACT UP(Gould, 2002; Gross, 2001)의 활동과 동일시된다. 이들 단체는 포경, 핵발전소 그리고 벌목에 반대하는 환경운동을 펼쳐왔다. 또 남아프리카공화국 내 〈에이즈 치료 행동운동Treatment Action Campaign〉과 〈성적 권리 운동Sexual Rights Campaign〉도 이런 전략을 활용했다.

　　사회 변화를 촉진하려는 시민 주창 저널리즘은 표준적인 뉴스 보도 실무와 준칙을 엄격하게 따른다. 시민 주창 저널리즘은 저널리즘에 혁명을 일으키기보다 언론의 주목받기 위해 기존의 정형화된 뉴스 보도와 규범을 따른다. 시민 단체의 미디어 주창 전략은 기존 언론의 뉴스 취재 방식과 보도 관례를 반영해 '제도화'되었다(Gillett, 2003). 말하자면 극적이고 갈등이 주를 이루며, 선정적이고 사건 중심적이고 유명인 중심으로 보도하는 경향을 활용하는 것이다. 이러한 미디어 보도의 특징은 점차 개발도상국과 후진국의 뉴스 보도에서 광범위하게 퍼져나갔다(Natarajan & Hao, 2003; Ryfe, 2006; Tomaselli, 1996). 정치적·경제적·문화적 차이에도 불구하고 '뉴스 꺼리'가 무엇이냐는 판단은 점점 유사해지고 있기 때문에 뉴스 보도 전략도 세계 각국에서 비슷해지고 있다. 따라서 시민 주창 저널리즘은 뉴스 보도의 획기적인 돌파구는 아니다. 오히려 보수적인 접근 방식으로, 사회 정의를 촉진하기 위해 현대 저널리즘의 속성을 활용하는 약간의 창조성이 가미된 뉴스 관리라고 할 수 있다.

새로운 목소리 받아들이기

시민 주창 저널리즘은 뉴스 보도에 어떤 영향을 끼쳤을까? 이 저널리즘은 대개 기존의 뉴스 취재 및 제작 방식을 따르지만 주류 언론에서 전형적으로 외면당하는 이슈와 목소리를 부각시켜 뉴스 보도의 범위를 넓히는 데 기여한다. 이런 과정을 통해 시민 주창 저널리즘은 민주적 토론에 긍정적으로 기여한다. 기존의 뉴스 질서를 전복시키거나 독립적인 언론을 설립하려고 기존 언론 질서에서 탈피하지도 않는다. 시민 주창 저널리즘은 전형적으로 뉴스 보도에서 배제되거나 잘못 묘사되는 행위자들의 목소리를 추가해 중요한 혁신을 가져온다. 이러한 활동은 집권층 취재원에 도전하고 대안적인 뉴스 프레임을 제공하기도 한다(Benford & Snow, 2000).

보건 뉴스와 HIV/AIDS 보도 사례를 고려해보자. 남반구의 개발도상국과 후진국에서 보건부와 다른 정부 부처들은 정보를 제공하고 정책을 시행하는 등의 수단을 활용하기 때문에 뉴스 관리 측면에서 우위에 있다. 북반구 선진국의 HIV/AIDS 뉴스 보도에서 관찰되었듯이(Colby & Cook, 1991; Peterson, 1998) 특히 이 질병의 초기에 개발도상국과 후진국 언론 미디어도 주로 정부 정보에 의존했다. 공식 취재원이 뉴스의 의제 설정과 내용에서 압도적인 힘을 갖고 있을 때 특정 보건 문제와 다른 사회 이슈에 대한 정부의 입장은 뉴스 보도에 매우 중요하다. 정부 부처는 종종 뉴스 서사의 '주요 결정자'이기 때문에 뉴스 프레임을 설정한다. 예를 들자면 보건 문제가 공중보건이라는 이슈 혹은 도덕적 붕괴, 인권보호나 국가안보 가운데 어떤 시각에서 보도되는가 하는 것이다. 공무원들이 특정 주제를 놓고 입장이 나뉘어져 있을 때 기자들이 다른 입장을 지닌 취재원을 활용해 다른 견해를 강조하는 뉴스를 보도하는 이유가 이 때문이다. 몇몇 국가에서 흡연 규제 관련 보도는 정부 내의 시각차가 담배 소비와 생산에 대한 비판적 보도를 활성화하는 것을 보여준다(Durant, Wakefield, McLeod, Clegg-Smith & Chapman 2003; Pertschuk, 2001). 반면 공무원들이 특정 이슈에 대해 입장차가 없을 경우 기자들은 다른 시각을 이야기하려는 공무원을 만나기가 쉽지 않다.

특정한 이슈와 정책을 지지하거나 반대하는 지역 단체의 힘이 국가마다 다르기 때문에 시민 주창 저널리즘의 내용도 다르다. 시민들이 HIV/AIDS 혹은 출산권 같은 특정 이슈에 대해 단결된 힘을 보일 때 언론은 다른 정보원을 좀 더 활용할 수 있는 확률이 높다. 반대로 시민들이 특정 이슈에 대해 단결하지 않을 경우 시민 주창 저널리즘이 다른 목소리를 불러들이기가 어렵다. 세계 각국의 시민단체들은 주창 저널리즘으로 중요한 목표를 달성했다. 세계 각국에서 HIV/AIDS로 고통을 겪고 있는 사람들을 공동의 목표로 동원한 것은 아마도 이러한 과정의 가장 적합한 사례 중의 하나였다. 사람들을 동원했기 때문에 언론사들은 정부 정책과 치료비용 그리고 예방 프로그램 등 광범위한 일련의 이슈에 대해 보다 주목할 수밖에 없었다. 정부가 예방이나 치료 서비스를 제공할 수 없었던 국가나 관련 정보를 통제했던 국가들에서 이러한 경향이 두드러졌다. 말라위나 남아프리카공화국, 짐바브웨처럼 HIV가 없다고 부인한 국가에서 HIV/AIDS 활동가들은 그렇지 않다고 주장했다(Robins, 2004; Stein, 2002; Traquina, 2004). 또 남아프리카공화국에서 HIV/AIDS 활동가들은 언론사에 압력을 넣어 정부의 프로그램이 제대로 기능하는지를 철저히 점검할 것을 촉구했다(Butler, 2005). 우간다에서는 주창 저널리즘이 정부의 항레트로바이러스 약 관리를 비판하면서 시효가 만료된 약의 배분에 대해 언론의 관심을 환기시켰다(Diop, 2000). 많은 나라에서 시민단체 근무자들은 핵심 이슈(예컨대 치료의 접근성, 반차별 조치, 생의학 연구)를 인권문제로 접근해 질병과 보건에 대한 담론의 초점을 바꾸는데 기여했다(Schoepf, 2004). 시민단체 활동가들은 국제인권의 용어를 사용해 의료 및 기업의 담론이 주도했던 사회정의 분야에 깊숙이 침투했다.

이와 유사하게 풀뿌리 운동은 세계 각국에서 여성의 보건 이슈를 언론이 의제로 설정하도록 도움을 주었다. 이들이 적극적으로 다가서지 않았더라면 출산 여성의 건강, 여성 할례 같은 문제를 언론이 집중 조명하지 못했을 것이다. 대개 이들 국가에서 이러한 문제는 정치적으로 민감했고 여성들은 대부분 권력에서 배제되었다. 여성 운동가들은 정부와 보건 전문가들이 사용하는 의료 및 개인주의적 보도 시각을 대체하는 다른 보도의 틀을 제공했다. 출산 여성의 건강을 위한 단체와 여권 운동가들은 정부의 낙태와 가족계획 및 HIV 예방 방법을 비판했고 언론은 이를 크게 다루었다(Brookman-Amissah & Moyo, 2004). 유방암 운동 단체들은 환경적 요인과 성불평등을 강조함으로써 '무정치적인apolitical' 의학 분야로 취급되어 '개인의 책임'이라는 용어로 틀지어졌던 시각을 정치적으로 이슈화했다(Kolker, 2004). 여성 단체들은 또 개인적 특성을 우선시했던 가정 폭력 관련 뉴스 보도의 시각을 교정하는 데 기여했다(Silveirinha, 2007). 성폭력 문제와 관련된 시민단체들에게는 이슈와 뉴스의 틀을 교정하는 것이 주된 관심이었다. 그들은 여성 및 소녀들에 대한 여러 가지 폭력 형태(여성의 할례, 친권자의 강간, '지참금 시비로 아내를 죽이는 것', 조혼 등)에 대해 인식을 제고하는 데 권리에 바탕을 둔 담론을 주로 사용했다.

시민과 기자 주창 저널리즘의 만남

전 세계에 시민 주창 저널리즘이 대두하면서 기자의 직업 규범과 정체성 그리고 사회정의를 촉진하는 사회운동에서의 저널리즘의 위치 등에 대한 날카로운 질문이 제기되었다. 기자들은 개인의 신념과 뉴스 보도의 제약 사이에서 어떻게 조화를 이룰까? 기자들은 뉴스 보도에 개인의 입장을 반영하는 것을 삼가야 할까. 그렇지 않다면 개인의 정치적 신념을 일상적인 보도에 어떻게 반영할까? 개인 및 언론사의 방침을 다루기 위해 어떤 담론 프레임이 필요할까? 기자들은 사회정의의 대상('무엇')과 이유('왜')를 어떻게 다루어야 하나. 기자들은 서로 다른 기사들을 작성하기 위해 뉴스 프레임을 선택하는 데 정부 및 시민운동 단체와 어떻게 협상을 벌일 것인가.

이런 질문에 답하기 위해서는 기자 주창 및 시민 주창 저널리즘을 실제로 실천되는 저널리즘의 구체적 맥락 속에서 다루어야 한다. 객관성이라는 이상이 우세하게 남아 있는 나라에서의 답변은 사회에서 통용되는 언론의 역할에 관한 기존의 규범적 주장이 될 것이다. 언론의 객관적 시각을 옹호하는 사람들은 주창 저널리즘의 목표가 무엇이든, 또한 기자가 주관하든 시민단체가 주관하든 주창 저널리즘을 내켜하지 않는다. 이들은 취재원, 뉴스 대상의 동기나 정체성에 상관없이 언론의 공평성과 정직성 유지가 우선되어야 한다고 여긴다. 언론의 전문직 규범과 관련된 언론의 객관성과 그 외 원칙들이 우세하지 않은 국가에서는 다른 주장과 반응이 예상된다. 앞서 언급했듯이 남반구 대부분의 개발도상국 및 후진국에서 민주주의적 통치로의 이행과 확립이 전문직으로서의 언론의 이상에 관한 합의를 가져오지 못했다. 이러한 국가에서는 주도적인 규범 체제에 대한 합의 대신 새로운 민주주의 및 정권 이행기의 정권에서는 저널리즘 규범에 대한 논의의 주제가 되고 있다.

이런 맥락에서 기자들과 시민단체들이 주창 저널리즘과 관련해 밀접하게 협력하고 있는 사실은 놀랄 것이 없다. 상당수의 개발도상국과 후진국에서 수많은 언론단체들이 사회문제에 대해 보도량과 시각을 넓히려 적극적으로 노력하고 있다. '언론 관련 이슈'(표현의 자유, 기자 보호, 언론법 등) 활성화에 관심이 있는 발행인과(혹은) 기자들을 규합시키는 전통적인 단체들과는 달리 새로운 주창 저널리즘 운동 단체들은 사회 변화와 관련된 문제의 뉴스 보도를 늘리는 데 주로 관심을 갖고 있다. 아프리카 각국에서 HIV/AIDS 뉴스를 보도하는 기자들이 이러한 일을 하고 있다. 예를 들자면 나이지리아의 〈AIDS 퇴치 기자들〉, 탄자니아의 〈AGAAT〉(Falobi & Banigbetan, 2000) 그리고 케냐의 〈FEMNET〉, 탄자니아와 우간다 그리고 다른 동아프리카 국가의 〈미디어여성협회〉, 남아프리카공화국의 〈젠더와 미디어 네트워크〉 등이 있다. 나이로비 소재 〈MESHA〉와 〈남아프리카미디어연구소Media Institute of Southern Africa〉 같이 다양한 사회적·정치적 이슈에 대한 관심 제고를 목표로 하는 단체들도 있다. 라틴아메리카에서는 기자들이 여러 가지 사회 이슈를 보도하기 위해 단체를 결성했다. 예를 들자면 브라질의 〈Agência Notícias de Direitos da Infancia〉는 아동 문제를, 멕시코의 〈Communicación e Informa-ción de la Mujer〉은 여성 문제를 보도하며, 〈Red de Communicación Ambiental de América Latina y el Caribe〉은 환경 문제를, 아르헨티나의 〈Red de Periodismo Social〉과 에콰도르의 〈Agencia Latinoamericana de Infor-mación〉은 사회 문제 일반을 다룬다. 이러한 단체들은 편집국(보도국)에 정보를 주고 뉴스 보도를 용이하게 하기 위해 교통편의를 제공한다. 또 인터넷 등을 통해 기자들을 모으고 언론사와 파트너십을 맺어 교육 워크숍을 조직하고 기사와 연재물을 작성해 출판한다.

편집 정책은 별문제로 하더라도 주창자-기자들은 종종 자신들이 근무하는 언론사의 무관심에 직면한다. 일하는데 필요한 자원도 공간도 빈약하기만 하다. 이들은 '독자가 관심이 없는', '우울하고', '소프트한' 기사를 싣기 싫어하는 편집간부들과 충돌한다. 편집간부들은 사회적 이슈의 선정적 보도에만 관심이 있어 정보 수집을 위한 최소한의 자원도 제공하지 않는다(PANOS,

2007). 뉴스 지면의 부족과 인력의 부족 그리고 정부와 기업 후원인들을 적대시해서는 안 된다는 등 많은 변명 속에서 주창 저널리즘을 실천에 옮기는 것은 매우 어렵다. 기자 주창 저널리즘 단체들은 사회적 이슈를 보도하고 대안적인 뉴스 프레임을 제시해야 한다고 편집간부들을 설득하려 한다. 이러한 네트워크가 여러 국가에 걸쳐 있다는 사실이 중요하다. 이러한 네트워크는 유사한 사회적 문제를 다루는 지역 및 글로벌 기구와 종종 협력하고 다른 나라의 동료들과 파트너십을 체결한다. 이들은 다양한 글로벌 기구를 활용한다. 이들은 기자들을 위한 교육 프로그램과 장학금 그리고 시상 등으로 뉴스에 영향을 미치기 위해 상당한 재원과 시간을 투자하는 전문가 및 시민단체들을 포함하는 다양한 글로벌 기구에 접근한다.

후속 연구 방향

저널리즘의 역사적 발전 경로가 국가마다 다르기 때문에 주창 저널리즘에 관한 일반화는 알맹이 없는 추상화로 빠질 우려가 있다. 또한 국가 간 비교 연구가 없어 광범위한 결론을 이끌어내기가 어렵다. 그러나 저널리즘을 특정 지역의 독특한 과정으로 환원시키는 위험도 피해야 한다. 모든 설명을 '지역성'으로 용해시키는 것은 건전한 개념 형성에 도움이 되지 않는다. 이러한 목표를 염두에 두고 이 장에서 제시된 증거를 바탕으로 추가 연구가 필요한 세 가지 분야를 제시한다.

첫째, 주창 저널리즘 대두에 유리한 일련의 조건을 확인할 수 있다. 언론체제가 역사적으로 매우 다름에도 현대의 주창 저널리즘 대두에는 유사한 조건이 필요하다. 언론의 규범 및 이상과 관련한 합의가 없고, 언론을 잘 알고 있는 시민단체들이 그러한 조건이다. 이러한 조건이 우세하면 기자들이 공개적으로 특정한 명분의 주창자로 활동하고, 시민단체들은 뉴스 의제와 여론에 영향을 미치고 정책 목표를 달성하기 위해 주류 언론을 활용할 가능성이 높다. 기자와 취재원 모두 특정한 명분을 주창하고 종종 긴밀하게 협력한다. 이 두 조건이 모두 없을 때 주창 저널리즘은 다른 상황에 처하게 된다. 저널리즘의 객관성과 공정성 그리고 다른 '엄격한 조건'에 얽매어 있는 국가 (Zelizer, 2004)에서 각 단체들이 미디어 보도와 정책들을 주창하기 위해 활동할 때 이런 곳에서의 주창 저널리즘은 시민 주창 저널리즘일 확률이 높다. 기자들이 공정성이라는 규범에 얽매이지 않고 특정의 사회적 이슈에 대한 집단행동이 미약하거나 없을 경우 주창 저널리즘은 주창자-기자 형태를 띤다.

둘째, 개발도상국이나 후진국의 시민단체들이 유사한 주창 저널리즘 전략을 구사한다는 것은 세계 각국에서 뉴스를 정의할 때 점차 유사한 기준을 사용하고 있음을 보여준다. 언론 체제와 언론 문화에 따라 중요한 차이점이 있지만 기자들은 '뉴스가 무엇인가'에 대해 유사한 정의를 공유한다. 종종 현대의 앵글로색슨 저널리즘의 관례라고 여겨지는, 여러 취재원으로부터 균형 잡힌 시각을 듣고, 사실을 문서에서 확인하고, 다른 원칙을 준수하는 방식이 각국에서 다를 수 있으나 '누가, 무엇을, 언제, 어떻게 그리고 왜'라는 뉴스의 구성요인은 세계 각국에서 유사하다. 이러한 의미에서 '전문직' 저널리즘이 세계 각국에서 대두한 것은 뉴스 가치를 결정하는 데 특정한 실무 규칙들을 채택한 것과 관련되어 있다. 세계 각국에서 '뉴스 가치'에 대해 비슷한 인식을 공유하기 때문에 세계기구 및 지역 단체들이 주창 저널리즘을 실천하는 데 공통의 '취재원 전략'을 활용하고 있다. 그린피스와 ACT UP의 사례는 거리 공연과 홍보 전략을 활용해 지구촌 어디서든지 뉴스를 만들려는 가장 잘 알려진 예에 속한다. 일본의 흡연반대 단체들은 미국이나 유럽의 단체와 그다지 다르지 않은 미디어 전략을 구사한다(Hajime, 2003). 우크라이나에서도 가족계획과 낙태 정책을 지지하는 여성단체의 미디어 전략은 다른 곳에서 유사 운동 단체가 구사하는 전략과 비슷하다(Bishop, Kovtun, Koromeshko, Karpilovskaya & Suprun, 2001). 백신에 반대하는 영국과 나이지리아의 시민단체의 대중 동원 전략은 서로 다른 정치적 참여와 정책 결정을 보여주었지만 비슷하게 선정적인 뉴스와 극적인 이미지를 선호하면서 뉴스 미디어에 호소했다(Petts & Niemeyer, 2004; Waisbord, 2007b). 세계 각국에서 펼쳐지는 시민 주창 저널리즘은 점차 공통의 뉴스 만들기 전략에 의존한다. 뉴스를 결정하는 데 유사한 기준이 사용되기 때문이며, 아마도 세계화 때문에 이러한 현상을 더 주목할 필요가 있다.

셋째, 이 장에서 제시된 주창 저널리즘의 여러 가지 예는 전 세계 차원 그리고 각 지역 차원에서 전개되는 주창 저널리즘의 연계성에 질문을 던진다. 집단행동과 사회운동 관련 문헌에서 글로벌 형태의 시민단체 활동의 중요성에 대해 많은 논의가 있었다(Della Porta, 2006; Keck & Sikkink, 1998). 이러한 여러 가지 이슈 가운데 전 지구적인 사회적 변화 속에서 주창 저널리즘, 커뮤니케이션, 미디어의 이용과 직접 연관된 내용을 강조하는 것이 중요하다. 언론이 지역 뉴스를 선호하고 있음을 감안할 때 세계적 차원의 주창이 지역적 차원의 운동과 일치하면 뉴스 보도에 효과적인 영향을 미치는가? 일상 뉴스를 주로 규정하는 중앙 정부 및 지역 정부의 이익과 글로벌 주창이 충돌할 때는 어떻게 될까? 글로벌 차원의 주창 저널리즘이 사실상 지역적 차원의 운동을 어떻게 지원하는지는 지역 보도의 실무를 분석해야 이해할 수 있다. 각국에 걸쳐 있는 네트워크(시민단체 등)가 정부와 시민운동 그리고 언론사에 영향을 미치는 방식을 연구해야 한다. 이들이 무엇이 보도되고 보도되지 않는지의 경계를 결정한다. 전국 및 지방 여론에서 특정 이슈의 보도 경향을 추적해 지역적 차원 및 글로벌 차원의 주창 저널리즘 활동이 어떻게 언론의 주목을 끌고 뉴스 프레임을 결정하는지를 알 수도 있다. 언론과 시민운동 모두 세계화의 영향을 받기 때문에 주창 저널리즘은 글로벌 및 지역적 차원의 교차로에 있다. 이러한 의미에서 주창 저널리즘은 언론과 정치가 글로벌 및 지역적 차원에서 상호작용하는 방식을 연구할 수 있는 기회를 제공한다.

기자들의 직업적 정체성과 글로벌 차원에서 주창 저널리즘의 노력이 지역 뉴스에 미치는 영향을 연구하는 것은 현재의 주창 저널리즘과 그것이 사회정의에 끼치는 영향을 이해하기 위해서 뿐만 아니라 저널리즘 연구의 이론적 논의를 풍부히 하기 위해서도 필요하다. 주창 저널리즘에 대한 비교 연구는 지구화된 세계에서 저널리즘의 실천과 규범에 새로운 시각을 제공할 수 있다.

〈참고문헌〉

Anderson, A.(1997). *Media, culture and the environment*. Piscataway, NJ: Rutgers University Press.

Anderson, A.(2003). Environmental activism and news sources. In S. Cottle(ed.), *News, public relations and power*(pp. 63-79). London: Sage.

Bagdikian, B.(1973). Shaping media content: Professional personnel and organizational Structure. *Public Opinion Quarterly, 37*(4), 569-579.

Benford, R. D., & Snow, D. A.(2000). Framing and social movements: An overview and assessment. *Annual Review of Sociology, 26*(1), 611-639.

Bennett, W. L.(2003). New media power: The Internet and global activism. In N. Couldry & J. Curran(eds.), *Contesting media power*(pp. 17-38). Lanham, MD: Rowman and Littlefield.

Bennett W. L., & Lawrence, R. G.(1995). News icons and the mainstreaming of social change. *Journal of Communication, 45*(3), 20-39.

Berns, N.(2005). *Framing the victim: Domestic violence, media, and social problems*. Glenside, CA: Aldine.

Bishop, A., Kovtun, A., Okromeshko, S., Karpilovskaya, S., & Suprun, N.(2001). Lives re-newed: The emergence of a breast cancer survivor movement in Ukraine. *Reproductive Health Matters, 9*(18), 126-134.

Brookman-Amissah, E., & Moyo, J. B.(2004) Abortion law reform in Sub-Saharan Africa: No turning back. *Reproductive Health Matters, 12*(24), 227-234.

Butler, A.(2005). South Africa's HIV/AIDS policy, 1994-2004: How can it be explained? *African Affairs, 104*(417), 591-614.

Carroll, W. K., & Ratner, R. S.(1999). Media strategies and political projects: A comparative study of social movements. *Canadian Journal of Sociology, 24*(1), 1–34.

Colby, D. C., & Cook, T. E.(1991). Epidemics and agendas: The politics of nightly news coverage of AIDS. *Journal of Health Politics, Policy, & Law, 16*(2), 215–49.

Cullinan, K.(2003). The media and HIV/AIDS: A blessing and a curse. *AIDS Bulletin, 10*(2), 35–39.

Dale, S.(1996). *McLuhan's children: The Greenpeace message & the media.* Toronto: Between the Lines.

della Porta, D.(2006). *Globalization from below: Transnational activists and protest networks.* Minneapolis: University of Minnesota Press.

Diop, W.(2000). From government policy to community-based communication strategies in Africa: Lessons from Senegal and Uganda. *Journal of Health Communication, 5*, 113–118.

Donsbach, W., & Klett, B.(1993). Subjective objectivity: How journalists in four countries define a key term in their profession. *Gazette: International Journal for Communication Studies, 51*(1), 53–83.

Downing J. D. H.(2005). Activist media, civil society and social movements. In W. de Jong, M. Shaw & N. Stammers(eds.), *Global activism, global media*(pp. 149–164). London: Pluto Press.

Durrant, R., Wakefield, M., McLeod, K., Clegg-Smith, K. & Chapman, S.(2003). Tobacco in the news: an analysis of newspaper coverage of tobacco issues in Australia, 2001, *Tobacco Control, 2*, 1175–1181.

Emery, E.(1972). *The press and America.* Englewood Cliffs, NJ: Prenctice-Hall.

Falobi, O., & Banigbetan K.(2000). When can journalists become advocates? Media networking in the area HIV/AIDS and the experience of Journalists Against AIDS(JAAIDS) Nigeria. *International Conference on AIDS*, July 9–14, 13.

Gerth, H. H., & Mills, C. W.(eds.).(1946). *From Max Weber: Essays in sociology.* New York: Oxford University Press.

Gillett, J.(2003). The challenges of institutionalization for AIDS media activism. *Media, culture and society, 25*(5), 607–624.

Gould, D. B.(2002). Life during wartime: Emotions and the development of Act Up. *Mobilization, 7*(2), 177–200.

Gross, L.(2001). *Up from invisibility.* New York: Columbia University Press.

Gross, P.(2003). New Relationships: Eastern European media and the post-Communist political world. *Journalism Studies, 4*(1), 79–89.

Gusfield, J. R.(1981). *The culture of public problems: Drinking-driving and the symbolic order.* Chicago: University of Chicago Press.

Hackett, R. A.(2000). Taking back the media: Notes on the potential for a communicative democracy movement. *Studies in Political Economy, 63,* 61–86.

Hajime, S.(2003). Agenda setting for smoking control in Japan, 1945–1990. *Journal of Health Communication, 8*(1), 23–40.

Hallin, D., & Mancini, P.(2004). *Comparing media systems: Three models of media and politics.* Cambridge: Cambridge University Press.

Hanitzsch, T.(2005). Journalists in Indonesia: Educated but timid watchdogs. *Journalism Studies, 6*(4), 493–508.

Hasty, J.(2005). *The press and political culture in Ghana.* Bloomington: Indiana University Press.

Hilgartner, S., & Bosk, C. L.(1988). The rise and fall of social problems: A public arenas model. *American Journal of Sociology, 94*(1), 53–78.

Hughes, S.(2006). *Newsrooms in conflict: Journalism and the democratization of Mexico.* Pittsburgh, PA: University of Pittsburgh Press.

Janowitz, M.(1975). Professional models in journalism: The gatekeeper and the advocate. *Journalism Quarterly, 52*(4), 618–626.

Johnstone, J. W. C., Slawski, E. J., & Bowman, W. W.(1972–1973). The professional values of American newsmen. *Public Opinion Quarterly, 36*(4), 522–540.

Keck, M. E., & Sikkink, K.(1998). *Activists beyond borders: Advocacy networks in international politics.* Ithaca, NY: Cornell University Press.

Kocher, R.(1986). Bloodhounds or missionaries: Role definitions of German and British journalists. *European Journal of Communication, 1*(1), 43–64.

Kolker, E. S.(2004). Framing as a cultural resource in health social movements: Funding activism and the breast cancer movement in the US, 1990–1993. *Sociology of Health & Illness, 26*(6), 820–844.

Lupton, D.(1994). *Moral threats and dangerous desires: AIDS in the news media.* London: Taylor & Francis.

Mano, W.(2005). Press freedom, professionalism, and proprietorship: Behind the Zimbabwean media divide.

Westminster Papers in Communication and Culture, November, 56–70.

McDevitt, M. 2003. In defense of autonomy: A critique of the public journalism critique. *Journal of Communication, 53*(1), 155–160.

Morgen, S.(2002). *Into our own hands: The women's health movement in the United States, 1969–1990.* Piscataway, NJ: Rutgers University Press.

Msimang, S.(2003). HIV/AIDS, globalization and the international women's movement. *Gender and Development, 11*(1): 109–113.

Mwesige, P. G.(2004). Disseminators, advocates and watchdogs: A profile of Ugandan journalists in the new millennium. *Journalism, 5*(1), 69–96.

Natarajan, K. & Hao, X.(2003). An Asian voice? A comparative study of channel News Asia and CNN.

Journal of Communication, 53(2), 300–314.

Nyamnjoh, F. B.(2005). *Africa's media: Democracy and the politics of belonging.* London: Zed Books.

Ostertag, B.(2006). *People's movements: The journalism of social justice movements.* Boston: Beacon Press.

Pan, Z., & Chan, J.M.(2003). Shifting journalistic paradigms: How China's journalists assess "media exemplars." *Communication Research, 30*(6), 649–682.

PANOS.(2007). What the papers aren't saying: How can we enhance media coverage of TB? Retrieved April 20, 2007, from http://www.panos.org

Patterson, T., & Donsbach, W.(1996). News decisions: Journalists as partisan actors. *Political Communication, 13,* 455–468.

Pertschuk, M.(2001). *Smoke in their Eyes: Lessons in movement leadership from the tobacco wars.* Nashville, TN: Vanderbilt University Press.

Peterson, M. A.(1998). The rhetoric of epidemic in India: News coverage of AIDS. *Alif: Journal of Comparative Poetics, 18,* 237–268

Petts, J., & Niemeyer, S.(2004). Health risk communication and amplification: Learning from the MMR vaccination controversy. *Health, Risk and Society, 6*(1), 7–23.

Ramaprasad, J., & Hamdy, N. N.(2006). Functions of Egyptian journalists: Perceived im‐ portance and actual performance. *Gazette: International Journal for Communication Studies, 68*(2), 167–185.

Ramaprasad, J.(2001). A profile of journalists in post–independence Tanzania. *Gazette: International Journal for Communication Studies, 63*(6), 539–555.

Rampal, K. R.(1996). Professionals in search of professionalism: Journalists' dilemma in four Maghreb states. *Gazette: International Journal for Communication Studies, 58*(1), 25– 43.

Richstad, J.(2000). Asian journalism in the twentieth century. *Journalism Studies, 1*(2), 273–284.

Robins, S.(2004). "Long live Zackie, long live': AIDS activism, science and citizenship after Apartheid. *Journal of Southern African Studies, 30*(3), 651–672

Ryan, M.(2001). Journalistic ethics, objectivity, existential journalism, standpoint epistemol‐ ogy, and public journalism. *Journal of Mass Media Ethics, 16*(1), 3–22.

Ryfe, D.(2006). The nature of news rules. *Political Communication, 23*(2), 203–214.

Sakr, N. 2006. Foreign support for media freedom advocacy in the Arab Mediterranean:

Globalization from above or below? *Mediterranean Politics, 11*(1), 1–20.

Schlesinger, P., & Tumber, H.(1994). *Reporting crime*. New York: Oxford University Press.

Schoepf, B. G.(2004). AIDS, history, and struggles over meaning. In E. Kalipeni, S. Craddock, J. R. Oppong, & J. Ghosh(eds.), *HIV and AIDS in Africa: Beyond epidemiology*(pp. 15–28). Oxford: Blackwell.

Schudson, M.(2001). The objectivity norm in American journalism. *Journalism, 2*(2), 149–170.

Silveirinha, M. J.(2007). Displacing the "political": The "personal" in the media public sphere. *Feminist Media Studies, 7*(1), 65–79.

Smith, J.(2001). From protest to agenda building: Description bias in media coverage of protest events in Washington, D.C. *Social Forces, 79*(4), 1397–1423.

Smith, J.(2000). *The daily globe: Environmental change, the public and the media*. London: Earthscan. Stein, J.(2002). *What's news: Perspectives on HIV/AIDS in the South African media*. Johannesburg: Centre for AIDS Development, Research and Evaluation.

Tomaselli, K.(1996). "Our culture" vs. "foreign culture": An essay on ontological and professional issues in African journalism. *Gazette: International Journal for Communication Studies, 57*(1), 1–15.

Traquina, N.(2004). Theory consolidation in the study of journalism: A comparative analysis of the news coverage of the HIV/AIDS issue in four countries. *Journalism, 5*(1), 97–116.

Vliegenthart, R., Oegema, D., & Klandermans, B.(2005) Media coverage and organizational support in the Dutch environmental movement. *Mobilization, 10*(3), 265–381.

Waisbord, S.(2000). *Watchdog journalism in South America*. New York: Columbia University Press.

Waisbord, S.(2007a). Democratic journalism and statelessness. *Political Communication, 24*(2), 115–130.

Waisbord, S.(2007b). Missed opportunities: Communication and the polio eradication initiative. *Communication for Social Change, 1*(2), 145–165.

Wallack, L., Dorfman, L., Jernigan, D., & Themba, M.(1993). *Media advocacy and public health: Power for prevention*. Thousand Oaks, CA: Sage.

Zelizer, B. 2004. When facts, truth, and reality are God-terms: On journalism's uneasy place in cultural studies. *Communication & Critical/Cultural Studies, 1*(1), 100–119.

27_
전쟁과 평화의 보도

하워드 텀버

전쟁과 평화의 보도는 커뮤니케이션, 미디어 그리고 저널리즘 학자들에게 특별히 중요하고 매력적인 일이다. 전쟁과 평화의 극적인 성격, 이것이 국가와 시민에게 지니는 중요성 그리고 언론사들이 여기에 쏟아 붓는 시간과 돈 때문이다. 언론과 전쟁에 대한 분석은 학계에서 많고도 중요한 이론적·개념적 토론을 야기했고, 이는 다른 종류의 커뮤니케이션 분석에도 함의를 갖고 있다. 전쟁과 (보다 최근에는) 테러리즘, 분쟁 해결, 공론장, 정치경제, 정보 관리, 취재원에 대한 정의와 취재원의 역할, 저널리즘이라는 직업, 객관성 등과 관련된 토론은 전쟁과 평화 보도가 유발한 논의 주제들이다.

근대에 들어와 19세기 초반의 나폴레옹 전쟁 이후 전선으로 나가 보도하는 것은 점점 더 드문 일이 아니게 되었다. 당시 영국의 『오라클 앤드 퍼블릭 애드버타이저스*Oracle and Public Advertiser's*』 신문에 근무하는 벨John Bell은 전선으로 나가 그곳에서 기사를 보냈다. 19세기 중반부터는 협력적인 뉴스 취재와 종군기자 그리고 전보와 철도 등의 신기술로 전쟁 보도가 크게 변했다. 이전에는 전쟁에 나간 군인들이 집에 보내는 편지와 전쟁 지휘관들의 군사

보고서만이 전선과 관련된 정보원이었다. 아일랜드 기자인 러셀William Howard Russell이 당시 가장 유명한 종군기자였다. 그는 『런던 타임스』 기자로 거의 2년 간 크림전쟁을 보도했다. 그는 현대의 종군기자의 선구자로 간주되는데, 그가 보낸 전선에서의 뉴스로 시민들은 처음으로 전쟁의 현실을 알 수 있었다. 그의 보도에 따른 대중의 분노 때문에 영국 정부는 전쟁터에서의 군인에 대한 대우를 재평가했고 당시 수상이던 애버딘 경Lord Aberdeen이 이끄는 정부는 사임했다. 일부에서는 러셀을 영국의 전쟁 수행 능력을 손상시킨 배신자로 여겼고 적에게 비밀을 제공했다고 비난했다. 러셀의 보도에 대해 군부에서는 적개심이 일었고, 그 결과 몇몇 영국 지휘관과 장교는 그와 말을 섞지 않았다. 나이틀리(Phillip Knightley, 1975)는 그의 저서에서 종군기자를 영웅, 선동가 그리고 신화 제조자로 그렸는데, 러셀에 대해서는 "불운한 종족의 비참한 아버지"라고 규정했다.

제2차세계대전 중에 기자들은 전쟁터에서의 군인들의 경험 그리고 군인들이 전선에서 수행하는 좀 더 일상적인 내용에 대해 기사를 썼다. 최근 이라크 전쟁에서도 배속된 일부 기자들은 이와 유사한 기사를 썼다. 당시에는 라디오가 주요 매체였다. 시민들은 전쟁터에 파견된 기자들의 뉴스 보도를 통해 전쟁 상황을 알 수 있었고, 정부는 국내에서 대중에게 전쟁 관련 정보를 알려주기 위해 라디오를 활용했다. 또 제2차세계대전을 계기로 기자들에 대한 '숭배'가 시작되었다. 전쟁이 계속되면서 많은 기자들이 종군 기사로 유명해졌고 파일Ernie Pyle 같은 기자는 독자들의 큰 존경을 받았다. 제2차세계대전을 보도한 많은 종군기자들이 한국전쟁 중에도 다시 종군기자로 활동했다.

전쟁 보도는 항상 영광스러운 저널리즘의 한 전문 분야로 여겨졌다. 전쟁과 평화를 보도하는 기자들은 회고록과 자서전에서 위험했던 일과 경험을 이야기하며 신랄하면서도 흥미로운 성찰의 기회를 제공한다(Pedelty, 1995, pp. 29~30; Tumber, 2006). 그러나 종군기자의 일은 점점 더 어려워지고 위험해지고 있다. 기자와 전투요원 간의 경계가 애매모호할 수 있고, 기자들은 우군의 포격을 받을 수도 있으며 종종 납치와 살해 대상이 되기도 한다. 최근 몇 년간 언론사들이 외신보도를 줄이고 외국 지사의 문을 닫았지만 많은 기자는 가벼운 첨단기술로 무장하고 전쟁터로 가서 위성을 통해 과거 전쟁에서는 상상할 수 없었던 현장 뉴스를 보도한다. 인터넷 덕분에 어느 때보다 더 많은 독자들이 쉽사리 뉴스 보도에 접할 수 있어 이들의 뉴스 보도는 세계 어느 곳에서든지 즉각 독자나 보도하는 대상으로부터 비판을 받을 수 있다. 이러한 위험에도 불구하고 기자들은 아직도 종군기자에 매력을 느껴 위험한 전쟁터로 나가 기사를 쓴다.

예를 들어 2004년 4월 이라크의 바그다드 함락 이후 상황이 아주 악화되어 기자들은 일하기가 거의 불가능했다. 베테랑 기자들은 수십 년간 외국의 현장 취재 경험 중 당시 이라크 상황이 최악의 하나였다고 평가했다. 러시아의 체첸공화국 전쟁도 위험이라는 측면에서 이라크와 유사했다. 기자들은 또 점점 더 표적물이 되고 있어 일하기가 어려워지고 너무나 위험한 상황이 계속되어 더 이상 제대로 기사를 작성할 수 없는 상황이 되었다. 상당수의 기자가 전쟁이 일어난 국가 안을 여행하거나, 거리를 걷거나, '기삿거리'를 찾을 수 없었다(The Committee to Protect Journalists, 2007). 기자들은 기사거리를 얻기 위해 현지의 지역 기자들, 문제 해결사, 통역 그리고 운전사들에게 크게 의존하고 있다. 이 때문에 미국이 2004년 11월 이라크의 팔루자를 공격했을 때 군이나 이라크 기자들에게 의존하지 않은 기사가 별로 없었다. 미 해병대와 함께 움직였던 소수의 기자들은 매우 위험한 상황에서 기사를 송고했고 기사 작성도 대부분 군의 통제를 받았다. 이 때문에 팔루자 함락 후 몇 주가 지난 뒤에야 도시가 얼마나 파괴되었는지를 알 수 있었고, 이 전투에서 사망하거나 다친 이라크인 수는 보도되지 않았다(Tumber & Webster, 2006, p. 21).

전쟁과 분쟁에 대한 규정

제2차세계대전 후 상당수의 소규모 분쟁이 발발함에 따라 분쟁에 대한 기존의 범주화가 도전을 받았다(Gray, 1997, p. 156). 제1차세계대전과 제2차세계대전 때처럼 군과 민간인 모두가 동원되어 치르는 '총력전'이라고 불리는 전쟁 개념은 포클랜드 전쟁, 보스니아 내전, 코소보 전쟁, 르완다와 소말리아 내전 그리고 두 차례 걸프전을 설명하는 데는 적합하지 않은 듯했다. 이러한 전쟁에서 민간인들은 제1차세계대전과 제2차세계대전 당시처럼 동원되지는 않지만 통신기술의 발달로 전쟁을 목격하게 되었다.

'우리 전쟁'과 '남들의 전쟁'이라는 용어의 구분이 있다. 우리 군이 동맹군과 함께 적에 맞서 싸우는 '우리 전쟁'에 대한 언론의 보도는 우리 군이 동맹군과 함께 적과 싸우지 않는 '남들의 전쟁' 보도와 다르다(Taylor, 1997, p. 130). 첫 번째 경우 언론보도는 '우리 쪽'을 지지하고 독자도 더 애착을 느낀다. 반면 남의 전쟁의 경우 언론보도에 관심은 덜하다. 그러나 많은 경우 '남들의 전쟁'과 '우리 전쟁' 간의 경계는 모호해질 수 있다.

특정 국가의 정치적 담론 안에서 군사적 조치를 다루려는 경향이 점차 늘어나는 것은 국내의 정치적 준비와 정당화가 여론의 지지를 얻는 데 매우 중요함을 인식했기 때문이다. 전쟁의 결과를 규정하는 중요한 결정은 점차 전장뿐만 아니라 정치 무대에서 이루어진다(Gray, 1997, pp. 169~170). 지배적인 정치적 담론이 변해 남들의 전쟁이 우리 전쟁으로 변하기 전까지는 남들의 전쟁 관련 보도는 관심이 덜할 수 있다.

2001년 9월 11이후 테러와 전쟁 간의 경계가 점차 더 불분명해진 것이 현대 전쟁의 또 다른 특징이 되었다. '스마트' 무기와 '원거리' 표적에도 불구하고 테러리즘은 전쟁을 국내로 끌고 들어왔다. 국제분쟁의 주를 이루는 테러리즘은 무고한 시민을 가리지 않으며, 그간의 합의된 교전 관례를 무시해 격렬한 감정적 반응을 일으킨다(Carruthers, 2000, pp. 163~164). 9·11 공격은 목표 및 서구와의 근접성 때문에 전통적인 전쟁 개념에 의문을 제기했다. 21세기에 정치적 폭력은 정치적 메시지를 전달하는 주요 수단이 되었고, 테러 공격은 21세기가 시작된 후 국제뉴스에 자주 등장했다. 1960년대 말에도 '국제 테러리즘'이라는 용어는 흔히 쓰였다. 이 시기에는 테러리즘을 소련과 좌익 전반과 연관시키면서 테러리즘의 목표를 단순하게 인식했다. 1980년대 초반 미 정부는 이 시각을 주류 이론으로 채택했는데, 이에 의하면 미국과 서구의 이익에 우호적이라고 여겨지면 폭력적이고 억압적인 정권이라 해도 테러리즘과 연계되지 않았다.

이제 테러리즘은 몇 가지 이유에서 냉전 붕괴 후의 세계에서 주요 이슈가 되었다. 첫째, 소련의 붕괴는 반미주의적 정치적 폭력을 조장했다. 냉전 시기에는 소련 진영에 속했던 국가들로 테러 국가 범주를 한정할 수 있어 이를 어느 정도까지 제어할 수 있었으나 이것이 변했다. 둘째, 소련 붕괴 이후 구질서가 종식되면서 나타난 신생국가에서 수많은 종교적·민족주의적 세력이 힘을 얻었다. 특히 정치적 폭력에 관여한 종교 단체들은 이전의 이탈리아 테러단체인 '붉은 여단'이나 독일의 '적군파'처럼 도덕률에 얽매이지 않고 테러 공격을 감행할 태세가 되어 있다(Nacos, 2002, pp. 21~26).

더 많은 독자에게 전달되는 새로운 커뮤니케이션 기술은 테러 단체들에게 새로운 홍보 기회를 제공하고 있다. 새로운 언론 시장과 미디어 소유의 집중은 국내뿐만 아니라 국제적 언론보도의 가능성을 높였다. "뉴스 미디어는 미디어를 잘 아는 테러리스트들을 위해 의도하지 않은 공범이 되어 버렸다"(Nacos, 2002, p. 29). 테러리스트들의 실제 신원과 동기는 계속해서 알려지지 않지만 그들의 활동에 관한 광범위한 보도와 대중의 큰 관심으로 인해 테러리스트들의 '선전 행위'는 크게 성공하고 있다(Nacos, 2002, pp. 8~10; Tuman, 2003, p. 120). 점점 더 극적이고 '유혈이 낭자한' 사건이 언론에 더 보도될 확률이 높기 때문에 테러 공격의 성공 기준도 높아지고 있다(Tuman, 2003, pp. 119, 135~136; Nacos, 2002, pp. 28~29). 테러리즘의 경우에도 커뮤니케이션의 중요성이 커짐에 따라 테러리스트들은 이를 보다 정교하게 활용하게 되었다. 정치적 커뮤니케이션 내에 존재하는 일종의 전문직의 일탈적 분파로서 테러리스트들은 기존 언론을 우회해 직접 방송을 제작한다. 예를 들어 빈라덴의 테이프는 서구의 기준에서 보면 아마추어 수준이지만 전 세계 시청자뿐만 아니라 아랍인을 대상으로 하는 묘사 측면에서는 상대적으로 정교하다(Tuman, 2003, pp. 136~137). 게다가 이들이 위성방송 알자지라를 주로 활용하는 것은 서구 정치인들이 선거운동을 할 때 수십 년간 활용해 온 특정 언론에 '독점 인터뷰 제공'이라는 논리를 따르고 있다. 테러 조직이 기존 미디어를 우회하는 방법은 이라크에서 납치된 인질의 참수 장면을 인터넷에 방영하면서 절정에 이르렀다(Tumber & Webster, 2006년을 보라).

선전과 정치경제

1960년대와 1970년대 초의 베트남전은 이후 갈등 보도와 관련된 학문적 토론의 틀을 세웠다. 1986년 헬린은 미국 언론과 베트남전에 관한 연구서를 출간했는데, 이 저술은 정부와 군이 상대적으로 긴 전쟁 동안 보여준 대언론 전략을 다룬 주요 저작이다. 이 책에서 그는 미국의 외교정책에 대한 허먼과 촘스키(2002)의 '과격한' 정치경제학 또는 선전 모델이 지나치게 결정론적이라며 이에 도전했다. 그는 언론의 사건 보도 방식이 정치 엘리트 간의 의견합치의 정도와 긴밀하게 연관되어 있다고 주장했다. 헬린의 이런 견해는 언론이 "기성세대에 반대하는 조직"으로 "정부 조직의 권위를 해치고 있다"는 보수적인 분석과도 대조를 이룬다(1986, P. 11). 헬린은 당시 언론이 베트남전을 지지하거나 혹은 거부하거나 등의 태도에서 '갑자기 입장을 바꾼' 이유를 "객관성을 지향한다는 저널리즘의 이데올로기와 업무 관행"을 중요하게 여겼기 때문(1986, pp. 63~69)으로 보았다. 베트남전이 시작될 때부터 1967년까지 정치 엘리트 간에 베트남전에 대한 이견이 별로 없었고, 언론이 이러한 시각을 따르는 것은 "객관적 시각의 보도라는 언론 규범"을 위반하는 것은 아닌 듯했다(1994, pp. 52~53). 그러나 1963~1967년 기간 중 베트남에서 기사를 취재하던 기자들은 그곳의 미군으로부터 전황에 대한 설명을 들었는데, 이 설명은 워싱턴발의 낙관적 내용과 맞지 않았다. 전황에 대한 전쟁터와 미국의 수도 간의 현격한 설명의 차이는 특히 사이공에서 기자회견을 할 때 논란이 터져 나오는 이유가 되었다. 이 시기에는 베트남 현장과 워싱턴 DC 등 두 시각의 전황이 뉴스에 함께 보도되었다(1986, pp. 38~39).

핼린에 의하면 이후의 베트남전 보도는 정치 엘리트 간에 국가안보 관련 합의와 냉전 이데올로기의 점진적 붕괴 및 전쟁 수행에 대한 우려를 반영했다. 언론은 이와 관련해 "반전운동가와 반(反)기득권 역할을 위해 객관적 저널리즘을 포기하지 않고도" 한층 더 많은 양의 비판적 기사를 생산함으로써 점증하는 외교정책 엘리트 간의 긴장과 분열을 반영할 수 있었다. 반전운동이 주류가 되면서 언론은 이러한 토론의 움직임을 '정당한 논란의 영역'으로 반영했다. 언론은 정치 토론의 지배적인 패턴을 보여준다. 따라서 "엘리트 간의 의견 일치가 있을 때 대개 토론은 정치적 토론의 한계 내에서 움직인다. 그러나 이러한 합치가 붕괴되면서 언론보도는 점차 비판적이며 다양한 시각을 보이고, 더욱 더 공무원들이 통제하기가 어렵게 된다"(1994, pp. 53~55). 엘리트들의 정책 토론이 '의견 일치 영역'에서 '정당한 논란의 영역'으로 옮겨가면 정부는 뉴스 의제에 대한 통제력 상실을 우려한다. 기자들이 정부 발표에 의문을 제기하고 다른 공식적·비공식적인 견해에 더 민감해짐에 따라 정부는 점점 더 강하게 검열과 언론에 대한 공격으로 대응했다(Hallin, 1994, p. 71; Morrison & Tumber, 1988, p. 228도 참조하라).

머민(Mermin, 1996, p. 191)은 핼린의 주장을 한층 더 발전시켰다. "의견 일치" 시기에 언론은 "관리들이 설정한 목표를 달성하려고 하는 노력에서 갈등의 가능성을 발견"함으로써 균형성과 객관적 보도를 유지한다는 환상을 지키려 노력한다. 워싱턴에서 정책 토론이 없을 경우 "기자들은 **이미 합의된 정책 토론의 범위 안에서** 비판적 분석을 제시한다. 이들은 기존 정책이 어떤 조건에서는 작동하지 않을 수 있는 가능성과 관련해 비판적 시각을 제시한다"(p. 182). 이러한 '비판적 시각'에 중점을 두는 것은 기자들이 매우 독립적이고 정부에 비판적이라는 인식을 정치인과 경제계 지도자들에게 각인시키는 데 도움을 준다. 또 이러한 시각은 현재 언론보도에 갈등의 요소가 있음을 설명하는 데도 도움을 준다. 몇몇 언론은 "이런 목표를 설정한 초기 정책 결정에 대해서는 비판적으로 분석하거나 토론에 부치지 않으면서도" 정부가 목표를 효과적으로 달성하는 데 갈등이 있을 수 있다고 보도하기도 한다(p. 191).

정보 정책과 군-언론 관계

크림전쟁 당시 러셀의 종군 보도와 그의 뒤를 이어 19~20세기 전장을 누빈 종군기자들 때문에 정부와 군은 기자들의 전선 접근을 제한하고 정보 흐름을 관리하는 전략을 채택했다. 미 정부는 남북전쟁 그리고 스페인과의 전쟁 당시 정보 흐름을 검열하고 관리하려 했다. 물론 두 경우 모두 정부의 이런 노력은 대부분 수포로 돌아갔다. 영국 정부는 보어 전쟁 때 기자들을 장교로 임관시켜 군 규정을 따르게 만들어 정보의 흐름에 대한 통제에서 기민함을 나타냈다. 영국 정부는 또 적에게 귀중한 정보를 보도하는 것을 제한했다. 그러나 대중이 전쟁을 체험할 수 있었던 것은 20세기부터였다. 프랑스와 영국 정부는 제1차세계대전 초기 기자들의 전선 출입을 제한했다. 이런 조치 때문에 국내의 사기가 저하되었으나 독일 정부가 중립국가의 특파원들에게 전선 방문을 격려한다는 사실을 알고 나서야 프랑스와 영국 정부는 원래 정책을 변경했다. 제1차세계대전 당시에 종군기자들은 애국심 때문에 일반적으로 군과 협조해 공식 입장을 거의 비판하지 않았다. 그러나 제2차세계대전 당시 언론보도는 여러 가지 면에서 상당히 변했다. 기자들은 종종 부대와 함께 전선에 주둔했다. 이 때문에 군과 자신을 동일하게 여기고 애착을 느꼈다. 비슷한 문제는 1982년 영국과 아르헨티나의 포클랜드 전쟁(Morrison & Tumber, 1988 참조) 그리고 2003년 이라크 전쟁 때 부대 배속embedded 기자들(Tumber & Palmer 2004)에게서 나타났다.

미디어 학자와 분쟁 연구학자들의 분석에도 불구하고 정부와 군은 미디어, 특히 TV 때문에 베트남전에서 패했다는 교훈을 얻었다. 군 지휘관들과 정치인들은 수년간 검열을 받지 않은 보도, 기자들이 제한을 받지 않고 전선을 취재한 것, 사이공에서 언론 브리핑을 잘못 관리한 것('5시의 어리석은 일Five o'clock Follies'로 알려졌다) 등이 적에게 정보와 도움을 주었고, 국내의 사기를 떨어뜨리고, 여론을 유리하게 조성하기 위한 싸움에서 지도록 만들어졌다고 확신했다. 그들은 차후 전쟁에서 이러한 실수를 되풀이해서는 안 된다고 굳게 믿었다. 이후 군 지휘관과 정치인들은 정보를 통제하고 궁극적으로 시민들의 지지를 얻기 위해 미디어를 엄격하게 통제하면서 다양한 방식의 '미디어 통제의 관리'를 시도했다.

영국 정부는 포클랜드/말비나스 분쟁 당시 이러한 인식에 기반해 대미디어 정책을 실시했다. 이 전쟁 당시 영국 정부와 군의 정보 정책은 형편없이 수립되었고, 기획이 부족했다. 합의된 절차나 기준도 없었고 각 부처 간 중앙 통제나 조정 체계도 없었다. 영국 정부가 도입한 임시조처라는 것은 베트남 '신화'에 바탕을 두었다. 포클랜드 전쟁 당시 영국 정부는 여론을 얻기 위한 전쟁을 '작전상 보안'이라는 구실 아래 진행했다. 정보 공개 지연과 검열 그리고 잘못된 정보를 퍼뜨리는 변명으로 이 용어가 포괄적으로 사용되었다(Morrison & Tumber, 1988, pp. 189~190). 보도의 내용이 무엇이었든 영국 정부가 민첩하게 계획해서 나온 결과는 아니었다. 런던에서 8,000마일 떨어진 대서양 남쪽의 조그마한 군도가 전쟁터였던 사실 때문이었다. 저널리즘의 관점에서 본다면 잘못된 장소에서 전쟁이 일어났다. 군 통신망을 이용하는 것밖에 기사를 본사에 송고할 다른 방법이 없었다. 기자들은 마리샛Marisat이라는 위성 송출 장치를 갖춘 군함에 기사 사본을 가져갈 수밖에 없었다. 아르헨티나 정부가 마리샛에 접근할 수 있는 능력을 보유했는지는 알려져 있지 않았으나 이 위성은 100% 보안을 유지하지 못했다. 물론 몇몇 기자들은 이 위성 송출이 100% 보안이 유지된다고 생각했다. 25년이 지난 현재 개인용 위성통신 시스템은 정보의 흐름에 대한 통제를 사실상 불가능하게 한다. 포클랜드 전쟁 때와는 사정이 다르다.

　미군과 국방부 관리들은 포클랜드 전쟁 경험에 주목했다. 당시 활용된 군과 민간인 경호원, 종군기자의 군부대 주둔 그리고 공동취재 운영 등은 향후 발생한 분쟁에서 다양한 구실을 붙여 채택되었다. 1980년대 미국에서는 언론사와 국방부 간에 협력을 위한 기본 규칙을 만들기 위한 토론이 있었다. 언론과 정부 사이의 이러한 신데탕트는 1983년 미국의 그라나다 침공('분노 폭발Urgent Fury'이라는 작전명으로 알려졌다) 당시 처음으로 '시험대'에 올랐다. 그러나 군과 언론의 조화로운 관계의 틀을 마련하기보다 언론사의 분노를 샀다. 600명이 넘는 기자들이 바베이도스에 발이 묶이는 바람에 그라나다에서 무슨 일이 발생하고 있는지 보도할 수가 없었다. 최초 공격이 종료된 지 이틀이 지나서야 15명의 취재 및 사진기자들이 풀pool로 선정되어 그라나다에 갈 수 있었다. 군은 언론사의 요구를 제대로 들어주지 않았다. 잇따른 비판을 받은 미 합동참모본부는 1984년 사이들Winant Sidle 장군의 주재 아래 군과 언론의 관계를 점검하기 위한 위원회를 설립했다. 이 위원회는 모든 미디어가 다 접근 취재가 어려울 경우 풀을 구성해 취재하라는 내용의 권고안을 제출했다. 이 권고안은 미군이 관여한 1988년의 페르시아 만에서의 항해의 자유를 유지하기 위한 작전('진정한 의지 작전Operation Earnest Will') 그리고 1989년에 파나마에서 미군의 개입이 있을 때 준수되었다. 그러나 1989년의 파나

마에서 언론의 '새로운' 풀 체제는 완전히 실패로 끝났다. 당시 딕 체니 국방 장관은 언론 풀의 취재를 방해했고 기자들은 교전 상황을 보도할 수 없었다. 16명의 풀 기자들은 미군의 파나마 침공 후 4시간이 지나 전쟁터에 도착해 10시간이 지나서야 첫 번째 기사를 송고할 수 있었다. 사이들 장군은 군이 자신의 권고안을 이행한 방식을 비판했다. 이후 군과 언론은 논의를 더 가졌고 앞으로 모든 전투 계획에는 언론 관련 부서를 두는 것으로 결론지었다. 물론 풀 취재는 언론사들에게 인기가 없었지만 이후 1990년대 초의 소말리아 그리고 1994년의 아이티 사태에서 이러한 계획은 상당히 잘 운영되었다.

1991년 1차 걸프전(작전명 '사막의 방패')까지 기자들은 풀 취재 그리고 공식 브리핑을 활용해 군사 사건을 보도했다. 기자들의 이동이 제한되었고 기사는 공식적인 보안 점검을 받아야 했다. 전장에 몰려드는 수백 명의 기자에게 어떻게 대응할 것인가와 관련해 병참 문제가 발생했다. 임시방편의 미디어 풀이 조직되었으나 많은 기자들은 이를 무시하고 독립적으로 움직이기로 결정했다. 이런 상황에 언론사들은 좌절감을 느꼈고, 기자들의 행태에 군은 늘 당황스러웠다.

1991년의 걸프전 보도는 이 전쟁에 대한 미디어의 관심은 대단했으나 실제로는 별 것이 없어 군이 언론을 제대로 관리했다는 인상을 심어 주었다 (Bennett & Paletz, 1994; Kellner, 1992; Mowlana, Gerbner & Schiller, 1992; Taylor, 1997). 걸프전 후 몇 년이 지나서『뉴욕 타임스』의 한 기자는 다음과 같이 썼다.

> 1991년의 걸프전 때문에 전쟁이 다시 인기를 끌었다. TV 기자들은 군과 정부의 선전 목적에 맞게 제공된 영상을 기꺼이 틀어댔다. 이러한 영상은 전쟁의 실제 모습을 거의 전해주지 못했다. 단지 하나의 볼거리였고 전쟁은 오락물이 되었다(Hedges, 2002, pp. 142~143).

1999년 코소보 전쟁 당시 군과 언론의 관계는 다시 한 번 악화되었다. 기자들은 이 분쟁에서 현장에 거의 접근할 수 없었고 폭격 관련 정보를 군에 의존했다. 2001년 아프가니스탄 침공의 경우 많은 취재부서 부장과 지사들 그리고 특파원들은 미 국방부의 취재 보도 규칙을 이제까지 관련 규칙 중 가장 엄격하다고 여겼다(Hickey, 2002 참조). 기자들은 탈레반에 공격을 개시할 육군 및 해상기지에 제대로 접근할 수 없었고, 국방부 출입은 물론 취재 정보가 제한되어 있었다는 점에 불평을 쏟아내었다.

2003년의 이라크 폭격 작전의 경우 — 의식적으로 그리고 정확하게 '충격과 경악'이라고 불렀다 — 이라크에 공군이 없어 별로 저항이 없었기 때문에 4주 만에 미군이 쉽게 승리를 거두었다. 미국과 영국군 등 연합군 병사 가운데 극소수만이 죽거나 다쳤지만 이라크 군의 사망자나 부상자 수는 거의 알려지지 않았다. 프랭크스^{Tommy Franks} 미 사령관은 이라크의 사상자 숫자와 관련된 질문을 받자 "우리는 적의 사상자 수를 세지 않는다"고 대답했다. 그렇다면 이라크의 사상자 숫자 추계가 크게 차이가 났다고 해서 놀랄 만한 일이 아니다. 일부에서는 이라크의 사상자 숫자를 15,000~35,000명으로 추정했다(Conetta, 2003). 2004년 9월 존스홉킨스대학교의 연구자들은 사망률에 근거해 이라크의 사상자 숫자를 10만 명 정도로 추산했다(Roberts, Lafta, Garfield, Khudhairi & Burnham, 2004). 그러나 미군의 이라크 점령은 쉽지 않았고, 이라크군을 공중이 아니라 지상에서 대적하면서 2003~2005년 미군의 사상자 숫자는 급증했다.

베트남전의 신화적 유산이 아직도 남아 있어 군과 정부는 시민들이 TV 화면의 아군 사상자 모습에 부정적으로 반응할 것을 우려한다. 군 지휘관과 정치인들은 '합법적인 표적에 대한 정밀 폭격의 사상자'보다 피를 흘리며 죽은 민간인들이 화면에 방영될 때 이것이 미칠 영향을 우려한다. 그들은 또 2004년 4월 이라크의 아부 그레이브 교도소에서 미군이 수감 중인 이라크 포로들을 학대한 사진을 언론이 계속해서 보여주자 이것이 미칠 영향도 걱정했다. 이라크나 아프가니스탄에서 사망한 군인의 운구 장면은 국내의 전쟁 지지도를 떨어뜨릴 것이라고 군과 정부는 특히 우려한다. 이 때문에 미군은 2003~2004년 내내 작전 중 사망한 군인의 시신을 비밀리에 국내로 이송했다. 신문사들이 수송기로 이송된 성조기를 두른 관의 사진을 게재했을 때 군은 특히 당황했다.

군 지도자들은 국내 여론의 지지를 감안해 전쟁터 그리고 전쟁 관련 정보를 조심스럽게 관리한다. 또 이런 와중에서 언론 검열이라는 비판을 회피하기 위해 노력한다. 이런 일을 제대로 하지 못할 경우 민주국가의 '언론자유'를 훼손하고 보도 내용의 신뢰성도 떨어뜨린다. 군의 이러한 인식 관리는 언론사들이 독립적으로 수집하는 것처럼 보이는 적극적인 보도가 지속될 수 있도록 만드는 방법과 결합되어야 한다.

기자 배속과 객관성

근래의 분쟁에서는 드물게 포클랜드 전쟁의 경우 기자들과 군의 관계가 매우 긴밀했다. 이 전쟁과 관련해 좀 더 '객관적'인 시각을 보도해 줄 제3국 기자들은 아무도 없었다. 포클랜드 전쟁은 기자들이 군인들을 따라가 보도하고 호텔로 돌아와 기사를 송고하는 그런 분쟁이 아니었다. 기자들은 군인들과 몇 달 동안 함께 거주하며 불편함을 공유하면서 군의 보호에 의존했다. 기자들은 군과 함께 살면서 현실을 공유했고 이러한 공유된 현실에 대해 공동의 의미를 부여했다. 포클랜드 전쟁의 종군기자 몇몇은 북아일랜드 분쟁도 보도했는데 이들은 북아일랜드 분쟁과 자신들이 목격한 사상자들을 보도하는 데서 민간인 시각에서 기사를 썼다. 포클랜드 전쟁의 경우 종군기자들은 군 시각에서 기사를 작성했다. 기자들이 군대에 대해 좀 더 알게 되자 이들은 군을 동정했고 영국군의 직업정신을 칭찬하게 되었다. 포클랜드 전쟁을 보도하면서 기자들은 두 개의 상이한 감정 간의 갈등이 일어남을 목격했다. 즉 기자들은 한편으로는 공정하고 객관적인 보도라는 직업윤리를 지녔지만 이제까지 관찰자로서의 역할에서 참여자로 역할이 변했다(Morrison & Tumber, 1988, 6장). 종군기자들은 군과 함께 생활해 그들과 같은 감정을 느꼈고 군의 일부가 된 것으로 공감하기 시작했다.

비록 몇몇 기자들은 남대서양으로 군대를 파견한다는 결정에 반대했지만 이들은 일단 충돌이 불가피하다고 여겼을 때 이 일의 끝을 봐야겠다는 결심을 군과 공유했다(P. 97).

2003년의 이라크 전쟁은 최근 가장 많이 보도된 교전이다. 3,000명이 넘는 기자가 이 지역에 파견되었다. 이 중 500명은 군부대에 배치되었고 나머지는 언론사의 스태프나 프리랜서로 여러 지역에 흩어져 일했다. 2003년 이라크 전쟁의 초기 단계에 미군과 정부는 뉴스를 통제하고 관리하기 위해 다양한 조치와 절차를 활용했다. 검열과 역정보, 애매모호한 대답 그리고 각종 심리전 등 전통적인 기법을 활용해 새로운 정보를 추구하는 기자들에게 당혹감을 안겼다. 그러나 격렬한 토론의 주제가 된 것은 바로 군부대에 기자들을 배속embedding하는 방식이었다.

이라크 전쟁 때 기자들이 군과 함께 생활한 것은 포클랜드 전쟁 당시 기자들이 거의 우발적으로 군과 거주한 상황과 달랐다. 이라크 전쟁 때는 미국방부와 언론사 간의 협의로 기자들을 여러 군부대에 상주시킨다는 계획이 있었다. 이러한 '혁신적 방안'이 성사되는 데는 시간이 좀 걸렸다. 기자의 군부대 상주 과정을 논의하는 수차례의 브리핑이 워싱턴에서 열렸고, 기자들은 임박한 침략에 대비해 2003년 11월 군사훈련을 받기 시작했다. 군이나 언론사 어느 곳도 풀 취재로 복귀하거나 이전 전쟁 때 사용된 공식 브리핑에만 의존하려 하지 않았다. 몇몇 기자는 객관성 유지 측면에서 군부대와 함께 생활하는 것을 우려했다. 언론사들이 전황을 지속적으로 생중계하길 원하는 가운데 일부 기자들은 이런 배속 방식을 전선에 다가갈 기회로 보고 수용했다. 이라크 침략 후 군부대에서 생활하는 기자들이 단편적 전황만 보도한다는 우려도 있었다. 미국 및 영국 정부는 시민들이 왜곡된 전쟁 보도를 보고 있다고 불평했다(Tumber & Palmer, 2004, p. 7).

기자 배속은 개별 기자보다 언론사에게 자리를 배정하는 방식으로 이루어졌다. 이 때문에 프리랜서들은 언론사와 계약을 맺지 않는 한 자리를 얻기가 어려웠다. 미 국방부는 배속된 기자들이 '잘못 행동할 경우' 해당 언론사를 제재해 배속 운영을 쉽사리 '통제'할 수 있었다. 군부대와 함께 생활하는 기자들은 행동방식과 관련해 특별 절차와 지침을 안내 받았다. 기자들과 언론사들은 보도할 수 있는 내용과 그렇지 않은 내용을 명시하는 규칙을 준수하겠다는 문서에 서명해야 했다. 예를 들어 차후 작전의 세부적인 내용은 쓸 수 없었고 개인 위성전화나 핸드폰 휴대가 금지되었다. 그들은 또한 자가용으로 여행하거나 보안 수준을 보여주는 사진촬영도 할 수 없었고 적군 포로의 얼굴이나 이름표 혹은 다른 인식 특징을 보도할 수 없었다. 또 작전 보안을 유지하기 위해 필요한 보도통제(엠바고)도 준수하겠다고 약속해야 했다(Tumber & Palmer, 2004, p. 16).

모래 폭풍과 급속한 부대 이동으로 보도가 지연되기는 했지만 군부대 배속으로 인해 군의 검열 없이 사실상 기자들의 실시간 보도가 가능해졌기 때문에 뉴스 미디어 편집자들은 초기의 이 프로그램을 환영했다. 평소에 미 국방부가 중요하게 여기지 않았던 언론사들도 국방부가 상당수의 기자들을 군부대에 배속시켰기 때문에 이 프로그램에 참여할 수 있었다. 소규모 지역 신문도 이라크 전쟁에 기자들을 보냈고, 이들은 "우리도 현장에 있었다"는 말을 독자에게 할 수 있었다. 이전의 전쟁에서는 이런 게 드물었다(Tumber & Palmer, 2004, p. 19).

기자들을 군부대에 배속시키는 과정은 초기에 군과 언론사들의 환영을 받았지만 곧 긴장이 조성되었다. 일부 기자들은 전투를 하지 않는 부대에 배속되어 좌절감을 느꼈다. 이 때문에 기자들은 이런 부대를 떠나거나 회사로부터 떠나라는 지시를 받았다. 이럴 경우 배속된 기자들 이외에도 이전처럼 종군기자를 운영해온 대형 언론사들에게는 그리 큰 문제가 아니었지만 그러한 여력이 없던 소형 언론사들에게는 문제였다. 일부 기자들은 기사를 보내는 데 군 통신망에 의존한다고 불평했다. 또 하나의 중요한 문제로 부상한 것이 기자의 안전이었다. 배속된 기자들은 다치거나 사망하는 위험을 막기 위해 배속된 부대에 기댈 수 있었다. 배속된 기자들이 적군에 잡힐 경우 제네바협약에 따라 포로로 간주될 수 있는지 아니면 스파이로 취급되어 포로 대우를 받을 수 없는지도 잠재적 문제였다. 군부대와 상관없이 독자적으로 활동하는 종군기자들에게(이들은 '독자주의자'로 불렸다) 위험은 명백했다. 군은 이런 종군기자들에게 전투 현장 접근, 수송, 통신망 제공을 거부하는 등 배속된 기자들과 비교해 2류 시민처럼 대접했다. 그 결과 종군기자들 여럿이 전쟁의 와중에 죽거나 다쳤다(Tumber & Palmer, 2004, p. 7).

분쟁 해결과 평화 저널리즘

지난 10여 년간 학자들과 기자들은 분쟁 보도의 새로운 개념과 패러다임을 개발하는 데 관심을 기울였다. '전쟁 저널리즘'에 반대되는 '평화 저널리즘peace journalism'에 전념하는 책과 기사들이 많이 나왔다. 상당수의 이런 책이나 기사들은 언론과 기자들이 전쟁을 보도하고 해결하는데 어떻게 '좀 더' 건설적인 역할을 할 수 있는가를 다루고 있다. 또 다른 글들은 공공외교와 분쟁 해결에서의 언론의 역할을 다루었다.

베트남전쟁이 최초의 TV전쟁으로 알려졌다면 1991년의 걸프전은 CNN으로 대표되는 24시간 뉴스의 등장과 함께한 전쟁이었다. CNN의 당시 보도는 기존 공중파 뉴스에 도전장을 낸 것이었다. 초기 바그다드 폭격 당시 CNN은 바그다드에서 방송한 유일한 방송사가 되는 쾌거를 기록했다. 또 이러한 방송으로 아네트^{Peter Arnett}나 아만푸어^{Christiane Amanpour}같은 유명한 기자도 배출했다. 또 24시간 뉴스가 저널리즘에 미치는 영향을 기술하는 데 CNN이라는 이름을 빼놓을 수 없게 되었다. 탈냉전 시대 24시간 뉴스채널이 국가의 외교정책 결정 과정에 미치는 영향을 기술하기 위해 사용된 'CNN 효과'라는 용어는 처음에 미 국방부 관리가 만들었다고 한다. 즉 특정 사건을 포화 상태에 이르도록 보도하면 공중의 정치적 의식의 핵심적인 위치에 어떤 이미지와 이슈를 가져오는 데 매우 효과적이고, 이에 따라 정부의 외교정책도 영향을 받는다고 생각되었다(Livingston, 1997; Robinson, 2002). 감정적 호소력이 높은 하나의 뉴스 보도나 일련의 뉴스 보도는 "독자의 관심을 환기시키고 이들은 정책 결정자들에게 압력을 넣을 수 있다"(Seib, 2002, p. 27). 그러나 CNN 효과는 예측이 어렵고, 정책 결정에 기여하는 여러 원인 중의 하나에 불과하다는 비판이 제기되고 있다. 많은 경우 정책 공백이 있을 때만 CNN 효과가 효력을 발휘한다. 미디어의 역할에 대한 다른 개념은 정책, 특히 분쟁 해결에 보다 많은 통찰력을 제공해준다.

예를 들어 울프스펠트(Wolfsfeld, 2003)의 정치적 경쟁 모델은 언론이 분쟁 해결에서 수행하는 역할에 집중한다. 강력한 취재원이 뉴스를 관리하는 능력은 정보 환경에 대한 독점의 정도를 주요 변수로 하며, 시기와 환경에 따라 변한다. "강력한 취재원이 통제를 상실할 때 언론은 좀 더 독립적인 역할을 수행할 가능성이 높아진다. 이럴 때 약한 취재원이 그들의 시각에서 보는 분쟁의 프레임을 좀 더 잘 부각시켜 제3자가 개입할 가능성을 높이기 때문이다"(p. 228). 울프스펠트는 취재원을 분석해 언론이 분쟁을 보도할 때 정치 정보의 소극적 전달자이기보다 적극적 역할을 수행하는 정도를 조사한다(Wolfsfeld, 2004; Weiman, 1994; Gilboa, 1998). 하지만 평화 저널리즘의 지지자들은 이와는 다른 종류의 의제를, 즉 이론보다는 선언을 제안하고 있다.

평화 저널리즘을 옹호하는 2명의 학자들은 평화 저널리즘을 "편집자와 기자들이 무엇을 어떻게 보도할지를 결정할 때 사회가 분쟁에 대해 비폭력적 대응을 고려하고 이에 중요성을 부여할 수 있도록 하는 것"이라고 규정한다(Lynch & McGoldrick, 2005, p. 5). 그들은 "편집자와 기자들이 실무에서 선택을 통해 독자와 시청자들에게 프로파간다를 해독하고 스스로 해석을 가능하게 해주어 권력의 책임을 묻게 하는 것"을 평화 저널리즘으로 정의한다(Lynch, 2006, p. 75). 이러한 정의는 왜 평화 저널리즘이 구조적 시각보다 개인과 자발적인 시각에 치중했다는 비판을 받았는지 분명하게 알게 해준다(Hanitzsch, 2007; Phillips, 2006; Tehranian, 2002).

직업의 가치에 바탕을 둔 개별 기자들의 기존 규범은 분쟁을 보도하는데 중립적인 시각을 유지해 편견을 피하고 객관성을 유지하는 것이다. 이렇게 해서 기자들은 분쟁 당사자들을 지지하거나 옹호하는 것을 삼가야 한다. 그러나 이러한 시각은 분쟁 보도의 역동성이나 관련된 실상을 이해하는 데 도움이 되지 못한다. 기자들이 단지 전쟁터에 있다는 사실만으로도 분쟁 당사자들의 행동을 바꿀 수도 있다. 보스니아를 예로 들자면, 기자들이 현장에 있었기 때문에 몇몇 잔혹 행위를 저지하거나 지연시킬 수 있었다(Botes, 1996, p. 6). 그러나 다른 사람들은 보스니아 종군기자들이 어느 한 편을 들어 세르비아 침략에 대항해 성전을 벌이고 있다고 비판했다. 인도주의적 개입과 함께 일부 언론이 선택한 인권 시각은 미국을 비롯한 연합군의 코소보 폭격에 이르는 과정 그리고 폭격의 와중에 드러났다(Hammond & Herman, 2000, p. 124).

기자들은 제3자가 될 수 있는 위험이 있다. 그런데 이 역할은 기자들보다 분쟁 중재자들에게 요구되고 있다. 기자들은 "갈등의 핵심 분야를 이해하려고" 하기 때문에 다른 시각에서 문제를 바라볼 수 있다. 이는 분쟁의 당사자들이 분쟁에까지 이르게 된 공동의 문제를 확인함으로써 분쟁을 해결하는 보편적 과정이다. 이런 시각에서 보면 언론은 분쟁 해결을 위해 직간접적으로 견해를 교환하고 토론하는 장이 된다. 라디오 토크쇼, TV 토론 프로그램 그리고 원탁 등은 모두 중재의 자리로 평화를 조성하는 역할을 한다(Botes, 1996, p. 7; Tehranian, 1996, p. 3).

그러나 분쟁 중재자와 달리 기자들의 직업적 목표는 매우 다르고 상이한 제약 조건에 얽매어 있다. 기자들은 언론사의 피고용자로 이득을 창출하는 상품을 만들어내야 한다. 분쟁은 잘 팔리고, 폭력에 초점을 두고 분쟁을 단순화하면 상품의 가치를 높인다. 언론은 분쟁이 발생하면 극적인 순간이나 폭력적인 사건 등 분쟁의 와중에 초점이 될 수 있는 곳에 관심을 집중한다(Botes, 1996, pp. 7~8). 평화 저널리즘의 지지자들은 언론이 폭력적 대응을 과대평가하고 비폭력적 반응을 과소평가한다고 여긴다. 그들은 "보편적인 도덕적 판단이라거나 공통의 언어나 공통의 전제를 갖고 있다는 주장에 기반하고 있는 것이 아니라 관점들의 다양성에서 찾을 수 있는 불편부당성이라는 개념에 기반한 협력적인 의견 교환과 숙의"를 주장한다(Lynch, 2003). 이들이 보기에 불편부당성은 "국내와 국제 토론에서 평화에 기회를 주는 것이다"(Lynch & McGoldrick, 2005, p. xxi).

〈참고문헌〉

Bennett, W., & Paletz, D.(1994). *Taken by storm: The media, public opinion and the Gulf War*. Chicago: University of Chicago Press.

Botes, J.(1996). Journalism and conflict resolution. *Media Development, 43*(4), 6–10.

Carruthers, S. L.(2000). *The media at war*. Basingstoke, UK: Macmillan Press.

Conetta, C.(2003). The wages of war: Iraqi combatant and non-combatant fatalities in the 2003 conflict. *Project on Defence Alternatives Research Monograph*, 8, 20 October. Retrieved January 4, 2008, from http://www.comw.org/pda

Gilboa, E.(1998). Media diplomacy: Conceptual divergence and applications. *Harvard International Journal of Press/Politics, 3*, 56–75.

Gray, H. C.(1997). *Postmodern war.* London: Guilford.

Hallin, D. C.(1986). *The "Uncensored" war: The media and Vietnam.* Oxford: Oxford University Press.

Hammond, P., & Herman, E. S.(eds.).(2000). *Degraded capability: The media and the Kosovo crisis.* London: Pluto.

Hanitzsch, T.(2007). Situating peace journalism in journalism studies: A critical appraisal. Retrieved August 6, 2008, from http://www.cco.regene-online.de

Herman, E. S., & Chomsky, N.(2002). *Manufacturing consent.* New York: Pantheon Books.

Hickey, N.(2002). Access denied. *Columbia Journalism Review,* 1. Retrieved August 6, 2008, from http://cjrarchives.org/issues/2002/1/afghan-hickey.asp

Kellner, D.(1992). *The Persian Gulf TV war.* Boulder, CO: Westview.

Knightley P.(1975). *The first casualty: From the Crimea to Vietnam — The war correspondent as hero, propagandist and myth-maker.* New York: Harcourt Brace Jovanovich.

Livingston, S.(1997). *Clarifying the CNN effect: An examination of media effects according to type of military intervention.* Research, John F. Kennedy School of Government's Joan Shorenstein Center on the Press, Politics and Public Policy at Harvard, Paper R-18, June 1997.

Lynch, J.(2003). BBC's best defence is diversity. *UK Press Gazette,* August 29, 12–13.

Lynch, J.(2006). What's so great about peace journalism? *Global Media Journal,* Mediterranean Edition, *1*(1), 74–87.

Lynch J., & McGoldrick, A.(2005). *Peace journalism.* Stroud, UK: Hawthorn Press.

Mermin, J.(1996). conflict in the sphere of consensus? Critical reporting on the Panama Invasion and the Gulf War. *Political Communication, 13*(2), 181–194.

Morrison, D. & Tumber, H.(1988). *Journalists at war.* London: Sage.

Mowlana, H., Gerbner, G., & Schiller, H. I.(eds.).(1992). *Triumph of the image.* Boulder, CO: Westview.

Nacos, B. L.(2002). *Mass media and terrorism.* Lanham, MD: Rowman & Littlefield.

Pedelty, M.(1995). *War stories: The culture of foreign correspondents.* London, Routledge.

Phillips, A.(2006). Review of *Peace journalism,* by Jake Lynch and Annabel McGoldrick, *Global Media and Communication, 2*(2), 236–239.

Roberts, L., Lafta, R., Garfield, R., Khudhairi, J., & Burnham, G.(2004). Mortality before and after the 2003 invasion of Iraq: cluster sample survey. *The Lancet, 364*(9445), 30 October, 1–8.

Robinson, P.(2002). *The CNN effect: The myth of news, foreign policy and intervention.* London: Routledge.

Seib, P.(2002). *The global journalist: News and conscience in a world of conflict.* Oxford: Rowan and Littlefield.

Taylor, P.(1997). *Global communications, international affairs and the media since 1945.* London: Routledge.

Tehranian, M.(1996). *Communication and conflict. Media Development,* 4(3), 3.

Tehranian, M.(2002). Peace journalism: Negotiating global media ethics. Harvard *International Journal of Press/Politics,* 7, 58–83.

Tuman, J. S.(2003). *Communicating terror: The rhetorical dimensions of terrorism.* Thousand Oaks, CA: Sage.

Tumber, H.(2006). The fear of living dangerously: Journalists who report on conflict. *Journal of International Relations,* 20(4), 439–452.

Tumber, H., & Palmer, J.(2004). *Media at war: The Iraq Crisis.* London: Sage.

Tumber, H., & Webster, F.(2006). *Journalists under fire: Information war and journalistic practices.* London: Sage.

Weiman, G.(1994). Can the media mediate? Mass mediated diplomacy in the Middle East. In G. Ben Dor & D. Dewitt(eds.), *Confidence building measures in the Middle East*(pp. 291–307). New York: Westview.

Wolfsfeld, G.(2003). The role of the news media in unequal political conflicts: From the 1987 Intifada to the 1991 Gulf War and back again. In N. Palmer(ed.), *Terrorism, war, and the press*(pp. 223–257). Hollis, NH: Hollis.

Wolfsfeld, G.(2004). *Media and the path to peace.* Cambridge: Cambridge University Press.

28

공영방송 연구

홀버드 모/트라인 사이버트슨

서론

공영방송은 결코 엄밀한 분석적 용어가 아니다.[1] 그것은 원래 1920~1930
년대에 유럽에서 설립된 국영방송공사들을 가리키기 위해 사용되었던 용어
로, 이들 중에서는 BBC가 가장 잘 알려진 예이다. 이후 이 용어는 다양한

---

[1] 많은 연구가 '공영방송'이라는 개념은 "정의하기 지극히 어렵다"고 지적하며(Feintuck, 1999,
p. 66), "정확한 과학적 용어가 아니"라고 말하고 있다(Kuhn, 1985, p. 4). 쿤(Kuhn, 1985, 또한
Scannell, 1990을 보라)이 열거한 몇몇 기준을 제시한다면 "방송 기관이 공적인 단체"라든지,
"통상 연간 시청료 형태로 지불을 이행하면 그 대가로 방송 서비스가 모든 이에게 제공된다"든
지, "여러 프로그램 장르에 걸쳐 균형 잡힌 편성을 실행한다"는 내용이 있다. 그러나 라보이
(Raboy, 1996, p. 7)는 "진정한 문제는 이러한 열거 항목을 개선하는 것이 아니라 이런 원칙들을
어떻게 적용하는가 하는 데 있다"고 주장한다. 사이버트슨(Syversten, 1999)은 여러 가지 정의
를 소개하고 공영방송이라는 용어가 "분석적 용어로 성공적으로 활용되기에는 너무 모호하다"고
주장했다(또한 Bolin, 2004를 참조하라). 다른 학자들은 공영방송 기관들 사이에 유사성이 있어
핵심적 공공 서비스의 가치들을 도출할 수 있다고 주장한다(Born & Prosser, 2001; Moe,
2003)(필자 주).

기관, 규제 조항, 사회적 의무, 프로그램 형태 등을 가리키기 위해 사용되어 왔다.

이 장에서는 '공공 서비스public service'라는 용어가 좀 더 일반적인 의미로 사용되며, 나아가 이 용어는 방송사가 사회에 가치 있다고 간주되는 프로그램을 제작하도록 하려고 미디어 시장에 여러 형태의 정치적 간섭을 행하려는 것도 가리킨다(Syvertsen, 2003, p. 156). 지구상 대부분의 나라는 여러 방식으로 미디어 시장에 개입하지만 개입의 정도와 형태는 여러 가지다. 방송 체제에 대한 최근의 몇 가지 분류에 근거해 대체로 세 가지 종류의 공영방송을 분류할 수 있을 것이다.

폭넓은 간섭, 강력한 공영방송 체제: 비록 서유럽이 역사적으로 전통적인 공영방송의 중심지였지만 공영방송에 대한 지지도는 북유럽에서 남유럽에 걸쳐 다양한 형태로 존재한다. 공영방송의 전통적인 본거지는 스칸디나비아, 영국, 독일, 벨기에, 네덜란드 등 북유럽이다. 이들 나라에서는 정부가 폭넓게 방송에 개입하며, 공영방송사들은 자금을 충분히 지원받기 때문에 확고한 기반 위에 서 있다. 이들 중 대부분의 나라는 공영방송사에 자금을 지원하기 위해 수신료 제도를 유지하고 있다.2) 우리는 또한 이 범주에 일본과 일본의 방송국인 NHK를 넣을 수 있다. 아마도 NHK는 세계에서 자금을 가장 잘 지원받는 공영방송일 것이다(Mendel, 2000).

약간의 공공 서비스 개입, 흔히 국내 프로그램을 자극하기 위한 목적을 가지며 공영방송을 위한 공익 자금은 저조한 수준: 몇몇 나라의 경우 방송에 대한 정부 개입의 주된 목적은 높은 비율의 국내 제작을 확보하려는 것이다. 프랑스, 호주, 캐나다, 남아프리카공화국 등 나라에서는 국가의 사회적·문화적 이슈를 반영하는 프로그램을 만들도록 하기 위해 상당한 정도의 규제가

2) 최근 네덜란드와 벨기에의 플랑드르 공동체에서는 수신료가 폐지되었다. 공공 지원이 수신료를 대체했다(European Audiovisual Observatory, 보도자료, Strasbourg g. April 2002. Retrievd March, 16, 2007, from: http://www.obs.coe.int/about/oea/prservice_public.html).

가해진다. 하지만 공익 자금의 조달 수준은 여전히 낮다. 호주, 캐나다, 남아 공에서는 수신료 제도가 없으며, 공영방송사들은 공적 보조금과 다양한 수준의 광고를 통해 자금을 조달하지만 이들 공영방송사는 항구적으로 자금부족을 겪는다(Mendel, 2000).

최소한도의 개입, 낮은 비율의 공적 자금 지원과 부차적인 공영방송: 몇몇 국가에서 공영방송사들은 주로 상업 방송사들의 보완 기구로 간주되며, 핵심적 국가방송사로는 취급되지 않는다. 그리스, 이탈리아, 포르투갈, 스페인 등 남유럽 국가들과 뉴질랜드, 미국 등에서는 공영방송에 대해 상대적으로 낮은 수준의 공적 개입이 이루어지며, 또한 낮은 수준의 공적 자금 지원과 상당히 낮은 수준의 공적 지원이 이루어진다. 그리스에서는 공영방송이 전기요금에 대한 과세를 통해 자금을 지원받으며, 포르투갈과 스페인은 수신료 제도를 철폐했다(Mendel, 2000). 이들 나라에서는 상당한 정도의 규제적 개입이 없다면 공영방송사들이 다시 강력한 지위를 얻기는 어려울 것이다.

공영방송은 정치권의 결정에 의존하기 때문에 많은 연구가 규제 문제 형태든, 민주주의나 국가 형성 등의 보다 큰 이슈든 정치적 이슈에 집중하는 사실은 놀랍지 않다. 우리는 이 장에서 공영방송에 관한 4가지의 연구 추세를 밝혀내려 한다. 첫째는 정책 연구의 흐름을 연구한다. 이것은 공영방송이 가열된 경쟁, 신기술, 민영화, 지구화의 여파로 인해 처한 여건의 변화를 분석한다. 둘째는 기관 연구이다. 이것은 전통적인 공영방송사들이 변화하는 여건에 어떻게 대응하고 적응했는지를 연구하는 것이다. 셋째는 현대의 민족국가의 사회적·민주적 생활 속에서 공공 서비스의 역할에 초점을 맞춘다. 넷째 우리는 잠정적으로 포스트모더니즘적 접근법들이 부상하고 있음을 제시하고 싶다. 이들은 대부분의 공영방송 연구에 만연한 모더니즘적 자세에 대해 비판적이며, 새로운 커뮤니케이션 기술의 변화 잠재력에서 좀 더 명시적으로 영감을 얻는다.

우리는 공영방송과 방송 연구의 기원을 살펴봄으로써 이 장을 시작한다.

다음으로 연구의 4개 흐름을 논의하며, 나아가 다른 접근법들의 장점과 한계들에 집중할 것이다. 이 장을 통 털어 우리는 스칸디나비아, 영국, 독일어권 국가들에서 나온 문헌을 주로 살펴보며 명백히 공영방송 전통을 가진 다른 나라들의 주요 저작들도 훑어볼 것이다. 우리는 이런 논의를 통해 여전히 남아 있는 긴장의 요점을 확인하고 또한 후속 연구 방향을 제시할 것이다.

공영방송과 방송 연구의 기원

공영방송에 관한 연구의 성장은 공영방송 기관의 발전과의 관계 속에서 이해되어야 한다. 최초의 공영방송은 1926년 영국에서 설립되었고, BBC와 영국의 연구자들은 그 후 공영방송에 관한 연구와 토론에서 현저한 역할을 수행해왔다. 이러한 위치는 또한 BBC의 초대 사장인 리스John Reith와 그의 방송 이념 — 후에 리스주의라고 불렀던 — 에 기인한다. 리스는 1924년 저서 『영국에서의 방송Broadcast over Britain』에서 방송은 사람들에게 "원하는 것"을 주어야 한다는 반대자들의 주장을 세밀히 평가하고 있다. 리스의 주장에 의하면 공영방송은 수용자가 무엇을 원하는지 알지 못하며, 아울러 무엇이 필요한지 아는 사람도 거의 없다. 그는 이어 "우리의 책임은 가능한 한 많은 수의 가정에 인간의 지식, 노력, 성취 분야에서 최상의 것을 넣어주는 것이며, 해롭거나 해로울 가능성이 있는 것들을 회피하는 것"이라고 말했다 (Reith, 1924, p. 34).

공영방송사들은 제1차세계대전과 제2차세계대전 사이의 기간 중 유럽 전역에 세워졌고, 대부분의 경우 1980년대까지 독점적 지위를 유지했다. 1950~1960년대 들어 텔레비전에 대해서도 큰 변경 없이 이 구조가 적용되었다. 하지만 영국은 이런 흐름에서 예외였는데, BBC와 별도로 소위 독립 TV(ITV) 네트워크가 1955년에 설립되었다. 그러나 ITV도 공익 콘텐츠 및 소유권 규제의 규정을 준수해야 했다. 이 기간 중 공영방송에 대한 실질적 연구는 거의 없었다(예를 들어 Moe & Syvertsen, 2007). BBC의 초기 역사 등 원래 기관들의 역사에 관한 약간의 연구가 있었지만(예를 들어 Briggs, 1961) 1970~1980년대에 이르기까지 연구는 별로 많이 진행되지 않았다. 그때 미디어가 미치는 영향에 관한 지식에 대한 사회적 수요가 증가함에 따라 미디어 연구기관이 설립되기 시작했다.

지난 20여 년 동안 방송시장에서 엄청난 변화가 일어났고 이에 상응해 연구 양이 팽창했다. 비록 변화의 과정은 계속되고 있지만 두 개의 분명한 흐름이 확인된다. 첫 번째 흐름은 1980년대 및 1990년대 초에 나타났는데, 이때 독점이 깨졌으며 전통적인 방송사들이 상업 방송사들과 경쟁을 벌이게 되었다. 두 번째 흐름은 디지털화 및 융합과 관련해 서 1990년대 후반 및 2000년대 나타났다. 이 시대에 들어 모든 플랫폼에서 경쟁이 증가해 공영방송들이 새로운 시장으로 뛰어들게 되었고, 나아가 라디오 및 TV 방송을 넘어선 서비스를 탐색하도록 자극했다.

정책 연구

연구의 첫 줄기를 말한다면 그것은 정책 연구가 될 것이다. 지난 20여 년 간에 걸쳐 방송시장의 변화와 이들 변화에 대한 정책 결정자 및 정부의 반응에 대한 폭넓은 연구가 있었다. 비교 연구든 사례 연구든 많은 연구는 공영방송이 처한 새로운 상황을 만들어낸 기술적·경제적·정치적·문화적 힘들의 복잡한 상호작용을 파악하려고 노력했다. 이들 연구는 국경을 넘어 유사하며, 가끔 신기술, 지구화, 민영화, 상업화 등 폭넓은 제목 아래 정책상의 변화와 공영방송의 과제 등을 논의했다.

유럽 전역의 구성원들로 짜여진 유로미디어Euromedia 연구 그룹은 1980년대 초 이래 이 분야에 대해 지속적인 관심을 보였다. 첫 책이 1986년에 나온 이래 이 그룹은 유럽에서의 '새로운 미디어 질서'에 관한 일련의 비교 연구와 사례 연구를 수행했다(McQuail & Siune, 1986, p. 197; McQuail & Siune, 1998; Truetzschler & Siune, 1992). 이 그룹은 공영방송에 대한 도전들을 비교적 폭넓게 묘사하면서 이를 '시장'의 팽창으로 위협받는 문화 기관으로 묘사했으며, 여러 해에 걸쳐 직면한 많은 다양한 정책적 도전들을 자세하게 논의했다. 이런 종류의 문화정책 접근법은 정치학과 법학 분야에서 등장하는 좀 더 세부적인 방송 규제 연구와는 조금 대조적인 측면을 가진다. 이와 관련해 하나의 저명한 사례를 든다면, 그것은 호프만림(Wolfgang Hoffman-Riem, 1996)이 6개국을 대상으로 수행한 방송 면허 및 감독에 관한 비교 연구이다. 이 연구는 정부의 실제 개입의 성격에 관해 세부적으로 논의하고 있다. 호프만림의 연구는 또한 '문화'에서 '시장'으로의 변화를 밝혀내고 있으며, 좀 더 구체적으로 이야기하자면 "문화적 기반을 가진 특별한 방송 규제에서 일반적인 경제 규제로 옮겨가는 것을 설명하고 있으나(p. 344) 동시에 이와 상충되는 추세도 예리하게 짚어내고 있다. 호프만림은 20년에 걸친 규제의 변화를 살펴본 뒤 공공 서비스 철학public service philosophy은 계속 찬사를 받으며(p. 356) "방송 산업에 의한 상당한 저항에도 불구하고 유지되어온" 공공 서비스의 많은 사례, 예컨대 광고규제 및 생산 할당량이 존재한다고 결론지었다(p. 355).

유럽의 미디어 정책의 변화를 연구하는 사람들은 점차 EU가 수행한 역할에 대해 살펴보고 있다. 1989년에 〈범유럽TV지침〉이 확정됨으로써 공동의 TV 시장이 의제에 오르게 된 이래 EU 집행위원회는 공영방송에 매우 밀접한 두 건의 정책 이슈에 관심을 가졌다. 그중의 하나는 유럽에서 정보경제를 발전시키려는 지속적인 관심이며, 다른 하나는 시청료가 불법 지원금 형태를 구성하는지를 놓고 벌이는 민영 방송사와 공영방송사 사이의 반복되는 갈등이었다(Levy, 1999). 여러 연구는 이런 이슈들이 중요한 의미를 가진다고 동의하면서도 EU의 행동이 공영방송에 해가 되는지 득이 되는지에 관해서는 상반된 의견을 갖고 있다. 야쿠보비츠(Jakubowicz, 2004)는 이 문제에 대해 회의적 입장을 취하는 연구자 중의 하나로 EU가 의제설정 역할을 공영방송 비판자들이 가져갈 수 있도록 허용했다고 주장한다. 파파사나소풀로스(Papathanassopoulos, 2002)는 EU가 수사적으로만 공영 방송의 진정한 미래를 지지한다고 주장하며(p. 86) 코펜스 및 세이스(Coppens & Saeys, 2006, p. 261)는 EU가 최근 다른 민영 방송사들과 함께 공공 서비스에 관해 "흠결 찾기를 선도했다"고 진술하고 있다. 한편 워드(David Ward, 2003)는 정책 수립에서 EU의 역할에 대해 특히 긍정적인 견해를 갖고 있다. 워드는 민영 방송사들이 공영방송의 특권에 도전한 사례를 연구한 뒤 "EU 집행위가 전반적으로 공영방송은 물론 공영방송의 공적·민주적 삶에서의 역할에 대해 지지해왔다"고 주장했다(p. 248).

비교 연구 및 사례 연구를 면밀히 읽어보면 개별 국가와 EU의 정책 수립자들은 공공 서비스 문제에 관해 다른 의견을 갖고 있음이 드러난다. 한편으로는 공영방송의 사회적 역할이 인정받고 지지되지만 다른 한편으로는 그것의 범위를 제한하려는 정책들이 자리 잡고 있다. 이 점은 정책 수립자들이 어떻게 컨버전스와 디지털화에 접근하는지 보여주는 연구들에서 잘 드러난다(예를 들어 Donges & Puppis, 2003; Marsden & Verhulst, 1999). 공영방송사의 인터넷 활동에 관한 모(Moe, 2008)의 비교 연구는 예컨대 서유럽 국가의 정부들은 공영방송사들이 디지털 플랫폼 서비스를 발전시키는 것을 얼마나 허용할 것인지를 놓고 엄청난 차이를 드러내고 있음을 잘 보여준다. 또한 EU는 이에 비해 제한적 견해를 갖고 있음을 보여준다. 그럼에도 불구하고 스토르술 및 사이버트슨(Storsul & Syvertsen, 2007)은 유럽의 컨버전스 정책에 대한 연구를 통해 공영방송에 우호적인 유럽 내 로비그룹들이 지난 10여 년 동안 힘을 얻었고, 이에 비해 제한적인 정책들은 일반적으로 공익 지지자들의 반대를 받았음을 보여주었다. 반드시 공영방송사들의 솜씨 좋은 로비

활동에 힘입어 그런 것뿐만 아니라 공적 자금을 지원받는 방송사들이 디지털 시대에 다변화된 활동을 하도록 허용해야 한다는 견해에 대해 강력한 지지가 있었다(Levy, 1999, pp. 95~97; Siune & Hulten, 1998, pp. 34~35).[3]

일반적으로 정책 연구들은 종종 공영방송사들이 경쟁자 및 규제자에게서 오는 압력에 취약하다고 묘사하고 있다. 하지만 방송 기관들이 능동적이고, 아이디어가 풍부하고, 상황 변화에 잘 적응한다고 인식하는 견해에서도 많은 것을 얻을 수 있다. 다음 절에서 살펴보겠지만 공영방송사들은 지난 10여년에 걸쳐 그들의 존재에 대한 도전을 매우 진지하게 받아들였으며 정책 수립자, 방송업계 그리고 일반 공중과의 관계 개선을 위해 많은 노력을 투입했다.

공영방송 기관 연구

1980년대의 기술적·정치적 변화에 의해 초래된 새롭고 어려운 환경으로 인해 공영방송사들은 변신해야 했다. 저항과 혼돈의 초기 시대가 지난 뒤 1990년대는 공영방송사 내에서의 대대적인 방향 재조정 시기였다. 공영방송사들이 점차 스스로를 멀티미디어 대기업으로 정의하기 시작함에 따라 1990년대 후반에 들어 새로운 변화들이 찾아왔다. 연구의 두 번째 흐름은 공공기관 내에서의 변화를 다루고 있다.

1980년대 초기부터 유럽 및 여타 지역의 공영방송들은 민간 및 상업 채널들의 점증하는 경쟁에 직면해왔다. 많은 시청자와 청취자들은 공공 프로그램 정책에 불만을 가졌고, 이에 따라 더 많은 선택을 원했으며, 특히 더

---

3) 예를 들어 EU의 공영방송에 관한 암스테르담 프로토콜을 보라. 이것은 회원국 정부가 자국 내에서 공영방송의 자금조달 및 임무를 스스로 결정할 권리를 인정하고 있다(EU, 1997, protocol no. 32)(필자 주).

많은 연예 오락을 선호했다. 공영방송사들은 이런 새로운 서비스에 수용자들을 빼앗기는 것을 두려워했고, 그 결과 프로그램과 편성의 변화로 이에 맞대응했다. 이렇게 되자 공영방송들이 상업 방송들에 너무 근접하지 않느냐, 또한 공공 서비스의 임무를 잊어버리는 게 아닌가 하는 논란이 제기되었다.

이런 (정치적) 의문들이 떠오르자 미디어 연구자들은 재빨리 이에 대해 연구하기 시작했다. 1994년에 출간된 『공영 텔레비전과 융합의 추세*Public service television and the tendency towards convergence*』에서 헬먼Hellmann과 사우리Sauri는 어느 정도로 상업 및 공영방송의 프로그램이 유사해지고 있는지 판단하기 위해 윌리엄스(Raymond Williams, 1975)[4]가 원래 사용했던 방법을 되살렸다. 헬먼과 사우리는 두 개의 가설을 대조시켰다. 즉 분명히 차이가 있는 두 형태의 프로그램에서 나타나는 불변성이라는 가설과 다른 채널들의 프로그램이 더욱 유사해진다는 융합성이라는 가설이 그것이다. 이들 저자는 두 가설이 모두 입증됨을 밝혀냈다. 즉 전반적인 프로그램의 구성이 상당히 안정적이었음에도 불구하고 공익 및 상업 방송은 중요 시간대에는 분명히 더욱 유사해지고 있었다. 저자들은 중요 시간대는 "한 묶음의 규칙이 공유되었다"고 결론지었다(p. 63). 이것은 공영방송들이 사실 중심이며, 문화적이며, 또한 진지한 내용의 프로그램을 보여주지만 상업 방송사들과 유사한 편성 원칙을 채택했음을 가리키는 것이다.

이런 발견은 덴마크(Søndergaard, 1994), 스웨덴(Edin, 2000), 노르웨이(Syvertsen, 1997; Ytreberg, 1999) 등 다른 나라에서도 대체로 반복적으로 나타났다. 공영방송이 변하고 있으나 그럼에도 여전히 상업방송과 뚜렷이 대비된다는 발견은 개별적 프로그램 장르의 연구에도 확산되었다. 예컨대 일련의 비교 저널리즘 연구 결과 둘 사이의 경쟁으로 인간적으로 흥미가 있는

---

4) 이 방법은 윌리엄스가 미국과 영국의 프로그램 간 차이를 논의하려고 개발했다. 프로그램 제작은 각자의 채널에서 전형적인 공영방송 프로그램의 비율을 결정하기 위해 두 가지 형태로 나뉘었다(필자 주).

더 많은 수의 기사, 더 적은 해외 뉴스, 더 많은 범죄 및 스포츠 기사, 길이가 더 짧은 기사, 더 많은 혼합형 기사, 더 많은 오락 등의 경향이 나타났다. 그럼에도 불구하고 햐버드(Hjarvard, 1999, pp. 253~258)가 몇 개 나라의 뉴스에 대한 비교 연구를 요약한 대로 상업 채널과 공영 채널 사이의 내용 및 양식의 차이는 여전히 남아 있다.

프로그램 제작과 편성에 대한 연구는 주로 (간단한) 양적·질적 분석을 사용하며, 가끔 여기에 문서 분석이나 방송사와의 인터뷰를 가미한다. 하지만 이런 연구에서 관찰 방법에 의한 것은 더욱 드물며, 특히 인류학적 연구의 특징인 장기간의 현장 연구 방법은 더욱 드물다. BBC에 대한 종합적인 연구인 본Georgina Born의 『불확실한 비전Uncertain vision』(2004년)은 방송 조직의 구조적 변화를 깊이 캐보려는 민속지학적 방법을 사용했다. 이 연구는 지난 10년에 걸쳐 다수의 공영방송 기관들에서 일어난 변화, 즉 새로운 공적 경영 원칙의 채택, 대형 조직 단위의 창설, 수용자 연구 및 상업적 편성 원칙의 강화, 기획, 브랜드화, 고객관계 기능의 강화 등을 자세하게 그리고 있다. 본은 대외적·대내적 압력이 BBC에 심각하게 유해하다고 인식하고 있으며, 이같은 1990년대 후반 상황에 대해 "냉소의 확산"이라든지 "BBC의 공공 서비스라는 대의에 대한 경영진의 확신 또는 이행 능력 부족"으로 특징짓고 있다(p. 109). 본은 BBC의 전략에 대해 비판적이며, 특히 버트John Birt 사장 하의 전략에 대해 비판적이지만 그의 공영방송 묘사는 공영방송이 소극적이고 취약하다는 다른 연구자들의 견해와는 크게 대조된다. 본은 BBC가 외부 기대에 적응하려 너무 노력하는 바람에 "과잉 경영"(p. 6)되고 있어 차라리 이 회사의 창의력이 훼손되고 있다고 서술하고 있다.

공영방송사들이 디지털 시대의 도전을 어떻게 맞이하고 있는지를 분석하는 연구에서도 적극적이고 전략 중심의 방송 기관들에 대한 유사한 묘사가 나타나고 있다(Donges & Puppis, 2003; Lowe & Jauert, 2005). 이들 연구는 특히 공영방송들이 디지털 기술의 사용을 확대하려 노력해온 네 가지 영역을 지적하고 있다. 첫째는 배포distribution의 영역으로, 방송사들의 (지상파 디지털 네트워크로의) 적극적 전환을 여러 국가를 대상으로 분석한 것이다(예를 들어 Brown & Picard, 2004; Galperin, 2004). 둘째는 **주제적 채널**thematic channels 의 신설이다. 이들 채널은 디지털 채널에서의 배포 역량 증가를 잘 활용하고 뉴스, 영화, 스포츠, 어린이 등의 프로그램 내에서 보너스 서비스를 제공하는 것을 목적으로 한다(Papathanassopoulos, 2002). 셋째는 새 플랫폼으로 확대하려는 전략으로, 이것은 인터넷과 같은 온라인 미디어와 모바일 전화로의 확대를 가리킨다. 연구들은 공영방송들이 인터넷 — 이 새로운 플랫폼을 통합하려는 법률적 근거는 불명확하지만 — 을 라디오와 TV에 뒤이은 '제3의 기둥'으로 선언하려는 움직임을 파악했다(Degenhart, 2001. Moe, 2008). 네 번째 영역은 위의 결합을 나타낸다. 사실은 선택 폭을 넓히고 더 풍부하고 더 참여적인 방송 서비스를 창조하기 위해 TV, 인터넷, 모바일 전화 등 **플랫폼을 결합하려는** 노력은 다수 있었다. 노르웨이 미디어 경영자들과의 인터뷰 조사에서 마쇠, 순데트, 사이버트슨(Maas ø, Sundet and Syvertsen, 2007)은 전통 미디어와 새 미디어를 결합하려는 세 가지 주요 동기는 고객 충성도를 높이고, 새로운 수입원을 찾아내고, 실험과 혁신을 위한 새로운 공간을 창조하는 것임을 밝혔다. 비록 공영방송들은 수용자들이 비상업적 환경에서도 참여할 수 있는 서비스를 수립하는 데 더 큰 관심을 갖고 있음에도 불구하고 이 세 가지 동기는 상업 미디어와 공영 미디어에 동일하게 나타났다.

디지털 시대로의 변천은 공영방송의 미래와 관련해 새로운 비관주의를 몰고 왔다. 디지털 시대의 TV 연구를 통해 파파사나소풀로스(Papathanasso-poulos, 2002, pp. 79~80)는 "공영방송들은 긴 역사 가운데 가장 어려운 도전에 직면해 있다"고 주장한다. 그의 견해에 의하면 디지털화는 수용자의 파편화를 심화시키며, 비용을 증가시키고, 수입 손실을 초래하며, 추가적인 경쟁의 격화를 가져온다. 왜냐하면 상업방송들이 축구나 영화 등 인기 있는 프로그램들에 대한 권리에서 나오는 직접적인 이익을 얻어내는 능력을 갖고 있기 때문이다. 리케리(Richeri, 2004, p. 192)는 이런 평가에 동감을 표시하면 서 "수용자 규모가 줄어든다면 공영방송들이 동일한 투자와 고품질의 편성 을 유지할 수 없을 것"이라고 주장하고 있다. 그는 "과거 수년 동안 여러 다 른 요소들이 나타나 공영 TV의 위기를 초래했고, 이것은 궁극적으로 공영방 송의 주변화나 종식을 의미할 수 있다"고 믿는다(p. 178). 공영 채널에 대해 남부 유럽 출신의 이들 두 필자가 가진 비관적 전망이 옳을 수는 있겠지만 이에 비해 낙관적 전망을 가진 이들도 있다. 예컨대 앞서 나온 본은 영국에 서의 저술을 통해 BBC의 인터넷과 뉴미디어 서비스는 출범 이래 거의 모든 이로부터 갈채를 받았다면서 BBC의 웹사이트가 미국을 제외한 지역에서는 가장 많은 방문자를 가진 비포털 웹사이트로 급속히 성장했음을 보여주는 수치들을 제시하고 있다(p. 9). 그의 견해에 의하면 BBC의 디지털 전략은 디 지털 미래에 관한 "섬세하고 창의적인 사고를 보여주며, BBC가 현재의 영국 을 위해 자신의 미래를 최적화하려면 어떤 역할을 해야 하는지"를 보여준다.

지난 수십 년간에 걸친 대규모 변화는 전통적인 방송들이 원형에서 상 당한 거리를 이동했음을 시사한다. 그럼에도 불구하고 다수의 나라에서는 공적 자금을 받는 방송사들에 대한 확신은 여전히 강력하며, 또한 이것은 공 공의 지원, 정부의 자금 지원, 시청자 통계 등에 반영되어 있다.5) 그러나 공 영방송의 전통이 약한 나라에서는 지지를 얻는 것이 쉽지 않다. 이 점에서 연 구자들은 미래에 공영방송을 위한 건전한 기반을 확보하는 데 비관적이다.

공영방송, 민주주의 그리고 사회생활

우리는 위에서 다수의 시청자와 청취자가 본래의 공영방송 기관들의 온

---

5) 위에서 언급한 강한 공영방송의 전통을 가진 나라들의 공영방송은 일반적으로 시청 시간의 3분의 1 이상을 차지했다(Figures by email from EUB/Nordicom, table 22. 4. c)(필자 주).

정주의적 정책에 대해 비판적이라고 주장했다. 그러나 이들 기관은 또 다른 시각, 즉 마르크스주의 이론가와 급진적 행동주의자의 시각에서 비판을 받았다. 이들 중 일부는 1970년대 후반 이래 이 논쟁에 참가한 젊은 미디어 학자들이다. 이데올로기에 대한 마르크스주의적 사고와 그람시의 헤게모니 개념의 영향을 받은 이들은 홀과 같은 문화연구의 개척자들이지만 공영방송이 사회의 중립적 세력을 나타낸다는 생각에 대해 공격을 퍼부었다. 예컨대 홀(Hall, 1977, p. 346)은 공영방송은 다른 미디어와 마찬가지로 "지배적인 이데올로기의 담론 속에서 세계를 분류하는 핵심적인 이데올로기적 작업을 수행했다"고 주장했다. 홀의 주장은 다른 이들의 공감을 일으켰으며, 이들 중에는 젊은 정치경제학자 간햄Nicholas Garnham이 있었다. 간햄은 영국의 공영방송 체제를 근본적으로 바꿀 것을 촉구했다. 1978년 간햄은 ITV 및 BBC에 대해 아래와 같이 썼다.

> 우리가 현재 갖고 있는 체제는 공중에 대해 책임을 지지 않고 대신 권력 엘리트, 정부, 대기업 그리고 문화적 기성세력의 숨겨져 있는, 그러나 실존하는 압력에 책임을 지는 두 개의 강력한 기관들이 권력 엘리트의 이익을 위해 공중의 생각을 조작하고 개별 방송사들을 사회화해 이들이 거의 무의식적으로 이 과정에 협력하도록 만들고 있다(p. 16).

이런 비판들은 1970년대 후반에 나왔다. 하지만 불과 수년 뒤에 새로운 미디어 재벌들과 1980년대의 경제적 자유주의 정부들에서 나오는 훨씬 더 강한 위협이 공영방송에 가해졌다. 이런 세력들이 공영방송들을 새로운 공격 목표로 삼고 있었기 때문에 급진적 비평가들은 더욱 분명하게 공영방송을 방어하기 시작했다. 1980년대 중반 나타난 한 분파의 사상은 공영방송을 사회의 핵심적인 민주세력이라며 이를 명백히 지지했다. 이 세 번째 분파의 공영방송 연구자들 무리에는 간햄, 스캐넬Paddy Scannell, 머독Graham Murdock 그리고 킨(John Keane)이 속한다. 이들 중 간햄은 이전의 비판적 시각에서 입장을 바꾼 대표적 인물이다. 간햄은 자주 인용되는 1986년 논문을 통해 공영방송은 "국가권력의 위협적 또는 패권적 성격"을 가려주는 "연막"이라거나 "상업적 세력에 의해 내부로부터 장악된 것"이라고 주장하는 좌파들의 견해에 맞선다. 간햄은 좌파들이 공영방송에 대해 소극적으로 지지하는 상황을 바꾸고 싶어 했고, 나아가 공론장이라는 개념을 통해 가치의 기반을 다시 구축하려 했다.

하버마스(Jürgen Habermas, 〔1962〕 1982)는 대학교수 자격취득 논문에서 서유럽의 민족국가들에서의 공론장의 흥성과 쇠퇴를 역사적 관점에서 다루었다. 국가와 시장에서 유리된 이 공론장에서 사람들은 합의에 도달하는 것을 목표로 삼아 자유롭게 정치적 문제들을 숙의할 수 있을 것이다. 간햄 (Garnham, 1986, p. 41)의 해석에 의하면 공론장은 국가나 시장의 직접적인 통제에서부터 유리되어 있으며, 현대 사회에서 공영방송에 의해서만 구현될 수 있는 합리적이고 보편적인 정치를 위한 공간이다. 간햄은 공영방송을 방어한다는 맥락에서 "합리적인 핵심의 잠재력을 키우려" 했으며(p. 53), 동시에 더 높은 책무성, 더 나은 언론인의 훈련, 공중의 더 높은 참여도를 실현해야 한다며 이의 개선을 요구했다.

간햄의 방어는 공영방송에 대한 정치적·산업적 공격의 맥락 속에서 이해되어야 한다. 동일한 배경이 또 다른 핵심 인물인 스캐넬을 이해하는 데 중요하다. 스캐넬의 관심사항은 라디오와 TV의 역사 그리고 일상생활에서 방송의 역할에 있었다. 스캐넬(Scannell, 1989, p. 136)은 간햄과 마찬가지로 방송을 "사회적 통제, 문화적 표준화, 또는 이데올로기적 표현의 한 형태"로 폄훼하는 좌파들의 주장에 대해 공격을 퍼부었다. 스캐넬은 또한 하버마스의 주장을 인용해 라디오와 TV는 모든 시민들이 공론장에 새롭게 접근할 수 있도록 했다고 주장했다. 그의 주장은 "정치적, 종교적, 시민적, 문화적, 사건들과 오락을 공통의 영역 속에 넣음으로써 공적인 생활은 이전에 전혀 가능하지 않았던 방식으로 동일하게 되었다"는 것이다(p. 140). 스캐넬은 방송이 초기부터 민주화에 크게 기여했다고 주장했고, 나아가 공영방송은 공적 생활에서 공통의 지식이 모든 사람을 위한 사회적 선으로 유지될 수 있는 유일한 방법일 수 있다고 주장했다(p. 164). 그의 결론은 "공영방송은 적들의 공격에서 보호되어야 한다"는 것이었다(p. 164).

공영방송과 민주주의 사이의 관계에 관한 학술적 연구는 여러 나라에서 수행되었다(예를 들어 Langenbucher, 1990; Lucht, 2006; Skogerbø, 1996). 그럼에도 불구하고 영국인들의 연구는 이들 중에서도 핵심적 작업이며, 그들은 방송 연구 및 정치사상에도 상당한 영향을 미쳤다. 이러한 연구들은 대륙의 공론장 이론을 영어권 안의 방송 연구에도 도입하도록 했으며, 이 과정에서 미디어 연구와 정치 이론 사이의 간격을 메우는 데 도움을 주었다. 앞서 소개한 정책 연구는 보다 암묵적인 수준에서 규범적이었지만 이 연구들은 공공 서비스를 위한 명시적인 방어 논리를 제공했고, 나아가 거대한 변화의 시기를 맞아 실제로 정책 논의에 상당한 영향을 주었다. 논의를 확대한다면 초기 연구들은 그 후 여러 해 동안 정교하고 세련된 일련의 연구를 이끌었으며, 이 중 몇 건은 방송 이외의 미디어에 대한 정밀한 연구를 하고 있다(예를 들어 Blumler, 1992; Curran, 2002; Garnham, 1992; Keane, 1991). 방송 및 민주주의에 대한 후속 연구들은 공론장 이론 자체도 독창적인 요소를 제공했다(예를 들어 Dahlgren, 1995; Gourd, 2002). 그럼에도 방송 연구의 이러한 경향은 비판을 받았는데, 그것의 핵심을 아래와 같은 포스트모더니즘적 접근법이라는 제목 아래 논의해보기로 하자.

공영방송에 대한 포스트모더니즘적 접근법

앞의 세 가지 접근법은 꽤 용이하게 식별되며 서로 분리될 수 있다. 마지막으로 그리고 보다 시험적으로 포스트모더니즘을 자임하는 제4분파의 연구를 여기에 포함시키려 한다. 여기서 우리는 최근 여러 해 동안 나타난 꽤나 다양한 연구들을 포함시켰는데, 이들 연구는 원래 방송 기관의 존재이유를 넘어 공공 서비스의 새로운 선택지와 개념들을 탐구하려 한다. 아마도 이처럼 넓은 주제 아래 들어가는 연구들은 앞의 접근법들과 같은 모더니스트들의 친-공공 서비스적 자세에 부분적으로 비판적인 한편 다른 측면에서는 신기술 및 플랫폼에 의해 가능하게 된 대중적인 것을 행하고 참여하며 포용할 수 있는 잠재력에 의해 부분적으로 고무되기도 한다.

간햄이 주창한 공론장/공익이라는 접근법이 큰 영향력을 갖지만 이것은 동시에 비판을 받기도 한다. 추상적인 규범적 이론을 실제적인 미디어 현실에 응용하는 것은 어려운 난제이며, 이러한 작업은 현실에서 제대로 실현되기 어려운 이상을 작동 가능한 상태로 만드는 과정을 필요로 한다. 더욱 초기 하버마스적인 공론장 개념은 이상형이라는 관점에서도 문제들이 있었다. 또 이 문제점은 페미니즘 이론 및 대중문화로부터 지구화 연구에 이르기까지의 여러 비평가들에 의해 반복적으로 지적받았다(예를 들어 Calhoun, 1992; Crossley & Roberts, 2004; Habermas, 〔1992〕 1996). 초기 연구에서 발견되는 합리적 사고 및 담론에 한정된 집중은 다른 형태의 커뮤니케이션의 중요성을 무시하는 것으로 비칠 수 있고, 이런 접근법은 "가끔 이상하게도 일상의 사회학적 현실로부터 유리되어 있는" 것처럼 보인다(Dahlgren, 2004, p. 16). 초기 연구들은 공영방송을 가리켜 "현대의 공론장을 위한 제도적 보증자 및 도구" ― 콜린스(Richard Collins, 2002, p. 66)의 표현 ― 라고 묘사했다. 그러나 공영방송의 실제 모습들은 역사적으로 이상적인 공론장에 부응하지 못했으며, 또한 미래에도 자동적으로 그러한 이상형을 실현하거나 그에 접근하지 못할 것이다. 마지막으로 중요한 것은 시장과 공공 서비스를 양립할 수 없는 원칙으로 인식하는 경향이 있었다는 점이다. 특히 영국 학자들의 초기 저작들은 시장의 메커니즘을 민주주의와 화해할 수 없는 것으로 강조했고,

이런 냉정한 거부는 매우 많은 문제를 일으켰다.

호주의 ABC방송의 발전과 관련해 재카(Elizabeth Jacka, 2003, p. 178)는 공론장에 근거한 방어 논리 — 간햄의 저작에 나타난 대로 — 가 "점점 약해지고" 있다고 선언했다(또한 Nolan, 2006을 보라). 그의 대안적 연구는 문화연구자 하틀리(John Hartley, 1999)의 탈현대 TV 개념에 근거를 두고 있으며, 나아가 정치 이론가 무프의 논쟁적 민주주의 개념을 참고로 삼고 있다. 무프(Chantal Mouffe, 2005)에 의하면 정치적 합의에 도달하기 위해 공론장에서 숙의를 한다는 이상은 바람직하지도 않고 불가능하기도 하다. 대신 공론장은 집단적 열정과 헤게모니적 정치 프로젝트 사이의 충돌을 표현하는 채널을 제공해야 한다. 이에 근거해 재카는 간햄의 하버마스적인 태도의 반대쪽에 자신을 위치시킨다. 그의 견해에 의하면 간햄의 태도는 합의 구축, 민간방송보다는 국가 소유 방송의 우위, 미디어 혼합에서 현대 저널리즘의 우월성에 너무 초점을 맞추고 있다(Jacka, 2003, p. 179).

재카의 견해에 의하면 간햄의 입장은 상업 미디어가 현대 민주주의에 제공한 주요한 공헌 — 정보의 유통, 정체성의 함양과 공적 토론을 위한 무대 제공 — 을 무시하고 있다.6) 다수의 연구자들은 대중 저널리즘 및 상업적 오락이라는 포맷이 현대 사회에서 개인적 복지와 집단적 경험을 위해 핵심적이라고 제시하고 있다. 예컨대 홀은 광고 자금을 받는 공영방송인 영국 채널4의 환급금 문제에 대해 BBC 외부의 '공공 서비스 아이디어'를 다시 생각하게 하는 새롭고 원천적인 방법이라고 찬사를 보냈으며, 채널4가 수용자에게 특권을 주었고 주변에 밀려난 집단들에게 표현의 기회를 주었다고

---

6) 그에 대한 답변에서 간햄(2003)은 영국의 방송 체제가 미국의 것보다는 낫다고 주장하면서도 여전히 상업적 방송의 가치에 동의한다. 그는 우리 같은 시민들에게 영향을 주는 결정을 내리는 정치에 대해 좀 더 보수적인 정의를 내릴 것을 주장한다. 그의 주요 관심은 내려지는 결정을 - 정치의 효과 - 폭넓게 접근 가능한 공동 토론을 통해 정보를 얻는 대의제 민주주의의 구조 내의 사람들이 통제하는 것이 가장 바람직하다는 것이다(p. 196). 이러한 공공 토론을 보장하는 것이 공영방송이다(필자 주).

주장했다(Hall, 1992, p. 30). 다른 이들은 오락 및 인기 있는 장르들이 공영방송을 합법화하는 데 수행한 역사적 역할을 강조했으며, 나아가 이런 대중적인 것들을 공공 서비스의 일부분으로 더욱 명백히 옹호할 때가 왔다고 주장했다(Enli, 2008; Syvertsen, 2004; van Zoonen, 2004).

이 분파의 사상 속에서 나온 연구들은 수용자의 파편화된 다원주의적인 특성을 분명하게 언급하고 있으며, 나아가 전통적인 공영방송사들이 이 점을 충분하고 적절하게 언급하지 못했던 점도 드러내고 있다. 홀은 1992년의 「어떤 공중, 누구의 서비스Which Public, Whose Service」라는 제목의 논문에서 통일된 국민적 공중은 항상 관념적으로 구성된 것이며, 공공 서비스는 "스스로의 내부적 세계를 다양화함"으로써 변화에 적응해야 살아남을 수 있을 것이라고 주장했다(p. 34). 방송은 "열린 공간, 즉 문화적 다양성이 생산되고 전시되며 표현되는 '무대theater'로 넘어갈 필요"가 있다(p. 36). 최근의 수용자 활동을 이끌어내려는 공영방송들의 노력은 이런 요청에 대해 적어도 부분적으로 답을 제공하고 있다. 엔리(Enli, 출판 예정)는 초기의 공영방송들이 얼마나 보통 사람들을 끌어들이려는 노력에 부정적이었는지를 드러냈으나 이것도 디지털 기술의 도래에 의해 변하고 있다고 주장했다. 그는 스칸디나비아, 영국, 미국의 공영방송들을 조사한 연구에서 공영방송들이 매우 경쟁적인 상황에서 국가적 영역으로서의 지위를 되찾으려면 공중의 참여 및 사용자가 생산한 프로그램을 포함시켜야 한다는 사실을 밝혀냈다.

이 연구 분파에 속하는 비판자들은 공영방송에 관한 문헌들을 규정해온 '위기 담론'의 반대편에 스스로를 자리매김했다(예를 들어 Enli, 2008, p. 2). 공영방송의 공공 서비스 기능에 찬성하는 학자들은 모든 새로운 발전에 대해 공익의 급격한 쇠퇴를 가져올 것이라며 이들을 의심의 눈길로 바라보았으나 실제로 이들 방송사들은 신기술을 사용해 서비스를 개선하고 새로운 수용자에게 접근할 수 있었다. 학자들은 공공 서비스 및 민주주의에서 현재의 발전을 위기의 반복으로 보는 대신 이런 발전이 공공 서비스 및 민주주의에 대한 새롭고 더욱 통합적인 이해를 위한 유익한 출발점을 나타낼 수 있다고 주장하기도 한다(Jacka, 2003, pp. 181~83). 크레이그(Geoffrey Craig, 1999)도 그와 유사한 논점을 제기했다. 크레이그는 호주의 ABC방송이 항구적인 위기 상태에 있다고 설명하면서 갈등을 최선의 방어로 수용할 것을 제안한다. 공영방송은 "항상 차이 및 상대주의적인 특성을 갖는 한 사회의 공적 삶(Craig, 1999, p. 113)을 구성하는 지속적인 '위기'에 대처하기 위해 전반적으로 공간을 마련하고 이를 차례로 표출하도록 해야 한다"(p. 112).

크레이그의 주장은 논쟁적 민주주의 모델 안에 위치해 있으며, 그에 의하면 이 주장은 하버마스적 모델과는 화해할 수 없는 것이다. 그러한 거부는 필요하지도 않고 바람직하지도 않다고 주장할 수도 있을 것이다. 공익 서비스 미디어에 대해 하버마스의 공론장 접근법에서 영감을 얻은 접근법에서도 상충적인 생각 및 시각들을 위한 접점으로 생각하는 것도 가능할 것이다. 그럼에도 불구하고 논쟁적 모델의 가치는 상존하는 배제 문제에 초점을 맞추는 데 있으며, 나아가 공론장에 존재하는 커뮤니케이션의 형식과 특징들을 보다 풍부하게 이해하는 데 있다.

한계와 후속 연구 방향

도입부에서 제시한 대로 공영방송에 대한 많은 연구는 정치적 문제 — 부분적으로는 정책, 기구, 경영 문제이며 또 다른 관점에서 보면 민주주의 및 공론장 문제 — 에 초점을 맞추고 있다. 앞의 두 분파의 연구는 대체로 서술적·분석적이며 공영방송을 둘러싼 변화나 공영방송 내부의 변화를 연구하는 데 비해 뒤의 두 분파의 연구들은 좀 더 규범적인 접근법을 포함하고 있다. 뒤의 두 분파의 핵심 질문은 다음과 같다. 그렇다면 현대 사회에서 무엇이 정확하게 공영방송의 핵심이라 할 수 있는가.

이 점에서 공영방송에 관한 연구와 현재의 방송에 관한 토론은 융합된다. 학자들이 이 문제에 대해 가진 입장은 사회 내 공영방송의 미래에 관한 토론에서 나타나는 분열상을 그대로 반영한다. 21세기에 들어 10년가량 경과한 현재 학술적 토론과 공적 토론의 두 부문에서는 세 가지 주요 입장이 분명히 드러난다.

첫 번째 입장은 공영방송이 빠르게 시대착오적인 유물이 되고 있다고 생각한다. 뉴미디어의 민주주의적인 잠재력을 옹호하는 사람들의 견해를 따르면(예를 들어 Coleman & Gøtze, 2001; Froomkin, 2004) 공영방송은 불필요하기도 하고 구시대적이기도 한 것처럼 보인다. 만약 인터넷이 시민들 사이의 직접적인 대화를 촉진시키고 나아가 차별화된 콘텐츠를 풍부하게 만든다면 왜 국가 소유의 방송 기관에 많은 액수의 보조금을 계속 쏟아 붓는가.

두 번째 입장은 정반대편에 서 있는 것으로, 공영방송은 과거 어느 때보다도 더 중요하다고 주장한다. 공론장이 점차 파편화되고 또한 개인적 애호나 개념에 상치되는 정보, 의견, 시각을 배척하는 것이 점차 용이해짐에 따라 공적 토론의 '발칸화balkanization'가 올 가능성이 있다고 연구자들은 우려한다(Sunstein, 2001). 이런 상황에서 일부 연구자들은 전통적인 국가 방송체제를 유지하고 강화해야 한다고 촉구한다. 왜냐하면 "이들 국가 방송체제는 공통의 공적 생활을 파편화시키는 동시대의 모든 힘에 맞서 공적 생활의 원칙과 관행을 보전하기 때문"이다(Scannell, 2005, p. 141).

마지막 입장은 두 번째 것에 더 가깝다. 하지만 이것은 타협, 즉 제3의 길을 이루려는 시도로 볼 수 있다. 여기에 깔린 생각은 전통적 공공 서비스 개념을 다시 형성해 보다 덜 제약적이고 제한적인 것으로 만들기 위한 것이다. 예컨대 머독(Graham Murdock, 2005, p. 227)은 공공 서비스의 임무 영역을 '디지털 공유지digital commons'라는 범위 안에서 재규정하려 했다. 이것은 "상업적 폐쇄성enclosure에 대한 공동의 거부를 비롯해 자유롭고 보편적인 접근, 상호성, 협력적 활동 등에 대한 확약으로 이루어진 연결된 공간"을 의미한다.

이 공간은 규모면에서 잠정적으로 글로벌한 것으로 여겨지며, 컴퓨터 매개에 의한 커뮤니케이션CMC 위에 구축되어 있어 공영방송 기관들은 이를 통해 네트워크의 '중심적 이음새'를 구성하고 있다.

이 세 번째 접근법은 많은 관찰자에게 매력적으로 보일 것이다. 왜냐하면 전통적인 가치들과 새로운 응용법의 결합을 시도하기 때문이다. 그럼에도 불구하고 그런 입장을 학술적으로, 또한 지적으로 발전시키는 데는 몇 가지 까다로운 문제점이 남아 있다. 한 문제는 향후 여러 해 동안 전통적인 공영방송들이 중심적 위치를 차지할 것이냐 하는 것이다. 말하자면 공영방송들이 좀 더 큰 네트워크에서 중심적 이음새를 구성해야 한다는 제안은 어떤 의미이며, 이럴 경우 구조 및 자금 측면에서 어떤 함의가 있는가 하는 것이다. 나아가 기존의 기관 외부에서 뉴미디어 콘텐츠에 맞추기 위해 영국의 규제 기관인 〈오프콤(Ofcom, 2007)〉이 가칭 '공공 서비스 제공자Public Service Provider' 자리를 신설할 경우 이것은 이 아이디어와 어떻게 관련되는가 하는 것이다.

또 다른 이슈는 디지털 시대에 들어와 공영방송은 어떤 특이성distinctiveness을 가져야 하는가에 관한 것이다. 공적 자금 지원은 공영방송이 어느 정도 상업방송 서비스와는 분명히 다르다는 생각에 근거하고 있으며, 연구자들이 이런 서비스가 얼마나 다른지를 증명하는 것은 여전히 과제로 남아 있다. 연구자들은 또한 공공 서비스 기능이 공동체 미디어에 더 가까운 기관들을 포함한 다른 제도를 통해서도 가능하다는 주장에 진실이 있는지를 입증할 수 있을 것이다(Harrison & Wessels, 2005).

마지막 이슈는 공영방송에 관한 이상적인 개념과 실제 기관들의 역사적 구체성 사이에 어떤 관계가 있느냐 하는 것이다. 이 장에서 살펴본 다수의 연구들은 매우 특정한 상황과 관련된다. 즉 어떤 특정한 시점에 구체적 기관들이 어떻게 변형되었느냐 하는 것을 다룬다. 여기에서 추론은 보편적이지는 않지만 매우 조심스럽게 다른 맥락에 적용될 수도 있다. 공영방송에 관한 논의들은 너무나 빈번히 적절한 고려 없이 이런 환경 저런 환경으로 옮겨 다닌다. 그러한 논의들은 구체적인 미디어 체제의 역사적 발전의 역할, 언어권이나 인구 구조의 특이성, 또는 미디어 시장의 크기와 구조 등을 무시하고 있어 문제가 된다. 그러한 일은 연구자들에게 엄청난 어려움을 안겨주며 비교적인 연구를 행하도록 한층 더 자극하고 있다. 우리는 대형 공공기관들이 대체로 내외적 긴장에 둘러싸여 있으며, 또한 상충하는 이해관계의 연결망 속에 존재하고 있음을 보여준 역사가들로부터도 배울 수 있다. 여기에 해당하는 사례로 번즈(Burns, 1977, p. 9)를 들 수 있는데, 그는 공영방송의 설립이 "관련된 이해집단 사이에 만족과 불만족을 적절히 균등하게 확산시키는 조정적인 정치accommodatory politics의 멋진 본보기가 될 수 있다"고 주장한다. 이것은 향후 여러 해에 걸쳐 공공 서비스가 희망할 수 있는 최상의 모습일 수 있다.

〈참고문헌〉

Blumler, J. G.(ed.)(1992). *Television and the public interest. Vulnerable values in West European broadcasting*. London: Sage.

Bolin, G.(2004). The value of being public service: The shifting of power relations in Swedish television production. *Media, Culture & Society, 26*(2), 277–287.

Born, G., & Prosser, T.(2001). Culture and consumerism: Citizenship, public service broadcasting and the BBC's fair trading obligations. *The Modern Law Review, 64*(5), 657–687.

Born, G.(2004). *Uncertain vision — Birt, Dyke and the reinvention of the BBC*. London: Secker & Warburg.

Briggs, A.(1961). *The birth of broadcasting. The history of broadcasting in the United Kingdom. Vol 1*. London: Oxford University Press.

Brown, A., & Picard, R. G.(eds.).(2004). *Digital terrestrial television in Europe*. London: Lawrence Erlbaum.

Burns, T.(1977). *The BBC: Public institution and private world*. London: Macmillan.

Calhoun, C.(ed.).(1992). *Habermas and the public sphere*. Cambridge, MA, London: The MIT Press.

Coleman, S., & Gøtze, J.(2001). *Bowling together: Online public engagement in policy deliberation*. London Hansard Society.

Collins, R.(2002). *Media and identity in contemporary Europe: Consequences of global convergence*. Bristol: Intellect Books.

Coppens, T. & Saeys, F.(2006) Enforcing performance: new approaches to govern public service broadcasting. *Media, Culture & Society, 28*(2), 261–284.

Craig, G.(1999). Perpetual crisis: The politics of saving the ABC. *Media International Australia—Incorporating Culture and Policy, 94*, 105–116.

Crossley, N., & Roberts, J. M.(eds.).(2004). *After Habermas: New perspectives on the public sphere*. Oxford: Blackwell.

Curran, J.(2002). *Media and power*. London, New York: Routledge.

Dahlgren, P.(1995). *Television and the public sphere—Citizenship, democracy and the media*. London: Sage.

Dahlgren, P.(2004). Theory, boundaries and political communication: The uses of disparity. *European Journal of Communication, 19*(1), 7–18.

Degenhart, C.(2001). *Der Funktionsauftrag des offentlich-rechtlichen Rundfunks in der 'Digitalen Welt.'* Heidelberg: Verlag Recht und Wirtschaft.

Donges, P., & Puppis, M.(eds.).(2003). *Die Zukunft des offentlichen Rundfunks — Internationale Beiträge aus Wissenschaft und Praxis*. Köln, Germany: Halem.

Edin A.(2000). *Den forestallda publiken: programpolitik, publikbilder ochtiltals-former i svensk public service-television*. Stockholm/Stehag: Brutus Osterlings bokforlag Symposion.

Enli, G. S.(2008). Redefining public service broadcasting: Audience participation and multi-platform formats. To be published in *Convergence*. European Union(EU). (1997). Treaty of Amsterdam. *Official Journal of the European Communities*, C 340.

Feintuck, M.(1999). *Media regulation, public interest and the law*. Edinburgh: Edinburgh University Press.

Froomkin, A. M.(2004). Technologies for democracy. In P. M. Shane(ed.), *Democracy online: The prospects for political renewal through the internet*(pp. 3–20). New York: Routledge.

Galperin, H.(2004). *New television, old politics — The transition to digital TV in the United States and Britain*. Cambridge: Cambridge University Press.

Garnham, N.(1978). *Structures of television*. London: British Film Institute.

Garnham, N.(1986). The media and the public sphere. In G. Murdock, P. Golding, & P. Schlesinger(eds.), *Communication politics*(pp. 37–54). Leicester: Leicester University.

Garnham, N.(1992). The media and the public sphere. In C. Calhoun(ed.), *Habermas and the public sphere*(pp. 359–377). Cambridge, MA: The MIT Press.

Garnham, N.(2003). A response to Elizabeth Jacka's "democracy as defeat." *Television & New Media, 4*(2), 193–200.

Gourd, A.(2002). *Offentlichkeit und digitales Fernsehen.* Wiesbaden, Germany: Westdeutscher Verlag.

Habermas, J.(1989). *The structural transformation of the public sphere: An inquiry into a category of bourgeois society.* Cambridge, MA: Polity Press(Original work published 1962).

Habermas, J.(1996). *Between facts and norms: Contributions to a discourse theory of law and democracy.* Cambridge, MA: The MIT Press(Original work published 1992).

Hall, S.(1977). Culture, the media and the "ideological effect." In J. Curran, M. Gurevitch, & J. Woolacott(eds.), *Mass communication and society*(pp. 315–349). London: Edward Arnold.

Hall, S.(1992). Which public, whose service? In W. Stevenson(ed.), *All our futures. The changing role and purpose of the BBC*(pp. 23–38). London: British Film Institute.

Hallin, D., & Mancini, P.(2004). *Comparing media systems — Three models of media and politics.* Cambridge: Cambridge University Press.

Harrison, J., & Wessels, B.(2005). A new public service communication environment? Public service broadcasting values in the reconfiguring media. *New Media & Society, 7*(6), 834–853.

Hartley, J.(1999). *Uses of television.* London: Routledge.

Hellman, H., & Sauri, T.(1994). Public service television and the tendency towards convergence: Trends in prime-time programme structure in Finland, 1970–1992. *Media, Culture & Society, 16*(1), 47–69.

Hoffman-Riem, W.(1996). *Regulating media. The licensing and supervision of broadcasting in six countries.* New York: Guilford.

Hjarvard, S.(1999). *TV-nyheder i konkurrance.* Frederiksberg, Denmark: Samfundslitteratur.

Humphreys, P. J.(1996). *Mass media and media policy in Western Europe.* Manchester: Manchester University Press.

Jacka, E.(2003). "Democracy as defeat" — The impotence of arguments for public service broadcasting. *Television & New Media, 4*(2), 177–191.

Jakubowicz, K(2004). A square peg in a round hole: The EU's policy on public service broadcasting In I. Bondebjerg & P. Golding(eds.), *European culture and the media*(pp. 277–301). Bristol: Intellect Books.

Keane, J.(1991). *The media and democracy.* Cambridge: Polity Press.

Kuhn, R.(ed.).(1985). *The politics of broadcasting*. London: Croom Helm.

Langenbucher, W. R.(1990). Braucht eine demokratische Gesellschaft offentlichen Rundfunk? *Media Perspektiven, 11,* 699‒716.

Levy, D. A.(1999). *Europe's digital revolution. Broadcasting, the EU and the nation state.* London: Routledge.

Lowe, G. F., & Jauert, P.(eds.).(2005). *Cultural dilemmas in public service broadcasting.* Goteborg, Sweden: Nordicom.

Lucht, J.(2006). *Der offentlich‒rechtliche Rundfunk: ein Auslaufmodell? Grundlagen ‒ Analysen ‒ Perspektiven.* Wiesbaden, Germany: VS Verlag.

Marsden, C. T., & Verhulst, S. G.(eds.).(1999). *Convergence in European digital TV regulation.* London: Blackstone.

Maas ø, A., Sundet, V. S., & Syvertsen, T.(2007). "Fordi de fortjener det." Publikumsdeltakelse som strategisk utviklingsomrade i mediebransjen. *Norsk Medietidsskrift, 14*(2), 125‒153.

McQuail, D., & Siune, K.(eds.).(1986). *New media politics: Comparative perspectives in Western Europe.* London: Sage.

McQuail, D. & Siune, K.(eds.).(1998). *Media policy: Convergence, concentration and commerce.* London: Sage.

McKinsey & Company.(2004). *Review of public service broadcasting around the world.* Retrieved April 10, 2007, from: http://www.ofcom.org.uk/consult/condocs/psb2/psb2/psbwp/wp3mck.pdf

Mendel, T.(2000). *Public service broadcasting. A comparative legal survey.* Kuala Lumpur: UNESCO, Asia Pacific Institute for Broadcasting Development. Retrieved April 10, 2007, from: http://www.unesco.org/webworld/publications/mendel/jaya_index.html

Moe, H.(2003). *Digitaliseringen av fjernsyn og allmennkringkastingens skjebne.* Department of Media Studies, University of Bergen, Norway.

Moe, H.(in press). Public service media online? Regulating public broadcasters' internet serv‒ices ‒ a comparative analysis. *Television & New Media, 9*(3). 220‒238.

Moe, H., & Syvertsen, T.(2007). Media institutions as a research field: Three phases of Norwegian broadcasting research. *Nordicom Review, 28,* 149‒167.

Mouffe, C.,(2005). *On the political.* Abingdon: Routledge.

Murdock, G.(2005). Building the digital commons. In G. F. Lowe & P. Jauert(eds.), *Cultural dilemmas in public service broadcasting*(pp. 213‒231). Goteborg, Sweden: Nordicom.

Nolan, D.(2006). Media, citizenship and governmentality: Defining "the public" of public service broadcasting. *Social Semiotics, 16*(2), 225‒242.

Ofcom(2007). *A new approach to public service content in the digital age,* London: Ofcom

Papathanassopoulos, S.(2002). *European television in the digital age*. Cambridge: Polity Press.

Raboy, M.(ed.).(1996). *Public broadcasting for the 21st century. Academia research monograph, 17.* Luton, UK: University of Luton Press.

Reith, J.(1924). *Broadcast over Britain.* London: Hodder and Stoughton.

Richeri, G.(2004), Broadcasting and the market: The case of public television. In A. Calabrese & C. Sparks(eds.), *Toward a Political Economy of Culture: Capitalism and Communication in the Twenty-First Century*(pp. 178–193). Lanham, MD: Rowman & Littlefield.

Scannell, P.(1989). Public service broadcasting and modern public life. *Media, Culture & Society, 11*(2), 135–66.

Scannell, P.(1990). Public service broadcasting: the history of a concept. In A. Goodwin & G. Whannel(eds.), *Understanding television*(pp. 11–29). London: Routledge.

Scannell, P.(2005). The meaning of broadcasting in the digital era. In G. F. Lowe & P. Jauert(eds.), *Cultural dilemmas in public service broadcasting ― RIPE@2005*(pp. 129–143). Goteborg, Sweden: Nordicom.

Siune, K., & Hulten, O.(1998). Does public broadcasting have a future? In D. McQuail & K. Siune(eds.), *Media policy: Convergence, concentration and commerce*(pp. 23–37). London: Sage.

Skogerbø, E.(1996). *Privatising the public interest ― conflicts and compromises in Norwegian media politics 1980–1993.* PhD dissertation. Department of Media and Communication. Oslo: University of Oslo.

Sunstein, C. R.(2001). *Republic.com.* Princeton, NJ: Princeton University Press.

Storsul, T., & Syvertsen, T.(2007). The impact of convergence on European television policy: Pressure for change Luton forces of stability. *Convergence, 13*(3), 275–291.

Syvertsen, T.(1997). *Den store TV-krigen.* Bergen, Norway: Fagbokforlaget.

Syvertsen, T.(1999). The many uses of the "public service" concept. *Nordicom Review, 20*(1), 5–12.

Syvertsen, T.(2003). Challenges to public television in the era of convergence and commercialization. *Television & New Media, 4*(2), 155–175.

Syvertsen, T.(2004). Citizens, audiences, customers and players ― a conceptual discussion of the relationship between broadcasters and their publics, *European Journal of Cultural Studies, 7*(3), 363–380.

Søndergaard, H.(1994). *DR i tv-konkurrencens tidsalder.* Frederiksberg, Denmark: Samfundslitteratur.

Truetzschler, W., & Siune, K.(Eds).(1992). *Dynamics of media politics: Broadcasting and electronic media in Western Europe.* London: Sage.

Ytreberg, E.(1999). *Allmennkringkastingens autoritet: endringer i NRK Fjernsynets tekstproduksjon, 1987–1994.* Department of Media and Communication, University of Oslo.

Van Zoonen, L.(2004). Popular qualities in public service broadcasting. *European Journal of Cultural Studies,* 7(3), 275–282.

Ward, D.(2003). State aid or band aid? An evaluation of the European Commission's approach to public service broadcasting. *Media, Culture & Society,* 25(2), 233– 255.

Williams, R.(1975). *Television: Technology and cultural form.* London: Fontana.

29_
비교 저널리즘 연구

토마스 하니취

국가 간 교차 연구를 위한 준비

국제적인 저널리즘 연구들은 지구화의 도도한 진전으로 저널리즘의 지향성 및 실천에서도 동질성이 높아지고 있음을 보여준다. 객관성 및 불편부당성 이라는 이상은 서양에서 동양으로의 "직업 이데올로기의 확산" 또는 "이데올 로기의 전이轉移"를 보여주며 세계 여러 나라의 편집국을 지배하고 있다 (Golding, 1977, pp. 292~293). 전문직 관행, 편집 절차 그리고 사회화 과정 에서의 유사성들은 브라질, 독일, 인도네시아, 탄자니아, 미국 등 매우 다양 한 나라에 존재한다(Hanitzsch, 2005; Herscovitz, 2004; Ramaprasad, 2001; Weaver, Beam, Brownlee, Voakes & Wilhoit, 2007; Weischenberg, Malik & Scholl, 2006). 연구들은 동시에 상당한 정도의 차이가 계속되고 있으며, 나 아가 언론인들의 전문직업적 견해와 실천은 국가의 미디어 체제에 의해 깊 은 영향을 받는다는 점을 보여주었다(예를 들어 Berkowitz, Limor & Singer, 2004; Deuze, 2002; Esser, 1998; Golding & Elliott, 1979; Patterson & Donsbach,

1996; Shoemaker & Cohen, 2006; Splichal & Sparks, 1994; Weaver, 1998b). 이런 관점에서 세계 여러 국가의 저널리즘 문화에서 생겨난 유사성 및 차별성을 보다 깊이 연구하려는 시도들은 저널리즘 연구 영역에서 가장 매력적인 부문이 되었고, 연구자들은 점차 비교적 시각을 채택하고 있다.

여러 해에 걸쳐 비교 연구는 유사성 및 차별성의 서술을 넘어 값진 통찰력을 낳았을 뿐만 아니라 특정 국가들을 이해하는 데도 기여했다. 거의 40년 간의 연구 전통은 뉴스 생산이 저널리스트의 작업을 형성하는 문화적·정치적·역사적 맥락에 좌우된다는 사실을 드러냈다. 국제적 연구들은 자유언론의 체제 내에 있는 서양의 저널리즘 개념이 세상의 다른 많은 지역에서 통용되지 않으며, 나아가 몇몇 나라에서는 바람직하지 않을 수도 있음을 알려주었다. 따라서 비교 연구는 이론 및 조사 결과의 일반화에 불가결할 뿐만 아니라 우리의 해석이 문화를 가로질러 차이점과 상충점이 있는지 점검하도록 해준다(Kohn, 1989). 정치적 변화 및 기술의 진전으로 인해 우리는 문화 비교 연구를 할 수 있게 되었다. 냉전의 종식과 지구화된 세계의 도래는 연구자들의 이동을 더욱 촉진시켰고, 이로 인해 학자들은 멀리서 온 동료들을 만날 수 있는 기회를 더 많이 갖게 되었다. 새로운 커뮤니케이션 기술은 과학자들의 글로벌 네트워크를 제도화할 수 있게 했고, 그 결과 〈ICA〉와 〈유럽 커뮤니케이션 연구교육 협회European Communication Research and Education Association〉에는 이런 연구를 하기 위한 분과가 출범했다. 게다가 후원기관들이 비교 연구의 이점을 인식함에 따라 국제적 연구를 위한 자금 획득이 훨씬 용이해졌다. 예컨대 〈연구 및 기술 발전을 위한 유럽 프레임웍 프로그램European Framework Programme for Research and Technological Development〉은 다국적·학제적 연구프로젝트를 위해 자금을 구하는 연구자들에게 전례 없이 많은 기회를 만들어 주었다.

이 장은 저널리즘 연구 분야에서 성장 중인 영역인 비교 연구에 관한 개괄적 설명과 이 영역에 대한 비판적 검토를 제시한다. 이 장에서는 비교 연구의 역사에 대한 소개로 논의를 시작하며, 이어서 주요한 연구들에 대한 논의를 진행할 생각이다. 이어지는 절들에서는 비판적·방법론적 쟁점을 자세히 다루며, 후속 연구 방향에 대한 논의로 글을 끝맺을 생각이다.

비교 연구의 개념적 쟁점들

역사적 배경과 정의

문화 비교의 기원은 통상 인류학의 '아버지'로 불리는 타일러Edward Tylor의 저작으로 거슬러 올라간다. 타일러는 이미 영어권 인류학에서는 기념비적 존재가 된 저서『원시 문화Primitive Culture』(1958〔1871〕)에서 문화에 대해 최초의 공식적인 정의를 내렸다. 이에 따르면 문화는 "인간이 사회의 한 구성원으로서 획득한 지식, 신념, 예술, 도덕, 법률, 관습 그리고 모든 형태의 능력과 습관을 포함하는 복합적 전체"이다(p. 1). 최초의 주요한 비교 연구는 아마도 자살과 사회적 아노미에 관한 뒤르켐(Durkheim, 1897)의 것이었지만 아무래도 사회과학과 인문학에서 비교 연구가 흔해진 것은 제2차세계대전 이후였다. 비교 연구는 빠른 속도로 심리학, 사회학, 역사, 정치학에 영향을 주었으며 나아가 문화 간 연구를 전문으로 하는 다수의 학술지의 창간에 기여했다. 이들 학술지는『계간 국제 및 비교법International & Comparative Law Quarterly』(1952 창간),『사회 및 역사의 비교 연구Comparative Studies in Society and History』(1958년 창간),『비교 정치학Comparative Politics』(1968년 창간),『문화 비교 심리학 저널Journal of Cross-Cultural Psychology』(1970년 창간),『문화 간 커뮤니케이션 연구저널Journal of Intercultural Communication Research』(2006년 창간) 등이다.

그러나 비교 연구에서의 용어들은 여전히 애매하고 혼란스럽다. '나라를 가로지르는cross-country', '국가를 가로지르는cross-national', '사회를 가로지르는cross-societal', '문화를 가로지르는cross-cultural', '체제를 가로지르는cross-systemic', '기관을 가로지르는cross-institutional' 등 표현들이 '초국가적trans-national', '초사회적

trans-societal', '초문화적trans-cultural'이라는 용어들과 나란히 '비교' 연구와 동의어로 사용될 뿐만 아니라 특정한 종류의 비교를 나타내기도 한다(øyen, 1990, p. 7). 아울러 '비교'라는 용어가 가리키거나 가리켜야 하는 연구의 종류에 관해서도 상당한 정도의 이견이 존재한다. 일부 학자는 두 개 또는 그 이상 국가들의 비교로 제한했으나(Edelstein, 1982) 다른 학자들은 모든 사회 연구가 비교적이라는 논지를 편다(Beniger, 1992). 후자의 주장은 모든 새로운 증거가 기존의 지식에 대비해 시험대에 올려져야 하고 나아가 비교되어야 한다는 범위에서는 분명히 진실이다. 이에 비해 문화를 가로지르는 연구들은 단일 문화연구와 다르게 보이도록 하는 개념적·방법론적 도전들을 포함하고 있다. 나는 이 장의 목적을 위해 두 개 또는 그 이상의 선험적으로 정의된 문화적 주민들이 최소한 하나의 기능적으로 동등한 개념에 의해 비교된다면 비교적이라고 부를 것이다. 그러나 이런 공식은 비교 연구의 시간적 측면 — 시간상 다른 시점 사이의 비교 — 을 제외한다.

패러다임들

비교 저널리즘 연구의 역사적 진화 및 발전은 4가지의 폭넓은 패러다임으로 분류될 수 있다.

* 미국과 나머지 지역: 이 패러다임은 1950~1960년대까지 커뮤니케이션 및 미디어 연구를 지배했다. 사례들을 들면 러너(Daniel Lerner, The Passing of Traditional Society, 1958)뿐만 아니라 시버트, 피터슨, 슈람(『언론의 4이론』, 1956)과 같은 미국 학자들의 영향력 있는 연구가 존재한다. 미국 중심주의, '현대적' 서양 및 '전통적' 동양의 병치가 이 시기에 특히 유행했다. 저널리즘 연구 영역에서는 맥클라우드Jack McCleod가 비교 연구를 개척한 것으로 평가받고 있다. 맥클라우드는 언론인들 가운데 전문직주의의 수준을 평가하기 위한 척도를 만들었다. 이 척도는 처음에는 미국의 뉴스 제작자들에게 적용되

었고(McCleod & Hawley, 1964), 그 후 라틴아메리카 언론인들에게 적용되었다(McCleod & Rush, 1969 a, b). 캐나다의 라이트(Wright, 1974), 독일의 돈스바흐(Donsbach, 1981), 호주의 헤닝햄(Henningham, 1984) 등 다른 연구자들이 뒤를 따랐다. 이 패러다임은 연구자들이 이데올로기적 의미가 있음을 깨닫기 시작한 1970년대 중반에 들어 서서히 사라졌다(다음을 보라).

* **북반구와 남반구**: 이 시기는 주로 유네스코와 유럽 공동체 내부에서 일어난 중요한 정치 과정에 의해 형성되었다. 1970년대 중반에 북반구의 선진국과 남반구의 개발도상국 사이에 커뮤니케이션 흐름의 불균등이 심화되고 있다는 인식이 증가하면서 유네스코를 중심으로 새로운 세계 정보 및 커뮤니케이션 질서의 필요성에 관한 논란에 불이 붙었다. 이 토론은 외국의 이미지에 관한 29개국의 비교 연구를 촉발시켰고, 이 연구는 이후 1990년대에는 38개국을 대상으로 한 새로운 연구에도 원용되었다(Sreberny-Mohammadi, Nordenstreng & Stevenson, 1984; Wu, 2000). 이 연구들은 커뮤니케이션 및 미디어 연구 분야에서 지금까지 시행된 것 중 최대 규모의 협력적인 연구 시도였다. 동시에 EU가 1970년대 들어 점진적인 통합을 이룸에 따라 역내 기관들 사이에 일어난 정치적 과정들은 몇몇 유럽 연구자들의 관심을 끌었다. 이들 중 가장 두드러진 인물은 블럼러[Jay G. Blumler]이다. 블럼러는 1979년 유럽의회 선거운동에서 TV의 역할에 관한 9개국 연구를 조율했다.

* **서구와 서구**: 이 패러다임은 1980년대 중반에서 1990년대 말까지 이 분야를 지배했다. 이것은 유럽 학계에 의해 주도되었고 방법론적으로 더욱 진전된 비교 연구의 출발을 대변했다. 학자들은 나라를 선정하는 데 더욱 조심스러워졌으며, 유사점 또는 나아가 비교 가능성을 이유로 대체로 서구 국가들에 관심을 돌렸다. 쾨혀(Köcher, 1986)와 에서(Esser, 1998)는 독일 및 영국에서의 언론인과 뉴스룸을 조사했고, 샬라비(Chalaby, 1996)는 프랑스, 영국, 미국에서의 저널리즘의 역사를 비교했다. 좀 더 최근 사례로서는 독일과 미국의 온라인 언론인에 관한 비교가 있다(Quandt, Löffelholz, Weaver,

Hanitzsch & Altmeppen, 2006). 지금까지 연구들 중 가장 깊이 있는 비교 연구 설계는 패터슨과 돈스바흐(Patterson and Donsbach, 1996)가 사용한 것으로 이들은 동일 문항의 설문조사를 독일, 영국, 이탈리아, 스웨덴, 미국의 1,361명의 언론인들을 상대로 실시했다.

　* 서구 및 글로벌 지역: 가장 최신의 이 패러다임 속에서 연구자들은 여전히 서구에서 자라난 개념들에 의존하지만 전 세계의 언론 문화에서 보편적인 것과 고유한 것을 발굴해내려는 데 관심을 갖고 있다. 이런 분파에 속하는 첫 연구로는 골딩 및 엘리어트(Golding and Elliott, 1979)의 연구가 있고, 이들은 스웨덴, 아일랜드, 나이지리아의 방송조직을 분석했다. 그러나 이런 패러다임은 1990년대에 들어와서야 인기를 얻었다. 스플리찰 및 스팍스(Splichal and Sparks, 1994)는 22개국의 언론학 전공 1학년 대학생들을 상대로 조사를 벌였다. 이에 비해 미국의 언론인들을 중국 및 대만의 언론인들과 비교한 연구(Zhu, Weaver, Lo, Chen & Wu, 1997), 러시아 언론인들과 비교한 연구(Wu, Weaver & Johnson, 1996), 호주, 영국, 독일, 네덜란드 언론인들과 비교한 연구(Deuze, 2002)도 있었다. 위버David Weaver는 '글로벌 언론인the Global Journalist'이라는 선구적 논문집을 통해 21개국 20,280명의 언론인들을 대상으로 한 연구 조사의 결과를 보고했다. 슈메이커와 코엔(Pamela Shoemaker and Akiba Cohen, 2006)은 사람이 사는 모든 대륙으로부터 선장한 10개국을 대상으로 한 『세계의 뉴스News Around the World』 프로젝트에서 나온 결과물을 출간했다. 이와 동시에 비교 연구에 관한 이론적·방법론적 숙고는 이 분야에서 훨씬 더 흔해졌다(예를 들어 Chang 등, 2001; Johnson & Tuttle, 2000; Livingstone, 2003; Wirth & Kolb, 2004).

분석 단위

　이론적으로는 비교 연구에서의 분석 단위는 다양한 사회적 수준에서 선택할 수 있으나 실제 연구에서 저널리즘 연구자들은 우연히 접근 가능한

2~3개 국가를 대상으로 비교하는 경향이 있다. 더 이상의 나라는 거의 대상으로 하지 않는다. 그러나 국가는 봉쇄되어 있는 게 아니라 다중적인 문화를 갖고 있기 때문에 항상 적절한 비교 단위가 될 수는 없다(Livingstone, 2003). 국경은 반드시 문화적·언어적·인종적 구분과 상응하지 않으며, 아울러 공동의 정체성 의식을 반영하지도 않는다(Hantrais, 1999). 그러나 국가란 명백히 규정된 경계선을 갖고 있고 많은 경우 비교를 위해 사용할 수 있는 유일한 단위가 되기 때문에 비교 연구를 위한 편리한 지름길을 제공하기도 한다(Hofstede, 2001). 더욱 중요한 것은 뉴스 생산이 국내 뉴스를 우선시하는 뉴스 의제에 강하게 맞추어져 있으며, 나아가 국가적 인물을 주인공으로 내세우거나 국가나 지방의 수용자들을 염두에 둔 언론인들에 초점이 맞추어져 있다.

국가 간 비교 연구가 압도적으로 지배적 위치를 차지하지만 국가 밑의 수준을 단위로 하는 비교들은 나름대로 틈새를 발견했다. 몇 개의 연구들은 국가 내의 언어권을 비교했으며, 그러한 사례는 캐나다(Pritchard & Souvagneau, 1998)와 스위스(Marr, Wyss, Blum & Bonfadelli, 2001)의 언론인을 대상으로 한 조사를 들 수 있다. 다른 연구들은 특정 국가 내의 (과거의) 주州들 사이의 유사점과 차이점을 탐구했고(동독과 서독: Schoenbach, Stuerzebecher & Schneider, 1998), 한 나라 안의 인종 집단을 조사하기도 했다(인도네시아: Hanitzsch, 2006). 국가 아래 수준의 연구 외에도 비교 단위의 선택을 창의적으로 하기 위한 다른 선택들이 있다. 예컨대 눈에 띄게 국경을 가로질러 형성된 지역인 EU와 아세안, 또는 문화적 응집력이 있는 라틴아메리카 등의 지역을 비교 단위로 삼는 연구가 있을 수 있다. 다른 가능성들로는『인터내셔널 헤럴드 트리뷴』,『유로뉴스*Euronews*』, 알자지라 등 초국가적으로 활동하는 뉴스 기관들을 들 수 있다.

중요 연구들

전문직주의와 전문직화

저널리즘 연구에서의 초기 비교 연구는 전문직주의 및 전문직화 과정에 초점을 맞추었다. 이들 두 용어는 개념적으로는 분명히 다른 의미를 갖고 있지만 흔히 호환적으로 사용되었다. 전문직주의는 언론인들이 옹호하거나 추구하는 것인 반면 전문직화는 언론 직업이 점차 진정한 전문직주의를 갖는 과정을 가리킨다.

저널리즘 연구에서 최초의 진정한 비교 연구는 1960년대에 맥클라우드에 의해 수행되었다. 맥클라우드는 1964년 홀리Searle E. Hawley Jr.와 함께 미국 언론인의 전문성 수준을 측정하기 위한 24개 항의 척도를 개발했다. 데이터는 미국 위스콘신 주 밀워키에 근거를 둔 두 지역 신문의 언론인 115명에게서 수집되었다. 5년 뒤 맥클라우드는 박사과정 학생이던 러시(Ramona R. Rush, 1969 a, b)와 함께 본래의 위스콘신 연구와 라틴아메리카 언론인 46명의 추가적 샘플에서 얻어낸 데이터에 근거해 두 건의 논문을 출간했다. 맥클라우드 및 러쉬(McCleod and Rush, 1969a)는 비교 연구에서 라틴아메리카 및 미국 언론인들 사이에는 모든 영역에 걸쳐 차별성보다는 유사성이 훨씬 더 많은 점을 발견했다. 유일한 중요한 차이점은 라틴아메리카 언론인들이 조직과 공동체에서의 명성과 그들이 일하는 신문과 동료들에 대한 존경을 더 많이 열망한다는 사실이었다. 그들도 미국 언론인들과 마찬가지로 자신의 직업에 불만을 갖고 있었다. 반면 미국 언론인들은 기자의 일을 즐기는 것, 스스로의 일에서 다른 이들의 지원을 얻을 수 있다는 점, 지역 공동체에 공헌하는 가치 있는 직업을 갖고 있다는 점에 상대적으로 더 큰 무게를 두었다.

맥클라우드와 러쉬(McCleod and Rush, 1969b)는 후속 논문에서 직업에 대한 전문직주의를 지향하는 라틴아메리카 언론인들은 흔히 더 젊으며, 남성이고, 대학교에서 언론인 훈련을 받은 경험이 있었던 추세를 보였다고 보고했다. 두 연구자는 '전문직주의적인' 라틴아메리카 언론인들이 스스로의 신문 내용에 대해 더 비판적이었음을 발견했고, 이 발견은 미국 언론인을 상대로 한 연구 결과에서도 나타났다. 신문에서 기사 보도 작업과 편집 작업을 하는 사람들은 신문의 경영 직종이나 다른 미디어 작업을 하는 사람들보다는 더 전문적업적임이 밝혀졌다. 통상적인 믿음과는 달리 맥클라우드와 러쉬(1969b)는 전문직 언론인들이 반드시 선진국 또는 언론자유에 대한 제한이 적은 나라들에서만 나오는 게 아니라고 결론지었다.

돈스바흐(Donsbach, 1981, pp. 55∼56)는 미국 및 라틴아메리카 언론인에 대한 맥클라우드의 연구, 77명의 캐나다 언론인을 대상으로 한 라이트(Wright, 1974)의 연구 그리고 1974년 자신이 수행한 서독 언론인에 대한 조사에서 나온 데이터를 근거로 삼아 라틴아메리카 언론인들에게서 동료들과의 관계가 선진국에서의 언론인들 간의 관계보다 훨씬 중요도가 낮았다고 주장했다. 또한 사회적 영향력을 행사 할 수 있는 가능성은 라틴아메리카 언론인들에게는 상당히 중요성이 떨어진 반면 직업적 경력과 명성을 더 중요하다고 간주되었다. 이에 비해 독일 언론인들은 정치적·사회적 과정에 영향을 미치려는 열의가 높았고, 참여를 위한 기회를 증가시키려는 열망이 강했으며, 비교적 굳건한 동료 지향성을 보여주었다. 돈스바흐(p. 64)는 자신이 비교했던 국가의 언론인들 사이에 가끔 존재하는 현격한 차이들을 거론하면서 "전문화는 보편적이지도 가치중립적이지도 않은 개념"이라고 결론지었다.

하지만 전문직화와 전문직주의라는 개념은 이런 생각들이 서구의 맥락에서 진화했으며 또한 이런 개념을 비서구 사회에 적용하는 것은 부적절하다고 주장하는 학자들에 의해 상당한 비판을 받았다(Starck & Sudhaker, 1979, p. 34). 버크헤드(Birkhead, 1982, p. 130)도 "직업적 행동 및 구조를 다른 시각에서 볼 수 있게 하는 분명히 정의된 반(反)개념도 없었고 대안적 시각도 없었다"고 지적했다. 스타크 및 서드하커(Starck and Sudhaker, 1979, p. 41)는 전문직화라는 개념에 대해 강력한 비판을 가하면서 "전문직주의 비교에서 지금까지의 연구들은 범위도 좁고 통찰력도 부족한 연구 성과를 냈을 뿐"이라며 다소 비관적인 결론을 내렸다.

뉴스 결정

독일 연구자들이 언론인들의 정치적 견해 및 전문직업적 역할로 관심을 돌려 이런 것들이 어떻게 뉴스 결정에 영향을 미치는지 연구하면서 비교 저널리즘 연구에서 또 다른 전통이 나타났다. 언론인의 정치적 성향에 대한 흥미는 대체로 독일 신문들이 미국 신문들보다 더 강하게 특정 이데올로기적 입장과 연계되어 있는 사실에 의해 촉발되었다. 이러한 성향으로 인해 언론인의 정치적 견해는 기사 결정에 상당한 영향을 미칠 수 있을 것이라는 추측을 낳았다. 정치적 역할의 강조는 전문직 역할 모델에 대한 코엔(Cohen, 1963)과 야노위츠(Janowitz, 1975)의 저서에 힘입은 바 크다.

독일과 영국 언론인들에 대한 쾨혀(Renate Köcher, 1986)의 논문은 이 영역에 접근하려는 최초의 비교 연구 시도였다. 그의 연구는 인쇄 및 방송 미디어에 종사하는 450명의 독일 언론인, 405명의 영국 언론인을 상대로 수행한 대면 인터뷰에 근거하고 있다. 연구 결과는 독일과 영국 언론인들이 역할 인식, 직업적 동기, 근로 규범 평가 등에서 서로 다르다는 쾨혀의 당초 기대를 확인시켜 주었다. 독일 언론인들은 좀 더 적극적인 주창자 역할을 좋아했던 반면 영국 언론인들은 좀 더 중립적인 기자 역할을 옹호했다. 독일 언론인들은 영국 언론인들보다 가치 판단과 주창을 나타내는 비리 비판 역할 및 약자의 대변인 역할을 보다 적극적으로 수용하는 경향을 보였다.

하지만 영국 언론인들은 이와는 대조적으로 스스로 정치적 영향력을 갖고 있다고 주장하는 측면에서는 독일 언론인들을 앞지르고 있다. 하지만 이런 연구 결과는 영국 언론인들이 독일 언론인들보다는 강사 또는 교육자 역할을 받아들이고 있다는 결과와 함께 앞서 제시된 증거와는 약간 상충하고 있다. 이런 두 가지 불일치는 쾨혀에 의해 설득력 있게 해결되지 않았다. 응답들을 보면 독일 및 영국 언론인들이 "다르게 행동하려 한다는 것을 알 수 있다"는 그의 주장은 그의 연구 결과에 의해 역시 증명되지 않았다. 왜냐하면 그가 언론 현장을 본 것이 아니라 설문에 대한 언론인들의 응답에 의존했기 때문이다. 영국 언론인들은 스스로를 '사냥개bloodhounds' 또는 '뉴스 사냥꾼hunters of news'으로 간주하지만 독일 언론인들은 '선교사'로 인식한다(p. 63)는 다소 포괄적인 결론은 실제로는 애매한 증거를 놓고 과잉 해석한 것이다. 독일과 영국 언론인들이 그들의 역할을 중립성과 주창의 합성물로 해석한다고 시인함으로써 쾨혀는 이 사실을 인정했던 것이다.

쾨혀의 연구 결과 중 일부는 몇 년 뒤 패터슨과 돈스바흐(Thomas E. Patterson and Wolfgang Donsbach, 1996)에 의해 조율된 『미디어와 민주주의 프로젝트Media and Democracy Project』의 연구 결과에 의해 확인되었다. 1991~1993년까지 연속적으로 독일, 영국, 이탈리아, 스웨덴, 미국에서 언론인들을 대상으로 우편 설문이 실시되었다. 나라별로 각각 600명의 언론인을 접촉했으나 다양한 응답률(51%~36%까지)로 인해 1,361명의 응답자를 총 샘플로 잡았다. 패터슨과 돈스바흐는 4개의 가설적 상황에 관해 24가지 뉴스 결정을 내리도록 요구했다. 뉴스 결정은 실제 기사에 근거를 두고 개발한 것인데 이들 중 17건은 정파적 견해를 옹호하도록 프레임된 것이며, 나머지 7건은 중립적으로 프레임되었다.

패터슨과 돈스바흐는 언론인들의 정치적 지향성에 대한 질문을 통해 모든 언론인 — 국가 차원이든 아니면 지방 차원이든, 방송에 종사하든 아니면 신문에 종사하든 — 은 정치적 신념이 다소 중도 좌파임을 발견했다. 언론인들은 또한 자신들이 일하는 언론 조직보다는 스스로를 더 진보적이라고 간주했다. 게다가 이들 5개국 모두에서 언론인들은 수용자들보다는 좀 더 왼쪽에 스스로를 자리매김했다. 이 연구에서 나타난 가장 중요한 결과 중의 하나는 실제의 상관계수는 다소 약했지만 언론인들의 정파성이 뉴스 결정과 유의미한 관계를 보였다는 점이다. 패터슨과 돈스바흐는 조사 결과 정파적 신념이 뉴스 결정에 개입된다는 "실체적 증거(p. 465)"를 찾았다고 주장했다. 필자들은 "언론인의 정파성의 색조가 뉴스를 깊게 물들인다기보다는 약하게 음영을 드리운다. 정파성을 측정할 수 있지만 언론인의 뉴스 결정에 미치는 영향은 견고한 정도는 아니다"라고 결론지었다.

5개국 중에서도 독일의 뉴스 체제가 가장 정파성이 높은 것으로, 영국과 미국의 뉴스 체제가 가장 정파성이 낮은 것으로 파악되었다. 모든 연구 대상 국 언론인들은 정보를 수집하고 전파하는 과업이 언론인의 활동 동기라고 대답했다. 그러나 미국 언론인들은 독일과 이탈리아 언론인들처럼 주관적 가치와 신념을 내세우지는 않았지만 정치적 영향력을 행사하는 것을 좋아했다(Donsbach & Patterson, 2004). 독일과 미국의 언론인들 사이의 차이는 특유의 뉴스룸 구조, 특히 분업에 기인하는 것으로 간주되었다. 이것이 "두 나라에서의 뉴스 생산이 두 개의 매우 다른 직업적 세계"가 되도록 규정지었다(Donsbach, 1995, pp. 25~26). 미국의 뉴스룸은 기자, 편집자, 논평자 역할에 관한 엄격한 역할 분담이 지배적이지만 독일 언론인들은 이런 역할들을 뒤섞는 경향이 있었다.

『미디어와 민주주의 프로젝트』의 또 다른 흥미 있는 결과는 적어도 4개국에서는 객관성이라는 규범에 대한 인식이 달랐다는 점이다. 미국과 영국의 언론인들은 이해집단과 공중 사이에서 뉴스 미디어가 공동의 운반자 역할을 하는 것을 중시함으로써 객관성에 대해 보다 더 이를 유지하려는 생각을 선호한다. 이와 반대로 독일과 이탈리아 기자들은 이해집단의 주장을 보다 적극적으로 조사하려 하고 나아가 정치 무대의 견고하고 '진실된' 사실들에 접근하려 한다. 돈스바흐와 클레트(Donsbach and Klett, 1993, p. 80)는 분석 결과 앵글로색슨 언론인과 대륙의 유럽 언론인들 사이에는 경계선을 그을 만큼 부분적으로 다른 '전문직 문화'가 존재한다고 결론지었다.

반면 슈메이커와 코엔(Pamela J. Shoemaker and Akiba A. Cohen, 2006)이 주도한 최근의 연구 『세계의 뉴스News Around the World』에서는 상당한 정도의

유사점들이 발견되었다. 이 연구는 호주, 칠레, 중국, 독일, 인도, 이스라엘, 요르단, 러시아, 남아공, 미국 등 문화 및 정치 체제의 차이를 가진 10개국을 상대로 수행되었다. 국가 선택은 큰 나라, 중간 크기 나라, 작은 나라를 모두 포함할 수 있도록 고려되었다. 또한 서양과 동양, 북반구와 남반구, 선진국 및 개발도상국을 포함했다. 이 연구는 양적인 콘텐츠 분석과 질적인 포커스 그룹 토론을 결합했다. 신문기사와 TV/라디오 뉴스 프로그램에서 32,000건의 기사를 추출해 조사했다. 포커스 그룹 토론은 언론인, PR실무자, 수용자를 상대로 수행되었다.

슈메이커와 코엔은 기사거리에 대한 분석을 통해 어떤 종류의 사건, 생각 그리고 사람들이 뉴스를 구성하는가 하는 문제를 조사한 결과 이들 10개국에서는 놀랄 정도의 유사성이 존재함을 발견했다. 환언하면 "스포츠, 국제 또는 국내 정치, 문화 행사, 비즈니스, 국내적 질서 그리고 인간적 흥미를 다룬다면" 사건이든 사람이나 생각이든 뉴스가 될 가능성이 높다(p. 45). 반면 과학과 기술, 환경, 노동관계와 노동조합, 에너지, 패션과 아름다움은 뉴스 범위에 들어갈 가능성이 낮다. 슈메이커와 코엔은 뉴스거리의 기사 가치 인식의 관점에서도 포커스 그룹 참가자들 사이에는 상당한 정도로 의견 일치가 있음을 발견했다. 그러나 기사 가치 인식과 실제 신문 보도의 상관관계는 훨씬 낮았다. 특히 곤혹스러운 것은 기사 가치에 대한 언론인 개인의 견해와 실제 생산된 기사 내용 사이의 상관관계가 예상 외로 낮았고, 나아가 가끔 부정적 상관관계가 있음이 발견되었다. 이런 현상은 뉴스 미디어 조직의 강제력이 언론인 개인의 선호도를 압도하기 때문이라고 해석될 수 있다. 전반적으로 말해 슈메이커와 코엔은 기사의 뉴스성을 둘러싸고 일반 사람들은 특정 도시의 신문 편집 책임자가 내리는 뉴스 결정보다는 같은 도시 내 다른 사람들의 의견과 더 큰 일치도를 보인다고 결론을 내렸다. 필자들은 이에 따라 "미디어 전문가들과 일반인들을 포함한 시민들의 애기처럼 전 세계는 미디어에 대해 일반적으로 불쾌감 또는 실망감을 느끼고 있다"고 추론했다.

글로벌 언론인들

지금까지의 비교 저널리즘 연구 중 가장 중요한 자료원이 되는 것으로는 위버(David Weaver, 1998c)가 세심하게 편찬한 『글로벌 언론인The Global Journalist』을 들 수 있다. 이 저작이 가진 주요 가정은 "언론인들의 성장 배경과 생각은 다양한 사회적·조직적 한계에도 불구하고 세계 전역의 다양한 미디어에 무엇이(그리고 어떻게) 보도되는가와 어느 정도 관련성을 갖고 있으며, 나아가 이런 뉴스 보도는 세계 여론 및 정책의 관점에서 중요성을 가진다"는 것이다(Weaver, 1998a, p. 2). 이 책은 총 21개국, 20,280명의 언론인을 대상으로 한 조사에서 추출된 결과를 제시하고 있으며, 이를 위한 전체 25개 연구에서 나타난 방법론상의 다양성은 대단하다. 몇몇 연구들은 우편 조사, 전화 또는 대면 인터뷰를 사용했고, 다른 연구들은 또 다른 방법의 데이터 수집 방법을 결합해 사용했다. 샘플 크기는 중국에서 5,867명을 대상으로 한 설문조사를 비롯해 멕시코에서의 언론인 100명 인터뷰에 이르기까지 다양하다. 응답률은 브라질의 가장 낮은 32%에서 캐나다 여성 언론인의 가장 높은 95%에 이른다. 비교된 전체의 데이터는 10년에 걸쳐 있으며 이들 중 최초 연구는 1986년 알제리에서 수행되었고, 최종 연구는 캐나다에서 1996년에 실시되었다.

위버(Weaver, 1998b, p. 455)는 이런 종류의 데이터가 부과하는 방법론상의 한계를 고려해 "국경과 문화를 가로질러 언론인들을 비교한다는 것은 기껏해야 추측의 게임"이라고 말했다. 위버는 "전형적 언론인"이란 대부분이 저널리즘 외의 다른 것을 전공한 젊은 대학교 졸업자이며 또한 자국의 기성 및 지배적 문화집단 출신이라는 결론을 내렸다. 직업적 역할의 관점에서 위버는 뉴스의 신속보도의 중요성을 놓고 언론인 사이에는 엄청난 정도의 합의가 존재하며, 일반인들이 의견을 표현할 수 있도록 하는 접근권 제공의 중요성을 놓고는 어느 정도의 합의가 있음을 발견했다. 이에 비해 분석 기사를 제공하고 정부에 대한 감시견 역할을 한다는 문제에 대해서는 지지도가 상당히 낮았다. 위버는 오락 제공, 정확한 보도 또는 객관적 보도의 중요성을 놓고는 상당한 의견의 불일치가 존재한다고 보고했다. 그러나 중국의 언론인들이 정부의 주장에 대한 탐사를 강하게 지지했다는 부분이 치밀한 조사를 해도 유효할지 여부가 여전히 의문으로 남는다.

위버는 또한 언론인의 보도 윤리에는 나라별로 큰 차이가 있음을 발견했다. 취재원에게 비밀을 약속한 경우를 예외로 한다면 언론인들은 중요한 기사의 경우에는 일반적으로 윤리적인 문제가 있는 보도 행태가 정당화될 수 있는지를 놓고 의견차를 드러냈다. 그들은 정보를 얻기 위해 돈을 지불한다든지, 다른 사람인 것처럼 신분을 위장한다든지, 취재원을 괴롭힌다든지, 허락 없이 문서를 사용한다든지, 내부 정보를 얻기 위해 고용된다든지 등의 문제를 놓고 정도차를 보였다. 도덕적 문제가 있는 보도 방법의 정당화를 놓고 큰 차이가 있는 것을 고려해 위버는 "이 세상에서 저널리즘의 보편적인 규범과 가치를 압도하는 매우 강한 국가별 차이가 있는 것 같다"고 결론지었다(p. 473). 이 같은 많은 차이는 뉴스 조직의 영향, 저널리즘 교육, 직업적 규범보다는 정치 체제와 관련된 것으로 보였다. 그러나 문화적 규범과 정치적 가치관은 언론인의 가치관 및 윤리에 관한 시각에 적어도 약간의 영향은 미치는 것으로 보였다.

초超국가적 비교에 맞추어지지 않은 조사 데이터를 추가적으로 활용하려는 위버의 시도는 방법론적 이유에서 반박당할 수도 있다. 다양한 개념화 및 연구 방법론은 이런 종류의 '2차적 비교'를 부적절하다고 하지는 않더라도 문제가 많은 것으로 만든다. 그러나 이 책은 여전히 세계 도처의 기자들에게서 얻은 가장 포괄적인 연구 결과이며, 나아가 비교 연구를 하는 저널리즘 연구자들에게 중요한 참고자료가 되고 있다.

역사적 연구

정치 체제가 행사하는 영향력이 특정 국가의 언론 문화를 형성하는 데 가장 중요한 요인이라는 위버의 결론은 헬린과 만치니(Daniel C Hallin and Paolo Mancini, 2004)가 저술한 역사적 연구에 의해서도 지지된다. 그들의 연구는 경제발전 수준이나 공통의 문화 및 정치사의 비교 가능성을 고려해 북아메리카와 서유럽의 미디어 체제에 초점을 맞추었다. 비록 헬린과 만치니가 분석을 저널리즘에만 국한시킨 것은 아니었지만 연구의 주된 관심사가 정치 커뮤니케이션이었기 때문에 그들이 내린 많은 결론은 저널리즘 연구에 직결되어 있다.

헬린과 만치니는 서유럽과 북아메리카의 미디어 체제가 용이하게 비교될 수 있는 네 가지 주요한 차원을 찾아냈다. (1) 대규모 발행부수를 자랑하는 언론이 강하게 또는 약하게 발전했는지에 특별한 강조점을 둔 미디어 시장의 발전 정도 (2) 미디어 체제가 사회 내의 중요한 정치적 분파를 얼마나 반영하는가 하는 문제에 관심을 둔 정치적 유사성 (3) 언론의 전문직주의의 발전 정도 (4) 미디어 체제에 대한 국가 개입의 정도와 성격 등이 그것이다. 이 4개의 요소를 염두에 둔 채 헬린과 만치니는 미디어와 정치에 관한 3가지 모델을 구분했다. 지중해 또는 양극화된 다원주의적 모델(예컨대 프랑스, 그리스, 포르투갈, 스페인)은 비교적 소규모의 발행부수를 가진 엘리트 지향적인 인쇄 미디어와 이에 상응해 방송 미디어가 중심을 차지하는 것으로 특징 지을 수 있다. 이 모델에 속하는 나라에서는 저널리즘이 정치적 행동주의와 크게 차별되지 않기 때문에 뉴스 미디어는 강한 정치적 편향성을 갖는 반면 저널리즘의 전문직화는 약하다. 이런 나라에서는 언론이 정치적 일상에 강력하게 초점을 맞추고 있어 다른 모델과 비교할 때 오피니언 지향적이거나 주창 저널리즘이 두드러진 현상을 보인다.

북유럽 또는 민주적 조합주의 모델(예컨대 오스트리아, 벨기에, 덴마크, 핀란드, 독일, 네덜란드, 노르웨이, 스웨덴, 스위스)은 신문 산업의 조기 발전과 매우 높은 신문 발행부수를 특징으로 한다. 이 모델의 또 다른 속성은 20세기를 통틀어 상업신문과 공존했던 강한 정당 신문의 역사이다. 이런 미디어 체제 내에서는 오피니언 지향적 저널리즘의 중요성이 감소하고 있다고 하지만 그럼에도 여전히 지속되고 있다. 반면 언론인들은 점차 중립적이며 정보 지향의 역할을 옹호한다. 언론의 전문직주의는 평균 이상이며 높은 수준의 엄격한 조직을 특징으로 한다.

북대서양 또는 자유주의 모델(캐나다, 영국, 아일랜드, 미국)은 초기에는 신문의 발행부수가 높은 특징을 가졌으나 오늘날의 발행부수는 민주적 조합주의 모델에서보다는 다소 낮아지는 경향을 보이고 있다. 매우 정파적인 영국 언론을 제외하면 신문들은 강한 정치적 경향을 드러내지 않으며, 이에 따라 정보 지향의 저널리즘이 지배적이다. 이 모델에서는 비록 상업적 압력에 의해 언론의 자율성이 제한되는 경향이 있기는 하지만 그럼에도 저널리즘은 매우 전문직업화되어 있다.

핼린과 만치니의 연구가 주로 미디어와 정치의 상호작용에 맞추어져 있었다면 샬라비(Jean K. Chalaby, 1996)의 저작은 저널리즘과 문화의 관계를 탐구했다. 샬라비의 저작 중 흔히 인용되는 주장은 "저널리즘은 영미권의 발명품"이라는 것이다(p. 303). 그는 자신의 주장의 근거를 1830~1920년대 사이의 프랑스, 영국, 미국의 저널리즘의 역사적 비교에 두었다. 샬라비의 주장은 미국과 영국의 언론인들이 뉴스라는 개념을 발명했고, 영미 신문들이 더 많은 뉴스와 정보를 갖고 있으며, 훨씬 더 개선된 조직적인 뉴스 취재 능력을 갖고 있다는 것이다. 영국 및 미국에서 저널리즘의 급속한 발전에 기여한 요인들을 들자면 문학 영역으로부터 언론의 독립, 의회의 양당주의, 판매 및 광고에서 상당한 수입을 이끌어낼 수 있는 신문의 능력, 영어의 역동성 그리고 앵글로색슨이 세계에서 차지한 중심적·지배적 지위 등이다. 영미권과 프랑스 저널리즘의 또 다른 차이는 뉴스가 어떻게 구성되는가 하는 데서 찾을 수 있다. 앵글로색슨 전통에서는 가장 뉴스 가치가 있는 것이 앞서며 '사실' 중심으로 뉴스가 구성된다. 반면 프랑스 신문에서는 저널리스트의 매개적 주관성mediating subjectivity이 기사 작성의 주된 원칙이다. 프랑스 언론인들은 정보를 자신의 관찰 내용에 포함시킬 뿐만 아니라 관련된 사건에 대한 자신의 해석에 따라 기사를 쓴다. 여기서 샬라비는 다수의 유럽 미디어 문화에서 발견되는 보다 해석적인 뉴스 보도 스타일을 강조하는 조사 연구 결과에 공감하는 결론을 내리고 있다.

주요 쟁점과 방법론적 함정

비록 비교 연구가 현재 저널리즘에서 크게 성장하고 있는 부문이지만 이 중요성의 증가는 아직도 이론 및 방법론에서 적절한 발전을 동반하지 못하고 있다. 신기술로 인해 폭넓은 조사를 벌이거나 엄청난 양의 데이터를 처리하거나 다양한 나라에서 일하는 연구자들이 이 데이터를 이용할 수 있게 되었지만 비교 커뮤니케이션 연구에서 이론, 개념, 설계, 방법에 관한 정교한 토론은 이제 겨우 시작되었다(Hantrais & Mangen, 1996. With & Kolb, 2004).

비교 연구에 대한 주요 도전들

비교 연구에 대한 주요 도전 중의 하나는 인식론적 영역에 있다. 문화를 가로지르는 연구들이 흔히 암묵적으로 방법론적·이론적 보편주의를 가정하기 때문에 맥락 외의 측정을 하는 데는 취약하다(Livingstone, 2003). 조사자들은 적어도 부분적으로는 자신이 속한 문화와는 다른 문화적 맥락 속에서 연구를 수행하는 것이 흔하다. 이런 종류의 '사파리 연구safari research'(Hantrais & Mangen, 1996, p. 4)에서는 연구자들은 대부분 자신의 문화적 가치 체제라는 렌즈를 통해 다른 문화를 평가함으로써 다른 나라를 연구자의 소속 국가와 비교한다. 만약 분석 단위 사이의 차이에 초점을 맞춘다면 조사 대상 문화 내의 이질성을 평가절하하고, 나아가 가끔은 동일한 문화 내의 변이가 문화권 사이의 변이보다 더 클 수 있다는 사실을 무시하게 된다(Blumler, Mc-Cleod & Rosengren, 1992; Øyen, 1990). 이것은 예컨대 국가를 가로질러 언론인 사이의 직업적 성향을 분석하는 사례에서 발견된다. 왜냐하면 국가 내 언론 문화의 다양성은 흔히 다루어지지 않기 때문이다.

매우 다른 체제나 시기가 분석되는 경우 차이점의 정도가 엄청나서 유의미한 비교를 할 수 없게 되는 일도 있다(Blumler, McCleod & Rosengren, 1992). 이런 차이점은 규모가 크고 다차원적일 뿐만 아니라 차이가 드러나는 영역마저도 서로 다를 수 있다. 우리가 어떤 차원의 분석에서 유사하다고 하는 사안이 좀 더 세부적인 분석 차원에서는 엄청나게 많은 차이점을 드러낼 수도 있다(Kohn, 1989). 게다가 영국 및 미국 언론인 사이의 차이점과 유사성은 예컨대 두 미디어 체제의 진정한 특성에서 "기인할 수 있으나" 이런 것들은 역시 국경을 초월한 확산에서 유래할 수도 있다. 확산은 특히 국가들이 공통의 문화적 기원을 공유할 경우 가능하다. 그것은 또한 현재 진행 중인 지구화 과정에 의해 가속화될 수도 있다. 예컨대 객관성이라는 직업적 이데올로기는 미국에서 다른 나라로 퍼져나갔다. 따라서 이런 확산 과정을 다루지 않는 분석은 불충분하다.

이데올로기의 영향과 서구의 편견

비교 저널리즘 연구에서 또 다른 문제는 서구의 편견이다. 조제피(Jose-phi, 2006)에 의하면 저널리즘 연구에서 앵글로아메리카의 지배적 지위는 미국 저널리즘 연구의 오랜 전통, 영국 및 미국에서 학술서적과 교과서 출판이 집중적으로 이루어지는 사실 그리고 영어가 세계 언어로 발전한 사실에서 기인한다. 식민 역사는 또 다른 중요 요소이다. 왜냐하면 아프리카, 라틴아메리카, 아시아에서의 매스미디어는 서구의 매스미디어의 파생물로 발달했기 때문이다(Golding, 1977). 그러나 점차 제3세계가 탈식민화되고 있음에도 서구 학자들은 자신들이 가진 모델에 대한 규범적 기대가 스스로의 해석을 편향되도록 했음을 깨닫지 못한다. 만약 선진국들의 표준이 개발도상국들에 적용된다면 결과는 개발도상국 사회의 저널리즘 및 언론인 문제에 대해 근본적으로 비우호적인 견해로 나타날 수밖에 없을 것이다(Starck & Sudhaker, 1979).

저널리즘 연구에서 이 같은 서구의 편견은 눈에 띄는 몇 가지 이데올로기적 함의를 갖고 있었다. '전문직주의'라는 이데올로기가 북반구에서 남반구로 이전된 가운데 제3세계 언론인들은 선진 세계의 언론 규범을 따라야 할 필요가 있는 것으로 묘사되었다(Golding, 1977, p. 292). 핼로란(Halloran, 1998, pp. 44~45)에 의하면 이 '연구 제국주의'는 기성 질서를 정당화하고 강화했으며 서구에 대한 제3세계의 경제적·문화적 의존을 더욱 심화했다. 그러나 서구 미디어 연구자들 사이에는 "세계의 나머지 지역은 잊혀져 연구가 안 되는 지역으로 간주하는 것에 대한 당혹감이 점차 확산되고 있다" (Curran & Park, 2000, p. 2000, p. 3).

등가 문제

위버(Weaver, 1998c)의 국제적 연구 편찬은 저널리즘 연구에서 서구의 편견이 드러난 사례라고 할 수 있다. 브라질, 중국, 홍콩, 한국, 대만, 태평양 제도에서 수행된 연구에서 직업적 역할에 대한 측정은 거의 전적으로 미국 설문지의 원본을 번역한 것에 의존했다. 다른 역할 개념들, 특히 발전 저널리즘이라는 개념은 거의 초보적 수준에서 포함되거나 완전히 배제된 가운데 진행된 이런 측정은 많은 연구 대상국에서 적절하지 않은 것으로 드러날 것이다. 이런 측면에서 연구자들이 '전문직업적 역할'이라는 개념에 대해 말할 때 이 개념이 그러한 비교 연구에 포함된 모든 문화에서 기능적 등가성으로 적용되도록 해야 하는데, 이는 곧 주어진 문화 영역의 관련된 모든 측면에 해당된다는 것을 의미한다. 때문에 등가성은 비교 연구에서 중요 문제로 간주되어야 한다(Van Vijver & Leung, 1997; Wirth & Kolb, 2004). 연구자들은 모든 문화를 상대로 개념을 등가로 적용해야 할 뿐만 그에 상응하는 연구 방법과 진행 절차를 사용해야 한다. 나아가 연구자들은 연구 도구를 개발하는 데 상당한 노력을 투자해야 한다. 연구 도구는 사려 깊게 개발되어야 하고, 사전 시험을 거쳐야 하며, 조심스럽게 조정되어야 할 뿐만 아니라 엄격하게 적용해야 한다.

문화의 선택

비교 연구에서 또 다른 중요한 고려사항은 사례의 선택이다. 핸트라이스(Hantrais, 1999, pp. 100~101)는 "국경을 넘는 연구에서 드러나는 유사점 및 차이점은 국가 선정이라는 인공적 산물에 불과하다"고 정확하게 지적했다. 게디즈(Geddes, 2003)는 사례 선정이 어떻게 비교 연구의 결과에 영향을 주는지, 심지어 신뢰할 수 없도록 만드는지를 설득력 있게 증명했다. 어떤 고려사항들이 샘플링을 위한 이론적 근거로 작용한다고 하더라도 분석 단위들은 비교를 정당화하는 개념적 틀 속에서 선택해야 한다(Chang 등, 2001). 그러나 실제로 비교 저널리즘 연구의 조사자들은 흔히 대상 국가들을 섞는 데 있어 적절한 근거를 제시하는 데 실패했다.

이 문제와 관련된 것으로 비교 연구에서 얼마나 많은 사례가 선택되어야 하는가 하는 문제도 중요하다. 이 질문에 대한 일반적 답변은 없다. 저널리즘 연구에서 가장 흔한 것은 2~3개국을 비교하는 작은 샘플의 연구 디자인이다. 5~60개국에 이르는 중간 규모 샘플의 연구들은 드물지만 그러나 점차 늘어나고 있다(예를 들어 Patterson & Donsbach, 1996; Shoemaker & Cohen, 2006; Splichal & Sparks, 1994; Weaver, 1998b). 그러나 대규모 샘플의 연구 디자인은 아직 존재하지 않는다. 중간 규모의 샘플 및 대규모 샘플의 연구가 인과관계 및 일반화라는 관점에서 장점이 있지만 분석에서 더 많은 문화가 포함될수록 더 많은 것을 배울 수 있는 것은 아니다(Kohn, 1989).

후속 연구 방향

사회과학과 인문학 분야에서 비교 연구가 증가하고 있는 만큼 저널리즘 학자들은 굳이 '수레바퀴를 다시 발명하듯이' 새로운 수고할 필요는 없다. 그들은 문화를 가로지르는 연구의 전통을 가진 다른 학문, 즉 사회학, 인류학, 심리학, 정치학에서 나온 풍부한 문헌과 이론적·방법론적 진전을 이용하면 된다. 등가 문제는 훨씬 진지하게 받아들여져야 하며, 그것은 모든 비교 연구에서 언급해야 한다. 이런 관점에서 "등가는 확립되어야 하며 가정되어서는 안 된다"는 통찰력(van de Vijver & Leung, 1997, p. 144)이 어떤 비교 연구에서든 지침이 되어야 한다.

저널리즘 연구는 비교 연구의 목적에 이용할 수 있게 맞추어진 개념을 개발하고 나아가 서구에 뿌리를 둔 모델을 초월할 필요가 있다. 예컨대 전문 직업적 역할('미디어 역할')에 관한 몇 가지 재개념화 연구는 돈스바흐 및 패터슨(Donsbach & Patterson, 2004), 팬 및 챈(Pan & Chan, 2003), 라마프라사드(Ramaprasad, 2001)에 의해 수행되었다. 비교 분석이라는 목적을 위해 페치(Pfetsch, 2001)는 '정치 커뮤니케이션 문화'라는 개념을 개발했고, 하니취(Hanitzsch, 2007)는 '저널리즘 문화'에 관한 보편적 이론을 제안했다. 슈메이커와 리즈(Shoemaker & Reese, 1996)의 차원별 분석 접근법은 또한 뉴스에서의 유사성 및 차이점을 형성하는 요소들을 초超문화적으로 들여다보기 위한 유용한 자기 발견적 도구임이 입증되었다.

또 다른 중요한 결핍 사항은 맥락적 요소들(젠더, 미디어 소유, 문화적 가치관, 정치적·경제적 구조 등)이 세계의 언론 문화에 어느 정도의 변형을 초래하는지 평가하는 정교한 설명적 분석이 부족한 점이다. 그런 연구들은 유사성 및 차이점을 기저에 깔린 인과적 요소에서 기인하는 것으로 설명하기 위해 의도적으로 국가나 다른 문화 단위를 선택함으로써 유사 실험적 디자인의 잠재력을 가장 적절하게 사용해야 한다. 이런 유사성과 차이점은 나라를 가로지르거나 나라 안에 뿌리를 내린 언론 문화의 다양성을 고려하기 위해 상이하고도 다중적인 분석 차원에서 주목되어야 한다.

마지막으로, 협력적 연구는 민족중심주의를 극복하기 위한 가장 강력한 접근법인 만큼 비교 저널리즘 연구에서 주요한 장場으로 자리 잡아야 한다. 협력적 연구는 엄청난 자원을 필요로 하고 특히나 참여 학자들 사이에 타협할 의지를 필요로 하지만 이것은 다수의 과학 연구 부문에서 효율적이면서도 유익한 것으로 드러났다.

〈참고문헌〉

Beniger, J. R.(1992). Comparison, yes, but — the case of technological and cultural change. In J. G. Blumler, J. M. McLeod, & K. E. Rosengren(eds.), *Comparatively speaking: communication and culture across space and time*(pp. 35-50). Newbury Park, CA: Sage.

Berkowitz, D., Limor, Y., & Singer, J.(2004). A cross-cultural look at serving the public interest: American and Israeli journalists consider ethical scenarios. *Journalism, 5*(2), 159-181.

Birkhead, D.(1982). Ideological aspects of journalism research on professionalism. *Journal of Communication Inquiry, 7*(2), 121-134.

Blumler, J. G.(ed.).(1983). *Communicating to voters: Television in the first European parliamentary elections*. London: Sage.

Blumler, J. G., McLeod, J. M., & Rosengren, K. E.(1992). An introduction to comparative communication research. In J. G. Blumler, J. M. McLeod, & K. E. Rosengren(eds.), *Comparatively speaking: Communication and culture across space and time*(pp. 3-18). Newbury Park, CA: Sage.

Chalaby, J. K.(1996). Journalism as an Anglo-American invention: A comparison of the development of French and Anglo-American journalism, 1830s-1920s. *European Journal of*

Communication, 11(3), 303-326.

Chang, T.-K. with Berg, P., Fung, A. Y.-H., Kedl, K. D., Luther, C. A., & Szuba, J.(2001). Comparing nations in mass communication research, 1970-97: A critical assesment of how we know what we know. *Gazette, 63*(5), 415-434.

Cohen, B. C.(1963). *The press and foreign policy.* Princeton, NJ: Princeton University Press.

Curran, J., & Park, M.-J.(2000). Beyond globalization theory. In J. Curran & M.-J. Park(eds.), *De-Westernizing media studies*(pp. 3-18). London: Routledge.

Deuze, M.(2002). National news cultures: a comparison of Dutch, German, British, Australian and U. S. journalists. *Journalism & Mass Communication Quarterly, 79*(1), 134-149.

Donsbach, W.(1981). Legitimacy through competence rather than value judgments: The concept of journalistic professionalization reconsidered. *Gazette, 21*(1), 47-67.

Donsbach, W.(1995). Lapdogs, watchdogs and junkjard dogs. *Media Studies Journal, 9*(4), 17-30.

Donsbach, W., & Klett, B.(1993). Subjective objectivity: How journalists in four countries defi ne a key term of their profession. *Gazette, 51*(1), 53-83.

Donsbach, W., & Patterson, T. E.(2004). Political news journalists: partisanship, professionalism, and political roles in five countries. In F. Esser & B. Pfetsch(eds.), *Comparing political communication: theories, cases, and challenges*(pp. 251-270). New York: Cambridge University Press.

Durkheim, E.(1897/1973). *Der Selbstmord.* Neuwied: Luchterhand.

Edelstein, A. S.(1982). *Comparative communication research.* Beverley Hills, CA: Sage.

Esser, F.(1998). Editorial structures and work principles in British and German newsrooms. *European Journal of Communication, 13*(3), 375-405.

Geddes, B.(2003). How the cases you choose affect the answers you get: Selection bias in comparative politics. In B. Geddes(ed.), *Paradigms and sand castles: Theory building and research design in comparative politics*(pp. 89-129). Ann Arbor: University of Michigan Press.

Golding, P.(1977). Media professionalism in the Third World: The transfer of an ideology. In J. Curran, M. Gurevitch, & J. Woollacott(eds.), *Mass communication and society*(pp. 291-308). London: Arnold.

Golding, P., & Elliott, P.(1979). *Making the news.* London: Longman.

Hallin, D. C., & Mancini, P.(2004) *Comparing media systems: Three models of media and politics.* New York: Cambridge University Press.

Halloran, J. D.(1998). Social science, communication research and the third world. *Media Development*(2), 43-46.

Hanitzsch, T.(2005). Journalists in Indonesia: Educated but timid watchdogs. *Journalism*

Studies, 6(4), 493–508.

Hanitzsch, T.(2006). Mapping journalism culture: a theoretical taxonomy and case studies from Indonesia. *Asian Journal of Communication, 16*(2), 169–186.

Hanitzsch, T.(2007). Deconstructing journalism culture: Towards a universal theory. *Communication Theory, 17*(4), 367–385.

Hantrais, L.(1999). Cross contextualization in cross-national comparative research. *International Journal of Social Research Methodology, 2*(2), 93–108.

Hantrais, L., & Mangen, S.(1996). Method and management of cross-national social research. In L. Hantrais & S. Mangen(eds.), *Cross-national research methods in the social sciences*(pp. 1–12). London: Pinter.

Herscovitz, H. G.(2004). Brazilian journalists' perceptions of media roles, ethics and foreign influences on Brazilian journalism. *Journalism Studies, 5*(1), 71–86.

Hofstede, G.(2001): *Culture's consequences. Second edition: Comparing values, behaviors, institutions and organizations across nations.* Thousand Oaks, CA: Sage.

Janowitz, M.(1975). Professional models in journalism: The gatekeeper and the advocate. *Journalism Quarterly, 52*(4), 618–626, 662.

Johnson, J. D., & Tuttle, F.(2000). Problems in intercultural research. In M. K. Asante & W. B. Gudykunst(eds.), *Handbook of international and intercultural communication*(pp. 461–483). Newbury Park, CA: Sage.

Josephi, B.(2006). Journalism in the global age: Between normative and empirical. *Gazette, 67*(6), 575–590.

Kocher, R.(1986). Bloodhounds or missionaries: Role definitions of German and British journalists. *European Journal of Communication, 1*(1), 43–64.

Kohn, M. L.(1989). Cross-national research as an analytic strategy. In M. L. Kohn(ed.), *Cross-national research in sociology*(pp. 77–102). Newbury Park, CA: Sage.

Lerner, D.(1958). *The passing of traditional society: Modernizing the Middle East.* Glencoe: The Free Press.

Livingstone, S.(2003). On the challenges of cross-national comparative media research. *European Journal of Communication, 18*(4), 477–500.

McLeod, J. M., & Hawley, S. E.(1964). Professionalization among newsmen. *Journalism Quarterly, 41*(4), 529–539.

McLeod, J., & R. R. Rush(1969a). Professionalization of Latin American and U. S. journalists. *Journalism Quarterly, 46*(3), 583–590.

McLeod, J., & R. R. Rush(1969b). Professionalization of Latin American and U. S. journalists: Part II. *Journalism Quarterly, 46*(4), 784–789.

Marr, M., Wyss, V., Blum, R., & Bonfadelli, H.(2001). *Journalisten in der Schweiz. Eigenschaften, Einstellungen, Einflusse.* Konstanz, Germany: UVK.

Oyen, E.(1990). The imperfection of comparisons. In E. Oyen(ed.), Comparative meth-
odology: theory and practice *in international social research*(pp. 1–18). London: Sage.

Pan, Z., & Chan, J. M.(2003). Shifting journalistic paradigms: How China's journalists assess
"media exemplars." *Communication Research, 30*(6), 649–682.

Patterson, T. E., & Donsbach, W.(1996). News decisions: Journalists as partisan actors.
Political Communication, 13(4), 455–468.

Pfetsch, B.(2001). Political Communication Culture in the United States and Germany.
Harvard International Journal of Press/Politics, 6(1), 46–67.

Pritchard, D., & Souvageau, F.(1998). The journalists and journalisms of Canada. In D.
H. Weaver(ed.), *The global journalist: news people around the world*(pp. 373–
393). Cresskill, NJ: Hampton Press.

Quandt, T., Loffelholz, M., Weaver, D. H., Hanitzsch, T., & Altmeppen, K.-D.(2006).
American and German online journalists at the beginning of the 21st century: A bi-national
survey. *Journalism Studies, 7*(2), 171–186.

Ramaprasad, J.(2001). A profile of journalists in post-independence Tanzania. *Gazette,
63*(6), 539–556.

Schoenbach, K., Stuerzebecher, D., & Schneider, B.(1998). German journalists in the
early 1990s: East and West. In D. H. Weaver(ed.), *The global journalist: News peo-
ple around the world*(pp. 213–227). Cresskill, NJ: Hampton Press.

Shoemaker, P. J., & Cohen, A. A.(2006). *News around the world: Content, practitioners
and the public.* New York: Routledge.

Shoemaker, P. J., & Reese, S. D.(1996). *Mediating the Message: Theories of influence
on Mass Media Content.* White Plains, NY: Longman.

Siebert, F. S., Peterson, T., & Schramm, W.(1956). *Four theories of the press: The au-
thoritarian, libertarian, social responsibility and Soviet communist soncepts of what
the press should be and do.* Champaign: University of Illinois Press.

Splichal, S., & Sparks, C.(1994). *Journalists for the 21st century: Tendencies of pro-
fessionalization among first-year students in 22 countries.* Norwood, NJ: Ablex.

Sreberny-Mohammadi, A., Nordenstreng, K., & Stevenson, R. L.(1984). The world of the
news study. *Journal of Communication, 34*(1), 134–38.

Starck, K., & Sudhaker, A.(1979). Reconceptualizing the notion of journalistic professionalism
across differing press systems. *Journal of Communication Inquiry, 4*(2), 33–52.

Tylor, E. B.(1871). *Primitive culture: researches into the development of mythology,
philosophy, religion, art, and custom.* London: J. Murray.

van de Vijver, F. J. R., & Leung, K.(1997). *Methods and data analysis for cross-cultural
research.* Thousand Oaks, CA: Sage.

Weaver, D. H.(1998a): Introduction. In D. H. Weaver(ed.), *The global journalist: News people around the world*(pp. 1-4). Cresskill, NJ: Hampton.

Weaver, D. H.(1998b). Journalist around the world: Commonalities and differences. In D. H. Weaver(ed.), *The global journalist: news people around the world*(pp. 455-480). Cresskill, NJ: Hampton.

Weaver, D. H.(ed.).(1998c). *The global journalist: news people around the world.* Cresskill, NJ: Hampton.

Weaver, D., Beam, R., Brownlee, B., Voakes, P., & Wilhoit, G. C.(2007). *The American journalist in the 21st century. U. S. newspeople at the dawn of a new millenium.* Mahwah, NJ: Erlbaum.

Weischenberg, S., Malik, M., & Scholl, A.(2006). *Die Souffleure der Mediengesellschaft. Report über die Journalisten in Deutschland.* Konstanz, Germany: UVK.

Wirth, W., & Kolb, S.(2004). Designs and methods of comparative political communica-tion research. In F. Esser & B. Pfetsch(eds.), *Comparing political communication: Theories, cases, and challenges*(pp. 87-111). New York: Cambridge University Press.

Wright, D. K.(1974). An analysis of the level of professionalism among Canadian journalists. *Gazette, 20*(3), 132-144.

Wu, H. D.(2000). Systemic determinants of international news coverage: a comparison of 38 countries. *Journal of Communication, 50*(1), 110-130.

Wu, W., Weaver, D., & Johnson, O. V.(1996). Professional roles of Russian and U. S. journal-ists: a comparative study. *Journalism & Mass Communication Quarterly, 73*(3), 534-548.

Zhu, J.-H., Weaver, D., Lo, V., Chen, C., & Wu, W.(1997). Individual, organizational, and so-cietal influences on media role perceptions: a comparative study of journalists in China, Taiwan, and the United States. *Journalism & Mass Communication Quarterly, 74*(1), 84-96.

30_
저널리즘 연구의 탈서구화

허먼 와서먼/아놀드 S. 드 비어

역사적·현재적 맥락

기술의 발전에 따라 20~21세기에 이루어진 미디어의 지구화의 가속화와 갈수록 커지는 미디어에의 참여 가능성은 당연히 저널리즘 및 저널리스트에 대한 정의와 관련해 여러 가지 질문을 제기해왔다. 세계가 '미디어폴리스me-diapolis'가 될 만큼 미디어가 '환경'이 된 이 시대(Silverstone, 2007)에 '저널리스트는 누구인가', '저널리즘이란 무엇인가'를 경험적이고 규범적으로 정의하는 과제(예를 들어 Wyatt, 2007), 즉 저널리즘 교육에서 그것이 무슨 의미인지를 결정하는 것(Fröhlich & Holtz-Bacha, 2003; Murray & Moore, 2003)과 그것이 어떻게 연구될 수 있는가를 결정하는 것(Löffelholz & Weaver, 2008을 보라)이 시급한 문제로 부상했다. — 이런 현상은 현 시대의 미디어의 지구화의 상대적 '새로움'을 보여주는 증거에 대한 충분한 동의도 이루어지지 않은 가운데 전개되고 있다(Sparks, 2007).

지구화는 혼성적·지역적·세계적·지역적 양태를 바탕으로 저널리즘을 연구할 수 있는 새로운 길을 열고 있으며(McMillin, 2007, p. 2), 저널리즘 연구에 글로벌한 시각을 택할 필요를 증가시켰다(이런 시각을 가진다는 것은 기본적인 이론적 출발점으로서 전 세계의 다양한 시각을 통합시키는 것과는 다른 것이다). 이러한 필요성은 지구화의 계기뿐만 아니라 9·11 이후 이루어진 글로벌한 민주주의 담론의 해체를 초래한 전 세계의 '정치적 재정렬realignment'로부터도 나왔다(Josephi, 2005, p. 575). 저널리즘 연구 분야에서 이 재정렬은 저널리즘과 특정한 형태의 정치 조직 간의 관계에 의문을 던지게 했고, 글로벌한 정치적 차이들을 보다 폭넓게 포괄하는 저널리즘을 정의하기 위한 방법을 열어주었다. 좀 더 많은 비교 연구가 진행됨에 따라(Hanitzsch, 2007에 잘 요약되어 있다) 저널리즘에 대한 지배적 관점인 앵글로-아메리카의 관점은 이론과 실천 간의 간극을 보여주는 다른 연구에 의해 도전받고 있다(Josephi, 2005, p. 576). 제도적 관점에서 말한다면, 저널리즘 분야에서 국제화가 증가된 것은 명백하다. 〈국제커뮤니케이션협회 저널리즘연구 분과International Communication Association's Journalism Studies Division〉의 회원 구성(회원의 반 이상이 미국 밖에서 온 사람들이다. ICA, 2007)과 『저널리즘 연구』의 국제 컨퍼런스가 북반구의 주요 지역 밖에서 열리고 있는 점은 국제화의 진전을 잘 보여준다(2006년은 브라질, 2007년 싱가포르에서 열렸다).

그러나 미디어와 저널리즘 및 그에 대한 학문적 연구의 지구화는 여전히 매우 불균등하고 이질적인 현상으로 남아 있다. 이 영역의 탈脫서구화를 위한 비판적 잠재력뿐만 아니라 분석적 유용성을 가지려면 저널리즘 연구는 서술적인 비교 연구를 넘어서야 한다. 비판적 저널리즘 연구 또한 인식론적으로 뿐만 아니라 정치적으로 비교 연구를 글로벌한 권력 관계 내부에 위치시킴으로써 스스로를 돌아보고, 비교 연구의 기반이 되는 규범적 가정들을 돌아보아야 한다. 저널리즘 연구 분야에서 이루어지는 비교 연구가 저널리즘 연구의 이론적 기반에 대한 재검토로 이어지지 않는다면 그러한 연구는 호기심에서 행하는 연습으로 그칠 뿐 이 분야에 대한 광범위한 탈서구화를 가져오지 못할 것이다.

이와 관련된 질문 중의 하나 — 여기서는 그에 대답하려고는 하지 않을 것이다 — 가 현대의 매스 미디어의 역사적 기원이 서구에 있지만 그렇다고 해서(Couldry, 2007, p. 247) '서구 저널리즘'이라는 것 자체가 존재하느냐 하는 것이다(예를 들어 Hanitzsch, 2007, p. 368). 몇몇 연구는 전 세계 저널리스트의 직업적 이데올로기에서 공통점을 발견했지만 명백한 차이점 역시 관찰했다(이러한 연구들에 대한 개관을 위해서는 Hanitzsch, 2007을 보라). 비서구적 관점을 통해 저널리즘 분야에 기여하려는 시도는 '서구' 저널리즘이 동질화될 수 있다거나, 어떤 단순화된 양식으로부터도 이끌어낼 수 있는 '서구'와 '비서구'라는 이항 대립을 상정하는 가정에 안주해선 안 될 것이다. 이 장에서 우리는 저널리즘 연구에서 글로벌한 접근은 근본적인 인식론적 차원에서 시작되어야 한다고 주장할 것이다. 어떻게 저널리즘을 정의하고, 저널리즘과 사회의 관계가 무엇이며, 그것을 어떻게 가르치고, 어떻게 실천해야 하는가 하는 이론은 글로벌한 포함적이고 대화적인 상황에서 구축되어야 한다. 대화적 접근과 포함적 접근 사이의 차이는 중요하다. 비록 다양한 저널리즘이 글로벌한 시계에 **포함되어** 있지만 그것들 중 몇몇은 '대안적' 저널리즘이나 지리적으로 특정한 지역에 속한다는 명목으로 여전히 주변화되거나 게토화될 수 있으며, 따라서 진실한 **대화적** 접근법에서 할 수 있는 것처럼 지배적인 주류가 변화하도록 압력을 가할 수는 없다(Mowlana, 1996을 보라). 지금까지 포함적 접근은 앵글로-아메리칸 모델과 다른 모델들을 '마지못해' 받아들이는 결과로 이어지고 있다. 하지만 저널리즘=자유 민주주의라는 등식 같은 규범적 가정은 대체로 의문의 여지가 없는 것으로 받아들여지고 있다(Josephi, 2005).

따라서 여기서 필요한 것은 '포괄적이며 상호 비교적인' 저널리즘 연구에 대한 글로벌한 접근이다(Couldry, 2007, p. 247). 이것을 통해 기존의 패러다임을 "깨뜨릴 수 있을 것이다." 이러한 접근법과 관련해 학문적 생산과 배분의 정치경제학이 어떻게 저널리즘 연구 영역에 영향을 주는지를 이해할 필요가 있다. 저널리즘 연구에 '다른' 관점을 포함하는 것이 중요할 뿐 아니라 이 '다른'이 학문적 담론에 들어오는 것을 허용하는 조건을 마련하는 것 또한 관건이다.

다시 말해 저널리즘 연구를 탈서구화하려는 프로젝트는 정치경제학적인 측면뿐만 아니라 인식론적인 측면을 갖고 있다. 이 두 측면은 서로 연결되어 있지만 저널리즘 연구에서 지식 생산을 위해 가진 함의라는 측면에서 살펴볼 필요가 있다. 저널리즘 연구에 대한 탈서구화적 접근은 모든 이론이 어딘가에 위치해 있다는 깨달음을 수반한다. ― 맥락을 벗어난 이론은 없다는 것이다.

이 장에서 우리는 이 두 측면이 점점 더 분명하게 나타나고 있는 특수한 한 영역에 초점을 맞춤으로써 저널리즘 연구에 대한 탈서구화적 접근의 인식론적이고 정치경제학적인 차원을 연결해보려고 할 것이다. 즉 사하라 사막 이남의 영어 상용 아프리카 지역의 저널리즘 지식 생산이 그것이다.

아프리카, 특히 남아프리카 미디어 연구자로서 우리의 입장은 또한 우리가 이 장에서 제시하려는 '탈서구화' 저널리즘 연구에 관한 예비적 발언을 들려줄 수 있을 것이다. 아프리카에 초점을 맞추고 있기 때문에 우리가 남반구 전체를 대표해 말한다고 할 수는 없으나 적어도 우리가 논하는 몇 가지는 다른 발전적 맥락에서의 저널리즘 연구에 일정한 함의를 가질 수 있을 것이다.1) 아프리카에서의 저널리즘 연구의 정치경제학적 맥락은 아시아 같은 몇몇 비서구화 맥락과는 상당히 다를 수 있지만 예를 들어 역사적(식민지 경험) 이유와 경제적(글로벌 경제 속의 개발도상국들) 이유라는 두 측면에서 라

1) 이 장에서는 커런과 박명진의 잘 알려진 책(*De-Westernizing Media Studies*, Curran & Park, 2000) 이후 학계에서 널리 쓰이게 된 '탈서구화'란 개념을 좇아 '서구'와 '비서구'란 말을 사용할 것이다. 하지만 탈냉전 이후의 지정학적·지리 경제학적 맥락을 고려할 때 북반구/남반구라고 쓰거나 세 대륙(아프리카, 아시아, 라틴아메리카)이라고 표현하는 게 좀 더 적절하다는 것도 맞는 말이다(McMillin, 2007, p. 1, 222)(필자 주).

틴아메리카와는 유사할 수 있다. 하지만 유사성들이 있더라도 하나의 서구 저널리즘만 존재할 수 없는 것처럼(Hanitzsch, 2007) 탈서구화 저널리즘 연구 프로젝트도 한-차원에서만 생각될 수는 없으며, 다양한 수준에서 행해져야 한다. 저널리즘 연구와 학계에 관한 젤리저(Zelizer, 2004)의 기념비적인 저서를 참고해 우리는 저널리즘 연구가 진정한 글로벌 프로젝트가 되려면 아프리카 저널리즘 연구의 접근법들이야말로 보다 폭넓은 토론에서 분리된 '지역 연구'가 아니라 지구화되고 있는 세계의 핵심적 일부로 진지하게 받아들여져야 한다고 주장하고 싶다.

비록 탈서구화 저널리즘 연구의 몇 가지 핵심적인 쟁점을 설명하기 위해 아프리카에 주목하는 것은 주로 현실적인 이유에서 택한 방법이긴 하지만 그러한 초점은 또한 비교 연구에서조차도 무시되거나 상대적으로 중요하지 않은 위치에 있다는 점에서 정당화될 수 있을 것이다(예를 들어 Hallin & Mancini 2004의 연구).

더 나아가 아프리카 저널리즘 연구는 전 세계 저널리즘의 특징을 이루는 인식론들의 경쟁적 성격과 전문직 이데올로기, 가치체계를 보여줄 수 있을 것이다. 아프리카의 저널리즘은 아프리카의 식민지적 유산과 포스트식민주의적 활용, 지구화 된 서구의 영향과 지역적 저항 사이의 불편한 관계를 종종 드러낼 것이다. 아프리카 저널리즘 연구는 그 자체로서 이질성과 양면성으로 특징지어진다.

핵심 요소

탈서구화된 저널리즘 연구를 이해하려는 시도의 핵심은 이 과정이 몇 가지 차원에서 일어나야만 함을 깨닫는 것이다. 저널리즘 연구에서 불균형을 언급하는 것은 우선 인식론적 쟁점이다. 이는 저널리즘에 관한 지식의 기원과 본질 그리고 저널리즘의 보편성과 일반화에 대한 가정을 다루기 때문이다. 하지만 지식의 생산과 승인, 분배는 진공 상태에서 일어나지 않는다. 인식론은 생산되어 사회적 관계 내부에서 타당성을 얻게 되는데, 다시 이 후자는 정치적·경제적 조건에 포함된다. 이 관계들은 흔히 감추어져 있지만 학문적 성과 형태로 표출되는 지식에 대한 비판적 분석 과정에서 드러난다. 비서구적 관점에서 나온 저널리즘 연구와 관련해 앞서 말한 차원들을 보여주기 위해 아래에서 이 관계들은 아프리카 맥락에 특별히 초점을 맞추어 논의된다.

인식론적 쟁점들

지식 체계와 그것의 정당화에 대한 연구로서 글로벌 저널리즘의 인식론(Hanitzsch, 2007, p. 375)이 전 세계를 대표한다면서도 '극소수 국가'에서 얻은 근거에만 의지한다면 정당성을 얻지 못할 것이다(Curran & Park, 2000, p. 3). 저널리즘과 미디어 연구의 서구적 편향이 점점 더 인정되거나 반박되고 있지만 정확히 이 상황을 어떻게 바로잡을지는 여전히 의문이다. 저널리즘의 다른 차원이 어떻게 이해되고 전 세계에서 적용되는가에 대한 단순한 비교 연구는 포괄성을 높일 수도 있지만 반드시 이 분야를 탈서구화시키지는 않을 것이다. 그러한 비교가 이루어지는 범주들이 역사적으로 종종 객관성, 진실 말하기 그리고 '자유' 언론의 요구 같은 저널리즘의 서구적이고 자유민주주의 규범에 핵심적인 개념에서 나온 것이기 때문이다. 그 결과 아프리카, 아시아, 라틴아메리카의 저널리즘 같은 '다른' 저널리즘은 기성의 범주에 부합되거나 아니면 벗어난 것으로 제시된다. 비록 그렇게 벗어난 것이 부정적으로 보이지는 않더라도 규범적 범주 그 자체는 달라지지 않는다(그러나 종종 '다른' 저널리즘이나 비서구권 국가에서의 미디어와 국가 사이의 관계에 대한 부정적 평가는 다른 곳의 상황을 파악하려는 시도라기보다는 서구의 패러다임을 '본국'에서 정당화하거나 수정하려는 것과 관련이 있다. 이러한 측면에서 비서구적 저널리즘의 '타자화'는 서구 자체의 직업적 정체성의 구성에 도움이 될 수 있다).
이 문제를 벗어날 수 있는 한 가지 방법은 글로벌 저널리즘의 인식론적 차원
들을 재확립하기 위해 '두터운 서술thick description'을 통해 비서구적 맥락에서
귀납적으로 작업하는 것이다. 그러한 접근을 통해 진실과 지식에 대한 주장
을 ─ 서구에서는 그렇게 이해되었다 ─ 다른 식으로 (예를 들어 객관성과
합리성보다는 수행성 또는 주관성을 통해) 할 수 있음을 발견할 수 있을 것이다.
또는 그러한 주장이 비서구에서는 저널리즘적 정체성에 핵심적이지 않으며,
따라서 핵심 범주를 다시 생각해야 한다는 것을 발견할 수 있을 것이다.

　　저널리즘 연구의 인식론을 탈서구화하는 것은 또한 연구 의제가 보다
포괄적으로 구성되어야 함을 의미한다. 서구에서 연구 문제들을 구성하고
그러한 문제들에 대해 글로벌한 비교와 포함의 방식으로 대답하려고 하는
대신 연구 의제 자체는 글로벌한 관점에서 구상되어야 한다. 북반구의 학계
와 미디어 제도 외부의 상황에 대한 무시 또는 명백한 무관심 속에서 저널리
즘에 대한 너무 많은 이론화가 이루어졌다. 최근 블로깅이나 비디오 블로깅
같은 기술의 발전에 힘입은 참여 저널리즘으로의 전환이 한 예인데, 이것은
서구에서의 미디어 진화가 보편적으로 불가피한 것처럼 찬양(2006년 잡지『타
임』은 '올해의 인물'로 '당신You'을 선정했다. 즉 컴퓨터를 사용하는 모든 사람이 새
로운 정보를 만든다는 것이다)하거나 아니면 (신문이나 TV과 같은 오래된 미디
어의 미래에 관한) 비관론 사이를 오가고 있다. 저널리즘 이론이 수정되고 저
널리즘에 대한 정의, 저널리즘의 윤리, 수용자 선호 등에 대한 의문들이 제
기되고 있지만 이러한 기술이 보다 적게 확산된 다른 세계에는 거의 관심을
기울이지 않는다. 그러나 이러한 곳에서도 저널리즘 제작자와 소비자는 보
다 지구화 된 미디어 세상에서 경쟁하기 위해 접근성의 부족을 극복하기 위
한 보다 창의적인 방법을 찾고 있다. 미디어로 과잉된 사회의 상황을 반영하
는 이러한 일련의 특수한 문제들이 저널리즘 연구 의제를 지배하고 있는 사
실 자체가 이 연구 영역의 탈서구화 필요성을 보여준다.

"많은 서구 이론의" 이러한 "자기도취성 및 편협성"에 대해서는 이미 몇 몇 비판적인 논평이 나온 바 있다(Curran & Park, 2000, p. 3). 그러한 논평들은 기존의 미디어 이론의 '편협함'이 '명백하게 터무니없음'을 드러내는 몇몇 사건과 추세(지구화, 냉전의 종식, 아시아 경제의 부흥, 미디어 연구의 전 세계적 성장, 미디어 생산과 연구의 전 세계적 성장을 위한 대안 센터의 등장)를 보여준다.

이와 비슷하게 다우닝(John Downing, 1996)은 이론적 수준에서 좀 더 많은 비교 작업을 수행할 것을 촉구했다. 시버트, 피터슨, 슈람(Siebert, Peterson, Schramm 1956)처럼 영향력 있지만 구식이고 편향된 미디어 체제 비교 모델이 재론되었고(예를 들어 Hallin & Mancini, 2004), 글로벌 비교 프로젝트들이 진행 중이다(예를 들어 Weaver, 1998을 보라). 그럼에도 세계의 일부 지역(특히 아프리카)은 이 작업들에서 무시되거나 주변적 위치에 머물러 있다. 아프리카 학자들과 미디어 종사자들 또한 서구 편향의 프레임에 대해 비판적이고 창의적으로 개입하려고 하기보다는 자주 무비판적으로 자신들의 제도와 실무를 평가한다.

남반구가 지금 세계를 지배 중인 북반구의 학문 영역으로 들어갈 때 심지어 지구화 시대에서조차 유행하는 서구의 지배적 발전 모델을 좇아 '현대화'를 수용하는 경우가 흔하며, 반대로 서구 사회에 대한 자기성찰을 드러내면서 비판적 대화자가 되는 일은 매우 드물다(Curran & Park, 2000, pp. 4~5; Sparks, 2007, p. 28). 그 결과 빈번하게 서구식 자유민주주의 모델이 비서구의 저널리즘을 평가하는 암묵적이거나 명시적인 규범으로 등장하며, 미디어와 국가 사이의 관계가 저널리즘 수준을 가르는 기본적 결정 요인 역할을 하게 된다.

만일 저널리즘과 미디어 이론이 비서구적 관점을 보다 많이 포함해야 한다는 것을 인정한다면 저널리즘 연구에서 보다 포괄적이고 글로벌한 접근을 방해하는 것은 무엇일까? 이 질문에 대답하려면 저널리즘 연구 영역에서의 지식 생산의 정치경제학을 고려해야만 한다.

정치경제학적 쟁점

저널리즘 연구는 지구화라는 패러다임이 미디어와 커뮤니케이션 연구에서 지배적인 위치를 차지하게 되었을 때 연구 분야로서 기반을 얻고 있는 중이다. 물론 이 패러다임을 지지하는 증거와 그것이 의미하는 바에 동의하지 않는 사람들이 있는 것도 사실이다(Sparks, 2007, p. 149). 비판적 정치경제학자들은 지구화를 부정적으로 보는 경향이 있었다. 즉 "민주주의를 박탈하고, 정책의 동질화를 야기하며, 노동계급과 대중적 정치 조직에 뿌리 내린 진보적 운동을 약화시키는 자본주의적 승리"로 보았다(Curran & Park, 2000, p. 11). 지구화의 압박 속에서 민족 국가가 약화되는 것은 저널리즘 연구의 탈서구화에서 어떤 유형의 접근법을 따라야 할지에 대해 일정한 함의를 갖고 있다. 민족 국가는 더 이상 아무 문제없이 유일하거나 주요한 비교 단위로 이용될 수는 없다. 대신 미디어는 '지역을 넘어서는translocal'이라는 의미에서 관찰될 필요가 있다(Couldry, 2007, p. 248). 하지만 9·11 이후 저널리즘이 국수주의적이고 외국인 혐오적인 담론으로 넘쳐난 것은 국민 국가가 더 이상 무의미해진 것이 아님을 잘 보여주었다(Pludowski, 2007; Berenger, 2004).

정치적·경제적 체제(예를 들어 Curran & Park, 2000을 보라)나 지역의 미디어 전통(예를 들어 Hallin & Mancini, 2004를 보라)에 따라 미디어를 분류하는 비교 틀은 전 세계의 저널리즘적 이데올로기, 규범, 실천 등을 비교하는 데 유용하다. 왜냐하면 그것들은 세계의 다른 지역의 전문직 문화의 역사적 발전은 물론 저널리즘의 실천에 미치는 정치적·경제적 체제의 영향을 각각 인정하기 때문이다. 그러나 지구화의 가속화는 비록 국가나 지역이라는 개념적 틀이 현실적 이유이거나 다른 이유에서(de Beer & Merrill, 2004, p. xv) 유지될 수 있지만 점점 더 중요해지고 있는 것은 그들 간의 글로벌한 상호 의존임을 의미한다.

그러나 이처럼 다양한 수준에서 증가 중인 글로벌 미디어의 흐름 때문에 쿨드리(Couldry 2007, p. 249)는 또한 미디어에 대한 비교 연구는 보다 고정되고 명확하게 묘사된 미디어 시스템보다는 '미디어 문화'라는 난해하고 '모호한' 관념에 보다 집중할 필요가 있다고 제안했다. 쿨드리의 문화적 접근은 지배적인 중심권 밖의 미디어 이용자들에 의해 수행되는 그들만의 행위와 창의적 활동을 보다 자세히 살펴볼 것을 제안한다. '모호한' 교환들에 대한 관심이 그러한 교환들이 발생하는 (이른바 정보 격차 같은) 내부의 구조적 불평등에 대한 면밀한 조사를 포함한다면 쿨드리의 이런 주장은 타당하다.

지배적인 서구의 중심부의 외부(종종 비서구의 엘리트 저널리스트 사이에서도 논쟁이 일어난다)에서 저널리즘 연구는 대부분 저널리즘의 주요한 특징인 언론자유(언론자유의 부족)에 초점을 맞춘다. 전 세계적으로 정치 및 경제와 관련해 자유 민주주의적 가정槪定이 저널리즘에 관한 지배적 관점임을 제시하는 그러한 연구들에서 거의 예외 없이 국가가 면밀히 검토되어야 할 핵심적인 대상이 되리라는 점은 쉽게 예측될 수 있을 것이다(Nyamnjoh, 2005를 참조하라).

미디어 같은 구조적 차원보다 문화적 교환들에 초점을 맞춘 비교 접근법에서 국가 관계는 글로벌하게 이루어지는 미디어 콘텐츠의 흐름과 역흐름을 고려해야 할 것이다(Thussu, 2007를 보라). 하지만 역설적으로 전용해서 방향을 재조정하는 이처럼 '모호한' 추세들이 아프리카 같은 지역들에서 이루어지는 방식이 보여주는 미묘하고도 복잡한 양상들은 학술적인 저널리즘 연구에서 여전히 누락되고 있다. 아프리카의 저널리즘과 미디어에 관한 보다 광범위한 지식을 얻는 데 구조적 장애물이 존재하기 때문이다(De Beer, 2007, 2008). 그러한 측면 중의 하나가 학술 연구의 정치경제학으로, 곧 이 문제를 살펴볼 생각이다.

지식 역량 형성과 출판

전 세계 저널리즘에 대한 보다 포함적이고 대화적인 연구를 할 필요가 존재하는 것은 분명하지만 어느 범위까지 수행될 수 있는지는 단지 학문적 관심과 개방성에만 달려 있지 않다. 지식 생산과 이론 형성은 구조적 제한 속에 이루어지며, 그것은 학술 출판이 고려될 때 특히 명백해진다. 냔조 (Nyamnjoh 2005, p. 29)는 경제적 고려사항들이 어떤 식으로 콘텐츠의 다원성과 다양성에 부정적 영향을 미치며, 그 결과 학문이 통상적 범위를 뛰어넘는 방향으로 나가지 못하게 되는가를 다음과 같이 지적한다.

> 피리 부는 사람에게 돈을 낸 사람이 곡을 지정할 수 있다면 투자를 자극할 가능성이 가장 큰 문화자본은 돈을 내는 사람의 인종, 사는 곳, 계급, 성 혹은 세대에 친숙한 자본이 될 것이다. 사람들은 그러한 방식을 제2의 천성처럼 익히게 됨으로써 제대로 된 연주자라면 본능적으로 그것을 내면화해 재생산할 것으로 기대하게 된다. …… 이것이 출판을 매우 보수적인 산업으로 만드는데, 말은 그럴듯하게 그와 반대로 함에도 불구하고 출판의 강조점은 창조보다는 모방, 생산보다는 재생산에 놓여진다.

냔조(Nyamnjoh, 2006)에 따르면 아프리카 학자(이것은 다른 비서구 지역의 학자들에게도 똑같이 적용될 수 있다)에게는 불가능한 선택만이 남겨져 있다. 한편으로 그들은 사회적으로 유의미하게 남아 있기 위해 아프리카 수용자들을 위해 글을 쓸 수 있지만 이 경우 학문 공동체에서 보다 널리 인정받는 것을 희생하고 글로벌한 논의에 영향을 미칠 기회를 놓치게 된다. 반대로 보다 넓은 국제적 학술 집단에서의 학문적 인정을 선택할 수도 있다. 하지만 이 경우 지역 수용자 — 그러한 학술 작업이 지역과 관련되어 있기 때문에 큰 도움을 얻을 수 있을 것이다 — 와 접할 수 있는 기회를 놓치게 된다. 왜냐하면 개발도상국에 있는 동료들은 다른 곳의 값비싼 저널이나 책에서 이루어지는 학문적 작업에 접근할 수 있는 수단이 부족하기 때문이다.

학술지 출판과 배포의 글로벌한 정치경제학은 규범적 효과를 갖고 있다.

특히 미국의 학술 출판사나 저널의 우세는 지난 반세기 동안 모든 것을 포괄하게 되어 영어를 사용하는 아프리카 국가의 언론학 세대들은 미국식의 '일하는 방식'을 주입받게 되었다. 미국의 저널리즘 교과서는 아프리카의 언론학 전공생들에게는 주요한, 종종 유일한 출판 정보원이 되었다. 1950년대의 울슬리와 캠벨(Wolseley & Campbell, 1959), 1960년대의 본드(Bond, 1961), 1970년대의 메츠(Metz, 1977)를 거쳐 해리스, 레이터, 존슨(Harris, Leiter, Johnson, 1992) 그리고 2000년대의 이들 마지막 저자의 최신판까지 미국 교과서는 영어권 아프리카 학생들이 저널리즘을 배우는 통로 역할을 했다.

손에 넣을 수 있는 미국의 저널리즘 교과서가 쇄도한 데 비해 영어권 아프리카 국가들에서 제작된 교과서는 거의 없는 것이나 마찬가지였다(예외는 Francis Kasoma, 1994와 예를 들어 Greer, 1999; Nel, 2002과 같은 남아프리카 공화국의 여러 저자들이다). 그럼에도 윤리 같은 언론 연구의 몇몇 영역에서 이 지역의 저자들은 대개 다른 곳에서 발전된 패러다임을 받아들였다. 좋은 의도를 가진 NGO에 의해 실시된 저널리즘 훈련 프로그램 또한 저널리즘 이데올로기와 실천에 대해 종종 일정한 보편성을 상정하고 있다. 이 프로그램들은 지역 언론인이나 수용자가 훈련의 조건들을 지정하는 참여적 접근보다는 저널리즘, 사회, 민주주의 사이의 관계에 대한 일반적 이해에 기반한 발전 저널리즘 유형을 흔히 따랐다. 머피와 로드리게스(Murphy and Rodriguez 2006)는 『글로벌 미디어와 커뮤니케이션*Global Media and Communication*』특별판에서 지구화와 헤게모니 문제들은 북반구의 매스커뮤니케이션 학자들에게 라틴아메리카의 미디어 산업의 이론적 구성물들과 실천을 다시 생각하도록 요구한다고 주장했다. 동일한 논리를 라틴 아메리카에서처럼 아프리카에도 적용될 수 있을 것이다.

이들 지역에서 문화적 풍경은 점점 더 기술과 지구 자본주의의 뚜렷한 표지들 markers(사이버카페, 휴대전화, 복합상영관 등)에 의해 규정되고 있으나 그것들은 사회적 투쟁(시위, 무장투쟁, 인종주의, 가난, 자원 통제, 이민)에 끼워 넣어지고 토착적, 식민적, 혁명적, 전前자본주의적 과거의 두꺼운 잔재에 의해 틀지어지고 있다(p. 268).

이처럼 새로운 생각이 저널리즘 연구 분야에서 나오려면 학문 출판 영역에서 보다 포함적인 대화가 이루어져야 한다. 다시 그것은 출판 산업과 유통 방식에서 나타나고 있는 비대칭 문제를 해결할 것을 요구한다(Zegeye & Vambe, 2006, pp. 333~334를 보라).

아프리카에서의 저널리즘 연구: 학자들과 텍스트

학술 출판의 정치경제학을 고려해볼 때 사하라 사막 이남의 아프리카에서 저널리즘 연구가 자생적인 이론적 접근법과 주요 텍스트를 생산하지 못한 것은 놀랄 일이 아니다.

그러나 이러한 측면에서 남아프리카 공화국은 예외이다(케냐와 나이지리아도 정도차는 있으나 이러한 예외에 속한다). 무엇보다도 상대적으로 우세한 경제적 위치가 제법 규모가 있는 출판 산업의 발전을 가능하게 했기 때문이다. 아파르트헤이트가 실시되던 시기의 학술적 보이콧은 이 나라의 학문 공동체를 고립시켰고, 그 결과 몇몇 저널이 출판의 출구 역할을 할 수 있도록 해주었다. 아파르트헤이트의 종식 이후 이중 몇몇 저널은 국제 출판 그룹(현재 테일러 앤 프랜시스Taylor & Francis 출판사가 출간하는『커뮤니케이션과 비판적 예술Communication and Critical Arts』이 좋은 예이다)이나 대학교 출판사(예를 들어『에퀴드 노비: 아프리칸 저널리즘 연구』는 위스콘신대학교 출판사에 의해 출간된다)에 인수되면서 국제무대에 진입하게 되었다.

남아프리카공화국의 역사적 고립이 자국의 학술 출판업의 발전에 기여한 데 반해 광범위한 저널리즘의 연구와 출판이 디아스포라 상태로 살고 있는 이 대륙의 나머지 국가들의 학자들에 의해 생산되어 왔다. 그리하여 출판의 글로벌한 정치경제학은 북미와 유럽의 대학교에서 일하는 아프리카의 학자들이 선진국에서 누리는 출판과 유통에 대한 용이한 접근 덕분에 아프리카의 저널리즘 연구에 상대적으로 큰 영향을 미치는 아이러니컬한 상황으로 이어졌다.

북반구가 영향을 미치고 있는 이와 동일한 양상은 심지어 아프리카의 저널리즘 연구를 위한 심사논문 게재지인 『에퀴드 노비: 아프리카 저널리즘 연구』에서도 찾아볼 수 있다.[2] 이 저널은 2008년부터 스텔렌보시대학교의 저널리즘 학부와 관계를 맺고 있는 위스콘신대학교 출판부에서 발행되고 있는데, 아프리카 학자들의 기고를 장려하고 있음에도 미국 학자들의 강력한 영향을 보여준다. 이런 추세에 예외인 것은 『아프리카 미디어 리뷰*Africa Media Review*』로, 이 저널은 케냐의 나이로비에 본부를 두고 활동했으나 지금은 제 기능을 하지 못하는 〈아프리카 커뮤니케이션 교육 협의회African Council of Communication Education (ACCE)〉에 의해 발행되고 있다. 다카르와 세네갈을 근거지로 하는 〈아프리카 사회과학연구 개발 협의회Council for the Development of Social Science Research in Africa〉는 최근 이 저널을 복간하기 위해 노력하고 있다.

하지만 북반구에서 활동하면서 아프리카 저널리즘에 대해 글을 쓰는 연구자들이 미치는 강력한 영향은 바뀔 것이다. 예를 들어 보아포와 조지(Boafo & George, 1992)의 저서는 나이로비에 소재한 ACCE의 지원을 받아 출판되었다. 가나 출신인 안수-키에레메(Ansu-Kyeremeh, 2005)는 『아프리카 원주민의 커뮤니케이션*Indigenous communication in Africa*』을 위해 기고자를 모았는데 10명 중 7명이 아프리카 출신이었다. 세네갈의 다카르의 코데스리아Codesria에 기반한 냔조는 『아프리카의 미디어』(2005)로 국제적 호평을 받았다.

---

2) 이 글의 저자들은 각각 이 저널의 편집장과 부편집장을 맡고 있다(필자 주).

아프리카 저널리즘과 미디어를 다룬 작업을 전반적으로 평가해보면 몇몇 주제나 추세가 되풀이되는 것을 확인할 수 있다. 그러한 주제들이아프리카의 저널리즘 연구 분야의 특징을 규정하기 시작했다(그것들이 종종 미디어와 커뮤니케이션에 대한 보다 폭넓은 논의 중의 하나로 저널리즘을 설명함에도 불구하고 말이다). 이처럼 넓은 분야에서 어떠한 종류의 작업이 이루어지고 있는가를 살펴보기 위해 각각의 영역에서 최근에 나온 몇몇 저작을 살펴볼 필요가 있을 것이다. 아래 정보는 완벽한 목록이나 중요 텍스트의 총목록은 아니며 이 분야 전반을 개관하려는 간단한 시도로 간주되어야 한다.

- **저널리즘, 민주주의 그리고 언론자유**(Berger & Barrat, 2007; Hachten & Giffard, 1984; Hasty, 2005; Hydén 등, 2002; Jackson, 1993; Kasoma, 2000; Tomaselli & Dunn, 2002; Nyamnjoh, 2005; Ocitte, 2005; Olorunnisola, 2006; Switzer, 1997).
- **미디어 시스템과 미디어 정치경제학**(Bourgault, 1995; Horwitz, 2001; M'Bayo 등, 2000).
- **언론윤리**(Kasoma, 1994; Rønning & Kasoma, 2002; Oosthuizen, 2002).
- **저널리즘/미디어와 개발**(Okigbo & Eribo, 2004).
- **저널리즘 교육과 훈련**(Greer, 1999; Boafo, 2002; Steenveld, 2002).

경고와 비평

아프리카의 미디어와 저널리즘에서 나온 그리고 그것들에 관한 문헌은 저널리즘 연구의 '탈서구화'라고 부를 수 있는 것에 기여할 수 있는 관점을 제공하지만 그러한 관점이 이른바 '아프리카 중심적' 입장으로 흘러서는 안 된다(Tomaselli, 2003는 이 입장의 대표자로 Ziegler & Asante, 1992, and Kasoma, 1996를 인용한다). 아프리카 중심적 접근은 상당히 문제가 될 수 있다. 본질주의적 아프리카 정체성과 문화를 전제로 규범적 입장을 견지하는 한에서는 특히 더 그렇다. '아프리카 문화'라는 정적 개념은 서구의 가치를 전적으로 거부하는 저널리즘적 접근을 정당화할 수 있다. 이것은 지구화가 이루어져 상호 의존성과 교류가 지배적 양식으로 나타나는 상황에서 분석에는 도움이 되지 않는다.

많은 아프리카 국가에서 언론자유와 민주주의를 위한 투쟁이 일어나고 있음을 감안한다면(이런 것들은 위에서 소개한 문헌에서도 확인된다) 아프리카 중심적 입장은 권위에 대한 무비판적 수용, 소수의 목소리를 배제하는 비민주성 그리고 자유언론에 대한 억압으로 귀결될 수 있으며, 반드시 이를 지양해야 한다. 토마셀리(Tomaselli 2003)와 푸리(Fourie 2007)는 최근 작업에서 아프리카 중심적 저널리즘 작업을 비판했다. 그들은 '탈서구화'나 '현지화', '아프리카적 가치' 등의 관념은 억압적일 수 있는 데다 비판적 토론을 배제할 위험이 있다고 지적했다(Tomaselli, 2003, p. 435; Blankenberg, 1999, p. 61).

이 장에서 제시된 주장은 글로벌 저널리즘 연구에 대화적이고 상호 의존적으로 접근하기 위한 것이다. 이 분야의 '탈서구화'를 위한 그러한 접근법은 '아프리카적 가치'나 '현지화'라는 조악한 관념에서 벗어나 인식론에 영향을 미치는 구조적 불평등을 인식하는 방향으로 나가야 할 것이다. 따라서 정적인 범아프리카적인 문화적 특징이나 '진짜임'에 대한 요구보다는 전 세계적 맥락에서 아프리카 저널리즘이 겪고 있는 동시대적 경험(이것은 흔히 주변화, 배제, 무지의 경험이기도 하다)에 강조점이 주어져야 한다.

결론

정치경제학적 요인들뿐만 아니라 인식론적 요인들이 전 세계의 많은 곳의 저널리즘 실천, 틀, 이데올로기를 학술적 연구와 논의로부터 배제시키고 있는 사실을 결정론적 관점에서 보면 안 된다. (아프리카 같이) 지배적 중심부의 바깥에 위치해 글로벌한 저널리즘 연구에서 주변부화된 (아프리카 저널리즘 같은) 영역에서 연구하고 있는 학자들은 이러한 한계를 극복할 수 있는 방법을 찾았다. 북반구의 잘 알려진 출판사를 통해 아프리카의 저널리즘과 미디어 연구에 관한 저널을 출판하는 것도 출판과 배포의 한계를 극복하는 방법의 하나가 될 수 있다. 이것은 또한 학자들로 하여금 아프리카의 맥락에서 '현장에서' 무슨 일이 일어나고 있는지를 주목하고 중심부에서 떨어져 있는 언론인과 수용자의 삶의 경험을 통합해야 할 필요를 증가시킨다.

하지만 중심부로의 이러한 진입만으로 저널리즘 연구가 정말로 세계적이고 탈서구화된 프로젝트가 될 수 있는지는 확실하지 않다. 아프리카나 지배적인 중심 바깥에서 연구하는 학자들에게 연구비를 지원하려는 노력이 동반되어야 한다. 이러한 지역에서 이루어지는 출판에 대해 재정을 지원하고 상대적으로 가난한 국가들의 학자들이 학회에 참여할 수 있도록 지원이 이루어져야 한다. 진정 글로벌한 저널리즘 연구를 발전시키려면 그러한 경제적 개입이 자신들이 기반하고 있는 가정과 이론적 근거들에 대해 계속 의문을 던질 수 있는 저널리즘 학자들의 의지와 개방성을 보완할 수 있도록 해야 한다.

〈참고문헌〉

Ansu-Kyeremeh, K.(ed.).(2005). *Indigenous communication in Africa: Concept, applications and prospects.* Accra: Ghana Universities Press.

Berger, G. & Barratt, E.(2007). *Fifty Years of Journalism. African media since Ghana's independence.* Grahamstown: Highway Africa, The African Editors Forum and the Media Foundation West Africa.

Blankenberg, N.(1999). In search of a real freedom: Ubuntu and the media. *Critical Arts*, *13*(2), 42–65.

Boafo, K.(ed.).(2002). *Communication training in Africa: Model curricula.* Paris: UNESCO

Boafo, S. T. K., & George, N. A.(eds.).(1992). *Communication research in Africa. Issues and perspectives.* Nairobi, Kenya: ACCE.

Bond, F. F.(1961). *An introduction to journalism ― A survey of the Fourth Estate in all its forms.* New York: Macmillan.

Bourgault, L. M.(1995). *Mass media in sub-Saharan Africa.* Bloomington: Indiana University Press.

Couldry, N.(2007). Researching Media Internationalization: Comparative research as if we really meant it. *Global Media and Communication, 3*(3), 247-271.

Curran, J., & Park, M-J.(2000). Beyond globalization theory. In J. Curran & M.-J. Park(eds.), *De-Westernizing media studies*(pp. 3-8). London: Routledge.

De Beer, A. S.(2008). South African journalism research: Bridging the schisms. In. M. Loffelholz & D. H. Weaver(eds.), *Global journalism research: Theories, methods, findings, future*(pp. 185-196). Oxford: Blackwell.

De Beer, A. S.(2007). *Looking for journalism education scholarship in some unusual places: The case of Africa.* Paper read at the 1st World Journalism Education Conference, Singapore.

De Beer, A. S. & Merrill, J. C.(eds.).(2004). *Global journalism. Topical issues and media systems.* New York: Pearson.

Downing, J.(1996). *Internationalizing media theory.* London: Sage.

Fourie, J. P.(2007). Moral philosophy as the foundation of normative media theory: The case of African Ubuntuism. *Communications, 32,* 1-29.

Fröhlich, R., & Holtz-Bacha, C.(eds.) 2003. Journalism education in Europe and North America: An International Comparison. Cresskill, NJ: Hampton.

Greer, G.(1999). *A new introduction to journalism.* Cape Town: Juta.

Hachten, W. A., & Giffard, C. A.(1984). *Total onslaught. The South African press under attack.* Johannesburg: Macmillan.

Hallin, D., & Mancini, P.(2004). *Comparing media systems: Three models of media and politics.* New York: Cambridge University Press.

Hanitzsch, T.(2007). Deconstructing journalism culture: Toward a universal theory. *Communication Theory, 17*(4), 367-385.

Hasty, J.(2005). *The press and political culture in Ghana.* Bloomington: Indiana University Press.

Horwitz, R. B.(2001). *Communication and democratic reform in South Africa.* Cambridge: Cambridge University Press.

Hyden, G., Leslie, M., & Ogundimu, F. F.(eds.)(2002). *Media and democracy in Africa.*

Uppsala, Sweden: Nordiska Afrikainstitutet.

ICA(2007). Journalism Studies Division homepage. Retrieved 11 November 2007 from http://www.icahdq.org/divisions/JournalismStudies/jsdweb/index.html

Jackson, G.S.(1993). *Breaking story. The South African press*. Boulder, CO: Westview.

Josephi, B.(2005). Journalism in the Global Age: Between Normative and Empirical. *Gazette, 67*(6), 575–590.

Kasoma, F.(1994). *Journalism ethics in Africa*. Nairobi: ACCE.

Kasoma, F.(1996). The Foundations of African Ethics(Afri-ethics) and the professional practice of journalism: The case for society-centred media morality. *Africa Media Review, 10*(3), 93–116.

Kasoma, F.(2000). *The press and multiparty politics in Africa*. Tampere, Finland: University of Tampere.

Leiter, K., Harriss, J., & Johnson, S.(1992). *The complete reporter: Fundamentals of news gathering, writing, and editing*. Boston: Allyn and Bacon.

Loffelholz, M., & Weaver, D.(eds.)(2008). *Global journalism research: Theories, methods, findings, future*. Oxford: Blackwell.

M'Bayo, R. T., Onwumechili, C., & Nwanko, R. N.(eds.).(2000). *Press and Politics in Africa*. Lewiston, NY: Edwin Mellen.

McMillin, D. C.(2007). *International media studies*. Malden, MA: Blackwell.

Metz, W.(1977). *Newswriting: From lead to "30"*. Englewood Cliffs, NJ: Prentice-Hall.

Murphy, P. D., & Rodriguez, C.(2006). Between Macondo and McWorld: Communication and culture studies in Latin America. *Global Media and Communication, 2*(3), 267–277.

Murray, M. D., & Moore, R. L.(eds.).(2003). *Mass communication education*. Ames: Iowa State Press.

Nel, F.(2002). *Writing for the media in South Africa*. Cape Town: Oxford.

Nyamnjoh, F. B.(2004). From publish or perish to publish and perish: What "Africa's Best Books" tell us about publishing Africa. *Journal of Asian and African Studies, 39*(5), 331–355

Nyamnjoh, F. B.(2005). *Africa's media, democracy and the politics of belonging*. London: Zed.

Ocitte, J.(2005). *Press, politics and public policy in Uganda*. Lampeter, Wales: Edwin Mellen Press.

Okigbo, C. C., & Eribo, F.(eds.).(2004). *Development and communication in Africa*. New York: Rowman & Littlefield.

Olorunnisola, A. A.(2006). *Media in South Africa after apartheid: A cross-media assessment*. Lampeter, Wales: Edwin Mellen Press.

Oosthuizen, L. M.(2002). *Media ethics in the South African context*. Lansdowne, South

Africa: Juta.

Rønning, H., & Kasoma, F.(2002). *Media Ethics: An introduction and overview.* Lansdowne, South Africa: Juta & Nordic SADC Journalism Centre.

Siebert, F., Peterson, T., & Schramm, W.(1956). *Four theories of the press.* Urbana: University of Illinois Press.

Silverstone, R.(2007). *Media and morality:Tthe rise of the mediapolis.* Cambridge: Polity.

Sparks, C.(2007). *Globalization, development and the mass media.* London: Sage.

Steenveld, L.(2002). *Training for media transformation and democracy.* Johannesburg: South African National Editors' Forum.

Switzer. L.(ed.).(1997). *South Africa's alternative press. Voices of protest and resistance, 1880s–1960s.* Cambridge: Cambridge University Press.

Thussu, D.(ed.).(2007). *Media on the move: Global flow and contra-flow.* London: Routledge.

Tomaselli, K. G.(2003). "Our Culture" vs "Foreign Culture": An essay on ontological and professional issues in African journalism. *Gazette, 65*(6), 427–441.

Tomaselli, K .G., & Dunn, H. S.(eds.).(2002). *Media, democracy and eenewal in Southern Africa.* Denver, CO: International Academic Press.

Weaver, D. H.(ed.).(1998). *The global journalist: News people around the world.* Cresskill, NJ: Hampton Press.

Wolseley, R. E., & Campbell, L. R.(1959). *Exploring journalism. With emphasis on its social and professional aspects.* Englewood Cliffs, NJ: Prentice-Hall.

Wyatt, W.(ed.).(2007). Foreword. *Journal of Mass Media Ethics, 22*(4), 239–240(special Issue on "Who is a Journalist?").

Zegeye, A., & Vambe, M.(2006). Knowledge production and publishing in Africa. *Development Southern Africa, 23*(3), 333–349.

Zelizer. B.(2004). *Taking journalism seriously: News and the academy.* Thousand Oaks, CA: Sage.

Ziegler, D., & Asante, M. K.(1992). *Thunder and silence: The mass media in Africa.* Trenton, NJ: Africa World Press.

찾아보기

인명

주제

| 상세 목차 |

4장 _ 저널리즘 교육 · 119

비트 조제피

2부 | 뉴스 생산 · 149

5장 _ 뉴스 조직과 관행 · 151

리 B. 베커, 튜더 블래드

6장 _ 게이트키퍼로서의 저널리스트 · 177

파멜라 J. 슈메이커, 팀 P. 보스, 스티븐 D. 리즈

7장 _ 저널리즘의 객관성, 전문직주의, 진실 추구 · 207

마이클 셔드슨, 크리스 앤더슨

8장 _ 기자와 취재원 · 235

대니얼 A. 버코위츠

9장 _ 뉴스룸에서의 젠더 · 261

린다 스테이너

10장 _ 융합과 크로스플랫폼, 콘텐츠 생산 · 295

토스텐 콴트, 제인 B. 싱어

3부 | 뉴스 콘텐츠 · 323

11장 _ 의제 설정 · 325

레니타 콜먼, 맥스웰 맥콤스, 도널드 쇼, 데이비드 위버

12장 _ 뉴스 가치와 선택성 · 353

디어더 오닐, 토니 하컵

ICA 핸드북 시리즈

'ICA 핸드북 시리즈'는 ICA와 루틀리지Routledge 출판사의 공동사업이다. 이것은 ICA 회원들의 관심사를 대변하고 이 분과학문을 뛰어 넘는 이론과 연구를 촉진하려는 협회의 목표를 지원하기 위한 일련의 학술적 핸드북 시리즈가 될 것이다. 이 핸드북들은 현행 연구들에 대해 표준적인 평가 기준을 제공하고 미래의 연구를 위한 의제를 설정하게 될 것이다. 이 시리즈는 커뮤니케이션 연구를 위한 콘텐츠 분야들, 방법론적 접근법들, 이론적 렌즈에 초점을 두는 핸드북을 포함한다.

우리는 미래의 핸드북 편집자들로부터 좋은 제안을 기다린다. 특히 기성의 학문과 영역을 초월해 국제적 중요성을 가진 시의적절한 문제를 다루기 위한 제안들을 기대한다. 단지 상이한 전문 분야를 대변할 뿐만 아니라 교차되는 관심사와 폭넓은 관심을 가질 수 있는 연구 주제를 상호 협력해 다룰 수 있도록 그들을 하나로 모을 수 있는 제안들을 기다린다. 예를 들어 그러한 문제들은 특수한 주제를 중심으로 한 관심사(예컨대 지구화, 가상 환경), 이론적 접근(예컨대 사회적 인지, 비판적 연구), 커뮤니케이션 또는 커뮤니케이션 연구 일반과 관련된 문제들(예컨대 방법론적 혁신, 문화를 아우르는 커뮤니케이션 이론) 형태로 정형화해볼 수 있을 것이다.

이 시리즈에 관한 보다 많은 정보를 원할 경우 아래 사람을 접촉하면 된다.

Robert T. Craig

ICA Handbook Series Editor

Department of Communication

University of Colorado at Boulder

270 UCB

Boulder, CO 80309-0270

303-492-6498 voice

303-492-8411 fax

Robert.Craig@colorado.edu

또는

Linda Bathgate

Senior Editor, Communication Studies

Routledge

270 Madison Avenue

New York, NY 10016

212-216-7851 phone

212-643-1430 fax

linda.bathgate@taylorandfrancis.com

번역자 및 감수자 명단(가나다순)

김동윤: 대구대학교 교수

김성욱: 서울여자대학교 교수

김성해: 대구대학교 교수

김영욱: KAIST 연구교수

김위근: 한국언론진흥재단 연구위원

박진우: 건국대학교 교수

반현: 인천대학교 교수

설원태: 전 『경향신문』 편집위원

안병억: 대구대학교 교수

이봉현: 『한겨레신문』 편집국 부국장

이정훈: 대진대학교 교수

진민정: 대구대학교 박사후 연구원

김광원: 저널리즘학연구소장

김영욱: KAIST 연구교수

윤두현: 을지병원 홍보실장

이봉현: 『한겨레신문』 편집국 부국장

조영현: 한국언론진흥재단 부장

진민정: 대구대학교 박사후 연구원